国家卫生健康委员会住院医师规范化培训规划教材

儿 科 学

第 2 版

主　审　申昆玲
主　编　黄国英　王天有
副主编　母得志　罗小平　黄松明　赵晓东　龚四堂

人民卫生出版社
·北京·

图书在版编目（CIP）数据

儿科学 / 黄国英，王天有主编. —2 版. —北京：
人民卫生出版社，2022.6（2024.7 重印）
国家卫生健康委员会住院医师规范化培训规划教材
ISBN 978-7-117-32438-0

Ⅰ. ①儿…　Ⅱ. ①黄…②王…　Ⅲ. ①儿科学－职业
培训－教材　Ⅳ. ①R72

中国版本图书馆 CIP 数据核字（2021）第 235130 号

人卫智网	www.ipmph.com	医学教育、学术、考试、健康， 购书智慧智能综合服务平台
人卫官网	www.pmph.com	人卫官方资讯发布平台

儿　科　学
Erkexue
第 2 版

主　　编：黄国英　王天有
出版发行：人民卫生出版社（中继线 010-59780011）
地　　址：北京市朝阳区潘家园南里 19 号
邮　　编：100021
E - mail：pmph @ pmph.com
购书热线：010-59787592　010-59787584　010-65264830
印　　刷：北京盛通印刷股份有限公司
经　　销：新华书店
开　　本：850×1168　1/16　　印张：36
字　　数：1219 千字
版　　次：2016 年 3 月第 1 版　　2022 年 6 月第 2 版
印　　次：2024 年 7 月第 2 次印刷
标准书号：ISBN 978-7-117-32438-0
定　　价：135.00 元

打击盗版举报电话：010-59787491　E-mail: WQ @ pmph.com
质量问题联系电话：010-59787234　E-mail: zhiliang @ pmph.com

编者名单

编　委（按姓氏笔画排序）

丁　洁　北京大学第一医院

马晓路　浙江大学医学院附属儿童医院

王　莹　上海交通大学医学院附属上海儿童医学中心

王天有　首都医科大学附属北京儿童医院

申昆玲　首都医科大学附属北京儿童医院

母得志　四川大学华西第二医院

向　伟　海南省妇女儿童医学中心

庄德义　厦门市儿童医院/复旦大学附属儿科医院厦门医院

刘玉峰　郑州大学第一附属医院

孙　锟　上海交通大学医学院附属新华医院

杜军保　北京大学第一医院

李福海　山东大学齐鲁医院

宋红梅　中国医学科学院北京协和医学院北京协和医院

张育才　上海交通大学医学院附属儿童医院

张晓波　复旦大学附属儿科医院

陈　倩　首都儿科研究所附属儿童医院

罗小平　华中科技大学同济医学院附属同济医院

赵晓东　重庆医科大学附属第二医院

俞　蕙　复旦大学附属儿科医院

钱素云　首都医科大学附属北京儿童医院

唐锁勤　中国人民解放军总医院

黄松明　南京医科大学附属儿童医院

黄国英　复旦大学附属儿科医院

龚四堂　广州市妇女儿童医疗中心

章　岚　成都市妇女儿童中心医院

富建华　中国医科大学附属盛京医院

编写秘书　张晓波　复旦大学附属儿科医院

吴静燕　复旦大学附属儿科医院

数字编委（按姓氏笔画排序）

马明圣　马晓静　石永言　史婧奕　冯　晨　朱春华
刘晓宇　安　康　安云飞　祁媛媛　许志飞　李虹艾
孙　燕　杨晓燕　吴　薇　吴　霞　沈晓霞　张　昀
钟旭辉　徐文瑞　高恒妙　谈　珍　姬辛娜　黄湘晖
梁德锋　霍亭竹　魏林林

出 版 说 明

为配合 2013 年 12 月 31 日国家卫生计生委等 7 部门颁布的《关于建立住院医师规范化培训制度的指导意见》，人民卫生出版社推出了住院医师规范化培训规划教材第 1 版，在建立院校教育、毕业后教育、继续教育三阶段有机衔接的具有中国特色的标准化、规范化临床医学人才培养体系中起到了重要作用。在全国各住院医师规范化培训基地四年多的使用期间，人民卫生出版社对教材使用情况开展了深入调研，全面征求基地带教老师和学员的意见与建议，有针对性地进行了研究与论证，并在此基础上全面启动第二轮修订。

第二轮教材依然秉承以下编写原则。①坚持"三个对接"：与 5 年制的院校教育对接，与执业医师考试和住培考核对接，与专科医师培养与准入对接；②强调"三个转化"：在院校教育强调"三基"的基础上，本阶段强调把基本理论转化为临床实践、基本知识转化为临床思维、基本技能转化为临床能力；③培养"三种素质"：职业素质、人文素质、综合素质；④实现"三医目标"：即医病、医身、医心；不仅要诊治单个疾病，而且要关注患者整体，更要关爱患者心理。最终全面提升我国住院医师"六大核心能力"，即职业素养、知识技能、患者照护、沟通合作、教学科研和终身学习的能力。

本轮教材的修订和编写特点如下：

1. 本轮教材共 46 种，包含临床学科的 26 个专业，并且经评审委员会审核，新增公共课程、交叉学科以及紧缺专业教材 6 种：模拟医学、老年医学、临床思维、睡眠医学、叙事医学及智能医学。各专业教材围绕国家卫生健康委员会颁布的《住院医师规范化培训内容与标准（试行）》及住院医师规范化培训结业考核大纲，充分考虑各学科内亚专科的培训特点，能够符合不同地区、不同层次的培训需求。

2. 强调"规范化"和"普适性"，实现培训过程与内容的统一标准和规范化。其中临床流程、思维与诊治均按照各学科临床诊疗指南、临床路径、专家共识及编写专家组一致认可的诊疗规范进行编写。在编写过程中反复征集带教老师和学员意见并不断完善，实现"从临床中来，到临床中去"。

3. 本轮教材不同于本科院校教材的传统模式，注重体现基于问题的学习（PBL）和基于案例的学习（CBL）的教学方法，符合毕业后教育特点，并为下一阶段专科医师培养打下坚实的基础。

4. 充分发挥富媒体的优势，配以数字内容，包括手术操作视频、住培实践考核模拟、病例拓展、习题等。通过随文或章节二维码形式与纸质内容紧密结合，打造优质适用的融合教材。

本轮教材是在全面实施以"5+3"为主体的临床医学人才培养体系，深化医学教育改革，培养和建设一支适应人民群众健康保障需要的临床医师队伍的背景下组织编写的，希望全国各住院医师规范化培训基地和广大师生在使用过程中提供宝贵意见。

融合教材使用说明

本套教材以融合教材形式出版,即融合纸书内容与数字服务的教材,读者阅读纸书的同时可以通过扫描书中二维码阅读线上数字内容。

获取数字资源的步骤

1 扫描封底红标二维码,获取图书"使用说明"。

2 揭开红标,扫描绿标激活码,注册/登录人卫账号获取数字资源。

3 扫描书内二维码或封底绿标激活码随时查看数字资源。

4 登录 zengzhi.ipmph.com 或下载应用体验更多功能和服务。

扫描下载应用

配 套 资 源

➤ **配套精选习题集**:《儿科分册》 主编:王天有　王爱华　黄国英
➤ **电子书**:《儿科学》(第 2 版) 下载"人卫"APP,搜索本书,购买后即可在 APP 中畅享阅读。
➤ **住院医师规范化培训题库** 中国医学教育题库——住院医师规范化培训题库以本套教材为蓝本,以住院医师规范化培训结业理论考核大纲为依据,知识点覆盖全面、试题优质。平台功能强大、使用便捷,服务于住培教学及测评,可有效提高基地考核管理效率。题库网址:tk.ipmph.com。

主编简介

黄国英

　　教授，博士生导师。复旦大学附属儿科医院（国家儿童医学中心）院长，复旦大学上海医学院儿科学系主任。国家重点研发计划项目首席科学家，上海市出生缺陷防治重点实验室主任，享受国务院政府特殊津贴专家。中华医学会儿科学分会副主任委员，中国医师协会儿科医师分会候任会长，《中华儿科杂志》副总编辑，*Pediatric Medicine* 主编。

　　主要研究方向为先心病无创伤性诊断、病因和早期干预策略，川崎病冠状动脉病变，医院管理。承担重要课题 30 余项。在 *Lancet* 和 *Pediatrics* 等重要学术刊物发表论文 400 余篇（SCI 全文收录 165 篇），管理论文 50 余篇。

　　荣获省部级科学技术奖或教学成果奖 11 项。荣获中国医院协会优秀院长、全国卫生系统先进工作者、中国儿科医师奖，首届"国之名医"称号。

王天有

　　教授，博士生导师。首都医科大学附属北京儿童医院（国家儿童医学中心）党委书记。中华医学会理事，中华医学会儿科学分会主任委员，中国医师协会儿科医师分会副主任委员，享受国务院政府特殊津贴专家。《中国小儿血液与肿瘤杂志》《中华儿科杂志》主编，《中国小儿急救医学杂志》《中国实用儿科杂志》等十余家杂志副主编、编委。

　　主要研究方向为儿童血液系统疾病及肿瘤等疾病，尤其擅长出血性疾病、朗格汉斯细胞组织细胞增生症、噬血细胞综合征等诊治。

　　作为负责人承担 2 项"863 计划"项目，作为主要研究者参与 2 项国家科技支撑计划项目和 1 项北京市科技计划项目。发表论文 150 余篇。获中华预防医学会科学技术奖二等奖、"国之名医"称号等荣誉。

母得志

教授，博士生导师。四川大学华西第二医院学术院长，华西儿童医学中心主任。中华医学会儿科学分会副主任委员，围产医学分会副主任委员，新生儿学组副组长。中国医师协会儿科医师分会副会长，新生儿科医师分会副会长。出生缺陷与相关妇儿疾病教育部重点实验室主任。

从事儿科学临床、教学和科研工作 37 年，主持国家自然科学基金 9 项，省部级课题 10 余项，发表学术论文 400 余篇（英文论文 200 余篇），主编、主译、参编儿科教材和专著 30 余部。

国家杰出青年科学基金获得者，"国家卫生健康突出贡献中青年专家"，首届"国之名医"称号，国家临床重点专科带头人，教育部"长江学者和创新团队发展计划"带头人。获国家科技进步二等奖、部省级科技进步奖及教学成果奖 10 余项。

罗小平

教授，博士生导师。华中科技大学同济医学院儿科学系主任，华中科技大学同济医院附属同济医院儿科主任。亚洲遗传代谢病学会理事，国际儿科内分泌联盟理事、生长激素研究学会理事，中华医学会儿科学分会副主任委员，中国医师协会常务委员。享受国务院政府特殊津贴专家。

担任国内外 40 余种杂志主编、副主编或编委。主持国家和省部级项目 40 余项，发表论文 500 余篇，主编、参编、参译教材和专著 60 余部。

获国家科学技术进步奖二等奖。荣获首届中国儿科医师奖、出生缺陷防控杰出贡献奖、首届"国之名医"称号、"国家卫生健康突出贡献中青年专家"称号、"新世纪百千万人才工程"国家级人选。

黄松明

教授，博士生导师。南京医科大学附属儿童医院党委书记、南京医科大学儿科学院院长。中华医学会儿科学分会常务委员，中国医师协会儿科医师分会副会长。

承担国家自然科学基金项目 5 项，发表论文 70 余篇，其中 SCI 论文 40 余篇。研究成果获宋庆龄儿科医学奖 1 项，江苏省科学技术进步奖二等奖、三等奖。

副主编简介

赵晓东

教授，博士生导师。重庆医科大学附属第二医院院长，享受国务院政府特殊津贴专家。

主要研究方向为儿童感染免疫性疾病。主持国家自然科学基金重点项目等各级课题 20 余项。发表 SCI 论文 80 余篇，主编 2 部教材和专著，获得国家发明专利 5 项。

国家"万人计划"领军人才、"新世纪百千万人才工程"国家级人选、科技部中青年科技创新领军人才，2010 年中国青年五四奖章获得者。

龚四堂

教授，博士生导师。广州市妇女儿童医疗中心副主任，中国医师协会儿科医师分会副会长，中华医学会儿科学分会常务委员，中华医学会肠外肠内营养学分会营养支持学组副组长。

从事儿科临床、教学和科研工作 30 余年。主持国家和省部级项目 10 余项，发表论文 220 余篇，主编、参编、参译教材专著 20 余部。获中国儿科医师奖等奖项。

前　言

儿科学作为临床医学二级主干学科之一，是我国住院医师规范化培训的重要领域。经过多年的实践，儿科住院医师规范化培训制度在全国已经形成，在基地建设、规范化培训、考核和教材建设等方面均积累了大量的经验。

本书第 1 版于 2016 年出版，深受读者欢迎。为了更好地反映近年来儿科学理论和临床实践的进展，我们在 1 版的基础上，邀请全国具有丰富临床和教学经验的知名儿科专家组成编委会，按照教材编写要求，围绕儿科住院医师培养的实际需要，进一步强调临床思维能力的培养，编写了这本《儿科学》（第 2 版），以期进一步满足当今住院医师的需求。

本教材的编写延续了上版教材的特点，围绕从医学生到临床医生的核心需求，继续体现"三个转化"原则，即基本理论向临床实践转化、基本知识向临床思维转化、基本技能向临床能力转化。本教材病例病种的选择基本涵盖了国家儿科住院医师规范化培训细则的要求，编写形式保留独有的特色，每章仅用少量篇幅对该系统疾病进行简要介绍，其后均从临床实际病例出发，通过问题与思路的形式，将临床思维能力的培养贯穿于对病例资料的解读与分析中，抽丝剥茧般逐步深入。辅以必要的理论知识，以知识点的形式呈现，使学员有重点地回顾与拓展。学习本教材将有效地提升住培医师的临床实践能力，帮助他们在临床工作中发现问题、分析问题和解决问题。

本教材不仅适合于儿科住院医师规范化培训，也适合于长学制高年资医学生的阅读参考，对拓展临床思维及提高解决问题的能力也十分有益。

本书再版过程中，全国各地许多临床指导老师和住培医师提供了宝贵的意见和建议，为本教材的顺利再版提供了帮助，在此谨致谢忱。由于作者水平和经验有限，书中难免存在疏漏和不足之处，恳请广大读者批评指正。

黄国英　王天有

2021.10

目　录

目　　录

第一章　儿　童　保　健

第一节　概　述

儿童保健（child health care）是以预防医学和临床医学为基础,研究胎儿至青春期儿童生长发育规律、营养与健康、疾病早期防治、健康管理、环境健康、卫生信息管理等关系到儿童生存、保护与发展的综合性医学学科。从临床医学范畴看,儿童保健专业属于临床医学的三级学科;从预防医学范畴看,儿童保健则属于预防医学的二级学科,是儿童少年卫生与妇幼保健的主干学科之一。儿童保健学是儿科学中最基础也是最有特色的专科。

一、儿童保健的特点

一名儿科规范化培训医生,刚进入临床的第一课就是儿童保健。儿科医生需了解以下相关知识。

【问题1】　为什么要做儿童保健?

思路: 我国0～18岁儿童占全国总人口的22%,儿童的身心健康直接关系到民族的素质和国家的发展。随着人民生活水平的不断提高,人们对儿童的健康和发展提出了更高的要求,不但希望进一步控制对儿童生命和健康构成威胁的各种疾病,而且希望儿童有更加健康的体质,为儿童的生长发育提供更全面、更高水平的服务;同时儿童的心理行为发育,以及为将来更好地适应社会需要的综合能力的发展,也都引起了人们广泛的关注。因此,每一位儿科医务工作者都应做好儿童保健。

【问题2】　儿童保健的重点工作对象是哪些人?

思路: 国际上通常将婴儿死亡率、孕产妇死亡率和人均期望寿命作为衡量一个国家政治、经济和文化教育的综合指标,因婴幼儿时期是出生后最脆弱的时期,发病率、死亡率高,婴儿死亡率直接影响着人均期望寿命。因此,儿童保健的重点工作对象是7岁以下的儿童。

【问题3】　儿童保健的特点是什么?

思路: 儿童保健具有以下特点。

1. 研究和服务对象年龄跨度大、变化多　18岁以下的儿童和少年均属于儿童保健的管辖范围,其中7岁以下儿童为保健的重点。

2. 服务措施和研究方向多样　儿童保健不仅要采取防病治病手段,而且还要应用对健康有利的促进性干预措施(如提倡母乳喂养、平衡膳食、计划免疫、体格锻炼、健康教育、生长发育监测、新生儿疾病筛查等)。通过流行病学、基础学科、临床专业、实验室和康复医学各种方法,开展儿童保健三级预防的研究和服务。

3. 多学科、跨学科的特性　儿童保健学与妇产科学、优生遗传学、营养学、心理学、教育学、社会医学等密切相关,只有各学科之间相互渗透,才能拓展和深入做好儿童保健工作。

4. 儿童保健工作的群众性特征　儿童保健是一项群众性很强的工作,我们应采取多种形式向社会、家庭、父母进行科学育儿以及防病治病知识的宣传,还应将儿童保健知识和技能传授给家长,实行家庭卫生保健,提高儿童的健康水平。

二、儿童保健的主要任务

儿童保健学是儿科学理论和儿科临床医学的基础,也是预防儿科学与临床儿科学的结合,其任务以预防为主、防治结合,群体保健干预和个体保健服务相结合,包括一、二级预防和部分三级预防内容,关注儿童的整体发展。在实施儿童保健工作过程中,医务工作者必须得到广大群众和社会各阶层的充分理解和大力支持及合作,通过宣传、培训等形式,将科学知识和技能传授给群众、家长,提高群体自我保健能力,减少儿童疾病的发病率和死亡率。

初步认识儿童保健的概念和特点后,儿科医生进入儿童保健科具体需要做什么、怎么做呢?我们需要在临床工作中思考以下问题。

【问题1】 目前我国儿童保健工作面临哪些问题?

思路:我国部分地区儿童营养不良、贫血以及各种微量营养素缺乏等常见病尚未得到有效控制;与此同时,城市儿童肥胖及超重问题日益凸显,双重营养问题对儿童营养策略的制定提出了新的挑战;与营养和喂养相关的临床问题仍然非常突出,如母乳喂养率的下降、食物过敏等;胎儿与儿童早期发育与成人期疾病关系的研究给儿童保健领域提出了更加艰巨的任务;随着传染性疾病的有效控制,环境污染相关问题愈加凸显,出生缺陷发生率持续升高,儿童保健疾病预防工作更加艰巨。

【问题2】 儿科医生与儿童保健有什么联系?

思路:随着社会的发展和人类生存环境的改变,儿科疾病谱也发生了很大变化,加上各领域新兴技术的快速发展,对儿童保健专业提出了更高的要求。儿科医生不仅要善于治病,而且应当在儿童保健工作中扮演更重要的角色,不仅让广大儿童有病能治,儿科医生自身也要上升到懂疾病、懂预防的更高层次,从而减少疾病的发生。

【问题3】 儿童保健的主要任务有哪些?

思路:作为一个儿科医生,应掌握儿童生长发育规律和评价方法,以及儿童营养的基本知识和正确的喂养方法,应掌握儿童维生素D缺乏性佝偻病、营养不良、锌缺乏症、肥胖症临床症状及鉴别诊断,掌握国家免疫规划、疫苗接种程序和预防接种的方法、注意事项及其禁忌证、常见的异常反应及处理,了解疫苗针对传染病的报告、采样以及疫苗储运的基本要求。了解各种心理行为测试的方法及其适应年龄,并对结果予以解释、评价,了解注意缺陷多动障碍的临床症状及鉴别诊断,了解散居儿童及集体儿童的综合管理等。

(向　伟)

第二节　儿童生长发育规律及评价方法

人的生长发育是指从受精卵到成人的成熟过程,包括体格发育、精神心理发育及能力行为发育。生长是指细胞繁殖、增大和细胞间质增加,表现为组织、器官、身体各部分乃至全身大小、长短和重量的增加及身体化学组成成分的变化。发育指细胞和组织分化及功能的不断完善,心理、智力和体力的不断发展。实际上生长和发育密不可分,相互依存。

生长发育是儿童期基本生命现象,个体的生长发育和营养状况直接决定了其体质健康水平、潜能发挥、能力获得和表达、竞争力的高低、对外界刺激和信号的应答与适宜反应。个体的生长发育和营养状况在疾病状态下直接影响了临床医疗的效果和患者的生命安全及生活质量,而且个体的生长发育和营养状况对生命后期疾病的发生都有影响。

知识点

儿童生长发育规律

1. 生长发育是一个由量变(生长)到质变(发育)的复杂过程。量变与质变同时进行,但各有缓急。例如大脑,6岁前突出表现为生长,而从6岁到20岁脑重量只增加60g,发育成为突出表现,神经突触、髓鞘发育完善,记忆、思维、推理、分析能力不断提高。

2. 生长发育有一定程序,既有连续性又有阶段性。生长发育在整个儿童期不断进行。阶段性是指每个发育阶段都有鲜明的特点;连续性指前后发育阶段间规律地交替衔接。前一阶段为后一阶段奠定基础,后一阶段是前一阶段的必然趋势。

3. 生长发育的不均衡性

(1)速率不同:儿童生长发育不是直线上升的,而是呈波浪式,时快时慢。两次生长突增是儿童生

长发育的关键时期(生后第一年和青春期)。

(2)长度比例不同:生长发育过程中,身体各部分发育的比例是不同的。一个人从出生到发育成熟,头部只增大了一倍,而躯干却增长了两倍,上肢增长了三倍,下肢增长了四倍。

(3)各系统的发育不均衡又协调统一:全身多数系统,包括呼吸、循环、消化、泌尿系统等的发育和身高体重一样呈波浪式;神经系统,尤其是大脑,在胎儿期和出生后发育一直是领先的;生殖系统在童年时期,几乎没有什么发展,到青春期才迅速发育。

4.生长发育的一般规律遵循由上到下、由近到远、由粗到细、由低级到高级、由简单到复杂的规律。

5.每个儿童的生长发育有其自身的特点。强调儿童生长发育的"正常值"不是绝对的,评价时必须考虑个体的不同影响因素,才能作出正确的判断,而且动态观察生长发育,更有意义。

儿童生长发育包括体格发育、精神心理发育及能力行为发育。评价儿童的体格发育,有形态与生理功能两类指标:形态指标是指身体及其各部分在形态上可测出的各种量度(如长、宽、围度以及重量等);生理功能指标指身体各系统、各器官在生理功能上可测出的各种量度。神经心理发育包括感知、运动、语言、情感、思维、判断和意志性格等方面,以神经系统的发育和成熟为物质基础。

正确评价儿童的体格生长必须做到以下几点。①体格生长指标:最重要和常用的形态指标为身高和体重,3岁以下儿童应常规测量头围;②采用准确的测量工具及规范的测量方法;③选择恰当的参考人群值;④定期评估儿童生长状况,即生长监测。

知识点

儿童生长曲线

生长曲线图是将表格测量数值按离差法或百分位数法的等级绘成不同年龄、不同体格指标测量数值的曲线图,如"0~3岁儿童体重生长曲线"等。易于解释和理解、计算简单、可动态评价,能直观地反映出个体儿童的营养、生长水平及变动规律,是生长监测和评价中十分有用的工具,应大力推广使用儿童生长曲线。

临床病例

患儿,男性,1岁1月龄。常规查体,现体重10kg,身长75cm,头围46cm,胸围45cm,坐高(顶臀长)49cm,体型匀称。能弯腰拾东西,能独站片刻,但尚不能独走;能叫"妈妈、爸爸",可用"拿、给"表达;会招手、说"再见",偶可自抱奶瓶,不会用杯喝水。

患儿为G_1P_1,孕38^{+2}周顺产分娩,羊水清,出生体重3kg,无特殊疾病史。

现母亲因患儿尚不会独走,不知患儿当前体格生长指标是否合格,前来咨询生长发育相关问题。

【问题1】 在临床应用中如何评价该患儿体格生长?

思路:在临床应用中,可从生长水平、生长速度和匀称度进行评价。

知识点

儿童生长发育的评价

1.生长水平-横断面资料 将某一年龄时点所获得的某单项体格生长测量值(如体重)与参照人群值比较,得到该儿童在同年龄、同性别人群中所处的位置,即为此儿童该项体格生长指标在此年龄的生长水平。优点是简单、易于掌握与应用,对个体儿童而言不能说明过去存在的问题,也不能预示该儿童的生长趋势(轨道),因为生长是一连续过程。

2. 生长速度-纵向资料　对某一项体格生长指标定期连续测量（纵向观察）所获得的该项指标在某一年龄阶段的增长值，即为该儿童该项体格生长指标的速度，以生长曲线表示生长速度最简单、直观，可发现个体儿童的生长轨道，体现个体差异，即遗传、环境影响。

3. 匀称度

(1) 体型匀称：评价指标包括身高别体重（weight-for-height，W/H）和年龄别体重指数（BMI-for-age）。

1) 身高别体重（W/H）：身高别体重提供的是体重相对于目前身高的营养状况。其优点是不依赖于年龄，该指标是判断 2 岁以下儿童营养不良和超重肥胖常用的指标之一。

2) 年龄别体重指数（BMI/age）：BMI＝体重（kg）/ 身高（m²），表示一定身高的相应体重增长范围，间接反映身体的密度与充实度。儿童的 BMI 随年龄而变化，需要采用根据不同年龄及性别制定的 BMI 参照标准。

(2) 身材匀称：以坐高（顶臀长）/ 身高（CRL/H）的比值反映下肢发育状况，将实际测量计算结果与参考人群值的计算结果比较。还可以采用头与身高的比例和指距等进行评价。

【问题 2】　患儿现在 1 岁 1 个月，体重 10kg，在正常范围内吗？

思路：结合 0～3 岁儿童体重生长曲线，该患儿年龄对应的体重在第 3 百分位数和第 97 百分位数之间，属于正常，具体在 P_{25}～P_{50}，等级划分为中等。

知识点

儿童正常体重的计算公式

体重指人体的总重量，一定程度上代表儿童骨骼、肌肉、皮下脂肪和内脏重量及增长综合情况。因体脂与体液变化较大，体重在体格生长指标中最易波动。年龄别体重（weight-for-age，W/age）与近、远期的营养状况均相关，是评价儿童营养与健康状况最常用的指标。

出生体重按 3.25kg 计算，出生 3 个月时体重为出生体重的 2 倍左右，1 岁时约 3 倍，2 岁时约 4 倍，2 岁到青春前期体重增长缓慢，年增长值约 2kg。不同年龄段儿童的正常体重计算公式分别计算如下。

1. 3～12 月龄体重（kg）＝（月龄＋9）/2

2. 2～7 岁体重（kg）＝年龄×2＋8

3. 7～12 岁体重（kg）＝（年龄×7－5）/2

知识点

生理性体重下降

由于水分丢失，加之摄入不足、胎粪排出，儿童体重在生后 3～4 日达最低点（3%～9%），以后逐渐回升，至出生后第 7～10 天应恢复到出生体重。如体重下降超过 10% 或至第 10 日还未恢复到出生时的体重，则为病理状态，应分析其原因。

【问题 3】　患儿现在 1 岁 1 月龄，身长 75cm，在正常范围内吗？

思路：结合 0～3 岁儿童体重生长曲线，该患儿年龄对应的身长在 P_3 和 P_{97} 之间，属于正常。在 P_{10}～P_{25}，划分为中下。

知识点

儿童正常体重的计算公式

身长（身高）指头部、脊柱与下肢长度的总和。它是生长长度（线性生长）的重要指标，也是正确估计身体发育特征和评价生长速度时不可缺少的依据。

1. **按年龄估算** 出生时平均50cm;前3个月身长增长12~13cm;1岁时75~76cm;2岁时87~89cm;2~3岁增长7~8cm,学龄前期增长6~8cm/年,学龄期增长5~7cm/年。

(1) 1~6个月:平均每月增长2.5cm

(2) 7~12个月:平均每月增长1.5cm

(3) 2岁以后:平均每年身高增长7cm

2. **按公式推算**

(1) 1~6岁:身高(cm)=年龄×7+75

(2) 7~12岁:身高(cm)=年龄×6+80

【问题4】 患儿现在1岁1月龄,头围46cm,胸围45cm,算正常吗?

思路:该患儿头围46cm,属于正常范围,但胸围略小于头围,建议加强爬的训练和胸廓锻炼。

知识点

头围和胸围

1. 头围是经眉弓上缘、枕骨结节左右对称环绕头一周的长度,表示头颅大小和脑发育程度。出生时头相对大,平均32~34cm,第一年前3个月头围增长值(6cm)约等于后9个月的头围增长值,即1岁时头围约为46cm;生后第二年头围增长减慢,2岁时48cm,2~15岁头围仅增加6~7cm。由于头围在出生后头3年反映脑的发育情况,因此建议常规测量头围至3岁(至少到2岁)。头围的增长与脑和颅骨的生长有关,较小的头围(<2SD)常提示脑发育不良,头围增长过速往往提示脑积水。

2. 胸围是平乳头下缘经肩胛角下缘绕胸一周的长度,代表肺与胸廓的生长。出生时胸围32cm,略小于头围1~2cm。1岁左右胸围约等头围,形成生长曲线上头、胸围的交叉。头、胸围的交叉时间与儿童营养、胸廓的生长发育有关。我国男童头、胸围的交叉时间为15月龄,提示我国儿童胸廓生长发育较落后,除营养因素外,可能与不重视爬的训练和胸廓锻炼有关。

【问题5】 该患儿体型是否匀称?

思路:该患儿身高别体重数值10.00kg/75.0cm,为P_{50}~P_{75},属于中等水平,体型匀称。

【问题6】 家长认为患儿能吃能睡精神反应好,不必定期体检,出生后仅体检3次,这样的观念是否正确?

思路:不正确。生长是一个连续的过程,需定期评估儿童生长状况,即生长监测,婴儿期建议9次健康检查,高危儿更要重视生长监测(表1-2-1)。

表1-2-1 生长监测频率及内容

年龄	频率/(月·次$^{-1}$) 正常儿童	高危儿	体重 正常儿童	高危儿	身长 正常儿童	高危儿	头围 正常儿童	高危儿	身高别体重 正常儿童	高危儿	体重指数 正常儿童	高危儿
<6月龄	1	0.5~1	√	√	√	√	√	√	√	√		
6~12月龄	2	1	√	√	√	√	√	√	√	√		
1~3岁	3	1~2	√	√	√	√	√	√	√	√	√ ≥2岁	√ ≥2岁
3~6岁	6	2~3	√	√					√	√	√	√
≥6岁	12	3~6	√	√					√	√	√	√

注:高危儿是指产前、产时和产后存在危险因素影响的儿童,包括早产儿、极低体重儿、小于胎龄儿;新生儿严重疾病,持续头颅超声或CT/MRI异常;使用体外膜氧合技术(ECMO),慢性肺部疾病,呼吸机辅助治疗等;持续性喂养问题,持续性低血糖,高胆红素血症,家庭或社会环境差等;母亲孕期TORCH感染等医学情况。

【问题7】 如何动态评价儿童的生长发育?

思路:儿童体格生长测量数据建议采用生长曲线图表示,生长曲线图的种类可根据不同工作需要、工作条件及使用人群进行绘制和选择。正确使用生长曲线图的前提是要对使用者事先进行培训,学会正确地画点、描记及对结果进行解释。最好同时记录测量值,以便一旦发现误差,及时纠正。

知识点

生长曲线图的绘制方法和注意事项

1. 描记方法 将儿童的出生年、月、日(公历)、出生情况、出生体重等填写在生长发育图相关部位。体重、身长/高、头围生长发育曲线图的横坐标均为儿童年龄,纵坐标按生长发育曲线图种类分别为体重、身长/高、头围值。描绘方法即以横坐标的实际年龄点作一与横坐标垂直的线,再以纵坐标的体重(或身长/高、头围)测量值为准作与纵坐标垂直的线,两线相交点即该年龄儿童体重(或身长/高、头围)在生长发育曲线图的位置或水平,将连续多个体重(或身长/高、头围)测量值的描绘点连线即获得该儿童体重(或身长/高、头围)生长轨道或趋势。生长曲线的标记点须用"•"表示。体重/身长的生长曲线方法相同,只是横坐标为身长值。按儿童实际年龄选择不同生长发育曲线图,将定期体检获得的个体体格生长指标测量值描绘在生长发育曲线图上进行评价。

2. 注意事项

(1)生长监测:定期、连续测量比一次测量更重要,可以获得个体生长轨道,多数儿童体格发育各测量值水平相近,如某一测量值明显偏离其他指标测量值百分位数值,提示可能存在异常。

(2)生长的个体差异:受遗传及环境条件影响,体格生长存在个体差异,多数儿童体重和身长/高测量值应稳定地沿着自己的"轨道"进行,在2条主百分位线(或2SD)之间均属正常(P_{97}、P_{75}、P_{50}、P_{25}、P_3为主百分位线,2条临近主百分位线之差相当于$1SD$);故均值或P_{50}不是个体儿童生长的目标,而表示各生长指标发育均衡,测量值等级相近。

(3)喂养方式:母乳喂养的婴儿在初期生长可能会略低于配方奶喂养婴儿,因此评价纯母乳喂养婴儿的生长时应考虑喂养方式的影响,避免不必要的检查、过度使用配方奶补充、过早引进固体食物等。

(4)"回归"均值趋势:约2/3的儿童出生体重和身长在2~3岁前可出现百分位值趋向P_{50},但需首先复核确定测量无误。

(5)生长波动:系列测量过程中出现生长曲线偏离原稳定的生长轨道超过1条主百分位线者为生长波动,需要适当增加生长监测频率,并查明原因,必要时给予营养喂养指导。

(6)生长异常:当儿童生长水平或体型匀称度$<P_3$或$>P_{97}$,或系列测量过程中出现生长曲线偏离原稳定的生长轨道超过2条主百分位线者称为生长异常,需及时寻找可能的原因,必要时应及时转诊至上一级儿童保健科或相关专科进一步诊治。

知识点

体格生长评价的临床意义和注意事项

1. 临床意义

(1)营养性疾病筛查:建议定期的人体测量数据采用生长曲线图分析,该方法简单、安全,能够动态反映总体营养状况,及早发现生长异常的情况。

(2)身材矮小筛查:当儿童年龄别身高生长水平$<P_3$或低于$2SD$,提示儿童身材矮小。对于身材矮小的儿童,采用坐高/身高比值评价身材匀称度,可初步筛查匀称性(下肢生长正常)或非匀称性(下肢生长不良)矮小。

(3)某些神经系统疾病筛查:如头围生长水平和速度的评价可用于头小畸形、脑积水等神经系统疾病的早期筛查。

（4）性早熟筛查：据身高的生长水平、生长速度可较早发现生长过快伴第二性征出现的性早熟儿童。

（5）治疗效果观察：定期生长监测有助于观察疾病治疗效果，如营养性疾病干预、生长激素应用等。

2．体格生长评价注意事项

（1）定期评估。

（2）体格生长评价不等同于疾病的临床诊断：体格生长评价系筛查工具，不能简单贴上"营养不良"或"生长异常"的标签。

（3）个体与群体评价：对于群体儿童，如评价结果"不良"的比例较高，提示该人群可能存在某些健康和营养问题，具有重要的公共卫生意义；可给政府制定政策提供数据，但不提示任何病因。对于个体儿童，生长水平仅表示该儿童已达到的水平。

【问题8】 什么情况下，儿童体格生长异常需转诊？

思路：常见儿童体格生长异常需转诊指征见表1-2-2。

表1-2-2　常见儿童体格生长异常转诊指征

年龄/岁	生长水平异常	生长速度变化	体型匀称度	遗传靶身高*	身材匀称度
<3	①$<P_3$或$>P_{97}$；②<6月龄：体重增长不足或下降；③6～12月龄：2～3月间体重不增	向上或向下跨2条主百分位数	①W/H或BMI（≥2岁）$>P_{85}$；②W/H或BMI（≥2岁）$<P_5$	—	顶臀长/身长>年龄参考值
3～6	①$<P_3$或$>P_{97}$；②体重增长不足或下降；③身高增长<5cm/年	向上或向下跨2条主百分位数	①W/H或BMI$>P_{85}$；②W/H或BMI$<P_5$	低于或高于	①坐高/身高>年龄参考值；②指距>身高
>6	身高$<P_3$或大于P_{97}；	向上或向下跨2条主百分位数	①BMI$>P_{85}$；②BMI$<P_5$	低于或高于	①坐高/身高<年龄参考值；②指距>身高

注：儿童遗传靶身高计算方法（6岁以上）：女童（cm）＝{目前身高（cm）+[父亲身高（cm）-13]}/2±6.5；男童（cm）＝{父亲身高（cm）+[母亲身高（cm）-13]}/2±6.5；"—"为小于3岁不计算此项；W/H为身高别体重；BMI为体重指数；P为百分位数。

【问题9】 神经心理正常发育与体格生长具有同等重要的意义，儿童的感知发育主要表现在哪些方面？

思路：儿童的感知发育包括视感知的发育、听感知的发育、味觉嗅觉的发育和皮肤感觉的发育，以下分别介绍各个感知发育情况。

知识点

儿童的感知发育

1．视感知的发育（表1-2-3）

表1-2-3　儿童视觉发育里程碑

年龄	视觉发育里程碑
新生儿	对光有反应，强光刺激下会闭眼
1～1.5月龄	能注视大的物体，出现同向性固视反射及再固视反射；对左右运动的物体，产生追随运动
2～3月龄	出现瞬目反射，有固视能力，目光能追随物体180°范围
4～6月龄	出现手-眼协调动作
7～9月龄	能稳定固视，能同时玩两个以上物体
12月龄	能用手指端准确取起细小的物体，如黄豆、花生米
18月龄	会翻，看图书，会搭积木，会识别简单的形状
24月龄	能模仿画线条
36月龄	能认识更复杂的形状，如菱形、椭圆形，能识别颜色，能区分色彩的不同饱和度等

2. 听感知的发育(表 1-2-4)

表 1-2-4　儿童听觉发育里程碑

年龄	听觉发育里程碑
新生儿	能听到响声出现惊跳反射(Moro 反射)、眼睑反射或觉醒反射
1 月龄	睡觉时突然声响会觉醒或哭泣;成人声音可以停止哭泣或活动
2 月龄	对成人声音会高兴地发出"啊"或"哦"声
3～4 月龄	脸转向声源,对不同语气反应不同,如不安,或喜说,或厌恶
5～6 月龄	对其他声音好奇,可定位声源,可与声音互动
7～8 月龄	倾听自己发出的声音和别人发出的声音,能把声音和内容建立联系,模仿发音
9 月龄	对低音敏感,对不同语气有反应,会表演简单婴儿游戏;可爬向邻近有声音的房间或呼叫者
10～11 月龄	模仿说"妈妈""奶奶"等
12 月龄	听懂几个简单指令,并做出表示;表达单词
15 月龄	听从简单指令,指认五官
18 月龄	用单词或短语表达自己的需要
2 岁	理解指令更好,会说一些简单句
3 岁	语言发育飞速,词汇丰富起来,能够学会一些复合句;能够唱儿歌,叙述简单事情
4～5 岁	能辨别声音的微小差别
6 岁	熟练辨别本民族语言所包括的各种语言

3. 味觉嗅觉的发育　出生时味觉发育已相当完善,4～5 个月甚至对食物轻微味道改变已很敏感,此期应适时引入各类食物。出生时嗅觉中枢与神经末梢已发育成熟,7～8 个月婴儿嗅觉比较灵敏,能分辨芳香的气味,2 岁左右能很好辨别各种气味。

4. 皮肤感觉的发育　新生儿已有痛觉,但较迟钝。温度觉已很灵敏。

【问题 10】　儿童的运动发育有哪些特点?
思路:儿童运动发育大体可分为平衡与大运动发育,以及细动作的发育,大体发育过程见图 1-2-1。

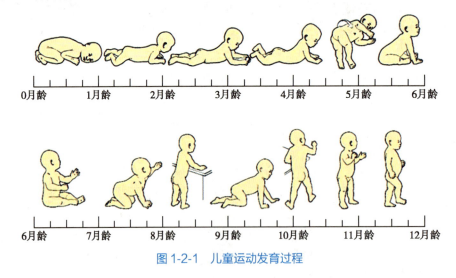

图 1-2-1　儿童运动发育过程

1. 平衡与大运动发育　一试二抬三起身,四稳五坐六前撑,七滚八爬九扶站,1 岁学走 2 岁跑。
2. 细动作的发育特点　3～4 个月时握持反射消失;6～7 个月时出现换手与捏、敲等探索性动作;9～10 个月时可用拇、食指拾物,喜撕纸;12～15 个月时学会用匙,乱涂画;18 个月时能叠 2～3 块方积木;2 岁时可叠 6～7 块方积木,会翻书。

【问题 11】　儿童的语言发育有哪些特点?
思路:语言的发育要经过发音、理解和表达 3 个阶段。发声分为单音节阶段(0～4 月龄)、多音节阶段

（4～10 月龄）与学话萌语阶段（11～13 月龄）。

【问题 12】 在儿童的生长发育中有心理活动吗?

思路: 在儿童的生长发育中同样存在心理活动,包括社会行为、注意、记忆、思维、想象、情绪、情感、个性和性格的发展。

知识点

儿童的生长发育中的心理活动

1. 早期的社会行为 2～3 个月时小儿会以笑、停止啼哭等行为,以眼神和发音表示认识父母,3～4 个月的婴儿开始出现社会反应性大笑,7～8 个月的小儿可表现认生、对发声的玩具感兴趣等,12～13 个月对人和事物有喜憎之分,15 个月能表示同意、不同意,18 个月时逐渐有自我控制能力,2 岁时不再认生,能表达喜、怒、怕、懂,3 岁时可与小朋友做游戏。

2. 注意的发展 婴儿以无意注意为主,很不稳定,1～3 岁幼儿注意时间逐渐延长,随着年龄的增长,约 3 岁时逐渐出现有意注意,5～6 岁的儿童能很好控制自己的注意力。

3. 记忆的发展 记忆是将所学得的信息贮存和读出的神经活动过程,可分为感觉、短暂记忆和长久记忆 3 个不同的阶段。长久记忆又分为再认和重现,1 岁以内的婴儿只有再认而无重现,5～6 月龄婴儿可再认母亲,但再认时间短,随年龄的增长,重现能力亦增强,幼儿只按事物的表面特性记忆信息,以机械记忆为主。

4. 思维的发展 婴儿期开始产生思维,思维活动仅限于同感知和动作联系的范围,8 月龄左右的婴儿能找到当他面藏的物体,为思维萌芽的标志,1 岁以后的儿童开始产生思维,在 3 岁以前只有最初级的形象思维。

5. 想象的发展 1～2 岁儿童出现想象的萌芽,24～30 月龄时开始发展真正的想象性游戏,并有简单的主题和主角。

6. 情绪、情感的发展 婴幼儿情绪特点表现是时间短暂、反应强烈、容易变化、外显而真实。从未分化的社会性反应阶段(出生～2 月龄)至特定、持久的感情联结阶段(7～24 月龄),2 岁以后形成伙伴关系发展阶段。

7. 个性和性格的发展 幼儿时期能说出自己的需要,有一定的自主感,但又未脱离对亲人的依赖,常出现违拗行为与依赖行为互相交替的现象。

【问题 13】 儿童生长发育有警示信号吗?

思路: 儿童保健日常工作的主要内容是通过筛查、早期分析儿童生长发育出现的危险信号,以进一步检查或转诊,按照年龄阶段可分为婴儿生长发育危险信号(表 1-2-5)、幼儿、学龄前儿童生长、发育的危险信号(表 1-2-6),学龄儿、青少年生长、发育的危险信号(表 1-2-7)。

表 1-2-5 婴儿生长发育危险信号

年龄	体格发育(包括自主性神经系统稳定性、调节、睡眠、气质)	大运动(强度、协调)	精细运动(喂养、自我照顾能力)	听力与语言	神经心理与情感	视觉与认知
新生儿	生后 2 周生理性体重下降后,体重仍未恢复;吸吮-吞咽协调差;喂养时呼吸急促或心动过缓;对外界刺激反应差;小阴茎、双侧或一侧睾丸未降;外生殖器性别分辨不清	肢体运动不对称;肌张力高或低;原始反射不对称或未能引出		对声音反应差;语言不能使安静;尖声哭叫	易激惹;状态转移差	玩偶样眼;对红色无反应;警觉状态差

年龄	体格发育(包括自主性神经系统稳定性、调节、睡眠、气质)	大运动(强度、协调)	精细运动(喂养、自我照顾能力)	听力与语言	神经心理与情感	视觉与认知
3月龄	体重增长不足;头围增长>2SD或不增;难抚养;持续吸吮-吞咽问题;睡眠清醒周期紊乱	肢体运动不对称;肌张力高或低;抬头差	无手-口活动;进食时间>45分钟;持续每小时觉醒喂养	不能转向声源;不能发声	无逗笑;孤僻或情绪低落;缺乏安全护理;缺乏对视	无视觉追踪;不能注视人脸或物
6月龄	体重增长<2倍出生体重;头围不增;持续喂养或睡眠问题;难以自我安定	原始反射仍存在;不能靠坐;拉坐头后仰	不能抓物、握物	无咿呀发音;对声音无反应	不笑或"庄重"样;对游戏无反应;缺乏对视	无警觉;不看抚养人
9月龄	家长控制进食或睡眠;持续夜醒;睡眠状态喂养;难以自我安定与自我调节	不能坐(双下肢分开);无侧面支持反射;非对称爬、用手或其他运动	不能自喂食物;不能拾物	无单、双辅音;对自己的名字或声音无反应	对陌生人过分紧张或无反应;不能从抚养人寻找安慰;缺乏对视	缺乏警觉;缺乏用手或口接触玩具
12月龄	头尾、体重、身长<P_3或P_{97};体重或身长向上或下跨2条主百分位线;睡眠清醒周期紊乱;难以与家长分离	不能自己坐、不能拉到站、不能自己爬、不能扶走去周围取物	不能自喂食物或喝;不能一只手拿玩具或换手	不能辨别声源;不能模仿语音;不能用肢体语言	对游戏无反应;对读书或相互的活动无反应;孤僻或"庄重"样;缺乏对视	不能用眼跟随动的物体

表 1-2-6　幼儿、学龄前儿童生长发育的危险信号

年龄	体格发育(包括节律性、睡眠、气质)	神经心理与情感(强度、协调)	视觉与认知	大运动、语言与听力	精细运动(喂养、自我照顾能力)	体能与协调性
15月龄	转换状态困难;家长关注儿童气质或控制能力;年龄别身高、W/H<P_3或>P_{97};体重或身高向上或向下跨2条主百分位线	有依恋问题	缺乏客体永存表现	缺乏辅音;不会模仿说单词;无肢体语言	不能自喂	不能走
18月龄	睡眠无规律;控制与行为问题;W/H<P_3或>P_{97};体重或身高向上或向下跨2条主百分位线	不会向别人展示东西	咬玩具;不用手指探索物体;缺乏模仿行为	不能简单指令(如"不""跳")	不能乱画;不会自己用勺	走时常摔跤
2岁	体重增长<4倍出生体重;W/H<P_3或>P_{97};体重或身高向上或向下跨2条主百分位线;睡眠无规律;夜醒频繁,不能自己再入睡	不会玩象征性游戏;不能玩平行游戏*;表现为破坏性的行为;总是紧依着母亲		不会2个词的短语;非交流语言(模仿言语、生硬短语);不能指出5张图片;不能说出身体部位	不能搭4~5块积木;仍食糊状食物;不能模仿乱画;不能扔小丸入瓶	下楼需扶;步态蹒跚;持续足尖走

年龄	体格发育(包括节律性、睡眠、气质)	神经心理与情感(强度、协调)	视觉与认知	大运动、语言与听力	精细运动(喂养、自我照顾能力)	体能与协调性
2.5岁	拒绝按时就寝;开始出现行为问题;W/H<P_3 或 >P_{97};体重或身高向上或向下跨2条主百分位线	咬、打同伴或家长	不会用棍子扒玩具	不会2个词的短句;只能说出身体部分部位	不能自己进食;不能搭6块积木;不能模仿画圆圈;不能模仿画直线	不会跳;不能踢球
3岁	如厕训练问题;不能安定自己;年龄别身高、W/H<P_3 或 >P97;体重或身高向上或向下跨2条主百分位线;年龄别体重指数 >P85;身高增长 <5cm/ 年	不能自己穿衣服;不理解按顺序;不会玩扮演游戏		不会说自己的名字;不能配2种颜色;不会用复数;不懂2～3个介词;不会讲故事;辅音不清楚	不能搭10块积木;拳握笔;不能画圆圈	不能单足站1min;跑时足尖向内常摔跤
4岁	拒绝按时就寝;行为问题:孤僻或活动过多;不愿解大便;如厕训练问题;年龄别身高、W/H<P_3 或 >P_{97};体重或身高向上或向下跨2条主百分位线;年龄别体重指数 >P_{85};身高增长 <5cm/ 年	不能遵守游戏规则;在家不听指令(如玩具放回);虐待动物、朋友;对火、或玩火感兴趣;恐惧或害羞;不易与母亲分离	不能数3个物品;不知道危险;判断能力差	理解语言困难;理解介词有问题;词汇少;说话不清楚	缺乏自我生活能力(穿衣、吃饭);不会扣扣子;不能画方形	不能单足站4分钟;不能双足交替上楼
5岁	持续睡眠问题;夜惊恐;拔毛癖;年龄别身高、W/H<P_3 或 >P_{97};体重或身高向上或向下跨2条主百分位线;年龄别体重指数 >P_{85};身高增长 <5cm/ 年	没有朋友;不理解分享、学校纪律;虐待动物、朋友;对火、或玩火感兴趣;欺负或受欺负;经常斗殴;情感低落、孤僻、沮丧	不能数1～10;不知道颜色;难以完成3个指令	所说的话不能完全被理解,不能区分1分、5分和1角硬币;语速、节律不正常	不能模仿画方形;画人无身体部分	蹦跳困难
6岁	年龄别身高、W/H<P_3 或 >P_{97};体重或身高向上或向下跨2条主百分位线;年龄别体重指数 >P_{85};身高增长 <5cm/ 年;男童小阴茎	与同伴关系问题;将自己锁在家;不会描述自己的优点;情感缺乏、孤僻、沮丧;虐待动物、朋友;对火、或玩火感兴趣	学校成绩问题;不能安静坐在教室里;不能说出自己的年龄;过多看电视;说不出自己的兴趣	部分语言费解;不能读简单短句;不会讲简单故事	不能模仿画"+";画人 <8部分;不会拼写自己的名字;不能模仿画菱形、方形	不能接住球;不能走直线

注:* 平行游戏:各自玩同样游戏。W/H 为身高别体重。

表 1-2-7 学龄儿、青少年生长、发育的危险信号

年龄	体格发育	神经心理与情感 （强度、协调）	视觉与认知	语言与听力	精细运动	大运动
8岁	年龄别身高、W/H $<P_3$ 或 $>P_{97}$； 男童小阴茎； 女童 <8 岁腋毛、阴毛、乳房发育	无任何爱好； 无朋友； 虐待动物、朋友； 对火、或玩火感兴趣； 情感贫乏、孤僻、沮丧	不能描述一周7天； 不会加、减法； 不知左右	有阅读和数学问题	不会系鞋带； 画人不全，少于 12 部分； 不能正确握笔	协调运动、耐力、强度差
10岁	年龄别身高、W/H $<P_3$ 或 $>P_{97}$； 男童 <9 岁出现腋毛、阴毛发育	不参加学校运动队或课外活动； 不懂规则； 同伴关系差； 喜欢结伙、虐待动物、朋友； 对火、或玩火感兴趣； 情感贫乏、孤僻、沮丧	缺乏操作性思维，如因果、整体与局部、自我中心思维	理解口头指令有问题	不能正确书写或草写	不能准确扔或接物
12～18岁	年龄别身高、W/H $<P_3$ 或 $>P_{97}$； 14 岁女童乳房未发育或 15 岁无月经初潮； 女童多毛症或月经不规律； 16 岁男童无性发育	出现危险行为：吸烟、喝酒、性行为； 虐待动物、朋友； 对火、或玩火感兴趣； 情感贫乏、孤僻、沮丧； 挑衅、反叛行为	完成学业困难； 不能有条理完成家庭作业	阅读理解问题	书写困难	不清楚自己喜欢的活动强度

（向 伟）

第三节 婴幼儿营养及喂养

婴儿期是小儿生长发育最快的时期，良好的营养状态可保证婴儿正常的生长发育，帮助其预防急慢性疾病，但由于消化系统发育不成熟，容易发生消化紊乱致营养不足，该时期提供母乳喂养与及时合理添加泥糊状食物极为重要。

幼儿期儿童神经心理发育迅速，对周围世界充满好奇心，表现出探索性行为，平时也表现出强烈的自我进食欲望，进食技能发育状况的培养也非常重要，因此该时期既要防止热能摄入不足，也要防止摄入过多发生肥胖症，同时各种营养素之间的平衡应受到重视。

知识点

评价并指导婴幼儿营养及喂养应注意以下环节

1. 掌握小儿营养的基本知识，熟悉儿童能量消耗特点。儿童总的能量消耗中基础代谢占 50%，排泄消耗占 10%，生长和运动消耗占 32%～35%，食物的热力作用占 7%～8%。婴儿能量平均需要量为 95kcal/(kg·d)，其能量需要与生长速度、活动量有关。

2. 掌握儿童消化系统解剖发育知识。儿童的消化系统解剖发育特点包括吸吮吞咽机制、食管及肠道运动、消化酶的发育水平等，需了解，方可正确指导喂养方法、食物的量及比例等。

3. 了解婴幼儿肠道菌群的变化特点。母乳喂养婴儿肠道形成以双歧杆菌占绝对优势的肠道菌群，配方奶喂养婴儿肠道形成相对复杂的肠道菌群。

4. 掌握正确的喂养方法，了解母乳喂养的优点、何时添加辅食以及如何顺利断奶。

5. 评价儿童营养状况的"ABCD"法则。"A"人体测量（anthropometric measurement），"B"实验室或生化检查（biochemical or laboratory tests），"C"临床指标（clinical indicators），"D"膳食分析（dietary assessment）。

临床病例

患儿，女，42天。常规体检，现体重4.8kg。既往无特殊病史，G_1P_1，孕38周顺产，出生体重3.0kg，出生时一般情况好，无窒息，出生后纯母乳喂养至今。现母亲因特殊原因欲添加配方奶，行混合喂养，前来咨询婴幼儿喂养及营养相关问题。

初步病史采集后，因患儿母亲欲添加配方奶，为了给予患儿母亲全面客观的建议，临床需考虑以下相关问题。

【问题1】 婴幼儿时期有哪些液体食物（乳类）可供选择？特点是什么？

思路：婴幼儿期食物包含液体食物（乳类）、半固体食物、家庭普通（成人）食物，其中液体食物（乳类）是婴幼儿的重要食物，根据来源可分为母乳、配方奶、全牛奶以及其他特殊治疗性配方奶。

知识点

婴幼儿期各类食物的特点

1. 母乳　母乳包含婴儿所需要的所有营养素，是婴儿最理想的天然食物，对婴儿健康的生长发育有不可替代的作用。

2. 配方奶　当无法进行母乳喂养或在婴儿逐渐断离母乳时应首选以全牛乳为基础进行改造的配方奶，应按年龄选用。

3. 全牛奶　液体全牛奶、酸奶存在诸多缺点，如乳糖含量低，宏量营养素比例不当，肾脏负荷重，缺乏免疫因子等，不适合于婴儿。

4. 治疗性配方　针对婴儿的某些疾病可选用特殊的治疗性配方。

【问题2】 母乳喂养喂到多大年龄比较好？

思路：一个健康、营养均衡的母亲的乳汁可提供足月儿正常生长至6个月所需的全部营养需求，最好纯母乳喂养到6个月，在6个月左右加入其他食物满足婴儿生长发育需要的同时，建议对婴儿母乳喂养至12个月。生后第2年，母乳仍然是儿童能量和高质量营养素的重要来源，应鼓励母乳喂养至2岁。

【问题3】 哪些情况不能进行母乳喂养？

思路：母亲或者婴儿患有特殊疾病或者服用特殊药物时期不宜哺乳。

知识点

母乳喂养的禁忌证

1. 半乳糖血症的婴儿。

2. 患活动性结核病或人类T-细胞淋巴病毒Ⅰ或Ⅱ型阳性的母亲。

3. 接受放射性同位素诊治或工作环境中存在放射性物质的母亲。

4. 母亲接受抗代谢药物、化疗药物或某些特别的药物治疗期间。

5. 吸毒或滥用药物的母亲。

6. 乳房患有单纯疱疹病毒感染的母亲。

7. 人类免疫缺陷病毒（HIV）感染的母亲。

8. 母亲患有严重的心脏病、心功能Ⅲ～Ⅳ级者，严重的肾脏、肝脏疾病，患高血压、糖尿病伴有重要器官功能损害者，严重精神病、反复发作的癫痫，先天代谢性疾病的情况，哺乳有可能增加母亲的脏器负担，导致病情恶化，不宜哺乳。

9. HBsAg、HBeAg、抗-HBc三项阳性（"大三阳"）母亲的婴儿应得到免疫保护，母亲不宜哺乳。

【问题4】 什么情况需要进行混合喂养？

思路：母亲产后不泌乳；出生2周后，母乳仍然不够；婴儿每个月体重增长不到600g；尿少，尿液颜色深,每天<6 次;婴儿在喂奶后不满足,经常哭闹,需要频繁喂奶;喂奶持续时间在 30 分钟以上;母亲挤奶时挤不出奶,婴儿拒绝吃母乳;婴儿大便干、硬或发绿。出现上述情况时,可以在每次哺乳先吸空乳房(两侧)后,用配方奶补充母乳不足的部分。注意即使母亲的乳汁不够,也要让婴儿频繁吸吮,以促进乳汁分泌。

【问题 5】 如何科学实施喂养?
思路:科学喂养包括开奶时间、如何促进乳汁分泌、母乳的储存等。

> 知识点
>
> **科学喂养的基本原则**
>
> 1. 尽早开奶　生后 2 周内是建立母乳喂养的关键时期,婴儿出生后第一次吸吮的时间是成功建立母乳喂养的关键,宜尽早(<1 小时)开始第一次吸吮。
> 2. 促进乳汁分泌　采用 0~2 月龄的小婴儿频繁吸吮乳头、按需哺乳、每次哺乳排空乳房等方法以及母亲情绪放松可促进母亲乳汁分泌。
> 3. 奶量估计　母乳分泌的量不易获得,当婴儿体重增长满意、睡眠状况良好及尿量正常(>6/d)时可提示母乳量充足。婴儿配方奶摄入量可据婴儿的体重、能量需要(每日 80~95kcal/kg)及奶制品规格等估计,4 月龄婴儿每天的总奶量应该在 600~800ml。>6 月龄的婴儿母乳或配方奶仍是婴儿的重要营养来源(通常总奶量约为 800ml/d)。
> 4. 食物的制备与保存　儿童食物的制备与保存过程需保证食物、食具、水的清洁卫生,是减少婴幼儿感染的关键。
> 5. 液体量　婴儿的胃容量很有限,6 月龄内婴儿可从乳汁和其他食物中获取充足的液体量,应避免额外给婴儿过多的水。婴儿每天 6~8 次小便即提示液体的摄入基本足够。

【问题 6】 婴儿应该如何引入其他食物?
思路:婴儿引入其他食物的 WWW.H(Why,When,What,How)和进食安排(表 1-3-1)。

> 知识点
>
> **婴儿引入食物的 WWW.H**
>
> 1. Why(为什么)　辅食添加不仅满足婴幼儿的营养需求,而且促进婴幼儿生理、心理发育,同时 0~24 月龄是学习"吃"的关键期,辅食添加能逐步培养婴儿良好的饮食习惯,锻炼小儿自我进食能力。
> 2. When(什么时候)　开始添加辅食时间应根据纯母乳喂养的营养供给程度、胃肠道发育情况、大脑发育成熟程度、肾脏功能、食物的质量、准备断奶的有效卫生水平、生长发育状况和健康水平(近期及远期)评估等综合判断。大多数情况不能早于 4 月龄,多为 4~6 月龄,不迟于 6~7 月龄,强调个体化。
> 3. What(加什么)
> (1)第一阶段半固体食物:为特别制作的婴儿产品或家庭自制的富含营养素的、泥状(茸状)食物,多为植物性食物,包括强化铁的米粉、水果泥、根茎类或瓜豆类的蔬菜泥。
> (2)第二阶段固体食物:系指食物的品种接近成人食物,提供婴儿营养素需求;食物的硬度或大小亦宜增加,适应婴儿咀嚼、吞咽功能的发育,如碎末状、指状或条状软食,包括水果、蔬菜、鱼肉类、蛋类。
> 引入的顺序:婴儿 4~6 月龄发育成熟情况决定引入第一种其他食物,如强化铁的谷类食物等,第一阶段引入的其他食物以补充维生素、矿物质等营养素,同时训练婴儿的咀嚼、吞咽技能及刺激味觉发育为主,强调食物的多样化;7~8 月龄后引入婴儿第二阶段食物(固体食物),逐渐过渡到成人食物。
> 4. How(如何添加)　引入原则:从少到多、由细到粗、由稀到稠、由一种到多种,在婴幼儿健康、

消化功能正常时逐步添加。婴儿接受一种新食物需要有适应的过程,故每种宜尝试10~15次(5~7日)至婴儿逐渐接受后再尝试另一种新食物。婴儿的进食技能发育水平与幼儿的进食习惯培养及生长发育有关。如婴儿4~6月龄时学习从勺中取食;7~9月龄时训练用杯喝水;10~12月龄训练用手抓食,指状食物可帮助婴儿进食、增加进食兴趣,有利于眼手动作协调和培养独立进食能力。表1-3-1总结了婴幼儿进食安排。

表1-3-1 婴幼儿进食安排

| 月龄 | 食物性状 | 种类 | 餐次 | | 进食技能 |
			乳类	谷类	
4~6	泥状食物	乳类(母乳、配方乳) 第一阶段食物	5~6次(断夜间奶)	含铁配方米粉 逐渐至1餐	用勺喂
7~9	末状食物	乳类(母乳、配方乳) 第二阶段食物	5次 4次	1餐 2餐	学用杯
10~12	碎食物	乳类(母乳、配方乳) 第二阶段食物	3~4次	2餐	学抓食、自用勺,学用杯,开始与成人共进餐
13~24	块状食物	配方乳 各种家庭制备食物	2~3餐谷类食物	2~3次乳类	断离奶瓶,1.5~2岁自己进食

【问题7】 幼儿期应该如何选择食物?

思路:幼儿期可选择的食物包括粮谷类及薯类食品、乳类食品、鱼、肉、禽、蛋及豆类食品、蔬菜、水果类食品和油、糖、盐等调味品及零食。

> 知识点
>
> ### 幼儿期食物选择基本原则
>
> 1. 粮谷类及薯类食品　进入幼儿期后,粮谷类应逐渐成为幼儿的主食。这类食品添加时应以大米、面制品为主,同时加入适量的杂粮和薯类。
> 2. 乳类食品　此类食物系优质蛋白质、能量、钙等重要来源。继续母乳喂养可至2岁,或每日500ml配方奶或牛奶。建议12~24个月幼儿逐渐过渡到低脂饮食(2%低脂),2岁后逐渐过渡到脱脂奶。
> 3. 鱼、肉、禽、蛋及豆类食品　此类食物是优质蛋白质、长链n-3脂肪酸、大多数微量营养素主要来源。
> 4. 蔬菜、水果类　此类食物不仅可提供营养素,而且具有良好的感官性状,可促进幼儿食欲,防治便秘。
> 5. 油、糖、盐等调味品及零食　此类食物提供必需脂肪酸、调节口感等,但过多对身体有害无益。饮料应是不含热量或者低热量的,不稀释的水果汁含糖量可能很高。幼儿最好的饮料是开水、奶类。

【问题8】 幼儿期膳食安排需要注意些什么?

思路:幼儿膳食需做到营养齐全、搭配合理、科学加工、规律进餐、饮食卫生和独立进食。

> 知识点
>
> ### 幼儿期膳食安排的基本要求
>
> 1. 营养齐全、搭配合理　蛋白质25~30g/d,其中优质蛋白(动物性蛋白质和豆类蛋白质)应占总蛋白的1/3~1/2。能量推荐量1 100~1 200kcal/d,蛋白质、脂肪和碳水化合物产能之比为(12%~

15%）：（30%～35%）：（50%～60%）。

2. 合理加工与烹调　幼儿膳食质地较成人软，但不宜过碎煮烂，以清淡为宜，少用调味品。食物品种多样化，并经常更换烹调方法，增加食欲，也应尽量减少营养素的损失。

3. 合理安排进餐　儿童应和其他人一起进餐且有规定的时间，比年长儿需要更多的餐次。1～2岁每天可进餐5～6次，2～3岁时可进餐4～5次，每餐间相隔3～3.5小时。一般可安排早、中、晚三餐，午点和晚点两次。餐间控制零食。频繁进食、夜间进食、过多饮水均会影响小儿的食欲。少食高脂、高糖食物、快餐食品、碳酸饮料。

4. 营造幽静、舒适的进餐环境　安静、舒适、秩序良好的进餐环境，可使小儿专心进食。就餐时或就餐前不应责备或打骂幼儿，发怒时，消化液分泌减少降低食欲。进食时不玩玩具、看电视或追喂。

5. 注意饮食卫生　从小培养小儿良好的卫生习惯。避免幼儿摄入引起窒息和伤害的食物。

6. 鼓励自己进食　1～2岁幼儿应鼓励自己进食，2岁后的儿童应独立进食，并由自己决定进食量，不强迫进食。幼儿应在一定限度内从一组基本食物中选择他们吃的食物种类和数量，应该在一定程度上尊重儿童对味道的喜好。

【问题9】　如何培养正确的喂养方式？
思路：父母应采取顺应性喂养。

知识点

顺应性喂养

顺应性喂养为儿童-看护者之间的相互作用，是基于控制及培养的一种喂养方式（表1-3-2）。顺应性喂养具体包括3个步骤：

1. 婴幼儿通过动作、面部表情和语言发出信号。

2. 父母识别并及时、有情感、保持一致性地积极回应婴幼儿发出的信号，并与婴幼儿的发育水平相适应。

3. 婴幼儿逐渐感受和学习父母可能的信号回应，以此建立语言和非语言的交流。

表1-3-2　父母顺应喂养过程的示例

年龄/月龄	父母的准备	与饮食相关的儿童能力和信号	父母的应答	儿童学到了什么
0～6	当婴儿出现饥饿信号的时候准备食物	主要通过声音、面部表情和行为来表达饥饿感和饱腹感	对婴儿的信号作出反应：饥饿的时候喂食，饱腹的时候停止	父母会对他的需求作出反应并满足他们的需求
6～12	保证婴儿在舒适的位置；建立家庭日常进食时间/惯例	咀嚼和吞咽半固体食物；用手自己摄食	对婴儿的信号作出反应：增加食物种类、质地和口味；鼓励婴儿尝试自我摄食	开始自我摄食；尝试新的口味和不同材质的食物；摄食和进食是件有趣的事情
12～24	提供3～4次/d健康的饮食；2～3次/d健康的点心；提供能够幼儿自己拿起来、咀嚼吞咽的食物	可自己进食多种食物；使用幼儿健康餐具；用语言来表达需求	对幼儿饥饿感和饱腹感作出反应；鼓励幼儿尝试自我摄食	尝试新的食物；能地理完成自己的事情；能够求助，相信看护人能对他的需求作出反应

【问题 10】 如何制定进食的基本规则？

抚养人负责制定一日三餐的进食基本规则,包括选择食物的类型、控制进餐时间、选择进食环境及培养儿童进食技能等。

知识点

儿童进餐规则

1. 避免进食时用电视、电话、玩具等方式分散儿童注意力。
2. 家长对儿童就餐情况保持中立态度。
3. 进食规律、促进食欲、限制就餐时间 20～30min/ 餐,4～6 餐(点心),餐间适量饮水。
4. 提供与儿童年龄相符的食物种类及质地。
5. 给小婴儿逐渐引入新食物(尝试 8～15 次)。
6. 鼓励较大婴儿、幼儿自己进食,包括抓食。
7. 允许与儿童年龄相符的狼藉。

(向 伟)

第四节 营养性疾病

一、蛋白质 - 能量营养不良

世界卫生组织定义营养不良(malnutrition)是指营养物质、能量供给与确保机体生长发育、维持机体功能需求之间的细胞失衡状态。营养不良不仅包括营养不足(消瘦、生长迟缓、低体重),而且包括维生素和矿物元素不当和超重、肥胖以及与饮食相关的非传染性疾病。

蛋白质 - 能量营养不良(protein-energy malnutrition, PEM)简称营养不良,由于多种原因引起的蛋白质和 / 或总能量长期摄入不足,不能维持正常新陈代谢而导致自身组织消耗的营养缺乏性疾病。PEM 主要见于 3 岁以下婴幼儿,是全球 5 岁以下儿童死亡的重要原因,发展中国家 50% 以上的儿童死亡与营养不良有关。

知识点

儿童 PEM 的诊疗环节

1. 详细询问患儿病史 包括出生史、生长发育史、喂养史、疾病史、家族史等。同时注意与病因如摄入不足、吸收不良、需要量增加等相关病史的询问。
2. 根据儿童年龄、临床症状与体征进行诊断及鉴别诊断 根据年龄和喂养史、体重下降、皮下脂肪减少、全身各系统功能紊乱及其他营养素缺乏的临床症状与体征,一般可准确诊断并进行鉴别诊断。
3. 注意 PEM 并发症 PEM 常见的并发症有营养性贫血、多种微量营养素缺乏、感染、自发性低血糖等。肝肾功能、电解质、血糖等生化检查,有条件可做微量营养素水平如维生素 A、维生素 D 等检测,有助于 PEM 并发症的判断。
4. 儿童 PEM 的治疗 依据营养不良的严重程度决定不同的治疗方法,包括祛除病因、调整饮食、促进消化功能和营养支持、治疗并发症三个方面。强调循序渐进,缓慢增加营养和热量为原则,操之过急可能因器官负担过重而造成不良结局。
5. 教育和随访 作为一种慢性营养障碍性疾病,PEM 患儿的管理需要患儿、家庭、医生的共同参与,强调家庭教育及长期随访。
6. 综合预防 PEM 主要综合性预防措施有合理喂养,合理安排生活作息制度,防治各种传染病、感染性疾病和先天畸形等,推广应用生长发育监测图。

知识点

1. 体重不增是 PEM 的早期表现，皮下脂肪层厚度是判断营养不良程度的重要指标之一。首先是腹部皮下脂肪逐渐减少以至消失，其次为躯干、臀部、四肢、最后为面颊。

2. 准确的体格生长指标测量，选择合适的生长指标参考依据是判断儿童营养不良程度的关键。

3. PEM 可分为原发性和继发性营养不良，社会因素是导致原发性营养不良的关键，继发性营养不良继发于基础疾病。临床上 PEM 分为以能量供应不足为主的消瘦型营养不良，以蛋白质供应不足为主的水肿型营养不良，介于两者之间者为消瘦 - 水肿型营养不良。

4. 儿童营养不良可继发多种并发症，应积极关注并治疗已经发生的并发症。

临床病例

患儿，女，16 个月。因"体重不增、消瘦 8 月"来诊。初步病史采集如下。

患儿为 G_1P_1，孕 39 周剖宫产分娩，出生体重 3.3kg，母亲孕期身体健康，生后母乳喂养，自出生后体重增长尚可。

6 个月开始添加少许辅食，10 个月断离母乳，改人工喂养，自转换食物后，患儿吃奶少，每天进食配方奶约 200ml，因担心患儿消化不良，家长自行将配方奶稀释，加米汤，偶尔进食稀饭，未加蛋黄。患儿对食物的兴趣越来越差，见到食物即回避，每餐进食量很小，每次进食缓慢，经常腹泻，每月 1~2 次，每次持续约一周。

没有定期儿童保健，1 岁后只去过一次。半个月前体检，体重 7.2kg，身长 73cm。体格评价身长 / 高基本没有增长，体重下降，皮下脂肪消失，反应也越来越差。近两个月在社区医生的指导下增加配方乳的浓度和量，但腹泻频繁。故改进食米粥、面条等。但体重仍然没有增加，身长 / 高增加不明显。平日患儿爱哭闹，烦躁，睡眠差。

否认特殊疾病及特殊用药史。家族史无特殊。按规定预防接种。

初步病史采集后，因患儿主要表现为体重不增，吃得少，按营养不良思路分析，临床需考虑以下相关问题。

【问题 1】 该患儿的体重是否正常？如果不正常，营养不良的程度如何？如何判断患儿营养不良的类型？

思路：该患儿体重低于平均体重，身长也低于平均身长。判断营养不良的标准主要基于年龄、体重、身长的综合判断指标，常采用的是年龄别体重、年龄别身高、身高别体重、年龄别体重指数。身高别体重提供体重相对于目前身高别体重信息，间接反映身体的密度与充实度，优点是不依赖于年龄，是判断 2 岁内儿童营养不良和超重肥胖常用的指标之一。年龄别体重指数是另一种利用身高、体重评价营养的方法，与身体脂肪存在高度的相关性，对 ≥2 岁儿童超重肥胖的判断好于身高别体重。

知识点

营养不良的分型与分度

营养不良分为低体重（underweight）、生长迟缓（stunting）和消瘦（wasting），WHO 修改的儿童营养不良分型与分度已取消轻度营养不良，按体格发育指标分类方法见表 1-4-1。

表 1-4-1 WHO 修改的儿童营养不良分型与分度方法

分型	分度		状态
	中	重	
低体重（W/age<−2SD）	≤−3SD～−2SD	<−3SD	
生长迟缓（H/age<−2SD）	≤−3SD～−2SD	<−3SD	持续营养不良
	z-score<−2	z-score<−3	
消瘦（W/H<−2SD）	≤−3SD～−2SD	<−3SD	急性营养不良
	z-score<−2	z-score<−3	

注：W/age 为年龄别体重；H/age 为年龄别身高；W/H 为身高别体重。

z-score 是指标准离差法。

根据病史、膳食调查、体格检查、测量、实验室检查等综合分析。根据小儿年龄及喂养史,有体重下降、皮下脂肪减少、全身各系统功能紊乱及其他营养素缺乏的临床症状和体征,典型病例的诊断并不困难。水肿型营养不良由于全身水肿不能根据体重来衡量和评估患儿的营养状况容易误诊漏诊,确诊后还需详细询问病史和进一步检查,以确定病因。

【问题2】 儿童发生营养不良的危险因素有哪些?询问病史应围绕哪些方面进行?

思路:①应询问有无营养不良的高危因素,喂养方式和方法在营养不良的发生发展中起着重要作用;②仔细询问有无营养不良的临床症状,如体重不增/下降、生长迟缓、身高低于正常、器官不同程度的功能紊乱等;③出生史、生长发育史及家族史;④有无其他病史,有助于排除其他疾病;⑤注重询问患儿体重的下降是一个缓慢的过程,还是短时间的突然变化,患儿一直以来的生长发育状况如何,这对于营养不良的鉴别诊断有一定意义。疾病因素导致的营养不良发生时间短,以体重下降为主。贫困、食品安全和其他潜在和直接导致孕产妇和儿童营养不良原因的关系框架以及它们的短期和长期后果见图1-4-1。

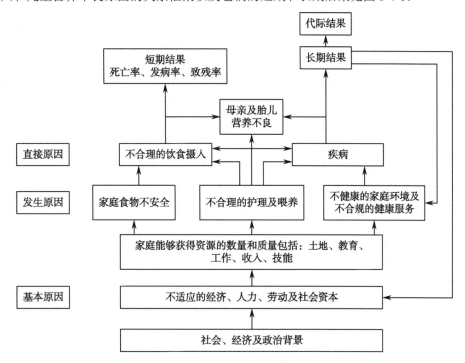

箭头显示营养不良的后果能反馈到长期营养不良的循环、贫困和不平等的发生及基本原因

图1-4-1 营养不良的高危因素

【问题3】 病史采集结束后,在体格检查中应关注哪些重点?

思路:准确的体格测量是营养不良诊断的前提,测量指标包括身高、体重、皮下脂肪厚度等。查体时应全面,又有重点,这对于并发症的判断、考虑营养不良是否由继发性因素导致有重要意义。

查体记录

患儿体重7.2kg,低于同年龄平均体重的三个标准差;身高73.2cm,低于同年龄平均身高的 $-3SD \sim -2SD$,身高别体重低于同身高女童平均体重的 $-1SD$。

精神反应差,眼神呆滞,眼结膜可见结膜干燥斑,皮肤可见红色突出表面的红疹、无结节,腹部皮下脂肪消失。心肺听诊未及异常。腹软,肝肋下3cm,脾未触及。四肢肌张力差,四肢、脊柱未及畸形。

【问题4】 查体时哪些特征有指向性?可引导临床考虑诊断?

思路:该患儿近6个月停母乳喂养后进食差,反复腹泻,每月1~2次,每次持续近一周。对此,患儿发生营养不良的原因,除了换乳期食物选择不当,调配不当,进食少,喂养方式不当以外,反复腹泻是重要的加重营养不良的原因。由于长期营养不足,加上腹泻增加对营养物质的需要和消耗,导致营养不良越来越重,除总蛋白质和总热量不够以外,各种微量营养素也严重不足,结膜干燥斑说明维生素A严重缺乏,皮肤红疹可能与其他维生素如维生素B、维生素C的缺乏有关。进一步做实验室检查，了解微量营养素缺乏的情况。

【问题5】　如何通过病史和查体对该患儿病情进行分析及初步判断？

思路：本例患儿出生后的体格生长监测提示基本正常，换乳后由于喂养不当出现体重持续下降。本次体格测量结果显示年龄别体重低于$-3SD$，年龄别身高低于$-2SD$，身高别的体重$-1SD$，可见，患儿主要以体重下降最明显，以急性营养不良为主，符合营养不良的诊断。进一步分级，应属重度营养不良。病史中可见患儿生后半年内母乳喂养是正确的。换乳期是发生营养不良的高危时期。患儿发生营养不良的原因主要是停止母乳喂养后喂养不当，反复急性腹泻加重了营养不良的程度；此外患儿的身长低于同性别同龄儿的$-2SD$，说明患儿营养不良的时间比较长，已经影响到身长的发育。智能发育状况尚可，有结膜干燥斑。无特殊面容，无特殊疾病或长期用药史，可排除其他原因的营养不良。该患儿除蛋白质-热量缺乏以外，有明确的微量营养素缺乏，结膜干燥斑是维生素A缺乏的典型表现。

【问题6】　患儿营养不良的诊断明确，是否需要进行实验室检查？

思路：营养不良的早期往往缺乏特异、敏感的诊断指标。血浆白蛋白浓度降低为其特征性改变，但其半衰期较长而不够灵敏。前白蛋白和视黄醇结合蛋白较敏感，胰岛素样生长因子1（IGF-1）不受肝功能影响，被认为是早期诊断灵敏可靠指标。

但对于诊断明确的营养不良患儿，需要对影响到患儿一般情况的实验室指标予以确认。如三大常规，可以明确患儿是否已经发生贫血以及贫血程度和类型；肝肾功能是否正常，有无电解质失衡；有无微量营养素的缺乏，如维生素A、维生素D、锌、铁、钙等的情况，这对于治疗有重要指导意义。可见辅助检查得到的结果可以帮助确诊并发症，了解患儿体内的代谢状态，指导治疗。

知识点

营养不良常见并发症

1. 营养性贫血　以小细胞低色素性贫血最多见。

2. 多种维生素缺乏　以脂溶性维生素A、维生素D缺乏多见。临床型维生素A缺乏表现为特异的皮肤角化过度和眼干燥症，眼部的症状与体征是维生素A缺乏最早被识别的症状，预后最差，角膜发生干燥、混浊、软化，可继发眼部感染，严重者可发生角膜溃疡、坏死，引起穿孔，虹膜脱出导致失明。因此对营养不良患儿应注意检查眼睛，有无结膜干燥斑，及时处理，避免严重后果的发生，检查与治疗时需待儿童自然睁眼后进行，动作轻柔，勿压迫眼球，以免角膜穿孔，虹膜脱出。

3. 锌缺乏　约有3/4的患儿伴有锌缺乏，还可伴有维生素B、维生素C以及磷、镁、铜和硒缺乏。

4. 维生素D、钙缺乏　患儿维生素D缺乏、低钙等症状在营养不良时表现不明显，在恢复期生长发育加快时症状比较明显。

5. 感染　免疫力低下而继发各类细菌、病毒或真菌等感染，患儿腹泻常迁延不愈，加重营养不良，形成恶性循环。

6. 水、电解质和酸碱失衡　重度营养不良，生长发育停滞，呈极度衰竭状态，可引起许多严重的并发症，患儿会突然发生自发性低血糖，神志丧失，脉搏减慢、呼吸暂停，如不及时抢救，可因呼吸麻痹而死亡，严重者常伴有多脏器功能障碍。临床上必须引起重视。

【问题7】　如何对该患儿进行治疗？

思路：营养不良患儿治疗应依据营养不良的严重程度而定，包括去除病因、调整饮食、促进消化功能和营养支持、治疗并发症三个方面。

知识点

营养不良的治疗

1. 去除病因　该患儿的重度营养不良与反复腹泻有关，应根据腹泻的原因分析进行处理。并教给

家长正确的喂养方法。

2．补充营养 根据对膳食结构的分析进行调整，适量补充蛋白质、能量和相应的营养素。调整饮食、补充营养强调个体化，勿操之过急。一般中度营养不良热量从每日 251～335kJ（60～80kcal）/kg、蛋白质从每日 3g/kg 开始，逐渐增至每日热量 628kJ（150kcal）/kg、蛋白质 3.5～4.5g/kg。体重接近正常后，再恢复至生理需要量；对于重度营养不良，一般建议热量从每日 167～251kJ（40～60kcal）/kg、蛋白质从每日 1.5～2g/kg、脂肪从每日 1g/kg 开始，并根据情况逐渐少量增加，当增加能量至满足追赶生长需要时，一般可达 628～711kJ（150～170kcal）/kg，蛋白质 3.0～4.5g/kg。待体重接近正常后，再恢复到正常生理需要量。同时还要补充各种维生素、微量元素等。热量、蛋白质、脂肪调整速度按具体情况而定，不宜过快，以免引起消化不良。营养不良营养补充方案见表 1-4-2。

表 1-4-2　营养不良处理原则

营养不良	营养补充方案	营养监测
中毒营养不良	补充特殊配置的食物，如 F75、F100 配方（表 1-4-3）	体重增加率约 5.5g/（kg·d），同时判断身高别体重
重度营养不良	最初阶段 F75 2～7 天耐受后 F100	第一步：能量补充维持现有体重；第二步：能量补充使体重达实际体重 / 身高的 P_{50} 或均值，能量增加 8kcal/kg；第三步：能量补充按实际年龄别体重（P_{50} 或均值），身高别体重正常

表 1-4-3　F75、F100 食物的制作

食物成分	F75	F100
①*脱脂奶粉 /g	25	80
糖 /g	70	50
谷物粉 /g	35	—
植物油 /g	27	60
矿物质 /ml	20	20
维生素 /mg	140	140
加水至 /ml	1 000	1 000
②鲜奶 /ml	300	880
糖 /g	100	75
植物油 /g	20	20
矿物质 /ml	20	—
加水至 /ml	1 000	1 000

注：*加少量水与脱脂奶粉、糖、谷物粉、油搅匀，煮 5～7 分钟，冷却后加维生素、矿物质（F75 中无铁）。

3．支持治疗

（1）纠正缺铁性贫血：如果贫血严重，可输血，轻、中度贫血可用铁剂治疗，2～3mg/（kg·d），疗程 3个月。

（2）逐步纠正水、电解质紊乱：如果因腹泻有脱水、电解质紊乱、酸中毒、低血糖等症状，也不能急于纠正，需要用至少一周的时间逐步纠正。

（3）治疗维生素 A 缺乏：先用维生素 A 和维生素 D 注射剂 0.5～1ml 每日深部肌内注射一次（每支 0.5ml，含维生素 A 2.5 万 U，维生素 D 2 500U），3～5 天后病情好转，减量并改为口服鱼肝油或维生素 A 胶丸，症状消失后继续口服预防量。早期局部滴用 0.25% 氯霉素眼药水等，结膜囊内涂入抗生素眼膏如 0.5% 红霉素眼膏、0.5% 金霉素眼膏等，以防虹膜粘连。检查和治疗时宜用开睑器，切勿压迫眼

球,防止角膜溃疡穿孔。角膜出现软化和溃疡,应予重视,防止角膜穿孔,予抗生素眼药水如 0.25% 氯霉素眼药水与消毒鱼肝油交替滴眼,约 1 小时一次,每日不少于 20 次。

(4)补充其他微量营养素:如维生素 D、锌等,适当补充锌营养素能提高味觉敏感度,促进食欲。

4. 药物的使用　帮助消化功能的药物包括胃蛋白酶、胰酶和 B 族维生素,补充足够的能量和蛋白质,可适当使用蛋白同化类固醇制剂如苯丙酸诺龙,严重食欲缺乏患儿可肌内注射胰岛素

5. 其他治疗

(1)中医疗法:针灸、推拿、捏脊等疗法及健脾补气等中药可起一定促进食欲的作用。

(2)特殊饮食或肠外营养:病情严重者,可给予要素饮食或进行胃肠道外全营养。酌情选用葡萄糖、氨基酸、脂肪乳剂、白蛋白静脉滴注。

(3)加强护理:①向家长宣教对患儿的辅食添加应由少到多、逐步增加量和品种,勿过急,以免引起消化不良。食后清洁口腔,预防口腔炎、鹅口疮。②患儿皮下脂肪薄,易出现压伤,因此褥垫要软,经常为患儿翻身,骨突出部位每日多次按摩,细心保护皮肤、避免皮肤感染。③注意保暖、预防呼吸道感染。待病情好转后适当户外活动,促进智力、体力的恢复。④食物、食具注意清洁卫生,以免引起感染性腹泻,加重营养不良。

【问题8】 营养不良是一种缓慢发生的疾病,如何早期发现并尽早干预?

思路:近年来随着人们生活水平的提高,营养摄入改善,小儿蛋白质 - 能量营养不良明显减少,临床上很少见到重度营养不良,目前所见患儿大多因喂养不当或继发其他疾病所致,因此预防极其重要。

知识点

营养不良的预防

1. 指导喂养,鼓励母乳喂养　有研究发现中国儿童出生体重与发达国家儿童无明显差异,6 个月前婴儿生长发育基本同国外一致,换乳期后生长发育滞后,必须予以重视,强调终身饮奶和添加泥糊样食品的重要性。

2. 规律生活节奏　保证足够睡眠,坚持户外活动和体格锻炼,纠正不良饮食习惯,如我国很多地方认为牛奶、鸡蛋、牛肉等高蛋白食品"火气"太大。

3. 预防疾病　防治各种传染性及感染性疾病如麻疹、肺炎、腹泻、结核等。此为小儿营养不良的常见原因,通过预防接种等措施积极防治。

4. 群体监测　对幼托机构进行营养监测,及早发现患儿,提供针对性的干预措施。

二、单纯性肥胖

肥胖是一种以身体脂肪含量过多为主要特征的多因素的慢性疾病。从机体能量代谢的角度考虑,肥胖系由于长期摄入量多于消耗量,机体将多余的能量以中性脂肪的形式贮存于体内,当体脂量超过正常生理范围,达一定界限时,遂为肥胖,是儿童营养不良的一种异常状态。"超重"则是指体重相对于身高的增加,或超过某一标准或参照值,其可以是肌肉或骨量的增加,也可能是脂肪的增加,是发展成为肥胖的危险因素之一。

单纯性肥胖症是与生活方式密切相关,以过度营养、体力活动少、行为偏差为特征的全身脂肪组织普遍过度增生的慢性病。单纯性肥胖症是临床上最为常见的,占肥胖症的 95%～97%。

肥胖正在成为全球范围的流行病。WHO 预测,至 2015 年全球将有 23 亿成人超重,7 亿成人肥胖。与此同时,儿童青少年人群肥胖率增势迅猛,全球范围接近 1/10 的学龄儿童超重,其中 1/4 肥胖,肥胖也正在成为儿童青少年中重要的流行病。

儿童单纯性肥胖的诊疗经过通常包括以下环节:

1. 详细询问患儿病史,包括出生史、喂养史、生长发育史、疾病史、家族史。

2.准确的体格生长指标测量,选择合适的生长指标参考依据是判断儿童肥胖的关键。

3.全面的体格检查,结合病史,一般可鉴别单纯性还是继发性肥胖。

4.辅助检查,测量血压,进行血糖、血脂、糖耐量试验、肝肾功能、腹部超声等辅助检查,有助于肥胖并发症的判断。

5.综合管理,儿童肥胖病治疗的原则应以不妨碍儿童正常生长发育为基准,采用饮食控制、运动干预、行为矫正相结合的综合管理方式。

6.教育和随访,作为一种慢性营养障碍性疾病,肥胖病的管理需要患儿、家庭、医生的共同参与,强调家庭教育及长期随访。

知识点

1.肥胖可发生于任何年龄,但最常见于婴儿期、5～6岁和青春期,且男童多于女童。

2.肥胖的诊断标准尚未统一,肥胖与健康之间的科学划分至今尚无统一的定义被科学界和卫生保健机构所共认。因此目前存在多种诊断肥胖的方法。如直接估计体脂的方法和间接估计体脂的方法。

3.根据肥胖的程度可分为轻度肥胖、中度肥胖和重度肥胖。根据脂肪分布肥胖可分为中心性肥胖和周围性肥胖两种。

4.儿童单纯性肥胖症对儿童健康危害极大,是儿童生长发育这一生命过程的严重偏移,对儿童期体格发育、心智发展、潜能和现实能力的获得、表达,以及心理-行为健康有极其严重的损害。

5.儿童单纯性肥胖应与各种继发性肥胖鉴别。

6.肥胖的管理,不是除去超量脂肪,而是将患者由肥胖功能状态转变为正常功能状态并使之长期维持。应将控制肥胖视为慢性病管理,而不应期待获得治愈的效果。

7.肥胖的预防,WHO建议预防儿童肥胖应从胎儿期开始,是全社会的责任,人们都需要改变生活方式,应当针对肥胖多个危险因素给予积极全方位的预防。定期体检,常规筛查超重/肥胖很重要,重点随访有高危因素的儿童。

临床病例

患儿,男,6岁。主因"体重增长迅速6年"来门诊就诊。初步病史采集如下。

患儿 G_1P_1,孕39周剖宫产分娩,出生体重5kg,生后系人工喂养,4月龄始添加辅食,自出生后体重增长一直较同龄儿迅速。

患儿一直食量较大,少有饱感,对食物感兴趣,见到食物即进食,每天餐次在6次以上,每次进食迅速,正餐进食时间每次5～10分钟,偏爱油炸食品及各类甜食。平时按年龄进行定期体检,体格评价身长/高多在中或中上,体重一直在上升,体型一直提示超重或肥胖。去年开始家长对其饮食进行控制,主要是减少米饭、面条等主食供给量,其他供给食物的品种及量不限,效果不明显,一年间体重增长5.4kg,目前自测体重43kg,身高123cm。

平日患儿不爱活动,喜看电视、玩电子游戏,平均每日户外活动时间15～20分钟。睡眠状况良好。否认特殊疾病及特殊用药史。母亲孕期超重,有妊娠糖尿病。家族史:患儿父亲及祖母体型肥胖,父亲有高血压病史,祖母有高血压及糖尿病病史。

初步病史采集后,因患儿主要表现为体重快速增长,按肥胖病思路分析,临床随之需考虑以下相关问题。

【问题1】 该患儿的体重增长速度是否正常? 如何判断儿童体型、诊断肥胖?

思路:6岁儿童体重一般约22kg,该患儿出生系巨大儿,目前体重43kg,显示其体重增长过快,超出正常范围。

常用的测量体脂的方法分为直接估计和间接估计体脂。体内脂肪含量的测定是诊断肥胖的确切方法,常用的方法有双能X线吸收法、磁共振、电子计算机断层扫描、密度测定法、体液比重测定法等,是测量体脂的"金标准"。生物电阻抗法特异性较低,但使用经济、便捷、无创,可重复测量。身高别体重法和年龄别体重指数是间接测量体脂的方法。

门诊采用准确的测量工具及规范的测量方法测患儿体重 43.1kg、评价为上,身高 122.7cm、评价为中上,身高别体重≥同性别同身高男童平均体重的 50%,BMI 值为 26.02kg/m²,腰围 67.8cm,臀围 78.3cm。查表及绘制生长曲线。符合肥胖病的诊断,且结果显示身高别体重超过同性别同年龄身高别体重评价体重的 50%,应属重度肥胖。对于 6≤年龄 <10(岁)的儿童,建议腰围≥同年龄同性别儿童腰围的 P_{95} 作为中心性肥胖的诊断界值,患儿属中心性肥胖。

【问题2】 儿童肥胖病的发生危险因素有哪些?询问病史应围绕哪些方面进行?

思路: 儿童肥胖的发生是多种因素共同作用的结果,遗传因素在肥胖的发生发展中起着重要作用,但是否出现肥胖还决定于个体对环境作用的易感性。在询问病史应注意患儿出生、喂养、服药情况、体重变化情况、并发症、家族史以及生活方式等方面,具体要点见表1-4-4。

知识点

儿童肥胖的危险因素

1. **遗传因素** 儿童肥胖的发生有着明显的遗传倾向,其作用占 40%~70%。从基因水平看,目前已发现 600 多种与肥胖有关的基因位点,肥胖被认为是多基因遗传。

2. **环境因素** 营养素摄入过多(患儿表现为食欲旺盛且喜吃甜食和高脂肪食物)、营养行为(进食过快)、营养气氛(培养肥胖儿的家长、睡眠)及活动量过少、久坐的生活方式在肥胖发生发展中起着重要的作用。母亲妊娠期营养不良或营养过剩与儿童肥胖相关联,胎儿期生长受限和早期婴儿期追赶生长是发生向心性肥胖的危险因素。

表1-4-4 肥胖儿童和青少年病史采集要点

整体病史	产前及出生史:妊娠期糖尿病史及出生体重 喂养史:母乳喂养的持续时间 现在的服药情况:激素、某些抗癫痫和抗精神病药物
体重史	肥胖开始时间,父母或患儿开始关注体重的时间,之前的体重管理措施,之前以及现在的饮食习惯
并发症史	心理方面:恃强凌弱、自卑、抑郁 睡眠:打鼾,提示呼吸暂停综合征的症状 运动耐量 胃食管反流、胆结石、良性颅内高压、骨科并发症、遗尿、便秘等相关症状 月经史(女孩)
家族史	民族 家族成员是否存在相关病史:肥胖,2 型糖尿病,妊娠糖尿病,心血管疾病,血脂异常,阻塞性睡眠呼吸暂停综合征,多囊卵巢综合征,减肥手术,饮食失调
生活方式	饮食习惯和饮食行为:是否吃早餐,吃零食,快餐的摄入量,日常家庭饮食种类,是否暴饮暴食、偷吃食物 久坐:每天待在屏幕前的时间,在卧室和家里看电视、玩游戏机、电脑和智能手机的频次,观看的方式 体育活动:校外及周末的娱乐方式,体育的参与,上下学的交通方式,家庭活动 睡眠:睡眠时间及作息规律

【问题3】 儿童肥胖病在体格检查中应关注哪些重点?

思路: 体格检查用来评估肥胖相关合并症以及遗传或内分泌疾病的潜在征象,肥胖儿童重要的体格检查情况见表1-4-5。

表 1-4-5 肥胖儿童或青少年重要的体格检查结果

器官及系统	体格检查结果
皮肤/皮下组织	黑棘皮病,皮肤结节,多毛,痤疮,皮纹,假性乳房发育(男性),褶烂,黄斑瘤(高胆固醇血症)
神经系统	视乳头水肿和/或眼底镜检查中发现静脉搏动减少(假性脑瘤)
头颈部	扁桃体大小,呼吸不畅
心血管系统	高血压,心率(心肺功能)
呼吸系统	运动呼吸不耐受,哮喘
胃肠系统	肝大、肝压痛(非酒精性脂肪性肝病),腹部压痛(继发于胆囊结石或胃食管反流)
肌肉骨骼系统	扁平足,腹股沟疼痛,痛苦或摇摆步态(股骨头骨骺滑脱),胫骨内翻,下肢关节疼痛、关节活动受限
内分泌系统	甲状腺肿,全身条纹,高血压,内脏脂肪垫,青春期分期,生长速率降低
精神状态	情绪低落,自卑感,社会隔离
可能存在潜在遗传疾病的表现	身材矮小,比例失调,畸形,发育延迟

查体记录

血压 90/60mmHg,精神反应佳,皮肤无色素沉着,无皮疹、无结节,皮下脂肪厚,尤以腹部脂肪丰满最为突出。甲状腺不大,扁桃体Ⅰ度,呼吸平稳,心肺听诊未及异常。腹软,肝脾肋下未触及。四肢肌张力正常,四肢、脊柱未及畸形。

【问题4】 查体时哪些特征有指向性?可引导临床考虑儿童继发性肥胖?

思路:虽然儿童肥胖病以单纯性为主,但诊断时,需要排除某些内分泌、代谢、遗传、中枢神经系统疾病引起的继发性肥胖或因使用药物所诱发的肥胖。在体格检查时,某些特殊外观、面容可能提示继发性肥胖,结合详细的病史询问,往往可以排除继发性肥胖,见表 1-4-6。

表 1-4-6 继发性肥胖症的内分泌和遗传性疾病

疾病	症状	实验室检查
内分泌疾病		
库欣综合征	向心性肥胖,多毛症,满月脸,高血压	地塞米松抑制试验
高胰岛素胰岛细胞增生症	胰腺瘤,高血糖,莫里亚克综合征	胰岛素水平
遗传性疾病		
昂斯特伦综合征	认识损害,色素沉着性视网膜炎,糖尿病,听力损害,性功能减退,视网膜退行性变化	*ALMS1* 基因
Bardet-Biedl 综合征(BBS,多指(趾)畸形-生殖功能减退-肥胖-色素性视网膜炎综合征)	色素沉着性视网膜炎,肾脏畸形,多指(趾),性功能减退	
Biemond 综合征	认知损害,虹膜缺损,性功能减退,多指(趾)	*BBS1* 基因,常染色体遗传
Cohen 综合征	肥胖,矮身材,上门牙突出,张力低,智力低下,头小畸形,视觉活动下降	8q22 的 *VPS13B* 基因突变(或 *COH1* 基因突变)
9q34 缺失	肥胖,智力低下,短头,并眉,额突,行为与睡眠障碍	9q34 缺失
ENPP1 基因突变	胰岛素抵抗,儿童期肥胖	染色体 6q 突变
Frohlkh 综合征(肥胖性生殖无能综合征)	丘脑下部肿瘤,肥胖	
瘦素或瘦素受体基因缺乏	早发严重肥胖,低促性腺素性功能减退症	瘦素
黑皮质素4受体基因突变	早发严重肥胖,线性生长加速,食欲旺盛,高胰岛素血症,肥胖最常见的原因,纯合子比杂合子更严重	*MC4R* 突变

续表

疾病	症状	实验室检查
Prader-Willi 综合征（PWS，肥胖 - 生殖无能 - 肌张力低下综合征）	新生儿期张力减退，婴儿期生长缓慢，手脚小，智力低下，性腺功能减退，食欲过盛，严重肥胖，饥饿激素异常增高	15q12 *SNRPN* 基因缺陷
前鸦片黑皮质素缺乏	肥胖，红发，肾上腺功能不足，高胰岛素原血症	*POMC* 基因突变

【问题 5】 患儿单纯性肥胖的诊断可明确，是否需要进行实验室检查?

思路： 关于肥胖儿童的实验室检查无统一标准，实验室及影像学检查主要是排除并发症，应依据患儿肥胖的严重程度、年龄、临床表现、家族史等。基础检查包括空腹血脂、血糖、肝功能、胰岛素，进一步检查包括肝脏超声、口服葡萄糖耐量试验，更详细的内分泌评估和多导睡眠图检查。该患儿为重度肥胖，且呈向心性肥胖，发生肥胖并发症的危险系数更高。该患儿的实验室及影像学检查结果基本正常。

知识点

肥胖并发症

肥胖与多种严重危害人类健康的疾病，如糖尿病、高血压、冠心病、高脂血症及脑血管病、结石、痛风、癌症、预期寿命缩短、社会心理损害等均有密切关系，常与之并存，肥胖可能参与上述疾病的发生，至少是其诱发或加重的因素。儿童肥胖不仅存在远期的健康损害，而且存在近期损害，对儿童心理和生理均可造成影响。单纯性肥胖症还导致严重的社会性能量浪费，阻滞国民经济发展，引发卫生资源错配，劳动力损失。因此是儿童保健工作者重点防治的疾病之一。

【问题 6】 如何对该患儿进行治疗?

思路： 儿童不断生长发育的特点，决定了儿童肥胖的任何治疗方法都不应影响正常的生理过程。儿童肥胖的治疗是以运动处方为基础，以行为矫正为关键技术，饮食调整和健康教育贯彻始终的治疗；不强调"减肥"或"减重"的观念，而以"控制增重"作为指导思想。强调以家庭为基础，肥胖儿童、家长、医务人员共同实施，并鼓励学校老师的参与。在儿童期肥胖控制中禁止使用以下手段：①饥饿 / 半饥饿或变相饥饿疗法；②短期（短于 3 个月）快速减重，反复多次的减重 / 增重反跳循环；③服用"减肥"产品；④手术、物理治疗等手段去除脂肪。

【问题 7】 肥胖是一种慢性疾病，如何预防?

思路 1： 对于儿童单纯性肥胖而言，婴幼儿期、学龄前期及青春发育期是好发的三个年龄阶段，针对不同时期肥胖症的预防可采取不同措施。

1. 人群一级预防　通过各种方式在人群中开展普遍的社会动员与教育，使人们对儿童肥胖有正确认识，改变不良的生活方式、饮食习惯和不合理的膳食结构，从而降低人群中肥胖症的危险因素，控制肥胖症的发生。在儿童保健中提高对肥胖易感人群的识别能力，及时给予医疗监督。

2. 婴幼儿期预防　强调母乳喂养，合理添加辅食，避免过度喂养，对超重及肥胖婴幼儿鼓励蔬菜、水果等低热量食物的摄入，培养良好饮食行为，家长不把食物作为奖励或惩罚幼儿行为的手段。

3. 学龄前期预防　培养儿童良好的生活习惯和进食习惯。不暴饮暴食、不偏食挑食、养成参加各种体力活动和劳动的习惯。比如，可以走路的场合不要坐车，上下楼要自己爬楼，不要坐电梯。养成每天进行一定户外活动、体育锻炼的习惯。上述习惯的养成对一生的生活方式，特别是防治成人期静坐式生活方式都有重大影响。

4. 青春期及青春早期预防　这是一个关键时期，也是一个危险时期。特别对女孩，除了体脂增多，心理上的压力，担忧，冲突也增多。追求苗条体型，使不少女孩引发对减肥的错误认识，片面追求节食，禁食，盲目服用减肥产品。因此这一时期健康教育的重点是加强对儿童营养知识和膳食安排的指导，运动处方训练的指导，正确认识肥胖等。

思路 2： 肥胖对儿童的身心危害越来越受到关注，儿童肥胖的预防与治疗任重道远，儿童保健工作中的定期生长监测是及时发现肥胖儿童的重要手段，基层医务人员应在社区中开展各年龄段儿童的生长监测工作，并向家长进行有效的宣教，及时发现超重及体重增长失衡的儿童，对这些高危儿童尽早开展干预工作，防患于未然。

三、维生素 D 缺乏与维生素 D 缺乏性佝偻病

维生素 D（vitamin D）是一组脂溶性类固醇衍生物，具有重要的生理功能，维生素 D 缺乏系指体内维生素 D 含量不足。维生素 D 缺乏性佝偻病（rickets of vitamin D deficiency）（简称佝偻病）为缺乏维生素 D 引起体内钙磷代谢异常，导致生长期的骨组织矿化不全，产生以骨骼病变为特征的与生活方式密切相关的全身性慢性营养性疾病，是维生素 D 缺乏发展最为严重的阶段。全世界 30%～50% 人口血清 25-（OH）D <50nmol/L（20ng/ml），儿童青少年是维生素 D 缺乏的高危人群。

诊疗经过通常包括以下环节。

1. 详细询问患儿有无维生素 D 缺乏高危因素，如缺乏日光照射、母乳喂养、孕母缺乏维生素 D、早产/低出生体重、双胎/多胎等。

2. 骨骼体征是明确佝偻病诊断的重要依据，比如 6 月龄以下婴儿可见颅骨软化体征（乒乓感）；6 月龄以上婴儿可见方颅、手/足镯、肋串珠、赫氏沟、鸡胸、O 形腿、X 形腿等体征。但需注意维生素 D 不足、轻度维生素 D 缺乏以及佝偻病早期，可无特异性临床表现。

3. 维生素 D 缺乏对健康的损害是长期的，宫内维生素 D 缺乏不仅影响胎儿长骨生长，增加出生后骨质疏松和骨折的危险性，且成人期慢性疾病如糖尿病、哮喘、多发性硬化发生率增加，预期寿命缩短。

4. 血清（浆）25-（OH）D 是反映机体维生素 D 代谢的重要指标，也是反映维生素 D 营养状况的最佳指标。长骨骺端佝偻病的 X 线改变对于佝偻病的诊断始终具有决定意义。

5. 治疗目的在于控制疾病的活动程度，防止骨骼畸形，重点是维生素 D 补充。

6. 维生素 D 缺乏预防强调户外活动及对高危人群补充维生素 D。建议应针对可能存在维生素 D 缺乏风险的人群进行筛查。

7. 佝偻病不是一种单纯营养性疾病，而是一个综合征。佝偻病并非只有维生素 D 缺乏，维生素 D 缺乏不能同佝偻病等同，影响 25-（OH）D 水平的因素很多，也不能简单将血 25-（OH）D 水平降低与佝偻病等同起来。佝偻病容易与非维生素 D 缺乏性佝偻病、脑瘫、发育落后等混淆，需引起临床重视。而且应用维生素 D 治疗无效时应考虑其他疾病的可能，切忌盲目加大维生素 D 用量。

临床病例

患儿，男，10 个月。因"发现方颅畸形 2 个月"而就诊。2 个月前家长发现患儿额骨、顶骨向双侧对称性隆起，头颅似方盒样，伴多汗、易激惹、夜惊，无呕吐、无双手击头、无发热、无咳嗽、无声音嘶哑、无腹泻、无气促、无皮疹，家属未予重视，方颅畸形渐明显，遂来医院就诊入院。患儿发病以来，神清，精神反应可，睡眠、胃纳可，二便正常。既往体弱，有反复呼吸道感染史，孕 34 周早产，出生体重 2.2kg，生时一般情况好，无窒息，系母乳喂养，未加服维生素 D 制剂，原居住东北，刚移居海南，户外活动少，母亲孕期有小腿抽搐史，未补充钙剂及维生素 D 制剂。否认家族遗传病史。

初步病史采集后，因患儿主要表现为方颅畸形，按方颅畸形分析，临床随之需考虑以下相关问题。

【问题 1】 10 月龄患儿方颅畸形是否正常？如何与前额宽大、脑积水进行鉴别？

思路：方颅是指从上而下看，额骨、顶骨向双侧对称性隆起，头颅似方形或鞍形（图 1-4-2），与前额宽大容易鉴别。同时也应与脑积水引起的头颅增大相鉴别，主要表现为生后头颅异常增大、神经功能损害和颅内压增高征，可有前囟进行性增大，鉴别不难。对于一个 10 月龄小儿，方颅是不正常的。

【问题 2】 方颅畸形应考虑哪些疾病？

思路：10 月龄婴儿出现方颅，系由于颅骨骨样组织堆积所

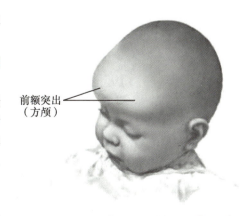

前额突出（方颅）

图 1-4-2 从上向下观察前额突出（方颅）

致,首先应注意维生素 D 缺乏性佝偻病的可能。除与前额宽大、脑积水鉴别外,还应注意排除非维生素 D 缺乏性佝偻病(表 1-4-7)。

表 1-4-7　各种佝偻病的临床特征

类型	血清Ca水平	血清P水平	ALP活性	尿氨基酸浓度	遗传类型	基因异常
Ⅰ 继发性甲状旁腺功能亢进						
1. 肾病性骨营养不良	—、↓	↓	↑	V		
2. 维生素 D- 依赖Ⅰ型	↓	—、↓	↑	↑	AR	有
Ⅱ 原发性磷缺乏						
1. 家族性低磷酸盐血症	—	↓	↑	↑	XD,AD	有
2. 范科尼综合征						
a. 胱氨酸病	—	↓	↑	↑	AR	有
b. 酪氨酸病	—	↓	↑	↑	AR	有
c. 脑眼肾综合征 (Lowe syndrome)	—	↓	↑	↑	XR	有
d. 获得性	—	↓	↑	↑		
3. 近侧肾小管酸中毒Ⅱ型	—	↓	↑	↑		有
4. 肿瘤性低磷酸血症	—	↓	↑	—		有
5. 磷缺乏或吸收不良						
a. 肠道外高营养	—	↓	↑	—		
b. 磷摄入过少	—	↓	↑	—		
Ⅲ 终末器官抵抗 1, 25-(OH)₂D 　维生素 D- 依赖性Ⅱ型	↓	↓,—	↑	↑	AR	有

注:AR 表示常染色体隐性遗传,AD 表示常染色体显性遗传,V 表示不定,XD 表示 X- 连锁显性遗传,XR 表示 X- 连锁隐性遗传,ALP 表示碱性磷酸酶。

【问题3】 询问病史应围绕哪些方面进行?

思路 1:①有无维生素 D 缺乏的高危因素(表 1-4-8);②有无佝偻病的症状,如一般非特异性症状,多汗、夜惊、不安等,有无骨骼畸形,有无反复感染病史,生长发育情况及运动功能发育情况,有无贫血等;③母亲孕期情况,有无小腿抽搐史,孕期是否补充钙剂及维生素 D 制剂;④家族史及遗传代谢病史;⑤有无其他病史,有助于排除其他疾病。

思路 2:注重详细询问孩子有无发热、肌张力改变、抽搐等,注意有无维生素 D 缺乏性手足搐搦症的临床表现。

表 1-4-8　维生素 D 缺乏的高危因素

高危因素	可能原因
食物未补充	长期纯人乳喂养、牛奶蛋白过敏、乳糖不耐受者未补充维生素 D 及缺乏维生素 D 强化食品
日光暴露不足	冬春季节高纬度居住、黑色皮肤和 / 或阳光暴露受限(如室内活动为主、残疾、污染、云层、用防晒霜)
胎儿期贮存不足	母孕期维生素 D 缺乏、早产 / 低出生体重及双胎 / 多胎婴儿
疾病因素	消化道疾病可伴脂肪吸收不良,降低维生素 D 的吸收; 超重 / 肥胖者皮下脂肪贮存大量维生素 D,循环含量下降; 胃分流术使小肠上部吸收维生素 D 下降; 肝脏、肾脏疾病亦影响维生素 D 转化为有活性的代谢产物
其他医学情况	降低吸收:减肥药(奥利司他)和降胆固醇药物(考来烯胺) 促进肝脏分解:抗惊厥药(苯巴比妥、苯妥英)

【问题4】 病史采集结束后,下一步查体应重点关注哪些方面?

思路: 观察一般情况,如体重、身长、头围等,注意生命体征是否平稳,精神反应、哭声、肌张力,了解有无维生素 D 缺乏性手足搐搦症表现;重点观察骨骼病变及程度,是明确佝偻病诊断的重要依据,同时观察有无佝偻病其他表现及伴随表现。有无非维生素 D 缺乏性佝偻病的临床表现有助于鉴别诊断。

1. 维生素 D 缺乏性佝偻病的骨质变化(表1-4-9)

表 1-4-9 维生素 D 缺乏性佝偻病骨质变化

年龄	临床特征
<6个月	颅骨软化
>6个月	普遍症状:方颅、手/足镯、肋串珠、赫氏沟、鸡胸
>1岁	承重方面:O形腿、X形腿。 延迟囟门闭合(通常在 2 岁时关闭) 延迟牙齿萌出(10 岁以下无门牙,18 岁以后无臼齿)
任何年龄	骨痛,烦躁不安和易疲倦,骨质疏松,骨盆畸形,包括出口缩小(分娩和死亡的风险) 严重的佝偻病可以出现骨折、低血压、出汗、四肢活动疼痛

维生素 D 缺乏骨骼特征(从常见到少见)如下:手/足镯、串珠、O 或 X 形腿、方颅、肢痛或骨折、颅骨软化、低钙血症-惊厥、手足搐搦、肌病、运动发育迟缓、囟门晚闭、出牙迟缓、牙釉质发育不全、颅内压升高、继发性甲状旁腺功能亢进、棕色瘤。

2. 维生素 D 缺乏性佝偻病的非骨质变化

(1)症状性低钙血症伴抽搐:特别是在未经治疗的母亲(<6 个月大)中,在许多情况下是亚临床的骨软化症。

(2)肌病:婴儿和青少年的近端肌病,伴有严重低钙血症的心肌病可出现心力衰竭,且对佝偻病的治疗及正性肌力药治疗有反应。

(3)骨髓纤维化:伴有全血细胞减少症或小红细胞性低色素性贫血,用维生素 D 治疗后恢复正常。

(4)其他疾病:接受每日 50μg 维生素 D 补充剂的芬兰婴儿在出生后 10 年内的 1 型糖尿病发病率低于正常水平。一些研究表明早期维生素 D 缺乏与晚年其他疾病之间存在联系,如多发性硬化症、某些癌症、精神分裂症和心脏病。

(5)宫内以及婴儿的成长:一些(但不是全部)研究表明,怀孕最后三个月的维生素 D 补充剂可改善子宫内和婴儿期的生长。

查体记录

查体:体温 37.0℃,呼吸 25 次/min,脉搏 126 次/min,体重 8kg,身长 72cm,头围 45cm。神清,精神、反应一般。全身皮肤无黄染,无皮疹,轻度贫血貌,浅表淋巴结不大,双侧瞳孔等大等圆,对光反射灵敏。方颅畸形,颅骨软化不明显,前宽大,约 2cm×2cm,平,软,有枕秃,颈软,呼吸规则,无鼻扇,三凹征(-),口周无发绀,未见乳牙萌出。咽不红,扁桃体不大,无脓点。胸廓无畸形,未见鸡胸及肋骨串珠,胸廓两侧肋缘稍高,未见肋软骨沟,双肺呼吸音稍粗,未闻及干湿啰音。心音有力,律齐,无杂音。腹平软,肝约肋下 1cm,质软,脾肋下未及,肠鸣音 5 次/min。可见轻度手镯,足镯不明显,无 O 形腿及 X 形腿,四肢肌力、肌张力正常,未见脊柱畸形。神经系统未见阳性体征。

【问题5】 根据本例病史及体征,该如何进行初步判断?

思路: ①患儿系早产儿,生后母乳喂养,未加服维生素 D 制剂,户外活动少,母亲孕期有小腿抽搐史,未补充钙剂及维生素 D 制剂。平素多汗、易激惹、夜惊,查体发现方颅,前宽大,枕秃,未见乳牙萌出,胸廓两侧肋缘稍高,有轻度手镯,应首先考虑佝偻病。②根据患儿的临床表现,目前其他非维生素 D 缺乏性佝偻病可能性不大。③患儿目前一般情况好,无手足搐搦、喉痉挛、惊厥,目前无维生素 D 缺乏性手足搐搦症发生的临床征象。

【问题6】　结合上述病及查体结果,为进一步诊断应实施哪些检查?

思路:通过上述病史查体,初步考虑维生素 D 缺乏性佝偻病,门诊需尽快完善三大常规、常规生化检查,血 25-(OH)D 水平及上肢长骨 X 线检查等。

辅助检查

(1)血常规:白细胞计数(WBC)8.3×10^9/L,中性粒细胞百分比 60.7,血红蛋白(Hb)100g/L,血小板计数(PLT)302×10^9/L。

(2)血 25-(OH)D 30nmol/L(12.5ng/ml),1,25-(OH)$_2$D 80pmol/L。

(3)电解质、血气分析、肝功能、肾功能及心肌酶无异常;血糖正常;碱性磷酸酶(ALP)750U/L(正常值 40~129),血钙 2.15mmol/L(正常值 2.15~2.50),血磷 0.6mmol/L(正常值 0.87~1.45),钙磷乘积降低,骨碱性磷酸酶(BAP)300U(正常值≤200U/L),微量元素检查示血钙偏低,骨密度检查示中度骨强度不足。

(4)上肢长骨 X 线片(图 1-4-3):长骨干骺端临时钙化带模糊或消失消失,干骺端增宽,呈毛刷样、杯口状改变;骨骺软骨盘增宽(>2mm);骨质稀疏,骨皮质变薄。

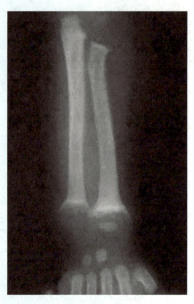

图 1-4-3　佝偻病活动期长骨 X 线表现

【问题7】　如何判读本患儿初步检查?

思路1:患儿血 25-(OH)D 水平明显下降,腕关节 X 线片为佝偻病活动期典型表现,支持维生素 D 缺乏性佝偻病的诊断。

> ### 知识点
>
> #### 血 25-(OH)D 水平对维生素 D 缺乏诊断价值
>
> 血清(浆)25-(OH)D 是胆固化醇和麦角骨化醇经肝脏 25-羟化酶作用后的衍生物。在血中浓度最高、最稳定、半衰期最长,又是合成 1,25-(OH)$_2$D 的前体,其血中浓度是反映机体维生素 D 代谢的重要指标,也是反映维生素 D 营养状况的最佳指标。
>
> 对于血 25-(OH)D 理想水平尚有争议,一般认为血 25-(OH)D 水平大于 50nmol/L 能预防继发性高甲状旁腺素(PTH)血症和 ALP 水平升高。目前建议儿童血 25-(OH)D 的适宜水平为 75~250nmol/L(30~100ng/ml);介于 52.5~72.5nmol/L(21~29ng/ml)之间为维生素 D 不足;≤50nmol/L(≤20ng/ml)为维生素 D 缺乏,其中 25~50nmol/L(10~20ng/ml)为维生素 D 轻度缺乏,12.5~25nmol/L(5~10ng/ml)为维生素 D 中度缺乏,≤12.5nmol/L(≤5ng/ml)则为维生素 D 严重缺乏,250~375nmol/L(100~150ng/ml)维生素 D 过量,>375nmol/L(>150ng/ml)为维生素 D 中毒。

思路2:长骨骨骺端佝偻病的 X 线改变对于佝偻病的诊断始终具有决定意义,可见骨质疏松、干骺端增宽,先期钙化带模糊,甚至杯口、毛刷状改变。但需注意骨骼钙丢失 30% 以上才能在 X 线片有所表现,目前小儿佝偻病多处于早期,症状体征并不十分典型,其病理变化主要在软骨基质钙化不足和骨样组织不能钙化,X 线多不能反映佝偻病的早期状态。同时 X 线片的质量、拍照技术、投照角度、是否移动及阅片者的经验,亦是影响诊断结果的重要因素。

思路3:患儿 1,25-(OH)$_2$D 水平正常。1,25-(OH)$_2$D 可反映体内活性维生素 D 的绝对含量,但因其在体内代谢快、半衰期短、储存少、不易测量,血浓度仅相当于 25-(OH)D 的 1/14~1/24(正常值 75~150pmol/L)。佝偻病活动期时 1,25-(OH)$_2$D 下降或正常,故其诊断意义不大,临床应用较少,只用于一定的疾病状态,如获得性及遗传性维生素 D 代谢异常疾病及磷代谢异常的疾病。

思路 4：钙（calcium）是人体内含量最丰富的矿物元素，足量钙摄入对维持儿童、青少年正常的骨矿物含量、骨密度，达到高骨量峰值，减少骨折和老年期骨质疏松风险至关重要。此外，钙离子还参与人体内多种生理功能，如血液凝固，维持心脏、肌肉、神经正常兴奋性，信号传导，膜的通透性及体内多种酶的激活剂等。长期膳食钙摄入不足，以及维生素 D 不足或缺乏致使肠道钙吸收不良，是导致钙缺乏的主要原因。因此维生素 D 缺乏性佝偻病可能伴有钙缺乏，但需注意的是血钙水平不能用于判断人体钙营养状况，钙缺乏与低钙血症不是一个概念，血钙与摄入钙之间没有明显的相关关系。正常情况下，人体血钙水平受到严格调控，只有在极度钙缺乏或短期大量摄入钙时，血钙水平才略有下降或上升。低钙血症是由甲状旁腺功能低下或异常、维生素 D 严重缺乏等引起的钙代谢异常，而非人体内钙的缺乏。

思路 5：维生素 D 缺乏时，肠道对钙、磷吸收减少，血钙、磷下降。血钙下降反馈性刺激 PTH 分泌增多，促进旧骨脱钙和肾小管保钙排磷，保持血钙基本正常，血磷下降，软骨钙化障碍并继续增殖，合成 ALP 增多，血 ALP 水平增高。但需注意血清钙、磷、ALP 的活性受多种因素影响，儿童处于生长发育期，血 ALP 水平较成年人高；而且当机体缺锌、缺铁时血 ALP 下降，肝胆疾病时血 ALP 升高，佝偻病早期多伴有缺锌和缺铁，致血 ALP 下降，此时检测血清 ALP 活性可正常或稍高。因此，血清钙、磷、ALP 测定对轻度维生素 D 缺乏、早期佝偻病的诊断价值不大。

思路 6：近年来骨碱性磷酸酶（BAP）在维生素 D 缺乏性佝偻病诊断中的价值日益得到重视，从理论上讲 BAP 由成骨细胞合成，是反映骨生成速率最敏感的指标，对骨钙化障碍的诊断具有重要价值。成骨细胞含有大量 BAP，当成骨细胞转化为骨细胞时，BAP 活性逐渐下降、消失。在体内缺乏维生素 D 时，骨钙化不足，成骨细胞活跃，血中 BAP 活性随病情进展不断上升，应有一定的诊断价值。但必须强调的是 BAP 影响因素较多，如气候、季节、年龄、喂养方式、小儿出生情况、孕妇妊娠因素等；而且 BAP 是半定量检测方法，阳性诊断价值尚不清楚，质量控制存在一定问题，国外文献未见将 BAP 作为佝偻病的诊断指标的报道。并且国内尚没有充足的文献依据证明 BAP 在佝偻病中的诊断价值，因此 BAP 不能作为小儿佝偻病早期筛查指标。

思路 7：目前临床上微量元素检测项目有锌、钙、铁、铅、铜、锰等。因此微量元素检测实际上应为部分微量营养素检测，经常检测的微量元素主要有钙、铁、锌和铅元素。钙缺乏常采用双能 X 线吸收法（dual-energy X-ray absorportiometry，DXA）测定骨矿物含量（bone mineral content，BMC）和骨密度（bone mineral density，BMD）评估，具有快速、准确、放射性低及高度可重复等优点，被认为是评估人体骨矿物质含量而间接反映人体钙营养状况的较理想指标，但该检测价格昂贵，而且尚缺少儿童的正常参考数据。定量超声骨强度检测具有价廉、便携、无放射性等优点，临床应用逐渐增加，但其结果同时也受骨骼弹性、结构等影响，其临床价值有待证实。因人体内 99% 的钙分布于骨组织中。1% 平均分布于牙齿与软组织中，只有 0.1% 的钙存在于细胞外液中，提示末梢血检测钙意义不大，因此临床上以微量元素检测血钙或发钙高低判断机体是否缺钙是不够全面不够科学的。

【问题 8】 该佝偻病患儿如何进行分期与分度诊断？

思路：佝偻病同时需作出分期及分度的诊断，对指导临床治疗有一定意义。根据患儿多汗、易激惹、夜惊、食体发现面色苍白，方颅，前宽大，枕秃，未见乳牙萌出，胸廓两侧肋缘稍高，有轻度手镯，患儿血 25-(OH)D 水平明显下降，上肢长骨 X 线片示长骨干骺端临时钙化带消失，干骺端增宽，呈毛刷状或杯口状，骨骺软骨盘加宽 >2mm。考虑该患儿处于佝偻病活动期，中度。

知识点

佝偻病分期与分度

1. 佝偻病的分期（表 1-4-10）

表 1-4-10 维生素 D 缺乏性佝偻病的临床表现

分期	年龄	临床症状与体征	血生化					骨骼 X 线改变
			25D	Ca	P	ALP	PTH	
早期	<6 月龄	非特异	↓	↓	↓	一、±	↑	正常，或钙化带稍模糊

续表

分期	年龄	临床症状与体征	血生化					骨骼X线改变
			25D	Ca	P	ALP	PTH	
活动期 未治疗		一般症状：生长落后、精神萎靡、腹大、肌肉无力；	↓↓	一、±	↓ ↓	↑↑	↑↑	长骨干骺端临时钙化带模糊或消失消失，呈毛刷样、杯口状改变；骨骺软骨盘增宽（>2mm）；骨质稀疏，骨皮质变薄
	<6月龄	骨骼畸形： 颅骨软化； 手足搐搦；						
	>6月龄	四肢：手足镯			↓↓		↓↓	
		骨折						
	>12月龄	胸廓：肋串珠、肋膈沟、"鸡胸" 下肢："O"型 "X"型 脊柱：侧弯、前突、后突						
恢复期 日光照射 或治疗后 1～2个月			±	±	±	±	±	2～3周：出现不规则的钙化线，以后钙化带致密增厚；骨骺软骨盘恢复<2mm（图1-4-4）
后遗症期	>24月龄	骨骼畸形	－	－	－	－	－	骨骼畸形

2. 佝偻病的分度

（1）轻度：多汗、夜惊、不安，X线见干骺端临时钙化带模糊，有较明显的骨骼体征，如鸡胸、赫氏沟、颅骨软化、枕秃、轻度串珠肋，其他系统改变不明显。

（2）中度：多汗、夜惊、不安、方颅、枕秃、串珠肋、手镯，前囟闭合延迟，轻度贫血，肌肉韧带松弛，X线见典型的活动性佝偻病改变及严重的骨骼畸形。

（3）重度：除上述症状及骨骼改变更加明显外，胸廓和下肢畸形更重，生长发育受影响，生长落后，贫血更明显，肌肉韧带更松弛，运动、免疫功能低下，X线见典型的活动性佝偻病改变及严重的骨骼畸形。

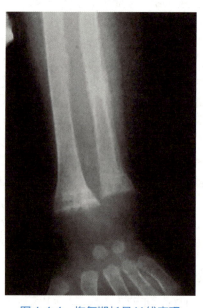

图1-4-4　恢复期长骨X线表现

【问题9】 患儿该如何进行治疗？

思路：主要为维生素D治疗。患儿予口服维生素D 2 000U/d治疗，其他如增加户外活动、加强营养及护理等。

知识点

维生素D治疗

维生素D制剂的选择，包括剂量大小、疗程长短、单次或多次、途径（口服或肌内注射）应根据患儿具体情况而定，强调个体化，针对不同情况。治疗的原则以口服为主。而且必须注意的是维生素D缺乏的治疗除纠正症状体征外，还应补足维生素D，依据年龄的不同，总剂量需10万～50万U。0～18

岁儿童维生素 D 缺乏者，采用维生素 D_2 或 D_3 治疗，2 000U/d，或使用 50 000U 维生素 D_2 或 D_3，每周一次，共 6 周，使 25-(OH)D 水平达到 30ng/ml 以上，之后 0～1 岁婴幼儿用 400～1 000U/d 预防，1～18 岁用 600～1 000U/d 预防。对肥胖吸收不良综合征和服用影响维生素 D 代谢药物者采用大剂量维生素 D（2～3 倍剂量，至少 6 000～10 000U/d）治疗维生素 D 缺乏，使 25-(OH)D 水平达到 30ng/ml 以上，之后用 3 000～6 000U/d 预防。

口服困难或腹泻等影响吸收时，可采用大剂量突击疗法，维生素 D 15 万～30 万 U（3.75～7.5mg）/ 次，肌内注射，1 个月后随访，如症状、体征、实验室检查均无改善时应考虑其他疾病，同时也应避免高钙血症、高钙尿症及维生素 D 过量。3 个月后改为预防量。注意肌内注射给药方法不宜应用于新生儿和小婴儿，因其没有足够的脂肪储存维生素 D，而且肌层薄、血管多，维生素 D 油剂注射于局部后，由于吸收差，可导致局部肌纤维损伤出血。

知识点

钙缺乏的高危因素

1. 2 岁以下婴幼儿、青春期少年，因生长快速，骨量迅速增加，对钙的需要量相对较高，是钙缺乏的高危人群。其中，婴儿期是一生中骨钙沉积比例相对最高的时期；而在 3～4 年的青春快速生长期间，青春期少年共获得约 40% 成人期的骨量。女孩在 12.5 岁、男孩在 14.0 岁时，骨骼钙的沉积速率达到峰值。

2. 母乳钙磷比例合适，吸收率高，但母乳中维生素 D 含量低。母乳喂养而未足量补充维生素 D，则因维生素 D 缺乏而间接造成婴儿钙缺乏。

3. 母亲妊娠期钙和 / 或维生素 D 摄入不足、早产 / 低出生体重、双胎 / 多胎等，致使胎儿期钙储存不足，造成婴儿出生早期钙缺乏。

4. 母乳不足及离断母乳后未用配方奶或其他奶制品替代，儿童、青少年膳食中缺乏奶类等高钙食物，则是导致儿童钙缺乏的重要因素。大量果汁及碳酸饮料因挤占奶类摄入而影响钙摄入。

5. 患腹泻、胃肠道疾病时，肠道钙吸收利用不良，亦易引起钙缺乏。

6. 维生素 D 不足或缺乏，以及患肝脏、肾脏疾病而影响维生素 D 活性，也是造成钙缺乏的重要因素。

【问题 10】 该患儿是否需要补钙？

思路：乳类是婴儿钙营养的优质来源，一般维生素 D 缺乏及佝偻病治疗可不补钙。如有钙缺乏高危因素，骨量发育不良，可考虑补允钙剂。

患儿口服维生素 D 制剂治疗 2 天，因饮食不洁出现呕吐腹泻，食欲缺乏，突发抽搐 2 次而入院。抽搐时头后仰，双眼不自主眨动，牙关紧闭，四肢屈曲抽动，伴意识丧失，颜面、口周青紫，无大小便失禁，持续约 1 分钟自行缓解，抽搐后患儿神志清，活动如常。无发热，无咳嗽，无声音嘶哑，无气促，无皮疹。

入院后检查：三大常规未见异常，电解质、血气分析、肝功能、肾功能及心肌酶无异常；血糖正常；25-(OH)D 45nmol/L（17.5ng/ml），降钙素原（PCT）0.055ng/ml，C 反应蛋白（CRP）0.5mg/L，脑脊液常规及生化正常，头颅 CT、脑电图未见异常。

【问题 11】 根据本例病史及体征，该如何进行初步判断？

思路：维生素 D 缺乏性佝偻病患儿，口服维生素 D 制剂治疗 2 天，突发无热惊厥，反复发作 2 次，呈大发作，发作后神志清醒，体格检查未发现神经系统阳性体征，诱因为饮食不洁出现呕吐腹泻，总血钙正常，离子钙降低，25-(OH)D 进一步降低，根据病史、症状、体征及相关检查排除低血糖症、低镁血症、婴儿痉挛症、原发性甲状旁腺功能减退症、中枢神经系统感染、急性喉炎。维生素 D 缺乏性手足搐搦症诊断明确。

维生素 D 缺乏性手足搐搦症临床特点及诊断

维生素 D 缺乏性手足搐搦症患儿往往有佝偻病的神经精神兴奋症状，如多汗、易惊、易激惹、烦躁、睡眠不安等。还可出现面神经征、腓反射阳性、陶瑟征阳性。此病多见于冬春季节、日照不足，感染、发热、饥饿时，也可见于早产儿或母孕后期及人工喂养儿。

维生素 D 缺乏性手足搐搦症诊断一是维生素 D 缺乏性佝偻病的诊断，二是出现惊厥或手足搐搦的诊断，婴儿以惊厥最重要，有连续几次惊厥而无传染病症状与体征的，首先考虑本病，较大儿童以手足搐搦最常见。结合血清游离钙降低（总血钙 <1.75~1.88mmol/L，离子钙 <1.0mmol/L），应高度怀疑。值得注意的是有的患儿虽然总血钙正常，也不能轻易排除维生素 D 缺乏性手足搐搦症的诊断，因总血钙不能代表血中离子钙。25-（OH）D 明显降低对佝偻病诊断有一定价值。

鉴别诊断第一类是惊厥，新生儿时期须特别注意产伤、先天性疾病及感染等，婴儿需与各种急性病起病时的脑症状、脑炎、脑膜炎、婴儿痉挛症、低血糖等鉴别，儿童期尚需与癫痫及甲状旁腺功能低下相鉴别。第二类为喉部梗阻的鉴别诊断，第三类为手足搐搦的鉴别诊断，如甲状旁腺功能不全、碱中毒、低镁、低钠、高钠血症、慢性肾脏病等。

【问题 12】 患儿该如何进行急救处理？

思路：维生素 D 缺乏性手足搐搦症，如入院时患儿仍有反复抽搐，则首先应迅速控制惊厥或喉痉挛，患儿入院时无抽搐，则应补充钙剂使血钙迅速上升防止再发。入院后予葡萄糖酸钙补钙及对症治疗，再无抽搐，并给予维生素 D 治疗，2 000U/d，病情好转，痊愈出院。口服维生素 D 6 周后复查血 25-（OH）D 水平，35ng/ml，改为 400U/d 预防。

维生素 D 缺乏性手足搐搦症急救处理

因惊厥可致患儿呼吸停止，喉痉挛更属危险，因此维生素 D 缺乏性手足搐搦症治疗首先是急救，使惊厥或喉痉挛等危险症状停止。国外常用的抗惊厥药物的是劳拉西潘，国内常用的是安定或咪达唑仑。保持呼吸道通畅，治疗喉痉挛时则先将舌尖扯出，必要时气管插管。同时应迅速补充钙剂，不可因等待血钙测定而延迟钙疗法以致危及生命。需将葡萄糖酸钙由静脉注入，一般新生儿每次 2.5~5ml，婴儿 5~10ml，1~3ml/d，1~3 次 /d，必要时连续 2~3 天。若痉挛停止即改成口服钙剂，必须强调的是静脉注射葡萄糖酸钙时，必须应用小针头，以等量生理盐水或 10% 葡萄糖溶液稀释 1~2 倍，然后缓慢注入，10 分钟或更久，如静脉注射速度太快，大量钙剂将由尿排出，从而减低疗效，而且可因暂时性血钙过高而致心脏传导阻滞，甚至发生意外危险，最好同时进行心脏监测。钙剂切勿皮下注射或肌内注射，可导致皮肤硬肿及腐烂、坏死等反应。有人建议在注射葡萄糖酸钙同时，口服氯化钙以增强疗效。惊厥停止后，口服维生素 D 治疗。

【问题 13】 该患儿预后如何？

思路：3 岁以后的幼儿，随着户外活动的增加，维生素 D 缺乏性佝偻病症状体征特别是骨骼病变逐渐消失，从这种意义上讲，维生素 D 缺乏性佝偻病属于自限性疾病。但考虑到维生素 D 是一种潜在的类固醇激素，除矿物质的平衡外，还有重要的生理功能，包括调节细胞分化、增生及免疫功能等。因此，骨骼病变是否消失并不能反映所有的维生素 D 潜在作用及维生素 D 缺乏对健康的影响。而且，研究发现维生素 D 缺乏对健康的损害是长期的，宫内维生素 D 缺乏不仅影响胎儿长骨生长，增加出生后骨质疏松和骨折的危险性，且使得成人期慢性疾病如糖尿病、哮喘、多发性硬化发生率增加，预期寿命缩短。从这个角度讲，维生素 D 缺乏性佝偻病不是自限性疾病。

四、锌缺乏症

锌（zinc）是体内第二大含量的微量元素，参与机体几乎所有的代谢过程，对儿童的体格、免疫、中枢神经系统等具有重要作用。儿童锌缺乏至今无统一定义。一般定义锌缺乏症（znic deficiency）系由于体内长期缺乏微量营养素锌所引起的营养缺乏病，2003 年，WHO 将预防和治疗儿童锌缺乏作为减少 5 岁以下儿童患病率和死亡率的重要措施之一。

诊疗经过通常包括以下环节。

1. 详细询问病史，包括出生情况、生长发育史、喂养史、疾病史、家族史，判断有无锌缺乏的高危因素，有无厌食、偏食、反复感染、生长发育落后、反复感染等临床表现。

2. 通过体格检查观察儿童生长发育速度及有无生长偏离，有无皮疹或者青春期性发育延迟等体征。

3. 目前缺乏特异性反映锌营养状况的生物标志物。血清锌是诊断锌缺乏的常用的比较可靠的实验室指标，但缺乏敏感性，轻度锌缺乏时血清锌仍可保持正常，且该指标易受到感染、进食等病理生理因素影响。

4. 诊断性治疗是明确锌缺乏的最终确诊依据，即补充锌后，智能发育、生长发育、食欲、免疫功能等明显得到改善，即可诊断锌缺乏。

5. 锌缺乏治疗包括去除病因、平衡饮食、适当补充，积极治疗并发症。目的在于防止智能发育延迟、生长发育落后及免疫功能降低等。重点是锌的补充。

6. 锌缺乏的预防极其重要，提倡母乳喂养，坚持平衡膳食是预防缺锌的主要措施，对可能发生缺锌的情况如早产儿、低出生体重儿、双胎、长期腹泻、长期透析、慢性肾病、反复出血、人工喂养、大面积烧伤等，均应适当补充锌。

临床病例

患儿，男，3 岁。因"腹泻 1 周"入院。患儿于 1 周前无明显诱因出现腹泻，解稀水样便 5~6 次/d，伴呕吐 2 次，为胃内容物，非喷射性，伴发热，体温 38.5℃，无咳嗽，无气促。门诊予"蒙脱石散口服、补液等"治疗 4 天，病情未见好转，仍腹泻呕吐，体温降至正常，有口渴喜饮，尿少，为求进一步诊疗入院。病后患儿食欲缺乏，精神稍差，睡眠一般。既往患儿偏食、挑食、食欲缺乏，喜食零食，易反复消化道感染，近 3 个月来无明显诱因出现喜食生米、生面，家属未在意，未行处理。

初步病史采集后，患儿主要表现为腹泻。按腹泻分析，临床随之需考虑以下相关问题。

【问题 1】 3 岁年龄患儿腹泻是否正常？如何与功能性腹泻等进行鉴别？

思路：对于一个 3 岁年龄小儿，腹泻是不正常的，但需与功能性腹泻进行鉴别，功能性腹泻诊断标准必须符合以下各项：每天 4 次或 4 次以上无痛、大量、不成形便；症状持续 4 周以上；发生于 6 个月至 5 岁；如果热量供给足够，无生长停滞。但如出现生长发育停滞、症状持续发生、出现了其他症状（严重腹泻呕吐、脓血便、黏液样便、水样、蛋花汤样大便、腹胀、持续喂养困难、轻度脱水、伴有发热等）、其他器官系统的表现（如皮疹、反复咳嗽等），则应警惕胃肠道感染性疾病、牛奶蛋白等食物过敏、炎症性肠病。

【问题 2】 询问病史应包括哪些方面？

思路：①应询问有无锌缺乏的高危因素（表 1-4-11）；②仔细询问有无锌缺乏的症状（表 1-4-12）；③母亲孕期有无上述缺锌症状；④家族史及遗传代谢病史；⑤其他病史，有助于排除其他疾病。

表 1-4-11 锌缺乏的高危因素

高危因素	可能原因
摄入不足	膳食锌含量低
	不良的饮食习惯
	素食
	全胃肠道外营养如未加锌
	单纯以母乳未添加含锌丰富的辅助食品

续表

高危因素	可能原因
贮存不足	母亲孕期(特别是孕晚期)锌摄入量不足 早产儿
吸收障碍	消化道疾患、腹泻 长期纯牛乳喂养未补充锌
丢失过多	长期慢性腹泻和失血、溶血、大面积烧伤 慢性肾脏疾病、长期透析、蛋白尿 长期多汗、反复呼吸道感染
遗传性疾病	暂时性新生儿锌缺乏和肠病性肢端皮炎

表 1-4-12　锌缺乏常见临床表现

对机体的影响	具体表现
味觉障碍	味蕾功能减退,味觉敏锐度降低、食欲缺乏、偏食或异食
生长发育不良	身高体重常低于正常同龄儿,身体矮小,瘦弱,秃发
胃肠道疾病	腹泻(肠病性肢端皮炎)
皮肤疾病	皮肤干燥,炎症,疱疹皮疹,伤口愈合不良,反复性口腔溃疡
眼科疾病	白内障和夜盲
免疫力减退	反复感染,腹泻
青春期性发育迟缓	睾丸或阴茎过小,睾丸酮含量低,性功能低下;女性乳房发育及月经初潮晚;男女阴毛皆出现晚
认知行为改变	认知能力不良,精神萎靡、共济失调,精神发育迟缓,行为障碍
妊娠反应加重	嗜酸,呕吐加重
胎儿宫内发育迟缓	早产,低出生体重儿
分娩合并症增多	产程延长,伤口感染,流产
胎儿畸形率高	脑部,中枢神经系统畸形

【问题3】 病史采集结束后,下一步查体应重点关注哪些方面?

思路:观察一般情况,如体重、身长、头围等,初步评估生长发育情况,注意有无锌缺乏表现:如皮肤有无粗糙、有无贫血体征、皮炎、皮疹、毛发情况、口腔有无溃疡和地图舌等。

查体记录

查体:体温37.0℃,呼吸25次/min,脉搏100次/min,血压100/70mmHg,体重12kg。发育营养稍差,神清,精神稍差,反应一般。全身皮肤无黄染,无皮疹,皮肤弹性稍差。双侧瞳孔等大等圆,对光反射灵敏,呼吸规则,无鼻扇,三四征(-),口周无发绀,口干,咽充血,未见疱疹及溃疡灶,地图舌,颈软,双肺呼吸音清,未闻及干湿啰音,心音有力,律齐,无杂音。腹平软,肝脾肋下未扪及,肠鸣音活跃,10次/min,四肢肢端暖和,毛细血管充盈时间2秒,肌力、肌张力正常,脑膜刺激征、病理征未引出。

【问题4】 结合上述病及查体结果,为进一步诊断应实施哪些检查?

思路:通过上述病史查体,初步考虑锌缺乏诱发消化道感染引起的腹泻,门诊需尽快完善三大常规、常规生化检查,血清锌水平等,如条件允许可完善微量元素等。目前建议小于10岁儿童血清锌下限为65μg/dl。尿锌和发锌的临床应用价值尚有待证实。必要时查血常规,肝肾功,有条件可做其他微量营养素检测,有助于锌缺乏症相关并发症的判断。

辅助检查

血常规：WBC 10.3×10^9/L，淋巴细胞百分比 62.5%，中性粒细胞百分比 36.1%，Hb 120g/L，PLT 226×10^9/L；CRP<0.5mg/L。大便常规脂肪球（++），轮状病毒抗原（+）。

电解质 Na^+137mmol/L，K^+3.4mmol/L，血气分析、肝功能、肾功能及心肌酶无异常；血糖正常；末梢血微量元素锌 32μg/dl，余正常。

【问题5】 该患儿锌缺乏症诊断明确吗？

思路：锌缺乏症的诊断主要根据病史、临床表现、实验室检查及诊断性治疗，高危因素是评估锌缺乏风险的重要依据。目前没有敏感简便的反映人体锌营养状况的实验室生物指标，锌缺乏诊断较为困难。

一般来说，根据缺锌的病史和临床表现，血清锌<11.47μmol/L（75μg/dl），餐后血清锌浓度反应试验（PICR）>15%，锌治疗有显效即可诊断。在排除了急慢性感染，肝及肾脏疾病等影响因素后血清锌的测定常有确诊价值，诊断性治疗（补锌后小儿身长、体重增加迅速，性发育改善）可较准确诊断锌缺乏症。

知识点

锌缺乏症的诊断标准

1. 确诊（具备下列 5 项中的 3 项）
(1) 膳食调查（连续 3 天记录法）每日锌摄入量＜推荐摄入量（RNI）的 60%。
(2) 典型临床表现：纳呆、生长发育迟缓、皮炎、反复感染、免疫功能低下、异食癖等两项以上。
(3) 空腹血清锌浓度 <11.47mmol/l（原子吸收法）。
(4) 餐后血清锌浓度反应实验：进餐后 2 小时血清锌浓度较餐前下降 15%。
(5) 单独用常规剂量锌治疗 1～2 周，症状明显好转者。

2. 可疑（具备下列 5 项中的 2 项）
(1) 膳食调查（连续 3 天记录法）每日锌摄入量 <RNI 的 60%。
(2) 典型临床表现：纳呆、生长发育迟缓、皮炎、反复感染、免疫功能低下、异食癖等两项以上。
(3) 空腹血清锌浓度在 3.74～11.47mmol/L（原子吸收法）。
(4) 餐后血清锌浓度反应实验：进餐后 2 小时血清锌浓度较餐前下降 15%。
(5) 单独用常规剂量锌治疗 1～2 周，症状明显好转者。

该患儿有明确缺锌的高危因素，有生长速度下降，有反复腹泻，异食癖，血清锌水平下降，诊断明确。

注意严重锌缺乏少见，锌不足、轻中度锌缺乏的一般非特异性表现，但常出现味觉异常、异食癖、口腔溃疡、体重增长迟缓、轻微皮疹、反复感染等。

锌缺乏可引起免疫功能异常，导致 T 淋巴细胞和中性粒细胞功能损伤而容易发生反复感染，尤其是可引起长期、反复腹泻和呼吸道感染，而腹泻等感染性疾病进一步加重锌缺乏，形成恶性循环。

【问题6】 如何与肠病性肢端性皮炎鉴别？

思路：肠病性肢端性皮炎为一种少见的常染色体疾病，因小肠上皮细胞对锌的吸收障碍，导致锌缺乏症，以生后几个月出现肢端皮炎（进行性致死性的严重皮肤水疱、湿疹、干燥、鳞屑皮损，对称性分布于口周、肢端、会阴区及脸颊、膝盖和肘部）、顽固性腹泻、头发呈奇特红色及秃发、口腔炎、伤口延迟愈合、生长发育缓慢为特征。系常染色体隐性遗传性疾病，可通过遗传学确诊，确定为 8 号染色体 q24.3 区的 *slc39a4* 基因突变所致。

【问题7】 患儿该如何进行治疗？

思路：该患儿除采取抗感染、补液、保护胃肠道黏膜等对症治疗外，给予小剂量长期口服元素锌 0.5～1.0mg/kg，治疗后患儿症状完全消失。

知识点

锌缺乏症的治疗原则

1. 调整饮食,增加膳食锌摄入,减少偏食、挑食、喜零食等不良习惯。

2. 积极查找导致锌缺乏的高危因素和基础疾病,采取有效的干预措施。

3. 口服锌治疗,元素锌 $0.5\sim1mg/(kg\cdot d)$,疗程 2~3 个月。

4. 如锌缺乏高危因素长期存在,则建议小剂量长期口服元素锌 5~10mg/d。

【问题 8】 预防重于治疗,锌缺乏症如何预防?

思路:主要还是从饮食及强化食物中补充。

主要的预防措施:

1. 提倡母乳喂养,母乳不足或不能母乳喂养时强调选择强化锌的配方奶。

2. 婴儿 4~6 月龄后应及时添加辅助食品。建议首选强化锌的婴儿食品或肉类、肝脏等富含锌的动物性食物。

3. 平时应提倡平衡膳食,培养良好的饮食习惯。戒绝挑食、偏食、吃零食的习惯。增加肉类、肝脏等富锌食物摄入是预防锌缺乏的重要措施。强化锌的食品也有助于增加锌摄入,预防锌缺乏。

4. 对孕妇、乳母及早产儿、人工喂养儿、营养不良儿、长期腹泻、大面积烧伤等可额外补给每日供给量的锌,并积极控制原发疾病。研究证实,腹泻时补充锌有积极的预防和辅助治疗作用。WHO 推荐,腹泻患儿在继续口服补液盐治疗的同时口服补充锌。补充剂量为 6 个月以下婴儿补充元素锌 10mg/d;7 个月~5 岁补充 20mg/d,持续 10~14 日。另有专家推荐,存在锌缺乏高危因素的下呼吸道感染患儿在抗生素治疗的同时补充锌。

5. 补锌同时补足热量、蛋白质和其他营养物,有利于缺锌的纠正。有人主张在补充锌的同时加服维生素 D,每日 400U,有助于锌的吸收。以药物或强化食品预防性补充锌时,必须考虑铁、锌、铜等各种矿物元素之间的相互平衡。有证据表明常规剂量补充锌,即可造成铜缺乏,并继发贫血。铁和锌之间的相互干扰更为明显。

五、铅中毒

铅是一种具有神经毒性的重金属元素,在人体内无任何生理功能,在体内的量超过一定水平就会对健康产生危害。小儿急性铅中毒多因误服过量的含铅药物,如羊痫风丸、黑锡丹、樟丹等所致,临床少见。亚临床型铅中毒表示儿童体内铅积蓄已经处于有损于健康的危险水平,即铅中毒对机体的损害早在出现临床症状以前已经存在。

铅中毒的诊疗经过通常包括以下环节。

1. 详细询问患儿病史,应着重询问有无误服或摄入含铅污染饮食的可能、生活及饮食习惯、生活环境及父母的职业等。

2. 铅中毒临床症状和体征多种多样,可累及多个系统,如神经系统、消化系统、血液系统、心血管系统、泌尿系统等。

3. X 线荧光衍射法直接测定骨组织中铅元素含量是诊断的金标准,其他检查方法如原子吸收光谱法检测血铅值等有辅助诊断价值。

4. 铅中毒的治疗 确定铅污染源后,根据血铅水平予以相应的治疗,重点在于脱离铅污染源,并消除和控制污染源,监控环境。

临床病例

患儿,男,8 个月。因"发现面色苍白 5 天,烦躁、食欲缺乏,呕吐 3 天"入院。患儿系 G_1P_1,孕 38 周顺产出生,出生体重 2 200g。生后母乳喂养,否认围生期窒息史,父母体健。追问病史:父母长期从事回收废塑料瓶的粉碎工作,加工过程接触和应用重金属铅,该患儿从胎儿期至生后一直生活在污染严重的环境中。入院查体：体温 36.5℃，脉搏 130 次 /min，呼吸 36 次 /min，血压 110/76mmHg，体重 7kg，身长 62cm。烦躁不安、易激惹、反应欠佳，前囟 1.5cm×1.5m，前囟饱满，皮肤巩膜中度黄染、口唇和甲床苍白，心率 136 次 /min，心律齐，腹软，肝脾肋下 1.0cm，质软，肠鸣音 3 次 /min，神经系统检查未发现异常。辅助检查：Hb 85g/L，呈小细胞低色素贫血，胆红素值增高，头颅 MRI、胃肠道超声未见异常。患儿精神反应差、吃奶差、呕吐、烦躁哭闹、肝功能受损、中度贫血、肝功能损害，检测血铅为 652μg/L，血涂片检出点彩性红细胞，诊断为铅中毒。父母血铅分别为 532μg/L、595μg/L。

【问题1】 该患儿为什么容易发生铅中毒？

思路： 该患儿系 8 个月婴儿，有重金属铅接触史，生活环境多在离地面高 1m 内，年龄小，铅吸收多，排泄少，生长发育快、代谢旺盛、血 - 脑脊液屏障对铅的通透性高，因此容易发生铅中毒，且该患儿血铅水平较父母更高。

儿童发生铅中毒的常见原因：

1. 越接近地面，大气中的铅含量越高，离地面高 1m 内含铅浓度往往高达常规测试浓度的 16 倍以上。

2. 儿童铅代谢的特点是吸收多，排泄少，成人消化道铅吸收率 5%～10%，儿童 42%～53%，呼吸道铅吸收率是成人的 1.6～2.7 倍，成人铅 99% 通过大小便排出体外，儿童则只有 66% 排出。

3. 儿童机体对铅毒性易感性较高。年龄越小，血 - 脑脊液屏障对铅的通透性越高，且在低于成人一半的血铅浓度下即可影响血红蛋白合成过程，铅在极低浓度下即可发生胎盘转移，损害胎儿及儿童的智能及生长发育。

【问题2】 儿童铅中毒的来源和吸收途径是什么？

思路： 该患儿父母长期从事回收废塑料瓶的粉碎工作，加工过程接触和应用重金属铅，患儿通过铅的胎盘转移和经手 - 口途径及呼吸道吸入环境污染的铅。

1. 儿童铅中毒的来源多种多样，主要包括：

（1）广泛的工业污染。

（2）汽车废气对大气的污染。

（3）铅作业工人对家庭环境的污染。

（4）学习用品和玩具的污染，如铅笔、蜡笔、教科书彩色封面、课桌椅的油漆、儿童玩具等。

（5）室内含铅涂料和油漆。

（6）食物与饮水：大气中的铅沉积于食物，含铅合金用于自来水管和食品罐头的制作，爆米花、皮蛋（松花蛋）、饮水、水果（表皮部分）等食物都可能有过高的铅含量。

（7）胎盘转移：体内铅负荷较高的孕妇可将铅经胎盘传递给胎儿。

（8）其他：煤，茶叶，中药。

2. 铅的吸收途径主要有 2 种，手 - 口途径吸收和经呼吸道吸入。其中手 - 口途径是铅进入体内的重要通道。

【问题3】 铅中毒的临床表现及特点有哪些？

思路： 根据临床表现的存在与否，儿童铅中毒可分为症状性铅中毒和无症状性铅中毒（或亚临床性铅中毒）2 种。

1. 无症状性铅中毒（亚临床性铅中毒）主要是影响儿童的智力行为发育和体格发育。如智商低、注意力不集中、学习成绩下降；在体格生长发育方面往往出现体重、身长落后于正常儿童。临床研究也发现，铅中毒对机体的损害在出现临床症状以前已经存在，一些无症状的铅中毒儿童可表现出认知、感觉、运动和心理神经方面的功能障碍。

2. 症状性铅中毒 包括急性铅中毒及慢性铅中毒，可累及多个系统。

（1）神经系统：①中枢神经系统早期表现无特异性，容易导致误诊。可出现神经衰弱综合征，如激惹、烦躁、恶心、注意力不集中、反应迟钝、运动失调、影响儿童学习和行为能力，不同程度的意识障碍及癫痫样抽搐等，严重者出现谵妄、狂躁、脑积水等。②周围神经系统表现为轻重不同的感觉型、运动型和混合型周围神经病。

（2）消化系统：常见有口腔内有金属味、恶心、呕吐奶块样物、阵发性腹绞痛、甚至中毒性肝病。

（3）血液系统：铅面容（面色苍白）、可出现小细胞低色素性贫血。

（4）泌尿系统：早期可出现糖尿、氨基酸尿、高磷尿，晚期可有氮质血症、少尿肾功能不全等症状。

（5）心血管系统：心律失常和高血压。

（6）微量元素、维生素缺乏：铅会影响钙、铁、锌等有益微量元素的吸收，阻碍维生素的代谢，故儿童铅中毒多与缺钙、缺铁、缺锌或维生素缺乏同时发生，且互为因果。

铅中毒不同于一般意义的中毒，具有其独特的特点。

（1）多器官亲和性：尤其对胎盘和神经系统最敏感。

（2）低阈值性：即使体内有 0.001μg 的铅存在，也会对健康造成损害。

（3）不可逆性：即使血铅水平明显下降，但已经受损的器官和组织已不能修复。

（4）隐匿性、非特异性。

该患儿主要表现为血液系统、神经系统和消化系统损害，父母虽然血铅水平明显增高，但未有明显铅中毒的临床表现，说明儿童机体对铅毒性易感性较高。

【问题4】 铅中毒如何进行诊断及鉴别诊断？

思路：儿童铅中毒并不表示临床意义上的中毒，而是表示体内铅负荷已经处于有损于健康的危险水平。因此，儿童铅中毒的临床诊断并不取决于相应的症状和体征，而主要依据体内铅负荷状况。常用的临床检测指标如下。

1．X 线荧光衍射法　直接测定骨组织中铅元素含量是反映铅负荷状况最理想的指标，但由于受设备的限制，尚难普及应用。

2．原子吸收光谱法　这是目前临床作为儿童铅中毒诊断的主要依据。但血铅水平仅能反映近 1 个月来的铅暴露情况，不能客观评价慢性长期铅暴露的铅负荷状况。发铅检测方法简单，但受外界因素影响太多，如毛发部位、环境、营养等因素影响，且个体差异较大，故准确性较差，几乎已被废除。尿铅测定对急性铅中毒诊断有一定价值。

3．红细胞锌原卟啉（ZPP）　方法简单，可用于筛查铁缺乏症和铅中毒，而且 ZPP 虽不是铅中毒诊断的必备条件，但对预测驱铅试验的反应和判断治疗效果有一定价值。

4．周围血象　中度以上的铅中毒可有红细胞和血红蛋白减少，点彩红细胞增加，网织红细胞及多染性红细胞亦增多，但其特异性较差。检查荧光红细胞为铅中毒早期诊断有价值的方法之一。

铅中毒发病隐匿，更需要与多种疾病鉴别。

（1）铅中毒初期呈现消化道症状时，应与急性胃肠炎、病毒性肝炎等鉴别。

（2）有腹绞痛时须与急腹症其他疾病鉴别。

（3）发生脑病征象时应和脑炎、结核性脑膜炎、脑肿瘤及手足手足搐搦症区别。

（4）遇有末梢神经炎症状和体征时，须和脊髓灰质炎及白喉性神经麻痹区别。

【问题5】 儿童铅中毒如何进行分级及相对应的处理？

思路：儿童铅中毒的分级主要根据血铅的浓度水平进行分级，无论有无相应的临床表现或生化改变。美国国家疾病控制中心的铅中毒指南可供参考。对铅中毒的处理主要根据血铅水平。

知识点

美国国家疾病控制中心的铅中毒分级

Ⅰ级：<100μg/L。

Ⅱ级：100～190μg/L，轻度铅中毒。此期的临床症状无特异性，有时可有一些行为异常，如出现注意力不集中、多动等。

Ⅲ级：200～440μg/L，中度铅中毒。可出现厌食及异食、贫血、腹痛、生长发育迟缓、免疫力下降、反应迟钝、智商降低、运动不协调、听力和视力损害，引起缺铁、缺钙等。

Ⅳ级：450～690μg/L，重度铅中毒。可出现易激惹、攻击性行为、腹绞痛、心律失常和运动失调。

Ⅴ级：≥700μg/L，极重度铅中毒。可出现肾功能不全，铅性脑病等多脏器损害甚至死亡。

知识点

铅中毒的处理

Ⅰ级：<100μg/L。目前认为是相对安全的血铅水平，不需要临床处理。

Ⅱ-A级：100～140μg/L。定期复查，动态观察，避免铅暴露源。健康教育是对血铅水平在这一范围内儿童的主要干预方式。

Ⅱ-B级：150～190μg/L。除Ⅱ-A级处理措施外，还应进行健康教育（铅中毒一般知识介绍、行为指导，如进食前洗手、营养指导如多食用含钙、铁、锌和维生素丰富的食物等）。

Ⅲ级：200～440μg/L。1周内复查血铅，同时进行环境勘查和干预。进行详细病史询问、体格检查及全面实验室检查，并进行驱铅试验，试验阳性者，应参照Ⅳ级铅中毒处理，若阴性，则参照Ⅱ级铅中毒处理。

Ⅳ级：450～690μg/L。应在48小时内复查血铅，如获证实，应在48小时内收治入院，以依地酸二钠钙（$CaNa_2EDTA$）进行驱铅治疗，同时进行环境勘查和干预。

Ⅴ级：≥700μg/L。应立即复查血铅，如获证实，立即收治入院，以$CaNa_2EDTA$和二巯基丙醇联合进行驱铅治疗，同时进行环境勘查和干预。

【问题6】 如何预防儿童铅中毒的发生？

思路：预防重于治疗，铅中毒可影响儿童的智力发育，驱铅疗法能降低体内铅负荷，但铅中毒对神经的损害是不可逆转的，因此预防铅中毒比治疗具有更为积极的意义。

1．常用肥皂洗手，尤其是进食前。

2．停用含铅汽油7～8年，但已排出的铅要20年以上才能消失。所以应教育孩子少到马路上或铅污染的工业区玩耍。

3．常清洗玩具、文具，不把玩具、文具放在嘴里啃咬。

4．减少空气中铅对食物的污染。食品罐应加盖，地板和桌子要擦洗。

5．少吃含铅高的食物。大部分食物含铅量少或不含铅，而皮蛋、传统工艺加工出来的爆米花、罐装饮料、香烟含铅量高，儿童被动吸烟也会提高血铅。

6．减少铅作业家长对家庭环境的污染，包括在马路上执勤的交通警察和职业司机等，最好不穿工作服回家。

7．燃煤家庭应勤开窗。

8．孩子餐具不用彩色图案的陶瓷制品。

9．不用水头水。因为水管焊接口和水龙头加工过程中都加入铅，早晨囤积了一夜的水头水含铅量远高于白天流动的水。铅的溶点低，加温后溶解度增加，因此也不要饮用热水管中出来的水。

10．养成定时进食习惯，在饥饿时对铅的吸收会增加。

11．保证膳食中含有足够量的钙、铁、锌。

【问题7】 如何进行儿童铅中毒筛查？

思路：通过血铅筛查，早期发现高血铅的儿童，对其进行及时的铅个体干预。1993年美国儿科学会建议，所有儿童在9～12月龄时均应进行血铅测定，并至少在24月龄时复查1次。

临床上凡是遇到下列情况之一者，必须进行血铅检查：发育迟缓、学习困难、行为异常、孤独症、惊厥、缺铁性贫血、肠道寄生虫感染、语言和听力障碍、反复呕吐、反复腹痛、脑水肿。

《中国儿童铅中毒防治策略建议书》建议，建立血铅监测系统，建立儿童铅中毒报告制度与儿童铅中毒信息库，强调一级预防，切断铅污染源。开展有针对性的健康教育，保障儿童健康。

（向 伟）

第五节　心理行为测试方法与评价

儿童心理行为评定是对儿童感知、运动、语言等发育情况及个性心理的各种能力进行评定以判断其发展水平的过程。心理测验（psychological test）是将心理行为客观现象进行标准化测量的一种技术。评定量表是一种量化观察客观现象的测量工具，是发育行为心理评定中收集资料的重要手段之一。评定过程是对受检者进行相同的内容评定，按照相同的评定规则进行结果描述，或给予一个具体分数，或划分某一范畴，并进行解释评价。

临床病例

患儿，男，8岁。在读小学二年级，因"反应慢、成绩差、与同学相处不好"来诊。初步的病史采集如下。

患儿在幼儿园时比其他孩子明显表现出反应慢，与小朋友沟通差。上小学以后，上述情况无明显改善。主要表现：上课时不能专心听讲，开小差，注意力难以集中，自控能力差，有时不能明确表达自己的想法。在儿科排除了器质性疾病后，要求评估智力发育程度并给予诊断与治疗。

患儿 G_4P_1，孕38周自然分娩，无特殊疾病及特殊用药史。出生体重3 000g，出生时有明显缺氧病史，生长发育较同龄孩子落后。否认家族遗传病史。否认癫痫等病史。查体无异常。

初步病史采集后，因患儿主要表现为反应慢、成绩差、与同学相处不好，需考虑以下相关问题。

【问题1】 如何选择心理行为评定量表？

思路：根据测试目的选择标准化程度较高的量表，才能得到具体的客观性和真实性评定结果。以上述临床病例为例，针对患儿临床表现和父母诉求，选择韦氏儿童智力测验（WISC）。

知识点

选择原则

量表选择的基本原则是根据测试目的和被测试者年龄等，选择能全面、高效、真实地反映所要评定内容的量表。比如要在短时间内将可能有问题的儿童从人群中筛查出来，应选择筛查性量表，而要对儿童进行详细的测评，应选择项目多、功能较齐、耗时较长的诊断量表（表1-5-1）。

表1-5-1 儿童心理行为测试常用量表

量表类型	常用量表	适应年龄
筛查性量表	丹佛发育筛查测验（DDST）	0~6岁
	0~6岁儿童智能发育筛查测验（DST）	0~6岁
	绘人测试（DPT）	4~12岁
	皮勃迪图片词汇测试（PPVT）	2~18岁
诊断性量表	0~6岁儿童神经心理发育量表（儿心量表）	0~6岁
	Gesell发育量表（GDS）	0~6岁
	Bayley婴儿发育量表（BSID）	2~30个月
	Wechsler幼儿智力测验（WPPSI）	2.5岁~6岁11个月
	Wechsler儿童智力测验（WISC）	6~16岁

【问题2】 测试过程如何正确进行？

严格按照操作手册内容，适当的语言对话，合理的玩具摆放都是正确测试的小细节。发育行为心理评定时应特别注意儿童测试过程中的行为，包括儿童的活动水平、协调运动、固执性、耐受性、社交及动机。

测试用房（图片）

【问题3】 如何书写评定报告？

评定报告应包括以下内容：采用的量表名称、受试者基本情况、测试时间、测试结果。观察行为包括：仪表、测验情境的适应、合作程度、努力程度、注意力、对测验或测验中某一特殊部分及主试的态度、言语（包括声调高低、快慢、词语表达能力、测验时的主动性、社交能力、焦虑的证据、从一个活动转换到另一个活动的能力等）。

知识点

评定内容

测验结果的综合和解释应包括：列出简要结果，比较各分测验之间的差异，总结及建议。

【问题 4】 评定报告中如何列出简要结果？

思路：罗列测试后直观的数值结果和观察结果，根据结果划分程度。并强调所有测试内容仅针对患儿现场情况，不能完全反映患儿平时水平，应结合临床进行解释。

知识点

书写结果样例

以上述临床病例为例，首先罗列智商结果，再进行智力程度分级，最后罗列观察结果，例如患儿衣着整洁、对环境好奇、东张西望、言语较多等，整个测试过程合作尚可，但反应较慢，注意力不集中，需重复指导语，回答问题不喜欢思考和作出努力，容易放弃，会直接告知"不知道"。回答问题音量一致，语速较慢，吐字清晰。操作动作较慢。

【问题 5】 如何理解标准化发育行为心理评定的信度、效度、敏感度、特异度？

思路：心理行为量表应经过标准化，即测验的编制、实施、计分和测验分数的解读具有一致性，才能减少混杂因素的影响，保证结果的准确性和客观性，并与不同的测验具有可比性。

知识点

量表标准化指标

1. 信度是指同一个受试儿童在不同时间用同一测验重复测验，所得结果的一致性程度。信度用 α 系数来表示，一般 α 系数越大，一致性越高，测得的分数越可靠。

2. 效度是指量表的有效性，即一个测量工具能够测查出其所要测量信息的程度。信度是效度的必要条件，但是当测试内容与测试目的不相符时，效度很低。

3. 敏感度是指量表正确测量出有问题儿童的比例。儿童是否有问题在量表中有一些关键的分数节点，如果低于这个分数节点可能就被视为有问题。理想的敏感度是在 70%～80%。

4. 特异度是指经过量表正确判别为正常儿童的比例。理想的特异度是在 70%～80%。测试目的不同，对量表的敏感度和特异度要求不同。例如在筛查性测试时，为保证可能有风险的儿童不被遗漏，对量表敏感性要求大于特异性。而在诊断性测试量表中，量表特异性要求则更高。

(章 岚)

第六节 儿童发育行为障碍

一、注意缺陷多动障碍

注意缺陷多动障碍（attention deficit hyperactivity disorder，ADHD）是一种出现于儿童期并表现为多动、冲动和 / 或注意缺陷等症状的一种神经发育性疾病。这些症状会影响认知、学业、行为、情绪和社交功能。ADHD 是儿童期常见的疾病之一，研究报道儿童 ADHD 患病率在不同国家和社会阶层中有差异。据估计，学龄儿童患病率为 8%～10%，而且随年龄增长而增加。ADHD 男孩比女孩多，多数患儿症状可持续至青少年期甚至成年期。

ADHD 在 12 岁之前起病，其核心症状包括持续的注意缺陷和 / 或多动 - 冲动，症状强调在多个环境和场所存在,且影响社会功能。按照临床行为学表现,ADHD 分为注意缺陷为主型、多动/冲动为主型和混合型。

对于疑诊 ADHD 的患者,评估内容包括医学、发育、教育和心理社会方面的综合评估。

(一)病史采集

询问病史包括发育史、家族史等,与患者及其父母进行临床访谈,询问患者在学校和日常生活中的相关信息,评估是否同时存在情绪或行为障碍。同时还需进行教育评估,重点是在教育环境下证实患者是否存在 ADHD 的核心症状;提供信息的老师应至少已与儿童经常接触 4~6 个月后,才能可靠地评论症状持续性;在评估中,当家长与老师对于核心症状的表述存在差异时,需要考虑环境因素(如期望不同或者行为管理策略不同)可能造成了这些差异。

(二)体格检查

尽管大部分 ADHD 患儿体格检查是正常的,仍有必要进行完整的体格检查,有助于鉴别诊断。

(三)辅助检查

针对行为学症状进行病因分析,怀疑并发癫痫的患者进行脑电图检查;怀疑症状与血铅升高、缺铁性贫血等疾病有关,进行相关实验室检查可协助诊断。完善视力和听力评估,有助于鉴别诊断。

(四)必要的行为、神经、心理学评估

采用 Conners 量表、SNAP-Ⅳ等量表进行行为及其严重度评定;采用持续性操作测验(CPT)评定注意力;采用 WISC-CR 量表等进行智力水平评估。心理测试也可以有助于明确 ADHD 患儿存在问题的具体领域,包括抽象推理、思维灵活性、计划能力和工作记忆。还应该对同时存在行为/情绪障碍进行评估,包括对立违抗障碍、品行障碍、抑郁、焦虑障碍和学习障碍。评估方法应包括获取病史、行为量表(对立违抗障碍、品行障碍、抑郁、焦虑)或神经心理测试。

临床病例

患儿,男,8 岁。在读小学二年级,因"好动、注意力不集中、易冲动"来诊。初步病史采集如下。

患儿在幼儿园时比其他孩子明显表现出多动,不易安静,常常与其他小朋友抢玩具或者冲撞其他小朋友,家长未重视。上小学以后,上述情况无明显改善。主要表现在上课时不能专心听讲,容易被教室外发生的事情影响,上课时不能在位置上安坐 5 分钟以上,总是扭来扭去,注意力难以集中在课堂,老师布置的任务总是没听见。考试时经常犯一些低级错误(如考试容易漏题),学习成绩中下。此外,上课也不遵守纪律,用笔乱写乱画,小动作不断,话多且容易插嘴或打断别人的对话,喜欢晃椅子。经常招惹同学,常与同学打架或者起冲突;在家里则表现任性、冲动;对看动画片很感兴趣,家庭作业对他来说也特别困难,他常忘记写作业,常将作业或者文具留在学校;做作业时,需要父母督促,边做边玩。即使完成了功课,也常常有看错题或者看漏题等。此外,在其他日常生活中,也存在类似现象,做事情杂乱无章,虎头蛇尾,在公共场合,不能耐心排队。

患儿为 G_1P_1,孕 39 周,自然分娩,无特殊疾病及特殊用药史。否认围生期窒息缺氧病史。出生体重 3 200g。否认家族遗传病史。体格发育、语言和运动发育无异常。否认癫痫等病史。神清,无特殊面容,心、肺、腹及神经系统无异常体征。

初步病史采集后,因患儿主要表现为好动、注意力不集中、易冲动,需考虑以下相关问题。

【问题 1】 患儿上述行为是正常儿童的多动还是行为问题?

思路:鉴别关键点是上述行为是否造成社会功能损害:患儿存在持续的多动、冲动和注意力缺陷行为,其行为导致学业成绩不良、同伴关系不佳等社会功能损害。

知识点

正常儿童好动与 ADHD 的区别

一些活泼好动的儿童可表现为好动和注意力集中时间短暂。但是这些儿童的多动常常出现于外界无关刺激多、疲劳和学习目的不明确、注意缺乏训练时。此外还可能与平时没有养成规律的生活习惯有关。这些儿童没有社会功能受损,学习成绩及与同龄儿童交往均正常。他们的多动常常发生在环境允许的场合,在不允许的场合能够有效地控制自己,其多动行为多数是有目的性的。

【问题2】 学龄期儿童出现与环境不相适应的多动行为,应该考虑哪些问题?

思路:本例患儿自幼出现持续性的注意缺陷、多动和冲动现象,与社会环境不相适应,造成学业和同伴关系不良,应首先考虑 ADHD。此外,学龄期儿童的多动行为还常常需要与智力障碍、情绪与行为障碍、儿童孤独症谱系障碍、抽动障碍、心理社会或环境因素及特定的医学问题等进行鉴别。

知识点

ADHD 鉴别诊断

ADHD 的症状与许多其他状况重叠,包括智力障碍、情绪与行为障碍、心理社会或环境因素及特定的医学问题。这些情况可能与 ADHD 共存,并且可能是某些症状的原因。通常可通过全面的病史和/或使用行为评定量表,将这些情况与 ADHD 相鉴别。

1. 智力障碍 智力障碍的儿童常常伴有多动、注意力不集中,但是详细了解生长发育史会发现患儿有语言、运动发育迟缓,智力测试有助于鉴别。多数 ADHD 儿童的智力正常,少数在临界水平,且可能存在明显的智能结构不平衡,个别智力因子低下。

2. 情绪与行为障碍 可能与 ADHD 相似或共存的情绪与行为障碍包括:焦虑障碍、对立违抗障碍、品行障碍、强迫症、创伤后应激障碍和适应障碍。行为量表的使用可能有助于评估这些病症。

3. 儿童孤独症谱系障碍 部分高功能孤独症儿童存在多动、注意力不集中现象,容易误诊为 ADHD。但是上述儿童除多动和注意力缺陷外,存在明显的社交障碍、语言问题和刻板行为,需要进行详细的病史询问。

4. 社会心理因素和环境因素 通常仅在一种场景下影响行为(例如,在家有症状但在学校没有,或者在学校有症状但在家就没有)。父母与儿童的气质或"个性"不和以及父母的精神卫生状况(尤其是母亲抑郁)都会促发家长陈述儿童在家时存在 ADHD 类型的症状。

5. 抽动-秽语综合征 常伴有 ADHD,但是主要表现为不自主、间歇性、快速、多次重复的抽动,包括发音器官、不同部位肌肉抽动,需要与 ADHD 的多动表现进行鉴别。

6. 其他医学问题 某些医学问题的临床特征可能类似 ADHD,包括听力或视力损害、铅中毒、甲状腺异常、睡眠障碍、药物作用(如沙丁胺醇)以及物质滥用障碍。因为这些疾病的症状随病程或药物暴露而波动,所以通常可与 ADHD 相鉴别。

【问题3】 本病例患儿的核心行为症状是什么?

思路:本例患儿核心症状是自幼出现持续性注意缺陷、多动和冲动行为,持续时间长,与社会环境不相适应,造成学业和同伴关系不良,考虑上述行为可能与 ADHD 有关。

知识点

ADHD 的临床诊断标准

根据《精神障碍诊断与统计手册(第5版)》(DSM-5)诊断标准如下:

1. 注意力缺陷

(1)经常无法关注细节,做作业、工作或其他活动粗心大意。

(2)完成任务或玩耍时难以维持注意力。

(3)与人交流时常难以倾听。

(4)常无法按照指令行事,无法完成作业、家务或工作中的任务(如任务开始不久就精力不集中,且容易分心)。

(5)常难以组织任务或活动(如难以应对系列性的任务;难以将材料或所属物有序摆放;工作无组织性;没有时间观念,常错过截止期限)。

(6)常逃避、不喜或不愿从事长时间需要集中注意力完成的事情。

(7)常在完成任务或活动时丢三落四(如玩具、学校作业、铅笔、书籍或者工具,成年人包括钱包、钥匙、文书工作、眼镜或手机等)。

(8) 常常被外来刺激分散注意力(对于青少年或成人,会有一些无关的想法)。

(9) 日常活动中易健忘(如干活时开小差,对于年长的青少年和成人,包括回电话、付账单或赴约等)。

2. 多动 - 冲动

(1) 在座位上常常手脚不停。

(2) 在课堂或者要求静坐的场合擅自离开座位。

(3) 在不适当的场合四处乱跑或攀爬(青少年或成人可能只有坐立不安的主观感受)。

(4) 常难以安静玩耍或从事安静的娱乐活动。

(5) 常非常忙碌,像"发动机一样"忙个不停(如在餐馆或会议中,不能或很难保持安静;在别人看来,老是躁动不安或不好相处)。

(6) 常说个不停。

(7) 常在未问完问题前抢先作出未经思考的回答。

(8) 常难以等候按顺序做事情。

(9) 常打断或干扰他人(如打断别人谈话、游戏或其他活动;擅自使用别人的物品;对于青少年或成人,打断或擅自接手别人的工作)。

3. ADHD 诊断必须符合下列条件。

(1) 具备 1、2 两类症状中 6 项或者以上,对于年龄较大的青少年(17 岁以上)和成年人,需满足至少 5 项症状。疾病至少持续 6 个月,症状与发育水平不相一致,达到难以适应的程度。

(2) 注意缺陷或多动 - 冲动症状在 12 岁前出现,症状不是单纯的对立违抗,或由于不理解任务或指令造成的表现。

(3) 症状所致功能损害至少在两种环境出现(如家里、学校或工作中)。

(4) 在社会、学校、职业功能上有临床缺损的明显证据。

(5) 症状不是出现在广泛性发育障碍、精神分裂症或其他精神疾病的病程中,亦不能用另外一种精神疾病障碍(如心境障碍、焦虑障碍、分离性疾病或人格障碍)来解释。

【问题 4】 询问病史应围绕哪些方面进行?

思路:详细询问患者行为问题出现的年龄、持续时间、症状表现、症状出现时间、场所,是否伴随社会功能损害,与正常儿童的多动、适应障碍、品行障碍、智能障碍、儿童孤独症谱系障碍、抽动障碍等进行鉴别;注意上述行为问题是单独的多动问题还是与其他一些常见行为障碍,如品行障碍、对立违抗等共同存在;注意母亲孕期情况,有无吸烟、酗酒史,胎动情况,围生期有无产伤、产程有无延长、出生有无窒息、早产等;注意询问患儿幼儿期和学龄前期情况,有无饮食、睡眠问题,如怀疑患有 ADHD,幼儿期和学龄前期的种种情况,可有效帮助医师进行诊断;注重详细询问患儿在注意缺陷和多动、冲动行为问题的表现,社会功能影响的程度,以便对患儿进行疾病分型和分度。

【问题 5】 结合上述查体结果,为进一步诊断应实施哪些检查?

思路:在多动症病因分析时,常用的实验室和辅助检查包括脑电图、脑干诱发电位,血铅、血清铁、锌水平测试。针对多动症的行为评定、注意力、智能等进行行为 - 神经心理评估。

辅助检查

血常规:WBC 6.9×10^9/L,中性粒细胞百分比 67%,淋巴细胞百分比 21%,Hb 120g/L。血铅及血清锌水平未见异常。

脑电图:δ、θ 波增多,余未见异常。

行为评定(Conners 量表):多动指数平均分高于正常。

智能测试(WISC-CR):正常,操作智商 102 分,语言智商 91 分,总智商 93 分。

注意测试(持续性操作测验 CPT):注意力持续时间较短,低于正常。

【问题 6】 如何解读本患儿检查结果?

思路:根据以下两方面分析。

1. 实验室辅助检查　脑电图：慢活动 δ、θ 波增多，与注意缺陷表现有关；血常规、血铅、血锌水平均正常范围，提示患儿的注意力缺陷等行为与贫血、高血铅、低血锌等危险因素无关。

2. 行为 - 神经心理评估　行为评估采用 Conners 量表，提示多动指数增高，支持 ADHD 诊断；智力测试采用 WISC-CR，除外智力障碍导致的多动行为；注意测试采用持续性操作测试（CPT），提示患儿注意持续时间短暂，支持 ADHD 诊断。

知识点

ADHD 常用的行为和神经心理测试

必要的行为和神经心理测试对于多动症患儿的诊断、鉴别诊断及治疗随访有重要作用。常用的评估包括：

行为评定，如 Conners 量表、SNAP-Ⅳ 量表等；

注意测定，常用持续性操作测试（CPT），ADHD 儿童可出现注意力持续短暂、易分散；

智力测验：常用中国修订的韦氏学龄前儿童智力量表（WIPPS-CRR）和韦氏学龄儿童智力量表（WISC-CR）。ADHD 儿童大多智力正常，极少数处于临界状态，有些儿童出现智力结构不平衡。

【问题 7】 如何确定该患儿的治疗方案？

思路：ADHD 儿童的治疗需要老师、家长和医师共同采用心理支持、行为矫正、家庭和药物治疗的综合措施，才能取得好的效果。目前以行为矫正和药物治疗的疗效得到肯定。

【问题 8】 哪些患儿可以采用行为矫正治疗？

思路：对于学龄前 ADHD 儿童，初始采用行为干预；对于学龄儿童和青少年，行为矫正是药物治疗的辅助手段。行为矫正也可用于存在注意缺陷、多动或冲动问题但不满足 ADHD 诊断标准的儿童。

知识点

ADHD 行为矫正

行为矫正即利用行为分析 ABC 原则，识别行为的前因和行为后果，通过使用奖励和非惩罚机制改变行为。用于 ADHD 儿童的行为干预技术包括：正性强化、暂时隔离法、反应代价法（出现不当行为或问题行为时撤回奖励或特权），以及代币行为矫正法等。

【问题 9】 该患儿何时考虑进行药物治疗？

思路：学龄期 ADHD 患儿症状明显，可能影响学业成就、社交活动等，在心理和行为矫正的同时应该进行药物治疗。

知识点

ADHD 药物治疗

治疗 ADHD 的药物主要包括中枢兴奋剂（如哌甲酯等）和非中枢兴奋剂（如托莫西汀等）。

治疗原则：根据个体化原则，从小剂量开始，逐渐调整，达到最佳剂量并维持治疗；在治疗过程中，注意可能出现的不良反应。此外，治疗过程中，应该及时调整治疗方案，以保证获得目标结局且副作用最小的药物剂量；需定期评估病情和治疗效果。药物治疗的持续时间高度个体化；每位患者都需要持续评估药物治疗的利弊。经过数年药物治疗后，指导 ADHD 症状和目标行为稳定改善的儿童和青少年尝试停药，以判断是否有必要继续用药。而学龄前 ADHD 患儿，由于药物治疗的疗效不稳定且副作用大，不作为首选，可先通过行为矫正等方法进行治疗。如果行为治疗没有改善目标行为且儿童的功能继续受损，可能需要在行为治疗的同时加用药物治疗，建议使用哌甲酯。

【问题 10】 ADHD 患儿的预后如何？

思路：ADHD 的预后受多种因素影响。总体而言，与疾病的严重程度、是否及时进行有效的治疗，有无家族史以及是否共患其他精神障碍等有关。

知识点

ADHD 的预后

ADHD 的儿童中 15%～20% 症状在儿童期或青少年期消失；一部分儿童只残留一些较轻的症状，而且没有太多的功能损害；1/3～2/3 的儿童将会持续表现出可察觉的 ADHD 症状到其进入成年期。ADHD 持续至成年期的危险因素包括：初始症状的严重程度、具有明显的 ADHD 家族史、共患其他精神障碍或者不良家庭环境等。

二、孤独症谱系障碍

孤独症谱系障碍（autism spectrum disorders，ASD）是一类以不同程度社会交往和交流障碍、狭隘兴趣和刻板行为为主要特征的严重神经发育行为障碍性疾病。ASD 病因未明，可能与基因及基因调控异常（涉及未知环境因素）有关。未予及时、早期的科学干预，多数患儿预后不良，成年后往往不具备独立生活、学习和工作能力，表现为行为和智力残疾，成为家庭和社会的沉重负担。近年世界范围内 ASD 患病率显著上升，如 2009 年日本的患病率为 1.64%，2011 年韩国报道 2.64%，2014 年美国疾病预防和控制中心报道 0～8 岁美国儿童 ASD 患病率上升至 1.47%（1/68）。研究证据表明，早期发现、早期干预可以显著改善 ASD 儿童的不良预后。

ASD 诊疗经过通常包括以下环节：

1. 病史采集，由家长提供正确和完整病史。
2. 查体时如发现部分患儿有轻微共济运动障碍和特殊面容时，可做相关病因学检测。
3. 完成相关实验室检查和行为 - 神经心理评估。
4. 能力评估，制订个体化的训练方案。

临床关键点

1. 本病首先要根据病史，确认疑诊患儿行为学症状是否符合诊断标准，是否存在共患疾病等，需要与选择性缄默症、语言障碍与社交交流障碍等疾病进行鉴别。
2. 根据社交交流和重复刻板行为的严重程度将疾病分为轻度、中度、重度。
3. 体格检查常为阴性，部分患儿存在特殊面容。
4. 辅助检查可能伴有脑电图异常、头颅 MRI 异常等。
5. 一旦确诊，强调尽早干预。

临床病例

患儿，男性，3 岁。因"不会说话"来诊，初步病史采集如下。

患儿目前不会说话，与人目光对视差，与带养人妈妈之间虽有目光对视，但是对视时间短，叫名大多数情况下回应少，不会食指指物，表达需求时多以拉着成人的手，不伴随发音和眼神对视；喜欢玩小汽车，多以排列为主，不能变换玩法；外出看见小朋友时不主动靠近，看见小朋友手上有玩具车时，会抢夺；有小朋友主动靠近时，有时会回避；大多数时间喜欢自己玩；在户外喜欢坐电梯，去超市看见电梯会不顾成人是否跟随而独自跑过去，反复搭乘电梯，成人如不满足他的要求，会哭闹。

患儿为 G_1P_1，孕 40 周自然分娩，无特殊疾病及特殊用药史。否认围生期窒息缺氧病史。出生体重 3 000g。否认家族遗传病史。体格发育和运动发育无异常。否认癫痫等病史。查体无异常。

初步病史采集后，因患儿主要表现为交流障碍、语言发育落后，临床需考虑以下相关问题。

【问题 1】 患儿上述行为是语言发育障碍还是 ASD？

思路：鉴别的关键点在于 ASD 儿童同时合并有非语言交流障碍和刻板行为，而前者除语言障碍外，其他基本正常。

知识点

ASD 的鉴别

语言发育障碍是指语言的理解、表达以及交流中出现的障碍，或语言能力发展明显落后于同龄正常儿童水平。约 85% 语言延迟儿童为男孩，有家族高发倾向。语言发育延迟孩子的语言发展遵循正常顺序，但比正常速度慢。

【问题 2】 本病例患儿的核心行为症状是什么？

思路：根据病史，本例患儿核心行为症状是社会交往障碍和刻板行为，如与他人眼神交流少，不与小朋友玩耍，喜欢排列汽车及反复搭乘电梯等，故考虑上述行为可能与 ASD 有关。

知识点

ASD 的诊断标准

ASD DSM-5 诊断标准：

1. ASD 患者的诊断必须完全符合以下标准。

在多种场所下，社会交流和社交互动方面存在持续性缺陷，表现为目前或历史上所有下列情况（以下为示范性举例，而非全部情况）。

（1）社会 - 情感互动中缺陷，如从异常社交接触和不能进行正常来回对话到分享兴趣、情绪或情感减少，到不能启动或对社会交往互动作出回应。

（2）在社会交往互动中使用非言语交流行为缺陷，如从语言和非语言交流整合困难到异常目光接触和肢体语言，或在理解和使用非言语交流方面缺陷到面部表情和非语言交流完全缺乏。

（3）发展、维持和理解人际关系缺陷，如从难以调整自身行为以适应不同社交场景的困难到难以分享想象游戏或交友困难，到对同伴缺乏兴趣。

2. 受限的、重复的行为模式、兴趣或活动，表现为目前的或历史上的下列 2 项情况（以下为示范性举例，而非全部情况）。

（1）刻板或重复的躯体运动，使用物体或言语（如简单的躯体刻板动作、摆放玩具或翻转物体、模仿言语、特殊短语）。

刻板行为（视频）

（2）坚持相同性，缺乏弹性地坚持常规或仪式化的语言或非语言的行为模式（如对微小的改变极端痛苦、难以转变、僵化的思维模式、仪式化的问候、需要走相同的路线或每天吃同样的食物）。

（3）高度受限的、固定的兴趣，其强度、专注度和关注度上是异常的（如对不寻常的物品强烈依恋或先占观念、过度的局限或持续的兴趣）。

刻板躯体动作
（视频）

（4）对感觉输入的反应过度或反应不足，或在对环境的感受方面不同寻常的兴趣（如对疼痛 / 温度的感觉麻木，对特定的声音或质地的不良反应，对物体过度的嗅或触摸，对光线或运动的凝视）。

3. 症状必须存在于发育早期（但直到社交需求超过有限能力时，缺陷可能才会表现出来，或可能被后天学会的策略所掩盖）。

特殊的感觉输入
（图片）

4. 这些症状导致社交、职业或目前其他重要功能方面有临床意义的损害。

5. 这些症状不能用智力障碍（智力发育障碍）或全面发育迟缓来更好的解释。智力障碍和 ASD 经常共同出现，作出 ASD 和智力障碍合并诊断时，其社交交流应低于预期的总体发育水平。

【问题3】 本病主要病因有哪些?

思路:需要从家族史、母孕期情况以及患儿生长发育史、个人史等综合采集病史。

知识点

ASD的病因

目前ASD的病因仍不完全明了,多数学者认为生物学因素,主要是遗传基因及其与基因调控相关的环境因素在ASD发病中有重要作用,是目前病因研究的热点。

1.遗传因素　近年来大量的研究集中于查找与ASD相关的基因,并有重要发现。这些发现可以解释接近60%以上ASD病因,依然有40%病例尚未找到基因异常,因此环境因素在ASD发病中的作用近来受到重视,表观遗传学异常的观点受到关注。

2.神经系统异常　通过神经解剖和神经影像学研究,发现部分ASD儿童存在小脑异常,包括小脑体积减小、浦肯野细胞数量减少;其他发现包括海马回、基底节、颞叶、大脑皮质及相关皮质异常;在神经生化方面发现超过30%的ASD儿童全血中5-羟色胺水平增高。

3.神经心理学异常　共同注意缺陷目前被认为是ASD早期重要异常心理特征,即从婴儿期开始患儿不能与照养者形成共同注意。

4.其他因素　双生子研究发现,ASD双生子的先天性微小异常发生率要高于非ASD双生子,而这些异常与先天性感染有关,先天性风病毒感染、巨细胞病毒感染被认为可能与ASD发病有关;ASD儿童中自身免疫性疾病发生率较高,T淋巴细胞亚群也与正常人群有差别,提示ASD存在免疫系统异常。上述研究结果不一,在ASD病因学中的意义尚不明了。

【问题4】 询问病史应围绕哪些方面进行?

思路:详细询问患者的行为问题出现的年龄、持续时间、症状表现、症状出现时间、场所,是否伴随社会功能损害;需注意仔细询问母亲孕期情况:有无吸烟、酗酒史,胎动情况,围生期有无产伤、产程有无延长、出生有无窒息、早产等;家族中有无类似患者。

【问题5】 病史采集结束后,体格检查重点关注哪些方面?

思路:在体格检查时候需要注意儿童的生长发育、营养状况、畸形特征评估、皮肤色素斑、听力和视力情况及精神状态,神经系统检查主要包括肌张力、共济协调运动、触觉辨别、生理反射以及病理反射。

【问题6】 结合上述病史及结查体结果,为进一步诊断应实施哪些检测?

思路:在ASD病因分析时,常用的实验室和辅助检查包括脑电图、染色体、基因和遗传代谢检测等。还需同时针对ASD进行行为观察、智能等行为-神经心理评估。

知识点

ASD的行为-神经心理评估测试

孤独症行为量表(ABC量表)、孤独症诊断访谈量表(ADI-R);直接观察儿童的量表:儿童孤独症评定量表(CARS)、孤独症诊断观察量表(ADOS);智力测验:常用中国修订的韦氏学龄前儿童智力量表(WIPPS-CRR)和韦氏学龄儿童智力量表(WISC-CR)。

【问题7】 如何确定患儿的治疗方案?

思路:ASD儿童需要早期科学的个体化干预,需要训练师、家长和医师共同进行行为干预,必要时配合药物治疗。目前行为干预的疗效得到肯定。

知识点

ASD的治疗方案

ASD的治疗以教育训练为主,精神药物治疗为辅。教育训练的目的在于改善症状,即促进社会交

往能力、言语和非言语交流能力的发展,减少刻板重复行为,同时促进智力发展,培养生活自理和独立生活能力,减少不适应行为,减轻疾病程度,改善生活质量,缓解家庭和社会的精神、经济和照顾方面的压力,力争使部分患儿在成年后具有独立学习、工作和生活的能力。目前治疗方案主要为将行为矫正、游戏教学、结构化教学等相应课程训练与药物治疗等手段结合起来形成的综合干预治疗。

【问题8】 ASD患儿预后如何?

思路:儿童ASD预后取决于患者病情严重程度、共患病、儿童智力水平、干预开始的年龄、科学干预方法的选择及干预强度。目前在国内外已有不少通过教育和训练使儿童基本恢复正常的报道或病例。小部分患儿随着年龄的增长会有不同程度的自我改善。但多数未予干预的ASD预后较差。儿童智力水平较高、训练方法适当、干预年龄越小、合理的训练强度,效果较明显。

【问题9】 ASD患儿如何早期发现?

思路:2007年美国儿科学会发表了ASD早期发现与干预指南,提出了三级筛查诊断程序和早期干预原则,对所有儿童从出生后第9个月开始全面筛查,分别采用不同的筛查量表和诊断工具,开展早期发现及干预工作。

> **知识点**
>
> ### 6个月~2岁婴幼儿ASD早期警示指标
>
> 1. 6个月后不能被逗乐(表现出大声笑),眼很少注视人。
> 2. 10个月左右对叫自己名字没反应,听力正常。
> 3. 12个月对于言语指令没有反应,没有牙牙学语,没有动作手势语言,不能进行目光跟随;对于动作模仿不感兴趣。
> 4. 18个月不能用手指指物或用眼睛追随他人手指指向,没有显示、参照与给予行为。
> 5. 24个月没有自发的双词短语。
> 6. 任何年龄阶段出现语言功能倒退或社交技能倒退。

【问题10】 ASD患儿需要与哪些疾病鉴别?

思路:本例患儿表现明显的社会交往障碍和刻板行为,应首先考虑ASD。此外需要与特殊性语言发育延迟、儿童精神发育迟滞、儿童精神分裂症等进行鉴别。

> **知识点**
>
> ### ASD鉴别疾病
>
> 1. 特殊性语言发育延迟 ASD早期被关注的主要问题往往是语言障碍,比较容易与特殊性语言发育延迟相混淆,鉴别要点在于ASD儿童同时合并有非言语交流的障碍和刻板行为,而后者除语言落后外,其他基本正常。
> 2. 儿童精神发育迟滞 10%精神发育迟滞儿童可以表现ASD样症状,30%ASD儿童亦表现出精神发育迟滞,两种障碍可以共存。可根据ASD儿童的社交障碍、行为特征及部分特别认知能力加以鉴别。此外,典型ASD儿童外观正常,动作发育正常甚至表现较灵活,而很多精神发育迟滞儿童往往存在早期运动发育迟滞,有些还有特殊(痴呆)面容。
> 3. 儿童精神分裂症 ASD儿童多数在3岁前出现症状,而儿童精神分裂症5岁前起病少见,有人甚至指出,5岁前不存在精神分裂症。此外,尽管ASD某些行为方式类似精神分裂症,但是不存在妄想和幻觉,鉴别不难。
> 4. 儿童ADHD 大多数ASD儿童多动明显,甚至成为家长关注的核心问题,因而常常被误诊为ADHD,但是ADHD儿童不存在明显的原发性社会交往障碍和刻板行为,可以鉴别。
> 5. 聋哑儿童 较多ASD儿童被疑诊为聋哑,而事实上ASD儿童听力通常过度敏感,通过细心观察或听力检查可以鉴别。

三、其他常见发育行为问题

（一）言语和语言障碍

语言是人类交流和思维的工具。婴儿从出生开始就在学习于不同的环境中与人沟通，回应不同的沟通对象。在发育的过程中，婴幼儿不仅学习发声、口语，也会学习多种沟通行为以达到更好的沟通效果。语言障碍和言语障碍在儿童期是常见的发育性疾病，据报道2岁的儿童语言发育迟缓发生率约为15%，学龄前儿童言语障碍的发生率为10%～15%，学龄儿童约为6%。语言和言语障碍不仅可以影响到沟通功能，在将来的人际互动、阅读写作、学业发展都可能产生影响，因此早期发现并及时干预尤为重要。

1. 言语障碍　言语是与他人交流的声音。言语障碍（speech disorder）是指正常语音产生的能力损害，包括构音障碍、嗓音问题、共鸣异常等。

> **临床病例**
>
> 患儿，男，4岁11月龄。因"说话不清楚"就诊，初步病史采集如下。
>
> 患儿于幼儿园大班就读，常常把老师（lao shi）说成袄师（ao shi）、哥哥（ge ge）说成得得（de de），桃花（tao hua）说成稻花（dao hua），知道（zhi dao）说成机到（ji dao）等，家长可以基本理解儿童说话内容，但幼儿园老师和同学几乎听不懂儿童表达，常常在幼儿园被同学嘲笑说话不清楚，不愿意和其玩耍，患儿在幼儿园几乎不愿意开口说话，常一个人在一边玩耍不与同学老师交流。
>
> 患儿系 G_1P_1，39^{+1} 周顺产，否认围生期出生窒息、高胆红素血症等缺氧病史，无特殊疾病及用药史，出生体重3 200g，否认家族遗传病史。运动发育及语言发育无明显落后。1岁开始有意识的叫爸爸妈妈，现在可以讲故事。从小进餐食物比较软烂，至今不愿意嚼瘦肉，喜欢吃粥、汤饭、肥肉、丸子等。查体口腔及发音器官无明显异常。

初步病史采集后，因儿童发音不清楚，无明显器质性疾病，考虑以下相关问题。

【问题1】 该儿童的发音不清楚是发育过程中的一个正常现象，还是需要考虑构音问题？

思路：儿童的发音清晰度的变化有发育历程的改变，鉴别关键点是儿童的构音错误是否是该年龄段大部分已经能习得的音节。该患儿年龄4岁11月龄，谈话应当大部分能被理解，个别有发音错误，但老师和同学几乎听不懂患儿语言，并导致儿童在幼儿园不愿开口讲话，影响了社会参与，因发音位置、时间、气流的错误以及口腔运动不协调，导致说话不清楚，需考虑构音障碍问题。

> **知识点**
>
> ### 儿童语音因素发展进程
>
> 儿童的普通话语音因素发展遵循一定的规律（表1-6-1）。
>
> 表1-6-1　普通话的语音音素发展进程
>
> | 年龄 | 90%标准 | 75%标准 |
> | --- | --- | --- |
> | 6月龄～2岁 | d, m, ng | d, t, m, n, ng, h |
> | 2岁1月龄～2岁6月龄 | n | b, p, g, k, x, j, q |
> | 2岁7月龄～3岁 | b, t, f, h, x | f |
> | 3岁1月龄～3岁6月龄 | g, k | |
> | 3岁7月龄～4岁 | p | |
> | 4岁1月龄～4岁6月龄 | l, s, r, j, q | l, s, sh, r |
> | >4岁6月龄 | sh, zh, ch, z, c | zh, ch, z, c |

【问题2】 患儿的构音错误类型有哪些呢？

思路：患儿需要完成构音错误的评估，例如老师（lao shi）说成袄师（ao shi），发音中丢失了 l，哥哥（gege）

说成得得(de de)，用 d 替代了 g 的发音，桃花(tao hua)说成稻花(dao hua)，d 替代了 t，知道(zhi dao)说成机到(ji dao)，j 替代了 zh。

知识点

构音障碍的临床表现类型

构音障碍(音频)

1. 替代　例如将舌根音 g、k 代替成 d、t，如兔子说成裤子。
2. 歪曲　发音与目标音类似，听起来并不正确，但不能用某个确定的音来描述这个扭曲的音。
3. 省略　省略音的某些部分，例如故(gu)事，说成误(u)事。

【问题 3】 如何诊断构音障碍？

思路：构音障碍是一种儿童发育性疾病，一般起病于儿童时期，需符合 DSM-5 的诊断。

知识点

语音障碍的诊断标准

1. 语音产生的持久困难，干扰了语言的清晰度，或阻碍了信息的口头语言沟通，该障碍导致在有效沟通上的限制，影响了社会参与、学习成就或职业工作上单一或多方面的影响。
2. 起始症状出现在发育早期。
3. 并非先天或获得性疾病，如脑瘫、听力损害、外伤性脑损伤及其他神经系统疾患所致。

【问题 4】 构音障碍的治疗方法有哪些？

思路：需要接受言语治疗师的个体化治疗。

知识点

构音训练的内容

构音障碍的儿童需要进行构音训练，包括辨音、音素水平训练、音节水平训练、单词水平训练以及句子水平训练，针对该儿童进食情况过于软烂，可能还需要口腔运动功能训练等。

---

2. 语言障碍　语言障碍(language disorder)是指在理解和／或使用口语、书面语言或其他符号系统时有困难，语言发育偏离了正常的顺序。

临床病例

患儿，女，2 岁 2 月龄。因"语言少"就诊，初步病史采集如下。

患儿目前可以有意识的叫"爸爸、妈妈"，表达需求的时候能说"要、抱、拿"等，可以说"猫猫、狗狗、嘎嘎"，词汇量低于 30 个。但询问患儿物品在哪儿时可以大部分指出，能完成家长给的一步指令，无法用语言表达的可以用手指指物，但当家长不能明白需求时常常大哭大闹。

患儿系 G_2P_1，37^{+1} 周顺产，否认围生期出生窒息、高胆红素血症等缺氧病史，无特殊疾病及用药史，出生体重 2 700g，否认家族遗传病史。运动发育无明显落后。1 岁 5 月龄开始有意识的叫爸爸妈妈，查体口腔及发音器官无明显异常。

初步病史采集后，因儿童词汇量少，语言运用能力差，考虑以下相关问题。

【问题 1】 该儿童的语言方面存在哪些问题呢？

思路：患儿系 2 岁 2 月龄幼儿，语言词汇量少，表达困难，家长难以理解，语言水平落后于同龄儿童。

> **知识点**
>
> ### 语言障碍的临床表现
>
> 语言障碍常表现为语言的理解困难，对他人说话不解其意，有的能理解手势或姿势的含义，但迟迟开不了口，不会表达。还有的儿童说话虽然流利，但内容肤浅，词汇贫乏，词不达意，难以交流。

【问题2】 如何诊断该儿童的语言障碍？

思路：该儿童语言表达能力低于正常同龄儿童，在语言运用上能力差，家长常常难以理解。需符合 DSM-5 的诊断标准。

> **知识点**
>
> ### 语言障碍 DSM-5 诊断标准
>
> 因理解或表达缺陷而在说、写、肢体语言及其他形式上出现语言获得和使用的持续困难，包括：
> 1. 词汇量少　词语理解和运用方面。
> 2. 句子结构缺陷　根据语法和形态学，将词语组成句子。
> 3. 叙述缺陷　使用词汇和句子解释或描述一系列事件或对话能力，语言能力实质上低于所期望的年龄水平，导致有沟通、社会参与、学业成就或职业工作出现上诉单一或多个能力的功能限制。
> 4. 症状始于发育早期。
> 5. 非听力或其他感觉损伤、运动障碍、其他医学或神经疾病。也作智力障碍或全面发育迟缓导致的上诉缺陷。

【问题3】 该患儿需要得到怎样的治疗？

思路：应在基于智力水平、社交能力等方面进行评估后个体化涉及治疗方案。

> **知识点**
>
> ### 语言治疗如何进行
>
> 语言治疗包括四个方面，制定目标、方法、策略和家庭配合。
> 1. 制定目标　所定目标应略高于儿童发育水平，但又能使儿童在帮助下能够达到。
> 2. 治疗方法　应在有意义的情境中，伴随玩具和游戏活动。
> 3. 策略　要跟随儿童的兴趣设计不同的方法，考虑儿童发育水平，调整治疗师说话方式。如面对面，与儿童眼神保持同一水平线上，用儿童容易理解的语言，边说边玩，配合手势动作，模仿儿童所说所做，在治疗中贯穿轮流的原则，在表达的基础上增加新的体验和词汇，使句子长度增加，玩具是非常重要的载体。
> 4. 家庭配合　父母和照顾者在儿童语言发育和治疗中起着重要的作用，他们的参与决定了治疗的效果。

（二）睡眠障碍

儿童睡眠障碍（sleep disorder）主要是指从出生到青春期各个年龄阶段发生于睡眠期的各种生理和/或行为的异常。儿童睡眠障碍不仅会对儿童身体健康造成短期或者长期的影响，而且会在一定程度上影响儿童的学业成绩、行为以及社会功能。此外，儿童睡眠障碍还会对其他家庭成员造成显著影响，出现情绪低落、焦虑、疲劳、工作效率下降等。

部分性觉醒性异态睡眠是指一类睡眠障碍，同时具有觉醒以及深睡眠的行为特征，具有自主神经功能、骨骼肌功能紊乱、定向障碍等特点，常见有梦游、夜惊等。其常见特征：①通常发生在夜间入睡后的最初几个小时；②不安、迷惑、恍惚、定向障碍；③父母安抚或尝试叫醒不起作用或不安反而加重；④事后无法回忆发作过程；⑤把患儿从慢波睡眠中强制叫醒会使发作加重；⑥有阳性家族史；⑦睡眠不足或片段化睡眠会加重病情发作。

临床病例

患儿，女，5 岁 5 月龄，因"间断夜间惊哭 2 年，加重 1 个月"就诊，初步病史采集如下。2 年前开始，常在夜间入睡后 2～小时间断惊哭，最初 1～2 周发生 1 次，近 1 个月来每周发作 2～3 次，表现为突然出现尖叫大哭，伴大汗淋漓、呼吸急促、手舞足蹈，父母试图安抚患儿，但发现儿童神情恍惚不能作答，推开试图拥抱的父母，直到父母将灯打开并给患儿洗冷水脸后才能停止哭泣。第 2 天父母询问患儿是否记得前一夜哭的事件时，表示不能回忆。日间在幼儿园表现如常，幼儿园老师未反映有异常行为或困倦表现。

患儿系 G_2P_2，38^{+2} 周因"瘢痕子宫"行剖宫产，否认围生期出生窒息、高胆红素血症等缺氧病史，无特殊疾病及用药史，出生体重 3 100g，否认家族遗传病史。智力运动发育无明显落后。

初步病史采集后，因儿童夜间惊哭，考虑以下相关问题。

【问题 1】 患儿的临床表现有哪些？

思路：该儿童反复在夜间入睡后不久出现惊哭，伴有自主神经兴奋症状（如大汗淋漓、呼吸急促），发作时神情恍惚，对父母的拥抱企图推开，需要父母打开灯洗冷水脸才能清醒，第 2 天不能回忆当时事件，不影响日间生活。

知识点

夜惊特点

夜惊，是指从慢波睡眠中突然觉醒，并伴随强烈恐惧的自主神经症状和行为表现为特征的睡眠障碍，其发作不仅仅只在夜间，可以发生在睡眠的任何阶段。一般始发于 4～12 岁，1%～6% 的儿童经历过夜惊。夜惊始发期，出现频率通常最高，而且始发年龄越小发作频率越高。绝大多数会在青春期随着年龄增长而消失。

夜惊往往突然发作，令人毛骨悚然的尖叫、持续哭喊、手足乱动、眼睛圆睁，有明显呼吸急促、心跳加速、瞳孔扩大、皮肤潮红、肌张力增高、出汗等自主神经兴奋症状，面部表情十分惊恐。夜惊儿童通常十分笨拙，摇摇晃晃，推开父母，或有怪异的行为，好像要挣脱一些看不见的威胁，对父母的关怀毫无反应，拒绝任何身体接触，对发作不能回忆或仅有一些片段化的记忆，没有完整的梦境。

【问题 2】 需要鉴别的疾病是什么？

思路：夜间突然惊哭，感觉恐怖，需要鉴别梦魇，但梦魇常发生在睡眠后半阶段，并且可以回忆梦境内容。

知识点

夜惊的鉴别诊断

梦魇（nightmares）是可怕的梦，通常使儿童或青少年从睡梦中惊醒，使其害怕、担心并寻求安慰。梦魇发作时常常使儿童从快速眼动睡眠中醒来，影响快速眼动睡眠。梦魇常起始于 3～6 岁，高峰期时 6～10 岁，但可以发生于任何年龄。梦魇的梦总是长而复杂的，从开始到结束其内容往往越来越恐怖，觉醒发生于快速眼动睡眠期，恐怖和焦虑是梦魇的主要成分。通常使患儿惊醒后出现哭吵害怕等情绪，少有讲话、尖叫、行走等，多数在 3～6 岁时出现梦魇，3～4 岁后的孩子常能描述梦境。

【问题 3】 如何诊断夜惊或者梦魇？

思路：常参照美国睡眠医学会颁布的《国际睡眠障碍分类》（第 2 版）。

知识点

夜惊与梦魇的诊断标准

美国睡眠医学会颁布的《国际睡眠障碍分类》诊断标准：

1. 夜惊

（1）睡眠中突然的一段惊恐发作，经常以大哭或尖叫开始，并伴有自主神经系统和行为表现强烈的恐惧。

（2）至少要有一项以下相关特征：

1）唤醒困难。

2）在发作期间被唤醒后意识模糊。

3）完全或部分的遗忘这一片段。

4）会有危险行为或潜在的危险行为。

（3）这一症状不能被其他睡眠障碍所解释，也不能用其他身体或精神疾病、药物或物质应用所解释。

2. 梦魇

（1）因为强烈的、令人不安的梦境导致反复从睡眠中惊醒，通常伴有恐惧或焦虑情绪，也可有愤怒、悲伤、厌恶和其他烦躁不安的情绪表现。

（2）惊醒后意识基本清晰，很少有意识不清，通常可以很快回忆出清晰的梦境。

（3）至少出现以下相关症状之一：

1）发作后难以入睡。

2）发作出现在常规睡眠作息的后半阶段。

【问题4】 该儿童需要得到什么样的治疗？

思路：夜惊是良性的自限性疾病，做好安全措施观察孩子即可。

知识点

部分觉醒性异态睡眠的治疗

1. 健康宣教 觉醒性异态睡眠的首要干预是对家长进行正确健康宣教，这些睡眠障碍是良性的，病程呈自限性，大部分孩子到了青春期这些现象会自行停止。做好安全措施，培养良好的睡眠卫生习惯，避免唤醒发作期的儿童，引导儿童回到床上恢复正常睡眠，在旁安静的观察以确保孩子安全，但不要干涉，第2天避免讨论事件发作。

2. 行为治疗 记录睡眠日记，在孩子微觉醒的时候唤醒孩子，持续2～4周。

3. 药物治疗 仅用于治疗发生频率高且严重，受伤可能性大，有暴力行为或对家庭产生严重扰乱时采用。常用的药物有苯二氮䓬类和三环类抗抑郁药物。

（章 岚）

第七节 儿童计划免疫

用疫苗接种（vaccination）的方法来预防一些特定感染性疾病是人类历史上的伟大发明。疫苗接种使全球成功消灭了天花，脊髓灰质炎发病率下降了99%，包括中国在内的大多数国家和地区实现了无脊髓灰质炎野病毒传播的目标；全球因白喉、百日咳、破伤风和麻疹导致的发病、致残与死亡也显著下降。儿童免疫预防接种对传染病的防控是公认的20世纪医学界的伟大成就。

随着我国改革开放和医学科学技术的发展，我国免疫接种水平也在不断提高。2007年我国扩大规划免疫范围,计划接种疫苗的种类由原来6种扩大到14种,所针对的传染病由7种增加至15种,将甲肝疫苗、脑膜炎球菌疫苗、乙肝疫苗和麻疹-风疹-腮腺炎(麻-风-腮)联合减毒活疫苗等纳入到了全国性免疫接种规划,对适龄儿童实行免费常规接种,这是我国政府在儿童健康保健方面的重大举措。

疫苗在我国分为两类:第一类疫苗指政府免费向公民提供,公民应当依照政府的规定接种的疫苗,包括国家免疫规划确定的疫苗,省、自治区、直辖市人民政府在执行国家免疫规划时增加的疫苗以及县级以上人民政府或者其卫生主管部门组织的应急接种或者群体性预防接种所使用的疫苗。第二类疫苗指除第一类疫苗之外的,且已被证明其所预防疾病效果良好的疫苗,由公民自费并且自愿受种。

> **知识点**
>
> 1. 我国第一类疫苗包括乙肝疫苗、卡介苗、脊髓灰质炎减毒活疫苗、无细胞百白破疫苗、白破疫苗、麻疹疫苗、麻-腮-风疫苗、甲肝疫苗、A群流脑疫苗、A+C群流脑疫苗和乙脑疫苗,此外还包括对重点人群接种的出血热疫苗和应急接种的炭疽疫苗、钩端螺旋体疫苗。
>
> 2. 我国第二类疫苗包括水痘疫苗、肺炎疫苗、流感疫苗、流感嗜血杆菌b疫苗、狂犬病疫苗、轮状病毒疫苗、霍乱疫苗。

临床病例

婴儿,男,32周。因"胎膜早破"自然分娩。出生体重1 900g,新生儿住院期间无严重疾病史,出生后什么时间接种疫苗?怎么接种?接种后可能出现什么异常反应?怎么处理?

【问题1】 早产儿疫苗接种种类与足月儿有差异吗?

早产儿是指胎龄小于37周的新生儿。早产儿不管是一类疫苗还是二类疫苗接种的种类均与足月儿相同。

> **知识点**
>
>
>
> **一类疫苗接种计划**
>
> 根据中国疾病预防控制中心免疫规划中心制定的一类疫苗接种计划见表1-7-1。
>
> 预防接种(组图)

表1-7-1 一类疫苗预防接种

年龄	疫苗名称	接种剂次
出生时	卡介苗	第一剂
	乙肝疫苗	第一剂
1个月	乙肝疫苗	第二剂
2个月	脊髓灰质炎疫苗	第一剂
3个月	脊髓灰质炎疫苗	第二剂
3个月	百白破疫苗	第一剂
4个月	脊髓灰质炎疫苗	第三剂
4个月	百白破疫苗	第二剂
5个月	百白破疫苗	第三剂
6个月	乙肝疫苗	第三剂
6个月	A群流脑疫苗	第一剂
8个月	麻-风疫苗(麻疹疫苗)	第一剂
8个月	乙脑减毒活疫苗(或乙脑灭活疫苗)	第一剂(后者第一、二剂,间隔7~10天)
9个月	A群流脑疫苗	第二剂

续表

年龄	疫苗名称	接种剂次
18个月	甲肝减毒活疫苗(甲肝灭活疫苗)	第一剂
1岁半~2岁	百白破疫苗	第四剂
1岁半~2岁	麻-风-腮疫苗(麻-腮疫苗、麻疹疫苗)	第二剂
2岁	乙脑减毒活疫苗(或乙脑灭活疫苗)	第二剂(后者第三剂)
2岁~2岁半	甲肝灭活疫苗	第二剂
3岁	流脑A+C疫苗	第一剂
4岁	脊髓灰质炎疫苗	第四剂
6岁	乙脑灭活疫苗	第四剂
6岁	流脑A+C疫苗	第二剂
6岁	白破疫苗	第一剂

【问题2】 早产儿需要接种二类疫苗吗?

思路:二类疫苗为除一类疫苗之外已被证明其所预防疾病效果良好的疫苗,由公民自费并且自愿受种。强烈推荐早产儿接种第二类疫苗,因各国传染性疾病种类和发病情况各不相同,政府公共卫生财政补贴政策也不相同,所以人为将疫苗进行分类在疾病防控方面并无实际意义,并可能导致儿童家长更多地误读和误解。第二类疫苗的分类仅仅是根据我国政府可投入的公共卫生资源现况,暂无法纳入一类疫苗范畴,但可给经济承受能力许可的儿童家庭以更多选择。

知识点

二类疫苗接种计划

根据《中国药典》和生产厂商药品说明书的二类疫苗接种计划见表1-7-2。

表1-7-2 第二类疫苗预防接种表

疫苗种类	接种对象与接种剂次	预防疾病种类
7价肺炎球菌结合疫苗	3月龄~2岁婴幼儿,3、4、5月龄进行基础免疫接种,12~15月龄加强1次	肺炎链球菌引起的肺炎、脑膜炎、败血症、中耳炎等疾病
水痘减毒活疫苗	1岁以上的儿童,1~12岁儿童接种1剂,13岁及以上人群接种2剂	水痘-带状疱疹病毒
流感病毒裂解疫苗	6~35月龄的儿童:接种2剂,间隔4周。推荐接种时间为9~11月	流行性感冒
b型流感嗜血杆菌结合疫苗	2~6月龄儿童接种3剂,7~12月龄儿童接种2剂,1~5岁儿童接种1剂	b型流感嗜血杆菌疾病
狂犬病疫苗	犬类动物咬伤或抓伤后当天、第3、7、14和28天共接种5剂	狂犬病
口服轮状病毒疫苗	主要用于2月龄至2岁婴幼儿,每年口服1次	婴幼儿A群轮状病毒引起的腹泻
重组戊型肝炎疫苗	适用于16岁及以上易感人群	戊型肝炎
肠道病毒71型灭活疫苗	适用于6月龄~3岁肠道病毒71型易感者	肠道病毒71所致的手足口病

【问题3】 早产儿是否需要延迟接种?

思路:早产儿的免疫系统不成熟,固有免疫和获得性免疫均降低,所以更容易受各种病原微生物的侵袭,与足月儿相比早产儿患疫苗可预防疾病的风险升高。医疗工作人员和家长对早产儿疫苗接种后安全性和有效性缺乏了解,早产儿接种疫苗普遍延迟已成为常态。但不能按时接种疫苗更增加了传染病的发生率,及时合理地接种疫苗对早产儿更加重要。绝大多数研究显示，早产儿疫苗接种不良反应是很少见的，与足月儿无差异。

【问题4】 早产儿每种疫苗接种程序与足月儿有无差异？

思路：早产儿除乙肝疫苗和卡介苗接种程序与足月儿有部分差异，其他疫苗接种程序均无差异。

【问题5】 早产儿怎么接种卡介苗？

思路：早产儿卡介苗接种方案，3月龄内的早产儿矫正胎龄达到37周，且体重>2 500g直接接种，3月龄~3岁则需要做结核菌素纯蛋白衍生物（TB-PPD）或卡介菌蛋白衍生物（BCG-PPD）试验阴性才能补种，>4岁或已接种卡介苗的儿童，即使卡疤未形成均不予补种。

【问题6】 早产儿怎么接种乙肝疫苗？

思路：我国1992年起规定，出生体重>2 500g且孕周>37周的健康新生儿出生2小时内接种乙肝疫苗。早产儿根据其母亲HBsAg性质不同和早产儿出生体重不同，乙肝疫苗接种的方案亦不同。

知识点

乙肝疫苗接种

根据中国妇幼保健协会新生儿保健专业委员会最新发表的新生儿期疫苗接种及相关问题建议，《慢性乙型肝炎防治指南（2015更新版）》及国卫办疾控发〔2016〕52号《国家免疫规划儿童免疫程序及说明（2016年版）》最新要求，建议对于HBsAg阴性或阳性母亲所生早产儿乙肝疫苗和乙肝免疫球蛋白接种方案如下（表1-7-3和表1-7-4）。

表1-7-3 HBsAg阴性母亲所生早产儿乙肝接种方案

剂次	出生体重>2 000g（3针接种）	出生体重<2 000g（4针接种）
第一针	生命体征稳定0月立即接种	体重到达2 000g后立即接种或出院时体重虽未达到2 000g，可在痊愈出院前接种
第二针	出生1月龄	出院1~2个月后
第三针	出生6月龄	与第二针间隔1个月
第四针	无	与第二针间隔6个月

表1-7-4 HBsAg阳性母亲所生早产儿乙肝疫苗接种建议

剂次	出生体重<2 000g（4针接种）		出生体重>2 000g（3针接种）
	生命体征稳定	生命体征不稳定	
第一针	尽快接种	稳定后尽早接种	出生后立即接种
第二针	出生1个月内	出院1~2个月后或体重达到2 000g后	出生1个月
第三针	与第二针间隔1个月	与第二针间隔1个月	出生6个月
第四针	与第二针间隔6个月	与第二针间隔6个月	无

HBsAg阳性母亲所生新生儿是HBV感染的高危人群，如不采取免疫预防，HBsAg阳性、乙肝病毒e抗原（HBeAg）阴性母亲所生新生儿，在12月龄时发生慢性感染的比例高达40%~50%，而HBsAg和HBeAg同为阳性的母亲所生新生儿，在12月龄时90%将发生慢性HBV感染。故乙肝免疫球蛋白肌内注射方案：母亲HBsAg阳性所生早产儿、低出生体重儿，无论母亲HBeAg阳性还是阴性，不管胎龄和出生体重，出生后无论婴儿身体状况如何，必须在出生12小时内（理论上越早越好）肌内注射乙肝免疫球蛋白（HBIG）（剂量≥100U），起效时间为15~30分钟，保护性抗体维持时间为42~63天，不需要二次注射，HBIG有效成分为乙肝表面抗体（抗-HBs）。

【问题7】 早产儿有无接种疫苗的禁忌证？早产儿一类疫苗的禁忌证有哪些？

思路：早产儿接种疫苗的禁忌证与足月儿没有差异。查阅所有目前社区接种疫苗的说明书，显示所有的疫苗有两条共同禁忌证：对相应疫苗任一组分过敏及患急性疾病、严重慢性疾病、慢性疾病的急性发作期和发热者。其他的禁忌证见表1-7-5。

表 1-7-5　一类疫苗禁忌证

影响系统	对象	疫苗类型
神经系统	患脑病、未控制的癫痫和其他进行性神经系统疾病者	皮内注射用卡介苗；重组乙型肝炎疫苗；麻疹风疹联合减毒活疫苗；吸附无细胞百白破灭活脊髓灰质炎；百白破联合疫苗；A群脑膜炎球菌多糖疫苗；A群C群脑膜炎球菌多糖疫苗；甲型肝炎灭活疫苗；乙型脑炎减毒活疫苗
免疫系统	免疫缺陷、免疫功能低下或正在接受免疫抑制治疗者	麻疹风疹联合减毒活疫苗；乙型脑炎减毒活疫苗；皮内注射用卡介苗
	硫酸庆大霉素过敏者	甲型肝炎灭活疫苗；乙型脑炎减毒活疫苗
	新霉素过敏者	甲型肝炎灭活疫苗
	抗生素过敏者	麻疹风疹联合减毒活疫苗
	白喉类毒素过敏者	百白破联合疫苗
	破伤风类毒素过敏者	百白破联合疫苗
	卡拉霉素过敏者	脊髓灰质炎灭活疫苗
皮肤	严重慢性疾病，过敏体质者禁用	脊髓灰质炎灭活疫苗
	患湿疹或其他皮肤病患者	皮内注射用卡介苗

【问题8】 早产儿二类疫苗的禁忌证有哪些？

思路：查阅疫苗接种说明书，显示我国二类疫苗接种禁忌证为表1-7-6。

表 1-7-6　二类疫苗禁忌证

影响系统	对象	疫苗类型
神经系统	患脑病、未控制的癫痫和其他进行性神经系统疾病者	b型流感嗜血杆菌联合疫苗；A群C群脑膜炎球菌HIB联合疫苗；水痘减毒活疫苗
免疫系统	免疫缺陷、免疫功能低下或正在接受免疫抑制治疗者；	水痘减毒活疫苗；口服轮状病毒活疫苗
	全身使用类固醇治疗的个体	水痘减毒活疫苗
	淋巴细胞总计数少于1 200/mm³或表现有细胞免疫功能缺陷的个体；有先天性免疫病史或密切接触的家庭成员中有先天性免疫病史的个体	水痘减毒活疫苗
血液系统	血小板减少症，任何凝血障碍或接受抗凝血剂治疗者	7价肺炎疫苗
多系统疾病	严重心脏病、高血压、肝脏疾病、肾脏疾病、活动性结核患者及HIV感染者	b型流感嗜血杆菌结合疫苗；A群C群脑膜炎球菌HIB联合疫苗
皮肤	严重慢性疾病，过敏体质者禁用	肠道病毒71型灭活疫苗
	硫酸庆大霉素过敏者	肠道病毒71型灭活疫苗
	新霉素过敏者	吸附无细胞百白破灭活脊髓灰质炎和b型流感嗜血杆菌联合疫苗（五联疫苗）；水痘减毒活疫苗
	白喉类毒素	7价肺炎疫苗，13价肺炎球菌多糖结合疫苗
	破伤风类毒素	b型流感嗜血杆菌结合疫苗；A群C群脑膜炎球菌HIB联合疫苗

【问题9】 接种后可能出现什么异常反应？怎么处理？

思路：预防接种异常反应分为一般反应和少见或严重反应。一般反应指预防接种后发生的一过性生理功能障碍反应,由疫苗本身所固有的特性所致,症状一般轻微或自限性。主要有发热和局部红肿,以多饮水和高热时处理体温为主,局部肿块可逐渐消退。少见或严重反应多由疫苗本身所固有的特性引起的相对罕见、严重的不良反应,常与疫苗毒株、纯度、生产工艺、疫苗附加物等有关,包括过敏性休克、过敏性喉头水肿、过敏性紫癜、血小板减少性紫癜等,需要立即抢救。发生预防接种少见或严重反应需由接种单位及时上报区域疾病控制中心,并由区域疾病控制中心组织专家协助调查及诊断治疗。

知识点

预防接种异常反应

2014 年 WHO 定义预防接种异常反应是"任何发生在预防接种后的不良医学事件,但不一定与疫苗接种有因果关系"。

（章　岚）

第八节　新生儿遗传代谢病筛查

新生儿遗传代谢病筛查是指在新生儿期对严重危害儿童健康的先天性、遗传性疾病,采用快速、简便、敏感方法筛检,有效早期发现某些罕见疾病,并进行早期干预,在症状出现之前,通过早发现早治疗,某些疾病可有效得到控制,阻止这些疾病对新生儿的发育造成不可逆转的损害,给这些患有先天性疾病的婴儿一个相对健康的生长环境。减少出生缺陷发生,减少这些疾病给社会带来的负担,提高出生人口素质。

【问题1】　先天性遗传代谢病有何危害?

思路:先天性遗传代谢病影响多个系统、器官和组织的正常生理功能,产生严重的后果。80% 以上遗传代谢病可造成神经系统损害,可导致包括脑瘫、智力低下等在内的一系列严重并发症,甚至引起昏迷或死亡。70% 以上遗传代谢病还可导致肝脏肿大或肝功能不全、肾损伤、黄疸、青光眼、白内障、容貌怪异、毛发异常、皮肤异常、耳聋等症状。

【问题2】　先天性遗传代谢病通过筛查发现后,能有效预防和控制吗?

思路:很多新生儿疾病可通过筛查发现后进行有效预防和控制。在临床症状出现之前进行有效预防极为关键。比如甲状腺功能低下患儿,当给缺乏甲状腺激素的患儿补充适当的甲状腺素时,这些患儿和正常儿童并无差别。若未及时发现,这些患儿可能因为缺乏甲状腺激素,对神经系统有不可逆转的损害,对智力也影响较大。在葡萄糖 -6- 磷酸脱氢酶缺乏症(G-6-PD)的患儿中(俗称蚕豆病),尽量避免接触一些药物和食物,就可以避免发生溶血等并发症。苯丙酮尿症(PKU)患儿及早发现后给予饮食疗法等治疗都能使患儿相对健康的生长。所以,新生儿筛查具有非常重要的时效性,尽量在患儿出现不可逆转的症状之前给予治疗。

对罕见疾病来说,新生儿筛查也具有显著经济效益。长远来看,通过筛查节省的开支可使所需医疗投资轻易合理化。有了新生儿筛查,这些孩子全都可以度过一个正常健康的童年。如果没有筛查,这些婴儿很多都会夭折,活下来的孩子也会带着残疾,一生都在轮椅上度过,也不能进入正常的学校学习。目前世界范围内新生儿年总出生数为 134 000 000,年筛查新生儿数 50 000 000。只有约三分之一的新生儿接受某种筛查,很多新生儿只得到一种或两种疾病的筛查。如果实施了正确的筛查测试及治疗,每年世界范围内还可以多拯救 55 000 多个新生儿,使他们免遭死亡或改变生命的疾病。

【问题3】　先天性遗传代谢病病因及临床表现多样,如何筛查?

思路:根据遗传物质的结构和功能改变将遗传病分为染色体病、单基因遗传病、多基因遗传病、线粒体病、基因组印记五大类。

新生儿筛查的罕见疾病多为先天性疾病,这类疾病在患儿出生前在母体内已经形成。这类疾病常由涉及基因突变、染色体变异、酶缺乏等因素引起。因为体内缺乏某些酶,当患儿出生后接触某些物质,或者因缺乏某些生物活动需要的物质时,常有不同的临床表现。新生儿、婴幼儿遗传代谢性疾病常见临床表现见表 1-8-1。

表 1-8-1　新生儿、婴幼儿童遗传代谢病的常见临床表现

发病情况及受累器官、系统		新生儿	婴幼儿
发病情况		急性代谢紊乱	有或无诱因的急性代谢紊乱、反复发作、进行性加重
神经系统		代谢性脑病、昏迷、惊厥	嗜睡、昏迷、肝大、黄疸；共济失调、智力低下、语言、运动发育迟缓、发育倒退等
消化系统		喂养困难、呕吐、重度黄疸、肝脾大	食欲缺乏、恶心、腹胀、腹泻、肝功能异常等
肌肉系统		肌力、肌张力低下	进行性肌病
骨骼			脊柱、四肢的骨骼畸形
特殊面容			特殊面容，如黏多糖贮积症
眼睛、皮肤、毛发			白内障、晶体脱位、角膜 K-F 环、白化病的巩膜和皮肤，苯丙酮尿症毛发色浅、毛发弯曲、易脆（Menkes 病）等
泌尿系统		鼠尿味（苯丙酮尿症） 枫糖浆味（枫糖尿症） 汗脚味（戊二酸尿症Ⅱ型、异戊酸尿症）等	表现同新生儿
代谢紊乱		电解质和水盐代谢紊乱、低血糖、低血磷、高血氨、高乳酸等	表现同新生儿

新生儿遗传代谢性疾病筛查方法分为基本筛查和诊断性筛查，见表 1-8-2。我们平常所说的新生儿遗传代谢性疾病筛查是指后者。

表 1-8-2　遗传代谢性疾病筛查方法选择

	目的	方法
基本筛查	发现诊断线索	血气分析（包括乳酸分析），血氨，血电解质检查，血糖，肝肾功能，氨基转移酶，心肌酶谱，血脂等
诊断性检测	确定病因	代谢物分析：测定血、尿等体液中的生化代谢物质 酶学检查：测定基因表达后翻译合成的酶蛋白活性 基因诊断：特异性分子诊断方法，在 DNA 水平上对受检者的某一特定致病基因进行分析和检测

【问题 4】　先天性遗传代谢病筛查病种的选择标准有哪些？

思路：筛查病种的选择标准如下。①疾病危害严重，可致残或死亡；②疾病发生率较高，已明确发病机制及不良预后；③疾病早期无特殊症状，但实验室检查指标结果阳性；④建立准确可靠的、适合新生儿群体的筛查方法，易被家长所接受，假阳性率和假阴性率较低；⑤建立有效治疗方法，早期治疗能逆转或减缓疾病发展，或显著改善预后；⑥筛查费用、治疗效果与社会经济效益的比例合理。

基于以上原则，我国目前将苯丙酮尿症、先天性甲状腺功能低下、先天性肾上腺皮质增生症、半乳糖血症等 4 种疾病作为首选项目，新生儿听力障碍的筛查也纳入。还有些国家和地区将镰状细胞病、神经母细胞瘤、同型胱氨酸尿症、葡萄糖 -6- 磷酸脱氢酶缺乏症、唐氏综合征（21- 三体综合征）等也列入筛查目录。

【问题 5】　新生儿筛查的简要过程及注意事项有哪些？

思路：新生儿筛查的过程。

1. 核对新生儿信息，送检医生在专门设计的滤纸上填写患儿的相关信息，包括出生日期、样本采取时间、体重、孕龄、籍贯、父母联系方式及必要的生物信息以供参考。

2. 在出生后几天的患儿足底部进行点刺采取足底血样本，放在检测纸上。样本在干燥后送往实验室检测，并对结果进行分析。

3. 如果筛查结果正常（大多情况是这样），就不需要接下来的程序，也不需要与父母联系。如筛查结果显示可能患有某种罕见疾病，应马上联系父母以便开始后续程序。尝试通过不同的方法或实验室重复测试，或通过执行其他验证或反证测试来确认诊断。

新生儿筛查的注意事项：

1．家长知情 新生儿监护人需了解新生儿遗传代谢病筛查项目、病种、方式、费用等情况，遵循知情选择的原则，并认真填写采血卡片。

2．采血时间 婴儿3日龄（72小时）哺乳6次后采血。因各种原因未采血者，如早产、低体重、病重入住NICU或提前出院者，宜20日龄内采血。

3．采血部位 多选择婴儿足跟内或外侧缘，血滴缓慢渗透滤纸，血斑直径应≥8mm。

4．标本保存 血片置于清洁空气自然晾干呈深褐色，避免阳光直射，登记造册后置于塑料袋内，存于2～8℃冰箱。

5．复筛与确诊 筛查结果阳性者需用原血片复查，如2次结果均大于阳性切值则为可疑病例，须召回筛查中心进行复查以排除/确诊。

6．质量控制 包括采血时间、滤纸血斑质量、标本保存与递送、填写采血卡片、实验方法、试剂、实验操作程序、室内质控与室间质控等。

7．治疗、随访及评估 确诊病例需在1月龄内立即治疗，定期检测与随访，评估儿童体格生长与智力发育。医师需给家长提供遗传咨询。

临床病例

患儿，男，4天。主诉"皮肤黄染2天"入院，初步的病史采集如下。

患儿出生评分正常，生后一直母乳喂养至今，吃奶好，睡眠可，大小便正常。2天前出现皮肤轻度黄染，经皮测黄疸值230μmol/L，建议一日光疗，家属拒绝，并嘱其注意患儿皮肤黄染情况。今皮肤黄染加重来就诊，经皮测黄疸值为280μmol/L，收入新生儿科。患儿为 G_2P_2，孕 38^{+3} 周顺产分娩，出生体重3.4kg，母亲孕期身体健康，生后母乳喂养。

家族史：4岁姐姐有葡萄糖-6-磷酸脱氢酶缺乏，其余家族史正常。

体格检查：皮肤呈中-重度黄染，余查体无特殊，精神反应尚可，无惊跳、抖动等神经系统反应。

入院查葡萄糖-6-磷酸脱氢酶缺乏，血清总胆红素300μmol/L，间接胆红素270μmol/L。余检查结果无明显异常。

【问题6】 结合病史及检查结果，该患儿皮肤黄染的原因是什么？需要与哪些疾病鉴别？

思路：患儿皮肤黄染2天入院，胞姐有葡萄糖-6-磷酸脱氢酶缺乏史，入院后查血清胆红素升高，达病理性黄疸标准，首要考虑葡萄糖-6-磷酸脱氢酶引起的黄疸，同时行实验室检查排除ABO等其他溶血病和引起黄疸常见病。

【问题7】 该患儿的诊断是什么？结合诊断，应给予什么样的治疗方案和预防措施？

思路：

入院诊断：

1．新生儿病理性高胆红素血症。

2．葡萄糖-6-磷酸脱氢酶缺乏症。

治疗方案：给予蓝光光疗等对症支持治疗4天后，血清胆红素恢复正常。给予办理出院。建议在筛查的基础上，详细向家长交代该病的注意事项，预防溶血的发生。

知识点

葡萄糖-6-磷酸脱氢酶缺乏症患儿注意事项

葡萄糖-6-磷酸脱氢酶缺陷与遗传有关，但是由于属X连锁不完全性显性遗传，上一代未必有同患此病者。患有此酶缺乏的人士，其健康在一般情况下与常人无异，唯当接触到某些药品、物品或感染时，其红细胞便有可能大量受到破坏，造成急性溶血。海南省为本病高发地区。

由于此症与遗传有关，患者将终生患有此症，亦没有办法可根治此病。故为了避免溶血发生，患者将终身注意以下事项。

1. 避免服食某些西药,如解热镇痛药(安替比林、非那西汀等)、磺胺类药、硝基呋喃类(呋喃西林、呋喃唑酮)、抗疟药(伯氨喹啉、奎宁、疟涤平等)、砜类药(噻唑砜等)、萘、苯胺、维生素 K_3、维生素 K_4、奎尼丁、丙磺舒等。

2. 避免服用中药,如川莲、腊梅花、金银花、牛黄、珍珠末、保婴丹等。

3. 避免进食蚕豆,避免接近樟脑丸等。

4. 生病时应告知主诊医生或医护人员。

5. 如患有此病之婴儿系母乳喂养,则母亲方面亦应注意在医生指导下服药。

再次强调此症患者如能注意以上事项,其健康及成长与常人无异。值得注意的是很多葡萄糖 -6- 磷酸脱氢酶缺陷者在进食上述药物或蚕豆并不一定发病,但如患者有溶血现象如脸黄、面色苍白、酱油样血尿时,则需及早就诊。

(向 伟)

第九节 儿童保健综合管理

儿童保健是以提高儿童的健康水平和人口素质为目标的一项社会性较强、涉及面较广的工作,是我国人民卫生事业的一个重要组成部分。我国儿童保健对象是从出生至 14 岁,重点是 7 岁以下的儿童。根据我国实际情况,采取多种形式建立和健全各级儿童保健机构,其主要任务是加强散居儿童和集体儿童保健系统管理,积极防治儿童常见病和多发病,大力宣传、普及科学育儿和儿童保健知识,积极配合防疫部门做好预防接种和传染病管理,降低婴儿及 5 岁以下儿童死亡率,是儿童保健机构的主要任务。

一、散居儿童管理

散居儿童管理是指对居住在家庭中,由父母或其他家庭成员照料的 7 岁以下儿童,进行系统的医学监督和保健管理。散居儿童人数众多、居住分散,家庭环境和条件各异,保健需求也不相同,为了使其能得到系统、有效的保健服务,必须进行科学管理。

【问题1】 承担散居儿童管理的机构有哪些?

思路:在城市承担散居儿童保健工作的机构是儿童保健科、妇幼保健院、综合医院保健科及社区卫生服务中心儿童保健门诊。在农村则是县妇幼保健院、所、站、乡卫生院妇幼保健组和村卫生所(室)。

【问题2】 散居儿童管理的对象有哪些?

思路:散居儿童管理主要针对长期(3 个月以上)在所辖范围内居住、未进入托儿所或幼儿园等集体儿童保教机构而散居在各个家庭中的 7 岁以下儿童(包括非辖区户籍的儿童),重点是 3 岁以下婴幼儿。

【问题3】 对散居儿童进行管理的内容包括哪些?

思路:散居儿童保健系统管理的内容主要针对不同年龄儿童生理和心理发育特点,建立儿童健康手册或档案,通过开展新生儿疾病筛查与访视、定期儿童健康检查、生长监测与指导、营养与喂养指导,心理行为发育监测与指导、早期综合发展、健康安全保护、免疫规划实施与指导、五官保健与指导、常见疾病防治、高危儿管理和健康教育与健康促进等提供系统的基本保健服务。

二、集体儿童管理

集体儿童是指在托儿所、幼儿园(简称托幼机构)集体生活、学习或活动的儿童,多数为 3 岁以上的学龄前儿童。托幼机构是学龄前儿童生活和受教育的重要场所。托幼机构的儿童在集聚条件下生活,彼此接触机会增多,一旦发生急性传染病会很快蔓延到全班,甚至全园(所)。针对这一特点,必须做好集体儿童管理及卫生保健工作,保证儿童的身心健康。我国制定了《托儿所幼儿园卫生保健制度》《托儿所幼儿园卫生保健管理办法》《托儿所幼儿园卫生保健工作规范》等相关法律法规,将机构卫生保健工作纳入法制化管理。

【问题1】 集体儿童管理的对象有哪些?

思路: 集体儿童主要管理进入托儿所、幼儿园(托幼机构)集居的儿童;托儿所是收托3岁以内幼儿的集体机构,幼儿园是招收3岁以上儿童的集体机构。

【问题2】 承担集体儿童管理的人员包括哪些?

思路: 集体儿童管理主要依靠托幼机构各类人员及相应辖区的妇幼保健机构,托幼机构人员包括:托幼机构园(所)长、托幼机构内的卫生保健人员、保育人员、营养员、炊事人员、财务人员等。各类人员的职责是根据加强园(所)的科学化、规范化管理,明确职责分工、提高保教工作质量而制定的。

【问题3】 集体儿童管理的内容包括哪些?

思路: 集体儿童卫生保健工作的内容如下。①根据儿童不同年龄特点,建立科学、合理的一日生活制度,培养儿童良好的卫生习惯。②为儿童提供合理的营养膳食,科学制订食谱,定期进行营养评估,保证膳食平衡。③制订与儿童生理特点相适应的体格锻炼计划,根据儿童年龄特点开展游戏及体育活动,保证儿童户外活动时间,增进儿童身心健康及抗病能力。④建立健康检查制度,开展儿童定期健康检查工作,建立健康档案。坚持晨检及全日健康观察,做好常见病(如脊柱侧弯、近视、龋齿等)的预防,发现问题及时处理。⑤严格执行卫生消毒制度,做好室内外环境及个人卫生。加强饮食卫生管理,保证食品安全和卫生。⑥协助落实国家计划免疫规划,在儿童入园时应查验其预防接种证,未按规定接种的儿童要告知其监护人并指导补种。⑦加强日常保育护理工作,对体弱儿进行专案管理。定期开展儿童眼、耳、口腔保健,开展儿童心理卫生保健。⑧建立卫生安全管理制度,落实各项卫生安全防护工作,预防伤害事件的发生。⑨制订健康教育计划,对儿童及其家长开展多种形式的健康教育活动。⑩做好各项卫生保健工作信息的收集、汇总和报告工作。

集体儿童户外
活动(图片)

集体儿童进餐
(图片)

(章 岚)

参 考 文 献

[1] 杨玉凤. 发育行为儿科手册. 南京:江苏科学技术出版社,2009.

[2] 毛萌. 儿童保健学分册. 北京:人民卫生出版社,2017.

[3] 美国精神医学学会. 精神障碍诊断与统计手册. 5版. 张道龙,译. 北京:北京大学出版社,2015.

[4] 金星明,静进. 发育与行为儿科学. 北京:人民卫生出版社,2014.

[5] 刘湘云,陈荣华,赵正言. 儿童保健学. 4版. 南京:江苏科学技术出版社,2011.

[6] 黎海芪. 实用儿童保健学. 北京:人民卫生出版社,2016.

第二章　小儿危重病

第一节　概　　述

一、儿科重症医学的定义及国内现状

儿科重症医学（pediatric critical care medicine）主要是研究危及儿童生命疾病的病理生理学改变、脏器功能障碍或衰竭的发生机制、诊断、监测和治疗问题的学科，其临床基地为重症监护治疗病房（intensive care unit，ICU），主要包括儿童重症监护治疗病房（pediatric intensive care unit，PICU）和新生儿重症监护治疗病房（neonatal intensive care unit，NICU）。儿科重症医学的核心为脏器功能监测和脏器功能支持技术。

与发达国家相比，中国儿科重症医学的起步较晚，各地发展尚不够平衡和完善。1983 年之后，中国首先在部分大城市和发达地区的儿童专科医院和大型综合医院陆续成立 PICU 和 NICU。近年来，由于手足口病、甲型 H1N1 流感等传染病的暴发流行及儿童意外伤害事件的日趋增加，更加凸显重症医学在保障儿童生命健康和降低病死率及致残率中的重要作用。全国各地新建 PICU 大量涌现，不少高端监护、治疗技术已广泛应用于临床，儿科重症医学不仅在诸多危急重症的理论与科学研究方面成效显著，并逐步趋于完整化和系统化。

二、危重患者的早期识别和评估

与接诊和处理普通患者不同，对危重患者强调快速分级评估，发现问题及时处理，处理后再评估。早期识别和评估危重症儿童并及时处理是提高救治成功率的关键。快速儿童病情评估的重点：①及时发现危及患儿生命的异常状况，如呼吸功能不全和呼吸衰竭、休克以及心肺功能衰竭；②采取纠正上述异常的措施；③对基础病因作出诊断。

常用评估方法如下：

（一）初始评估（initial assessment）

评估内容包括：一般状况（appearance，A）、呼吸（breathing，B）和循环（circulation，C），简称 ABC。

1. 一般状况　判断患儿是否清醒，意识水平，姿势及对刺激的反应。可用 AVPU 快速判断意识水平：A（awake）清醒，V（responsive to voice）对声音刺激有反应，P（responsive to pain）对疼痛刺激有反应，U（unresponsive）对刺激无反应。

2. 呼吸　目测患者有无呼吸困难及呼吸节律的改变。

3. 循环　看面色及口唇、肢体末端有无苍白、发绀等。

初步评估要求在数秒钟内完成，目的是快速判断患儿是否有即刻危及生命的严重情况，若有，立刻予以复苏，待患儿初步稳定后再进行一级评估。若没有，则可直接进行一级评估。

（二）一级评估（primary assessment）

评估内容包括：气道（airway，A）、呼吸（breathing，B）、循环（circulation，C）、脑功能（disability，D）和暴露（exposure，E），简称 ABCDE。

1. 气道　包括气道是否通畅，分泌物多少，位置有无偏移。

2. 呼吸　包括呼吸频率、有无呼吸费力及程度、呼吸音、皮肤颜色和脉冲血氧测定值。

3. 循环　包括①一般状态；②心血管直接体征（心率、心律、脉搏、毛细血管再充盈时间、血压）；③脏器功能/灌注状况（意识状态、皮肤是否发花发凉、尿量等）。

4. 脑功能 除意识状态外,应特别注意神经系统定位损害体征。

5. 暴露 去除衣服,充分暴露全身,有助发现骨折、出血、皮疹等提示创伤或特殊疾病的体征。

一级评估的目的是判断患儿的生理功能状态及分级。若存在呼吸功能不全或呼吸衰竭、休克或心肺功能均衰竭,应迅速采取相应处理措施。待患儿初步稳定后可进行二级评估。

(三)二级评估(secondary assessment)

对患者进行一级评估并及时处理呼吸、循环功能障碍后,开始进行二级评估。二级评估目的是作出初步临床诊断,并予以相应治疗。

二级评估的内容可简单记忆为 SAMPLE,即:S(signs and symptoms)症状和体征,A(allergies)过敏史,M(medications)用药史,P(past medical history)既往史,L(last meal)前 1 次进食,E(event)发病场景。

(四)三级评估

评估内容包括各种实验室、影像学检查及其他辅助检查。三级评估有助于最后明确诊断。

三、危重患者的治疗原则

危重患者的治疗原则可概括为以下几点。①稳定气道及支持治疗:对呼吸、循环和其他脏器的支持治疗是危重症抢救的关键措施;②密切监护:除临床需密切监测病情变化、严格记录生命体征外,还应利用现代自动化医用电子仪器进行系统而连续的动态观察,为诊断和治疗提供可靠依据及安全保障;③治疗原发病。

本章以具体病例为线索,结合作者的临床经验,列举了心肺复苏、急性呼吸衰竭等 7 个儿童(不包括新生儿)常见危急综合征和 1 个急性中毒的诊治经过,在诊治过程中突出急救思维模式,强调快速病情评估、反复评估和快速给予生命支持措施的重要性,同时将常见病诊治要点贯穿其中,简要介绍相关国际先进理念,力求突出住院医生需要掌握和了解的针对危急患者特有的诊治思路、重点基础理论和诊治方法,具有实用性和先进性。

(钱素云)

第二节 心肺复苏

心搏、呼吸骤停属最危急最严重的临床疾病状态。心肺复苏(cardiopulmonary resuscitation,CPR)是指采用急救医学手段,恢复已中断的呼吸及循环功能。小儿心搏呼吸骤停常继发于严重呼吸、循环衰竭,发生前多有烦躁、呼吸困难、缺氧和休克等表现,早期识别呼吸、循环功能障碍并及时处理可有效避免呼吸心搏骤停。

心搏呼吸骤停时主要表现为几下几种。①突然昏迷:一般在心跳停止 8~12 秒后出现,部分病例可有一过性抽搐;②瞳孔扩大,对光反射消失;③大动脉搏动消失;④心音消失;⑤呼吸停止;⑥心电图异常,如等电位线、室颤、无脉室速、电机械分离等。

儿童球囊-面罩通气(视频) 婴儿球囊-面罩通气(视频)

凡突然昏迷伴大动脉搏动或心音消失者即可确诊。对可疑病例应先行复苏,不可因反复触摸动脉搏动或听心音而延误抢救治疗。

儿童心搏呼吸骤停的抢救通常包括以下环节:

1. 首先要确认是否存在呼吸心搏骤停。

2. 快速开始心肺复苏。

3. 心电监护至关重要。

4. 高质量心肺复苏。

儿童心肺复苏(视频) 婴儿心肺复苏(视频)

临床关键点

1. 快速识别呼吸心搏骤停。

2. 高质量心肺复苏。

3. 除颤的适应证及除颤仪的使用。

4. 复苏后稳定。

临床病例

患儿，女，6岁。因"发热、腹痛、呕吐2天，反复抽搐、意识不清20分钟"被父母送入急诊室。

【问题1】 对该患儿如何进行快速评估？

思路：初步评估应该在数秒内完成，主要目的是在最短时间内识别有无危及生命的情况存在。首先要按照基础生命支持的方法排除最危急的情况：即心搏呼吸骤停。若评估后证实患儿为心搏呼吸骤停，立刻给予心肺复苏，自主循环恢复后开始一级评估。若有呼吸和脉搏，则可直接开始一级评估。

知识点

如何快速判断心搏骤停

在快速判断环境安全后，立刻拍打患儿双肩（婴儿可拍足底），同时呼叫患儿，观察患儿有无反应。若患儿无反应，立刻呼叫急救团队后，评估是否有自主呼吸和脉搏。施救者利用5～10秒的时间，在观察有无呼吸运动的同时，触摸大动脉搏动，判断有无脉搏。年长儿触摸颈动脉搏动，婴儿则触摸肱动脉搏动。

颈动脉搏动（视频）

肱动脉搏动（视频）

评估结果：患儿意识丧失，无自主呼吸，未触及肱动脉搏动。

【问题2】 下一步应采取何种抢救措施？

思路：如果没有自主呼吸，但有脉搏且脉率 >60 次 /min，立刻开始人工呼吸，频率12～20 次 /min，并每2分钟评估脉率，直至患儿恢复自主呼吸或气管插管机械通气。若未触到脉搏或脉率 <60 次 /min，立刻以胸外心脏按压开始心肺复苏并呼叫急救团队到场，1人负责胸外按压，1人进行人工通气，比例为15：2；同时尽快监测心电图，建立血管通路，1人负责记录。

知识点

心肺复苏操作要点

1. 复苏开始时无需强调寻找病因，不同病因所致的心搏呼吸骤停，其基础生命支持方法一致。待复苏成功后再查找病因，治疗原发病。

2. 尽量以团队方式进行复苏，经验最丰富者为指挥人员，团队人员应分工明确，密切配合。

3. CPR 的操作顺序遵循"CAB"原则，即：首先以胸外心脏按压开始 CPR，以恢复循环（circulation，C）；随后给予开放气道并保持气道通畅（airway，A）；开放气道后予人工呼吸（breathing，B）。

4. 胸外按压和人工通气的比例，单人复苏时为 30：2，双人或多人复苏时为 15：2。即单人 CPR 时，按压 30 次后，暂停按压，给予开放气道，人工呼吸 2 次；双人或多人 CPR 时，按压 15 次后，暂停按压，给予开放气道，人工呼吸 2 次，随后继续以胸外按压开始下一循环 CPR。

5. 若有可能，尽快气管插管。气管插管成功后，胸外按压频率为 100～120 次 /min，人工呼吸频率为 8～10 次 /min，人工呼吸时不再停止胸外按压。

6. 高质量 CPR（high quality cardiopulmonary resuscitation）的具体要求　①胸外按压频率 100～120 次 /min；②按压幅度至少达到胸廓前后径的 1/3，婴儿大约 4cm，儿童大约 5cm，青少年为 5～6cm；③快速按压，每次按压后保证胸廓完全回弹复位；④尽量缩短中止按压的时间；⑤避免过度通气。

7. 在以团队复苏时，应尽快连接自动除颤器或心电监护，以及早发现需除颤的心律（室颤和无脉性室速）。若为需除颤心律，在 CPR 的同时尽早除颤。

8. 尽快建立静脉通路，外周静脉穿刺困难者可选择建立骨髓通路。静脉通路建立后应尽早给予肾上腺素。

9. 复苏过程中应每 2 分钟评估自主循环是否恢复。

10. 复苏过程中每 2 分钟更换按压者，以避免因按压者疲劳导致不能实施高质量 CPR。

胸外按压（双手环抱法）（视频）　　胸外按压（双指按压法）（视频）　　胸外心脏按压作者（双掌按压法）（视频）

【问题3】 实施 CPR 已 2 分钟，已连接心电监护、建立血管通路，接下来应该做什么？

思路：CPR 过程中，应每 2 分钟评估自主循环是否恢复。已连接心电监护或自动除颤器者，应分析是否为可除颤心律，若为可除颤心律，尽快予以除颤。若已建立血管通路，应尽早给予肾上腺素等药物，促进自主循环恢复。

知识点

如何判断自主循环是否恢复

CPR 每进行 2 分钟，应评估自主循环是否恢复。评估的方法是触摸大动脉有无搏动，触摸部位、方法与开始判断有无大动脉搏动时一致，时间 5~10 秒。若自主循环恢复，且脉率 >60 次/min，停止胸外心脏按压，继续人工通气。若脉率 <60 次/min 或仍无脉搏。以胸外按压开始继续心肺复苏。

知识点

除颤的适应证和方法

除颤的适应证为室颤、无脉性室速。

除颤的方法：根据患儿体重选择大小合适的电极板，均匀涂抹导电膏。打开除颤器，调节能量，首次除颤能量为 2J/kg，若首次除颤未成功，第二次及以后可增加，但最多不超过 10J/kg 或成人量。调节好能量后按充电键充电。充电完成后，除颤者让所有复苏者离开患者，将电极板按要求分别放置在患者心底和心尖部的胸壁，按下放电键。放电后立刻拿掉电极板，复苏者以胸外按压开始继续 CPR，2 分钟后判断心律是否恢复。

知识点

CPR 时药物的选择和给药途径

给药途径以静脉为首选，中心静脉最佳。若静脉穿刺失败短时间内不能建立静脉通路，即需建立骨髓通路。脂溶性药物如肾上腺素、阿托品、利多卡因、纳洛酮可经气管插管内注入。

复苏药物：常用复苏药物剂量和用法见表 2-2-1。

表 2-2-1　复苏时常用药物和剂量、用法

药物	剂量	注意事项
肾上腺素（epinephrine）	0.01mg/kg IV/IO（0.1ml/kg 1:10 000 IV/IO） 0.1mg/kg ET（0.1ml/kg 1:1 000 ET） 最大剂量：IV/IO 1mg；ET 2.5mg	复苏首选药物 3~5 分钟可以重复使用

续表

药物	剂量	注意事项
碳酸氢钠（sodium bicarbonate）	每次 1mEq/kg IV/IO，缓慢注射	用药指征：pH<7.20、严重肺动脉高压、高血钾 稀释成等张液静脉输注 在保证通气下使用
胺碘酮（amiodarone）	5mg/kg IV/IO 可重复至总量为 15mg/kg 最大 300mg	适应证：室颤/无脉型室性心动过速经CPR、2～3 次除颤及给予肾上腺素均无效 监测心电图和血压 注意注射速度 当与其他引起 QT 间期延长的药物同时使用时，应咨询心脏专家的意见
阿托品（atropine）	0.02mg/kg IV/IO 0.03mg/kg ET 如果需要，可重复一次 最大单一剂量：0.5mg（儿童），1mg（青少年）	适应证：迷走神经张力增高所致心动过缓、二度房室传导阻滞 有机磷中毒时可以用更大的剂量
利多卡因（lidocaine）	负荷量：1mg/kg IV/IO 最大剂量：100mg 维持量：20～50μg/(kg·min) ET：2～3mg	适应证同胺碘酮，效果与胺碘酮相当
纳洛酮（naloxone）	<5 岁或≤20kg：0.1mg IV/IO/ET ≥5 岁或 >20kg：2mg IV/IO/ET	适应证：阿片类药物或镇静药导致的呼吸抑制

注：IV 静脉注射，IO 骨髓腔内注射，ET 气管内注入。

第二次评估结果

双人心肺复苏已持续 2 分钟，胸外按压与人工通气的比例为 15:2，已连接心电监护，心电监护显示波形为室速，评估患儿仍无脉搏，血管通路已建立。

【问题 4】 下一步应采取什么措施？

思路：评估显示患儿为室速，但触摸不到脉搏搏动，属于无脉性室速。室颤和无脉性室速是除颤的适应证，除颤每延迟 1min，复苏成功率会降低 7%～10%，因而下一步应首先尽快除颤。患儿年龄 6 岁，估计体重约 20kg，因此首次除颤能量为 40J。患儿已建立静脉通路，应快速给予 1:10 000 浓度的肾上腺素 2ml。除颤完成后立刻以胸外按压开始 CPR，2 分钟后评估心律是否恢复。

【问题 5】 是否需要气管插管？

思路：心搏骤停患儿，正在进行复苏。只要插管技术熟练，应尽快实施气管插管。但若气管插管不够熟练或不能进行气管插管，短时间内使用气囊面罩正压通气能起到与气管插管相似的效果。本例患儿在除颤后立刻成功气管插管。继续 CPR。

第三次评估结果

仍未触及大动脉搏动，心电监护显示为室颤。

【问题 6】 下一步如何处理？

思路：患儿经 CPR、1 次除颤及肾上腺素静脉注射后，自主循环仍未恢复。应尽快给予第二次除颤，能量 4J/kg，患儿体重约 20kg，应予 80J。同时间隔 3 分钟予肾上腺素原量重复注射，为提高除颤成功率，可予利多卡因或胺碘酮，本例予利多卡因 1mg/kg，实际给予 20mg 静脉注射。

第四次评估结果

第二次除颤后继续 CPR，2 分钟后再次评估，心电监护显示已恢复为窦性心律，168 次 /min，仍间断出现室速。脉搏可触及，但中央动脉和周围动脉搏动均减弱，自主呼吸微弱，对疼痛刺激无反应。

【问题 7】　下一步如何处理？

思路：患儿已恢复自主循环，但仍不稳定。应停止胸外按压，一边进行复苏后稳定，一边进行一级评估。

知识点

复苏后稳定要点

1. 呼吸管理　继续机械通气，目标是调整吸入氧浓度，维持经皮氧饱和度在 94%～99%，动脉血氧分压和二氧化碳分压正常。

2. 维持有效循环　通过维持有效循环血容量和使用血管活性药物维持有效循环，目标是维持血压不低于同龄儿童血压低限，同时避免高血压，有心律失常者给予相应治疗。

3. 积极进行脑复苏　如有颅内高压予脱水、控制液量，控制颅内高压；控制惊厥发作；避免出现体温增高，必要时给予控制性低温治疗。

第五次评估结果

一级评估结果：A 气道分泌物多；B 无自主呼吸，人工通气下两侧胸廓起伏对称，双肺可闻及痰鸣音及细湿啰音；C 心率 160 次 /min，心电监护显示窦性心律，间断出现室速，无病理性杂音，中心动脉搏动可，外周动脉搏动弱，血压 68/40mmHg，四肢凉，毛细血管再充盈时间 5 秒；D 意识不清，瞳孔对光反射迟钝；E 四肢肌张力低，手足凉，皮肤发花。提示患儿存在休克。

【问题 8】　下一步如何处理？

思路：患儿自主循环恢复，但自主呼吸仍未恢复，血压降低，末梢灌注差，存在复苏后休克，故应给予机械通气，因复苏后低血压多为复苏后心血管抑制引起，故应予肾上腺素持续静点，并给予抗心律失常药物以恢复窦性心律。

给患儿吸痰清理气道后接呼吸机正压通气，并监测血气分析指导呼吸机参数调节；开放 2 条静脉通路，其中 1 条通路为左侧股静脉穿刺深静脉置双腔管；复苏后低血压考虑与复苏后心血管抑制有关，故予肾上腺素从 0.1μg/(kg·min) 持续输液泵输注开始，逐渐调节剂量以纠正休克；因心电监护显示窦性心律，间断出现室速，予利多卡因 1mg/kg 静脉注射后，以 40μg/(kg·min) 持续静脉输入抗心律失常，未再出现室速；置导尿管持续监测尿量。

【问题 9】　下一步应如何处理？

思路：在完成一级评估并给予相应处理后，尽快开始二级评估，即按照 SAMPLE 顺序全面的询问病史并从头到脚全面查体，尽量获得能解释病情的资料。

第六次评估结果

二级评估结果

S：患儿发热、腹痛、呕吐 2 天，来院前 20 分钟开始间断抽搐 2 次，意识不清，面色青紫，自发病后进食极少，发病前 2 周有"感冒"史。

A：既往无过敏史。

M：曾在当地诊所就诊，口服美林数次退热，阿奇霉素 0.1g，每天 1 次共服用 2 天。

P：既往健康。

L：8小时前最后1次纳奶30ml。

E：家中发病。

查体：体温38℃，血压75/58mmHg，心率145次/min，股动脉搏动正常，桡动脉搏动减弱；意识不清，自主呼吸弱，机械通气下口唇红，双瞳孔对光反射稍迟钝，双肺湿啰音，心音低钝，可闻及奔马律，腹平软，肝肋下1cm，脾肋下未触及，四肢肌张力低，皮肤发花，手足凉，毛细血管再充盈时间6秒。

【问题10】　应做哪些辅助检查？

思路：心电监测、描记心电图确定是否有心律失常；行心脏超声了解心脏功能，特别是左心室收缩功能；查心肌损伤标志物；查血常规和CRP，初步了解感染性质；动脉血气分析和血电解质检查了解机体有无酸碱及电解质失衡；查血糖判定有无应激性高血糖或低血糖；做呼吸道分泌物培养、血培养、血支原体抗体检测及呼吸道常见病毒抗体检测，查找感染原，指导抗感染治疗。拍床旁胸片了解肺内病变情况和心脏大小。

第七次评估结果

经上述抢救治疗后，患儿仍神志不清，自主呼吸逐渐恢复，机械通气下人机合拍，经皮氧饱和度99%。两肺仍有较多湿啰音。心率波动在148～172次/min，频发室性早搏，但未见室速。心音低钝，可闻及奔马律。腹平软，肝肋下2cm可及。四肢仍凉，皮肤发花好转，毛细血管再充盈时间5秒。辅助检查结果如下。

心电图：窦性心律，频发室性早搏，广泛ST-T改变。

心脏超声：左心室收缩功能减低，射血分数（EF）52%。其余未见明显异常。

肌钙蛋白2.8μg/L，脑钠肽前体（NT-proBNP）28 960μg/L。

胸片：两肺可见肺水肿表现，心影不大。

血常规、CRP大致正常。

血气分析：pH 7.31，$PaCO_2$ 38mmHg，PaO_2 86mmHg，碱剩余（BE）-6.4mmol/L，乳酸3.6mmol/L。

【问题11】　初步诊断是什么？下一步如何治疗

思路：经基本生命支持和高级生命支持，患儿自主循环恢复。评估发现患儿有休克、严重心律失常、左心收缩功能降低，肺水肿，肌钙蛋白、NT-proBNP明显增高，考虑暴发性心肌炎，有可能需要ECMO治疗。因此下一步应尽快收入PICU。

住院诊治经过：入住PICU后诊断为暴发性心肌炎、心源性肺水肿、心源性休克、恶性心律失常。在继续机械通气、抗休克治疗的同时，立刻予ECMO治疗，5天后撤离ECMO，6天撤离呼吸机。住院18天好转出院。

（钱素云）

第三节　急性颅内高压

颅内高压（intracranial hypertension）指颅腔内容物体积增加引起压力增高所致的一系列临床表现（简称颅高压）。任何引起颅内容物体积增加的因素均可导致颅高压，包括颅内感染、脑水肿、脑积水、颅内占位性病变等，儿童尤以感染所致脑水肿常见。临床表现与原发病性质、部位、进展速度及合并症等诸多因素密切相关。轻度颅内压增高临床表现常缺乏特异性，如头痛、呕吐等，随颅内压逐渐增高，则可有意识障碍、抽搐、眼部运动异常和球结膜水肿、瞳孔改变，严重颅内压增高可导致脑疝，出现生命体征改变。未及时治疗则死亡和致残风险增加。

颅高压的抢救治疗包括以下环节:

1. 首先进行总体状况快速评估,若存在气道梗阻、呼吸衰竭和 / 或休克,优先处置。
2. 简要询问病史及体格检查,判断是否存在颅高压,特别是颅高压危象。
3. 若存在颅高压,给予降颅压治疗;颅高压危象或脑疝者,给予紧急降颅压治疗。
4. 详细询问病史、体格检查,并行影像学及相关辅助检查明确病因。
5. 在降颅压治疗的同时,进行病因治疗。

临床关键点

1. 评估并稳定气道、呼吸和循环。
2. 及时识别颅高压,特别是颅高压危象。
3. 降颅压治疗。
4. 积极控制可能引起颅高压加重的诱因。
5. 尽快明确病因,进行病因治疗。

临床病例

患儿,男,10 个月。因"发热、烦躁 3 天,呕吐 1 天,间断抽搐、昏迷 10 小时"被送入急诊室。

【问题 1】 应如何快速评估患儿状况?

思路:首先对患儿进行初始快速评估,判断是否需要立刻进行复苏。评估的方法包括对一般状况、呼吸和循环的快速判断。

快速评估结果

患儿意识不清,口唇青紫。肌张力略有增高。可闻及吸气性喉鸣,轻度吸气性三四征,呼吸频率 58 次 /min,规则。四肢末端皮肤发绀。

【问题 2】 首先应采取什么处置措施?

思路:患儿有吸气性喉鸣和三四征,提示存在上气道梗阻,并伴意识障碍,很可能有呼吸衰竭危及生命,目前自主呼吸尚规则。应立刻启动急救团队,解除气道梗阻、高浓度吸氧后再次评估患儿情况,并同时进行心电、呼吸和无创血压监护,建立静脉通路。

知识点

解除气道梗阻和高浓度吸氧的方法

1. 解除气道梗阻的方法　常用压额抬颌法。
2. 高浓度吸氧方法
(1) 使用非重复面罩吸氧:适用于自主呼吸能力好的患者。
(2) 气囊面罩正压通气:适用于出现呼吸节律不整或呼吸停止、面罩吸氧不能有效缓解缺氧的患者。

稳定气道、呼吸和循环

抢救团队到达后,使用压额抬颌法将头部摆在中性位,解除气道梗阻,并给予非重复面罩吸氧后,患儿仍处于昏迷状态,吸气性喉鸣和三四征消失,发绀减轻并逐渐消失。立刻给予心电、呼吸、无创血压监护,并开始建立静脉通路。

【问题3】 下一步如何处理?

思路:对危及生命的危险情况进行处理后,立刻对患儿进行初级评估。

初级评估的内容包括 ABCDE:A(airway)气道;B(breathing)呼吸;C(circulation)循环;D(disability)脑功能;E(exposure)暴露,即全身的体格检查。

初级评估结果

A:口腔有少量黏痰样分泌物。B:自主呼吸频率 48 次/min,无三凹征,两肺呼吸音对称,经皮氧饱和度 98%。C:心电监护已连接,显示心率 158 次/min,窦性心律,律齐。听诊心音有力,无病理性杂音。血压108/72mmHg,四肢末端温暖,毛细血管再充盈时间 2 秒。D:昏迷状态,对疼痛刺激有反应,Glasgow 评分 7分。前囟膨隆,张力高。左侧瞳孔 3mm×3mm,对光反射迟钝;右侧瞳孔 5mm×5mm,对光反射消失。四肢肌张力增高,双侧膝腱反射活跃。疼痛刺激时右侧肢体回缩良好,左侧回缩幅度小。双侧巴氏征阳性。体温 37.8℃,全身未见皮肤擦伤出血点、瘀斑和其他皮疹。

【问题4】 这些评估结果说明了什么?

思路:患儿处于昏迷状态,前囟膨隆、张力高,血压增高,瞳孔对光反射迟钝,四肢肌张力增高,腱反射活跃,提示存在颅内压增高。经压额抬颌法摆好头部位置后吸气性喉鸣和三凹征消失,提示气道梗阻是昏迷时体位不当引起,患儿无灌注不良等休克表现,双侧瞳孔不等大,左侧对光反射迟钝,右侧对光反射消失,血压增高、心率明显增快、对疼痛刺激的运动反应不对称,提示即将或已经发生脑疝,以小脑幕切迹疝可能性最大。

知识点

颅内压增高的临床表现

1. 头痛　婴幼儿不能自述头痛,多表现为烦躁不安,尖声哭叫。

2. 喷射性呕吐　很少恶心,与饮食无关,清晨较重。

3. 前囟及骨缝改变　前囟膨隆紧张。骨缝裂开,头围增大,头面部浅表静脉怒张,破壶音阳性等体征为亚急性或慢性颅高压的表现。

4. 意识障碍　早期可表现为烦躁、嗜睡,严重者昏迷。

5. 血压升高和循环障碍　收缩压可上升 20mmHg 以上,且脉压增宽,血压音调增强。循环障碍可表现为皮肤及面色苍白、发凉及指/趾发绀。

6. 肌张力增高和惊厥发作。

7. 呼吸障碍　呼吸节律不齐、暂停、潮式呼吸、下颌运动等。

8. 体温调节障碍　下丘脑体温调节中枢受影响可导致体温急剧升高。

9. 眼部体征　可有眼球突出、复视、视野缺损,眼底检查可见视乳头水肿,但常见于慢性颅内压增高,急性颅内压增高很少出现。

知识点

提示即将出现脑疝的临床表现

1. 疼痛刺激引起的运动反应不对称。

2. 对疼痛刺激呈去皮层或去大脑反应。

3. 颅神经受损,特别是双侧或单侧瞳孔对光反射消失。

4. 出现库欣三联征(呼吸不规则、血压增高、心率减慢)。

5. 其他生命体征异常(血压增高或降低、心率增快或减慢)。

知识点

脑疝的临床表现

1. 小脑幕切迹疝 ①瞳孔忽小忽大,两侧大小不等,对光反射减弱或消失;②一侧或两侧眼睑下垂、斜视或凝视;③呼吸节律异常;④颈强直;⑤单侧或双侧锥体束征和/或肢体瘫痪。

2. 枕骨大孔疝 ①昏迷迅速加深;②双侧瞳孔散大,对光反应消失,眼球固定;③呼吸骤停。

Glasgow 昏迷评分见表 2-3-1。

表 2-3-1　Glasgow 昏迷评分

年龄			评分
0~23 月龄	2~5 岁	>5 岁	
最佳语言反应			
微笑、发声	适当的单词、短语	能定向说话	5
哭闹、可安慰	词语不当	不能定向	4
持续哭闹、尖叫	持续哭闹、尖叫	语言不当	3
呻吟、不安	呻吟	语言难于理解	2
无反应	无反应	无反应	1

年龄		评分
<1 岁	≥1 岁	
睁眼		
自发	自发	4
声音刺激时	声音刺激时	3
疼痛刺激时	疼痛刺激时	2
刺激后无反应	刺激后无反应	1
最佳运动反应		
自发运动	能完成指令动作	6
因局部疼痛而动	因局部疼痛而动	5
因疼痛而屈曲回缩	因疼痛而屈曲回缩	4
因疼痛而呈屈曲反应(似去皮质强直)	因疼痛而呈屈曲反应(似去皮质强直)	3
因疼痛而呈伸展反应(似去大脑强直)	因疼痛而呈伸展反应(似去大脑强直)	2
无运动反应	无运动反应	1

【问题 5】　下一步如何处理?

思路: 患儿表现说明颅内压严重增高,已发生或即将发生脑疝,随时可能出现呼吸障碍或呼吸停止,应立刻气管插管、机械通气,保证正常通气和氧合,并将患儿头部抬高 15°~30°。

知识点

昏迷患者气管插管指征

昏迷、颅高压患者符合以下指征之一者,为气管插管指征。

1. 不能维持气道通畅。

2. Glasgow 评分≤8 分。

3. 咳嗽反射消失。

4. 咽反射消失。

5. 低氧血症。

6. 低通气。

7. 即将或已发生脑疝,需过度通气。

知识点

头位抬高的好处

与平卧位相比,头位抬高 15°～30° 可在不影响脑灌注压的情况下降低颅内压及颈动脉压,同时有利于颅内静脉血回流。

予气管插管与机械通气:选择内径为 4mm 的气管导管,插入深度为 11cm。插入后连接气囊,挤压气囊时可见胸廓起伏,听诊两侧呼吸音对称,固定气管导管。连接呼吸机,开始机械通气,床旁拍胸片确认气管导管顶端位置。

【问题6】 如何设置呼吸机参数?

思路:患儿存在严重颅高压,即将或已发生脑疝,应立刻给予控制性过度通气紧急降颅压。

知识点

紧急降颅压的治疗方法

1. 控制性过度通气是紧急降低颅内压治疗的方法之一。

2. 减少颅内容物体积

(1)侧脑室穿刺放液或控制性脑脊液引流。

(2)大量硬膜下积液或硬膜外、硬膜下血肿者可穿刺放液或抽出积血。

3. 去骨瓣减压术。

4. 使用高渗性脱水剂和利尿剂。

知识点

控制性过度通气降颅压的机制和实施方法

1. 当动脉二氧化碳分压($PaCO_2$)在 20～40mmHg 时,每下降 1mmHg,脑血流量可减少 4%。当 $PaCO_2>40mmHg$ 时,每增加 1mmHg,脑血流量可增加 2%～3%。$PaCO_2<20mmHg$ 时,脑血流量可由于缺氧所致继发性血管舒张而增加。

2. 氧分压对脑血流的影响与 CO_2 分压相反,且影响较小。轻度低氧血症不致引起脑血流改变。PaO_2 在 60～140mmHg 范围内,脑血流可保持相对稳定。若 PaO_2 低于 60mmHg,脑血管开始扩张,使脑血流增加,颅内压上升;当 PaO_2 超过 140mmHg 时,脑血管收缩,脑血流减少,颅内压下降。

3. 过度通气治疗时,通过增加控制性通气的呼吸频率和 FiO_2,使 PaO_2 及 $PaCO_2$ 分别维持于 150mmHg 左右及 25～30mmHg,使脑血流量减少缓解颅高压。由于脑血管对 $PaCO_2$ 反应性随时间延长而产生耐受现象,超过 12 小时,脑血流自行逐渐恢复至原水平,其效力最长约维持 48 小时。

开始控制性过度通气

呼吸机参数初步设置为呼吸频率40次/min，吸气时间0.6秒，潮气量80ml（患儿体重10.5kg），呼气末正压4cmH$_2$O，吸入氧浓度（FiO$_2$）35%。

此时静脉穿刺成功，因患儿有发热，提示严重感染可能，因此穿刺成功后首先取血标本查血气分析、血糖、血常规、CRP、PCT、血电解质、肝肾功能、血培养。

血气分析：pH 7.43，PaCO$_2$ 28.9mmHg，PaO$_2$ 159.6mmHg，BE－8.9mmol/L。

床旁胸片回报：两肺纹理粗多，气管插管顶端位于第二胸椎下缘，距隆突约1.0cm。心影不大，纵隔未见异常。

【问题7】 如何选用降颅压药物？

思路：患儿存在严重颅内压增高，有即将发生或已发生脑疝的表现，已给予过度通气治疗，胸片显示气管插管位置适当。血气分析提示机械通气参数设定适宜。血管通路已建立，应开始药物治疗。应选择降颅压作用迅速的甘露醇、呋塞米，以尽快降低颅内高压。

知识点

常用降颅压药物

1. 高渗脱水剂　应用高渗脱水剂时，每次静脉注射时间15～30分钟，否则不能形成血管内高渗状态，达不到脱水目的。

（1）20%甘露醇：每次0.5～1g/kg，q4～6h，脑疝时可增加至2g/kg，可使颅压降低40%～60%，15～30分钟起效，维持1～6小时，血脑屏障受损时作用减弱。

（2）10%甘油果糖：每次5～10ml/kg，静脉注射，每日1～2次。降颅压作用起效较缓，持续时间也较长。

（3）3%高渗盐水：被推荐用于重型创伤性脑损伤急性期诊治，有效剂量为6.5～10ml/kg，持续输入剂量为0.1～1.0ml/(kg·h)，应使用能维持颅内压<20mmHg（小年龄儿童应考虑<15mmHg）的最低剂量。

（4）白蛋白：用于低蛋白血症伴脑水肿时。常用20%白蛋白，剂量每次0.4g/kg，每日1～2次。其脱水与降颅压作用缓慢而持久。

2. 利尿剂

（1）呋塞米：每次0.5～1.0mg/kg（用20ml的液体稀释），15～25分钟后开始利尿，2小时作用最强，持续6～8小时。与甘露醇联用可增强降颅压效果，应先予甘露醇，再用呋塞米。

（2）乙酰唑胺：可减少50%的脑脊液生成，并有利尿作用，但用药后24～48小时才开始生效。

3. 肾上腺皮质激素　已不作为降颅压治疗的一线药物。常用地塞米松0.5mg/(kg·d)，降颅压作用缓慢，抢救脑疝或即将发生脑疝的颅高压危象不宜选用。

4. 巴比妥类药物　可减少脑血流，降低脑代谢率。常用速效巴比妥如戊巴比妥钠和硫喷妥钠。对部分甘露醇治疗无效的颅高压患者有效，与过度通气有叠加效应。戊巴比妥钠首剂为3～6mg/kg，之后2～3.5mg/(kg·h)静脉滴注维持，血药浓度不宜超过4mg/L，最好维持72小时以上。硫喷妥钠首剂为15mg/kg，之后以4～6mg/(kg·h)的速度静脉滴注，血药浓度不宜超过5mg/L。

开始降颅压药物治疗：予20%甘露醇60ml，20分钟内静脉滴入。随后予呋塞米12mg，静脉注射。

血微量生化和血糖结果：K$^+$3.6mmol/L，Na$^+$118mmol/L，Ca^{2+}1.04mmol/L，血糖8.8mmol/L。

患儿出现抽搐，为全身发作，持续约5分钟，经静脉注射咪达唑仑2mg后抽搐停止。

【问题8】 导致颅内压增高的诱发因素？

思路：躁动、惊厥发作、缺氧等均可使颅内压增高加重，应积极控制这些因素，避免颅压进一步增高。

知识点

控制和避免引起颅内压增高的因素

1. 镇静、镇痛　躁动可使颅内压增高。
2. 控制惊厥发作。
3. 纠正酸碱平衡和电解质紊乱，特别是低钠血症等。
4. 及早气管插管、机械通气，避免缺氧和二氧化碳潴留。
5. 控制体温，避免体温过度增高。
6. 维持血压正常　高血压引起的脑水肿应尽快降压，血压降低或有休克表现者应尽快恢复正常血压。
7. 避免按压腹部和肝脏、猛力转头等可使颅内压增高的操作或动作。

控制加重颅内压的因素：给予 3% 氯化钠 60ml 纠正低钠血症。静脉注射负荷量后持续静脉滴注咪达唑仑 0.2mg/(kg·h)，以控制惊厥发作、镇静。再次测量体温为 37.2℃，血压为 106/75mmHg。

【问题 9】　是否需要应用降压药使血压降至正常？
思路：患儿目前有严重颅高压，其血压增高的原因有两种可能。一个可能的原因是颅高压的表现，是患儿维持脑灌注压的一种代偿反应；另一个可能的原因是严重高血压导致高血压脑病的结果。目前看前一种可能性更大。在原因不明的情况下，贸然降低血压，可能会导致脑灌注压降低，加重脑缺血缺氧，使病情恶化。所以，首先应明确病因。

知识点

颅高压与脑灌注压

1. 脑血流量与脑灌注压成正比，与脑血管阻力成反比。
2. 脑灌注压为平均动脉压和平均颅内压的差值。
3. 维持一定脑灌注压，须以维持正常血压与颅内压为前提。
4. 颅内压增高或血压下降都可使脑灌注压降低。
5. 脑灌注压应维持在婴幼儿 40～50mmHg，儿童 50～60mmHg，青少年 60mmHg 以上。
6. 颅高压引起的高血压，不可使用降压药物降低血压。

【问题 10】　如何尽快明确病因？
思路：给予紧急降低颅内压处理的同时，开始进行二级评估，了解病史、详细查体，以发现诊断线索，随后进行相应的辅助检查。

二级评估结果

S：患儿 3 天前开始发热，体温 37.5～39℃。伴烦躁、哭闹，近 2 天呕吐 6 次。来医院前 10 小时出现间断抽搐，共计 8 次，均为全身发作，每次持续 3～5 分钟，发作间歇期意识不清。查体所见同前述。

A：无过敏史。

M：自发热后自服红霉素和感冒药，发生抽搐后于 10 小时前在当地医院用地西泮 5mg 静脉注射，苯巴比妥 120mg 肌内注射，静脉滴注甘露醇 50ml、头孢曲松 1g。

P：既往健康。

L：15 小时前最后 1 次吃奶，量约 80ml。

E：家中发病。

【问题11】 为明确病因,首先行什么检查?

思路:患儿有严重颅高压表现,已给予控制性过度通气、高渗脱水剂和利尿剂紧急降低颅内压,目前呼吸、循环功能基本稳定,应尽快行相关检查明确病因。查找病因时应首先确定有无需立刻给予特殊处理的病因,特别是首先明确有无需外科紧急处理的出血、颅内占位性病变,以及确定能否进行减少颅内容物体积的治疗。因此,首先行 CT 扫描。

知识点

颅内高压的病因

1. 脑水肿是小儿急性颅高压最常见的原因,引起脑水肿的病因包括:
(1)感染:以颅内感染常见,严重颅外感染也可引起脑水肿。
(2)脑缺氧:呼吸衰竭、休克、窒息等引起的严重缺氧也可导致脑水肿。
(3)中毒:多种中毒可引起脑水肿、颅高压。
(4)严重酸碱平衡和电解质紊乱。
(5)瑞氏综合征。
(6)高血压危象。
(7)先天性代谢病。
2. 颅内出血 凝血功能异常、创伤、脑血管意外等均可导致颅内出血。
3. 颅内占位性病变 如肿瘤、寄生虫等。
4. 脑积水。
5. 颅内静脉血栓。
6. 特发性颅高压。

知识点

协助明确颅高压病因的影像学检查

神经影像学检查是明确颅高压,特别是严重颅高压病因优先选择的检查,常用 CT 扫描、MRI,前囟未闭者可选用经前囟超声,三者各有优势和缺陷。完成 CT 扫描所需时间短暂,能很好地显示出血、脑积水等,但对脑水肿及后颅凹和颅底病变的敏感性不如 MRI。MRI 还可同时显示脑血管病变,但检查耗时长,不适合作为危重患者的常规紧急检查。超声检查可在床旁进行,但受探查窗口限制,探查范围有限,且对病变的分辨能力低于 CT 和 MRI。因此,常首先进行 CT 扫描。

CT 扫描结果:双侧额顶部大量硬膜下积液。双侧大脑密度略低,小脑和脑干密度正常,脑室无扩张,小脑幕切迹疝。

【问题12】 下一步行硬膜下穿刺还是腰椎穿刺?

思路:患儿目前有严重颅高压,腰椎穿刺有加重或诱发脑疝的可能,因此首先行硬膜下穿刺,可通过放出硬膜下积液,减少颅内容物容积,快速降低颅内压,留取脑脊液标本进行检查,以明确感染性质和病原菌。

知识点

腰椎穿刺的禁忌证

1. 严重颅高压即将或已发生脑疝。

2. 怀疑后颅窝占位性病变。

3. 穿刺部位有感染或脊柱结核。

4. 脊柱严重畸形。

5. 明显出血倾向。

知识点

颅内容物体积和颅内压关系（图2-3-1）

1. 当颅内容物体积在一定范围内增加时，颅内压力仅有轻度增高。

2. 当颅内容物体积增加超过代偿阈值，即使轻微的体积增加也可导致颅内压力剧烈升高。

3. 严重颅内压增高时，仅需少量减少颅内容物体积（如少量放出脑脊液），即可使颅内压力大幅下降。

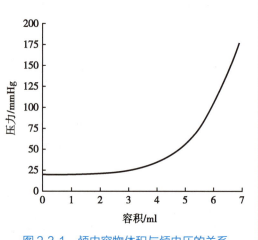

图 2-3-1 颅内容物体积与颅内压的关系

硬膜下穿刺及结果

按无菌操作要求进行硬膜下穿刺。首先经左侧前囟侧角穿刺，放出脑脊液大约 15ml，外观黄色浑浊，有少量絮状物。随后在右侧穿刺，成功后放出脑脊液大约 15ml，外观与左侧放出液相同。

穿刺结束后查体：心率 146 次/min，血压 90/52mmHg。仍处于昏迷状态，双侧瞳孔大小相等，约 3mm×3mm，对光反射较前灵敏，前囟仍稍隆起，但张力明显降低，疼痛刺激时双侧肢体回缩。将留取的脑脊液标本送检常规、生化、细菌培养和涂片找菌。

【问题 13】 下一步如何处理？

思路： 经过度通气、使用高渗脱水剂、利尿剂和硬膜下穿刺放液，颅内压力明显降低，心率下降，血压恢复正常，两侧瞳孔等大，对光反射较前灵敏。说明颅高压危象缓解，3% 氯化钠输注完毕，复查血微量生化，血钠恢复至 126mmol/L。收入 PICU 继续治疗。患儿已于 10 小时前使用头孢曲松，该抗生素对引起颅内感染的多数致病菌可能有效，但对肺炎球菌可能有耐药现象。故暂不予抗生素治疗，等待涂片检菌结果。同时留取双份血培养以明确有无败血症。

知识点

提示颅高压危象缓解的表现

1. 心率、血压恢复正常。

2. 双侧瞳孔大小相等，对光反射恢复。

3. 对疼痛刺激回缩反应对称。

4. 呼吸节律恢复正常。

【问题 14】 如何进行下一步治疗？

思路： 患儿经上述急诊处理，虽然颅高压危象已缓解，但仍有颅高压存在，继续将头位抬高 15°～30°，使用甘露醇和利尿剂，间断硬膜下穿刺放液，机械通气保证通气和氧合，避免引起颅内压增高的危象因素以降低颅内压外,适当控制液量;维持酸碱和电解质平衡;追问脑脊液检查和细菌检查结果,决定是否需要调整选抗生素治疗;并予营养支持以保证患儿代谢所需。

知识点

脑水肿、颅内压增高的液体疗法

1. 在使用脱水剂的同时,强调补充足够液体,纠正水、电解质、酸碱紊乱,根据患儿的具体情况,不断评估、调整补液措施,使患者始终维持在轻度脱水状态。
2. 对颅内高压伴有休克或严重脱水者,应快补慢脱。
3. 合并脑疝或呼吸衰竭者,应快脱慢补。
4. 同时合并休克、重度脱水和脑疝者,快补快脱。
5. 脑水肿和心肾功能障碍者,先用利尿剂,随后慢脱慢补。
6. 轻度或恢复期脑水肿者,少脱少补。

住院治疗过程

住院后继续上述治疗,当日脑脊液常规回报,黄色米汤样浑浊,蛋白(+++),WBC $5\,300\times10^6$/L,多核白细胞百分比89%,蛋白定量 $3\,258$mg/L,符合化脓性脑膜炎表现。脑脊液涂片有革兰氏阳性菌。引起化脓性脑膜炎的革兰氏阳性菌以肺炎链球菌常见,故加用万古霉素抗感染。予鼻胃管喂养,2天后每日热量达60cal/kg,液量每日80~100ml/kg,意识恢复,拔除气管插管。第3天血培养、脑脊液培养显示为肺炎链球菌,对万古霉素敏感,对青霉素、头孢曲松耐药。故停用头孢曲松,继续使用万古霉素,住院4天热退,15天脑脊液常规生化检查恢复正常,痊愈出院。

(钱素云)

第四节　惊厥和惊厥持续状态

惊厥(convulsion)是儿童时期常见的急症,是多种原因导致大脑神经元异常放电,引起全身或局部骨骼肌不自主收缩为主要临床表现的发作性疾病,可伴不同程度的意识障碍。儿童惊厥发病率4%~6%,是成人10~15倍,尤其好发于6岁以下儿童及婴幼儿。

小儿惊厥的诊疗包括以下环节:
1. 及时确定是否为惊厥发作,是否是惊厥性癫痫持续状态。
2. 尽快控制惊厥发作,积极防治颅内压增高综合征及脑水肿。
3. 通过询问详细病史、查体及必要的辅助检查,尽快确定导致惊厥的病因并予相应治疗。

临床关键点

1. 临床确定是否可诊断为惊厥,按发作形式进行全身性与局部性惊厥的分类。
2. 根据惊厥发作时是否有发热,分为有热及无热惊厥两大类,进行病因分析与相应的鉴别诊断。
3. 评估惊厥发作的严重程度,识别惊厥持续状态,是否合并脑水肿与颅内压增高综合征。
4. 掌握惊厥发作与惊厥持续状态、脑水肿与颅内增高综合征处理的关键要点。

临床病例

患儿,男,8月龄。因"发热咳嗽2天,12小时内抽搐2次"急诊。
可疑受凉后出现发热,体温最高40.5℃,伴阵发性咳嗽。就诊前12小时内出现抽搐2次,均表现为四肢强直,双眼上翻,牙关紧闭,呼之不应,口周发绀,持续 3～5 分钟左右后缓解,抽搐时体温分别为 39.3℃与 39.8℃。外院就诊,门诊给予静脉滴注头孢呋辛、口服水合氯醛及美林退热治疗,120 送至我院急诊。病程中否认外伤史。

既往体健,无惊厥发作史,配方奶喂养,否认有围生期窒息与出生抢救史。

查体:体温 38.9℃,发热面容,嗜睡,刺激后可睁眼,前囟平软,张力不高,颈软,无抵抗,未见明显三凹征,两肺闻及少许湿啰音,腹部平软,肝脾未及肿大,四肢肌张力正常。

血常规:WBC 14.8×10^9/L,中性粒细胞百分比 77%,淋巴细胞百分比 21%,CRP 8mg/L。

胸片:两肺纹理增多,右下肺少许渗出。

初步病史采集与体格检查后,因患儿主要表现为发热、咳嗽与抽搐,按照惊厥诊断思路,临床需要考虑以下相关问题。

【问题 1】　该患儿临床是否可诊断为惊厥?

思路:惊厥为临床症状性诊断,患者临床表现为四肢强直,双眼上翻,牙关紧闭,呼之不应,口周发绀,持续 3～5 分钟缓解,然后进入昏睡状态。临床可诊断为全身发作性惊厥。

知识点

惊厥发作的临床表现

惊厥为临床症状性诊断,根据发作形式,可分为局部性惊厥与全身性惊厥。

全身性惊厥发作临床表现为意识丧失、两眼凝视、斜视或上翻,头转向一侧或后仰,面部、四肢肌肉呈阵发性强直或阵挛性抽动,可伴有大小便失禁现象;一般抽搐经数秒或数分钟停止,后进入昏睡状态。部分儿童出现喉肌痉挛,气道不畅,表现为屏气甚至青紫;少部分伴有瞳孔扩大,对光反射减弱或消失。

局部性惊厥发作可表现为躯体某个部位肌肉抽动,如某肢体、手、足、手指、足趾或面部某部分肌肉抽动,或者表现为旋转型发作,不对称强直,半侧阵挛发作等。抽搐时可能意识存在、持续时间较长时也可能伴意识障碍。惊厥发作后,在抽搐的部位可出现暂时性瘫痪,称 Todd 麻痹,一般持续数分钟到数小时。

【问题 2】　如何对该患儿的惊厥进行分类?

思路:根据惊厥发作时是否有发热分为有热惊厥及无热惊厥两大类。该患儿 8 月龄,首次惊厥发作,有发热咳嗽 2 天病史,分别在体温 39.3℃与 39.8℃时突然出现惊厥,持续 3～5 分钟缓解,目前无神经系统阳性体征,既往无惊厥史可寻,考虑为热性惊厥(febrile seizures,FS)。

知识点

热性惊厥的分类及诊断标准

根据 2011 年美国儿科学会(AAP)标准,热性惊厥为发热状态下(肛温≥38.5℃,腋温≥38℃)出现的惊厥发作,无中枢神经系统感染证据及导致惊厥的其他原因,既往也没有无热惊厥病史。热性惊厥通常发生于发热后 24 小时内,如发热 >3 天才出现惊厥发作,注意应寻找其他导致惊厥发作的原因。辅助标准:①热退 2 周后脑电图正常(惊厥后脑电图可暂时出现慢波);②脑脊液检查正常;③体格及智力发育正常。

【问题 3】　患儿热性惊厥的临床分型属于单纯型还是复杂型?

思路:热性惊厥按临床表型分为单纯型热性惊厥与复杂型热性惊厥,根据患儿 1 次热程中出现 2 次惊厥发作,考虑为复杂型热性惊厥。

知识点

如何鉴别单纯型和复杂型热性惊厥

1. 单纯型热性惊厥　表现为全身惊厥性发作,24小时内无惊厥复发,无异常神经系统体征。
2. 复杂型热性惊厥　表现为以下几项中任1项:①惊厥发作时间持续15分钟以上;②局部发作或发作后有神经系统局部定位体征;③一次热程中惊厥发作2次以上。

单纯型热性惊厥与复杂型热性惊厥鉴别见表2-4-1。

表2-4-1　单纯型高热惊厥与复杂型高热惊厥鉴别表

项目	单纯型高热惊厥	复杂型高热惊厥
首次发病年龄	首次发作6月龄～3岁,末次复发年龄不超过6～7岁	<6月龄或>5岁
发热高度	38.5～39℃以上	<38.5℃
发生时间	骤热时	任何发热时
发作次数	多数1次	≥3次
惊厥类型	全身对称性抽搐	不对称,局限性
异常神经系统体征	无	可有
意识状态	有丧失,但发作后很快清醒	有丧失,清醒慢
发作后情况及预后	可再发,智力发育正常,但无后遗症发生	多再发,智力发育不良,易转为癫痫
惊厥家族史	可有高热惊厥家族史	可有癫痫家族史
脑电图	热退2周后脑电图正常	热退2周后脑电图仍异常

【问题4】　询问病史应围绕哪些方面进行?

思路:对于惊厥发作患儿,询问病史需重点围绕以下几方面进行。①患儿首次惊厥发作年龄;②惊厥家族史;③惊厥发作时体温情况;④惊厥发作时间、类型、次数;⑤惊厥发作前后意识状态;⑥患儿生长及智力发育情况。

【问题5】　该患儿惊厥的病因需考虑什么?

思路:该患儿为8月龄婴儿,发热、咳嗽病程中首次发生有热惊厥,查体肺部可闻及湿啰音,胸片有少许渗出,目前无神经系统阳性体征,病因考虑为神经系统外感染(支气管肺炎)。

知识点

小儿各年龄阶段惊厥发作病因

新生儿期:以产伤所致颅内出血或窒息引起的缺氧缺血性脑病最多见,其次为新生儿败血症、化脓性脑膜炎、新生儿呼吸窘迫综合征、核黄疸、新生儿破伤风、新生儿手足搐搦症、低镁血症、低钠血症、低血糖症、先天性脑发育及代谢异常等。

婴幼儿期:以热性惊厥、急性感染,如中毒性菌痢、脓毒症所致感染相关性脑病、化脓性脑膜炎、病毒性脑炎为最多。先天性脑发育畸形和先天性代谢紊乱性疾病往往在此年龄阶段表现尤其突出,如苯丙酮尿症、维生素B6依赖症;一些癫痫综合征如婴儿痉挛、大田原综合征等也在此期间发病,一般均伴有智力落后;此外还有维生素D缺乏性手足搐搦症等。

学龄前期和学龄期:随着血脑屏障及全身免疫功能的不断完善,颅内各种感染性疾病的发病率较婴幼儿期明显下降。癫痫、全身感染性疾病(如菌痢、重症肺炎等)所致中毒性脑病和颅脑创伤在该阶段相对多见,较少见的有颅内肿瘤、脑脓肿、颅内血肿、脑血管栓塞、肾脏疾病引起高血压脑病或尿毒症、低血糖、糖尿病酮血症、食物或药物中毒等。

【问题6】 该患儿需重点与哪些疾病进行鉴别?

思路:患儿为复杂热性惊厥,临床有肺部感染表现,需重点鉴别有无中枢神经系统感染性疾病和感染相关性脑病。

> **知识点**
>
> **如何识别中枢神经系统感染**
>
> 对复杂热性惊厥患儿,应重点检查中枢神经系统,特别是有无定位体征、脑膜刺激征及病理反射阳性,注意排除是否有中枢神经系统感染,包括:①细菌性脑膜炎、脑脓肿、结核性脑膜炎等;②病毒性脑炎、脑膜炎;③脑寄生虫病;④真菌性脑膜炎等。
>
> 神经系统感染性疾病的临床特征:多有感染中毒症状(发热、嗜睡、烦躁、激惹等),呈反复而严重的惊厥发作,惊厥持续时间长,惊厥发作常见于疾病初期或极期,多伴有进行性意识障碍,常伴有不同程度颅内压增高表现,脑脊液与影像学检查有助鉴别。
>
> 感染相关性脑病特点:大多见于严重细菌感染过程中,与感染和毒素导致的脑水肿有关。在原发疾病极期发生时,有反复惊厥发作,伴有意识障碍和颅内压增高症状,脑脊液检查仅表现为压力增高,细胞数不高。

患儿急诊就诊时再次出现抽搐发作,表现为四肢强直,意识不清,予静脉注射地西泮等治疗,惊厥持续发作15分钟未见缓解。

【问题7】 该患儿补充诊断考虑什么?

思路:该患儿再次出现全身性惊厥发作,使用静脉注射安定止惊治疗,惊厥仍持续15分钟未见缓解,补充诊断考虑为惊厥性癫痫持续状态(convulsive status epilepticus,CSE)。

> **知识点**
>
> **CSE 定义**
>
> 美国神经重症监护学会将CSE定义为,临床和/或脑电发作活动,持续超过5分钟,或5分钟内惊厥反复发作,脑电未恢复到基线状态。既往我国一直沿用30分钟以上,或两次发作之间意识不清达30分钟以上作为CSE定义的时间标准。但目前研究表明,惊厥发作持续5分钟以上,若未及时止痉治疗亦可导致脑缺氧、水肿,故将CSE的持续时间定义为5分钟。

【问题8】 出现惊厥持续状态需高度关注何种并发症? 如何判断?

思路:CSE可引起脑缺血缺氧,严重时可致脑水肿与颅内压增高。根据观察患儿瞳孔、血压、前囟张力、呼吸节律、意识状态等,判断有无颅内高压表现。

> **知识点**
>
> **小儿颅内高压诊断标准**
>
> 凡满足以下主要体征1项,次要体征2项,即可诊断颅内压增高。
>
> 主要体征:①呼吸节律不规则,由于小儿中枢神经系统发育尚不成熟,脑干受压可引起呼吸节律不齐,暂停,叹息样呼吸,双吸气。潮式呼吸,多为脑疝前驱症状,常提示中枢性呼吸衰竭,脑干受压。②血压增高,为延髓血管运动中枢代偿性加压反应,称为脑缺血反应(库欣反应),多见于颅脑外伤所致颅内高压;血压增高判断标准:血压 >[100＋年龄(岁)×2]mmHg。③视乳头水肿,提示眼底静脉受压,

多见于慢性颅内压增高。④瞳孔改变,为小儿颅内压增高的重要体征,可见双侧大小不等,忽大忽小,形态不规则,常提示即将发生脑疝。⑤前囟门紧张或隆起,新生儿及婴幼儿颅内高压常有前囟门紧张或隆起,骨缝开裂,头围增大,头面部浅表静脉怒张。

次要体征:意识障碍、惊厥、呕吐、头痛,使用甘露醇后明显好转。

【问题9】　为明确惊厥病因,该患儿需要做哪些相关辅助检查?

思路:

1. 该患儿为 8 月龄婴儿,发热咳嗽起病,高热状态下出现多次惊厥发作,且有惊厥持续状态,伴有感染指标增高,结合患儿既往无类似惊厥发作史,考虑为复杂性热性惊厥。需要常规完成血常规、尿常规、血生化(包括血糖、电解质及血气分析),进行腰椎穿刺检查,协助判断有无中枢神经系统感染及感染相关性脑病。

2. 该患儿有惊厥持续状态的发作表现,有继发癫痫危险因素,需要检查和随访脑电图。

3. 需补充完善病史,详细体格检查,如出现头围异常、皮肤异常色素斑、局灶性神经体征、神经系统发育缺陷或惊厥发作后神经系统异常持续数小时,则需进行头颅 CT 或 MRI 寻找病因。

知识点

儿童惊厥检查原则

1. 常规实验室检查、脑脊液检查、脑电图与神经影像学检查,主要目的为明确惊厥的病因及排除引起惊厥的其他疾病。需常规进行血常规、尿常规、血生化(包括血糖、电解质及血气分析)及感染指标(CRP 及 PCT 等)。

2. 首次发作的热性惊厥婴儿,需高度关注感染指标的变化,警惕颅内感染可能,建议积极进行腰椎穿刺检查,排除中枢感染及感染相关性脑病。

3. 单纯型热性惊厥患儿原则上不需要常规进行脑电图或神经影像检查。对于有继发癫痫危险因素的复杂型热性惊厥及 CSE 患儿需要检查和随访脑电图。热性惊厥发作后 1 周内,脑电图监测可见痫样放电或后头部非特异性慢波,不能用于热性惊厥的复发或继发癫痫的预测。因此,热性惊厥急性发作期,不推荐进行脑电图检查来评估。

4. 局灶性发作或有局灶性神经体征者应进行脑电图及神经影像检查。对于复杂性热性惊厥患儿,出现以下情况需进行头颅 CT 或 MRI 寻找病因:头围异常、皮肤异常色素斑、局灶性神经体征、神经系统发育缺陷或惊厥发作后神经系统异常持续数小时。

【问题 10】　该患儿当前的主要处理措施包括哪些?

思路:目前的主要处理措施包括尽快控制惊厥发作,积极防治脑水肿,寻找并去除潜在病因。

知识点

CSE 救治 4 个关键节点

1. 保持气道通畅　惊厥发作过程中需始终密切关注气道通畅、呼吸节律及氧饱和度情况。患儿应取侧半卧位,头偏向一侧,防止唾液或呕吐物吸入气管引起窒息。惊厥停止后,吸痰器清除呼吸道痰液,鼻导管或面罩给氧。对于出现呼吸困难、呼吸节律不规则或呼吸暂停的患儿,立即气管插管给予机械通气。

2. 尽快控制惊厥发作　惊厥控制的初始治疗为地西泮首剂 0.3~0.5mg/kg,最大不超过 10mg。如不能马上建立静脉通道,咪达唑仑肌内注射具有很好的止惊效果,推荐剂量是 0.2~0.3mg/kg,最大不超过 10mg。如果第一次苯二氮䓬类治疗无效,可以在 10 分钟后重复使用一次同样剂量或半量。若二次使用苯二氮䓬类治疗无效原则上不再进行第三次苯二氮䓬类给药,需转入重症监护病房按照难治性惊厥持续状态进行治疗。

3. 防治脑水肿　CSE 后常有继发性脑水肿,宜加用 20% 甘露醇 2.5ml/(kg·次)脱水降颅压。

4．综合治疗　包括生命支持、并发症处理及病因学治疗。治疗过程中密切监测血压、呼吸、血糖、血气分析、血电解质。尽快排除可能存在的以下病因：中枢神经系统感染、低血糖、代谢紊乱、药物（包括抗癫痫药）中毒等，并且给予合适的处理。

【问题 11】 该患儿何种状态下需考虑为难治性癫痫持续状态（refractory status epilepticus，RSE），具体处理原则是什么？

思路：该患儿如果使用苯二氮䓬类药物联合其他一线抗惊厥药物中的一种或两种一线抗惊厥治疗，仍不能控制发作，惊厥发作时间超过 30～60 分钟，需要考虑 RSE。RSE 处理原则为在使用呼吸机辅助呼吸的前提下，可以使用麻醉药和 / 或肌松剂维持。

知识点

RSE 定义

RSE 指使用苯二氮䓬类药物联合其他一线抗惊厥药物中的一种或两种一线抗惊厥治疗，仍不能控制发作，发作时间超过 30～60 分钟者。对于苯二氮䓬类难以控制的惊厥，在以上药物基础上，可选择丙戊酸、左乙拉西坦等抗癫痫药物治疗。如以上药物治疗仍无改善时，应收入儿童重症监护病房（PICU），按 RSE 进行处理。在使用呼吸机辅助呼吸和严密监护下，可以使用麻醉药治疗。惊厥和 CSE 处理流程见图 2-4-1。

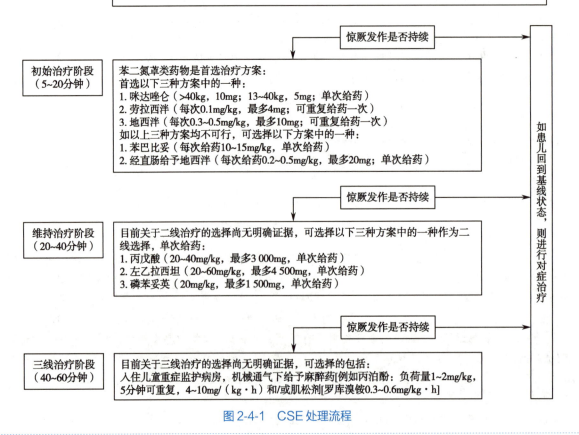

图 2-4-1　CSE 处理流程

【问题 12】　该患儿是否有惊厥复发可能？转为后续癫痫的主要危险因素有哪些？

思路： 该患儿为复杂热性惊厥，父亲有高热惊厥史，故有热性惊厥复发可能。目前有转为癫痫的高危因素。

知识点

热性惊厥转为癫痫的高危因素

有热惊厥的复发与惊厥的初发年龄、惊厥发作时体温、惊厥发作类型及有无惊厥家族史等密切相关，性别及热退后脑电图异常对惊厥复发预测无帮助。

有热惊厥转为癫痫的主要危险因素包括：①已存在明显的神经系统异常或发育落后；②复杂型高热惊厥；③一级亲属中有癫痫史。

治疗经过

经给予丙戊酸 30mg/kg 静脉注射后抽搐停止，继续予丙戊酸维持量持续静脉输入后未再出现惊厥发作。收入 PICU 继续治疗，未再有惊厥发作。1 天后转入普通病房，6 天出院。

（张育才）

第五节　急性呼吸衰竭

急性呼吸衰竭（acute respiratory failure，ARF）是由于呼吸系统原发或继发病变引起通气或换气功能严重障碍，使机体在正常大气压下不能维持足够的气体交换，导致较严重的缺氧或合并二氧化碳潴留，而产生一系列生理功能紊乱的临床综合征，是小儿常见的急危重症之一，可由多种疾病导致。

对急性呼吸衰竭的诊断需综合动态分析病史、临床表现及血气分析，其诊断包括：①病史能提供引起呼吸衰竭的病因。②低氧和 CO_2 潴留所引起的多脏器功能紊乱的表现，包括呼吸系统，如呼吸急促，可伴呼吸动度及节律改变，发绀、面色灰，鼻扇及三凹征（+），呻吟，呼吸音减低甚至消失，肺部可闻及湿啰音、喘鸣音等；循环系统早期可出现心率增快、血压升高，后期心率减慢、血压降低、心音低钝、可有心律失常；中枢神经系统可伴有意识改变，病情进展甚至可出现抽搐、昏迷、瞳孔及肌张力改变、视乳头水肿等；消化系统可出现消化道出血，肝脏受损，转氨酶升高等；水电解质失衡，如代谢性酸中毒、高钾血症、低氯血症、低钠血症、低钙血症等表现。③动脉血气分析不仅可提供急性呼吸衰竭的客观诊断指标，还有助于判断治疗效果并指导治疗。

本病治疗原则：治疗原发病，改善通气、换气功能，以纠正低氧和高碳酸血症，维持内环境稳定，保护重要脏器功能。

急性呼吸衰竭的诊疗经过通常包括以下环节：

1．迅速评估病情，以便采取紧急措施，纠正缺氧和二氧化碳潴留。
2．查找引起急性呼吸衰竭的原发疾病。
3．评估患者呼吸功能。
4．适当氧疗，缓解呼吸困难和低氧血症。
5．呼吸支持是治疗急性呼吸衰竭的重要方法，但同时强调治疗原发病等综合治疗。

临床关键点

1．明确诱发急性呼吸衰竭的原发疾病，呼吸道感染是诱发儿童急性呼吸衰竭最常见的原因。
2．小婴儿更容易发生急性呼吸衰竭，且症状更严重。
3．呼吸衰竭可简单分为换气障碍和通气障碍。
4．血气分析是诊断呼吸衰竭的重要手段，但尚需结合患儿的病因、临床表现等综合判断，不能过分依赖血气分析。
5．氧疗和呼吸支持方法有多种，必须根据患儿的原发病、病情、缺氧的程度来选择适宜的方法。

患儿，男，8个月。主因"发热、咳喘4天，加重伴呼吸困难1天"收住PICU。

患儿于入院前4天受凉后开始发热，体温39℃左右；伴咳喘，有痰，无鸡鸣样回声及声嘶；曾在当地诊所静脉注射头孢孟多3天，病情无缓解；入院前1天，患儿咳喘加重，痰多，烦躁不安难于安抚，呼吸急促，呻吟，伴口周青紫，拒奶，尿量减少；无水肿、皮疹、抽搐和吐泻等。

既往体健，无喘息史和特异性体质家族史；足月顺产，否认生后窒息史，按时预防接种，已接种卡介苗，否认结核接触史；否认异物吸入史，发病前无突发性呛咳病史；平时体健。

【问题1】 对该患儿首先应该做的是什么？

思路：对于有呼吸困难的患儿，应迅速评估患儿总体情况，判断患儿是否存在危及生命的危险情况，以便采取必要措施进行抢救。可以从患儿意识状态、气道通畅程度、呼吸快慢和做功程度、呼吸音强弱、心率快慢和心律、皮肤颜色改变和毛细血管再充盈时间等方面综合判断。

该患儿咳喘重，烦躁，呼吸急促，呻吟，伴口周青紫，有严重的呼吸窘迫症状，呼吸费力，可能存在呼吸衰竭。应立即吸痰、保持气道通畅，给予鼻导管或面罩吸氧，并评估对吸氧的反应情况。有条件的进行心电监测和经皮氧饱和度监测。

【问题2】 下一步重点是什么？

思路：经初步处理后，应进一步询问病史，并详细查体，以明确呼吸困难可能的原因并采取进一步处理措施。体格检查时应重点注意呼吸节律是否规整，呼吸做功是否增加，是吸气性呼吸困难还是呼气性呼吸困难，肺部呼吸音是否异常，是否有心功能不全表现，如心音低钝、肝脏肿大等。

补充病史

患者既往体健，本次受凉后急性起病，符合呼吸道感染特点；否认异物吸入史及突发性呛咳病史；生后按时预防接种，否认结核接触史；生后体健，无活动后青紫，否认先天性心脏病；无声音嘶哑和咳后鸡鸣样回声。

查体记录

体温37.8℃，呼吸55次/min，脉搏154次/min，血压88/60mmHg，体重8.3kg。营养发育中等，精神萎靡，反应弱，哭声低，呼吸急促，口唇发绀，无水肿、黄疸、皮疹，左上臂见卡疤1枚；鼻扇及三凹征(+)，呻吟；颈软，气管居中，两肺呼吸动度对称，叩诊清音，双肺可闻及较多细湿啰音和喘鸣音；心前区无隆起，心尖搏动无弥散，心音基本正常，律齐，未闻及病理性杂音；腹平软，肝肋下1.5cm，质软，脾肋下未触及；四肢无水肿，肢端暖，动脉搏动有力，毛细血管再充盈时间2秒；神经系统未见异常。

【问题3】 根据查体结果，能否作出初步诊断？

思路：经查体结果与问诊，初步考虑下呼吸道感染所致呼吸衰竭。体温37.8℃，肺部细湿啰音提示有肺内感染。心脏检查未见异常，不支持心功能衰竭。呼吸急促、呻吟、口唇发绀、鼻扇及三凹征(+)，提示呼吸衰竭。初步诊断：①肺炎；②急性呼吸衰竭。

知识点

急性呼吸衰竭病因

结合发病机制，直接导致急性呼吸衰竭的病因可分为三大类。

呼吸泵异常：呼吸中枢、脊髓到呼吸肌和胸廓各部位的病变，如病毒性脑炎、脑膜炎、脊髓炎、感染性多发性神经根炎、重症肌无力和胸廓畸形等。

气道阻塞性疾病：急性喉炎、咽后壁脓肿、气管内异物、气管狭窄、毛细支气管炎和哮喘等。

肺实质病变：包括各种肺部感染、肺间质性疾病和肺水肿等。

【问题4】 进一步做辅助检查的目的是什么?

思路:进一步做实验室检查和影像学检查的主要目的是明确病变部位和程度、病原学,并判断呼吸衰竭的严重度,为治疗方案提供依据。

辅助检查结果

动脉血气分析:pH 7.221,$PaCO_2$ 59mmHg,PaO_2 47mmHg,HCO_3^- 18.7mmol/L,BE－5mmol/L,SpO_2 75%。

微量血糖6.4mmol/L。

血常规+CRP:WBC $10.1×10^9$/L,中性粒细胞百分比31.7%,淋巴细胞百分比61.4%,RBC、PLT、Hb 正常;CRP<8mg/L。

胸部X线正位片:双肺纹理增多、模糊,中下肺可见片絮状阴影,心影正常。

血清支原体、衣原体检查均为阴性。

呼吸道分泌物病毒抗原检查待1天后出结果。

痰培养待3天后出结果。

【问题5】 辅助检查结果有哪些重要提示?

思路:

上述辅助检查结果提示:①末梢血白细胞总数、中性粒细胞分类和CRP均不高,提示细菌感染可能性不大;②胸片双中下肺可见片絮状阴影;③动脉血气分析 $PaCO_2$>50mmHg,PaO_2<50mmHg。支持支气管肺炎合并急性Ⅱ型呼吸衰竭的诊断,病毒感染可能性大。

知识点

呼吸衰竭的血气诊断标准

Ⅰ型呼吸衰竭:即低氧血症型呼吸衰竭,以低氧血症为主,PaO_2<6.67kPa(50mmHg),$PaCO_2$ 正常或降低。

Ⅱ型呼吸衰竭:即高碳酸低氧血症型呼吸衰竭,低氧和高碳酸血症并存,$PaCO_2$>6.67kPa(50mmHg)、PaO_2<6.67kPa(50mmHg)。

【问题6】 下一步治疗重点是什么?

思路:

治疗重点:①呼吸支持和氧疗纠正低氧血症和高碳酸血症;②降温、平喘等对症处理;③疑似病毒感染暂不予抗生素。

入院后治疗措施

生命体征监测:心电监护及经皮氧饱和度持续监测。

超声雾化吸入:注射用水1ml+沙丁胺醇0.5mg+布地奈德0.5mg,雾化吸入,每日2次。

化痰治疗:氨溴索5mg,静脉注射,每日2次。

经鼻导管吸氧和雾化吸入后口周发绀无明显改善,仍有气促和呼吸困难。即换用经鼻持续气道正压通气(NCPAP):FiO_2 60%,气道正压$4cmH_2O$。

【问题7】 NCPAP有何作用?

思路:NCPAP是一种无创通气方法,使用NCPAP有助于维持上气道开放,降低气道阻力,减少患儿的呼吸做功,防止或逆转呼吸末小气道和部分肺泡萎陷,增加功能残气量,减少肺内分流,改善通气血流比例,纠正低氧血症,稳定胸壁,减少胸腹不协调的呼吸运动,改善膈肌功能;温化湿化气道,并能调节 FiO_2,改善患者的氧合和通气。

知识点

无创通气模式

无创通气（noninvasive ventilation，NIV）是指不经人工气道（气管插管或气管切开）进行的机械通气。儿童主要有2种通气模式：

1. 持续气道正压通气（continuous positive airway pressure，CPAP） 在自主呼吸条件下，提供一定的压力水平使整个呼吸周期内气道均保持正压的通气方式。NCPAP仅提供一定恒定的压力支持，不提供额外通气功能，患者的呼吸形态包括呼吸频率、呼吸幅度、呼吸流速和潮气量等完全自行控制。

2. 双水平气道内正压通气（bilevel positive airway pressure，BiPAP） 在呼吸周期中提供吸气相、呼气相2个不同水平的压力支持。患者吸气时，呼吸机同步送出较高的吸气相正压，帮助克服气道阻力，增加吸入气量，减少患者呼吸做功。患者呼气时，呼吸机同步将压力降到较低的呼气相正压，使患者较易呼气，并维持功能残气量，改善氧合，减轻肺水肿。患者通气量受多种因素影响，如患者自主呼吸努力程度、支持压力大小、气道阻力和肺顺应性等。由于呼吸机提供的压力随通气时相而变化，需注意人-机同步性问题。

知识点

无创通气的适应证

1. 急性呼吸衰竭早期。
2. 下呼吸道梗阻性疾病，如哮喘、毛细支气管炎、喘息样支气管炎。
3. 有创通气撤机过程中序贯治疗。
4. 慢性神经肌肉疾病所致肺功能不全。
5. 阻塞性睡眠呼吸暂停。

【问题8】 沙丁胺醇和布地奈德雾化吸入有何治疗作用？

思路：沙丁胺醇和布地奈德雾化吸入可治疗气道痉挛，减轻气道水肿，有助于改善通气。

治疗2小时后疗效观察

入院治疗后2小时，患儿仍青紫和呼吸困难，心率167次/min，经皮氧饱和度90%。

动脉血气分析（NCPAP后2小时）：pH 7.241，$PaCO_2$ 56mmHg，PaO_2 52mmHg，HCO_3^- 17.7mmol/L，BE－6mmol/L，SpO_2 79%。

知识点

如何判断无创通气疗效

无创通气治疗无效时需要及时气管插管行有创通气。如果未能及早识别无创通气治疗无效而延误气管插管，有可能加重病情，增加病死率。因此判断疗效非常重要。

首先注意观察患儿意识状态、呼吸频率、心率、血压等变化。治疗有效的表现包括：呼吸困难逐渐减轻，呼吸频率及心率逐渐正常，三凹征及鼻翼扇动减轻或缓解，听诊双肺进气音良好，发绀缓解，呼吸暂停好转。另外，一般在施行无创通气1~2小时后复查血气分析以了解治疗效果。根据以上指标综合判断治疗效果，确定参数水平。应用无创通气1~2小时后，患者生命体征及缺氧表现无好转，应立即停用，改气管插管为有创机械通气，以免延误治疗。

【问题9】 患儿呼吸衰竭无明显缓解,下一步治疗该如何调整?

思路: 经雾化吸入和 NCPAP 呼吸支持等治疗后,患儿呼吸困难和缺氧症无改善,动脉血气分析稍有改善,但低氧血症和高碳酸血症未纠正,需进一步加强呼吸支持治疗措施,由无创 NCPAP 通气改为气管插管有创机械通气。

知识点

有创通气和无创通气的主要区别

两者的主要区别为是否建立人工气道。若建立人工气道即为有创通气,反之为无创通气。建立人工气道的方法包括气管插管和气管切开。

调整后治疗方案及疗效

新方案:

1. 停用 NCPAP。

2. 气管插管接常频呼吸机机械通气,初调呼吸机参数:吸气峰压(PIP)22cmH$_2$O,FiO$_2$ 60%,呼气末正压(PEEP)4cmH$_2$O,呼吸 35 次/min,并根据患儿临床情况、动态监测血气分析及胸片调整呼吸机参数。

3. 咪达唑仑 4μg/(kg·min),持续输液泵静脉输注,镇静治疗。

疗效:

患儿面色转红,呼吸人机合拍,经皮氧饱和度97%,心率135次/min。

机械通气 2 小时后复查血气分析:pH 7.31,PaCO$_2$ 41mmol/L,PaO$_2$ 85mmol/L,BE－3mmol/L,HCO$_3^-$ 22.1mmol/L。

经上述治疗,患儿病情逐渐好转。

呼吸道分泌物病毒抗原检查:呼吸道合胞病毒。

痰培养阴性。

3 天后患儿体温降至正常,血气分析正常,咳喘缓解,肺内啰音减少。气管插管机械通气 4 天后撤机,改 NCPAP 治疗,1 天后停 NCPAP 改鼻导管吸氧;患儿住院治疗 8 天痊愈出院。

(钱素云)

第六节　急性呼吸窘迫综合征

急性呼吸窘迫综合征(acute respiratory distress syndrome,ARDS)是指在严重感染、休克、创伤及烧伤等非心源性疾病过程中,肺毛细血管内皮细胞和肺泡上皮细胞损伤造成弥漫性肺间质和肺泡水肿,导致急性低氧性呼吸功能不全或衰竭,属于急性呼吸衰竭中的一种特殊类型。国外报道小儿 ARDS 在 PICU 中的发病率为 0.7%～4.2%,病死率 40%～70%;国内多中心调查显示 ARDS 在 PICU 中的发病率为 2.7%,病死率为 44.8%。

ARDS 的临床突出特征是呼吸困难和普通吸氧不能缓解的低氧血症。胸部 X 线多显示双肺弥漫性浸润影,CT 表现为肺实质病变不均匀,肺损伤以重力依赖区(下垂区)最严重。

ARDS 的诊疗经过通常包括以下环节:

1. 多种病因可以诱发 ARDS,问诊和查体时应查找可引起 ARDS 的直接肺损伤或间接肺损伤的原发疾病。

2. 询问或观察患者是否为进行性呼吸困难和一般给氧不能纠正的顽固性低氧血症。

3. 胸部 X 线检查结果在短时间内进行性加重,双肺呈浸润病变,注意排除心源性肺水肿。

4. 需动态监测血气分析,氧合指数(oxygenation index,OI)或氧饱和度指数(oxygen saturation index,OSI)是诊断儿童 ARDS 的重要指标。

5.氧疗和呼吸支持是治疗 ARDS 的重要方法,但同时强调治疗原发病、维持内环境稳定、镇痛镇静及营养支持等综合治疗。

临床关键点

1.明确并治疗诱发 ARDS 的原发疾病。

2.肺保护性通气策略是 ARDS 呼吸支持的基本原则。

3.24 小时内的 ICU 救治是提高 ARDS 存活率的关键之一。

临床病例

患儿,女,7 岁 6 个月。主因"发热、咳嗽 6 天,呼吸困难 2 天,加重 1 天"收入 PICU。

患儿于入院前 6 天受凉后出现发热,体温最高 40.3℃,伴寒战、口服退热药可下降,数小时后再上升,咳嗽剧烈,黄白黏痰。5 天前住当地医院治疗,查血常规白细胞增高,胸片示双下肺炎症,予头孢盂多静脉注射 3 天无好转。2 天前出现呼吸困难,气促,面色差,复查胸片两肺斑片状阴影较前加重,停用头孢盂多,改亚胺培南及万古霉素抗感染,面罩吸氧。入院前 1 天患儿呼吸困难仍进行性加重,伴口唇发绀,呻吟,烦躁,予气管插管机械通气。胸部超声提示胸腔积液。为进一步诊治,带气管插管转来我院。

G_1P_1,足月剖宫产,新生儿期健康。换季时容易感冒,3~4 次 / 年,无重大疾病史和过敏史;无哮喘家族史;否认传染病密切接触史。无活动后青紫、水肿和少尿病史。

【问题 1】 患儿近 2 天出现进行性加重的呼吸困难,是否合并了急性呼吸衰竭或心力衰竭? 应如何诊断?

思路:急性呼吸衰竭是一个综合征,临床表现缺乏特异性症状和体征,缺氧和 CO_2 潴留为其基本的病理生理改变;而急性心力衰竭则表现为心功能异常、肝脏增大及肺水肿。该患儿既往史不支持有心脏基础疾患。查体时应特别注意心脏体征、有无缺氧症及肝脏肿大。

PICU 查体记录

体温 38.2℃,呼吸 30 次 /min,脉搏 143 次 /min,血压 88/54mmHg;营养中等,药眠状态,气管插管机械通气下口唇轻度发绀;无皮疹,浅表淋巴结无肿大;双瞳孔无异常;双侧胸廓起伏适当,两侧中下肺叩浊音,呼吸音低,可闻及细水泡音,无胸膜摩擦音;心音正常,律齐,未闻及杂音;腹部平软,肝右肋下 1cm,质软边钝,脾肋下未及,肠鸣音 2 次 /min;肢端暖,无杵状指(趾),毛细血管再充盈时间 2 秒;神经系统查体未见异常。

【问题 2】 根据查体结果,能否初步鉴别急性呼吸衰竭或心力衰竭?

思路:患儿急性起病,病情进展快,呼吸困难和缺氧症状明显,需机械通气,心脏无明显阳性体征,肝脏不大,更支持急性呼吸衰竭诊断,特别应注意是否合并 ARDS。需进一步查胸片、做血常规、CRP、血气分析、胸腔和心脏超声检查。

辅助检查

胸部 X 线正位片(图 2-6-1):两肺纹理粗多、模糊,肺内广泛分布絮片及条片状影,以双下肺为著,双膈面膈角消失,肺门著明,心影不大,两下心缘模糊。气管插管头端位于 T_3 水平。拟诊:肺炎,ARDS,双侧胸腔积液。

胸部超声:双侧胸腔均可见液性暗区,右侧胸腔肩胛下角 7~10 肋间可见液性暗区,最厚处 5.9cm,左侧胸腔 8~10 肋间可见液性暗区,最厚处 3.9cm,双侧胸腔均可见楔形等回声肺组织。提示:双侧胸腔积液(右侧显著)。

心脏超声:心内结构未见异常。

血常规:WBC $20.68×10^9$/L,中性粒细胞百分比 76.1%,淋巴细胞百分比 19.2%,Hb 161g/L,PLT

280×10^9/L。CRP 160mg/L。

动脉血气分析：pH 7.46，$PaCO_2$ 30mmHg，PaO_2 62mmHg，HCO_3^- 26.5mmol/L，BE－5mmol/L（机械通气条件：FiO_2 60%，呼吸频率30次/min，PIP 28cmH₂O，PEEP 8cmH₂O，平均气道压 19cmH₂O）。

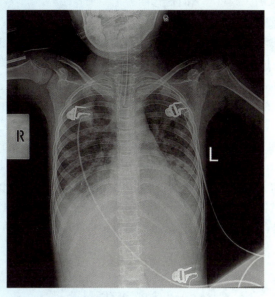

图 2-6-1　胸部正位 X 线片

儿童急性呼吸窘迫综合征诊断标准见表 2-6-1。

表 2-6-1　儿童急性呼吸窘迫综合征诊断标准

年龄	排除围生期相关肺疾病			
时间	7 天内发生明确的临床损害过程			
水肿原因	不能完全用心功能衰竭或液量超载来解释的呼吸衰竭			
胸部影像	胸部影像显示肺部有新浸润的急性实质性病变			
肺部氧合	无创机械通气			
肺部氧合特殊人群	儿童呼吸窘迫综合征（无危重程度分级）	有创机械通气		
	面罩双水平正压通气或持续气道正压≥5cmH₂O PF 比值≤300 SF 比值≤264	轻度	中度	重度
		4≤OI<8 5≤OSI<7.5	8≤OI<16 7.5≤OSI<12.3	OI≥16 OSI≥12.3
紫绀型心脏病	符合上述年龄、时间、水肿原因和胸部影像标准，出现不能用原有心脏病解释的肺部氧合急剧恶化。			
慢性肺疾病	符合上述年龄、时间、水肿原因标准，胸部影像出现新的浸润病灶，肺部氧合从基础状态急剧恶化并符合上述标准。			
左心功能不全	符合上述年龄、时间、水肿原因标准，胸部影像出现新的浸润病灶，肺部氧合急剧恶化符合上述标准并不能用左心功能不全解释。			

注：PF＝PaO_2/FiO_2；SF＝SpO_2/FiO_2；OI＝$(FiO_2 \times Paw \times 100)/PaO_2$；OSI＝$(FiO_2 \times Paw \times 100)/SpO_2$。

【问题3】 根据病史、查体和辅助检查结果，能否作出诊断？

思路：患儿急性起病，有发热、咳嗽、咳痰、呼吸困难表现，双下肺呼吸音低，可闻及细水泡音，胸片两肺较多斑片状阴影,故重症肺炎诊断成立;双下肺叩诊浊音,呼吸音低,超声双侧胸腔均可见液性暗区,胸腔积液诊断成立;急性起病,病情进展快,呼吸困难和缺氧症明显,需机械通气,胸片双肺广泛浸润影,OI=18;既往无发绀、水肿、尿少等病史,查体心脏未闻及杂音,肝脏不大,心脏超声未见结构和功能异常,可除外心源性因素所致呼吸困难和肺水肿。故符合 ARDS 诊断。

【问题 4】 下一步应做哪些检查明确感染原?

思路: 患儿血常规白细胞明显增高,以中性粒细胞为主,CRP 显著升高,考虑细菌感染可能性大。应做呼吸道分泌物培养、血支原体抗体、胸腔积液常规、生化和培养等检查明确感染原。

【问题 5】 患儿该如何进行治疗?

思路: ①患儿有严重感染表现,应积极抗感染治疗,在病原体不明确的前提下联合应用抗生素以全面覆盖致病菌,入院后给予万古霉素、亚胺培南抗感染,监测血常规、CRP,等待病原学检查结果以随时调整抗感染治疗方案;②因肺内病变重,低氧血症明显,给予机械通气治疗,机械通气条件 FiO$_2$60%,呼吸频率 30 次/min,PEEP 8cmH$_2$O,PIP 28cmH$_2$O,动态监测胸片及血气分析变化,及时调整呼吸机参数;③胸腔穿刺放液,左、右两侧胸腔各抽出黄色混浊液体 80ml 和 120ml;④同时给予退热处理、镇痛镇静及营养支持治疗。镇痛镇静治疗措施包括:给予吗啡首剂 100μg/kg,静脉注射,维持量 10μg/(kg·h)输液泵持续输注镇痛治疗;咪达唑仑首剂 0.1mg/kg,静脉注射,维持量 2μg/(kg·min),输液泵持续输注镇静治疗。

> **知识点**
>
> **ARDS 的治疗原则**
>
> ARDS 尚无特效治疗方法,主要是进行对症和支持性治疗。①积极治疗原发病,特别是控制感染;②机械通气治疗是纠正缺氧的主要措施,在改善通气和组织氧供的同时,防止进一步肺损伤是目前治疗的主要原则;③严重的顽固性低氧血症时可考虑应用高频通气、反比通气、俯卧位通气、ECMO 等治疗手段。同时要注意营养支持和各脏器功能支持治疗。

【问题 6】 如何观察机械通气效果并调整呼吸机?

思路: 机械通气后,应观察患儿是否安静及人机合拍,胸廓动度是否合适,缺氧症是否纠正,并监测经皮氧饱和度、心率、呼吸及血气变化。

> **知识点**
>
> **ARDS 为什么需要保护性通气策略**
>
> 由于 ARDS 时肺泡-毛细血管膜通透性增高,肺间质及肺泡水肿,小气道陷闭和肺泡萎陷不张,肺顺应性降低,功能残气量降低和通气/血流比例失调。因此 ARDS 机械通气参数设置既要使萎陷的肺泡复张并维持开放,以增加肺容积,改善氧合;又要限制肺泡过度扩张和反复关闭所造成的损伤。这就需要采用肺保护性通气策略,包括小潮气量(6~8ml/kg)以限制气道压、肺复张措施和合适的高水平的呼气末正压。

> **观察结果**
>
> 机械通气下患儿人机合拍,无明显发绀,心率 120 次/min,经皮氧饱和度 95% 左右。但 2 小时后患儿烦躁,口唇轻度发绀,心率 145 次/min,经皮氧饱和度降至 88%,右肺呼吸音进一步减低。

【问题 7】 患儿病情变化的原因是什么? 右肺呼吸音为什么会进一步减低?

思路: 机械通气后,患儿由安静逐渐出现烦躁和低氧血症表现,且右肺呼吸音降低,应考虑到气胸可能。应立即复查胸片,了解肺部病变进展情况及有无气漏。患儿烦躁,将咪达唑仑维持量升至 3μg/(kg·min)。

知识点

气管插管机械通气患者突然氧合恶化的常见原因（DOPE）

1. 气管插管脱出（**d**isplacement）　气管导管插入深度可有变化，复苏囊正压通气时阻力下降，双肺不能闻及呼吸音。

2. 气管导管堵塞（**o**bstruction）　复苏囊正压通气时气管导管阻力增加，双肺不能闻及呼吸音或呼吸音明显降低。

3. 气胸（**p**neumothorax）　尤其是张力性气胸，气管偏向健侧，患侧胸廓隆起，呼吸音降低，叩诊呈鼓音。

4. 设备故障（**e**quipment failure）　如呼吸故障、氧源故障。

【问题8】　下一步应如何处理？

思路：患儿机械通气出现经皮氧饱和度迅速降低时，应根据临床情况采取相应措施。立即脱开呼吸机，用复苏囊行正压通气，感知通气阻力变化，同时观察气管导管深度、双侧胸廓起伏程度和听诊双肺呼吸音，并按照上述常见原因顺序判断。如气管插管已脱出，应立即拔除，行复苏囊正压通气，待氧合好转后重新气管插管。如判断为气管导管堵塞，应尽快行导管内负压吸引，若不能使导管通畅，亦应将导管拔除。对张力性气胸，临床情况常迅速恶化，出现梗阻性休克表现，如心率过快或明显下降减慢、血压下降和末梢循环差，应迅速行胸腔穿刺减压缓解心肺受压症状。不能等待胸片结果。

该患儿虽有缺氧表现，但心率尚可，经皮氧饱和度也不是特别低，因此可先复查胸片，了解胸部情况。

胸片证实右侧气胸诊断，应在右侧胸腔置管，接引流瓶持续胸腔闭式引流，并将常频呼吸机改为高频呼吸机，继续给予呼吸支持。

【问题9】　为什么将常频呼吸机改为高频呼吸机？

思路：因常频呼吸设有 PIP 和 PEEP，存在气道剪切压；而高频振荡通气仅有平均气道压，没有气道剪切压，更易于气漏的闭合和修复。

知识点

高频振荡通气的特点

高频振荡通气（high frequency oscillation ventilation，HFOV）是在一个密闭的系统中，用小于解剖死腔的潮气量以较高频率的振荡产生双相的压力变化，从而实现有效气体交换的机械通气方法。HFOV 通过增加平均气道压使萎陷肺泡重新张开，并用合适的平均气道压维持肺泡张开，使振荡通气在最佳肺容量状态下进行。振荡压力在平均气道压上下波动，产生的潮气量很小，$1\sim3ml/kg$，从而减少肺泡周期性复张和萎陷所致的肺剪切伤。

知识点

高频振荡通气适应证

高频通气作为常规呼吸机的补充，用于常规呼吸机治疗效果不好的患儿或不适合应用较高正压通气时。

1. 呼吸窘迫综合征用常规呼吸机难以维持肺部通气和氧合。

2. 严重的间质肺气肿。

3. 气胸与支气管胸膜瘘。

【问题10】　经上述处理后应重点观察什么?

思路:应观察患儿胸廓振动程度、生命体征变化、氧合情况、肺部体征变化及胸腔引流是否通畅。观察结果显示胸廓振动程度适当,患儿安静,口唇转红润,心率降至115次/min,经皮氧饱和度升至96%,右侧胸腔引流通畅。

辅助检查结果

呼吸道分泌物培养:凝固酶阴性葡萄球菌(100%)。

血支原体抗体和鲎试验:阴性。

胸腔液常规检查和血生化:脓样混浊,白细胞数 $7\,800\times10^9$/L,多核细胞76.1%,单核细胞19.2%,蛋白定量38g/L。

胸腔液培养:凝固酶阴性葡萄球菌。

【问题11】　根据病原学检查结果,治疗应如何调整?

思路:因呼吸道分泌物和胸腔液培养均为凝固酶阴性葡萄球菌,故停用广谱抗生素亚胺培南,继用万古霉素针对性抗感染治疗。

住院治疗经过

行高频通气4天患儿病情明显好转,再次转为常频通气,2天后拔气管插管,改无创NCPAP呼吸支持,4天后改鼻导管吸氧,患儿住院第10天体温正常,第14天血气分析基本正常,停吸氧。胸片明显好转(图2-6-2)。住院16天痊愈出院。

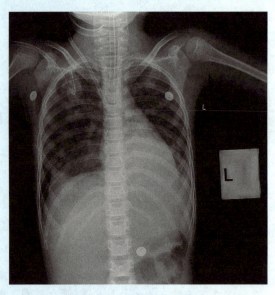

图2-6-2　胸部正位X线片

（钱素云）

第七节　脓毒性休克

脓毒性休克(septic shock)又称感染性休克,是危重患儿的重要死亡原因之一。脓毒症指由感染引起的全身炎症反应综合征(systemic inflammatory response syndrome,SIRS)。当脓毒症患者出现循环功能障碍时,即为脓毒性休克。细菌、真菌、病毒等感染均可导致脓毒性休克。

脓毒性休克病情凶险,极易发展至多器官功能障碍综合征(multiple organ dysfunction syndrome,MODS)导致死亡,因此需早期识别,早期治疗,治疗措施必须积极有效。

脓毒性休克的诊疗经过通常包括以下环节：

1. 问诊时注意查找感染的诱因或原因、感染部位、严重程度及伴随症状。

2. 在对患者进行系统、全面检查的同时，重点注意生命体征，判断意识水平，有无皮疹及局部感染体征，周围循环情况，明确感染部位、是否存在休克及休克类型。

3. 进行相关病原学检查，在应用抗生素前尽快留取血、体液或分泌物标本做培养和药敏试验，这对明确感染原至关重要。

4. 及时进行血常规、CRP、PCT、血乳酸、血气分析、生化及血糖等辅助检查，有助于了解可能感染的病原体、炎症反应程度、有无微循环障碍及电解质、酸碱平衡紊乱。

5. 尽早足量液体复苏及使用有效抗生素是成功治疗的关键。

临床关键点

1. 首先要早期识别休克。及时识别周围循环灌注不良征象是早期诊断休克的关键，血压下降是休克失代偿期的表现。

2. 一旦确定有休克存在，应立即开始抗休克治疗，同时尽快明确感染部位、可能的病原体。

3. 抗休克治疗的关键是早期液体复苏及血管活性药物的使用。

4. 抗感染药物应在1小时内给予。

5. 治疗过程中应做好监测，不断评估病情变化，根据评估结果确定下一步治疗措施。

6. 及时明确感染部位、性质和病原体，并给予相应治疗。

临床病例

患儿，女，12岁。主因"发热、腹痛2小时，嗜睡1小时"来到急诊。初步病史采集如下。

患儿于入院前2天无明显诱因出现发热，体温38～39℃；伴畏寒，脐周痛，不剧烈；呕吐1次，非喷射性，为胃内容物，量不多。无咳喘、流涕、皮疹、腹泻、抽搐。予布洛芬口服后体温有所下降，但数小时后再次升高，且腹痛逐渐加重，呈持续性，拒按；未曾应用抗生素。入院前1天，精神欠佳，少语懒言。入院前1小时，患儿嗜睡，面色差，仍高热，在当地诊所肌内注射退烧药后立即转入儿童专科医院。病后食欲缺乏，尿量减少，大便正常，无黏液脓血及里急后重。

既往体健，无类似病史；规律预防接种；否认毒物或其他药物接触史，否认暴饮暴食和不洁饮食史，周围及家中无类似患者。

初步病史采集后，因患儿主要表现为腹痛伴发烧，且腹部拒按，按急腹症思路分析，临床随之需考虑以下相关问题。

【问题1】 病情评估时应重点注意什么？

思路：应按照儿童危重症评估的程序，首先重点注意有无危及生命的严重问题，如休克、呼吸衰竭、颅高压危象等相应症状和体征。同时应注意有无提示特定疾病的线索。

评估结果

体温39.1℃，呼吸31次/min，脉搏151次/min，血压83/49mmHg，体重35kg，颈动脉搏动基本正常，桡动脉搏动减弱；营养发育中等，嗜睡状态；面色灰，呼吸急促，口唇稍绀；无皮疹，四肢皮肤发花，凉至肘膝；双瞳孔等圆等大，对光反射存在，无鼻扇，咽（-），颈软；双肺无异常，心音稍低钝，律齐，各瓣膜区无杂音。腹稍胀，无胃肠型及蠕动波，腹肌紧张，右下腹有压痛及反跳痛，未及包块，肝脾不大，肠鸣音减弱。四肢肌张力正常，腱反射可引出，双侧巴氏征、克氏征、布氏征阴性。毛细血管再充盈时间4秒。

【问题2】 评估结果提示了什么？

思路：患儿血压低，83/49mmHg，外周动脉搏动减弱，四肢皮肤发花，凉至肘膝，毛细血管再充盈时间4秒，提示存在失代偿性休克。同时有体温高，腹肌紧张，右下腹有压痛及反跳痛，提示腹腔感染，阑尾炎可能性大。心脏查体无明显异常发现,肝脏不大,可排除心源性休克;神经系统查体无阳性发现,不支持中枢神经系统感染或脑病诊断。

【问题3】 如何诊断脓毒性休克?

思路:本例患儿有明确提示腹腔感染和休克的体征,首先考虑为腹腔感染导致的脓毒性休克。

知识点

脓毒性休克诊断标准

中华医学会儿科学分会急救学组、中华医学会急诊医学分会儿科学组和中国医师协会儿童重症医师分会共同修订的《儿童脓毒性休克(感染性休克)诊治专家共识(2015版)》诊断标准如下。

脓毒症患者出现组织灌注不足和心血管功能障碍即可诊断为脓毒性休克。表现为:

1. 低血压　血压<该年龄组第5百分位,或收缩压<该年龄组正常值2个标准差以下(表2-7-1)。

2. 需用血管活性药物才能维持血压在正常范围[多巴胺>5μg/(kg·min)或任何剂量的多巴酚丁胺、去甲肾上腺素、肾上腺素]。

3. 具备下列组织低灌注表现中3条。

(1) 心率、脉搏变化:外周动脉搏动细弱,心率、脉搏增快。

(2) 皮肤改变:面色苍白或苍灰,湿冷,大理石样花纹。如为暖休克可表现为四肢温暖、皮肤干燥。

(3) 毛细血管再充盈时间:延长(>3秒)(需除外环境温度影响),暖休克时毛细血管再充盈时间可以正常。

(4) 意识改变:早期烦躁不安或萎靡,表情淡漠。晚期意识模糊,甚至昏迷、惊厥。

(5) 液体复苏后尿量仍<0.5ml/(kg·h),持续至少2小时。

(6) 乳酸酸中毒(除外其他缺血缺氧及代谢因素等),动脉血乳酸>2mmol/L。

表2-7-1　不同年龄儿童低血压标准

年龄	收缩压/mmHg
≤1个月	<60
1个月~1岁	<70
1~9岁	<70+2×年龄(岁)
≥10岁	<90

注:血压值取该年龄组第5百分位;1mmHg=0.133kPa。

【问题4】 患儿急腹症合并失代偿性脓毒性休克诊断成立,应立即给予哪些处理?

思路:脓毒性休克属于危急重症,故应首先予抗休克治疗,同时尽快明确急腹症的性质,决定手术方式和手术时机。对脓毒性休克,应采用分阶段的集束化治疗流程,第一个阶段为集束化复苏治疗,第二个阶段为集束化稳定治疗。

知识点

脓毒性休克集束化复苏治疗的关键措施、治疗目标和治疗终点

1. 集束化复苏治疗的关键措施

(1) 吸氧:通过对呼吸功能的评估,决定给氧方式和是否气管插管。

(2) 5分钟内建立血管或骨髓通路。

(3) 若无肝大、肺部湿啰音和心脏奔马律等提示心力衰竭的表现,立刻开始液体复苏。

（4）最初 30 分钟内给予适当液体复苏。

（5）1 小时内给予广谱抗菌药物。

（6）在保证不推迟抗菌药物使用的前提下留取血培养标本。

（7）对于液体复苏无效的难治性休克，在 1 小时内通过外周或中心静脉给予血管活性药物

2. 集束化复苏的目标

（1）维持和恢复气道通畅、氧合和通气。

（2）维持和恢复正常灌注和血压。

（3）维持和恢复正常心率范围。

3. 集束化复苏的治疗终点　毛细血管再充盈时间≤2 秒，脉搏正常，肢端暖，尿量 >1ml/（kg·h），正常神志状态、血压、血糖和血钙。

知识点

液体复苏的液体选择和速度

1. 常用等渗晶体液（如生理盐水），每次 20ml/kg，5～10 分钟内静脉推注或使用加压输液装置快速输入。

2. 每次输注完毕评估有无液量过多表现。

3. 若无液量过多表现，第 1 小时液量可达 40～60ml/kg。

4. 若 Hb<10g/dL，给予输血。

知识点

血管活性药物的初步选择

1. 常用多巴胺，5～9μg/（kg·min）。

2. 肾上腺素或去甲肾上腺素可能效果更好。

3. 冷休克可用肾上腺素 0.05～0.3μg/（kg·min）。

4. 暖休克可用去甲肾上腺素自 0.02～0.2μg/（kg·min）。

急诊初步治疗措施

1. 面罩吸氧。

2. 建立 2 个静脉通道。

3. 第 1 个静脉通路建立成功后，留取血培养、生化、血常规、血型等标本后开始输液进行液体复苏。

4. 首先予生理盐水 20ml/kg，10 分钟内快速输入；首次液体输入后评估休克有改善，但血压仍低，第二次生理盐水 20ml/kg，10 分钟内快速输入。

5. 第二次液体复苏的同时，第 2 个静脉通路建立成功，开始予多巴胺 8μg/（kg·min）。

【问题5】 应做哪些辅助检查？

思路：进一步实验室和影像学检查的主要目的是明确病变部位、病原学，并判断病情，为治疗方案提供依据。①血常规和 CRP：进一步证实感染性疾病；②动脉血气分析和乳酸：评价病情严重程度，明确有无酸碱平衡紊乱和缺氧，进一步证实微循环障碍是否存在；③血生化、血淀粉酶和血糖：了解电解质平衡及有无应激性高血糖，并排除胰腺炎；④胸片：排除心肺疾患；⑤腹部超声：明确病灶；⑥血培养加药敏试验：协助明确致病菌，并指导抗生素的应用。

辅助检查结果

血常规＋CRP：WBC 20.1×10^9/L，中性粒细胞百分比80.4%，淋巴细胞百分比13.3%，PLT 89×10^9/L，RBC、Hb 正常。CRP 146mg/L。

动脉血气分析和乳酸：pH 7.154，$PaCO_2$ 29mmHg，PaO_2 64mmHg，HCO_3^- 14.1mmol/L，BE－10mmol/L，SpO_2 88%；乳酸 4.5mmol/L。

微量血生化：Na^+ 136mmol/L，K^+ 4.7mmol/L，Ca^{2+} 1.10mmol/L。微量血糖 7.2mmol/L。血淀粉酶：正常。

胸片：未见异常。

腹部超声：阑尾周围脓肿。

【问题6】　如何分析辅助检查结果？

思路：重要的检查结果有三项。①血常规 WBC、中性粒细胞分类比例及 CRP 均明显增高；②动脉血气分析有代谢性酸中毒和低氧血症，血乳酸增高；③腹部超声明确有阑尾周围脓肿。

【问题7】　目前能否明确诊断？

思路：根据病史、体格检查和辅助检查结果，该患儿符合以下诊断。①急性阑尾炎并发阑尾周围脓肿；②感染性休克。病原体仍不明确，需等待血培养结果，但患儿为急性阑尾炎，革兰氏阴性菌和／或厌氧菌可能性更大。治疗目的是纠正休克，控制感染。

【问题8】　如何安置患者？

思路：患儿为急腹症导致的脓毒性休克，经初步抗休克治疗后，休克纠正不满意。不适合收入普通外科病房，应收入 PICU 继续抗休克治疗，再决定手术时间。

【问题9】　下一步治疗方案及理由？

思路：①继续抗休克，包括液体复苏和血管活性药物的使用；②继续给氧，需根据病情选择适当的氧疗方法纠正缺氧；③抗感染，腹腔内感染以革兰氏阴性菌和厌氧菌多见，患儿病情危重，故宜在早期即联合应用广谱高效抗生素，根据病原学检查结果再针对性用药；④外科会诊，手术清创也是控制感染的重要措施，请外科会诊确定手术时机和手术方式；⑤继续监测生命体征、尿量，使用中心静脉压（CVP）等有创监测，以更加准确的明确患儿病理生理状态，对判断治疗效果、指导治疗非常有帮助。

知识点

脓毒性休克集束化稳定治疗的关键点

1. 采用多种监护手段指导液体治疗、激素和心血管活性药物使用。

2. 心血管系统的治疗目标是达到与患儿年龄相当的正常灌注压（平均动脉压 - 中心静脉压或平均动脉压 - 腹内压），参考范围 $55 + 1.5 \times$ 年龄（岁）；中心静脉氧饱和度 >70% 和／或心脏指数 3.3～6.0L/(min·m²)。

3. 适当的抗生素治疗和感染源控制。

PICU 治疗措施

1. 给氧　面罩给氧，流量5L/min。

2. 液体复苏　评估患儿休克未纠正，继续予生理盐水 20ml/kg，第1小时内补液量达 60ml/kg。

3. 血气分析　提示代谢性酸中毒，pH 7.154 需予 5% 碳酸氢钠配成等张液纠正酸中毒。

3. 血管活性药　予多巴胺 8μg/(kg·min) 持续输液泵输注。

4. 监测　插入导尿管检测尿量；经右侧股静脉放置中心静脉导管，监测中心静脉压并用于输液。

5. 抗感染　头孢哌酮加舒巴坦 100mg/(kg·d)，8小时一次，静脉注射；奥硝唑（圣诺安）20mg/(kg·d)，12小时一次，静脉注射。

6. 4小时后血压升至 92/58mmHg，脉搏 135 次/min，毛细血管再充盈时间 2秒。

7. 请外科会诊考虑手术治疗。

【问题10】 有无外科手术治疗指征?

思路:患儿腹部感染灶明确,感染中毒症状重,已合并脓毒性休克,清创和控制感染源非常重要,该患儿应在积极抢救休克和抗感染的同时准备手术治疗。

住院治疗经过

该患儿经液体复苏、抗感染等综合治疗后约4小时神志转清,可以正常应答,20小时后患儿休克纠正,循环稳定;外科即行阑尾切除术;血管活性药物根据病情逐渐减量,48小时后停用。2天后患儿体温降至38℃,住院第3天转入外科病房,住院8天痊愈出院。

(钱素云)

第八节 多器官功能障碍综合征

多器官功能障碍综合征(multiple organ dysfunction syndrome,MODS)是指机体在遭受严重创伤、烧伤、休克、感染、中毒、大手术和心肺复苏等急性应激性损害24小时后,同时或序贯出现两个或两个以上脏器功能障碍甚至衰竭的临床综合征。MODS病死率可高达60%~100%,远高于单个脏器功能障碍病死率。早期诊断、及时进行脏器功能支持治疗,对提高MODS生存率至关重要。

临床关键点

1. MODS在概念上应注意以下几点 ①原发致病因素是急性的,继发受损器官远离原发损害部位;②从原发损害到发生MODS,往往有一个间隔期,可为数小时或数天;③受损器官原来的功能基本正常,一旦阻断其发病机制,功能障碍可能可逆;④在临床表现上,各器官功能障碍的严重程度不同步,有的器官已呈现完全衰竭(如无尿性肾衰竭),有的器官则可为临床表现不明显的"化学性"损伤(如血转氨酶升高)。

2. MODS病死率随衰竭器官数目增加而增高,累及一个脏器病死率为30%,累及两个脏器病死率50%~60%,累及三个以上脏器病死率达72%~100%。

3. 病死率还与患者的年龄、病因和基础病变等因素有关。

临床病例

患儿,男,4岁,因"溺水、心肺复苏后1小时"由120急救车送入医院。

【问题1】 溺水是否可造成多脏器功能衰竭?

思路:溺水可造成心跳呼吸骤停和低氧血症,是MODS的主要病因之一,因此长时间溺水或复苏不良的溺水可造成MODS,甚至死亡。

知识点

MODS病因和诱发因素

1. 各种严重感染引起的脓毒症和脓毒性休克。
2. 严重的创伤、烧伤或大手术致失血、缺血。
3. 其他各种原因的休克。
4. 心跳、呼吸骤停复苏后。
5. 各种原因导致肢体、大面积的组织或器官缺血-再灌注损伤。
6. 合并脏器坏死或感染的急腹症。
7. 农药、工业性毒物、化学性毒物、药物、食物等急性中毒。

8. **各种医源性因素**　手术意外、呼吸机使用不当、血液净化引起的血压下降和血小板减少、过量输液引起的急性心力衰竭和肺水肿、血管活性药物应用不当、长期大量使用抗生素引起肝肾功能损害和菌群紊乱、大剂量激素应用造成免疫抑制和应激性溃疡出血以及继发感染等。

9. **诱发因素**　心脏、肝、肾的慢性疾病，糖尿病，免疫缺陷或功能低下等。

【问题2】　病史采集的重点在哪些方面？

思路：询问病史重点应围绕溺水时间、缺氧和心跳停止的大约持续时间、现场复苏时间及心跳恢复时间；同时询问水源情况；是否外伤；既往疾病史（如癫痫）等。

病史采集

患儿于入院前1小时发生溺水，溺水后5～10分钟被父母发现浮于污水河水面（水深约1m），立刻现场施救，发现患儿没有反应，无呼吸，面色青灰，脉搏不详，腹部膨隆，大便失禁，给予胸腹部按压、清理呼吸道、人工呼吸等，大量混浊污水涌出，抢救持续约5～7分钟，120急救车到达现场，发现患儿昏迷，面色发绀，心率114次/min，SpO$_2$64%，血压108/62mmHg，呼吸浅慢、节律不规则，15次/min，立即给予球囊加压给氧，气管插管，并以"溺水、心肺复苏后，呼吸衰竭"收入PICU。患儿溺水以来，无发热，无抽搐，大便失禁，小便不详。既往体健，生长发育和智力发育正常，无特殊疾病史，否认任何家族遗传性疾病和惊厥病史。

【问题3】　通过病史采集，能否对该患儿病因和病情危重程度作出初步判断？

思路：患儿突发溺水意外，且溺水时间推断5～10分钟，救出水面时没有反应和呼吸，面色青灰，可以判断为呼吸心跳停止，现场实施心肺复苏，5～7分钟后出现心跳（循环恢复）。由此推断患儿溺水后窒息致呼吸心跳停止时间至少10分钟，因此患儿缺血缺氧时间较久，可能会导致MODS的发生且病情较危重。

【问题4】　对该患儿如何进一步评估？

思路：首先进行全面体格检查，重点关注生命体征及脑、心等重要脏器的功能状况。

体格检查

体温不升（<35℃），脉搏197次/min，无自主呼吸，球囊加压频率20次/min，血压118/76mmHg，SpO$_2$90%（气管插管，球囊加压给氧）。体重17kg。神志不清，反应差，瞳孔等大等圆，对光反射迟钝，Glasgow评分5分。脑膜刺激症阴性。心率197次/min，心律齐，心音低钝，未闻及明显杂音。双肺呼吸音粗，可闻及较多细湿啰音。腹部软，无肌卫，肝脾肋下未及。肠鸣音消失。股动脉搏动有力，足背动脉、桡动脉搏动对称可触及。四肢末梢凉，毛细血管再充盈时间3秒。全身皮肤完整、未见明显瘀斑或伤痕。双侧巴氏征阳性，膝反射及腱反射亢进，四肢肌张力增高。

【问题5】　通过查体可发现哪些器官功能异常？能否作出初步诊断？

思路：通过体格检查，发现患儿存在脑、心血管、肺功能受损，表现为神志不清，反应差，瞳孔对光反射迟钝，Glasgow评分5分；心音低钝、心率快，四肢末梢凉，毛细血管再充盈时间3秒；自主呼吸消失，可闻及较多细湿啰音。

初步诊断：①溺水；②呼吸心跳骤停、心肺复苏后；③多脏器功能不全（呼吸衰竭、心功能不全、脑功能障碍）；④吸入性肺炎。

【问题6】　入院后需完善哪些辅助检查协助诊治？

思路：入院后需完善的常规检查包括血、尿、大便常规、肝功能、肾功能、心肌酶系列、凝血功能、动脉血气分析、血电解质系列、血糖、呼吸道抽吸物培养、血培养、心脏超声、心电图、脑电图、胸片等检查；病情稳定时行头颅MRI检查。

入院时辅助检查结果

血气分析（动脉血）+血糖+乳酸：pH 7.095，PaO$_2$ 57.40mmHg，PaCO$_2$ 61.10mmHg，BE−13.0mmol/L，

HCO_3^- 12.90mmol/L；葡萄糖（GLU）17.9mmol/L，乳酸 7.30mmol/L。

血常规＋CRP：WBC 14.3×10^9/L，Hb 119.0g/L，PLT 431×10^9/L；CRP 2mg/L。

肝功能：谷丙转氨酶（ALT）34U/L，谷草转氨酶（AST）72U/L，白蛋白（ALB）45.4g/L，总胆红素 7.7μmol/L，间接胆红素 0μmol/L。

肾功能：肌酐 61μmol/L，尿素氮 3.3mmol/L。

血电解质：NA^+ 136.6mmol/L，K^+ 4.57mmol/L，CL^- 100mmol/L，Ca^{2+} 2.22mmol/L，HCO_3^- 14.0mmol/L。

心肌酶：肌酸激酶（CK）554U/L，肌酸激酶同工酶（CK-MB）197U/L，肌钙蛋白 1.5ng/ml。

血 NT-ProBNP 110pg/ml。

凝血功能 5 项：凝血酶原时间（PT）12.5 秒，部分凝血活酶时间（APTT）33.6 秒，凝血酶时间（TT）18.2 秒，纤维蛋白原（FIB）2.49g/L，D- 二聚体 2.2mg/L，国际标准化比值（INR）0.86。

大便常规＋OB 无异常。

尿常规：尿糖（＋＋）。

胸片：两肺纹理增多模糊阴影，左肺为甚（图 2-8-1）。

心脏超声：左心收缩力下降，EF 45%，左心室缩短率（FS）25%。

心电图：窦性心动过速，低电压，Ⅱ、Ⅲ、AVF、V_3、V_5 导联 T 波低平、ST 压低 0.5mm。

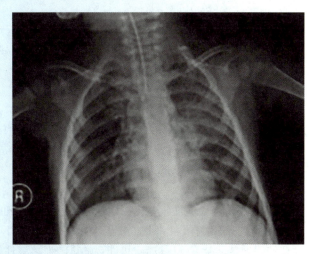

图 2-8-1　胸片见两肺纹理增多，可见模糊阴影，左肺较重

【问题 7】　进行小儿危重病例评分（PCIS）和小儿死亡危险评分（PRISM）。

思路：根据各评分标准，入院时首次评分结果：PCIS 82 分（危重）。PRISM Ⅲ 10 分。

【问题 8】　根据本患儿病史、体检和辅助检查，该如何进行多脏器功能评估？

思路：通过上述病例介绍，进行各脏器功能评估如下。

（1）心血管系统：心搏骤停进行心肺复苏后，查体发现心音低钝，心率快，心脏超声检查示心肌收缩力下降，故存在心功能不全。且 CK-BM、肌钙蛋白升高，心电图变化提示心肌缺氧改变。

（2）呼吸系统：无自主呼吸，血氧饱和度下降，需要呼吸机支持，动脉血气分析存在Ⅱ型呼吸衰竭（$PaO_2 \downarrow$，$PaCO_2 \uparrow$），故呼吸衰竭存在。

（3）脑功能受损：患者神志不清，瞳孔反射迟钝，双侧巴氏征（＋），膝反射及腱反射亢进，四肢肌张力增高，GCS 评分 5 分，故存在脑功能严重受损。

（4）肝脏：患者入院后未发现肝脏肿大和氨基转移酶、胆红素等升高，故目前不存在肝功能不全。

（5）肾功能：入院后尿量多，血肌酐正常，故目前肾功能正常。

（6）血液系统：目前没有明显外周血象变化，PT、APTT 正常，故血液系统功能暂时正常。

（7）胃肠道：患者肠鸣音消失，胃管内抽出咖啡样液体，故胃肠功能损害存在。

（8）内环境：入院初期存在失代偿性呼吸性酸中毒、代谢性酸中毒和高血糖。

（9）感染：患者落入污水中，吸入污水容易合并细菌或真菌感染，听诊双肺细湿啰音，胸片提示双肺弥漫性渗出影，故需考虑感染性肺炎可能。

【问题 9】　根据入院时多脏器功能评估结果，如何制订治疗计划？

思路：当前治疗的主要措施是机械通气改善和维持组织充分氧合、改善心功能、纠正和维持内环境稳定及合理应用抗生素。

（1）呼吸系统

1）保持气道通畅。

2）呼吸机支持治疗：A/C 模式，容量控制，呼吸频率 25 次 /min，潮气量（$V_T$set）150ml，呼吸末正压

（PEEP）5cmH$_2$O；FiO$_2$ 60%。

3）防治肺水肿和肺损伤。

（2）循环系统：维持正常的循环功能，是保证组织血液灌注，恢复各器官功能的基础。

1）维持有效循环血容量：均匀输注维持液。

2）应用血管活性药物：可选用多巴酚丁胺[维持剂量 5～20μg/（kg·min）]，从小剂量开始，提高心肌收缩力。

（3）纠正和维持内环境稳定：通过上调呼吸频率和潮气量，改善呼吸性酸中毒；上调吸入氧浓度、潮气量等改善氧合；皮下注射常规胰岛素 1.7u，降低血糖浓度；通过保证循环血容量、改善心肌收缩力和保护肾功能，改善代谢性酸中毒。

（4）及时给予脑保护：甘露醇等应用减轻颅高压症状，控制高热，头部和躯体亚低温（中心温度 32～34℃），必要时应用苯巴比妥等控制惊厥和肌肉阵挛，减轻脑耗氧等。

（5）抗感染治疗：给予广谱抗生素治疗和预防继发感染。

（6）动态监测脏器功能变化，注意 MODS 发生。

入院后 2 小时辅助检查结果

血气分析＋血糖＋乳酸：pH 7.341，PaO$_2$ 172.00mmHg，PaCO$_2$ 39.20mmHg，BE－4.1mmol/L，HCO$_3^-$ 21.00mmol/L；GLU 5.3mmol/L；乳酸 0.60mmol/L。

【问题 10】　上述血气变化说明什么？还需调整哪些治疗措施？

思路：在应用呼吸机和上述脏器功能保护的情况下，已经纠正代酸、呼酸、低氧血症和高血糖状态。目前存在的问题是动脉氧分压过高，可能会加重缺血再灌注损伤，继而诱发 MODS 发生，故应该降低吸入氧浓度。

知识点

MODS 发病机制

1. 炎症失控学说　机体受到创伤、心肺复苏、急性中毒等非感染因素作用或急性炎症刺激时，可发生系统炎症反应综合征，当出现过度系统炎症反应，促炎、抗炎失衡时即表现为失控炎症反应过程，失控的过度炎症反应被认为是 MODS 的前奏。

2. 缺血-再灌注损伤学说　心肺复苏、休克等非感染因素使全身各系统器官的组织细胞首先经历了缺血缺氧的过程，复苏后微循环又经历了再灌注的过程。缺血-再灌注过程中氧自由基损伤、细胞氧代谢障碍、内皮细胞损伤、白细胞浸润等都是 MODS 发病的基本环节。

3. 肠道细菌、毒素移位学说　创伤、休克、心肺复苏、手术等应激源破坏了肠黏膜屏障功能，容易出现肠壁通透性升高，肠道内的常居菌和毒素向腹膜腔、门静脉或淋巴结移位，致使炎症扩散，炎症反应持续进展，导致 MODS 病理过程。

4. 两次打击和瀑布效应学说　创伤、休克、心肺复苏等为首次打击，激活炎症细胞，释放有限的炎症介质，原发病恶化或发生感染等新的致病因素，形成第二次打击，炎症和应激反应放大，形成"级联反应"和"瀑布效应"，细胞损伤和功能障碍逐渐加重。

5. 微血栓学说　脓毒症、心肺复苏、休克、急性中毒等病理状态下的毛细血管内皮细胞弥漫性损伤，血小板在其活化因子和黏附因子作用下极易黏附在损伤粗糙的毛细血管内皮细胞上，其他凝血因子如凝血酶原、纤维蛋白原等和红细胞、白细胞一起参与黏附过程，从而形成微血栓。

6. 免疫失控学说、基因多态性学说等　这些学说中的任何一种都难以对所有病因引发的 MODS 作出完整的令人满意的解释。虽然不同病因引发 MODS 的发病机制及病理生理环节不同，但都可以引起各系统器官的组织细胞弥漫性损伤和代谢紊乱。

入院后第 2 天病情变化

患儿禁食，多巴酚丁胺 5μg/（kg·min）维持中，苯巴比妥控制惊厥，咪唑安定 2μg/（kg·min）镇静治疗，呼吸机支持中，自主呼吸出现，呼吸急促，人机对抗，气管内多量黄白色分泌物，胃管内引流约 30ml 咖啡样液，3 次红色果冻状黏液粪便，约 170ml，尿量 800ml，进液量为 1 200ml。

查体：体温 38℃，脉搏 157 次 /min，呼吸 40～50 次 /min，血压 98/66mmHg，SpO_2 88%（FiO_2 为 0.5）；神志不清，反应差，Glasgow 评分 5 分；口唇略青紫，浅表淋巴结未及肿大；全身皮肤未见明显出血点；瞳孔等大等圆，对光反射迟钝；心率 157 次 /min，心律齐，心音较昨日增强；自主呼吸，人机不协调，双肺呼吸音粗，可闻及较多细湿啰音，三凹征（+），呼吸频率 40～50 次 /min；腹胀明显，无肌卫，肠鸣音消失，肝脾肋下未及；脑膜刺激征（−），病理反射：双侧巴氏征（+），膝反射及腱反射引出，四肢肌张力高；四肢末梢暖，股动脉搏动有力，足背动脉、桡动脉搏动对称可触及，毛细血管再充盈时间 2 秒。

辅助检查：

血常规＋CRP：WBC $14.0×10^9$/L，Hb 79.0g/L，PLT $231×10^9$/L，CRP 82mg/L。

大便常规＋OB：红细胞满视野，白细胞 7～9/HP。

尿常规正常。

凝血功能 5 项：PT 13.5 秒，APTT 39.6 秒，TT 18.2 秒，FIB 2.89g/L，D- 二聚体 2.1mg/L，INR 0.76。

心肌酶：CK 584U/L，CK-MB 97U/L，肌钙蛋白 I 0.15ng/ml。

肝功能：ALT 384U/L，AST 722U/L，ALB 25.4g/L，总胆红素 17.7μmol/L，间接胆红素 7μmol/L。

肾功能：肌酐 71μmol/L，尿素氮 4.3mmol/L。

血电解质：Na^+ 140.6mmol/L，K^+ 4.7mmol/L，CL^- 100mmol/L，Ca^{2+} 2.22mmol/L，HCO_3^- 25.0mmol/L。

血气分析＋血糖＋乳酸：pH 7.341，PaO_2 65.00mmHg（SpO_2 88%），$PaCO_2$ 30.20mmHg，BE − 2.1mmol/L，HCO_3^- 25.00mmol/L，GLU 6.0mmol/L，乳酸 0.60mmol/L。

胸片：双肺弥漫性密度下降（图 2-8-2）。

心脏超声：左心收缩功能正常范围，EF 65%，FS 35%。

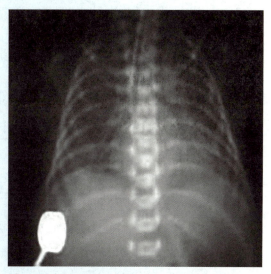

图 2-8-2　胸片见双肺弥漫性透光度下降

【问题 11】　入院后第 2 天该患者有何变化？

思路：入院第 2 天时危重评分结果：PCIS 80 分（危重），PRISM Ⅲ 8 分。

该患儿原来相对功能正常的脏器出现进一步恶化，发生速发型 MODS，表现在：

（1）急性呼吸窘迫综合征（ARDS）：患者出现气促，轻度吸凹，血氧饱和度下降，氧合指数（P/F）130（PEEP 6cmH₂O），胸片双肺弥漫性密度下降表现，故诊断明确。

（2）肝功能损伤：氨基转移酶上升，高于 2 倍正常值，故出现肝损伤。

（3）肠道功能障碍：患者存在腹胀、肠道出血、血红蛋白下降等表现，故出现肠道功能障碍。

所以，患儿的诊断除溺水、吸入性肺炎、呼吸心搏骤停、心肺复苏后外，发生多器官功能障碍，增加诊断 MODS（ARDS、胃肠道、肝脏）。

【问题 12】　针对入院后第 2 天患者的临床变化，该如何进行治疗？

思路：支持治疗和保护脏器功能仍然是唯一重要手段。目前治疗方案是小潮气量肺保护通气策略、改善和维持组织充分氧合、保护肝、肾功能、改善内环境及合理应用抗生素。

（1）呼吸系统：机械通气采取肺保护通气策略、高 PEEP 等治疗方案。如可以初步设定呼吸机参数为定压通气，A/C 模式，Rset 调高到 30 次 /min，PEEP 8cmH₂O，Vt 测得值 6～7ml/kg，FiO_2 提高到 60%。根据临床症状体征变化和动脉血气分析结果作相应调节。必要时可作俯卧位通气、高频通气等。

（2）心血管系统：可继续多巴酚丁胺维持。

（3）脑功能保护：继续前日的治疗方案。

（4）肝功能保护：供给维生素，保证热量，加用保肝药物和补充白蛋白、支链氨基酸等保护肝脏和促进肝细胞合成蛋白。

（5）胃肠功能保护：胃肠引流减轻腹胀。H_2 受体阻滞剂或质子泵抑制剂减轻应激性溃疡。

（6）血液系统：输注红细胞提升血红蛋白水平。

（7）营养支持：考虑患者出现胃肠应激性出血和腹胀表现，难以经口喂养，可给予肠外营养支持（TPN）。

（8）抗感染治疗：继续目前广谱抗感染治疗。

急性呼吸窘迫综合征治疗策略见表 2-8-1 和表 2-8-2，多脏器功能衰竭的呼吸机治疗热点仍集中于对 ARDS 救治的研究。

表 2-8-1 危及生命的低氧血症处理策略

步骤	处理策略
1	测量气道平台压（Pplt）。如果 Pplt<30cm H_2O，则进入步骤 2a。如果 Pplt>30cmH_2O，则进入步骤 2b
2a	实施肺复张或单独使用高 PEEP
2b	实施俯卧位通气或高频振荡通气
3	评价氧合改善效果、静态顺应性和死腔通气。如改善明显则继续上述治疗。如改善不明显，则进入步骤 4
4	吸入一氧化氮（NO）；如果数小时内氧合及顺应性改善不明显，则进入步骤 5
5	给予小剂量糖皮质激素（需权衡利弊）
6	考虑实施 ECMO。入选患者高气道压通气时间不应超过 7 天

表 2-8-2 危及生命的呼吸性酸中毒处理策略

步骤	处理策略
1	在不增加内源性 PEEP 前提下，可增加呼吸频率至 35 次 /min。如果呼吸性酸中毒未改善，进入步骤 2
2	同时伴有其他肾脏替代治疗（RRT）指征时，给予肾脏替代治疗。如果呼吸性酸中毒仍未改善，进入步骤 3
3	考虑实施 ECMO。入选患者高气道压通气时间不应超过 7 天

入院后第 5 天病情变化

患者禁食，多巴胺减量[3μg/（kg•min）]维持，镇静镇痛中，呼吸机支持下无人机对抗，气管内少量白色分泌物，胃管内引流物清亮，黄糊状粪便 1～3 次 /d，约 70ml，近 2 天尿量逐渐减少，前一日尿量为 400ml，进液量为 1 000ml。

查体：体温 37.4℃，脉搏 137 次 /min，呼吸 30 次 /min，血压 108/60mmHg，SpO_2 98%（FiO_2 为 50%）；压眶有反应，瞳孔等大等圆，对光反射灵敏，Glasgow 评分 8 分；口唇红润，浅表淋巴结未及肿大；全身皮肤未见明显出血点；心率 137 次 /min，心律齐，心音有力，未及明显杂音。人机协调，双肺呼吸音粗，可闻及少量粗湿啰音，三凹征（−），呼吸频率 30 次 /min；腹部软，无隆起，无肌卫，肠鸣音 2～3 次 /min，肝脾肋下未及；脑膜刺激征（−），双侧巴氏征（−），膝反射引出，四肢肌张力正常；四肢末梢暖，股动脉搏动有力，足背动脉、桡动脉搏动对称可触及，毛细血管再充盈时间 2 秒。

辅助检查：

血常规＋CRP：WBC 8.0×10^9/L，Hb 109.0g/L，PLT 331×10^9/L，CRP 40mg/L。

PCT：0.5ng/ml。

大便常规＋OB：（−）。

尿常规：正常。

凝血功能 5 项：PT 13.5 秒，APTT 39.6 秒，TT 18.2 秒，FIB 2.89g/L，D- 二聚体 2.1mg/L，INR 0.76。

心肌酶：CK 84U/L，CK-MB 17U/L，肌钙蛋白 Ⅰ 0.02ng/ml。

肝功能：ALT 184U/L，AST 122U/L，ALB 35.4g/L，总胆红素 7.7μmol/L，间接胆红素 0μmol/L。

肾功能：肌酐 191μmol/L，尿素氮 14.3mmol/L。

血电解质：Na$^+$ 145.6mmol/L，K$^+$ 5.9mmol/L，CL$^-$ 110mmol/L，Ca^{2+} 2.52mmol/L，HCO$_3^-$ 15.0mmol/L。

血气分析＋血糖＋乳酸：pH 7.341，PaO$_2$ 102mmHg（SpO$_2$ 98%），PaCO$_2$ 39.2mmHg，BE－5.1mmol/L，HCO$_3^-$ 15.00mmol/L，GLU 5.0mmol/L，乳酸 0.50mmol/L。

胸片：双肺纹理模糊，透亮度较前明显好转。

心脏超声：左心收缩功能正常范围，EF 69%，FS 40%。

头颅 MRI 平扫＋增强：未见明显异常。

血培养×2 份：阴性。

气管内抽吸物培养：阴性。

【问题 13】 入院后第 5 天该患者病情有何变化？

思路：入院第 5 天时评分结果：PCIS 84 分，PRISM Ⅲ 7 分。

该患者部分脏器功能恢复中，肾脏功能出现衰竭，具体分析如下：

（1）心功能：心音有力，循环稳定，心肌酶恢复正常，左心收缩功能恢复正常。

（2）呼吸系统：肺部体征和低氧血症好转，氧合指数（P/F）大于 200，故 ARDS 好转中。

（3）脑功能：瞳孔对光反射灵敏，压眶有反应，四肢肌张力正常，病理反射消失，Glasgow 评分 8 分，故脑功能恢复中。

（4）肝功能：氨基转移酶逐渐下降，白蛋白上升，故肝功能好转。

（5）肾功能：患者出现少尿[0.9ml/（kg·h）]，血肌酐明显升高，存在肾功能不全。

（6）内环境：目前患者出现高钾血症，代谢性酸中毒，考虑与肾功能不全有关。

（7）感染：患者体温基本正常，气道内抽吸物减少，肺部体征和氧合指数好转，CRP 下降、WBC 和 PCT 正常，故感染控制中。

（8）胃肠功能：患者胃肠道应激性出血消失，腹胀消失，出现肠鸣音，血红蛋白上升，故胃肠功能恢复。

所以，患儿的 MODS 增加一个器官，即肾功能障碍，修正 MODS 诊断的器官功能障碍为 ARDS、胃肠道、肝脏、肾脏。

【问题 14】 入院后第 5 天治疗计划如何调整？

思路：患者在入院第 5 天时，大部分脏器功能处于恢复中，但肾功能出现衰竭，故目前治疗要点是保护肾功能。

（1）肾功能不全：避免应用对肾脏有损害的药物，使用呋塞米等襻利尿药加强利尿，密切观察血钾变化，应用碱性液、胰岛素等降低血钾浓度，如血钾持续升高、持续尿少，可给予血液净化或腹膜透析治疗。

（2）心血管系统：可停用多巴酚丁胺。

（3）呼吸系统：可下调呼吸机参数，如 PEEP、PIP、FiO$_2$ 或呼吸频率等。

（4）脑功能：停用亚低温疗法和苯巴比妥，减少甘露醇应用次数。

（5）肝脏：继续目前保肝治疗。

（6）胃肠道：可尝试鼻胃管喂养，部分肠外营养。

（7）内环境：碱性液和胰岛素等降低血钾，注意心电图变化。

知识点

血液净化在 MODS 治疗中的作用

机体炎症反应失控是重症感染和 MODS 发生发展的根本机制之一，失控性大量释放的炎症介质、细胞因子介导此病理生理过程。近几十年来，血液净化技术为 MODS 救治开辟新思路。血液净化治疗具有良好的耐受性和安全性，能迅速纠正水、电解质及酸碱平衡，可吸附清除炎症介质和内毒素，对血流动力学影响小。但目前血液净化技术治疗脓毒症和 MODS 的临床价值仍有争议，临床研究结论不一致，因此仍需进行大规模的前瞻性临床试验来判断其可行性、安全性及有效性。

入院第 7 天后病情变化

患儿给予持续血液透析滤过治疗，PCIS 94 分，PRISM Ⅲ 6 分，患者尿量增加到 2ml/(kg·h)，血肌酐下降到 110μmol/L，血钾恢复到正常范围，自主呼吸出现，呼吸机参数逐渐下调，鼻胃管喂养能够耐受，停用多巴胺后循环稳定，压眶反应明显，肢体运动可平移。各脏器功能均处于恢复过程中。

知识点

MODS 救治总结

MODS 是危重病救治领域的难题之一，随着人们对其本质的逐步认识，传统的治疗方法得到了改进，新的救治观念逐步为人们认识并得到广泛应用，如免疫增强治疗向免疫调理治疗的转变，营养支持向营养治疗观念的转变，创伤救治时积极的液体复苏向限制性液体复苏的转变，脏器衰竭后支持为主的治疗模式向早期预防性治疗为主的治疗模式转变，这些变化体现了 MODS 治疗上质的飞跃，必将给我们带来新的希望。

（王　莹）

第九节　有机磷农药中毒

有机磷农药（organophosphorus pesticides，OPs）是全球使用较广泛的杀虫剂之一，在各类农药导致的中毒和死亡患者中，急性有机磷农药中毒（acute organophosphorus pesticide poisoning，AOPP）占绝大多数。

有机磷农药属于有机磷酸酯或硫化磷酸酯类化合物，种类众多；OPs 的毒性按大鼠急性经口进入体内的半数致死量（mg/kg，LD_{50}）分为四类：①剧毒类（LD_{50} <10mg/kg）包括甲拌磷（3911）、内吸磷（1059）、对硫磷（1605）等；②高毒类（LD_{50} 10～100mg/kg）包括甲基对硫磷、三硫磷、苯硫磷、敌敌畏等；③中毒类（LD_{50} 100～1 000mg/kg）包括乐果、敌百虫、二溴磷、倍硫磷、喹硫磷等；④低毒类（LD_{50} 1 000～5 000mg/kg）包括马拉硫磷（马拉松 4049）、双硫磷、虫螨磷等。剧毒类即使少量接触也常引起严重的临床后果，有机磷制剂很多，其毒理作用大致相同，人体对有机磷的中毒量、致死量差异很大。

急性有机磷农药中毒中，生活性中毒比职业性中毒多见。OPs 可经消化道摄入、呼吸道吸入或经皮肤和黏膜吸收，6～12 小时血中浓度达到高峰；吸收后迅速分布于全身各脏器，其中以肝内浓度最高，大多 OPs 在肝脏进行生物转化，氧化后毒性增强，经水解后降低毒性。OPs 由消化道摄入较一般浓度的呼吸道吸入或皮肤吸收中毒症状重、发病急；但如吸入大量或浓度过高的 OPs，也可迅速发病，甚至致死。有机磷中毒潜伏期因中毒途径、毒物种类和量而异。经口中毒 10 分钟～2 小时发病，经呼吸道进入数分钟到半小时内发病，皮肤污染中毒 2～6 小时发病。有机磷毒物主要通过肾脏排出，少量经肺排出，多数 OPs 及代谢产物 48 小时完全排出体外，少数品种如剧毒类在体内存留可达数周甚至更长时间。

OPs 可抑制体内多种酶的活性，主要是对胆碱酯酶活性的抑制。OPs 进入体内后可与胆碱酯酶结合，形成磷酰化胆碱酯酶，使胆碱酯酶分解乙酰胆碱的能力降低，导致体内乙酰胆碱大量蓄积，胆碱能神经持续冲动，产生一系列毒蕈碱样症状（M 样症状）、烟碱样症状（N 样症状）以及中枢神经系统症状及其后可能发生的中间综合征（intermediate syndrome，IMS）和迟发性周围神经病（organophosphate induced delayed polyneuropathy，OPIDP）。

有机磷农药中毒的诊疗经过包括以下环节。

1. 有机磷农药接触史　询问 OPs 的品种、浓度、接触方式、接触时间及有无其他农药成分；有无误服或摄入被有机磷污染饮食的可能；是否曾在使用有机磷农药的环境中逗留；如有可能，提供盛有机磷农药的容器。

2. 典型的症状和体征　瞳孔缩小、出汗流涎、肌束震颤等三项相对特异的体征，常伴有消化道症状（呕吐、腹泻、腹痛）、呼吸困难和意识改变等。

3. 实验室检查 全血胆碱酯酶活力测定对早期诊断、中毒程度分度和指导解毒药物的使用有重要意义；血、胃内容物及可疑污染物的有机磷成分测定；尿中有机磷代谢产物测定。肝、肾功能及血糖、电解质、心肌酶谱等检查评估重要脏器功能及内环境。

4. 阿托品试验 对临床可疑病例，注射常规剂量阿托品，若症状减轻，提示有机磷中毒；如不是有机磷中毒，则出现口干、皮肤干燥、颜面潮红、心率加快及瞳孔散大，但昏迷患者往往反应不敏感，易致错误判断。

5. 在农药使用季节，往往易将其他病症误诊为有机磷农药中毒，或将其他农药中毒误诊为有机磷农药中毒，特别是氨基甲酸酯类农药中毒临床表现与有机磷农药中毒相似，有时鉴别困难。

6. 有机磷农药中毒救治 立即将患者脱离现场、脱去污染衣物、彻底冲洗污染部位、洗胃等防止毒物继续吸收。部分患者可能因胆碱能危象而出现呼吸衰竭或心跳骤停，此时应立即进行心肺复苏。早期足量应用胆碱酯酶复能剂及适量阿托品是治疗关键，有条件者可在现场即给予相应解毒剂。积极防治呼吸衰竭、脑水肿及昏迷、心肌损害、消化道出血等并发症，必要时给予血液净化支持治疗。

7. 预后 早期治疗的患者预后良好，大多数在7～10天内完全康复。超过24小时未治疗者可能出现严重和长期的病程，并伴有持续的神经系统并发症。

8. 预防 加强OPs的销售和储存立法，盛装OPs的容器使用安全盖等。

临床关键点

1. 确认是否有机磷农药接触史。
2. 特异的临床症状与体征 瞳孔缩小、出汗流涎、肌束震颤、消化道症状（呕吐、腹泻、腹痛）、呼吸困难和意识改变等。
3. 辅助检查 血胆碱酯酶活力降低；呕吐物、胃内容物、皮肤、衣物检测出有机磷成分；尿中有机磷分解产物。

临床病例

患儿，男，3岁。主因"误服有机磷农药半小时"来急诊就诊。初步病史采集如下。

入院前半小时，其家长发现患儿误服有机磷农药，量不详，病程中出现口唇干、烦躁不安，呕吐一次，呕吐物有大蒜味。无抽搐、呼吸困难、腹泻等症状。

患儿系G_1P_1，足月顺产，否认窒息史，出生体重3 200g，生后混合喂养，按时添加辅食，生长发育史正常。既往史无特殊。

初步病史采集后分析：因患儿入院前半小时误服有机磷农药，应按毒物中毒分析，临床随之需考虑以下相关问题。

【问题1】 该病例能否诊断为有机磷中毒？依据是什么？

思路：该病例可诊断有机磷农药中毒。依据患儿有明确误服有机磷农药史，病程中出现口唇干、烦躁不安，呕吐物有大蒜味，符合有机磷农药中毒的表现。

【问题2】 查体时应关注哪些体征？

思路：瞳孔缩小、大汗、流涎、肌束震颤是有机磷中毒相对特异的体征；其他还可有呼吸困难、肺部啰音和意识改变等，查体时应重点关注。与成人典型的毒蕈碱样表现相比，儿童（尤其是幼儿）更容易出现意识改变。

查体记录

体温36.8℃，呼吸30次/min，脉搏140次/min，血压88/52mmHg，体重15kg。神清，烦躁不安，口唇干燥，双侧瞳孔缩小0.1cm×0.1cm；皮肤大量出汗；两肺痰鸣音，心率快，律齐，无明显杂音；腹软，肝肋下0.5cm，脾未触及；皮肤无苍白及花纹，无皮疹及出血点。四肢肌张力正常。

> **知识点**
>
> ### 有机磷中毒表现
>
> 1. 毒蕈碱样症状　胆碱能神经节后纤维的毒蕈碱受体兴奋，导致空腔脏器收缩和腺体分泌亢进，出现瞳孔缩小、流泪、流涎、出汗、支气管痉挛、支气管分泌物增多、肺水肿、肠道运动过度、呕吐、腹部绞痛、腹泻、尿失禁等。
> 2. 烟碱样症状　神经肌肉接头烟碱型受体兴奋，出现肌肉纤维震颤或抽搐（痉挛），重度中毒或中毒晚期，转为肌力减弱或肌麻痹，甚至呼吸肌麻痹；自主神经节、节前纤维和肾上腺髓质兴奋，早期可致心率增快、血压升高，晚期则发生循环衰竭。
> 3. 中枢神经系统　中枢神经系统先兴奋（焦虑、躁动、混乱、头痛、言语不清、共济失调、癫痫发作）后抑制（昏迷、中枢性呼吸麻痹、意识水平改变和/或肌张力减退）。

【问题3】　对该有机磷中毒病例，应做哪些急诊处理？

思路：

急诊处理包括：洗胃，留取洗胃液标本做毒物鉴定；评估及稳定生命体征（气道、呼吸、循环）；对症治疗；完善血常规、心电图、电解质、血糖、血胆碱酯酶活力测定等；收入病房进一步监护及治疗。

> **知识点**
>
> ### 有机磷中毒洗胃原则
>
> 1. 洗胃应尽早进行　早期、彻底洗胃是救治成功的关键。凡口服OPs中毒者，在中毒后4～6小时均应洗胃，洗胃的最佳时间是服药后30分钟内。口服OPs量大，中毒程度重的患者，若就诊时已超过6小时，仍可考虑洗胃。洗胃必须彻底，插入胃管后先将胃内容物抽尽，再注入洗胃液，直至洗出的液体清亮为止。
> 2. 洗胃溶液　宜用温清水、生理盐水或2%NaHCO$_3$溶液（敌百虫禁用NaHCO$_3$溶液）或1：5 000高锰酸钾溶液（对硫磷禁用）洗胃。
> 3. 洗胃后可注入活性炭吸附毒物，注意如有肠梗阻则为禁忌证，可给予硫酸钠、硫酸镁或20%甘露醇注入胃内导泻。
> 4. 意识障碍患者在洗胃前要做好气道保护，必要时可先行气管插管再洗胃，在洗胃同时应用特效解毒剂肌内注射或静脉滴注。

急诊辅助检查

血常规：Hb 120g/L，WBC $16.0×10^9$/L，中性粒细胞百分比60%，淋巴细胞百分比40%，PLT $154×10^9$/L。

心电图：窦性心动过速。

电解质+血糖：K^+ 4.6mmol/L，Na^+ 135mmol/L，Cl^- 100mmol/L，GLU 5.6mmol/L。

【问题4】　如何初步判读该患儿实验室检查结果？

思路：急性中毒者可有外周血白细胞增高，但不具特征性；心电图显示窦性心动过速，有机磷中毒患者心率可加快，但无特异性；血糖及电解质正常。

【问题5】　有机磷农药中毒的特异性实验室检查及其临床意义？

思路：特异性实验室检查是全血胆碱酯酶活力，该酶活力降低是诊断有机磷农药中毒的特异性实验室检查，如胆碱酯酶活力降低至正常人的80%以下，即有诊断意义，临床可根据此值评估中毒程度及作为解毒药物应用的参考指标。

知识点

有机磷农药中毒分级标准

根据症状轻重和血液胆碱酯酶活力降低的程度,可将有机磷中毒分为三级。

1. 轻度中毒　表现为轻度毒蕈碱样症状,神志清醒,能自己行走;全血胆碱酯酶活力降至70%~50%。

2. 中度中毒　毒蕈碱样症状加重并出现肌束震颤、血压升高等烟碱样症状,全血胆碱酯酶活力降至正常值的50%~30%。

3. 重度中毒　除上述表现外,出现肺水肿、呼吸衰竭、心力衰竭、休克、昏迷、抽搐、脑水肿等表现;全血胆碱酯酶活力降至正常值的30%以下。如果中毒程度与胆碱酯酶活性结果不一致,应弱化胆碱酯酶活力的意义,结合临床情况综合判断。

【问题6】　如何确定该患儿治疗的地点? 是选择门诊治疗还是住院治疗?

思路:急性有机磷中毒患者需入院治疗,中、重度患者应入ICU治疗,行心电、血压、血氧饱和度监测,备好机械通气设备,及时有效地治疗可能出现的呼吸衰竭,定期复查血胆碱酯酶活力,调整解毒药物的剂量,防止"反跳"。

【问题7】　该患儿入院后需要进一步做哪些临床和实验室的评估?

思路:

临床评估:进一步询问病史及体格检查,注意除有毒蕈碱样症状外,还可有烟碱样症状及中枢神经系统症状。

实验室评估:胆碱酯酶活性测定减低至正常值的69%。

住院后检查及诊断

血常规+CRP:WBC 7.7×10^9/L,中性粒细胞百分比30.2%,Hb 108.0g/L,PLT 230×10^9/L,CRP <1mg/L。

肝肾功能:ALT 19U/L,AST 40U/L,ALB 46.5g/L,总胆红素 3.0μmol/L,间接胆红素 0.0μmol/L,尿素氮 3.1mmol/L,肌酐 30μmol/L。

血气分析+乳酸:pH 7.421,PaO$_2$ 104.00mmHg,PaCO$_2$ 36.80mmHg,BE−3.9mmol/L,乳酸 3.80mmol/L。

电解质+血糖:Na$^+$ 140mmol/L,K$^+$ 3.5mmol/L,Cl$^-$ 111mmol/L,GLU 6.2mmol/L。

心肌酶:CK 183U/L,CK-MB 38U/L,cTnI 0.02μg/L。

凝血功能5项:PT 12.7秒,APTT 38.8秒,FIB 2.72g/L,D-二聚体 <0.3mg/L,INR 1.07。

入院第1天:胆碱酯酶活性减低至正常值的69%。

入院第2天:胆碱酯酶活性在正常值的76%。

入院第3天:胆碱酯酶活性在正常值的79%。

入院第4~7天:胆碱酯酶活性在正常值的83%~87%。

洗胃液毒物检测:检出喹硫磷成分。

大便常规+OB:红细胞0~1个/HP,OB(±)。

尿常规未见异常。

心电图:窦性心律不齐。

胸片:两肺纹理粗多。

【问题8】　如何根据病史及实验室检查结果对该病例进行综合判断?

思路:该患儿有有机磷农药误服史,病程中出现大汗、口唇干、烦躁不安;呕吐一次,呕吐物有大蒜味;双侧瞳孔缩小;胆碱酯酶活性降低到正常的69%,洗胃液毒物检出喹硫磷成分;重要脏器(心、肝、肾)及凝血功能正常,内环境稳定(电解质及血糖正常),无肺水肿表现;属于有机磷农药轻度中毒(喹硫磷)。

【问题9】　有机磷中毒有无特效解毒药?

思路:抗胆碱能药物(如阿托品)和胆碱酯酶复能剂(如氯磷定)为特效解毒药;解毒剂的应用遵循早期、联合、足量、重复;以复能剂为主,抗胆碱能药为辅的原则。

知识点

阿托品治疗有机磷中毒的机制及胆碱酯酶复能剂作用机制

1. 阿托品为抗乙酰胆碱药物,能阻断节后胆碱能神经支配的效应器中乙酰胆碱受体(毒蕈碱受体),故能消除和减轻中枢神经系统症状,解除平滑肌痉挛,抑制腺体分泌,保持气道通畅。但对烟碱样作用无效,也无复活胆碱酯酶的作用。

2. 有机磷与体内胆碱酯酶结合,形成磷酰化胆碱酯酶,失去水解乙酰胆碱的活力,而胆碱酯酶复能剂可使磷酰化胆碱酯酶脱磷酰化,从而恢复胆碱酯酶的活性,恢复其水解乙酰胆碱的能力。胆碱酯酶复能剂减轻和消除烟碱样症状,但对毒蕈碱样症状效果差,故应与阿托品合用,不能相互取代。

【问题 10】　有机磷农药中毒治疗原则是什么?

思路: ①立即将患者脱离现场、脱去污染衣物、彻底冲洗污染部位、洗胃等防止毒物继续吸收。②解毒药的使用:阿托品与胆碱酯酶复能剂联合应用。③对症治疗:评估患者的气道、呼吸和循环。有机磷中毒主要的死因是肺水肿、呼吸肌瘫痪或呼吸中枢衰竭;此外,休克、急性脑水肿、心肌损害及心搏骤停等亦是重要死因。因此维持正常呼吸功能是治疗的关键。保持气道通畅,必要时气管插管呼吸机辅助通气;存在休克时使用血管活性药物;脑水肿应用脱水剂;心搏骤停及时心肺复苏。④血液净化:用于重度有机磷中毒患者,血液净化方式首选血液灌流,应在中毒后 24 小时内进行。一般 2～3 次即可,具体需根据患者病情及毒物浓度监测结果决定。对合并肾损伤、多脏器功能不全(MODS)等情况时,考虑联合血液透析或连续肾脏替代治疗(CRRT)治疗。⑤防止反跳:反跳是指有机磷中毒患者经积极抢救治疗,临床症状好转后数天至一周病情突然急剧恶化,再次出现中毒症状,其原因可能与皮肤、毛发、胃肠道或气道内残留的有机磷毒物继续被吸收或解毒剂减量、停用过早有关。

知识点

阿托品使用原则

1. 早期、适量、反复、个体化用药,直至"阿托品化"为止。以后根据病情决定用量和间隔时间。

2. 判断阿托品化必须全面分析,不可仅凭个别指标进行判断。

3. 阿托品不能复活胆碱酯酶,对烟碱样症状无效,故中到重度中毒时,应与复能剂联用。阿托品与复能剂合用时,剂量应适当减小。

4. 阿托品减量或停药不能过快,口服中毒者,胃肠道可能有残留的毒物继续不断吸收,故在病情缓解后,若减量或停药过快,病情可能反复,甚至发生致命性的肺水肿和呼吸衰竭,一般达阿托品化后,仍需维持用药 1～3 天,以后逐渐减少剂量及延长给药间隔时间,待中毒症状消失,瞳孔大小正常,不再缩小,可观察停药,观察 12 小时病情无反复时,方可完全停药。停药后仍需继续观察,若有复发征象,立即恢复用药。

知识点

阿托品化及阿托品中毒

1. 阿托品化　瞳孔较前扩大并不再缩小、颜面潮红、皮肤干燥、口干、心率加快、肺部啰音显著减少或消失、轻度躁动不安、中毒症状好转等。

2. 阿托品中毒　盲目大量应用阿托品可出现阿托品中毒,表现为瞳孔明显扩大、颜面绯红、皮肤干燥,原意识清楚的患者出现神志模糊、谵妄、幻觉、狂躁不安、抽搐或昏迷、体温升高、心动过速、尿潴留。严重者可直接呈现中枢抑制而出现中枢性呼吸、循环功能衰竭。出现阿托品中毒表现时,立即停用阿托品,并用毛果芸香碱解毒。

【问题 11】　本患儿的治疗方案是什么?

思路:患儿为口服中毒,故予洗胃。同时应用解毒剂阿托品和氯磷定解毒,口服硅碳银片减少有机磷吸收,根据患儿情况给其他对症处理。监测临床症状、体征及胆碱酯酶活性,判断疗效。

【问题 12】　有机磷中毒患儿出院标准?

思路:①临床症状、体征消失,停药 2～3 天后无复发;②血清胆碱酯酶活力稳定在正常的 70% 以上;③精神、食欲正常;④无心脏、肝脏、肾脏、胰腺等脏器的严重并发症存在。

入院后洗胃,应用阿托品＋氯磷定解毒,口服硅碳银片减少有机磷吸收,以及保肝、营养心肌等对症处理。检测胆碱酯酶活性逐渐恢复并稳定在正常的 80% 以上,治疗 5 天停用阿托品。患儿胃纳可,精神反应佳,住院 1 周出院。

(王　莹)

参 考 文 献

[1] 中华医学会儿科学分会神经学组. 热性惊厥诊断治疗与管理专家共识(2016). 中华儿科杂志. 2016,54(10):723～727.

[2] 中华医学会儿科学分会急救学组,中华医学会急诊医学分会儿科学组,中国医师协会儿童重症医师分会. 儿童脓毒性休克(感染性休克)诊治专家共识(2015 版). 中华儿科杂志. 2015,53(8):576～580.

[3] 中国医师协会急诊医师分会. 急性有机磷农药中毒诊治临床专家共识(2016). 中国急救医学. 2016,36(12):1057～1065.

[4] DECAEN A R,MACONOCHIE I K,AICKIN R,et al. Part 6: Pediatric basic life support and pediatric advanced life support: 2015 international consensus on cardiopulmonary resuscitation and emergency cardiovascular care science with treatment recommendations. Circulation. 2015; 132(16 Suppl 1): S177-S203.

[5] LEINONEN V,VANNINEN R,RAURAMAA T. Raised intracranial pressure and brain edema. Handb Clin Neurol. 2017,145: 25-37.

[6] GLAUSER T,SHINNAR S,GLOSS D,et al. Evidence-based guideline: Treatment of convulsive status epilepticus in children and adults: Report of the guideline Committee of the American Epilepsy Society. Epilepsy Curr. 2016,16(1): 48～61.

[7] FRIEDMAN M L,NITU M E. Acute respiratory failure in children. Pediatr Ann. 2018,47(7): e268-e273.

[8] Pediatric Acute Lung Injury Consensus Conference Group. Pediatric acute respiratory distress syndrome: Consensus recommendations from the pediatric acute lung injury consensus conference. Pediatr Crit Care Med. 2015; 16(5): 428-439.

[9] CARCILLO J A,PODD B,ANEJA R,et al. Pathophysiology of pediatric multiple organ dysfunction syndrome. Pediatric Critical Care Medicine. 2017,18: S32～S45.

[10] GUMMIN D D,MOWRY J B,SPYKER D A,et al. 2016 annual report of the American Association of Poison Control Centers' National Poison Data System(NPDS): 34th annual report. Clinical Toxicology. 2017,55(10): 1～181.

第三章 新生儿疾病

第一节 概 述

一、新生儿分类及生理特点

（一）新生儿定义及分类

新生儿（neonate，newborn）指从脐带结扎到生后 28 天内（<28 天）的婴儿。围生期（perinatal period）是指产前、产时和产后的一个特定时期，我国目前将其定义为自妊娠 28 周至生后 7 天。新生儿分类有多种方法。

1. 根据出生时胎龄（gestational age，GA）分类   末次月经第 1 天起至分娩时为止，常以周表示。①足月儿（full term infant）：37 周≤胎龄 <42 周（260～293 天）；②早产儿（preterm infant）：出生胎龄 <37 周（<260 天）。其中胎龄 34～36^{+6} 周为晚期早产儿，胎龄 32～33^{+6} 周为中期早产儿，胎龄 28～31^{+6} 周为极早产儿，胎龄 <28 周为超早儿；③过期产儿（post-term infant）：胎龄≥42 周（≥294 天）。

2. 根据出生体重（出生 1 小时内的体重）分类   ①低出生体重儿（low birth weight infant，LBWI）：出生体重 <2 500g 新生儿，大多是早产儿，其中<1 500g 的称为极低出生体重儿（very low birth weight infant，VLBWI），<1 000g 称为超低出生体重儿（extremely low birth weight infant，ELBWI）；②正常出生体重儿（normal birth weight infant，NBWI）指 2 500g≤出生体重≤4 000g 的新生儿；③巨大儿（macrosomia）：出生体重>4 000g 的新生儿。

3. 根据出生体重和胎龄的关系分类   ①小于胎龄儿（small for gestational age，SGA）：出生体重在同胎龄儿平均体重的第 10 百分位以下的婴儿；②适于胎龄儿（appropriate for gestational age，AGA）：出生体重在同胎龄儿平均体重的第 10～90 百分位的婴儿。③大于胎龄儿（large for gestational age，LGA）：出生体重在同胎龄儿平均体重的第 90 百分位以上的婴儿。新生儿出生体重是衡量胎儿宫内发育状况的重要指标，新生儿出生后体重增长曲线是基于胎儿生长规律建立的参照曲线，是反映新生儿生长发育特点的曲线，利用出生体重增长曲线连续监测新生儿体格发育已经成为新生儿诊疗常规，出生体重增长曲线是新生儿科医师必备的诊断测量工具（表 3-1-1，图 3-1-1）。

表 3-1-1   中国不同胎龄新生儿出生体重百分位数参考值

出生胎龄 / 周	例数	P_3	P_{10}	P_{25}	P_{50}	P_{75}	P_{90}	P_{97}
24	12	339	409	488	588	701	814	938
25	26	427	513	611	732	868	1 003	1 148
26	76	518	620	735	876	1 033	1 187	1 352
27	146	610	728	860	1 020	1 196	1 368	1 550
28	502	706	840	987	1 165	1 359	1 546	1 743
29	607	806	955	1 118	1 312	1 522	1 723	1 933
30	822	914	1 078	1 256	1 467	1 692	1 906	2 128
31	953	1 037	1 217	1 410	1 637	1 877	2 103	2 336
32	1 342	1 179	1 375	1 584	1 827	2 082	2 320	2 565
33	1 160	1 346	1 557	1 781	2 039	2 308	2 559	2 813
34	1 718	1 540	1 765	2 001	2 272	2 554	2 814	3 079

续表

出生胎龄/周	例数	P_3	P_{10}	P_{25}	P_{50}	P_{75}	P_{90}	P_{97}
35	2 703	1 762	1 996	2 241	2 522	2 812	3 080	3 352
36	4 545	2 007	2 245	2 495	2 780	3 075	3 347	3 622
37	11 641	2 256	2 493	2 741	3 025	3 318	3 589	3 863
38	29 604	2 461	2 695	2 939	3 219	3 506	3 773	4 041
39	48 324	2 589	2 821	3 063	3 340	3 624	3 887	4 152
40	40 554	2 666	2 898	3 139	3 415	3 698	3 959	4 222
41	12 652	2 722	2 954	3 195	3 470	3 752	4 012	4 274
42	1 947	2 772	3 004	3 244	3 518	3 799	4 058	4 319

注：P 代表百分位数。

4. 根据出生后周龄分类 ①早期新生儿(early newborn infant)：生后 1 周以内；②晚期新生儿(late newborn infant)：出生后第 2~4 周内。

5. 高危儿(high risk infant)　指已经发生或可能发生危重疾病而需要监护的新生儿。

符合下列条件的可定为高危儿。①母亲疾病病史：母亲有糖尿病、感染、慢性心肺疾病、吸烟、吸毒酗酒史，母亲为 Rh 阴性血型，过去有死胎、死产或性传播疾病史等；②母孕史：母亲年龄 >40 岁或 <16 岁，孕期有阴道流血、妊娠高血压、先兆子痫、子痫、羊膜早破、胎盘早剥、前置胎盘等；③分娩史：难产、急产、产程延长、分娩过程中使用镇静和止痛药物史等；④胎儿或新生儿出生时异常：窒息、多胎儿、早产儿、小于胎龄儿、巨大儿、宫内感染和先天畸形等。

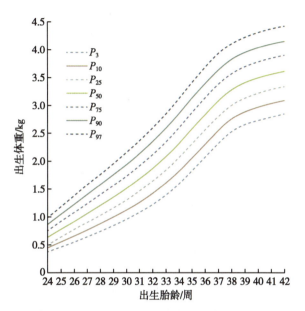

图 3-1-1　中国不同胎龄新生儿出生体重曲线

(二)正常足月儿和早产儿的特点

足月儿和早产儿由于发育成熟度不同，在外观、生理特点等存在差异。WHO《全球早产儿报告》指出早产儿发生率超过 10%，全球每年有 1 500 万早产儿出生，我国早产儿的发病率为 5%~10%。早产是新生儿第一大死亡原因。积极预防早产对于降低新生儿死亡率，减少儿童伤残率均具有重要意义。Apgar 评分是评价新生儿出生后状况的有效方法(表 3-1-2)。

表 3-1-2　新生儿 Apgar 评分标准

体征	评分标准[*]		
	0	1	2
皮肤颜色	青紫或苍白	身体红，四肢青紫	全身红
心率/(次·min^{-1})	无	<100	>100
弹足底或插鼻反应	无反应	有些动作，如皱眉	哭，喷嚏
肌张力	松弛	四肢略屈曲	四肢活动
呼吸	无	慢，不规则	正常，哭声响

注：[*]0~3 分重度窒息，4~7 分为轻度窒息，8~10 为正常。分别于生后 1 分钟、5 分钟和 10 分钟进行评价。

1. 外观特点　早产儿和足月儿在外观上各有特点(表 3-1-3)，因此，可根据新生儿外表体征(表 3-1-4)和神经发育成熟程度(表 3-1-5)来评定其胎龄。新生儿胎龄评估应在出生后 12~48 小时进行，刚出生时易受母亲用药和产程的影响，头不容易竖立。另外，刚出生时足底水肿导致足纹较少，这些因素会影响胎龄评分的准确性，需要一定时间才能恢复稳定。新生儿发育较快，超过 48 小时，容易使评分结果发生误差。曾有研究显示生后 32 小时左右评分最准确。出生后 1 小时内可根据新生儿外表体征进行评估。

表 3-1-3　足月儿与早产儿的外观特点鉴别表

鉴别点	足月儿	早产儿
皮肤	红润、皮下脂肪丰满、毳毛少	绛红、水肿、毳毛多
头	头大（占身长的 1/4）	头更大（占身长的 1/3）
头发	头发分条清楚	细如绒线头
耳壳	软骨发育好、直挺、耳舟成形	耳郭软、缺乏软骨、耳舟不清楚
乳腺	结节>4mm，平均 7mm	无结节或结节<4mm
四肢	活动自如	活动力弱
指、趾甲	已达到或超过指、趾端	未达指、趾端
跖纹	足纹遍及整个足底	足底纹理少
外生殖器		
男婴	睾丸已降至阴囊	睾丸未降或未全降，阴囊皱裂少
女婴	大阴唇已遮盖小阴唇	大阴唇发育不全，不能遮盖小阴唇

表 3-1-4　新生儿外表体征检查表

生理学特征		胎龄 / 周 20 21 22 23 24 25 26 27 28 29 30 31 32 33 34 35 36 37 38 39 40 41 42 43 44 45 46 47 48						
胎脂		出现	覆盖全身较厚		背部、头皮、足纹内	仅足纹内有少量		无胎脂
皮肤		薄，透明，色红，可见腹壁静脉，水肿	光滑，较厚，无水肿	粉红色，可见少量静脉		稍脱屑，粉红色	厚，白，脱屑（可见于全身）	
指甲		出现		至指尖			超过指尖	
足底纹		足底光滑无纹	足前部 1～2 条	2～3 条	前 2/3 部位有纹	足跟部也有纹	整个足底有较深的纹	
乳房和乳晕		乳头和乳晕不易看见，乳房无结节		乳晕突起 mm	结节 1～2mm	3～5mm	5～6mm	7～10mm	12mm
耳郭	形状	扁平，无定型		上边缘开始内弯	上部 2/3 边缘内弯	耳翼也内弯		
	软骨	耳翼无软骨，故柔软，易于弯折，不易复位	软骨少　软骨薄		软骨增加，耳翼成形			
头发		出现头发	出现眼睫毛	软细如羊毛	发如丝能分开			
露毛		出现	覆盖全身	面部露毛消失	肩部有露毛	全部消失		
外阴	男婴		在腹股沟外可扪及睾丸	降至阴囊上部		降至阴囊下部		
	女婴		阴蒂明显，大阴唇小，且分开	大阴唇增大，可覆盖阴蒂		大阴唇可覆盖小阴唇和阴蒂		
颅骨硬度		骨软	骨仍软，前囟附近骨更软	中心都硬，边缘仍软	骨已硬，但骨缝部可移动		骨硬、骨缝部不能移动	

表 3-1-5　新生儿神经系统发育成熟程度

	胎龄 / 周						
	20 21 22 23 24 25　26 27 28　29 30 31 32　33 34 35　36 37　38 39 40 41 42 43 44 45 46 47 48						
体位	肌张力低下	肌张力低下	开始弯曲大腿	股关节弯曲增强	蛙形体位	肌张力紧张	肌张力过度紧张
上肢退缩	无退缩				开始弯曲无退缩	立即退缩，但可能抑制	立即退缩屈度小
下肢退缩	无退缩				部分退缩		立即退缩
围巾征	无阻力		肘过中线			肘在中线上	肘不过中线
足跟至耳		无阻力	稍有阻力		不可能		
头屈曲	无					头和躯干在一个平面上	头可竖立
胸腹悬吊		肌张力低下，上、下肢下垂				头和背在一个平面上	头高于背
腘窝成角		150°	110°	100°		90°	80°
方窗		90°	60°	45°		30°	0°
踝背曲			45°		20°		0° 早产儿40周时仍有40°

2. 解剖生理特点

（1）呼吸系统：胎儿肺内充满液体，分娩时肺泡上皮细胞钠离子通道在氧、儿茶酚胺、糖皮质激素等的激活下表达迅速上调，使肺泡上皮细胞由分泌为主切换至吸收为主，肺液明显减少，同时经产道娩出时受到挤压，约有 1/3 肺液由口鼻挤出，其余在呼吸建立后由肺泡毛细血管和淋巴管吸收，如吸收延迟，则会出现湿肺症状。正常足月儿呼吸运动较表浅，频率较快，安静时约 40 次 /min，如持续超过 60～70 次 /min 称呼吸急促，通常由呼吸系统或其他系统疾病所致。胸廓呈圆桶状，肋间肌薄弱，呼吸主要靠膈肌的升降，呈腹式呼吸。呼吸道管腔狭窄，黏膜柔嫩，纤毛运动差，血管丰富，容易导致气道阻塞、感染、呼吸困难及拒乳。

早产儿呼吸中枢和呼吸器官发育不成熟，易出现周期性呼吸及呼吸暂停（呼吸停止 >20 秒，伴心率 <100 次 /min 及发绀）。因肺发育不成熟，缺乏肺表面活性物质，易发生呼吸窘迫综合征，在给予通气支持时易导致支气管肺发育不良。同时咳嗽反应弱，易发生肺不张。

（2）循环系统：新生儿自娩出、自主呼吸建立，血液循环动力学即发生重大改变。①脐带结扎后，胎盘 - 脐循环终止；②呼吸建立后，肺的膨胀、通气使肺循环阻力降低，肺血流增加，左心房压力增高；③回流至左心房血量明显增多，体循环压力上升，卵圆孔关闭；④氧分压增高，动脉导管收缩，继而功能性关闭，完成了胎儿循环向成人循环的转变。当患严重肺炎、酸中毒、低氧血症时，肺循环压力升高等于或超过体循环时，卵圆孔、动脉导管重新开放，出现右向左分流，称持续胎儿循环（persistent fetal circulation，PFC）或持续肺动脉高压。正常足月新生儿心率安静时为 120～160 次 /min，一过性的心率增快无临床意义，血压在 50/30mmHg 至 80/50mmHg 的范围。

早产儿心率偏快，血压较低，由于肺泡小动脉的肌肉层发育不完全，使左向右的分流增加，可伴有动脉导管关闭延迟，从主动脉到肺动脉的血流增加，导致肺水肿、缺氧、高血压，引起右心衰竭。

（3）消化系统：足月儿出生时吞咽功能已完善，胃呈水平位，食管下端括约肌松弛而幽门括约肌发达，故易出现溢奶、吐奶情况。新生儿消化道面积大、管壁薄、通透性高，有利于大量流质食物的吸收，但也可使肠腔内毒素及一些消化不全的产物通过，引起中毒症状。一般来说，新生儿生后 24 小时内排胎粪，2～3 天完全排出。胎粪为墨绿色、黏稠状，由胎儿期肠道分泌物、胆汁及咽下的羊水浓缩而成，3～4 天转为过渡性大便。若 24 小时未排胎粪应积极查明原因，排除肛门闭锁、巨结肠等消化道畸形。

早产儿胃容量小，呕吐反射弱，吸吮、吞咽能力差，常出现哺乳困难或乳汁吸入而引起吸入性肺炎。由于胰脂酶活性、胆酸和胆盐水平较低，因此对脂肪尤其是脂溶性维生素的消化吸收能力有限。由于乳糖酶水平较低，在功能上可能有轻度乳糖不耐受，而缺氧或喂养不当等易引起坏死性小肠结肠炎。由于肝功能更不成熟，生理黄疸早且重，持续时间长，肝合成蛋白能力差，糖原储备少，易发生低蛋白血症和低血糖。

（4）泌尿系统：新生儿出生时肾单位数量与成人相当，但其生理功能尚不完善，表现为肾小球滤过率（glomerular filtration rate，GFR）低，过滤面积不足，不能迅速排出过多的溶质，易出现水肿。肾的稀释功能虽然与成人相似，但浓缩功能差，最大浓缩能力仅为 $500\sim700mmol/L$，是成人的 $1/2\sim1/3$，易发生脱水，对浓缩乳或牛乳喂养的新生儿应补足水分。新生儿排泄磷的功能差，但牛乳中磷含量较高，钙磷比例失调，因此牛乳喂养儿易发生血磷偏高和低钙血症。新生儿在生后 24 小时内开始排尿，少数在 48 小时内排尿，1 周内每日排尿可达 20 次，通常尿量为 $40\sim60ml/(kg\cdot d)$。

愈不成熟的早产儿，其肾小球滤过率愈低，会出现少尿或无尿。肾小管功能差，易发生电解质失衡。肾脏的缓冲能力低下，易发生代谢性酸中毒。

（5）血液系统：新生儿血容量约占体重的 10%，与脐带结扎的迟或早有关，若延迟结扎 5min，血容量可从 78ml/kg 增至 126ml/kg。出生时红细胞可达 $(6\sim7)\times10^9/L$；血红蛋白浓度 $140\sim200g/L$，其中胎儿血红蛋白占 70%，以后逐渐被成人型血红蛋白替代；生后 $6\sim12$ 小时因进食较少和不显性失水，通常生后 24 小时达峰值，约第 1 周末恢复至出生时水平，以后逐渐下降。出生第 1 天的白细胞计数可达 $(15\sim20)\times10^9/L$，3 天后开始明显下降，第 5 天接近婴儿值。白细胞分类计数的变化特点主要体现在中性粒细胞与淋巴细胞比例上，$4\sim6$ 天两者接近，以后淋巴细胞占优势。血小板与成人相似。因肝脏维生素 K 储存量少，凝血因子 Ⅱ、Ⅶ、Ⅸ、Ⅹ 活性较低。

早产儿较足月儿外周血红细胞及血红蛋白下降更迅速，"生理性贫血"出现早，而且胎龄越小、体重越低贫血持续时间越长、程度越严重。这是由于早产儿血容量增加迅速（$85\sim110ml/kg$）、促红细胞生成素对贫血的反应低、先天性铁储备少所致。外周血有核红细胞可持续较长时间。维生素 K 的储备较足月儿低下，凝血功能更差。

（6）神经系统：新生儿脑相对较大，占体重的 10%～12%，但脑回、脑沟仍未完全形成。头围能反映脑的容量，出生后头围生长速率约为每个月 1.1cm，至生后 40 周左右逐渐减缓。脊髓相对较长、其末端位于第 3、4 腰椎下缘，因此腰穿时应在第 4、5 腰椎间隙进针。足月儿大脑皮质兴奋性低，睡眠时间长，觉醒时间一昼夜仅为 $2\sim3$ 小时。已具备的原始反射包括觅食反射、吸吮反射、握持反射、拥抱反射和交叉伸腿反射。由于锥体束发育不成熟，腹壁反射、提睾反射不稳定性，而巴氏征呈阳性，新生儿神经系统检查应在出生 24 小时后检查（见表 3-1-5）。

早产儿神经系统成熟和胎龄有关，胎龄越小，原始反射越难引出或反射不完全。此外，早产儿尤其是极低或超低体重儿脑室管膜下存在发达的胚胎生发基质，易发生脑室周围 - 脑室内出血及脑白质软化。

（7）能量代谢：胎儿糖原的储备较少，在娩出后的 12 小时内若未及时补充，容易出现低血糖，此时机体必须动用脂肪和蛋白质来提供能量。足月儿基础热能的消耗量为 $50\sim70kcal/kg$（$209.2\sim313.8kJ/kg$），每日总热量为 $100\sim120kcal/kg$（$418\sim502kJ/kg$）。早产儿所需热量与足月儿基本相同。但由于吸吮力弱，消化功能差，生后数周内常不能达到上述需要量，因此常需肠外营养。足月儿钠需要量为 $1\sim2mmol/(kg\cdot d)$，<32 周的早产儿为 $3\sim4mmol/(kg\cdot d)$；出生时一般不需要补钾，以后需要量为 $1\sim2mmol/(kg\cdot d)$。早产儿体液总量约为体重的 80%，按千克体重计算所需液体量高于足月儿（表 3-1-6）。由于生后体内水分丢失较多，早产儿体重恢复速度较足月儿慢。

表 3-1-6　新生儿不同日龄液体需要量

出生日期	出生体重			
	<1 000g	1 000～1 500g	1 500～2 500g	>2 500g
第 1 天	70～100	70～100	60～80	60～80
第 2 天	100～120	100～120	80～100	80～100
第 3～7 天	120～180	120～180	110～140	100～140
第 8～28 天	140～180	140～180	120～160	120～160

（体内含水量占体重的 70%～80%）

（8）免疫系统：新生儿的特异性免疫和非特异性免疫功能均不成熟，皮肤黏膜薄嫩易损伤，脐残端未完全闭合，细菌容易进入血液。由于血浆中补体水平低，调理素活性低，多形核白细胞产生及储备都少，且趋化性及吞噬能力低下，IgA 和 IgM 不能通过胎盘，因而易患细菌感染，尤其是革兰氏阴性杆菌感染。同时分泌型 IgA 缺乏，呼吸道纤毛运动差，胃酸胆酸少，杀菌力差，易发生呼吸道和消化道感染。血脑屏障发育未完善，容易患细菌性脑膜炎，早产儿尤甚。免疫球蛋白 IgG 虽可通过胎盘，但与胎龄相关，胎龄越小，通过胎盘到达体内的 IgG 越少。

（9）体温调节：新生儿体温调节中枢功能尚不完善，且皮下脂肪薄，体表面积相对较大，皮肤表皮角化层差，容易散热，尤其是早产儿，寒冷时无寒战反应而靠棕色脂肪化学产热。棕色脂肪组织与白色脂肪不同，一般分布在中心动脉附近、两肩胛之间、眼眶后及肾周等，肩胛间区有特殊的静脉网分布，寒冷时脊髓上部重要中枢能得到较温暖的血液保护。因生后环境温度显著低于宫内温度，散热增加，如不及时保温，可发生低体温、低血糖、低氧血症和代谢性酸中毒和寒冷损伤。适宜的环境温度（中性温度）对新生儿至关重要。中性温度（neutral temperature）是指使机体代谢、氧及能量消耗最低并能维持体温正常的最适环境温度。胎龄、出生体重、日龄不同，中性温度也不同，出生体重越低，日龄越小，中性温度越高。环境温度过高、进水少及散热不足，均可以使体温增高，发生脱水热。适宜的环境湿度为 50%～60%。

早产儿体温调节中枢功能更不完善，棕色脂肪少，寒冷时更易发生低体温甚至硬肿。汗腺发育差，使早产儿体温容易受环境温度的影响，不能稳定维持正常体温。

（10）常见的生理状态

1）生理性体重下降：新生儿出生后 2～4 天由于摄入量少、不显性失水及胎粪排出等原因可使体重下降 6%～9%，但一般不超过 10%，10 天左右恢复至出生体重。

2）生理性黄疸：值得注意的是一些新生儿血清总胆红素数值即使在"生理性黄疸"所定义的值以下但也出现了神经系统后遗症，因此临床的实际病情观察至关重要。

3）"马牙"（图 3-1-2）和"螳螂嘴"（图 3-1-3）："马牙"或称"板牙"，是指在新生儿上颚中线和齿龈部位有散在黄白色、米粒大小隆起，系上皮细胞堆积或黏液腺分泌物所致，数周或数月后可自然消退；"螳螂嘴"是指口腔两侧的颊部各有一个利于吸吮的隆起的脂肪组织，不能挑破，以免感染。

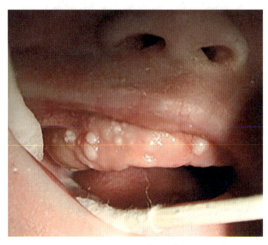

图 3-1-2　"马牙"

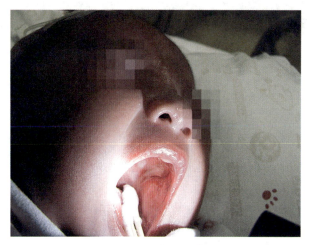

图 3-1-3　"螳螂嘴"

4）乳腺肿大、假月经：男女新生儿均可发生乳腺肿大，在出生后的 3～5 天可能出现乳腺肿大如蚕豆至鸽蛋大小，多在 2～3 周后自行消退，切忌挤压或挑破；假月经发生于女婴，部分女婴在出生后 5～7 天出现类似月经样的流血，一般不做处理，1 周后可自然消失。主要受出生后母亲雌激素突然中断的影响所致。

5）粟粒疹及红斑：出生后 1～2 天，新生儿头部、躯干和四肢出现大小不等的红色斑丘疹，为"新生儿红斑"（图 3-1-4），1～2 天可自然消退；鼻尖、鼻翼、颜面部可见米粒大小的黄白色皮疹，被称为"粟粒疹"（图 3-1-5），为皮脂腺堆积所致，也可自然消退。

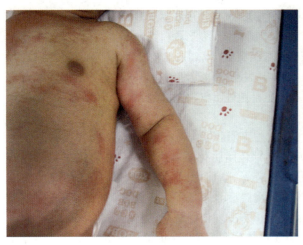

图 3-1-4　新生儿红斑

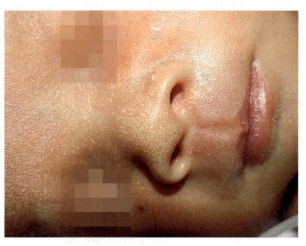

图 3-1-5　粟粒疹

> **知识点**
>
> ### 《全球早产儿报告》)（Born Too Soon：The Global Action Report on Preterm Birth）
>
> 　　2012 年 5 月 2 日，世界卫生组织（WHO）、美国出生缺陷基金会（March of Dimes）等组织发布《全球早产儿报告》(Born Too Soon: The Global Action Report on Preterm Birth)。报告主要介绍了早产的现状、病因及针对其必要的关怀照顾提出了一个减少死亡率以及早产率开展的详细行动计划。报告指出，每年有 1 500 万早产婴儿，其中有 100 万例婴儿死于早产并发症。早产是新生儿死亡的首要原因，并且是继肺炎之后五岁以下儿童死亡的第二大原因。全球早产或低出生体重发生率由 2005 年的 9.60% 上升为 2012 年的 11.10%。早产是一个全球性问题，60% 以上的早产发生在非洲和南亚，早产儿数目最高的国家依次为印度 351 万，中国 117 万，美国 51 万，而早产比例最高的国家是马拉维，100 个活产儿中有早产儿 18 人。早产的常见原因包括多胎妊娠、感染和糖尿病、高血压等慢性病；遗传因素也会产生影响。世界卫生组织表示，许多简单易行的办法可以有效应对早产问题。即使没有新生儿重症监护，一些具有成本效益的护理就能够挽救四分之三以上的早产儿，这些护理包括：产前注射类固醇，以加强婴儿的肺功能；"袋鼠式护理法"母亲怀抱婴儿进行直接的皮肤接触，并予以频繁的母乳喂养；有效及时的婴儿复苏措施；使用抗生素防止和治疗新生儿感染。

二、新生儿重症监护工作场所

（一）配置及分级

　　目前我国设置 NICU 的医院一般为三级，总体两类：一类是具有产科的综合性医院或妇儿医院，收治的患儿以本院产科出生（inborn）的新生儿为主，NICU 应尽可能设在产房同一楼层，以缩短危重患儿从产房至 NICU 的转运距离；另一类是没有产科的儿童医院，收治的患儿均出生于外院（outborn），重危患儿出生后先由出生医院进行复苏，待其初步稳定后再转运至儿童医院。我国大中型城市的三级医院，尤其三级儿童医院大多建立了区域性的新生儿转运队伍，承担重危新生儿的地面转运，对所属地区一、二级医院进行业务指导及培训教育，并负责协调所属地区围生期产、儿科及护理会诊工作，保持与高危产妇集中的产科单位密切联系，以便直接参加或指导高危儿的抢救复苏工作，并将其转入 NICU。

> **知识点**
>
> 　　根据新生儿疾病的危重程度及各级医院的诊治水平，将新生儿病房分为三类。
>
> 　　1. 加强护理区（neonatal intensive care unit）　收治直接来自产房或其他所属地区医院转来的病情危重需密切观察、重点护理及抢救者。
>
> 　　2. 中间护理区（intermediate care）　收治病情好转已脱离危险，急性情况已稳定者或脱离呼吸机仅

需低浓度氧疗者。

3. 低级护理区（minimal care） 接受疾病恢复等待出院患者。

根据病情，患儿可自一个区转至另一个区。

（二）NICU 病室安排

NICU 床位数应由所服务地区人口数量、医院人员及技术条件、地区医疗经济条件、所属地区医院转运量而定，在很大程度上亦决定于当地低出生体重儿的发生率、当地三级医疗中心及相应的转运系统是否发挥作用。目前一般在三级医院（主要指儿童医院）的 NICU，总床位数为 20～30 张，这些床位通常是配有整套监护及治疗（主要是呼吸治疗）设施的救治单元。以往为了抢救及护理操作的便利，以及方便大型检查仪器进入床边，一般将 NICU 设计在一个单独的大房间内，每个抢救床位占用面积约 8～10m^2。近年来 NICU 的设置理念有了较大的变化，强调将 NICU 床单位设置在单独或每间仅 2～4 名患儿的范围，以最大限度地降低院内获得性感染的机会，提高医疗和护理质量。

NICU 除了常规病室外，尚需设 1～2 个隔离室，主要收治具有细菌、病毒或先天感染的患儿。有条件的还应配置小型实验室一个，以进行血气分析、血电解质、血细胞比容、血糖、血胆红素及尿比重、尿渗透压等测定。同一楼中还应有医护办公室、值班室、更衣室、示教室、家属接待室、喂奶间、休息室及储藏室等，如有条件，可安排 1～2 间母婴同室病房，用于极低体重儿在出院前家长对其护理的适应过渡。由于 NICU 的诊治仪器较多，如床边超声仪、移动式 X 线片机等所占有的空间较多，以及常用设备如保暖箱、人工呼吸机等，都必须进行周期性消毒、清洁及存放，上述空间均应该考虑安排。

抢救床单位应配置的设备包括生命信息监护与生命支持系统两大部分。基本设备有辐射保暖床或保暖箱、心肺监护仪、经皮血氧监护仪、吸引器、氧监测仪、复苏皮囊及各种型号面罩、输液泵及人工呼吸器等。每个抢救床旁需有一个置物柜，柜内定点定位存放患儿所需的各种医护用品，如各种型号的针筒、取血针头、胶布、衣物、尿布、消毒棉棒、碘酒、酒精、输液泵等。置物柜的位置应有利于节省护士往返取物所需时间，专柜专人应用可避免交叉感染。

NICU 床单位的呼吸治疗及相关设施应在病房设计时充分考虑，安排位置，相应的抢救单元应有氧气源 2～3 个、压缩空气源 2 个及负压吸引源 2 个。压缩空气及氧气源的压力应符合人工呼吸机使用的要求。病室中心应有大工作台、工作台附近应设有数个脚踏或感应式洗涤槽供洗手用。应设有患儿洗澡用具，存放奶及药物的冰箱。病室内有电话机、对讲系统及计算机信息系统。病室入口处应放置隔离衣柜，衣架及脚踏洗手设备以便工作人员入室时更换衣服及洗手用。为避免空气传播疾病，病室内最好装有空气调节器，要求每小时更换室内空气 16～18 次。

知识点

新生儿学科，尤其是新生儿重症监护学对于从业人员提出了很高的要求。

（1）强调充足的人员配置和团队协作。

（2）在所有儿科学专业中最需要运用现代诊疗技术和手段。

（3）强调新生儿诊治的区域分级和转运。

（4）强调技术和知识更新，理论和实际操作能力的培养。

三、仪器配置、人员配备和职责分工

NICU 中均为重危患儿，病情变化快，需进行持续观察，加上较多仪器设备，治疗复杂，所需人力、物力远较一般病房为多，对医护人员素质要求高，因此人员最好相对固定，三级医疗单位 NICU 的骨干人员更应有特殊专长和主攻方向。在医护的配比上，一般认为 NICU 中护士与患儿之比为（2～3）∶1，而在国外发达国家，该比例可能更高，最理想的是一位护士护理最多不超过 2 名 NICU 患儿。国内由于医疗人力资源的限制，护理人员的配备比例常不能达到发达国家的水平。NICU 应配备固定的医师及护士，设病房主任一人，多由新生儿内科专家主任医师或副主任医师担任，应有固定的主治医师或高年资住院医师一人，年轻住院医师可采

取 6 个月至 1 年的轮转。护士长 1 名应固定，下设副护士长 1 名。监护病房中固定的医师除具备广泛扎实的儿科基础知识外，还应对新生儿临床工作有丰富的经验，经过专业培训能独立处理各种重危急诊情况。在 NICU 工作的医生强调实际操作能力的培养，如熟练掌握复苏技术，掌握气管插管指征及技术，熟练应用有创、无创呼吸机，各类氧气治疗，能独立操作胸腔闭式引流术、脐动静脉插管及换血术、侧脑室穿刺术、膀胱穿刺术及电除颤术等；能使用各种监护仪，能正确分析血气、电解质、酸碱失衡性质及阅读分析心电图及 X 线片等。此外，由于工作性质的原因，常有夜班、外出转运患者等任务，对工作人员的身体素质要求也相对较高。

近年来随着电子技术的发展，NICU 的监护设施种类及功能有了较大的发展，使新生儿的监护更精确可靠，治疗更有效合理。NICU 中常用的监护电子设备及抢救治疗设备如下。

（一）生命体征监护

1. **心率呼吸监护仪**　是 NICU 最基本的监护设备。通过连接胸前或肢体导联，监护并显示心率、心电波形。根据心电波形尚可粗略观察心律失常类型。通过胸部阻抗随呼吸变化原理监测及显示呼吸次数（需用胸前导联）。该仪器一般可设置心率、呼吸频率过快或过慢报警，并具有呼吸暂停报警功能。所有重危患儿都需进行心电及呼吸持续监护。心电监护能发现心动过速、过缓，心搏骤停及心律失常等，但不能将荧光屏上显示的心电波形作为分析心律失常及心肌缺血性损害的标准；监护仪具有显示屏，可调节每次心跳和心率高 / 低报警的声音大小。通过心电监护可测知心率、察看心电波形。胸前导联传感器由三个皮肤生物电位电极组成，NICU 多采用左、右胸电极加右腋中线胸腹联合处导联电极。左 - 右胸前或左胸前 - 右腋中线胸腹联合处常是呼吸信号的采集点，两处不宜靠得太近，以免影响呼吸信号质量。心率呼吸监护仪用前需先将导电糊涂在干电极上，打开电源，调好声频讯号至清楚听到心搏，并将心电波形调至合适大小，设置好高、低报警值（分别设在 160 次 /min 和 90 次 /min）。应用时电极位置必须正确，导联电极必须粘贴于皮肤上。当需要了解过去一段时间内心率变化，可按趋向键，此时荧光屏上会显示 2、4、8、24 小时等时间内心率快慢变化趋向图形，也有监护仪可储存心律失常波形，供回忆分析。

目前功能复杂的心肺监护仪常采用多个插件，可监测体温、心率、呼吸、血压、血氧饱和度、呼出二氧化碳、潮气量、每分通气量、气道阻力、肺顺应性等。

2. **呼吸监护仪**　一般监护呼吸频率、节律、呼吸幅度、呼吸暂停等。常用呼吸运动监护仪监测呼吸频率及呼吸暂停，其原理为通过阻抗法监测呼吸运动，与心电监护电极相连，从呼吸时胸腔阻抗的周期性变化测定呼吸间隔并计算出呼吸频率，然后将电讯号传送至示波器分别显示呼吸幅度、节律，并以数字显示瞬间内每分钟呼吸次数。应用时必须设置好呼吸暂停报警时间，一般 15～20 秒。

3. **血压监护**　可采用无创或有创方法进行。目前多采用电子血压计，配有特制的大小不等的袖带，以适合足月儿或早产儿。新生儿袖带宽度应为肩至肘关节长度的 2/3。压力袖带包绕臂或大腿时袖带上的箭头要正对脉搏搏动处。根据病情需要可设定时测量，亦可随时按压起始键进行测量。仪器能设收缩压、舒张压、平均动脉压及心率的报警值。测量时血压计上显示的心率应与心电监护仪上显示的心率相符，当患者灌注不良处于休克、脉压差较小时，只能显示平均动脉压而不显示收缩压及舒张压。当使用不当或患者灌注不良时，仪器可显示相应的提示信息，以便作出调整进行重新测定。

有创直接测压法：该测压方法是将测压管直接置于被测量的系统内，如桡动脉。由监护仪中的中心处理系统、示波器及压力传感器及测压管组成。通过测压管，将被测系统（如动脉）的流体静压力传递至压力传感器。使用时应设定收缩压、舒张压、平均压和心率的报警范围；系统连接后应进行压力零点校正再行测量。通过该方法测定的压力较为可靠，适用于四肢明显水肿、休克等不能进行无创血压测定的新生儿。通过波形的显示可较直观、实时地反映压力的变化趋势，是危重新生儿抢救的重要监测手段之一。新生儿在脐动脉插管的情况下，采用直接测压法比较方便，也可用桡动脉。直接持续测压法的主要缺点是其具有创伤性，增加了出血、感染等机会。为保证血压及中心静脉压测定读数的准确性，应注意将压力传感器置于心脏水平位，传感器与测压装置的穹窿顶盖间无空气泡，导管通路必须通畅无空气泡及血凝块。

4. **体温监测**　可测定皮肤、腋下、直肠及鼓膜温度。鼓膜温度可采用红外线方法进行测定，它能较准确地反映中心体温，是寒冷损伤时体温评估及新生儿缺氧缺血性脑损伤进行亚低温头部选择性降温治疗时的无创伤性监测手段之一。

（二）氧合或通气状态的评估

1. **氧浓度分析仪**　可测定 FiO_2，读数范围为 21%～100%。测量时将探头置于头罩、呼吸机管道内，以

了解空气 - 氧混合后实际吸入的氧浓度，指导治疗。

2. 经皮氧分压（$TcPO_2$）和经皮二氧化碳分压（$TcPCO_2$）测定仪　$TcPO_2$ 传感器由银制阳极、铂制阴极（Clark 电极）以及热敏电阻和加热器组成。传感器上须盖有电解质液和透过膜，加热皮肤表面（常为 43～44℃），使传感器下毛细血管内血液动脉化，血中的氧透过皮肤后经膜在传感器发生反应产生电流，经处理后显示氧分压读数。应用时传感器应放置在患儿体表，避开大血管又有良好毛细血管网的部位，如上胸部、腹部。不要贴于活动肢体，以免影响测定结果。该法为无创伤性，能持续监测、指导氧疗。

$TcPCO_2$ 由对 pH 敏感的玻璃电极及银 / 氧化银电极组成。利用加热皮肤表面传感器（常为 43～44℃），使二氧化碳自皮肤透过后经膜在传感器发生反应，经处理后显示二氧化碳分压数，进行连续监测。

该监护仪能直接、实时反映血氧或二氧化碳分压水平，减少动脉血气分析的采血次数，其缺点是检测探头每 3～4 小时需更换位置一次，以免皮肤烫伤；使用前及每次更换探头时，必须进行氧及二氧化碳分压校正。

3. 脉率及血氧饱和度仪　该仪器的出现极大地方便了新生儿，尤其是极低体重儿的监护，使临床取血检查的次数大为减少，同时减少了医源性失血、感染等发生机会。它能同时测定脉率及血氧饱和度，为无创伤性的、能精确反映体内氧合状态的监护仪。应用该仪器时应正确掌握氧分压、氧饱和度与氧离曲线的关系，以及各种影响氧离曲线的因素，应知晓在较高血氧分压时，氧离曲线变为平坦，此时的氧分压变化而致的 SpO_2 变化较小，故该仪器不适合于高氧分压时的监护；当组织灌注不良时，测得 SpO_2 值常偏低或仪器不能捕捉到信号；当婴儿肢体过度活动时显示的 SpO_2 及心率常因干扰而不正确，故观察 SpO_2 读数应在安静状态下，当心率显示与心电监护仪所显示心率基本一致时取值。新生儿尤其早产儿氧疗时应注意目标 SpO_2 的控制，以减少早产儿视网膜病（ROP）的发生机会。

（三）体液及生化监护

血细胞比容、血糖、血清电解质、血胆红素、渗透压及血气分析等可在 NICU 中完成。

（四）其他监护室常用设备

1. 床边 X 线片机　为治疗时不可缺少的设备，对了解心、肺及腹部病情，确定气管插管和其他置管的位置，了解相关并发症，评估疗效等都有很好的作用。

2. 透光灯　常由光源及光导纤维组成，属于冷光源。主要用于诊断的照明，如在气胸时通过胸部透照可发现光的散射，作出床边的无创性诊断；也可在桡动脉穿刺时用于寻找桡动脉，引导穿刺。

3. 电子磅秤　用于体重的精确测定，也用于尿布的称重，以估计尿量。

4. 床边超声诊断仪　NICU 患儿常因病情危重或人工呼吸机应用，需床边进行超声检查，以明确先天性畸形、颅内出血、胸腹脏器变化等形态学改变；通过多普勒方法还可了解血流动力学改变，脏器血流及肺动脉压力等，以指导治疗。由于新生儿的体表较薄，采用超声仪的探头频率宜高，如 5～7MHz，以提高影像的分辨率。

5. 肺力学监护　常用于呼吸机治疗时的监测。以双相流速压力传感器连接于呼吸机管道近患者端，进行持续监测气体流速、气道压力，通过电子计算机显示出肺顺应性、潮气量、气道阻力、每分通气量、死腔气量，并能描绘出压力容量曲线。通过肺力学监测能更准确指导呼吸机参数的调节，减少肺部并发症的发生。

6. 床边脑功能监护仪　近年来提倡通过振幅整合脑电图、脑功能和诱发电位仪、脑氧监测仪等，对危重患儿的脑功能进行床边动态监测，有助于评估其远期神经预后。

知识点

新生儿重症监护的主要诊治手段分类如下。

（1）临床生命指标的监护

1）生理指标监测：如心电、呼吸、血氧、肺功能、血流动力学等。

2）影像学监测：如床边 X 线检查、超声检查、MRI 检查等。

3）血生化：如血气分析、血胆红素测定、肝肾功能测定等。

（2）生命支持手段

1）各类呼吸支持：如持续气道正压通气（CPAP）、机械通气。

2）循环支持：如 ECMO 应用。

3）肾支持：如连续肾脏替代治疗（CRRT）技术。

　　4）神经损伤的救治：如亚低温治疗等。

　　（3）营养和内环境的支持：各类肠道内和肠道外营养支持，液体复苏和液体平衡等。

　　（4）心理和人文关怀：对新生儿病情给予的各种解释、安慰等人文关怀。

（五）新生儿重症监护的常用治疗设备

　　NICU 需配备具有伺服系统的辐射加温床、保暖箱；静脉输液泵；蓝光治疗设备；氧源、空气源、空气、氧气混合器；塑料头罩；胸腔内闭锁引流器及负压吸引装置；转运床；变温毯；喉镜片（0 号），抢救复苏设备，复苏皮囊（带面罩），除颤器等。CPAP 装置及人工呼吸机将在相关章节中介绍。

　　常用消耗品：鼻导管、可供不同吸入氧浓度的塑料面罩、气管内插管（新生儿常用插管内径为 2.5mm、3mm、3.5mm 及 4mm）、周围动静脉留置入管、脐动静脉导管（3.5Fr、5Fr、8Fr）、喂养管（5Fr、8Fr）、吸痰管等。

四、新生儿重症监护的特点

（一）较强的人员配置

　　除了训练有素的医护人员对患者直接观察监护外，还配有各种先进监护装置，用系列电子设备仪器对患儿生命体征、体内生化状态、血氧、二氧化碳等进行持续或系统的监护，并集中了现代化精密治疗仪器以便采取及时相应的治疗措施，对患者全身各脏器功能进行特别的护理，尽快使患者转危为安或防止突然死亡。

　　医疗工作由各级训练有素的专职医护人员承担，他们技术熟练、职责分明，有独立抢救应急能力，责任心强。此外还需有各类小儿分科专家如麻醉科、小儿外科、放射科、心血管专家及呼吸治疗师等参与工作。

（二）精良的医疗设备

　　NICU 精密仪器集中，能最有效地利用人力、物力，以便于保养、维修、延长机器使用期限。有 NICU 的三级医院常有较强的生物医学工程（biomedical engineering，BME）人员配备，使各种仪器得到及时、有效的维修和保养。

（三）具有对重危新生儿的转运能力

　　人口稠密地区建立的区域性 NICU，承担重危新生儿的转运、接纳重危患儿；对所属地区一、二级医院进行业务指导及培训教育，并负责协调所属地区围生期产、儿科及护理会诊工作，保持与高危产妇集中的产科单位密切联系，以便直接参加产房内高危儿的抢救复苏工作，并将其转入 NICU。

（四）进行继续教育的能力

　　NICU 出院患者应与地区协作网建立密切联系，向基层普及新生儿救治技术。对出院患者进行定期随访，及时干预，以减少或减轻伤残的发生和发展。NICU 专业医师又应进行跨学科技术、理论研究，以推动新生儿急诊医学的发展；能开展围生及新生儿理论实践进展的各种形式的继续教育学习班。目前各地有省级及国家级继续教育学习班可供选择，此类学习班常将理论授课与实际操作相结合，同时介绍国内外最新进展，他们在很大程度上促进了中国新生儿学科的发展。

（庄德义　马晓路）

第二节　新生儿窒息复苏

　　新生儿窒息（neonatal asphyxia）是围生期各种因素引起的新生儿出生后自主呼吸不能正常建立，从而导致缺氧及相关的全身多器官系统损害。产前、产时及产后任何可引起胎儿 / 新生儿缺氧的因素均可引起新生儿窒息。新生儿窒息是新生儿死亡、严重神经系统后遗症如脑瘫、智力障碍的主要原因之一。

　　新生儿在出生时须经历自母体内过渡到体外的巨大挑战，至少 90% 的新生儿都能顺利完成这个环境过渡所带来的生理调整过程，顺利地开始规则的自主呼吸，完成从胎儿循环到新生儿血流循环的模式转变。约有 10% 的新生儿在出生时需要不同程度的帮助才能建立自主呼吸；而约有 1% 则需要使用各种复苏手段甚至药物干预才能存活下来。

　　在 ABCDE 的复苏原则下，新生儿窒息复苏的过程包括以下环节。

　　1. 快速评估与初步复苏。

　　2. 正压通气与氧饱和度监测。

　　3. 喉镜下气管插管正压通气及胸外心脏按压。

4. 药物（包括必要时的扩容）。

5. 复苏后监护。

临床关键点

（1）首先要快速评估新生儿是否需要初步复苏，评估的内容包括：①是否足月；②羊水是否清亮；③是否有呼吸或哭声；④肌张力是否正常。

（2）"评估 - 决策 - 措施 - 再评估"的程序贯穿于整个复苏的过程，在复苏过程中的评估主要基于心率、呼吸和氧饱和度三方面，这三项反映了复苏的措施是否有效，而心率对于是否进入下一步复苏至关重要。

（3）在每个新生儿出生时进行的 Apgar 评分并不决定是否需要复苏、需要哪些复苏步骤以及何时实施这些步骤。

（4）新生儿复苏应该由一个分工明确且具备熟练技能的复苏小组来完成，多胎分娩时应由"一对一"的专人负责，即每个小组负责一名新生儿。

（5）复苏的设备和药品齐全，应当摆放有序，功能良好，随时处于可用状态。

（6）新生儿复苏的流程图如下（图 3-2-1）

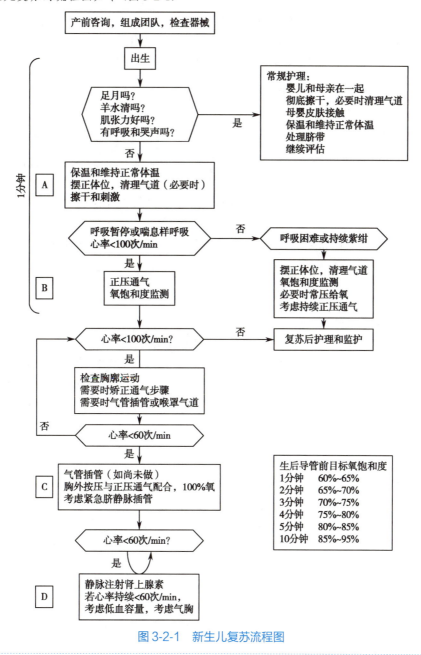

图 3-2-1　新生儿复苏流程图

一名产妇因"前置胎盘出血"急诊剖宫产,出血量估计已达 2 000ml,娩出一名男活婴。初步病史采集如下。

患儿,男,系 G_1P_1,孕 38^{+6} 周,因母"前置胎盘出血"急诊剖宫产娩出,血性羊水。生后患儿自主心率约 80 次 /min,全身苍白、自主呼吸弱且不规则、肌张力减低。

初步评估包括了四个需要回答的问题,即新生儿是否足月、羊水是否清亮、是否有呼吸或哭声、肌张力是否正常。针对这四个问题进行评估,该患儿为足月儿,血性羊水,自主呼吸弱且不规则,肌张力减低。按复苏流程图,应进入初步复苏(即流程图的 A 框)。

【问题 1】　初步复苏包括哪些步骤?

思路:

初步复苏包括五个步骤:保持体温、摆正体位、清理气道、擦干全身、给予刺激。

初步复苏的五个步骤应严格按照顺序进行,不能调换,否则将影响复苏效果。患儿未置于恰当的体位可能造成呼吸道不通畅,影响患儿自主呼吸的建立和正压通气的效果;若患儿羊水粪染且无活力,在清理气道前给予擦干,刺激可能使胎粪颗粒随患儿深吸气或啼哭而进入气道深处。

完成初步评估、复苏、再评估,整个时间应控制在新生儿出生 30 秒内。

【问题 2】　如何保持体温?

思路:

(1)保暖对于新生儿很重要,由于新生儿体表面积相对较大,热量散失快,不恰当的保暖可影响新生儿的复苏效果。无论是否需要复苏,在新生儿娩出前都应做好保暖的准备,通常是将辐射保暖台预热,或因地制宜地准备保温措施如预热毯子。但在复苏过程中若有条件应注意监测患儿中心体温,以避免保暖温度过高造成呼吸抑制等。

(2)对孕周 <32 周的极早产儿可将其头部以下躯体和四肢放在清洁的塑料袋内,或盖以塑料薄膜置于辐射保暖台上。

(3)在复苏的全过程中均需注意对新生儿进行正确地保暖,如在擦干患儿后应将使用过的湿毛巾尽快移除。

【问题 3】　如何摆正体位?

思路:

(1)应将新生儿头轻度仰伸,即置于鼻吸气位,以使咽后壁、喉和气管成一直线(图 3-2-2)。仰伸程度不足或过度均可造成气道的梗阻,增加气道阻力,影响通气效果。

(2)在进行其他操作如吸引、擦干后,应注意重新摆正新生儿体位,使其始终处于鼻吸气位。

【问题 4】　清理气道中需要注意哪些要点?

思路:无论是否需要复苏,娩出后,若有必要,应清理新生儿的呼吸道。

可用吸球或吸管(12Fr 或 14Fr)进行吸引,应注意先口腔后鼻腔的顺序(mouse-nose)。注意应限制吸管的深度及吸引时间,每次吸引应控制在 10 秒以内,吸引器负压不超过 100mmHg(13.3kPa)。过度用力吸引可刺激迷走神经引起心动减慢而使自主呼吸出现延迟,亦可能引起喉痉挛或造成局部黏膜损伤。

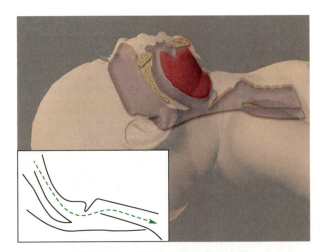

图 3-2-2　新生儿气道开放示意图

羊水粪染的处理:对于羊水有粪的新生儿,是否进行气管内吸引需评估新生儿的活力。有活力的定义是需同时满足以下三条。①规则呼吸或哭声响亮;②肌张力好;③心率 >100 次 /min。若新生儿能达到上述三条标准,为有活力的新生儿,则继续进行初步复苏的其他步骤;若任何一条不能满足,则判定为无活力的新生儿,此时须进行气管内胎粪吸引。

气管内的胎粪吸引应使用胎粪吸引管完成。将胎粪吸引管直接连接气管导管,吸引时用右手将气管导管固定在新生儿上腭,左手示指按压胎粪吸引管的手控口,在持续负压下一边吸引一边退出气管导管,需3~5秒将气管导管撤出。必要时可重复插管再吸引。

【问题5】 怎样正确地对新生儿进行刺激?

思路:用手拍打或手指轻弹新生儿的足底或摩擦背部2次以诱发自主呼吸,注意动作应当轻柔。暴力地拍打或是摇晃患儿可能对新生儿造成伤害,特别是早产儿,容易增加他们发生颅内出血的危险。如这些操作无效则表明新生儿处于继发性呼吸暂停,需要正压通气。

缺氧状态下的呼吸改变及处理:新生儿缺氧的第一个症状是呼吸改变。最初是呼吸增快,继而出现呼吸暂停,并可伴有心率下降。此时患儿处于原发性呼吸暂停阶段,给予刺激能使其呼吸恢复。但若缺氧持续存在,新生儿会在多次喘息后进入继发性呼吸暂停阶段,此刻刺激不能使其呼吸恢复,必须给予人工呼吸。

初步复苏后再次评估

此时患儿呼吸仍不规则,心率波动于80~100次/min。

再次评估患儿仍未建立良好的呼吸,且心率低于100次/min,按照复苏流程,应进入正压通气及氧饱和度监测的步骤(即B框)。自新生儿出生到进入B框的操作应在60秒内完成。

【问题6】 正压通气的指征是什么?

思路1:建立充分的正压通气是新生儿复苏成功的关键。

指征:①呼吸暂停或喘息样呼吸;②心率<100次/min。满足任何一条即需要开始正压通气。

思路2:若患儿有自主呼吸且心率≥100次/min,但有持续发绀或呼吸困难表现,应予以保持气道通畅(如摆正体位、清理呼吸道)并行氧饱和度监测。若氧饱和度不能达到目标值可考虑予以常压吸氧或nCPAP辅助通气。

新生儿生后的目标氧饱和度:新生儿出生后有一个氧饱和度逐步上升的过程,其分钟目标氧饱和度值如表3-2-1所示。

表3-2-1 新生儿生后的分钟目标氧饱和度值

时间	1分钟	2分钟	3分钟	4分钟	5分钟	10分钟
氧饱和度	60%~65%	65%~70%	70%~75%	75%~80%	80%~85%	85%~90%

【问题7】 如何进行正压通气?

思路:包括气囊面罩正压通气和T-组合复苏器。由于不能有效地监测复苏气囊的输出压力,对于有条件的单位应考虑配备压力表,以避免复苏过程中压力过高而导致肺损伤。而T-组合复苏器操作简便、能直观地显示压力,且能维持稳定的PIP及PEEP,维持功能残气量,故更推荐使用T-组合复苏器进行复苏操作,特别是早产儿。

正压通气压力需要20~25cmH$_2$O,对于少数病情严重、肺顺应性较差的初生儿可用2~3次30~40cmH$_2$O压力,此后将压力维持在20~25cmH$_2$O。使用T-组合复苏时可预设吸气峰压(PIP)为20~25cmH$_2$O、呼气末正压(PEEP)为5cmH$_2$O、安全压设置为40cmH$_2$O。单独给予正压通气时的频率为40~60次/min,在与胸外心脏按压配合时的频率应为30次/min。充分有效通气30秒后应再对心率、呼吸及氧饱和度进行评估。

知识点

自动充气式气囊不能用于常压给氧

国内常用于新生儿复苏的自动充气式气囊在前端输出口处为一个单向活瓣,仅在挤压球囊时活瓣

127

开放，气流可通过面罩或气管导管到达患儿。因此，在没有挤压球囊的时候，自动充气式气囊前端到患儿的接口是处于一个封闭状态，不能构成一个有效的气流回路，故自动充气式气囊不能用于常压给氧，在使用过程中应注意这个问题。

【问题8】　是否使用 100% 纯氧进行复苏？

思路： 足月儿可以使用空气进行复苏，早产儿开始可给予 21%～40% 的氧气。可使用空 - 氧混合仪调整给氧浓度，使氧饱和度达到目标值。在不能获得空 - 氧混合仪时，可将自动充气式气囊连接 100% 的氧源后去除储氧袋（此时达到患儿的氧浓度约为 40%）。若确保为有效通气，但心率不增加或氧饱和度增加不满意，可将氧浓度提高到 100%。

【问题9】　如何进行氧饱和度监测？

思路： 无论足月儿或早产儿，在进行正压通气时均需对导管前的氧饱和度进行监测，即将脉搏氧饱和度仪的传感器放在右上肢（如手腕或手掌的中间表面）。

【问题10】　如何判断正压通气是否有效？

思路： 正压通气有效应表现为心率迅速增加、胸廓可见起伏、双侧呼吸音对称、氧饱和度上升及患儿的反应好转。

【问题11】　何时停止正压通气？

思路： 经过 30 秒充分正压通气后，如有自主呼吸且心率≥100 次 /min，则可逐步减少停止正压通气。

知识点

正压通气无效或需要长时间正压通气时的处理

如果正压通气无效，即患儿的心率、氧饱和度无明显好转，应检查并矫正通气操作（MRSOPA 调整面罩，重新摆正体位，吸引口鼻，轻微张口，增加压力，改变气道）后应继续予以人工呼吸。

评估通气步骤是否正确的内容包括：气道是否通畅（体位摆放是否合适、气道分泌物是否充分清理干净、新生儿的口腔是否张开）、面罩是否与新生儿的面部密闭（面罩应以恰能封住新生儿口鼻但不能盖住眼睛或超过下颌为宜）、气囊是否漏气等。

若患儿需持续气囊面罩正压通气（即通气时间 >2 分钟），可经口置入 8Fr 胃管，用注射器抽气以避免胃充盈，并将胃管远端处于开放状态。而在临床上，对于需要长时间正压通气的患儿，往往应当积极考虑气管插管。

正压通气 30 秒后再次评估

患儿自主呼吸仍浅而不规则，且心率进行性下降至低于 60 次 /min，经皮氧饱和度显示为 70%。检查正压通气各步骤，面罩选择适宜、体位摆放正确且气道中无分泌物堵塞。

再次评估患儿仍未建立良好的呼吸，且心率低于 60 次 /min，按照复苏流程，应进入气管插管及胸外心脏按压的步骤（即 C 框）。

【问题12】　气管插管的指征是什么？

思路：

包括以下任何一条：①需要气管内吸引清除胎粪时；②气囊面罩正压通气无效或要延长时；③胸外按压时；④经气管注入药物时；⑤特殊复苏情况，如先天性膈疝或超低出生体重儿。

【问题13】　如何进行气管插管？

思路：

（1）要求整个操作在 20 秒内完成，并且动作要轻柔。左手拇指与示指、中指、无名指持喉镜，小指靠在新生儿颌部进行支撑。舌片沿着舌面右边滑入，将舌头推至口腔左边，推进镜片直至其顶端达会厌软骨谷。以"一抬一压"的手法，将整个舌片平行朝镜柄方向移动，抬起会厌软骨以暴露声门和声带。若暴露不充分时由操作者用自己左手的小指或助手向下压环状软骨使气管下移协助暴露声门区域。禁忌使用上撬的方式来抬起镜片，以免对新生儿造成损伤。充分暴露后，右手持气管导管插入声门，使管端接近气管中点。

（2）若在插管时遇到声带关闭时，切忌暴力操作，可采用 Hemlish 手法，助手用右手示、中两指在胸外按压的部位向脊柱方向快速按压 1 次促使呼气产生，声门就会张开。

选择气管插管的物品型号：喉镜舌片通常选用直镜片。足月儿用 1 号，早产儿用 0 号，超低出生体重儿尚可选用 00 号。

常用的气管导管为上下直径一致的直管（无管肩）、不透射线和有厘米刻度。导管大小的选择如表 3-2-2 示。

表 3-2-2 新生儿气管导管选择标准

体重 /g	导管内径 /mm	上唇 - 气管管端距离 /cm
≤1 000	2.5	6～7
～2 000	3.0	7～8
～3 000	3.5	8～9
>3 000	3.5～4.0	9～10

【问题 14】 如何确定气管插管的位置？

思路：

（1）插管时可通过以下方法判断导管管端是否位于气管中点。①声带线法，即送管时使导管声带线与声带水平吻合；②胸骨上切迹摸管法，即操作者或助手的小指尖垂直置于胸骨上切迹，当导管在气管内前进中小指尖触摸到管端示管端已达气管中点；③体重法，即根据前文表格中不同体重患儿上唇 - 气管管端的距离来进行判断，但应注意患儿体位的改变会影响插入深度。

（2）此外，尚有以下方法确定导管的位置。①正压通气时胸廓起伏对称；②听诊示双肺呼吸音对称，尤其是腋下，且胃部无呼吸音；③正压通气不使胃部扩张；④呼气时导管内有雾气；⑤患儿的心率、肤色和反应迅速好转；⑥在有自主循环的患儿，呼出 CO_2 检测器可有效确定气管插管位置是否正确；⑦胸部平片可清晰地显示导管及末端的位置。

喉罩气道的应用：在复苏过程中若气囊 - 面罩通气无效，气管插管失败或不可能进行气管插管（如患儿合并颜面部发育畸形），以及小下颌或舌相对过大时（如 Robin 综合征、唐氏综合征），在患儿体重≥2 000g 时可考虑使用喉罩气道提供有效的正压通气。

喉罩气道操作简便，操作者用示指将喉罩顶部向硬腭侧"盲插"入新生儿口腔，并沿其硬腭将喉罩安放在声门上方，经向喉罩边圈注入约 2～3ml 空气，即可使边圈覆盖并密闭喉部。此时即可通过喉罩气道的连接口连接复苏囊或其他辅助呼吸装置进行正压通气。

【问题 15】 胸外心脏按压的指征是什么？

思路：充分正压通气 30 秒后心率 <60 次 /min。在正压通气同时须进行胸外按压。

【问题 16】 如何进行胸外心脏按压？

思路：按压位置在胸骨体下 1/3，即新生儿两乳头连线中点下方。可根据患儿体型及复苏者手大小情况，采用拇指法（双手拇指端压胸骨，双拇指重叠或并列，双手环抱胸廓支撑背部）或双指法（右手食、中两个手指尖放在胸骨上，左手支撑背部）进行复苏。按压深度为前后胸直径的 1/3，使按压产生可触及脉搏的效果。注意按压时间应稍短于放松时间，放松时拇指或其他手指应不离开胸壁。由于胸外心脏按压时总是会与正压通气配合，因此应进行 90 次 /min 胸外心脏按压和 30 次 /min 正压通气，即每 2 秒进行 3 次胸外按压及 1 次正压通气。胸外心脏按压 45～60 秒后应进行再评估，进行胸外心脏按压同时 FiO_2 应调整至 100%。

胸外心脏按压 45～60 秒后再次评估

气管插管下患儿双侧胸廓起伏一致、呼吸音对称，但心率下降至 40～50 次 /min，经皮氧饱和度显示为68%。

患儿心率持续低于 60 次 /min，经胸外心脏按压配合正压通气仍无好转，应考虑给予药物复苏（即 D 框）。

【问题 17】 哪些药物可用于新生儿复苏?

思路: 新生儿复苏成功的关键是建立有效的正压通气。新生儿心动过缓的主要原因仍是肺部通气不足及随之而来的严重缺氧,因此大多数新生儿不需要采取药物复苏。目前用于新生儿复苏的药物主要包括肾上腺素及扩容剂。碳酸氢钠在新生儿复苏时不再作为常规推荐。

【问题 18】 肾上腺素使用的指征是什么?

思路: 心搏停止或在 30 秒有效的正压通气配合胸外心脏按压后,心率持续低于 60 次 /min。

【问题 19】 肾上腺素如何使用?

思路: 新生儿总是使用经稀释的 1/10 000 肾上腺素溶液,因 1/1 000 的肾上腺素可能会增加早产儿颅内出血的危险。给药途径可包括经静脉途径和经气管导管途径。首选静脉途径给药,剂量为 0.1～0.3ml/kg 的 1:10 000 肾上腺素溶液;若静脉途径建立困难或在给药时尚无静脉通道,可考虑经气管注入,此时剂量为 0.5～1ml/kg 的 1:10 000 肾上腺素溶液。必要时 3～5 分钟重复 1 次,但重复给药应选择静脉途径。

> **知识点**
>
> **简单易获得的静脉通路——脐静脉**
>
> 在新生儿早期,特别是初生儿,脐静脉是静脉注射的最佳途径。在复苏时可插入 3.5Fr 或 5Fr 的脐静脉导管,尖端进入导管 2～4cm(早产儿更短)后,轻轻抽吸即可见回血流出,是较为方便且能快速建立的血管途径,可用于经静脉途径给予肾上腺素及扩容剂。但应注意避免入肝,否则高渗透性和影响血管的药物可能直接损伤肝脏。在操作时还应避免将空气推入脐静脉。

【问题 20】 何时使用扩容剂?

思路: 对于低血容量或怀疑失血、休克的新生儿,在对其他复苏措施无反应时考虑扩容。应选择等渗晶体溶液(推荐使用生理盐水)进行扩容,首剂为 10ml/kg,经外周静脉或脐静脉缓慢推入,推注时间应 >10 分钟。

结合本例患儿,母亲产前有前置胎盘且大量出血的病史,患儿生后皮肤颜色苍白,经有效的正压通气、气管插管配合胸外心脏按压,仍未能建立有效的自主呼吸且心率进行性下降并持续低于 60 次 /min,因而有指征进行扩容,首选生理盐水进行扩容。

> **知识点**
>
> **复苏中应考虑的特殊情况**
>
> 几乎所有无法成功复苏的原因都是未能建立有效的正压通气。但应注意,若按照复苏流程进行了规范操作,仍未能建议有效正压通气,应考虑以下情况(表 3-2-3)。

表 3-2-3　新生儿复苏不成功的原因及处理措施

情况	病史 / 临床症状	措施
气道机械性阻塞,如胎粪或黏液阻塞	胎粪污染羊水 / 胸廓运动不良	气管导管吸引胎粪 / 正压通气
后鼻孔闭锁	哭时红润、安静时发绀	口腔气道、气管插管
咽部气道畸形(Robin 综合征)	舌后坠进入咽喉上方将其堵塞、空气进入困难	俯卧体位,后鼻咽插管或喉罩气道
气胸	呼吸困难、双肺呼吸音不对称,持续发绀 / 心动过缓	胸腔穿刺术
胸腔积液	呼吸音减低,持续发绀 / 心动过缓	气管插管、胸腔穿刺术、引流放液
先天性膈疝	双肺呼吸音不对称,持续发绀 / 心动过缓,舟状腹	气管插管、插入胃管
先天性心脏病	持续发绀 / 心动过缓	诊断评价
胎儿失血 / 母亲出血	苍白;对复苏反应不良	扩容,包括可能输血

复苏后监护

患儿经脐静脉给予 1/10 000 肾上腺素 0.5ml（患儿体重为 3kg），并经脐静脉给予生理盐水 30ml 扩容后，患儿心率逐渐升至 100 次/min，自主呼吸不规则，气管插管、气囊正压通气下经皮氧饱和度升至 90% 左右。予以停止胸外心脏按压，转入新生儿病房进行复苏后监护。

【问题 21】 本患儿应进行哪些方面的监护？

思路：复苏后的新生儿可能有多器官损害的危险，其监护的内容包括体温管理、生命体征监测及早期发现并发症。对复苏后的新生儿，应注意监测并维持内环境稳定，包括血细胞比容、血糖、血气分析及血电解质等。复苏后立即进行血气分析有助于估计窒息的程度。及时对脑、心、肺、肾及胃肠等器官功能进行监测，早期发现异常并适当干预，以减少窒息的死亡和伤残。如合并中重度缺氧缺血性脑病，有条件的单位可给予亚低温治疗，或及时转送至有条件进行亚低温治疗的单位进行进一步干预及监护。

【问题 22】 早产儿复苏应注意哪些问题？

思路：早产儿复苏的流程与足月儿相同，但应更加注意以下几个环节。

（1）体温管理对早产儿非常重要，应注意使其置于合适中性温度的暖箱，在减少热量散失的同时也应注意减少不显性失水的增加，如在初步复苏部分提到的对极早产儿采用塑料袋保温。

（2）早产儿由于肺发育不成熟，顺应性差，早期不稳定的间歇正压给氧可能对肺部造成极大的损伤，因此正压通气应给予恒定的 PIP 及 PEEP，故推荐早产儿使用 T- 组合复苏器。对极不成熟早产儿，出生后可能需要气管内注入肺泡表面活性物质，预防新生儿呼吸窘迫综合征的发生。

（3）早产儿存在生发层基质，易于出现室管膜下 - 脑室内出血，在复苏过程中应注意操作轻柔，避免使用高渗药物，避免颅内压的巨大波动。

（4）围生期窒息使早产儿的胃肠道缺氧缺血，易发生坏死性小肠结肠炎，应密切观察，可延迟喂养或微量试喂养。

（5）早产儿对高氧非常敏感，故在复苏时尽量避免使用 100% 浓度的氧，并进行氧饱和度或血气分析的动态监测使氧饱和度维持在 90%～95%，定期眼底检查随访。

（母得志）

第三节 新生儿呼吸窘迫综合征

新生儿呼吸窘迫综合征（respiratory distress syndrome，RDS）又称肺透明膜病，是由肺表面活性物质（pulmonary surfactant，PS）缺乏而导致，以出生后不久出现呼吸窘迫并呈进行性加重为主要表现的临床综合征。多见于早产儿，胎龄愈小，发病率愈高。

PS 是由 II 型肺泡上皮细胞合成并分泌的一种磷脂蛋白复合物，磷脂约占 80%，其中卵磷脂（lecithin）是起表面活性作用的重要物质，孕 18～20 周开始产生，继之缓慢上升，35～36 周迅速增加达肺成熟水平。鞘磷脂（sphingomyelin）的含量较恒定，只在 28～30 周出现小高峰，故羊水或气管吸引物中 L/S 值可作为评价胎儿或新生儿肺成熟度的重要指标。PS 中蛋白质约占 13%，其中能与 PS 结合的蛋白质称为表面活性物质蛋白，可与磷脂结合，增加其表面活性作用。PS 覆盖在肺泡表面，减低其表面张力，防止呼气末肺泡萎陷，以保持功能残气量，稳定肺泡内压和减少液体自毛细血管向肺泡渗出。

早产儿胎龄愈小，功能肺泡愈少，气体交换功能愈差；呼吸膜越厚，气体弥散功能越差；气管软骨少，气道阻力大；胸廓支撑力差，肺泡不易张开。因此，对于肺解剖结构尚未完善的早产儿，其胎龄愈小，PS 的量也愈低，肺泡表面张力增加，呼气末功能残气量降低，肺泡趋于萎陷。故其肺功能异常主要表现为肺顺应性下降，气道阻力增加，通气/血流降低，气体弥散障碍及呼吸功增加，从而导致缺氧和因其所致的代谢性酸中毒及通气功能障碍所致的呼吸性酸中毒。

新生儿呼吸窘迫综合征的诊疗经过通常包括以下环节。

1. 详细询问患儿胎龄、有无窒息、呼吸窘迫出现的时间、程度、是否进行性加重及母孕期情况。

2. 查体时重点关注呼吸窘迫的程度、胸廓是否扁平及肺部听诊情况。

3. 及时进行血气分析、血常规、胸部 X 线检查，有条件可行心脏彩色多普勒超声检查。

4. 积极保证通换气功能正常，对确诊 RDS 应尽早使用 PS 替代疗法。

5. 随着治疗后肺顺应性的改善,对出现动脉导管开放的患儿需根据病情决定是否采取措施关闭动脉导管。

6. 若以上处置后仍无明显改善的呼吸窘迫患儿,需注意动态拍摄胸部 X 线,明确有无肺气漏发生;还需完善其他化验检查,注意有无其他可导致呼吸窘迫的病因存在,如 B 组溶血性链球菌肺炎等。

临床关键点

(1)RDS 虽多见于早产儿,但在其他原因导致 PS 缺乏的情况下,如糖尿病母亲儿、窒息、低体温、剖宫产儿等,也可能导致 RDS 的发生。

(2)本病通常在生后 6 小时内出现呼吸窘迫,第 2、3 天病情严重,72 小时后明显好转。若生后 12 小时后出现呼吸窘迫,一般不考虑本病。

(3)呼吸窘迫呈进行性加重是本病特点,胸部 X 线和肺部超声检查是目前确诊 RDS 的重要手段。

(4)PS 的广泛应用,明显降低了 RDS 的病死率及气胸的发生率,同时可改善肺顺应性和通换气功能,降低呼吸机参数。

(5)如果有 RDS 症状,FiO$_2$>0.3 才能维持正常血氧饱和度,推荐"插管—PS—拔管—CPAP"技术。

临床病例

日龄 6 小时的新生儿,因"进行性呼吸困难 5 小时"就诊。初步的病史采集如下。

患儿于入院前 5 小时(即生后 1 小时)出现呼吸困难,表现为呼吸急促、呼气性呻吟,颜面青紫,低流量吸氧后青紫可缓解,但呼吸困难逐渐加重。

患儿系 G$_1$P$_1$,孕 32 周,剖宫产娩出,出生体重 1 520g,否认围生期窒息缺氧病史,羊水、脐带、胎盘无异常。母亲孕期有糖尿病史,无发热、胎膜早破等病史,无特殊用药史,否认家族遗传病史。

初步病史采集后,因患儿主要表现为生后不久出现呼吸窘迫,按新生儿呼吸窘迫思路分析,临床随之需考虑以下相关问题。

【问题1】该患儿是否为呼吸窘迫? 呼吸窘迫的临床表现有哪些?

思路:新生儿呼吸窘迫主要表现为呼吸急促(呼吸频率 >60 次 /min)、鼻扇、呼气呻吟、吸气性三凹征及青紫。该患儿有典型的呼吸窘迫的表现。

知识点

呼吸窘迫

呼吸急促(呼吸频率 >60 次 /min)是为增加肺泡通气量,代偿潮气量的减少;鼻扇为增加气道横截面积,减少气流阻力;呼气呻吟是因呼气时声门不完全开放,使肺内气体潴留产生正压,防止肺泡萎陷;吸气性三凹征是呼吸辅助肌参与的结果,以满足增加的肺扩张压;青紫是由于氧合不足。

呼吸窘迫若进行性加重,严重可表现为呼吸浅表、呼吸节律不整、呼吸暂停,甚至呼吸衰竭。

【问题2】新生儿出生后不久出现的呼吸窘迫应该考虑哪些疾病?

思路:本病例为胎龄 32 周早产儿,生后不久出现呼吸窘迫,且呈进行性加重,首先应考虑新生儿 RDS,此外还应该注意湿肺、B 组溶血性链球菌肺炎、先天性膈疝的可能。

【问题3】询问病史应围绕哪些方面进行?

思路:①应询问母孕期病史,糖尿病母亲儿血中高浓度胰岛素,能抑制糖皮质激素对 PS 合成的促进作用;②母孕期用药史,产前类固醇激素治疗可能降低 RDS 的发生;③患儿围生期情况,如出现窒息、低体温、前置胎盘、胎盘早剥和母亲低血压等,此外剖宫产儿,因未经正常宫缩,儿茶酚胺和肾上腺皮质激素应激反应弱,PS 合成分泌也较少;④胎龄尤为重要,胎龄愈小,发病率愈高;⑤呼吸困难出现时间及病情发展趋势,RDS 呼吸困难出现早,若超过 12 小时,一般不考虑本病。

【问题4】根据本例进一步询问病史,该如何进行初步判断?

思路:①患儿为胎龄 32 周早产儿,生后不久(生后 1 小时左右)出现呼吸困难,表现为呼吸急促、呻吟,并且进行性加重,应首先考虑 RDS;②患儿为剖宫产儿、母亲产前未应用类固醇激素也会增加患儿 RDS 风险;③此外,宫内感染肺炎不能除外,尽管母孕期无发热,无胎膜早破等,仍需要给予患儿完善感染指标相关检查。

查体记录

体温 36.1℃,呼吸 65 次 /min,脉搏 155 次 /min,体重 1 520g,神志清,反应差,前囟平软,呼吸急促 65 次 /min,可见鼻扇,三四征阳性,口周发绀,胸廓对称扁平,双肺听诊呼吸音清,未闻及干湿啰音,心音有力,未闻及杂音,腹平软,肝右肋下 1.0cm,质软,脾左肋下未及,肠鸣音正常,脐带未脱落,结扎完好,四肢无水肿及硬肿,四肢肌张力略减低,吸吮反射可引出,拥抱反射不能引出。

【问题 5】　查体时如何判断患儿呼吸困难程度?

思路:RDS 患儿呼吸困难呈进行性加重,对于出现呼吸衰竭伴低氧血症的患儿,应立即给予干预,纠正低氧血症。呼吸衰竭的临床指标包括呻吟、三凹征、中心性发绀、呼吸频率 >60 次 /min,呼吸活动减少和难治性的呼吸暂停。在没有实验室指标的情况下,经皮血氧饱和度也是重要指标。新生儿的呼吸系统代偿能力有限,故早期认识呼吸衰竭很重要,当怀疑有呼吸衰竭时,应快速评估患儿的通气状态。此外,在低氧及高碳酸血症时,患儿常有意识状态的改变。对于严重的呼吸衰竭患儿需要气管插管和机械通气治疗。

【问题 6】　如何通过查体对疾病进行初步判断?

思路:本例患儿查体反应差,呼吸急促 65 次 /min,可见鼻扇,三凹征阳性,未吸氧下口周发绀,提示存在呼吸窘迫;患儿无呼吸暂停,低流量吸氧后发绀能缓解,无严重呼吸衰竭表现;无顽固性低氧,听诊心脏未闻及杂音,无差异性青紫,不支持新生儿持续肺动脉高压(PPHN)等诊断。

【问题 7】　结合上述查体结果,为进一步诊断应实施哪些检查?

思路:通过上述查体可以发现患儿存在呼吸窘迫,继续尽快完善血气分析、胸片、血常规等检查。

急诊辅助检查

血常规+CRP:WBC 18.3×10^9/L,中性粒细胞百分比 70%,Hb 155g/L,PLT 400×10^9/L,CRP<8mg/L。

微量血气血生化:pH 7.33,$PaCO_2$ 55mmHg,PaO_2 56mmHg,Hb15g/dl,SpO_2 85%,K^+ 4.6mmol/L,Na^+ 134mmol/L,Cl^- 92mmol/L,Ca^{2+} 1.30mmol/L,BE-4.5mmol/L。

胸片:双肺呈普遍性透光度降低,毛玻璃样改变。

【问题 8】　如何判读本患儿初步检查?

思路:胸片提示双肺呈普遍性透光度降低,毛玻璃样改变,结合病史及查体,可确诊 RDS;血白细胞、CRP 正常,不支持细菌感染,但应严密监测感染指标变化。

RDS 的胸部 X 线检查

①毛玻璃样改变:呈普遍性的透过度减低,可见弥漫性均匀一致的细颗粒网状影(图 3-3-1);②支气管充气征:在弥漫性不张肺泡(白色)的背景下,可见清晰充气的树枝状支气管(黑色)影(图 3-3-2);③白肺:严重时双肺野均呈白色,肺肝界及肺心界均消失(图 3-3-3)。

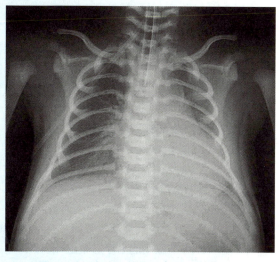

图 3-3-1　患儿 X 线胸片(毛玻璃样改变)

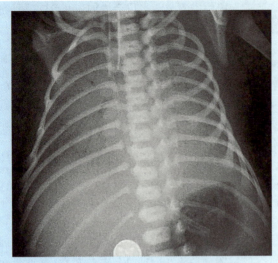

图3-3-2　患儿X线胸片（支气管充气征）

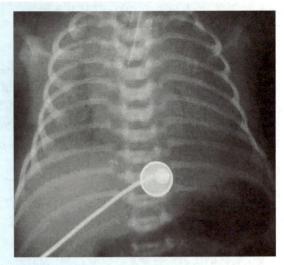

图3-3-3　患儿X线胸片（白肺）

【问题9】　如何确定该患儿治疗的地点？是选择门诊还是住院治疗？

思路：患儿必须入院，因RDS患儿呼吸困难呈进行性加重，无呼吸衰竭患儿可能加重出现呼吸衰竭，且新生儿的呼吸系统代偿能力有限，需及早发现及早治疗，如严重RDS需要立即气管插管并且护送至病房，进行机械通气治疗。

【问题10】　入院后需要进一步进行哪些检查？

思路：随时观察并评估患儿呼吸困难情况，监测血气分析；如病情变化需要动态拍摄胸片，有助于鉴别诊断、判断病情；可以行泡沫试验、肺成熟度的判定；监测血常规，进一步观察有无炎性指标升高，血培养等检查协助排除感染性疾病。

住院后检查及诊断

复查微量血气血生化：pH 7.22，$PaCO_2$ 64mmHg，PaO_2 60mmHg，Hb15g/dl，$SpO_2$87%，K^+4.4mmol/L，Na^+132mmol/L，Cl^- 92mmol/L，Ca^{2+} 1.28mmol/L，$BE-8.0$mmol/L（吸氧时）。

【问题11】　如何根据上述提供的病例进行综合判断。

思路：

（1）患儿呼吸困难加重，呼吸衰竭，存在失代偿的呼吸性酸中毒合并代谢性酸中毒，且符合机械通气指征，行机械通气治疗，并尽早使用PS治疗。

（2）诊断新生儿呼吸窘迫综合征：患儿为早产儿，胎龄32周；生后不久出现呼吸困难，后逐渐加重，表现为呼吸急促、呻吟。

体格检查：呼吸急促65次/min，可见鼻扇，三凹征阳性，胸廓扁平，口周发绀。

胸片：双肺透光度普遍性降低，呈毛玻璃样改变。

患儿符合新生儿呼吸窘迫综合征的诊断。

【问题12】　患儿该如何进行治疗？

思路：RDS的治疗目的是保证通气换气功能正常，待自身PS产生增加，RDS得以恢复。有RDS风险新生儿应在生后立即使用CPAP，并尽可能持续使用CPAP以避免气管插管，如果RDS进展需要使用PS，越早越好，通过微创方式早期使用PS避免肺损伤。应用PS和尽早使用无创机械通气是治疗的重要手段。

近年来认为，对极低和超低出生体重儿，在生后早期甚至产房内即开始应用经鼻CPAP，可能会避免气管插管机械通气或减少后期支气管肺发育不良（BPD）发生。

【问题13】　本患儿的治疗方案是什么？

思路：先使用CPAP，如果有RDS症状，$FiO_2>0.3$才能维持正常血氧饱和度，推荐INSURE技术予以PS治疗。

知识点

PS 的应用

①使用时机：如果 RDS 进展需要使用 PS，越早越好，采用 INSURE 技术，但是预防性 INSURE 技术并不优于单独使用 CPAP，但对生后需要气管插管稳定的早产儿可以在产房使用 PS；②剂量及频次：每种 PS 产品均有各自的推荐剂量，多数报道首次使用猪 PS 建议 200mg/kg，其疗效优于 100mg/kg 猪 PS 或牛 PS；如存在 RDS 病情进展证据，需持续需氧或机械通气，可给第 2 次甚至第 3 次 PS 治疗；③方法：有自主呼吸者可使用 LISA（less invasive surfactant administration，侵入性较小的 PS 使用）或 MIST（minimally invasive surfactant treatment，微创 PS 使用）技术替代 INSURE 技术。

【问题 14】 住院期间需要注意的问题是什么？

思路：随着病情的逐渐好转，由于肺顺应性的改善，肺动脉压力下降，患儿恢复期有动脉导管开放的可能。如恢复期的 RDS 患儿，其原发病明显好转，突然出现对氧的需求量增加、难以矫正和解释的代谢性酸中毒、喂养困难、呼吸暂停、全身皮肤发凉发花及肝脏在短时间内进行性增大，应注意动脉导管开放。查体可见心前区搏动增强，胸骨左缘第 2 肋间可听到收缩期或连续性杂音。另外，如患儿低氧难以纠正，需要考虑 PPHN 及其他类型先天性心脏病的可能。因此，必要时，需要完善彩色多普勒心脏超声检查。

其他需注意问题：①应用 PS 后，当潮气量迅速增加时，应及时下调 PIP 及 PEEP，以免发生肺气漏；②LISA 或 MIST 技术：CPAP 下维持自主呼吸，PS 在几分钟内缓慢注入，不用球囊加压。

（母得志）

第四节　颅 内 出 血

新生儿颅内出血（intracranial hemorrhage of the newborn，ICH）是一种常见的脑损伤，与围生期窒息、产伤、早产等因素密切相关。通常胎龄越小，发生率越高，严重者可有神经系统后遗症。颅内出血主要类型为脑室周围 - 脑室内出血（periventricular-intraventricular hemorrhage，PVH-IVH）、蛛网膜下腔出血（subarachnoid hemorrhage，SAH）、脑实质出血（intraparenchymal hemorrhage，IPH）、硬脑膜下出血（subdural hemorrhage，SDH）、硬脑膜外血肿（epidural hematoma，EDH）及小脑出血（cerebellar hemorrhage，CH）等。

不同原因引起的新生儿颅内出血部位各有不同，由产伤所致的颅内出血主要为硬膜下出血、脑实质出血、蛛网膜下腔出血；由缺氧窒息所致颅内出血临床上以脑实质出血、蛛网膜下腔出血和脑室周围 - 脑室内出血为主。足月儿多为硬膜下出血和蛛网膜下腔出血，而早产儿则以脑室周围 - 脑室内出血为多见。新生儿颅内出血临床表现多不典型，与出血部位和出血量有关，轻者可无症状，大量出血者可在短期内死亡。症状多在出生后 72 小时内出现，主要为中枢神经系统兴奋或抑制症状、颅内压增高和脑干功能紊乱表现，若患儿出现不明原因的低体温、贫血、黄疸、频繁呼吸暂停及休克等，应注意颅内出血的发生。

本病的确诊必须依赖于影像学检查。超声对脑室周围 - 脑室内出血显示较好，表现为室管膜下和 / 或脑室内呈强回声反射。CT 在出血早期可显示各级脑室周围 - 脑室内出血，对蛛网膜下腔、小脑和脑干部位的出血较为敏感，但对室管膜下及少量脑室内出血的敏感性不及超声。MRI 是目前明确出血部位及程度、预后评价的最重要检测手段。影像学上一般依据 Papile 分级法将 PVH-IVH 分为 4 级。Ⅰ级：单或双侧室管膜下生发基质出血；Ⅱ级：室管膜下出血穿破室管膜，引起脑室内出血，但无脑室增大；Ⅲ级：脑室内出血伴脑室增大；Ⅳ级：脑室内出血伴脑实质出血。其中Ⅲ、Ⅳ级颅内出血常留有不同程度的神经系统后遗症。

新生儿颅内出血的诊疗经过通常包括以下环节。

1. 详细询问患儿有无早产、低出生体重、窒息、分娩方式及肺部疾病等因素；孕母有无子痫、胎盘早剥和子宫异常等疾病。

2. 详细询问患儿意识障碍、惊厥等神经系统症状出现的时间、程度及伴随症状。

3. 查体时重点关注眼征、肌张力、原始反射、意识状态等神经系统症状，以及有无惊厥等。

4. 及时进行头颅超声、CT、MRI 等影像学检查及血红蛋白、网织红细胞、血细胞比容、凝血功能和脑脊液常规、生化等重要的辅助检查。

5．积极进行支持疗法、止血、控制惊厥、降低颅内压及脑室出血后脑积水的治疗。

临床关键点

1．首先明确新生儿颅内出血的临床类型　主要包括：脑室周围-脑室内出血，蛛网膜下腔出血，硬膜下出血，脑实质出血和小脑出血。出现神经系统相应症状或具备早产、窒息、难产等高危因素者，均应尽早完善相关检查以明确是否存在颅内出血及颅内出血的类型。

2．本病首先要尽早完善头颅B超、CT、MRI等明确是否存在颅内出血的发生。头颅B超对颅脑中心部位分辨率较高，对脑室周围-脑室内出血诊断，应为首选，并在生后3～7天进行，1周后动态监测。但蛛网膜下腔、后颅窝和硬膜外等部位出血B超不易发现，需行CT、MRI等检查确诊。

3．明确颅内出血存在的部位、类型、范围及程度，以进一步指导预后。

临床病例

日龄46小时的新生儿，主因"进乳差1天，抽搐1次"来急诊就诊。初步病史采集如下。

患儿于入院前16小时（即生后30小时）无明显诱因出现抽搐1次，表现为双眼眨动，四肢屈曲强直抖动，持续约数分钟自行缓解。此后吃奶差，精神差，嗜睡，无发热，为进一步诊治转来我院。

患儿为G_1P_1，孕39周，经产钳助产娩出，有围生期窒息缺氧病史，母亲无特殊疾病及特殊用药史。出生体重4 020g。生后3小时喂糖水及母乳喂养。生后24小时内已排尿及胎便。

家族史：否认家族癫痫遗传病史。

初步病史采集后，因患儿主要表现为生后抽搐1次，进乳差，且有难产史，按新生儿颅内出血思路分析，临床上首先需考虑以下相关问题。

【问题1】　该患儿生后早期出现惊厥应该考虑哪些疾病？

思路：新生儿生后早期即出现惊厥应属异常，主要鉴别感染性及非感染性疾病。故病史应仔细询问患儿有无发热，母亲孕后期、分娩前及分娩过程中有无感染病史，母孕期有无糖尿病，以及家族性癫痫等遗传病史。同时初步完善血清离子分析及血糖检测，初步排除低血糖或离子紊乱等原因所致。

知识点

新生儿惊厥

新生儿惊厥的病因很多，有时几种因素可同时存在，根据其主要发病因素，大致可分为以下2种。

(1)非感染因素：如缺氧缺血性脑病，颅内出血，低血糖，离子紊乱（包括低钙血症、低镁血症、高钠和低钠血症），先天性代谢紊乱（如枫糖尿病、甲基丙二酸血症等），维生素B_6依赖症，核黄疸，癫痫以及少见的撤药综合征，先天性脑发育不全等。

(2)感染性因素：以化脓性脑膜炎为多见。胎儿在宫内感染风疹、弓形体和巨细胞病毒，可引起胎儿脑炎，若宫内病变持续至出生时，则生后即可出现惊厥。

【问题2】　询问病史应围绕哪些方面进行？

思路1：

(1)应询问分娩方式，是否存在产伤、宫内窘迫及产前、产时、产后窒息，患儿是否为早产、低出生体重。

(2)追问家族癫痫病史。

(3)母亲孕期有无感染性疾病史、胎膜早破，是否有不洁产检及分娩史，了解有无感染性因素存在。

(4)询问有无孕母糖尿病、子痫、胎盘早剥和子宫异常等疾病。

(5)新生儿生后开始喂养时间及喂养方式，注意有无因饥饿原因导致低血糖引起的惊厥。

思路2：注重详细询问患儿有无发热、反应低下、拒乳、肌张力改变、尖叫等症状，查体注意患儿有无肢体无力或四肢内旋、头后仰、贫血、黄疸等临床表现。

> **知识点**
>
> **新生儿颅内出血的原因**
>
> （1）早产：32 周以下的早产儿脑发育不成熟，脑室周围的室管膜下及小脑软脑膜下的颗粒层均存留胚胎生发层基质，该区域代谢活跃，耗氧量大，对缺氧及酸中毒极其敏感，易发生坏死、崩解而出血。且血管丰富而纤细，缺乏胶原和弹力纤维的支撑，易于损伤。此外，该部位小静脉系统成 U 形回路汇聚于 Galen 静脉，这种特殊血流走向易导致血流缓慢或停滞、毛细血管床压力增加而出血。
>
> （2）疾病因素：缺氧缺血、酸中毒、低血糖、感染等多种疾病可损害脑血流的自主调节功能，形成压力被动性脑血流以及脑血管扩张，血管壁破裂出血。
>
> （3）损伤因素：各种机械性损伤均可使大脑镰小脑幕撕裂而导致硬膜下或颅内出血。随产科技术的提高，已少见。
>
> （4）医源性因素：各种有创性诊疗操作，输液治疗时渗透压、张力不恰当，呼吸机参数设置不当或使用某些药物治疗等引起的全身及脑内血流动力学异常或自主调节受损，引起毛细血管破裂而出血。

【问题3】 根据本例进一步询问病史，该如何进行初步判断？

思路：①患儿为巨大儿，有难产、经产钳助产病史，应首先考虑颅内出血，尤其要注意硬膜下、脑实质出血、蛛网膜下腔出血。此外患儿生后存在窒息缺氧史，亦应考虑新生儿缺氧缺血性脑病。②无家族抽搐等遗传代谢病史，癫痫可能性不大。③孕母无吸毒用药史，可除外戒断综合征的可能。④母亲孕期无感染性疾病史、无胎膜早破，无不洁产检及分娩史，不支持感染性因素。⑤母孕期无糖尿病史，血糖检测正常，不支持低血糖所致惊厥。

【问题4】 病史采集结束后，下一步查体应重点关注那些方面？

思路：观察生命体征是否平稳，精神反应、哭声、肌张力、原始反射、眼征、头颅外形、头围大小、囟门张力；观察有无贫血貌，协助分析出血量多少；观察有无黄疸及其程度（波及范围），协助分析有无核黄疸；同时观察患儿生长发育情况、有无缺氧表现，协助分析是否为先天发育问题及围产缺氧所致；查找有无脐部、皮肤等感染灶，以除外感染性因素。

> **查体记录**
>
> 体温 36.5℃，呼吸 40 次 /min，脉搏 140 次 /min，血压 65/30mmHg，体重 4.02kg，身长 52cm，头围 34cm。精神反应差，哭声弱，颜面、躯干皮肤中重度黄染，皮肤略苍白，无皮疹及出血点。前囟平软，头颅左顶部可触及一约 4cm×5cm 包块，边界清晰，未超越骨缝，波动感（+）。双肺呼吸音清，未闻及啰音。心音有力，心律齐，未闻及杂音。腹软不胀，未见肠形和肠蠕动波，未扪及包块，肝脏位于右肋下 1cm，脾未触及。脐带结扎完好，未脱落，脐周无红肿，脐窝无分泌物。四肢肌张力正常，无水肿，新生儿原始反射减弱。

【问题5】 如何通过查体对疾病进行初步判断？

思路：本例患儿体重 4.02kg，头颅左顶部可触及一约 4cm×5cm 血肿，边界清晰，未超越骨缝，波动感（+），提示存在产伤引起的头颅血肿；精神反应差，哭声弱，呼吸平稳，肌张力及新生儿原始反射减弱，提示存在神经系统临床表现；躯干皮肤中重度黄染，皮肤略苍白，提示存在失血，且量较多；脐部干洁无分泌物，皮肤无破损，未见明显呼吸道症状，未发现明显感染表现。综合上述可初步诊断为新生儿颅内出血可能性大。

> **知识点**
>
> **硬膜下出血的分类和表现**
>
> 硬膜下出血为产伤性颅内出血最常见的类型，多见于足月巨大儿。出血量少者可无症状，出血明显者一般在出生 24 小时后出现惊厥、偏瘫和斜视等神经系统症状。根据出血部位分为小脑幕撕裂、大

脑镰撕裂和大脑表浅桥静脉破裂两种。

（1）小脑幕撕裂：临床表现分为两种类型。①致命型，生后即出现意识障碍、呼吸增快、光反应不对称等脑干上部受压症状，数小时内出现昏迷、呼吸节律不齐或呼吸暂停、瞳孔扩大或缩小等低位脑干受压症状，48小时内迅速死亡；②逐渐加重型，生后先表现兴奋激惹，1～2天意识状态由兴奋转为抑制，并出现颅内压增高症状，至第3、4天出现脑干功能紊乱症状及中枢性呼吸衰竭，患儿常在病情恶化后数小时至1天内死亡，度过3～4天则能逐渐好转。

（2）大脑镰撕裂和大脑表浅桥静脉破裂：少量出血者无症状，大量出血者可于生后出现兴奋激惹、凝视，肢体活动过多，肌张力增高等症状，常在生后第2天或3天出现抽搐，第4～5天逐渐减轻，存活者大多预后良好。

【问题6】　结合上述查体结果，为进一步诊断应实施哪些检查？

思路： 通过上述查体可以发现患儿神志改变、肌张力减弱、贫血、黄疸程度较重，颅内出血可诊断。急诊需尽快完善头颅超声、CT以及血常规、凝血功能、血气离子分析、血糖等。

急诊辅助检查

血常规：WBC 9.3×10^9/L，中性粒细胞百分比50.7%，Hb 120g/L，PLT 402×10^9/L，网织红细胞百分比（Rc）7.9%，红细胞比容（HCT）45%。

微量血气血生化：pH 7.42，$PaCO_2$ 40.5mmHg，PaO_2 78mmHg，Hb 11.7g/dl，$TcSO_2$ 97.1%，K^+ 4.8mmol/L，Na^+ 137mmol/L，Cl^- 98mmol/L，Ca^{2+} 1.19mmol/L，BE −0.5mmol/L。

凝血功能：PT 15秒，APTT 47秒。

空腹血糖：3.8mmol/L。

头颅超声：未见明显异常。

头颅CT：左枕部颅骨内板下方新月形高密度区。

【问题7】　如何判读本患儿初步检查？

思路1： 血常规检查示血红蛋白明显下降，网织红细胞明显升高，提示该患儿存在急性失血；白细胞计数及中性粒细胞比例正常，不支持细菌感染因素；凝血功能正常，可除外其他出血性疾病；血糖正常，可除外低血糖性脑损伤；血气离子分析各项离子指标均正常，可除外离子紊乱所致惊厥。

知识点

新生儿血常规检查：生后24小时血红蛋白数一般在140～200g/L，此后逐渐下降。生后2周内静脉血血红蛋白≤130g/L或毛细血管血红蛋白≤145g/L定义为新生儿贫血。网织红细胞出生3天内为4%～6%，4～7天迅速降至0.5%～1.5%，4～6周回升至2%～8%。

思路2： 新生儿颅内出血应以头颅影像学检查作为确诊标准，头颅CT示左枕部颅骨内板下方新月形高密度区，支持硬膜下出血诊断；头颅超声未见明显异常，可除外脑室周围-脑室内出血。

【问题8】　如何确定该患儿治疗的地点？是选择门诊还是住院治疗？

思路： 新生儿颅内出血应及时住院进行支持疗法、止血、控制惊厥、降低颅内压及治疗脑积水。出院后还需门诊密切随诊观察。

【问题9】　入院后需要进一步进行哪些检查？

思路：

①监测血常规：了解血红蛋白和网织红细胞的变化，了解有无进行性失血；并进一步观察有无血小板减少；必要时完善CRP、PCT等感染指标，协助诊断感染性疾病；②肝功能尤其是血胆红素测定：了解黄疸程度，间接判断失血程度；③监测凝血功能：了解有无出血性疾病；④先天性宫内感染：完善TORCH、微小病毒B19等相关病原学检查；⑤头MRI及弥散加权成像检查：详细了解颅内出血的性质、部位及程度；⑥脑脊

液检查：脑脊液可呈血性、镜下可见红细胞或皱缩红细胞，并可与其他引起中枢神经系统症状的疾病鉴别；⑦必要时进行遗传代谢性疾病筛查。

住院后检查及诊断

血清总胆红素 225μmol/L，间接胆红素 201μmol/L，肝功能正常。

血常规和CRP：WBC、中性粒细胞及CRP正常，Hb 120g/L，Rc 7.9%，PLT 402×10^9/L。

头颅MRI：可见左枕部 T_1 加权新月形高信号，T_2 加权相应部位低信号影。

脑脊液常规：WBC 20×10^6/L，RBC 10×10^6/L，可见皱缩红细胞。

血生化：蛋白 1.8g/L，糖 4.0mmol/L，氯化物 110mmol/L。

脑电图：正常睡眠脑电地形图。

【问题10】　如何根据上述提供的病例进行综合判断？

思路： 根据实验室检查结果分析，患儿血红蛋白降低，头颅MRI可见左枕部 T_1 加权新月形高信号，T_2 加权相应部位低信号影（图3-4-1）。支持新生儿硬膜下出血的诊断。

根据检查结果，进一步明确或除外的疾病。①患儿腰穿脑脊液常规：白细胞 20×10^6/L，红细胞 10×10^6/L，可见皱缩红细胞；血生化：蛋白 1.8g/L，糖 4.0mmol/L，氯化物 110mmol/L，符合新生儿颅内出血诊断，可除外颅内感染。②脑电图：正常睡眠脑电地形图。不支持新生儿癫痫。

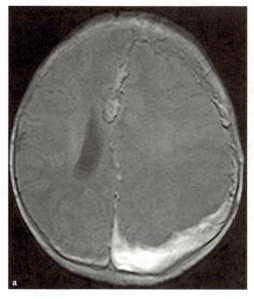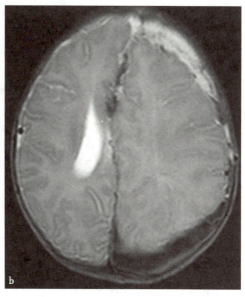

图3-4-1　硬膜下出血的MRI
（a. 左枕部 T_1WI 新月形高信号影；b. T_2WI 相应部位低信号影）

知识点

如何根据MRI中不同的出血信号，估计出血时间？

出血即刻，血液尚未凝固，T_1 加权像（T_1WI）为略低信号，T_2 加权像（T_2WI）为高信号；出血后2天，氧合血红蛋白变成脱氧血红蛋白，T_1WI 为略低信号或等信号，T_2WI 为低信号；第3～5天，细胞内出现正铁血红蛋白，T_1WI 出现高信号，T_2WI 仍为低信号；第6～10天，细胞膜破裂，正铁血红蛋白溢出，T_1WI 仍为高信号，T_2WI 血肿从周边向中心逐渐出现高信号；第11～21天，红细胞完全崩解，T_1WI 和 T_2WI 均为高信号，但 T_2WI 血肿周边有低信号环。

【问题11】　该如何进行治疗？

思路： 颅内出血患儿在门诊往往难以保持安静，需住院治疗。

【问题12】 本患儿的治疗方案是什么?

思路:入院后主要是对症治疗。

(1)一般治疗:使患儿保持安静,避免搬动,尽量减少刺激性操作;维持血压正常,保证足够热量供给,注意液体出入平衡,及时纠正酸中毒。

(2)止血:可选择使用维生素 K_1、酚磺乙胺和巴曲酶等,对有凝血机制异常者,可使用新鲜冰冻血浆等。

(3)对症治疗:有惊厥发作时,可选择用苯巴比妥,或咪达唑仑、地西泮等药物;伴有脑水肿及颅内压增高症状者,可选用呋塞米及小剂量甘露醇;伴有贫血时输注悬浮红细胞;合并休克者,应给予积极抗休克治疗。

(4)其他:对大脑顶部的硬膜下出血,若症状明显,前囟饱满者,可考虑前囟穿刺放血治疗。对脑室出血后脑积水者,当脑室进行性扩张,神经系统症状逐渐加重,头围明显增大时,需外科处理,早期可采用侧脑室置管引流术,进行性加重者可行脑室-腹腔分流术。尽管有学者主张脑室出血后脑积水早期可采用连续应用腰椎穿刺方法,但疗效尚不确切。

知识点

颅内出血的预后

严重的颅内出血常遗留严重的后遗症,其发生可能与以下因素有关。

(1)生发基质损伤,使神经细胞分化障碍,亦可使板下区神经元损伤,导致髓鞘、皮层发育异常,导致运动、认知障碍。

(2)脑室周围白质,特别是对应中央区、顶枕区白质损害,皮质脊髓视放射及丘脑投射纤维损害,导致双下肢痉挛瘫,视觉损害,认知障碍。

(3)脑积水、颅内压持续增高导致神经发育迟滞。

(4)皮层神经元损伤与认知功能障碍密切相关。一般早产儿脑室周围-脑室内出血,Ⅰ级和Ⅱ级远期预后较好,Ⅲ级部分预后不良,Ⅳ级预后较差,常留有认知障碍、脑瘫等神经系统后遗症。因此对这些早产儿应早期及时治疗,动态的发育监测甚至需要长期的综合康复治疗。

(富建华)

第五节 新生儿缺氧缺血性脑病

新生儿缺氧缺血性脑病(hypoxic-ischemic encephalopathy, HIE)是指围生期窒息导致脑的缺氧缺血性损害,包括特征性的神经病理及病理生理改变,临床表现为一系列脑病的症状,部分患儿可留有不同程度的神经系统后遗症。

围生期窒息缺氧是引起 HIE 最主要的原因,缺氧缺血性损害可发生在围生期各个阶段。出生前缺氧主要是胎儿宫内窘迫,表现为胎心、胎动和/或胎心监护异常。主要影响因素有以下几种。

孕母因素:妊娠期高血压、糖尿病及胆汁淤积综合征等;孕妇吸毒、高龄等。

胎盘异常:如前置胎盘、胎盘早剥、胎盘老化等。

脐带异常:受压、脱垂、绕颈等。

胎儿因素:早产、过期产、畸形、疾病等。

出生时缺氧主要与分娩有关,难产是导致出生时缺氧的主要原因。新生儿出生后因严重心肺疾病而导致的低氧血症也可引起 HIE 的发生。

新生儿缺氧缺血性脑病的诊疗经过通常包括以下环节。

1. 详细询问患儿围生期有无窒息缺氧史,母亲孕期有无合并症,出生时是否有心肺复苏抢救史,Apgar评分情况。

2. 询问患儿生后是否有反应差、发绀、抽搐等症状;查体时重点关注神经系统症状及体征。

3. 及时完成血气离子分析、血常规、血生化、脑电图(床旁振幅整合脑电图监测)、头颅影像学检查(尤其是 MRI)等重要的辅助检查。

4. 治疗上主要是"三维持"(维持良好的通换气功能,使血气和 pH 值在正常范围之内;维持良好循环功能,使心率、血压维持在正常范围,以保证各脏器的血流灌注;维持血糖水平在正常高值,以保证脑内代谢所需能源)和"三对症"(控制惊厥、降低颅内压、后期促进脑功能恢复和减少后遗症的发生)。

5. 注意完善其他相关检查,除外其他原因导致的新生儿脑病。

临床关键点

1. 首先要明确是否存在围生期窒息缺氧的证据。

2. 明确生后有无神经系统的症状和体征。

3. 辅助检查 出生时脐动脉血气分析提示代谢性酸中毒,可出现高血糖或低血糖,血生化检查可提示电解质紊乱,肝肾功能、心肌酶谱等增高的多器官功能损伤表现;头颅影像学检查提示脑水肿,颅内出血或脑梗死。

4. 患儿有围生期窒息缺氧史,出生后不久出现神经系统的症状和体征,结合辅助检查,除外其他原因导致的新生儿脑病,可明确诊断 HIE。

临床病例

日龄 10 分钟的新生儿,主因"窒息复苏术后 10 分钟"由手术室直接转入 NICU。初步的病史采集如下。

患儿为 G_1P_1,足月,因"胎心减慢"于剖宫产娩出,出生体重 3 755g,生后 Apgar 评分 1 分钟 1 分,生后无自主呼吸,于手术室行气管插管复苏气囊正压通气,5 分钟 9 分,10 分钟 9 分。羊水、脐带、胎盘无异常。母亲有妊娠期糖尿病,具体血糖值不详,OGTT 正常,自述饮食控制血糖良好,产前无发热、胎膜早破等病史,无特殊用药史,否认家族遗传病史。

患儿状态反应差,生后 4 小时,患儿出现抽搐,表现为双眼凝视,双上肢不自主抖动,持续约 2 分钟。

初步病史采集后,因患儿主要表现为生后反应差,惊厥,按照新生儿惊厥思路分析,临床随之需考虑以下相关问题。

【问题 1】 该患儿生后 24 小时内出现惊厥,应该考虑哪些疾病?

思路:新生儿生后 24 小时之内出现双眼凝视,四肢强直,口唇发绀症状,临床考虑新生儿惊厥发作。结合患儿有围生期缺氧和出生时窒息复苏史,生后 Apgar 评分 1 分钟 1 分,首先考虑围生期窒息所致的缺氧缺血性脑病、颅内出血,还需要除外其他原因引起的惊厥,如低血糖、离子紊乱,围生期感染致颅内感染、严重的遗传代谢性疾病、先天性脑发育异常或戒断综合征等。

知识点

新生儿窒息评估

Apgar 评分是评价新生儿窒息最便捷的方法,包括皮肤颜色、心率、反应、肌张力和呼吸共 5 项。

每项 0~2 分,总共 10 分。8~10 分为正常,4~7 分为轻度窒息,0~3 分为重度窒息。分别于生后 1 分钟、5 分钟、10 分钟进行评分,1 分钟评分反映窒息的严重程度,5 分钟和 10 分钟评分除反映窒息严重程度外,还可反映窒息复苏的效果及评估预后。如果新生儿需复苏,往往需要进行 15 分钟和 20 分钟的 Apgar 评分。

【问题 2】 询问病史应围绕哪些方面进行?

思路:①询问围生期有无导致患儿缺氧的高危因素存在,母亲孕期有无合并症,有无胎盘早剥、脐带脱垂等,出生时是否有胎儿娩出不顺利,患儿出生后有无严重持续发绀情况。②询问家族史,母亲既往妊娠有无死胎、死产史及不明原因死亡史,注意除外遗传代谢性疾病。③母亲孕期有无感染性疾病史、胎膜早破、是否有不洁产检及分娩史,了解有无感染性因素存在。④母亲有无糖尿病、高血压,孕期是否合并低钙,产前是否有严重腹泻、脱水,注意有无代谢紊乱导致新生儿惊厥的可能。⑤母亲孕期有无滥用药物史,有无服用抗精神病药物史,除外母亲用药对患儿的影响。⑥询问患儿生后的喂养情况,除外喂养不当导致的低血糖情况。

另外,需详细询问患儿有无发热,面色苍白,有无呕吐等,注意有无颅内出血、颅高压等临床表现。

【问题3】 根据本例进一步询问病史,该如何进行初步判断?

思路:①该患儿母亲有妊娠期糖尿病,患儿出生前有宫内窘迫史,出生时有新生儿复苏抢救史,生后Apgar评分1分钟1分。患儿入院后状态反应差,生后4小时即出现抽搐,首先考虑新生儿缺氧缺血性脑病;②否认不明原因死胎、死产史,否认遗传代谢性疾病史,生后4小时即出现抽搐,考虑为遗传代谢性疾病所致惊厥可能性不大;③母亲孕期无感染性疾病史,无胎膜早破、无不洁产检及分娩史,羊水、胎盘未见异常,不支持宫内感染导致颅内感染的可能;④母亲孕期无滥用药物,未服用抗精神病药物史,可除外新生儿戒断综合征;⑤离子紊乱或低血糖所致的惊厥,需进一步完善检查以排除。

【问题4】 病史采集结束后,下一步查体应重点关注哪些方面?

思路:观察生命体征是否平稳,头围是否增大,骨缝是否裂开,前囟张力情况;意识反应、哭声、肌张力、原始反射;呼吸节律是否规整,双侧瞳孔对光反射,了解有无脑干症状;同时观察患儿生长发育情况,面容是否特殊,协助分析是否为神经系统先天发育问题所致惊厥;有无肝脾大、皮疹,以除外感染性因素。

查体记录

体温36℃,呼吸35次/min,脉搏142次/min,血压68/35mmHg,体重3.75kg,身长51cm,头围34cm。状态反应差,哭声弱,激惹,皮肤巩膜无黄染,皮肤无苍白,无皮疹及出血点,前囟平,张力稍高,无头颅血肿。气管插管、机械通气中,双肺听诊送气音一致,未闻及啰音。心音有力,心律齐,未闻及杂音。腹软不胀,未见肠形和肠蠕动波,未扪及包块,肝脏位于右肋下1cm,脾未触及。脐带结扎完好,脐周无红肿,脐窝无分泌物。四肢肌张力低,无水肿,握持、牵拉、吸吮反射减弱,拥抱、觅食反射未引出。

【问题5】 如何通过病史及神经系统检查初步判断HIE的分度?

思路:新生儿HIE根据意识、肌张力、原始反射、脑干症状、惊厥、脑电图(EEG)及病程预后等,分为轻、中、重度。根据患儿病史及神经系统查体可初步对患儿病情进行分度。

【问题6】 如何通过查体对疾病进行初步判断?

思路:本例患儿查体状态反应差,肌张力减低,原始反射减弱,提示有新生儿脑病的表现;无肝脾大,脐部干洁无分泌物,皮肤无破损,未见明显呼吸道症状,未发现明显感染表现;前囟张力不高,骨缝未裂开,无明显贫血貌,严重颅内出血可能性小。

【问题7】 结合上述查体结果,下一步应完善哪些检查?

思路:通过上述查体可见发现患儿神经系统受累,有新生儿脑病表现,需进一步完善血常规、血生化、离子及血糖检查,尽快完善头部影像学检查。

急诊辅助检查

血常规+CRP:WBC 23.3×10⁹/L,中性粒细胞百分比45.0%,Hb 167g/L,PLT 285×10⁹/L,Rc 2.5%,HCT 0.59;CRP 1.41mg/L。

微量血气血生化:(入院时)pH 7.12,PaCO₂ 22.1mmHg,PaO₂ 79.4mmHg,TcSO₂ 97.3%,K⁺ 4.06mmol/L,Na⁺ 134.9mmol/L,Cl⁻ 106.7mmol/L,Ca²⁺ 1.259mmol/L,乳酸17.6mmol/L,BE −20.53mmol/L,血糖2.7mmol/L。(入院4小时,抽搐时复查)pH 7.33,PaCO₂ 28.2mmHg,PaO₂ 74.6mmHg,TcSO₂ 97.9%,K⁺ 3.86mmol/L,Na⁺ 133.6mmol/L,Cl⁻ 106.8mmol/L,Ca²⁺ 1.16mmol/L,乳酸6.8mmol/L,BE −9.85mmol/L,血糖5.6mmol/L。

头颅超声:未见明显异常。

【问题8】 如何判读患儿的初步检查?

思路:血常规显示血红蛋白正常,不支持严重颅内出血所致脑损伤;血常规中WBC、中性粒细胞百分比及CRP正常,不支持细菌感染;血气离子分析可除外离子紊乱及低血糖所致脑病。入院时动脉血气分析提示严重失代偿性代谢性酸中毒、高乳酸血症，后复查血气可明显好转，考虑为窒息所致，目前暂不考虑代谢性疾病所致。

【问题9】 患儿下一步需要进行哪些检查？
思路：
(1) 完善脑功能检查明确该患儿下一步治疗措施。
(2) 完善肝肾功能及心肌酶谱检查了解窒息后肝、肾、心等多器官功能损伤情况。
(3) 完善凝血功能检查，了解有无凝血功能紊乱。
(4) 进一步完善血尿遗传代谢病筛查及血浆氨等检测。

> 知识点
>
> ### HIE 的脑功能监测
>
> (1) 脑电图：HIE 的脑电图表现有脑电活动延迟（落后于实际胎龄）、异常放电，背景活动异常（低电压、爆发抑制等）。生后早期检查能够反映脑损伤的程度，对判断预后有很大的帮助。
>
> (2) 振幅整合脑电图（aEEG）：通过单通道系统连续监测大脑点活动，用于加强神经功能监测，反映脑功能情况，目前已在 NICU 中广泛开展，可在床旁连续监测患儿的脑功能，方便、快捷，易于掌握，能够评估 HIE 的程度和评估预后。

住院后检查及诊断

血生化：ALT 65U/L，AST 178U/L。

肌酐 87.5μmol/L，尿素氮 5.22mmol/L；CK-MB 278U/L。

血常规和 CRP 未见异常。

血氨正常。

脑功能监测提示 aEEG 上边界电压>10μV 和下边界电压<5μV。

【问题10】 如何根据上述提供的病例进行综合判断？
思路：
1. 辅助检查结果提示血常规 WBC、中性粒细胞百分比及 CRP 正常，不支持细菌感染；血清离子及血糖未见明显异常，除外代谢紊乱所致新生儿惊厥；血氨未见异常，遗传代谢性疾病所致惊厥可能性小。
2. 该患儿产前有宫内窘迫史，母亲合并妊娠期糖尿病，出生时有重度窒息及新生儿复苏病史，入院血气提示严重失代偿性代谢性酸中毒，生后即出现反应差，原始反射部分减弱和消失，生后 4 小时出现惊厥，符合 HIE 诊断标准。

> 知识点
>
> ### HIE 的诊断标准
>
> 2005 年中华医学会儿科分会新生儿学组制定了足月儿 HIE 的诊断标准，具体如下：①有明确的可导致胎儿宫内窒息的异常产科病史，以及严重的胎儿宫内窘迫表现（胎心率<100 次，持续 5 分钟以上和 / 或羊水Ⅲ度污染）；②出生时有重度窒息，指 Apgar 评分 1 分钟≤3 分，并延续至 5 分钟时仍≤5 分；或者出生时脐动脉血气分析 pH≤7；③出生后 24 小时内出现神经系统表现，如意识改变（过度兴奋、嗜睡、昏迷），肌张力改变（增高或减弱），原始反射异常（吸吮、拥抱反射减弱或消失），惊厥，脑干症状（呼吸节律改变、瞳孔改变、对光反应迟钝或消失）和前囟张力增高；④排除低钙血症、低血糖、感染、产伤和颅内出血等为主要原因引起的抽搐，以及遗传代谢性疾病和其他先天性疾病所引起的神经系统疾患。若同时具备上述 4 条者可确诊，第 4 条暂时不能确定者可作为拟诊病例。目前尚无早产儿 HIE 的诊断标准。

【问题 11】 该患儿急性期如何治疗？

思路： 新生儿 HIE 急性期主要针对窒息缺氧所致的多器官功能损害，维持机体内环境稳定，控制神经系统症状，重点是"三维持、三对症"。

"三维持"：维持良好的通换气功能，使血气和 pH 值在正常范围之内；维持良好循环功能，使心率、血压维持在正常范围，以保证各脏器的血流灌注；维持血糖水平在正常高值（5.0mmol/L），以保证脑内代谢所需能源。

"三对症"：控制惊厥、降低颅内压（颅压增高最早在生后 4 小时出现，一般在 24 小时更明显，首选呋塞米 1mg/kg，如应用呋塞米后颅高压无明显改善，可用 20% 甘露醇，每次 0.25～0.5g/kg 静脉输注，酌情每 6～12 小时给药 1 次。后期主要是促进脑功能恢复和减少后遗症的发生。

本病例评估病情，可积极进行亚低温治疗。

知识点

常用的抗惊厥药物

（1）苯巴比妥：控制惊厥首选。负荷量 20mg/kg，于 15～30 分钟内缓慢静脉推注，若惊厥不能控制，1 小时后再加用 10mg/kg，12～24 小时后给维持量，3～5mg/(kg·d)；

（2）地西泮：可用于顽固性惊厥。剂量 0.1～0.3mg/(kg·次)，静脉滴注；

（3）咪达唑仑：剂量 0.1～0.3mg/(kg·次)，静脉滴注，2～4 小时重复 1 次或持续静脉滴注 0.4～0.6μg/(kg·min)，最大量为 6μg/(kg·min)。

（4）水合氯醛：50mg/kg，保留灌肠。

知识点

亚低温治疗

亚低温治疗是指利用人工诱导方法将体温维持在 32～35℃ 的范围内，以降低能量消耗、达到脑保护的作用。目前多项高质量临床研究证据表明亚低温对降低中、重度 HIE 的死亡率及改善 HIE 近期神经发育结局均有一定的作用，但远期疗效还需进一步明确。亚低温包括头部和全身亚低温两种，治疗的初始时间应选择在生后 6 小时之内，也有学者主张放宽至 12 小时，越早开始疗效越好，一般持续时间 72 小时。

（富建华）

第六节　胎粪吸入综合征

胎粪吸入综合征（meconium aspiration syndrome，MAS）是因胎儿在宫内或产时吸入混有胎粪的羊水，生后出现呼吸窘迫为主要表现的临床综合征。呼吸道的机械性阻塞和化学性炎症是其主要病理改变。多见于足月儿和过期产儿。

胎粪的排出使胎粪污染羊水，但多数胎儿并无宫内窘迫表现，可能仅仅短暂的宫内缺氧导致胎粪排出但尚未引起明显窒息。目前多数观点认为，胎粪污染羊水伴胎心异常是胎儿窘迫和围生期出现并发症的标志。如果不存在明显的宫内窘迫，即使羊水被胎粪污染，正常的宫内呼吸活动不会导致胎粪的吸入，而在明显的宫内缺氧引起的胎儿窘迫，出现喘息时，可使胎粪进入小气道甚至肺泡。在生后呼吸开始后，尤其是在伴有喘息时，可使胎粪吸入至远端气道，临床有严重的羊水胎粪污染（如羊水Ⅲ度混浊）、胎心过快、脐动脉 pH 低等都提示胎粪吸入的可能而需积极干预。

如宫内已有胎粪吸入或有胎粪污染羊水而生后大气道胎粪未被及时清除，随着呼吸建立，胎粪可进入远端气道而引起梗阻。胎粪引起小气道机械性梗阻，当完全梗阻时，可出现肺不张，当胎粪部分阻塞呼吸道时，可形成活瓣效应，最终使肺内气体滞留，形成肺气肿，进一步可发展为纵隔气肿或气胸等气漏。同时，部分小气道内无胎粪，其肺泡换气功能代偿性增强。在胎粪吸入12～24小时后，因胆盐等刺激，可引起局部肺组织的化学性炎症和肺间质水肿。胎粪还有利于细菌生长，也可继发肺部细菌性炎症。胎粪使PS灭活，功能降低，肺顺应性降低，肺泡萎陷而进一步影响肺泡的气体交换功能。

在窒息、低氧的基础上，胎粪吸入所致的肺不张、肺气肿、化学性炎症损伤、PS继发性灭活可进一步加重低氧，使患儿肺血管痉挛或肺血管肌层生长（宫内窘迫所致发育异常），使肺血管阻力增高，右心压力增加，导致卵圆孔水平的右向左分流，进而使低氧血症和混合性酸中毒进一步加重，形成恶性循环，即新生儿持续肺动脉高压（persistent pulmonary hypertension of newborn，PPHN）。

胎粪吸入综合征的诊疗经过通常包括以下环节。

1. 详细询问患儿羊水是否被胎粪污染及程度；有无宫内窘迫的表现（胎心增快或减慢，胎动减少等）。

2. 查体时应注意患儿皮肤、脐带和指、趾甲床是否留有胎粪污染的痕迹；口、鼻腔吸引物中是否含有胎粪；气管插管时声门处或气管内吸引物是否可见胎粪。

3. 及时进行X线检查以及血常规、血气和相应生化检查，气管内吸引物及血液细菌培养。

4. 在产房，如果羊水混有胎粪，胎儿分娩后，若为"无活力"儿（心率<100次/min，无自主呼吸，肌张力低），应立即气管插管吸净气道内的胎粪。

5. 对于早期无症状的胎粪吸入患儿，须密切监护，观察呼吸窘迫症状和体征，保持患儿安静，减少不必要刺激；对于呼吸困难进行性加重，符合机械通气指征的患儿，应尽早予机械通气，避免因长时间低氧诱发或加重PPHN。合并肺气漏和PPHN时，应积极处理并发症。

临床关键点

（1）吸入混胎粪的羊水是诊断的必备条件：①分娩时可见羊水混胎粪；②患儿皮肤、脐带和指、趾甲床留有胎粪污染的痕迹；③口、鼻腔吸引物中含有胎粪；④气管插管时声门处或气管内吸引物可见胎粪（即可确诊）。

（2）X线可以表现为两肺透过度增强伴有节段性或小叶性肺不张，也可有弥漫性浸润影或并发纵隔气肿、气胸等。

（3）PPHN是MAS较严重合并症，主要表现为持续而严重的青紫，其特点为：当$FiO_2 > 0.6$，青紫仍不能缓解，并于哭闹、哺乳或躁动时进一步加重；青紫程度与肺部体征不平行（发绀重，体征轻）；部分患儿胸骨左缘第二肋间可闻及收缩期杂音，严重者可出现休克或心力衰竭。

临床病例

1日龄3小时的新生儿主因"生后呼吸困难3小时"为主诉入院。初步的病史采集如下。

系G_1P_1，孕42^{+5}周，因其母产程发动于顺产娩出，羊水Ⅲ度污染。出生时Apgar评分1分钟3分，5分钟8分，患儿生后即出现呼吸急促、周身青紫，急来院。

初步病史采集后，因患儿主要表现为呼吸困难，按新生儿呼吸困难思路分析，临床随之需考虑以下相关问题。

【问题1】　新生儿生后出现呼吸困难的疾病有哪些？

思路：在新生儿疾病中，呼吸窘迫综合征、湿肺、肺炎、胎粪吸入综合征等均可出现呼吸困难。在本病例中，明确提示患儿羊水胎粪污染，且出生时有重度窒息史，故应首先考虑MAS。应详细询问患儿产前有无宫内窘迫表现，以及生后口鼻腔、气管内吸引物是否含有胎粪。

知识点

MAS主要应与哪些疾病鉴别

（1）湿肺：多见于足月儿或近足月剖宫产儿，为自限性疾病，生后数小时内出现呼吸增快，但吃奶佳，反应好，重度湿肺也可以出现呻吟、发绀。X线可见叶间积液。

（2）RDS：因 PS 缺乏所致。多见于早产儿，生后不久出现呼吸窘迫并呈进行性加重表现。X 线一般可明确诊断，常见双肺透过度弥漫性降低的毛玻璃样改变、支气管充气征，重者可有白肺表现。

（3）新生儿感染性肺炎：该类肺炎在生后早期发病，多为宫内或产道感染所致。肺部感染经胎盘血行获得时，母亲常有感染病史及临床表现。肺部感染经产道获得时，为上行性感染，母亲常有羊膜炎病史，有发热、羊水混浊并有臭味。胸部影像学检查及血行感染证据可进行鉴别。

【问题 2】 根据本病例病史，如何进行初步判断？

思路：①患儿为过期产儿，且羊水中混有胎粪，生后即出现呼吸困难，口鼻腔吸引物含胎粪（进一步询问病史），可初步判断为胎粪吸入综合征。②患儿胎龄 42^{+5} 周，RDS 可能性不大；③母孕期无感染性疾病史、无胎膜早破，无不洁产检及分娩史，不支持感染性肺炎；

【问题 3】 病史采集结束后，下一步查体应重点关注那些方面？

思路：观察患儿生命体征是否平稳，注意呼吸频率，有无青紫、鼻翼扇动、吸气性三凹征。注意患儿双侧胸廓是否对称，听诊双肺呼吸音是否对称，有无呼吸音减弱，有无啰音。

查体记录

体温 36.0℃，呼吸 65 次 /min 脉搏 150 次 /min，出生体重 3 475g。未吸氧时经皮血氧饱和度为 40%。神清，状态反应差，周身肤色青紫，脐带和指、趾甲床留有胎粪污染的痕迹，双眼凝视，前囟平坦，大小约 1.0cm×1.2cm，顶枕部可触及一包块，大小约 5cm×5cm，指压痕（+），波动感阴性，颈软，呼吸促，鼻扇及三凹征阳性，双侧胸廓饱满，听诊双肺呼吸音对称，双肺均可闻及细湿啰音，心率 150 次 /min，心音有力，律齐，未闻及杂音，脐带结扎完好，腹软不胀，无胃肠型及蠕动波，肝脾不大，四肢肌张力正常，未见水肿，肢端末梢温，毛细血管再充盈时间 2 秒，原始反射引出不完全。

【问题 4】 如何通过查体对疾病进行初步判断？

思路：患儿入院表现为呼吸频率增快（65 次 /min），伴有周身皮肤青紫（经皮血氧饱和度 40%），鼻扇及三凹征阳性，均提示严重的呼吸窘迫。经高氧试验后，患儿经皮血氧饱和度上升至 90%，可暂不考虑紫绀型先天性心脏病。

【问题 5】 结合上述查体结果，为进一步诊断应实施哪些检查？

思路：通过上述查体可发现存在严重呼吸窘迫，需急诊尽快完善胸片、动脉血气分析、血常规、CRP 等检查。

知识点

青紫是严重肺部疾病的主要临床表现之一，但常需与紫绀型先天性心脏病或 PPHN 所导致的青紫相鉴别，应做如下实验进行鉴别。①高氧实验：吸入纯氧 15 分钟，如动脉氧分压（PaO_2）或经皮血氧饱和度（$TcSO_2$）较前明显增加，提示为肺实质病变，PPHN 和先天性青紫型先心病无明显增加。②动脉导管前、后血氧差异实验：比较动脉导管前（右桡或颞动脉）和动脉导管后（左桡、脐或下肢动脉）的 PaO_2 或 $TcSO_2$，若动脉导管前、后的 PaO_2 差值>15mmHg 或 $TcSO_2$ 差值>4%，表示动脉导管水平有右向左分流。若无差值，也不能除外 PPHN，因为也可能有卵圆孔水平右向左分流。③高氧 - 高通气试验：经气管插管纯氧复苏囊通气，频率 60～80 次 /min，通气 10～15 分钟，使动脉二氧化碳分压下降和血 pH 值上升，若 PaO_2 较通气前>30mmHg 或 $TcSO_2$>8%，提示 PPHN 存在。

急诊辅助检查

动脉血气分析：pH 6.99，$PaCO_2$ 86mmHg，PaO_2 32mmHg，BE－10.6mmol/L；

血常规＋CRP：WBC $39.8×10^9$/L，中性粒细胞百分比 69.2%，淋巴细胞百分比 27.2%，Hb 173g/L，PLT $322×10^9$/L；CRP 2.5mg/L。

胸片：双肺纹理增强模糊，见模糊小斑片影，双肺野透过度增高。

【问题6】 如何判断本患儿初步检查?

思路:患儿动脉血气分析提示有严重的呼吸性酸中毒、代谢性酸中毒和低氧血症。白细胞明显增高,不能除外生后应激或感染所致。胸片表现为斑片影伴肺气肿,支持MAS诊断。

知识点

由于MAS的病理特征为肺不张、肺气肿和正常肺泡同时存在,因此,胸片可见两肺透过度增强伴有节段性或小叶性肺不张,也可仅有弥漫性浸润影或并发纵隔气肿、气胸等肺气漏改变(图3-6-1),上述征象在生后12~24小时最为明显。但部分MAS患儿胸片改变与临床表现的严重程度没有一致性,即胸片严重异常者症状却很轻,胸片轻度异常甚或基本正常,症状反而很重。

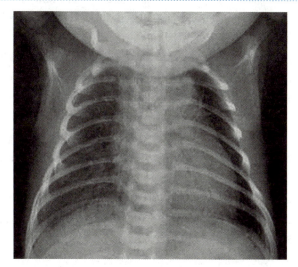

图3-6-1　弥漫性浸润影或并发纵隔气肿、气胸等肺气漏改变

【问题7】 患儿该如何进行治疗?

思路:①患儿符合上机标准,应立即予气管插管、机械通气治疗;②气管插管后应尽可能吸引出气道内胎粪;③患儿白细胞明显增高,且胸片不能除外感染性肺炎,予抗生素治疗;④注意患儿是否出现并发症,如肺气漏、PPHN等。

知识点

新生儿常频机械通气指征

目前国内外尚无统一标准,其参考标准为:①$FiO_2 = 0.6$,$PaO_2 < 50mmHg$(6.7kPa)或$TcSO_2 < 85\%$(紫绀型先心病除外);②$PaCO_2 > 60 \sim 70mmHg$(8.0~9.3kPa)伴$pH < 7.2$;③严重或药物治疗无效的呼吸暂停。具备上述任意一项者即可经气管插管应用机械通气。

知识点

MAS机械通气时应注意问题

一般选择呼吸40~60次/min,保证胸廓起伏的最小有效PIP,PEEP在35cmH₂O,足够的呼气时间(0.5~0.7秒)。若出现气体潴留,呼气时间则可延长至0.7~1.0秒,PEEP降至24cmH₂O。对于常频呼吸机治疗无效或有肺气漏,如气胸、间质性肺气肿者,可使用高频通气。ECMO对MAS合并难治性呼吸衰竭者,也有一定的疗效。

由于胎粪可灭活PS,近年来,PS应用对改善肺顺应性及氧合有效,可用于严重MAS,但还需进一步研究证实。

【问题8】 如何预防MAS的发生?

思路:①积极防治胎儿宫内窘迫和产时窒息。②对羊水混有胎粪,应在胎儿出生后,立即评估新生儿是否有活力(有活力定义:呼吸规则,肌张力好,心率>100次/min)。若如无活力(3项中有一项不好者,即为无活力),应立即气管插管,将胎粪吸出,对不能确定是否有活力者,一般应气管插管进行吸引。

(富建华)

第七节　新生儿感染性肺炎

新生儿感染性肺炎（neonatal infectious pneumonia）是新生儿呼吸系统最常见疾病之一，可在产前、产时或产后起病，可由细菌、病毒、衣原体、支原体等病原体引起；在缺乏有效新生儿呼吸支持的单位或地区，肺炎是新生儿死亡的主要原因。

产前感染常发生在孕母受感染后，病原体通过胎盘屏障经血行传给胎儿，或吸入因胎膜早破等原因而污染的羊水而发生肺部感染。常见病原体为巨细胞病毒、弓形体、大肠埃希菌、金黄色葡萄球菌、克雷伯菌、李斯特菌和解脲支原体（ureaplasma urealyticum）等。产时感染发生在分娩过程中，胎儿吸入了母亲产道内细菌污染的分泌物所致，常见病原体为大肠埃希菌、肺炎球菌、沙眼衣原体、克雷伯菌、李斯特菌和 B 族链球菌等。产后感染病原体主要通过婴儿呼吸道、血行或医源性途径传播，常见病原体为金黄色葡萄球菌、大肠埃希菌、克雷伯菌、假单胞菌、表皮葡萄球菌、沙眼衣原体、真菌、呼吸道合胞病毒、腺病毒、解脲支原体等。

新生儿肺炎的诊疗经过通常包括以下环节。

1. 询问母亲的相关病史。
2. 新生儿临床上出现呼吸窘迫表现，如气急、吸气性凹陷、发绀或有呻吟。
3. 呼吸系统影像学改变。
4. 实验室辅助检查，包括血气分析、呼吸道病原学检查。
5. 给予合适的呼吸支持，针对病原学给予相应的药物治疗。

临床关键点

1. 新生儿肺炎可由不同病原引起，与发病时间、临床侵袭性治疗应用、母亲病史有关，因此仔细询问病史很重要。

2. 若母亲产前有发热、出生时羊水浑浊且有异味，提示宫内细菌感染所致的肺炎可能性大。

3. 新生儿早期出现的呼吸窘迫不一定就是肺炎，应根据病史特点与呼吸窘迫综合征、胎粪吸入性肺炎、新生儿湿肺、部分先天性心脏病进行鉴别。

临床病例

患儿，男，孕 38 周自然分娩出生，出生体重 2 900g，1 分钟 Apgar 评分 10 分，出生时见羊水浑浊并有异味，生后 8 小时出现轻度呼吸困难，呼吸 65 次 /min，肋间隙和剑突下吸气性凹陷，口唇发绀，测氧饱和度73%。因上述情况即转送至新生儿监护病房。患儿母亲 30 岁，分娩前 1 天有腹泻和发热。

初步采集病史后，因患儿主要表现为生后早期的呼吸困难，按呼吸困难的思路分析，需要考虑下列问题。

【问题 1】 如何评估该患儿的呼吸情况？

思路：对新生儿进行查体时医师须认识到呼吸窘迫征象的重要性。当这些临床表现部分或全部出现的时候，提示新生儿存在呼吸问题。

（1）发绀：新生儿呼吸功能不全时可因氧合障碍而出现发绀，但发绀不一定是呼吸系统疾病；部分复杂性先天性心脏病或持续肺动脉高压（PPHN）也可出现发绀而需要氧疗。但后两者比较少见，呼吸系统疾病引起的发绀较为常见。所以，需要氧疗的新生儿在证实为其他疾病之前，首先考虑呼吸系统疾病。

（2）吸气性凹陷：除发绀以外，该患儿还存在明显的吸气性凹陷。有呼吸系统疾病的新生儿会出现胸骨下和胸廓下方的吸气性凹陷，因为那是横膈与胸壁相连的地方；吸气性凹陷是由于横膈为了增加吸入胸腔的气体而增强膈肌的收缩所造成的。这可能是因为肺部疾病使肺变得僵硬，也可能是因为占位性病灶或胸腔积液压迫了肺部所致，也可能是因为上呼吸道阻塞导致新生儿吸气困难所致。

（3）呼吸急促：正常新生儿呼吸频率为 40～60 次 /min；呼吸急促指呼吸频率大于 60 次 /min。呼吸急促常和吸气性凹陷一起出现。当单独出现时临床意义并不大，因为正常的新生儿也会出现短时间的呼吸急促。呼吸困难患儿在呼吸急促时就将短吸气、长呼气的呼吸模式改为吸气、呼气等长的呼吸模式。缩短呼气时间是新生儿改善肺膨胀不全和增加肺容量的代偿机制。

【问题2】 该患儿因生后早期出现的呼吸困难住进新生儿监护室，需考虑哪些鉴别诊断?

思路: 新生儿生后早期出现的呼吸困难应该考虑下列问题。①新生儿呼吸窘迫综合征(RDS);②细菌感染性肺炎;③湿肺(新生儿暂时性呼吸急促);④气胸;⑤膈疝;⑥胎粪吸入性肺炎;⑦上呼吸道梗阻;⑧发绀性心脏病;⑨胸腔占位病变;⑩代谢性酸中毒。

【问题3】 为作出合适的诊断，询问病史应围绕哪些方面进行?

思路: 患儿生后早期出现明显的呼吸窘迫，但为足月儿且自然分娩出生，呼吸窘迫综合征(RDS)或湿肺的可能性较小;患儿分娩时见羊水混浊且有异味，但未见明显胎粪污染羊水、无明显的产时窒息，故胎粪吸入性肺炎无诊断依据。产前母亲有发热史、产时出现羊水有异味，产前及产时细菌感染性肺炎可能较大。可询问是否有胎膜早破，患儿母亲产前或产时是否接受抗生素治疗等;B组链球菌引起的败血症或肺炎可能在该胎龄段发生。

细菌感染性肺炎可伴有相关的败血症，可由各种革兰氏阳性菌(如B组链球菌)和革兰氏阴性菌(如大肠埃希菌)引起。新生儿B组链球菌肺炎最初的表现和早产儿呼吸窘迫综合征(RDS)非常相似，如果没有早期抗生素的使用，患儿可能很快恶化甚至死亡。胸片表现也可以与RDS很像。感染可发生于任何胎龄的新生儿，但如果胎龄较大的新生儿出生时情况良好，数小时后出现呼吸困难，则应更多考虑感染可能。由于感染性肺炎难以和RDS完全鉴别，所有RDS患儿均需早期抗生素治疗。

【问题4】 进行体格检查时应注意哪些情况?

思路:

(1)应注意呼吸窘迫的临床表现:①肋骨下缘吸气性凹陷的程度，这是呼吸困难最确切的临床表现。正常新生儿呼吸较浅，几乎看不到胸廓运动。②呼吸频率是否增快，如果超过60次/min，说明患儿呼吸急促。③是否存在中央性发绀。需注意生后早期新生儿出现手足发绀是很常见的，为周围性发绀，并不提示患儿缺氧。

(2)氧饱和度及是否需要氧治疗。该胎龄的新生儿如果氧饱和度低应考虑为病理性的，应收入病房观察监护。需注意氧饱和度应通过右上肢测得。因为生后早期，新生儿的动脉导管尚未关闭，仍可能存在导管水平的右向左分流，因此右上肢测得的氧饱和度才真正代表导管前水平。

(3)注意评估其他全身情况:①对外界的反应、皮肤温度、毛细血管再充盈时间等。因为败血症可以和肺炎同时存在，因此需注意是否存在早期休克的征象。②是否存在心杂音，以鉴别先天性心脏病。③是否存在颜面部、上气道畸形、颈部肿块压迫等。

【问题5】 如何选择相关的实验室检查或辅助检查?

思路: 对以上任何呼吸窘迫的临床表现都需进一步观察和评估，主要包括:动脉血气分析、胸片、心脏超声及血液和气道分泌物感染指标的测定。

(1)动脉血气分析:是评估呼吸通气、氧合和了解酸碱平衡状态的重要检测手段。新生儿肺炎，尤其是出现呼吸功能不全时可出现低氧血症、高碳酸血症和酸碱平衡紊乱，血气分析指标表现为PaO_2降低、$PaCO_2$增高和pH降低。

(2)胸片:新生儿呼吸窘迫时，胸片对诊断和鉴别诊断有很大的意义。不同的病原感染时胸片改变有所不同，细菌性肺炎表现为两肺弥漫性模糊影，多为支气管肺炎征象，或点片状浸润影，病毒性肺炎则以间质病变或肺气肿多见。此外，胸片可鉴别典型的RDS、气胸、先天性膈疝、胸腔占位性病变等。

(3)心脏超声主要用于鉴别先天性心脏病或PPHN。

(4)血液和气道分泌物感染指标:有助于明确感染的病原。

知识点

新生儿动脉血气分析主要参数的正常值:pH 7.35~7.45, PaO_2 50~80mmHg, $PaCO_2$ 35~45mmHg, BE −10~−2mmol/L。

【问题6】 临床如何诊断新生儿肺炎?

思路:

(1)产前感染性肺炎:常有窒息，复苏后表现出气促、呻吟，体温不稳定，肺部听诊可发现呼吸音粗糙、减低或啰音。严重病例可发生呼吸衰竭。合并心力衰竭者心脏扩大、心率快、心音低钝、肝脏增大。常合并败血症，可并发 DIC、休克和持续肺动脉高压等。周围血白细胞大多正常，也可减少或增加。X 线表现在病毒性肺炎多为间质性肺炎改变，细菌性肺炎则多为支气管肺炎征象。

（2）产时感染性肺炎：发病时间因不同病原体而异，一般在出生数日至数周后发病，细菌性感染在生后 3～5 天发病，Ⅱ型疱疹病毒感染多在生后 5～10 天，而衣原体则长达 3～12 周。生后立即进行胃液涂片找白细胞和病原体，或取血液、气管分泌物等标本进行涂片、培养，均有助于病原学诊断。

（3）产后感染性肺炎：可以有发热、少吃、反应低下等全身症状。呼吸系统表现有咳嗽、气促或呼吸不规则、鼻扇、发绀、三凹征、湿啰音、呼吸音降低等。呼吸道合胞病毒性肺炎可表现为喘息，肺部听诊可闻哮鸣音。衣原体肺炎可伴有眼结膜炎。金黄色葡萄球菌肺炎易合并脓气胸。鼻咽部分泌物细菌培养、病毒分离和荧光抗体、血清特异性抗体检查有助于病原学诊断。

知识点

新生儿肺炎常见的病原体

1. 细菌　大肠埃希菌、克雷伯菌、李斯特菌、B 族溶血性链球菌（GBS）、金黄色葡萄球菌、铜绿假单胞菌等。

2. 病毒　巨细胞病毒、呼吸道合胞病毒、腺病毒、单纯疱疹病毒等。

3. 其他　解脲支原体、沙眼衣原体、真菌等。

【问题 7】 对该患儿如何进行治疗？

思路： 新生儿肺炎的治疗包括针对病因的治疗、呼吸道物理治疗和护理、供氧以纠正低氧血症；当出现呼吸衰竭时，常收住 NICU 进行有创或无创呼吸支持治疗。

（1）呼吸道管理：雾化吸入，体位引流，定期翻身、拍背，及时吸净口鼻内的分泌物，保持呼吸道通畅。

（2）供氧：有低氧血症时可用鼻导管、头罩给氧。氧气需经过加温湿化后供给。呼吸衰竭时可使用人工呼吸机，维持血气在正常范围。

（3）抗病原体治疗：细菌性肺炎者可参照败血症选用抗生素。重症或耐药菌感染者可用第 3 代头孢菌素；李斯特菌肺炎可用氨苄西林，衣原体肺炎首选红霉素；病毒性肺炎可采用利巴韦林或干扰素雾化吸入治疗。单纯疱疹性肺炎可用阿昔洛韦；巨细胞病毒性肺炎可用更昔洛韦，如有继发细菌感染，应根据病情及病原体选择合适的抗生素。

（4）支持疗法：纠正循环障碍和水、电解质平衡紊乱，输液勿过多过快，以免发生心力衰竭和肺水肿；保证能量和营养成分的供给。

（马晓路）

第八节　新生儿母婴血型不合溶血病

新生儿母婴血型不合溶血病是因母婴血型不合，母亲的血型抗体通过胎盘引起胎儿、新生儿红细胞破坏而产生溶血。这类溶血性疾病仅发生在胎儿与早期新生儿，是新生儿溶血性疾病的重要病因。人类的血型系统有 26 个，但 ABO、Rh 血型不合是引起新生儿溶血病的最常见原因。

ABO 血型不合溶血病主要发生于 O 型产妇所生的 A 型或 B 型婴儿。第一胎即可发病，临床以早期出现黄疸为主要症状，胆红素水平上升较快，如不及时处理有发生胆红素脑病可能。大多数病例贫血并不严重，胎儿水肿罕见。

Rh 血型不合溶血病主要发生于 RhD 阴性母亲和 RhD 阳性婴儿，但也可发生于母婴均 RhD 阳性时，以抗 E 较多见。绝大多数发生于第二胎或以后，但如果孕母先前已被致敏，也可发生于第一胎。临床症状较 ABO 血型不合溶血病更重，黄疸出现早，程度重，进展快，若治疗不及时容易引起胆红素脑病。贫血程度也较重，宫内即发生溶血者常伴有胎儿水肿。

母婴血型不合溶血病的诊疗经过通常包括以下环节。

1. 详细询问患儿黄疸开始出现的时间、程度及伴随症状。

2. 查体时重点关注黄染出现的部位、颜色以及有无发生胆红素脑病的神经系统症状。

3. 及时进行血型、血清胆红素值、血常规、网织红细胞、血生化、母子交叉免疫试验（Coombs 试验）、腹部超声等重要的辅助检查。

4. 积极进行光疗退黄，若存在低白蛋白血症可补充白蛋白，明确免疫性溶血时给予大剂量静脉免疫球蛋白，严重溶血或重度高胆红素血症时可给予换血治疗。

5. 若不能明确诊断母子血型不合溶血病，还需完善其他化验检查，注意有无其他可导致高胆红素血症的病因存在。

临床关键点

1. 本病首先要确认是否存在母婴血型不合。

2. 要明确异常溶血过程的存在，比如黄疸出现时间早（生后 24 小时内出现）、程度重、进展快。

3. 实验室检查可发现贫血、网织红细胞增高、血涂片球形红细胞增多和 Coombs 试验阳性等。

4. 积极干预，降低血胆红素水平，预防胆红素脑病的发生。

临床病例

患儿，男，生后 22 小时，因"发现皮肤黄染 2 小时"转入新生儿病房。

患儿于 2 小时前（即生后 20 小时）母婴同室常规巡查时发现颜面皮肤轻度黄染，经皮胆红素（TCB）为 7mg/dl。反应佳，呼吸平稳。母乳喂养，吸吮良好。无发热、嗜睡、抽搐等症状。

转入病房后复查 TCB 为 8.2mg/dl。

患儿系 G_2P_1，孕 38^{+3} 周自然分娩，母亲血型 O 型，无特殊疾病及特殊用药史。否认围生期窒息缺氧病史。出生体重 3 100g。生后 2 小时开始母乳喂养。已排尿及胎便。家族史无特殊。

初步病史采集后，因患儿主要表现为生后早期出现皮肤黄染，按新生儿黄疸诊断思路分析，临床随之需考虑以下相关问题。

【问题 1】 该患儿生后 24 小时内出现皮肤黄染是否正常？

思路： 新生儿生后 24 小时之内出现皮肤黄染是病理性的。新生儿出生后的胆红素水平是一个动态变化的过程，因此诊断高胆红素血症时应考虑其胎龄、日龄和是否存在高危因素，而不能仅凭某个特定的数值。目前临床多采用美国斯坦福大学 Bhutani 教授所制作的新生儿小时胆红素列线图，当胆红素水平超过 95 百分位时，可将其定义为高胆红素血症。根据该小时胆红素列线图，患儿目前胆红素水平已达到第 95 百分位，属于高危区，因此后续应密切监测。

知识点

生理性黄疸是新生儿早期，由于胆红素代谢的特点所致的黄疸，除外各种病理因素，以血清未结合胆红素增高为主。足月儿多于生后 2～3 天出现，4～5 天达高峰，轻者仅限于巩膜、面颈部，重者可延及躯干、四肢，一般无其他症状，2 周之内消退。早产儿由于血浆白蛋白偏低，肝功能更不成熟，黄疸程度较重，消退也较慢，可延长到生后 2～4 周。

【问题 2】 该患儿生后早期出现病理性黄疸应该考虑哪些原因？

思路： 本例为发病早（生后 20 小时）、起病急、黄疸进展较快的一例早期新生儿黄疸，首先应注意新生儿溶血病，尤其是母婴 ABO 血型不合溶血病。除溶血病外，还应注意有无红细胞膜、红细胞酶、形态及血红蛋白异常所致的溶血，有无重度窒息、重症感染等病理因素引起的黄疸等。

【问题 3】 询问病史应围绕哪些方面进行？

思路： 重点关注下列方面。

（1）询问有无母婴血型不合，尤其 ABO、Rh 系统。ABO 系统溶血母亲首胎可发生，但 Rh 溶血首胎发生概率很小,需同时询问母亲有无输血史、流产史等。

(2)追问家族籍贯,有无黄疸、贫血家族史,若为广西、广东、福建、四川等地区者,应注意 G-6-PD 酶缺陷病。

(3)母亲孕期有无感染性疾病史、胎膜早破,是否有不洁产检及分娩史,了解有无感染性因素存在。

(4)是否存在宫内窘迫及产时窒息,以明确有无围产因素导致黄疸的可能。

(5)新生儿生后开始喂养时间及喂养方式、胎便排出情况,注意有无因脱水、饥饿、肠肝循环增加等原因导致早发型母乳性黄疸的可能。

(6)详细询问患儿有无发热、反应弱、拒奶、肌张力改变、抽搐、肢体无力或角弓反张,注意有无急性胆红素脑病的临床表现。

> **知识点**
>
> 1. 急性胆红素脑病　是基于临床的诊断,指胆红素神经毒性所致的急性中枢神经系统损害,早期表现为肌张力减低、嗜睡、尖声啼哭、吸吮差,而后出现肌张力增高、角弓反张、激惹、发热、惊厥,严重者死亡。通常足月儿发生急性胆红素脑病的血清胆红素水平在 342.2μmol/L(20mg/dl)以上,早产儿在较低的胆红素水平即可发生,尤其是伴有高危因素者。
>
> 2. 核黄疸　指数周以后出现的胆红素神经毒性作用所引起的慢性、永久性损害及后遗症,包括锥体外系运动障碍、感觉神经性听力丧失、眼球运动障碍和牙釉质发育异常。

【问题4】 根据进一步采集的病史,该患儿初步判断如何考虑?

思路:

(1)患儿黄疸出现早(生后24小时内)、进展快,病理性黄疸可诊断。母血型 O 型,应首先考虑母子血型不合溶血病,尤其 ABO 系统。此外母亲为 G_2P_1,Rh 系统血型不合亦应考虑。

(2)家族籍贯系江苏,无黄疸、贫血家族病史,G-6-PD 缺陷病可能性小。

(3)足月自然分娩,否认围生期窒息、产伤及特殊用药,围产因素所致黄疸可能性不大。

(4)母亲孕期无感染性疾病史、无胎膜早破,无不洁产检及分娩史,不支持感染性因素。

(5)患儿反应佳吃奶好,目前无急性胆红素脑病的临床征象。

【问题5】 病史采集结束后,下一步查体应重点关注哪些方面?

思路:观察生命体征是否平稳,精神反应、哭声、肌张力、原始反射,了解有无胆红素脑病表现;观察黄疸波及范围;有无肝脾肿大、贫血貌、水肿,有无头颅血肿、皮肤瘀斑。

体格检查

体温 36.5℃,呼吸 40 次/min,脉搏 140 次/min,血压 65/30mmHg,体重 3 110g,身长 50cm,头围 34cm。精神反应可,哭声响亮,颜面、躯干、四肢皮肤黄染,手掌足底皮肤无黄染,皮肤无苍白、瘀斑,无皮疹及出血点。前囟平软,头颅无血肿。双肺呼吸音清,未闻及啰音。心音有力,心律齐,未闻及杂音。腹软,未见肠形,未扪及包块,肝肋下 1cm,脾未触及。脐带未脱落,脐周无红肿,脐窝无分泌物。四肢肌张力正常,无水肿,原始反射可正常引出。

【问题6】 如何通过体格检查对该患儿的疾病进行初步判断?

思路:本例患儿查体颜面、躯干、四肢皮肤黄染,手掌足底皮肤无黄染,提示中度黄疸;精神反应好,哭声正常,呼吸平稳,肌张力及新生儿原始反射正常,未提示急性胆红素脑病表现,无明显围生期窒息缺氧表现;无肝脾肿大、贫血、水肿等,提示未发生宫内溶血,Rh 溶血的可能较小;脐部干洁无分泌物,皮肤无破损,未见明显呼吸道症状,未发现感染征象。

【问题7】 结合上述查体结果,为进一步诊断,应实施哪些实验室检查?

思路:下一步需尽快完善血常规、网织红细胞测定、血清胆红素、Coombs 试验等。如有条件还可以进行呼出气一氧化碳含量测定。

高胆红素血症的监测方法

1. 血清总胆红素水平（TSB）测定 目前新生儿黄疸的风险评估及处理均依据 TSB 水平，因此 TSB 是诊断高胆红素血症的金标准。

2. 经皮胆红素水平（TCB）测定 检测方便、无创，可动态观察，减少穿刺次数。胆红素水平在一定范围内和 TSB 相关性很好，但超过小时胆红素列线图的第 75 百分位时建议测定 TSB 更准确。

3. 呼气末一氧化碳分压（ETCO）含量测定 血红素代谢形成胆红素的过程中会释放出一氧化碳。测定 ETCO 可以反映胆红素生成的速度，因此可以预测溶血病患儿发展为严重高胆红素血症的可能性。

辅助检查

出生后 28 小时，得到辅助检查结果：

血常规+CRP：WBC $13.3\times10^9/L$，中性粒细胞百分比 60.7%，Hb 140g/L，PLT $412\times10^9/L$，Rc 3.9%；CRP<8mg/L。血型 A 型。

血气分析：pH 7.433，$PaCO_2$ 39.6mmHg，PaO_2 78mmHg，Hb 14.7g/dl，SpO_2 97.1%，K^+ 4.8mmol/L，Na^+ 132mmol/L Cl^- 90mmol/L，Ca^{2+} 1.29mmol/L，BE 4.5mmol/L.

肝功能：血清总胆红素 188μmol/l，直接胆红素 23μmol/l。

直接 Coombs 试验阳性，游离抗体测定：抗 A。

腹部超声及头颅超声未见异常。

【问题 8】 如何判读该患儿的实验室检查结果？

思路：血红蛋白 140g/L，有轻度贫血，血型 A 型，直接 Coombs 试验阳性，测得抗 A 游离抗体，据此，ABO 血型不合溶血病诊断明确。血白细胞、CRP 正常，不支持细菌感染。腹部超声及头颅超声未见异常，不支持颅内出血和腹腔脏器出血等因素。

母婴血型不合溶血病的诊断标准

根据病史、临床检查怀疑本病时应作血清学检查以确诊。先确定母婴 ABO 血型不合，然后进行改良直接 Coombs 试验、抗体释放试验及游离抗体试验。其中改良直接 Coombs 试验和 / 或抗体释放试验阳性均表明婴儿的红细胞已致敏，可以确诊，若仅游离抗体阳性只能表明婴儿体内有抗体，并不一定致敏。

【问题 9】 该患儿下一步如何处理？

思路：黄疸患儿进行干预的目的是尽快把血清胆红素水平降至安全范围，预防严重高胆红素血症和胆红素脑病的发生。最常用的干预方法是光疗。决定某一黄疸患儿是否需要光疗不能用单一的固定标准，而应该结合患儿的胎龄、日龄以及是否存在胆红素脑病的高危因素。对于胎龄≥35 周的新生儿，目前普遍的做法是参照 2004 年美国儿科学会推荐的光疗参考标准（图 3-8-1）。该患儿目前出生后 28 小时，胎龄 38^{+3} 周，TSB 188μmol/l（11mg/dl），伴有 ABO 溶血，具有需要光疗的高危因素，根据该光疗标准曲线，需要立即开始光疗。另外，积极喂养，促进胎便排出，减少肠肝循环。

【问题 10】 光疗时有哪些注意事项？

思路：胆红素通过光疗转变成异构体，使胆红素从脂溶性转变为水溶性，不经过肝脏的结合，直接经胆汁或小便排出体外。波长 425～475nm 的蓝光、510～530nm 的绿光和 550～600nm 的白光都可用于光疗。光疗效果与光疗强度、持续时间和暴露面积相关。因此光疗时应尽可能多地暴露患儿皮肤。标准光疗的光照强度为 8～10μW/（cm²·nm），强光疗的光照强度为 30μW/（cm²·nm）。若 TSB 已接近换血水平则需要强光疗。虽然光疗是高胆红素血症最安全有效的治疗方法,但也存在一些副作用,主要有发热、腹泻、皮疹、青铜症、DNA损伤、眼视网膜损伤、低钙血症等。故光疗过程中需注意监测体温、补充不显性失水、补充核黄素,用黑布或眼罩遮盖眼睛,用尿布遮盖外生殖器。

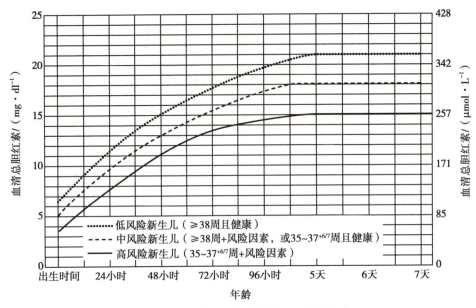

图3-8-1　胎龄≥35周新生儿光疗参考曲线

【问题11】 假设该患儿光疗6小时后(生后34小时),复查TSB上升至323μmol/l(19mg/dl),下一步如何处理?

思路: 参照美国儿科学会推荐换血参考标准,该患儿的TSB已达换血水平。通知血库准备换血血源,患儿系ABO血型不合溶血,因此选择O型洗涤红细胞和AB型血浆,红细胞和血浆以2:1的比例混合。无菌操作下放置脐静脉、脐动脉导管,若脐残端已经干结无法置管则开通外周动、静脉通路进行同步换血。换血量为患儿血容量的2倍,该患儿出生体重3.1kg,血容量80ml/kg,因此2倍血容量约500ml。

> **知识点**
>
> ### 换血指征(图3-8-2)
>
>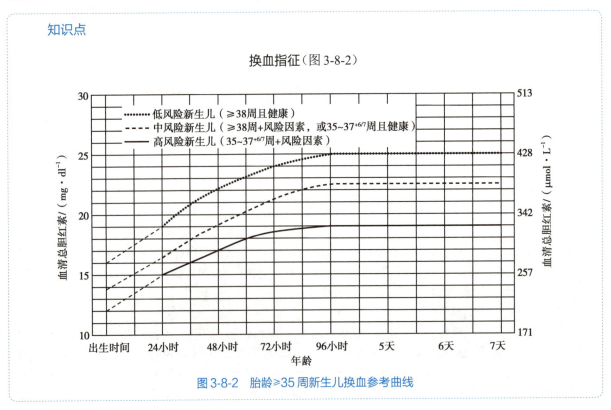
>
> 图3-8-2　胎龄≥35周新生儿换血参考曲线

1. 产前诊断基本明确为新生儿溶血病者（主要指 Rh 血型不合），出生时脐血胆红素 >76μmol/L（4.5mg/dl），血红蛋白<110g/L，伴水肿、肝大、心力衰竭者。

2. 早期新生儿血清胆红素超过指南中的换血标准。

3. 凡有早期胆红素脑病症状者，不论血清胆红素浓度高低都应考虑换血。

4. 早产儿及前一胎有死胎、全身水肿、严重贫血等病史者，这一胎往往也比较严重，应酌情降低换血标准。

【问题 12】 换血的并发症有哪些？

思路：换血可能出现下列并发症。①低钙和低镁血症；②低血糖；③酸碱平衡紊乱；④高钾血症；⑤出血或血栓；⑥感染；⑦可能增加坏死性小肠结肠炎（NEC）的风险。因此换血过程中要注意严格无菌操作，密切监测胆红素水平、血电解质、血钙、血镁、血糖，抽血和输血过程注意等量、匀速，避免对血流动力学产生过大的影响，换血前、换血后 4 小时均暂时禁食。

【问题 13】 除了光疗和换血，有哪些药物治疗可以帮助该患儿降低胆红素水平？

思路：该患儿确诊 ABO 溶血，可静脉给予丙种球蛋白（IVIG）0.5～1g/kg，以保护致敏的红细胞。另外，在低白蛋白血症时，补充白蛋白可增加胆红素和白蛋白的联结，1g 白蛋白可与 8.5mg 胆红素联结，减少血液中的游离胆红素，从而降低胆红素脑病风险。

【问题 14】 生后第 6 天，患儿一般情况良好，反应佳，母乳按需喂养，体重已回归出生体重。每 12 小时一次检测 TCB 稳定在 10～12mg/dl，准备出院。出院后该如何制定随访计划？

思路：首先评估患儿出院后胆红素水平再次上升的风险。常见的高胆红素血症的高危因素包括：出生胎龄 <37 周、生后 24 小时内出现黄疸、伴有同族免疫性溶血或其他原因所致的溶血、头颅血肿或皮肤明显瘀斑、母乳喂养不当导致患儿体重丢失过多。该患儿虽然存在 ABO 血型不合的溶血这一危险因素，但经过积极干预，TCB 稳定在胆红素小时列线图的 40 百分位以下，属低危区，且母乳喂养成功，患儿已经回到出生体重，年龄已经 6 天，综合评估后，嘱患儿家长 1 周后来门诊随访。

（马晓路）

第九节　新生儿红细胞增多症

因胎儿期组织氧含量较低，红细胞增生旺盛，正常足月新生儿出生时的红细胞可达 $(5～7)×10^{12}/L$，血红蛋白平均为 17g/dl，血红细胞比容（HCT）平均为 55%（43%～63%）。若静脉血 HCT≥65% 可定义为红细胞增多症（polycythemia），在新生儿早期较为常见，发病率占活产新生儿的 1.0%～5.0%。轻度红细胞增多可以没有症状，但严重的红细胞增多可导致血液黏滞度显著增加，引起多系统的临床症状。

红细胞增多症的诊疗经过通常包括以下环节。

1. 详细询问母亲孕期是否有导致胎儿宫内缺氧的病理情况及孕期药物应用情况。

2. 识别红细胞增多的主要临床症状，如多血貌、呼吸困难、周围性发绀、呼吸暂停、激惹、嗜睡、喂养不耐受等。

3. 及时进行静脉血 HCT 测定，有条件的中心进行血液黏滞度测定；必要时进行颅脑、肾脏、肠系膜动脉血流速度测定，以观察局部脏器灌注情况。

4. 根据 HCT 水平以及患儿是否出现症状决定干预措施。

临床关键点

（1）新生儿生后早期，尤其是小于胎龄儿或宫内生长迟缓者，当出现多血貌和周围性发绀时，应考虑有红细胞增多增。

（2）因临床表现均为非特异性症状，应注意观察和识别。

（3）诊断标准为静脉血 HCT>65%。末梢血 HCT 可比静脉血高 5%～15%，因此不宜用于诊断。

临床病例

患儿，男，生后 6 小时，因"在母婴同室内被发现激惹、口周发绀"而转入新生儿病房。初步的病史采集如下。

患儿系 G_1P_1，孕 40 周，自然分娩，母亲妊娠后期有高血压史，但无特殊药物应用。出生体重 2 200g，羊水清，1 分钟和 5 分钟 Apgar 评分分别为 8 分、9 分。生后 2 小时开始母乳喂养。生后 6 小时护士检查患儿发现哭闹多、易激惹，全身皮肤血红色，口周有发绀，无气促和吸气性凹陷。在检查过程中，患儿发作呼吸暂停一次，给予鼻导管吸氧后症状缓解。随后为进一步诊治转入 NICU。

生后已排胎便 1 次，家族史无殊。

初步采集病史后，因患儿生后数小时即出现口周发绀、呼吸暂停，应按新生儿呼吸暂停鉴别诊断的思路分析，临床需考虑下列问题。

【问题 1】　该患儿生后早期出现发绀、呼吸暂停，应如何进行鉴别诊断？

思路：新生儿呼吸暂停可分为原发性呼吸暂停和继发性呼吸暂停。原发性呼吸暂停一般见于早产儿，因呼吸中枢发育不成熟、呼吸驱动不足所致。该患儿为足月儿，需考虑继发性呼吸暂停。多种原因可引起继发性呼吸暂停，包括神经系统疾病及功能紊乱（如 HIE、惊厥、脑发育异常等）、神经肌肉疾病、心肺疾病（如气道梗阻、呼吸窘迫综合征、动脉导管未闭、心力衰竭等）、消化系统疾病（如胃食管反流、坏死性小肠结肠炎等）、感染（如肺炎、败血症、脑膜炎等）、血液系统疾病（如贫血、红细胞增多症）、母亲特殊药物应用、代谢或电解质紊乱、体温不稳定、迷走神经反射等。

辅助检查

血常规（末梢血）：WBC 23.4×10^9/L，中性粒细胞百分比 72.5%，Hb 230g/L，PLT 212×10^9/L，HCT 74%。

静脉血气分析：pH 7.35，$PaCO_2$ 39.6mmHg，PaO_2 41mmHg，Hb 226g/L，GLU 2.8mmol/L，乳酸 4.3mmol/L，BE－5.5mmol/L，HCT 69%。

【问题 2】　该患儿的发绀、呼吸暂停应考虑什么疾病？

思路：患儿全身皮肤呈蟹红色、口周发绀、易激惹，结合患儿胎龄 40 周而体重仅 2 200g，属于小于胎龄儿（SGA），母亲孕期有妊娠高血压综合征。辅助检查提示静脉血 HCT 69%，Hb 226g/dL，符合红细胞增多症的诊断。

知识点

新生儿红细胞增多症的高危因素主要有主动性和被动性两大类。

1. 主动性即宫内红细胞生成增加　常有宫内慢性缺氧或胎盘功能不全，患儿通常为宫内生长迟缓、SGA 或过期产儿，母亲可有妊娠高血压综合征、先兆子痫、糖尿病、心肺疾患等。另外，母亲孕期生活在高海拔地区、抽烟、应用普萘洛尔等也可导致胎儿红细胞增多。其他较少见的情况还有婴儿患有 Beckwith-Wiedemann 综合征、先天性肾上腺皮质增生症、甲状腺功能异常、21- 三体、13- 三体、18-三体综合征等。

2. 被动性即外源性红细胞输入患儿体内　见于胎盘输血、母 - 胎输血、胎胎输血、脐带延迟结扎或挤压脐带、出生时患儿位置低于母亲等。

【问题 3】　新生儿红细胞增多症主要有哪些临床表现？

思路：大部分患儿都没有症状。

血液黏滞度增高、外周血流缓慢、组织灌注减少方可导致系列临床表现：皮肤黏膜发红，呈多血质貌，可有周围性发绀；脑血流缓慢引起脑缺血，出现淡漠嗜睡、激惹、震颤或惊跳，甚至发生抽搐；呼吸系统可有呼吸困难、气促、发绀、呼吸暂停；循环系统可有充血性心力衰竭、肺动脉高压；消化系统有喂养不耐受、红细胞消耗葡萄糖后出现低血糖、过多红细胞破坏后胆红素来源增加而出现黄疸，甚至肠壁缺血后 NEC 的风险增加；泌尿系统可出现少尿、肾血管栓塞后的血尿；凝血障碍可导致弥散性血管内凝血（DIC）、肺出血；血液黏滞致阴茎静脉血液回流障碍，可使男婴阴茎异常勃起。

知识点

高血液黏滞度（hyperviscosity）：HCT<60% 时，血液黏滞度和 HCT 成线性关系，当 HCT 超过 65% 以后，血液黏滞度呈指数增加，即 HCT 稍许增加就导致血液黏滞度的显著上升，血流速度及氧气输送显著下降。高血液黏滞度定义为黏滞度 > 平均值 + 2SD 或 >18cps（切变率为 11.5/s）。影响全血黏滞度的因素较多，各种血液成分，包括红细胞、白细胞、血小板、血浆蛋白、免疫球蛋白等增加都会使血液黏滞度增加。并不是所有的红细胞增多症患儿都存在高血液黏滞度。有研究发现，合并高血液黏滞度的红细胞增多症比例仅 50% 左右。

【问题4】 红细胞增多症的常用实验室检查指标有哪些？

思路：

（1）测定静脉血 HCT，这是诊断新生儿红细胞增多症的重要依据。HCT 在不同标本的测定值之间差异较大，一般毛细血管标本的测定值最高，其次为静脉血标本，动脉血标本最低。常以静脉血 HCT>65% 作为诊断标准。如果足跟毛细血管血 HCT≥65%，需加做外周静脉血 HCT 方可确诊。另外，HCT 的测定最好以生后 12 小时为准，因生后数小时内血液浓缩，12 小时恢复常态，此时取血检测较为准确。

（2）其他实验室检查：生化检查常有低血糖、低血钙；组织灌注不足可出现代谢性酸中毒和高乳酸血症；肝肾功能损害者有酶学异常或氮质血症；黄疸者血胆红素升高，且以间接胆红素升高为主。很少有医院开展血液黏滞度检测，如有条件检测则对临床治疗更有参考价值。

（3）其他脏器缺血指标的检查：当肾缺血时出现尿常规异常；脑缺血时多普勒颅脑血流检测可见流速减慢。

【问题5】 如何选择新生儿红细胞增多症的治疗方案？

思路：

（1）对所有具有高危因素或出现可疑症状的新生儿都应该及时检测 HCT 水平，以明确诊断后给予及时的处理。

（2）一般治疗：呼吸窘迫、发绀患儿应予氧疗；喂养不耐受或嗜睡患儿予以静脉补液；密切监测血糖和胆红素水平。高胆红素血症者给予光疗并注意补液；及时纠正低血糖和低血钙。

（3）补液：HCT 在 60%～70%、无临床症状的患儿可密切观察，暂不换血；通常需增加液体入量 20～40ml/（kg·d），每 4～6 小时复测 HCT。

（4）部分换血疗法：通常认为对 HCT>65% 并伴有临床症状者，应进行部分换血治疗。但对于无症状患儿进行部分换血治疗的 HCT 水平并未形成统一意见，有的认为 HCT>70% 即应部分换血，有的则坚持到 HCT>75%。部分换血首选等量生理盐水，有研究认为生理盐水可以达到和新鲜血浆或白蛋白一样的效果且可避免血制品相关感染的风险。部分换血的途径可以选择从脐静脉或脐动脉、外周静脉或动脉抽出血液，从外周静脉注入等量的生理盐水。部分换血量的计算公式如下：

$$部分换血量 = [（实际 HCT - 预期 HCT）× 血容量 × 体重] ÷ 实际 HCT$$

足月儿血容量 80～90ml/kg，极低体重儿血容量约 100ml/kg；预期 HCT 为 55%～60%。

一般足月儿静脉 HCT 在 65%～80% 时，换血量为 45～90ml（15～20ml/kg）。部分换血注意事项同高胆红素血症时换血疗法，换血前后应严密监测以防止并发症。有研究提示，经脐静脉实施部分换血者，坏死性小肠结肠炎的发生机会可能增加。

【问题6】 新生儿红细胞增多症的预后如何？

思路：从短期效果来看，新生儿红细胞增多症或高血液黏滞度时一些脏器的血流速度降低，但随着部分换血的实施，脑血流、心脏指数、氧气输送等都恢复正常。但部分换血对于远期预后的影响似乎并不明显。可能导致红细胞增多的原因以及红细胞增多症的并发症才是对远期预后影响更大的因素，如宫内慢性缺氧、宫内生长迟缓、低血糖、严重高胆红素血症等。

（马晓路）

第十节　新生儿败血症

新生儿败血症（neonatal sepsis）是指病原体侵入新生儿血液并生长、繁殖、产生毒素而造成的全身性炎症反应。常见病原体为细菌，但也可为真菌、病毒或原虫等其他病原体。本节主要阐述细菌性败血症（bacterial sepsis）。新生儿败血症为新生儿期的常见病，其发病率占活产儿的 1‰～10‰，胎龄越小、出生体重越低，发病率和病死率越高。本病早期症状非特异性，诊断困难，易误诊；如处理不及时，可导致败血症休克（septic shock）和 MODS，甚至死亡。

新生儿败血症一般分为早发性和晚发性。早发性败血症（early onset sepsis，EOS）指生后 <7 天发病，常有母亲病史、孕期及产时感染史、产道特殊细菌的定植及异常产科因素等。晚发性败血症（late onset sepsis，LOS）指生后≥7 天（8～90 天）发病，院内感染或社区获得性感染均有可能，社区获得性感染可由挑"马牙"、挤乳房、挤痱疖、皮肤及脐部护理不当等因素所导致。上述 EOS 和 LOS 的定义主要适合于足月儿；对于极低出生体重儿，一般将 EOS 定义为生后 72 小时内（<3 天）发病，而将 LOS 定义为出生 72 小时后（>3 天）发病，后者常由于 NICU 的院内获得性感染所致。

新生儿败血症的诊疗经过通常包括以下环节。

1. 详细询问病史，了解是否存在败血症的高危因素，如早产、母亲产道感染、异常分娩、接受侵袭性检查或治疗等。

2. 新生儿败血症早期症状常不典型，需密切观察和仔细的体格检查予以识别。

3. 实验室辅助检查包括非特异性诊断的血常规、CRP、血气分析及特异性诊断的血培养、脑脊液检查、细菌 DNA 鉴定等。

4. 一旦考虑败血症，在采集血培养标本后立即开始治疗。常根据发病时间及流行病学资料开始经验性治疗；当病原明确后根据药敏给予敏感抗生素治疗。

5. 已经出现休克早期症状的患儿，立即启动抗休克治疗。

临床关键点

1. 败血症是新生儿期的常见全身性感染性疾病；其发病率高与新生儿天然免疫功能不完善有关，早产儿更为常见。

2. 新生儿败血症临床症状常无特异性，对于有高危因素或有少吃、少哭、少动、喂养困难、体温不稳定、周围循环灌注不良者，应该考虑败血症可能，并及时进行相关的实验室检查。

3. 血培养分离出致病细菌是诊断的金标准。

4. 新生儿败血症易并发化脓性脑膜炎，当怀疑中枢感染或有神经系统异常表现时，应及时进行脑脊液检查。

临床病例

患儿，男性，出生胎龄 38 周，出生体重 3 150g，因胎膜早破 20 小时、胎心增快急诊剖宫产出生于一县级医院。Apgar 评分 1 分钟 7 分，5 分钟 8 分。羊水Ⅱ度污染，胎盘脐带未见异常。生后 4 小时出现面色发绀、反应差、气促、呻吟，SpO₂ 50%。立即转入 NICU，予气管插管，开始机械通气，SIMV 模式，PIP/PEEP 22/6cmH₂O，呼吸 50 次/min，FiO₂ 100%，SpO₂ 88%。抽血送血常规、CRP、血培养、血气分析，开始静脉应用头孢噻肟和青霉素抗感染。患儿呼吸机支持下情况有好转，但 SpO₂ 不稳定，血压较低，且发热，体温最高 38.5℃。当地医院请求会诊后，由我院派转运小组将患儿接回 NICU，此时患儿已出生 8 小时。

母亲孕期健康，产前 2 天有低热。

入科查体：心率 186 次/min，平均动脉压 36mmHg，体温 37.2℃，反应差，SIMV 支持下，可见吸凹，双肺听诊可及湿啰音，心前区可及Ⅱ级收缩期杂音，心音稍低钝，腹部平软，肝脏肋下 2cm，肢端凉，毛细血管再充盈时间 4 秒。

初步病史采集后，考虑患儿生后不久出现症状，有发热，外周灌注不佳，母亲产前有发热、胎膜早破，因此按新生儿败血症的诊断思路分析，临床需考虑下列相关问题。

【问题1】　基于上述病史应该考虑哪些问题?

思路: 该患儿出生后4小时出现面色发绀、反应差、气促、呻吟,发热等表现,母亲产前有发热、胎膜早破,EOS应该首先考虑。患儿入院时心率快、平均动脉压偏低、肢端凉、毛细血管再充盈时间延长,应考虑合并感染性休克。EOS还容易并发化脓性脑膜炎。针对上述情况,应积极进行针对新生儿败血症的相关实验室检查,并及时开始抗休克治疗和经验性抗感染治疗,病情稳定后腰穿,进行脑脊液检查。

知识点

新生儿EOS的主要高危因素:母亲产时发热;阴道内病原定植;胎膜早破>18小时;绒毛膜羊膜炎;早产和低出生体重。

新生儿LOS(院内获得性感染)的主要高危因素:早产/极低出生体重;气管插管>5天;静脉置管胃肠外营养;脐动、静脉置管>5天;机械通气;长期广谱抗生素应用;H₂受体拮抗剂应用;住院时间>7天。

【问题2】　新生儿败血症的常见临床表现有哪些?

思路: 新生儿败血症主要表现有呼吸系统不稳定(呼吸窘迫、需氧量增加、呼吸暂停发作频繁或程度更严重)、低血压、心动过速、喂养不耐受(胃潴留、腹胀、呕吐)、体温不稳定、神经系统改变(反应差、嗜睡、肌张力低下、惊厥)、代谢紊乱(代谢性酸中毒、高血糖或低血糖)、黄疸等。也可能快速进展,短时间内出现皮肤花斑、肢端发凉等循环灌注不良表现,需要立即开始辅助通气和血管活性药物应用等严重失代偿状况;出现坏死性小肠结肠炎、化脓性脑膜炎等的相应临床表现。

【问题3】　新生儿败血症的常用实验室检查手段有哪些?

思路: 在败血症的实验室诊断中,血培养是"金标准";其他体液培养,如清洁尿培养、脑脊液培养对病原诊断同样有较大的意义,但尿培养在EOS的阳性率很低,在LOS相对较高。细菌DNA检测同样属于特异性诊断,可采用血液、脑脊液等无菌体腔标本,通过聚合酶链反应(PCR)方法对细菌共有的DNA片段16sRNA基因进行扩增,因人体DNA不含此片段,阳性即提示细菌感染;还可以通过特异性基因探针,鉴别不同种类的细菌。

因新生儿败血症时细菌培养的阳性率不高,且在败血症时常有全身的炎症反应,可用一些非特异性指标的检测综合判断,作出疑似败血症的诊断。如WBC< $5.0×10^9$/L 或>$20×10^9$/L,中性粒细胞中杆状核细胞百分比(I/T比值≥0.2)、PLT<$100×10^9$/L 等都有诊断价值。CRP是临床最常用的急性期蛋白,正常值为<8mg/L,细菌感染后6~8小时上升,当感染被控制后短期内即可下降,因此有助于疗效观察和预后判断。另外,PCT和细胞因子测定也有助于新生儿败血症的诊断。

知识点

新生儿败血症诊断标准

1. 确诊败血症　具有临床表现并符合下列任一条:①血培养或无菌体腔内培养出致病菌;②如果血培养出条件致病菌,则必须与另次(份)血或无菌体腔内或导管头培养出同种细菌。

2. 临床败血症　具有临床表现且具备以下任一条:①WBC、I/T比值、PLT、CRP等非特异性检查≥2条。②血标本病原菌抗原或DNA检测阳性。

辅助检查

血常规:WBC $29.3×10^9$/L,中性粒细胞百分比66.8%,Hb 102g/L,PLT $76×10^9$/L,CRP 28mg/L。

动脉血气分析:pH 7.23,PaO₂ 38mmHg,PaCO₂ 67mmHg,BE-12.3mmol/L,乳酸 7.8mmol/L。

胸片:两肺纹理增多、模糊,可见斑片状密度增高影。

【问题4】　该患儿下一步具体治疗方案是什么?

思路: 该患儿考虑EOS合并感染性休克,治疗主要包括三方面。

（1）抗休克治疗：进行容量复苏，血管活性药物应用，如多巴胺和多巴酚丁胺。

（2）经验性抗生素应用：EOS 的常见病原包括大肠埃希菌和 B 族链球菌，抗生素选择上应覆盖这两大类病原，如第三代头孢菌素联合青霉素。

（3）支持治疗：呼吸支持，纠正低氧和酸中毒，纠正电解质紊乱，提供足够的营养。

知识点

新生儿败血症的治疗原则

1. 抗生素治疗　用药原则如下。①早用药：对临床拟诊败血症的新生儿，抽取血培养标本后即应使用抗生素，不必等待血培养结果。②合理用药、联合用药：病原菌未明确前可结合当地菌种流行病学特点和耐药菌株情况选择两种抗生素联合使用；明确病原菌后依据药敏试验结果改用敏感的抗菌药。③静脉给药。④足疗程：血培养阴性者经抗生素治疗病情好转时应继续治疗 5～7 天；血培养阳性者至少需 10～14 天；有并发症者应治疗 3 周以上。⑤注意药物毒副作用：1 周以内的新生儿尤其是早产儿，因肝肾功能不成熟，给药次数宜减少，每 12～24 小时给药 1 次，1 周后每 8～12 小时给药 1 次；头孢三嗪和头孢他啶易影响凝血机制，使用时要警惕出血；国内因氨基糖苷类抗生素使用时的药物监测尚不能普遍开展，考虑其可能产生耳毒性，通常不使用。

2. 处理严重并发症　①及时纠正休克；②纠正酸中毒和低氧血症；③积极处理脑水肿和 DIC。

3. 清除感染灶　局部有脐炎、皮肤感染病灶、脓肿时，应及时予以相应处理。

4. 支持疗法　呼吸支持，注意保温，供给足够热量和液体。

5. 免疫疗法　重症可用静脉免疫球蛋白；对重症患儿可行血液净化；中性粒细胞明显减少者可应用粒细胞集落因子（G-CSF），但上述治疗缺乏确切的循证依据。

辅助检查

血培养结果：无乳链球菌生长。

脑脊液培养：无乳链球菌生长。

【问题 5】 该患儿下一步抗生素治疗方案？

思路：该患儿血和脑脊液培养均提示无乳链球菌生长，GBS 感染所致的败血症和化脓性脑膜炎诊断明确。根据药敏继续给予青霉素每天 45 万 U/kg，总疗程至少 21 天。

（马晓路）

第十一节　新生儿坏死性小肠结肠炎

新生儿坏死性小肠结肠炎（necrotizing enterocolitis，NEC）是新生儿最严重的消化系统急症，以广泛的肠道炎症性损伤为特点，常发生于早产儿，尤其极低或超低出生体重儿。其发病机制复杂多样，病因不明。临床早期以腹胀、呕吐、腹泻、便血为主要表现，随后出现全身情况的恶化，腹部 X 片以肠壁囊样积气为特征，病理以回肠远端和结肠近端坏死为特点。NEC 在 NICU 住院患儿的总体发病率 1%～5%，在极低出生体重儿的发病率 5%～10%，起病急，进展快，死亡率高。约 30% 的患儿需要手术治疗。存活的患儿容易出现肠管缩窄、短肠综合征、营养不良、神经发育落后等并发症。因此对该疾病的早期诊断和及时处理是改善患儿预后的关键。

NEC 诊疗经过通常包括以下环节：

1. 了解患儿是否存在 NEC 的高危因素。

2. 熟悉 NEC 的典型临床表现，包括全身症状和腹部症状、体征。

3. 及时进行血常规、血培养、血气分析等实验室检查，及时行 X 线检查，并定期复查以观察肠管形态的动态变化。

4. 根据病情评估，选择合适的治疗方案，但不论选择内科保守治疗或手术治疗，都应尽早请外科会诊。

临床关键点

(1) 将腹部症状和其他引起喂养不耐受、腹胀的疾病相鉴别。

(2) 病情进展迅速，需动态评估患儿全身情况，定时复查腹部 X 片。

(3) 根据病情严重程度，制定合理的治疗方案。

(4) 提供充足的肠外、肠内营养支持。

(5) 对患儿进行远期随访管理。

临床病例

患儿，男，胎龄 29 周，出生体重 1 250g，剖宫产出生。Apgar 评分 1 分钟 7 分，5 分钟 8 分。因呼吸窘迫和早产而被送入 NICU，气管插管下给予 PS 后改为 CPAP 支持，并给予抗生素静脉应用。48 小时后，呼吸窘迫缓解，停用 CPAP，血培养结果报告阴性，停用抗生素。生后第 2 天开始用早产儿配方奶鼻饲喂养。初始喂养量为 10ml/(kg•d)，每 3 小时喂 1 次，根据患儿耐受情况逐日加量。生后第 16 天达足量喂养。次日，床旁护士发现其有一次严重的呼吸暂停发作以及 25ml 胆汁性的胃内容物残留。查体：心率 186 次 /min，血压 30/18mmHg，毛细血管再充盈时间 4 秒。患儿面色灰暗，四肢凉，呼吸费力，有吸凹，腹部紧张，较膨隆，肠鸣音消失。

初步采集病史后，因患儿主要表现为全身情况的突然恶化以及突出的消化道症状体征，诊断思路上需要考虑下列问题。

【问题 1】 根据该患儿的临床表现应该考虑哪些疾病？

思路：患儿胎龄 29 周，出生体重 1 250g，生后第 17 天出现面色灰暗，四肢凉、呼吸暂停等表现，应首先考虑全身感染可能；在进行感染相关的实验室检查，如细菌学、病毒学及非特异性感染指标检查同时，消化系统疾病不能排除。患儿为极低出生体重儿，早期开始给予配方奶喂养，除全身感染征象外，有胆汁性的胃内容物残留、腹部紧张，较膨隆，肠鸣音消失，故需要考虑 NEC。生后第 2 天开始肠道喂养，一开始的喂养量为 10ml/(kg•d)，每 3 小时喂 1 次，并根据患儿耐受情况逐日加量，生后第 17 天才出现消化道症状，故先天性消化道梗阻可能性相对小，但仍需行相关检查作出鉴别诊断。喂养不耐受是早产儿的常见症状，表现为反复的奶汁潴留和腹胀，但通常不出现全身症状，胃潴留一般也不含胆汁。

另外，患儿心率快，四肢凉，毛细血管再充盈时间延长，外周灌注不佳，需考虑感染性休克。

知识点

新生腹胀的常见原因

机械性：包括先天性肠闭锁、胎粪性肠梗阻、肛门直肠畸形、肠重复畸形、肠扭转、腹膜系带、环状胰腺；获得性肠梗阻（NEC、肠套叠、腹膜粘连）。

功能性：先天性巨结肠、胎粪栓塞综合征、麻痹性肠梗阻、腹膜炎等。

【问题 2】 该婴儿发展为 NEC 的高危因素有哪些？

思路：NEC 的确切病因和发病机制目前还不肯定，但普遍认为是多因素性疾病。主要高危因素包括：

1. 早产　约 90% 的病例发生于早产儿，且 NEC 的发病率与出生时的胎龄成反比。早产儿的肠道功能不成熟，胃酸分泌少，胃肠道动力差，消化酶活力低，消化道黏膜通透性高，消化吸收功能差，局部免疫反应低下。当喂养不当、感染和肠壁缺血时易导致肠黏膜损伤。早产儿的平均发病时间是出生后 12 天。

2. 感染及炎症　感染是 NEC 的主要原因之一，病原大多为克雷伯菌、大肠埃希菌、铜绿假单胞菌、肠球菌等肠道细菌。

3. 缺氧和再灌注损伤　围生期窒息、主动脉供血减少的先天性心脏病、红细胞增多症、休克等各种导致肠壁缺血缺氧的病理情况都可使肠黏膜缺血缺氧，进而坏死。随着恢复供氧，血管扩张充血的再灌注过程会增加组织损伤。

4．肠内喂养　大约 90% 的 NEC 患儿发病前都曾经接受胃肠道喂养。摄入渗透压过高（>460mmol/L）的配方奶、奶量过多、增加过快、高渗药物进入胃肠道等都和 NEC 的发生有关。

5．输血　虽然输血后发生 NEC 的报道很多，但缺乏大样本前瞻性研究，目前并没有充分的证据说明输血和 NEC 的发病相关。

从该患儿的病史中我们可以看到下列因素和 NEC 发病有关：①早产；②配方奶喂养。

【问题3】　新生儿 NEC 的典型临床表现是什么？

思路：NEC 的临床表现主要包括消化道的局部症状体征和全身性症状体征。

（1）全身症状：呼吸窘迫、呼吸暂停、嗜睡、体温不稳定、激惹、喂养不佳、低血压、外周灌注不良、酸中毒、少尿等。

（2）局部症状（腹部症状）：血便、腹胀、腹肌紧张、胃潴留（血性或胆汁性）、呕吐、肠鸣音减低或消失、腹壁皮肤发红、固定的腹部包块、腹水等。

【问题4】　该患儿当前需要进行哪些辅助检查？

思路：怀疑 NEC 的患儿需要实验室检查和腹部影像学检查。

（1）实验室检查：①血常规可见血小板减少和 CRP 升高，尤其是动态的系列检查对判断病情很有帮助；②血培养有助于明确病原菌；③血气分析提示代谢性酸中毒和乳酸升高。

（2）影像学检查：①X 线检查是 NEC 的经典检查方法。一旦怀疑本病立即拍腹部 X 线片，每隔 6～12 小时动态观察其变化。拍片的体位主要是仰卧、立侧位、水平侧位。禁做钡餐或钡灌肠，有肠穿孔的危险。②腹部超声可探查肠壁增厚、肠壁积气、门静脉积气、腹水和胆囊周围积气。其中对门静脉积气和腹水的诊断敏感性优于 X 线。用彩色多普勒超声检测肠壁血流可发现患儿肠壁局部血流灌注不良，是评价肠道血循环状况的手段之一。③MRI 可看到泡沫样肠壁、肠腔中异常液平等现象，可作为肠坏死的非损伤性诊断手段，有助于 NEC 手术时机的选择。

辅助检查

血常规+CRP：WBC $3.3×10^9$/L，中性粒细胞百分比 81%，Hb 110g/L，PLT $79×10^9$/L；CRP 68mg/L。

血气分析：pH 7.225，$PaCO_2$ 32mmHg，PaO_2 58mmHg，乳酸 6.0mmol/L，BE－9.5mmol/L。

腹部 X 片：肠道散在充气扩张，肠间隙增宽，肠壁下可见线形透亮影，门静脉分支内见气体影（图 3-11-1）。

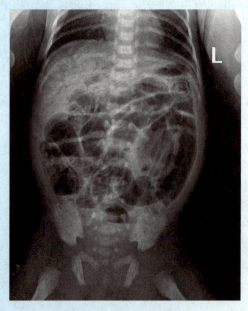

图 3-11-1　腹部立位片

【问题5】 该患儿目前考虑什么诊断? 严重程度如何?

根据 NEC 改良的 Bell 分期,该患儿同时存在全身症状和腹部症状,腹部平片可见肠壁积气、门静脉积气,目前新生儿 NEC II 期诊断明确。新生儿 NEC 的 Bell 分期有助于统一不同中心对于该疾病的诊断和处理(表3-11-1)。

表 3-11-1　　NEC 的改良 Bell 分期

分期	全身症状	消化道症状	影像学表现
I A (可疑 NEC)	体温不稳定,呼吸暂停,心动过缓,嗜睡	胃潴留,轻度腹胀,呕吐,大便隐血阳性	正常或轻度肠管扩张,轻度麻痹性肠梗阻
I B (可疑 NEC)	同 I A	肉眼血便	同 I A
II A (确诊 NEC,轻度)	同 I B	同 I B,肠鸣音减弱或消失,伴或不伴腹部压痛	肠管扩张,麻痹性肠梗阻,肠壁积气
II B (确诊 NEC,中度)	同 II A,轻度代谢性酸中毒和血小板减少	同 II A,肠鸣音消失,明确的腹部触痛,伴或不伴腹部蜂窝织炎或右下腹肿块	同 II A,腹水
III A (进展 NEC,重度,但未穿孔)	同 II B,低血压,心动过缓,严重呼吸暂停,混合性酸中毒,DIC,中性粒细胞减少	同 II B,腹膜炎,明显的腹部触痛和腹胀	同 II B
III B (进展 NEC,重度,肠穿孔)	同 III A,肠穿孔	同 III A	同 II B,气腹

【问题6】 该患儿下一步治疗方案?

思路:患儿目前诊断新生儿 NEC II 期,因此下一步处理包括以下内容。

(1)禁食,肠外营养支持,胃肠减压。

(2)开始液体复苏,抗休克治疗。

(3)开始抗生素应用,抗生素的选择上需要同时覆盖肠道内的阴性菌、阳性菌和厌氧菌。

(4)送检血常规、CRP、血气分析、电解质、血培养。

(5)每 8~12 小时拍摄腹部 X 片,观察腹部情况。

(6)外科会诊。

知识点

根据 Bell 分期的 NEC 治疗原则

(1) I 期(可疑 NEC):①禁食,胃肠减压,静脉补液;②送检血常规、CRP、血气分析、电解质、血培养;③抗生素治疗 72 小时;④每 8~12 小时拍摄腹部 X 片;⑤腹部超声和多普勒检查。

(2) II 期(确诊 NEC):①禁食,胃肠减压,肠外营养;②送检血常规、CRP、血气分析、电解质、血培养;③抗生素治疗 10~14 天;④每 6~8 小时拍摄腹部 X 片;⑤腹部超声和多普勒检查;⑥外科会诊。

(3) III 期(进展 NEC):①禁食,胃肠减压,肠外营养;②送检血常规、CRP、血气分析、电解质、血培养;③抗生素治疗 10~14 天;④每 6~8 小时拍摄腹部 X 片;⑤腹部超声和多普勒检查;⑥外科会诊。

【问题7】 该患儿如果病情进一步恶化,在什么情况下需要手术治疗?

思路:

NEC 外科手术的指征:出现腹腔游离气体提示肠穿孔,这是绝对手术指征。腹膜炎症状和体征明显,如腹壁明显红肿、腹水、腹部包块、持续血小板减少、顽固的休克提示可能存在消化道全层坏死,可能也需要手术。

外科手术的方式主要包括腹腔引流和开腹手术。超低出生体重儿发生 NEC 合并穿孔或病情危重不能耐受手术者可先腹腔引流,待稳定后再开腹手术。开腹手术切除坏死或穿孔的肠段,再做肠造瘘或吻合术。

【问题8】 NEC 的并发症及预后（图 3-11-2、图 3-11-3）?

思路: NEC 的并发症和预后密切相关。常见的并发症包括:①肠狭窄,发生于 25%~35% 的患儿,常见的狭窄部位是大肠。肠狭窄是最常见的再次手术的原因。②短肠综合征,发生于 10%~20% 手术后的患儿,需要长期肠外营养支持,常伴有营养不良和肠外营养相关并发症。③严重 NEC 存活后可出现运动、认知发育落后,需要长期神经发育的随访。

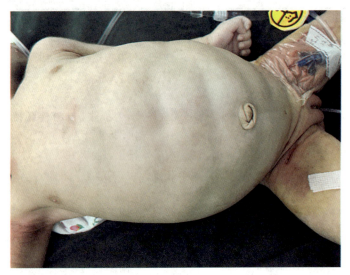 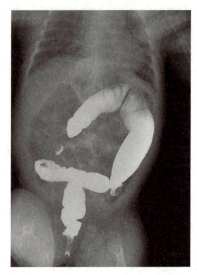

图 3-11-2　NEC 术后 3 周出现腹胀、呕吐,显著的腹壁肠形　　图 3-11-3　下消化道造影显示升结肠局部狭窄

【问题9】 NEC 有哪些预防措施?

思路:

(1) 提倡母乳喂养:母乳喂养可显著降低 NEC 的发生率。

(2) 采用合理的喂养方案:尽早开始微量喂养,避免奶量增加过快(一般每天增加奶量不超过 20ml/kg)。不能喂母乳者可选用早产儿专用奶粉,并按照指南所示方法进行喂养。避免高渗透压奶方。

(3) 口服益生菌可抑制肠内致病菌的过度繁殖,使异常的肠通透性、失衡的肠微生态系统恢复正常,还可提高肠道屏障免疫功能、减低炎症反应。

(4) 产前皮质激素应用可促进肠道成熟,降低 NEC 发生率。

(马晓路)

第十二节　新生儿化脓性脑膜炎

新生儿化脓性脑膜炎是新生儿期由于化脓性细菌感染引起的脑膜炎症,是新生儿常见的危急重症。本病常继发于新生儿败血症,少数病例仅有暂时的菌血症,或细菌从中耳、颅骨裂、脊柱裂、脑脊膜膨出以及皮肤黏膜窦道直接进入脑膜引起炎症。

新生儿化脓性脑膜炎临床症状主要以体温异常、惊厥、意识障碍及脑脊液化脓性改变为特征。病情可能迅速恶化,出现呼吸衰竭和循环衰竭。新生儿由于囟门和骨缝未闭合,颅内压增高的征象出现较晚。部分患儿可并发脑积水、脑脓肿和室管膜积液等。

新生儿化脓性脑膜炎的诊疗经过通常包括以下环节。

1. 详细询问病史,了解是否存在感染的高危因素,如早产、母亲围生期感染等,以及伴随症状。

2. 查体时重点关注患儿的反应和神经系统体征。

3. 及时进行血常规、外周血炎症指标(CRP、PCT 等)以及血培养(在抗生素使用前)检查。

4. 对于怀疑有脑膜炎的患儿应该在条件允许时,及时进行脑脊液检查。

5. 对于治疗效果不佳或病情缓解后又再次加重的患儿要进行中枢神经系统影像学检查(超声、CT、MRI)以及硬脑膜下穿刺术和脑室穿刺术监测脑脊液。

6. 对于部分复杂病例，还需要与真菌性脑膜炎鉴别或考虑有混合感染的可能。

临床关键点

（1）本病首先要确认是否存在颅内感染，对于疑似病例及时进行脑脊液检查，甚至连续监测才能做出正确诊断。

（2）要尽量明确感染的病原菌，对于怀疑败血症或颅内感染的患儿要尽早（抗生素使用前）进行细菌培养。

（3）在治疗过程中及时发现并发症，对于治疗困难患儿及时进行中枢神经系统的影像学检查。

（4）治疗后的患儿要重视长期随访。

临床病例

患儿，男，日龄 15 日，因"发热半天，抽搐 1 次"来急诊就诊。初步的病史采集如下。

就诊前半天患儿无明显诱因出现发热，测体温 39.2℃，无咳嗽及气促，无腹泻。到当地社区诊所就诊，诊断为"新生儿急性上呼吸道感染"，予"泰诺林、头孢克洛"治疗，患儿体温降至 37℃。半小时前，患儿出现抽搐，表现为双眼凝视，双拳紧握，双上肢划船样动作，伴口唇发绀，持续 1 分钟自行缓解，遂来急诊就诊。患病来，精神差，吃奶差，大小便未见明显异常。

个人史：患儿为 G_1P_1，孕 39 周自然产娩出。否认围生期窒息缺氧病史。出生体重 3 500g。生后 1 小时开奶，纯母乳喂养。出生后已肌内注射维生素 K_1 1mg。生后 24 小时内已排尿及胎便。

既往史：体健，已接种乙肝疫苗及卡介苗，无传染病接触史，无外伤史。

家族史：母亲无特殊疾病及特殊用药史；否认家族遗传病史。

初步病史采集后，患儿主要表现为发热和抽搐，按新生儿感染和新生儿惊厥思路分析，临床随之需考虑以下相关问题。

【问题 1】　该患儿出现发热是否由于感染所致？如何与非感染性发热进行鉴别？

思路：新生儿出现高热都是不正常的，首先应该考虑感染性发热。故病史应仔细询问其他伴随症状，并排除保暖过度等可能导致发热的非感染因素。另外，患儿除发热外，还伴有反应差和奶量下降等症状，因此可以与非感染性发热鉴别。

【问题 2】　新生儿发热应该考虑哪些疾病？

思路：本例患儿高热并伴有反应差，因此临床上首先考虑感染所引起的发热。此外，在询问病史时要注意排除环境温度过高、保暖过度等常见的非感染性发热因素。

知识点

新生儿发热

（1）新生儿发热：新生儿的正常核心温度为 36.5～37.5℃，正常体表温度为 36～37℃，通常将新生儿的核心温度高于 37.5℃ 定义为发热。新生儿体温中枢发育不成熟，产热和散热功能都不完善，调节功能差，因此容易发生体温波动，易出现低体温和发热。另外，新生儿对发热的耐受力差，体温过高可出现反应差、呼吸急促及心动过速，严重者还会出现呼吸暂停、惊厥及脑损伤。

（2）新生儿非感染性发热：常见的非感染性发热原因包括环境温度过高、保暖过度、脱水热、惊厥持续状态、先天性外胚叶发育不良、新生儿颅内出血、母亲分娩时接受硬膜外麻醉等。

（3）新生儿感染性发热：各种病原体如细菌、病毒、原虫等引起的局部和全身性感染，如败血症、肺炎、上呼吸道感染、脑膜炎、肠炎等均可导致新生儿发热。因感染引起的新生儿发热，常伴随有反应差、肢端发凉、核心温度与体表温度差增大等症状和体征。

（4）发热不是新生儿感染的可靠指标，有些严重感染的新生儿不表现为发热，而是出现低体温。

【问题3】 本例新生儿惊厥应该考虑哪些疾病?

思路:本例患儿临床表现为高热,伴惊厥及反应差,因此临床上首先考虑颅内感染导致的惊厥。患儿系晚期新生儿,纯母乳喂养,惊厥原因应警惕维生素 K_1 缺乏导致的颅内出血,但患儿出生后 24 小时内已肌内注射维生素 K_1,故颅内出血可能性小。此外,在询问病史时要注意询问既往喂养情况,排除代谢紊乱(低血糖、低血钙及低血镁)导致的惊厥;询问家族史,包括父母是否为近亲结婚,家族中有无惊厥病史,排除遗传性疾病;询问患儿尿有无特殊气味,排除代谢性疾病。

【问题4】 询问病史应围绕哪些方面进行?

思路:①应询问发热的具体情况,包括体温、发热持续时间;②追问有无吃奶减少、反应差、睡眠增多等全身症状;③了解是否有感染性疾病患者的接触史;④询问是否存在环境温度过高、保暖过度等异常情况;⑤新生儿生后开始喂养时间及喂养方式,注意有无因喂养不足导致低血糖及电解质紊乱的可能;⑥有无头部外伤史,排除颅脑外伤。

知识点

新生儿败血症

1. 新生儿败血症是指新生儿期病原体侵入血液循环并在其中生长繁殖,产生毒素所造成的全身性感染。

2. 新生儿败血症有两种类型

(1)早发型:出生后 7 天内起病,感染发生在出生前或出生时,病原菌以大肠埃希菌等革兰氏阴性杆菌为主;临床上发病急,病情重,进展快,病死率高。

(2)晚发型:出生 7 天后起病,感染发生在出生时或出生后,病原体以葡萄球菌、机会致病菌或医源性感染为主;常有皮肤感染、脐炎、肺炎等局部感染病灶,病死率较早发型低。

3. 新生儿败血症临床表现

(1)全身症状:多数患儿具有六"不",即不吃、不哭、不动、面色不好、体温不稳、体重不增。

(2)当患儿伴随以下表现时应高度怀疑败血症发生。

▲黄疸:可表现为黄疸迅速加剧或退而复现。

▲休克:休克是败血症发展到后期的临床表现。患儿表现为面色苍白,四肢冰凉,皮肤出现大理石样花纹,毛细血管充盈时间延长,动脉搏动减弱,尿少,肌张力减低,血压降低。

▲出血倾向:严重感染可导致血小板减少,肝功能损害和 DIC,这些均能导致患儿出现明显出血倾向,表现为皮肤自发性瘀点、瘀斑,呕血,便血,血尿,肺出血以及针刺部位出血不止。

▲其他:患儿可表现为呼吸窘迫、呼吸暂停、感染性肺炎;呕吐、腹胀、腹泻、中毒性肠麻痹、坏死性小肠结肠炎;硬肿症、皮下坏疽、脓疱疮、软组织蜂窝织炎;肝脾肿大;化脓性脑膜炎、化脓性关节炎和骨髓炎等。

【问题5】 病史采集结束后,下一步查体应重点关注哪些方面?

思路:观察生命体征是否平稳,精神、反应、哭声、肌张力、原始反射,了解有无黄疸及黄疸程度(波及范围);有无肝脾肿大;查找有无脐部、皮肤等感染灶。

门诊查体记录

体温 38.5℃,呼吸 55 次/min,脉搏 170 次/min,血压 68/33mmHg,体重 3 000g,身长 51cm,头围 34cm。反应欠佳,哭声弱,皮肤无黄染,皮肤无苍白发花,无皮疹及出血点。前囟平软,头颅未扪及包块。双肺呼吸音清晰,未闻及啰音。心音有力,心律齐,未闻及杂音。腹软不胀,未见肠形和肠蠕动波,未扪及包块,肝肋下 2cm,脾未触及。脐带已脱落,脐周无红肿,脐窝无分泌物。四肢肌张力增高,无水肿,原始反射减弱。

【问题6】 如何通过查体对疾病进行初步判断?

思路:本例患儿查体有发热、反应差、四肢肌张力增高、原始反射减弱,高度提示颅内感染。由于新生儿免疫功能发育不成熟,容易出现全身性感染,所以要警惕败血症。

【问题7】 结合上述查体结果,为进一步诊断应实施哪些检查?

思路:对于疑诊为颅内感染及败血症的新生儿应该尽快行血常规、CRP、血培养、血气分析、血糖及电解质、凝血功能、头颅影像学等检查。

急诊辅助检查

血常规+CRP:WBC $25.8×10^9$/L,中性粒细胞百分比76.7%,Hb 181g/L,PLT $266×10^9$/L;CRP 20mg/L。

血气分析:pH 7.35,PaO_2 80mmHg,$PaCO_2$ 35mmHg,BE−1mmol/L,SpO_2 97%。

血糖及电解质:GLU 4mmol/L,K^+ 4.5mmol/L,Na^+ 138mmol/L,Ca^{2+} 1.2mmol/L,Cl^- 98mmol/L,Mg^{2+} 0.8mmol/L。

急诊头颅CT:未见明显异常。

【问题8】 如何判读本患儿初步检查?

思路:血常规提示 WBC、CRP 异常,支持细菌感染;血气分析、血糖及电解质正常可除外代谢紊乱所致惊厥;急诊头颅 CT 未见明显异常,排除颅内出血及颅内占位性病变。

知识点

新生儿血常规特点

新生儿血常规检查自生后 12 小时白细胞数值最高可达到 $31.0×10^9$/L,此后逐渐下降,至 72 小时大约为$(5.0～14.5)×10^9$/L,出生早期中性粒细胞百分比 65%,淋巴细胞百分比 30%,生后 4～6 天两者比例基本相等,之后中性粒细胞百分比 35%,淋巴细胞百分比 60%。

【问题9】 入院后需要进一步进行哪些检查?

思路:小便常规、大便常规了解有无泌尿道和消化道感染;追踪急诊血培养结果,了解有无败血症,并查找病原菌;行腰椎穿刺脑脊液检查了解有无颅内感染。

住院后检查及诊断

小便常规及大便常规正常,肝功能等正常。

复查血常规+CRP:WBC $8.6×10^9$/L,中性粒细胞百分比 71.7%,Hb 153g/L,PLT $312×10^9$/L;CRP 169mg/L。

血培养结果(23小时):大肠埃希菌。

脑脊液检查结果:白细胞数 $1\,000×10^6$/L,中性粒细胞百分比 57%;蛋白定性试验(++),蛋白定量 2 037mg/L,糖 1.70mmol/L,氯化物 117.4mmol/L;培养(26小时)大肠埃希菌。

【问题10】 如何根据上述提供的病例资料进行综合判断?

思路:新生儿败血症容易并发化脓性脑膜炎,因此对临床确诊或高度怀疑败血症的患儿均应该考虑并发化脓性脑膜炎的可能,需完善脑脊液检查协助诊断。根据本例患儿实验室检查结果分析:患儿外周血 CRP 急剧增高,血培养及脑脊液培养均为大肠埃希菌,脑脊液检查提示白细胞明显增多,分类以中性粒细胞为主,脑脊液蛋白含量明显增高,糖降低,支持败血症及化脓性脑膜炎诊断。

知识点

(1)新生儿化脓性脑膜炎是新生儿期由于化脓性细菌感染引起的脑膜炎症,常继发于新生儿败血症,败血症患儿 25% 会并发化脓性脑膜炎。新生儿化脓性脑膜炎的临床表现很不典型,常缺乏脑膜刺激征,颅内压增高征出现较晚,故早期诊断困难,而且容易并发脑室管膜炎和硬脑膜膜积液,本病的死亡率可高达 50%;幸存者 40%～50% 可遗留失听、失明、癫痫、脑积水、智力和 / 或运动功能障碍等后遗症。

对于确诊和疑诊败血症的患儿均应该考虑做脑脊液检查协助诊断。

新生儿化脓性脑膜炎的病原菌各地不同,美国及欧洲以 GBS 最为常见,其次为大肠埃希菌;国内各地报告以大肠埃希菌和金黄色葡萄球菌为最常见的两种致病菌。近年来条件致病菌和多重耐药菌所占比例逐渐增加,给临床治疗带来了新的难题和挑战。

(2)新生儿化脓性脑膜炎的临床表现

1)一般表现:反应低下,精神减退、面色不佳,哭声微弱,吮乳减少及体温异常。这些表现与败血症相似但常常更重,病情发展更快。

2)特殊表现

①神志异常:可表现为嗜睡、易激惹、惊跳、脑性尖叫、感觉过敏;②眼部异常:两眼无神,双目发呆、凝视,眼球上翻、下翻或斜视,可有眼球震颤,瞳孔大小不一或对光反射迟钝;③颅内压增高:前囟紧张、饱满、隆起,骨缝进行性增宽(已是晚期表现);④惊厥:可仅见眼睑抽动或面肌小抽动,亦可表现为阵发性呼吸暂停或面色改变,还可表现为全身强直和/或阵挛。

(3)新生儿化脓性脑膜炎的诊断注意事项:当新生儿出现难以解释的体温不稳定,精神、哭声、吮乳、面色不好时,要仔细检查有无激惹、尖叫、嗜睡、凝视及前囟张力,但是诊断必须依靠脑脊液检查。对于任何怀疑有脑膜炎的患儿,应该尽早检查脑脊液。

(4)脑脊液检查项目

1)常规:①压力 >0.294～0.784kPa(3～8cmH_2O);②外观不清或浑浊;③蛋白,足月儿 >1.7g/L,早产儿 >1.5g/L;④细胞计数和分类,白细胞数 >20×10^6/L,以多核细胞为主(血性脑脊液应该和当日患儿血常规白细胞与红细胞之比进行比较,可以粗略判断白细胞是否增高;脑脊液红细胞形态可以帮助判断是否有陈旧的颅内出血);⑤葡萄糖 <1.1～2.2mmol/L(20～40mg/dl),或低于当时血糖的 50%;⑥潘迪试验(+～+++);⑦涂片可发现细菌。

2)细菌培养:可以明确病原菌。

【问题 11】 患儿该如何进行治疗?

思路:

(1)抗菌治疗:是新生儿化脓性脑膜炎治疗的主要手段,对怀疑化脓性脑膜炎的患儿应该在完善细菌学检查后尽早开始抗感染治疗。

(2)其他治疗:支持疗法和及时对症处理维持脏器功能是治疗成功的重要保证,治疗措施包括及时输注血、血浆、凝血因子以及血小板纠正贫血和出血;维持血气、电解质、水及血糖平衡;维持心排血量;维持通气;减轻脑水肿;抗惊厥。

知识点

新生儿化脓性脑膜炎抗生素应用的原则

(1)尽早开始使用抗生素;选择能够有效透过血脑屏障的抗生素;静脉推注或快速输注抗生素;高剂量使用抗生素以及首次剂量加倍;抗生素治疗疗程要足够长,至少治疗 2～4 周;脑脊液检查正常是停用抗生素的核心指标。

(2)病原不明的脑膜炎:首先选择三代头孢菌素,对于治疗效果不佳的患儿可考虑使用美罗培南。

(3)病原明确的脑膜炎:要尽量根据或参考药敏实验并结合临床选用抗生素。

知识点

新生儿化脓性脑膜炎的并发症

(1)脑室管膜炎:侧脑室液细菌涂片或培养阳性;侧脑室液白细胞计数≥50×10^6/L,以多核细胞为主；侧脑室液葡萄糖 <1.66mmol/L（30mg/dl）；侧脑室液蛋白质 >0.4g/L；腰椎穿刺脑脊液接近正常，但侧脑室液仍有炎性改变。

（2）硬膜下积液：硬膜下腔积液量超过 2ml，蛋白定量 >0.6g/L，红细胞 <100×10^6/L。同时应该进行头颅 CT 检查协助诊断。

（3）脑积水：GBS Ⅲ 型及大肠埃希菌 K$_1$ 株所致脑膜炎中脑积水发生比例高于其他 GBS 亚型和其他大肠埃希菌非 K$_1$ 株所致脑膜炎。临床表现为颅内压增高症状及头围异常增大。头颅影像学检查可协助诊断。

（4）脑脓肿：某些细菌，如柠檬酸杆菌、黏质沙雷菌及奇异变形杆菌等引起的脑膜炎患者发生脑脓肿的风险增加。当化脓性脑膜炎患儿出现新发惊厥或显著的局灶性脑部体征，或抗生素治疗的效果差时，应考虑发生脑脓肿，行头颅影像学检查协助诊断。

（5）脑卒中：新生儿化脓性脑膜炎可导致脑血管炎症，继发脑血栓形成，临床可表现为局灶性惊厥发作和偏瘫，头颅 MRI 可协助诊断。

（母得志）

第十三节　TORCH 感染

TORCH 是弓形虫（toxoplasma）、其他（other）、风疹病毒（rubella virus，RV）、巨细胞病毒（cytomegalovirus，CMV）和单纯疱疹病毒（herpes simplex virus，HSV）英文字头的简称，是引起宫内感染的常见病原体。另外，梅毒螺旋体、乙型肝炎病毒、衣原体、人类免疫缺陷病毒等也是宫内感染的常见病原体，用 O（other）表示。

一、新生儿巨细胞病毒感染

新生儿巨细胞病毒感染是由人巨细胞病毒（human cytomegalovirus，HCMV）引起的。巨细胞病毒属于疱疹病毒，普遍存在于自然界，中国是 HCMV 感染的高发地区，孕妇抗体阳性率高达 95% 左右。母孕期初次感染（原发感染）或再发感染时病毒通过胎盘感染胎儿称先天性感染，再发感染包括母孕期潜伏感染重新激活（复燃）和不同抗原的 HCMV 再感染。新生儿出生时经产道吸入含 HCMV 的分泌物或出生后不久接触母亲含有 HCMV 的唾液、尿液、摄入带病毒的母乳引起的感染称围生期感染。由于母乳中 HCMV 排毒率 20%～70%，因此，摄入带病毒的母乳是生后感染的重要途径。新生儿巨细胞病毒感染的诊疗经过通常包括以下环节。

1. 询问有无宫内发育迟缓，是否为早产儿、低出生体重儿或小于胎龄儿。生后是否反应差、哭声低、喂养困难，体重增长较慢或体重不增。何时出现黄疸、程度如何，大便颜色有无白陶土样。询问孕母既往有无死胎、流产、死产史，本次是否有先兆流产史，孕期有无呼吸道感染史，有无输血史，肝功能是否正常。家人是否为 HCMV 携带者。

2. 查体重点关注头围，有无黄疸、皮肤淤点、呼吸困难、面色苍白等。注意有无腹胀、肝脏肿大、腹水，神经系统有无改变。

3. 及时进行血清胆红素、血常规、血生化、腹部超声等重要的辅助检查。

4. 根据患儿临床状况，给予更昔洛韦等治疗，高间接胆红素血症时行蓝光治疗。

临床关键点

（1）首先确定是否存在 HCMV 感染：血清中检出 HCMV-IgM、IgA 可确定为 HCMV 近期活动性感染，若出生后血清 IgG 滴度升高持续 6 个月以上也提示宫内感染可能。

（2）确定感染时间：先天性感染指由 HCMV 感染的孕妇传染胎儿所致，患儿出生 14 天内即可证实有 HCMV 感染，因此又称宫内感染。患儿表现为宫内生长迟缓、早产、肝脾肿大、黄疸、视网膜脉络膜炎、脑积水、溶血性贫血、肺炎等。严重感染者死于多器官损伤、严重肝功能损伤、出血、DIC 及继发细菌感染。存活者常有精神、运动落后、智力低下、小头畸形、听力障碍、视力异常、语言表达障碍、学习困难和瘫痪等。

　　患儿大部分无症状,足月儿常呈自限性病程,预后良好。早产儿可出现肝脾肿大、淋巴细胞增多、血小板减少、溶血性贫血和呼吸功能不良。

临床病例

　　日龄4天新生儿,因"发现少吃48小时"来急诊就诊。初步的病史采集如下。

　　患儿于入院前48小时(即生后48小时)无明显诱因出现少吃,颜面皮肤黄染。精神欠佳,嗜睡,无发热、抽搐等症状。当地医院诊断"败血症",给予头孢他啶抗感染,单面蓝光照射治疗,患儿无明显好转,今日出现发热,皮肤瘀斑,不哭不动,为进一步诊治转来我院。

　　患儿为 G_2P_1,孕37周自然分娩,母亲无胎膜早破,无发热病史,无特殊疾病及特殊用药史。否认围生期窒息缺氧病史。出生体重 2 300g。生后 1 小时即母乳喂养。生后24小时内已排尿及胎便。母亲既往不明原因流产一次,否认家族遗传病史。

【问题1】 该患儿所患疾病应属于哪一类型?

思路:患儿出生史无特殊,生后48小时即出现少吃,反应欠佳,嗜睡,继而出现发热,皮肤瘀斑、不哭不动,考虑感染性疾病能性大。

【问题2】 该患儿应该考虑哪些疾病?

思路:患儿生后早期发病,起病急、病程短、病情重,感染性疾病尤其是宫内感染可能性大,细菌及病毒感染均可能。

【问题3】 询问病史应围绕哪些方面进行?

思路:现病史询问何时出现黄疸、程度如何,是否逐渐加重,是否消退后又出现黄疸,大便颜色有无白陶土样。患儿出生后是否反应差、哭声低、喂养困难。询问孕母本次妊娠情况,是否有先兆流产史,孕期有无上呼吸道感染、风疹、巨细胞等病毒感染史,有无肝病史、输血史、性病史,肝功能是否正常。家中护理新生儿的人员是否为病毒携带者,孕母既往有无死胎、流产、死产史。

【问题4】 病史采集结束后,下一步查体应重点关注哪些方面?

思路:有无小头、皮肤颜色、瘀点瘀斑、面色苍白、肺部体征、肝脾肿大、神经系统症状、体征、抽搐等。

门诊查体记录

　　体温 37.5℃,呼吸 55 次 /min,脉搏 150 次 /min,血压 65/30mmHg,体重 2 110g,身长 45cm,头围 30cm。精神反应差,哭声小,颜面、躯干、四肢皮肤中度黄染,皮肤略苍白,未见瘀斑。前囟平软,头颅无血肿。双肺呼吸音粗,闻及少许湿啰音。心音有力,心律齐,未闻及杂音。腹软不胀,未见肠形和肠蠕动波,未扪及包块,肝肋下 4cm,剑突下 4cm,质中。脾未触及。脐带未脱落,脐周无红肿,脐窝无分泌物。四肢肌张力降低,原始反射减弱。

【问题5】 如何通过查体对疾病进行初步判断?

思路:患儿已足月,但体重、身长及头围均低于同胎龄儿第 10 百分位。现病情危重,表现为意识状态差、神经系统改变,双肺病变、肝脏轻度肿大。

【问题6】 结合上述查体结果,为进一步诊断应实施哪些检查?

思路:应该完善血常规、血培养、痰培养,TORCH,输血前免疫检查、胸片,腹部超声、腰穿等检查。

辅助检查

　　血常规+CRP:WBC $10.3×10^9$/L,中性粒细胞百分比 30.7%,Hb 140g/L,PLT $112×10^9$/L;CRP 3mg/L。2 次血培养、痰培养阴性。

血生化：ALT 200U/L，AST 210U/L，ALB 29g/L，总胆红素 239.4μmol/L，间接胆红素 110μmol/L，直接胆红素 129.4μmol/L，K⁺ 4.8mmol/L，Na⁺ 132mmol/L，Cl⁻ 90mmol/L，Ca²⁺ 2.19mmol/L。

脑脊液：白细胞 18×10^6/L，蛋白 1g/L，糖 3mmol/L，氯化物 120mmol/L，涂片、培养未见致病菌。

经皮测胆红素 14mg/dl。

TORCH：HCMV IgM 阳性，CMV IgG 阳性，余无异常。

输血前免疫检查：无异常。

胸片：间质性肺炎改变。

腹部超声：肝脏肿大。

【问题7】 如何判读本患儿初步检查？

思路：患儿血常规、CRP、2 次血培养、痰培养、脑脊液涂片和培养均阴性，抗生素治疗无效，考虑细菌感染可能性小，输血前免疫检查阴性可排除先天性梅毒等感染。TORCH：HCMV IgM 阳性，支持 HCMV感染。结合肝脏酶学增高，胆红素以双向增高为主，胸片间质性肺炎改变，超声肝脏肿大，均符合，故考虑HCMV 感染。

【问题8】 该患儿属于 HCMV 感染中哪一类？预后如何？

思路：患儿生后 2 周内发病，表现为肝脾肿大、胆红素双向增高、宫内生长迟缓、头围小、肺炎等多器官受累，因此应该考虑先天性 HCMV 感染。容易发生预后不良，严重感染者容易死于多器官损伤，存活者常有神经系统后遗症。

【问题9】 该病如何治疗？

思路：抗 CMV 可使用更昔洛韦，有一定疗效，剂量为每日 15mg/kg，每 12 小时静脉滴注 1 次，疗程 6～12 周。长期使用的副作用主要有白细胞和血小板减少、肝功能损害和脉络膜视网膜炎等。

二、风疹病毒感染

先天性风疹综合征（congenital rubella syndrome）是由于孕妇在妊娠早期患风疹后，风疹病毒通过胎盘感染胎儿引起胎儿产生严重的全身感染性疾病。妊娠早期感染风疹最易传染胎儿，孕妇传染胎儿的传染率随孕期延长而减低，孕期前 8 周孕妇感染风疹后胎儿感染率可超过 50%。出生的新生儿可为未成熟儿或发生多种畸形，如先天性心脏病、白内障、头小畸形、耳聋、发育障碍等，称为先天性风疹综合征。

先天性风疹综合征诊疗经过通常包括以下环节。

1. 详细询问母亲妊娠早期是否有上呼吸道感染症状，如低热、斑丘疹和耳后、枕部淋巴结肿大。

2. 询问病史，了解新生儿出生有无低体重、黄疸情况、有无皮肤苍白、口唇发绀、抽搐等症状。

3. 查体关注有无皮肤紫癜或出血点、头围大小、前囟是否饱满、心前区有无杂音、肝脾是否肿大。

4. 辅助检查 ①咽分泌物、尿、脑脊液或其他组织分离出风疹病毒；②新生儿血清或脐血测得风疹病毒IgM 抗休；③用免疫学方法可检出羊水、胎盘绒毛、胎儿组织中风疹病毒抗原；④应用 RT-PCR 方法检出风疹病毒 RNA。

临床关键点

风疹病毒感染临床表现

（1）新生儿期表现：早产儿，小于胎龄儿，肝脾大，黄疸，血小板减少，紫癜，淋巴结肿大。

（2）永久性表现：患儿可发生脑膜脑炎，心肌炎，角膜云翳，虹膜睫状体炎，青光眼，视网膜黑色素斑，生长发育迟缓，小头畸形，脑钙化，白内障，小眼睛，耳聋，溶血性贫血，慢性肾炎，肌张力减低，发作性痉挛，永久性智力、行为及运动障碍，肾动脉狭窄，骨畸形，先天性心脏病，牙齿形态异常等多器官病变。

（3）迟发性表现：生后 2 个月～20 年发生。可有糖尿病，慢性进行性全脑炎，间质性肺炎，甲状腺功能亢进或减低，甲状腺炎，性早熟，生长激素缺乏症，视网膜下新血管形成，圆锥形角膜，晶体吸收。

临床病例

日龄23天的新生儿，主因"发现皮肤黄染20天"就诊。初步的病史采集如下。

患儿于入院前20天（即生后3天），无明显诱因出现颜面皮肤浅黄染。精神及进奶可，无发热、嗜睡、拒奶、抽搐等症状。未予特殊处理，皮肤黄染进行性加重，波及躯干及四肢，大便由黄色转为白色，为进一步诊治转来我院。

患儿为G₁P₁，孕36周自然分娩，母亲孕早期有发热症状，伴躯干皮疹，耳后、枕部淋巴结肿大，无胎膜早破，无特殊用药史。否认围生期窒息缺氧病史。出生体重2 400g。生后3小时喂糖水及母乳喂养。生后24小时内已排尿及胎便。母亲既往无流产史，家族史：否认家族遗传病史。

【问题1】 该患儿所患疾病应属于哪一类型？

思路：患儿出生史无特殊，生后3天出现黄疸，进行性加重，大便颜色变浅，母亲孕早期感染史，考虑宫内感染、婴儿肝炎综合征可能性。

【问题2】 病史采集结束后，下一步查体应重点关注哪些方面？

思路：查体应观察生命体征是否平稳，精神反应、哭声、肌张力、原始反射，重点观察黄疸程度（波及范围）、色泽（明黄/暗黄），协助分析黄疸的性质；注意腹部体征：有无肝脾肿大等。

查体记录

体温37℃，呼吸50次/min，脉搏143次/min，血压70/50mmHg，体重2 470g，身长48cm，头围30cm。精神反应尚可，颜面、躯干、四肢皮肤中度黄染，颜色偏暗，皮肤无苍白发花，无皮疹及出血点。前囟平软，巩膜黄染、瞳孔等大等圆，对光反射灵敏。双肺呼吸音清，未闻及啰音。心音有力，心律齐，未闻及杂音。腹胀，未见肠形和肠蠕动波，未扪及包块，肝肋下5cm，质地硬，脾肋下4cm，质中。脐带已脱落，脐周无红肿，脐窝无分泌物。四肢肌张力可，新生儿原始反射引出。

【问题3】 如何通过查体对疾病进行初步判断？

思路：患儿皮肤巩膜黄染，颜色暗黄。腹胀，肝脾肿大，结合病史，考虑宫内感染引起肝炎综合征可能性大。

知识点

婴儿肝炎综合征

婴儿肝炎综合征（infantile hepatitis syndrome）系指一组于婴儿期（包括新生儿期）起病、具有肝细胞性黄疸、肝脏病理体征（肝大、质地异常）和肝功能损伤（主要为血清谷丙转氨酶升高）的临床综合征。病因复杂，主要有宫内和围生期感染、先天性遗传代谢病、肝内胆管发育异常等，由环境、遗传等因素单独或共同造成病变。这类疾病在明确病因之前统称为婴儿肝炎综合征，一旦病因明确，即按原发病因诊断。

【问题4】 结合上述查体结果，为进一步诊断应实施哪些检查？

思路：结合现病史和查体，患儿宫内感染引起肝炎综合征可能性大，需要完善血常规、血培养、TORCH、输血前免疫检查、生化、腹部超声等检查。

辅助检查

血常规+CRP：WBC 9.3×10^9/L，中性粒细胞百分比61.2%，Hb 160g/L，PLT 162×10^9/L；CRP 3mg/L。2次血培养、痰培养阴性。

血生化：ALT 120U/L，AST 260U/L，ALB 33g/L，总胆红素259.4μmol/L，间接胆红素150μmol/L，直接胆红素109.4μmol/L，K⁺ 4.8mmol/L，Na⁺ 132mmol/L，Cl⁻ 90mmol/L，Ca²⁺ 2.19mmol/L。

脑脊液：白细胞 $20×10^6/L$，蛋白 1.1g/L，糖 3.2mmol/L，氯化物 121mmol/L，涂片、培养未见致病菌。

TORCH：风疹病毒 IgM 阳性，IgG 阳性。经皮测胆红素 16mg/dl。

输血前免疫检查：无异常。

腹部超声：肝脾肿大。

【问题5】 如何判读本患儿初步检查？

思路：患儿血常规、CRP、血培养、痰培养均阴性，抗生素治疗无效，考虑细菌感染可能性小。TORCH：风疹病毒 IgM 阳性，IgG 阳性，支持风疹病毒感染。结合母孕期可疑风疹病毒感染史（有发热症状，伴躯干皮疹，耳后、枕部淋巴结肿大），考虑先天性风疹病毒感染。

【问题6】 该患儿需要完善何种检查？

思路：需要行心脏超声、眼部检查、听力筛查。

知识点

风疹病毒感染最常见缺陷

先天性心脏病、白内障、耳聋是先天性风疹综合征存活儿三大最常见缺陷。

【问题7】 该病如何治疗？

思路：风疹无特殊治疗方法，主要是对症处理，抗病毒治疗效果不确定。保肝利胆药退黄。纠正心、眼等畸形，佩戴助听器。

先天性风疹的预防：关键在于防止孕妇在妊娠期内，尤其是在妊娠早期发生风疹病毒感染。

（1）避免感染：妊娠期妇女，尽量避免和风疹患者接触，以防发生感染。既往有分娩畸形新生儿的妇女最好间隔 3 年以上再怀孕。妊娠早期妇女未患过风疹，血清抗体阴性，有风疹接触史者，如不能进行人工流产，则静脉滴注入免疫球蛋白或高滴度风疹免疫球蛋白，可能防止胎儿发生先天性风疹。

（2）减毒活疫苗接种：未婚青年女性未患过风疹，也未接种过风疹疫苗，均应进行接种，并避免在接种 3 个月内怀孕。

三、衣原体感染

新生儿衣原体感染（neonatal chlamydial infection）主要是由沙眼衣原体（chlamydia trachomatis）所致的新生儿感染性疾病。感染途径主要是分娩时与衣原体阳性母亲产道相接触获得，衣原体也可通过胎盘感染胎儿。可引起早产、死产、结膜炎、肺炎、中耳炎、鼻咽炎等。

新生儿衣原体感染的诊疗经过通常包括以下环节。

1. 现病史询问何时出现眼部分泌物、眼睑水肿、结膜充血；有无发热或体温异常、鼻塞、咳嗽、气促、呼吸困难等呼吸道感染的表现；精神如何，吃奶与睡眠是否正常，体重增长是否缓慢或不增。

2. 查体注意眼部表现，常有结膜炎。发生沙眼衣原体肺炎时有呼吸急促、喘憋，个别出现呼吸暂停、三凹征、呼吸不规则，可听到细湿啰音，偶有哮鸣音。

3. 血清沙眼衣原体 IgM 抗体≥1∶16，或双份血清沙眼衣原体 IgG 抗体滴度效价呈 4 倍增加。

4. 给予红霉素或阿奇霉素治疗。

临床关键点

凡是新生儿、小婴儿肺炎，其病程在 1 周以上，用青霉素类或头孢菌素类等无效，尤其不伴有发热或仅有低热，中毒表现不太明显时，应考虑到沙眼衣原体肺炎。

新生儿眼有分泌物而疑为沙眼衣原体结膜炎时，应做下穹窿或下睑结膜刮片。

沙眼衣原体肺炎患儿约 50% 可先患沙眼衣原体结膜炎，亦可不发生沙眼衣原体结膜炎，由产时定植于鼻咽部的沙眼衣原体下行感染而发生沙眼衣原体肺炎，国外常称沙眼衣原体肺炎为无热肺炎。

临床病例

日龄10天的新生儿,主因"发现双眼分泌物8天,咳嗽7天"就诊。初步的病史采集如下。

患儿于入院前8天(即生后2天),无明显诱因出现眼睑分泌物,开始较稀薄,量少,后转为脓性,量多。7天前,出现咳嗽,开始为单声轻咳嗽,后转为阵发性不连续咳嗽,精神及吃奶欠佳,无发热、发绀、抽搐等症状。5天前入当地医院,予头孢西丁治疗无好转,为进一步诊治转来我院。

患儿为G_2P_2,孕39周自然分娩,母亲既往"阴道炎"病史,未予规范治疗。否认围生期窒息缺氧病史。出生体重2 900g。生后3小时喂糖水及母乳喂养。生后24小时内已排尿及胎便。母亲既往无流产史,否认家族遗传病史。

【问题8】 该患儿所患疾病应属于哪一类型?

患儿生后2天即发病,以眼部分泌物增多起病,继而出现咳嗽。发病一周内,与产前和产时感染关系密切,要考虑先天性感染可能。

【问题9】 病史采集结束后,下一步查体应重点关注哪些方面?

思路:查体应观察眼部分泌物性状,眼睑有无水肿明显,有无结膜充血、增厚、滤泡增生。肺部查体有无干湿啰音及哮鸣音。

查体记录

体温37℃,呼吸65次/min,脉搏143次/min,血压70/50mmHg,体重3 370g,身长50cm,头围34cm。精神反应尚可,颜面、躯干、四肢皮肤轻度黄染,皮肤无苍白发花,无皮疹及出血点。

前囟平软,睑结膜充血明显,睑缘可见大量黄色分泌物、瞳孔等大等圆,对光反射灵敏。双肺呼吸音粗,闻及少许细湿啰音。心音有力,心律齐,未闻及杂音。腹胀,未见肠形和肠蠕动波,未扪及包块,肝脾肋下未扪及。脐带已脱落,脐周无红肿,脐窝无分泌物。四肢肌张力可,无水肿,新生儿原始反射引出。

【问题10】 如何通过查体对疾病进行初步判断?

思路:患儿眼部、肺部炎性改变明显。结合患儿新生儿早期发病,考虑产前、产时感染引起结膜炎、肺炎可能性大。

【问题11】 结合上述查体结果,为进一步诊断应实施哪些检查?

思路:结合现病史和查体,患儿需要眼睑分泌物涂片+培养、血常规、血培养、TORCH、生化、胸片等检查。

辅助检查

血常规+CRP:WBC 12.3×10^9/L,中性粒细胞百分比61.2%,Hb 170g/L,PLT 262×10^9/L;CRP 3mg/L。血培养阴性。眼睑分泌物涂片见胞浆内包涵体及大量多核白细胞。

血生化:ALT 120U/L,AST 260U/L,ALB 33g/L,总胆红素149.4μmol/L,间接胆红素149.4μmol/L,直接胆红素0μmol/L,K^+ 4.8mmol/L,Na^+ 132mmol/L Cl^- 90mmol/L,Ca^{2+} 2.19mmol/L。

TORCH:阴性。

衣原体抗体:特异性IgM抗体效价1:32。

胸片:X线胸片可见双肺广泛间质和/或肺泡浸润,常见过度充气、支气管周围炎、局灶性肺不张。

【问题12】 如何判读本患儿初步检查?

思路:患儿血常规、CRP、血培养、痰培养均阴性,既往抗生素治疗5天无效,考虑细菌感染可能性小。眼睑分泌物涂片见胞浆内包涵体及大量多核白细胞。衣原体抗体:特异性IgM抗体效价1:32。结合母孕期"阴道炎"病史,未予规范治疗。患儿结膜炎、肺炎症状突出,考虑新生儿衣原体感染所致结膜炎和衣原体肺炎。

【问题13】 该患儿需要如何治疗?

思路:注意眼部的护理,当眼分泌物较多时,予无菌注射用水清洗。抗生素沙眼衣原体结膜炎或肺炎均可选红霉素，每日 50mg/kg，分 3～4 次口服，结膜炎连用 10～14 天，肺炎用 14～21 天。口服困难或重症者可静脉滴注红霉素。阿奇霉素口服比红霉素吸收好，半衰期长，停止给药后组织中药物仍可维持数日。剂量为每日 10mg/kg，每日 1 次，连服 3 日停 4～7 天为 1 疗程，可用 2～3 个疗程。局部治疗沙眼衣原体结膜炎时，局部可用 0.1% 利福平眼药水，或 0.5% 红霉素眼膏滴眼，每日 4 次，共 2 周。

四、单纯疱疹病毒感染

单纯疱疹病毒（HSV）感染在新生儿期并不常见，占新生儿的 0.2‰～0.5‰，多见于早产儿，早产儿 HSV 感染危险性高于足月儿 4～5 倍。病变常累及全身多个器官，预后差，病死率高。

单纯疱疹病毒为双链 DNA 病毒，目前已知病毒有两种抗原型，即单纯疱疹病毒Ⅰ型（HSV-Ⅰ）和单纯疱疹病毒Ⅱ型（HSV-Ⅱ），Ⅰ型主要引起唇、口周、齿龈及咽部皮肤黏膜疱疹；Ⅱ型引起生殖器疱疹。新生儿 HSV 感染多由Ⅱ型，偶由Ⅰ型所致。HSV 具有能长期潜伏、反复发作及嗜神经组织的特点。

临床关键点

新生儿获得 HSV 感染有以下 3 种途径：

（1）宫内感染：约占 5%。孕早期孕妇感染 HSV，病毒可经血液循环通过胎盘感染胎儿，可致胎儿流产、发育畸形，如小头畸形、脑钙化等；孕中期后感染可致胎儿死亡。

（2）出生时感染：为最主要途径，占 80%～90%。孕后期孕妇发生 HSV 感染，产道内大量疱疹病毒繁殖经胎盘或逆行感染胎儿；或胎儿经产道娩出时头皮、眼、口腔黏膜、呼吸道、皮肤、脐带接触含有 HSV 的分泌物而被感染。

（3）出生后感染：占 5%～10%。出生后接触 HSV 携带者或感染者的体液而发生感染。

新生儿 HSV 感染的临床表现随感染时间的不同而有所不同。

1. 先天性 HSV 感染　尽管少见，但后果严重。出生时即有或出生后不久即出现疱疹，可伴随小眼畸形、小头畸形、脑积水、颅内钙化、角膜结膜炎、脉络膜视网膜炎、肢体发育不全、皮肤发育不全、肝脾大等。死亡率 40%，存活者 50% 有明显远期后遗症，如精神运动发育迟滞、癫痫发作、眼盲、耳聋等。

2. 出生时或出生后获得的 HSV 感染　根据临床表现可分为 3 种类型。

（1）全身播散型：占所有新生儿 HSV 感染的 1/3～1/2，发病多在生后 10～12 天，由病毒血症发展为多脏器广泛受累，可累及皮肤、眼、肺、肝脏、肾上腺、心脏和 / 或中枢神经系统等。与新生儿败血症相似，可表现为发热、苍白、呼吸窘迫或暂停、惊厥、嗜睡、烦躁、肝功能衰竭、休克及 DIC 等。多数病例皮肤可见成簇疱疹，可发生在先露部位，疱疹基底呈红色，边缘清，直径 1～3mm，偶可发展为大疱，直径 >10mm。也有部分患儿整个病程均无疱疹，使本病诊断发生困难。此型预后差，病死率高，存活者可遗留严重神经系统损害。

（2）脑炎型：约占所有新生儿 HSV 感染的 1/3，症状出现时间较晚，约生后 2 周。可累及脑的任何部位且常常是多部位的。临床表现为嗜睡、易激惹、昏迷、惊厥、呼吸暂停、体温不稳定、前囟饱满及张力增高等。60%～70% 的患儿病程中可出现皮肤疱疹，部分没有皮肤损害而有神经系统体征时，很难与其他细菌或病毒相鉴别，存活者可遗留严重神经系统损害。

（3）局限型即 SEM 病：感染局限于皮肤、眼和 / 或口腔黏膜。疱疹可在皮肤任何部位出现，最常见于头皮及面部，以成串疱疹出现，亦可分散存在，疱疹直径可大于 10mm，基底为 1～2mm 红斑样皮疹，皮疹亦可为出血及紫癜而无疱疹，皮损常在数日内消失，也可反复发作达数周甚至数年。累及眼部可出现角膜炎、结膜炎、脉络膜视网膜炎等，重者可因角膜受损形成瘢痕、脉络膜视网膜瘢痕、白内障、视神经萎缩而致失明。

实验室检查

1. 病毒学检查　①病毒分离：细胞培养分离 HSV 是最可靠的方法，可从疱疹液、脑脊液、鼻咽、眼结膜、呼吸道分泌物、尿及粪便等分离培养病毒；②HSV-DNA 检测：使用 PCR 技术检测标本中的 HSV-DNA；③HSV 抗原检测：可用荧光抗体染色快速检出 HSV 抗原。

2. 病理学检测　疱疹液、皮损处涂片或组织切片染色后发现典型的多核巨细胞与核内嗜酸性包涵体，有助于临床诊断，但不易与疱疹病毒属内其他病毒引起的感染相鉴别。

3. 血清中 HSV 抗体检测　血清中恢复期 IgG 抗体效价高于急性期 4 倍以上有诊断价值；IgM 抗体可以反映新生儿 HSV 感染情况，但因大多数新生儿 HSV 感染是在出生时获得，故 HSV-IgM 阴性不能排除 HSV 感染。

4. 脑脊液　有核细胞数增高，以淋巴细胞为主，蛋白增高，可分离出 HSV 病毒。

5. 脑电图　可正常，也可表现为弥漫性异常。

6. 头颅超声、CT 或 MRI 可发现脑组织病变的证据。

7. 胸部 X 线或 CT 提示肺间质性或网状颗粒状病变。

新生儿单纯疱疹病毒感染的诊疗经过通常包括以下环节。

1. 应仔细询问患儿母亲孕期有无 HSV 感染史及患儿出生时情况。

2. 询问患儿疱疹出现时间、部位、形态；病程中有无发热、反应差、奶量下降、嗜睡、易激惹、惊厥等症状。

3. 查体时应注意观察患儿有无外观可见畸形，如小头畸形、四肢发育不全等应高度怀疑；应注意观察疱疹的位置、形态，皮肤有无出血点、大理石花斑等；注意有无异常神经系统体征。

4. 及时进行 HSV 病毒分离培养、血清 HSV 抗体检测、脑脊液、脑电图、头颅超声、CT、MRI、血常规等辅助检查，必要时可行眼睛及听力筛查。

5. 阿昔洛韦是目前推荐治疗新生儿 HSV 感染的主要药物。20mg/kg 每日 3 次静脉滴注，全身播散型及脑炎型疗程 21 天，局限型 14 天。合并肝功损害时可将剂量调整为 20mg/kg 每日 2 次静脉滴注。其次应加强护理，避免继发细菌感染，如合并细菌感染，应使用抗生素治疗。及时纠正脱水、酸中毒及电解质紊乱，维持内环境稳定。

临床病例

日龄 13 天的新生儿，主因"反应差、拒奶 2 天"来急诊就诊。初步的病史采集如下。

患儿于入院前 2 天（即生后 11 天）无明显诱因出现反应差、嗜睡，伴拒奶，无发热、咳嗽、抽搐、吐奶、腹泻等，于当地医院予以"抗生素"治疗，患儿无明显好转，后患儿头顶部及颜面部出现数个疱疹，直径 1～3mm，局部无发红、破溃等。为求进一步诊治收入我科。

患儿为 G_1P_1，孕 40 周自然分娩，母亲血型 O 型，无特殊疾病及特殊用药史。否认围生期窒息缺氧、胎膜早破史等。出生体重 2 800g，Apgar 评分 10 分 -10 分 -10 分。生后 1 小时母乳喂养。生后 24 小时内已排尿及胎便。生后已接种乙肝疫苗。患儿祖籍四川，否认家族遗传病史。

初步病史采集后，患儿系晚期新生儿，主要表现为反应差、拒乳，按新生儿反应差的思路分析，临床随之需考虑以下相关问题。

【问题 1】 如何判断患儿的反应是否正常？

思路：新生儿反应是否正常，是通过观察新生儿对外界刺激的反应来判断；对新生儿做神经反应检查时，最好在安静或活动觉醒状态下进行，通常采用弹足底的方式来判断。

新生儿反应低下，主要表现在以下几方面。

（1）意识障碍：检查新生儿意识障碍主要观察患儿对外界刺激的反应，包括触觉及痛觉。Fenichel 将新生儿意识障碍分为四种状态。①嗜睡，容易唤醒，但不易保持觉醒状态，弹足底 3 次，哭 1～2 声又睡；②迟钝，用非痛性刺激可以唤醒，但醒来很迟，且不完全清醒，不能保持觉醒状态，弹足底 5 次，才稍有弱哭声；③浅昏迷（昏睡），弹足底 10 次不哭，只有疼痛刺激可以唤醒；④昏迷，疼痛刺激也不能唤醒。

（2）肌张力减低：肌张力评估包括安静时姿势和被动运动。肌张力减低时四肢屈肌张力减低，双上肢前臂弹回缓慢或消失，围巾征肘部超过胸部中线；双下肢过度外展，腘角 >90°；做头竖立反应时，头往后垂，不能与躯干保持在一直线上几秒。

（3）原始反射减弱：拥抱反射、握持反射、吸吮反射在反应低下时均减弱或消失。

【问题2】 新生儿反应差应考虑哪些疾病?

思路: 本例为晚期新生儿出现反应差、拒奶,首先应考虑败血症和/或中枢神经系统感染,其次应注意有无低血糖、甲状腺功能低下、颅内出血、新生儿缺氧缺血性脑病、低体温、脱水等可能。

【问题3】 询问病史应围绕哪些方面进行?

思路: ①母亲孕期有无感染性疾病史、胎膜早破,是否有不洁产检及分娩史,产检时TORCH检查结果,了解有无感染性因素存在;②有无发热或体温不升、嗜睡、不吃、不动、不哭、体重不增等表现,有无生理性黄疸消退延迟、黄疸迅速加重或退而复现等表现;③患儿疱疹出现的时间、部位、顺序,有无破溃、流脓及进行性增多等;④有无气促、发绀、呼吸不规则或呼吸暂停等呼吸系统表现;⑤有无嗜睡、易激惹、惊厥等中枢神经系统表现;⑥新生儿喂养情况,有无喂养困难、腹胀、便秘、黄疸消退延迟等甲状腺功能降低的表现,同时询问新生儿筛查结果;⑦母亲孕期是否合并糖尿病,患儿有无监测血糖,了解是否存在低血糖可能。

【问题4】 根据本例进一步询问病史,该如何进行初步判断?

思路: 患儿为晚期新生儿,出现反应差应首先考虑感染因素所致,患儿母亲孕期无感染性疾病史,无胎膜早破,无不洁产检及分娩史,且患儿于院外使用抗生素治疗2天无明显好转,除考虑常见细菌感染外,应警惕有无特殊细菌或病毒感染可能,患儿在病程中头顶部及颜面部出现疱疹,应怀疑有无合并疱疹病毒感染,追问患儿母亲既往或孕期有无疱疹病毒感染病史,可完善患儿及其母亲TORCH检查协助诊治;患儿无明显喂养困难、腹胀等表现,故甲状腺功能低下可能性小,追查患儿新生儿筛查结果,必要时完善甲状腺功能检查协助诊治;患儿母亲孕期无特殊疾病及用药史,故药物和低血糖所致反应差暂不考虑,但患儿存在严重感染时可致血糖紊乱,应监测床旁血糖,维持血糖稳定;患儿系足月自然分娩,否认围生期缺氧史,故不考虑缺氧缺血性脑病。

【问题5】 病史采集结束后,下一步查体应重点关注哪些方面?

思路: 观察生命体征是否平稳,反应、哭声、前囟张力、肌张力、原始反射等,了解有无神经系统感染表现;观察患儿皮疹的部位、形态、数量;观察患儿有无硬肿、全身皮肤苍白、花斑、出血点等休克及DIC征象;有无气促、呼吸不规则或呼吸暂停等呼吸衰竭表现;有无肝脾长大、黄疸进行性加重等肝衰竭表现;有无少尿、无尿、水肿等肾衰竭表现。

门诊查体记录

体温36.7℃,呼吸65次/min,脉搏156次/min,血压62/35mmHg,体重3 020g,身长52cm,头围34cm。反应差,刺激后哭声弱,全身皮肤轻度黄染,无皮下出血点,全身未扪及硬肿,头顶部及颜面部散在分布数个疱疹,直径1～3mm,局部无发红、破溃等,前囟饱满,张力稍高,双肺呼吸音稍粗,未闻及干湿啰音,心音有力,心律齐,未闻及杂音,腹软不胀,未见肠形和肠蠕动波,未扪及包块,肝肋下2cm,脾未触及。脐带已脱落,脐周无红肿,脐窝无分泌物。四肢肌张力减低,原始反射均减弱。

【问题6】 如何通过查体对疾病进行初步判断?

思路: 本例患儿反应差,刺激后哭声弱,提示感染中毒症状明显,应完善血培养、血常规、CRP等检查;前囟饱满,张力稍高,四肢肌张力减低,原始反射减弱,应警惕中枢神经系统感染可能,应完善脑脊液及头颅影像学检查;头顶部及颜面部散在分布疱疹,应警惕先天性疱疹病毒感染可能,应完善患儿及其母亲TORCH检查;呼吸稍快,呼吸尚规则,双肺呼吸音稍粗,未闻及干湿啰音,目前暂无肺部感染证据;无肝脾肿大、黄疸进行性加重、水肿、无尿等肝肾衰竭表现,应定期监测肝肾功、电解质、血气分析,维持内环境稳定;无血压下降、皮肤苍白、花斑、硬肿等休克及DIC表现。

颅内感染:新生儿败血症进展快,往往累及多个器官系统,易合并颅内感染。临床表现很不典型,颅内压增高征出现较晚,又常常缺乏脑膜刺激征,故早期诊断困难。应注意观察患儿有无嗜睡、激惹、前囟张力增高、四肢肌张力增高、惊厥等表现。必要时行腰椎穿刺术。

【问题7】 结合上述查体结果,为进一步诊断应实施哪些检查?

思路: 通过上述病史询问及查体,可以发现患儿感染中毒症状重,病情进展快,考虑感染可能性大,且患儿已出现反应差、前囟张力增高、四肢肌张力减低、原始反射减弱等中枢神经系统感染表现。患儿于院外使用抗生素治疗效果不佳,且患儿头顶部及颜面部可见散在疱疹,疱疹病毒感染不能除外。故应尽快完善血常规、CRP、肝肾功、电解质、TORCH、输血免疫全套、血培养、凝血功能、脑脊液、甲状腺功能、头颅超声、CT、胸部 X 线等检查。

辅助检查

血常规＋CRP：WBC 7.2×10^9/L，中性粒细胞百分比 32.3%，淋巴细胞百分比 58.5%，Hb 145g/L，PLT 165×10^9/L；CRP 15mg/L。

血生化：ALT 36U/L，AST 69U/L，总胆红素 187.7μmol/L，间接胆红素 185.3μmol/L，直接胆红素 2.4μmol/L，总蛋白 56g/L，ALB 28g/L，球蛋白（GLB）27g/L，乳酸脱氢酶（LDH）1 051U/L，尿素氮 6.88mmol/L，肌酐 69μmol/L。

血电解质：Na^+ 133.6mmol/L，K^+ 3.5mmol/L，总钙 1.94mmol/L，Mg^{2+} 0.86mmol/L，P 2.3mmol/L，Cl^- 103.4mmol/L。

TORCH：HSV-IgM 明显升高。

脑脊液：有核细胞数 50×10^6/L，淋巴细胞百分比 90%，蛋白 1 242.5mg/L，糖 1.7mmol/L，LDH 107U/L。

凝血功能：PT 12.7 秒，APTT 47.8 秒，FIB 1.78g/L，TT 17.2 秒。

输血免疫全套、甲状腺功能：未见异常。

胸片：双肺纹理增多、模糊。

头颅 CT：额叶、顶叶、颞叶均可见钙化灶。

【问题 8】　如何判读本患儿初步检查？

思路：患儿 TORCH 检查 HSV-IgM 明显升高；脑脊液有核细胞数升高，以淋巴细胞为主；头颅 CT 可见大量钙化灶；肝功能轻度损害。以上均提示患儿存在 HSV 宫内感染，结合患儿存在反应差、肌张力降低、原始反射减弱等表现，考虑为 HSV 感染全身播散型，已累及中枢神经系统。可进一步完善脑脊液、疱疹液的 HSV 分离培养明确诊断。

【问题 9】　该患儿该如何治疗？

思路：阿昔洛韦是目前推荐治疗新生儿 HSV 感染的主要药物。剂量：20mg/kg，3 次 /d，静脉滴注，患儿目前已有反应差、前囟张力增高、四肢肌张力降低、原始反射减弱等颅内感染临床表现，脑脊液提示有核细胞升高，以淋巴为主，考虑存在颅内感染，故用药疗程为 21 天；使用阿昔洛韦同时，应监测肝肾功，如出现肝肾功受损，可将剂量调整为 20mg/kg，2 次 /d，静脉滴注。其次应加强护理，避免继发细菌感染，如合并细菌感染，应使用抗生素治疗。及时纠正脱水、酸中毒及电解质紊乱，维持内环境稳定。

五、先天梅毒

先天性梅毒（congenital syphilis），又称胎传梅毒，是梅毒螺旋体由母体经过胎盘进入胎儿血液循环中所致胎儿感染。发生感染的胎儿出生后未经正规治疗者在 2 岁内为早期先天性梅毒，2 岁以后为晚期先天性梅毒。

梅毒螺旋体通过胎盘的机会与妊娠状态有关。近年来电镜发现，即使在妊娠早期，梅毒螺旋体也可穿越胎盘导致胎儿感染，妊娠任何时期都可以发生母婴传播。另外，母亲的梅毒病程也影响胎儿受感染的概率，早期梅毒母亲妊娠时比晚期梅毒母亲更容易导致胎儿感染。

先天性梅毒胎儿容易发生死胎、死产、流产和早产。多数存活的患儿出生时缺乏特征性表现，约 2/3 患儿在生后 3～8 周至 3 个月出现症状。

（一）先天性梅毒临床表现

1. 早期先天性梅毒临床表现

（1）全身症状：患儿常常发生早产、低出生体重、小于胎龄等异常以及营养、发育不良，容易出现黄疸、肝脾肿大、淋巴结肿大。

（2）皮肤黏膜损害：少数患儿出生时即有皮损，但多数在生后 2～3 周出现。皮疹为多形性，紫红色或铜红色浸润性斑块，边缘可见丘疹和鳞屑，皮疹的分布有一定特异性，多见于口周、臀、手、足等部位，严重者全身分布。

（3）骨骼损害：患儿可出现骨、软骨、骨膜炎，X线检查可以发现异常。

（4）鼻炎：表现为鼻塞、张口呼吸，可有脓血样分泌物，鼻前庭皮肤湿疹样溃疡，如患儿鼻骨及鼻软骨损伤可导致后鼻根下陷形成马鞍鼻。

（5）中枢神经系统梅毒：多数患儿缺乏神经系统异常体征，而有神经系统异常的患儿在出生3个月后才出现临床表现。急性梅毒性脑膜炎可表现出发热、颅内压增高、颈强直、惊厥、克氏征阳性。慢性、未治疗的梅毒性脑膜炎可发展为脑积水、视神经萎缩、瘫痪、癫痫等。

（6）其他：如肾炎、肺炎、青光眼、血小板减少、脉络膜视网膜炎、腹泻和吸收不良综合征等。

2．隐形先天性梅毒　无临床表现，仅血清学反应阳性者。

3．晚期先天性梅毒　未经治疗的先天性梅毒患儿2岁后即可进展至晚期，导致永久性损害，称为晚期先天性梅毒。患儿可发生皮肤结节性梅毒疹和梅毒瘤，楔状齿（郝钦森齿），马鞍鼻，马刀状胫骨，骨膜增厚，膝关节积液，肿痛，视神经乳头萎缩，神经性耳聋，慢性梅毒性脑膜炎后遗症（智力低下、瘫痪、癫痫）。

（二）实验室检查

1．梅毒螺旋体检查　胎盘组织、脐带组织和皮肤黏膜皮损处可以活检行暗视野显微镜检查找螺旋体，也可行螺旋体DNA检查，阳性结果有助于诊断，但阳性率低，临床很少采用。

2．梅毒血清学试验

（1）非特异性试验：是用心磷脂作为抗原检测患儿血清中抗心磷脂抗体（即反应素）。常用的试验方法包括快速血浆反应素（rapid plasma reagin，RPR）试验，性病研究室（venereal disease research laboratory，VDRL）试验及甲苯胺红不加热血清试验（tolulized red unheated serum test，TRUST）。由于采用的检测试剂是心磷脂，因此称为非特异性试验。主要用于梅毒筛查、梅毒感染早期诊断、驱梅治疗效果观察、评价患者体内梅毒螺旋体是否活跃生长以及是否再感染等。具有简便、快速、敏感性高等优点，但可能出现假阳性和假阴性，最好和梅毒特异性抗体检测结果同时分析，才能更加准确。

（2）特异性试验：又称梅毒螺旋体抗原试验，采用梅毒螺旋体或其成分作为抗原检测患者血清梅毒螺旋体抗体。特异性强、敏感性高，可避免假阳性，用于确诊是否曾有梅毒感染。常用方法包括螺旋体荧光抗体吸收（fluorescein treponema antibody-antibody absorption，FTA-ABS）试验，梅毒螺旋体血细胞凝集试验（treponema pallidum haemagglutination assay，TPHA）和梅毒螺旋体乳胶凝集（treponema pallidum particle agglutination test，TPPA）试验。

（3）脑脊液检查：对确诊患儿应进行脑脊液检查（常规、生化以及VDRL试验）协助诊断神经梅毒。

（三）诊断

早期先天性梅毒的诊断依赖于母亲病史、临床表现和实验室检查。

1．母亲梅毒病史、连续梅毒血清监测结果以及是否正规治疗等线索是协助诊断新生儿先天性梅毒的重要依据。

2．临床表现　先天性梅毒患儿只有少数出生时即有临床表现，多数患儿生后缺乏特异性表现，因此仅凭临床表现容易漏诊。

3．实验室检查　新生儿梅毒血清学试验会受到母亲血清中抗体（包括特异性和非特异性抗体）的影响，因此仅凭患儿的血清学试验结果很难作出新生儿是否感染梅毒螺旋体的判断。

（四）预防

妊娠梅毒治疗方案：

1．一期梅毒、二期梅毒和病程不到1年的潜伏梅毒，应用苄星青霉素240万U肌内注射，1次/周，连用2周；或普鲁卡因青霉素80万U肌内注射，1次/d，连用10～14天。

2．病程超过1年或病程不清楚的潜伏梅毒、梅毒瘤树胶肿及心血管梅毒，用苄星青霉素240万U肌内注射，1次/周，连用3周（共720万U）；或普鲁卡因青霉素80万U肌内注射，1次/d，连用10～14天。

3．对青霉素过敏者可选用头孢曲松500mg，肌内注射，1次/d，共10天，或红霉素500mg，4次/d，口服，连用14天。但非青霉素治疗不能确保药物通过胎盘预防先天性梅毒的效果。

（五）治疗

（1）青霉素G 5万U/（kg·次），每日2次（年龄<7天），每日3次（年龄≥7天），连续用药10～15天。

（2）普鲁卡因青霉素G 5万U/（kg·次），肌内注射，每日1次，连续用药10天。

（3）苄星青霉素 G 5 万 U/kg·次,肌内注射,一次。

脑脊液异常者选方案（1）或（2）；脑脊液正常者可任选一方案。注意治疗必须连续,如中断须重新计算疗程。治疗后须在 2、4、6、9、12 月时复查梅毒血清学实验,如治疗后血清滴度不下降或患儿临床有复发现象可重复治疗,治疗时青霉素剂量加倍。

临床病例

日龄 5 天新生儿,因"皮肤黄染 2 天,加重 1 天"来急诊就诊。初步的病史采集如下。

患儿于入院前 2 天出现颜面皮肤黄染,未到医院就诊,1 天前发现黄疸加重,今日到我院急诊就诊,经皮测胆红素为 19mg/dl,急诊以"新生儿高胆红素血症,早产儿"收入新生儿科。近 2 天以来患儿吃奶正常,无发热、嗜睡,无呕吐、腹泻,无抽搐及哭声异常。

患儿为 G_2P_1,孕 36^{+1} 周经阴道分娩,出生体重 2 100g。否认围生期窒息缺氧病史。母亲妊娠早期曾"做过胎儿超声"（具体情况无法提供）,妊娠期间未正规产检,因不明原因阴道流液急诊到当地医院分娩,否认出生抢救史,胎盘、羊水情况无法提供。生后 1 小时即开始母乳喂养,现为单纯母乳喂养,约 8～10 次 /d,母乳量不详。生后 24 小时内已排尿及胎便,现在大便为黄色稀便,小便清亮。出生后 2 天从产科出院。母亲既往不明原因流产一次,家族史:否认家族遗传病史。母亲血型不能提供。

【问题 10】 病史采集结束后,下一步查体应重点关注哪些方面?

思路:查体时要注意黄疸范围、程度,肝脾是否肿大。

门诊查体记录

体温 37℃,呼吸 50 次 /min,脉搏 150 次 /min,血压 70/30mmHg,体重 1 980g,身长 46cm,头围 30cm。反应欠佳,哭声较小,颜面、躯干、四肢皮肤重度黄染,未见皮疹及瘀点、瘀斑,全身浅表淋巴结未扪及,前囟平软,头颅无畸形和包块,巩膜黄染,双肺呼吸音清晰,未闻及啰音。心音有力,心律齐,未闻及杂音。腹软略胀,可见肠形,无肠蠕动波,肝肋下 4cm,剑突下 4cm,质偏中。脾肋下 2cm,质软。脐带未脱落,脐周无红肿,脐窝无分泌物。肛门外生殖器无异常,四肢肌张力正常,原始反射正常引出。

【问题 11】 如何通过病史及查体对疾病进行初步判断?

思路:患儿主要因黄疸就诊,但是要注意患儿系早产,小于胎龄儿,母孕期没有产检,因此在分析病情时既要注意分析黄疸的程度、是否有发生胆红素脑病的危险以及黄疸的病因,还要考虑患儿发生早产和宫内发育不良的各种可能（如宫内感染）。

【问题 12】 根据病史和查体结果,为进一步诊断应实施哪些检查?

思路:应该完善血常规、血型、G-6-PD、血生化（肝肾功、电解质）、血培养、TORCH、输血前免疫检查,腹部超声等检查。

辅助检查

血常规＋CRP: WBC $12.3×10^9$/L,中性粒细胞百分比 37%,Hb 130g/L,PLT $85×10^9$/L;CRP 2mg/L。

血型:O 型,Rh 阳性。

G-6-PD: 正常。

血生化:ALT 150U/L,AST 200U/L,ALB 21g/L,总胆红素 310.4μmol/L,间接胆红素 300μmol/L,直接胆红素 10.4μmol/L,K^+ 4.8mmol/L,Na^+ 132mmol/L Cl^- 90mmol/L,Ca^{2+} 2.19mmol/L。

TORCH: HSV-IgG 阳性,CMV-IgG 阳性,余无异常。

输血前免疫检查:HIV 阴性,总蛋白阳性,TRUST 1:16 阳性。

腹部超声:肝脏肿大,脾脏肿大。

【问题 13】 如何判读本患儿初步检查?

思路:患儿黄疸为高间接胆红素血症,初步检测结果可以排除 G-6-PD 缺乏和 ABO 血型不合溶血的可能。但梅毒血清学检测结果阳性,应该诊断早期先天性梅毒。患儿的早产、宫内发育不良、黄疸、肝脾肿大、贫血、血小板减少等均与本病有关。

【问题 14】 进一步还需要实施哪些检查?

思路:先天性梅毒会导致多器官损害,因此患儿还需要进行脑脊液检查,眼底检查,骨骼 X 线检查。

【问题 15】 该病如何治疗?

思路:驱梅治疗可以选择以下方案。

青霉素 G 5 万 U/(kg·次),静脉注射,每日 2 次(年龄<7 天),每日 3 次(年龄≥7 天),连续用药 10～15 天。

治疗后应制定梅毒血清学监测计划,按照 2、4、6、9、12 月定期监测梅毒血清学试验,根据监测结果决定是否再次治疗。

(母得志)

第十四节　新生儿硬肿症

新生儿硬肿症(scleredema)亦称为新生儿寒冷损伤综合征(neonatal cold injury syndrome)或新生儿冷伤(cold injury)。该病可由寒冷、感染、窒息等多种原因引起,多发于冬春寒冷季节,早产儿多见。病初表现为体温降低、吸吮差或拒乳、哭声弱,加重时发生皮肤硬肿和多器官损害等表现。

新生儿硬肿症的病因及发病机制与以下因素有关。①早产和保温不足:早产儿体温中枢不成熟,体温易随环境温度波动;体表面积相对较大,皮下脂肪少,组织对热的绝缘性差,散热多;新生儿在寒冷、缺氧、酸中毒、休克等病理情况下主要靠棕色脂肪产热,其代偿能力有限;皮下脂肪中饱和脂肪酸含量高,低体温时易于凝固继而出现皮肤硬肿。②疾病因素:严重感染、缺氧、心力衰竭和休克等使能源物质消耗增加、热量摄入不足,加之缺氧又使能源物质的氧化产能发生障碍,故产热能力不足。即使在正常散热的条件下,也可出现低体温和皮肤硬肿,严重颅脑疾病也可抑制尚未成熟的体温调节中枢使散热大于产热,出现低体温甚至皮肤硬肿。③多器官功能损害:低体温和皮肤硬肿,使局部血液循环不畅,加重缺氧和代谢性酸中毒,导致毛细血管通透性增加,出现水肿;若病情持续加重,则可发展为多器官损害。

新生儿硬肿症的诊疗经过通常包括以下环节:

1. 详细询问出生史、喂养史、发病时间及诱因、临床症状、硬肿发生部位和顺序、其他器官功能受损症状。

2. 查体时重点关注体温、血压、心率、呼吸、皮肤颜色、硬肿部位、硬肿范围、瘀点瘀斑、毛细血管充盈时间等体征。

3. 根据病情需要,选择进行血常规、血气分析、血液生化(血糖、肝肾功能、血电解质)、凝血功能、DIC筛查、血培养、胸片、心电图等重要的辅助检查。

4. 积极复温,适当的热量及液体供给,控制感染,纠正器官功能紊乱。

临床关键点

(1)本病首先要通过询问病史,明确有无发病诱因,如早产、寒冷、保暖不当、严重感染、窒息史、摄入不足等。

(2)明确有无相关临床表现:不吃、不哭、低体温(体温<35℃,重症<30℃)、硬肿、多器官受累等。

(3)了解该病的治疗原则。

临床病例

日龄为 3 天的新生儿,因"皮肤硬肿 2 天"来急诊就诊。初步病史采集如下。

患儿于就诊前 2 天(即生后 1 天)开始出现双小腿皮肤硬肿。于当地医院就诊,予以保暖、抗感染等治疗后,皮肤硬肿无明显缓解,范围由双小腿向上逐渐发展至双侧大腿及臀部。病程中伴有反应差、拒乳、体温不升、哭声低弱。为进一步诊治转入我院治疗。

个人史：患儿为G_1P_1，妊娠28^+周于家中自然分娩，冬季出生。生后不哭，全身发绀明显。出生体重1 400g。生后未规律喂养。

家族史：母亲产前3天有高热史，体温最高39℃，胎膜早破72小时，自行口服"阿莫西林"后体温恢复正常。否认家族遗传病史。

初步病史采集后，因患儿主要表现为反应差、低体温及硬肿，按新生儿硬肿症思路分析，临床随之需考虑以下相关问题。

【问题1】 该患儿发生新生儿硬肿症的病因可能有哪些?

思路：

新生儿硬肿症的常见病因：

（1）内在因素：新生儿体温调节功能低下，体温调节中枢发育不成熟，体表面积大，易于散热；生后早期主要以棕色脂肪组织化学产热为主，缺乏寒战的物理产热，产热代谢的内分泌调节功能（如儿茶酚胺、甲状腺素水平）低下；早产、低体重、小于胎龄儿体温调节功能比足月儿和正常体重儿更差。

（2）外在因素

①寒冷环境：出生体重越低，胎龄越小，对环境温度要求越高；②摄入不足；③疾病：新生儿感染（肺炎、败血症及化脓性脑膜炎等）、窒息、颅内出血和红细胞增多症等原因，使机体处于高代谢状态，促进能源消耗，也易引起婴儿体温调节和能量代谢紊乱，出现低体温和硬肿。

结合该患儿病史，总结其发生寒冷损伤综合征的病因如下。①早产、低体重（妊娠28^+周，出生体重1 400g）；②寒冷环境：出生于冬季，于家中自然分娩，分娩后容易存在保暖不当；③可疑感染史：母亲产前3天有高热史，胎膜早破，提示患儿有感染可能；④出生缺氧史：生后不哭，全身发绀，有窒息史；⑤摄入不足：生后未规律喂养。

【问题2】 询问病史应围绕哪些方面进行?

思路：

（1）母亲孕期有无感染性疾病史、胎膜早破，是否有不洁分娩史，了解有无感染性因素存在。

（2）是否存在宫内窒迫。

（3）新生儿出生情况，如胎龄、出生体重、分娩环境、窒息史等。

（4）新生儿生后开始喂养时间及喂养方式，注意有无摄入不足导致硬肿症的可能。

（5）新生儿其他疾病史，如重症肺炎、败血症、腹泻、窒息、颅内出血及严重的先天感染，先天性心脏病或畸形等。

（6）询问有无该病的临床表现，早期可出现反应低下、拒乳、不哭或哭声低弱，活动减少，心率减慢，亦可出现呼吸暂停。典型症状为体温降低和皮肤硬肿，硬肿发生顺序一般为小腿—大腿外侧—臀部—面颊—上肢—全身。重症可能出现休克、DIC、急性肾衰竭和肺出血等。

【问题3】 病史采集结束后，下一步查体应重点关注哪些方面?

思路：

（1）低体温：肛温<35℃，重症<30℃，可出现四肢或全身冰凉，但非由寒冷所致者不一定出现低体温。低体温时常伴有心率减慢。

（2）皮肤硬肿：皮肤紧贴皮下组织不能移动，触之有橡皮感，表现为硬、亮、冷、肿，色泽呈暗红色或青紫色，伴水肿者压之轻度凹陷，常呈对称分布。

门诊查体记录

体温35.5℃，呼吸40次/min，脉搏100次/min，血压42/22mmHg，体重1 250g。反应差，哭声弱，面色苍白，双下肢、臀部皮肤硬肿伴水肿，肢端冷，前臂毛细血管再充盈时间5秒。前囟平软，头颅未扣及包块。双肺呼吸音清晰，未闻及啰音。心音欠有力，心律齐，未闻及杂音。腹软不胀，未见肠形和肠蠕动波，未扣及包块，肝肋下1cm，脾未触及。脐带未脱落，残端可见渗血。四肢肌张力减低，新生儿原始反射未引出。

【问题4】 查体时如何通过皮肤硬肿分布部位初步判断硬肿程度？

思路： 新生儿硬肿症皮肤硬肿常呈对称分布。可按烧伤九分法估算损伤面积：头颈部20%，双上肢18%，前胸及腹部14%，背部及腰骶部14%，臀部8%，双下肢26%。硬肿面积<20%为轻度，20%~50%为中度，>50%为重度。该患儿查体发现双下肢、臀部皮肤硬肿，估计硬肿面积为34%，初步判断硬肿程度为中度。

【问题5】 如何通过查体结合病史对患儿病情进行初步判断？

思路： 结合患儿病史、体征，判断患儿可能有如下临床情况。

（1）患儿反应差、哭声弱，体温低，伴有心率减低，但生命体征尚可维持，有器官功能低下表现，暂无器官功能衰竭表现。

（2）患儿体重较出生体重明显减轻，应警惕感染等消耗性疾病可能。

（3）患儿面色苍白，提示贫血可能。

（4）患儿肢端冷，毛细血管再充盈时间延长，应警惕休克。

（5）脐带残端可见渗血，应警惕并发凝血功能障碍、DIC可能。

（6）患儿肌张力减低，原始反射未引出，结合有出生窒息史，应警惕并发脑损伤可能性。

新生儿硬肿症要注意与以下疾病鉴别。

（1）新生儿水肿

①局限性水肿：淋巴管和静脉回流受阻可导致局限性水肿；②早产儿水肿：下肢常见凹陷性水肿，有时延及手背、眼睑或头皮，大多数可自行消退；③贫血性水肿：新生儿Rh溶血病或双胎输血综合征可导致严重贫血，引起新生儿水肿；④心源性水肿：常继发于严重心律失常、先天性心脏病、心肌炎及心内膜下弹力纤维增生症导致的心功能不全，水肿通常为全身性水肿，伴肝脏肿大或呼吸困难；⑤肾源性水肿：常由急性肾功能损伤或先天性肾病导致；⑥低蛋白血症：血浆白蛋白低于20g/L可导致水肿；⑦内分泌原因：如先天性甲状腺功能减低症可出现黏液性水肿；⑧遗传代谢性疾病：某些遗传代谢疾病，如黏多糖病Ⅶ型、高雪氏症和GM1-神经节苷脂沉积症等可导致胎儿和新生儿水肿。

（2）新生儿皮下坏疽：多见于寒冷季节。有难产或产钳分娩史，好发于身体受压部位（枕、背、臀）或受损（如产钳）部位。表现为局部皮肤变硬、略肿、发红、边界不清并迅速蔓延，病变中央初期较硬以后软化，先呈暗红色以后变为黑色，重者可有出血和溃疡形成，亦可融合成大片坏疽。易并发败血症，死亡率高。

（3）新生儿皮下脂肪坏死：多在生后6~10天发病，表现为坚硬的边界清楚的暗红-蓝色结节，大小不等，可似豌豆到鸡蛋大小，表面高低不平，呈分叶状。数月后可自然消退，该病系自限性疾病，预后良好。

【问题6】 结合上述查体结果，为进一步诊断应实施哪些检查？

思路： 通过上述查体初步诊断为新生儿硬肿症，需进一步探寻病因。可进行血常规、CRP、血培养、心肌损伤、凝血功能/DIC筛查、血气分析、血液生化（血糖、电解质、肝肾功/酶谱）等辅助检查来进一步明确病情。

急诊辅助检查

血常规+CRP：WBC 27.3×10^9/L，中性粒细胞百分比96%，Hb 110g/L，PLT 65×10^9/L；CRP 25mg/L。

微量血气血生化：pH 7.27，$PaCO_2$ 39.6mmHg，PaO_2 78mmHg，SpO_2 84%，K^+ 2.0mmol/L，Na^+ 132mmol/L，Cl^- 90mmol/L，Ca^{2+} 1.0mmol/L，HCO_3^- 16mmol/L，BE -4.5mmol/L，血糖2.0mmol/L。

胸腹联合X线片：双肺可见斑片影；腹部未见明显异常。

【问题7】 如何判读本患儿初步检查结果？

思路：

（1）血常规检查：①白细胞总数及中性粒细胞分类明显增高，CRP明显增高，结合患儿有感染诱因，应警惕感染性疾病可能；②血红蛋白减低，提示贫血，应警惕失血、DIC可能；③血小板减低，结合查体有局部渗血表现，应警惕凝血功能障碍甚至DIC可能。

（2）血气分析：pH、HCO_3^-及BE提示代谢性酸中毒；电解质提示低钾血症。

【问题8】 入院后需要进一步进行哪些检查？

思路： ①监测血常规及CRP，进一步观察有无感染性指标升高，协助诊断感染性疾病；并监测血红蛋白了解有无贫血进一步加重，监测血小板了解有无血小板进行性下降；②影像学检查：腹部B超检查了解肝胆情况,有无腹腔脏器出血;头颅超声了解有无颅内出血;③微生物学检查:行痰培养、血培养检查,进一步搜寻患儿感染证据;④凝血功能检查:患儿为早产儿,生后早期出现硬肿,且有局部渗血表现,应进一步监测凝血功能 /DIC 筛查;⑤血液生化:继续监测血电解质、血气分析、血糖、肝肾功、心肌损伤等指标;⑥TORCH 抗体、微小病毒 B19 等相关病原学检查。

住院后检查及诊断

血常规+CRP:WBC 25.6×10^9/L,中性粒细胞百分比 87%,Hb 112g/L,PLT 60×10^9/L;CRP 45mg/L。

痰培养:大肠埃希菌。

血培养:阴性。

血气分析:pH 7.22,$PaCO_2$ 39.6mmHg,PaO_2 78mmHg,SpO_2 84%,K^+ 2.2mmol/L,Na^+ 132mmol/L,Cl^- 90mmol/L,Ca^{2+} 0.9mmol/L,HCO_3^- 15mmol/L,BE$-$5.5mmol/L,血糖 3.0mmol/L。

凝血功能筛查:PT 25秒,APTT 62秒,FIB 1.2g/L。

肝肾功:AST 增高,余基本正常。

心肌酶:CK、CK-MB 增高;心肌损伤:肌钙蛋白增高。

心电图:窦性心动过缓,ST-T 段改变。

头颅超声:颅内出血Ⅲ级。

【问题9】 如何根据上述提供的病例进行综合判断。

思路:

(1)实验室检查结果分析:①白细胞总数、中性粒细胞分类及 CRP 明显增高,痰培养结果为大肠埃希菌,结合患儿母亲产前有高热史,考虑宫内感染可能性大;②血气分析仍提示代谢性酸中毒、电解质紊乱(低钾血症),结合患儿病史,考虑与早产、窒息、感染有关;③患儿凝血功能提示 PT 及 APTT 均延长;④血生化提示氨基转移酶异常,心肌损害指标增高,结合患儿有不吃、不哭、反应低下、心率慢、心电图改变等表现,提示器官功能低下改变;⑤有头颅超声提示颅内出血,结合患儿为早产儿,且有出生窒息史(出生时全身发绀),考虑由早产、缺氧所致。

(2)结合患儿病史、查体及实验室检查结果,患儿诊断新生儿硬肿症成立,该患儿查体发现双下肢、臀部皮肤硬肿,估计硬肿面积为34%,初步判断硬肿程度为中度。

考虑主要病因如下。①感染:患儿有感染临床表现,实验室检查感染指标增高,痰培养为大肠埃希菌。患儿生后1天发病,母亲有产前感染病史,胎膜早破1天,考虑其感染来源为宫内感染可能。②出生缺氧史:生后不哭,全身发绀,有窒息史。③低胎龄、低体重(孕周 7$^+$月,出生体重 1 400g)。

次要病因:①寒冷环境,出生于冬季,于家中自然分娩,可能存在保暖不当;②摄入不足,生后未规律喂养。

【问题10】 该患儿的治疗要点有哪些?

思路:新生儿硬肿症的治疗要点。

①复温;②热量和液体供给;③控制感染,患儿有明确感染,根据痰培养和药敏选择敏感、肾毒性小的抗生素;④纠正器官功能紊乱:补碱纠正酸中毒;输注血浆纠正凝血功能紊乱;保护心肌治疗。

知识点

复温原则

(1)肛温 >30℃,腋温与肛温差为正值,用暖箱复温,患儿置入预热至 30℃的暖箱内,通过暖箱的自控调温装置或人工调节箱温于 30～34℃,使患儿 6～12 小时内恢复正常体温。

(2)体温 <30℃或腋温与肛温差为负值,先以高于患儿体温 1～2℃的温度(不超过 34℃)开始复温,每小时提高箱温 0.5～1℃,于 12～24 小时内恢复正常体温。或用远红外线抢救台(开放式暖箱)快速复温,床面温度由 30℃开始,每 15～30 分钟升高体温 1℃。随体温升高逐渐提高远红外线箱的温度(最高 33℃),恢复正常体温后置于中性环境的暖箱中。抢救台环境温度易受对流影响,可用塑料薄膜覆盖患儿上方。

知识点

纠正器官功能紊乱

（1）微循环障碍或休克：选用生理盐水 10～20ml/kg 半小时内输注扩容，如有明显代谢性酸中毒，可选择 1.4% 碳酸氢钠扩容。心率低者可输注血管活性物质，首选多巴胺 5～10μg/(kg·min)。

（2）DIC：在高凝状态时尽早应用低分子肝素钠，早产儿每次 2mg/kg，足月儿每次 1.5mg/kg，皮下注射，每日 2 次用药，病情好转后延长用药间隔直至停药。必要时给予新鲜冰冻血浆。

（3）急性肾衰竭：在保证循环血量的前提下，对少尿或无尿者给予呋塞米 1mg/kg，限制液量，防治高血钾。

（4）肺出血：尽早气管插管行正压通气治疗，同时给予巴曲亭 0.5U 静脉推注，0.5U 气管内滴入，并治疗肺出血的原发病。

（5）控制感染：根据病原学检查结果选择敏感抗生素治疗。

（6）热量及液体供给原则：热量从 209kJ/(kg·d) 开始，逐渐增至 420～500kJ/(kg·d)。喂养困难者可部分或全静脉营养，液体量按 60～80ml/kg 计算，有明显心、肾功能不全者，应严格限制液体速度和入量。

（母得志）

第十五节　新生儿低血糖症

新生儿低血糖症（neonatal hypoglycemia）是指血糖值低于正常新生儿的最低血糖值，是新生儿期最常见的代谢问题之一。低血糖可使脑细胞失去基本能量来源，脑代谢和生理活动无法正常进行，如不及时纠正会造成永久性脑损伤并导致不同程度的神经系统后遗症。新生儿低血糖的界限值尚存争议，目前多采用的标准是，不论胎龄和日龄，全血葡萄糖水平低于 2.2mmol/L（40mg/dl）诊断为低血糖症。血糖低于 2.6mmol/L 为临床需要处理的界限值，因为当血糖反复低于此水平可引起神经系统损害。

本病多见于早产儿、小于胎龄儿及糖尿病母亲婴儿等，发生低血糖的原因有很多。①肝糖原储备不足：宫内生长迟缓、小于胎龄儿、早产儿、巨大儿；②葡萄糖消耗过多：围生期应激、败血症、窒息、HIE、红细胞增多症等；③胰岛素水平过高：糖尿病母亲婴儿、胰岛细胞增生症、新生儿溶血病破坏的红细胞释放谷胱甘肽可刺激胰岛素分泌增加、母亲用 β- 拟交感神经药物等；④遗传代谢性疾病：半乳糖血症、糖原贮积症、先天性果糖不耐受症、枫糖尿病等；⑤内分泌疾病：先天性垂体功能低下、先天性肾上腺皮质增生症、胰高血糖素缺乏、甲状腺功能低下、生长激素缺乏等。

多数低血糖症新生儿常缺乏临床表现，无症状性低血糖是症状性低血糖的 10～20 倍，即使出现症状也多为非特异性。一般出现在生后数小时至 1 周内，多见于生后 24～72 小时，或伴发于其他疾病过程而被掩盖。主要表现：反应差、震颤、阵发性发绀、肌张力低下、眼球异常转动、惊厥、呼吸暂停、嗜睡、拒食、苍白、多汗、体温不升、心动过速、哭闹等。

新生儿低血糖症的诊疗经过通常包括以下环节。

1. 详细询问患儿病史，如出生胎龄、体重、伴随疾病、母孕期疾病史及用药史。

2. 注意有无上述临床症状。

3. 及时进行血糖水平测定，根据患儿情况可完成血常规、胰岛素、生长激素、皮质醇、ACTH、TSH、胰高血糖素、血及尿氨基酸、尿有机酸、尿酮体等指标检测。

4. 早期治疗对防止神经系统损伤有重要作用。积极进行喂奶、静脉滴注葡萄糖液等治疗，监测血糖，调节输糖速度，必要时可加用氢化可的松治疗。

5. 持续性低血糖应完善相关检查明确并治疗原发病，如果存在遗传代谢病应采取相应治疗。

临床关键点

（1）诊断标准：全血葡萄糖水平低于 2.2mmol/L（40mg/dl）诊断为低血糖症，而低于 2.6mmol/L 为临床需要处理的界限值。

（2）由于持续反复的低血糖可以造成新生儿中枢神经系统不可逆性损伤并导致不同程度的神经系统后遗症，因此早发现、早治疗是诊治关键。

（3）本病多数患儿并无临床症状，即使出现临床症状也多为非特异性的。因此掌握发生低血糖的高危因素尤为重要，如早产儿、小于胎龄儿、糖尿病母亲婴儿、窒息、败血症、红细胞增多症等，对于存在发生低血糖高危因素的新生儿应于生后 1 小时内常规筛查血糖，并定期监测。

（4）早期治疗对防止神经系统损害尤为关键。积极进行喂奶、静脉滴注葡萄糖液等治疗，对单纯输糖难以控制的低血糖可加用氢化可的松治疗。

（5）持续或反复的低血糖要完善胰岛素、生长激素、皮质醇、促肾上腺皮质激素（ACTH）、促甲状腺激素（TSH）、甲状腺素（T_4）、胰高血糖素、血及尿氨基酸、尿有机酸、尿酮体等检查，以明确原发病并尽早治疗。

临床病例

1 日龄 2 小时的新生儿主因"生后低血糖 10 分钟"为主诉入院，初步的病史采集如下。

患儿为 G_1P_1，孕 37 周因"胎儿大及阴道有血性分泌物"于产科行剖宫产娩出，生后 Apgar 评分 1 分钟和 5 分钟均为 10 分，羊水、脐带、胎盘未见异常。出生体重 4 050g。母亲妊娠期空腹血糖最高值为 7mmol/L 以上，未系统监测及控制。患儿生后血糖为 0.4mmol/L，予口服糖水后血糖无明显升高，为进一步诊治入我科。患儿自患病以来无抽搐，状态反应可。生后尚未开奶，未排胎便。

母亲血型 B 型 Rh（D）阳性，否认高血压、传染病、遗传病史。否认孕期感染及产前发热等感染病史。无特殊疾病及特殊用药史。否认围生期窒息缺氧病史。否认过敏史。

初步病史采集后，因患儿为糖尿病母亲婴儿，生后早期血糖筛查发现存在低血糖，按新生儿低血糖症思路分析，临床随之需考虑以下相关问题。

【问题 1】　该患儿生后早期出现低血糖是否正常？是否需要临床干预？

思路：新生儿生后 12～24 小时血糖偏低，但持续或反复血糖过低造成脑细胞不可逆性损伤，如不及时纠正会造成永久性脑损伤并导致不同程度的神经系统后遗症。目前采用的新生儿低血糖症的诊断标准为全血葡萄糖水平低于 2.2mmol/L（40mg/dl）即可确诊，而低于 2.6mmol/L 为临床需要处理的界限值。此患儿生后血糖筛查为 0.4mmol/L，低于正常新生儿的血糖最低值，诊断为新生儿低血糖症，并应尽早临床干预。

知识点

新生儿低血糖症诊断标准

全血葡萄糖水平低于 2.2mmol/L（40mg/dl）诊断为低血糖症，而低于 2.6mmol/L 为临床需要处理的界限值。

【问题 2】　新生儿生后出现低血糖症应该考虑哪些疾病？

思路：新生儿发生低血糖的原因有很多。①肝糖原储备不足：宫内生长迟缓、小于胎龄儿、早产儿、双胎中体重轻者、巨大儿；②葡萄糖消耗过多：围生期应激、败血症、窒息、HIE、红细胞增多症等；③胰岛素水平过高：糖尿病母亲婴儿、胰岛细胞增生症、母亲用 β- 拟交感神经药物等；④遗传代谢性疾病：半乳糖血症、糖原贮积症、先天性果糖不耐受症、枫糖尿病等；⑤内分泌疾病：先天性垂体功能低下、先天性肾上腺皮质增生症等。

本例患儿母亲孕期血糖较高，未系统诊断、监测及控制，考虑患儿体内胰岛素水平可能过高；且患儿为巨大儿，胎龄刚满 37 周，体内肝糖原储备可能不足；患儿生后无窒息及抢救史，暂不考虑葡萄糖消耗过多；

待完善其他相关检查后进一步明确病因。

【问题3】 询问病史应围绕哪些方面进行？

思路1：①应询问母孕期的胎儿发育情况。②追问母孕期血糖监测情况，有无"多饮、多食、多尿、体重增长过快"等伴随症状，妊娠前有无糖尿病史，有无家族糖尿病史。③母亲孕期有无应用β-拟交感神经药物史，如特布他林、利托君、噻嗪类利尿剂等。④母亲孕期有无感染性疾病史、胎膜早破，是否有不洁产检及分娩史，了解有无感染性因素存在。⑤是否存在宫内窘迫及产时窒息，有无输注高张葡萄糖液史。⑥家族有无遗传代谢病史，有无神经系统发育障碍病史。⑦新生儿生后开始喂养时间及喂养方式。

思路2：注重详细询问孩子有无反应差、震颤、阵发性发绀、眼球不正常转动、惊厥、呼吸暂停、嗜睡、拒食、苍白、多汗、体温不升、心动过速、哭闹等临床表现。

【问题4】 病史采集结束后，下一步查体应重点关注哪些方面？

思路：监测生命体征是否平稳，精神反应、哭声、肌张力、原始反射、心率、呼吸等，观察有无低血糖症的临床表现，同时观察患儿的生长发育情况、有无窒息缺氧表现，协助分析是否为围产缺氧所致低血糖；查找有无脐部、皮肤等感染灶，以除外感染性因素。

入院查体记录

体温36.5℃，呼吸40次/min，脉搏130次/min，血压60/30mmHg，体重4.05kg，身长53cm，头围34cm。精神反应可，哭声响亮，周身皮肤红润，无皮疹及出血点。前囟平软，头颅无血肿。双肺呼吸音清，未闻及啰音。心音有力，心律齐，心率130次/min，未闻及杂音。腹软不胀，未见肠形和肠蠕动波，未扪及包块，肝脏位于右肋下1cm，脾未触及。脐带未脱落，脐周无红肿，脐窝无分泌物。四肢肌张力低下，无水肿，觅食反射及吸吮反射减弱，拥抱反射及握持反射可正常引出。

【问题5】 如何通过查体对疾病进行初步判断？

思路：本例患儿查体精神反应可，哭声响亮，周身皮肤红润，心率、呼吸均正常，皮肤黏膜及脐带均未见感染灶，但患儿存在四肢肌张力低下，觅食反射及吸吮反射减弱表现，提示患儿已经出现了低血糖症的神经系统症状，需要进行尽早且积极的临床干预。

知识点

新生儿低血糖症临床表现

多数缺乏症状，无症状性低血糖是症状性低血糖的10～20倍。即使出现症状也多为非特异性，一般出现在生后数小时至1周内，多见于生后24～72小时，或伴发于其他疾病过程而被掩盖，主要表现为反应差、震颤、阵发性发绀、肌张力低下、眼球异常转动、惊厥、呼吸暂停、嗜睡、拒食、苍白、多汗、体温不升、心动过速、哭闹等。

【问题6】 该患儿目前应该给予何种治疗？

思路：该患儿属于有症状性低血糖症，对于出现症状的低血糖患儿应立即推入10%葡萄糖液2ml/kg，随即静脉持续输入10%葡萄糖液，速度为6～8mg/(kg·min)，根据血糖调节输糖速度。

【问题7】 给予初步治疗后应多长时间监测一次血糖变化？

思路：静脉推注葡萄糖后30分钟查血糖，之后每小时监测1次微量血糖，每2～4小时监测静脉血糖，如症状消失，血糖正常12～24小时，逐渐减少至停止静脉输注葡萄糖，并及时喂奶。

住院后治疗

该患儿按8mg/(kg·min)速度给予葡萄糖液1小时后测定血糖水平为2.1mmol/L。

【问题8】 此时应如何处理？

思路：经上述处理低血糖不缓解，应逐渐增加输糖速度至10～12mg/(kg·min)。外周静脉输注葡萄糖的最大浓度为 12.5%，如果超过此浓度需要放置中心静脉导管。

血糖监测

该患儿监测血糖并逐渐增加输注葡萄糖液速度至 12mg/(kg·min)，但监测血糖仍波动于 2.5mmol/L 左右，患儿无抽搐，但反应及肌张力低下。

【问题 9】 此时应如何处理？

思路：对于持续输注葡萄糖速度达到 12mg/(kg·min) 方能维持血糖正常者，可以给予糖皮质激素，一般加用氢化可的松 5mg/(kg·d)，分两次静脉给药，至症状消失血糖恢复后 24～48 小时停止，激素疗法可持续数日至 1 周。

知识点

新生儿低血糖症的治疗

1. 对于生后可能发生低血糖者应从生后 1 小时即开始喂奶（或鼻饲）。如果血糖低于需要处理的界限值 2.6mmol/L，应静脉点滴葡萄糖液 6～8mg/(kg·min)，每小时监测 1 次血糖，直至正常。对于出现症状的低血糖患儿应立即推入 10% 葡萄糖液 2ml/kg，速度为 1ml/min，随即静脉持续输入 10% 葡萄糖液，速度为 6～8mg/(kg·min)，根据血糖调节输糖速度至 10～12mg/(kg·min)。外周静脉输注葡萄糖的最大浓度为 12.5%，如果超过此浓度需要放置中心静脉导管。治疗期间每小时监测 1 次微量血糖，每 2～4 小时监测静脉血糖，如症状消失，血糖正常 12～24 小时，逐渐减少至停止静脉输注葡萄糖，并及时喂奶。

2. 如果血糖仍不能维持正常，可加用氢化可的松 5mg/(kg·d)，分两次静脉给药，至症状消失血糖恢复后 24～48 小时停止，激素疗法可持续数日至 1 周。

3. 持续性低血糖应检测胰岛素、生长激素、可的松、ACTH、TSH、T_4、胰高血糖素、血及尿氨基酸、尿有机酸、尿酮体等进一步明确病因。

住院后常规检查

血常规：WBC 20.1×10^9/L，中性粒细胞百分比 66.3%，Hb 230g/L，HCT 68%，PLT 402×10^9/L，CRP<8mg/L，血型 B 型 Rh（D）阳性。

微量血气血生化：pH 7.35，$PaCO_2$ 42mmHg，PaO_2 83mmHg，Hb 22g/dl，$TcSO_2$ 97%，K^+ 4.8mmol/L，Na^+ 140mmol/L，Cl^- 90mmol/L，Ca^{2+} 1.89mmol/L，BE 2.9mmol/L。

【问题 10】 如何判读该患儿的初步检查？

思路 1：血常规提示 Hb>220g/L，HCT>65%，提示存在红细胞增多症，此病多见于糖尿病母亲分娩的婴儿，同时由于红细胞过多导致葡萄糖消耗过多，导致或加重低血糖发生；WBC 和中性粒细胞百分比正常、CRP 正常，不支持细菌感染因素。

知识点

1. 新生儿血常规检查 自生后 12 小时白细胞数值最高可达到 30.0×10^9/L，此后逐渐下降，至 72 小时大约为 $(5.0 \sim 14.5) \times 10^9$/L，临床需注意与感染进行鉴别。

2. 新生儿红细胞增多症 静脉血红细胞>6×10^{12}/L，血红蛋白>220g/L，红细胞压积>65%。常见于母胎或胎胎输血、脐带结扎延迟、宫内生长迟缓（慢性缺氧）及糖尿病母亲婴儿等。

思路 2：血气血生化提示，该患儿不存在酸碱失衡及离子紊乱，可除外此原因导致的葡萄糖消耗增多，同时血钙水平正常可以除外低钙血症导致的反应差、肌张力低下及原始反射减弱。

【问题11】　该患儿接下来还应该完善哪些检查?

思路:该患儿静脉输注葡萄糖速度已经较高,达到 12mg/(kg·min),但血糖仍处于需要处理的界限值 2.6mmol/L 以下,需要加用氢化可的松,继续监测血糖,如果存在持续性低血糖应进一步完善胰岛素、胰岛素和血糖比率(I/G)、C 肽、生长激素、皮质醇、ACTH、TSH、胰高血糖素、血及尿氨基酸、尿有机酸、尿酮体等检查,并请内分泌专业会诊,以明确原发病并尽早治疗。

住院后检查及治疗

空腹血清胰岛素6U/L,C 肽 0.3pmol/ml,血胰岛素(U/L)/血糖(mg/dl)比值0.13。
给予氢化可的松 5mg/(kg·d)1 天后,患儿血糖升至 4.5mmol/L。

【问题12】　如何制定该患儿下一步的诊断和治疗方案?

思路1:该患儿空腹血清胰岛素、C 肽及血胰岛素 / 血糖比值均在正常范围内,可除外高胰岛素血症导致的低血糖。

知识点

高胰岛素血症的诊断依据

1. 新生儿期反复的低血糖发作多为严重的低血糖,甚至<1mmol/L 或测不出。
2. 绝对或相对的持续高胰岛素血症,如低血糖时空腹血胰岛素>10U/L;血糖 0.6~0.8mmol/L 时,血胰岛素>5U/L;血胰岛素(U/L)/ 血糖(mg/dl)比值>0.3;注射胰高血糖素 1mg(静脉或肌内注射)后 0.5 小时,血胰岛素>80U/L 等,都提示高胰岛素血症。
3. 低血糖时无酮症。
4. 静脉注射葡萄糖需要≥10~15mg/(kg·min)才能维持血糖正常。
5. 影像学检查无异常发现。

思路2:患儿经氢化可的松治疗后血糖升至正常水平,初步除外持续性低血糖症,继续监测临床表现及血糖水平,注意有无低血糖反复,待症状消失血糖恢复后24~48 小时停止用药,激素疗法可持续数日至 1 周。

【问题13】　针对该患儿是否存在低血糖导致的神经系统损伤应做何检查?

思路:目前建议对于有症状的低血糖患儿进行头颅磁共振检查,尤其是弥散加权成像(DWI)与常规 MRI 检查相结合,是评估低血糖脑病病情严重程度的特异性检查手段。

【问题14】　低血糖脑损伤常见的受累部位有哪些?

思路:顶枕叶皮质和皮质下白质受损最为严重,这也是低血糖脑病区别于其他新生儿脑病的特点之一,头部 MRI,特别是 DWI 在病程早期即可识别(图 3-15-1)。

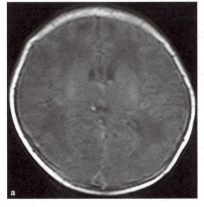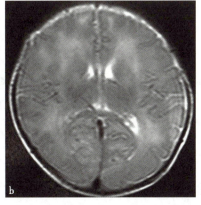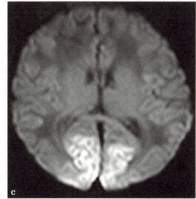

图 3-15-1　头部 MRI,DWI 在病程早期可识别
a. T$_1$WI; b. T$_2$WI; c. DWI。

(富建华)

第十六节　新生儿高血糖症

　　新生儿高血糖症(neonatal hyperglycemia)是指全血血糖>7.0mmol/L(125mg/dl),或血清葡萄糖水平>8.4mmol/L(150mg/dl)。糖代谢紊乱在新生儿期较为常见,高血糖症的发生率虽不及低血糖症的发生率,但对严重的高血糖症,如不及时处理,严重者可诱发颅内出血,甚至危及患儿生命。

　　新生儿高血糖症根据其病因主要分为医源性高血糖、应激性高血糖、新生儿糖尿病和药物性高血糖,其中医源性高血糖和应激性高血糖最常见。①医源性高血糖症:常见于对糖耐受差的新生儿,如早产儿和小于胎龄儿,多由于输注葡萄糖溶液的速度过快或不能耐受所致。特别是极低出生体重儿(出生体重<1 500g)在生后最初几天内,快速输注葡萄糖溶液后极易发生高血糖症,对超低出生体重儿(出生体重<1 000g)甚至不能耐受4~6mg/(kg·min)的葡萄糖输注速度。此外,静脉输入脂类可导致新生儿高血糖,脂肪乳剂的使用增加了新生儿的营养,但脂类的输入使脂肪酸氧化增加,通过糖异生作用使血糖升高。②应激性高血糖:通常发生在应激状态下,如窒息、寒冷和败血症等,均可使肾上腺能受体兴奋、儿茶酚胺和胰高糖素释放增加、或使胰岛内分泌细胞受损伤而致功能失调,引起高血糖,但多为一过性,仅少数可持续较长时间。③新生儿糖尿病:一般可分为暂时性(持续3~4周);暂时性以后复发;永久性糖尿病。约1/3患儿有糖尿病家族史,多见于小于胎龄儿。④药物性高血糖:如母分娩前短时间内用过葡萄糖或糖皮质激素;婴儿在产房复苏时应用过高渗葡萄糖、肾上腺素,以及患儿长期应用糖皮质激素等,此外,呼吸暂停时使用氨茶碱治疗,对血糖水平也有影响。

　　新生儿高血糖症的诊疗经过通常包括以下环节。

　　1. 详细询问母孕期及了解患儿生后用药情况,注意查找是否存在导致医源性及应激性高血糖的危险因素。

　　2. 查体时重点关注有无脱水、体重下降以及有无颅内出血的神经系统表现。

　　3. 及时进行血糖及尿糖检测并进一步明确病因。

　　4. 根据病情暂时停用或减少葡萄糖入量,严格控制输液速度,并监测血糖加以调整。伴有明显脱水表现时,应及时补充电解质溶液,以迅速纠正血浆电解质紊乱状况,并降低血糖浓度和减少糖尿,必要时需静脉应用胰岛素治疗。

　　5. 对疑似颅内出血患儿必要时可酌情完善床旁超声、头CT或MRI扫描。

临床病例

　　患儿,胎龄26周,早产儿,因母亲患有重度妊娠期高血压疾病行剖宫产娩出,出生体重900g,生后1分钟 Apgar 评分为 4 分,5 分钟为 6 分,生后气管插管,气管内补充肺泡表面活性物质后行机械通气治疗。患儿生后血糖为 1.7mmol/L,予以 10% 葡萄糖持续静点,速度 6mg/(kg·min),生后第 2 天监测血糖波动于 5.5mmol/L 至 8.3mmol/L,生后第 3 天监测患儿血糖 13.8mmol/L,并出现多尿,24 小时尿量达 185ml[相当于 10.2ml/(kg·h)],体重下降至 756g。

初步了解患儿病史后,明确该患儿存在新生儿高血糖症,按新生儿高血糖症思路分析,临床随之需考虑以下相关问题。

【问题 1】 该患儿生后 3 天内出现高血糖,那么导致其高血糖的高危因素有哪些?

思路: 该患儿为超早产儿,出生体重不足 1 000g,对糖耐受差,即使静脉输糖速度在 4～6mg/(kg·min) 也可能发生医源性高血糖。此外,患儿为小于胎龄儿,母亲患妊娠期高血压疾病,存在宫内生长受限,生后有窒息史等应激因素存在,同样易发生应激性高血糖。

> **知识点**
>
> 与足月儿相比,早产儿更易发生高血糖,特别是极低出生体重儿、超低出生体重儿、小于胎龄儿等。有报道,超低出生体重儿的高血糖发生率高达 50%～60%。因为供给足月婴儿外源性葡萄糖情况下,内源性葡萄糖产生会相应下降,而早产儿,不会因外源性葡萄糖的供给而减少自身葡萄糖产生,从而导致高血糖的发生。相比足月儿,早产儿胰岛 β 细胞功能不完善,胰岛素活性较差,对输入葡萄糖反应不灵敏。另外,对于早产儿,尤其是超低出生体重儿,若输注葡萄糖溶液浓度过大或速度过快,也可因不能耐受而导致医源性高血糖。

【问题 2】 询问病史应围绕哪些方面进行?

思路:

(1)应询问母亲孕期用药情况,分娩前短时间内是否使用过葡萄糖糖或糖皮质激素。

(2)追问家族糖尿病病史。

(3)母亲孕期有无感染性疾病史、胎膜早破,是否有不洁产检及分娩史,了解有无感染性因素存在。

(4)是否存在宫内窘迫及产时窒息。

【问题 3】 根据本例所询问的病史,该如何进行初步判断?

思路:①患儿母亲分娩前静脉应用一剂地塞米松;②无糖尿病家族史;③母亲孕期无感染性疾病史、无胎膜早破,无不洁产检及分娩史,故不支持感染性因素;④有宫内窘迫及产时窒息史。

【问题 4】 针对该患儿查体应重点关注哪些方面?

思路: 观察生命体征是否平稳、体重变化、状态反应、肤色及皮肤弹性、有无脱水表现,前囟张力,肌张力变化,注意有无颅内出血等高血糖所致并发症的体征。

> **知识点**
>
> 通常血糖每增加 1mmol/L(18mg/dl),即可增加血浆渗透压 1mmol/L(mOsm/L),如果血浆渗透压超过正常范围(280～310mOsm/L),水分子便渗出到细胞外,脑细胞内脱水,使细胞功能紊乱,毛细血管扩张。对于早产儿,由于室管膜下毛细血管丰富,结构疏松,易发生出血,有报道血糖达 33.6mmol/L 时,极易导致颅内出血。此外,高血糖症还可发生渗透性利尿、导致脱水和电解质紊乱,重者甚至发生休克。

病房查体记录

体温 36.5℃,呼吸 40 次/min,脉搏 140 次/min,体重 756g,状态反应差,周身肤色红润,皮肤弹性差,皮肤完好无破损,双眼睑不能闭合,前囟平软,双肺呼吸音清,未闻及啰音。心音有力,心律齐,未闻及杂音。腹软不胀,脐周无红肿。四肢肌张力低,原始反射引出不完全。

【问题5】 如何通过查体对疾病进行初步判断?

思路: 本例患儿查体发现体重较前明显下降,皮肤弹性差,提示脱水;前囟平软,肌张力未见改变,未发现颅内出血所致颅高压的表现;患儿皮肤无破损,脐周无红肿,肺部查体未见异常,未发现明显感染表现,但应需进一步检查除外感染引发的应激性高血糖。

> **知识点**
>
> 新生儿胰岛 β 细胞功能不足,易受病理因素影响。在应激因素和损伤因素如感染、休克、低体重、败血症、创伤、呼吸窘迫综合征及缺氧等各种疾病的突发强烈刺激下,机体神经内分泌系统被激活,分解代谢激素(儿茶酚胺、皮质醇、胰高血糖素、生长激素)分泌异常增多及组织胰岛素抵抗所致。胰岛素抵抗表现为高胰岛素血症或胰岛素浓度正常,但出现胰岛素减少或缺乏的临床症状,血糖升高。

【问题6】 结合上述查体结果,为进一步诊断应实施哪些检查?

思路: 通过查体可以发现患儿存在严重脱水表现,需尽快完善尿常规及血常规、CRP、血气离子分析及床旁胸片检查。

> **急诊辅助检查**
>
> 血常规+CRP: WBC 11.3×10^9/L,中性粒细胞百分比 70.3%,Hb 169g/L,PLT 312×10^9/L,CRP<8mg/L。
>
> 微量血气血生化: pH 7.39,$PaCO_2$ 40.5mmHg,PaO_2 75mmHg,Hb 16.7g/dl,HCT 53%,K^+ 3.9mmol/L,Na^+ 149mmol/L,Cl^- 98mmol/L,Ca^{2+} 1.18mmol/L,BE-1.0mmol/L(生后第 2 天血气血生化结果 pH 7.41,$PaCO_2$ 38.5mmHg,PaO_2 78mmHg,Hb 15.1g/dl,HCT 47%,K^+ 4.1mmol/L,Na^+ 144mmol/L,Cl^- 94mmol/L,Ca^{2+} 1.25mmol/L,BE 2.0mmol/L)。
>
> 尿常规:尿糖(++),酮体(±)。
>
> 床旁胸片:未见明显异常。

【问题7】 如何判读本患儿初步检查?

思路: 血常规、CRP 及胸片检查结果正常,不支持感染因素;血气血生化结果显示 Hb、HCT 及 Na^+ 均较前增高,提示患儿存在脱水;患儿尿量增多,化验尿糖阳性,支持渗透性脱水。

【问题8】 患儿该如何进行治疗?

思路: 减慢葡萄糖输注速率,首先改用 5% 的葡萄糖溶液,纠正脱水及电解质紊乱,高血糖不易控制者可给胰岛素每小时 0.05～0.1U/kg 输注,血糖开始下降时逐渐减量至停用,治疗期间需密切监测血糖,以防低血糖发生。

> **知识点**
>
> **新生儿高血糖症的治疗**
>
> (1)新生儿肾糖阈低:当血糖>6.7mmol/L(120mg/dl)时常出现糖尿。因此,合理静脉营养及静脉补糖是预防新生儿高血糖的主要措施。由于个体差异,胎龄、日龄及病情不同,对糖耐受不一,静脉营养补糖剂量需视病情及补液量两方面而定。大多数新生儿对逐渐增加的葡萄糖输入量是适应的,需使用输液泵平稳小量地补充,一般认为补糖剂量不宜超过 6～8mg/(kg·min)。尤其是超低出生体重儿,静脉补糖应从 4mg/(kg·min)开始,根据耐受情况逐渐增加。如同时静脉点滴含精氨酸的氨基酸溶液,则可刺激胰岛素的分泌,减少高血糖的发生。此外,为避免高血糖的发生,脂肪乳剂输入时间应延长到 24 小时。
>
> (2)无症状的新生儿暂时性高血糖:当血糖值<11.2mmol/L(200mg/dl)时,无需特殊治疗;如果出现高血糖症状,逐渐减少补糖剂量及葡萄糖的浓度即可纠正,每 4～6 小时减少 2mg/(kg·min),维持血糖在 3.36～5.6mmol/L(60～100mg/dl)之间;当血糖>14mmol/L(250mg/dl)时,可在维持 6～8mg/(kg·min)

输糖速度的同时，静脉加用胰岛素静点治疗，从小剂量开始，每小时 0.05U/kg 静脉点滴，如降糖效果不理想，可逐渐加量至每小时 1U/kg，期间需密切监测血糖。此外，还应祛除病因及积极治疗原发病，如停用激素、纠正缺氧、恢复体温、控制感染、抗休克等。

（3）静脉应用胰岛素时，需从最小剂量开始，并密切监测血糖。当血糖开始下降时，即应下调胰岛素泵速。因为胰岛素有后续效应，待血糖正常时才开始下调，会导致新生儿低血糖的发生。

（富建华）

参 考 文 献

[1] 邵肖梅，叶鸿瑁，丘小汕. 实用新生儿学. 5版. 北京：人民卫生出版社，2019.

[2] 中华医学会儿科分会新生儿学组. 中国城市早产儿流行病学初步调查报告. 中国当代儿科杂志，2005：7（1）：25-28.

[3] 孙献梅. 实用新生儿危重症监护学. 济南：山东科学技术出版社，2011.

[4] 朱丽，张蓉，张淑莲，等. 中国不同胎龄新生儿出生体重曲线研制. 中华儿科杂志，2015，2：97-103.

[5] 王维鹏. 妇幼保健临床实验诊断学. 武汉：湖北科学技术出版社，2013.

[6] 徐发林，栾斌. 新生儿重症医学. 河南：郑州大学出版社，2014.

[7] HERON M，SUTTON P D，XU J，et al. Annual summary of vital statistics：2007. Pediatrics，2010，125（1）：4-15.

第四章 感染传染性疾病

第一节 概　述

由病毒、细菌、寄生虫等各种病原体引起的疾病称为感染性疾病（infectious diseases），其中具有传染性并且可导致不同程度流行则称为传染性疾病（communicable diseases）。

小儿传染病（communicable diseases in children）是一门研究传染性疾病在 18 岁以下儿童的发生、发展、临床诊断、治疗、预后规律以及疾病预防的临床学科。

儿童是很多传染病的好发人群，其疾病过程符合传染病的一般规律，但儿童的年龄特点决定其疾病谱和临床特征与成人有所不同。传染病均有特异的病原体，儿童传染病的病程一般经过潜伏期、前驱期、急性期、恢复期 4 个阶段，有些传染病在急性期由于病情严重出现并发症或合并症，还有些传染病会遗留后遗症。很多急性传染病由于其病原体抗原性强，感染者在病后可获得持久的特异性免疫力，使其在一定时间段或者终生不再感染同一病原体，如麻疹、流行性腮腺炎等病后可获得终身免疫；而有些病原体由于型别多或者抗原易变异等原因不能诱导强而有效的病后免疫力，日后还会再次感染，例如手足口病、流行性感冒等。

传染病诊断的主要依据：①流行病学资料（包括发病季节、地区流行病信息、疫区居住史、传染病接触史、既往传染病史和预防接种史等）；②临床资料（包括起病情况、主要症状和伴随症状及其相互关系与演变过程、治疗措施及其效果、细致全面的体格检查等）；③实验室一般检查和病原学检查。一般根据①+②，可以作出临床诊断；①+②+③，则可以作出确诊诊断。一旦作出临床诊断，则应按照国家及地方法定传染病报告制度的要求进行传染病报告（电话、网络、纸质）。

儿童传染病的治疗包括一般支持治疗、对因治疗、对症治疗以及并发症治疗 4 个方面。传染病的预防措施是发现和管理传染源，切断传播途径和保护易感人群。发现和管理传染源的基本原则是早发现、早隔离、早诊断、早治疗。切断传播途径需要在总体上大力开展爱国卫生运动，做好大环境和居家小环境卫生；加强"三管一灭"工作，即管水源、管饮食（执行食品卫生法）、管粪便和灭四害（消灭老鼠、苍蝇、蚊子和蟑螂等传播媒介）；做好个人卫生等是保障人类健康和预防传染病的基本措施。保护易感人群是预防传染病的根本措施，主要包括预防接种、被动免疫和药物预防三种途径。

儿童由于生长发育的特点及免疫系统尚处于不断完善中，易感染各种传染病，严重威胁儿童健康和生命。由于国家采取恢复自然生态和大力改善自然环境、积极开展爱国卫生运动、普查普治和预防为主的公共卫生决策，尤其是加大发展可预防疾病疫苗的研发和逐步推广和普及疫苗接种的种类和范围，在控制传染病方面取得了卓越成就。1966 年消灭了天花，比世界卫生组织（WHO）在 1979 年 10 月宣布全球消灭了天花的时间提早了 10 年余；中国于 1994 年发生最后 1 例本土野病毒脊髓灰质炎病例，WHO 于 2000 年 10 月宣布中国所处西太地区为无脊髓灰质炎地区，标志着中国已消灭脊髓灰质炎，进入无脊髓灰质炎阶段；2000 年中国进入免疫规划时期，全国计划免疫工作的全面落实，使结核病、麻疹、白喉、百日咳、破伤风、流行性脑脊髓膜炎、流行性乙型脑炎等传染病的疫情持续大幅度下降，儿童病毒性肝炎（甲型、乙型）的感染和发病已经大大降低。但是，自 20 世纪 80~90 年代以来，某些传染病又死灰复燃，再度肆虐人类，如结核、麻疹、登革热、口蹄疫、梅毒和淋病等；另一类是新发现的传染病和感染性疾病，自 1970 年以来在全球范围内共有新发传染病 40 余种，如出血性大肠埃希菌（O157-H7）肠炎、肠道病毒 71 型引起的手足口病并发致死性脑病、埃博拉出血热、莱姆病、由新型布尼亚病毒感染引起的发热伴血小板减少综合征、严重急性呼吸综合征（severe acute respiratory syndromes，SARS）、中东呼吸综合征（Middle East respiratory syndrome，MERS）、寨卡病毒感染和高致病性人禽流感病毒所致的人禽流感等，传染性强，危害极大。为了积极应对各种新、老传染病的威胁，小儿传染病的防治仍然是 21 世纪全球卫生工作的重点，防治小儿传染病的工作任重道远。

（俞　蕙）

第二节　麻　疹

麻疹（measles）是由麻疹病毒引起的急性呼吸道传染病，传染性极强，容易引起暴发流行。临床表现为发热、流涕、咳嗽、眼结膜充血、麻疹黏膜斑和皮肤斑丘疹。麻疹疫苗广泛接种后，全球麻疹发病率和死亡率明显下降。我国自 1965 年开始使用麻疹疫苗以来，麻疹发病率大幅度下降，但在一些地区仍有地方性暴发和流行。

麻疹流行主要发生在冬春季节，其他季节可有散发。本病传染性强，患者是唯一的传染源，主要经呼吸道传播，通过密切接触经污染病毒的手亦可传播。凡未患麻疹或未接受过麻疹疫苗者均为易感者，6 月龄～5 岁的小儿是麻疹好发人群。

麻疹的诊断主要根据流行病学史，临床各期典型表现如前驱期麻疹黏膜斑，出疹期出疹与发热的关系，出疹顺序和皮疹形态，恢复期退疹顺序以及疹退色素沉着及糠麸样脱屑等表现确立临床诊断，确诊有赖于病原学检查结果。鉴别诊断应与常见的感染性出疹性疾病如风疹、幼儿急疹、猩红热、手足口病等鉴别，还应与药物疹、川崎病等一些非感染性出疹性疾病鉴别。

麻疹治疗以对症支持、防治并发症为主。患者需要进行隔离，无并发症者可以居家隔离，隔离期一般为出疹后 5 天，但有肺炎并发症者需隔离至出疹后 10 天。高热时可给予物理降温或小剂量退热剂。合并细菌感染者，可选用适当的抗菌药物，有喉梗阻时应给予吸氧和镇静剂，必要时应气管切开。心肌炎或心功能不全者应用能量合剂、强心剂和利尿剂等。并发脑炎给予降低颅内压、保护脑细胞，防止脑疝和中枢性呼吸衰竭。

提高人群免疫力，减少麻疹易感人群是消除麻疹的关键。我国国家免疫规划免疫程序规定麻疹减毒活疫苗的初种年龄为 8 月龄，第 2 剂次为 18～24 月龄（2006 年前为 7 周岁），再次接种可采用麻疹、风疹、腮腺炎等多价疫苗。易感者在接触麻疹患者一天内进行应急接种可避免发病或减轻病情。凡体弱多病或有慢性病者，接触麻疹后可给予人丙种球蛋白被动免疫，5 天内应用可制止发病；5～9 天内可减轻症状，有效期能维持 3 周左右。

临床关键点

1. 典型麻疹的临床诊断主要依据是流行病学资料（包括发病年龄、麻疹疫苗接种史、有无麻疹病例接触史等）和临床各期的临床表现（前驱期麻疹黏膜斑，出疹期出疹与发热的关系，出疹顺序和皮疹形态，恢复期退疹顺序以及疹退色素沉着及糠麸样脱屑等）（图 4-2-1、图 4-2-2）。确诊诊断有赖于鼻咽拭子培养分离出麻疹病毒或检测到麻疹病毒抗原，或检测血清特异性麻疹 IgM 抗体阳性。

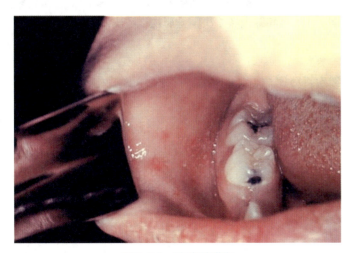

图 4-2-1　麻疹黏膜斑

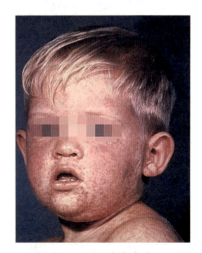

图 4-2-2　麻疹皮疹

2. 麻疹为儿童常见的传染性出疹疾病，临床诊断时需与其他出疹性疾病进行鉴别诊断，如风疹、水痘、猩红热、手足口病、川崎病、药物疹等。

3. 麻疹出疹期可出现并发症，最常见为肺炎，系因继发细菌或病毒感染所致，需与麻疹病毒本身所致的肺炎鉴别。根据血常规 WBC 及中性粒细胞百分比升高，CRP 或 PCT 异常，提示存在细菌感染时，及时采集呼吸道标本送检痰培养、痰呼吸道病毒检查并给予抗菌药物治疗。

4. 麻疹是呼吸道传染病，麻疹患者应呼吸道隔离至出疹后 5 天，有并发症者隔离至出疹后 10 天。

5. 疫苗接种是预防麻疹的有效措施，我国的免疫程序是麻疹减毒活疫苗的初种年龄为 8 月龄，第 2 剂次为 18~24 月龄。

临床病例

患儿，男，2 岁，因"发热 5 天伴皮疹 1 天"就诊。

现病史：患儿于入院前 5 天开始出现发热，每日体温 38.5~39℃，伴流涕、咳嗽及声音嘶哑。昨日起体温升高达 40℃，发现耳后及颜面部出现红色皮疹，今日前胸及后背也出现同样皮疹，患儿精神较萎靡，有时烦躁。近 2 日大便次数增多，3~4 次/d，稀糊状。自发病以来食欲减退。起病后曾多次到医院就诊，均拟诊为上呼吸道感染给予对症治疗。

既往史：无传染病史。出生 6 个月后易患感冒，曾患支气管炎和肺炎各 2 次。

个人史：出生时正常，体重 3 000g；母乳喂养至 6 月龄，现为普食；生长发育正常；生后 7 个月内均按时接受国家计划免疫预防接种，此后未再接受任何预防接种。

家族史：父母均体健，无遗传性疾病史。

体格检查：体温 39.5℃，呼吸 50 次/min，血压 86/50mmHg，体重 12kg。神志清，精神萎靡，哭声嘶哑，急性病容；颜面至胸背部皮肤可见红色斑丘疹，压之褪色，疹间皮肤正常，四肢均未见皮疹；颈部可扪及黄豆大小淋巴结数枚；双眼分泌物较多，睑球结膜充血，双外耳道未见分泌物溢出，口唇较红，口腔黏膜充血、粗糙，在颊黏膜和部分唇内侧黏膜可见白色细小斑点，咽部充血；呼吸略促，可见轻度吸气性上凹，双肺呼吸音粗，可闻及粗湿啰音，肺底部有少许细湿啰音；心率 140 次/min，心音有力，心律齐，未闻及杂音；腹部平软，肝脏肋下 2cm，质软，脾未触及。神经系统未见异常。

【问题 1】 患儿在门诊时应注意询问哪些病史？

思路：应注意询问的病史，包括流行病学接触史、预防接种史及既往是否有类似病史及基础疾病史。病前有无用药史。

患儿在发病 10 天前曾与邻家一出疹患儿有接触（具体疾病不详）。出生后先后接种过乙肝疫苗、百白破三联疫苗及脊髓灰质炎疫苗，但 7 个月后未再接种过任何疫苗。既往无麻疹或风疹病史，但平素体质较弱，有反复呼吸道感染史，易患感冒，近一年内曾患支气管炎和肺炎各 1 次。无药物过敏史。

【问题 2】 患儿在门诊时可以作哪些检查？

思路：

血常规+CRP：WBC 15×10^9/L，中性粒细胞百分比 70%，淋巴细胞百分比 30%，RBC 4.6×10^{12}/L Hb 120g/L，PLT 300×10^9/L；CRP 50mg/L。

胸部 X 线：双肺纹理增粗，双下肺可见斑片状渗出影。

知识点

典型麻疹的临床表现

典型麻疹的潜伏期一般 10~14 天，接受过被动免疫的病例可延至 21~28 天。临床病程经过分三期：

（1）前驱期：从发热至出疹（3~4 天）。起病急，以发热、卡他症状、咳嗽、声音嘶哑等为主要症状，起病后2~3天约90%患者口腔出现麻疹黏膜斑(柯氏斑,Koplik spots)(见图4-2-1)。

(2)出疹期:多于发热3~4天开始出疹,持续3~5天,皮疹自耳后发际,逐渐波及额面部和颈部,自上而下顺序蔓延至躯干四肢达手掌和足底。皮疹为红色斑丘疹,疹间皮肤正常,可融合成片(见图4-2-2)。此期全身中毒症状加重,体温升高,咳嗽加剧,全身淋巴结、肝、脾可轻度肿大,肺部可闻及少量干、湿啰音,亦可出现各种并发症。

(3)恢复期:出疹3~5天后,体温开始下降,全身情况改善,皮疹按出疹顺序消退,疹退后留下棕褐色色素沉着及糠麸样脱屑,1~2周后消失。若无并发症,整个病程为10~14天。

【问题3】 根据以上信息可以作出哪些诊断? 诊断依据是什么?

思路:根据临床表现及辅助检查可作出的临床诊断是麻疹(疑似病例),喉炎,支气管肺炎。

1.麻疹 患儿起病急,以发热起病伴明显卡他症状及咳嗽,发热4天出疹,出疹从颜面部已波及躯干,口腔麻疹黏膜斑(+),皮疹呈红色斑丘疹,疹间皮肤正常。发病前有可疑麻疹接触史,从未接种麻疹疫苗。

2.急性喉炎 患儿声音嘶哑,犬吠样咳嗽,吸气时可见胸骨上凹陷。

3.支气管肺炎 气促,双肺细湿啰音,胸部X线检查显示斑片状渗出影。

知识点

麻疹常见并发症

麻疹最常见的并发症为肺炎,也是引起麻疹患者死亡的主要原因,继发性肺炎的常见病原体为肺炎链球菌、流感嗜血杆菌、金黄色葡萄球菌或腺病毒等。大多数发生于出疹期,以5岁以下小儿多见,小婴儿病情严重,病死率高。喉炎是小儿麻疹常见的并发症,由麻疹病毒或继发细菌感染所致,易发生喉梗阻,重者可窒息死亡。此外,还可并发中耳炎,常为细菌感染。心肌炎、心功能不全多见于2岁以下并发肺炎或营养不良的患儿。其他并发症可有肝功能损害、营养障碍如营养不良性水肿、维生素A缺乏症性角膜软化致失明、口腔炎等。原有结核感染者可因麻疹而致结核恶化播散,可发展为粟粒性肺结核或结核性脑膜炎。

【问题4】 门诊医生该如何处置该患儿?

思路:根据目前诊断,患儿高度怀疑为麻疹,而且合并喉炎和肺炎,病情较重,因此不适合居家隔离治疗,需要收治住院。麻疹为国家法定报告的传染病,所以门诊医生对疑似或临床诊断的麻疹病例应及时向当地疾病预防控制中心进行传染病报告(城镇12小时内,农村24小时内,包括电话、网上直报和填写传染病报告表)。

【问题5】 患儿收入病房后,你作为住院医师应如何处理?

思路:

1.及时接诊患者,不能以任何理由让患者等待或拒收患者。

2.患者应安置于麻疹隔离病房内,采取呼吸道隔离措施,接诊患者时应戴口罩。

3.仔细询问病史,全面体格检查。

4.书写病历并定出诊断与治疗计划。

5.及时向所在地疾病预防控制中心传染病报告。

6.请示上级医师并记录上级医师查房意见。

7.与家长交代病情、预后及诊疗计划,如病情加重,需告知病危。

【问题6】 为了进一步明确诊断,患儿还应做哪些辅助检查?

思路:

1.血清麻疹IgM抗体 血标本应于采集后24小时内送所在地疾病预防控制中心检验,如果第1份标本阴性,于病程第7~10天送验第2份血标本。

2.鼻咽拭子麻疹病毒分离 送检至当地疾病预防控制中心。

3. 呼吸道痰标本细菌培养和常见呼吸道病毒检测　必要时血培养明确继发感染的病原。

4. 肝肾功能　麻疹过程中会并发肝炎，表现为肝大或氨基转移酶升高，少数患者可发生一过性肾小球肾炎，故应监测肝肾功能。

5. 心肌酶谱和心电图　麻疹极期或重度麻疹时，容易出现心功能不全和心肌炎。

6. 脑电图　如果出现神经系统表现，怀疑并发脑炎时应进行。

7. 血气分析　如果出现呼吸困难，有缺氧表现、心功能不全或循环障碍时应及时检测。

辅助检查结果：痰液细菌培养流感嗜血杆菌阳性。
麻疹特异性 IgM 抗体检测阳性。

【问题7】 患儿的治疗措施是什么？
思路：

1. 麻疹合并肺炎护理常规　采取呼吸道隔离措施，患儿有肺炎并发症，需隔离至出疹后 10d。保持清洁，清除眼、耳、鼻和口腔分泌物。

2. 对症支持治疗　高热时以物理降温为主，慎用或小剂量应用退热剂；雾化吸入，拍背吸痰，出现呼吸急促、缺氧表现时给予氧气吸入；饮食以半流质饮食和牛奶为主，保证足够的热量和水分。

3. 抗生素治疗　对麻疹病毒至今无特异抗病毒药。患儿已出现喉炎和肺炎，外周血象白细胞升高，中性粒细胞为主，CRP 升高，考虑继发细菌感染的可能性较大，故可选用抗菌药物。鉴于为社区获得性病原菌感染，所以根据病情可选择二代头孢菌素类或加酶抑制剂青霉素类或三代头孢菌素类抗菌药，需根据治疗反应和药敏结果调整抗菌药物。

4. 如果辅助检查结果有肝功能异常，心电图和心肌酶谱提示心肌损害或心肌炎，可以给予适当的护肝和营养心肌药物。

5. 补充维生素　给予维生素 A、D 制剂，可有助于麻疹的康复。

（俞 蕙）

第三节 风 疹

风疹（rubella）又被称为德国麻疹（German measles），是由风疹病毒引起的急性呼吸道传染病。临床主要表现为发热、斑丘疹、耳后及枕后淋巴结肿大。全身症状轻微，预后良好。主要经飞沫通过呼吸道传播，传染性强，冬春季发病较多。妊娠早期感染风疹病毒后，病毒可通过胎盘传给胎儿，导致死胎、早产及多种先天异常，如听力异常、发育延迟、生长落后、先天性白内障、先天性心脏病等，称为先天性风疹综合征（congenital rubella syndrome）。

风疹病毒系 RNA 病毒披盖病毒属（togavirus family），直径 50～70nm，核心为单股正链 RNA，外有脂蛋白等组成的包膜，受感染的细胞质内有嗜酸性包涵体。风疹病毒不耐热，在室温中很快失活，病毒耐寒和干燥，-60℃ 可存活数月。人感染风疹后，包括无症状感染，均可产生持久的免疫力，很少有再次发病者。

风疹疫苗出现前，每 3～6 年或更长时间可有一次暴发流行。自从风疹疫苗广泛接种后，全球风疹发病率明显下降。风疹多见于学龄前儿童及学龄儿童，6 个月以下婴儿由于存在通过胎盘传入的母体特异性抗体，很少发病。先天性风疹患儿，病毒可在新生儿咽部持续存在数月，并由大小便排出，可以在家庭成员及医护人员中传播。

风疹的诊疗经过通常包括以下环节：

1. 详细询问年龄，密切接触者情况，疫苗接种情况。

2. 询问一般情况，发热温度，皮疹出现与发热的时间关系，皮疹出现顺序，有无伴随呼吸系统、消化系统等症状。

3. 查体时重点关注皮疹形态，浅表淋巴结情况。

4. 及时进行血常规、CRP 等重要的辅助检查。确诊需要查鼻咽拭子病毒培养，血清特异性抗体。

5. 根据血常规及 CRP 结果，若未合并细菌感染，不需要特别用药。

6. 对疑似病例、临床诊断病例及确诊病例,均应注意隔离和24h内传染病上报。

临床关键点

1. 风疹为儿童常见的传染性出疹疾病,诊断主要依据是流行病学资料:学龄前期及学龄儿童,风疹患者接触史。

2. 临床表现为发热,从面颊部迅速(1天内)扩展到全身的淡红色斑丘疹,疹间皮肤无充血、手掌和足底常无皮疹,皮疹消退较快,不留色素。全身症状轻微。耳后及枕后淋巴结肿大。血常规白细胞总数正常或稍低,确诊有赖于鼻咽拭子培养分离出风疹病毒,血清特异性风疹 IgM 抗体阳性,或双份血清 IgG 抗体滴度等于或大于4倍升高。

3. 临床诊断时需与其他出疹性疾病进行鉴别诊断,如麻疹、猩红热、幼儿急疹、川崎病、药物疹等。

4. 多数风疹呈良性经过。并发症很少,预后良好。

5. 风疹为病毒感染,对症治疗为主,无特殊治疗,可以自愈。

6. 风疹是呼吸道传染病,患者应呼吸道隔离至出疹后5天。

7. 疫苗接种是预防风疹的有效措施,中国的免疫程序建议风疹减毒活疫苗的初种年龄为8月龄,第2剂为18月龄,第3剂为6岁。

8. 孕早期风疹感染后果严重,需要特别注意预防。

临床病例

患儿,女,3岁,因"发热伴皮疹1天"就诊。

现病史:患儿于1天前无明显诱因发热,体温最高38.2℃,稍有流涕、轻咳无痰,未用药。家长发现其面部、前胸及后背散在淡红色皮疹,为明确诊断急诊。患儿精神尚可,无烦躁、呕吐、腹泻等。进食同平日。

既往史:8月龄曾患"幼儿急疹",无传染病史,无药物食物过敏史。

个人史:出生时正常,体重 3 000g;混合喂养,按时添加辅食,现为普食;生长发育同同龄儿;按时接受国家计划免疫预防接种。现上幼儿园小班。

家族史:父母均体健,无遗传性疾病史。

体格检查:体温 38.3℃,呼吸 30 次/min,血压 85/50mmHg,体重 14kg。神志清,精神好,查体合作;颜面至胸背部皮肤可见红色斑丘疹,压之褪色,疹间皮肤正常,四肢可见皮疹,手掌足底未见皮疹。耳后、枕部及颈部可扪及多个黄豆大小淋巴结;双眼结膜无充血,双外耳道未见分泌物溢出。流涕,口唇红,口腔黏膜无破溃,咽部充血;呼吸平稳,双肺呼吸音清,未闻及干、湿啰音。心音有力,心律齐,各瓣膜区未闻及病理性杂音;腹部平软,肝脏肋下 1cm 可触及,质软,脾未触及。神经系统未见异常。

【问题1】 患儿在门诊时应注意询问哪些病史?

思路:

(1)应注意询问的病史:流行病学接触史、预防接种史及既往是否有类似病史及基础疾病史。病前有无用药史。

补充病史:患儿系幼儿园托管儿童,同班同学近2周数人先后因"发热"(具体疾病不详)请假。既往体健。否认药物过敏史。本次中等度发热,时间短,出疹快,皮疹增多快,一般情况良好。

(2)小儿急性发热伴皮疹,最常见是出疹性传染病。出疹时间及顺序,皮疹形态及发展,对诊断非常重要(表4-3-1)。

表 4-3-1　发热出疹性疾病的鉴别诊断

	病原	全身症状及体征	皮疹特点	发热与皮疹关系
麻疹	麻疹病毒	呼吸道卡他性炎症,结膜炎,发热第2~3天口腔黏膜斑	红色斑丘疹,自头面部→颈→躯干→四肢,退后有色素沉着及细小脱屑	发热3~4天,出疹期热更高

续表

	病原	全身症状及体征	皮疹特点	发热与皮疹关系
风疹	风疹病毒	全身症状轻,耳后、枕部淋巴结肿大并触痛	面部→躯干→四肢,斑丘疹,疹间有正常皮肤,退疹后无色素沉着及脱屑	发热后半天至1天出疹
幼儿急疹	人疱疹病毒6型或7型	一般情况好,高热时可有惊厥,耳后枕部淋巴结亦可肿大	红色斑丘疹,颈及躯干部多见,一天出齐,次日消退	高热3~5天,热退疹出
猩红热	乙型溶血性链球菌	高热,中毒症状重,咽峡炎,杨梅舌,环口苍白圈,扁桃体炎	皮肤弥漫充血,上有密集针尖大小丘疹,持续3~5天退疹,1周后全身大片脱皮	发热1~2天出疹,出疹时高热

知识点

风疹临床特点

1. 风疹病毒通过飞沫进入人体后,首先感染鼻咽部及淋巴组织,然后形成病毒血症,累及全身其他系统,中枢神经系统受累常见。也有部分患儿呈亚临床经过或无症状感染。

2. 风疹潜伏期一般14~21天(范围12~23天),出疹前1~2周就有传染性。

3. 前驱期一般为1~2天,症状轻微,常见低热、流涕、喷嚏、咽痛、咳嗽、声嘶、食欲缺乏等。耳后、枕部及颈部淋巴结稍大。

4. 出疹期表现为发热1~2天后出现皮疹。最早见于面颊部,迅速扩展到躯干和四肢,1天内布满全身,但手掌和足底常无。初期为稀疏浅红色斑疹、斑丘疹,疹间有正常皮肤。面部及四肢远端皮疹较稀疏,躯干皮疹可有融合。一般1~4天内皮疹迅速消退,无脱屑或细小脱屑,不留色素沉着。此期患儿淋巴结明显肿大,可有轻度压痛。淋巴结肿大多在出疹后一周内消退。脾脏可有轻度增大。个别患儿可无皮疹,血清学抗体阳性,除外其他疾病,称为无皮疹风疹。

5. 风疹并发症很少,偶可并发中耳炎、支气管炎、肺炎、心肌炎等。风疹后数周,偶见肾小球肾炎、关节炎、血小板减少等。偶见并发脑炎,发病率低,约为1/6 000,表现与其他病毒性脑炎相似,病程约1周,大部分可痊愈。

【问题2】 患儿在门诊时可以做哪些检查?

思路:注意正常小儿血常规特点,生后4~6天至4~6岁期间,白细胞分类以淋巴细胞为主。一般病毒感染时,白细胞总数不高,淋巴细胞增多。CRP正常。

为明确诊断,应该完善血常规,CRP。鼻咽分泌物培养,血清特异性风疹抗体等检测。

辅助检查结果

血常规+CRP:WBC 4.7×10^9/L,中性粒细胞百分比42%,淋巴细胞百分比55%,RBC 4.6×10^{12}/L,Hb 120g/L,PLT 280×10^9/L;CRP <1mg/L。

数日后补充检查结果。

血清特异性风疹IgM抗体阳性,或双份血清IgG抗体滴度等于或大于4倍升高。

知识点

风疹相关辅助检查

1. 出疹期白细胞数正常或稍低,病程早期(1~4天)白细胞分类可以中性粒细胞为主,后期淋巴细胞增多。

2. 继发或合并细菌感染者白细胞总数和中性粒细胞比率上升,CRP 升高。

3. 病初 1 周内血沉增快。

4. 早期鼻咽分泌物组织培养分离出风疹病毒,可用于诊断孕期急性风疹病毒感染。此外,RT-PCR (逆转录聚合酶联式反应)也可用于诊断先天性风疹病毒感染,通过羊水,咽拭子,呼吸道分泌物等获取风疹病毒的 RNA。

5. 血清特异性风疹抗体检测　风疹特异性 IgM 抗体出现早,在出诊后 4 天即可被检测到,但维持时间较短,多能维持到初始感染后 6~8 周;IgG 抗体出疹后 2~3 天即可增高,约 2~4 周达高峰,以后逐渐下降,但可终生保持一定的水平。故特异性 IgM 抗体增高或双份血清 IgG 抗体滴度等于或大于 4 倍升高,确诊为风疹。

6. 新生儿特异性 IgM 抗体阳性,提示经胎盘感染了风疹。

【问题3】 根据以上信息可以作出哪些诊断? 诊断依据是什么?

思路:根据临床表现及辅助检查可作出的临床诊断是风疹。

诊断依据:目前春季,近期患儿同学多人"发热"。学龄前儿童,发热、皮疹、淋巴结轻度肿大,一般状况良好。从发热到出疹时间短,出疹早,进展快,临床其他表现较轻微,血常规及 CRP 结果正常。临床诊断风疹。

【问题4】 为了进一步明确诊断,必要的鉴别诊断是什么?

思路:风疹的皮疹形态介于麻疹和猩红热之间,与幼儿急疹、川崎病也有相似之处。

(1)麻疹前驱期约 3 天,卡他症状严重,高热,可见麻疹黏膜斑,皮疹为暗红色斑丘疹,从面部开始,2~5 天内逐渐波及全身,消退后有糠麸样脱屑及色素沉着。

(2)猩红热由产致热毒素的 A 组 β 链球菌所致,中毒症状明显,皮疹鲜红色斑点样,疹间皮肤充血,可见口周苍白圈,好转期可见指端片状脱皮。辅助检查白细胞增高,中性粒细胞明显增加,需要使用抗生素治疗。

(3)幼儿急疹见于婴幼儿,发热明显,发热 3~4 天后,热退疹起。

(4)川崎病发热时间较长,伴有非化脓性结膜炎、单个非化脓性淋巴结肿大、口唇干裂、指(趾)端硬肿、脱皮、可有冠脉扩张。

【问题5】 患儿曾接种 2 次风疹减毒活疫苗,为什么还会患病?

思路:风疹减毒活疫苗的广泛接种极大减少了风疹的发病,但并不能完全消除风疹。跟个体的免疫功能状态及感染的风疹病毒的数量等均有关系。一方面,与受种者的个体差异有关,并不是每个受种者接种疫苗后都能产生足够的有效的抗体;另一方面,由预防接种获得的抗体有可能逐渐降低到一定的滴度不能形成更充分的保护,因此不能认为接种过疫苗者就不会患病。

知识点

预防风疹

1. 国家免疫程序规定风疹减毒活疫苗的初种年龄为 8 月龄,目前多使用麻疹风疹联合疫苗,以后在 18 月龄、6 岁加强接种,后 2 次采用麻疹、风疹、腮腺炎多价疫苗(简称麻风腮)。

2. 推荐职业暴露高风险的医护人员、准备怀孕而没有接种过或没患过风疹的育龄妇女,也应该接种。因风疹减毒活疫苗可通过胎盘感染胎儿,孕妇不宜接种此疫苗。

3. 妊娠 3 个月以内应避免接触风疹患者,若有接触史,可于 5 天内注射丙种球蛋白,可能减轻症状或阻止疾病发生。对已经确诊为风疹的早期孕妇,可以考虑终止妊娠。

【问题6】 门诊医生该如何处置该患儿?

思路:

(1)根据目前情况,临床诊断为风疹。

（2）患儿一般情况良好，无合并症，适合居家隔离5天。

（3）注意休息和清淡、营养饮食。

（4）不需要特别用药，应备用布洛芬或对乙酰氨基酚等解热药，若体温超过38.5℃，及时服用退热药，注意2次用药间隔应不低于4小时。

（5）除非合并细菌感染，一般不需要抗生素治疗。

风疹为国家法定报告的丙类传染病，门诊医生对疑似病例或临床诊断的风疹病例应24小时内向当地疾病预防控制中心进行传染病报告（包括电话、网上直报和填写传染病报告表）。

（宋红梅）

第四节　幼儿急疹

幼儿急疹（exanthema subitum），又称婴儿玫瑰疹（roseola infantum），是婴幼儿常见的急性发热出疹性疾病，其特点为婴幼儿在高热3～5天后，体温突然下降，同时出现玫瑰红色的斑丘疹。为小儿常见病毒感染性疾病之一。主要由HHV-6感染为主，其他病毒感染为HHV-7、肠道病毒（enteroviruses）、腺病毒（adenoviruses）和副流感病毒1型（parainfluenza virus type 1）。

幼儿急疹的发病机制不十分清楚，可能是HHV-6由呼吸道侵入血液而引起机体对病毒的免疫反应，皮疹为病毒血症末期病毒在皮肤组织中被抗体中和所致。但多数人认为皮疹为病毒血症本身造成的局部表现，但为何会有热退出疹的现象，仍未获解答。

本病一年四季可见，但以冬春季为最多。发病人群以6个月以上至2岁的婴幼儿为主。患儿、无皮疹的患者和隐性感染者都是本病的传染源，健康带毒者可能是原发感染的主要来源，可经唾液及血液传播。发病后人多可获得终身的免疫力。临床上可分为潜伏期、发热期及出疹期。

潜伏期：5～15天，平均10天。

发热期：患儿无明显诱因突然出现高热，体温达39～40℃或更高，呈稽留热或弛张热型，持续3～4天后体温骤降。大多数患儿除高热外，一般情况良好，少数患儿于高热时出现惊厥和脑膜刺激征。发病在冬季常有呼吸道症状，如咳嗽、流涕，多数有鼻炎，咽部轻或中度充血。夏秋季发病者常伴有恶心、呕吐、腹泻等。

出疹期：皮疹大多出现于发热3～4天，体温骤退后，少数在退热时出现皮疹，是本病的主要特征。皮疹呈淡红色斑疹或斑丘疹，直径1～3mm，周围有浅色红晕，压之褪色，多呈散在性，亦可融合，不痒，皮疹由颈部和躯干开始，1天内迅速散布全身，以躯干及腰臀部较多，面部及四肢远端皮疹较少（图4-4-1）。皮疹1～2天内完全消失，不脱屑，无色素沉着。颈部淋巴结肿大，尤以枕后及耳后淋巴结为明显，热退后可持续数周才逐渐消退。本病一般症状较轻，多数为良性经过。

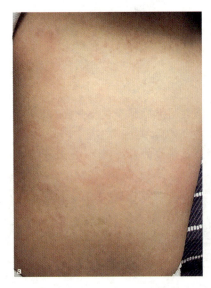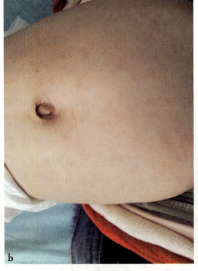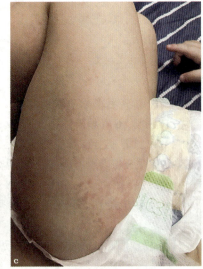

图4-4-1　幼儿急疹

幼儿急疹的诊疗经过通常包括以下环节：

1. 详细询问患儿的年龄、体温，发热与皮疹的关系，以及皮疹的特点。
2. 查体时，注意患儿皮疹的特点，并注意患儿精神状态。
3. 辅助检查需要查血常规及 CRP，必要时做病原学检查。
4. 幼儿急疹具有自愈性，预后良好，治疗原则以对症处理为主。
5. 幼儿急疹需要与麻疹、风疹及药物疹等进行鉴别诊断。

临床关键点

1. 幼儿急疹的临床诊断主要根据患儿年龄在 3 岁以下，突然高热 3～4 天，但全身症状轻微；热退疹出，玫瑰红色皮疹；皮疹以躯干为主，疹后无脱屑及色素沉着斑。

血常规：白细胞总数偏低，分类以淋巴细胞为主。在发热期诊断比较困难，不过从患儿全身症状轻微与高热表现不一致，周围血中的白细胞总数减少，应考虑幼儿急疹。一旦高热骤退，同时出现皮疹，诊断就不难建立。在出现症状 3 天内，若临床诊断困难，必要时可从外周血淋巴细胞和唾液中分离出 HHV-6，或用核酸杂交技术检测病毒基因进行病原诊断。有时会出现血小板减少，被认为是由于骨髓抑制造成的。

幼儿急疹患儿也会出现无菌性脓尿，尤其在发热期，需考虑鉴别诊断泌尿系统感染。

2. 幼儿急疹为儿童常见的发疹性疾病，热退疹出为其主要的临床特征，临床诊断时需与其他出疹性疾病进行鉴别诊断，如风疹、麻疹、肠道病毒感染、川崎病、药物疹等。

3. 幼儿急疹虽表现为高热，但全身症状轻微，多数为良性经过。然而，仍有少数患儿并发热性惊厥。

4. 幼儿急疹为病毒感染，具有自愈性，预后良好，治疗原则以对症处理为主。

临床病例

患儿，男，9 个月，因"发热 3 天，皮疹 1 天"就诊。

现病史：患儿于 3 天前出现发热，每日体温 38.5～39℃，伴流涕、轻度咳嗽。今日晨起体温降至正常，但发现前胸及后背出现充血性斑丘疹，患儿一般情况好，精神佳，进食基本正常。起病后曾到医院就诊，拟诊为上呼吸道感染，给予头孢类抗生素及泰诺林治疗。

既往史：无传染病史。生后 6 个月时曾患上呼吸道感染一次。

个人史：出生体重 3 000g，无产伤、窒息等；生后母乳喂养，现已添加米粥、鸡蛋、鱼肉、菜泥、果泥等辅食；生长发育基本正常，3 个月会翻身，6 个月会坐，8 个月会爬；生后按时接受国家计划免疫预防接种。

家族史：父母均体健，非近亲结婚，无遗传性疾病史。

体格检查：体温 36.5℃，呼吸 28 次 /min，脉搏 112 次 /min，血压 85/55mmHg，体重 9kg。神志清，精神好；前胸及后背皮肤可见散在分布的红色斑丘疹，压之褪色，疹间皮肤正常，四肢均未见皮疹；颈部可扪及黄豆大小淋巴结数枚；双眼结膜无充血，双外耳道未见分泌物溢出，流涕，口唇红，口腔黏膜无破溃，咽部充血；呼吸平稳，双肺呼吸音清，未闻及干、湿啰音。心音有力，心律齐，各瓣膜区未闻及病理性杂音；腹部平软，肝脏肋下 2cm 可触及，质软，脾未触及。神经系统未见异常。

【问题 1】　患儿在门诊时应注意询问哪些病史？

思路：应注意询问的病史包括流行病学接触史、既往是否有类似病史及基础疾病史。病前有无用药史。发热持续的时间和热度，发热与皮疹的关系。

患儿在发病 7 天前曾与父母一起到外地旅行。出生后按国家计划进行免疫预防接种。既往无麻疹或风疹病史，6 个月时曾患上呼吸道感染一次。无药物过敏史。患儿发热 3 天，每天最高温度升至 39℃，呈稽留热，3 天后热退疹出。

> **知识点**
>
> ### 发热伴皮疹的特点
>
> 发热伴全身或局部皮疹是很多疾病都可能出现的症状。临床工作中必须仔细观察皮疹的形态、分布、与发热出现的时间顺序以及症状等，结合病史、查体和实验室检查综合分析，将症状相似的疾病进行鉴别，作出正确诊断。

【问题2】 患儿在门诊时可以作哪些检查？

思路：血常规，CRP。

> ### 辅助检查结果
>
> 血常规＋CRP：WBC 4.2×10^9/L，中性粒细胞百分比 35%，淋巴细胞百分比 62%，单核细胞 3%，RBC 4.6×10^{12}/L，Hb 120g/L，PLT 190×10^9/L；CRP 5mg/L。

【问题3】 根据以上信息可以作出哪些诊断？诊断依据是什么？

思路：根据临床表现及辅助检查可作出的临床诊断是病毒感染，幼儿急疹可能性大。

诊断依据：患儿为 9 个月的小婴儿，高热 3 天，但全身症状轻微，一般状况好；热退疹出，玫瑰红色斑丘疹；皮疹以躯干为主，疹后无脱屑及色素沉着斑；血常规检查：WBC 不高，分类以淋巴细胞为主。所以，临床上考虑为病毒感染，幼儿急疹可能性大。

> **知识点**
>
> ### 幼儿急疹的临床特征
>
> 好发于小婴儿，高热 3～5 天，热退疹出。

【问题4】 为了进一步明确诊断，患儿还可以做哪些辅助检查？

思路：

（1）病毒分离：HHV-6 病毒从末梢血单核细胞中进行病毒分离。

（2）特异性抗体、抗原检测：活动性 HHV-6 感染时特异性 IgM 抗体 5～7 天后转阳，10 天内双份血清特异性 IgG 抗体 4 倍升高。用单克隆抗体检测末梢血单核细胞中 HHV-6 特异性早期抗原，因其和病毒分离结果符合率达 90% 以上，当日可出结果，能为临床作出快速诊断。

（3）病毒 DNA 检测：用 PCR 方法在血浆中检测到 HHV-6 DNA，可以诊断 HHV-6 活动性感染。

> **知识点**
>
> ### 幼儿急疹的鉴别诊断
>
> 幼儿急疹确诊前应与婴幼儿常见的出疹性疾病鉴别，如麻疹、风疹、其他病毒疹、川崎病和药物疹等。麻疹在出疹前除有高热症状外，还伴有咳嗽、结膜充血、流泪、畏光、鼻塞及流涕等卡他症状；第二白齿对侧颊黏膜出现蓝白色或紫色小点，周围有红晕，此称为 Koplik 斑，是麻疹的早期诊断依据；麻疹的皮疹与幼儿急疹相似，但颜色更为鲜艳，为鲜红色或暗红色的斑疹或斑丘疹，皮疹有一定出疹顺序，可波及手足心，皮疹消退后留色素沉着及脱屑。风疹的皮疹与幼儿急疹相似，但风疹好发于学龄期儿童；有接触史（学校及托幼机构内常有小规模流行）；出疹前无发热症状或仅有轻度发热；皮疹稀疏分布于全身，手足心可有皮疹；个别病例皮疹消退后留色素沉着或脱屑；枕后淋巴结肿大更为明显。肠道病毒、EB 病毒感染在小儿并不少见，病程中也会出疹，但没有热退疹出的临床特征。川崎病也多见于

婴幼儿,持续发热伴眼球结膜、口腔黏膜充血等表现,但皮疹多出现短暂,多见于躯干部,而且同时伴有淋巴结肿大、指趾端梭形红肿、脱皮等特征性表现。药物疹常有相关药物使用史,皮疹伴瘙痒明显。因此根据临床表现可以基本排除。

【问题5】 患儿的治疗措施是什么?

思路:本病为自限性疾病,预后良好,治疗原则以对症处理为主。

(1)一般治疗:患儿卧床休息,注意隔离,避免交叉感染,要多饮水,给予易消化食物。

(2)对症治疗:高热时退热,一旦出现惊厥给予安定或水合氯醛,可适当补液。

(3)一般不需要抗病毒治疗。

(4)除非合并细菌感染,一般不需要抗生素治疗。

知识点

幼儿急疹的预防

对于 HHV-6 病毒感染的幼儿急疹目前无有效预防方法,但其他病毒感染导致的幼儿急疹,如肠道病毒(enterovirus)和副流感病毒 1 型(parainfluenza virus type 1),可以通过加强清洁,减少呼吸道分泌物或粪 - 口途径传播。一般患者不需要隔离,在集体儿童机构中,对接触患者的易感儿应密切观察 10 天,如有发热,需暂时隔离治疗。

【问题6】 患儿可能发生哪些并发症?

思路:幼儿急疹一般临床经过较轻,预后良好。但它可并发热性惊厥、良性颅内压增高、支气管炎、支气管肺炎、心肌损伤、感染性腹泻、血小板减少等。

(宋红梅)

第五节　水　　痘

水痘(varicella or chickenpox)是由水痘 - 带状疱疹病毒(varicella-zoster virus,VZV)引起的一种急性传染性疾病,以斑疹、丘疹、疱疹、结痂为其主要特点。水痘的传染性极强,对易感人群的感染率在 90% 以上。虽然带状疱疹(herpes zoster, or shingles)是 VZV 感染引起的另一种临床表现,但在儿童中不常见。10 岁以下儿童中,除非宫内或婴儿期患过水痘,否则鲜有带状疱疹患者。

人类是 VZV 的唯一宿主。水痘的传染性极强,不同性别、种族对 VZV 都同样敏感。在温带地区,冬春季节是发病的高峰期。5~9 岁儿童对本病最敏感,占水痘病例的 50%,其余病例也多为儿童。一项调查表明,40 岁以上者体内水痘病毒抗体检出率能达到 100%。

水痘的潜伏期为 10~21 天。典型病例,前驱期可有发热、食欲减退、头痛等,一般发热仅轻度至中度发热,2~4 天即缓解,轻症水痘甚至无发热仅少许皮疹。发热数小时至 24 小时出现皮疹,典型皮疹呈向心性分布,同时存在不同期的皮疹,是水痘的重要特征。年龄小的儿童皮疹相对少,对于接触传播的年龄较大的儿童,皮疹相对较多并持续时间长。

水痘多呈自限性,10 天左右可自愈。除典型水痘外,可有疱疹内出血的出血型水痘是水痘的一种严重的类型。此型在发热、皮疹的同时,可出现内脏器官受累、凝血功能障碍及持续的皮肤损害。在有先天性免疫缺陷或患有恶性肿瘤正接受化疗者,以及器官移植后的免疫抑制患儿,发展成此型的危险较大。

新生儿亦可患水痘。如果新生儿在宫内感染了 VZV 或新生儿期暴露于 VZV,就有发生新生儿水痘的风险,而且病情可能严重。发病时年龄越大,发生并发症的风险越小。

先天性水痘综合征(congenital varicella syndrome)是指母亲妊娠 8~20 周时患水痘者,胎儿可出现 VZV 感染的系列表现,主要影响皮肤、肢体、眼和脑等。可表现有叶痕(皮肤上有锯齿形的瘢痕形成)、一个或以上肢体短且发育不良、白内障、脉络膜视网膜炎、脑发育不全等。

水痘的诊疗经过通常包括以下环节:

1．详细询问患儿发热和皮疹开始出现的时间、进展过程及有无其他伴随症状。

2．查体时重点关注皮疹的部位、形态。

3．可进行血常规、CRP等必要的辅助检查。

4．注意询问流行病学证据包括有无水痘或带状疱疹患者接触史。

5．结合病史、查体除外其他可引起发热伴出疹的疾病。

6．治疗首选阿昔洛韦，发病后24小时内开始使用效果更佳，2岁以上者每次20mg/kg，每日4次，最大剂量800mg/次，连服5天，有细菌感染证据时才需加用抗生素。

7．水痘属于法定传染病，需网络上报，患者隔离至全部皮疹结痂。

临床关键点

（1）典型水痘的临床诊断主要依据是流行病学资料（包括发病年龄、水痘疫苗接种史、有无水痘或带状疱疹患者接触史等）和典型的临床表现（皮疹特点及各期皮疹同时存在）。

（2）水痘为儿童常见的传染性出疹疾病，临床诊断时需与其他出疹性疾病进行鉴别诊断，如丘疹性荨麻疹、能引起疱疹性皮肤损害的疾病如肠道病毒和金黄色葡萄球菌感染、虫咬性皮疹、药物疹以及接触性皮炎等。

（3）阿昔洛韦是目前治疗水痘的首选抗病毒药物，发病后24小时内开始使用效果更佳，2岁以上者每次20mg/kg，每日4次，最大剂量800mg/次，连服5天。

（4）只有合并细菌性感染时水痘患者才需应用抗生素，不推荐常规应用抗生素。根据血常规WBC以及中性粒细胞百分比升高，CRP或PCT异常，提示存在细菌感染时，及时采集呼吸道标本送检痰培养、痰呼吸道病毒检查并给予抗菌药物治疗。

（5）水痘是呼吸道传染病，水痘患者应呼吸道隔离至皮疹全部结痂为止。

（6）疫苗接种是预防水痘的有效措施，中国的免疫程序是水痘减毒活疫苗的初种年龄为18月龄，第2剂为4岁以后。

临床病例

患儿，男，6岁，因"发热1天伴皮疹半天"就诊。

现病史：患儿于入院前1天无明显诱因开始出现发热，体温37.5～38.3℃，自述家附近诊所查血常规正常，以"病毒性感染"予中药口服。近半天发现颜面部及躯干出现皮疹，初为红色斑疹，伴瘙痒，后渐转为薄壁水疱样，患儿精神可，食欲一般，二便如常。

既往史：平素体健，10天前同班同学有1人患水痘，无药物过敏史。

个人史：生长发育同同龄儿，按计划接受预防接种，1岁半时接种过1剂水痘疫苗。

家族史：父母均体健，无遗传性疾病史。

查体：体温37.5℃，体重20kg。神志清，一般状态可，颜面及躯干皮肤可见红色斑丘疹，部分中间为薄壁水疱，四肢均未见皮疹；浅表淋巴结不大，咽部充血，扁桃体Ⅰ度大，未见脓性分泌物，心肺腹查体未见异常，神经系统未见异常。

【问题1】　患儿在门诊时应注意询问哪些病史？

思路：应注意询问的病史是流行病学接触史、发热及皮疹的特点、预防接种史及病前有无用药史。

患儿在发病10天前曾与一水痘患儿有接触。发热不显著，24小时内出现皮疹，主要分布在颜面、躯干部，初起为红色斑疹，伴瘙痒，后渐转为薄壁水疱样。既往接种过水痘疫苗1剂。病前无明确用药史。

知识点

水痘皮疹的特点

发热数小时至24小时出现皮疹，典型皮疹呈向心性分布，主要位于躯干，其次头面部，四肢相对较少,手掌/足底更少。初为红色斑疹,数小时后发展为丘疹,再经数小时发展成透明水疱,24~48小时内水疱变浑浊,中间出现脐凹现象,后渐结痂,1周左右痂皮脱落,一般不留瘢痕(图4-5-1)。在最初的皮疹发展到结痂阶段的同时,躯干、四肢又会出现新的皮疹并出现同样的经过,因此,同时存在不同期的皮疹,是水痘的重要特征。

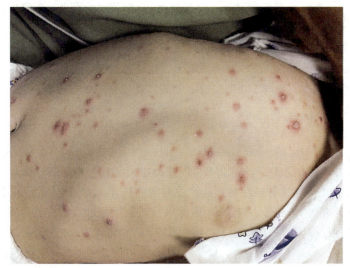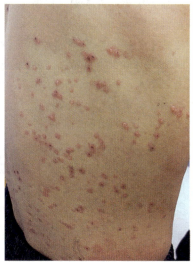

图4-5-1 水痘

【问题2】 患儿在门诊时可以做哪些检查?

思路:血常规和CRP主要用于排除有无细菌感染。实验室检查方面,WBC常正常或偏低,血清学抗体检测和PCR方法检测呼吸道上皮细胞和外周血白细胞中的特异性病毒DNA有助于明确病原,但不作为诊断的必要检查。

辅助检查结果

血常规+CRP:WBC $5.6×10^9$/L,中性粒细胞百分比42%,淋巴细胞百分比49%,RBC $4.6×10^{12}$/L,Hb 120g/L,PLT $300×10^9$/L;CRP<8mg/L。

【问题3】 根据以上信息可以作出哪些诊断?

思路:根据临床表现及辅助检查可作出的临床诊断是水痘,目前暂无合并细菌感染的证据。

知识点

水痘的并发症

水痘的并发症可有继发性细菌感染、肺炎、肝炎和脑炎等,多发生在有免疫缺陷或接受免疫抑制剂治疗的患儿。罕见并发症包括视神经炎、心肌炎、横贯性脊髓炎、睾丸炎及关节炎等。

【问题4】 应该进行那些鉴别诊断?

思路:应注意与丘疹性荨麻疹、能引起疱疹性皮肤损害的疾病如肠道病毒和金黄色葡萄球菌感染、虫咬性皮疹、药物疹以及接触性皮炎相鉴别,根据病史及皮疹的特点鉴别诊断并不困难。

【问题5】 门诊医生该如何处置该患儿?

思路:根据目前诊断,患儿临床诊断为水痘,目前病情平稳,无并发症,适合居家隔离治疗直至皮疹全部结痂为止。给予阿昔洛韦400mg,每日4次,口服,因皮肤瘙痒,加用炉甘石洗剂外用。水痘为国家法定报告的传染病,需要网上填写传染病报告表。

> ### 知识点
>
> #### 水痘的治疗
>
> （1）一般治疗：对水痘患儿要报传染病卡，同时严密隔离。加强皮肤护理，避免继发感染。皮肤瘙痒可局部外用炉甘石洗剂。给予易消化的食物和充足的水分。对症退热，持续发热或进展，考虑是否有并发症。
>
> （2）抗病毒治疗：阿昔洛韦是目前治疗水痘的首选抗病毒药物，发病后 24 小时内开始使用效果更佳，2 岁以上者每次 20mg/kg，每日 4 次，最大剂量 800mg/ 次，连服 5 天。
>
> （3）防治并发症：继发细菌感染者尽早应用抗生素，并发脑炎者按照病毒性脑炎的治疗原则，对水痘患儿不宜应用肾上腺皮质激素。

【问题6】　患儿曾接种 1 剂水痘疫苗，是否能排除水痘的诊断？

思路：水痘减毒活疫苗的广泛接种使得水痘的发生率大大降低，但并不能完全杜绝水痘的发病。一方面与受种者的个体差异有关，即并不是每个受种者接种疫苗后都能产生有效的抗体，另一方面由预防接种获得的抗体有可能逐渐降低到一定的滴度不能形成更充分的保护，因此不能认为接种过水痘疫苗者就不会患水痘。目前已调整水痘减毒活疫苗的接种程序为初种年龄为 18 月龄，第 2 剂为 4 岁以后。

（宋红梅）

第六节　流行性腮腺炎

流行性腮腺炎（mumps）是由腮腺炎病毒引起的急性呼吸道传染病，以腮腺肿痛为临床特征，可并发脑膜炎和胰腺炎等。多在幼儿园和学校中流行，以 5～15 岁患者较为多见。一次感染后可获得终身免疫。

腮腺炎病毒属于副黏病毒科，基因组为单链 RNA，仅有 1 个血清型。人是病毒的唯一宿主。腮腺炎患者是本病的传染源，从腮腺肿大前 6 天到发病后 9 天内，从唾液中均可以分离出腮腺炎病毒。主要通过呼吸道飞沫传播，全年均可发生感染流行，但以冬春季发病较多。

潜伏期 14～25 天，平均 18 天。儿童大多无前驱症状，常以腮腺肿大和疼痛为首发体征。常先见于一侧，然后另一侧也相继肿大，位于下颌骨后方和乳突之间，以耳垂为中心向前、后、下发展，触之有弹性感并触痛。1～3 天内达高峰，面部一侧或双侧因肿大而变形，局部疼痛、过敏，开口咀嚼或吃酸性食物时胀痛加剧。在腮腺肿胀时，可见颈前下颌处颌下腺和舌下腺亦明显肿胀，并可触及椭圆形腺体。病程中患者可有不同程度的发热，持续时间不一，亦有体温始终正常者。

实验室检查方面，90% 的患者发病早期血清和尿淀粉酶有轻度至中度升高，约 2 周左右恢复正常，血脂肪酶增高有助于胰腺炎的诊断。采用 ELISA 法检测患者血清中腮腺炎病毒特异性 IgM 抗体，可以早期快速诊断。双份血清特异性 IgG 抗体效价有 4 倍以上增高有诊断意义。

通常根据流行病学史、临床症状和体格检查即可作出腮腺炎的诊断。鉴别诊断包括化脓性腮腺炎、其他病毒性腮腺炎以及其他原因引起的腮腺肿大，如白血病、淋巴瘤或罕见的腮腺肿瘤等。

目前尚无特异性抗病毒治疗，以对症处理为主。注意保持口腔清洁，给予清淡饮食，忌酸性食物，多饮水。对高热、头痛和并发睾丸炎者给予解热止痛药物。睾丸肿痛时可用丁字带托起。发病早期可使用利巴韦林 10～15mg/（kg·d）静脉滴注，疗程 5～7 天。

及早隔离患者直至腮腺肿胀完全消退为止。接种麻疹 - 风疹 - 腮腺炎三联疫苗具有良好的保护作用，一般建议 18 月龄接种。

> ### 临床关键点
>
> 1. 临床诊断流行性腮腺炎，首先要有腮腺或颌下腺非化脓性肿大的体征，结合患儿既往未接种过流行性腮腺炎疫苗，未患过腮腺炎，起病前有流行病学接触史，即可诊断。

2. 针对流行性腮腺炎的治疗主要是对症支持治疗,一般临床恢复均比较顺利,但需要向家长说明会发生脑膜脑炎等中枢神经系统并发症;一旦发生了脑膜脑炎等中枢神经系统并发症,积极给予甘露醇降颅内压及营养脑细胞药物治疗,一般不会遗留后遗症。

临床病例

患儿,男,8岁,因"反复发热伴双耳垂下肿痛10天,头痛、呕吐2天"就诊。

现病史:患儿10天前开始发热,最高体温达39.5℃,同时出现双耳垂下肿痛,无咳嗽、流涕、腹痛及腹泻,当地医院就诊,给予了板蓝根、退热药等,5天前热退;2天前,患儿又开始发热,最高体温达40℃,并诉头痛,伴呕吐4~5次/d,为胃内容物,无抽搐及意识障碍,当地医院给予静脉注射药物治疗,无好转,为进一步治疗转至我院。

患儿起病前2周,同班级有4~5位同学患腮腺炎;既往无腮腺炎史,未接种过腮腺炎疫苗。

既往史:既往体健,否认传染病史。

个人史:足月顺产,无窒息抢救史,出生体重3 500g;现上小学3年级,成绩中等;1岁内完整接种疫苗,1岁后随打工的父母来到城市,未再接种疫苗。

家族史:父母均体健,无遗传性疾病史。

体格检查:体温39.5℃,呼吸40次/min,心率110次/min,血压90/60mmHg,体重30kg。神志清,对答切题,查体合作,头颅外形无异常,双侧腮腺肿大,约3cm×3cm,,双侧颌下腺约4cm×4cm,均质韧,有压痛,咽部充血,双肺呼吸音清,未闻及啰音,心率100次/min,律齐,未闻及杂音,全腹软,无压痛及反跳痛,未及包块,神经系统未见异常。

【问题1】 患儿在门诊时应注意询问哪些病史?

思路:应注意询问的病史包括流行病学接触史、预防接种史及既往是否有类似疾病史。

患儿起病前2周有腮腺炎接触史,既往未接种腮腺炎疫苗,未患过腮腺炎。

【问题2】 患儿在门诊时可以作哪些检查?

思路:血常规,CRP。

辅助检查结果

血常规+CRP:WBC 9×10⁹/L,中性粒细胞百分比70%,淋巴细胞百分比30%,RBC 4.6×10¹²/L,Hb 120g/L,PLT 300×10⁹/L;CRP 8mg/L。

【问题3】 根据以上信息可以作出哪些诊断? 诊断依据是什么?

思路:根据临床表现及辅助检查可作出的临床诊断是流行性腮腺炎,合并脑膜脑炎。

1. 流行性腮腺炎　患儿急性起病,有双侧腮腺和颌下腺的非化脓性肿大,结合既往无腮腺炎病史,未接种流行性腮腺炎疫苗,而且发病前2周有流行病学接触史,因此流行性腮腺炎诊断明确。

2. 合并脑膜脑炎　患儿起病后1周,退热后又再发热,同时出现头痛、呕吐,考虑存在流行性腮腺炎病毒累及中枢神经系统,合并脑膜脑炎。

【问题4】 门诊医生该如何处置该患儿?

思路:根据目前诊断,患儿诊断流行性腮腺炎,而且合并脑膜脑炎,病情较重,因此不适合居家隔离治疗,需要收治住院。流行性腮腺炎为国家法定报告的传染病,所以门诊医生应及时填写传染病报告表。

【问题5】 患儿收入病房后,你作为住院医师应如何处理?

思路:

1. 及时接诊患者,不能以任何理由让患者等待或拒收患者。

2. 患者应安置于流行性腮腺炎隔离病房内,采取呼吸道隔离措施,接诊患者时应戴口罩。

3. 仔细询问病史,全面体格检查。

4．书写病历并定出诊断与治疗计划。

5．请示上级医师并记录上级医师查房意见。

6．与家长交代病情、预后及诊疗计划，如病情加重，需告知病危。

【问题6】　为了进一步明确诊断，患儿还应做哪些辅助检查？

思路：

1．腰穿检查　患儿病程1周后出现发热、头痛及呕吐，高度怀疑合并脑膜脑炎。

2．心肌酶谱和心电图　流行性腮腺炎患儿，会累及心脏，导致心肌炎。

3．脑电图　明确是否存在病毒性脑炎。

知识点

流行性腮腺炎的并发症

1．脑膜脑炎　是儿童期最常见的并发症，可发生于腮腺肿大前6～7天至腮腺肿后2周内，大多在腮腺肿后1周内出现。表现为发热、头痛、呕吐、颈项强直，脑脊液的改变与其他病毒性脑炎相似。预后大多良好，多无后遗症。

2．睾丸炎　是男孩最常见的并发症，多为单侧。常发生在腮腺炎起病后的4～5天、肿大的腮腺开始消退时。开始为睾丸疼痛，随之肿胀伴剧烈触痛，可并发附睾炎、鞘膜积液和阴囊水肿。大多数患者有严重的全身反应，突发高热、寒战等。一般约10天左右消退，1/3～1/2的病例发生不同程度的睾丸萎缩，一般不影响生育。双侧受累可导致不育，但非常少见。

3．卵巢炎　5%～7%的青春期女性患者可并发卵巢炎，症状多较轻，可出现下腹疼痛及压痛，一般不影响生育。

4．胰腺炎　严重的急性胰腺炎较少见。常发生在腮腺肿大数日后，表现为上腹部剧痛和触痛，伴发热、寒战、恶心、反复呕吐等，由于单纯腮腺炎即可引起血、尿淀粉酶升高，因此淀粉酶升高不能作为诊断胰腺炎的证据，需做血清脂肪酶检查，有助于诊断。

5．其他并发症　心肌炎较常见。

【问题7】　患儿的治疗措施是什么？

思路：

1．流行性腮腺炎护理常规　采取呼吸道隔离措施至腮腺肿大消退。

2．对症支持治疗　半流质饮食，忌酸性食物；卧床休息，保证每天足够的液体摄入。

3．给予甘露醇降颅内压。

4．心电图和心肌酶谱　提示心肌损害或心肌炎，可以给予适当的营养心肌药物。

（俞　蕙）

第七节　病毒性肝炎

病毒性肝炎（viral hepatitis）是由嗜肝病毒所致的以肝脏炎症和坏死病变为主的一组传染病。临床上主要表现为乏力、食欲减退、肝大和肝功能异常，部分患者可有黄疸和发热。无症状感染者较为常见。按病原分类，目前已确定的有5型病毒性肝炎，包括甲型、乙型、丙型、丁型和戊型。其病原分别为甲型肝炎病毒（hepatitis A virus，HAV）、乙型肝炎病毒（hepatitis B virus，HBV）、丙型肝炎病毒（hepatitis C virus，HCV）、丁型肝炎病毒（hepatitis D virus，HDV）和戊型肝炎病毒（hepatitis E virus，HEV）。其中，甲型和戊型主要表现为急性肝炎；乙型、丙型和丁型主要表现为慢性肝炎，并可发展为肝硬化和肝细胞癌。

病毒性肝炎的主要传染源是患者及病毒携带者，甲型病毒性肝炎和戊型病毒性肝炎经粪-口消化道途径感染，乙型病毒性肝炎主要通过母婴垂直感染、血源感染、医源感染，丙型病毒性肝炎主要通过血源、性传播和母婴传播，丁型病毒性肝炎传播方式与乙型病毒性肝炎相同。

急性病毒性肝炎的临床表现多样，可完全无症状，也可表现为暴发性肝炎。单从临床表现难以对五种病毒性肝炎作出区别。在潜伏期,患者可有不适、肌痛、关节痛、厌食、恶心、呕吐、低热和腹痛等前驱期症状。然后,可出现黄疸和前驱症状加重。进入恢复期后,症状逐渐消失。查体可有肝脏肿大,但脾脏肿大少见。实验室肝功能试验血清转氨酶异常,黄疸期可有胆红素升高。黄疸期尿常规检查可有胆红素阳性,还可出现尿蛋白阳性、红细胞、白细胞或管型。

慢性病毒性肝炎是引起肝硬化和肝细胞癌的最重要原因。一般将持续转氨酶升高伴特征性的肝脏组织学改变超过 6 个月定义为慢性病毒性肝炎。慢性乙型肝炎以持续 HBsAg 阳性超过 6 个月以上为特征。新生儿期感染 HBV,90% 以上发展为慢性感染,而成人期感染仅有 1%~5% 发展为慢性。HCV 感染后,80% 发展为慢性。乏力或食欲缺乏、腹胀是常见的临床表现,还可伴有肝外症状,如再生障碍性贫血、溶血性贫血、过敏性紫癜、结节性多动脉炎、关节炎、肾小球肾炎、肾小管性酸中毒等。体检肝脾肿大,质地改变,部分患者有进行性脾脏增大,肝掌、蜘蛛痣、腹壁静脉显露。肝脏生化指标检查可有不同程度的转氨酶升高、血清胆红素升高、低蛋白血症、凝血酶原时间延长。外周血常规检查可出现血小板和 / 或白细胞减少。

确诊诊断依靠实验室病原学检查。急性甲型肝炎时,抗 HAV-IgM 通常在症状开始时即已存在,并持续存在平均 3~6 个月,是诊断急性 HAV 感染临床病例最可靠的方法,敏感度和特异度均 >95%。

乙肝血清标志物:①HBsAg 是 HBV 感染的特异性标志,阳性见于急性乙肝的潜伏期和急性期、慢性 HBV 携带者和慢性乙肝。②HBsAb 阳性见于曾经感染过 HBV 已经恢复,或者注射乙肝疫苗后反应。③HBeAg 阳性和滴度反映 HBV 复制水平及传染性强弱。④HBeAb 阳性是既往 HBV 感染的标志,见于急性乙肝恢复期。慢性 HBV 感染者若从 HBeAg 阳性转为 HBeAb 阳性称为 eAg 血清转换,表示 HBV 无明显活动性复制,传染性减弱。⑤HBcAb 阳性提示现症或既往感染 HBV,感染后持续存在。包括抗 HBc IgM 和 HBc IgG。急性肝炎和慢性肝炎急性发作时均可出现 HBc IgM,但急性乙肝时抗体水平较高。HBc IgG 出现时间晚于 HBc IgM,主要见于恢复期和慢性感染。血清 HBV-DNA 是 HBV 复制和传染性的直接标志。常见 HBV 标志物组合的临床意义见表 4-7-1。

表 4-7-1　HBV 血清标志及其临床意义

HBsAg	HBsAb	HBeAg	HBeAb	HBcAb	临床意义
+	−	−	−	−	急性 HBV 感染;潜伏期
+	−	+	−	−	急性乙肝早期,传染性强
+	−	+	−	+	急性和慢性乙肝,病毒复制活跃,传染性强
+	−	−	−	+	急性和慢性乙肝
+	−	−	+	+	急性和慢性乙肝,传染性弱
−	−	−	−	+	既往 HBV 感染
−	−	−	+	+	急性 HBV 感染恢复期;既往 HBV 感染
−	+	−	+	+	乙肝恢复期
−	+	−	−	−	接种乙肝疫苗后反应;感染后痊愈
−	+	−	−	+	HBV 感染后临床痊愈

HCV 筛查试验最常用的是酶免疫法(EIA)检测抗 -HCV。目前国内已普遍使用第三代试剂。第三代 EIA 法检测的敏感度和特异度达 99%,在 HCV 感染后 7~8 周抗 HCV 抗体即可阳性。抗 HCV 抗体可通过胎盘,半衰期 12~18 个月,新生儿检测出抗 HCV 抗体难以判断抗体是来自母亲还是感染 HCV,因此,需随访至 12~18 月龄时重复检测抗 HCV 抗体,或检测 HCV RNA 帮助诊断是否发生 HCV 垂直传播。

HDV 的检测方法是检测抗 -HDV IgG,在大多数临床情况下,HBsAg 和抗 -HDV IgG 阳性已足以诊断 HDV 感染。HEV 的实验室诊断检测血清或粪便 HEV RNA。

急性病毒性肝炎的治疗主要是对症和支持治疗。儿童慢性乙型肝炎有抗病毒治疗适应证者可以选择干扰素 α、拉米夫定、阿德福韦、恩替卡韦或替诺福韦抗病毒治疗。丙型肝炎抗病毒治疗选用普通干扰素或聚乙二醇干扰素联合利巴韦林治疗。儿童慢性乙肝抗病毒治疗选择流程见图 4-7-1。

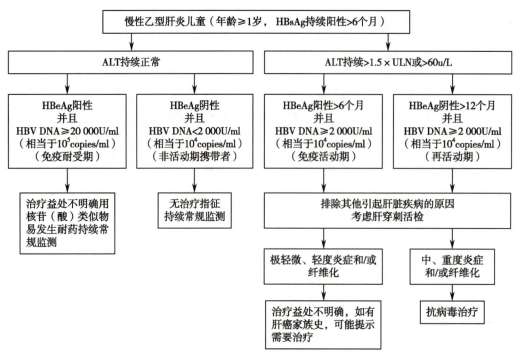

图 4-7-1　儿童慢性乙肝抗病毒治疗选择流程

临床关键点

1. 病毒性肝炎的诊断需要依据流行病学、临床表现以及实验室检查,结合具体情况及动态变化进行综合分析,根据特异性病原学检查结果作出确诊诊断。在肯定诊断时还需与其他原因引起的儿童期肝损害以及黄疸进行鉴别,如巨细胞病毒肝炎、中毒性肝炎、肝豆状核变性、自身免疫性肝炎,淤胆型肝炎需与胆总管囊肿、胆石症鉴别。

2. 诊断乙型病毒性肝炎时,肝功能试验、血清乙型肝炎标志物以及 HBV-DNA 的检测结果有助于帮助判断和区分是 HBV 携带者或急性、慢性肝炎。由于抗 HCV 抗体可通过胎盘,半衰期 12～18 个月,新生儿检测出抗 HCV 抗体难以判断抗体是来自母亲还是感染 HCV,因此,需随访至 12～18 月龄时重复检测抗 HCV 抗体,或检测 HCV-RNA 帮助诊断是否发生 HCV 垂直传播。

3. 只有慢性乙肝有适应证时才考虑抗 HBV 治疗,急性乙肝无需抗病毒治疗,一般病程为自限性,采取对症治疗为主。丙型肝炎诊断明确,一般需要抗病毒治疗。

4. 正常新生儿的乙肝疫苗接种程序是 0—1—6,即出生 24 小时内、满 1 个月和 6 个月各 1 针。而母亲 HBsAg 阳性者所生高危新生儿的乙肝免疫接种程序需采取乙肝疫苗联合乙肝免疫球蛋白的主被动免疫,即生后 12 小时内肌内注射 HBIG 200U,同时于不同部位接种乙肝疫苗 1 针,1 月龄、6 月龄时接种第 2、第 3 针乙肝疫苗。

临床病例

患儿,男,10 岁,体重 35kg。发现乙肝大三阳 4 年,反复肝功能异常 1 年,于 2017 年 7 月 20 日收治住院。4 年前患儿因入学健康体检时发现乙肝 HBsAg(+)、HBeAg(+)、HBcAb(+),当时肝功能正常。之后每年一次复查肝功能和乙肝五项,肝功能均正常,乙肝五项始终"大三阳"。近一年发现肝功能异常,ALT 100～180U/L,AST 120～160U/L,总胆红素和直接胆红素均正常,HBV-DNA 2.2×10^7U/ml,在当地医院就诊,除外了自身免疫性肝炎、肝豆状核变性、脂肪肝等肝脏疾病,给予保肝药物治疗,肝功能仍然异常。患儿按时预防接种,患儿母亲乙肝 HBsAg(+)、HBeAg(+)、HBcAb(+),肝功能正常。

体格检查:一般情况可,皮肤黏膜无黄染,浅表淋巴结未及肿大,无蜘蛛痣和肝掌,心肺(-),腹软,腹部血管未见显露和怒张,肝肋下 1cm,剑突下 2cm,脾肋下未及,双下肢无水肿。

【问题1】　还应询问哪些病史？

思路：还应询问乙肝疫苗接种史，是否有血制品输注史，特殊药物史。

流行病学史是临床诊断乙肝非常重要的依据之一。因乙型肝炎疫苗能有效地预防 HBV 感染，而乙肝的传播途径主要是母婴传播、血源传播。在诊断乙型肝炎时还需与药物性肝炎鉴别。

患儿生后按照预防接种程序在 0、1、6 月龄时接种乙肝疫苗。既往体健，无输血及血制品输注史。发现肝功能异常 1 年来服用过复方甘草酸苷、肝太乐、还原性谷胱甘肽口服保肝药，无其他药物服用史。

知识点

乙肝疫苗的接种程序

我国推荐的免疫接种程序是新生儿生后全程免疫接种 3 针乙肝疫苗，采取 0-1-6 方案（新生儿出生 24 小时内、满 1 个月和 6 个月各 1 针）。母亲 HBsAg 阳性者所生的高危新生儿于生后 12 小时内肌内注射 HBIG 200U，同时于不同部位接种乙肝疫苗 1 针，1 月龄、6 月龄时接种第 2、第 3 针乙肝疫苗。

【问题2】　在门诊还需进行哪些相关检查？

思路：肝功能，乙肝五项，HBV-DNA，腹部超声。

检查结果

肝功能：总胆红素 15.6μmol/L，直接胆红素 2.0μmol/L，ALT 202U/L，AST 220U/L，γ- 谷氨酰转移酶 19U/L，总胆汁酸 7.8μmol/L，胆碱酯酶 403U/L，ALP 268U/L，ALB 44.6g/L，GLB 22.3g/L，血糖 4.9mmol/L，总胆固醇 4.62mmol/L，甘油三酯 1.0mmol/L。

乙肝五项 HBsAg（+），HBsAb（−），HBeAg（+），HBeAb（−），HBcAb（+）。

HBV-DNA 3.6×10^6 U/ml。

腹部超声：肝肋下 1.5cm，剑下 1.5cm，质地欠均匀。脾脏无肿大。腹腔淋巴结无肿大。双肾大小正常。腹部未见占位。

【问题3】　根据以上信息，你的初步诊断是什么？

思路：病毒性肝炎（乙型，慢性）。

10 岁男孩，母亲为 HBV 携带者，反复肝功能异常 1 年，乙肝标志物阳性 4 年，HBV-DNA 载量高。在外院已经进行相关检查排除了自身免疫性肝炎、肝豆状核变性、脂肪肝，追问病史也除外了药物性肝炎的可能。患儿无输血史，但母亲为 HBV 携带者，虽然患儿生后按时接种了乙肝疫苗，但还是感染了 HBV，推测为 HBV 母婴传播。患儿肝功能异常超过了 6 个月，因此诊断慢性乙型肝炎。

【问题4】　门诊医生如何对患儿进行处理？

思路：病毒性肝炎是乙类传染病，门诊医生要进行传染病报告单填写以及网上直报。为了进一步明确肝脏炎症和纤维化改变的情况，需要收治患儿入院进行肝脏穿刺病理检查。

【问题5】　患儿收入院，病房医生应如何处理？

思路：

1. 及时接诊患者，详细询问病史，仔细体格检查，完成病史书写。

2. 开出住院医嘱。

3. 进行传染病报卡和网上报告。

【问题6】　为进一步明确诊断，进行抗病毒治疗提供依据，还应进行哪些辅助检查？

思路：患儿为慢性乙肝病例，肝功能异常的程度以及 HBV 载量已经有抗病毒治疗的指证，但为了评估患儿肝脏炎症、纤维化改变的情况，为抗病毒治疗药物选择提供依据，还是需要进行肝脏穿刺病理检查。入院后及肝脏穿刺前需要完善以下辅助检查。

1. 三大常规　血常规了解白细胞、血红蛋白以及血小板是否正常。

2. 凝血功能　凝血酶原活动度 >75% 才能进行肝穿刺检查。

3. 腹部超声　肝脏穿刺定位。

4. 血甲胎蛋白,HBV 基因型,甲状腺功能。

5. 肝脏穿刺检查。

6. 辅助检查结果　三大常规和凝血功能结果正常。肝脏穿刺病理示慢性乙型肝炎 G2S2。

【问题7】 患儿的最终诊断是什么?

思路: 根据患儿临床诊断以及肝脏穿刺病理结果,最终诊断是病毒性肝炎(乙型,慢性,G2S2)。

【问题8】 患儿进一步治疗是怎样的?

思路: 患儿诊断明确,为慢性乙肝,并且肝功能异常(ALT、AST 均 >80U/L)1 年,HBV-DNA>10^5U/ml,肝脏穿刺病理改变为 G2S2,因此有抗病毒治疗的适应证。可在感染科或肝病科专科进行治疗及随访。

（俞 蕙）

第八节　细菌性痢疾

细菌性痢疾(bacillary dysentery)是志贺菌引起的一种常见肠道传染病,主要临床表现为发热、腹痛、腹泻、里急后重和伴有黏液脓血便。

志贺菌属为需氧菌,革兰氏染色阴性杆菌,分为 4 个群,40 余个血清型,各血清型之间无交叉免疫性。在发达国家大约 75% 为宋内志贺菌,20% 为福氏志贺菌,3% 为鲍氏志贺菌,痢疾志贺菌比例<1%;在发展中国家,特别是在非洲和东南亚,福氏志贺菌占多数,痢疾志贺菌通常会导致疾病暴发。

患者和带菌者是主要传染源。致病菌污染食物、饮水和手,经粪 - 口途径感染。在非流行季节接触为主要的传播途径,即接触被患者或带菌者污染的物体而受感染。在流行季节可有食物型和水型的暴发流行,前者系食用被手或苍蝇等所污染的食物而感染,后者系水源被粪便严重污染而引起水型传播。

人群普遍易感,但以儿童发病率最高,其次为中青年。如细菌毒力够强,摄入少量的细菌(10 到 200 个)足以导致感染发生,病后免疫力短暂,不同菌群与血清型之间无交叉免疫力,故易重复感染或复发。

在夏、秋季节,患者起病急骤,伴有发热、腹痛、腹泻、脓血便和里急后重及左下腹压痛,实验室检查:急性期外周血白细胞总数和中性粒细胞增高,粪便为黏液、脓血便。显微镜下可见大量脓细胞与红细胞,如发现巨噬细胞更有利于诊断。粪便培养阳性是确诊的依据。采集粪便标本应注意:①尽量在抗菌治疗前采样;②挑选黏血部分;③标本必须新鲜;④早期多次送检。急性细菌性痢疾应与细菌性食物中毒、急性阿米巴痢疾、非伤寒沙门菌、侵袭性大肠埃希菌及空肠弯曲菌肠炎等鉴别。夏、秋季中毒型细菌性痢疾需与感染性休克、流行性乙型脑炎鉴别。

针对急性细菌性痢疾的治疗,首先要消化道隔离至临床症状消失,大便培养连续 2 次阴性;急性期饮食以少渣、忌油腻、易消化的流质或半流质为宜,保持水、电解质及酸碱平衡,脱水轻且不呕吐者可用口服补液,严重脱水者应及时、快速静脉补液及补充电解质,改善微循环,纠正酸中毒,防治休克。抗感染治疗能够缩短病程,清除粪便中排菌;对重症患者、免疫抑制人群和典型细菌性痢疾患者,在等待粪培养结果和药敏检测同时,应给予经验性抗菌药物治疗。药敏调查数据显示大约 80% 的志贺菌对阿莫西林耐药,40% 对复方磺胺甲噁唑耐药,对头孢曲松和环丙沙星的耐药率<1%。

针对中毒型细菌性痢疾的治疗,首先迅速降温止惊是防止病情进一步发展的重要措施;有循环衰竭的患儿,监测心率、血压、呼吸等基本生命体征,应迅速扩充血容量,给予血管活性药物,保护重要脏器功能;针对脑水肿的治疗,尽快静脉使用脱水剂;尽早吸氧、吸痰,保持呼吸道通畅,必要时机械通气治疗。

> **临床关键点**
>
> 1. 在夏、秋季,患儿出现发热、腹痛、腹泻、里急后重和伴有黏液便,首先要考虑存在急性细菌性痢疾,在应用抗菌药物前留送粪培养,若粪培养结果为志贺菌则可明确诊断。
>
> 2. 针对中毒型细菌性痢疾,患儿急性起病,就诊时症状主要是发热、反复抽搐及昏迷,这时尚无腹泻等胃肠道症状,需要和流行性乙型脑炎、感染性休克鉴别。这时一个简单、有效的鉴别手段就是肛拭子采样,化验大便即可鉴别。

3. 临床上在经验性抗生素使用之前，应及早采集粪便标本做肠道菌培养，能够提高结果的阳性率；在粪培养结果出来前，尽量避免选用耐药率高的药物，待药敏结果再调整抗生素。

4. 细菌性痢疾是粪-口传播性疾病，患者应消化道隔离至临床症状消失，大便培养连续2次阴性。

临床病例

患儿，男，7岁，因"发热半天，伴反复抽搐"于2017年7月就诊。

现病史：患儿今凌晨开始发热，最高达39.5℃，无咳嗽、腹泻及呕吐，退热药口服后，热可暂退，今中午约11点开始出现抽搐，表现为双眼上翻，颜面发绀，四肢强直，持续约10分钟自行缓解，至当地医院测体温40℃，给予静脉滴注药物治疗（具体不详），输液过程中患儿又有抽搐发作2次，发作形式同前，给予苯巴比妥等止痉药物后，抽搐缓解，但患儿出现神志不清，不能应答，即至我院就诊，收入病房。

患儿既往体健，否认既往抽搐史和头颅外伤史，昨晚和家人外出在小饭店就餐，一起就餐的妈妈今天上午开始有腹泻、发热。

既往史：否认传染病史。

个人史：G_1P_1，足月顺产，出生体重3 000g，现上小学一年级，学习成绩优良；按时预防接种。

家族史：父母均体健，无遗传性疾病史。

体格检查：体温39.5℃，呼吸50次/min，心率120次/min，血压90/60mmHg，体重25kg。神志不清，不能应答，颜面及躯干、四肢未见皮疹，头颅外形无异常，双瞳孔等大、等圆，对光反应敏感，浅表淋巴结未及肿大，口腔黏膜光滑，无溃疡，咽部无充血，双肺呼吸音清，未及啰音；心率120次/min，全腹软，无压痛及反跳痛，未及包块，肠鸣音活跃，约15次/min；腱反射存在，腹壁反射及提睾反射未引出。

【问题1】　患儿在门诊时应注意询问哪些病史？

思路：应注意询问的病史包括流行病学接触史、是否有不洁饮食史、既往是否有类似疾病史，是否有基础疾病及药物、毒物服用史。

患儿既往体健，很少生病，否认药物及毒物服用史；起病前1天晚上曾至小饭店就餐，一起就餐的妈妈今上午开始腹泻、发热。

【问题2】　患儿在门诊时可以作哪些检查？

思路：血常规，CRP，肛拭子通便后查粪常规。

辅助检查结果

血常规＋CRP：WBC $18×10^9$/L，中性粒细胞百分比80%，淋巴细胞百分比20%，RBC $4.6×10^{12}$/L Hb 120g/L，PLT $350×10^9$/L；CRP 65mg/L。

粪常规：WBC 20～25个/HP，RBC 10～15个/HP，巨噬细胞3～4个/HP。

【问题3】　根据以上信息可以作出哪些诊断？诊断依据是什么？

思路：根据临床表现及辅助检查可作出的临床诊断是急性细菌性痢疾（中毒型）。

急性细菌性痢疾（中毒型）：患儿夏季起病，虽然就诊时尚未有腹泻症状，但肛拭子通便后，化验大便，结果提示存在肠道细菌感染，高度怀疑急性细菌性痢疾；患儿出现高热，随后很快有反复抽搐，抽搐缓解后意识不清，提示存在中枢神经系统受累；因此考虑为急性细菌性痢疾（中毒型）。

知识点

细菌性痢疾临床表现

潜伏期数小时至7天，多为1～3天。临床分为急性细菌性痢疾和慢性细菌性痢疾。慢性带菌者（≥1年）罕见。

1. 急性细菌性痢疾

(1) 普通型（典型）：起病急骤，胃寒、寒战伴高热，继而出现腹痛、腹泻和里急后重；大便开始为稀便，迅速转为黏液脓血便，每天 10～20 次，量少。一般 1～2 周内逐渐恢复。

(2) 轻型（非典型）：全身毒血症症状和肠道症状均较轻，可不伴有里急后重感。病程可自限。

(3) 中毒型：多见于体质较好的儿童，可能系特异性体质对细菌内毒素的强烈反应，引起急性微循环障碍为主的病理过程；起病急骤，病势凶险，体温可达 40℃ 以上，伴全身严重毒血症症状。患者精神萎靡，可反复抽搐、嗜睡、昏迷，迅速发生休克和呼吸衰竭。肠道症状较轻，甚至病初无腹痛与腹泻症状，但起病 24 小时内可出现腹泻和典型痢疾样大便。按临床表现可分为休克型、脑型和混合型；休克型以感染性休克为主要表现，脑型（呼吸衰竭型）表现为惊厥、昏迷和呼吸衰竭；混合型具有周围循环衰竭和呼吸衰竭两种表现，为最凶险的一型，病死率高。

2. 慢性细菌性痢疾　病程超过 2 个月即称慢性细菌性痢疾，比较少见。

【问题 4】 门诊医生该如何处置该患儿？

思路：根据目前诊断，患儿高度怀疑为急性细菌性痢疾（中毒型），病情较重，因此不适合居家隔离治疗，需要收治住院。急性细菌性痢疾为国家法定报告的传染病，所以门诊医生对病例应及时填写传染病报告表，向当地疾病预防控制中心进行传染病报告。

【问题 5】 患儿收入病房后，你作为住院医师应如何处理？

思路：

1. 及时接诊患者，不能以任何理由让患者等待或拒收患者。
2. 患者应安置于急性细菌性痢疾隔离病房内，采取消化道隔离措施。
3. 仔细询问病史，全面体格检查。
4. 书写病历并定出诊断与治疗计划。
5. 及时向所在地疾病预防控制中心传染病报告。
6. 请示上级医师并记录上级医师查房意见。
7. 与家长交代病情，说明患儿病情重，需告知病危。

【问题 6】 为了进一步明确诊断，患儿还应做哪些辅助检查？

思路：在使用抗生素前，用肛拭子留取两份大便送粪肠道菌培养。

辅助检查

粪肠道菌培养结果：福氏志贺菌；药物敏感试验：头孢曲松敏感。

知识点

中毒型细菌性痢疾的鉴别诊断

夏季接诊高热伴反复抽搐儿童时，需要考虑到急性细菌性痢疾（中毒型）、流行性乙型脑炎和其他病毒性脑炎；肛拭子通便，化验粪常规是最简单、快速的鉴别急性细菌性痢疾（中毒型）和病毒性脑炎的有效方法。

【问题 7】 患儿的治疗措施是什么？

思路：

1. 急性细菌性痢疾护理常规　采取消化道隔离措施。
2. 病情危重　出具病危通知，向家属交代病情。
3. 监测心率、血压及呼吸等基本生命体征。
4. 抽血查电解质及血气分析，了解是否存在代谢性酸中毒及电解质紊乱。

5. 经验性治疗选用三代头孢等对肠道细菌有效药物,根据治疗反应和粪培养结果再调整抗生素。

6. 患儿存在脑水肿,给予甘露醇、速尿等降颅内压。

7. 根据化验结果,纠正水、电解质紊乱,及时纠正代谢性酸中毒。

(俞 蕙)

第九节 流行性脑脊髓膜炎

流行性脑脊髓膜炎(meningococcal meningitis)是由脑膜炎球菌(Neisseria meningitidis)引起的化脓性脑膜炎。临床上起病急,有发热、头痛、呕吐、皮肤、黏膜瘀点瘀斑和脑膜刺激征。

脑膜炎球菌是革兰氏阴性双球菌,呈肾形,多数成对排列,在脑脊液中细菌多见于中性粒细胞内。该菌仅存在于人体,可自带菌者的鼻咽部和患者的血液、脑脊液和皮肤瘀点中找到。根据荚膜抗原的不同,分为至少13个血清群。

带菌者和患者是本病的主要传染源,细菌可隐藏于带菌者鼻咽黏膜处,不引起症状,所以带菌者对周围人群威胁比患者更大;借空气飞沫传播。自从普遍接种疫苗后,发病人数明显下降,多为散发,发病季节多在冬、春季。本病在任何年龄都可发生,但新生儿少见。

本病主要在冬、春季流行,一年可散发。凡在流行季节突起高热,头痛、呕吐,皮肤出现瘀点、瘀斑,脑膜刺激征阳性者,临床即可初步诊断。需与其他细菌性脑膜炎相鉴别,如肺炎球菌脑膜炎等,确诊有赖于病原菌的发现。

对普通型流行性脑脊髓膜炎患儿,抗感染药物可选用青霉素,第三代头孢如头孢噻肟或头孢曲松等,抗生素疗程最少1周;其他对症治疗,包括降温、止痉药物及脱水剂降颅内压。

对暴发型流行性脑脊髓膜炎患儿,除积极应用抗生素外,应迅速纠正休克;脑膜脑炎型,治疗中抗生素治疗,同时应以减轻脑水肿,防止脑疝和呼吸衰竭为重点。

本病轻型和普通型经及时而适当的药物治疗,预后良好。暴发型患者死亡率高。

目前国内有A群流脑疫苗主要用于6月龄~18月龄的儿童;A+C群流脑疫苗用于2周岁以上儿童及成年人,在流行区的2岁以下儿童可进行应急接种。流脑疫苗接种4剂,1、2剂用A群流脑疫苗,儿童自6月龄~18月龄接种第1剂,第1、2剂为基础免疫,2剂次间隔不少于3个月;第3、4剂次为加强免疫,用A+C群流脑疫苗,3岁时接种第3剂,与第2剂间隔时间不少于1年;6岁时接种第4剂,与第3剂接种间隔不少于3年。

临床关键点

1. 流行性脑脊髓膜炎是由脑膜炎球菌引起的临床以发热、头痛、呕吐、皮肤黏膜瘀点瘀斑和脑膜刺激征为特征的化脓性脑膜炎。

2. 潜伏期1~10天,通常小于4天。本病可分为4种临床类型;其中普通型最常见,暴发型进展快,死亡率高。

3. 凡在流行季节突起高热,头痛、呕吐,皮肤出现瘀点、瘀斑,脑膜刺激征阳性者,临床即可初步诊断。需与其他细菌性脑膜炎相鉴别,如肺炎球菌脑膜炎等,确诊有赖于血和脑脊液培养,发现病原菌。

4. 国内有A群流脑疫苗和A+C群流脑疫苗两种疫苗。

临床病例

患儿,男,1岁10月龄,因"发热1天,出皮疹伴反复呕吐半天"于2016年1月就诊。

现病史:患儿昨下午开始发热,最高达39.5℃,伴轻咳,无腹泻、呕吐,退热药口服后,热可暂退,今仍持续发热,晨起发现颜面部出现皮疹,患儿精神略差,活动减少;并有反复呕吐4~5次,为胃内容物,进食后即吐,无抽搐,为进一步就诊,至我院。

患儿既往体健,发病来胃纳呆,否认头颅外伤史。

既往史:否认传染病史。

个人史:G₁P₁,足月顺产,出生体重 3 100g,出生后母乳喂养至 1 周岁,现普食,平时胃纳佳;现会走路,会说简单语句;按时预防接种。

家族史:父母均体健,无遗传性疾病史。

体格检查:体温40℃,呼吸 50 次/min,心率 135 次/min,血压 85/50mmHg,体重 13kg。

神志清,精神萎靡,查体合作,颜面及躯干可见散在暗红色瘀点,部分融合,头颅外形无异常,前囟已闭,双瞳孔等大、等圆,对光反应敏感,浅表淋巴结未及肿大,口腔黏膜光滑,咽部充血明显,双肺呼吸音清,未及啰音;心率 135 次/min,全腹软,无压痛及反跳痛,未及包块;颈抵抗(+++),腱反射存在,腹壁反射及提睾反射引出,脑膜刺激征阳性。

【问题1】 患儿在门诊时应注意询问哪些病史?

思路:应注意询问的病史包括流行病学接触史、既往是否有类似疾病接触史、预防接种史。

患儿既往体健,很少生病,否认近期接触发热患者,已按时按序接种疫苗。

【问题2】 患儿在门诊时可以作哪些检查?

思路:血常规,CRP,血培养,腰椎穿刺。

辅助检查结果

血常规 + CRP:WBC 35×10^9/L,中性粒细胞百分比 90%,淋巴细胞百分比 10%,RBC 4.0×10^{12}/L,Hb 120g/L,PLT 350×10^9/L;CRP 80mg/L。

腰椎穿刺结果:脑脊液呈米汤样,WBC $25\,000 \times 10^9$/L,中性粒细胞百分比 90%;脑脊液涂片发现革兰氏阴性双球菌,呈肾形,成对排列。脑脊液标本和血标本已送细菌培养。

【问题3】 根据以上信息可以作出哪些诊断? 诊断依据是什么?

思路:根据临床表现及辅助检查可作出的临床诊断为流行性脑脊髓膜炎(普通型)。

流行性脑脊髓膜炎(普通型):患儿冬季起病,临床表现为发热、呕吐,出皮疹,查体存在瘀点及瘀斑,颈抵抗(+++),而且脑膜刺激征阳性;结合腰椎穿刺明确存在细菌性脑膜炎,脊液涂片发现革兰氏阴性双球菌,呈肾形,成对排列;因此考虑为流行性脑脊髓膜炎,患儿无反复抽搐,神志清,血压正常,分型为普通型,待脑脊液培养协助诊断。

知识点

流行性脑膜炎的临床表现

潜伏期1~10天,通常小于4天。本病可分为4种临床类型。

1. 普通型 占90%的病例。按其发展过程分为3个阶段,但有时临床难以明确划分。

(1)上呼吸道感染期:此期传染性最强,大多数患者无明显症状,主要表现为咽痛、鼻咽部黏膜充血。咽拭培养可发现病原菌。

(2)败血症期:多突然发热,伴头痛、呕吐、寒战,此期主要而显著地体征为瘀点,见于85%患者,大多数皮疹开始即为瘀点或瘀斑,见于全身皮肤、眼结膜和口腔黏膜;病情重者瘀斑迅速扩大,中央呈紫黑色或形成大疱。瘀点涂片可找到病原菌,而脑脊液可能正常。

(3)脑膜炎期:脑膜炎症状可与败血症同时出现,但大多数败血症患者于 24 小时左右出现脑膜刺激征,有高热不退,头痛加剧,呕吐频繁,烦躁不安,重者可有昏迷、惊厥、谵妄等表现。患者出现颈项强直,克氏征、巴氏征阳性等脑膜刺激征。此期脑脊液呈典型的化脓性改变,细菌培养阳性。

婴幼儿因颅骨缝和囟门未闭,中枢神经系统发育不成熟,脑膜炎的临床表现可不典型。患者往往拒食、嗜睡、尖叫、呕吐、双眼凝视、惊厥、囟门紧张或隆起等,脑膜刺激征可缺如。

2. 暴发型 此型较少见,但病情凶险,病死率高。又可分为3型:

（1）休克型：短期内出现广泛皮肤、黏膜瘀点及瘀斑，且迅速发展并融合成大片皮下出血，中央坏死。同时有严重的循环衰竭、面色苍白、皮肤花纹且发绀、肢冷、脉细速、呼吸急促、血压下降等。脑膜刺激征大多缺如。瘀点涂片及血培养检查细菌往往阳性。此型临床上有DIC表现。

（2）脑膜脑炎型：除高热、皮肤瘀斑外，脑实质损害的临床表现明显。突出变现为剧烈头痛，反复惊厥，并迅速进入昏迷。部分患者可发生脑疝。不及时抢救，可因呼吸衰竭死亡。

（3）混合型：兼有上述两种暴发型的临床表现，病情最重，死亡率高。

3．慢性败血症型　少见，主要见于成人。以发热、皮疹、关节病变为特征。需多次血培养及瘀点涂片检查才能找到致病菌。发作间歇期患者一般情况好，病程可长达数周或数月。

4．轻型　多见于流行后期，有上呼吸道症状，体温不高，出血点小，有轻度头痛或呕吐，脑脊液轻度改变，病程短，易漏诊。

【问题4】 门诊医生该如何处置该患儿？

思路：根据目前诊断，流行性脑脊髓膜炎（普通型），病情较重，因此不适合居家隔离治疗，需要收治住院。急性细菌性痢疾为国家法定报告的传染病，所以门诊医生对病例应及时填写传染病报告表，向当地疾病预防控制中心进行传染病报告。

【问题5】 患儿收入病房后，你作为住院医师应如何处理？

思路：

1．及时接诊患者，不能以任何理由让患者等待或拒收患者。

2．患者应安置于流行性脑脊髓膜炎隔离病房内，采取呼吸道隔离措施。

3．仔细询问病史，全面体格检查。

4．与家长交代病情，说明患儿病情加重，需告知病危。

5．书写病历并定出诊断与治疗计划。

6．及时向所在地疾病预防控制中心传染病报告。

7．请示上级医师并记录上级医师查房意见。

【问题6】 为了进一步明确诊断，患儿还应做哪些辅助检查？

思路：在使用抗生素前，留送两份血培养。

辅助检查

脑脊液和血培养结果：C群脑膜炎球菌；药物敏感试验：青霉素及头孢曲松敏感。

【问题7】 患儿的治疗措施是什么？

思路：

1．急性流行性脑脊髓膜炎护理常规：采取呼吸道隔离措施。

2．病情危重，出具病危通知，向家属交代病情。

3．监测心率、血压及呼吸等基本生命体征，观察有无新的瘀点出现，或瘀点增多。

4．抽血查电解质及血气分析，了解是否存在代谢性酸中毒及电解质紊乱。

5．选用青霉素，第三代头孢如头孢噻肟或头孢曲松等抗感染药物，剂量及用法按照脑膜炎量，抗生素疗程最少1周。

（俞　蕙）

第十节　儿童结核病

一、原发性肺结核

原发性肺结核（primary pulmonary tuberculosis）为结核分枝杆菌初次侵入肺部后发生的结核感染灶，是儿童肺结核病的常见类型。原发性肺结核包括原发综合征与支气管淋巴结结核。前者由肺原发病灶、局部淋巴结病变和两者相连的淋巴管炎组成；后者以胸腔内肿大淋巴结为主。肺部原发病灶或因其范围较小，或被纵隔影掩盖，X线胸片无法发现病灶，或原发病灶已经吸收，仅遗留局部肿大淋巴结，故在临床上诊断为支气管淋巴结结核。此两者并为一型，即原发性肺结核。

病因主要为人型或牛型结核分枝杆菌，革兰氏染色阳性，抗酸染色呈红色。呼吸道为主要传播途径，少数经消化道传染，产生咽部和肠道结核，经皮肤和胎盘传染极少见。病理上肺部原发病灶多位于胸膜下，肺上叶底部和下叶上部，右侧较多见。基本病变为渗出、增殖、坏死。渗出性病变以炎症细胞、单核细胞及纤维蛋白为主要成分；增殖性改变以结核结节及结核性肉芽肿为主；坏死的特征性改变为干酪样改变，常出现于渗出性病变中。炎症的主要特征是上皮样细胞结节及朗格汉斯细胞。

（一）临床特点

症状轻重不一。轻者可无症状，一般起病缓慢，可有低热、食欲缺乏、疲乏、盗汗等结核中毒症状，多见于年龄较大儿童。婴幼儿及症状较重者呈急性起病，高热可达39～40℃，但一般情况尚好，与发热不相称，持续2～3周后转为低热，并伴结核中毒症状，干咳和轻度呼吸困难是最常见的症状。婴儿可表现为体重不增或生长发育障碍。部分高度过敏状态小儿可出现疱疹性结膜炎，皮肤结节性红斑及一过性关节炎。当胸内淋巴结肿大时，可能产生生压迫症状：压迫气管分叉处可出现类似百日咳样痉挛性咳嗽；压迫支气管使其部分阻塞时可引起喘鸣；压迫喉返神经可致声嘶；压迫静脉可致胸部一侧或双侧静脉怒张。

查体可发现周围淋巴结不同程度肿大，肺部体征一般不明显，与肺内病变不一致。胸片呈中到重度肺结核病变者，50%以上也可无体征。如原发病灶较大，肺部叩诊呈浊音，听诊呼吸音减低或有少许干湿啰音。婴儿可伴肝脏肿大。

进行性原发性肺结核即原发灶不断增大并形成大的干酪化中心，虽罕见于儿童，但是为结核感染的严重表现。液化后可形成原发空洞并含大量结核分枝杆菌。增大的病灶使脱落坏死的碎片进入相邻支气管，导致肺内病灶进一步播散。局部进行性病变的患儿常有明显的症状和体征，如高热、严重的咳嗽、咯痰、体重下降和盗汗，体征包括呼吸音减低，肺部啰音和在空洞部位叩诊浊音或听诊呈支气管呼吸音。经有效治疗后预后良好，但通常恢复较缓慢。

（二）治疗

1. 一般治疗　注意补充营养，应选用富含蛋白质和维生素的食物。有明显结核中毒症状及高度衰弱者应卧床休息。居住环境应阳光充足，空气流通。一般原发性结核病可在门诊治疗，但要上报传染病疫情，治疗过程中应定期复查随诊。

2. 抗结核药物治疗

（1）治疗方案

1）无明显症状的原发性肺结核：选用标准疗法，每日服用异烟肼（INH或H）、利福平（RFP或R）和/或乙胺丁醇（EMB或E），疗程9～12个月。

2）活动性原发性肺结核：宜采用直接督导下短程化疗（DOTS）。强化治疗阶段宜用3～4种杀菌药：INH、RFP、吡嗪酰胺（PZA或Z）或EMB，2～3个月后以INH，RFP或EMB巩固维持治疗。

常用方案为2HRZ/4HR，也是目前最为推崇的原发性肺结核治疗方案。应用INH和RFP共6个月，最初2个月合用PZA，这也是WHO推荐的结核病短程疗法。另外，为期9个月合用INH和RFP的方案（9HR）亦能获得满意的疗效，治疗开始1～2个月每日用药，而后第7～9个月每日用药与每周2次用药疗效相同。短程化疗具有迅速杀灭病灶内处于不同繁殖速度的细胞内、外的结核菌群，使病变吸收消散快、远期复发率低，并且患者的依从性好。此方案对药物敏感性肺结核治疗的成功率达100%，而出现不良反应的概率不足2%。1999年12月，我国卫生部疾病控制司和卫生部医政司修订的《全国结核病防治工作手册》规定了我国结核病的化疗方案，小儿原发性肺结核多为初治痰涂片阴性患者，治疗方案可选择：2HRZ/4HR或2HRZ/4H$_3$R$_3$或2H$_3$R$_3$Z$_3$/4H$_3$R$_3$。

3）耐药性肺结核：当考虑有耐药菌存在可能时，儿童耐多药结核病的治疗方案遵循的原则与成人相同。广泛性肺结核或播散性肺外结核病患者应根据药敏结果，在治疗方案中至少包含4～6种抗结核药物。①使用任何可能有效或基本有效的EMB或PZA一线口服药物，并在整个治疗期间持续使用。②根据药敏结果和治疗反应，加入一种注射类药物（阿米卡星、卡那霉素、卷曲霉素），至少使用6个月，且在培养结果转阴后继续使用 4 个月。优先使用氨基糖苷类药物,如阿米卡星,不使用链霉素,一方面因为耐药菌株对链霉素的耐药率较高,另一方面易致耳毒性。③根据药敏结果和治疗反应,在治疗过程中加入一种氟喹诺酮类药物,左氧氟沙星和莫西沙星要优于氧氟沙星。④应在治疗过程中加入二线口服药物(乙硫异烟胺 / 丙硫异烟胺、环丝氨酸 / 特立齐酮、对氨基水杨酸),除非治疗方案中已包含至少 4 种可能敏感的药物,以上二线药物应根据治疗反应、不良反应和经济成本进行选取。如从上述 1~4 组药物中未能选取出 4 种有效药物来制定治疗方案,建议在征求耐多药结核病专家的建议后,考虑加入至少 2 种三线药物(高剂量 INH、利奈唑胺、阿莫西林 / 克拉维酸、克林霉素、氨硫脲、亚胺培南 / 西司他丁、氯法明)。另外,对于小儿的耐药性肺结核,应从小儿接触的成年人肺结核患者的结核菌资料中获取信息,可参照其药敏感试验结果选择抗结核药物;如无药敏试验结果,则可从成人传染源对抗结核药的疗效来确定小儿的药物。

(2)治疗中的注意事项:①最坏的化疗是单一用药,必须联合用药。②提倡直接督导下服药,避免不规律用药。③推荐日剂量顿服,因为高峰血药浓度值与疗效关系最密切。④儿童活动性原发性肺结核,应归到结核病防治机构治疗,还可享受免费治疗。

3. 糖皮质激素治疗 浸润病变较大及中毒症状严重者,抗结核药物治疗同时可加用肾上腺糖皮质激素,如泼尼松 1mg/(kg•d),最大量不超过 40mg/d,4 周后逐渐减量,疗程 3~4 周。

4. 外科治疗 胸腔内淋巴结高度肿大,有破入气管引起窒息或破入肺部引起干酪性肺炎之可能时,宜考虑外科治疗。

临床关键点

1. 儿童原发性肺结核症状轻重不一。轻者可无症状,年龄较大儿童可有低热、食欲缺乏、疲乏、盗汗等结核中毒症状。婴幼儿呈急性起病,可出现高热,但一般情况尚好,持续 2~3 周后转为低热,并伴结核中毒症状,干咳和轻度呼吸困难是最常见的症状。婴儿也可表现为体重不增或生长发育障碍。当胸内淋巴结肿大时,可出现类似百日咳样痉挛性咳嗽、喘鸣、声嘶及一侧或双侧静脉怒张。

2. 体格检查可见周围淋巴结不同程度肿大,但肺部体征往往不明显。

临床病例

患儿,男,4 岁,因"发热 5 天"就诊。

现病史:患儿于入院前 5 天开始出现发热,每日体温 38.5~39℃,伴流涕、咳嗽及声音嘶哑。昨日起体温升高达 40℃,患儿精神可,有时烦躁。起病后曾多次到医院就诊,均拟诊为上呼吸道感染给予对症治疗。

既往史:无传染病史。出生 6 个月后易患感冒,曾患支气管炎和肺炎各 2 次。

个人史:出生时正常,体重 3 500g;母乳喂养至 6 个月,现为普食;生长发育正常;生后均按时接受国家计划免疫预防接种。

家族史:1 年前母亲患"结核病",已抗结核治疗半年,无遗传性疾病史。

体格检查:体温 39.5℃,呼吸 40 次 /min,血压 90/50mmHg,体重 12kg。神志清,精神萎靡,哭声嘶哑,急性病容;颈部可扪及黄豆大小淋巴结数枚;咽部充血;呼吸略促,双肺呼吸音粗,未可闻及干湿啰音,心率 140 次 /min,心音有力,心律齐,未闻及杂音;腹部平软,肝脏肋下 2cm,质软,脾未触及。神经系统未见异常。

【问题 1】 患儿在门诊时应注意询问哪些病史?

思路:应详细询问临床症状和 BCG 接种史,结核接触史及有关麻疹或百日咳等传染病史,检查 BCG 接种部位是否有卡疤。

患儿有结核病接触史,接种部位未见卡疤。

【问题 2】 患儿在门诊时可以作哪些检查?

思路:血常规,红细胞沉降率(ESR),CRP,PPD 皮试,胸部 X 线片。

辅助检查结果

血常规＋CRP：WBC 15×10^9/L，中性粒细胞百分比36%，淋巴细胞百分比64%，RBC 4.6×10^{12}/L，Hb 120g/L，PLT 300×10^9/L，ESR 56mm/h；CRP 50mg/L。

PPD 皮试：20mm×23mm。

胸部 X 线：右上肺前段（右上纵隔旁）大片状实变影为原发病灶，肺门及纵隔淋巴结肿大，原发病灶与肺门条片状相连，胸片上大致呈哑铃状形态（图4-10-1）。

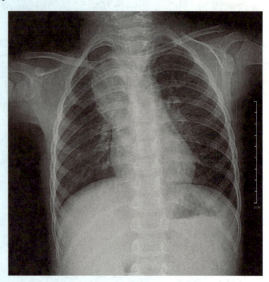

图 4-10-1　原发性肺结核（胸片）

【问题3】　根据以上信息可以作出哪些诊断？诊断依据是什么？

思路：诊断原发性肺结核。

诊断依据：结核病密切接触史，PPD 皮试强阳性，颈部淋巴结肿大，胸片右上肺大片状实变影，肺门及纵隔淋巴结肿大，大致呈哑铃状形态。

【问题4】　为了进一步明确诊断，患儿还应做哪些辅助检查？

思路：进一步检查 T-Spot，痰液、胃液涂片抗酸检查，胸部 CT 检查。

患儿 T-Spot 阳性，胃液涂片发现抗酸杆菌。

CT 显示右上肺前段（右上纵隔旁）大片状实变影为原发病灶，肺门及纵隔淋巴结肿大，原发病灶与肺门条片状相连，CT 上大致呈哑铃状形态（图4-10-2）。

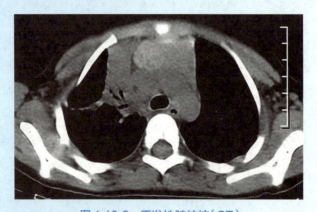

图 4-10-2　原发性肺结核（CT）

知识点

结核病辅助检查：

（1）结核菌检查：从痰、胃液（婴幼儿可抽取空腹胃液）中找到结核菌是重要的确诊手段。采用厚涂片法或荧光染色法检查结核菌的阳性率较高。BACTEC 系统为一标准化培养系统，其主要原理为测定分枝杆菌的代谢产物，结核菌阳性培养时间只需 2 周左右，用于快速鉴别结核菌群与非典型分枝杆菌。

（2）免疫学诊断及分子生物学诊断

①酶联免疫吸附试验（ELISA）：用于检测患儿血清抗 PPD-IgG 及 PPD-IgM 抗体，可作为结核病辅助诊断指标之一。抗 PPD-IgM 抗体于病后 2～4 天开始出现，2 周达高峰，至 8 周时基本降至正常，为早期诊断的基本证据之一；抗 PPD-IgG 抗体于病后 2 周逐渐上升，6 周达高峰，约在 12 周降至正常。

②酶联免疫电泳技术（ELIEP）：是将 ELISA 与电泳结合起来的一项免疫技术，是各种结核性疾病较为可靠的血清学诊断方法。

③DNA 探针：用基因探针技术能在不同水平鉴定细菌，每种细菌均具有特异的 DNA 组成，用分枝杆菌 DNA 放大和杂交技术，能快速检测结核分枝杆菌。

④聚合酶链式反应（polymerase chain reaction，PCR）：选择性地扩增对结核分枝杆菌复合物有特异性的 MP-B64 蛋白质的编码基因片段，以快速诊断结核病。但目前临床应用的最大问题是假阳性和假阴性，解决该问题的关键在于试剂的标准化、操作的规范化及建立质控管理体系。

⑤线条 DNA 探针杂交试验：将不同寡聚核苷酸探针固定在硝酸纤维膜上，与 PCR 扩增产物杂交反应，以诊断多耐药结核病（multidrug resistant tuberculosis，MDR-TB）。

⑥血 T-Spot：利用 PPD 在体外刺激全血，测定 T 细胞释放干扰素 γ 的水平。由于 PPD 抗原成分在自然感染结核菌株与 BCG 株之间有交叉，故利用 PPD 作为刺激物的试验结果也同样可受到 BCG 接种的影响。

（3）CT 检查：CT 扫描可显示纵隔和肺门淋巴结肿大，对疑诊肺结核但胸部 X 线片正常的病例有助于诊断。CT 表现为肺门增大、变形、肺门血管移位，纵隔多组淋巴结肿大，气管旁侧及肺门组、气管支气管组淋巴结肿大也多见，淋巴结内可有钙化。由于肺门结构复杂、血管分支较多，轻度肺门增大不易诊断，常需作薄层扫描及增强扫描加以辨别。

（4）纤维支气管镜检查：结核病变蔓延至支气管内造成支气管结核，纤维支气管镜检查可见到以下病变。①肿大淋巴结压迫支气管致管腔狭窄，或与支气管壁粘连固定，以致活动受限；②黏膜充血、水肿、炎性浸润、溃疡或肉芽肿；③在淋巴结穿孔前期，可见突入支气管腔的肿块；④淋巴结穿孔形成淋巴结支气管瘘，穿孔口呈火山样突起，色泽红而有干酪样物质排出。通过纤维支气管镜可采集下呼吸道分泌物或灌洗标本做细菌学检查，也可对支气管、肺内病灶进行细针穿刺吸引法活组织病理检查。纤维支气管镜检查本身有"激惹"作用，在术后 3～4 天内连续查痰，可使痰涂片的细菌检出率提高。

（5）周围淋巴结穿刺液涂片检查：可发现特异性结核改变，如结核结节或干酪性坏死，有助于结核病的诊断和鉴别诊断。

（6）经皮肺穿刺活组织病理检查：对不明原因的肺部病灶，使用其他方法不能确诊时，可考虑在超声或 CT 引导下经皮肺穿刺活组织病理检查确定诊断。

【问题5】　该患儿诊断中需要鉴别的疾病是什么？

思路：本病在胸部 X 线检查前，应与上呼吸道感染、支气管炎、百日咳等相鉴别；在 X 线检查后应与各种肺炎相鉴别；胸内淋巴结肿大明显，应与纵隔良性及恶性肿瘤相鉴别。X 线表现肺实变需与异物吸入鉴别。鉴别方法主要为查找结核菌，结核菌素试验、实验室检查、X 线片动态观察等。

【问题6】　患儿的治疗措施是什么？

思路：抗结核药物治疗。

按活动性原发性肺结核治疗：采用直接督导下短程化疗（DOTS）。强化治疗阶段宜用 3～4 种杀菌药：INH、RFP、PZA 或 EMB，2～3 个月后以 INH、RFP 或 EMB 巩固维持治疗。

选用方案：2HRZ/4HR，应用 INH 和 RFP 共 6 个月，最初 2 个月合用 PZA，另外，9 个月 INH 和 RFP 合用方案（9HR）亦可选用，治疗开始 1～2 个月每日用药，而后第 7～9 个月每日用药或每周两次用药。

知识点

（1）抗结核治疗目的：①杀灭病灶中的结核菌；②防止血行播散。

（2）抗结核治疗原则为：①早期治疗；②适宜剂量；③联合用药；④规律用药；⑤坚持全程；⑥分段治疗。

（3）判断小儿结核病活动性的参考指标：①结核菌素试验强阳性和极强阳性；②未接种卡介苗且<3岁，尤其是<1岁婴儿，但结核菌素试验中度阳性者；③排出物中找到结核菌；④胸部X线检查示活动性原发性肺结核改变者；⑤血沉加快而无其他原因解释者；⑥纤维支气管镜检查有明显支气管结核病变者。

【问题7】　原发性肺结核的转归。

思路：原发性肺结核的转归如下。

（1）吸收好转：病变完全吸收，钙化或硬结（潜伏或痊愈）。此种转归最常见，出现钙化表示病变至少已有6~12个月。

（2）进展：①原发病灶扩大，产生空洞；②支气管淋巴结周围炎，形成淋巴结支气管瘘，导致支气管内膜结核或干酪性肺炎；③支气管淋巴结肿大，造成肺不张或阻塞性肺气肿；④结核性胸膜炎。

（3）恶化：血行播散，导致急性粟粒性肺结核或全身性粟粒性结核病。

（4）静止：病变尚未完全吸收或硬结，但无活动性症状。

【问题8】　卡介苗接种后还会患结核病吗？

思路：卡介苗接种后至少可以降低50%的结核病发病率。病变以轻型肺结核和胸膜炎为主。Lingren对接种过卡介苗和未接种过卡介苗的原发综合征患者就病理形态学作了对照研究。未接种组的尸检中，原发综合征的原发病灶和淋巴结病变两者都有者占85%，而接种组是19%。接种组中81%的人只有原发灶而无淋巴结病变，原发灶空洞、淋巴支气管瘘、病灶周围炎亦很难见到，而且原发灶和淋巴结病变程度比未接种组小得多，X线几乎难以发现，也很难见到哑铃型原发综合征。说明卡介苗能制止原发感染的进展，从而阻断了结核菌自淋巴以及淋巴-血行播散，减少了肺外结核的发生。

二、急性粟粒性肺结核

急性粟粒性肺结核（acute miliary tuberculosis of the lungs）或称急性血行播散性肺结核，是结核菌经血行播散而引起的肺结核，常是原发综合征发展的后果，主要见于小儿，尤其是婴幼儿。由于婴幼儿免疫功能低下，机体处于高度敏感状态，感染结核后，易形成结核菌血症。当原发病灶或淋巴结干酪样坏死发生溃破时，则大量细菌由此侵入血液而引起急性粟粒性结核病。若细菌由肺动脉播散，则仅肺部受累，为粟粒性肺结核；若细菌侵入肺静脉，则通过体循环播散到全身主要脏器如肺、脑膜、脑、肝、脾、肾、心、肾上腺、肠、腹膜、肠系膜淋巴结等引起全身性粟粒结核。播散到上述脏器中的结核菌，在间质组织中形成细小结节。在肺脏中的结核结节分布于上肺部者多于下肺部，为灰白色半透明或淡黄色不透明的结节，如针尖或粟粒一般，1~2mm大小。镜检示结核结节由类上皮细胞、淋巴细胞和朗格汉斯细胞加上中心干酪坏死性病灶组成。

（一）临床表现

起病多呈急性，婴幼儿突然高热（39~40℃），呈稽留热或弛张热，部分病例体温可不太高，呈规则或不规则发热，常持续数周或数月，多伴有寒战、盗汗、食欲缺乏、咳嗽、面色苍白、气促和发绀等。肺部可听到细湿啰音而被误诊为肺炎。约50%以上的病儿在起病时就出现脑膜炎的征象。部分患儿伴有肝脾大，以及浅表淋巴结大等，临床上易与伤寒、败血症等混淆，少数婴幼儿主要表现为一般中毒症状如发热、食欲缺乏、消瘦和倦意等而被误诊为营养不良。

全身性粟粒性结核患者，眼底检查可发现脉络膜结核结节，后者分布于视网膜中心动脉分支周围。

（二）治疗

早期抗结核治疗甚为重要。结核患者病情多急、重，但若能早期诊断和治疗仍可治愈，如延误诊断治疗则可致死亡。

临床关键点

1. 急性粟粒性肺结核常继发于原发综合征，多在原发感染后3~6个月内发生。主要发生在婴幼儿期。年龄幼小，患麻疹、百日咳或营养不良时，机体免疫力低下，特别是HIV感染，易诱发本病。

2. 婴儿粟粒性结核的特点为发病急，症状重而不典型，累及器官多，特别是伴发结核性脑膜炎者居多，病程进展快，病死率高。

临床病例

患儿，男，5岁，因咳嗽15天，发热10天入院。

现病史：患儿15天前始咳嗽，单声咳，无咳痰，伴气促、无喘息。10天前出现发热，体温多波动于38.5～39℃，至当地医院查胸片示双肺纹理显示不清，肺门结构模糊，未见斑片状影。予抗炎、退热等对症支持治疗。患儿仍有反复发热。起病以来，患儿精神食欲差，大小便正常，夜间有盗汗。

既往史：既往体质较弱，易感冒。否认结核病接触史。

个人史：出生时正常，体重3 500g，混合喂养，生长发育正常，未接种过卡介苗。

家族史：父母体健，家中保姆经常咳嗽。

体格检查：体温36.8℃ 脉搏95次/min 呼吸40次/min 血压99/62mmHg 体重18kg。发育正常，营养中等，神志清楚，皮肤未见黄染，无皮疹，无卡疤，颈部可触及多个黄豆大小淋巴结，质地中等，无压痛，无明显粘连，表面光滑，局部无发红破溃。咽部充血，双侧扁桃体Ⅱ度肿大，双肺呼吸运动对称，语音震颤无增强，双肺叩诊清音，双肺呼吸音清，双肺可闻及细湿啰音，心率95次/min，律齐，心音有力，未闻及杂音，腹平软，全腹无压痛及反跳痛，肝右肋下2.0cm处可触及，边缘钝，质地中等，无触痛，脾肋下约2cm处扪及，边缘钝，质地中等，无触痛，双下肢无水肿，病理征阴性。

【问题1】　患儿在门诊时应注意询问哪些病史？

思路：应注意询问的病史包括结核病接触史，既往结核病史，近期急性传染病史，如麻疹、百日咳等，卡介苗等预防接种史。

家中保姆经常咳嗽，对保姆行胸片检查，发现其患浸润性肺结核。患儿未接种卡介苗。

【问题2】　患儿在门诊时可以作哪些检查？

思路：血常规，ESR，CRP，PPD皮试，胸片。

检查结果

血常规＋CRP：WBC $15.5 \times 10^9/L$，中性粒细胞百分比85%，淋巴细胞百分比15%，Hb 110g/L，PLT $455 \times 10^9/L$，PPD皮试$12 \times 13mm$，CRP 19.7mg/l，ESR 62mm/h，胸片（图4-10-3）示双肺纹理显示不清，两侧肺野多发散在大小形态一致、分布一致及密度一致边界清楚的小粟粒影，肺门结构模糊。

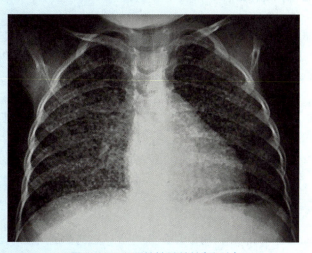

图4-10-3　粟粒性肺结核（胸片）

【问题3】　根据以上信息可以作出哪些诊断？可能需要的鉴别诊断。

思路：根据临床表现及辅助检查可作出的临床诊断是急性粟粒性肺结核。临床上应注意与肺炎、败血症、组织细胞增生症及肺含铁血黄素沉着症等相鉴别。

> **知识点**
>
> 　　急性粟粒性肺结核诊断主要根据结核病接触史、临床表现、肝脾大及结核菌素试验阳性,可疑者应进行细菌学检查、血清抗结核菌抗体检测与胸部 X 线片。胸部 X 线片常对诊断起决定性作用。胸部 X 线片早期因粟粒阴影细小而不易查出。至少在起病 2～3 周后胸部 X 线片方可发现大小一致、分布均匀的粟粒状阴影,密布于两侧肺野。

【问题 4】　患儿收入病房后,你作为住院医师应如何进一步检查?

思路:进一步查肝肾功能及心肌酶学,免疫球蛋白及补体,HIV 抗体,PPD-IgG、IgM,结核酶联免疫斑点试验,肝脾、腹腔淋巴结超声,肺部 CT。

　　患儿肝肾功能心肌酶正常,免疫球蛋白补体正常 HIV 抗体阴 PPD-IgG 阳性、IgM 阳性,结核酶联免疫斑点试验:ESAT-6 46(<5),CFP-10 40(<5)。腹部超声示肝脾大。肺部 CT(图 4-10-4)示双肺广泛分布的 1～2mm 的小点状阴影,密度均匀、边界清楚、分布均匀,与支气管走行无关。

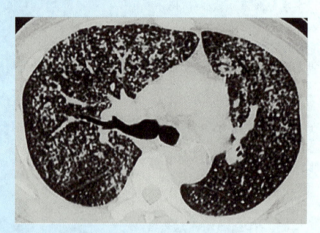

图 4-10-4　粟粒性肺结核(CT)

【问题 5】　患儿的治疗措施是什么?

思路:

(1)抗结核药物:目前主张将化疗的全疗程分为两个阶段进行;即强化治疗阶段及维持治疗阶段,此方案可提高疗效。前者于治疗开始时即给予强有力的四联杀菌药物如 INH、RFP、PZA 及 SM。不仅能迅速杀灭生长繁殖时期的结核菌,而且 RFP 对代谢低下的细菌亦能杀灭,并可防止或减少续发耐药菌株的产生。SM 能杀灭在碱性环境中生长、分裂、繁殖活跃的细胞外的结核菌,PZA 能杀灭在酸性环境中细胞内结核菌及干酪病灶内代谢缓慢的结核菌。开始治疗杀灭效果越大,以后产生顽固菌的机会越小,此法对原发耐药病例亦有效。

(2)肾上腺皮质激素:有严重中毒症状及呼吸困难者,在应用足量抗结核药物的同时可用泼尼松 1～2mg/(kg·d),疗程 1～2 个月。

三、结核性脑膜炎

　　结核性脑膜炎(tuberculous meningitis)简称结脑,是小儿结核病中最严重的类型。常在结核原发感染后 1 年以内发生,尤其在初次感染结核 3～6 个月最易发生。多见于 3 岁以内婴幼儿,约占 60%。自普及卡介苗接种和有效抗结核药物应用以来,本病的发病率较过去明显降低,预后有很大改进,但若诊断不及时和治疗不当,病死率及后遗症的发生率仍较高,故早期诊断和合理治疗是改善本病预后的关键。

(一)病因及发病机制

　　结脑常为全身性粟粒性结核病的一部分,通过血行播散而来。这与婴幼儿中枢神经系统发育不成熟,血脑屏障功能不完善,免疫功能低下密切相关。此外,结脑亦可由于脑实质或脑膜的结核病灶破溃、结核菌进入蛛网膜下腔及脑脊液中所造成。偶见脊椎、颅骨或中耳与乳突的结核灶直接蔓延侵犯脑膜。

(二)病理

软脑膜弥漫充血、水肿、炎性渗出,并形成许多结核结节。蛛网膜下腔大量炎性渗出物积聚,由于重力作用,加之脑底池腔大,脑底血管神经周围的毛细血管吸附等,使炎性渗出物易在脑底诸池聚集。渗出物中可见上皮样细胞、朗格汉斯细胞及干酪坏死。浆液纤维蛋白渗出物波及脑神经鞘,包围挤压脑神经引起脑神经损害,临床常见第Ⅶ、Ⅲ、Ⅳ、Ⅵ、Ⅱ对脑神经障碍的症状。脑部血管在早期主要为急性动脉炎,病程较长者,增生性结核病变较明显,可见栓塞性动脉内膜炎,严重者可引起脑组织梗死、缺血、软化而致偏瘫。炎症可蔓延至脑实质,或脑实质原已有结核病变,可致结核性脑膜脑炎。室管膜及脉络丛受累,出现脑室管膜炎。如室管膜或脉络丛结核病变使一侧或双侧室间孔粘连狭窄,可出现一侧或双侧脑室扩张。脑底部渗出物机化、粘连、堵塞使脑脊液循环受阻可导致脑积水。少数病例脑实质内有结核瘤。有时炎症蔓延至脊髓膜、脊髓及脊神经根,临床上出现截瘫或盆腔功能障碍。

(三)临床表现

典型结脑起病多较缓慢。根据临床表现,病程大致可分为3期。

1. 早期(前驱期) 1～2周。主要症状为小儿性格改变,如少言、懒动、易倦、烦躁、易怒等。可有发热、食欲缺乏、盗汗、消瘦、呕吐、便秘(婴儿可为腹泻)等。年长儿可自诉头痛,多轻微或非持续性,婴儿则表现为蹙眉皱额,或凝视、嗜睡,或发育迟滞等。

2. 中期(脑膜刺激期) 1～2周。因颅内压增高致剧烈头痛、喷射性呕吐、嗜睡或烦躁不安、惊厥等。出现明显脑膜刺激征,颈项强直,克氏征、布氏征阳性。婴幼儿表现为前囟膨隆、颅缝裂开。此期可出现脑神经障碍,最常见者为面神经瘫痪,其次为动眼神经和外展神经瘫痪。部分患儿出现脑炎体征,如定向障碍、运动障碍或语言障碍。眼底检查可见视乳头水肿、视神经炎或脉络膜粟粒状结核结节。

3. 晚期(昏迷期) 1～3周。以上症状逐渐加重,由意识朦胧、半昏迷继而昏迷。阵挛性或强直性惊厥频繁发作。患儿极度消瘦,呈舟状腹。常出现水、盐代谢紊乱。最终因颅内压急剧增高导致脑疝致使呼吸及心血管运动中枢麻痹而死亡。

根据儿童结脑的病理变化、病情轻重及临床表现,可分为以下4型:

1. 浆液型 其特点为浆液渗出物仅局限于脑底,脑膜刺激征及脑神经障碍不明显,脑脊液变化轻微。常在粟粒型结核病常规检查脑脊液时发现。多见于疾病早期,病情较轻。

2. 脑底脑膜炎型 为最常见的一型。浆液纤维蛋白性渗出物较弥漫,炎性病变主要位于脑底。其临床特征为有明显脑膜刺激征,颅高压及脑神经障碍突出,但没有脑局灶性症状。脑脊液呈现典型结脑改变。多见于疾病中期,病情较重。

3. 脑膜脑炎型 脑膜和脑实质均受累。脑血管变化明显,可出现脑局灶性症状,如肢体瘫痪或偏瘫,语言障碍,甚至失语,手足徐动或震颤,颅高压或脑积水症状显著。脑脊液改变较轻,恢复较快,与临床表现不平行。此型病程长,迁延不愈或恶化、复发,预后差。

4. 脊髓型 炎症蔓延至脊髓膜或脊髓,除脑及脑膜症状明显外,尚出现脊髓和神经根障碍,如截瘫、感觉障碍、括约肌功能障碍等。因脑脊液通路梗阻,脑脊液可呈黄色,有明显蛋白细胞分离现象。此型病程长,多见于年长儿,临床恢复慢,常遗留截瘫后遗症。

(四)诊断

早期诊断主要依靠详细的病史询问,周密的临床观察及对本病高度的警惕性,综合资料全面分析,最可靠的诊断依据是从脑脊液中查见结核分枝杆菌。

(五)并发症及后遗症

最常见的并发症为脑积水、脑实质损害、脑出血及脑神经障碍。严重后遗症多为脑积水、肢体瘫痪、智力低下、失明、失语、癫痫及尿崩症等。晚期结脑发生后遗症者约占2/3,而早期结脑后遗症甚少。

(六)治疗

主要抓住两个重点环节,一是抗结核治疗,二是降低颅高压。

(七)预后

主要与下列因素有关。①治疗早晚:治疗愈晚病死率愈高,早期病例无死亡,中期病死率为3.3%,晚期病死率高达 24.9%；②年龄：年龄愈小，脑膜炎症发展愈快，愈严重，病死率愈高；③病期和病型：早期、浆液型预后好，晚期、脑膜脑炎型预后差；④结核菌耐药性：原发耐药菌株已成为影响结脑预后的重要因素；⑤治疗方法：剂量不足或方法不当时可使病程迁延，易出现并发症。

临床关键点

1. 病史　①结核接触史：大多数结脑患儿有结核接触史，特别是家庭内开放性肺结核患者接触史，对小婴儿的诊断尤有意义；②卡介苗接种史：大多数患儿未接种过卡介苗；③既往结核病史：尤其是 1 年内发现结核病又未经治疗者，对诊断颇有帮助；④近期急性传染病史：如麻疹、百日咳等常为结核病恶化的诱因。

2. 临床表现　凡有上述病史的患儿出现性格改变、头痛、不明原因的呕吐、嗜睡或烦躁不安相交替及顽固性便秘时，即应考虑本病的可能。眼底检查发现有脉络膜粟粒结节对诊断有帮助。

临床病例

患儿，男，10 个月，因发热、呕吐 10 天，抽搐 1 次入院。

现病史：患儿 10 天前出现发热，38～39℃，呕吐 3～4 次 /d，与进食无关，偶呈喷射状。入院前突然抽搐 1 次，双眼上翻，意识丧失，持续 5～6 分钟。

既往史：平常体弱多病。

个人史：出生时正常，体重 3 000g，混合喂养，生长发育落后同龄儿，未接种过卡介苗。

家族史：其祖母经常咳嗽，偶尔痰中有血丝。

体格检查：体温 38℃，脉搏 128 次 /min，呼吸 30 次 /min，体重 7kg，发育中等，营养偏差，急性面容，嗜睡状，颈部有多个 0.7cm×0.7cm 大小的淋巴结，无压痛，前囟 1.5cm×1.5cm，隆起，张力高，哭时左侧眼裂较右侧小，左侧鼻唇沟较对侧浅。颈有抵抗感，心肺未见异常，克氏征和布氏征均（-）。

【问题1】 在门诊时应注意询问患儿哪些病史？

思路：应注意询问的病史包括结核接触史，既往结核病史，近期急性传染病史，如麻疹、百日咳等，卡介苗等预防接种史。

患儿祖母有咯血史，患儿未接种卡介苗，平时体弱。

【问题2】 患儿在门诊时可以作哪些检查？

思路：血常规，PPD 皮试，胸片。

检查结果

血常规：WBC 12.5×10⁹/L，中性粒细胞百分比 65%，淋巴细胞百分比 35%；PPD 皮试 15mm×16mm；胸片示右肺门增大，结构模糊。

知识点

约 85% 结核性脑膜炎患儿的胸片有结核病改变，其中 90% 为活动性病变，呈粟粒型肺结核者占 48%。胸部 X 线片证明血行播散性结核病对确诊结脑很有意义。

【问题3】 根据以上信息可以作出哪些诊断？可能需要的鉴别诊断。

思路：根据临床表现及辅助检查可作出的临床诊断是颅内感染，结核性脑膜炎可能。

鉴别诊断：

（1）化脓性脑膜炎（以下简称化脑）：婴儿结脑急性起病者，易误诊为化脑；而治疗不彻底的化脑脑脊液细胞数不甚高时，又易误诊为结脑，应予鉴别。

重要鉴别点是脑脊液检查：化脑脑脊液外观混浊，细胞数 >1 000×10^6/L，分类以中性粒细胞为主，涂片或培养可找到致病菌，鉴别一般不难，但治疗不彻底的化脑患儿脑脊液改变不典型，单凭脑脊液检查有时难与结脑鉴别，应结合病史、临床表现及其他检查综合分析。

（2）病毒性脑膜炎：起病较急，早期脑膜刺激征较明显，脑脊液无色透明，白细胞数 50×10^6/L～500×10^6/L，分类以淋巴细胞为主，蛋白质一般不超过 1.0g/L，糖和氯化物含量正常。

（3）隐球菌脑膜炎：起病较结脑更缓慢，病程更长，多有长期使用广谱抗生素和／或免疫抑制剂史。病初多无明显发热。颅高压症状显著，头痛剧烈，与脑膜炎其他表现不平行。视力障碍及视乳头水肿较常见，症状有时可自行缓解。脑脊液呈蛋白细胞分离，糖显著降低，脑脊液墨汁涂片可找到厚荚膜圆形发亮的菌体，结核菌素试验阴性。

（4）脑肿瘤：尤其是婴幼儿较常见的髓母细胞瘤可经蛛网膜下腔播散转移，易发生脑神经障碍、脑膜刺激征及脑脊液改变，易误诊为结脑。但脑肿瘤一般无发热史，少见抽搐、昏迷，颅高压症状与脑膜刺激征不相平行，脑脊液改变较轻微，结核菌素试验阴性，脑部CT扫描或磁共振（MRI）有助于诊断。

> 知识点
>
> 部分结脑呈不典型表现，常表现为：①婴幼儿起病急，进展较快，有时仅以惊厥为主诉；②早期出现脑实质损害者，可表现为舞蹈症或精神障碍；③早期出现脑血管损害者，可表现为肢体瘫痪；④合并脑结核瘤者可似颅内肿瘤表现；⑤当颅外结核病变极端严重时，可将脑膜炎表现掩盖而不易识别；⑥在抗结核治疗过程中发生脑膜炎时，常表现为顿挫型。

【问题4】 患儿收入病房后，您作为住院医师应如何进一步检查？

思路：脑脊液检查对本病的诊断极为重要。患儿脑脊液压力为220mmH$_2$O，无色微混浊，WBC 450×10^6/L，中性粒细胞百分比30%，淋巴细胞百分比70%，蛋白质1.5g/L，糖1.65mmol/L，氯化物102.6mmol/L。

> 知识点
>
> **结脑脑脊液特点**
>
> 常规检查脑脊液压力增高，外观无色透明或呈毛玻璃样，蛛网膜下腔阻塞时，可呈黄色，静置12～24小时后，脑脊液中可有蜘蛛网状薄膜形成，取之涂片作抗酸染色，结核菌检出率较高。白细胞数多为 50×10^6/L～500×10^6/L，分类以淋巴细胞为主，但急性进展期，脑膜新病灶或结核瘤破溃时，白细胞数可 >1 000×10^6/L，其中1/3病例分类以中性粒细胞为主。糖含量减少，氯化物亦降低，两者同时减低为结脑的典型改变。蛋白量增高，一般多为 1.0～3.0g/L，椎管阻塞时可高达 40～50g/L。脑脊液（5～10ml）沉淀物涂片抗酸染色镜检阳性率可达30%。

【问题5】 为了进一步明确诊断，患儿还可以做哪些辅助检查？

思路：

（1）结核菌抗原检测：以ELISA双抗夹心法检测脑脊液结核菌抗原，是敏感、快速诊断结脑的辅助方法。

（2）抗结核抗体测定：以ELISA法检测结脑患儿脑脊液PPD-IgM抗体和PPD-IgG抗体，其水平常高于血清中的水平。PPD-IgM抗体于病后2～4天开始出现，2周达高峰，至8周时基本降至正常，为早期诊断依据之一；而PPD-IgG抗体于病后2周起逐渐上升，至6周达高峰，约在12周时降至正常。

（3）腺苷脱氨酶（adenosine deaminase，ADA）活性测定：ADA主要存在于T细胞中，有63%～100%结脑患者脑脊液ADA增高（>9U/L），ADA在结脑发病1个月内明显增高，治疗3个月后明显降低，为一简单可靠的早期诊断方法。

（4）脑脊液结核菌培养：是诊断结脑可靠的依据。

（5）聚合酶链反应（PCR）：应用PCR技术在结脑患儿脑脊液中扩增出结核菌所特有的DNA片段，能使脑脊液中极微量结核菌体DNA被准确地检测，其灵敏度和特异性超过目前使用的各种实验手段。

（6）脑CT扫描或磁共振（MRI）：在疾病早期可正常，随着病情进展可出现基底核阴影增强，脑池密度增高、模糊、钙化、脑室扩大、脑水肿或早期局灶性梗死征。

【问题6】 患儿的治疗措施是什么？

思路：

1．一般疗法　卧床休息，细心护理，对昏迷患者可予鼻饲或胃肠外营养，以保证足够热量，应经常变换体位，以防止褥疮和坠积性肺炎。做好眼睛、口腔、皮肤的清洁护理。

2．抗结核治疗　联合应用易透过血脑屏障的抗结核杀菌药物，分阶段治疗。

（1）强化治疗阶段：联合使用INH、RFP、PZA及EMB。疗程3～4个月，其中INH每日15～25mg/kg，RFP每日10～15mg/kg（<450mg/d），PZA每日20～30mg/kg（<750mg/d），SM每日15～20mg/kg（<750mg/d）。开始治疗的1～2周，将INH全日量的一半加入10%葡萄糖中静脉滴注，余量口服，待病情好转后改为全日量口服。

（2）巩固治疗阶段：继用INH，RFP或EMB。RFP或EMB 9～12个月。抗结核药物总疗程不少于12个月，或待脑脊液恢复正常后继续治疗6个月。早期患者可采用9个月短程治疗方案（3HRZS/6HR）有效。

3．降低颅高压　由于室管膜炎症的刺激，脑脊液分泌增多，压力增高；加之脑底大量炎性渗出物及肉芽充填后，使脑脊液循环通路受阻而产生各种类型脑积水。最早于10天即可出现，故应及时控制颅内压，措施如下。

（1）脱水剂：常用20%甘露醇，一般剂量每次0.5～1.0g/kg，于30分钟内快速静脉注入。4～6小时一次，脑疝时可加大剂量至每次2g/kg。2～3日后逐渐减量，7～10日停用。其作用机制为使脑脊液渗入静脉而降低颅内压。

（2）利尿剂：乙酰唑胺（diamox）一般于停用甘露醇前1～2天加用该药，每日20～40mg/kg（<0.75g/d）口服，根据颅内压情况，可服用1～3个月或更长，每日服或间歇服（服4日，停3日）。该药系碳酸酐酶抑制剂，可减少脑脊液的产生而降低颅内压。

（3）侧脑室穿刺引流：适用于急性脑积水而其他降颅内压措施无效或疑有脑疝形成时。引流量根据脑积水严重程度而定，一般每日50～200ml，持续引流时间为1～3周。有室管膜炎时可予侧脑室内注药。特别注意防止继发感染。

（4）腰穿减压及鞘内注药

适应证：①颅内压较高，应用激素及甘露醇效果不明显，但不急需作侧脑室引流或没有作侧脑室引流的条件者；②脑膜炎症控制不好以致颅内压难于控制者；③脑脊液蛋白量>3.0g/L以上。

方法：根据颅内压情况，适当放出一定量脑脊液以减轻颅内压；3岁以上每次注入INH 20～50mg及地塞米松2mg，3岁以下剂量减半，开始为每日1次，1周后酌情改为隔日1次、1周2次及1周1次。2～4周为1疗程。

（5）分流手术：若由于脑底脑膜粘连梗阻发生梗阻性脑积水时，经侧脑室引流等难以奏效，而脑脊液检查已恢复正常，为彻底解决颅高压问题，可考虑作侧脑室小脑延髓池分流术。

4．激素疗法　能抑制炎症渗出从而降低颅内压，可减轻中毒症状及脑膜刺激症状，有利于脑脊液循环，并可减少粘连，从而减轻或防止脑积水的发生。是抗结核药物有效的辅助疗法，早期使用效果好。一般使用泼尼松，每日1～2mg/kg（<45mg/d），1个月后逐渐减量，疗程8～12周。

5．对症治疗

（1）惊厥的处理：首选地西泮0.3～0.5mg/kg（最大剂量10mg）缓慢静脉推注，或劳拉西泮0.05～0.1mg（最大剂量4mg）缓慢静脉推注。

（2）水、电解质紊乱的处理

1）稀释性低钠血症：由于丘脑下部视上核和室旁核受结核炎症渗出物刺激，使垂体分泌抗利尿激素增多，导致远端肾小管回吸收水增加，造成稀释性低钠血症。如水潴留过多，可致水中毒，出现尿少、头痛、频繁呕吐、反复惊厥甚至昏迷。治疗宜用3%氯化钠液静脉滴注，每次6～12ml/kg，可提高血钠5～10mmol/L，同时控制入水量。

2）脑性失盐综合征：结脑患儿可因间脑或中脑发生损害，调节醛固酮的中枢失灵，使醛固酮分泌减少；或因促尿钠排泄激素过多，大量 Na$^+$ 由肾排出，同时带出大量水分，造成脑性失盐综合征。应检测血钠、尿钠，以便及时发现，可用 2∶1 等张含钠液补充部分失去的体液后，酌情补以 3% 氯化钠液以提高血钠浓度。

3）低钾血症：宜用含 0.2% 氯化钾的等张溶液静脉滴注，或口服补钾。

6. 随访观察　在抗结核药物治疗结束后，必须密切随访观察。因复发病例全部发生在停药后 4 年内，绝大多数在 2～3 年内。故停药后随访观察至少 3～5 年。凡临床症状消失，脑脊液正常，疗程结束后 2 年无复发者，方可认为治愈。

四、结核感染

由结核分枝杆菌感染引起的结核菌素试验阳性和 / 或血清抗结核菌抗体阳性，而全身找不到结核病灶者，称结核感染。

临床关键点

1. 病史多有结核病接触史。
2. 临床表现有或无结核中毒症状，体格检查可无阳性发现。
3. 胸部 X 线检查正常。
4. 结核菌素试验阳性和 / 或抗结核菌抗体阳性。

临床病例

患儿，男，2 岁 10 个月，因 PPD 皮试强阳性就诊。

现病史：患儿入园查体发现 PPD 皮试 15mm×18mm，无发热，盗汗，咳嗽及喘息症状。精神食欲可。

既往史：平常体健。

个人史：出生时正常，体重 3 500g，混合喂养，生长发育正常，生后均按时接受国家计划免疫预防接种。

家族史：父母体健，家族无传染病及遗传病史。

体格检查：体温 36.5℃，脉搏 100 次 /min，呼吸 28 次 /min，体重 14kg，发育中等，营养可，全身淋巴结无肿大，心肺未见异常，肝脾肋下未扪及。

【问题 1】 患儿在门诊时应注意询问哪些病史？

思路：应详细询问临床症状和 BCG 接种史，结核接触史，检查 BCG 接种部位是否有卡疤。

【问题 2】 患儿在门诊需要做哪些检查？

思路：PPD-IgG、IgM，ESR，结核酶联免疫斑点试验，胸片检查。

患儿 PPD-IgG、IgM 阴性，ESR 正常，胸片未见异常，结核酶联免疫斑点试验 ESAT-6 26（<5），CFP-10 16（<5）。

【问题 3】 患儿在门诊需要哪些治疗？

思路：INH 每日 10mg/kg（最大 <300mg /d），RFP 每日 10mg/kg（最大 <300mg/d），疗程 6～9 个月。

知识点

下列情况应按结核感染治疗：①接种过卡介苗，但结核菌素试验最近 2 年内硬结直径增大≥10mm者；②结核菌素试验反应新近由阴性转为阳性者；③结核菌素试验呈强阳性反应的婴幼儿和少年；④结核菌素试验阳性并有早期结核中毒症状者；⑤结核菌素试验阳性而同时因其他疾病需用糖皮质激素或其他免疫抑制剂者；⑥结核菌素试验阳性，新患麻疹或百日咳小儿；⑦结核菌素试验阳性的艾滋病毒感染者及艾滋病患儿。

（俞 蕙）

第十一节 沙门菌感染

沙门菌感染是由各种沙门菌所引起的急性消化道传染病,本节主要介绍伤寒。伤寒的主要症状表现为持续高热、全身中毒症状、玫瑰疹、肝脾肿大、白细胞减少、相对缓脉,严重者可出现肠出血、肠穿孔等并发症。儿童伤寒临床表现可不典型,容易发生误诊。

临床关键点

1. 伤寒是由伤寒杆菌引起的急性消化道传染病,主要临床表现为持续高热、全身中毒症状、消化道症状、玫瑰疹、肝脾肿大、白细胞减少、相对缓脉,严重者可出现肠出血、肠穿孔等并发症。

2. 外周血象特点 白细胞减少,粒细胞有核左移现象,嗜酸性粒细胞消失,CRP升高。

3. 从任一种标本(血、尿、粪便、骨髓)中分离到伤寒杆菌可确诊本病。

4. 肥达反应 用细菌菌体(O)抗原,鞭毛(H)抗原检测患者血清中相应抗体,对伤寒有辅助诊断价值。一般O抗体效价在1:80以上、H抗体在1:160或以上有诊断参考价值。

临床病例

患儿,女,9岁,因"持续发热1周,腹痛、腹泻3天"就诊。

现病史:患儿于一周前开始出现咽痛、咳嗽、发热,每日体温38.5~39℃,发热前有畏寒,服退热药效果不佳,就诊于外院门诊,诊断为"上呼吸道感染",给予头孢克洛口服,症状无缓解。3天前出现腹痛、腹泻。腹痛为右下腹痛,为间歇性、阵发性加重,不伴有呕吐。腹泻4~8次/d,为黄色稀糊便。为进一步诊治就诊。

患儿自发病以来,精神一般、进食减少。

既往史:无传染病史。易患感冒,曾患支气管炎和肺炎。

个人史:足月顺产,出生无窒息,出生体重3 150g;母乳喂养至1岁,4个月添加辅食。生长发育正常,按时接受国家计划免疫预防接种。

家族史:父母均体健,无遗传性疾病史。

体格检查:体温39.8℃,脉搏110次/min,呼吸32次/min,血压98/60mmHg。神志清,精神萎靡,急性病容,全身未见黄疸、皮疹,颈部可扪及黄豆大小淋巴结数枚,双侧扁桃体Ⅱ度肿大、充血,双肺呼吸音粗,未闻及干湿啰音,心率110次/min,心音有力,心律齐,未闻及杂音,腹部平软,肝脏肋下2cm,质软,脾未触及,右下腹部有压痛,腹肌稍紧张。神经系统未见异常。

【问题1】 患儿在门诊时应注意询问哪些病史?

思路:是否有不洁饮食摄入史、腹痛位置是否有变化、流行病学接触史及既往是否有类似病史及基础疾病史。

补充病史

发病前1周曾至卫生条件较差的乡镇军训,同去的同学目前也有请假未上学者,具体情况不详。腹痛开始即为右下腹痛,无转移性腹痛。

【问题2】 患儿虽在外院门诊诊断为"上呼吸道感染",但后来出现的哪些症状和体征提示存在其他问题?

思路:

(1)患儿3天前出现腹痛、腹泻,且精神、食欲差。查体发现体温39.8℃,脉搏110次/min,肝脏肋下2cm,质软,脾未触及,右下腹部可触及2cm×5cm包块,有压痛,腹肌稍紧张。补充病史提示可疑不洁饮食接触史及可疑群体发病,均提示需除外消化道感染性疾病。

（2）患儿体温为 39.8℃时脉搏仅为 110 次 /min，即出现相对缓脉。同时伴有腹痛、腹泻，以及精神、食欲差，不喜玩闹，应考虑伤寒感染的可能。

【问题3】　患儿在门诊时可以做哪些检查？

思路：血常规、CRP、胸部 X 线片、腹部超声、粪便常规＋隐血。

辅助检查结果

血常规：WBC $7.5×10^9$/L，中性粒细胞百分比 60%，单核细胞 12%，淋巴细胞百分比 27%，嗜酸性细胞 0，嗜碱性细胞 1%，RBC $4.06×10^{12}$/L，Hb 119g/L，PLT $104×10^9$/L，CRP 23mg/L。

胸部 X 线：双肺纹理增粗。

腹部超声：肝脏增大，回盲部肠壁增厚、回声减低，回盲部淋巴结肿大。

粪便常规：白细胞 5～8/HP，红细胞 8～10/HP。潜血阳性。

【问题4】　根据以上信息可以作出哪些诊断？ 诊断依据是什么？

思路：根据临床表现及辅助检查可作出的临床诊断是伤寒（疑似病例），支气管炎。

（1）伤寒：患儿以发热伴呼吸道症状为首发表现，第 4 天出现消化道症状，表现为腹痛、腹泻，伴有食欲、精神差，不喜玩闹，相对缓脉。查体和辅助检查发现浅表及腹部淋巴结增大，肝脏肿大。嗜酸性细胞缺如，粪便常规可见白细胞、红细胞，潜血阳性，腹部超声可见回盲部肠壁增厚。

（2）支气管炎：咳嗽，双肺呼吸音粗，胸部 X 线检查显示双肺纹理增粗。

> **知识点**
>
> **伤寒的临床表现特点**
>
> 1. 伤寒的潜伏期　一般为 7～14 天。
>
> 2. 儿童伤寒临床表现　大多都有高热、一般体温渐升，呈稽留热或弛张热，并持续 2～4 周。除发热外，乏力、困倦、食欲缺乏等全身中毒症状最明显。约半数以上患儿病程早期有呼吸道症状。消化道症状为腹痛、腹泻，婴儿更易发生腹泻，甚至可致脱水、酸中毒。腹泻或见于起病时，或贯穿于全病程。
>
> 3. 成人伤寒临床表现　相对缓脉较为常见，儿童伤寒仅年龄较大的儿童出现相对缓脉，年龄越小，相对缓脉越少。
>
> 4. 玫瑰疹　在小儿伤寒较为少见，皮疹为略高出皮肤表面的斑丘疹，直径 2～4mm，压之褪色，总数目为数个到数十个不等，皮疹多数见于腹部，其次为胸腰、背部。在病程的 2～3 周出现，2～3 天消失。

【问题5】　门诊医生该如何处置该患儿？

思路：根据目前诊断，患儿高度怀疑为伤寒，而且合并支气管炎，超声可见回盲部肠壁增厚，腹部淋巴结增大，肝脏肿大，应警惕腹部严重并发症如肠出血、肠穿孔的发生，病情较重，需要收治住院。伤寒为国家法定报告的传染病，所以门诊医生对疑似或临床诊断病例应及时向当地疾病预防控制中心进行传染病报告（城镇 12 小时内，农村 24 小时内，包括电话、网上直报和填写传染病报告表）。

【问题6】　患儿收入病房后，还应该做哪些辅助检查？

思路：

（1）病原菌培养：抽血进行血培养，也可留取小便培养，大便培养。如诊断困难，且病情许可时也可酌情进行骨髓培养。

（2）肥达反应：包括"O"抗体凝集及"H"抗体凝集实验。

（3）肝肾功能：伤寒过程中会并发肝炎，表现为肝大或氨基转移酶轻度升高，少数患者可发生一过性肾小球肾炎，故应监测肝肾功能。

（4）心肌酶谱和心电图：伤寒可能合并心肌炎，应监测心电图和心肌酶谱。

（5）腹部超声：监测回肠部肠壁增厚及淋巴结肿大情况。

233

辅助检查结果

血培养：伤寒杆菌。

肥达反应："O"抗体凝集 1∶160，"H"抗体凝集 1∶160。

知识点

伤寒的诊断

1. 对怀疑伤寒的患儿必须采集血标本，如阳性则是确诊依据。病程第 1 周阳性率可达 70%～90%，第 3 周约 40%，故应在发病早期进行血培养，以提高阳性率。粪培养可选择在病程 3～4 周时进行，阳性率高。由于骨髓中含有大量吞噬细胞，吞噬了大量伤寒杆菌，其中不少仍存活，故骨髓培养的阳性率高于血培养，但因骨髓穿刺会给患儿带来较大的痛苦，临床不作为首选检查，当血培养及肥达反应阴性而临床高热不退，又疑似伤寒时可考虑进行骨髓培养。

2. 伤寒杆菌有菌体(O)抗原、鞭毛(H)抗原和表面抗原(Vi)。当人体感染伤寒杆菌后可产生相应抗体，应用血清伤寒杆菌凝集反应（肥达反应），可以检测血清中"O"和"H"抗体，协助诊断伤寒杆菌感染。该反应于病程第 1 周末开始出现阳性，至 3～4 周达高峰。"O"抗体凝集效价等于及大于 1∶80，"H"抗体凝集效价等于及大于 1∶160 有诊断价值，第 4 周时呈 4 倍升高，数月后消失。动态监测抗体的滴度升高才有确诊意义。

【问题 7】 患儿的治疗措施是什么？

思路：

(1) 消化道隔离，卧床休息，保持大便通畅。体温超过 39℃ 可适当给予物理降温。保持皮肤与口腔清洁卫生，防止皮肤感染和口腔炎。

(2) 根据患儿年龄、消化能力、食欲及大便性质，随时调整饮食。一般以少渣不产气，无刺激、易消化的半流质饮食为宜，应少量多餐。

(3) 注意粪便颜色及腹部情况，如有腹痛、脉搏加快、体温突然升降、大便含血、或极度腹胀等症状，则应随时检查有无并发症发生。

(4) 抗菌药物

1) 第三代头孢菌素：头孢曲松：50～80mg/(kg·d)，每天 1 次静脉滴注。临床症状好转可改为头孢克肟口服，疗程 10～14 天。

2) 阿奇霉素：10mg/(kg·d)，每天 1 次静脉点滴，用 3 天停 4 天，体温降至正常后改为口服，服 3 天停 4 天为 1 疗程，继用 1 疗程。

（俞 蕙）

第十二节 艾 滋 病

艾滋病即获得性免疫缺陷病（acquired immunodeficiency syndrome，AIDS），首例报道于 1979 年，随着妇女发病率的上升，新生儿和婴儿的发病率也在上升。本病是人类免疫缺陷病毒（human immunodeficiency virus，HIV）感染所致，HIV 存在于受感染者的血液、精液、唾液、泪液、阴道分泌物、胸腹水、脑脊液和乳汁中，经以下三种途径传播。性接触（包括同性、异性和双性性接触）、血液及血制品（包括共用针具静脉吸毒、介入性医疗操作等）和母婴传播（包括经胎盘、分娩时和哺乳传播）。握手拥抱、礼节性亲吻、同吃同饮等日常生活接触不会传播 HIV。HIV 感染高危人群有男同性恋者、静脉药物依赖者、与 HIV 携带者经常有性接触者。婴儿 AIDS 多由母婴垂直传播和吸吮 HIV 感染者乳汁感染，围生期感染的潜伏期 8 个月到 3 年或更长时间，在 18 月龄前 90% 出现症状，输血感染的儿童，潜伏期平均 2 年，较成人短。

HIV 在外界环境中的生存能力较弱，对物理因素和化学因素的抵抗力较低。一般消毒剂如碘酊、过氧乙酸、戊二醛、次氯酸钠等对乙型肝炎病毒有效的消毒剂，对 HIV 也都有良好的灭活作用。因此，对 HBV 有效的消毒和灭活方法均适用于 HIV。除此之外，75% 的酒精也可灭活 HIV，但紫外线或 γ 射线不能灭活 HIV。

HIV 对热很敏感，对低温耐受性强于高温。56℃ 处理 30 分钟可使 HIV 在体外对人的 T 淋巴细胞失去感染性，但不能完全灭活血清中的 HIV，100℃ 20 分钟可将 HIV 完全灭活。

（一）临床表现与分期

初始感染 HIV 到终末期是一个较为漫长复杂的过程，在这一过程的不同阶段，与 HIV 相关的临床表现也是多种多样的。参照 2018 年制订的《中国艾滋病诊疗指南》，将 AIDS 的全过程分为急性期、无症状期和艾滋病期。

1. 急性期　通常发生在初次感染 HIV 后 2～4 周内。部分感染者出现病毒血症和免疫系统急性损伤所产生的临床症状。大多数患者临床症状轻微，持续 1～3 周后缓解。临床表现以发热最为常见，可伴有咽痛、盗汗、恶心、呕吐、腹泻、皮疹、关节痛、淋巴结肿大及神经系统症状。此期在血液中可检出 HIV-RNA 和 P24 抗原，而 HIV 抗体则在感染后数周才出现，CD4$^+$ T 淋巴细胞计数一过性减少，同时 CD4/CD8 比值亦可倒置。部分患者可有轻度 WBC 和 PLT 减少或肝功能异常。

2. 无症状期　可从急性期进入此期，或无明显的急性期症状而直接进入此期。此期持续时间一般为 6～8 年。其时间长短与感染病毒的数量、型别、感染途径、机体免疫状况、营养条件及生活习惯等因素有关。在无症状期，由于 HIV 在感染者体内不断复制，免疫系统受损，CD4$^+$ T 淋巴细胞计数逐渐下降，同时具有传染性。

3. 艾滋病期　感染 HIV 后的最终阶段。患者 CD4$^+$ T 淋巴细胞计数明显下降，多少于 200 个 /μl，HIV 血浆病毒载量明显升高。此期主要临床表现为 HIV 相关症状、各种机会性感染及肿瘤。

HIV 相关症状：主要表现为持续 1 个月以上的发热、盗汗、腹泻、体重减轻 10% 以上，部分患者表现为神经精神症状，如记忆力减退、精神淡漠、性格改变、头痛、癫痫及痴呆等。另外还可出现持续性全身性淋巴结肿大，其特点如下。①除腹股沟以外有 2 个或 2 个以上部位的淋巴结肿大；②淋巴结直径≥1cm，无压痛，无粘连；③持续时间 3 个月以上。

婴儿和儿童 AIDS 的特点：常常出现生长迟缓、间质性肺炎、肝大，反复严重的细菌感染和败血症，进行性恶化的神经系统症状，部分患儿发生卡波西肉瘤或淋巴、单核细胞恶性增生，往往在终末期患儿淋巴细胞数量才急剧减少。

4. 儿童 HIV 感染临床表现和分期（表 4-12-1）

表 4-12-1　WHO 儿童 HIV 感染临床表现与分期

临床分期 I 期
1. 无症状期
2. 持续全身浅表淋巴结肿大综合征
临床分期 II 期
1. 不明原因的持续性肝脾肿大
2. 结节性丘疹
3. 指（趾）甲真菌感染
4. 口角炎、唇炎
5. 线形齿龈感染
6. 广泛的疣病毒感染
7. 广泛的传染性软疣感染
8. 复发性口腔溃疡
9. 不明原因持续腮腺肿大
10. 带状疱疹
11. 反复或持续上呼吸道感染（中耳炎、鼻窦炎、扁桃体炎等）
临床分期 III 期
1. 原因不明的中度营养不良或消瘦

续表

2. 原因不明的持续性腹泻（14 天或以上）

3. 原因不明的持续发热（>37.5℃，间歇或持续超过 1 个月）

4. 口咽部念珠菌（假丝酵母菌）感染（出生 6 周后）

5. 口腔黏膜毛状白斑

6. 急性坏死性溃疡性牙龈炎 / 牙周炎或口腔炎

7. 淋巴结结核

8. 肺结核

9. 严重的复发性细菌性肺炎

10. 有症状的淋巴细胞间质性肺炎（LIP）

11. 慢性 HIV 相关性肺病，包括支气管扩张

12. 原因不明的贫血（Hb<80g/L）、中性粒细胞减少（<0.5×10⁹/L）或慢性血小板减少（<50×10⁹/L）

临床分期Ⅳ期（艾滋病指针性疾病）

1. 原因不明的严重消瘦、发育迟缓或营养不良

2. 肺孢子菌肺炎

3. 复发性严重的细菌性感染，如深部脓肿、化脓性肌炎、骨或者关节感染、脑膜炎（肺炎除外）

4. 慢性单纯疱疹病毒感染（口唇或皮肤），持续时间超过 1 个月或任何内脏器官感染

5. 食管、气管、支气管或肺念珠菌感染

6. 播散性非结核分枝杆菌感染

7. 肺外结核病

8. 卡波西肉瘤

9. 中枢神经系统弓形虫病（新生儿除外）

10. 巨细胞病毒感染，包括视网膜炎或其他脏器感染（新生儿除外）

11. 慢性隐孢子虫病（伴腹泻）

12. 有症状的 HIV 相关性心肌病或肾病

13. 脑或 B 细胞非霍奇金淋巴瘤

14. 弓形虫脑病（新生儿除外）

15. 肺外隐球菌感染（包括脑膜炎）

16. HIV 脑病

17. 进行性多灶性白质脑病

18. 慢性等孢子球虫病

19. 播散性地方性真菌病（肺外组织浆菌病、球孢子菌病、青霉病）

（二）实验室检查

HIV/AIDS 的实验室临床检测主要包括 HIV 抗体、HIV 抗原、HIV 核酸、CD4⁺T 淋巴细胞、HIV 基因检测等。HIV 1/2 抗体检测包括筛查试验和补充试验。HIV-1/2 抗体筛查方法包括酶联免疫吸附试验（ELISA）、化学发光或免疫荧光试验、快速试验（斑点 ELISA 和斑点免疫胶体金或胶体硒、免疫层析等）、简单试验（明胶颗粒凝集试验）等。补充试验方法包括抗体确证试验（免疫印迹法，条带 / 线性免疫试验和快速试验）和核酸试验（定性和定量）。HIV 核酸定量（病毒载量）检测和 CD4⁺T 淋巴细胞计数是判断疾病进展、临床用药、疗效和预后的两项重要指标。HIV 基因型耐药检测可为高效抗反转录病毒治疗方案的选择和更换提供科学指导。小于 18 月龄的婴幼儿 HIV 感染诊断可以采用核酸检测方法，以 2 次核酸检测阳性结果作为诊断的参考依据。

（三）诊断标准

诊断原则：HIV/AIDS 的诊断原则是以实验室检测为依据，结合临床表现和流行病学资料，如母亲有 HIV 感染、有输入未经抗 HIV 检测的血液或血液制品史。诊断 HIV/AIDS 必须是抗 HIV 阳性（经确证试验证实），而 HIV-RNA 和 P24 抗原的检测有助于 HIV/AIDS 的诊断，尤其是能缩短抗体"窗口期"和帮助早期诊断新生儿的 HIV 感染。

18 月龄及以下儿童，符合下列一项者即可诊断：①为 HIV 感染母亲所生和 HIV 分离试验结果阳性；②为 HIV 感染母亲所生和 2 次 HIV 核酸检测均为阳性（第二次检测需在出生 6 周后进行）；③有医源性暴露史，HIV 分离试验结果阳性或 2 次 HIV 核酸检测均为阳性。

成人、青少年及 18 月龄以上儿童,符合下列一项者即可诊断:①HIV 抗体筛查试验阳性和 HIV 补充试验阳性(抗体补充试验阳性或核酸定性检测阳性或核酸定量大于 5 000 拷贝/ml);②HIV 分离试验阳性。

急性期的诊断标准:患者半年内有流行病学史或急性 HIV 感染综合征,HIV 抗体筛查试验阳性和 HIV 补充试验阳性。

无症状期的诊断标准:有流行病学史,结合 HIV 抗体阳性即可诊断。对无明确流行病学史但符合实验室诊断标准的即可诊断。

艾滋病期的诊断标准:15 岁以下儿童,符合下列一项者即可诊断。

(1) HIV 感染和 CD4$^+$T 淋巴细胞百分比<25%(<12 月龄),或<20%(12~36 月龄),或<15%(37~60 月龄),或 CD4$^+$T 淋巴细胞计数<200 个/μl(5~l4 岁);

(2) HIV 感染和伴有至少一种儿童艾滋病指征性疾病:①原因不明的严重消瘦、发育迟缓或营养不良;②肺孢子菌肺炎;③复发性严重的细菌性感染,如深部脓肿、化脓性肌炎,骨或者关节感染,脑膜炎(肺炎除外);④慢性单纯疱疹病毒感染(口唇或皮肤),持续时间超过 1 个月或任何内脏器官感染;⑤食管、气管、支气管或肺念珠菌感染;⑥播散性非结核分枝杆菌感染;⑦肺外结核病;⑧卡波西肉瘤;⑨中枢神经系统弓形虫病(新生儿除外);⑩巨细胞病毒感染,包括视网膜炎或其他脏器感染(新生儿除外);⑪慢性隐孢子虫病(伴腹泻);⑫有症状的 HIV 相关性心肌病或肾病;⑬脑或 B 细胞非霍奇金淋巴瘤;⑭弓形虫脑病(新生儿除外);⑮肺外隐球菌感染(包括脑膜炎);⑯HIV 脑病;⑰进行性多灶性白质脑病;⑱慢性等孢子球虫病;⑲播散性地方性真菌病(肺外组织浆菌病、球孢子菌病、青霉病)。

临床关键点

1. 婴儿 AIDS 多由母婴垂直传播和吸吮 HIV 感染者乳汁感染,围生期感染的潜伏期 8 个月到 3 年或更长时间,在 18 月龄前 90% 出现症状,输血感染的儿童,潜伏期平均 2 年,较成人短。

2. HIV 在外界环境中的生存能力较弱,对物理因素和化学因素的抵抗力较低。一般消毒剂如碘酊、过氧乙酸、戊二醛、次氯酸钠等对乙型肝炎病毒有效的消毒剂,对 HIV 也都有良好的灭活作用。因此,对 HBV 有效的消毒和灭活方法均适用于 HIV。

3. AIDS 全过程分为急性期、无症状期和艾滋病期。急性期临床表现以发热最常见,此期在血液中可检出 HIV-RNA 和 P24 抗原,而 HIV 抗体则在感染后数周才出现。在无症状期,由于 HIV 在感染者体内不断复制,免疫系统受损,CD4$^+$T 淋巴细胞计数逐渐下降。艾滋病期为感染 HIV 后的最终阶段。患者 CD4$^+$T 淋巴细胞计数明显下降,多少于 200/μl,HIV 血浆病毒载量明显升高,此期主要临床表现为 HIV 相关症状、各种机会性感染及肿瘤。

4. 婴儿和儿童 AIDS 的特点 症状常无特异性,如生长迟缓、间质性肺炎、肝大,反复严重细菌感染和败血症,进行性恶化神经系统症状,部分患儿发生卡波西肉瘤或淋巴、单核细胞恶性增生,往往在终末期患儿淋巴细胞数量才急剧减少。

5. AIDS 实验室检测 主要包括 HIV1/2 抗体、HIV 抗原、HIV 核酸、CD4$^+$T 淋巴细胞、HIV 基因型检测。HIV 抗体检测是 HIV 感染诊断的金标准。小于 18 月龄的婴幼儿 HIV 感染诊断可以采用核酸检测方法,以 2 次核酸检测阳性结果作为诊断的依据。

6. 诊断时需注意以下特点

(1) <18 月龄 HIV 感染高危儿的诊断:母亲有 HIV 感染或有输血制品史;新生儿在出生后 4~6 周进行病毒学检查(HIV-DNA、HIV-RNA 和 P24 抗原),阳性者可确定感染;病毒学检查阴性但血清学检查阳性患儿需在 9 月龄时重新行血清学检查以确定患儿 HIV 抗体是持续存在还是发生了血清学转变,如果血清学检查仍为阳性,患儿需进行病毒学检查并持续随访;如果血清学检查为阴性,可初步推测未感染 HIV;若患儿持续母乳喂养,则在停止母乳喂养后 3 个月重复血清学检查,若血清学检查为阳性则应立即进行病毒学检查以明确诊断。

(2) ≥18 月龄儿童的诊断:具备 ELISA 法检测抗体 2 次阳性和证实试验(WB 或 IFA)1 次阳性;或取不同时期样本任何 2 项病毒检测试验(HIV-DNA、HIV-RNA 和 P24 抗原)阳性;或存在 1 项儿科 AIDS 指针性疾病。

临床病例

患儿,男,4岁,因"间断发热8月余"入院。

现病史:患儿自2013年6月无明显诱因出现发热,最高体温40.4℃,无咳嗽、气促、腹泻、呕吐、抽搐,在当地医院住院治疗6天后病情好转出院(具体治疗不详)。出院后患儿间断有发热,以低热为主,自服退热药体温可恢复正常。2013年8月就诊于某儿童医院,以"肝脾大原因待查"予支持对症治疗后无明显好转,并出现反复高热伴腹泻,改喂食稀饭3个月,大便性状及发热症状逐渐好转。2014年2月,患儿再次出现发热,伴腹胀,食量减少6天至我院,门诊以"发热原因待查"收住我科。患儿起病以来,精神、睡眠欠佳,食纳减少,体重减轻2.5kg。

既往史:患儿体质差,2012年6月因"发热、腹泻"在当地医院住院治疗16天。出院后仍间断出现腹泻,自行予"蒙脱石"口服后好转。

个人史:患儿为弃婴,由现任父母收养,出生情况不详。人工喂养,现为普食;生长发育较同龄儿落后;按时预防接种。

家族史:不详。

入院体查:体温38.0℃,脉搏150次/min,呼吸35次/min,血压85/53mmHg,体重11kg。发育正常,营养差,神情较淡漠,神志清楚,精神差,皮肤无黄染,浅表淋巴结未触及肿大。前囟已闭,五官无畸形,双眼睑无水肿,口腔黏膜覆盖有片状白色乳凝状物,不易拭去,咽部充血,双侧扁桃体Ⅰ度肿大,无脓性分泌物。颈软,甲状腺无肿大。双肺呼吸音粗,可闻及少许干湿啰音。心率150次/min,律齐,心音有力,未闻及杂音。腹饱满,未见腹壁静脉曲张,无胃肠型及蠕动波,全腹无压痛及反跳痛,未触及腹部包块,肝肋下3cm可触及,边缘钝,质地中等,脾肋缘下2cm可触及,质地中等,腹部移动性浊音阴性,肠鸣音正常。脊柱无畸形,双下肢轻度凹陷性水肿,神经系统未见异常。

【问题1】 患儿在门诊时应注意询问哪些病史?

思路:应注意询问的病史包括患儿反复感染的病史、传染病接触史及预防接种史。

患儿平素体质较弱,有反复呼吸道感染史,近一年内曾患支气管肺炎1次,化脓性中耳炎1次,反复鹅口疮。无明确传染病接触史,按时预防接种。

【问题2】 患儿在门诊时可以作哪些检查?

思路:血常规,CRP,PCT,胸部X线片,腹部超声。

辅助检查结果

血常规+CRP:WBC 3.44×10^9/L,中性粒细胞百分比59.0%,淋巴细胞百分比37.5%,Hb 104g/L,PLT 50×10^9/L,CRP 30mg/L,PCT 3.31ng/ml。胸部X线:双肺纹理增粗,心膈正常。腹部超声:肝脾大。

【问题3】 根据以上信息可以作出哪些诊断? 诊断依据是什么?

思路:根据患儿反复感染病史、外周血白细胞下降及临床病程较长时间的发热肝脾肿大,除常规检查细菌血培养外,注意一些特殊病原微生物的感染,如结核菌、真菌、病毒、原虫等,并需高度警惕原发性和继发性免疫缺陷病。

【问题4】 为了进一步明确诊断,患儿还应做哪些辅助检查?

思路:

败血症检查:血培养及药敏(包括细菌和真菌培养),G实验和GM实验。血培养马尔尼菲青霉菌。

结核病检查:PPD皮试,结核抗体检查,结核斑点实验。以上检查均阴性。

病毒学检查:包括常见单纯疱疹病毒、带状疱疹病毒、EB病毒、巨细胞病毒、风疹病毒等抗体及核酸检查。血液病毒学抗体检查均为阴性,未进一步行核酸检查。

免疫功能检查:包括免疫球蛋白及IgG亚类、淋巴细胞分类及亚群检查、补体检查等。IgG 8.24g/L,IgA

0.32g/L，IgM 0.35g/L，IgE 72.44g/L，C3 0.67g/L，C4 0.07g/L；

淋巴细胞分类及亚群检查：CD3$^+$T 45%，CD3$^+$CD4$^+$T 12%，CD3$^+$CD8$^+$T 25%，CD3$^+$CD56$^+$CD16$^+$T 8%，CD3$^+$CD19$^+$T 18%。

骨髓细胞学检查：①骨髓增生尚活跃；②粒系占65.5%，其中中晚幼阶段比例增高，各阶段胞质中颗粒组重伴小空泡，成熟阶段胞质中可见吞噬霉菌现象，有的呈破溃状态，可见少许退化细胞；③红系占21.5%，其中中晚幼阶段可见分裂象，成熟红细胞大小不均；④淋巴细胞占13.0%；⑤全片巨核细胞共约7个，血小板未见；⑥全片片尾组织细胞胞浆中亦可见吞噬霉菌现象；血涂片见分类白细胞粒系杆状核阶段增多，可见吞噬霉菌现象。

梅毒、HIV检查：梅毒抗体、HIV抗体及核酸检查。梅毒螺旋体抗体实验阴性，HIV-Ab阳性（经确认实验室检测）

【问题5】 AIDS患儿的治疗措施是什么？

思路：抗病毒治疗。推荐一线方案：ABC＋3TC＋EFV（ABC为阿巴卡韦；3TC为拉米夫定；EFV为依非韦伦）。

知识点

高效联合抗反转录病毒治疗（highly active antiretroviral therapy，HAART）俗称"鸡尾酒疗法"，现在又称抗反转录病毒治疗，是治疗HIV感染的有效方法。

目前国际上共有6大类30多种抗反转录病毒药物（包括复合制剂），分别为核苷类反转录酶抑制剂（NRTIs）、非核苷类反转录酶抑制剂（NNRTIs）、蛋白酶抑制剂（PIs）、整合酶抑制剂（INSTIs）、膜融合抑制剂（FIs）及CCR5抑制剂。国内的抗反转录病毒治疗药物有NRTIs、NNRTIs、PIs、INSTIs以及FIs剂5大类（包含复合制剂）。儿童一线HAART治疗药物主要是NRTIs、NNRTIs和PIs。

用于儿童的NRTIs主要药物有阿巴卡韦（ABC）、拉米夫定（3TC）、恩曲他滨（FTC）、齐多夫定（AZT）、富马酸替诺福韦（TDF）；NNRTIs主要药物有依非韦伦（EFV）、奈韦拉平（NVP）；PIs主要药物有洛匹那韦/利托那韦（LPV/r）复合制剂、茚地那韦（IDV）、利托那韦（RTV）、阿扎那韦（ATV）、达芦那韦（DRV）。

HIV感染儿童应尽早开始HAART。<3岁婴幼儿推荐方案为ABC或AZT＋3TC＋LPV/r，备选方案为ABC＋3TC＋NVP或AZT＋3TC＋NVP。3～10岁儿童推荐方案ABC＋3TC＋EFV，备选方案AZT/TDF＋3TC＋NVP/EFV/LPV/r。>10岁儿童推荐方案TDF＋3TC＋EFV，备选方案ABC/AZT＋3TC＋NVP/EFV/LPV/r。

【问题6】 如何阻断HIV母婴垂直传播？

思路：阻断HIV母婴垂直传播应该综合性的考虑三个原则。

1. 降低HIV母婴传播率。
2. 提高婴儿健康水平和婴儿存活率。
3. 关注母亲及所生儿童的健康。

预防艾滋病母婴传播的有效措施为尽早服用抗反转录病毒药物干预＋安全助产＋产后喂养指导。

（俞　蕙）

第十三节　流行性乙型脑炎

流行性乙型脑炎（epidemic type B encephalitis）简称乙脑，又称日本脑炎（Japanese encephalitis，JE）是由乙型脑炎病毒引起的以脑实质炎症为主要病变的中枢神经系统急性传染病。重症者病死率高，部分留有后遗症。

乙脑病毒属虫媒病毒，系披膜病毒科，基因组为单股RNA。猪是主要的传染源及扩散宿主，还有其他蹄类家畜、禽类和鸟类。人是终末宿主，感染后病毒血症短暂，病毒载量低，故传播病毒的作用不大（图4-13-1）。杂鳞库蚊亚群（Culex vishnui），特别是三带喙库蚊（Cx.tritaeniorhynchus），是乙脑病毒的主要传播媒介，但目前已从超过30种蚊子分离出了乙脑病毒。三带喙库蚊在傍晚和夜间叮咬猎物，地点主要在户外，优先叮咬大型动物和鸟类，仅在少数情况下叮咬人类。流行特征呈地区性，东南亚地区为主，中国除新疆、西藏、青海、东北北部外，均有流行。流行季节多集中于7、8、9三个月，呈高度散发流行。非流行区任何年龄均可发病，流行区儿童为易感人群，10岁以下，尤其是2～6岁儿童多见。

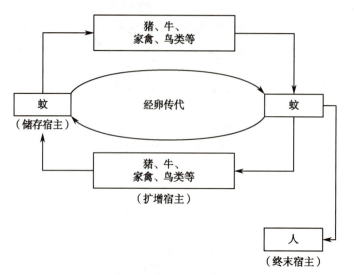

图 4-13-1　乙脑传播途径图

乙脑的诊断结合临床表现和实验室检查。在流行季节对有高热、意识障碍和惊厥等表现的患儿应高度警惕。若1个月内未接种乙脑疫苗者血清或脑脊液中特异性IgM阳性（病后3～7天出现），或特异性IgG阳转或双份血清IgG滴度≥4倍增高，或血清/脑脊液/脑组织分离乙脑病毒阳性皆可确定诊断。鉴别诊断包括其他病毒性脑炎、其他中枢神经系统感染、感染后脑炎以及非感染性疾病。

乙脑的治疗以支持和对症治疗为主，重点是控制颅内压、维持足够的脑灌注压、控制癫痫发作并防止继发性并发症。尚无特异性的抗病毒治疗。

乙脑的住院患者死亡率为20%～30%。存活者中至少有30%～50%出现了长期后遗症。最常见的后遗症为上和下运动神经元支配肌肉的肌无力及小脑体征和锥体外系体征，还可出现严重的认知或语言障碍、精神问题及反复癫痫发作。

疫苗接种是预防乙脑的有效措施。此外防蚊灭蚊，改善猪圈环境等，做好个人防护措施预防蚊子叮咬。

临床关键点

（1）乙脑的诊断主要根据流行病学史，流行地区和7、8、9月流行季节，临床表现如急性起病，高热、头疼、呕吐、意识障碍、抽搐、病理反射、脑膜刺激征等，严重者呼吸衰竭。实验室检查外周血白细胞计数增高，以中性粒细胞为主；脑脊液呈病毒性脑炎改变。确诊有赖于病原学或血清学检查检验获阳性结果。

（2）乙脑应与中毒性菌痢、化脓性脑膜炎、结核性脑膜炎及其他病毒性脑炎相鉴别。

（3）乙脑的治疗强调早期诊断、早期治疗，没有特异性的抗病毒治疗，对症处理高热、颅高压、抽搐等为主。

（4）乙脑是法定的乙类传染病，乙脑的预防以灭蚊、防蚊和预防接种为主。乙型脑炎疫苗是控制本病重要措施。

临床病例

患儿，男，7岁，因"发热伴头痛、恶心、呕吐4天，抽搐、昏迷1天"于2012年8月12日就诊。

现病史：患儿2012年8月8日出现发热，最高体温40℃，诉头痛，恶心，呕吐，非喷射性呕吐，与进食无关,呕出物为胃内容物,在当地诊所以"上呼吸道感染"输液治疗3天无好转,8月11日晨患儿出现抽搐1次,表现为意识丧失,面色发绀,双目上翻,凝视,牙关紧闭,四肢阵挛、抽动,持续约5分钟缓解,至当地县医院查头颅CT未见异常。

血常规:WBC 19.0×10⁹/L,中性粒细胞百分比80%,淋巴细胞百分比20%,肌内注射苯巴比妥止惊,甘露醇降压治疗及抗感染治疗,4小时后再发抽搐,发作性质同前,予肌内注射安定后30分钟缓解,此后患儿进入昏迷状态,并间歇3～4小时反复发作抽搐,为进一步诊治转诊。病后大便2～3次/d,糊状便。小便正常。

既往史:既往体健。

个人史:生长发育正常,生后6个月内均按时接受国家计划免疫,此后未按时行预防接种。患儿系农村人口,家中喂猪。

家族史:父母体健,家中无类似患者。

体格检查:体温40.2℃,脉搏140次/min,呼吸26次/min,血压110/70mmHg,体重23kg,发育营养中等,浅昏迷状,无皮疹,全身浅表淋巴结不大,双瞳孔等大等圆,直径约3mm,对光反射存在,鼻唇沟对称,咽部充血,颈有抵抗,双肺听诊呼吸音清晰,心率140次/min,律齐,心音有力。腹部软,肝脾肋下未触及。四肢肌张力增高。腹壁反射正常,双膝反射亢进,双侧踝阵挛阳性,双侧巴氏征阳性,克氏征及布氏征均阳性。

【问题1】 根据以上信息,该患儿最可能的初步诊断是什么?诊断依据是什么?

思路:该患儿最可能的初步诊断应考虑颅内感染。

诊断依据:7岁男孩,有感染中毒症状(发热4天),有中枢神经系统受累的表现如头痛、恶心、呕吐4天,抽搐、昏迷1天,脑膜刺激征阳性,大脑锥体束受损(肌张力增高、病理征阳性,双膝反射亢进,踝阵挛阳性)。

【问题2】 其他需要考虑的疾病及其依据?

思路:

(1)中毒型细菌性痢疾:患儿有高热、腹泻,有中枢神经系统受累的表现,外周血白细胞高支持该病诊断,但此病往往为脓血便。

(2)颅内占位性病变:患儿有中枢神经系统症状,但当地头颅CT平扫未见占位病变不支持。

【问题3】 该患儿目前最重要的检查是什么?

思路:腰椎穿刺脑脊液培养、常规、生化检查。

脑脊液检查结果:压力200mmH₂O,外观微浊,潘氏试验阳性,白细胞数80×10⁶/L,多核细胞30%,单核细胞70%。革兰氏染色、抗酸染色及墨汁染色均阴性。蛋白210mg/L。糖及氯化物正常。细菌培养阴性。

【问题4】 根据以上资料,目前最可能的诊断是什么,其依据是什么?

思路:目前最可能的诊断是病毒性脑炎,根据发病季节应注意流行性乙型脑炎的可能。

诊断依据:

(1)7岁男孩,来自农村,家中喂猪。在蚊虫多的季节8月份乙脑流行季节发病。

(2)有高热,抽搐昏迷、脑膜刺激征阳性、肌张力增高、大脑锥体束受损等中枢神经系统受累的表现。

(3)脑脊液检查结果符合病毒性脑炎的表现,但外周血象WBC升高,以中性粒细胞升高为主。

(4)未按计划预防接种。

【问题5】 为进一步确诊,可做哪些检查?

思路:血清学检查乙型脑炎病毒特异性IgM抗体或血凝抑制抗体或乙脑病毒抗原测定(用McAb的反向被动血凝法测急性期血清中乙脑病毒抗原阳性率71.5%,是目前较好的快速诊断方法)。

辅助检查回报

血清学检查乙型脑炎病毒特异性IgM抗体阳性。

241

知识点

乙脑的血清学检查

（1）特异性 IgM 抗体测定：特异性 IgM 抗体在感染后 4 天即可出现，2～3 周内达高峰，血或脑脊液中特异性 IgM 抗体在 3 周内阳性率达 70%～90%，可作早期诊断，与血凝抑制试验同时测定，符合率可达 95%。

（2）特异性 IgG 抗体测定：恢复期抗体滴度比急性期有 4 倍以上升高者有诊断价值。

【问题6】　其他相关的检查有哪些？

思路： 三大常规，肝功能、肾功能、心肌酶、电解质、血糖。头颅 CT 或 MRI 平扫加增强，脑电图，心电图，胸部 X 线片。

（1）头颅 CT 或 MRI 平扫：据报道乙脑头颅 CT 检查异常发生率占 56%，呈现丘脑及基底神经节低密度影。基底神经节有时也可见出血。而 MRI 较 CT 更为敏感，几乎所有病例均有异常发现。病变部位（按发生频度顺序）包括丘脑、基底神经节、黑质、小脑、脑桥、大脑皮质及脊髓。在乙脑流行区域，临床符合脑炎诊断病例者，如 MRI 检查呈现双侧丘脑异常改变（通常 T_1 加权低信号，T_2 加权及 FLAIR 高信号），高度提示乙脑。

（2）脑电图检查：文献报道，乙脑患者脑电图大多数呈现弥漫性 δ 或 θ 慢波，占 89%，癫痫样活动及 α 波昏迷各占 11%。不过乙脑患者出现 α 波昏迷并不一定提示预后差。

【问题7】　该患儿目前的治疗有哪些？

思路：

（1）一般治疗：注意饮食和营养，补足量液体，但输液不宜多，以防脑水肿，加重病情。由于患者昏迷宜采用鼻饲流质。

（2）对症治疗

1）高热的处理：室温争取降至 30℃ 以下。可采用物理降温或药物降温，使体温保持在 38～39℃（肛温）。

2）惊厥的处理：可使用镇静止痉剂，如地西泮、咪达唑仑、苯巴比妥、硫喷妥钠等。

3）治疗脑水肿

①脱水剂：20% 甘露醇（1～1.5g/kg），在 30 分钟内静脉滴完，必要时 4～6 小时重复使用；②同时可合用利尿剂呋塞米；③肾上腺皮质激素：重症和早期确诊的患者即可应用。待体温降至 38℃ 以上，持续 2 天即可逐渐减量，一般不宜超过 5～7 天。

4）加强护理，预防并发症：保持呼吸道通畅，定时翻身拍背，防止褥疮，留置导尿管等。

（宋红梅）

第十四节　百　日　咳

百日咳（pertussis）是由革兰氏阴性鲍特菌属导致的呼吸系统传染病。病原菌通过飞沫传播，人类是其唯一宿主。其临床特征为阵发性痉挛性咳嗽伴有深长的"鸡鸣"样吸气性吼声，如未能得到及时有效的治疗，病程可迁延数个月，故称为"百日咳"。本病传染性很强，常引起流行。患儿的年龄越小，病情越重，可因并发肺炎、脑病而死亡。随着 20 世纪中叶以来儿童计划免疫的实施，百白破联合疫苗免疫覆盖率逐步提高，全球范围内百日咳的流行得到了有效控制。发病率、病死率亦明显降低。

百日咳的病原体主要是鲍特菌属（Bordetella）的百日咳杆菌，副百日咳杆菌也可引起典型的百日咳。百日咳杆菌有严格的寄生性，对外界抵抗力弱，离开人体很快死亡；加热 60℃ 15 分钟即死亡；一般消毒剂、紫外线照射或干燥数小时均可将之杀灭。

患者是唯一的传染源，从潜伏期末 1～2 天，至发病后 6 周内都有传染性，以病初 1～3 周为最强。病原菌通过飞沫传播。人类对百日咳普遍易感，新生儿也不例外。因自胎盘传入的母体抗百日咳抗体，为非保护性抗体,不能保护新生儿。无论菌苗全程免疫或者自然感染者,均不能提供终生免疫,所以患病后可再次感染。发病一般为散发性,儿童集体机构可发生流行。全年均可发病,冬春高发。

1.临床病程

典型百日咳的潜伏期一般2~21天,一般为7~14天。临床病程经过分三期:

(1)前驱期(又称卡他期):从发病到出现阵发性痉挛性咳嗽,一般为7~10天。最初主要表现为非特异性的类感冒症状,包括咳嗽、打喷嚏、流涕、发热等症状。以后咳嗽日渐加重,常日轻夜重。

(2)痉咳期:出现明显的阵发性、痉挛性咳嗽,一般持续2~6周,亦可长达2个月以上。主要表现为痉挛性咳嗽、吸气性吼声,反复多次直至咳出大量黏稠痰液,常伴有呕吐。阵发性咳嗽发作期间可能有出汗发作。由于剧咳可导致面部、眼睑水肿,眼结膜出血、鼻出血,重者颅内出血。进食、哭闹、受凉、烟尘刺激、情绪激动等均可诱发。本期若无并发症,体温多正常。

(3)恢复期:痉咳缓解,"鸡鸣"样吸气性吼声消失,直至咳嗽停止,持续2~3周。并发肺炎、肺不张等其他病症,可迁延不愈,持续数月。

整个病程中体格检查很少有阳性发现,痉咳严重时因痉咳时舌外伸,舌系带与下门齿摩擦引起舌系带溃疡;新生儿和3个月以下婴儿常不出现典型的痉咳,多见咳数声后即发生屏气、发绀,以至窒息、惊厥或心搏骤停。

百日咳常见的并发症为肺炎,多为继发感染所致,还可出现肺不张、肺气肿和支气管扩张等并发症。百日咳脑病是本病最严重的并发症,发病率2%~3%。主要发生于痉咳期,因严重的痉挛性咳嗽引起脑缺氧、水肿、血管痉挛或出血所致,可表现为惊厥或反复抽搐、高热、昏迷。恢复后可留有偏瘫等神经系统后遗症。其他并发症还包括剧烈咳嗽导致的结膜下出血、脐疝、腹股沟疝和直肠脱垂等。痉咳期反复呕吐可引起代谢性碱中毒、营养不良。

2.实验室检查

(1)血常规检查:发病早期外周血白细胞计数升高,痉咳期最为明显,以淋巴细胞增多为主,一般大于60%,亦有高达90%者,有继发感染时中性粒细胞增高。

(2)细菌学检查

①细菌培养:发病早期采用鼻咽拭子或咳碟法培养阳性率较高,发病第一周可达90%左右,以后逐渐降低,至第四周阳性率只有2%。目前认为鼻咽拭培养法优于咳碟法;②聚合酶链式反应(PCR)测定:检测患者鼻咽分泌物百日咳杆菌DNA,具有快速、敏感、特异的诊断价值;③直接荧光抗体检测(DFA)用鼻咽分泌物涂片或鼻腔黏膜压片,以荧光抗体染色检测特异抗原,早期阳性率达75%~85%。

(3)血清学检查:主要检测抗百日咳杆菌的IgM抗体,对早期诊断有一定的提示作用。

3.诊断 百日咳的诊断主要根据流行病学史,临床各期典型表现及实验室检查确定。具体诊断标准:

(1)流行病学史:3周内接触过百日咳患者,或该地区有百日咳流行。

(2)临床表现:①流行季节有阵发性痉挛性咳嗽者;②咳嗽后伴有呕吐,严重者有结膜下出血或舌系带溃疡者;③新生儿或婴幼儿有原因不明的阵发性青紫或窒息者,多无典型痉挛性咳嗽;④持续咳嗽两周以上,能排除其他原因者。

(3)实验室诊断:①白细胞总数显著升高,淋巴细胞为主;②从患者的痰或者咽喉部分泌物分离到百日咳杆菌;③恢复期血清凝聚素抗体比急性期抗体呈4倍以上升高。

(4)病例分类

疑似病例:具备上述四项临床表现的任何一项,或同时伴有流行病学史者;

临床诊断病例:疑似病例加实验室诊断中的第一项;

确诊病例:疑似病例加实验室诊断中第二项或第三项。

4.治疗

(1)一般治疗:按呼吸道传染病隔离,隔离时间为发病之日起40天或痉咳出现后30天。有本病接触史的易感儿童应予以隔离检疫21天,然后予以预防接种。保持室内空气流通和适当的温度与湿度,避免刺激咳嗽的诱发因素,预防并发症发生。

(2)对症治疗:针对症状给予相应的化痰、止咳、平喘等治疗。如发生脑水肿,及时给予脱水治疗,防止脑疝发生。

（3）抗生素治疗：前驱期即症状出现后 7 天内应用抗生素可以减轻甚至不发生痉咳，进入痉咳期后应用，虽然不能缩短临床过程，但是可以缩短排菌期及预防继发性感染。首选红霉素[30～50mg/（kg•d）]，口服或静脉应用，7～10 天为一疗程。也可以选用罗红霉素[5～10mg/（kg•d），分 2 次口服，7～10 天为一疗程]或阿奇霉素[10mg/（kg•d），3 天为一疗程]。小于 1 月龄的婴儿建议使用阿奇霉素，大于 1 月龄的婴儿和儿童可使用任意一种大环内酯类抗生素。>2 月龄儿童若存在大环内酯类禁忌证或不能耐受大环内酯类，可选择复方磺胺甲噁唑（trimethoprim-sulfamethoxazole，TMP-SMX）。TMP-SMX 不应用于 <2 月龄婴儿，因为有胆红素取代相关性核黄疸的潜在风险。

百日咳或疑似百日咳的儿童，在完成 5 天的有效抗菌治疗或如果未经治疗则在症状发作 21 天之后，才可返回学校或日间托儿所。

预防：提高人群免疫力，减少百日咳易感人群是消除百日咳的关键。目前中国常用的疫苗为白喉类毒素、百日咳菌苗、破伤风类毒素（DPT）三联制剂，一般于出生后 3 个月开始接种，每月 1 次，共 3 次，次年再加强注射 1 次。

临床关键点

（1）典型百日咳的临床诊断主要依据是流行病学资料（包括发病年龄、百白破三联疫苗接种史、有无百日咳病例接触史等）和痉咳期的临床表现（痉挛性咳嗽、伴有"鸡鸣"样吸气性吼声、或咳嗽后呕吐、严重病例伴有结膜下出血、舌系带溃疡麻疹黏膜斑）；确诊诊断有赖于鼻咽拭子培养分离到百日咳杆菌或检测到特异性抗原，或检测到恢复期血清抗体呈 4 倍以上的升高。

（2）百日咳为儿童常见的呼吸道传染病，临床诊断时需与引起痉挛性咳嗽的其他疾病进行鉴别。如肺炎、类百日咳综合征及肺结核等。

（3）百日咳痉咳期可出现并发症，最常见为肺炎，系因继发细菌或病毒感染所致。根据血常规 WBC 及中性粒细胞比例升高，CRP 或 PCT 异常，提示存在细菌感染时，及时采集呼吸道标本送检痰培养、痰呼吸道病毒检查并给予抗菌药物治疗。

（4）百日咳是呼吸道传染病，百日咳患者隔离时间为发病之日起 40 天或痉咳出现后 30 天。

（5）疫苗接种是预防百日咳的有效措施，中国的免疫程序是白喉类毒素、百日咳菌苗、破伤风类毒素（DPT）三联制剂，于出生后 3 个月开始接种，每月 1 次，共 3 次，次年再加强注射 1 次。若遇到百日咳流行时可提前至出生后 1 个月接种。

临床病例

患儿，男，2 岁，因"咳嗽 7 天，发热 5 天，咳嗽加重 1 天"就诊。

现病史：患儿于入院前 7 天开始出现咳嗽，白天为主。入院前 5 天发热，每日体温 37.8～38.5℃，伴流涕、喷嚏。入院前 1 天仍有发热，体温最高达 39.5℃，咳嗽加重，伴有"鸡鸣"样吸气性吼声、偶有咳嗽后呕吐、白天轻夜间重。进食、哭闹后咳嗽加重。自发病以来胃纳减退。起病后曾多次到医院就诊，均拟诊为上呼吸道感染给予对症治疗。

既往史：无传染病史。出生 8 个月曾患支气管肺炎 1 次。

个人史：出生时正常，体重 2 800g；混合喂养，以母乳喂养为主，生后 6 个月开始添加辅食。生长发育正常；生后 8 个月内均按时接受国家计划免疫预防接种，此后未再接受任何预防接种。

家族史：父母均体健，无遗传性疾病史。

体格检查：体温 36.5℃，呼吸 50 次/min，血压 80/48mmHg，体重 12kg。神志清，精神萎靡；全身皮肤未见皮疹，颈部可扪及黄豆大小淋巴结数枚；双眼结膜下出血点，双外耳道未见分泌物溢出，流涕，口唇较红，可见舌系带溃疡，咽部充血；呼吸略促，可见轻度吸气性上凹，双肺呼吸音粗，可闻及粗湿啰音，肺底部有少许细湿啰音；心率 140 次/min，心音有力，心律齐，未闻及杂音；腹部平软，肝脏肋下 3cm，质软，脾未触及。神经系统未见异常。

【问题1】 患儿在门诊时应注意询问哪些病史?

思路:流行病学接触史、预防接种史及既往是否有类似病史及基础疾病史。病前有无用药史。

患儿在发病7天前曾与幼儿园一咳嗽患儿有接触(具体疾病不详)。出生后先后接种过乙肝疫苗、百白破三联疫苗及脊髓灰质炎疫苗,但8个月后患有肺炎后、未再接种过任何疫苗包括18个月时百白破强化针。既往无百日咳病史,但平素体质较弱,有反复呼吸道感染史,易患感冒,近一年内曾患支气管肺炎。无药物过敏史。

【问题2】 患儿在门诊时可以做哪些检查?

思路:血常规、CRP、胸部X线片。

辅助检查结果

血常规+CRP:WBC 15.63×10^9/L,中性粒细胞百分比14%,淋巴细胞百分比79%,RBC 4.6×10^{12}/L,Hb 120g/L,PLT 300×10^9/L,CRP 59mg/L。

胸部X线:双肺纹理增粗,双下肺可见斑片状渗出影。

【问题3】 根据以上信息可以作出哪些诊断?诊断依据是什么?

思路:根据临床表现及辅助检查可作出的临床诊断是百日咳(疑似病例),支气管肺炎。

(1)百日咳:患儿起病急,以咳嗽起病伴有卡他症状流涕、喷嚏及发热,咳嗽症状逐渐加重,为阵发性痉挛性咳嗽,咳嗽后伴有"鸡鸣"样吸气性吼声、偶有咳嗽后呕吐、白天轻夜间重。查体有舌系带溃疡。发病前有可疑百日咳接触史,生后18个月的百白破疫苗加强针,未接种。

(2)支气管肺炎:气促,双肺细湿啰音,胸部X线检查显示斑片状渗出影。

【问题4】 门诊医生该如何处置该患儿?

思路:根据目前诊断,患儿高度怀疑为百日咳,而且合并肺炎,病情较重,因此不适合居家隔离治疗,需要收治住院。百日咳为国家法定报告的传染病,所以门诊医生对疑似或临床诊断的百日咳病例应及时向当地疾病预防控制中心进行传染病报告(城镇12小时内,农村24小时内,包括电话、网上直报和填写传染病报告表)。

【问题5】 患儿收入病房后,你作为住院医师应如何处理?

思路:

(1)及时接诊患者,不能以任何理由让患者等待或拒收患者。

(2)患者应安置于百日咳隔离病房内,采取呼吸道隔离措施,接诊患者时应戴口罩。

(3)仔细询问病史,全面体格检查。

(4)书写病历并定出诊断与治疗计划。

(5)及时向所在地疾病预防控制中心传染病报告。

(6)请示上级医师并记录上级医师查房意见。

(7)与家长交代病情、预后及诊疗计划,如病情加重,需告知病危。

【问题6】 为了进一步明确诊断,患儿还应做哪些辅助检查?

思路:

(1)呼吸道痰标本细菌培养和常见呼吸道病毒检测,必要时血培养明确继发感染的病原。

(2)用鼻咽分泌物涂片或鼻腔黏膜压片,以荧光抗体染色检测百日咳特异抗原。

(3)用鼻咽分泌物以PCR方法查百日咳杆菌DNA。

(4)血电解质:如果咳嗽症状严重,伴有呕吐、食欲下降,要注意电解质紊乱情况。

(5)血气分析:如果出现呼吸困难,有缺氧表现、心功能不全或循环障碍时应及时检测。

辅助检查结果

痰液细菌培养百日咳杆菌阴性;鼻咽分泌物查百日咳杆菌DNA阳性;荧光抗体染色百日咳杆菌特异性抗原阳性。

知识点

百日咳患儿咳嗽的特点为痉挛性咳嗽,伴有"鸡鸣"样吸气性吼声、偶有咳嗽后呕吐、白天轻夜间重。当结合流行病接触史和临床表现考虑为百日咳后,进一步确诊需进行实验室病原学检测。

确诊前应与其他病原引起的类百日咳综合征相鉴别,其他病原主要指腺病毒、呼吸道合胞病毒、支原体感染导致的呼吸道感染,临床表现相似,病原不同。

【问题7】 患儿的治疗措施是什么?

思路:

(1)百日咳合并肺炎护理常规:采取呼吸道隔离措施,保持室内空气流通和适当的温度与湿度,避免刺激咳嗽的诱发因素,预防并发症发生。

(2)对症支持治疗:针对症状给予相应的化痰、止咳、平喘等治疗。必要时给予镇静剂保证睡眠,如异丙嗪(非那根)1mg/kg、苯巴比妥等。如发生脑水肿,及时给予脱水治疗,防止脑疝发生。

(3)抗生素治疗:前驱期应用抗生素可以减轻甚至不发生痉咳,进入痉咳期后应用,虽然不能缩短临床过程,但是可以缩短排菌期及预防继发性感染。首先红霉素[30~50mg/(kg·d)],口服或静脉应用,7~10天为一疗程。也可以选用罗红霉素[5~10mg/(kg·d),分2次口服,7~10天为一疗程]或阿奇霉素[10mg/(kg·d),3天为一疗程)]。

(4)如果辅助检查结果有电解质紊乱、血气异常,要积极纠正、维持水电解质平衡。

(宋红梅)

第十五节　疟　疾

疟疾(malaria)是一种以按蚊为传播媒介的重要虫媒传染病。疟疾、艾滋病及结核病被世界卫生组织列为全球亟需控制的公共卫生问题,是联合国千年发展目标中重点防控的三种传染病之一。疟疾可分四种类型,其中间日疟分布最广,遍及热带、亚热带、温带的国家和地区,以中美和东南亚地区为多见;恶性疟最为严重,主要在非洲流行;三日疟少见,但在非洲中部和西部等地区时有发生;卵形疟除非洲局部地区外,其他地方极为少见。疟疾分布范围广,以撒哈拉以南的非洲发病最为严重。中国疟疾患者数由20世纪70年代初的2 400多万减少到20世纪90年代末的数万,2010年中国报告疟疾病例7 855例。中国目前除云南、海南两省外,其他地区已消除了恶性疟。

疟疾患者及带虫者是疟疾的传染源,且只有末梢血中存在成熟的雌雄配子体时才具传染性(图4-15-1)。疟疾的自然传播媒介是按蚊(anopheline mosquito),按蚊的种类很多,可传人的有60余种,人被有传染性的雌性按蚊叮咬后即可受染。偶尔输带疟原虫的血液或使用含疟原虫的血液污染的注射器也可传播疟疾。通过胎盘感染胎儿很罕见。人对疟疾普遍易感,感染后可产生一定免疫力,但疟疾的免疫具有种和株的特异性,同时还有各发育期的特异性。其抗原性可连续变异,致宿主不能将疟原虫完全清除。原虫持续存在,免疫反应也不断发生,这种情况称带虫免疫或伴随免疫。

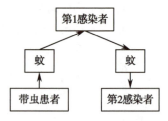

图4-15-1　疟疾传播图

1. 分期　从人体感染疟原虫到发病这段时期称潜伏期。潜伏期包括整个红细胞外期和红细胞内期的第一个繁殖周期。一般间日疟为10~12天,三日疟为14~25天或更长时间,恶性疟疾为9~16天。感染原虫量、株不同,人体免疫力的差异,感染方式的不同均可造成不同的潜伏期。温带地区有所谓长潜伏期虫株,可长达8~14个月。传染期为间日疟1~3年,恶性疟1年以内,三日疟3年以上,偶达数十年,卵形疟2~5年。前驱症状,如不规则低热、乏力、四肢酸痛、头痛、食欲缺乏或腹泻,一般持续2~3天,可长至1周。随后转为典型发作,分为3期。

(1)寒战期:突有畏寒,先为四肢末端发凉,后迅速全身发冷,皮肤起鸡皮疙瘩,口唇、指甲发绀,面色苍白,全身肌肉关节酸痛。持续10~60分钟,寒战自然停止,体温上升。

(2)高热期:面红耳赤,结膜充血,体温迅速上升,可达40℃以上。部分伴有谵妄、抽搐或昏迷。部分伴有剧烈头痛、呕吐、呼吸急促、脉洪大而快速。持续1～8小时，个别达10小时左右。

（3）出汗退热期：高热后期，全身大汗淋漓，体温退至37℃以下。患者感觉舒适，但十分疲劳，睡觉后醒来，精神愉快，食欲恢复，又可正常生活工作。然后进入间歇期，间日疟和卵形疟每隔一日发作一次，三日疟每隔2天发作一次，恶性疟每天发作一次，恶性疟起病后多数仅有冷感而无寒战，且体温高，热型不规则，退热时出汗不明显。

2．凶险型疟疾　主要由恶性疟原虫（plasmodium falciparum）引起，偶可因间日疟或三日疟发生，在暴发流行时5岁以下的幼儿、外来无免疫力的人群凶险型疟疾发生率可呈20倍的增长。凶险型疟疾临床上主要有下列几种类型：

（1）脑型（cerebral malaria）最常见，表现为：①剧烈头痛、恶心、呕吐；②意识障碍，进而嗜睡、昏迷；③抽搐，儿童更多见；④可发展成脑水肿，导致呼吸循环衰竭；⑤查体脑膜刺激征阳性，可出现病理反射。

（2）胃肠型：除寒战高热外，还有恶心、呕吐、腹痛及腹泻，甚至发生休克。

（3）过高热型：疟疾发作时，体温迅速上升达42℃或更高。患者气促、抽搐、昏迷，常于数小时后死亡。

（4）黑尿热型（black water fever）：急性溶血引起血红蛋白尿和溶血性黄疸，重者发生急性肾功能不全。临床以骤然发病、寒战高热、酱油色尿及严重贫血、黄疸、无尿为特点。

3．输血引起的疟疾　潜伏期10～20天，临床症状与按蚊传染的疟疾相似，但它只有红细胞内期，所以治疗后无复发。婴幼儿疟疾临床表现多不典型，经常没有寒战期，退热也无大汗，多有呕吐、腹泻、抽搐或微循环障碍，病死率高。

4．疟疾的实验室检查表现

（1）血常规 WBC初发时可稍增高，后正常或稍低，白细胞分类单核细胞常增多，并可见吞噬有疟色素颗粒。RBC、Hb和PLT可下降，恶性疟更加明显。

（2）黑尿热患者尿中有大量血红蛋白、管型和上皮细胞等。

（3）疟原虫检查：①血液涂片染色查疟原虫，并可鉴别疟原虫种类。因为寒战发作时原虫数量多、易找到，所以血片找疟原虫应当在这时采血。②骨髓涂片染色查疟原虫，阳性率较血片高。如临床高度怀疑而血片多次阴性的患者，可行骨髓穿刺涂片查找疟原虫。

（4）血清学检查疟疾抗体一般在感染后2～3周出现，4～8周达高峰，以后逐渐下降。

5．疟疾的诊断标准

（1）有在疟疾流行区居住或旅行史。

（2）临床表现典型的周期性寒战、发热、出汗。婴幼儿患恶性疟时症状常不典型，患儿突然高热、寒战、昏迷，也应考虑本病。

（3）血或骨髓涂片只要查找到疟原虫即可确诊。如一次未找到疟原虫可多次查找，并一定要做厚血片（thick film）寻找。如临床高度怀疑而血片多次阴性可做骨髓穿刺涂片查找疟原虫。非典型疟疾应与败血症、钩端螺旋体病、伤寒、急性血吸虫病相鉴别。脑型疟疾易与病毒性脑炎、流行性乙型脑炎、中毒性痢疾等相鉴别。

6．间日疟的治疗（选用以下1种疗法）

（1）氯喹＋伯氨喹八日疗法

①氯喹：成人口服总剂量1 200mg。第1天600mg，顿服或分2次服；第2、3天各服1次，每次300mg。儿童剂量即氯喹10mg/kg首次口服，第2天、第3天各口服5mg/kg。②伯氨喹：成人口服总剂量180mg，从服用氯喹的第1天起，同时服用伯氨喹，每天1次，每次22.5mg，连服8天。儿童每日剂量如下：每次0.375mg/kg，1岁以内服3.75mg，2岁服5.625mg，3～5岁服7.5mg，6～10岁服15mg，11～12岁服18.75mg，13岁以上服22.5mg。

（2）哌喹＋伯氨喹八日疗法

①哌喹：成人口服总剂量1 200mg。第1天600mg，顿服或分2次服；第2、3天各服1次，每次300mg。②伯氨喹：剂量和用法同前述。以上2种疗法也可用于卵形疟和三日疟的治疗，如若采用以上2种疗法治疗失败，可以采用青蒿素类药物代替氯喹来进行治疗。

7．恶性疟的治疗（选用以下1种疗法）

（1）蒿甲醚：成人口服总剂量640mg。分7天服，每天1次，每次80mg，首剂加倍。蒿甲醚儿童予1.6mg/（kg·d），1次/d。

（2）青蒿琥酯：成人口服总剂量 800mg。分 7 天服，每天 1 次，每次 100mg，首剂加倍。儿童剂量：<2 岁为成人量的 1/4，3～6 岁为成人量的 3/8，7～10 岁为成人量的 1/2，11～15 岁为成人量的 3/4。注射用青蒿琥酯，首剂给予 2.4mg/kg，12 小时后以 1.2mg/kg，以后 6 天每日以 1.2mg/kg 维持剂量给予。

（3）其他可应用的药物包括双氢青蒿素、咯萘啶、青蒿琥酯加阿莫地喹、双氢青蒿素哌喹、复方磷酸萘酚喹、复方青蒿素。

8．重症疟疾患儿的治疗　应在出现症状的 24 小时内给予有效的抗疟治疗，由于常存在知觉减弱等并发症，不推荐口服用药。

（1）奎宁：深部肌内注射二盐酸奎宁，用量为 1 岁以下每日剂量按每月龄 0.005g 计算，每日剂量总量不超过 0.05g；1～10 岁每日剂量按每周岁 0.05g 计算；10～15 岁按每日剂量 0.5g 计算；奎宁静脉滴注剂量为 10mg/kg，首剂加倍，加入 5% 葡萄糖中静脉滴注（浓度不大于 1mg/ml，输液时间 2～4 小时），每 12 小时 1 次，共用 5～7 天。

（2）青蒿素衍生物。

9．其他治疗　对症治疗，普通型疟疾酌情补液，高热时以降温为主。凶险型疟疾治疗手段包括：①高热或昏迷者适当补液，酌情使用肾上腺皮质激素；②抽搐者予镇静药如地西泮；③脑水肿者予 20% 甘露醇静脉滴注；④黑尿热时应立即停用可疑药物如奎宁与伯氨喹，使用肾上腺皮质激素和碳酸氢钠。严重贫血时应输注同型洗涤红细胞，出现肾衰竭时应考虑予血液透析。

青蒿素类药物是在氯喹产生抗药后的主要替代药，是至今唯一没有出现普遍耐药的高效抗疟药。但随着青蒿素类药物在全球大范围的使用，WHO 已证实青蒿素类药物的敏感性正在逐渐下降。使用青蒿素为单一疗法是疟原虫产生耐药的重要原因，因此 WHO 建议使用含青蒿素副产品和另一种有效抗疟药物的联合化疗（ACTs）。2006 年 WHO《疟疾治疗指南》推荐用于恶性疟治疗的 4 种 ACTs 方案是：①蒿甲醚＋本芴醇；②青蒿琥酯＋阿莫地喹；③青蒿琥酯＋甲氟喹；④青蒿琥酯＋磺胺多辛/乙胺嘧啶。2010 年 WHO《疟疾治疗指南第 2 版》强调治疗前病原学检测，并增加了一种双氢青蒿素加上哌喹的治疗方案作为第五个 ACTs。

10．疟疾的预防

（1）加强传染源检测、疫情监测和加强对外来人口的检测。

（2）加强媒介防制，治理环境，减少蚊虫滋生地，还可采取杀虫剂浸泡蚊帐的措施。

（3）加强人群防护，在流行区，提倡使用纱门、纱窗、蚊帐等防蚊设施，对进入高传播地区的流动人口，根据需要可采取预防性服药。

（4）加强健康教育，普及疟疾防治知识。

（5）疟疾疫苗，核酸疫苗可将抗原主基因直接在机体中表达，激发出针对编码抗原的有效的特异性免疫应答，被认为是极具发展潜力的第 3 代疫苗。

临床关键点

（1）疟疾的临床诊断主要依据是流行病学资料（有在疟疾流行区居住或旅行史等）和临床表现（典型的周期性寒战、发热、出汗等）。确诊诊断有赖于查找到疟原虫。

（2）疟疾临床诊断时需与败血症、钩端螺旋体病、伤寒、急性血吸虫病相鉴别。脑型疟疾应与流行性乙型脑炎、中毒性痢疾等鉴别。

（3）疟疾典型发作，分为寒战期、高热期及出汗退热期。

（4）凶险型疟疾主要有脑型、胃肠型、过高热型及黑尿热型，脑型最常见。

临床病例

患儿，男，10 岁，因"发热 4 天"就诊。

现病史：患儿于入院前 4 天开始出现发热，体温波动在 37.2～40.3℃，伴头痛，持续 30 分钟到 3 小时，伴畏寒、寒战，2 天前再次出现上述症状，自行服用复方对乙酰氨基酚后，大汗淋漓，到当地医院就诊，考虑冷湿型休克，予对症处理后症状好转，今日体温波动在 37.2～39.3℃，症状基本同前，起病以来，无皮疹，尿色正常,无呕吐,腹泻和抽搐。

既往史:无传染病史。

个人史:出生于湖南,发病前在缅甸生活2个月,当地有类似病例,否认血吸虫疫水接触史。生长发育正常,按国家计划免疫预防接种。

家庭史:父母均体健,否认家庭性遗传病史。

体格检查:体温39.0℃,脉搏94次/min,呼吸24次/min,血压110/80mmHg,神志清楚,急性面容,烦躁不安,全身皮肤黏膜未见黄染,全身浅表淋巴结未触及肿大。咽部无充血,双侧语颤对称正常,双肺呼吸音清晰,未闻及干湿啰音,心率94次/min,心律整齐,心音有力,未闻及杂音,腹部平软,肝脾均未触及,神经系统未见异常。

【问题1】 患者在门诊时应注意询问哪些病史?

思路:有无疟疾流行区居住或旅行史。有无周期性寒战,发热和出汗。患者发病前在缅甸生活二月,当地有类似病例。否认血吸虫疫水接触史。入院前4天有过寒战,发热和大汗淋漓,入院前2天和入院当日均又再次发作,症状同前。

【问题2】 患者在门诊时可以做哪些检查?

思路:血常规、尿常规、胸部X线片。

辅助检查结果

血常规:WBC 5.3×10^9/L,中性粒细胞百分比82.8%,淋巴细胞百分比15.2%,RBC 4.64×10^{12}/L,Hb136g/L,PLT 23×10^9/L。

尿常规:未见异常。

胸部X线:未见异常。

【问题3】 根据以上信息可以作出哪些诊断? 诊断依据是什么?

思路:根据临床表现及辅助检查可作出的临床诊断是疟疾(间日疟)(疑似病例)。

患者在入院前4天有过寒战、发热和大汗淋漓,且入院前2天和入院当日均又发作。患者发病前在缅甸生活2个月,当地有类似病例。

【问题4】 门诊医生该如何处置该患者?

思路:根据目前诊断,患者高度怀疑为疟疾,需要住院治疗。疟疾为国家法定报告的乙类传染病,所以门诊医生对该病例应及时向当地疾病预防控制中心进行报告。

【问题5】 患者收入病房后,你作为住院医师应如何处理?

思路:

(1)及时接诊患者。

(2)病史采集,全面体格检查。

(3)书写病历并定出初步诊断和诊疗计划。

(4)及时向当地疾控中心进行传染病报告。

(5)请示上级医师并记录和执行上级医师的查房意见。

(6)向家长交代病情、预后及诊疗计划。

【问题6】 为了进一步明确诊断,患者还应做哪些辅助检查?

思路:

(1)血涂片查疟原虫。

(2)骨髓涂片查疟原虫:该法阳性率较血片高,如果血涂片多次阴性而又高度怀疑疟疾,可进行骨髓涂片。

(3)疟疾抗体血清学检查:间接免疫荧光抗体试验,>1∶80以上者表明不久前有疟疾感染或疟疾未根治。对恶性疟疾患者抗体效价≥1∶80时,可认为是带虫者或者近期感染疟疾的标志,EIASA法抗体效价

>1：80 为阳性，提示疟原虫感染。

（4）肝肾功能：很多恶性疟疾患者有氨基转移酶增高和肝脏肿大，而间日疟患者中也有一部分有暂时性的肝功能紊乱。免疫复合物在肾小球基底膜沉积，可以造成肾脏的损伤。黑尿热时发生急性溶血，可导致急性肾功能不全。

辅助检查结果

血厚涂片找到疟原虫。

肝功能：ALT 51.9U/L，AST 57.5U/L，直接胆红素 20.1μmol/L。

肾功能：尿素氮 7.80mmol/L，肌酐 102.2mmol/L。

【问题7】　确诊前应与哪些常见的发热性疾病相鉴别？

思路：确诊前应与败血症、伤寒和钩端螺旋体病相鉴别。败血症全身中毒症状重，可有皮疹，肝脾肿大，WBC 及中性粒细胞增高，血培养或骨髓培养可有病原菌生长。伤寒有高热，但无周期性寒战、发热和大汗淋漓，有相对缓脉，肥达反应阳性，血或骨髓培养阳性。钩端螺旋体病多发生在流行地区的流行季节，临床表现为"寒热酸痛一身乏，眼红腿痛淋巴大"。

【问题8】　患儿的治疗措施是什么？

思路：

（1）疟疾护理常规：将疟疾患者安置在隔离病房，每天对病室进行灭蚊消毒处理，密切观察患者的症状变化和血压、心率、血氧饱和度等生命体征。

（2）对症支持治疗：普通疟疾酌情补液，高热时降温。凶险型疟疾高热时适当补液，酌情使用肾上腺皮质激素，抽搐者予镇静药，脑水肿者予 20% 甘露醇脱水，黑尿热时立即停用可疑药物，使用肾上腺皮质激素和碳酸氢钠，严重贫血时输注同型洗涤红细胞。

（3）抗疟原虫治疗：氯喹加伯氨喹 8 日疗法。

（4）肝功能检查异常，予护肝治疗。

（宋红梅）

第十六节　流行性感冒

流行性感冒（influenza）简称流感，是流行性感冒病毒引起的急性呼吸道传染病，每年的发病率为10%～30%，传染力强。其流行特点为突然暴发、迅速蔓延、波及面广，是人类面临的主要公共健康问题之一，1500年来至少已经出现过 14 次全球范围的大流行，仅自 20 世纪以来就有 6 次，包括 1918 年的西班牙流感、1957年的亚洲流感、1968 年的中国香港特别行政区流感、1977 年的俄罗斯流感、1997 年的中国香港特别行政区高致病性禽流感和被称为21 世纪第一次大流行的 2009 年的墨西哥猪流感。

流感病毒属正黏液病毒科 RNA 病毒，根据病毒核蛋白和基质蛋白不同，分为甲、乙、丙、丁 4 型，其表面包膜蛋白有 2 个重要的糖蛋白：血凝素（hemagglutinin，HA）和神经氨酸酶（neuraminidase，NA），根据其抗原性流感病毒又分为多个亚型，目前已发现 HA 有 18 个亚型（H1～H18），NA 有 11 个亚型（N1～N11）。甲型流感病毒（influenza virus A，IVA）抗原容易发生变异，特别是 HA 抗原具有高度易变性，可以逃脱机体免疫系统对其记忆、识别和清除，所以常引起世界范围的大流行，例如引起 2009 年的甲型 H1N1 流感病毒的流行。乙型流感病毒（influenza virus B，IVB）抗原变异较少，可感染人类致暴发或小流行。

流感的诊疗经过通常包括以下环节：

1．详细询问患儿的年龄、体温及其他伴随症状，询问有无心肺基础疾病。

2．查体时，注意患儿呼吸道、心脏及肝脏体征，并注意患儿精神状态。

3．辅助检查　查血常规及 CRP，必要时做病原学检查。

4．婴幼儿和存在心肺基础疾病的患儿容易出现并发症，常见有喉炎、中耳炎（20%）和下呼吸道的感染，还可见到的合并有肌炎和横纹肌溶解综合征、心肌炎 / 心包炎等心脏损伤以及神经根炎或脑脊髓膜炎等神经系统受累。

5. 本病具有自限性，但在婴幼儿和存在心肺基础疾病的患儿容易并发肺炎等严重并发症而导致死亡。

6. 可用奥司他韦治疗，应根据体重给药。

7. 应用疫苗来预防流感的流行仍是最简便和最经济的方法。

临床关键点

（1）儿童是甲型流感发病的重要人群，其感染率是成人的 1.5～3 倍，是儿童呼吸道感染的主要病原，在流感流行季节，有超过 40% 的学龄前儿童及 30% 的学龄儿童罹患流感。

（2）儿童甲型流感的临床表现轻重不一，轻者仅表现为低热、鼻塞、流涕、和咽痛等类似于普通感冒的症状；常出现头痛和全身肌肉疼痛；少部分患儿可有呕吐、腹泻等消化道症状；严重者则表现为高热、头痛明显，甚至出现热性惊厥（表 4-16-1）。

（3）婴幼儿和存在心肺基础疾病的患儿容易出现并发症，常见有喉炎、中耳炎（20%）和下呼吸道的感染如气管炎、支气管炎、毛细支气管炎、甚至肺炎；还可见到的合并有肌炎和横纹肌溶解综合征、心肌炎/心包炎等心脏损伤以及神经根炎或脑脊髓膜炎等神经系统受累。

（4）流感的诊断需要结合流行病学史、临床表现和病原学的检查。临床诊断病例的条件是出现上述流感临床表现，有流行病学证据或流感快速抗原检测阳性，且排除其他引起流感样症状的疾病。确定诊断病例的条件是有上述流感临床表现，具有以下一种或以上病原学检测结果阳性：①流感病毒核酸检测阳性（可采用 real-time RT-PCR 和 RT-PCR 方法）；②流感病毒分离培养阳性；③急性期和恢复期双份血清的流感病毒特异性 IgG 抗体水平呈 4 倍或 4 倍以上升高。

（5）疫苗预防流感仍是最简便和最经济的方法，一般建议在每年流感季节前进行接种，常用多价纯化灭活疫苗和裂解的亚单位疫苗，接种有效率可达 63%～77%。

（6）对流感儿童的治疗，主张 48 小时内应尽早予抗病毒药物（如奥司他韦），合理使用对症治疗药物（如高热患儿可物理或药物降温，咳嗽、咳痰严重者给予止咳祛痰药物等），避免滥用抗生素，同时多饮水、多休息。

表 4-16-1　流感与普通感冒的鉴别要点

	流感	普通感冒
致病原	流感病毒	鼻病毒、冠状病毒
流感病原学检测	阳性	阴性
传染性	强	弱
发病的季节性	有明显季节性 （我国北方为 11 月至次年 3 月）	季节性不明显
发热程度	3～5 天	1～2 天
全身症状	重，头痛、全身肌肉酸痛、乏力	轻或无
上呼吸道症状	相对较轻	鼻塞、流涕、喷嚏等明显
病程	5～10 天	5～7 天
并发症	可合并中耳炎、肺炎、心肌炎、脑膜炎或脑炎	少见

临床病例

患儿，男，3 岁，因"发热伴头痛、流涕 1 天"就诊于 2013 年 12 月 13 日。

现病史：患儿于昨日始出现发热，体温达 39℃以上，诉头痛和肢体疼痛，伴流涕、鼻塞和轻咳，无恶心呕吐、腹泻、关节肿痛及活动受限，自行给予对症和中成药治疗无显效。自发病以来精神尚可，二便正常。

既往史：既往体健，无传染病及近期传染病接触史。生后 42 天查体时发现心前区收缩期杂音，未引起重视，无反复呼吸道感染病史。

个人史：出生史正常；母乳喂养，按时添加辅食，现为普食；体格及智力发育与正常同龄儿相仿；按时接受计划内预防接种,但未接种过流感疫苗。

家族史:父母均体健,无遗传性疾病史。

体格检查:体温 39.6℃,呼吸 36 次 /min,血压 80/50mmHg,体重 15kg。急性热病容,呼吸略促,无明显缺氧症;神志清,精神尚好;皮肤未见皮疹;表浅淋巴结无明显肿大;颈软无抵抗;结膜无充血,口唇无明显潮红和皲裂,口腔黏膜光滑,咽部充血,扁桃体Ⅰ度肿大,未见脓性分泌物;呼吸 36 次 /min,无明显三凹征,双肺呼吸音稍粗,未闻及干湿啰音;心前区无隆起,未触及震颤,心率 110 次 /min,心律齐,心音有力,胸骨左缘 3/4 肋间可闻及收缩期吹风样杂音;腹部平软,肝脏肋下及边,质软,脾未触及。四肢肌力肌张力正常,神经系统查体未见异常。

【问题1】 该患儿在询问病史时应注意询问哪些病史?

思路:流行病学接触史、既往是否有类似病史及基础疾病史。病前有无特殊用药史。

知识点

流感的流行病学特点

儿童是甲型流感发病的易感人群,特别是 6 个月~3 岁年龄组为高危人群,易发生重症且并发症的发生率较高;5 岁以上儿童和青少年在流感流行季节的感染率可高达 50%,其感染率是成人的 1.5~3 倍。甲型流感病毒是儿童呼吸道感染的主要病原,主要通过空气中的飞沫、人与人之间的接触或与被污染物品的接触传播。儿童甲型流感最主要的传染源是与其密切接触的成人患者,发病 3 天内的传染性最强。由于中国地域广阔,流感的流行季节在各地也存在差异,北方一般为秋冬季为高发期,而南方主要在 3~9 月流行。

【问题2】 患儿在门诊时可以做哪些检查?

思路:血常规、CRP、咽拭子筛查流感,必要时胸部 X 线和超声心动图检查。

辅助检查结果

血常规＋CRP:WBC 4.5×10^9/L,中性粒细胞百分比 42%,Hb 10.5g/L,PLT 238×10^9/L,CRP <1mg/L;咽拭子筛查甲型流感(+);超声心动图示房间隔缺损。

知识点

流感的病原学检查

流感的病原学检查包括:

(1)流感病毒核酸检测,可采用 real-time RT-PCR 和 RT-PCR 方法检测呼吸道标本(咽拭子、鼻拭子、痰等),该方法特异性和敏感性好,且能区分流感病毒类型。

(2)病毒抗原检测,该方法快速,敏感性低于核酸检测。

(3)急性期和恢复期双份血清的流感病毒特异性 IgG 抗体水平呈 4 倍或 4 倍以上升高,有回顾性诊断意义。

(4)病毒分离培养。

【问题3】 根据以上信息总结病例特点,作出诊断并说明诊断依据和思路?

思路:

患儿的特点:①3 岁男孩,急性起病;②以高热为主要,伴有头痛、四肢痛以及流涕、鼻塞和轻度咳嗽等呼吸道症状;③查体咽部充血,扁桃体Ⅰ度肿大,两肺未闻及干细湿啰音,心前区胸骨左缘第 2 肋间可闻及 3/4 收缩期吹风样杂音；④血 WBC 和 CRP 正常；⑤咽拭子筛查甲型流感（+）；⑥超声心动图示房间隔缺损。

根据患儿急性起病，以发热、头痛和四肢痛为主要表现，伴咳嗽和流涕等呼吸道症状，查体咽部充血，扁桃体Ⅰ度肿大，两肺未闻及干细湿啰音，首先考虑上呼吸道感染；同时考虑患儿为冬季发病、全身症状明显不除外流感的可能，经咽拭子筛查甲型流感（+），所以甲型流感诊断明确；血 WBC、中性粒细胞百分比和 CRP 正常也支持病毒感染。另外患儿听诊心前区收缩期杂音和超声心动图显示房间隔缺损，提示患儿存在先天性心脏病（房间隔缺损）。

知识点

流感的临床表现及并发症

临床表现：儿童甲型流感的潜伏期多在一周以内，一般为 1～3 天。临床表现轻重不一，轻者仅表现为低热、鼻塞、流涕和咽痛等类似于普通感冒的症状；一般起病急骤，全身症状明显，表现为持续高热、头痛、四肢肌肉疼痛；严重者高热伴全身中毒症状，甚至出现热性惊厥；特别是婴幼儿症状重且不典型，可有呕吐、腹泻等消化道症状；新生儿流感少见，但容易出现并发症如肺炎，常有类似于败血症的表现，如嗜睡、拒奶、呼吸暂停等。

并发症：婴幼儿和存在心肺基础疾病的患儿容易并发肺炎等严重并发症而导致死亡。流感常见的并发症有喉炎、鼻窦炎、腮腺炎和中耳炎（20%）以及下呼吸道的感染如气管炎、支气管炎、毛细支气管炎，甚至肺炎，多半在发病后 2～4 天病情进一步加重，出现高热不退、咳嗽加剧、呼吸困难和肺部啰音等。在儿童流感使用阿司匹林等水杨酸类解热镇痛药时还可以出现瑞氏综合征（Reye syndrome），表现肝脏肿大、氨基转移酶升高甚至肝功能衰竭，出现恶心呕吐、嗜睡昏迷甚至昏迷等症状。流感患儿还可见到的合并症有肌炎和横纹肌溶解综合征，心肌炎/心包炎等心脏损伤的表现，以及神经根炎、脊髓炎或脑脊髓膜炎等神经系统受累，年幼儿童和患有神经或神经肌肉疾病是发生流感相关性脑病的危险因素。

【问题 4】 患儿该如何处理？

思路：首先应完成传染病的网上报告；进一步取咽拭子进行甲型流感病毒的分离和鉴定，以除外有无高致病性禽流感 H7N9 或 H1N1 的可能；因该患儿发病尚未超过 48 小时，所以应尽快给予奥司他韦抗病毒治疗，同时给予退热等对症和支持治疗；密切观察病情变化，必要时行胸部 X 线检查以除外有无下呼吸道感染的并发症，因为患儿有房间隔缺损容易出现支气管肺炎等并发症。

知识点

流感的抗病毒治疗

奥司他韦应根据体重给药：1 岁以上儿童体重<15kg 者，予 30mg，每日 2 次；体重 15～23kg 者，予 45mg，每日 2 次；体重 23～40kg 者，予 60mg，每日 2 次；体重>40kg 者，予 75mg，每日 2 次，疗程 5 天。在患者出现临床症状 48 小时内尽早开始给予磷酸奥司他韦治疗疗效好。

【问题 5】 怎样预防流感？

思路：应用疫苗来预防流感的流行仍是最简便和最经济的方法。国内外指南均提出，由于 6 月龄以下婴儿不能接种流感疫苗，所以建议孕妇接种流感疫苗，对于 6 个月以上没有接种禁忌证的儿童均建议接种流感疫苗，并建议每个流行季前均应进行接种。接种疫苗后约两周，体内便会产生足够抗体对抗流感，所以一般建议在每年流感季节前进行接种。常用多价纯化灭活疫苗和裂解的亚单位疫苗，接种有效率可达 63%～77%。但是由于甲型流感病毒表面抗原的高度易变性，会不时变种而衍生新的病毒株，导致人群接受流感疫苗的接种仍会有流行发生。

（宋红梅）

第十七节 手 足 口 病

手足口病(hand-foot-mouth disease,HFMD)是由肠道病毒,特别是柯萨奇 A 组 16 型病毒(CoxA16)、肠道病毒 71 型(EV71)引起的急性传染病。其传染性强、传播速度快,在短时间内可造成较大范围的流行。

该病患者和隐性感染者均为传染源,主要通过消化道、呼吸道和密切接触等途径传播。成人感染后多不发病,但能传播病毒,多发生于学龄前儿童,尤以 5 岁以下年龄组发病率最高。潜伏期一般为 2~10 天,平均 3~5 天。普通病例急性起病,主要表现为发热,手、足以及口腔出现红色小丘疹,并迅速转为小疱疹,疱内液体较少,有时在患者臀部、肛周、膝关节和肘关节也可见到疱疹。可伴有咳嗽、流涕、食欲缺乏等症状。多在一周内痊愈,预后良好,无后遗症。

重症病例中少数(尤其是小于 3 岁者)病情进展迅速,出现脑膜炎、脑炎(以脑干脑炎最为凶险)、脑脊髓炎、神经源性肺水肿、肺出血、呼吸衰竭及循环障碍等,主要见于 EV71 感染,极少数病例病情危重,可致死亡。

1. 分期 根据发病机制和临床表现,将 EV71 感染分为 5 期。

第 1 期(手足口出疹期):主要表现为发热,手、足、口、臀等部位出疹(斑丘疹、丘疹、小疱疹),可伴有咳嗽、流涕、食欲缺乏等症状。部分病例仅表现为皮疹或疱疹性咽峡炎,个别病例可无皮疹。

第 2 期(神经系统受累期):少数 EV71 感染病例可出现中枢神经系统损害,多发生在病程 1~5 天内,表现为精神差、嗜睡、易惊、头痛、呕吐、烦躁、肢体抖动、急性肢体无力、颈项强直等脑膜炎、脑炎、脊髓灰质炎样综合征、脑脊髓炎症状体征。此期病例属于手足口病重症病例重型,大多数病例可痊愈。

第 3 期(心肺功能衰竭前期):多发生在病程 5 天内。目前认为可能与脑干炎症后自主神经功能失调或交感神经功能亢进有关,亦有认为 EV71 感染后免疫性损伤是发病机制之一。本期病例表现为心率、呼吸增快,出冷汗、皮肤花纹、四肢发凉,血压升高,血糖升高,外周血白细胞升高,心脏射血分数可异常。此期病例属于手足口病重症病例危重型。及时发现上述表现并正确治疗,是降低病死率的关键。

第 4 期(心肺功能衰竭期):病情继续发展,会出现心肺功能衰竭,可能与脑干脑炎所致神经源性肺水肿、循环功能衰竭有关。多发生在病程 5 天内,年龄以 0~3 岁为主。临床表现为心动过速(个别患儿心动过缓),呼吸急促,口唇发绀,咳粉红色泡沫痰或血性液体,持续血压降低或休克。亦有病例以严重脑功能衰竭为主要表现,肺水肿不明显,出现频繁抽搐、严重意识障碍及中枢性呼吸循环衰竭等。此期病例属于手足口病重症病例危重型,病死率较高。

第 5 期(恢复期):体温逐渐恢复正常,对血管活性药物的依赖逐渐减少,神经系统受累症状和心肺功能逐渐恢复,少数可遗留神经系统后遗症状。

2. 实验室检查 ①血常规 WBC 正常或降低,病情危重者 WBC 可明显升高;②血生化检查部分病例可有轻度 ALT、AST、CK-MB 升高,病情危重者可有肌钙蛋白(CTnI)、血糖升高。CRP 一般不升高。乳酸水平升高。③血气分析呼吸系统受累时可有动脉血氧分压降低、血氧饱和度下降,二氧化碳分压升高,酸中毒。④神经系统受累时脑脊液检查表现为外观清亮,压力增高,WBC 增多,多以单核细胞为主,蛋白正常或轻度增多,糖和氯化物正常。⑤病原学检查 CoxA16、EV71 等肠道病毒特异性核酸阳性或分离到肠道病毒。咽、气道分泌物、疱疹液、粪便阳性率较高。⑥血清学检查急性期与恢复期血清 CoxA16、EV71 等肠道病毒中和抗体有 4 倍以上的升高。

3. 诊断标准

(1)临床诊断病例:在流行季节发病,学龄前儿童,婴幼儿多见;发热伴手、足、口、臀部皮疹,部分病例可无发热(图 4-17-1)。①普通病例表现为发热伴手、足、口、臀部皮疹,部分病例可无发热;②重症病例出现神经系统受累、呼吸及循环功能障碍等表现,实验室检查可表现为外周血白细胞增高、脑脊液异常、血糖升高等,脑电图、脑脊髓磁共振、胸部 X 线、超声心动图检查可出现异常。极少数重症病例皮疹不典型,临床诊断困难,需结合实验室检测作出诊断。

(2)实验室确诊病例:临床诊断病例符合下列条件之一者,即可诊断为实验室确诊病例。①分离出肠道病毒,并鉴定为 CoxA16、EV71 或其他可引起手足口病的肠道病毒;②肠道病毒(CoxA16、EV71 等)特异性核酸检测阳性;③急性期血清相关病毒 IgM 抗体阳性;④急性期与恢复期血清 CoxA16、EV71 或其他可引起手足口病的肠道病毒中和抗体有 4 倍以上的升高。

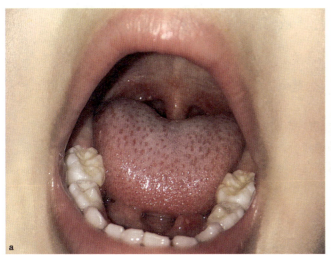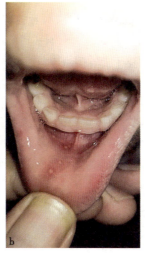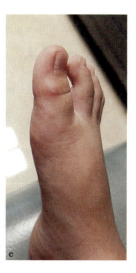

图 4-17-1 口、足部皮疹

鉴别诊断应与其他儿童出疹性疾病如丘疹性荨麻疹、水痘、不典型麻疹、幼儿急疹、带状疱疹以及风疹等鉴别，还应与其他病毒所致脑炎或脑膜炎、脊髓灰质炎、肺炎、暴发性心肌炎等鉴别。

4. 治疗方案

(1) 普通病例：①注意隔离，避免交叉感染，适当休息，清淡饮食，做好口腔和皮肤护理；②对症治疗包括发热、呕吐、腹泻等给予相应处理。

(2) 神经系统受累

①控制颅高压：限制液体入量，积极给予甘露醇降颅内压治疗，每次 0.5～1.0g/kg，每 4～8 小时 1 次，20～30 分钟快速静脉注射。根据病情调整给药间隔时间及剂量，必要时加用呋塞米。②酌情应用糖皮质激素治疗；③酌情应用静脉注射免疫球蛋白，总量 2g/kg，分 2～5 天给予。④其他对症治疗：降温、镇静、止惊。⑤严密观察病情变化，密切监护。

(3) 呼吸、循环衰竭治疗：①保持呼吸道通畅，吸氧。②监测呼吸、心率、血压和血氧饱和度。③呼吸功能障碍时，及时气管插管使用正压机械通气。如有肺水肿、肺出血表现，应增加 PEEP，不宜进行频繁吸痰等降低呼吸道压力的护理操作。④在维持血压稳定的情况下，限制液体入量(有条件者根据中心静脉压、心功能、有创动脉压监测调整液量)。⑤头肩抬高 15°～30°，保持中立位；留置胃管、导尿管。⑥药物应用：根据血压、循环的变化可选用米力农、多巴胺、多巴酚丁胺等药物；酌情应用利尿药物治疗。⑦保护重要脏器功能，维持内环境稳定。⑧监测血糖变化，严重高血糖时可应用胰岛素。⑨抑制胃酸分泌：可应用胃黏膜保护剂及抑酸剂等。⑩继发感染时给予抗生素治疗。

(4) 恢复期治疗：①促进各脏器功能恢复；②功能康复治疗；③中西医结合治疗。

(5) 目前尚无确切有效的抗 EV71 病毒药物。

目前有针对 EV71 的疫苗。仍对于高危人群加强监测、提高监测敏感性是控制疾病流行的关键。

临床关键点

(1) 手足口病的临床诊断主要依据是流行病学资料(包括发病年龄、有无手足口病例接触史等)和临床表现(发热，皮疹形态、部位，神经系统、呼吸系统、循环系统等的表现)。确诊诊断有赖于分离出 CoxA16、EV71 或其他可引起手足口病的肠道病毒，或肠道病毒(CoxA16、EV71 等)特异性核酸检测阳性，或急性期与恢复期血清 CoxA16、EV716 或其他可引起手足口病的肠道病毒中和抗体有 4 倍以上的升高。

(2) 手足口病临床诊断时需与其他儿童发疹性疾病如丘疹性荨麻疹、水痘、不典型麻疹、幼儿急疹、带状疱疹以及风疹等鉴别，还应与其他病毒所致脑炎或脑膜炎、脊髓灰质炎、肺炎、暴发性心肌炎等鉴别。

(3) 手足口病普通病例表现为发热伴手、足、口、臀部皮疹，部分病例可无发热。重症病例表现为病情进展迅速，可出现脑膜炎、脑炎、病毒性肺炎、肺水肿、肺出血、病毒性心包炎或心肌炎。

（4）处置流程

1）门诊医师在接诊中要仔细询问病史，着重询问周边有无类似病例以及接触史。

2）体检时注意皮疹、生命体征、神经系统及肺部体征。临床诊断病例和确诊病例按照《传染病防治法》中丙类传染病要求进行报告。

3）普通病例可门诊治疗，3岁以下患儿应密切观察病情变化。重症病例应住院治疗。

（5）患者、隐性感染者和无症状带毒者为该病流行的主要传染源。发病前数天，感染者咽部与粪便就可检出病毒，通常以发病后1周内传染性最强，在急性期患者粪便排毒3～5周，咽部排毒1～2周。

临床病例

患儿，男，2岁2个月，因"反复抽搐天，咳嗽3天伴皮疹1天"就诊。

现病史：患儿于入院前4天开始出现抽搐，发作时表现为意识丧失，双手握拳，双眼凝视，持续10秒左右可自行缓解，不伴发热，上述症状反复发作8次。3天前患儿出现咳嗽，伴发热，体温波动在38.0～39.5℃，1天前患儿双手出现丘疹，后发展为双足底、臀部及肩背部皮肤均出现丘疹和疱疹。起病以来，无腹泻，呕吐。

既往史：无传染病史。出生后曾患过急性支气管肺炎1次。患儿来自农村，当地有较多手足口患者，但患儿与手足口患者无密切接触。无外伤史。

个人史：出生时正常，体重3400g；母乳喂养至4个月；生长发育正常；一直按计划进行预防接种。

家庭史：父母均体健，无遗传性病史，家中无类似患者。

体格检查：体温38.5℃，脉搏126次/min，呼吸38次/min，血压88/56mmHg，体重12.5kg。神志清，精神萎靡，双手、双足、臀部及肩背部皮肤均可见红色丘疹和疱疹。唇红润，咽充血，咽腭弓处可见数个红色疱疹。颈软，双肺呼吸音粗，可闻及大量湿啰音。心率126次/min，心律整齐，心音有力，未闻及杂音。腹平软，肝脾均未触及。克氏征和布氏征阴性，双侧巴氏征阳性。

【问题1】 患者在门诊应注意询问哪些病史？

思路：流行病学接触史、外伤史、家族中有无类似患者，病前有无用药史。患儿居住地有手足口病的流行，无外伤史，家中无类似患者，无药物过敏史。

【问题2】 患儿在门诊时可以做哪些检查？

思路：血常规、血电解质、血糖、胸部X线片。

辅助检查结果

血常规＋CRP：WBC $13 \times 10^9/L$，中性粒细胞百分比62%，淋巴细胞百分比32%，Hb 132g/L，PLT $246 \times 10^9/L$。

血电解质：Na^+ 140.0mmol/L，K^+ 4.30mmol/L，Cl^- 107.0mmol/L，Ca^{2+} 2.16mmol/L，二氧化碳结合力22.1mmol/L，血糖5.6mmol/L。

胸部X线：双肺纹理增粗增多，双下肺可见片状密度增高影。

【问题3】 根据以上信息可以作出哪些诊断？诊断依据是什么？

思路：根据临床表现及辅助检查可作出的临床诊断是手足口病（重症病例）（临床诊断）、病毒性脑炎、急性支气管肺炎。

（1）手足口病（重症病例）：患儿起病急，为学龄前儿童，出现发热伴手、足、口、臀部皮疹，患儿当地有手足口病流行，而且患儿有神经系统和呼吸系统受累，因此诊断为手足口病，为重症病例。

（2）病毒性脑炎：患儿反复抽搐4天，双侧巴氏征阳性。

（3）急性支气管肺炎：患儿咳嗽3天，双肺可闻及大量湿啰音，胸部X线检查显示双肺纹理增粗增多，双下肺可见片状密度增高影。

【问题4】　门诊医生该如何处置该患儿？

思路： 根据目前诊断，患儿临床拟诊为手足口病（重症病例），需要收治住院。手足口病为国家法定报告的丙类传染病，所以门诊医生对该病例应及时向当地疾控中心进行报告。

【问题5】　患儿收入病房后，你作为住院医师应如何处理？

思路：

（1）及时接诊患者。

（2）患者安置于手足口病隔离病房，采取消化道和呼吸道隔离措施。

（3）患者病情危重，先进行吸氧、心电监护等抢救措施。

（4）仔细询问病史，全面体格检查。

（5）书写病历并定出诊断与治疗计划。

（6）及时向当地疾控中心传染病报告。

（7）请示上级医师并记录上级医师查房意见。

（8）与家长交代病情，预后及诊疗计划，告知病危。

【问题6】　为了进一步明确诊断，患儿适应做哪些辅助检查？

思路：

（1）咽拭子或粪便标本进行CoxA16、EV71特异性核酸检测。

（2）采取患者的唾液、水疱液等进行病毒分离。

（3）血清CoxA16、EV71抗体检测。

（4）肝功能，心肌酶学：手足口患者部分有ALT和AST的增高。病情危重者可有CK-MB和CTnI的升高。

（5）血气分析：手足口病累及呼吸系统时，可有动脉血氧分压降低，二氧化碳分压升高。

（6）脑脊液检查：该患者有神经系统受累的表现，脑脊液检查可协助诊断和鉴别诊断。

辅助检查回报：咽拭子 EV71 特异性核酸检测阳性。肝功能、心肌酶学、血气分析正常。脑脊液常规白细胞数 10×10^6/L，单核细胞 70%，多核细胞 30%，生化血糖 4.92mmol/L，氯化物 116.0mmol/L，蛋白 321.70mg/L，细菌培养阴性，脑脊液 EB 病毒、单疱病毒、CMV，腺病毒抗体阴性。

【问题 7】 确诊前应与哪些幼儿常见的出疹性疾病鉴别？

思路：应与水痘、麻疹、幼儿急疹、风疹鉴别。水痘患者一般为发热一天后出疹，全身症状轻微，皮疹呈向心性分布，最初为红色斑疹和丘疹，继之变为透明水疱，且皮疹分批出现、各种皮疹同时存在。麻疹患儿发热 3～4 天出疹，出疹期为发热的高峰期，皮疹先是头面部出疹，然后发展至颈、躯干，最后四肢，退疹后有色素沉着，而且麻疹患者往往伴有结膜炎和流涕等卡他症状，可出现口腔麻疹黏膜斑。幼儿急疹为高热 3～5 天后出疹，但热退疹出是该病的特点。风疹患儿发热 1 天后出疹，全身症状轻，而且消退的很快，退疹后无色素沉着。

（宋红梅）

第十八节　猩　红　热

猩红热（scarlet fever）是由 A 组溶血性链球菌所致的一种急性传染性疾病，临床以发热、全身弥漫性红色皮疹、咽峡炎为其主要特点。

猩红热主要通过飞沫传播，也可以通过伤口直接感染。传染源主要为猩红热患者、带菌者。该病人群普遍易感，多见于 5～15 岁儿童，全年可发病，以冬春季为高峰。

猩红热的潜伏期通常为 2～3 天，前驱期一般不超过 24 小时，表现为畏寒、发热、恶心、咽痛等，体格检查可以发现咽部充血，扁桃体肿大，甚至可见脓性分泌物。出疹期在发病后 1～2 天，皮疹出疹顺序为：颈部、上胸部开始，波及躯干、上肢，最后至下肢。典型皮疹特点：皮肤弥漫发红，点状皮疹，高出皮面，触之有粗糙感，压之褪色，疹间无正常皮肤，伴痒感。猩红热三个典型特征：贫血性皮肤划痕、帕氏线以及杨梅舌。此外部分患者还会出现口周苍白区。恢复期：皮疹于 3～5 天后逐渐消退，伴有脱皮或脱屑（图 4-18-1，图 4-18-2）。

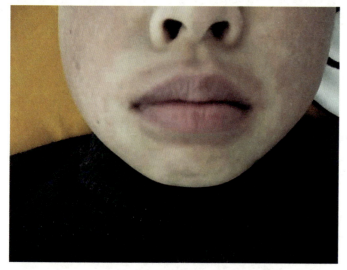

图 4-18-1　猩红热口周苍白区

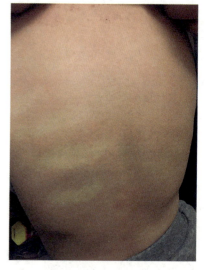

图 4-18-2　猩红热压之可褪色，疹间无正常皮肤

外科型（包括产科型）：其皮疹先出现于细菌入侵部位附近，临近淋巴结炎症肿大，全身症状轻，扁桃体无炎症。

多数猩红热经过敏感抗生素治疗预后良好，少数可以发展为败血症、中毒性休克。部分未得到及时治疗者会发生风湿热、急性肾小球肾炎。

猩红热的诊疗经过通常包括以下环节：

1．详细询问患儿发热和皮疹开始出现的时间、进展过程及有无咽痛、扁桃体红肿等伴随症状。注意询问流行病学证据包括有无新红热患者接触史。

2．查体时重点关注皮疹的分布、形态。

3．可进行血常规、快速抗原检测、咽拭子细菌培养等辅助检查。

4．结合病史、查体除外其他可引起发热伴出疹的其他疾病。

5．治疗首选青霉素，其能迅速消灭链球菌，预防和治疗脓毒并发症。

6．猩红热属于法定传染病，需网络上报，患者居家隔离至咽拭子细菌培养3次阴性。

临床关键点

（1）典型猩红热的临床诊断主要依据是流行病学资料（包括发病年龄、有无猩红热患者接触史等）和典型皮疹、帕氏线、"杨梅"舌等是临床诊断猩红热的主要依据，再结合全身病状如发热、咽痛、扁桃体红肿。

（2）猩红热为儿童常见的传染性出疹疾病，临床诊断时需与其他出疹性疾病进行鉴别诊断，如风疹、麻疹、金黄色葡萄球菌感染及药物疹等。

（3）可以通过快速抗原检测、咽拭子细菌培养协助诊断。

（4）青霉素是目前治疗猩红热的首选药物，疗程10天。

（5）猩红热病人确诊后应隔离治疗，并且严密观察接触者。

临床病例

患儿，男，7岁，因"发热1天伴皮疹半天"就诊。

现病史：患儿于1天无明显诱因开始出现发热，体温最高39.3℃，伴咽痛，无咳嗽，无恶心呕吐，无腹痛无尿频尿急，无头痛，无关节痛。近半天发现颈部及躯干出现皮肤弥漫发红，点状皮疹。患儿精神可，食欲一般，二便如常。

既往史：平素体健，无明确传染病接触史，无药物过敏史。个人史：生长发育同同龄儿，按计划接受预防接种。家族史：父母均体健，无遗传性疾病史。

体格检查：体温38.5℃，体重24kg。神志清，一般状态可，颈部、躯干、上臂及大腿皮肤弥漫发红，点状皮疹，高出皮面，触之有粗糙感，压之褪色，疹间无正常皮肤。在腹股沟处可见帕氏线。颈部可触及数个肿大淋巴结，最大者长约1.5cm，质软，活动可，无触痛。杨梅舌，咽部充血，扁桃体Ⅰ度大，可见脓性分泌物，心肺腹查体未见异常，神经系统未见异常。

【问题1】 患儿在门诊时应注意询问哪些病史？

思路：应注意询问的病史包括流行病学接触史、发热及皮疹的特点及病前有无用药史。

该患儿无明确猩红热患儿有接触史。主要表为发热咽痛伴皮疹，皮疹为发热1天出现皮疹，主要分布在颜面、躯干部。既往按计划接种疫苗。病前无明确用药史。

知识点

猩红热皮疹的特点

出疹期在发病后1～2天，皮疹出疹顺序为颈部、上胸部开始，波及躯干、上肢，最后至下肢。典型皮疹特点：皮肤弥漫发红，点状皮疹，高出皮面，触之有粗糙感，压之褪色，疹间无正常皮肤，伴痒感。皮疹于3～5天后逐渐消退，伴有脱皮或脱屑。

【问题2】 患儿在门诊时可以做哪些检查？

思路：实验室检查血常规提示WBC常升高，中性粒细胞升高为主。

快速抗原检测：免疫荧光法或乳胶凝集法检测咽拭子或伤口分泌物 A 组 β 溶血性链球菌，用于快速诊断。

细菌培养：从咽拭子或其他病灶内取标本培养，分离出 A 组 β 溶血性链球菌。

辅助检查结果

血常规：WBC $13.6×10^9$/L，中性粒细胞百分比 81%，RBC $4.5×10^{12}$/L，Hb 121g/L，PLT $280×10^9$/L。快速抗原检测：A 组 β 溶血性链球菌抗原阳性。

【问题3】 根据以上信息可以作出哪些诊断？

思路：根据临床表现及辅助检查可作出的临床诊断是猩红热。

【问题4】 应该进行那些鉴别诊断？

思路：本病应与下列疾病作鉴别诊断。

1. 风疹　其皮疹有时与猩红热不易鉴别，但枕后淋巴结肿大，白细胞减少。

2. 麻疹　典型麻疹皮疹与猩红热皮疹不相同，但在麻疹前驱期偶或暂现猩红热样的皮疹，反之猩红热患儿四肢有时可见麻疹样皮疹。但麻疹的卡他症状，麻疹黏膜斑，皮疹特点，出疹顺序及疹退后的色素沉着，白细胞降低，流行史等有助于鉴别。

3. 药物疹　奎宁、苯巴比妥、磺胺类、安替比林、颠茄合剂、阿托品等药物，有时可致皮肤弥漫性潮红，或可表现为斑丘疹。但缺乏全身症状、无咽峡炎症，皮疹分布不均匀，主要靠仔细询问药物史有助鉴别。

4. 金黄色葡萄球菌败血症　部分金黄色葡萄球菌可产生红疹毒素也可引起类似猩红热样皮疹，与中毒型猩红热不易鉴别，其皮疹多在起病后 3～5 天出现，持续时间较短，中毒症状更为明显，大多有金黄色葡萄球菌感染灶，最重要的鉴别是病灶的细菌培养、血培养。

【问题5】 门诊医生该如何处置该患儿？

思路：居家隔离治疗。

对症治疗：在发热，咽痛期间可给予流质或半流质饮食，保持口腔清洁，较大儿童可用温盐水漱口。高热者，应用布洛芬或对乙酰氨基酚退热。

抗生素治疗：首选青霉素或阿莫西林，疗程至少 10 天。青霉素过敏者可选用头孢菌素。猩红热为国家法定报告的传染病，网上填写传染病报告表。目前还没有临床可用的 A 组 β 溶血性链球菌疫苗。

> **知识点**
>
> **猩红热的治疗**
>
> 1. 一般治疗　供给充足的营养、热量。在发热、咽痛期间可给予流质或半流质饮食，保持口腔清洁，较大儿童可用温盐水漱口。高热者，应物理降温或用退热剂。
>
> 2. 抗生素治疗　青霉素能迅速消灭链球菌，预防和治疗脓毒并发症，是治疗猩红热的首选药物，更重要的在于预防并发症如急性肾小球肾炎和急性风湿热的发生。治疗开始愈早，预防效果愈好。疗程 10 天。

（宋红梅）

第十九节　传染性单核细胞增多症

传染性单核细胞增多症（infectious mononucleosis，IM）由 EB 病毒感染所致，以发热、咽扁桃体炎和颈部淋巴结肿大为典型表现，可伴随肝脾肿大、眼睑水肿、皮疹等临床表现。IM 是一种自限性疾病，对症治疗后多数预后良好。

EB 病毒为疱疹病毒科，是一种噬人类淋巴细胞的疱疹病毒。为 DNA 病毒。在人群中感染普遍。主要通过唾液传播。幼儿感染多无症状，但青少年约有半数表现为 IM。

该病潜伏期一般 30～50 天,在年幼儿童可较短。发病前 2～3 天可出现头痛、不适、乏力、厌食等前驱表现,然后出现下列典型表现。

1．发热、咽炎、淋巴结大三联征　发热常见,体温常 ≥39.5℃,常持续 1～2 周。约 80% 有咽炎,50% 以上有白色膜状物渗出。>90% 起病不久全身浅表淋巴结迅速增大,颈部最为明显。

2．脾大　35%～50% 患儿在病后 3 周内发生脾大,质软。IM 患儿病程 3 月内应避免剧烈体育活动,避免出现脾破裂。

3．肝大及肝功能异常　40% 以上有暂时性氨基转移酶增高;肝大见于 45%～70% 的患儿。肝功能在 2 周至 2 个月内可完全恢复。

4．其他表现　表现多样的皮疹、贫血、血小板减少、粒细胞减少、噬血细胞综合征、肺炎、脑炎、脑膜脑炎、吉兰 - 巴雷综合征、周围性面瘫、心肌炎、心包炎、肾小球肾炎等并发症少见。

实验室检查方面,在病后 1～4 周内出现淋巴细胞增多 ≥50% 和异型淋巴细胞(简称异淋)增多 ≥10%,白细胞计数一般为(10～20)×10⁹/L。可有 EBV-VCA-IgM 或抗 EBV-VCA-IgG 抗体阳性(图 4-19-1)。

轻微感染很难诊断,主要依靠病原学检查。遇有发热、咽峡炎、淋巴结和肝脾大时应考虑本病,结合典型血象改变可作出临床诊断,病原学检查可帮助确定诊断。应与链球菌性扁桃体肿大和巨细胞病毒、弓形虫、腺病毒、风疹病毒等其他病原所致类传染性单核细胞增多症鉴别。

治疗主要包括支持治疗和抗病毒治疗。急性期需卧床休息,给予对症治疗如解热、镇痛、护肝等,症状严重者可慎用短期皮质激素。如存在合并细菌感染证据可应用抗生素。目前尚缺乏对 EBV 感染有明显疗效的抗病毒药物,更昔洛韦等核苷类似物体外有抑制 EBV 效应,但尚缺乏适宜的临床研究评估。

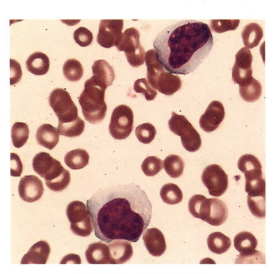

图 4-19-1　异型淋巴细胞

临床关键点

(1)临床诊断 IM 依靠典型三联征“发热,咽炎、淋巴结肿大”,若出现典型血象改变可作出临床诊断,病原学检查可帮助确定诊断。注意与链球菌性扁桃体炎鉴别,避免误诊及不必要抗生素使用。

(2)注意 IM 可有血小板减少、肺炎、脑炎、脑膜脑炎、嗜血细胞综合征等严重并发症,需注意早期识别。

(3)治疗主要是对症支持治疗,目前尚缺乏针对 EBV 感染明确有效的抗病毒药物。

临床病例

7 岁,男孩。主诉:发热 10 天,发现颈淋巴结肿大 8 天。

现病史:患儿 10 天前无明显诱因出现发热,体温最高 39.2℃,热峰 2～3 次 /d,伴畏寒、发汗,无寒战,伴脐周间断性疼痛,4～5 次 /d,每次持续 5～15 分钟可自行缓解,无腹泻,无头痛,无咽痛、咳嗽。就诊于某医院,查血常规 WBC 10.73×10⁹/L,中性粒细胞百分比 71.3%,Hg 及 PLT 未见异常,CRP<8mg/L。予“二代头孢”治疗 2 天,患儿发热无好转。就诊我院急诊,查体:咽红,双侧扁桃体Ⅱ度肿大,双侧颈淋巴结多发肿大,最大 1.5cm×2cm。血常规:WBC 14.30×10⁹/L,中性粒细胞百分比 46.4%,单核细胞百分比 22.1%,Hg 128g/L,PLT 189×10⁹/L,CRP 11.0mg/L。肝肾功能:ALT 53U/L,AST 82U/L,ALB 41g/L,LDH 520U/L,肌酐 41μmol/L。

既往史:患儿平素身体健康,否认传染病史,否认重大手术、外伤及输血史,否认药物、食物过敏史。按期预防接种。

　　个人史：第 1 胎第 1 产，足月顺产，出生体重 3.2kg。母乳喂养至 1 周岁，6 月龄添加辅食。生长发育同同龄儿。按计划预防接种。

　　家族史：否认家族中有类似疾病史，否认家族性精神病、肿瘤病、遗传性疾病病史。

　　体格检查：体温 38.5℃，脉搏 100 次 /min，呼吸 22 次 /min，血压 108/49mmHg。发育正常，营养良好，神志清晰，自主体位，安静面容，查体合作。全身皮肤黏膜未见黄染、出血点、破溃。双侧耳前、耳后、颈部、腋窝可触及多发肿大淋巴结，最大 1.5cm×2.0cm，质软，无触痛，活动可。口腔黏膜无溃疡、白斑，咽充血，咽后壁见多个滤泡，双侧扁桃体Ⅱ度肿大，双侧扁桃体见少量脓点。双肺呼吸音清，未闻及干湿啰音及胸膜摩擦音，心前区无隆起及凹陷，心界正常，心率 110 次 /min，心律齐，各瓣膜听诊区未闻及病理性杂音。腹软，无压痛、反跳痛，肠鸣音 4～5 次 /min，肝肋下 2cm，质软，剑突下未及，脾脏未及肿大。脊柱无畸形、压痛，四肢关节活动自如，四肢无水肿，双足背动脉搏动正常。

【问题 1】　患儿在门诊时应注意询问哪些病史？

　　思路：应注意询问的病史包括发热及其伴随症状、用药情况及治疗效果。

> 知识点
>
> **传染性单核细胞增多症的典型特点**
>
> 发热、咽炎、淋巴结肿大三联征；脾大；肝大及肝功能异常。

【问题 2】　接诊该患儿后还需要做哪些检查？

　　思路：血涂片可以出现淋巴细胞增多≥50% 和异型淋巴细胞（简称异淋）增多≥10%，WBC 一般为（10～20）×10^9/L。可有 EBV-VCA-IgM 抗体阳性，血 EBV-DNA。腹部超声有助于明确肝脏大小及回声、脾脏大小、腹腔有无肿大淋巴结。

辅助检查结果

　　该患儿血涂片见异性淋巴细胞 13%，血清 EBV-VCA-IgM 抗体阳性，EBV-DNA 5×10^{4}copies。腹部超声提示肝脏增大、腹腔有肿大淋巴结。

【问题 3】　根据以上信息可以作出哪些诊断？

　　思路：根据临床表现及辅助检查，可作出传染性单核细胞增多症的诊断。

【问题 4】　应该进行那些鉴别诊断？

　　思路：

　　（1）链球菌性扁桃体炎鉴别。本病 50% 以上病例扁桃体有白色膜状分泌物，易被误诊为化脓性扁桃体炎（约 5% 病例确可伴有链球菌感染）。此时，应关注其他体征和血象改变以资鉴别；若按链球菌咽峡炎治疗 48 小时后发热等症状仍无缓解应考虑本病。

　　（2）与 HCMV、弓形虫、腺病毒、风疹病毒等其他病原所致类传染性单核细胞增多症鉴别。病原学检查是确定病原的重要手段。根据病史及辅助检查的鉴别诊断并不困难。

【问题 5】　门诊医生该如何处置该患儿？

　　思路：主要是支持对症治疗，如解热、镇痛、护肝等，据咽拭子培养或抗原检测证实继发链球菌感染时需加用敏感抗生素。应对该患儿进行随诊，多数传染性单核细胞增多症的患者预后良好，但有少部分患者可能会出现 EBV 脑炎、EBV 肺炎、EBV 肝炎，甚至会诱发噬血细胞综合征。少数患者自身不能抑制病毒复制，出现慢性活动性 EB 病毒感染。临床表现为发热、肝功能异常、脾肿大和淋巴结肿大等 IM 症状持续存在或退而复现，预后较差，可并发噬血细胞综合征、恶性淋巴瘤、弥散性血管内凝血（DIC）和肝功能衰竭等危及生命的并发症。

（宋红梅）

参 考 文 献

[1] 申昆玲,黄国英. 儿科学. 北京:人民卫生出版社,2016.

[2] 方峰,俞蕙. 小儿传染病学. 5 版. 北京:人民卫生出版社,2020.

[3] 林果为,王吉耀,葛均波. 实用内科学. 15 版. 北京:人民卫生出版社,2017.

[4] 中华医学会肝病分会,中华医学会感染病学分会. 慢性乙型肝炎防治指南(2015 年更新版). 临床肝胆病杂志,2015,31(12):1941-1960.

[5] 焦伟伟,孙琳,肖婧,等. 国家结核病规划指南—儿童结核病管理(第 2 版). 中国循证儿科杂志,2016,11(1):65-74.

[6] 中国防痨协会. 耐药结核病化学治疗指南(2015). 中国防痨杂志,2015,37(5):421-469.

[7] 夏露,张晓,卢水华. 儿童结核病的诊断新进展. 中国防痨杂志,2018,40(4):416-419.

[8] 中华医学会感染病学分会艾滋病丙型肝炎学组,中国疾病预防与控制中心. 中国艾滋病诊疗指南(2018 版). 传染病信息,2018,31(6):481-504.

[9] 中华医学会儿科学分会呼吸学组. 儿童流感诊断与治疗专家共识(2015 年版). 中华实用儿科临床杂志,2015,30(17):1296-1303.

[10] 国家卫生健康委员会. 流行性感冒诊疗方案(2018 年版). 中国感染控制杂志,2018,17(2):181-184.

[11] 《手足口病诊疗指南(2018 版)》编写专家委员会. 手足口病诊疗指南(2018 年版). 中华传染病杂志,2018,36(5):257-263.

[12] 中华医学会儿科学分会感染学组,全国儿童 EB 病毒感染协作组. 儿童主要非肿瘤性 EB 病毒感染相关疾病的诊断和治疗原则建议. 中华儿科杂志,2016,54(8):563.

[13] DAVID W K, MICHAEL T B, MARY A J. Red book 2018-2021 report of the committee on infectious diseases.31th ed. Itasca: American Academy of Pediatrics,2015.

第五章 消化系统疾病

第一节 概 述

一、小儿消化系统解剖生理特点

消化系统由消化管和消化腺组成。除口腔、咽以外，食管、胃、小肠和大肠均为肌性管腔。消化腺可分两类，一类位于消化管壁内，如食管腺、贲门腺、胃底腺、幽门腺、小肠腺、十二指肠腺和大肠腺等，管壁上皮内还有单细胞腺和杯状细胞；另一类是单独存在的腺器官，如唾液腺（腮腺、颌下腺、舌下腺）、肝脏和胰腺等。

口腔是消化道的起端，包括牙齿、舌、唇、颊、颌骨和唾液腺等。口腔黏膜为复层鳞状上皮，黏膜下为横纹肌。以牙弓（牙槽突、牙龈和牙列）为界，将口腔分为前庭和固有口腔。口腔的功能为吸吮、咀嚼、消化、感觉和语言等。小儿口腔处在发育阶段，相对较狭小。新生儿腭弓和口底部比较浅，黏膜薄而柔嫩，血管丰富，且唾液少、容易受损伤并发溃疡。小儿在出生以后，舌和咀嚼肌已发育较好，颊部还有脂肪垫协助唇部密哑，故生后便能有力地吸吮。小儿吸吮和吞咽动作能协调，并与呼吸同时进行。

咽分为三部分，软腭以上为鼻咽部；软腭至会厌中下部水平为口咽部，约相当于第2和第3颈椎上部；再向下至环状软骨水平为喉咽部，相当于第4～6颈椎水平。口咽部和喉咽部是进食的必经之路，也是气管与食管的分叉处，使食物和液体进入食管。早产儿吸吮和吞咽不协调，30周以下的早产儿不宜直接经口喂养。

食管是肌性管道，连接咽与胃，约于第6颈椎水平与咽相接，在后纵隔内沿脊柱前方下行，在第10胸椎处通过膈肌裂孔，腹部食管仅1.25cm，下端在第11胸椎水平与胃贲门相接。食管在出生前已基本发育完成，长度约10cm。新生儿食管入口在第3和4颈椎椎间盘水平，下端相当于第9胸椎处；2岁时位于4～5颈椎；12岁在6～7颈椎。抬头时，食管上界提高半个椎体。食管的长度随年龄而增长，幼儿期食管长度与身长的比例比较稳定，约为1:5，门牙到贲门的距离（cm）=0.2×身长（cm）+6.3。食管口径随年龄而增大，新生儿管腔直径为5mm，6个月8～10mm，1岁12mm，3～6岁13～15mm，15岁18～19mm。食管的主要功能是推进食物和液体由口咽入胃，防止胃内容物反流；婴幼儿的食管下括约肌比成人短（为0.5～2.5cm），张力低，胃内容物容易反流入食管而发生胃食管反流。

胃是消化管中最膨大的部分。胃壁组织分为四层：黏膜、黏膜下层、肌层和浆膜层。其形态大小和位置因年龄、性别、体形、胃内容物的多少及体位的不同而异，婴儿胃平滑肌发育不完善，充满液体食物后易使胃扩张。胃上方通过贲门与食管相连，下方通过幽门连接十二指肠。食管左缘与胃大弯起始处形成的锐角称为His角，角度变大时易发生胃食管反流。胃容量可随年龄而增长，出生时为7ml，4天为40～50ml，10天后为80ml，以后每个月增加25ml。1岁末为250～300ml，3岁为400～600ml，4岁以后增加缓慢，10～12岁增至1 300～1 500ml。1岁以内喂养量的计算公式：胃容量=30ml+30ml×月龄。早产儿胃容量小，可以根据体重推断胃容量以便指导喂奶量（表5-1-1）。胃排空时间随食物种类不同而异，水的排空时间为1.5～2小时，母乳2～3小时，牛乳3～4小时；早产儿胃排空更慢，易发生胃潴留。

表5-1-1 早产儿胃容量与体重关系

体重/g	最小胃容量/ml	平均胃容量/ml	最大胃容量/ml
500	2	3	4
1 000	5	5	8
1 500	6	9	14
2 000	10	15	25

　　肠管是消化管中最长的部分，上端起自胃幽门，下至肛门，全长 6.5～9m，分为小肠和大肠，小肠分为十二指肠、空肠和回肠三部分，大肠包括盲肠（附阑尾）、结肠和直肠。小儿肠管的长度随年龄而增长，成人肠管长度约为身长的 5.4 倍，新生儿为 8.3 倍，1 岁为 7.6 倍，16 岁为 6.6 倍。小肠腔呈圆柱状，生后 7 天内容积为 85ml（40～144ml），成人为 $3.3×10^3$ml。肠黏膜向肠腔凸出形成环形皱襞，使肠黏膜的面积增加到 3 倍，光学显微镜可见肠黏膜形成的许多向肠腔的突起，即肠绒毛，其将肠的表面积增加到 10 倍；电镜下可见每细胞上有 1 000～3 000 根微绒毛，每根长 1～1.5μm，粗约 80nm，小肠的吸收面积因而增加 14～20 倍。婴儿期小肠系膜较长，活动度大，容易发生肠扭转、疝和肠套叠等。

　　新生儿无明显结肠带，结肠袋和肠脂垂暂缺，到 6 个月以后出现，4 岁后接近于成人。阑尾管腔狭小，肌层薄且不完整，外覆浆膜，因此炎症时易穿孔。小儿乙状结肠和直肠相对较长，乙状结肠 1 岁时 20～28cm，5 岁 28～30cm，10 岁 30～38cm，这是小儿容易发生排便困难的原因之一。直肠下端和肛管周围有肌肉环绕，控制肛门的关闭，称为肛门括约肌。内括约肌为环肌，受自主神经支配，对肛门无自主收缩、舒张作用，协助排便。由于婴儿大脑皮质功能发育不完善，进食时常引起胃结肠反射，产生便意，所以大便次数多于成人。

　　婴儿肝脏结缔组织发育不完善，而肝细胞的再生能力强，出生时肝脏重 120～130g，占体重的 4%～5%，生后肝脏的重量增长较体重增长慢；肝脏主要功能是胆汁合成和排泄、蛋白质代谢、碳水化合物代谢、脂肪代谢、维生素和微量元素代谢；消化道摄取的食物及体内代谢中产生的各种生物活性物质等，均由肝脏的生物转化作用解毒或减毒后排出体外，亦有经转化后增加毒性的。婴幼儿时期胆汁分泌较少，对脂肪的消化吸收能力相对较差。

　　胰腺位于腹膜后第 2～3 腰椎水平，出生时重 2～3.5g，长 4～5cm，厚约 1.2cm，1 岁时重约 10g，10～12 岁时重约 30g，成人重 65～100g；有内分泌和外分泌两种细胞，前者分泌胰岛素控制糖代谢；后者分泌胰腺液，内含各种消化酶，与胆盐和小肠内分泌物部分相互作用，共同参与蛋白质、脂肪和碳水化合物的消化。婴幼儿时期胰腺液及消化酶分泌易受炎热气候的影响，常引起消化不良。

儿童消化系统解
剖示意图（视频）

二、小儿消化系统疾病的检查方法

　　消化系统由消化管和实质性器官组成，其检查方法不尽相同，消化管的检查有 X 线及造影、核素显影、胃肠镜、小肠镜、胶囊内镜、超声、CT 和 MRI 等；肝、胆、胰及消化腺可通过超声、CT 和 MRI 等进行形态、结构和部分功能评估，但其合成、分泌和排泄物质则需生物化学方法检测。因此，消化系统疾病的检查根据不同脏器、部位选择不同的方法，有时几种方法同时应用，才能作出全面的评估。

（一）X 线检查

　　X 线检查多用于腹部，主要检查肠胀气、梗阻、穿孔及肠管形态；如结合造影剂检查，可诊断消化畸形，评估运动功能等，是消化道检查最常用、开展最广泛的方法之一。

（二）消化道腔镜

　　胃肠镜用来检查食管、胃、十二指肠、结肠、回盲部及回肠远端病变，同时可取组织行病理检查，还可行治疗，如止血、息肉切除等。近年来成人通过胃镜开展了胆道疾病的手术治疗；小肠镜通过口或肛可对全胃肠道进行检查和治疗，由于器械的限制多用于 3 岁以上儿童；十二指肠镜用于肝、胆、胰疾病的诊断和治疗，因有一定的技术难度，现在儿童中开展尚不普遍，尤其 3 岁以下儿童中开展较少；胶囊内镜相对传统内镜因痛苦较小更易被儿童接受，可对全小肠摄像检查，但不能取组织标本和治疗。因胶囊较大，学龄前儿童应用受限。

（三）CT、MRI 和超声

　　CT 和 MRI 主要用于肝、胆、胰等实质器官结构和形态检查，现在 PET-CT 将 PET 与 CT 完美融为一体，由 PET 提供病灶详尽的功能与代谢等分子信息，而 CT 提供病灶的精确解剖定位，一次显像可获得全身各方位的断层图像，具有灵敏、准确、特异及定位精确等特点，多用于肿瘤检查；CT 或 MRI 虚拟内镜技术是成像后计算机三维重建用于消化道检查，具有内镜可视效果，无创，因受重建技术和设备的影响，对消化道疾病的检查尚未达到理想的效果。超声除对肝、胆、胰形态结构检查外，还可对其血流进行动态评估，对消化道畸形等疾病有较高的诊断价值，如先天性幽门肥厚性狭窄、胆道闭锁、肠套叠、阑尾炎等，另因其无创、方便，在儿童消化系统疾病诊断中广泛应用。

（四）生物化学检查

用于肝脏功能、消化酶和消化道分泌激素检测来评估肝、胆、胰、消化道的损伤及功能，如 ALT、淀粉酶、脂肪酶、促胃液素的升高则分别提示肝炎、胰腺炎、胃泌素瘤等。

三、消化道系统疾病的治疗原则

（一）一般治疗

根据患儿疾病评估制订出合理护理、生命体征监测、感染防控方法及营养干预等治疗，消化系统疾病患儿常合并营养不良，根据其原发病和患儿年龄选择合适途径、营养物和量，以肠内营养为先，如不能达到目标量则加用肠外营养，如慢性腹泻患儿常伴乳糖酶下降，则应选择除乳糖或低乳糖配方。

（二）对症治疗

根据消化道疾病症状可用药物或内镜介入治疗，如腹泻病需用口服补液盐预防和纠正脱水，上消化道出血可行内镜止血，急性胰腺炎行胃管或空肠管喂养等。

（三）对病因治疗

有明确病因的消化道疾病要针对病因治疗，可用药物、内镜介入和手术等方法，如幽门螺杆菌相关性消化性溃疡则需根除幽门螺杆菌，先天性幽门肥厚性狭窄则需行幽门环肌切开术，肠息肉则可行内镜下息肉切除术。

（四）预后和随访

儿童消化系统疾病慢性较多，影响患儿营养，但只要处理得当，大多预后较好，因此要加强对患儿家长的护理知识和儿童营养知识宣教，改变错误喂养观念和方法。另对迁延性疾病做好随访，如消化性溃疡患儿的随访等。

（龚四堂）

第二节　口　腔　炎

口腔炎（stomatitis）是各种病因引起口腔黏膜的炎症性病变。引起口腔炎的病因有口腔感染和继发全身性疾病，口腔感染常见病原是病毒、真菌和细菌，病毒感染以疱疹病毒Ⅰ型多见，临床诊断为疱疹性口炎，好发于婴幼儿；真菌感染所致则称之为鹅口疮，多见于婴儿和免疫功能低下儿童；细菌感染所致则为溃疡性口炎，好发于婴幼儿，主要致病菌是链球菌、金黄色葡萄球菌、肺炎双球菌、铜绿假单胞菌和大肠埃希菌等，因家长对儿童口腔卫生意识提高，近年来溃疡性口腔炎发病率明显下降。根据炎症部位可分为舌炎、齿龈炎、口角炎等。

口腔炎的诊疗经过包括以下环节：

1. 详细询问患儿口腔疼痛、流口水或拒食时间、伴随症状。
2. 查体时重点关注患儿口腔黏膜的病变，以及有助于判断病情严重程度的其他体征。
3. 对患者选择治疗的地点，如门诊、病房或监护室。
4. 及时行血常规、病原检测等相应的辅助检查。
5. 结合患儿的情况进行饮食调整和合理用药。
6. 确定治疗结束的时间、随访日期以及注意事项。

临床关键点

（1）首先要查明患儿口腔黏膜受损面积大小、程度。

（2）明确患儿进食情况、是否发热及其他伴随症状和体征。

（3）根据患儿口腔黏膜病变的程度、类型、病灶表面是否有膜状物、全身和局部症状体征等分析作出诊断。①患儿高热、口腔黏膜出现单个或成簇的小疱疹则诊断为疱疹性口炎；②口腔黏膜表面覆盖白色乳凝块样小点或小片状物，不易擦去则诊断为鹅口疮；③患儿高热，口腔黏膜充血、水肿、出现疱疹，后发生大小不等的糜烂或溃疡，创面灰白色或黄色假膜，边界清楚，易擦去，局部淋巴结肿大和全

身症状则诊断为溃疡性口炎；④患儿口腔黏膜病变迁延不愈或反复发生，同时还有全身其他系统病变，则多为继发性口腔炎。

（4）评估营养状况、生长发育等。

临床病例

患儿，女，2 个月，因"进食牛奶减少 3 天"就诊。初步病史采集如下。

患儿于就诊前 3 天进食牛奶量减少，原每 3 小时 90ml 于 15 分钟吃完，现只能吃 60ml，哭闹，无发热、呕吐，大小便正常。

患儿为 G_1P_1，孕 39 周自然分娩，人工喂养，3 个奶瓶轮换使用，每次用完后用开水烫 3～5 分钟。

初步病史采集，因患儿主要表现为吃奶减少，临床需考虑以下相关问题。

【问题 1】 患儿进食奶量减少是否正常？

思路：患儿无明显诱因出现吃奶量减少、哭闹，但无发热，大小便正常，考虑为不正常并寻找原因。

儿童进食奶量减少应注意以下几点：

（1）检查喂养方式是否恰当，奶瓶和奶嘴是否合适，消毒是否彻底。

（2）检查环境是适宜。

（3）婴儿进食减少除喂养方式、环境因素外还要考虑疾病因素，如常见有牛奶蛋白过敏、呼吸道感染、全身或局部皮肤感染、口腔病变等。

【问题 2】 如何鉴别上述引起患儿进食减少的疾病？

思路：通过病史和体格检查综合分析可行初步鉴别。哭闹、烦躁，出现疱疹后可有局部剧痛，流涎增多，拒食。

知识点

（1）牛奶蛋白过敏患儿可出现哭闹、进食减少、大便次数增多等，查体可发现头面部或全身湿疹，肠鸣音活跃，父母过敏性疾病史。

（2）呼吸道感染出现咳嗽、呼吸急促、发热、口腔分泌物增多等症状，查体发现呼吸快、心律快、双肺异常呼吸音等。

（3）全身或局部皮肤感染仔细体检即可诊断。

（4）口腔炎行口腔检查可得出诊断。

门诊查体记录

体温 36.5℃，呼吸 32 次 /min，脉搏 110 次 /min，血压 70/40mmHg，体重 5.4kg，身长 60cm，头围 38cm。精神反应可，哭声响亮，颜面、躯干、四肢皮肤未见皮疹及出血点。前囟平软。口腔黏膜覆盖大片白色乳凝块样物，不易擦去，咽部未见白色膜状物。双肺呼吸音清，未闻及啰音。心音有力，心律齐，未闻及杂音。腹软不胀，未见肠形和肠蠕动波，未扪及包块，肝肋下 1cm，质软，脾未触及，肠鸣音活跃。四肢肌张力正常，运动正常，无水肿。

【问题 3】 如何通过查体对疾病进行初步判断？

思路：根据患儿口腔黏膜上大片白色膜覆盖，不易擦去，可初步诊断为鹅口疮（图 5-2-1）。

知识点

鹅口疮与疱疹性口腔炎（图 5-2-2）、溃疡性口腔炎鉴别，鹅口疮白膜呈乳凝块状，不易擦去，疱疹性口腔炎为单个或成簇的小疱疹，多伴有发热；溃疡性口腔炎为口腔黏膜充血、水肿、出现疱疹，后发生大小不等的糜烂或溃疡，创面灰白色或黄色假膜，边界清楚，易擦去。

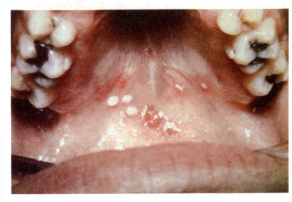

图 5-2-1　鹅口疮

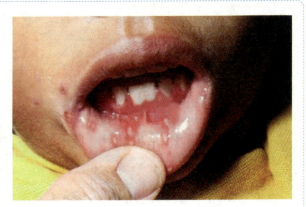

图 5-2-2　疱疹性口腔炎

【问题 4】 为进一步明确诊断需做何检查？

思路：取少许口腔白膜放玻片上，加 10% 氢氧化钠一滴，在显微镜下可见真菌的菌丝和孢子。

【问题 5】 如何治疗？

思路：用 2% 碳酸氢钠溶液于喂奶前清洗口腔，局部涂抹 10 万～20 万 U/ml 制霉菌素溶液，2～3 次 /d。

【问题 6】 如何预防复发？

思路：每次喂奶或水时都用消毒奶嘴和奶瓶，每用一次后洗净并煮沸消毒 15 分钟，注意小儿口腔卫生。

（龚四堂）

第三节　胃　炎

胃炎（gastritis）是指物理性、化学性或生物性有害因子引起的胃黏膜炎性病变。根据病程、内镜下病变和组织病理结果分为急性胃炎和慢性（浅表性、萎缩性）胃炎。

急性胃炎多为继发，常见病因有各种应激反应，病毒感染，摄入不洁的食物、毒物、对胃黏膜有损伤的药物，食物过敏和各种因素所致的变态反应，情绪波动、精神紧张和外界环境刺激等。主要临床表现为急性起病，常伴呕吐、腹痛和腹泻，重症表现剧烈呕吐，易发生脱水、电解质以及酸碱平衡紊乱，甚至循环障碍，也可发生上消化道出血，出现呕血、黑便等；部分患者伴有发热等全身中毒症状。查体时多呈急性病面容和上述症状相应的体征。

慢性胃炎多为原发且发病率高，儿童慢性胃炎中浅表性胃炎最常见，萎缩性胃炎少见，其病因迄今尚未完全明确，可能是有害因子长期作用于胃黏膜导致的损伤，相关原因有幽门螺杆菌（Helicobacter pylori, Hp）感染、胃十二指肠反流、慢性疾病导致胃黏膜损伤、服用对胃黏膜有损伤药物、持续精神紧张、不良饮食等，环境、遗传、免疫、营养等均与发病有关。其临床表现为反复发作、无规律性的腹痛，剑突下和脐周有固定压痛，一般无反跳痛。常伴有食欲缺乏、早饱、反酸、嗳气、恶心、呕吐、腹胀，胃黏膜糜烂出血者伴呕血和 / 或黑便，严重者发生营养不良和生长发育落后。

胃炎的诊疗经过通常包括以下环节：

1. 详细询问患儿腹痛、腹胀、反酸、恶心、呕吐、食欲减退等症状开始出现的时间、程度及伴随症状，患儿饮食、起居、大小便情况，既往病史及用药史。

2. 全面的体格检查，重点关注腹痛的部位、有无压痛、反跳痛等。

3. 根据患儿病情选择治疗的地点，如门诊、病房或监护室。

4. 根据病史和体检及时进行血常规、大小便常规、病原学、血尿淀粉酶等检查，必要时行 Hp 检测，肝、胆、脾、胰超声及胃镜等辅助检查。

5. 结合患儿的情况进行饮食调整和合理用药，关注患儿营养治疗。

6. 确定治疗结束的时间和随访日期，并进行健康宣教。

　　临床关键点

　　(1) 根据病史、临床症状、体征和实验检查确定是否是急性胃炎。

　　(2) 确认是否慢性胃炎，根据腹痛、腹胀、反酸、恶心、呕吐、食欲减退等消化系统非特异性症状诊断，注意鉴别诊断。

　　(3) 慢性胃炎症状的轻重和胃黏膜病变程度并非一致，多数患儿无症状或症状轻微或有不同程度的消化不良。

　　(4) 辅助检查可能伴有贫血、Hp 感染，诊断胃炎最好的方法是胃镜检查与黏膜组织活检相结合。

　　临床病例

　　患儿，男，5 岁，因"反复腹痛、厌食 6 个月"来消化科门诊就诊。初步的病史采集如下。

　　患儿近 6 个月前无明显诱因出现腹痛，为阵发性脐周痛，不剧烈，无向肩背部放射，每次持续数分钟可自行缓解，无明显时间规律性，进食后腹痛加重，无夜间痛醒，伴厌食，间有恶心、呕吐，无嗳气、反酸，无头痛、头晕，起病以来精神可，胃纳欠佳，大小便正常，体重减轻 1kg。否认暴饮暴食及不洁食物史。平素喜喝冷饮，无血便、呕血，否认食物药物过敏史。家族史无特殊。

　　初步病史采集后，因患儿主要表现为腹痛及厌食，按腹痛原因待查思路分析，临床需考虑以下问题。

　　【问题 1】　患儿临床表现的特点?

　　思路:

　　(1) 该患儿病程进展缓慢，以腹痛为主，腹痛程度不剧烈，无明显规律性，进食后有加重，疼痛位于脐周，伴厌食、恶心、呕吐等消化不良症状，无大便性状改变，无血便、呕血等消化道出血表现。

　　(2) 患儿无明显诱因出现腹痛并持续 6 个月，无感染性和全身性及其他疾病史，无暴饮暴食及不洁食物史，因此可排除急性胃炎。

　　【问题 2】　儿童出现腹痛应考虑哪些疾病?

　　思路:腹痛是儿童常见症状之一，病因多样，应考虑全身各个系统疾病的可能，如消化系统疾病，消化系统功能性疾病，全身性疾病(如尿路结石、糖尿病、甲状腺功能亢进、系统性红斑狼疮、腹型癫痫、重金属中毒等)，应详细询问腹痛者的伴随症状。本患儿以腹痛为主诉，同时伴有厌食，间有恶心、呕吐，病变倾向于消化道。

　　【问题 3】　询问病史应围绕哪些方面进行?

　　思路:①应注意腹痛发生的时间是否规律，通常年龄越小发作越无规律，学龄期儿童要排除功能性腹痛，很少发生在入睡后，多发生于起床及放学回家;②注意腹痛的部位，胃十二指肠疾病多为中上腹痛，肝胆疾病多为右上腹痛;③注意腹痛的程度及伴随症状，慢性胃炎患儿腹痛往往不剧烈、无阵发性加重、发作持续时间不长、可自行缓解，急腹症的疼痛多为持续性、痉挛性、阵发性加重或绞痛;④病史采集过程中要注意对患儿个性的观察，功能性腹痛患儿比较敏感、内向、忧郁，对于疼痛的描述与实际体征不符，有不耐烦、淡漠等表现;⑤饮食习惯是否合理，食物过冷、过热、过辣，饮食无规律，经常暴饮暴食等均可引起胃黏膜损伤导致慢性胃炎;⑥是否有慢性胃炎、消化性溃疡、炎症性肠病家族史。Hp 感染常有家庭聚集性。

　　【问题 4】　根据本病例进一步询问病史，该如何进行初步判断?

　　思路:①患儿慢性腹痛，腹痛进食后加重，伴厌食，间有恶心、呕吐，消化系统疾病可能性大;②患儿病程长，腹痛不剧烈、持续时间不长、可自行缓解，无进行性加重，喜冷饮，有不良饮食习惯，慢性胃炎可能性较大;③病史中无发热、皮疹，无不洁饮食及暴饮暴食，无持续腹痛阵发性加重等表现，不支持急性消化道感染、过敏性紫癜、外科急腹症、急性胆囊炎或胰腺炎所致腹痛。

　　【问题 5】　病史采集结束后，下一步体格检查应重点关注哪些方面?

　　思路:①腹痛部位，有无腹胀、腹部包块及腹部压痛、反跳痛、肌紧张等，排除外科情况。②消化性溃疡与慢性胃炎均有反复上腹痛，但消化性溃疡不同年龄症状差异较大，新生儿和婴幼儿多以急性起病为主;学龄前期以上腹部症状明显，呈间歇发作，与饮食关系不明确;学龄期儿童症状接近成人，以上腹、脐周疼痛为主，有时夜间痛，而慢性胃炎多数有不同程度消化不良症状，反复腹痛，无明显规律，常有进食后加重；注意有无皮肤黏膜苍白等贫血表现。③慢性胆囊炎、胆石症常有右上腹疼痛、腹胀、嗳气等消化不良症状，易误诊为慢性胃炎，应注意鉴别。④体温有无升高，鼻腔、咽喉有无慢性炎症，明确有无感染征象。

门诊查体记录

体温 36.7℃，呼吸 24 次/min，脉搏 92 次/min，血压 88/60mmHg，体重 20kg。发育正常，营养中等，神志清，精神反应可，呼吸平顺，面色红润，全身皮肤无黄染，无皮疹及出血点，浅表淋巴结未触及肿大。咽无充血，双肺呼吸音清，未闻及干湿啰音，心律齐，心音有力，未闻及杂音。腹软，未见肠型及蠕动波，无腹壁静脉曲张，中上腹压痛，无反跳痛及肌紧张，未扪及包块，肝脾肋下未及，肠鸣音 4 次/min。四肢关节无肿痛，指端暖，毛细血管再充盈时间 <1 秒，神经系统检查未见异常。

【问题6】 如何通过体格检查对疾病进行初步判断？

思路： 体温正常，无感染征象，生命体征平稳，无失血表现。患儿中上腹压痛，结合年龄及合并恶心、呕吐、厌食等消化不良病史，喜冷饮，考虑慢性胃炎可能。

> **知识点**
>
> 慢性胃炎进展缓慢，常反复发作，多数有不同程度的消化不良症状如早饱、恶心、反酸、厌食等，病程迁延，主要表现为反复腹痛，无明显时间规律性，通常进食后加重，疼痛多位于上中腹或脐周，进食生冷、辛辣食物或受凉可引发症状加重。

【问题7】 结合上述体检结果，为进一步诊断应做哪些检查？

思路： 通过上述体检可以发现患儿首先考虑慢性胃炎。需完善血常规、CRP、大便常规、大便潜血、小便常规、腹部超声等检查。

门诊辅助检查

血常规：WBC 7.2×10^9/L，中性粒细胞百分比 50%，Hb 123g/L，PLT 305×10^9/L，CRP<8mg/L，血型 B，Rh（D）（+）。

大便常规：WBC（−），RBC（−），OB（−）。

小便常规：未见异常。

腹部超声：肝、胆、脾、胰腺及双肾超声未见异常，未见明确异常形态肠袢，未见同心圆征象。

【问题8】 如何判读本患儿初步检查？

思路： 血常规提示血色素正常，排除贫血；血 WBC、CRP 正常，不支持细菌感染因素；腹部超声结果排除肝、胆、胰腺疾病、外科急腹症如肠套叠等。

【问题9】 如何确定该患儿治疗的地点？是选择门诊还是住院治疗？

思路： 患儿可在门诊进一步完善相关检查，明确诊断。

【问题10】 需要进一步进行哪些检查？

思路： 血沉、^{13}C 呼气试验检查或大便 Hp 抗原检查明确有无幽门螺杆菌感染；择期胃镜检查明确胃十二指肠病变。

检查结果

血沉、肝肾功能正常。^{13}C 呼气试验（−）。

胃镜检查：食管黏膜光滑，胃体、胃底、胃角黏膜光滑，胃窦黏膜花斑样充血水肿，十二指肠球部、降部未见异常。胃窦黏膜快速尿素酶实验（−）。

胃窦黏膜病理检查：胃窦黏膜中度慢性炎症，Giemsa 染色 Hp（−）。

【问题11】 如何根据上述提供的病例进行综合判断?

思路: 本患儿为学龄前期儿童,缓慢起病,病史长,以腹痛为主要表现,并有厌食、恶心、呕吐等消化不良症状,结合胃镜检查,慢性胃炎诊断明确。

> **知识点**
>
> 慢性胃炎胃镜诊断依据:①黏膜斑;②充血;③水肿;④微小结节;⑤糜烂;⑥花斑;⑦出血斑点。以上项①~⑤中符合一项即可诊断,⑥、⑦二项应结合病理诊断。此外,如发现幽门口收缩不良、反流增多、胆汁反流,常提示胃炎存在。
>
> 慢性胃炎病理组织学改变:①根据有无腺体萎缩诊断为慢性浅表性胃炎或慢性萎缩性胃炎。②根据炎症程度,慢性浅表性胃炎分为轻、中、重三级;轻度:炎症细胞浸润较轻,多限于黏膜的浅表 1/3,其他改变均不明显;中度:病变程度介于轻、重之间,炎症细胞累及黏膜全层的浅表 1/3~2/3;重度:黏膜上皮变性明显,且有坏死、胃小凹扩张、变长变深、可伴肠腺化生,炎症细胞浸润较重,超过黏膜 2/3 以上,可见固有层内淋巴滤泡形成(图 5-3-1)。③如固有层见中性粒细胞浸润,则为"活动性"。

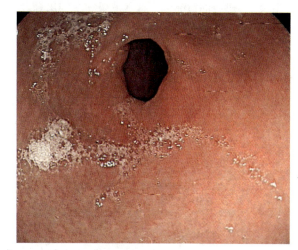

图 5-3-1　慢性浅表性胃炎

【问题12】 本患儿的治疗方案是什么?

思路:

(1) 饮食治疗:养成良好的饮食习惯和生活规律,避免食用刺激性饮食和对胃黏膜有损害的药物;可食用营养丰富易消化的食物,如牛奶、鸡蛋等。

(2) 药物治疗:抑制胃酸,如西咪替丁、质子泵抑制剂(奥美拉唑);黏膜保护剂(L-谷氨酰胺呱仑酸钠颗粒)等;促胃动力药(多潘立酮)。

> **知识点**
>
> 药物的选择:①有腹胀、恶心、呕吐者,给予胃动力药如多潘立酮;②高胃酸或胃炎活动期者,给予质子泵抑制剂或 H$_2$ 受体阻滞剂治疗,但不作为常规用药;③合并胆汁反流者,给予磷酸铝凝胶或铝碳酸镁片等中和胆汁治疗;④强化黏膜防御能力,柱状细胞稳定剂 L-谷氨酰胺呱仑酸钠颗粒及硫糖铝等。

【问题13】 如何预防慢性胃炎?

思路: 早期去除各种诱发或加重胃炎的原因,避免精神过度紧张、疲劳与刺激性饮食,注意气候变化,防止受凉,积极治疗口腔、鼻咽部慢性感染灶,少用对胃黏膜有刺激的药物。

(龚四堂)

第四节　腹　泻　病

腹泻病(diarrhea)是一组多病原、多因素引起的疾病,以大便次数增多和大便性状改变为特点的一组临床综合征。大便呈稀便、水样便、黏液便或脓血便。大便次数比平时增多。引起腹泻的病因有感染及非感染两大类,感染的病原主要分病毒、细菌、寄生虫和真菌。非感染因素可由饮食不当、过敏、全身性疾病和其他因素引起。

腹泻病的诊疗经过通常包括以下环节:

1. 详细询问患者的症状特征及相关病史。
2. 查体时重点关注腹泻病的相关体征，以及有助于判断脱水程度和病情严重程度。
3. 根据患儿病情选择治疗的地点，门诊、病房或监护室。
4. 及时进行血常规、大便常规、大便潜血、小便常规、大便培养、生化检查、血气分析、电解质检测、腹部超声等辅助检查。
5. 积极预防和纠正脱水（图5-4-1）。
6. 结合患者的情况进行饮食调整和合理用药。
7. 确定治疗结束的时间、随访日期以及注意事项。

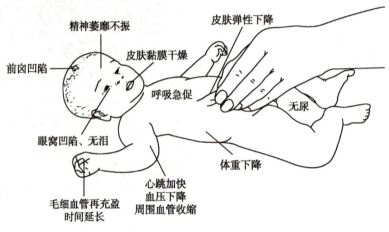

图 5-4-1　判断脱水程度

知识点

（1）本病首先要确认是否存在腹泻。
（2）要明确患儿有无脱水和电解质紊乱。
（3）根据患儿粪便性状、粪便的肉眼和镜检所见、发病年龄及流行情况初步估计病因。急性水样腹泻患者（约占70%）多为病毒或产肠毒素性细菌感染，黏液脓血便者多为侵袭性细菌感染。
（4）对慢性腹泻病还需评估消化吸收功能、营养状况、生长发育等。

临床病例

患儿，1岁，因"排水样便2天，呕吐1天"来门诊就诊。初步的病史采集如下。

患儿于昨天出现呕吐，为胃内容物，5~6次/d，非喷射状，无咖啡渣样物，排水样便，15~20次/d，量多，无黏液脓血；今天无呕吐，仍排水样便，15~20次/d，患儿精神倦，近6小时未排小便。无发热、哭闹不安等。

初步病史采集后，因患儿主要表现为大便性状改变，按腹泻病思路分析，临床随之需考虑以下相关问题。

【问题1】 该患儿大便性状是否正常？是否诊断腹泻？
思路：1岁的婴儿排水样便不正常。患儿大便性状改变和大便次数增多，可诊断腹泻病。

知识点

腹泻病诊断要点

根据大便性状和次数判断。根据家长和看护者对患儿大便性状改变（呈稀水便、糊状便、黏液脓血便）和大便次数比平时增多的主诉可作出腹泻病的诊断。正常婴幼儿大便量约 $5g/(kg \cdot 24h)$，如果大便量超过 $10g/(kg \cdot 24h)$ 则可诊断腹泻。

【问题2】 有无发病的诱因?

思路:大部分腹泻病的发生可能会有诱因,如果在询问病史中能够及时发现这些诱因,对明确病因有帮助,如发病前有不洁饮食可能会发生细菌感染引起的腹泻;有无患中耳炎、肺炎、肾盂肾炎等感染性疾病,考虑症状性腹泻;有无喂养不当,考虑食饵性腹泻。

知识点

腹泻病因分为感染性和非感染性因素

(1)感染性因素

1)病毒:是中国目前婴幼儿腹泻的主要病因,主要病原体为轮状病毒、肠道腺病毒、诺如病毒和星状病毒,其他有肠道病毒(柯萨奇病毒、埃可病毒)和冠状病毒等。

2)细菌:主要包括 ①致腹泻大肠埃希菌,根据引起腹泻的大肠埃希菌毒力基因、致病性、致病机制分为肠致病性大肠埃希菌、产毒性大肠埃希菌、侵袭性大肠埃希菌、出血性大肠埃希菌、黏附 - 集聚性大肠埃希菌;②志贺菌;③沙门菌;④空肠弯曲菌;⑤伤寒杆菌。

3)真菌:致腹泻的真菌有念珠菌、曲菌、毛霉菌等。

4)寄生虫:临床已少见,主要是蓝氏贾第鞭毛虫、阿米巴原虫和隐孢子虫等。

(2)非感染因素

1)食饵性腹泻:多为人工喂养儿,常因喂养不定时,饮食量不当,突然改变食物品种,或过早喂给大量淀粉或脂肪类食品引起。

2)症状性腹泻:如患中耳炎、上呼吸道感染、肺炎、肾盂肾炎、皮肤感染或急性传染病时,可由于发热或病原体的毒素作用而并发腹泻。

3)过敏性腹泻:如对牛奶等食物过敏引起的腹泻。

4)其他:原发性或继发性双糖酶缺乏,活力降低(主要为乳糖酶),肠道对糖的消化吸收不良,使乳糖积滞引起腹泻。气候突然变化、腹部受凉肠蠕动增加;天气过热消化液分泌减少等都可能诱发消化功能紊乱致腹泻。

【问题3】 病史采集结束后,下一步体格检查应重点做哪些方面?

思路:

(1)观察生命体征是否平稳,精神反应、哭时有无泪、皮肤弹性、前囟、眼窝,了解有无脱水表现;查体重点包括:①心脏听诊注意心率、心音,了解有无低钾血症;②腹部查体,排除阑尾炎、肠套叠等外科急腹症。

(2)上述重点查体主要是有利于快速初步确定患者有无脱水。如果患者的临床情况较差,需要特别关注患者的体温、呼吸频率、脉搏和血压等生命体征,同时要注意观察患者的意识状态(如是否存在意识障碍)。

知识点

腹泻可引起某些电解质丢失而出现临床症状,其中以低钾血症最常见。低钾血症临床主要表现:

(1)神经、肌肉功能障碍:①骨骼肌受累轻症表现为四肢无力,腱反射减弱,严重时引起肢体瘫痪,腱反射消失;②平滑肌受累表现为肠肌麻,腹胀,功能性肠梗阻,肠鸣音消失,膀胱平滑肌受累引起尿潴留;③心肌受累时,心肌收缩力减弱,心音低钝,可致低血压。

(2)心电图改变及心律失常:心电图典型改变是 ST 段下降,T 波低平、增宽,甚至双向倒置;U 波明显,及 QT 间期延长。

门诊查体记录

体温 36.5℃,呼吸 26 次 /min,脉搏 140 次 /min,血压 70/40mmHg,体重 10kg,精神倦,表情淡漠,唇干,皮肤弹性消失。前囟凹陷,眼窝凹陷。双肺呼吸音清,未闻及啰音。心音有力,心律齐,未闻及杂音。腹软不胀,未见肠形和肠蠕动波,未扪及包块,肝肋下 1cm,质软,脾未触及,肠鸣音 4~6 次 /min。四肢湿冷。

【问题4】 结合上述体检结果，如何评估患儿病情？

思路:通过上述体检发现患儿有心率快、眼窝凹陷、皮肤弹性消失，考虑重度脱水（表5-4-1）；结合患儿有血压下降，四肢湿冷，考虑休克。

表5-4-1　不同程度脱水的表现

脱水程度的分度	轻度脱水	中度脱水	重度脱水
丢失体液	占体重5%	占体重5%～10%	占体重10%以上
精神状态	稍差	萎靡或不安	极度萎靡，重症病容
皮肤弹性	尚可	差	消失（捏起皮肤回弹≥2秒）
唇、舌、黏膜	稍干燥	干燥	干燥
前囟、眼窝	稍有凹陷	凹陷	明显凹陷
尿量	稍少	明显减少	明显凹陷
四肢	暖	稍凉	厥冷
脉搏	正常	快	快而弱
血压	正常	正常或下降	降低、休克

【问题5】 如何确定该患者治疗的地点？是选择门诊还是住院治疗？

思路:决定腹泻患者治疗的地点，主要是取决于病情的严重程度。目前对腹泻严重程度根据脱水程度和有无休克进行评估，Ⅰ级和Ⅱ级住院治疗（表5-4-2）。

知识点

表5-4-2　小儿腹泻病分级及诊治指引

分级	休克	脱水	责任医师
Ⅰ级	休克	重度	专科三线医师+ICU医师
Ⅱ级	早期	中或重度	专科三线医师（副主任医师或主任医师）二线医师（主治医师或副主任医师）
Ⅲ级	无	轻或中度	一线医师（住院医师或主治医师）
Ⅳ级	无	无或轻度	

【问题6】 入院后患儿该如何治疗？

思路:患儿诊断重度脱水、休克。入院后立即予扩容治疗，2:1等张含钠液20ml/kg，30～60分钟内快速输入。

知识点

重度脱水的治疗

（1）静脉输液：液体采用静脉用的糖盐混合溶液，需到医院进行，首先以2:1等张含钠液20ml/kg，于30～60分钟内静脉推注或快速滴注以迅速增加血容量，并进行评估，如循环未改善则可再次扩容。

（2）鼻饲管补液：重度脱水时如无静脉输液条件，立即转运到其他医疗机构静脉补液，转运途中可以用鼻饲点滴方法进行补液。液体采用ORS液，以20ml/(kg·h)的速度补充，如患者反复呕吐或腹胀，应放慢鼻饲点滴速度，总量不超过120ml/kg。每1～2小时评估一次患者脱水情况。

住院后治疗

入院后立即予扩容治疗，2:1等张含钠液200ml，30分钟内快速输入。患儿排小便，查体：体温36.5℃，呼吸24次/min，脉搏110次/min，血压85/55mmHg，精神倦怠，唇干，皮肤弹性差。前囟凹陷，眼窝凹陷。双肺呼吸音清，未闻及啰音。心音有力，心律齐，未闻及杂音。腹软不胀，未见肠形和肠蠕动波，未扪及包块，肝肋下1cm，质软，脾未触及，肠鸣音4～6次/min。四肢暖。

【问题7】 结合上述查体结果，进一步实施哪些检查？

思路： 结合上述查体可以发现患儿血压上升，心率减慢，循环改善，休克纠正（图5-4-2）。但患儿仍存在中度脱水。进一步实施大便常规、血常规、CRP、血气、电解质、肝肾功能、腹部超声。

辅助检查

血常规＋CRP：WBC $10×10^9$/L，中性粒细胞百分比40%，Hb 120g/L，PLT $412×10^9$/L；CRP<8mg/L。

血气、电解质：pH 7.25，$PaCO_2$ 30mmHg，PaO_2 78mmHg，SpO_2 97.1%，K^+ 4.0mmol/L，Na^+ 138mmol/L Cl^- 90mmol/L，HCO_3^- 10mmol/L，BE－15mmol/L。

肝肾功能：ALT 35U/L，AST 50U/L，CK-MB 80U/L，尿素氮 1.2mmol/L，肌酐 23μmol/L。

大便常规：WBC（－），RBC（－）。

大便轮状病毒检测阳性。大便腺病毒检测阴性。

腹部超声：未见明显异常。

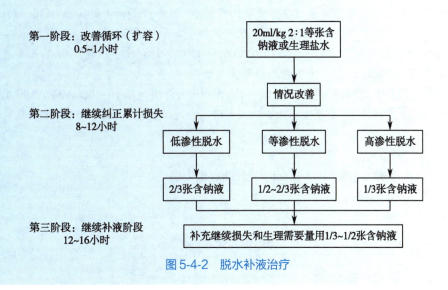

图5-4-2　脱水补液治疗

【问题8】 如何判读该患儿的辅助检查？下一步应如何处理？

思路：

（1）患儿血常规的特点为"白细胞总数及中性粒细胞百分比正常"，提示患儿可能是病毒感染。血气电解质的特点为"pH 降低，$PaCO_2$、HCO_3^-、BE 均减低，血钠正常"，提示代谢性酸中毒。

（2）扩容后根据血气电解质检查，提示等渗性脱水，予 3∶2∶1 液 800ml 加 10% 氯化钾 20ml 静脉滴注，先补 500ml，速度 100ml/h。

（3）为鉴别细菌或病毒感染，通常检查 CRP 和 PCT。CRP 和 PCT 明显增加时提示细菌感染。

知识点

（1）扩容后补液：扩容后根据脱水性质（等渗性脱水选用 3∶2∶1 液，低渗性脱水选用 4∶3∶2 液，高渗性脱水选用 6∶2∶1 液）按 80ml/kg 继续静脉滴注，先补 2/3 量，婴幼儿 5 小时，较大儿童 2.5 小时；在补液过程中，每 1～2 小时评估一次患者脱水情况，如无改善，则加快补液速度，选择适当补液的方案继续治疗；一旦患者可以口服，即给予 ORS 口服。

（2）纠正代谢性酸中毒：若已知血气分析结果，可用碱剩余（BE）值按公式计算：5% 碳酸氢钠毫升数 ＝［－测定 BE（mmol/l）］×体重（kg）×0.5，一般将碳酸氢钠稀释成 1.4% 的溶液输入，首次补给 1/2 计算量，密切观察病情，复查血气分析，随时调整剂量。

（3）见尿补钾。

入院治疗 5 小时后，患儿无呕吐，排水样便 1 次，量多，排小便 1 次，量如平时，进食配方奶 90ml。查体：体温 36.5℃，呼吸 23 次 /min，脉搏 110 次 /min，血压 85/55mmHg，精神好，皮肤弹性好。前囟平。双肺呼吸音清，未闻及啰音。心音有力，心律齐，未闻及杂音。腹平软，未见肠形和肠蠕动波，未扪及包块，肝肋下 1cm，脾未触及，肠鸣音 4～6 次 /min，四肢暖，运动自如。

【问题 9】 患儿诊断是什么？还要做哪些治疗？

思路：

（1）根据患儿病体征及实验检查结果分析，患儿诊断为：①轮状病毒性肠炎；②重度脱水；③失代偿性代谢性酸中毒。

（2）给予低渗 ORS 口服，葡萄糖酸锌片 10mg，2 次 /d，蒙脱石散。

> 知识点
>
> （1）轻中度脱水及时应用低渗型口服补液盐纠正脱水，用量（ml）＝体重（kg）×（50～75ml），4 小时内服完；密切观察患儿病情，并辅导母亲给患儿服用低渗型口服补液盐。
>
> （2）预防脱水是在每次稀便后补充一定量的低渗 ORS，小于 6 个月者，50ml；6 个月～2 岁者，100ml；2～10 岁者，150ml；10 岁以上的患儿能喝多少给多少，直到腹泻停止。
>
> （3）以下情况提示口服补液可能失败：①持续、频繁、大量腹泻 [>10～20ml/(kg·h)]；②口服补液盐溶液服用量不足；③频繁、严重呕吐。如果口服补液 4 小时，患儿仍有脱水表现，要调整补液方案。

【问题 10】 如何喂养患儿?

思路：给予不含乳糖配方 5 次，每次 150ml，另外两餐肉末粥。

> 知识点
>
> **腹泻患儿营养治疗**
>
> （1）母乳喂养患儿继续母乳喂养。
> （2）小于 6 个月的人工喂养患儿可继续喂配方乳。
> （3）大于 6 个月的可继续食用已经习惯的日常食物，如粥、面条、稀饭、蛋、鱼末、肉末、新鲜果汁。
> （4）鼓励患儿进食，如进食量少，可增加喂养餐次。
> （5）避免给患儿喂食含粗纤维的蔬菜和水果及高糖食物。
> （6）毒性肠炎常继发双糖酶（主要是乳糖酶）缺乏，对疑似病例可暂时给予低（去）乳糖配方奶，时间 1～2 周，腹泻好转后转为原有配方。

【问题 11】 患儿何时出院？出院后家长如何对患儿继续治疗？

思路：患儿脱水已纠正，能正常进食，可以回家继续治疗。家庭治疗时家长给患儿口服足够的液体（最好低渗口服补液盐）以预防脱水，继续补充锌，继续喂养患儿，不能禁食，如患儿在家病情加重须及时送医院。

（龚四堂）

第五节　胃食管反流

胃食管反流（gastroesophageal reflux，GER）是指胃内容物包括从十二指肠流入胃的胆盐和胰酶反流入食管。可分为病理性和生理性，生理性反流可发生在正常的儿童和成人，通常餐后发生反流的次数每小时不超过 5 次，空腹或睡眠的情况下不发生反流。病理性反流是指反流频繁发作，引起了一系列症状以及严重的并发症如吸入性肺炎、窒息、反流性食管炎、生长发育障碍，甚至神经精神症状等，称为胃食管反流病

（gastroesophageal reflux disease，GERD）。

GER 主要表现为呕吐，呕吐多数发生在进食后，有时在夜间或空腹时，严重者呈喷射状。呕吐物为胃内容物，有时含少量胆汁，也有表现为溢奶、反刍或吐泡沫。年长儿以反胃、反酸、嗳气等症状多见，可诉胸骨后烧灼感，吞咽时疼痛，部分婴幼儿表现为喂奶困难、烦躁、拒食。食管炎严重者可发生糜烂或溃疡，出现呕血或黑便症状。严重的反流性食管炎可发生缺铁性贫血、营养不良和生长发育落后。

GER 病因和发病机制主要：①抗反流屏障功能低下是引起 GER 的主要原因，食管下端括约肌（lower esophageal sphincter，LES）功能紊乱时发生短暂性松弛，LES 周围组织薄弱或缺陷均可破坏正常的抗反流功能［如缺少腹腔段内食管、His 角较大（正常 30°～50°）、食管裂孔疝等］，导致胃内容物反流入食管；②食管蠕动减弱或消失或出现病理性蠕动时，食管清除反流物的能力下降，有害的反流物质在食管内停留时间延长，增加了对黏膜的损伤；③反流物中的某些物质，如胃酸、胃蛋白酶以及从十二指肠反流入胃的胆盐和胰酶使食管黏膜的屏障功能受损；④胃排空能力低下，当胃内压增高超过 LES 压力时可使 LES 开放，胃容量增加又导致胃扩张，致使贲门食管段缩短，使其抗反流屏障功能降低。十二指肠病变时，幽门括约肌关闭不全则导致胃十二指肠反流。

GER 诊疗经过通常包括以下环节：

1. 详细询问患儿呕吐开始出现的时间，有无胆汁、血性物或咖啡渣样物，及伴随症状，询问外伤史。

2. 查体时注意有无营养不良、贫血、口腔溃疡、龋齿、喘鸣音及神经系统检查。

3. 及时进行血常规、大便常规、大便潜血、生化检查、血气分析、电解质检测。腹部 B 超、腹部立位片、消化道造影、有条件可选择食管 pH（生阻抗）动态监测、食管胆汁反流动态监测、食管动力功能检查，必要时行食管内镜检查及黏膜组织病理检查。

4. 顽固性呕吐患儿予以头颅影像学检查排除颅内占位病变。

临床关键点

（1）首先要确认是生理性还是病理性 GER。

（2）鉴别消化道疾病或畸形以及其他系统疾病所致呕吐。

（3）及时干预患儿营养。

050501

胃食管反流过程（视频）

临床病例

患儿，男，2 个月，因"进食后易呕吐 1 个月余，精神反应差 2 天"来急诊就诊。初步的病史采集如下。

患儿 1 个月前无明显诱因出现进食后呕吐，多发生在进食后半小时内，每次呕吐 10～30ml，无胆汁、无血性物或咖啡渣物，非喷射性。2 天前出现呕吐加重，每餐进食后即呕吐，伴精神差。患儿易激惹、哭闹，大便 2～3 次 /d，无黏液脓血，小便量减少。

患儿为 G_1P_1，孕 39 周，自然分娩，无窒息抢救史，出生 24 小时内排胎便。出生体重 3 000g，现体重 4kg，配方奶喂养。否认家族遗传病史。无外伤史。

【问题 1】　询问病史应围绕哪些方面进行？

思路：询问病史重点在如下方面。①呕吐出现的时间和发生频率，出生后第几天，每天呕吐次数；②与进食的关系，如进食后多长时间发生；③呕吐性质，是否喷射性呕吐，呕吐物有无胆汁、咖啡渣样或血性物；④呕吐量；⑤呕吐后是否仍有很强的食欲；⑥大便性状，有无黏液脓血，有无果酱样大便；⑦有无发热等感染症状，婴儿支气管肺炎常合并呕吐；⑧有无抽搐、意识反应差；⑨头颅、腹部等外伤史。

初步病史采集后，因患儿主要表现为进食后呕吐，按婴幼儿呕吐思路分析，临床随之需考虑以下相关问题。

【问题 2】　该患儿生后数天出现呕吐是否正常？如何区分生理性和病理性 GER？

思路：该患儿生后数天出现呕吐，呕吐量 10～30ml，并导致体重增长慢，体重增长位于标准正常生长曲线图 3% 百分位，考虑病理性 GER。

> **知识点**
>
> 如果呕吐出现时间早,呕吐量大,持续时间长,多为病理性GER。大多数有典型GERD症状的患儿,完整的病史和检查可作出初步诊断。

【问题3】 病史采集结束后,下一步查体应重点关注哪些方面?

思路: 观察生命体征是否平稳,营养状况、精神反应、哭声、尿量,了解有频繁呕吐导致代谢紊乱;前囟是否平软,是否见胃肠蠕动波,右上腹部可否触到橄榄样肿块;查找有无肺部、肠道感染,以除外感染性因素。

急诊查体记录

体温36.5℃,呼吸30次/min,脉搏140次/min,血压62/40mmHg,体重4kg,精神反应差,哭声微弱,无皮疹及出血点。前囟稍凹,头颅无血肿。双肺呼吸音清,未闻及啰音。心音有力,心律齐,未闻及杂音。腹软不胀,未见肠形和肠蠕动波,未扪及包块,肝肋下1cm,质软,脾未触及。四肢肌张力正常。

【问题4】 如何确定该患儿治疗的地点?是选择门诊还是住院治疗?

思路: 决定呕吐患儿治疗的地点,主要取决于患儿呕吐的严重程度和营养状况。

入院标准:①消化道出血、中重度营养不良、生长发育迟缓,电解质紊乱;②严重食管炎伴溃疡、狭窄;③呼吸道梗阻、反复发作吸入性肺炎或窒息、伴支气管肺发育不良者;④合并严重神经系统疾病。

特殊危重指征:①休克,严重代谢性酸中毒,严重低钾血症;②呼吸道梗阻,窒息;③重度消化道出血,Hb<60g/L。该患者精神反应差、小便少,收入院治疗。

【问题5】 患儿进行哪些检查?

思路: 患儿进行三大常规、肝肾功能、血气分析检测,根据医院实际选择上消化道钡餐、腹部超声、上消化道内镜检查。

住院后检查

血肝肾功能正常。

血常规:WBC、中性粒细胞及分类正常,Hb 82g/L,PLT 412×10⁹/L。

大便常规未见红白细胞。

血气电解质:pH 7.49. K⁺ 2.4mmol/L,其余正常。

腹部及头颅超声:未见异常。

上消化道钡餐示进入胃内的钡剂反流至食管中段,未见管腔狭窄或扩张,未见下端鸟嘴样改变,胃和十二指肠未见异常。

食管内镜检查及黏膜组织检查:内镜下黏膜点状或条状发红,未见糜烂、溃疡。食管、胃黏膜嗜酸细胞5~10个/HP。

【问题6】 如何分析上述资料并作出诊断?

思路:

(1)实验室检查结果分析:血气电解质分析提示代谢性碱中毒,低钾血症,与长期呕吐相关,需要对症治疗。Hb 82g/L,考虑为中度贫血,结合体重4kg,与呕吐和长期摄入不足有关。上消化道钡餐显示进入胃内的钡剂反流至食管中段,未见管腔狭窄或扩张,未见下端鸟嘴样改变,考虑GER。食管、胃黏膜病理嗜酸细胞小于5~10个/HP,排除嗜酸细胞性胃食管炎。胃和十二指肠未见异常影,腹部B超未见异常,排除肥厚性幽门狭窄。

(2)诊断:①反流性食管炎Ⅰ级;②轻度脱水;③代谢性碱中毒;④低钾血症;⑤中度贫血;⑥蛋白质热能营养不良(轻度,消瘦型)。

知识点

诊断 GER 检查方法如下

(1) 食管钡餐造影,钡剂反流进入食管的高度和频率对诊断 GER 有参考价值,可排除 GER 以外上消化道疾病,如食管狭窄、食管裂孔疝、贲门失弛缓症等。

(2) 食管动态 pH 值监测,24 小时食管动态 pH 监测是诊断 GER 的金标准,也是鉴别生理性和病理性 GER 最敏感和特异的方法。食管 pH 值下降到 4 以下持续 15 秒以上为一次酸性反流,监测指标如下。①总酸暴露时间:24 小时总立位和卧位时食管 pH<4 的时间占总监测时间的百分比;②酸暴露频率:食管 pH<4 的次数;③连续酸暴露持续时间:反流持续≥5 分钟的次数和最长反流持续时间。对上述三项 6 个观察指标进行综合评分,即每个指标(测定值−均值)/标准差+1 之和为总积分,根据综合评分诊断反流是生理还是病理,生理性反流文献报道不一,但以综合评分(Boix-Ochoe 评分)最为重要,Boix-Ochoe 评分 <11.99 为生理性反流,国内江氏研究结果是 <8.92 为生理性反流。

(3) 食管内镜检查和黏膜活检可以准确地判断反流所导致的食管损伤,如糜烂、溃疡等,最后狭窄的程度以及 Barrett 食管,可进行分级;还可进行活检,了解其病理改变。可鉴别上消化道其他疾病。

(4) 同位素扫描,用同位素标记的食物(^{99m}Tc),检测食管的清除功能,是胃排空率最好的检查方法之一。

(5) 食管动力功能检测,可动态观察 LES 压力变化和食管蠕动功能与 GER 的关系,对 GER 发病机制有价值,不作为 GER 确诊方法;用于外科抗反流手术后检查,评估食管功能状况等。

【问题7】 患儿该如何进行治疗?

思路:

(1) 纠正碱中毒、低钾血症和脱水,计 24 小时出入量,维持水电解质平衡。

(2) 一般治疗

①护理:将床头抬高30°,小婴儿的最佳体位为前倾俯卧位,但为防止婴儿猝死综合征的发生,睡眠时应采取仰卧位及左侧卧位;②营养管理:少量多餐,婴儿增加喂奶次数,缩短喂奶间隔时间。如果仍呕吐严重,可行鼻胃管或鼻空肠管肠内营养。

(3) 药物治疗:主要基于降低胃内容物酸度和促进上消化道动力,包括促胃肠动力药、抗酸或抑酸药、黏膜保护剂等,但使用时应注意药物的适用年龄及不良反应。

【问题8】 何时需要采用外科治疗?

思路:及时采用体位、药物等治疗方法后,大多数患儿症状能明显改善和痊愈。

具有下列指征可考虑外科手术:①内科治疗 6~8 周无效,有严重并发症(消化道出血、营养不良、生长发育迟缓);②严重食管炎伴溃疡、狭窄、Barrett 综合征等;③有严重的呼吸道并发症,如呼吸道梗阻、反复发作吸入性肺炎或窒息、伴支气管肺发育不良者;④合并严重神经系统疾病。

(龚四堂)

第六节 消化性溃疡病

消化性溃疡病(peptic ulcer disease)是指胃、十二指肠黏膜被胃消化液所消化而形成深达黏膜下层的局部组织破损。溃疡好发于十二指肠和胃,也可发生于食管、小肠、胃肠吻合口处,极少数发生于异位的胃黏膜,如梅克尔憩室。根据溃疡病变部位可分为胃溃疡(gastric ulcer,GU)(图 5-6-1)、十二指肠溃疡(duodenal ulcer,DC)等,依据病因分为原发性溃疡和继发性溃疡。病因尚无明确结论,胃酸和胃蛋白酶是消化性溃疡的主要原因。目前被多数学者所接受的理论是天平学说,即当黏膜保护因子和攻击因子处于平衡状态时,黏膜是正常的。当攻击因子大于保护因子时,黏膜正常的防御功能被破坏,进而出现病理性改变。攻击因子包括盐酸、胃蛋白酶原、幽门螺杆菌(helicobacter pylori,Hp)、促胃液素、药物、精神因素等,防御因子包括黏液-碳酸氢盐屏障、黏膜上皮细胞的整复功能、黏膜血流和酸碱平衡、前列腺素、黏膜含有的巯基和胃肠激素等。

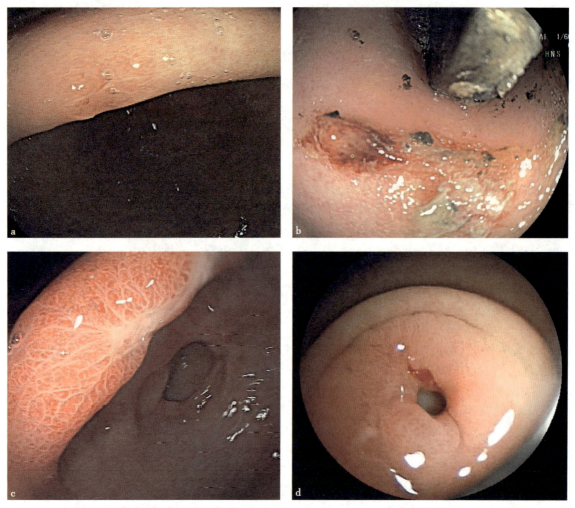

图 5-6-1　胃溃疡

　　多数患儿以呕血、便血、穿孔为最早发现的临床症状。不同年龄症状差异大，新生儿和婴幼儿起病急，新生儿以穿孔和消化道出血为主要特征，婴幼儿多以呕血、便血就诊；学龄前和学龄儿童可诉腹痛，疼痛部位多位于上腹部或脐周，与进食无明显关系，且多伴有恶心、呕吐和上消化道出血；学龄儿接近成人症状，以上腹部、脐周痛为主，时有夜间发作，或有反酸、食欲缺乏、贫血。溃疡病可自愈或治愈，Hp 阳性的溃疡病患者，根除 Hp 后复发率降低。继发性消化性溃疡多与应激因素或服用非甾体抗炎药（nonsteroidal anti-inflammatory drugs，NSAIDs）有关，小儿常见的应激因素有严重全身性感染、休克、败血症、手术、外伤等。一般来说，继发性溃疡病情较重，易并发出血、穿孔、休克等；且缺乏明显的临床症状，出现消化道出血、穿孔或休克时才被发现。

　　内镜是诊断消化性溃疡最好的检查方法，胃镜下见黏膜缺损呈圆形、椭圆形、线形、不规则形，底部平坦，边缘整齐，为白苔或灰白苔覆盖。或为一片充血黏膜上散在小白苔，形如霜斑，称"霜斑样溃疡"。溃疡根据胃镜下所见分为 3 期。①活动期：溃疡基底部有白色或灰白色厚苔，边缘整齐，周围黏膜充血、水肿、有时易出血，水肿消退，黏膜向溃疡集中，霜斑样溃疡属活动期；②愈合期：溃疡变浅，周围黏膜充血水肿消退，基底出现薄苔，薄苔是愈合期的标志；③瘢痕期：溃疡基底部白苔消失，遗留下红色瘢痕，以后红色瘢痕转为白色瘢痕，其四周黏膜呈辐射状，表示溃疡完全愈合，但仍可遗留轻微凹陷。可通过对活检胃黏膜作组织切片、快速尿素酶试验或细菌培养、^{13}C- 尿素呼气试验以及血清学 Hp-IgG、大便 Hp 抗原等判断有无 Hp 感染。怀疑胃泌素瘤时，行血清促胃液素测定和胃液分析，胃泌素瘤时血清促胃液素、基础胃酸分泌率及最大胃酸分泌率均升高。活动性溃疡时大便潜血试验可呈阳性。小儿消化性溃疡早期诊断比较困难，对于反复腹痛、恶心、呕吐，尤其是发现消化道出血，或不明原因的进行性贫血患儿，应及时做进一步检查。

　　消化性溃疡的诊疗经过通常包括以下环节。

　　1. 详细询问患儿腹痛、腹胀、反酸、恶心、呕吐、食欲减退等症状开始出现的时间、程度及伴随症状；是否有面色苍白、头晕、乏力等急性出血表现,有无吐血或血便,注意血便的颜色;有无胃炎及消化性溃疡家族史。

2. 查体时重点关注腹痛的部位、有无压痛、反跳痛等表现;注意贫血的症状及体征,血压及毛细血管充盈时间,警惕休克的早期表现。

3. 及时进行血常规、大便常规、大便潜血、血尿淀粉酶、^{13}C 呼气试验、大便 Hp 抗原、肝胆脾胰超声、胃镜等辅助检查。

4. 药物治疗包括制酸剂、黏膜保护剂等,Hp 阳性者予根除 Hp 治疗;合并出血者给予止血及输血制品纠正贫血等治疗,合并营养不良者加强营养、适当补充多种维生素及微量元素等。

5. 健康宣教,避免进食对胃黏膜有强刺激的饮食和药品;饮食规律、定时、适当、选择易消化无刺激性食物;注意饮食卫生,防止暴饮暴食。

临床关键点

(1)本病的病因是对胃和十二指肠黏膜的攻击因子与黏膜自身防御因子之间失衡的结果,与 Hp 感染的关系密切。

(2)临床表现主要是腹痛、恶心、呕吐、反酸、嗳气等,其中腹痛是最常见的症状,多位于脐周及上腹部。主要并发症是上消化道出血、穿孔及幽门梗阻。

(3)胃镜检查是诊断溃疡病最准确的手段,可直接观察溃疡的位置、大小及分期,取黏膜组织活检进一步明确病变性质,及找到出血部位进行止血治疗。

(4)治疗包括饮食治疗、制酸及增强黏膜保护治疗、对症止血治疗及根除 Hp 治疗等。合并穿孔时应尽快手术治疗,合并幽门梗阻时行幽门球囊扩张治疗。

临床病例

患儿,8 岁,因"腹痛 12 小时伴血便 1 次"来急诊就诊。初步的病史采集如下。

患儿于入院前 12 小时无明显诱因突发腹痛,位于上腹部,呈阵发性隐痛,伴恶心、腹胀,排柏油样大便 1 次,量约 100g,随后出现面色苍白、头晕,无呕吐、发热、皮疹、抽搐、晕厥及意识丧失,为进一步诊治转来我院,急诊拟"腹痛、血便查因"收入院。起病以来,小便量不多,精神食纳欠佳。否认暴饮暴食及不洁饮食史。既往偶有腹痛,无嗳气、反酸及血便史,无鼻血、牙龈出血、注射部位出血不止史,否认食物药物过敏史。患儿祖籍广州,其母亲有"胃炎"病史。

初步病史采集后,因患儿主要表现为腹痛及便血,按血便原因待查思路分析,临床随之需考虑以下相关问题。

【问题1】 该患儿消化道出血的部位和量?

思路:患儿在便血后逐渐出现面色苍白、头晕,提示患儿消化道出血量达到一定的后出现自觉症状,血便为柏油样,提示为上消化道出血或小肠出血。

知识点

上消化道出血时,红细胞破坏后,血红蛋白中的铁在胃酸和肠道细菌的作用下,与硫化物结合形成硫化亚铁,使粪便呈黑色。硫化亚铁使肠壁黏液分泌增多,大便表面附有黏液而发亮,类似柏油,故称柏油样便,一般有血腥味无粪臭,当上消化道或小肠上段出血量超过 50ml 时,就可以出现黑便。

【问题2】 儿童出现消化道出血应考虑哪些疾病?

思路:对于急性腹痛伴便血的学龄期儿童应考虑以下疾病,消化系统局灶性病变,出血性和凝血障碍性疾病、毛细血管通透性异常性疾病及严重代谢障碍性疾病,其中消化系统局灶性病变是引起儿童急性腹痛伴便血的主要原因。

【问题3】 询问病史应围绕哪些方面进行?

思路:

(1)病史应包括:①血便的颜色、量及伴随症状;②既往有无慢性腹痛、反酸、嗳气、恶心、呕吐等病史,是否有胃炎及消化性溃疡家族史；③腹痛是否剧烈，有无放射痛及黄疸，发病前是否暴饮暴食，用于鉴别急性胆囊炎、胰腺炎所致消化道出血；④是否有出血性皮疹、鼻出血等表现，以鉴别是否为出血或凝血障碍等血液系统疾病所致便血；⑤是否有双下肢对称性紫癜样皮疹，是否有关节痛，用于鉴别过敏性紫癜所致的消化道出血；⑥是否频繁呕吐、腹胀，腹痛是否呈持续性且阵发性加剧，用于鉴别外科急腹症所致消化道出血；⑦是否发热及不洁饮食史，用于鉴别消化道感染性疾病所致出血。

（2）注重详细询问患儿有无面色苍白、头晕、乏力等急性失血表现，有抽搐、晕厥等失血性休克临床表现。

【问题4】 根据本例进一步询问病史，该如何进行初步判断？

思路：①患儿急性腹痛，排柏油样大便，应考虑上消化道出血；②既往偶有腹痛，结合其母亲有"胃炎"病史，消化性溃疡出血可能性较大；③病史中无发热、皮疹，无不洁饮食及暴饮暴食，无持续腹痛阵发性加重等，不支持急性消化道感染、过敏性紫癜、外科急腹症、急性胆囊炎或胰腺炎所致消化道出血；④患儿在便血后逐渐出现面色苍白、头晕，黑便量100ml，提示消化道出血量较大。

【问题5】 病史采集结束后，下一步查体应重点关注哪些方面？

思路：体温有无升高，面色、口唇及甲床有无苍白，明确有无贫血体征。有无神志不清、脉搏增快、血压降低、毛细血管充盈时间延长，明确有无失血性休克表现。皮肤黏膜有无出血点、皮疹，浅表淋巴结及肝脾有无肿大，排除血液系统疾病及过敏性紫癜表现。有无腹胀、腹部包块及腹部压痛、反跳痛、肌紧张等，排除外科情况。

门诊查体记录

体温36.5℃，呼吸22次/min，脉搏87次/min，血压90/62mmHg，体重31kg。发育正常，营养中等，神志清，精神反应可，呼吸平顺，面色稍苍白，全身皮肤无黄染，无皮疹及出血点，浅表淋巴结未触及肿大。口唇苍白，咽无充血，双肺呼吸音清，未闻及干湿啰音，心律齐，心音有力，未闻及杂音。腹平软，未见肠型及蠕动波，无腹壁静脉曲张，剑突下压痛，无反跳痛及肌紧张，未扪及包块，肝脾肋下未及，肠鸣音4次/min。四肢关节无肿痛，指端暖，毛细血管再充盈时间<1秒，甲床苍白，神经系统查体未见异常。

【问题6】 如何通过查体对疾病进行初步判断？

思路：体温正常，无感染征象，生命体征平稳，无失血性休克表现。患儿面色、口唇、甲床苍白，示贫血貌，可能存在活动性出血，需动态观察血红蛋白情况。皮肤黏膜无出血点、皮疹，浅表淋巴结及肝脾无肿大，排除血液系统疾病及过敏性紫癜表现。无腹胀、腹部包块及腹部压痛、反跳痛、肌紧张等，排除外科情况。患儿剑突下压痛阳性，结合年龄及既往腹痛等病史，应高度怀疑消化性溃疡病。

> **知识点**
>
> 一般来说黑便和柏油样便提示上消化道出血，柏油样便比黑便出血量大，最常见的是消化性溃疡伴出血。暗红色血便提示小肠部位出血，最常见的是梅克尔憩室炎并出血。鲜红色血便提示结直肠出血，以肠道感染及结肠息肉比较常见。

【问题7】 结合上述查体结果，为进一步诊断应实施哪些检查？

思路：通过上述查体可以发现患儿消化道出血可诊断。急诊需尽快完善血常规血型、CRP、大便常规、大便潜血、腹部超声等检查。

急诊辅助检查

血常规+CRP：WBC $13.3×10^9$/L，中性粒细胞百分比61%，Hb 105g/L，PLT $312×10^9$/L；CRP<8mg/L，血型A，Rh（D）（+）。

大便常规：WBC（−），RBC（−），OB（+++）。

腹部超声：肝、胆、脾、胰腺及双肾超声未见异常；未见明确异常形态肠襻，未见同心圆征象。

【问题8】 如何判读本患儿初步检查?

思路: 血常规示 Hb 稍下降,不支持失血性休克;WBC、CRP 正常,不支持细菌感染因素。大便潜血强阳性,提示存在消化道活动性出血。超声结果不支持外科急腹症如肠套叠等。

【问题9】 如何确定该患儿治疗的地点? 是选择门诊还是住院治疗?

思路: 患儿消化道出血诊断未明,目前仍可能存在活动性出血,应收入院进一步诊治,明确诊断。

【问题10】 入院后需要进一步进行哪些检查?

思路: 短期内复查血常规,动态观察血红蛋白有无进一步降低,复查大便常规、大便潜血明确有无继续出血,血尿淀粉酶、凝血功能、感染性疾病筛查、肝肾功能等,以排除是否存在感染,并为必要时输血做好准备;^{13}C 呼气试验检查或大便 Hp 抗原检查明确有无 Hp 感染;胃镜检查明确上消化道病灶及出血灶。

住院后检查及诊断

血常规+CRP: WBC 8.2×10^9/L,中性粒细胞百分比 60%,Hb 86g/L,PLT 270×10^9/L,红细胞平均体积(MCV)、红细胞平均血红蛋白浓度(MCHC)正常;CRP<8mg/L。

凝血功能、血尿淀粉酶、肝肾功能正常。^{13}C 呼气试验(+)。

大便常规:黑便,RBC(−),WBC(−),OB(+)。

胃镜检查:食管黏膜光滑,胃窦黏膜充血水肿,十二指肠黏膜充血水肿,球腔前壁见 0.6cm×0.7cm 溃疡,表面覆白苔,周围黏膜充血水肿,未见活动性出血,降段未见异常。胃窦黏膜快速尿素酶实验(+)。

胃窦及十二指肠球部黏膜病理检查:胃窦黏膜中度慢性炎症,Giemsa 染色 Hp 阳性,十二指肠黏膜中度慢性炎症。

【问题11】 如何根据上述提供的病例进行综合判断?

思路: 本患儿为学龄期儿童,急性起病,病史短,突发上腹痛,伴恶心、随后便血,为柏油样便,结合胃镜检查,十二指肠球部溃疡诊断明确。患儿既往有间断腹痛病史,^{13}C 呼气试验(+),胃镜检查示胃窦黏膜充血水肿,胃窦黏膜快速尿素酶试验及病理检查 Hp(+),Hp 相关慢性胃炎诊断成立。患儿便血,伴头晕、乏力,查体示贫血貌,血常规示 Hb 86g/L,MCV、MCHC 正常,考虑为中度贫血(失血性)。

> **知识点**
>
> Hp 感染的诊断标准:①胃黏膜组织 Hp 细菌培养阳性;②胃黏膜组织切片染色见到大量典型 Hp 细菌;③胃黏膜组织切片见到少量 Hp 细菌、快速尿素酶试验、^{13}C 呼气试验、血清学 Hp 抗体、大便 Hp 抗原;④消化性溃疡出血时,病理组织学或快速尿素酶试验任一项阳性。①或②或④或第③点中任意二项阳性均可诊断 Hp 感染。若患儿 4 周内曾服用抗生素,2 周内服用抑酸剂者,上述检查可呈假阴性。

【问题12】 本患儿的治疗方案是什么?

思路: 入院后给予禁食、补液;药物治疗包括质子泵抑制剂抑制胃酸分泌,黏膜保护剂增强黏膜防御功能等。采用三联序贯疗法根除 Hp 治疗,即奥美拉唑+阿莫西林(前 5 天),奥美拉唑+克拉霉素+甲硝唑(后 5 天)。

> **知识点**
>
> ### 药物的选择
>
> (1)抑制胃酸的治疗
>
> ①H$_2$ 受体拮抗剂(H$_2$RA):西咪替丁,每日 10~15mg/kg,每 12 小时一次或睡前一次服用,疗程 4~8 周;雷尼替丁,每日 3~5mg/kg,每 12 小时一次或睡前一次服用,疗程 4~8 周;法莫替丁,每日 0.9mg/kg,睡前一次服用,疗程 2~4 周;②质子泵抑制剂(PPI):奥美拉唑,0.6~1.0mg/kg,每天清晨顿

服，疗程 2～4 周；③中和胃酸的药物：磷酸铝凝胶、氢氧化铝凝胶、铝碳酸镁、复方氢氧化铝片、复方碳酸钙等，起缓解症状和促进溃疡愈合的作用。

（2）强化黏膜防御能力：①柱状细胞稳定剂，L- 谷氨酰胺呱仑酸钠颗粒，每次 30～40mg/kg，2～3 次 /d 等；②硫糖铝，10～25mg/(kg·d)，分 4 次，疗程 4～8 周。主要作为溃疡病的辅助用药。

【问题 13】 如何根除 Hp 治疗？

思路：临床上对 Hp 治疗有效的抗菌药物常用的有，阿莫西林 30～50mg/(kg·d)、甲硝唑 15～20mg/(kg·d)、克拉霉素 15～20mg/(kg·d)。由于 Hp 栖居的部位环境特殊性，不易被根除。单用一种药物不能取得较高的根治率，常需联合用药以达根治目的。H_2RA 和 PPI 与抗生素合用可提高抗生素活性。推荐几种方案供参考（表 5-6-1）。

表 5-6-1 　儿童幽门螺杆菌根除治疗方案

方案		药物	疗程
一线	PPI 三联	PPI 0.8～1.0mg/(kg·d)＋阿莫西林 50mg/(kg·d)＋克拉霉素 20mg/(kg·d) 或甲硝唑 20mg/(kg·d)	7、10、14 天
	铋剂三联	胶体次枸橼酸铋 7～8mg/(kg·d)＋阿莫西林 50mg/(kg·d)＋甲硝唑 20mg/(kg·d)，2 次 /d	7、10、14 天
	序贯	前 5 天：奥美拉唑（PPI）0.8～1.0mg/(kg·d)＋阿莫西林 50mg/(kg·d)，2 次 /d	10、14 天
		后 5 天：奥美拉唑（PPI）0.8～1.0mg/(kg·d)＋克拉霉素 20mg /(kg·d)＋甲硝唑 20mg/(kg·d)，2 次 /d	
二线	四联	PPI 0.8～1.0mg/(kg·d)＋阿莫西林 50mg/(kg·d)＋甲硝唑 20mg/(kg·d)＋胶体次枸橼酸铋 7～8mg/(kg·d)，2 次 /d	14 天

Hp 根治标准：停用抗生素 4 周及制酸药 2 周后进行复查，通常选用无创的 ^{13}C 呼吸试验或大便 Hp 抗原检测来判断 Hp 是否根除。

（龚四堂）

第七节　婴儿胆汁淤积症

婴儿胆汁淤积症（infantile cholestasis）是指各种肝内外原因引起的胆汁形成、分泌和 / 或排泄障碍为主要表现的一类肝胆疾病。

胆汁淤积是各年龄肝胆疾病的主要表现形式。胆汁淤积症在生理学上定义为胆汁排出量减少；病理学上定义为组织学检测肝细胞和胆管中存在胆色素；临床上定义为通过胆汁排泄的物质在血液和肝外组织中的积聚。主要病因：①各种病原的感染，包括肝脏的原发性感染和全身感染累及肝脏，我国以病毒感染多见，如风疹病毒、巨细胞病毒、单纯疱疹病毒以及嗜肝病毒、EB 病毒、柯萨奇病毒 B 组、埃可病毒、腺病毒等；②遗传性代谢缺陷，包括新生儿肝内胆汁淤积综合征、进行性家族性肝内胆汁淤积、Alagille 综合征、自身免疫性肝病；③肝内外胆管及肝间质发育障碍，硬化性胆管炎、胆道闭锁等疾病；④其他病因，如血液系统疾病、组织细胞增多症、中毒等。临床可表现为皮肤瘙痒、乏力、尿色加深和黄疸等。根据病因可分为肝内胆汁淤积、肝外胆汁淤积或者肝细胞性胆汁淤积、胆管性胆汁淤积及混合性胆汁淤积。

知识点

胆汁淤积的诊疗经过通常包括以下环节：

1. 详细询问患儿皮肤巩膜出现黄染的时间、黄疸程度和持续时间及伴随症状，大便颜色、小便颜色、治疗经过、喂养和睡眠情况、体重增长情况、既往病史和家族史。

2. 全面的体格检查，重点关注皮肤巩膜黄染的程度、肝脾肿大情况及有无出血倾向等。

3. 根据患儿病情选择治疗的地点，如门诊、病房或监护室。

4. 根据病史和体检及时进行血常规、大小便常规、病原学、血生化、凝血功能、血氨、血气、遗传代谢性疾病筛查及腹部超声、磁共振胰胆管成像等肝胆影像学等检查，必要时行肝穿刺活检病理学检查、胆汁淤积基因检测等辅助检查。

　　5. 结合患儿的情况进行饮食调整和合理用药，关注患儿营养治疗。

　　6. 确定治疗结束的时间和随访日期，并进行健康宣教。

胆汁淤积的诊疗要点包括：

　　1. 首先判定是否存在胆汁淤积。

　　2. 根据病史、临床症状、体征和实验检查确定是阻塞性还是非阻塞性胆汁淤积；再根据临床、生化、病毒学检查及影像学检查进一步明确病因。

　　3. 详细的病史和体格检查，是否存肝外疾病或异常。如 Alagille 综合征，除胆汁淤积外，还有特殊面容、心脏、脊柱和眼部异常等；还应了解患儿药物服用情况，临床表现出现之前 6 周内使用过中草药和其他化学物质都可能与胆汁淤积有关；若出现发热、同时伴有寒战和右上腹疼痛，提示阻塞性疾病引起的胆管炎；既往胆道手术史增加了存在再次胆道阻塞的可能性；胆汁淤积性肝病的家族史提示遗传性肝病的可能。另外，特殊或重症感染也可出现胆汁淤积如 HIV 感染。

临床病例

　　患儿，男，2 月龄，因"皮肤巩膜黄染近 2 个月"来我院门诊就诊。初步的病史采集如下。患儿为 39 周足月顺产婴儿，出生体重 2.8kg。生后第 3 天开始出现皮肤巩膜黄染，生后 10 余天曾在当地医院经皮测胆红素 15.4mg/dl，予以停母乳 3 天，皮肤巩膜黄染无明显好转。其后家长未予诊治，予以"晒太阳"处理，皮肤黄染持续至今。生后母乳喂养，胎便 3 天排完，其后大便呈浅黄色，尿色深黄，饮食睡眠欠佳，体重增加不良。家长否认病毒性肝炎接触史，否认 G-6-PD 缺乏，家族史无特殊。

　　初步病史采集后，因患儿主要表现为皮肤巩膜黄染消退延迟，大便浅黄色，按照黄疸查因思路分析，临床需考虑以下问题。

【问题 1】 患儿是否存在胆汁淤积？

　　思路：首先进行血生化检查，结果提示 ALT 67U/L，AST 265U/L，总胆红素 158.8μmol/L，直接胆红素 133.2μmol/L，ALP 788U/L，谷酰转肽酶（GGT）156U/L，ALB 28g/L，总胆汁酸（TBA）112μmol/L。

　　结合患儿皮肤黄染巩膜持续 2 个月，大便浅黄色，血生化提示总胆红素 >85μmol/L，直接胆红素占总胆红素的比例 >20%，考虑存在胆汁淤积。

【问题 2】 患儿存在胆汁淤积应考虑哪些疾病？

　　思路：胆汁淤积病因多样，应考虑以下病因。①肝外胆道疾病：如胆道闭锁、先天性胆总管囊肿等；②感染及中毒性疾病：如巨细胞病毒（CMV）感染、弓形虫病、风疹病毒感染、败血症及局部感染、早产儿胃肠外营养相关性胆汁淤积（PNAC）等；③代谢或内分泌疾病：如希特林蛋白缺陷症（NICCD）、半乳糖血症、酪氨酸血症、尼曼-皮克病、原发性胆汁酸代谢障碍、囊性纤维病等；④肝内疾病：如 Alagille 综合征、进行性家族性胆汁淤积症（PFIC）、良性复发性肝内胆汁淤积（BRIC）；⑤解剖异常：如先天性肝内胆管扩张（Caroli 病）等。胆汁淤积患者应详细询问其伴随症状。

　　本患儿以皮肤巩膜黄染为主诉，同时伴有大便浅黄，体重增加不良。

【问题 3】 病史采集结束后，下一步体格检查应重点关注哪些方面？

　　思路：①皮肤巩膜黄染程度；②注意有无皮肤黏膜有无出血点等出血倾向；③有无外观异常或者畸形；④有无心脏杂音；⑤肝脾肿大情况等。

门诊查体记录

　　体温 36.7℃，呼吸 32 次 /min，脉搏 122 次 /min，血压 78/54mmHg，体重 3.3kg。发育正常，面部脂肪丰满呈福娃脸（chubby face），神志清，精神反应好，呼吸平顺，全身皮肤巩膜中度黄染，胸前区可见新鲜针尖大小出血点。咽无充血，双肺呼吸音清，未闻及干湿啰音，心律齐，心音有力，未闻及杂音。腹软稍隆，无腹壁静脉曲张，肝肋下 5cm，剑突下 3cm，质中，脾肋下 3cm，质软。肠鸣音 6 次 /min。四肢关节无肿痛，指端暖，毛细血管再充盈时间 <1 秒，神经系统检查未见异常。

【问题 4】　结合上述体检结果，为进一步诊断应做哪些检查？

思路：查体患儿呈福娃脸，皮肤黏膜出血点，肝脾肿大等。首先考虑希特林蛋白缺陷症（NICCD）。需完善血常规、大便常规 + 潜血、小便常规、血生化、凝血功能、血氨、血糖、乳酸、腹部超声等检查。

门诊辅助检查

血常规 + CRP：WBC 7.8×10^9/L，中性粒细胞百分比 23%，淋巴细胞百分比 74%，Hb 135g/L，PLT 223×10^9/L；CRP<8mg/L，血型 B，Rh（D）（+）。

大便常规：WBC（−），RBC（−），OB（−）。

小便常规：胆红素（+），余无异常。

血生化：ALT 67U/L，AST 265U/L，总胆红素 158.8μmol/L，直接胆红素 133.2μmol/L，ALP 788U/L，GGT 156U/L，ALB 28g/L，TBA 112μmol/L。

血脂：总胆固醇 6.7mmol/L，甘油三酯 3.5mmol/L。

凝血功能：PT 20.8 秒，APTT 78.5 秒，FIB 0.81g/L，凝血酶原活动度 51%。

血糖 2.3mmol/L，血氨 144μmol/L，乳酸 5.3mmol/L。

腹部肝胆超声 + 胆囊收缩功能：肝大，脾大，胆囊收缩功能正常。

【问题 5】　如何判读本患儿初步检查？

思路：该患儿初步检查结果提示有高血氨、高乳酸、高血脂、低白蛋白、低血糖及凝血功能异常，血常规检查无贫血，尿液检查无明显尿胆原升高，不支持溶血性疾病；腹部超声结果不支持胆道阻塞性疾病。

【问题 6】　如何确定该患儿治疗的地点？是选择门诊还是住院治疗？

思路：患儿存在皮肤出血点，凝血功能异常，需住院治疗，纠正凝血障碍，并进一步完善检查明确诊断。

【问题 7】　需要进一步行哪些检查？

思路：NICCD 是常染色体隐性遗传病，7q21.3 上 SLC25A13 基因突变引起。目前已经报道了超过 100 种基因突变类型，我国 I（851-854del）、III（1638ins23）和 X（IVS6+5G>A）是热点突变。因此，需进行血氨基酸、尿液 GCMS 检测及 SLC25A13 基因分析等检查。

检查结果

血浆氨基酸分析结果示瓜氨酸、酪氨酸、蛋氨酸等多种氨基酸含量明显升高。尿 GCMS 结果示 4- 羟基苯乳酸含量明显升高。NICCD 基因分析检测到突变 I（851-854del）纯合突变，为已知致病突变。

【问题 8】　如何根据上述提供的病例进行综合判断？

思路：本患儿为婴儿起病的皮肤巩膜黄染，以直接胆红素升高为主，大便浅黄色，肝脏增大，体重增加不良，有典型的 NICCD 面部特征福娃脸。结合实验室检查及基因检测证实，诊断希特林蛋白缺陷症（NICCD）明确。

> **知识点**
>
> 希特林蛋白缺陷症（NICCD）诊断依据：①有胆汁淤积的症状和体征，皮肤巩膜黄染，肝大；②有胆汁淤积的实验室依据，胆红素升高，以直接胆红素升高为主；③NICCD 的临床和实验室特征：福娃脸、小婴儿起病的胆汁淤积、转氨酶升高以 AST 升高为主、高血氨、高乳酸、高血脂、低白蛋白、低血糖及凝血功能异常；④ NICCD 的代谢异常和基因检测依据，血浆氨基酸分析显示瓜氨酸、酪氨酸、蛋氨酸等氨基酸含量明显升高。

尿 GCMS 显示 4 羟基苯乳酸含量明显升高。NICCD 基因分析检测到致病突变。

【问题9】 本患儿的治疗方案是什么？

思路：①饮食治疗，给予限制乳糖和／或富含中链脂肪酸的配方喂养，补充脂溶性维生素，低碳水化合物及高脂、高蛋白饮食；②对症治疗，保肝降酶、退黄利胆（如熊去氧胆酸、丁二磺酸腺苷蛋氨酸），降血氨、改善凝血功能等；③肝移植术，部分患儿需要行肝移植术，可显著提高晚期胆汁淤积性肝病患儿的生存率。移植指征：反复静脉曲张破裂出血，肝性脑病，不能耐受的失代偿期肝硬化患者，难治性腹水和自发性细菌性腹膜炎。

药物治疗：①熊去氧胆酸（UDCA），剂量为 10～15mg/(kg·d)，分 2～3 次服用。UDCA 可以促进内源性胆酸排泌，改变胆汁的组成，增加亲水性胆酸的比例，保护肝细胞和胆管细胞免受有毒性胆酸的毒害，阻止疏水性胆酸对线粒体膜的干扰，抑制肝细胞凋亡，显著改善血清肝功能结果的同时可以改善肝组织学特征，阻止肝纤维化、肝硬化的进一步发展。②丁二磺酸腺苷蛋氨酸（SAMe），剂量为 50～60mg/(kg·d)，肌内或静脉注射，疗程 2 周。SAMe 在肝内通过使质膜磷脂甲基化而调节肝细胞膜的流动性，而且通过转硫基反应可以促进解毒过程中硫化产物的合成。只要肝内腺苷蛋氨酸的生物利用度在正常范围内，这些反应有助于防止肝内胆汁郁积。

（龚四堂）

参 考 文 献

[1] 何振华，梁日初. 临床实习医师诊疗教程. 北京：清华大学出版社，2011.

[2] 张玫. 临床消化科医师速查手册. 北京：科学技术文献出版社，2010.

[3] 施文，沈恺妮. 协和内科住院医师手册. 3 版. 北京：中国协和医科大学出版社，2021.

[4] 刘长建. 临床基本操作手册. 南京：江苏科学技术出版社，2007.

[5] 万学红，卢雪峰. 诊断学. 9 版. 北京：人民卫生出版社，2018.

[6] 龚四堂. 小儿内科疾病诊疗流程. 北京：人民军医出版社，2013.

[7] 方鹤松. 小儿腹泻病学. 北京：人民卫生出版社，2009.

[8] 陈洁，许春娣，黄志华. 儿童胃肠肝胆胰疾病. 北京：中国医药科技出版社. 2006.

[9] 中华医学会儿科学分会消化学组，中华医学会儿科学分会感染学组，《中华儿科杂志》编辑委员会. 儿童腹泻病诊断治疗原则的专家共识. 中华儿科杂志，2009，8(47)：634-636.

[10] 王卫平，孙锟，常立文. 儿科学. 9 版. 北京：人民卫生出版社，2018.

[11] KLIEGMAN R M, STANTON B F, GEME J W. Nelson text book of pediatrics. 21th. Philadelphia: W. B. Saunders Company, 2020.

第六章　呼吸系统疾病

第一节　概　　述

呼吸系统以环状软骨为界分为上、下呼吸道。上呼吸道包括鼻、鼻窦、咽、咽鼓管、会厌及喉；下呼吸道包括气管、支气管、细支气管、呼吸性细支气管、肺泡管及肺泡。

（一）小儿呼吸系统解剖特点

1. 上呼吸道

（1）鼻：婴幼儿鼻和鼻咽腔相对短，鼻道狭窄，无鼻毛。鼻黏膜柔嫩，血管丰富，易于感染；感染时，后鼻腔黏膜肿胀易堵塞而致呼吸与吸吮困难。

（2）鼻窦：新生儿上颌窦和筛窦极小，2 岁才开始发育，12 岁才完全发育。额窦 2～3 岁开始出现，12～13 岁才发育完全。蝶窦 3 岁时开始出现并与鼻腔相通，6 岁时很快增大。由于鼻窦黏膜与鼻腔黏膜连续，且鼻窦口相对较大，故急性鼻炎时常累及鼻窦易致鼻窦炎。婴儿出生后 6 个月即可发生急性鼻窦炎。

（3）鼻泪管和咽鼓管：婴幼儿鼻泪管短，开口接近于内眦部，且瓣膜发育不全，故鼻腔感染常易侵入结膜引起炎症。婴幼儿咽鼓管相对宽、直、短，呈水平位，因而鼻咽炎易波及中耳，引起中耳炎。

（4）咽部：分为鼻咽、口咽和喉咽三部分。婴幼儿咽部相对狭窄，方向垂直，富于集结的淋巴结。扁桃体包括咽扁桃体和腭扁桃体，咽扁桃体又称腺样体，在 6～12 个月时发育，腭扁桃体 1 岁末逐渐增大，4～10岁发育达高峰，14～15 岁时逐渐退化。

（5）喉：婴幼儿喉部相对长呈漏斗状，喉腔较窄，声门裂相对狭窄，软骨柔软，黏膜娇嫩且富含血管及淋巴组织，故炎症时易引起喉头狭窄致呼吸困难。

2. 下呼吸道

（1）气管、支气管：婴幼儿的气管、支气管较成人狭窄，黏膜柔嫩，血管丰富；软骨柔软，缺乏弹力组织，支撑作用差；黏液腺分泌不足，气道较干燥，纤毛运动较差，不能有效地清除吸入的微生物。故婴幼儿不仅易于感染且易致呼吸道阻塞。左支气管细长，由气管侧方伸出，而右支气管短粗，为气管直接延伸，异物较易坠入右支气管，引起右侧肺段不张或肺气肿。

（2）肺：小儿肺的弹力纤维发育较差，血管丰富，间质发育旺盛，小儿肺泡数量较少且肺泡小，造成肺的含血量丰富而含气量相对较少，故容易感染，引起间质性肺炎、肺气肿或肺不张。

3. 胸廓　婴幼儿胸廓短、前后径相对长，呈桶状；肋骨水平位，肋间肌欠发达，不能在吸气时增加胸廓扩展。婴儿横膈呈横位，且位置较高（第四肋水平），胸腔小而肺脏相对较大，几乎填满整个胸腔；加上胸部呼吸肌不发达，因此呼吸时胸廓运动不充分，肺不能充分扩张、进行通气和换气，易致缺氧和二氧化碳潴留。

（二）生理特点

1. 呼吸频率与节律　小儿新陈代谢旺盛需氧量高，但由于解剖特点使呼吸受到限制，故只有增加呼吸频率来满足机体代谢的需要。年龄越小，呼吸频率越快。婴幼儿由于呼吸中枢发育不完善，调节能力差，易出现呼吸节律不整，甚至呼吸暂停，尤以早产儿、新生儿明显。

2. 呼吸类型　婴幼儿胸廓活动范围小，呼吸肌发育不全，呈腹（膈）式呼吸。随年龄增长，膈肌下降，肋骨由水平位变为斜位，胸廓的体积增大，逐渐转换为胸腹式呼吸。

（三）呼吸道免疫特点

小儿呼吸道的非特异性和特异性免疫功能均较差。新生儿、婴幼儿咳嗽反射和气道平滑肌收缩功能差，纤毛运动功能亦差，不能有效地清除吸入的尘埃和异物颗粒。肺泡巨噬细胞功能不足。婴幼儿的 SIgA、

IgA、IgG 含量均低，尤其是 IgG 亚类含量低微，此外，乳铁蛋白、溶菌酶、干扰素、补体等的数量和活性亦不足，故易患呼吸道感染。

由于小儿各项呼吸功能储备能力均较低，一旦患肺炎，较易发生呼吸衰竭。

（张晓波　申昆玲）

第二节　急性上呼吸道感染

小儿上下呼吸道是以喉环状软骨作为分界线，其以上称为上呼吸道，包括鼻、咽、扁桃体和喉部，这些部位的感染统称为上呼吸道感染，简称上感，是小儿最常见的疾病。常见的病原为病毒，占 90% 以上，亦可见细菌、支原体。小儿上呼吸道感染常出现并发症，可引起邻近器官的感染如中耳炎、鼻窦炎；向下蔓延发生气管炎、支气管炎、肺炎；引起全身感染如败血症。

小儿上呼吸道感染的诊疗包括以下内容：

1. 详细询问患儿的病史及症状，包括有无接触史及有无诱因。
2. 查体时注意患儿的一般情况，注意咽部体征及可能的并发症的体征。
3. 查血常规，初步判断病原。
4. 给予治疗方案。
5. 如出现并发症，则进一步针对性治疗。

临床关键点

1. 了解上呼吸道感染是小儿最常见的疾病，其发病率占儿科疾病的首位。
2. 上呼吸道感染绝大多数由病毒引起，约占 90% 以上，故一般不需使用抗生素。
3. 治疗原则以对症为主。
4. 了解某些传染病（如麻疹、猩红热等）早期表现为上呼吸道感染症状，需注意鉴别。

临床病例

患儿，男，2 岁，主因"发热、流涕 1 天"来门诊就诊。

患儿于 2 天前，接触感冒家人后出现发热、流涕症状，体温最高 38.9℃，为稀薄的清涕，偶有单声咳嗽，不剧烈，无痰，伴咽痛，无呕吐、腹泻，无惊厥等伴随症状，服退热药后体温可降至正常，热退后精神反应好。

经初步采集病史后，因患儿有发热、流涕、咳嗽的呼吸道症状，可首先考虑为呼吸道感染。

【问题 1】　**患儿呼吸道感染的部位在哪儿？**

思路：呼吸道感染的患儿要判断其感染的部位，上呼吸道感染主要包括急性鼻炎、咽炎、扁桃体炎、喉炎等，当感染部位确定、症状突出时，可作出相应部位的诊断，如急性扁桃体炎，若部位不确定，也可统称为上呼吸道感染。

【问题 2】　**查体应重点注意哪些方面？**

思路：为进一步明确呼吸道感染的部位，在门诊查体重点应包括：患儿的一般情况；咽部有无充血，扁桃体有无充血、肿大、有无脓性分泌物；口腔内有无疱疹；颈部及颌下淋巴结有无肿大及触痛；肺部听诊有无啰音；腹部有无压痛。

知识点

1. 小儿上呼吸道感染最常见的阳性体征为咽部充血、扁桃体充血及肿大，化脓性扁桃体炎时可见脓性分泌物。

2. 小儿上呼吸道感染容易引起并发症，相邻器官的并发症如中耳炎、鼻窦炎、颈淋巴结炎等；向下蔓延如气管炎、支气管炎、肺炎，应注意感染是否只局限在鼻咽部，查体时也应注意可能的并发症的体征。

门诊查体记录

体温 38℃，一般情况可，呼吸平稳，咽充血，双侧扁桃体不大。颈部未触及肿大淋巴结，双肺呼吸音清，未闻干湿啰音。心音有力、律齐，未闻杂音。腹平软，无压痛。

查血常规，WBC $8.0×10^9$/L，中性粒细胞百分比 40%，淋巴细胞百分比 60%，CRP<8mg/L。

【问题3】 如何根据血常规结果初步判断病原？

思路：血常规结果显示 WBC 正常，分类以淋巴细胞为主，CRP 不高，提示病毒感染的可能性大。

> **知识点**
>
> 一般来说，病毒感染时白细胞总数不高，多以淋巴细胞为主，但在病毒感染早期中性粒细胞比例可增高，CRP 不高；而细菌感染时白细胞总数及中性粒细胞百分比增高，CRP 亦明显升高。链球菌感染者 2~3 周后血中抗链球菌溶血素"O"（ASO）滴度可增高。
>
> 上呼吸道感染的病原体以病毒为主，占 90% 以上，支原体和细菌较少见。病毒感染后，呼吸道黏膜受损伤，细菌侵入，可继发细菌感染。常见病毒有鼻病毒、流感病毒、副流感病毒、柯萨奇病毒、埃可病毒、呼吸道合胞病毒、腺病毒。常见细菌有 β 溶血性链球菌 A 组、肺炎球菌、嗜血流感杆菌及葡萄球菌。

【问题4】 是否需要进行病原学检查？

思路：不常规推荐上呼吸道感染患儿进行病原学检查，有特殊情况需要可进行相关检测。

> **知识点**
>
> 病毒病原体可以通过 PCR、免疫学病原检测及抗体检测等方法来检查，但对于上呼吸道感染的治疗一般无意义。考虑有需要进行抗病毒治疗的感染如流行性感冒等时，需进行流感的检测。考虑存在 A 组链球菌感染或百日咳杆菌感染等情况时，需要进行相关的细菌培养或抗原检测。

【问题5】 可能出现的并发症？

思路：上呼吸道感染可引起很多并发症，尤其是婴幼儿，应注意相关的症状及体征。

> **知识点**
>
> 并发症分为三类：①感染自鼻咽部蔓延至附近器官，如鼻窦炎、中耳炎、颈淋巴结炎、结膜炎等；向下蔓延导致气管炎、支气管炎、甚至肺炎。②病原通过血液循环播散到全身，引起病毒血症，细菌感染时引起败血症，可导致化脓性病灶，如皮下脓肿、脓胸、骨髓炎、脑膜炎等。③由于感染和变态反应对机体的影响，可发生风湿热、肾炎、紫癜、类风湿病等。

【问题6】 本患儿应考虑哪些鉴别诊断？

思路：

（1）普通上呼吸道感染应注意与流行性感冒相鉴别，应询问当地的流行病情况，有无聚集发病病例，并注意有无流感的症状及体征，必要时做流感的相关化验检查。

（2）某些急性传染病的早期表现为上呼吸道感染的症状，如麻疹、猩红热等传染病早期可表现为上呼吸道感染症状，易于混淆，应结合流行病学史，并观察病情后续的演变加以鉴别，如皮疹出现的情况等。

（3）与消化系统疾病相鉴别。婴幼儿期的上呼吸道感染常伴有消化系统症状，如呕吐、腹痛、腹泻等，需与消化系统的原发疾病相鉴别。

（4）反复感冒的患儿应与过敏性鼻炎相鉴别。如果鼻部分泌物持续，或有恶臭、带血等，需与鼻腔异物相鉴别。

【问题7】 该患儿的治疗方案是什么？

思路：患儿初步考虑为病毒性上呼吸道感染，主要为对症治疗。一般的治疗包括对症口服降温药物，多饮水，给予易消化食物，适当口服清热解毒药物。

（张晓波 申昆玲）

第三节 急性感染性喉炎

急性感染性喉炎（acute infectious laryngitis）为喉部黏膜弥漫性炎症，好发于声门下部，常见于 1～3 岁幼儿。以病毒感染多见。小儿因其解剖生理特点而易发生喉梗阻，引起呼吸困难。

急性感染性喉炎的诊疗经过通常包括以下环节：

1. 详细询问患儿的病史及主要症状。

2. 查体重点关注犬吠样咳、声嘶、喉鸣、吸气性呼吸困难等。

3. 若有喉梗阻，则根据临床进行分度，必要时需行气管插管或气管切开。

4. 根据病情轻重制订治疗方案，主要为激素治疗。

【问题1】 该患儿的呼吸道感染部位是什么？

思路：该患儿急性起病，出现声嘶、喉鸣及呼吸困难，有犬吠样咳，为喉部水肿的表现，结合患儿发热，要考虑感染性喉炎。

> **知识点**
>
> 喉炎多见于1~3岁的婴幼儿,一般为急性起病,可有发热、犬吠样咳嗽、吸气性喉鸣和吸气性呼吸困难,一般白天症状轻,夜间入睡后由于喉部肌肉松弛、分泌物阻塞而使症状加重,很多患儿于夜间急诊就诊。

查体:安静状态下,面色、口唇尚红润,可见轻度吸气性三凹征,吸气性喉鸣,咽充血,肺部听诊可闻喉传导音,心音有力,心率增快。

【问题2】 查体时如何鉴别吸气性呼吸困难和呼气性呼吸困难?

思路:上气道梗阻时表现为吸气性呼吸困难,而下气道梗阻时表现为呼气性呼吸困难,它们分别有其特点。

> **知识点**
>
> 呼吸道以喉的环状软骨下缘为界分为上、下呼吸道。上气道梗阻时表现为吸气相延长,可闻吸气相喉鸣,吸气时出现三凹征,为吸气性呼吸困难,多见于喉炎等;而下气道梗阻时表现为呼气性呼吸困难,可闻呼气相喘鸣,为呼气性呼吸困难,多见于支气管哮喘等。

【问题3】 该患儿为喉梗阻几度?

思路:小儿喉腔狭窄,喉软骨柔软,黏膜下淋巴组织丰富,组织疏松,感染时易出现水肿,因此易发生喉梗阻。故小儿喉炎的病情比成人严重。患儿于安静时亦出现喉鸣和吸气性呼吸困难,肺部听诊可闻及喉传导音,心率增快,心音无改变,为喉梗阻Ⅱ度(表6-3-1)。

> **知识点**
>
> 为了便于观察病情,掌握气管切开的时机,按吸气性呼吸困难的轻重将喉梗阻分为以下四度。
>
> 表6-3-1 喉梗阻分度
>
> | 分度 | 临床表现 |
> | --- | --- |
> | Ⅰ度 | 仅活动后出现吸气性喉鸣和呼吸困难,肺部听诊呼吸音及心率无改变 |
> | Ⅱ度 | 安静时亦出现喉鸣和呼吸困难,肺部听诊可闻及喉传导音或管状呼吸音,心率增快,心音无改变 |
> | Ⅲ度 | 除上述症状外,患儿因缺氧而烦躁不安,口唇及指趾发绀,口周发青或苍白,恐惧、多汗,肺部听诊呼吸音明显降低或听不见,心音低钝,心率快 |
> | Ⅳ度 | 患儿渐衰竭,呈昏睡状,由于无力呼吸,三凹征反而不明显,面色苍白、发灰,肺部听诊呼吸音几乎消失,仅有气管传导音,心音微弱极钝,心律不齐。 |

患儿查血常规,WBC正常,分类以淋巴细胞为主,CRP不高。

【问题4】 该患儿感染的病原体是什么?

思路:感染性喉炎以病毒感染多见,该患儿血常规中白细胞不高,淋巴细胞为主,CRP不高,提示病毒感染。

> **知识点**
>
> 喉炎常为上呼吸道感染的一部分,引起上呼吸道感染的病毒、细菌均可引起急性喉炎。常见病毒为副流感病毒、流感病毒、腺病毒、呼吸道合胞病毒。

【问题 5】　感染性喉炎的鉴别诊断应考虑哪些?

思路: 喉炎的诊断并不困难,但应与喉气管支气管炎、白喉、喉水肿、喉痉挛、急性会厌炎、咽后壁脓肿、扁桃体周围脓肿、喉或气管异物等婴幼儿喉梗阻相鉴别。

【问题 6】　该患儿应如何治疗?

思路: 患儿有Ⅱ度喉梗阻,应给予肾上腺皮质激素治疗。可口服泼尼松,按 1mg/(kg·次),每 4～6 小时一次,一般口服 6～8 次,呼吸困难缓解后即可停用;也可静脉给予甲泼尼龙每次 1～2mg/kg,或氢化可的松每次 5～10mg/kg,能更快地缓解喉梗阻的症状。在《儿童常见呼吸道疾病雾化吸入治疗专家共识》中指出:布地奈德混悬液雾化可用于喉气管支气管炎的临床治疗,雾化吸入布地奈德混悬液可局部缓解症状;另外可给予抗病毒药物,若后期合并细菌感染,可予抗生素治疗。

知识点

1. 糖皮质激素治疗　缓解症状的有效方法是使用肾上腺皮质激素,Ⅱ度以上喉梗阻均需使用,一般Ⅱ度喉梗阻可口服泼尼松,深Ⅱ度及Ⅲ度喉梗阻需静脉使用糖皮质激素;同时加用布地奈德雾化吸入。

2. 气管切开　Ⅳ度喉梗阻应立即气管切开,Ⅲ度经抢救无效者也应气管切开。

3. 其他治疗　包括抗病毒药物和抗生素的使用;急性喉炎患儿因呼吸困难缺氧,多烦躁不安,可适当给予水合氯醛口服或灌肠,注意不能使用对呼吸有抑制作用的镇静药;缺氧者给予吸氧。

4. 急性喉炎属儿科急症、危重症,气道梗阻可能进展很快,临床诊治时应进行仔细和反复评估,动态观察、正确判断病情非常重要,不能贻误治疗。

(张晓波　申昆玲)

第四节　急性支气管炎

急性支气管炎(acute bronchitis)是指由于各种病原体引起的支气管黏膜发生炎症,气管常同时受累,故亦称为急性气管支气管炎。多继发于上呼吸道感染之后,或为某些急性传染病的一种表现,是儿童常见的呼吸道疾病,婴幼儿多见,且症状较重。主要感染病原为病毒、细菌或支原体,或混合感染。临床表现通常先有上呼吸道感染的症状,3～4 天后开始剧烈咳嗽,以后渐有支气管分泌物。肺部听诊可闻及呼吸音粗糙,有时可闻及干、湿啰音,以不固定的中等水泡音为主。胸片显示双肺纹理粗、多。本病根据呼吸道症状、体征及辅助检查可作出诊断。治疗主要是一般的对症治疗,止咳化痰,有细菌感染或支原体感染者可应用抗生素治疗。轻症患儿急性症状持续一周或稍多时间即可痊愈,但有时病程可迁移 2～3 周,或反复发作。营养不良、免疫功能低下、先天性气道发育异常等症的患儿易并发中耳炎、肺炎等并发症。

急性支气管炎的诊疗经过通常包括以下环节:

1. 详细询问患儿呼吸道症状出现的时间、程度及伴随症状。
2. 查体时重点关注呼吸系统体征,判断呼吸道感染的部位及有无其他肺外表现。
3. 辅助检查包括血常规、胸片及呼吸道分泌物病毒、细菌等病原学检查。
4. 积极给予对症支持治疗,止咳化痰、雾化平喘。
5. 对于反复支气管炎的患儿,需要进一步完善检查,了解有无其他疾病。

临床关键点

(1)首先确定急性支气管炎的诊断:上呼吸道感染后出现剧烈咳嗽,渐有支气管分泌物;肺部听诊呼吸音粗糙,有时可闻及不固定的干、湿啰音;胸片显示双肺纹理粗、多。

(2)进行病原学判断:可根据患儿临床特征结合血常规 WBC 及中性粒细胞百分比,CRP 初步判断为病毒或细菌感染。

(3)治疗主要是对症治疗,存在细菌或支原体感染患儿可应用抗生素治疗。

(4)若存在基础疾病,如营养不良、免疫功能低下、先天气道发育异常等,则需警惕并发中耳炎、肺炎、鼻窦炎等疾病的可能。

临床病例

患儿,男,4岁,因"咳嗽5天,病初发热2天"来门诊就诊。初步的病史采集如下。

5天前患儿因受凉后出现阵发性咳嗽,干咳为主,伴流涕及咽痛,自服止咳药物效果不佳。4天前患儿出现发热,热峰1～2次,体温最高38.6℃,咳嗽症状较前加重,可咳出少量白色痰液,无寒战、抽搐、呼吸困难等表现。家长予患儿口服中成药治疗,咳嗽症状无明显好转,故今日来门诊就诊。患儿自发病来精神稍软,无呕吐、腹泻,二便如常。

初步病史采集后,因患儿有发热以及咳嗽、咳痰等呼吸道症状,首先考虑为呼吸道感染。对于此类患儿,临床上随之需要考虑以下几个相关问题。

【问题1】 该患儿呼吸道感染的主要部位是什么?

思路:所有疑诊呼吸道感染的患者都需要判断呼吸道感染的部位,包括是上呼吸道感染还是下呼吸道感染。如果考虑下呼吸道感染,则应考虑具体是气管支气管炎还是肺炎。该患儿临床症状以咳嗽、咳痰为主,应考虑出现了下呼吸道感染的可能。

> **知识点**
>
> 急性支气管炎起病可急可缓,多先有上呼吸道感染症状,3～4天后出现咳嗽,初为干咳,以后有痰,咳嗽一般持续7～10天。婴幼儿症状较重,常有发热及伴随咳嗽后的呕吐、腹泻,小婴儿常常将痰吞咽。年长儿可诉头痛及胸痛,一般全身症状不明显,发热可有可无。

【问题2】 病史采集结束后,下一步查体应重点做哪些方面?

思路:对门诊就诊的患儿而言,为进一步明确患者呼吸道感染的部位,在门诊进行查体的重点应包括可能感染的呼吸道部位相关的体格检查,如咽部是否存在充血,扁桃体是否存在增大、充血和脓性分泌物等感染的征象,肺部听诊有无呼吸音粗糙,有无干啰音、水泡音,有无呼气相喘鸣音。

门诊查体记录

体温36.8℃,呼吸28次/min,脉搏100次/min,血压90/60mmHg,一般状况尚可,呼吸平稳,未见鼻扇及吸气性三四征,咽充血,双侧扁桃体Ⅱ度肿大,双肺呼吸音粗,可闻及不固定的、散在的干啰音。心音有力,心律齐,心脏未闻及病理性杂音。腹部、神经系统查体未见异常。

【问题3】 结合患儿的临床病史和体格检查,该患儿的临床诊断是什么?

思路:该患儿早期以发热、咳嗽、流涕、咽痛等上呼吸道感染症状为主,之后逐渐出现咳嗽症状加重、咳痰症状。体格检查双肺呼吸音增粗,可闻及不固定的干啰音。综合上述症状及体征考虑该患儿临床诊断为支气管炎。

> **知识点**
>
> 急性支气管炎发病大多先有上呼吸道感染症状,也可忽然出现频繁而较深的干咳,以后渐有支气管分泌物。在胸部可闻及干、湿啰音,以不固定的中等水泡音为主。根据呼吸道症状、体征,本病可临床诊断。

【问题4】 结合上述体检结果,可进一步实施哪些检查?

思路:为进一步明确诊断,该患儿应进行血常规的检查,必要时可行胸部X线检查。

> **知识点**
>
> 血常规WBC正常或略增高,中性粒细胞百分比增高,合并细菌感染时可明显增高。因此可根据血常规白细胞及中性粒细胞水平初步判断为病毒或细菌感染。胸片可显示正常或肺纹理增粗,肺门阴影增深。

门诊辅助检查

血常规:WBC 5.6×10^9/L,中性粒细胞百分比43%,淋巴细胞百分比53%,单核细胞百分比4%,Hb 120g/L,PLT 240×10^9/L。

【问题5】 如何判读该患儿的血常规?

思路:患儿的血常规特点为"白细胞总数及分类大致正常",提示患儿病毒感染可能性大,亦不除外支原体感染的可能性。

> **知识点**
>
> 凡能引起上感的病原体均可致急性支气管炎,包括病毒、细菌、支原体或混合感染,病毒为主要病原。常见的病毒包括呼吸道合胞病毒、流感病毒(A、B型)、副流感病毒(1、2、3型)、腺病毒、鼻病毒等。可根据白细胞及中性粒细胞水平初步判断为病毒感染或细菌感染。

【问题6】 本病应与何种疾病进行鉴别诊断?

思路:鉴别诊断包括急性上呼吸道感染、支气管肺炎、气管及支气管异物等。

> **知识点**
>
> 急性上呼吸道感染可有发热、咳嗽等症状,但听诊两肺呼吸音正常。支气管肺炎可表现为发热、咳嗽、喘憋及肺部湿啰音;患儿临床上可有呼吸急促、心率增快等表现,肺部以中、细湿啰音为主,位置固定,X线胸片有斑片状或云絮状阴影。支气管异物多有突然剧烈呛咳病史,有刺激性咳嗽,以吸气困难为主要表现,X线胸片可见纵隔摆动,胸片有肺不张或肺气肿等表现,支气管镜检查可明确诊断。

【问题7】 该患儿应如何治疗?

思路:门诊患者往往不进行病原学检查,因此抗微生物药物的选择主要根据患儿的临床特征并结合血常规综合判断,该患儿考虑病毒感染,一般不用抗生素,主要为对症支持治疗。若有发热反复、痰黄稠、白细胞增多时,应考虑细菌感染,可适当选用抗生素。

> **知识点**
>
> (1)一般治疗:休息,多饮水,保持居室适宜的温湿度,并拍背以利患儿呼吸道分泌物咳出。
>
> (2)咳嗽不重时一般不用镇咳或镇静剂,以免抑制咳嗽反射,影响黏痰咳出。刺激性咳嗽可用复方甘草合剂等,痰多、黏稠时可口服、静点盐酸氨溴索。喘憋严重可使用支气管扩张剂,如沙丁胺醇、特布他林等雾化吸入;也可吸入糖皮质激素如布地奈德混悬液,喘息严重时可用泼尼松 1mg/(kg·d),1~3天。

【问题8】 急性支气管炎的预后如何?

思路:急性支气管炎经及时治疗一般预后良好。咳嗽一般延续7~10天,有时迁延2~3周,如不经适当治疗可引起肺炎。

> **知识点**
>
> 身体健壮的小儿患支气管炎后少见并发症,但在营养不良、免疫功能低下、先天呼吸道畸形、慢性鼻咽炎、佝偻病患儿中易并发肺炎、中耳炎、喉炎、鼻窦炎等。

【问题9】 若患儿在患急性支气管炎后咳嗽症状持续且大于4周该如何考虑?

思路:咳嗽症状持续大于4周称为慢性咳嗽。临床诊断儿童慢性咳嗽时应充分考虑年龄因素,不同年龄儿童慢性咳嗽的常见病因不同。该患儿前驱有明确的呼吸道感染病史之后咳嗽症状持续,应首先考虑呼吸道感染与感染后咳嗽。

> **知识点**
>
> （1）儿童慢性咳嗽诊断与治疗指南中指出，学龄前期儿童慢性咳嗽的主要病因有呼吸道感染与感染后咳嗽、上气道咳嗽综合征、咳嗽变异性哮喘、气道异物、胃食管反流、肺结核等。
>
> （2）急性呼吸道感染，咳嗽症状持续超过 4 周可考虑感染后咳嗽。感染后咳嗽的临床特征和诊断线索：①近期有明确的呼吸道感染史；②咳嗽呈刺激性干咳或伴少量白色黏痰；③胸部 X 线检查无异常；④肺通气功能正常；⑤咳嗽通常具有自限性；⑥除外引起慢性咳嗽的其他原因。

> **临床病例**
>
> 患儿，男，1 岁 2 月龄，因"病初发热 1 天，咳嗽 4 天"来门诊就诊。初步的病史采集如下。
>
> 4 天前患儿出现发热，体温最高 38.1℃，伴流涕、轻咳，至当地医院查血常规无明显异常，诊断急性上呼吸道感染，给予柴桂退热颗粒口服，患儿体温平稳，仍有咳嗽。1 天前患儿咳嗽加重，喉中有痰，伴"气喘"，故今日来门诊就诊。患儿自发病来精神好，无呕吐、腹泻，二便如常。

> **门诊查体记录**
>
> 体温 36.5℃，呼吸 32 次/min，脉搏 120 次/min，血压 85/55mmHg，一般状况可，呼吸稍促，未见鼻扇及吸气性三凹征，咽充血，双侧扁桃体Ⅰ度肿大，双肺呼吸音增粗，可闻及少许不固定的粗湿啰音及呼气相喘鸣音。心音有力，心律齐，心脏未闻及病理性杂音。腹部、神经系统查体未见异常。

【问题 10】　该患儿的诊断应如何考虑？

思路：该患儿有咳嗽、喉中有痰，听诊及不固定的粗湿啰音，支气管炎诊断可能性大，病程中出现喘息症状，查体可闻及呼气相喘鸣音，应考虑喘息性支气管炎。

> **知识点**
>
> 喘息性支气管炎是婴幼儿时期常发生的一种特殊类型的支气管炎。多见于 3 岁以下小儿，常有湿疹或其他过敏史。病情大多不重，有低度或中度发热，呼气时间延长、伴喘鸣音和粗湿啰音。喘息性支气管炎的患儿中有很多会反复发生。

【问题 11】　针对该患儿，病史采集和检查应注意什么？

思路：对于伴随喘息的支气管炎患儿，应该进行详细的病史询问，包括出生史、既往史、过敏史、家族过敏史、异物吸入史等，体格检查应评判一般情况、生长发育、有无慢性气道疾病的表现等，注意喘鸣音为单侧还是双侧，是否对称等。

> **知识点**
>
> 首次或反复出现喘息性支气管炎的患儿，均应排除基础疾病的原因如先天性气道畸形、反复吸入、异物吸入、纤毛功能障碍等，通常根据仔细的病史询问和体格检查可以获得初步的排除诊断信息。

【问题 12】　该患儿该如何治疗？

思路：婴幼儿气管和支气管都比较狭小，其黏膜易受感染或其他刺激而肿胀充血，引起管道狭窄，分泌物黏稠不易排出，从而产生喘鸣音，因此该患儿可在支气管炎一般治疗的基础上可给予雾化吸入治疗。

> **知识点**
>
> 《儿童常见呼吸道疾病雾化吸入治疗专家共识》中指出：目前临床最常用的雾化吸入药物为糖皮质激素，其次为 β_2 受体激动剂、抗胆碱能药物、黏液溶解剂及其他。吸入糖皮质激素是当前治疗哮喘最

有效的抗炎措施。吸入糖皮质激素可改善肺功能、减轻气道阻塞、控制气道炎症。布地奈德混悬液为目前国内常用的雾化吸入剂型。

雾化吸入速效支气管舒张剂是缓解支气管痉挛的最主要治疗措施之一。速效 β2 受体激动剂（SABA）常用药物有沙丁胺醇和特布他林。短效抗胆碱能药物（SAMA）常用药物如异丙托溴胺，常作为辅助药物 SABA 联合使用。

【问题 13】　喘息性支气管炎患儿以后会发展为哮喘吗？

思路： 喘息性支气管炎部分病例复发大多与感染有关，患儿常在上呼吸道感染后出现类似哮喘的症状，可闻及呼气相高调的"咝咝"样喘鸣音。到 3～4 岁时复发次数减少，但有部分病例远期发展为支气管哮喘。

知识点

哮喘预测指数：能有效地用于预测 3 岁以内喘息儿童发展为哮喘的危险性。在过去 1 年喘息≥4 次的患儿，具有 1 项主要危险因素或 2 项次要危险因素，判断为哮喘预测指数阳性。主要危险因素包括：①父母有哮喘病史；②经医生诊断为特应性皮炎；③有吸入变应原致敏的依据。次要危险因素包括：①有食物变应原致敏的依据；②外周血嗜酸性粒细胞≥4%；③与感冒无关的喘息。

2016 年中华儿科学会呼吸学组儿童支气管哮喘诊断与防治指南中指出，喘息儿童具有以下临床特点时高度怀疑哮喘：频繁发作性喘息，每月大于 1 次；活动诱发的咳嗽或喘息；非病毒感染导致的间歇性夜间咳嗽；喘息症状持续至 3 岁以后；抗哮喘治疗有效，但停药后又复发。

如哮喘预测指数阳性或临床高度怀疑哮喘，建议按哮喘规范治疗。

（张晓波　申昆玲）

第五节　毛细支气管炎

毛细支气管炎是 2 岁以下婴幼儿常见的下呼吸道感染，多见于 1～6 个月小婴儿，发病与该年龄小儿支气管的解剖学特点有关。其病理生理表现为小气道上皮细胞的急性炎症、水肿和坏死，黏液产生增多，以及支气管痉挛。细小的支气管管腔易因黏性分泌物、水肿及平滑肌收缩而发生梗阻，并可引致肺气肿或肺不张。临床表现为卡他症状、咳嗽、喘息，有时伴有低热，呼吸增快，肺过度充气，胸凹陷，肺部出现广泛的湿啰音和/或喘鸣音。中国北方多发生于冬季和初春，广东、广西则以春夏及夏秋为多。

毛细支气管炎可由不同的病毒所致，呼吸道合胞病毒（respiratory syncytial virus，RSV）是最常见的病原，其他病原包括副流感病毒、腺病毒、鼻病毒等。

毛细支气管炎的诊疗经过通常包括以下环节：

1．详细询问患儿呼吸道症状出现的时间、程度及伴随症状。

2．查体时重点关注呼吸系统体征，有无呼吸困难、心力衰竭及其他肺外表现。

3．及时进行鼻咽分泌物病毒学检查，以及痰液的细菌学检查。

4．积极给予对症支持治疗，保持气道通常，给予足够的液体。

5．对于反复咳嗽喘息的患儿，需要进一步完善检查，了解有无其他疾病。

临床关键点

（1）首选确定是否为毛细支气管炎典型的起病过程，即鼻塞伴/不伴流涕以及刺激性咳嗽为首发症状，1～3 天后出现进行性呼吸急促和呼吸困难。

（2）是否合并有重症毛细支气管炎的危险因素，如年龄小于 6 周、早产、基础心肺疾病、免疫缺陷等。

（3）是否存在引起喘息的其他疾病：支气管哮喘、异物吸入、先天性气管、支气管、肺发育畸形、先天性心脏病等心血管发育畸形、肺结核等。

患儿，男，6月龄，因"咳嗽、流涕3天，加重伴喘息1天"来就诊。初步的病史采集如下。

3天前患儿因接触家中"感冒"的奶奶后出现咳嗽，初为单声咳，伴流涕，无喘息、憋气表现，体温正常，无腹泻呕吐。2天前于当地医院就诊，考虑上呼吸道感染，予氨溴特罗口服止咳化痰治疗。经治疗后，患儿咳嗽较前无好转，阵咳明显，流涕较前增多。1天前患儿咳嗽较前明显加重，伴喘息、气促，再次至当地医院，查血常规：WBC 4.9×10^9/L，中性粒细胞百分比18.3%，淋巴细胞百分比69.7%，Hg 110g/L，PLT 383×10^9/L，CRP<8mg/L，胸片可见两肺纹理增多增粗，未见明显渗出影，两膈面压低，考虑"毛细支气管炎"，建议住院治疗。家长为求进一步诊治，至我院就诊。自发病以来，患儿精神反应好，纳奶欠佳，无吐泻，尿量可。

个人史及家族史：无湿疹史，无哮喘及特应性体质家族史；G_1P_1，足月顺产，生后无窒息，新生儿期健康，规律接种疫苗，无结核接触史。生后无吐奶及呛奶，无青紫、哭闹后青紫、水肿和少尿，既往无喘憋、呼吸困难病史。

初步病史采集后，需进行分析，因患儿主要表现为咳嗽、流涕，之后咳嗽加重出现喘息等典型的毛细支气管炎表现。临床上需要考虑以下问题。

【问题1】 毛细支气管炎的临床特点有哪些?

思路：毛细支气管炎多发生于婴儿，冬春季节发病，病初症状较轻，可表现为鼻塞、咳嗽，吃奶差，低热，2～3天后出现咳嗽加重、呼吸增快，肺过度充气、三凹征、肺部出现广泛喘鸣音、湿啰音，或两者并存。

【问题2】 是否合并有重症毛细支气管炎的危险因素?

思路：重症毛细支气管炎的危险因素包括：年龄小于6周、早产、先天性心脏病、依赖氧的慢性肺疾病、先天性气道畸形、咽喉功能不协调、神经肌肉疾病、免疫缺陷等。该患儿出生史无异常，既往无反复感染、发绀、喘憋等病史，考虑无明显发生重症的危险因素。毛细支气管炎病情严重度分级见表6-5-1。

表6-5-1 毛细支气管炎病情严重度分级

项目	轻度	中度	中度
喂养量	正常	下降至正常一半	下降至正常一半以上或拒食
呼吸频率	正常或稍增快	>60 次 /min	>70 次 /min
胸壁吸气性三凹征	轻度（无）	中度（肋间隙凹陷较明显）	重度（肋间歇凹陷极明显）
鼻翼扇动或呻吟	无	无	有
血氧饱和度	>92%	88%～92%	<88%
精神状况	正常	轻微或间断烦躁、易激惹	极度烦躁不安、嗜睡、昏迷

注：中 - 重度毛细支气管炎判断标准为存在其中任何1项即可判定。

【问题3】 毛细支气管炎的鉴别诊断?

思路：本病需与引起咳嗽喘息的其他原因鉴别，包括吸入性肺炎、细菌性肺炎特别是衣原体肺炎、病毒性肺炎、间质性肺炎、感染后闭塞性支气管炎、心力衰竭、免疫缺陷、气管软化、支气管异物及原发性纤毛运动障碍等。

引起喘息的常见疾病

喘息产生的机理是气道变窄，原因可以是分泌物阻塞、黏膜肿胀、平滑肌痉挛、气道畸形或软化以及气道阻塞等，均可引起喘息。引起咳嗽喘息的原因有呼吸道感染，如毛细支气管炎、支气管炎、肺炎、结核感染等；哮喘；解剖畸形包括中央气道畸形、外源性压迫导致的气道受压、气道内畸形包括支气管或肺囊肿、隔离肺、异物吸入等，纤毛清除功能的异常如囊性纤维化、原发性纤毛运动障碍等；吸入综合征包括胃食管反流、吞咽功能障碍等，还有其他原因包括闭塞性细支气管炎、支气管肺发育不良等，需要根据临床表现、病史、体格检查和进一步检查仔细鉴别。

【问题 4】 采集病史应围绕哪些方面进行?

思路: 病史的采集需围绕疾病诱因、疾病发生发展、严重程度、是否存在危险因素及其他相关疾病的鉴别诊断几个方面进行。主要包括:

(1)毛细支气管炎的特点:①患儿的年龄、发病季节;②应询问是否有"感冒"患者接触史;③询问呼吸道症状的特点,病初是否有鼻塞、流涕、咳嗽症状,随着病情的进展是否有吃奶差等喂养困难,咳嗽是否逐渐加重,出现喘息憋气。

(2)毛细支气管炎的严重程度:①是否有发生重症毛细支气管炎的危险因素;②是否有不能进食等情况;③是否有面色发青、口周发绀等表现,是否有呼吸暂停;④病后有无烦躁、抽搐、尿量减少、水肿等表现,用于判断是否存在急性心力衰竭、中枢神经系统等合并症。

(3)咳嗽喘息的鉴别诊断:①是否有异物吸入史;②是否有结核患者接触史,是否接种卡介苗;③是否为早产,生后是否有吸氧史、机械通气史;④是否有重症肺炎病史;⑤是否有反复咳嗽喘息病史,湿疹史,有无哮喘及特应性体质家族史;⑥是否有基础心肺疾病、免疫缺陷病等。

【问题 5】 病史采集结束后,下一步查体应重点关注哪些方面?

思路: 观察生命体征是否平稳,是否发热,精神反应如何,有无易激惹,有无呼吸急促,有无呼吸困难及程度,有无缺氧发绀表现,两肺进气音如何,肺部啰音及喘鸣音情况如何。

体格检查记录

体温 37.8℃,呼吸 55 次/min,脉搏 163 次/min,SpO$_2$ 95%,血压 80/50mmHg,体重 8kg。神志清楚,精神反应尚好,全身未见皮疹及出血点,皮肤弹性好,卡疤(+),全身浅表淋巴结无肿大,呼吸促,未见鼻扇,可见轻度三凹征,口唇红润,双肺呼吸音粗,可闻及哮鸣音及细湿啰音,呼气相延长。心音有力,律齐,未闻及杂音,腹软,肝脾肋下未及,肠鸣音正常,指端暖,无发绀。

【问题 6】 查体时如何对疾病进行初步的判断?

思路:

(1)毛细支气管炎的体征:患儿体温低热,呼吸促,可见轻度三凹征,双肺可闻及哮鸣音及细湿啰音,呼气相延长。符合毛细支气管炎的体征。

(2)毛细支气管炎的严重程度:患儿有轻度三凹征,而没有鼻扇及缺氧的表现,但胃纳下降明显,提示病情为中度。

(3)毛细支气管炎的肺外表现:患儿精神反应好,神志清楚,无中枢神经系统并发症。

(4)毛细支气管炎的鉴别诊断:患儿生长发育良好,查体:心脏未闻及杂音,心音有力,无典型先天性心脏病的表现。

知识点

毛细支气管炎的肺外表现

(1)心血管系统:心肌炎、心律失常。

(2)中枢神经系统:中枢性呼吸暂停(多见于 2 个月以下婴儿)、抽搐、嗜睡、喂养或吞咽困难、肌张力异常、脑脊液或脑电图异常。

(3)内分泌系统:抗利尿激素分泌增加,低钠血症。

(4)消化系统:肝功能异常。

(5)其他:低体温、皮疹、血小板减少、结膜炎及中耳炎等。

辅助检查

血常规 + CRP:WBC 4.9×10^9/L,中性粒细胞百分比 18.3%,淋巴细胞百分比 69.7%,Hg110g/L,PLT 383×10^9/L,CRP<8mg/L。

胸片（图 6-5-1）可见两肺纹理增多增粗，未见明显渗出影，两膈面压低。

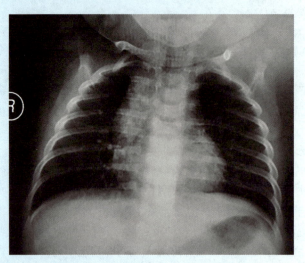

图 6-5-1　胸片可见两肺纹理增多增粗

【问题 7】　患儿应当怎样治疗？门诊治疗还是住院治疗？

思路：大多数毛细支气管炎患儿临床表现为轻度，疾病呈自限过程，可在家中护理，关注饮食及液体摄入、呼吸、精神反应等一般情况。对中、重度患儿，需入院治疗。该患儿存在胃纳降低、有呼吸急促和吸凹征，属中度，需住院治疗。

> **知识点**
>
> 　住院治疗的指征：病情严重程度中、重度毛细支气管炎患儿需住院治疗，有危险因素的患儿应放宽入院指征。对给予浓度 50% 的氧吸入仍不能纠正严重呼吸困难或窒息的患儿，有转入 ICU 的指征，需严密观察，必要时可行气道持续正压通气或气管插管机械通气治疗。

【问题 8】　入院后需要进一步做哪些检查？

思路：

（1）血气分析了解有无缺氧和 / 或二氧化碳潴留，是否由于入量减少而出现代谢性酸中毒、电解质紊乱等表现。

（2）病原学检查：呼吸道病毒检测，以及痰液的细菌培养。

住院后辅助检查

血气分析：pH 7.33，PaO_2 65mmHg，$PaCO_2$ 40mmHg，BE $-$3.6mmol/L，HCO_3^- 21.3mmol/L，SpO_2 94%。

呼吸道病原学检测：呼吸道合胞病毒（+）。

痰细菌培养：无细菌生长。

【问题 9】　如何分析血气结果？

思路：未显示低氧血症或高碳酸血症。

【问题 10】　如何根据上述提供的病例进行综合判断？

思路：患儿为小婴儿，冬春季急性起病，病初表现为鼻塞流涕咳嗽，逐渐加重 3~4 天后出现喘息，伴有低热。体格检查见呼吸急促，轻度三凹征，双肺呼吸音粗，可闻及哮鸣音及细湿啰音。胸片提示两肺过度通气。入院后呼吸道病毒检测提示呼吸道合胞病毒（+）。临床诊断：呼吸道合胞病毒毛细支气管炎。根据患儿病后纳奶欠佳，伴有轻度三凹征表现，提示病情严重程度为中度。

【问题 11】该患者应该如何治疗？

思路：

（1）毛细支气管炎的治疗基本上是支持治疗。保持呼吸道通畅以及给足液体最为重要。抗病毒药物、抗生素、糖皮质激素及免疫球蛋白的应用需要有临床指征。

（2）毛细支气管炎多为呼吸道病毒感染所致。但是利巴韦林并不常规用于毛细支气管炎。抗生素不常规用于毛细支气管炎，除非合并有细菌感染时。

（3）对于住院的患儿，呼吸道管理非常重要，需在喂养之前、吸入治疗之前以及必要的时候给患儿吸痰，以保持呼吸道通畅。支气管舒张剂及胆碱能受体拮抗剂的应用后，临床症状体征有改善时，可考虑重复应用。患儿出现进行性加重的三凹征、鼻扇和呻吟，进行性的呼吸急促、普通吸氧下不能维持正常血氧饱和度以及出现呼吸暂停时，需应用 CPAP 呼吸支持或机械通气。

> **本患儿的治疗方案**
>
> 入院后给予雾化（沙丁胺醇、异丙托溴胺、布地奈德）、吸痰、补液等对症支持治疗。治疗第三天患儿气促好转。住院 7 天，患儿体温正常，咳嗽喘息明显好转，纳奶佳，肺部听诊双肺呼吸音粗，未闻及喘鸣音及痰鸣音。临床明显好转，带药出院。

【问题 12】毛细支气管炎的预后如何？

思路：在急性期过后，喘息的症状可能会持续 2～3 周时间。在因毛细支气管炎住院的病例中，随后 1 年的呼吸道疾病发生率会升高。发生毛细支气管炎的患儿以后发生反复喘息或哮喘的比例较正常儿童高。

（张晓波　申昆玲）

第六节　支气管哮喘

支气管哮喘（bronchial asthma）是一种以慢性气道炎症和气道高反应性为特征的异质性疾病，以反复发作的喘息、咳嗽、气促、胸闷为主要临床表现，常在夜间和 / 或凌晨发作或加剧。呼吸道症状的具体表现形式和严重程度具有随时间变化的特点，常伴有可变的呼气气流受限。

遗传基因与环境相互作用对儿童哮喘的影响是目前研究的热点，已经明确特应性体质（atopy），或称为遗传过敏体质与哮喘密切相关。多数有婴儿湿疹、过敏性鼻炎和 / 或食物（药物）过敏史，或有过敏性、哮喘性疾病家族史。支气管哮喘发作常与环境因素（如呼吸道感染、过敏原吸入、运动诱发等）有关。发作时引起气流受限的气道病理特点包括支气管痉挛、气道壁肿胀、黏液栓形成、气道重塑。

儿童处于生长发育期，各年龄段哮喘由于呼吸系统解剖、生理、免疫、病理等特点不同，哮喘的临床表型不同，哮喘的诊断及治疗也要体现个体化。

哮喘的诊断主要依据呼吸道症状、体征及肺功能检查，证实存在可变的呼气气流受限，并排除引起相关症状的其他疾病。

儿童支气管哮喘诊断治疗通常包括以下环节（在初诊时尽可能记录患者的哮喘证据，尽早明确诊断，减少治疗不足或过度）。

支气管哮喘的治疗和管理是多方面的综合体，包括环境因素控制、缓解类药物对症治疗、控制类药物长期治疗、改善慢性气道炎症、定期监测评估控制水平以调整控制治疗级别、加强变应性鼻炎联合治疗、加强针对自我长期慢病管理的教育。

1. 详细了解喘息发作是否具有以下特点。

（1）诱发多样性：常有呼吸道感染、变应原 / 物理化学刺激、剧烈运动、大哭、大笑、气候变化等。

（2）反复发作性：当遇到诱因时突然发作或呈发作性加重。

（3）时间节律性：常在夜间及凌晨发作或加重。

（4）季节性：常在秋冬季节或换季时发作或加重。

（5）可逆性：平喘药物反应良好，能明显缓解症状。

2．询问湿疹、变应性鼻炎等过敏性疾病史，或过敏性、哮喘性疾病家族史。

3．查体时重点关注呼吸频率、节律，有无呼吸困难、肺部叩诊是否存在过清音、肺内有无呼气相哮鸣音、呼气相是否延长、是否存在杵状指(趾)以了解是否有慢性缺氧。

4．针对性进行肺功能、过敏原分析、胸部X线等辅助检查。

5．积极进行急性哮喘发作缓解治疗(如支气管舒张剂、吸入或全身糖皮质激素治疗)。

6．一旦确诊，尽早进行规范足疗程哮喘控制类药物治疗，并定期进行哮喘控制评估和调整控制类药物的治疗级别，以减少急性哮喘加重和维持慢性气道炎症长期控制。

7．针对发病诱因和致敏原分布类型进行环境控制教育，减少因变应原暴露诱发和加重鼻炎及哮喘症状。

8．绝大多数支气管哮喘患者并发变应性鼻炎，应予以积极治疗。

9．部分患者在控制治疗后，仍然未能获得长期哮喘控制者或者伴有不可回避的变应原，可针对性进行变应原特异性免疫治疗。

临床关键点

1．首先要确认喘息发作具有反复性的病史特点，症状发作期对支气管舒张剂的治疗反应性良好。

2．要明确本病的典型病理生理特征是可逆性气流受限的和气道高反应性。

3．辅助检查中肺功能是了解气流受限程度及其可逆性的重要方法，支气管舒张/激发试验可用于了解气道高反应性及可逆性，尽可能开始治疗前检查，以获取可变性呼气气流受限的客观诊断依据。

4．过敏原分析对于了解致敏背景和致敏原的分布特征是实施环境干预的重点，也是为特异性免疫治疗提供依据。

5．要明确哮喘长期控制治疗目的是改善慢性气道炎症和气道高反应性、降低将来发生急性哮喘加重的风险。

临床病例

患儿，男，6岁7个月，因"间断发作性喘息、气促6个月，加重1天"就诊。

近6个月内有3次发作性喘息、气促，症状均于夜间出现，且发病当天日间均有活动量加剧。发作时伴咳嗽，无咳痰、无发热，无腹胀、反酸、嗳气等症状。每次发作时自行吸入布地奈德和沙丁胺醇气雾剂1次/d，同时限制日常运动，症状很快缓解，持续用药1~2周遂停药。症状发作间期日常活动正常。就诊前1天日间运动量加大，夜间再发喘息。自行吸入布地奈德气雾剂后，仍进行性呼吸困难遂来就诊。

初步病史采集后，因患儿主要表现为间断发作性喘息、气促，对于接近学龄期的儿童表现反复间断发作性喘息时应首先考虑支气管哮喘，结合哮喘特点询问病史时，应注意了解诱发哮喘的外源和内源性因素，包括诱发喘息症状的过敏原暴露因素、并存的其他过敏症状、喘息缓解的因素等，以上特点将对诊疗提供重要依据。同时应注意询问有无其他引起喘息症状的疾病病史，如呼吸道感染、支气管异物、支气管扩张、结核、间质性肺疾病等病史。

进一步询问的内容及目的：

1．喘息发作是否有某种诱发因素(包括接触过敏原如花粉、宠物、尘螨等，特殊刺激气味，呼吸道感染、冷空气、运动等)？发生和持续的时间规律(白天或晚上)？有无特殊的环境因素(室内或室外)？既往发作时的治疗反应(尤其支气管舒张剂类药物的治疗反应)？

2．是否伴有间断或持续喷嚏、鼻痒、流涕、鼻塞等症状，尤其是清晨或春秋季节，以明确有无合并变应性鼻炎。

3．是否伴有皮疹或皮肤瘙痒，以明确有无合并异位性皮炎。

4．是否有吸入物、食物、药物及接触物过敏史。

5．是否有家族性过敏以及哮喘病史。

6．是否有呛咳及异物吸入史，与支气管异物导致的喘息鉴别。

7．是否伴有发热、咳嗽、咯痰、气促等症状，在喘息发作的间歇期症状能否完全缓解，鉴别呼吸道感染、支气管扩张、间质性肺疾病等所致喘息。

8. 是否伴有腹胀、反酸、嗳气等消化道症状，鉴别胃食管反流。

9. 是否有结核接触史，鉴别肺结核。

10. 既往病史及特殊用药史，如心脏疾病，应用普萘洛尔等。

补充病史

1 年半前因初次发作喘息曾用布地奈德气雾剂控制治疗 2 个月，症状缓解停药。1 年前因反复喷嚏、鼻痒、流涕、鼻塞就诊，以变应性鼻炎给予间断药物治疗。自幼患湿疹，间断皮肤瘙痒、皮疹至今。否认食物及药物过敏史。否认家族哮喘史及其他过敏性疾病史。否认异物吸入史及结核接触史，否认其他疾病及特殊用药史。

【问题1】　根据病史采集，该患儿的反复喘息如何进行初步鉴别诊断？

思路：①发作性喘息，且每次均与日间运动量加剧相关，症状发作均表现夜间加重，符合支气管哮喘发作的特点；②无发热、咳痰，发作间期无症状，无异物吸入史以及结核接触史，不伴有消化道症状，不支持呼吸道感染、气管异物、其他非特异性和特异性慢性呼吸道疾病、胃食管反流所致反复喘息，既往无其他疾病及特殊用药史；③应用布地奈德和沙丁胺醇气雾剂后很快缓解，停药后再次复发；曾用布地奈德气雾剂有效控制 2 个月。综上考虑支气管哮喘的可能性大。

【问题2】　反复喘息症状与既往史中早年婴儿湿疹和变应性鼻炎有何关联？

思路：自幼患湿疹长达 6 年，5 岁初发喘息，5 岁半始发鼻炎症状，在病史上表现为系统性过敏性疾病的年龄进程特点及湿疹、咳喘、鼻炎，因此考虑"6 个月间断喘息和加重"反映的是过敏性疾病进展的过程，即发展至下气道炎症为主的支气管哮喘。

知识点

1. 特应性（atopy）和过敏进程的概念　特应性是指一种易于发生某些过敏性超敏反应的体质。包括哮喘（asthma）、过敏性鼻炎（allergic rhinitis, AR）和特应性皮炎（atopic dermatitis, AD）。婴儿或儿童早期出现某种特应性症状后，常预示将来发生其他过敏性疾病，并多以特应性皮炎（湿疹）和食物过敏为首发症状，逐渐发展为过敏性鼻炎和哮喘，这一临床现象称为"过敏进程"（allergic march）。

2. 喘鸣与哮鸣的区别

喘息：气流通过气道狭窄部位形成涡流，引起气道壁振动而产生的声音。喘鸣和哮鸣均是喘息的表现。

喘鸣（stridor）：是一种高音调的、音乐样的声音，它是咽喉部堵塞引起的，多见于吸气相，吸气延长，双气相见于声门及声门下，是上气道梗阻的表现，常见于急性喉炎。

哮鸣（wheezing）：是一种高音调的口哨音，通常是细支气管狭窄气流加速引起的，多见于呼气相，呼气延长，有时吸气相也能闻及，是下气道梗阻的表现，常见于支气管哮喘。

喘息（音频组）

【问题3】　病史采集结束后，下一步查体和辅助检查应重点关注哪些方面？

思路：

1. 查体应进行呼吸困难及其严重程度所涉及的体征重点检查，有无急慢性缺氧体征，如发绀、鼻翼扇动、三凹征、杵状指（趾）、桶状胸、呼吸频率、节律、脉搏（奇脉）、触觉语颤、肺部叩诊是否过清音、听诊是否闻及哮鸣音及湿啰音，啰音听诊的部位以及密集度、响亮程度。其次全身皮肤是否有皮疹，尤其于肘部、腘窝等部位皮肤，以了解皮炎、湿疹病史，颜面部是否具有过敏性鼻炎的"过敏性眼晕"体征、"过敏性敬礼"体征、"过敏性鼻横纹"体征；心脏检查也不可忽视以排除心脏病变。

2. 辅助检查应对其严重度评价，选择肺功能检查了解气流受限的程度及可逆性。

3. 对过敏状态进行评估，选择过敏原特异性 IgE 测定。

4. 胸部影像学检查和支气管镜检查仅用于鉴别诊断，排除其他疾病，在没有指征的情况下不建议常规检查。

5. 国内外指南均未提及将基因检查作为诊断和预后评估的依据。

体格检查

体温 36.5℃，呼吸 28 次 /min，脉搏 118 次 /min，血压 90/60mmHg。发育、营养正常，神志清楚，精神反应可。全身皮肤未见皮疹，无发绀，咽部无充血，呼吸略促，轻度三四征，胸廓对称，双侧呼吸运动一致，双肺叩呈过清音，听诊闻及广泛呼气相哮鸣音，心音有力，律齐，各瓣膜区未闻及杂音，腹部、四肢、神经系统查体未见异常，无杵状指（趾）。

辅助检查

1. 肺功能及支气管舒张试验　用力呼气流量容积曲线肺功能测定，第 1 秒用力肺活量（FEV₁）占预计值69.7%，呼气峰流速（PEF）占预计值58.5%，最大呼气中期流速（MMEF）占预计值30.2%，用力肺活量（FVC）占预计值78.6%，FEV_1/FVC 75%，提示混合型通气功能障碍，以阻塞性气流受限为著。雾化吸入 0.5% 沙丁胺醇 0.5ml 后 15 分钟，听诊肺部哮鸣音消失，FEV_1 98.8%，PEF 94.7%，MMEF 54.1%，FVC 92.2%，FEV_1/FVC 105%。FEV_1 改善率 41.7%，MMEF 改善率 79.2%，显示支气管舒张试验阳性，气流受限呈现典型可逆性特征（图 6-6-1）。

支气管舒张试验报告单

姓名：		性别：	男
年龄：	6 岁	出生日期：	2000-7-28
身高：	120 cm	体重：	25 kg
病名：	哮喘	住院号：	M

		Pred	Act1	(A1/Pred)	Act2	(A2/Pred)	(A2/A1)
Date			2007-		2007-2-06		
Time			10:19		10:48:54AM		
FVC	[1]	1.52	1.19	78.6	1.40	92.2	17.4
FEV 1	[1]	1.28	0.89	69.7	1.27	98.8	41.7
FEV 1 % FVC	[%]	85.64	75.00	87.6	90.56	105.8	20.8
FEV 1 % VC MAX	[%]	85.64	64.50	75.3	85.03	99.3	31.8
PEF	[1/s]	3.15	1.84	58.5	2.98	94.7	62.0
FEF 25	[1/s]	2.90	1.31	45.1	2.45	84.4	87.0
FEF 50	[1/s]	2.04	0.54	26.4	1.18	58.1	120.3
FEF 75	[1/s]	1.04	0.27	26.2	0.48	45.6	74.0
MMEF 75/25	[1/s]	1.73	0.52	30.2	0.94	54.1	79.2
MIF	[1/s]		0.32				
MEF	[1/s]		0.21				

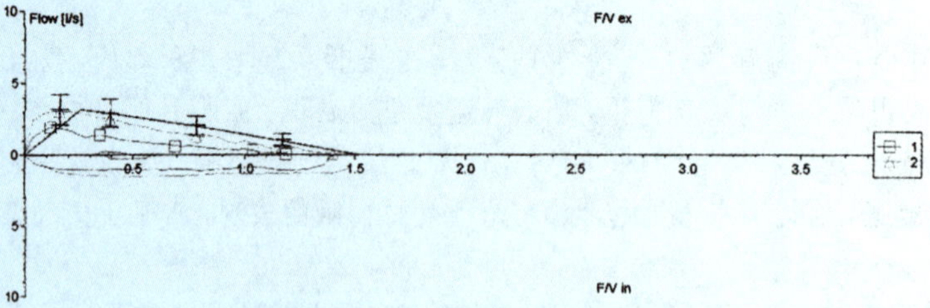

图 6-6-1　肺功能检查报告

混合型通气功能障碍，以轻度阻塞性通气功能障碍为著，支气管舒张试验阳性。

2. 变应原检测　既往血清总 IgE 403kU/L，吸入性变应原筛查（phadiatop）阴性，食物变应原筛查（fx5E）阳性；目前血清总 IgE 251kU/L，Phadiatop 阴性，混合霉菌变应原筛查（mx2）阳性Ⅲ级。

知识点

1. 肺功能检查　评价气流受限程度、其可逆性和气道反应性。

（1）肺通气功能：以测定最大呼气流量 - 容积曲线（MEFV）反映肺通气功能，发作期哮喘患者流速容量曲线（F-V 曲线）的特点是降支凹向横轴，第 1 秒用力肺活量（FEV_1）实测值 / 预计值（FEV_1%pre）降低，FEV_1%VC_{MAX}（正常≥80%）、FEF_{50}、FEF_{75} 显著低于正常值；缓解期大多数肺通气功能正常或有小气道通气功能障碍。

肺功能检查报告
（组图）

（2）评价是否存在气流受限的可逆性（reversibility）：也称为支气管舒张试验。如肺通气功能降低，可考虑进行支气管舒张试验，如基础 FEV_1<70% 预计值，可吸入 200～400μg SABA，或雾化吸入 SABA，然后 15 分钟重复测定 FEV_1，FEV_1 改善率≥12% 则认为试验阳性。支气管舒张试验阳性有助于哮喘诊断，阴性不足以否认哮喘诊断。

变应原特异性
IgE（图片）

（3）评估其气道反应性：如果肺通气功能未见异常，则可考虑进行运动激发试验（positive exercise challenge test），FEV_1 降低≥12% 则认为试验阳性。

2. 变应原检测 吸入变应原致敏是儿童发展为持续性哮喘的主要危险因素，早期食物致敏可增加吸入变应原致敏的危险性，吸入变应原的早期致敏（≤3 岁）是预测发生持续性哮喘的高危因素。

3. 气道炎症指标检测

FeNO 检测
（图片）

（1）诱导痰嗜酸性粒细胞分类计数：学龄期以上适用，诱导痰嗜酸性粒细胞水平增高程度与气道阻塞程度及其可逆程度、哮喘严重程度以及过敏状态相关。

（2）FeNO 检测：FeNO 水平与过敏状态密切相关，但不能有效区分不同种类过敏性疾病人群（如过敏性哮喘、变应性鼻炎、变应性皮炎），且哮喘与非哮喘儿童 FeNO 水平有一定程度重叠，因此 FeNO 是非特异性的哮喘诊断指标。

4. 胸部影像学检查 在没有相关临床指征的情况下，不建议进行常规胸部影像学检查。反复喘息或咳嗽，怀疑哮喘以外其他疾病时，依据临床线索所提示的疾病选择进行胸部 X 线片或 CT 检查。

喘息性疾病支气
管镜检查（组图）

5. 支气管镜检查 反复喘息或咳嗽，经规范哮喘治疗无效，怀疑其他疾病或合并其他疾病，应考虑予以支气管镜检查以进一步明确诊断。

【问题 4】 如何通过查体和检查结果对疾病进行初步判断？

思路：呼吸略促，无发绀，轻度三凹征，胸廓对称，双侧呼吸运动一致，双肺叩过清音，闻及广泛呼气相哮鸣音，肺功能检查以阻塞性通气功能障碍为主的混合性通气功能障碍、支气管舒张试验阳性，故诊断支气管哮喘成立；近 1 年有间断喷嚏、鼻痒、流涕、鼻塞病史，2 年前和当前血清变应原检测显示总 IgE 增高，混合霉菌变应原筛查阳性（霉菌过敏），故诊断变应性鼻炎。

【问题 5】 如何对本例进行支气管哮喘进行分期、分级、分度？

思路：

1. 查体轻度呼吸困难，双肺广泛哮鸣音，FEV_1 预计值百分比介于 60%～80%，吸入支气管舒张剂后肺通气功能各项指标显著改善，其中 FEV_1 改善率 41.7（≥12%），FEV_1 达 80% 以上，故诊断支气管哮喘急性发作（轻度）成立。

2. 有间歇夜间喘息症状（6 个月中出现 3 次），日常活动受限，FEV_1 低于 80% 预计值，根据哮喘控制水平分级标准，目前有 3 项部分未控制的表现（包括夜间喘息、活动受限、使用应急缓解药物和肺功能异常），本次诊断为支气管哮喘急性发作（轻度），病情评估为未控制。

知识点

1. 哮喘的分期 根据临床表现，哮喘可分为急性发作期（acute exacerbation）、慢性持续期（chronic persistent）和临床缓解期（clinical remission）。急性发作期是指突然发生喘息、咳嗽、气促、胸闷等症状，或原有症状急剧加重；慢性持续期是指近 3 个月内不同频度和 / 或不同程度地出现过喘息、咳嗽、气促、胸闷等症状；临床缓解期系指经过治疗或未经治疗症状、体征消失，肺功能恢复到急性发作前水平，并维持 3 个月以上。

2. 哮喘的分级 哮喘的分级包括病情严重度分级、急性发作严重度分级（表 6-6-1，表 6-6-2），哮喘控制水平分级（表 6-6-3）。

病情严重程度分级：哮喘病情严重程度应依据达到哮喘控制所需的治疗级别进行回顾性评估分级，因此通常在控制药物规范治疗数月后进行评估。一般而言，轻度持续哮喘：第1级或第2级阶梯治疗方案治疗能达到良好控制的哮喘；中度持续哮喘：使用第3级阶梯治疗方案治疗能达到良好控制的哮喘。重度持续哮喘：需要第4级或第5级阶梯治疗方案治疗的哮喘。哮喘的严重度并不是固定不变的，会随着治疗时间而变化。

表6-6-1 ≥6岁儿童哮喘急性发作严重度分级

临床特点	轻度	中度	重度	危重度
气促	走路时	说话时	休息时	呼吸不整
体位	可平卧	喜坐位	前弓位	不定
讲话方式	能成句	成短句	说单字	难以说话
精神意识	可有焦虑、烦躁	常焦虑、烦躁	常焦虑、烦躁	嗜睡、意识模糊
呼吸频率	略增加	增加	明显增加	减慢或不规则
辅助呼吸肌活动及三凹征	常无	可有	通常有	胸腹反常运动
哮鸣音	散在，呼气末期	响亮、弥漫	响亮、弥漫、双相	减弱乃至消失
脉率	略增加	增加	明显增加	减慢或不规则
奇脉/kPa	不存在 <1.33	可有 1.33～3.33	通常有 2.67～5.33	不存在（提示呼吸肌疲劳）
PEF占正常预计值或本人最佳值的百分数/%	SABA治疗后 >80	SABA治疗前>50～80 SABA治疗后>60～80	SABA治疗前≤50 SABA治疗后≤60	无法完成检查
血氧饱和度（吸空气）	90%～94%	90%～94%	90%	<90%

注：(1) 判断急性发作严重度时，只要存在某项严重程度的指标，即可归入该严重度等级。

(2) 幼龄儿童较年长儿和成人更易发生高碳酸血症（低通气）。

PEF：呼气峰流量；SABA：短效β_2受体激动剂。

表6-6-2 <6岁哮喘急性发作严重度分级

症状	轻度	重度
精神意识改变	无	焦虑嗜睡或者烦躁不按
血氧饱和度（治疗前）	≥92%	<92%
讲话方式	能成句	说单字
脉率（次/min）	<100	>200（0～3岁），>180（4～5岁）
发绀	无	可能存在
哮鸣音	存在	减弱甚至消失

注：(1) 判断重度发作时，只要一项就可归入该等级。

(2) 血氧饱和度是指在吸氧和支气管舒张剂治疗前的测得值；讲话方式需要考虑儿童的正常语言发育过程。

表6-6-3 儿童哮喘控制水平分级

临床特征	良好控制	部分控制	未控制
≥6岁儿童 日间症状>2次/周 夜间因哮喘憋醒 应急缓解药物>2次/周 因哮喘而出现活动受限	无	存在1～2项	存在3～4项

续表

临床特征	良好控制	部分控制	未控制
<6岁 持续至少数分钟的日间症状>1次/周 夜间因哮喘憋醒或咳嗽 应急缓解药使用>1次/周 因哮喘而出现活动受限（较其他儿童跑步/玩耍减少，步行/玩耍时容易疲劳）	无	存在1～2项	存在3～4项

注：评估过去4周内的症状控制情况。

【问题6】 如何对该患儿进行支气管哮喘缓解治疗和控制治疗。

思路：

治疗目标：尽快解除气道阻塞、改善通气换气，纠正低氧血症。

根据哮喘控制治疗方案（图6-6-2，图6-6-3），在任何治疗级别急性发作，按需使用速效β_2受体激动剂（SABA）缓解症状，该患儿轻度哮喘急性发作，给予沙丁胺醇气雾剂按需吸入100～200μg/次后很快缓解。缓解后应给予控制治疗，既往曾间断吸入布地奈德，当前评估哮喘病情未控制，肺功能中度减低，考虑从第3级治疗级别开始初始控制，首选低剂量吸入性皮质激素（ICS）联合长效SABA吸入剂型，给予其布地奈德福莫特罗吸入剂，每次80/4.5μg，每日2次吸入。同时对家长进行哮喘控制教育，包括用药指导、避免诱发因素和哮喘行动计划。本次就诊未主诉鼻炎症状，当前暂未给予鼻炎控制治疗，继续观察症状变化。

知识点

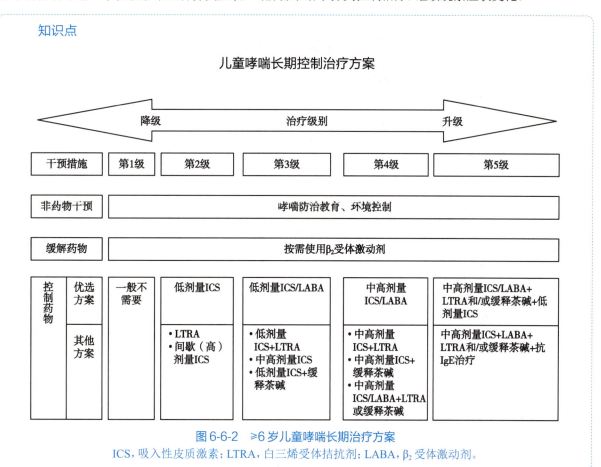

图6-6-2　≥6岁儿童哮喘长期治疗方案
ICS，吸入性皮质激素；LTRA，白三烯受体拮抗剂；LABA，β_2受体激动剂。

图 6-6-3　<6岁儿童哮喘长期治疗方案
ICS，吸入性皮质激素；LTRA，白三烯受体拮抗剂；LABA，β₂受体激动剂。

随诊经过

随诊1：治疗8天

就诊当日治疗后喘息缓解，无额外使用沙丁胺醇气雾剂。双肺听诊无异常。肺功能与初诊比较明显改善，但仍提示小气道通气功能障碍（图6-6-4）。继续原治疗方案。

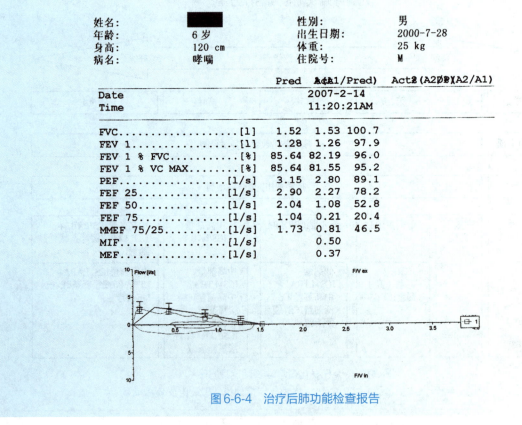

图 6-6-4　治疗后肺功能检查报告

随诊2：治疗7周

随诊前1周有1天忘记用药，夜间出现气促胸闷，临时吸入药物后症状缓解。活动无受限。双肺听诊无异常。肺功能与治疗第8天相似，仍提示小气道通气功能障碍。支气管舒张试验FEV_1改善率27.3%，MMEF改善率64.5%，结果显示支气管舒张试验阳性。

【问题7】　如何评估本次随诊结果和调整治疗？

思路：在过去的4周当中有夜间症状1次和1次缓解用药，按照表6-6-3控制评估标准，有2项指标不符合控制，所以评估为部分控制，加之原设定的控制分级治疗尚不足以12周，所以继续原控制级别的治疗方案至12周。

随诊3：治疗15周

日夜间均无哮喘症状，无额外增加用药，活动无受限。但近2周晨起喷嚏增加。双肺听诊无异常。肺功能与治疗1周、7周相似，支气管舒张试验FEV_1改善率26.8%，MMEF改善率90.4%，与治疗7周相似。

【问题8】　如何评估本次随诊结果和调整治疗？

思路：哮喘病情评估为控制，但存在小气道通气功能障碍，并表现过敏性鼻炎症状季节性加重。为进一步改善过敏性鼻炎症状和小气道通气功能障碍，考虑在原有布地奈德福莫特罗控制治疗基础上，联合白三烯调节剂治疗，给予孟鲁司特口服，5mg/次，每日1次。

随诊4：治疗18周

鼻炎症状持续加重，以喷嚏、鼻塞为著，无日夜间哮喘症状，活动后稍咳嗽。双肺听诊无明显异常。肺功能显示阻塞型通气功能障碍，支气管舒张试验阳性，与初诊时肺功能受损程度相似。

【问题9】　如何评估本次随诊结果和调整治疗？

思路：考虑当前针对过敏性鼻炎的治疗不足，上气道炎症累及下气道，虽然无哮喘症状，但已经出现气流受限程度加重。继续原控制治疗，给予布地奈德鼻喷剂，每侧鼻腔64μg/次，每日2次，氯雷他定口服5mg/次，每日1次。

随诊5：治疗1年

经随诊4治疗后鼻炎症状逐渐改善，并在4周后停用布地奈德鼻喷剂和氯雷他定。已维持原控制治疗，无日夜间哮喘症状，运动无受限，双肺听诊无异常。肺功能仍然显示小气道通气功能障碍。

【问题10】　如何对其持续小气道通气功能障碍进行评价？

思路：患儿哮喘控制治疗1年，临床症状改善显著，无哮喘急性加重，但持续存在小气道通气功能障碍。可能的原因包括：吸入性治疗药物分布至小气道的局限性；初始治疗3个月的后期表现过敏性鼻炎症状加重，没有联合治疗鼻炎亦导致下气道慢性炎症改善不足；气道慢性炎症继发或伴随的气道重塑等。故仍需持续控制治疗和病情监测。

喉喘鸣-声门下血管瘤（病例）

（李福海）

第七节　哮喘急性发作

哮喘急性发作（asthma exacerbation）是指气促、咳嗽、胸闷等症状突然发生，或原有症状急剧加重，其程度轻重不一，病情加重，可在数小时或数天内出现，偶尔可在数分钟内即危及生命。

哮喘持续发作时，支气管和细支气管平滑肌痉挛，黏膜和黏膜下炎症、水肿，分泌大量黏液，形成黏液栓堵塞气道，导致气流在肺内陷闭，肺过度充气，引起肺内通气／血流灌注比例失调（低 V/Q），临床上表现为低氧血症。

另一方面，持续的气道痉挛引起肺内气体不能有效排出，肺容量增加、肺内动态过度充气，牵拉肺部血管导致肺部血管阻力增加和右心后负荷增加，缺氧和酸中毒则进一步加重。而用力自主呼吸引起胸腔内负压的增加，则会导致左心后负荷增加。同时胸腔内负压的增加还会加重肺水肿。

哮喘急性发作的治疗目的在于尽快缓解症状、解除气流受限和低氧血症，同时还需要制定长期治疗方案以预防再次急性发作。

诊疗通常包括以下环节：

1．立即识别是严重的呼吸问题并给予初始处理，如吸氧、心电监护、指脉氧监测，开通静脉输液通道。

2．询问本次发作喘息开始出现的时间、程度及伴随症状、对药物的反应；平时的应急和控制药物及其反应。

3．迅速完成以心肺为重点的查体，重点关注呼吸困难程度、缺氧情况、肺部啰音和心音、脉搏等。

4．及时进行血气分析、胸片以了解肺脏结构以及缺氧情况，其他检查根据情况进行。

5．尽早开始平喘、抗感染、抗炎、抗过敏和对症、支持治疗。

6．必要时给予呼吸支持、改善缺氧状况。

7．缓解后评估患儿平时哮喘发作时的控制治疗情况，并为其制定个体化控制和随访方案。

临床关键点

1．识别患儿是哮喘急性发作，而不是其他疾病，注意少数"沉默肺"听不到呼吸音或者哮鸣音。

2．保持呼吸道通畅，并注意与大气道狭窄导致的"喘鸣"相鉴别，如喉炎、气管异物、肿瘤等。

3．明确呼吸困难和缺氧的程度、积极应用支气管扩张剂和糖皮质激素尽快改善通气和换气。

4．氧合指数是组织可利用氧的指标，如药物不能改善低氧血症和高碳酸血症，应给与吸氧或者呼吸支持。

临床病例

患儿，女，8岁，因"咽痛2天，咳嗽、气喘1天"就诊。

患儿于入院前2天出现咽痛，无发热、咳嗽、流涕，自服头孢类抗生素治疗。1天前出现咳嗽，呈阵发性连声咳，伴咳痰、喘息，自述胸部不适，家中予布地奈德、特布他林雾化治疗，无改善，就诊后再次予雾化处理，喘息进行性加重。遂住院治疗，仍气促、喘息，伴明显呼吸困难，心率增快至170次/min，口唇青紫，转至专科医院。

患儿2岁时诊断"哮喘"，曾因"哮喘持续状态"住院治疗5次，近1年曾发作3次。否认过敏史，过敏性和哮喘性家族史。

现病史采集后，因患儿主要表现为喘息进行性加重，出现缺氧症状，临床随之需考虑以下相关问题。

【问题1】　询问病史还应围绕哪些方面进行？

思路：①患儿的哮喘史、缓解和控制治疗情况；②是否有过敏史，过敏性、哮喘性家族史；③本次发作与什么事件相关（诱发）；④是否有呛咳史，以及气管／支气管的外伤或手术史；⑤其他心肺基础疾病。

患儿2岁时诊断"哮喘"，曾因"哮喘持续状态"住院治疗5次。既往发作时住院后用布地奈德和SABA雾化吸入，能够迅速缓解，每次持续1周停药，未做长期控制治疗，否认过敏史，过敏性和哮喘性家族史，无其他基础疾病史。

【问题2】　患儿是否有支气管哮喘急性发作的疾病基础？

思路：该患儿2岁时被诊断为哮喘，对于SABA反应良好，未控制治疗，反复发作，有支气管哮喘急性发作的基础。

知识点

哮喘急性发作

哮喘急性发作常表现为进行性加重的过程,以呼气流量降低为特征,常因接触变应原、刺激物或者呼吸道感染诱发。根据其发作时的症状、体征、肺功能、血氧饱和度进行严重度分级,重度和危重度哮喘急性发作可危及生命。

【问题3】 该患儿出现呼吸困难除了哮喘,还需要考虑哪些疾病?

思路:患儿先有咽痛,然后出现咳嗽、咳痰、喘息,进行性加重并出现呼吸困难,除了考虑重症哮喘外,还需考虑以下问题。①严重的肺实质病变如重症肺炎;②异物造成的气道梗阻;③气管/支气管狭窄导致的喘息和呼吸困难。

【问题4】 患儿导致哮喘急性发作的危险因素和诱因是什么?

思路:患儿2岁诊断哮喘,反复5次,因急性发作住院治疗,近1年发作频繁,每次缓解治疗后即停药,未长期控制治疗,这是哮喘再次发作的危险因素。本次患儿在咽痛、咳嗽、咳痰后出现喘息,考虑为呼吸道感染所诱发。

知识点

儿童支气管哮喘急性发作的危险因素

1. 未控制的哮喘症状。
2. 过量使用SABA。
3. ICS用量不足,包括未应用ICS、用药依从性差及吸入技术错误。
4. FEV_1低,特别是FEV_1占预计值百分比低于60%。
5. 有未控制的精神心理问题。
6. 贫困、低收入人群。
7. 合并症:肥胖,过敏性鼻炎,食物过敏。
8. 痰及血中嗜酸性粒细胞高,FeNO升高。

【问题5】 根据本例进一步询问的病史,该如何进行初步判断?

思路:患儿有反复哮喘发作病史,喘息进行性加重,心率明显增快、口唇青紫,血氧饱和度降低,有明显缺氧表现,支气管扩张剂雾化吸入治疗效果不佳,根据哮喘发作严重度分级标准,初步判断为重度哮喘急性发作。患儿无呛咳病史,无气管、支气管外伤史或手术史,气管异物和气管狭窄导致的喘息基本排除。

【问题6】 下一步查体应重点关注哪些方面?

思路:观察生命体征是否平稳;精神反应、面色、呼吸频率、三凹征、肺部啰音以评估通气换气情况和组织缺氧程度,检查血压、脉搏、毛细血管再充盈时间心音强弱、心律、肝脏大小以评估心功能、循环和组织灌注状况。

体格检查

体温37.8℃,脉搏174次/min,呼吸36次/min,血压147/93mmHg,SpO_2 87%(面罩吸氧),体重24kg。嗜睡,精神反应差,营养中等。口唇青紫。浅表淋巴结未及肿大。瞳孔等大等圆,对光反射灵敏。心率174次/min,心律齐,心音有力,未闻及明显杂音。双肺呼吸音减低,可闻及广泛微弱哮鸣音,呼气相延长。三凹征(+)。腹部平软,肝肋下1.5cm,剑突下未及,质软。脾肋下未及。肠鸣音5次/min,无亢进。脑膜刺激征及病理反射(-)。股动脉有力,足背动脉搏动可及。毛细血管再充盈时间2秒。

【问题7】 如何通过查体对哮喘的严重程度进行初步判断?

思路:本患儿精神差,口唇略青紫,面罩吸氧下SpO_2 87%,双肺呼吸音减低,可及广泛哮鸣音,呼气相延长。三凹征(+)，根据哮喘发作严重度分级标准，可以确诊患儿处于危重度哮喘急性发作导致的呼吸窘迫或者衰竭状态，循环功能尚正常。

【问题8】　结合上述查体结果，为进一步诊断应实施哪些检查？

思路：通过上述查体支持重症哮喘急性发作诊断。需尽快完善血常规、CRP，动脉血气分析，电解质、肝肾功能等。

辅助检查

血常规＋CRP：WBC $20.6×10^9/L$，中性粒细胞百分比 95.5%，Hb 151.0g/L，PLT $213×10^9/L$；CRP 22mg/L。

动脉血气分析：pH 7.119，PaO_2 49.50mmHg，$PaCO_2$ 76.90mmHg，乳酸 1.30mmol/L，BE－5.1，HCO_3^- 17.80mmol/L，GLU 14.4mmol/L。

胸片：两肺纹理稍多。

【问题9】　如何判读患儿初步检查结果？

思路：动脉血气分析显示呼吸性酸中毒合并代谢性酸中毒，存在Ⅱ型呼吸衰竭。血白细胞明显升高、中性粒细胞为主，CRP 轻度升高，结合咽痛发热病史，需考虑细菌感染因素。

【问题10】　如何确定该患儿治疗的地点？是选择门诊还是住院治疗？

思路：决定哮喘患儿治疗的地点，主要取决于患儿喘息导致的呼吸困难程度，以及相关感染的程度，该患儿症状重，体征明显，合并Ⅱ型呼吸衰竭，需要住院治疗。

【问题11】　患儿在急诊就诊期间，应给予哪些紧急处理措施？

思路：①立即给予心电监护，吸氧，开通静脉通道；②应用 SABA；③联系 PICU，办理入院手续。

【问题12】　患儿入院后的诊疗原则有哪些？达到什么目标？

思路：

1. 诊疗原则　①首先解决威胁患儿生命的问题，吸氧平喘，保持呼吸道通畅，改善缺氧状态；同步进行化验检查；②控制变态反应性气道炎症；③针对性的抗感染治疗；④给予充分的液体供给，保持内环境稳定。

2. 治疗目标　尽快解除气道阻塞、低氧血症、控制炎症，同时预防远期复发。

【问题13】　患儿入院后需立即给予哪些措施？

思路：①持续的心肺功能监测（包括心率、呼吸频率、血压、SpO_2，24 小时出入量）；②吸氧，FiO_2 40% 以上为宜，可用非重复吸入面罩吸氧，有条件的给予电湿化加热吸氧，必要时给予机械通气呼吸支持；③维持水、电解质及酸碱平衡。

【问题14】　针对重症哮喘儿童的雾化平喘措施有哪些？具体用法和注意事项。

思路：①首选 SABA，间断雾化吸入 SABA，第 1 小时可以每 20 分钟吸入一次沙丁胺醇，剂量为 2.5～5mg/ 次；或者特布他林溶液（博利康尼，terbutaline），剂量为 250～500μg/ 次；②或异丙托溴铵每次 250～300μg 联合 SABA；③第 1 小时可以联合高剂量的糖皮质激素雾化治疗效果更好，如布地奈德溶液 1mg，共 3 次。

知识点

雾化吸入方法的选择及常用药物

推荐用氧驱动或空气压缩泵驱动雾化装置，严重的急性哮喘发作，持续 SABA 雾化吸入优于间断的雾化吸入，且无明显心血管系统副作用。对 SABA 疗效不佳者因尽早联合使用抗胆碱能药物。

激素与细胞膜激素受体（简称膜受体）结合，在数分钟内就能生效。但膜受体的数量仅占受体总量的 10%～25%，而且它的解离常数远高于胞浆受体的解离常数。因此强调，只有更高剂量的皮质激素吸入才能有效启动数量少 / 亲和力弱的膜受体快速通道，从而保证疗效，因此缓急治疗 ICS 用高剂量。

【问题15】　重症哮喘儿童的平喘措施还有哪些？具体用法和注意事项有哪些？

思路：

可静脉应用的支气管扩张剂有以下几种。①氨茶碱：对儿童重症哮喘，氨茶碱静脉注射为附加治疗选择。开始剂量每次 4~6mg/kg，20~30 分钟内静脉滴注，如在 6 小时内曾用过茶碱，开始剂量应减半。继之维持剂量每小时 0.7~1.0mg/kg 静脉滴注，也可每 6~8 小时后重复初始剂量静脉滴注。其有效血浓度以 10~20ng/ml 为宜。②沙丁胺醇 15μg/kg 缓慢静脉滴注（≥10 分钟）。如病情十分严重，可每分钟 1~2μg/kg 维持滴注。③硫酸镁：有助于危重哮喘症状的缓解，安全性良好。剂量 25~40mg/kg（≤2g/d），分 1~2 次，加入 5% 葡萄糖液稀释 10 倍，缓慢静脉输注（20~30 分钟），可酌情给予 1~3 天。④肾上腺素皮下注射：如无条件使用吸入型速效 SABA，可使用肾上腺素皮下注射，但应加强临床观察，预防心血管等不良反应的发生。药物剂量：每次皮下注射 1∶1 000 肾上腺素 0.01ml/kg，最大剂量不超过 0.3ml。必要时可每 20 分钟 1 次，但不超过 3 次。

【问题 16】 控制哮喘患儿的气道炎症有哪些措施？

思路：肾上腺皮质激素：严重哮喘发作患者往往不耐受口服或口服激素疗效难以确定，因此应尽早静脉给药，常用甲泼尼龙首剂 2mg/kg，然后每次 0.5~1mg/kg（总量≤60mg/d），每 6~12 小时一次；一般短期应用，当症状减轻，肺功能达到自身最佳状态，通常 5 天（3~10 天）左右全身激素停用或减量，吸入激素继续。也可选用氢化可的松每次 5~10mg/kg，可每 4~8 小时使用一次。地塞米松起效时间慢，不宜作为首选药物。

【问题 17】 重症哮喘急性发作患儿何时需要机械通气支持？参数设置应注意什么？

思路：重症急性发作患者经上述药物治疗仍未改善或继续恶化，应及时给予机械通气呼吸支持治疗。指征为重度低氧血症和 / 或 CO_2 潴留，呼吸性酸中毒时 pH<7.20 或伴发严重代谢性酸中毒，意识障碍，呼吸肌疲劳，自主呼吸微弱甚至停止等。

所有严重哮喘患儿都存在动态肺过度充气，呼气末肺容量增加，有较高的内源性呼气末正压（PEEPi）。部分肺单位有严重气道阻塞和气体闭陷，气体陷闭的发生是由于气道阻塞的加重，或由于支气管痉挛、炎症或分泌物形成球形活瓣阻塞气道。危重哮喘患儿机械通气应密切关注肺严重过度充气和高水平的 PEEPi，可采用小潮气量和允许性高碳酸血症的通气策略，并经常需要根据具体情况及时调整呼吸机的参数。

（李福海）

第八节　胸　腔　积　液

正常人的胸膜腔内含有少量液体，起着润滑作用。胸液的滤出和吸收处于动态平衡。病理状态下，如胸膜受到细菌、病毒、寄生虫等感染或由于全身性疾病、肿瘤累及胸膜时，两者动态平衡失调，脏、壁两层胸膜之间的贮积液体超过正常含量或者不属于正常润滑性的浆液性液体，则称为胸腔积液（pleural effusion）。

胸腔积液的诊疗经过通常包括以下环节：

1. 详细询问患儿的症状及相关病史。

2. 通过病史的收集初步判断是由呼吸系统疾病或其他原因导致胸腔积液。

3. 详细的体格检查，特别是胸部检查有助于早期发现胸腔积液。

4. 针对有呼吸道症状的患儿进行胸片等影像学检查，其他原因者可做相关检查协助诊断。

5. 对确诊的肺炎并胸腔积液的患儿选择治疗的地点，门诊、病房或是重症监护室。

6. 入院后进行病原学检查，包括血液、痰液、支气管灌洗液。

7. 判定患儿是否需行胸腔穿刺术或胸腔闭式引流术，并对胸腔积液进行常规、生化、病原学、肿瘤学检查，在穿刺前应做超声定位以确保安全。

8. 有感染证据的患儿，可结合具体情况选择初始的抗感染治疗方案。

9. 根据所获的检查结果、病原学依据及临床治疗效果，进一步调整治疗方案。

10. 确定治疗结束的时间、出院随访日期，以及出院后的注意事项。

临床关键点

1. 首先要确认是否存在胸腔积液，故胸部 X 线影像、胸部超声检查最为重要。

2. 其次判断胸腔积液的性质是漏出液还是渗出液，同时需掌握胸腔穿刺术或胸腔闭式引流术的指征。

---

　　3. 疑难点为确定胸腔积液的原因。儿童时期感染是常见病因，感染性的胸腔积液以细菌、结核、支原体感染较为常见，非感染性的胸腔积液以结缔组织疾病常见，肿瘤引起的胸腔积液也能见到。

　　4. 若为感染性的胸腔积液，入院后应尽量在抗生素使用前完善病原学检查，以提高病原的检出率。

　　5. 抗感染治疗在早期多为经验性治疗，应尽早应用，而不必等待病原结果，但是需根据患儿年龄、症状、传染病接触史、血常规结果等初步合理选用抗生素，并在之后的诊疗中进行调整，一旦获得病原学结果，应根据药敏结果选择。

临床病例

　　患儿，女，13岁，因"发热13天，咳嗽11天，胸闷、胸痛3天"就诊。初步的病史采集如下。

　　入院前13天，活动后出现发热，最高体温38.5℃，无寒战、抽搐，无流涕、无咽痛、无咳嗽，热峰3次/d，午后及夜间较高。入院前11天，出现阵发性咳嗽，干咳为主，无痰，于当地医院就诊，予止咳等对症治疗，症状无明显好转。入院前4天，咳嗽加重，咳少量白色泡沫痰，当地医院就诊，予头孢噻肟、氨溴索治疗，入院前3天，出现胸闷、右侧胸痛，无喘息，加用阿奇霉素静点治疗，共治疗3天，发热、咳嗽症状无明显好转，收入院。自发病以来，无盗汗，乏力，精神反应尚可，食欲可，大小便无明显异常。

　　新生儿期体健。否认结核病患者接触史，否认肝炎等传染病接触史。否认禽类接触史。否认哮喘等呼吸系统疾病家族史。

　　患儿有发热、咳嗽、胸痛症状，故考虑"肺炎、胸腔积液?"，临床需考虑以下问题。

【问题1】 患儿呼吸道感染的部位?

思路：

　　1. 对于呼吸道感染的患儿首先要判断呼吸道感染的部位。其中上呼吸道感染是包括鼻腔、咽或喉部急性炎症的总称，具体有普通感冒、流行性感冒、喉炎、疱疹性咽峡炎、化脓性扁桃体炎等。下呼吸道感染则应考虑是气管支气管炎或者肺炎。

　　2. 该患儿以发热起病，2天后出现咳嗽症状，初始为干咳，后期为湿性咳嗽，病程持续近2周，上呼吸道感染病原90%以上是病毒，是自限性疾病，该患儿病程长，应考虑为下呼吸道感染。

【问题2】 患儿胸闷、胸痛的原因是什么?

思路：患儿入院前3天出现胸闷、胸痛症状，可能由于肺部炎症累及胸膜导致胸膜炎及胸腔积液。

【问题3】 病史采集后，下一步查体应该注意哪些方面?

思路：

　　1. 可首先进行呼吸道系统性查体。上呼吸道，如咽部和扁桃体是否存在充血、肿大、疱疹、脓性分泌物等感染征象；下呼吸道，其次结合本患儿胸闷、胸痛症状，应特别注意有无胸廓畸形（患侧隆起），叩诊音是否是浊/实音，无胸膜摩擦感和摩擦音，呼吸音是否对称（患侧呼吸音是否减低），肺内有无干湿啰音等体征。此外患儿为右侧胸痛，还应注意邻近器官炎症如胰腺炎、胆囊炎导致的放射痛，应检查相应消化道体征。

　　2. 从体征上初步判断肺炎的轻重? 需关注患儿的精神状态、体温、脉搏、血压、呼吸频率、肺部体征，同时注意有无口唇发绀、鼻扇、三凹征、末梢循环等情况、检测经皮血氧饱和度。

体格检查

　　体温37.7℃，脉搏30次/min，呼吸120次/min，血压110/70mmHg，神志清，精神反应可，无发绀，呼吸稍促，可见鼻扇及轻度吸气性三凹征。咽充血，双侧扁桃体无肿大。胸部右中下肋间隙稍饱满，肺部触诊无胸膜摩擦感，右中下肺叩诊呈实音，右肺呼吸音减低，未闻及明显干湿啰音。心音有力，律齐，无杂音。腹软，未触及包块，无压痛及反跳痛，肝脏右肋下及边，脾肋下未触及，胆囊无压痛。四肢、脊柱及神经系统查体未见异常。

【问题4】 查体记录中符合胸腔积液的体征有哪些?

思路:患儿查体中发现右中下肺叩诊呈实音,右肺呼吸音减低,考虑为肺炎实变体征较重及胸腔积液形成所致。患儿肝脏肋下及边,右侧胸腔积液时可使肝脏下移。

【问题5】 结合上述查体结果,为明确诊断应进一步实施哪些检查?

思路:有发热、咳嗽、胸闷、胸痛的呼吸道症状,查体有轻度的呼吸困难,右肺实变的体征,故需考虑肺炎、胸腔积液,可于门诊检查血常规、胸片、超声协助诊断。

辅助检查

血常规+CRP:WBC 7.5×10^9/L,中性粒细胞百分比 80.3%,淋巴细胞百分比 11.8%,Hb 138g/L,PLT 109×10^9/L;CRP 143mg/L。

胸部 X 线正位片:右侧中下肺的大片实变影,右侧肋膈角消失(图 6-8-1)。

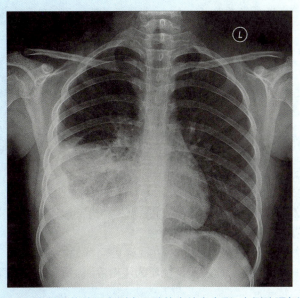

图 6-8-1　胸部正位片见右侧中下肺的大片实变影,右侧肋膈角消失

【问题6】 如何判读门诊检查结果,分析患儿肺炎及胸腔积液的可能病原?

思路:

1.患儿血常规提示中性粒细胞百分比增高,CRP 明显增高,胸片提示右侧中下肺的大片实变影,右侧肋膈角消失,考虑右侧肺炎、胸腔积液。

2.如果单看血常规结果,肯定要想到细菌感染,尤其是肺炎链球菌感染。然而本例患儿结合其为学龄期儿童,咳嗽性质以阵发性干咳为主,无脓痰或铁锈色样痰,查体虽有右肺实变体征但无湿啰音,且病初静脉应用头孢类抗生素无效,故还应考虑支原体感染。此外,年长儿童患原发性肺结核并结核性胸膜炎的可能性也有,故应排除。对于年长儿一般病毒感染不易导致整叶或整段的肺炎及中到大量的胸腔积液,但SARS、禽流感病毒可引起肺部大片实变,有呼吸困难乃至呼吸衰竭可能,故临床问诊时需特别注意询问相关的接触史。

知识点

儿童不同年龄阶段易感病原微生物也有差异,其中肺炎链球菌是生后 20 天至儿童期各年龄段社区获得性肺炎(CAP)最常见的病原,也是重症肺炎和坏死性肺炎的最常见病原,大肠埃希菌多见于婴幼儿。非典型性病原包括肺炎支原体、肺炎衣原体、沙眼衣原体、嗜肺军团菌等;肺炎支原体不仅是学龄前期和学龄期儿童 CAP 的常见病原,近年来在 1~3 岁婴幼儿亦不少见。肺炎衣原体多见于学龄期和青少年,但在我国肺炎衣原体独立引起的肺炎较少报道。沙眼衣原体多感染 6 个月尤其是 3 个月以内的婴儿。嗜肺军团菌虽不常见,但其可能是重症 CAP 的独立病原或混合病原之一。

【问题7】 入院后需做哪些检查?

思路:为明确病原、合理选择抗生素,首先应行血培养,如果患儿有痰可行痰涂片、痰培养检查。病原学检查还应包括支原体抗体、呼吸道多项病毒抗原检测、PPD试验。

正常人体的胸膜腔为无菌腔隙,感染所致的胸腔积液经涂片、培养、抗体检测等方法检查到的结果应较呼吸道分泌物更具有特异性。本患儿积液量较多,入院后可在超声定位后行胸腔穿刺,一方面为病原学检查,另一方面也可缓解胸腔积液压迫肺脏所致的缺氧、呼吸困难。

知识点

胸腔穿刺术(thoracocentesis)

1. 适应证 ①诊断性穿刺;②大量胸腔积液、积气伴有压迫症状;③结核性胸膜炎化学疗法后中毒症状减轻仍有较多积液者;④肺炎后胸膜炎、胸腔积液较多者;⑤外伤性血气胸;⑥脓胸反复抽脓、冲洗治疗。

2. 禁忌证 ①病情危重,有严重出血倾向,大咯血;②穿刺部位有炎症病灶;③对麻醉药过敏者。

胸腔穿刺术
(视频)

3. 胸腔穿刺术中注意事项 放液量多少视病情而定,年长儿一般不超过500~600ml,以免造成纵隔突然摆动。穿刺过程中,患儿如有胸痛、出汗,面色苍白或突然频咳,呼吸困难或抽液中含鲜血,则应立即停止穿刺,处理后使患儿平卧。

【问题8】 患儿的诊断及鉴别诊断?

思路:患儿经入院后检查PPD试验阴性、双份血培养阴性,血及胸腔积液的支原体抗体均为1:320,故诊断支原体肺炎并右侧胸腔积液。支原体肺炎的临床特点见肺炎支原体肺炎章节。

【问题9】 患儿的胸腔积液性质是什么,提示什么病?

思路:患儿入院后首次抽取胸腔积液250ml,外观黄色略浑浊,细胞数0.522×10^9/L,多核细胞比例54%,Rivalta试验阳性,LDH 1 147U/L。胸腔积液性质为渗出液,提示炎症性疾病。

知识点

渗出液与漏出液鉴别

渗出液多见于炎症、肿瘤、创伤等,漏出液多见于心源性、肝源性、肾源性疾病或静脉栓塞等(表6-8-1)。

表6-8-1 胸腔积液渗出液及漏出液的鉴别要点

项目	渗出液	漏出液
外观	黄色、脓性或血性	无色或淡黄
凝固	能自凝	不自凝
比重	>1.016	<1.016
细胞计数	$>0.5 \times 10^9$/L	$<0.1 \times 10^9$/L
细胞分类	多核细胞为主	单核细胞为主
Rivalta试验	阳性	阴性
蛋白质定量	>30g/L	<25g/L
胸腔积液蛋白与血清蛋白之比	>0.5	<0.5
乳酸脱氢酶	>200U	<200U
胸腔积液LDH与血清LDH之比	>0.6	<0.6
糖定量	低于血糖	与血糖近似

治疗过程

入院后予吸氧、退热、止咳等对症治疗，予阿奇霉素 10mg/(kg·d)静点抗感染。阿奇霉素静点 3 天，患儿仍高热、胸痛、胸闷。

【问题 10】 抗生素治疗无效的原因？

思路：患儿虽经检验后明确支原体感染，但治疗过程中静脉滴入阿奇霉素效果不佳，考虑其胸腔积液短时间内难以自行吸收，局部压迫及刺激症状明显，且存在大量炎性因子刺激致热，故每日行胸腔穿刺术抽取胸腔积液，必要时加用糖皮质激素抑制炎症反应。

诊疗经过

患儿连续 3 天抽取胸腔积液，每日约 150ml，仍有体温高热。加用甲泼尼龙 2mg/kg 静点后第 2 天体温降至正常，超声提示胸腔积液量少，不宜穿刺。

【问题 11】 为何加用激素治疗？

思路：支原体感染后启动机体免疫机制，本患儿支原体抗体滴度较高，血清、支气管肺泡灌洗液中炎性指标升高，提示炎症反应强烈，这也是引起胸膜炎性渗出增多的原因，可在抗感染的基础上加用激素抑制炎症反应、减少渗出。

知识点

CAP 糖皮质激素应用指征

CAP 下列情况可以短疗程（3～5 天）使用糖皮质激素治疗：①喘憋明显伴呼吸道分泌物增多者；②中毒症状明显的重症肺炎，例如合并缺氧中毒性脑病、休克、脓毒症者，有急性呼吸窘迫综合征者；③胸腔短期有大量渗出者；④肺炎高热持续不退伴过强炎性反应者。有细菌感染者必须在有效抗菌药物使用的前提下加用糖皮质激素。

诊疗经过

本患儿出院时正位胸片如图 6-8-2，胸腔积液基本吸收，实变较入院时明显好转。

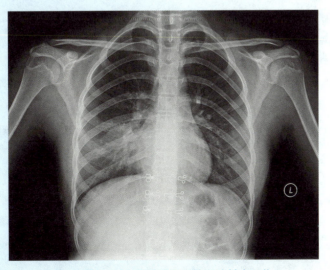

图 6-8-2　胸部正位片见胸腔积液基本吸收

> **知识点**
>
> **支原体肺炎合并胸腔积液的特点**
>
> 1. 高热持续时间较长。
> 2. 咳嗽在较晚时间出现（一般在发病 3 天后开始），症状与肺部体征不平衡（体征发病 7 天左右出现）。
> 3. 部分患儿会出现胸痛。
> 4. 胸腔积液与肺部炎症同侧，以单侧多见，可呈包裹性，多数为少至中量胸腔积液，少数可见大量或双侧胸腔积液，少量胸腔积液时胸部体征不明显。

（李福海）

第九节　儿童社区获得性肺炎的概述

社区获得性肺炎（community acquired pneumonia，CAP）是指原本健康的儿童在医院外获得的感染性肺炎，包括感染了具有明确潜伏期的病原体而在入院后潜伏期内发病的肺炎，是相对于医院获得性肺炎（hospital acquired pneumonia，HAP）而言。CAP 是儿童期尤其是婴幼儿常见感染性疾病，是儿童住院的最常见原因，也是 5 岁以下儿童死亡的首位病因。

CAP 的定义强调：

1. 肺炎，而不是通常泛指的"下呼吸道感染"。CAP 是肺实质和 / 或肺间质部位的急性感染，引起机体不同程度的缺氧和感染中毒症状，通常有发热、咳嗽、呼吸增快、呼吸困难、胸壁吸气性凹陷、肺部干湿啰音和管状呼吸音等呼吸道征象，并有胸部 X 线影像的异常改变。

2. CAP 是在院外发生的，也包括病原感染发生在社区，但发病在医院，也即入院时处于肺炎潜伏期内的肺炎。

3. 强调原本健康的儿童，这是出于 CAP 病原学评估的考虑，免疫抑制患儿的 CAP 病原学有所不同。

（一）病原学

CAP 常见病原包括细菌、病毒、支原体、衣原体等，此外还有真菌和原虫。根据年龄能很好地预示儿童 CAP 可能病原。在年幼儿，约 50%CAP 由病毒引起；在年长儿常由细菌、肺炎支原体感染所致，不同年龄组 CAP 病原谱参见表 6-9-1。

提倡采用分子生物学技术及多病原联合检测，提高病原学诊断，为科学合理使用抗菌药物提供依据。

（二）肺炎的分类

1. 病理分类　大叶肺炎、支气管肺炎、间质性肺炎、毛细支气管炎。儿童以支气管肺炎最为多见。
2. 病原体分类　感染性：细菌、病毒、支原体等。非感染性：吸入性、过敏性、坠积性（表 6-9-1）。
3. 病程分类　急性≤1 个月；迁延性 1～3 个月；慢性>3 个月。
4. 病情分类　轻型：只累及呼吸系统；重症：严重的通换气功能障碍或累及肺外脏器。

表 6-9-1　儿童不同年龄阶段的社区获得性肺炎的微生物病因

年龄组和病因	显著的临床特征
出生～生后 20 天	
B 族链球菌	肺炎是早发脓毒症的一部分，病情通常很严重、病变涉及双肺并呈弥漫性感染灶
革兰氏阴性肠道细菌	通常为院内感染，所以经常在出生 1 周后才发现
巨细胞病毒	肺炎为全身巨细胞病毒感染的一部分，通常存在其他先天性感染体征
莫氏厌氧菌	肺炎是早发性脓毒症的一部分
3 周～3 个月	
沙眼衣原体	由母亲的生殖器感染所引起，不发热或低热，咳嗽剧烈，类似百日咳样咳嗽

年龄组和病因	显著的临床特征
呼吸道合胞病毒	发病的高峰年龄为出生后 2～7 个月；临床特点通常为喘鸣（很难区别细支气管炎与肺炎）、大量的流涕，在隆冬或早春发病
副流感病毒 1、2、3 型	与呼吸道合胞病毒感染非常相似，但它主要影响稍大些的婴儿，在冬季并不流行
肺炎链球菌	可能为细菌性肺炎的最常见原因，即便在低年龄组也如此
百日咳博德特氏菌属	主要引起支气管炎，在重症病例也可引起肺炎
金黄色葡萄球菌属	较前几年相比，现在已成为较少见的致病原因。引起重症肺炎，其特征为可同时出现肺浸润、肺脓肿、肺大疱、脓胸或脓气胸
3 个月～5 岁	
呼吸道合胞病毒	在这个年龄组中，该病毒是较低年龄患儿的最常见致病因素
副流感病毒、流感病毒、腺病毒和鼻病毒	流感病毒和腺病毒是引起婴幼儿重症肺炎的常见病毒病原
肺炎链球菌	常引起肺叶性和 / 或节段性肺炎，但也可能存在其他形式
流感嗜血杆菌属	在广泛应用疫苗的地区，b 型感染几近消失；但在发展中国家，b 型、其他型及未分类型的感染还很常见
肺炎支原体	在这个年龄组中，主要为较大年龄儿童的感染，但近年的研究结果显示婴儿并不少见
5～15 岁	
肺炎支原体	为这个年龄组肺炎的主要致病原因，放射影像学表现变化多样
肺炎衣原体	可能是该年龄组较大年龄患儿的重要病因
肺炎链球菌	最有可能引起肺叶性肺炎，但也可能引起其他形式的病变

（三）临床特征

1. 症状　发热、咳嗽、咳痰、喘息是最常见的症状，病毒性肺炎常出现喘息。年长儿可有胸痛。小于 2 月龄的婴儿可无发热，表现为吐沫、屏气（呼吸暂停）或呛咳。持续发热伴咳嗽超过 3～5 天，应警惕肺炎；但少数患儿可能初期不出现咳嗽，而以其他症状起病。

2. 体征　常见体征有鼻翼扇动、发绀，呼吸增快、三凹征、胸壁吸气性凹陷、干湿啰音等；呼吸增快和湿啰音、管状呼吸音常提示肺炎，尤其是婴幼儿，但是肺实变明显时常无啰音。病毒性肺炎和肺炎支原体肺炎常出现哮鸣音，要注意与哮喘相鉴别。哮鸣音与婴幼儿期肺炎的严重度无关。

3. 病情评估　2 月龄～5 岁以下的儿童根据 WHO 推荐标准，出现下胸壁吸气性凹陷、鼻翼扇动或呻吟之一表现者，为重症肺炎；中心性发绀、严重呼吸窘迫、拒食或脱水征、意识障碍（嗜睡、昏迷、惊厥）之一表现者，为极重度肺炎。在临床实践中，也要结合面色和精神反应分析，若出现面色苍白或发灰，对周围环境反应差也视为重症表现。病情严重度需根据年龄、临床和影像学表现评估（表 6-9-2）。

表 6-9-2　儿童肺炎病情严重度评估

临床特征	轻度	重度
一般情况	好	差
意识障碍	无	有
低氧血症	无	发绀 呼吸增快，≥70 次 /min（婴儿）或 ≥50 次 /min（1 岁以上） 辅助呼吸（呻吟、鼻扇、三凹征） 间歇性呼吸暂停 血氧饱和度 <92%
发热	未达重度标准	超高热或持续高热超过 5 天
脱水征 / 拒食	无	有

续表

临床特征	轻度	重度
胸片或胸部CT	未达重度标准	≥2/3一侧肺浸润、多叶肺浸润、胸腔积液、气胸、肺不张、肺坏死、肺脓肿
肺外合并症	无	有
判断标准	上述所有情况都存在	出现以上任何一种情况

注：炎性指标可以作为评估严重度的参考。

4. 病情判断时需注意以下问题

(1) 识别重症肺炎的高危因素：①基础疾病史，包括先天性心脏病、支气管肺发育不良、呼吸道畸形、遗传代谢疾病、脑发育不良、神经和肌肉疾病、免疫缺陷病、贫血、二度以上营养不良、既往有感染史、严重过敏或哮喘史、早产史、既往住院史、慢性肝肾疾病等；②小于3个月婴儿；③经积极治疗，病情无好转，病程超过1周。存在这些情况的患儿，病情可在短时间内进展为重症肺炎。

(2) 判断潜在的基础疾病：即使患儿初诊时未提供明确的基础疾病史，仍需对每例患儿详细询问病史和查体，注意营养和体格发育及神经系统异常等，以判断有无基础疾病。

(四) 并发症分肺部和肺外并发症

1. 肺部并发症 胸腔积液或脓胸、气胸、肺脓肿、坏死性肺炎、支气管胸膜瘘、急性呼吸窘迫综合征(ARDS)及急性呼吸衰竭等。

2. 肺外并发症 脓毒症、脓毒性休克、迁延性病灶(心包炎、心内膜炎、脑膜炎、脑脓肿、脓毒症性关节炎、骨髓炎)、病毒性脑病、溶血尿毒综合征等。

(五) 辅助检查

1. 血常规 外周血白细胞计数和中性粒细胞百分比升高常提示细菌性肺炎，特别是革兰氏阳性球菌肺炎。但重症细菌感染时，白细胞计数和中性粒细胞百分比可明显下降，可有核左移。在细菌感染早期和轻症细菌感染时可以正常，病毒感染时也可升高，多数难治性支原体肺炎中性粒细胞比例升高，要根据临床进行综合分析。

2. CRP 起病1~3天内升高常提示细菌性肺炎，升高程度与感染严重度密切相关，有效治疗后可下降，是鉴别细菌感染、判断病情轻重以及评估治疗反应最常用的指标。但细菌感染早期、轻症感染或迁延性细菌感染时可以正常，多数难治性支原体肺炎尤其是重症，CRP多在起病3~4天后升高。重症病毒感染如流感病毒、腺病毒肺炎等也可在病程中升高。

3. 降钙素原(PCT)升高是判断细菌性肺炎及是否合并脓毒症的很好指标，但仍有其局限性，轻度细菌感染者可正常。

4. 其他指标 根据情况进行血气分析、肝肾功能、电解质等检查，怀疑A群链球菌感染者可进行抗"O"检查。

5. 病原学检查

(1) 细菌学检查：①血和胸腔积液细菌培养是细菌性肺炎的确诊依据；②痰涂片和培养有一定的参考价值，痰液必须合格，采用痰液半定量培养方法，如有优势菌生长可考虑为致病菌；③支气管肺泡灌洗液细菌培养是明确细菌性肺炎的重要依据，对于常规治疗无效的肺炎、非常见的重症肺炎、免疫功能低下等患儿可进行支气管肺泡灌洗液细菌培养；④不推荐咽拭子或鼻咽吸出物细菌培养作为细菌性肺炎的诊断依据。

(2) 病毒学检查：①鼻咽分泌物病毒抗原检测是目前临床最常用的可靠方法，可用于早期快速病原诊断；②鼻咽分泌物病毒核酸检测特定病毒的DNA或RNA(逆转录-PCR)，可用于早期诊断；③血清特异抗体：呼吸道病毒感染后，特异IgM出现较早，可作为病毒感染快速诊断的参考方法。

(3) 肺炎支原体检查：①血清特异性IgM抗体检测，IgM>1:160有诊断价值；②肺炎支原体DNA或RNA(PCR)检测，可采集咽拭子或支气管肺泡灌洗液标本进行早期诊断，可靠性更强。

(六) 儿童CAP患儿住院指征

具备1项者就可收住院：

1. 呼吸空气条件下，动脉血氧饱和度(SpO_2)≤92%(海平面)或≤90%(高原)或有中心性发绀。

2. 呼吸空气条件下，婴儿呼吸>70次/min，年长儿呼吸>50次/minmin，除外发热、哭吵等因素的影响。

3.呼吸困难,胸壁吸气性凹陷、鼻翼扇动。

4.间歇性呼吸暂停,呼吸呻吟。

5.持续高热3~5天不退者或有先天性心脏病、先天性支气管肺发育不良、先天性呼吸道畸形、重度贫血、重度营养不良等基础疾病者。

6.胸片等影像学资料证实双侧或多肺叶受累或肺叶实变并肺不张、胸腔积液或短期内病变进展者。

7.拒食或有脱水征者。

8.家庭不能提供恰当充分的观察和监护,或2月龄以下CAP患儿。

(七)治疗原则

1.**轻症肺炎**　一般无需住院,可不进行病原体检查。

2.**病毒性肺炎**　轻症患者或发病初期无细菌感染指征者,应避免使用抗菌药物。

3.**重症肺炎**　在抗菌药物应用之前,尽早行病原学检查以指导目标治疗。

4.**抗菌药物使用**　安全有效为原则。根据药代动力学、药效学、组织部位浓度以及副作用等选择。重症肺炎应用抗菌药物时剂量可适当加大,有条件可测定血药浓度。

5.**防止院内感染**　除流感病毒肺炎外,腺病毒肺炎、呼吸道合胞病毒肺炎也可在病房传播,应注意病房隔离和消毒,实施手卫生等措施,避免院内感染。

气管内分泌物性
状(组图)

肺泡灌洗液性状
(组图)

(八)支气管镜介入诊疗技术

近年来儿童支气管镜介入诊疗结束已经在全国各地广泛开展,通过支气管镜能够直接观察气管支气管结构,黏膜是否正常,管腔是否变形,管壁的运动状态,有无赘生物、异物、出血、窦道及分泌物性状,灌洗液性状,从形态和表征对病变进行初步的的判断,组织活检做病理检查,肺泡灌洗做细胞学、病原学检查;肺泡灌洗还能够清除气道分泌物、改善通气和换气、清除局部炎症因子、降低炎症反应;通过支气管镜、还能够施行取出深部支气管异物、切除赘生物、止血、局部用药、放置支气管支架等治疗。目前是肺部疾病不可或缺的诊疗技术。

一、肺炎链球菌肺炎

肺炎链球菌(streptococcus pneumonia,SP)是CAP最常见的致病原。肺炎链球菌可长期定植于人的鼻咽部而不引起临床疾病,它可通过呼吸道飞沫传播或由定植菌移位导致自体感染。

肺炎链球菌可引起大叶性肺炎和支气管肺炎,在婴幼儿支气管肺炎常见,易合并胸腔积液,年长儿多为大叶性肺炎。

肺炎链球菌肺炎的诊疗经过通常包括以下环节:

1.**详细询问病史**　包括呼吸道症状出现的缓急、进展快慢,以及有无其他系统伴随症状。

2.**查体**　重点关注精神反应状态、心率、呼吸、血压等生命体征、有无呼吸困难、肺部异常体征,有无合并胸腔积液,有无脓毒症。

3.**辅助检查**　血常规+CRP、血生化、胸部影像学检查、血培养、痰培养,如有胸腔积液,可取脓液进行细菌涂片、细菌培养。

4.**积极抗感染治疗**　常根据最可能的细菌病原,选用有效的抗生素。如有细菌培养结果,再根据药敏试验调整抗生素。合并胸腔积液时,可积极穿刺引流,脓多黏稠者可行胸腔闭式引流术持续排脓。

5.如临床治疗效果欠佳,可完善相关检查明确是否有其他病原的混合感染。

临床关键点

1.**首先确立肺炎诊断**　通常根据其发热、咳嗽病史考虑肺炎,查体肺部异常体征可协诊,但确诊需要肺部影像学证据。

2.**积极寻找肺炎的病原**　尽早做血培养、胸腔积液培养或涂片、痰或者肺泡灌洗液培养。

3.**辅助检查**　包括白细胞及中性粒细胞明显增高,白细胞总数可达20×10^9/L,偶可达$(50 \sim 70) \times 10^9$/L,但也有少数患儿的白细胞总数减低,常示病情严重。CRP往往阳性。

4.早期经验性治疗对疾病的控制和预后有非常重要的意义。

临床病例

患儿，女，1岁6个月，因"发热4天，咳嗽、气促2天，皮疹1天"入院。

入院前4天无明显诱因出现发热，最高体温39.2℃，服退热药后体温下降。入院前2天出现阵发性咳嗽，有痰不易咳出，呕吐1次，呕吐物为胃内容物，伴气促。体温38.3℃，无寒战、抽搐，无腹痛、腹泻，无皮疹，查血常规大致正常，胸片提示肺炎的改变。予"磷霉素"抗感染治疗2天，仍有间断咳嗽、咳痰、气促。血常规：WBC 5.43×10^9/L，中性粒细胞百分比66%，淋巴细胞百分比25.2%，Hb 131g/L，PLT 193×10^9/L；CRP<8mg/L。胸片示两肺纹理模糊，右上肺内见片状致密影，密度较均匀，右侧胸廓内缘见带状致密影（图6-9-1），考虑"肺炎，胸腔积液"收住院。发病以来，精神反应尚可，饮食不佳，睡眠可，大小便正常，体重无减轻。

既往健康。否认特殊疾病及传染病史，无过敏史，无家族遗传病史。规律接种疫苗。

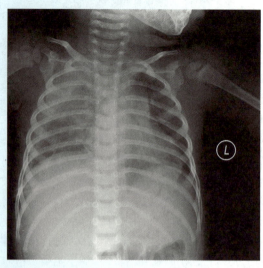

图 6-9-1　胸部 X 线正位片，右上肺内见片状致密影，密度较均匀，右侧胸廓内缘见带状致密影

因患儿主要表现发热、咳嗽、咳痰、气促，临床需考虑以下相关问题。

【问题1】　根据患儿发热、咳嗽、咳痰及气促的临床表现，结合胸片提示两肺纹理模糊，右上肺内见片状致密影，故肺炎诊断成立。如何确定该种肺炎的病原呢？

思路：从肺炎合并胸腔积液的角度分析，病原方面需首先考虑到细菌及支原体感染的可能。还需注意与肺结核相鉴别，但本患儿无明显盗汗、消瘦，无结核接触史，影像学肺内无结核病灶，卡疤阳性，不支持肺结核诊断。病毒性肺炎很少合并胸腔积液。

【问题2】　从本患儿的临床表现如何判断肺炎病情的轻重？

思路：本患儿起病急，进展快，临床表现中有高热、咳嗽、气促，胸部平片显示胸腔积液。依据儿童肺炎病情严重度评估标准，符合重症肺炎。

知识点

细菌性肺炎特征

1. 腋温≥38.5℃。
2. 呼吸增快。
3. 存在胸壁吸气性凹陷。
4. 可有两肺湿啰音，哮鸣音少见。
5. 临床体征和胸片呈肺实变征象，而不是肺不张征象。
6. 可并存其他病原感染。

【问题3】　下一步查体应重点关注哪些方面？本患儿胸片示肺炎合并胸腔积液，如何判断积液的量呢？

思路：查体要关注患儿精神状况，有无缺氧表现，面色改变。有无呼吸快、呼吸困难，肺部有无异常体征。该患儿以发热、咳嗽起病，很快出现气短，呼吸急促。临床分析时应考虑到肺炎加重，是出现了呼吸衰竭呢，还是有胸腔积液增多所致？首先可通过查体有无气管移位，肺部体征如语颤减低或消失，叩浊或实音，呼吸音减低或消失来判断实变程度或者是否存在胸腔积液，结合超声检查对胸腔积液进行评估；血气分析明确是否有呼吸衰竭。

体格检查

体温 38.2℃，脉搏 120 次/min，呼吸 32 次/min。神志清，精神反应尚可，无鼻扇及三凹征，面颈部、躯干部散在皮疹，红色，片状，稍高出皮肤，伴轻微痒感，发热时皮疹明显。咽充血，扁桃体不大。双肺呼吸运动对称，右肺触觉语颤稍增强，右肺叩浊音，左肺呼吸音粗，右肺呼吸音明显减低，未闻及胸膜摩擦音。心音有力，律齐，未闻及杂音。腹软，无压痛，肝肋下 3.0cm，剑突下 2.5cm 左右，质中，边钝。脾肋下未触及。

> **知识点**
>
> 儿童肺炎链球菌肺炎常有感染中毒症状，如高热、精神反应差。大叶性肺炎的肺部体征：早期只有轻度叩诊浊音或呼吸音减弱。病程第 2～3 天实变后有典型叩诊浊音、语颤增强及管状呼吸音等。消散期可听到湿啰音。出现胸腔积液时可出现语颤减低、叩诊实音，呼吸音减弱或消失。

【问题4】 结合上述查体结果，为进一步诊断应实施哪些检查？

思路：患儿体征及胸部平片支持右侧肺炎、胸腔积液的诊断。

为明确肺炎病原及胸腔积液的性质，需进一步完善以下检查：①血常规、CRP、血沉等炎性指标，血气分析、血生化判断病情轻重；②血 T-spot、PPD 检查帮助明确是否存在结核感染；③痰培养、痰涂片、血培养、肺炎支原体抗体以协助病原诊断；④胸腔穿刺，查胸腔积液常规、生化、细菌涂片和培养明确病原；⑤心电图、心脏超声检查以明确有无心脏累及和心包积液。

> **知识点**
>
> ### CAP 微生物检测的原则
>
> 1. 拟诊细菌性 CAP，病情严重，或有并发症的住院患儿应常规进行血培养。
> 2. 住院儿童有痰者应常规痰涂片染色与细菌培养。
> 3. 拟诊病毒性 CAP 应常规检测流感病毒和其他常见呼吸道病毒。
> 4. 临床怀疑肺炎支原体感染者应进行肺炎支原体检测。
> 5. 有胸腔积液者应尽可能进行胸腔积液涂片染色与细菌培养。
> 6. 气管插管患儿应常规抽取痰液进行涂片革兰氏染色、细菌培养及病毒检测。
> 7. 重症 CAP 病原不明，可根据病情进行支气管镜下毛刷涂片、吸痰、肺泡灌洗液培养检查，必要时经皮肺穿刺、开胸肺活检等方法取材进行病原学诊断。

辅助检查

血常规：WBC 10.9×10^9/L，中性粒细胞百分比 70.4%，淋巴细胞百分比 28.5%，RBC 3.76×10^{12}/L，Hb 98g/L，PLT 193×10^9/L。CRP 159.0mg/L，ESR 44mm/h。血 T-spot 正常，PPD 试验阴性。肺炎支原体抗体阴性；痰细菌涂片找到革兰氏阳性球菌，未找到菌丝、孢子，未找到抗酸杆菌；痰细菌培养阴性；血培养阴性。

超声胸部穿刺定位：右侧胸腔内可见浑浊积液，未见分隔。

胸腔积液常规：性状脓样混浊，Rivalta 试验（+++），红细胞数 0.01×10^{12}/L，白细胞数 $109\,890 \times 10^6$/L，单核细胞 59%，多核细胞 41%。

生化检查（总蛋白定量）：39.0g/L，升高。ADA 1.0U/L，大致正常。LDH 19 800U/L，明显升高，符合渗出液改变。胸腔积液细菌培养（2份）为肺炎链球菌。为青霉素耐药的肺炎链球菌。

心电图及心脏超声大致正常。

【问题5】 如何判读上述化验检查结果？

思路：血常规白细胞升高，并以中性粒细胞为主，CRP 及血沉均明显升高，提示细菌感染；胸腔积液相关检查提示为渗出性改变，含有大量炎症细胞，支持渗出性胸腔积液，细菌感染可能性大；胸腔积液培养提示病原为肺炎链球菌，故本患儿罹患的是肺炎链球菌肺炎、化脓性胸膜炎。

知识点

1. 肺炎链球菌肺炎的诊断标准

（1）有肺炎链球菌肺炎的可能诊断和尿抗原结果为肺炎链球菌阳性。

（2）满足下列标准之一：①一次以上的血培养肺炎链球菌阳性；②胸腔积液、经胸针吸物、肺活检标本分离出肺炎链球菌；③防污标本刷标本培养链球菌菌落数$\geq 10^3$cfu/ml 和 / 或支气管肺泡灌洗标本的肺炎链球菌菌落$\geq 10^4$cfu/ml。

2. 化脓性胸膜炎（脓胸）的诊断标准

胸腔穿刺抽得脓液或阳性的细菌涂片或细菌培养阳性或以下指标中的两条，如细胞数$>10 \times 10^9$/L，糖≤ 40mg/dl，LDH$\geq 1\,000$U/L。

【问题6】 下一步如何治疗？

思路：考虑患儿肺炎链球菌性肺炎、化脓性胸膜炎诊断成立，入院后反复高热，胸腔积液量多，故行胸腔闭式引流，同时予万古霉素静点抗感染治疗。定期复查考虑万古霉素的副作用，用药期间每周查尿常规及听性脑干反应阈值，定期复查血常规、CRP、血沉、胸片。经足量抗感染治疗（4周）和胸腔闭式引流，体温渐恢复正常，咳嗽气促症状好转。但使用超声对右侧胸腔内探查，可见多发粘连包裹带，范围9.2cm×1.9cm×6.2cm，未见游离胸腔积液。复查肺 CT 提示肺部炎症较前吸收，但右侧胸壁内有胸膜增厚，右肺受压。虽患儿体温正常，但形成包裹性脓胸且胸腔内液体仍较多，需要清创或局部胸膜剥脱予以干预，遂转至外科行手术治疗。

知识点

肺炎链球菌的治疗

1. 一般治疗　应注意休息，保持室内空气流通、合适的温度和湿度，必要的营养支持。保持呼吸道通畅，酌情给予吸氧及其他对症治疗。

2. 抗菌治疗　一经诊断即根据经验给予抗生素治疗，不必等待细菌培养结果。轻症肺炎无需过多考虑细菌耐药，在门诊口服抗菌药物治疗，可获得完全康复。重症肺炎应住院治疗，初始经验治疗要考虑选择的抗菌药物能够覆盖常见细菌。3 月龄以上坏死性肺炎、极重症肺炎，疑似肺炎链球菌感染引起，考虑耐药因素，在初始治疗48～72 小时，经验治疗时（头孢曲松或头孢噻肟）应考虑联合万古霉素、替考拉宁或者利奈唑胺，然后根据药敏结果选择有效抗菌药物，按照抗菌药物药代动力学 / 药效学（PD/PK）理论用药。

3. 其他治疗　对于肺实变明显、范围大者，可行支气管镜检查，可留取灌洗液做病原学检查，并能清理分泌物，改善通气。必须注意较常见的并发症，如脓胸、肺脓肿、心包炎、心肌炎及中毒性肝炎，及时给予适当的治疗。如果患儿有基础疾病，应根据具体情况个体化治疗。脓胸需穿刺抽脓或闭式引流，对于包裹性脓胸，则需要清创或局部胸膜剥脱。

在用药后的48～72 小时需重新评价患儿的病情转归。症状不改善者，评估抗生素是否合适，或有无并发症如脓胸和肺脓肿。症状改善者，无并发症，继续抗生素治疗，一般肺炎疗程7～10 天，但合并化脓性胸膜炎时抗生素疗程为 4 周左右。

【问题7】 如临床表现不典型时，应注意与哪些疾病相鉴别？

思路：如早期缺乏咳嗽及胸部体征，易于其他急性热病相混。胸部 X 线影像学检查有助于尽早确定诊断。如同时有呕吐、头痛、谵妄及惊厥等表现，则应与中枢神经系统感染及中毒性菌痢区别。有时腹痛及呕吐很明显，特别是在右下肺发生肺炎时，可刺激膈肌以致出现右下腹腹痛，很像急性阑尾炎。支气管结核合并肺段病变或干酪性肺炎的体征与 X 线影响所见，可与大叶性肺炎相似，但发病缓慢，肺部阴影消失缓慢,结核菌素试验阳性,有助于鉴别。此外,还应与其他病原引起的肺炎如肺炎杆菌肺炎、支原体肺炎相鉴别。

【问题8】 患儿皮肤出现皮疹,是过敏性皮疹吗?

思路: 革兰氏阳性球菌可产生外毒素致病,肺炎链球菌除了通过荚膜致病,还可产生链球菌溶血素和紫癜形成因子,该患儿面颈部、躯干部皮疹,红色,片状,稍高出皮肤,伴轻微痒感,发热时皮疹明显。其发热与皮疹的一致性提示与肺炎链球菌释放的外毒素、特别是紫癜形成因子有关,为感染性皮疹。控制感染后皮疹自行消退。

感染性皮疹
（图片）

二、金黄色葡萄球菌肺炎

金黄色葡萄球菌肺炎(staphylococcus aureus pneumonia)大多并发于葡萄球菌败血症,多见于婴幼儿及新生儿,年长儿也可发生,是常见的细菌性肺炎之一。近年来,耐药金黄色葡萄球菌的菌株明显增加,耐甲氧西林金黄色葡萄球菌(methicillin resistant staphylococcus aureus, MRSA)也不少见。

金黄色葡萄球菌肺炎,在上呼吸道感染或皮肤黏膜感染后,突然出现高热,病情进展迅速,表现为呼吸和心率增快、呻吟、咳嗽、青紫等。可有嗜睡或烦躁不安,严重者可惊厥,中毒症状常较明显,甚至呈休克状态。有时可出现猩红热样皮疹及消化道症状。本病肺部体征出现较早,早期呼吸音减低,有散在湿啰音。可迅速出现肺脓肿,脓胸及脓气胸是本病的特点,中毒性肠麻痹、化脓性脑膜炎等肺外并发症常并发于重症肺炎。

金黄色葡萄球菌肺炎的诊疗经过通常包括以下环节:

1. 详细询问病史、起病缓急、呼吸系统的症状出现时间和进展快慢、有无其他系统的症状。

2. **查体** 重点精神反应状态、心率、呼吸、血压,有无呼吸困难,皮肤有无破损、皮疹等,肺部、腹部有无异常体征,肢端有无发凉,注意有无呼吸衰竭、休克等表现。

3. **辅助检查** 包括血常规、CRP、血生化、胸部影像学检查、血培养 + 药物敏感试验、痰培养、如有胸腔积液还需超声穿刺定位、胸腔积液细菌培养。

4. **治疗重点** 选择敏感抗生素,合并胸腔积液时,可施行胸腔闭式引流术持续排脓。如有休克时还应抗休克治疗、补液和循环支持治疗。

5. 如临床治疗效果欠佳,可完善相关检查确定是否合并其他病原感染。

临床关键点

1. **早期金黄色葡萄球菌肺炎常不易识别** 如冬春季、婴幼儿、起病急,病情严重,进展快,全身中毒症状明显时可考虑本病。如近期有上呼吸道感染、皮肤小疖肿或乳母患乳腺炎的病史,可以协助诊断。

2. **完善相关辅助检查** 最基本的检查为血常规、CRP、胸片。血常规白细胞增高,可超过(15~30)×10⁹/L,中性粒细胞增高为主。CRP常增高明显。X线征象初期为肺纹理重,一侧或双侧出现小片浸润影,之后发展迅速,可于数小时内,小片炎变就可发展成脓肿。如肺部出现小脓肿、脓气胸、肺大疱等,应高度怀疑金葡菌肺炎。确诊需血培养、胸腔穿刺液金葡菌培养阳性。药物敏感试验指导抗生素的选择。

3. **抗菌治疗** 在早期疑为金黄色葡萄球菌肺炎时即应给以积极治疗控制感染。根据可能的病原,经验选择抗生素,尽早开始治疗,不必等待药敏结果。如有细菌培养结果再根据药敏试验调整抗生素。考虑到耐甲氧西林的金黄色葡萄球菌(MRSA)、耐甲氧西林表皮葡萄球菌(MRSE)等耐药细菌的感染,重症感染首选万古霉素或β内酰胺类联用利福平,或者应用替考拉宁、利奈唑胺、夫西地酸。

4. **停药时机** 一般在体温正常后7天,大部分肺部体征消失时可停用抗生素,疗程至4~6周。

临床病例

患儿,男,10个月,因"咳嗽伴发热4天"入院。初步病史采集如下。

入院前4天受凉后出现咳嗽,伴发热,体温最高38.6℃,精神反应差、呕吐、腹泻。2天前,咳嗽加重,呈阵发性,有痰不易咳出,气短、呼吸困难、声音嘶哑,伴恶心、呕吐。胸片示左侧散在点片状阴影,予头孢替安抗感染治疗效果不佳,今日血常规:WBC 24.61×10^9/L,中性粒细胞百分比63.2%,淋巴细胞百分比14.3%,CRP>160mg/L。胸部CT示:左肺大片实变,内有不规则的多发囊腔,内可见气液面。以"重症肺炎"收入院。发病以来,饮食睡眠差,大便稍稀,小便无明显异常。

既往健康,否认传染性疾病及其他感染性疾病接触史,否认特殊家族遗传病史。

【问题1】 根据其以上病史,初步诊断考虑什么?

思路:根据其发热、咳嗽为主要症状,很快出现呼吸困难,胸部CT示左肺大片实变,内有不规则的多发囊腔,内可见气液面。血白细胞明显升高,以中性粒细胞为主,CRP>160mg/L,首先考虑细菌性肺炎,常见是肺炎链球菌、流感嗜血杆菌、金黄色葡萄球菌。

【问题2】 询问病史应围绕哪些方面进行?

思路:肺炎患者一般均以呼吸系统症状为主诉就诊,除详细询问呼吸系统症状如有无发热、咳嗽咳痰、喘息外,尚应询问起病诱因如有无急性上呼吸道感染、皮肤破损等,其他系统如消化系统、循环系统、中枢神经系统等伴随症状。诊疗经过及效果。应特别注意患儿的一般状况如精神反应状态、饮食、睡眠情况、大小便情况等。

知识点

不同类型细菌性肺炎的特点

细菌性肺炎常起病急,发热、咳嗽为主要表现,肺部以湿啰音为主,往往感染中毒症状重,血象高;了解不同细菌所致肺炎的特点有助于初步判断病原。

1．肺炎链球菌肺炎　表现为发热、咳嗽,可有畏寒、呼吸增快,甚至呼吸困难、胸壁吸气性凹陷和严重中毒症状等。可并发坏死性肺炎和脓胸。

2．葡萄球菌肺炎　起病时与肺炎链球菌肺炎不易区分,发热、中毒症状明显。易在短时间内形成肺脓肿,早期胸片征象少,而后期胸片的多形性则是其特征,可同时出现肺浸润、肺脓肿、肺大疱、脓胸或脓气胸等。它也可以是年长儿流行性感冒的合并症。有时可出现猩红热样皮疹。

3．流感嗜血杆菌肺炎　以婴幼儿为主,起病较缓,常有痉挛性咳嗽,可有哮鸣音,全身症状重,中毒症状明显,小婴儿多并发脓胸、脑膜炎甚至脓毒症等,胸片可示粟粒状阴影。常继发于流行性感冒。

4．大肠埃希菌肺炎　常见于小婴儿,多为双侧支气管肺炎,全身症状极重,常并发脓毒症及休克,体温与脉率不成比例,常有脓胸,但肺脓肿少见,这有别于葡萄球菌肺炎肺炎。

5．百日咳肺炎　可以是百日咳杆菌导致原发性肺炎,也可以并发或继发其他病原肺炎,尚有部分病例系痉咳后的吸入性肺炎。

【问题3】 如何进行初步肺炎的病原判断?

思路:10个月婴儿,急性起病,进展快,以发热、咳嗽急性起病,很快出现气促、呼吸困难、左肺呼吸音减低。血白细胞及中性粒细胞百分比、CRP明显升高,早期胸片显示左侧散在点片状阴影,2天后胸部CT显示左肺大片实变,内有不规则的多发囊腔,可见气液面,影像学进展很快。初步考虑金黄色葡萄球菌肺炎可能性大。

【问题4】 胸部影像学有怎样表现时应高度怀疑金黄色葡萄球菌感染?

思路:当肺炎初起时胸片为一侧或双侧出现小片浸润影;很快发展为肺脓肿和肺大疱等。病程中,如出现肺脓肿、脓气胸、肺大疱,要高度怀疑金黄色葡萄球菌感染。

知识点

脓胸

金黄色葡萄球菌肺炎合并脓胸在婴儿特别多见。其肺炎的特点是肺组织广泛出血性坏死和多发性小脓肿形成。胸膜表面常有一层较厚的脓性纤维性渗出物,易发展成脓胸。胸膜下的小脓肿破溃后直接造成脓胸。可同时出现肺浸润、肺脓肿、肺大疱或脓气胸等。脓胸和脓气胸是金黄色葡萄球菌肺炎影像学的特点之一。当形成厚壁脓肿时,临床症状反而减轻是本病特点,要注意检测影像学改变。

肺脓肿X线影像(组图)

【问题5】 对该患儿肺炎严重程度作出判断。

思路: 该患儿发热、精神差、咳嗽、气短、呼吸困难,肺 CT 示气胸、肺组织多发囊腔影、胸腔积液,故为重症肺炎。另外,该患儿伴食欲减退、呕吐、腹泻等消化系统症状,还有心率快、发绀、肝脏肿大、尿少等循环系统症状,均支持重症肺炎的诊断。

知识点

WHO 推荐重度肺炎的简易判断标准

世界卫生组织(WHO)推荐 2 月龄~5 岁儿童出现胸壁吸气性凹陷或鼻翼扇动或呻吟之一表现者,提示有低氧血症,为重度肺炎;如果出现中心性发绀、严重呼吸窘迫、拒食或脱水征、意识障碍(嗜睡、昏迷、惊厥)之一表现者为极重度肺炎,这是重度肺炎的简易判断标准,适用于发展中国家及基层地区。对于住院患儿或条件较好的地区,肺炎严重度评估可参照表 6-9-2 儿童肺炎病情严重度评估。

【问题6】 病史采集完成后,查体应重点关注哪些方面?

思路: 确定肺部病变情况以及对全身及其他脏器的影响,查体重点如下。①患儿体温、呼吸、心率、血压等生命体征,关注患儿精神反应状态,全身皮肤有无发花、皮疹、破损、发绀等,有无呼吸困难体征(鼻翼扇动、三凹征、胸腹矛盾运动);②应该注意肺部有无实变体征,叩诊有无浊音或实音,语颤增强或减弱,有无管状呼吸音,有无呼吸音减弱,其次要特别注意患儿末梢循环情况。以确定有无呼吸衰竭、胸腔积液和休克等合并症。

查体记录

体温 60 次 /min,脉搏 180 次 /min,呼吸 32 次 /min,血压 85/50mmHg,神清,精神反应弱,呼吸促,轻度鼻扇、三凹征,前囟平软,1.0cm×1.0cm,口周略发绀,口腔黏膜光滑,咽充血,左肺叩过清音,语颤减弱,呼吸音消失,右肺呼吸音粗,未闻及明显湿啰音,心音有力,律齐,各瓣膜听诊区未闻及杂音,腹软,触之无压痛,肝在右肋缘下 3.5cm,质软,边锐,脾肋下未及,肠鸣音正常,四肢末梢温暖,毛细血管充盈时间 2 秒。

【问题7】 根据情况,还需完善哪些相关检查?

思路: 该患儿有呼吸促、轻度鼻扇、三凹征、口周发绀等呼吸困难的表现,左肺叩诊为过清音,呼吸音消失,可能存在气胸、患儿呼吸困难,可能存在张力性气胸。但据其发热、咳嗽病史,可能为脓气胸,结合胸部 CT 显示囊泡影,是否包裹性脓气胸? 患儿病情危重,是否存在呼吸衰竭、酸碱平衡电解质是否紊乱? 是何种病原感染,均需进一步明确? 需要完善的检查包括:血常规、CRP、血沉等炎性指标,血气分析、血生化。血 T-spot,PPD 检查。Ig 系列、CD 系列明确患儿免疫功能情况。痰培养、痰涂片、血培养、肺炎支原体抗体明确病原。超声定位穿刺部位,行胸腔积液常规、生化、细菌、真菌、结核等培养。心电图、心脏超声除外心血管系统疾病,有无心包积液及其他心脏受累的表现。胸部 X 线片。

辅助检查

血常规＋CRP:WBC $26.16×10^9/L$,中性粒细胞百分比 88.6%,淋巴细胞百分比 14.3%,Hb 96g/L,PLT $430×10^9/L$;CRP>134mg/L。

血气分析:pH 7.429,$PaCO_2$ 36.1mmHg,PaO_2 83.9mmHg,BE$-$0.3mmol/L,SpO_2 97.5%,K^+ 4.4mmol/L,Cl^- 104mmol/L,Na^+ 136mmol/L,Ca^{2+} 1.15mmol/L。

血生化:TP 48.1g/L,ALB 19.8g/L,其余生化指标正常,肝肾功能正常。血 T-spot 正常,PPD 阴性。MP-Ab

阴性，血沉 31mm/h，ASO 正常。尿便常规正常。胸腔积液细菌培养为金黄色葡萄球菌，青霉素耐药，红霉素、甲氧西林敏感的金黄色葡萄球菌。

胸片示左侧张力性气胸，左肺受压，心影右移（图 6-9-2）。

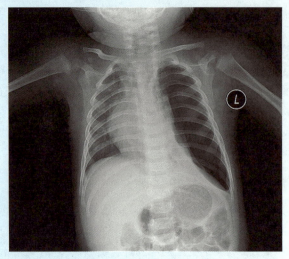

图 6-9-2　胸部正位片见左侧张力性气胸，左肺受压，心影右移

知识点

张力性气胸

儿科的急症，临床常表现为气促、呼吸困难，可严重缺氧，查体病侧叩诊鼓音、呼吸音减弱或消失，严重者可引起血压降低和休克。需要紧急穿刺和闭式引流，缓解呼吸困难。

金黄色葡萄球菌肺炎，起病急，早期易合并肺脓肿，可同时出现肺浸润、肺脓肿、肺大疱、脓胸或脓气胸等。

【问题 8】　如何解读本患儿的辅助检查结果？需要如何紧急处理和治疗？

思路：患儿入院后呼吸困难，查血气分析和胸片，无低氧血症和高碳酸血症，但胸片示左侧张力气胸、左肺受压，心脏右移，说明其呼吸困难为张力性气胸所致。有进行性加重，导致呼吸循环衰竭的风险，需要紧急胸腔闭式引流。

诊疗经过

本患儿闭式引流后 1 天，复查胸片，左肺气胸吸收，但见胸腔积液（图 6-9-3），说明其张力性气胸为肺炎、胸腔积液继发。

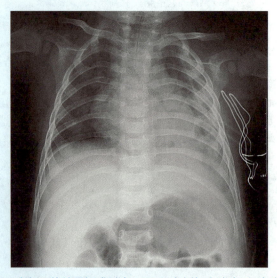

图 6-9-3　胸部正位片见闭式引流 1 天后，左侧气胸消失，仍有胸腔积液

【问题9】 金黄色葡萄球菌肺炎时,如何经验选用抗生素?

思路: 因金黄色葡萄球菌病情多较严重,在早期疑为金黄色葡萄球菌肺炎时即应给予积极治疗控制感染,首选万古霉素、替考拉宁或者利奈唑胺治疗,严重感染可联合用利福平。后期可根据病情和药敏结果调整用药。

【问题10】 该患儿的治疗方案?

思路: 患儿入院时高度怀疑细菌性肺炎合并脓气胸,尤其是金黄色葡萄球菌、肺炎链球菌感染所致,先经验性选择抗生素,因患儿对头孢曲松过敏、青霉素皮试阳性,予万古霉素 40mg/(kg·d),分 2 次静点抗感染;予吸氧、对症治疗。复查胸片提示:左侧气胸,张力较高,左肺受压不张,右肺少许实质浸润,故在手术室行胸腔闭式引流术。入院第 3 天,予甲泼尼龙 2mg/(kg·d)减轻胸膜粘连,复查胸片气胸较前明显吸收好转。入院第 4 天,胸腔内脓液培养为金黄色葡萄球菌,故确立金黄色葡萄球菌肺炎诊断。

诊疗经过

入院后体温波动在 37.6～38.5℃,说明疗效不好。查听力存在右耳听力异常,不排除用万古霉素的副作用,因此停用万古霉素。入院第 4 天根据药敏结果,换用利奈唑胺 10mg/kg,每日 3 次静脉滴入抗感染。入院第 7 天,患儿体温较前下降,激素减量为 1mg/(kg·d),口服。患儿体温逐渐下降。入院第 12 天起,患儿体温平稳,将激素逐渐减停。入院第 25 天,患儿体温正常,胸片示肺内炎症较前好转,无气胸,低蛋白血症已纠正,予出院。

【问题11】 如果细菌性肺炎经治疗后病情明显好转,但是影像学改变不明显,仍有大片实变阴影,应考虑什么问题? 如何处理?

应考虑感染导致的组织坏死,即坏死性肺炎,特别是病情重、病程长的患儿,对于婴幼儿还要考虑先天性发育异常,如肺囊腺瘤、隔离肺等,需要做强化 CT 或者 CTA 检查明确诊断。

知识点

细菌性肺炎合并胸腔积液或脓胸、脓气胸患者的治疗,包括三个方面:①积极控制感染,选用敏感的抗生素;②积极胸腔穿刺或闭式引流;③支持治疗,改善全身状况。

1. 胸腔穿刺　发病 3 天之内,脓多未粘连,宜穿刺引流,使肺迅速张开,脓腔闭合。分泌物少,可用隔日间断胸腔穿刺法至脓液减少到只余气体为主时,则不必再穿刺。

2. 闭式引流　婴幼儿、脓液增长快、黏稠而不易抽出,需行闭式引流。一般闭式引流两周即可。对合并支气管胸膜瘘、脓液粘连闭式引流无效者,需胸腔镜清理术。对张力性气胸来讲,需要紧急穿刺或闭式引流处理。

三、腺病毒肺炎

腺病毒肺炎(adenovirus pneumonia)多见于 6 个月～2 岁的婴幼儿,病情也最为危重,尤以北方各省多见,病情严重者也较南方为多。有 1/3 发展为重症肺炎,约占重症肺炎的 19.3%。重症腺病毒肺炎以呼吸系统受累为主要表现,易合并多系统并发症,病死率可高达 10%,存活者有 14%～60%,可遗留不同程度的后遗症。

腺病毒无包膜 DNA 病毒,血清型 3 型和 7 型腺病毒为腺病毒肺炎的主要病原。主要在细胞核内繁殖,除了咽、结合膜及淋巴组织外,还在肠道繁殖,累及多个系统。生后最初数月常存留从母体传递的腺病毒特异抗体,6 个月后到 2 岁抗体缺乏,2 岁以后才逐渐增加。因此腺病毒肺炎 80% 发生在 7～24 个月婴幼儿。

腺病毒感染全年均可见,中国北方多见于冬春两季,在南方则多见于秋季。可通过呼吸道飞沫、直接黏膜接触、粪 - 口途径等方式传播。

腺病毒肺炎临床特点:

症状:①热程长,持续性高热,可达 39℃ 以上,呈稽留热或弛张热,可持续 2～3 周,经抗生素治疗无效;②中毒症状重,自第 3～6 天出现嗜睡、萎靡等神经症状,有时嗜睡与烦躁交替出现,面色苍白发灰;③咳嗽频繁，呈阵发性喘憋，轻重不等的呼吸困难和发绀；④可有胃肠道症状，腹泻、呕吐和消化道出血；⑤可因脑水肿而出现嗜睡、昏迷或者惊厥。

体征：①肺部湿啰音出现较迟，初期仅出现呼吸音粗或者干啰音，第3~5天以后出现湿啰音，病变融合时可出现实变体征，叩诊浊音及呼吸音减低；②肝大显著，由于单核巨噬细胞系统反应较强所致；③麻疹样皮疹；④出现心率加快，心音低钝等心肌炎、心力衰竭表现，亦可有脑膜刺激征等神经系统体征；⑤X线影像肺部改变较肺部湿啰音出现早，可有大小不等的片状阴影或融合成大片状阴影，胸腔积液少见，病灶吸收较慢，需数周或数月。

腺病毒肺炎恢复期常持续或反复喘息，遗留闭塞性细支气管炎（BO），急性期重症者比轻症患者更易发展为BO。

腺病毒肺炎的诊疗经过通常包括以下环节：

1. 详细询问其发热、咳嗽、喘息进展情况，有无烦躁、萎靡等神经症状。

2. 查体　重点关注精神反应状态、心率、呼吸等生命体征、有无鼻扇、三凹征等呼吸困难的体征、肺部有无哮鸣音、湿啰音，心音强弱，有无奔马律，腹部有无腹胀、肝脾大，以及神经系统的查体有无异常。

3. 辅助检查　血气分析、血常规+CRP、呼吸道分泌物病毒抗原的检测、腺病毒DNA的检测。血生化、胸部影像学检查，心电图，还要进行血培养、痰培养。

4. 治疗主要为止喘对症、呼吸支持治疗，还要加强呼吸道的管理。

5. 如临床治疗效果欠佳，应注意合并细菌的感染，可调整抗生素治疗。

临床关键点

1. 首先要确定肺炎的诊断，常据其发热、咳嗽的病史、肺部异常的体征、胸片可见实质浸润来诊断肺炎。

2. 根据临床表现和血气分析来评估患儿病情轻重。

3. 进行相应的病原学检查，明确病原，指导用药。

4. 对其他重要脏器内环境进行评估，保护各脏器功能，维持内环境稳定。

5. 反复对病情和疗效进行评估，监测病情发展，及时处理。

临床病例

患儿，男，1岁11个月，因"发热、咳嗽8天"于2018年2月10日入院。

入院前8天其母亲"感冒"后出现持续高热，体温最高40.8℃，口服退热药后降至38.5℃左右，伴轻微咳嗽，有痰，不易咳出，无喘息及呼吸困难，无皮疹，无抽搐，查血常规WBC $8.21×10^9/L$，中性粒细胞百分比63.6%，淋巴细胞百分比29.7%，Hb 135g/L，PLT $79×10^9/L$；CRP 10mg/L，诊断"上呼吸道感染"。先后予抗病毒药和头孢抗感染治疗5天、阿奇霉素治疗2天，无明显好转，仍持续发热，体温达39℃以上，热峰6次/d。

入院前1天，咳嗽加重，胸片示"两肺大片影"（图6-9-4），血常规WBC $6.25×10^9/L$，中性粒细胞百分比25.5%，淋巴细胞百分比68.2%，Hb 140g/L，PLT $100×10^9/L$；CRP 16mg/L，诊断为"肺炎"。继续予阿奇霉素静点1天，发热、咳嗽较仍无好转，出现呼吸促，收入院。

查体：体温38.7℃，脉搏150次/min，呼吸60次/min，神志清，精神反应弱，无发绀，鼻翼扇动，可见吸气性三凹征，咽充血，呼吸急促，双肺呼吸音粗，左肺可闻及较多中小水泡音及哮鸣音，心音有力，心律齐，腹平软，肝肋下2cm可触及，质软，边锐，脾肋下未触及，余查体无异常。

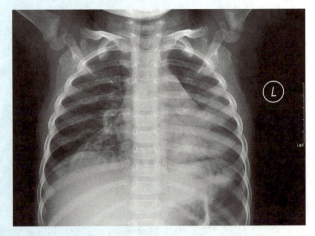

图6-9-4　胸部正位片见左肺大片实变影

初步的病史采集、查体结合相关辅助检查后考虑,因为患者有发热、咳嗽症状,肺内可闻及干湿啰音,胸片可见斑片影,故肺炎诊断明确。

【问题 1】 该患儿肺炎最可能的病原是什么,需要和哪些病原鉴别? 需要做什么检查?

思路:1 岁 11 个月幼儿,发热、咳嗽起病,近 2 天咳嗽加重,出现呼吸急促,应考虑肺炎的可能,患儿起病急、发热持续、用抗生素无效,血象提示白细胞不高,分类以淋巴为主,CRP 略增高,病毒性肺炎可能性大;患儿为 2 岁以内的幼儿,冬春季节发病,持续高热已有 8 天,胸片两肺多发大片实变影,与腺病毒肺炎的特点一致;细菌性肺炎如肺炎链球菌、金黄色葡萄球菌肺炎亦可以出现持续高热、肺内大片实变的表现,但细菌性肺炎往往血象很高、CRP、PCT 升高,常于病程 1 周时已合并胸腔积液。该患儿持续高热,无胸腔积液的症状和体征,且血象及 CRP 不高,因此与细菌性肺炎的特点不符合。支原体感染多见于学龄前儿童和学龄期儿童,往往以刺激性咳嗽为主要表现,呼吸道症状重、肺部体征轻、肺部影像学重。近年婴幼儿感染支原体引起肺炎的并不少见,可有持续高热,咳嗽、气促,需排除支原体感,但入院前应用阿奇霉素无效,似乎不支持。婴幼儿肺结核不容易局限在肺部,容易全身播散,可急性起病,病情重,可有高热、咳嗽、喘息、肺部啰音,与肺炎相似,本患儿无明确结核接触史,已接种卡介苗,胸片无结核征象,无结核感染的证据;目前患儿病史已有 8 天,需注意合并细菌感染可能。进一步病原诊断需要进行呼吸道分泌物的病毒抗原、DNA 的检测,血培养、痰培养,支原体抗体、DNA 检查,T-spot 检查。

> **知识点**
>
> 对于 4 个月~4 岁患儿,CAP 常见病原体在病毒方面有呼吸道合胞病毒、腺病毒、副流感病毒、流感病毒、鼻病毒。近年腺病毒肺炎有增加的趋势,而且腺病毒肺炎发病有年龄特点和初期多持续发热,至病程 4~6 天后出现咳嗽、气促、肺部湿啰音和哮鸣音的表现,胸片可早期出现阴影,病程 7~8 天病情加重,出现呼吸困难,合并呼吸衰竭、心力衰竭。

【问题 2】 如何判断肺炎患儿的病情的轻重程度?

思路:临床常根据呼吸次数、有无鼻扇、三凹征、胸片的实变范围来判断,进一步查血气分析注意有无呼吸衰竭、酸碱平衡紊乱。本患儿高热已有 8 天,精神反应差,鼻翼扇动,呼吸 60 次 /min,三凹征阳性,两肺斑片影,为重度 CAP。

【问题 3】 根据患儿的初步诊断,应如何治疗?

思路:肺炎患儿的治疗主要包括 2 个方面,对症治疗和对因治疗。本患儿有咳嗽、喘息、呼吸困难,肺内可闻及哮鸣音,低氧血症,需要吸氧、止喘和对症支持治疗;给予吸氧、布地奈德、异丙托溴铵、沙丁胺醇雾化吸入治疗。对因治疗:目前针对腺病毒无有效抗病毒药物,丙种球蛋白可以调节机体免疫,中和抗体,加速呼吸道中腺病毒的清除,因此予丙种球蛋白 2g/kg,分 3~5 天给入。

> **知识点**
>
> 腺病毒为 DNA 病毒,早期用利巴韦林 10mg/kg 治疗有一定的疗效,但对发热超过 3 天的患者,利巴韦林治疗效果差,而且,此时肺内病变进展快,需要用免疫支持如丙种球蛋白治疗,控制病情的发展,减少死亡。
>
> 关于激素的应用,有统计分析显示,腺病毒早期应用激素是呼吸衰竭发生的危险因素。若有明显呼吸道阻塞和严重中毒症状(惊厥、昏迷、休克、40℃ 以上的持续高热等),则宜静脉应用短暂的激素疗法。对于后期出现肺纤维化或遗留闭塞性细支气管炎征象时,激素治疗能够阻断疾病的进程。

【问题 4】 如何制定本患儿进一步的检查方案?

思路:辅助检查的目的主要是为了明确病原及评估患儿病情轻重,故检查可分为以下几类。

1. 病原学检查　因患儿首先考虑腺病毒感染,可查腺病毒(呼吸道分泌物、血)DNA 协助诊断,另需选择性呼吸道其他病毒检测,完善痰培养、血培养,了解有无合并细菌感染;支原体抗体、T-spot 排除支原体、结合感染。

2. 缺氧程度评估　血气分析。

3. 检测炎症指标　血常规、CRP、ESR、PCT、LDH、铁蛋白、D-二聚体。
4. 其他重要脏器及内环境的评估　血生化、血糖、肝肾功能、心肌酶、心电图、心脏超声。
5. 影像学检查　肺部CT。

> **知识点**
>
> 　　腺病毒肺炎发病早期多为持续发热，并无肺部的表现，难以早期识别。由于病毒抗原的检测敏感性不高，病毒分离有一定的困难，因此，腺病毒DNA检测在临床诊断中具有重要意义，可提高腺病毒肺炎的诊断阳性率。腺病毒肺炎病情重，易合并呼吸衰竭、心力衰竭，临床需要严密监测病情的变化，重点是呼吸、心率和血气分析、胸部体征和影像学的变化。

辅助检查

　　血常规（入院第2天）：WBC 5.67×10^9/L，中性粒细胞百分比35.8%，淋巴细胞百分比61.7%，Hb 126g/L，PLT 115×10^9/L，CRP 11mg/L。

　　血生化：LDH 1 494U/L，余大致正常。

　　MP-Ab IgM 1：40，T-spot正常。血清铁蛋白1 362mg/L。

　　凝血五项：PT 9.7秒，FIB 2.26g/L，APTT 41.8秒，D-二聚体3.689mg/L，AT-Ⅲ 133%。

　　血气分析：pH 7.45，PaO_2 63mmHg，$PaCO_2$ 35mmHg，SpO_2 93%，余大致正常。

　　血（腺病毒-DNA）：4.36×10^6拷贝。

　　咽拭子（腺病毒-DNA）：4.81×10^4拷贝。

　　胸部CT：两肺多发片状致密影（图6-9-5）。

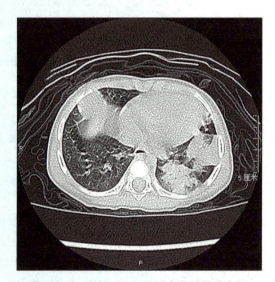

图6-9-5　胸部CT示双肺多发片状致密影

【问题5】　如何判读上述检查结果？

　　思路：患儿咽拭子、血腺病毒DNA阳性，故腺病毒肺炎诊断明确。血象不高，也支持腺病毒感染。其LDH、血清铁蛋白、D-二聚体的增高均提示炎症反应强烈；结合患儿三凹征、呼吸快，心率快，血气分析（吸入氧35%下）PaO_2 63mmHg，SpO_2 93%，有低氧血症的表现，结合肺部CT结果，符合重症肺炎。

> **知识点**
>
> **腺病毒肺炎X线影像学特点**
>
> 　　早期为肺纹理增厚、模糊的表现。发病第3~5天开始出现肺部实变，有大小不等的片状病灶，可融合成大叶性实变，甚至白肺，内可见支气管充气征，以左肺下叶最多见；肺气肿颇为多见，为双侧弥漫性肺气肿或病灶周围性肺气肿。部分病例以肺间质改变或间实质改变为主，表现为肺纹理增多、模糊，其间可见沿支气管分布的细小点片状影；部分病例在疾病后期出现闭塞性细支气管炎、慢性肺病表现，如马赛克征象、细支气管壁增厚、扩张等。以上影像学特点均提示重症腺病毒肺炎患儿肺部病变较重，易遗留肺部后遗症。

【问题6】　本患儿入院时为病程第9天，治疗过程中需要观察和注意的方面？

　　思路：治疗期间需要注意观察和注意的以下几方面。①发热情况、咳嗽、咳痰、精神意识、肺部体征、治疗反应及病情转归；②有无面色苍白、气促、心率、肝脏大小变化、皮肤有无水肿，判断有无合并心力衰竭；③腹泻、腹胀等消化道症状，以了解有无消化道的合并症；④血常规、CRP、PCT、血清铁蛋白、脑钠肽

（BNP）、血气分析、血生化、凝血五项、肝肾功能检测以了解炎症反应程度,评估心功能、判断有无缺氧、代谢、水电解质紊乱,是否继发细菌感染、噬血综合征。

> **知识点**
>
> 腺病毒肺炎易合并呼吸衰竭、心力衰竭,因此病程3~6天开始出现呼吸困难、喘憋、吸气性三凹征甚至呼吸衰竭,病程3~4天后可出现神经系统症状,如嗜睡、昏迷、烦躁;可有循环系统症状如心率增快,轻症者一般不超过160次/min,重症者多在160~180次/min,心音低钝,奔马律,肝脏逐渐增大,可在6~14天出现心力衰竭;可有消化道症状如腹泻、腹胀,重症者甚至可出现中毒性肠麻痹,或累及血液系统,出现噬血细胞综合征。

【问题7】 根据患儿目前的检查结果,需警惕哪方面的并发症? 如何处理?

思路:患儿LDH、血清铁蛋白明显升高,提示炎症反应重,应注意噬血细胞综合征可能,治疗用丙种球蛋白调节免疫,加用甲泼尼龙2mg/kg静脉滴入抑制炎症反应;监测血象,了解血细胞变化情况;注意监测有无出血点等出血倾向;必要时行骨髓穿刺骨髓细胞学检查。

诊疗经过

患儿入院第3天体温恢复正常,呼吸急促好转,心电监护下心率105~120次/min,呼吸40~50次/min,经皮血氧饱和度95%以上,食纳及精神状态好转。

血常规+CRP:WBC 6.68×10^9/L,中性粒细胞百分比30%,淋巴细胞百分比58.7%,Hb 117g/L,PLT 153×10^9/L;CRP<8mg/L。

【问题8】 患儿体温恢复正常,呼吸急促、精神状态好转提示治疗有效,进一步可考虑的何种治疗方案?

思路:本患儿急性期肺CT提示两肺散在多处片状致密影,发热时间长,说明肺内病变重,恢复期应注意有无喘息,如果出现喘息、气短,应注意感染后气道高反应性和闭塞性细支气管炎。治疗上可予全身激素治疗,局部雾化治疗,控制小气道炎症,改善通气。病情稳定后可行支气管镜的灌洗治疗,但严重喘息、心功能差的患者不适合支气管镜。

> **知识点**
>
> 腺病毒肺炎的病理变化为局灶性或融合性坏死性肺浸润和支气管炎为本病的主要病变。常以支气管炎及支气管周围炎为中心,进展成坏死。实变区可形成黄白色坏死物质构成的塑形性分泌物,实变外的肺组织多有明显气肿。支气管镜的灌洗治疗有助于清除塑形性分泌物,改善通气,降低局部炎症因子水平,减少闭塞性细支气管炎等后遗症的发生,肺泡灌洗液做病原学检查阳性率更高,更可靠。但对呼吸困难、气道损伤严重的患者应该谨慎,有时支气管镜术后会促进闭塞性支气管炎的发生,还有一部分恢复期患儿在支气管镜后出现支气管的闭塞导致整侧的肺叶不张等严重的肺部后遗症。其原因不明,可能与表面活性物质的减少有关。

【问题9】 患儿住院治疗后的转归?

思路:如前所述,该患儿住院后经上述治疗,第二天根据其血LDH、血清铁蛋白增高,肺内喘憋明显,加甲泼尼龙2mg/kg,抗炎症治疗。入院第6天,检查结果回报LDH 701U/L,血清铁蛋白392U/L,较前明显下降;入院第10天,患儿复查胸片提示肺内病变较前好转;入院第11天,患儿好转出院。

> **知识点**
>
> 重症的腺病毒肺炎炎症反应重,累及多个脏器,病死率高,因此,早期积极抗感染治疗非常重要,加用丙种球蛋白静脉滴注治疗可提高存活率,在有效的抗感染基础上,加用全身激素如甲泼尼龙治疗,可有效控制全身及肺部炎症。

【问题 10】 患儿出院后需注意监测和观察哪些方面？需警惕何种并发症？

思路：腺病毒肺炎肺部阴影需 2~6 周才能完全吸收，腺病毒肺炎常遗留闭塞性细支气管炎，肺部影像学可表现为胸片过度通气、肺不张，肺高分辨 CT 可显示马赛克灌注、肺不张、支气管扩张等改变，故出院后需监测患儿呼吸道症状和肺部影像学的变化，闭塞性细支气管炎常表现为肺炎恢复期出现持续喘息、气短或呼吸困难、三凹征，支气管扩张剂对喘息无明显改善。当上述症状或影像学改变出现时需注意闭塞性细支气管炎。单侧透明肺、支气管扩张为闭塞性细支气管炎的继发改变。

四、肺炎支原体肺炎

肺炎支原体肺炎（mycoplasma pneumoniae pneumonia，MPP）多见于学龄期及学龄前期儿童，在 1~5 岁的患儿中也不少见。肺炎支原体（MP）是非细胞内生长的最小的原核致病微生物，介于细菌和病毒之间，革兰氏染色阴性，缺乏细胞壁，对作用于细胞壁的抗菌药物有耐药。本病主要经飞沫和直接接触传播，全年均有发病，北方秋冬季较多，南方夏秋季节高发，潜伏期 1~3 周，每 3~7 年周期性流行。MPP 主要表现为发热、咳嗽，部分患儿有喘息，肺部可出现啰音；胸片呈肺间质浸润性、小叶性、大叶性肺实变和肺门淋巴结肿大。部分患儿有多系统受累，如麻疹样或猩红热样皮疹、心肌炎、溶血性贫血、吉兰-巴雷综合征等。

MP 感染有自限性，多数 MPP 患儿预后良好，而重症 MPP 患儿可遗留肺结构和/或功能损害，需进行长期随访。MPP 可引起感染后闭塞性细支气管炎、单侧透明肺、闭塞性细支气管炎伴机化性肺炎、肺纤维化等。MPP 在急性期后可出现反复呼吸道感染、慢性咳嗽及哮喘。累及其他系统的 MPP 患儿可能危及生命或遗留后遗症。

MPP 的诊疗经过通常包括以下环节：

1. 详细询问患儿发热、咳嗽等症状开始出现的时间、程度及伴随症状。
2. 查体时重点关注一般情况，有无缺氧征、呼吸困难，注意肺部体征。
3. 及时进行血常规、CRP、血生化、血气、支原体抗体、DNA、胸部正位片及胸部 CT 等重要的辅助检查。
4. 积极加强呼吸道管理，必要时呼吸支持。
5. 早期经验性应用抗生素，病原明确后，应单独用药，但亦需注意混合感染的存在。

临床关键点

1. 本病临床常表现两个不一致：发热、咳嗽重而肺部体征轻；体征轻但影像学表现重。
2. 肺炎支原体抗体 IgM 多在疾病 1 周左右出现，3~4 周达到高峰，持续 1~3 个月甚至更长。
3. 病情变化时，及时检测影像学变化在疾病诊断和治疗中有重要价值。

临床病例

患儿，女，5 岁 1 个月，因"咳嗽伴发热 10 天，加重 3 天"就诊。

入院前 10 天，无明显诱因出现咳嗽，干咳，每次 2~3 声，发热，最高体温 38.2℃，热峰 2 次/d，予"头孢呋辛酯、利巴韦林"抗感染治疗 7 天，仍有发热，咳嗽。3 天前，体温升高至 40℃，热峰 3~4 次/d。血常规：WBC 32.58×10⁹/L，中性粒细胞百分比 30.7%，淋巴细胞百分比 54.3%，Hb 130g/L；CRP 38.3mg/L。予头孢曲松钠静脉滴注，仍发热、咳嗽明显，咳白色粘稠痰，口服退热药体温不易降到正常，精神欠佳，呼吸急促，1 天前拍胸片示"两肺纹理增多，双肺广泛斑片影，肺门为著"。复查血常规：WBC 23.35×10⁹/L，中性粒细胞百分比 38%，淋巴细胞百分比 58.5%，Hb 126g/L，PLT 361×10⁹/L；CRP 51mg/L，收入院。

患儿既往健康，按时接种疫苗。否认家禽接触史、否认传染病及其他感染性疾病接触史。否认家族性遗传病史。

因患儿主要表现为发热、咳嗽,胸片可见广泛斑片影,临床随之需考虑以下相关问题。

【问题1】　该患儿初步诊断是什么? 该年龄段最常见的CAP病原是什么?

思路:该患儿为学龄前女童,最常见的CAP病原为肺炎支原体及肺炎链球菌。发热、咳嗽10天,血象白细胞升高,以淋巴细胞为主,CRP升高,胸片示广泛的实质浸润,考虑肺炎诊断成立。学龄前儿童,发热时间长,干咳7天,无全身中毒症状,用头孢类抗生素无效。要考虑到支原体肺炎感染的可能。

【问题2】　根据患儿病史中的治疗反应如何判断患儿病原?

思路:患儿临床症状以高热、干咳为主,胸片可见实变改变,应注意肺炎支原体感染。患儿外院曾应用抗病毒及二代、三代头孢类抗生素效果不佳,因此,原发感染可能不是细菌。结合该患儿为年长儿,MPP的可能大。但近3天临床症状加重,白细胞升高明显,也不完全排除合并细菌感染的可能。

知识点

MPP 的临床特点

1. 多见于学龄期儿童。

2. 主要表现为发热、咳嗽,部分患儿有喘息,咳嗽为突出症状,发病2~3天开始,初为干咳,后转为顽固性剧咳,常有痰液,持续1~4周;肺部可出现啰音。

3. 肺部体征不明显,甚至全无,少数可闻及干湿啰音。

4. 胸片呈肺间质浸润性、小叶性、大叶性肺实变和肺门淋巴结肿大。

5. 用头孢类抗生素治疗无效,大环内酯类抗菌药物治疗多有效,如正规治疗7天及以上,临床征象加重、仍持续发热、肺部影像学所见加重者,可考虑为难治性MPP。

【问题3】　下一步查体应重点关注哪些方面?

思路:观察生命体征是否平稳,精神反应,有无呼吸困难,有无发绀等缺氧征,呼吸系统体征(呼吸频率、节律,肺部触觉语颤、叩诊、听诊情况),其他脏器情况。

体格检查

体温40℃,呼吸45次/min,脉搏160次/min,血压90/70mmHg,神志清,精神反应欠佳,无明显发绀,呼吸促,轻度鼻扇,三凹征阳性,全身浅表淋巴结未触及肿大。咽充血,双侧扁桃体无肿大。双肺呼吸音粗,可闻及少量中小水泡音。心律齐,心音有力,无杂音。腹部软,未触及包块,肝脾肋下未及。

【问题4】　结合上述查体结果,为进一步诊断应实施哪些检查?

思路:从上述查体可以看出,患儿呼吸频率快,存在呼吸困难,应尽快行血气分析,了解患儿血氧情况。查血常规、ESR、CRP和D-二聚体,复查胸片,了解肺炎的严重度和病情变化。

知识点

重症 MPP 的诊断标准

根据儿童重症CAP诊断标准,以及小儿危重病例评分指标,符合下列标准前3条中的任意2条和/或后2条中任意1条,可以诊断为重症MPP。

在确诊MPP基础上出现:①明显气促或心动过速,伴或不伴有动脉血压下降(收缩压≤75mmHg)、三凹征及发绀等;②有效应用大环内酯类药物1周以上无效(持续腋温≥38.5℃或肺部影像学无好转甚至进展),或者持续发热时间超过10天以上;③胸部影像学表现为大片状致密影,占据一个肺段或肺叶以上范围,可累及单叶或多叶病变;④出现胸腔积液、肺不张、肺坏死/肺脓肿等肺内合并症;⑤出现严重低氧血症($PaO_2<60mmHg$)或合并其他功能严重损害(中枢神经系统感染、心力衰竭、心肌炎、消化道出血、明显电解质/酸碱平衡紊乱等)。

辅助检查

血常规+CRP：WBC 15.66×10^9/L，中性粒细胞百分比49.2%，淋巴细胞百分比44.8%，Hb 108g/L，PLT 329×10^9/L，ESR 64mm/h；CRP 81mg/L。

血气分析：pH 7.49，$PaCO_2$ 27.0mmHg，PaO_2 69.0mmHg，实际碳酸氢盐（AB）20.6mmol/L，标准碳酸氢盐（SB）23.8mmol/L，血液中总CO_2总浓度（$CTCO_2$）21.4mmol/L，实际碱剩余（ABE）−2.7mmol/L，标准碱剩余（SBE）−1.3mmol/L，SpO_2 95%（鼻导管吸氧2L/min）。

胸片：双肺广泛浸润影，右肺云絮状实变（图6-9-6）。

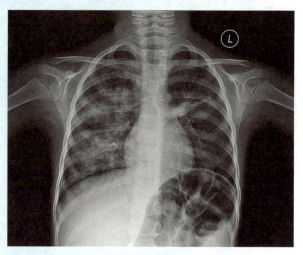

图6-9-6　胸部正位片示双肺广泛浸润影，右肺云絮状实变

【问题5】 如何判读初步检查结果？

思路：鼻导管吸氧下呼吸快、氧合指数低于250、有急性肺损伤、低氧血症。血常规提示白细胞升高，但中性粒细胞不高，胸片提示患儿双肺广泛浸润，右肺云絮状实变为主。结合前述患儿以发热、咳嗽为主要表现，用头孢类抗感染效果不佳，其影像学和血常规的结果均支持支原体肺炎的可能。患儿考虑为重症支原体肺炎的可能大，有低氧血症。确诊需要病原学依据。

【问题6】 患儿是否需要呼吸支持？

思路：患儿呼吸频率增快，存在呼吸困难，胸片提示肺内病变广泛，初步判断为重症支原体肺炎，需要吸氧等呼吸支持治疗。入院后立即给予鼻导管吸氧，同时急查血气分析。观察其鼻导管吸氧仍呼吸困难无改善，血气分析结果氧合指数仍然低于250、有急性肺损伤、低氧血症，故入院后4小时予经鼻的持续气道正压通气（NCPAP）无创呼吸支持治疗。

辅助检查

痰革兰氏染色未找到细菌；痰细菌培养阴性。72小时PPD试验阴性；T-spot正常。1，3-β-D葡聚糖检测（G试验）、半乳甘露聚糖检测（GM试验）阴性。MP-Ab 1：320。

肺CT示右下肺多发片状影、小结节影（图6-9-7）。

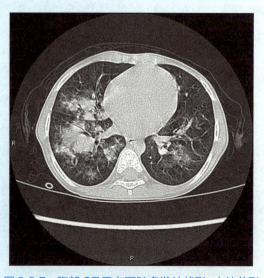

图6-9-7　胸部CT示右下肺多发片状影、小结节影

【问题7】 如何根据上述提供的病例进行综合判断。

思路：患儿为学龄期女童，以发热、干咳为主要表现，肺部查体双肺呼吸音粗，可闻及湿啰音，肺炎支原体抗体1∶320，故确诊为MPP。再根据呼吸促，呼吸困难，血气分析，鼻导管吸氧下（氧流量2L/min）PaO_2 69.0mmHg，氧合指数低于250，考虑有急性肺损伤、低氧血症，影像学显示病变广泛，诊断为重症肺炎原体肺炎。无细菌感染、结核感染和真菌感染的证据，更加支持MPP的诊断。

【问题8】 患儿该如何进行治疗？

思路：因为患儿有呼吸困难和低氧血症，炎症反应强，治疗思路如下。①首先应予呼吸支持，改善低氧血症。还应加强呼吸道管理，多拍背吸痰，保持呼吸道通畅。②首选大环内酯类抗生素，但是病程长，又可能并细菌感染，可联合用头孢类抗生素。③给患儿长时间高热持续不退、病变范围广泛，炎症强烈，有急性肺损伤所致的低氧血症，应该加全身肾上腺糖皮质激素治疗，可用甲泼尼龙。④病情稳定后可行支气管镜灌洗治疗。

> **知识点**
>
> 支原体肺炎首选大环内酯类抗生素，常用阿奇霉素，剂量5～10mg/(kg·d)，每日1次，静脉注射，轻者也可口服，根据病情确定疗程。此外，红霉素也可使用。8岁以上儿童可选用盐酸米诺环素或多西环素口服。重症如高热持续不退、合并胸腔积液、肺坏死，以及脑膜脑炎的患儿可应用肾上腺糖皮质激素治疗，常用的为甲泼尼龙1～2mg/(kg·d)，疗程10～14天。实变明显者可支气管镜酌情灌洗治疗，清理分泌物，降低局部炎症因子，肺泡灌洗液行病原学检查。当重症病例有肺外并发症者，如中耳炎、溶血性贫血、心肌炎、心包炎、重症渗出性多形红斑及皮肤黏膜综合征，应及时确诊和对症处理。近年重症支原体肺炎的患者恢复期易实变迁延或留有闭塞性细支气管炎、闭塞性支气管炎，而且与急性热程长、合并胸腔积液有关。

> **诊治经过**
>
> 该患儿入院后即予阿奇霉素10mg/(kg·d)静脉滴注，仍发热，血常规白细胞高，CRP 110mg/L，住院后第二天，出现痰中带血，考虑为重症支原体肺炎，合并肺坏死、细菌感染尤其是肺炎链球菌感染的可能，予加用头孢孟多抗感染2天，持续发热，CRP升高，血白细胞高，中性粒细胞不高可能与消耗增多有关，且出现肝大，但肝功能正常，疗效不佳考虑与合并细菌耐药有关，青霉素耐药的肺炎链球菌可能性大，所以停用头孢孟多，换用利奈唑胺10mg/(kg·次)，每8小时一次静脉滴注，2天后体温正常，咳嗽好转。但肝大恢复稍慢，查EBV抗体和DNA均无EBV感染的证据，考虑是肺炎支原体感染的肺外表现，经保肝治疗2周恢复正常，肺部影像学实变影明显吸收，住院20天出院。

【问题9】 该患儿治疗过程中出现痰中带血，应该如何分析原因？

思路：该患儿住院后第2天出现痰中带血，一方面考虑为重症支原体肺炎，合并肺坏死、细菌感染，尤其是肺炎链球菌感染的可能，其痰中带血主要考虑重症肺炎的肺坏死、黏膜损伤有关。肺炎链球菌的大叶性肺炎也可以痰中带血，铁锈色痰。患儿用阿奇霉素和利奈唑胺，未加抗结核药病情明显控制，均支持其痰中带血为MPP合并肺炎链球菌感染、肺坏死所致。

慢性咳嗽-迁延性细菌性支气管炎（病例）

（李福海）

参　考　文　献

[1] 江载芳,申昆玲,沈颖. 诸福棠实用儿科学. 8版. 北京：人民卫生出版社,2015：1253-1280.

[2] 江载芳. 实用小儿呼吸病学. 北京；人民卫生出版社,2010.

[3] 中华医学会儿科分会呼吸学组,《中华儿科杂志》编辑委员会. 毛细支气管炎诊疗与预防专家共识（2014年版）. 中华儿科杂志,2015：53（3）：168-171.

[4] 中华医学会儿科分会呼吸学组,中华儿科杂志编辑委员会. 儿童支气管哮喘诊断与防治指南(2016 年版). 中华儿科杂志,2016,54(3)：167-179.

[5] 中华医学会儿科学分会呼吸学组,中华儿科杂志编辑委员会. 儿童社区获得性肺炎管理指南(2013 修订),中华儿科杂志,2013,51(10)：745-752.

第七章 循环系统疾病

第一节 概 述

一、小儿循环系统解剖生理特点

心脏发育在受孕后胚胎期第 2～8 周完成。受孕后 2～3 周心脏开始形成，3 周时出现心跳，4 周时已经有血液循环，8 周时形成四腔心结构。胎儿不存在有效的呼吸运动，故肺循环血流量很少，加上卵圆孔与动脉导管的开放，胎儿的血液循环与成人明显不同，几乎左、右心室均经主动脉向全身输送血液。胎儿的气体交换通过胎盘进行，含氧高的脐静脉血液经静脉导管进入下腔静脉，与肝静脉和门静脉血混合后进入右心房，这些血液几乎全部通过卵圆孔进入左心房、左心室供应心脏、头部及上肢。而含氧较低的上腔静脉血到达右心房后几乎完全进入右心室、流入肺动脉，约 80% 的血液经动脉导管与来自升主动脉的血液汇合进入降主动脉，供应腹腔器官及下肢，同时经过脐动脉回至胎盘，换取营养及氧气。故胎儿期供应脑、心、肝及上肢的血氧量远远较下半身为高。

出生后呼吸建立，肺作为气体交换的器官，而胎盘功能终止，血液循环出现一系列的变化，包括：①肺血管阻力下降；②卵圆孔关闭；③静脉导管闭合；④动脉导管关闭。卵圆孔及动脉导管在功能性关闭阶段可以由于缺氧等各种病理因素而重新开放，甚至在一些复杂型、青紫型先天性心脏病，卵圆孔和 / 或动脉导管的开放是患儿存活的必要条件。

出生后心脏增长速度在不同年龄期有所不同，生后第 1 年心脏增长最快，7～9 岁及青春期时增长速度再度加快。新生儿时期心脏重 20～25g，占体重的 0.8%；1～2 岁时较新生儿时期增加 2 倍多，约占体重的 0.5%；5 岁时为新生儿时期的 4 倍；16 岁时为 11 倍。初生时，右心室重量与左心室接近，室壁厚度稍厚于左心室，并形成心尖的一部分，左、右心室的厚度各约 0.5cm。出生后，由于肺循环阻力下降而左心室负荷增加，故左心室的重量及室壁厚度的增长均较右心室快，并逐渐形成心尖的大部分。5～6 岁时，左心室壁厚度明显超过右心室壁。年长后，左心室壁厚度可超过右心室壁的 1 倍。左心室的迅速增长使心脏长径较横径增大更多，故心脏从球形变成椭圆形。

心脏的位置随年龄的增长而变化。新生儿期，心脏位置较高并呈横位，心尖搏动在第 4 肋间隙锁骨中线外。2 岁以后横位心脏逐渐变为斜位，心尖搏动在第 5 肋间隙。

出生时心脏的迷走神经发育尚未完善，故迷走神经中枢紧张度较低，对心脏抑制作用较弱，而交感神经占优势，对心脏作用较强。至 5 岁时，心脏神经装置开始具有成人的特征，10 岁时完全成熟。故年龄越小，心率及血流速度也越快。婴儿血液循环时间平均 12 秒，学龄期儿童需 15 秒，年长儿则需 18～20 秒。

二、小儿循环系统疾病的检查方法

大部分常见的心脏疾病通过详细询问病史，仔细体格检查，再结合 X 线胸片、心电图和超声心动图检查，大多能够作出明确诊断，必要时结合心导管术和心血管造影术、MRI、CT 和放射线核素等，可以作出全面的评估。

（一）脉氧测定

经皮脉搏血氧饱和度测定（简称脉氧测定）是一种无创伤性检测氧合血红蛋白含量的方法，可反映机体氧饱和度水平，以判断先天性心脏病（简称先心病）患儿缺氧状况。近年来，脉氧测定还广泛应用于新生儿先心病早期筛查，以及时发现那些存在低氧血症的重症先心病。检测方法：较大儿童可以采用钳夹式电极在耳垂、指（趾）端等部位检测；新生儿和小婴儿则利用缠绕式电极分别在右手掌和任何一只足底皮肤检测。经皮氧饱和度<95%为异常。

（二）X线检查

通常采用胸部X片，一般宜取前后位（正位）及左侧位，也可作右前斜位（有利于观察左心房增大）、左前斜位（有利于观察左、右心室扩大）片。必要时可在X线透视下观察心房、心室位置及心脏搏动情况。结合吞钡可了解异位血管或血管环等。在分析X线胸片时，应遵循下列几点。

1. 胃泡及肝脏位置 根据有无内脏异位以及异位情况判断心房位置，寻找心房异构、先天性心脏病的线索。

2. 肺血管影 明显增多提示肺血流量增多，如左向右分流型先心病；减少提示肺血流量减少，如肺动脉梗阻性先心病；不对称则提示肺动脉分支狭窄。此外，尚应观察有无肺淤血及侧支循环形成。

3. 心脏情况 包括心脏的位置、形态和大小。心胸比值可以反映心脏大小，年长儿应小于50%，婴儿小于55%；同时观察各房室有无增大、血管有无异位、肺动脉段有无突出或凹陷及主动脉结情况等。

（三）心电图检查

心电图可明确诊断心律失常、心房心室肥厚、心肌缺血、右位心等，也可以在一定程度反映某些疾病的严重程度，可了解治疗后的病情变化、手术后恢复程度及其预后。在分析心电图时应注意下列几点。

1. 新生儿时期心电图特点 出生后体循环阻力逐渐增加，而肺循环阻力逐渐下降，这些变化可持续数天，出生第1天心电图电轴右偏，QRS波为右心占优势，右心前导联T波直立，而左心前导联T波倒置；生后3～4天，随着右心室压力下降，则右心前导联T波转为倒置，而左心前导联T波转为直立。若在新生儿期出现电轴左偏、左心室占优势则提示左心室肥厚。

2. 缺乏特征性变化 心电图ST段移位和T波改变多见于原发性或继发性心脏疾病，但也可见于电解质紊乱（如低钾血症、低钙血症）和某些药物中毒（如洋地黄）等，故在诊断时应结合其他临床资料进行综合分析。

（四）超声心动图检查

超声心动图是一种无创性检查技术，包括M型超声心动图、二维超声心动图、频谱多普勒技术、彩色血流显像及三维超声心动图等多种方法，可实时观察心脏的解剖结构、心脏功能和血流信息，能够准确诊断绝大部分先心病，对其他心脏疾病的诊断也具有重要价值。近年来，在先心病的诊断中，超声心动图已在很大程度上取代心导管检查和心血管造影。

（五）心导管检查和心血管造影

心导管检查分为右心和左心导管检查两种。右心导管检查系指将导管经股静脉、下腔静脉到达右心房、右心室和肺动脉；左心导管检查系指将导管经股动脉、降主动脉、主动脉弓、升主动脉逆行至左心室。检查中测定不同部位心腔、大血管的压力和血氧含量，进一步计算心输出量、分流量及血管阻力。心导管检查还可用于探测是否存在异常通道。心血管造影则是将造影导管送到选择的心腔或大血管部位，注入造影剂，显示心腔及血管结构、血流方向及心室收缩、舒张活动的动态变化，长期被作为先天性心脏病确诊的金标准。近年来，心导管术还应用于介入治疗，如球囊扩张术、封堵术、支架植入术等，开辟了心血管疾病微创治疗的时代。

目前，心导管检查已经很少单纯用于诊断心血管疾病，其适应证主要包括以下几点。①超声心动图检查资料不够完善，手术前需要更多评估心脏解剖结构或血流动力学信息；②复杂型先天性心脏病外科修补术或姑息术后随访；③介入性心导管术；④电生理检查或经导管射频消融术。

（六）磁共振成像检查

磁共振成像（magnetic resonance imaging，MRI）具有无电离辐射损伤、多剖面成像能力等特点，可以提供血流及容量信息及进行心功能检测。有多种技术选择，包括自旋回波技术（SE）、电影MRI、磁共振血管造影（MRA）及磁共振三维成像技术等。常用于诊断主动脉弓、冠状动脉畸形和显示肺血管发育情况。

（七）计算机断层扫描

计算机断层扫描（computed tomography，CT）包括电子束计算机断层扫描（EBCT）和螺旋CT，对于大血管及其分支的病变、心脏瓣膜、心包和血管壁钙化、心腔内血栓和肿块、心包缩窄及心肌病等有较高的诊断价值；对观察血管环合并气道狭窄有重要价值。

（八）放射性核素检查

常用的放射性核素为锝（^{99m}Tc），主要用于测定心内分流和心功能检查。在判断心肌存活方面也具有重要临床意义。

三、小儿循环系统疾病的治疗原则

（一）一般治疗

建立合理的生活制度；根据具体情况适当参加体力活动以增强体质；除了严重心力衰竭或合并感染外，一般应按时接受预防接种；发绀型先心病患儿应保证足够饮水量，以避免发生栓塞；注意皮肤及口腔卫生，接受扁桃体摘除术、拔牙及其他手术者，手术前后应使用足量抗生素，以防止感染性心内膜炎的发生。

（二）并发症的处理

合并肺炎及感染性心内膜炎时要积极控制感染。发生心力衰竭时要及时处理；左向右分流型先心病常合并慢性心力衰竭，需较长时间应用抗心力衰竭药物治疗。发生心律失常则给予相应的抗心律失常治疗，包括药物治疗和射频消融术等。

（三）控制动脉导管分流的药物治疗

1．吲哚美辛　为前列腺素合成酶抑制剂，可促进早产儿动脉导管关闭。早产儿动脉导管未闭合并心力衰竭经洋地黄、利尿剂治疗无效时可试用此药。

2．前列腺素 E_1 及 E_2　具有扩张动脉导管的作用，新生儿重症发绀型先心病，如肺动脉闭锁、重症法洛四联症、左心发育不良综合征、导管前型主动脉缩窄等，均依赖动脉导管的开放以维持生命，出生后动脉导管一旦关闭将很快导致死亡。滴注此药后使肺循环或体循环血流量增加，改善低氧血症与酸中毒，争取在最适宜条件下进行矫治手术。

（四）介入性心导管治疗

1．球囊房间隔造口术　可增加心房水平的分流，用于部分完全性大动脉换位和左心发育不良综合征等疾病的姑息疗法。

2．球囊瓣膜成形术　可扩张治疗肺动脉瓣狭窄、主动脉瓣狭窄及主动脉缩窄等。

3．封堵术　将特制的封堵器经心导管送至心腔内关闭异常通道，常用于治疗型房间隔缺损、室间隔缺损、动脉导管未闭等。

（五）外科手术治疗

根据心血管畸形的类型及严重程度，采取不同的手术方法。

1．根治性手术　包括缺损修补、动脉导管结扎、血管解剖复位、梗阻解除等。

2．姑息手术　肺血明显减少的发绀型先心病可行 Blalock-Taussig 分流术和 Glenn 分流术等，以增加肺循环血流，减轻低氧血症。

四、先天性心脏病临床病例分析要点

先天性心脏病（congenital heart disease，CHD），简称先心病，是胚胎早期心血管发育异常所引起的一组先天性畸形。其发病率约占存活新生婴儿的 1%，其中约 1/3 为重症先心病，是导致新生儿和婴儿死亡的主要原因之一。先心病以室间隔缺损最多见，其次为动脉导管未闭、房间隔缺损、法洛四联症和肺动脉狭窄等。近年来先心病的临床诊治已经取得很大进展。无创伤性检查如超声心动图、MRI 及多排螺旋 CT 等影像技术的进步为先心病提供了精确的无创伤性诊断和评估手段。通过心导管关闭动脉导管、房间隔缺损及室间隔缺损，应用球囊导管扩张狭窄的瓣膜及血管等技术为先心病的微创治疗开辟了新的途径；而体外循环、深低温下的心内直视手术的发展及带瓣管道的使用使得大多数先心病根治术疗效大大提高；介入与外科手术镶嵌治疗（hybrid procedure）的开展减少了传统心脏外科手术的创伤、提高了治疗成功率、降低了手术并发症。

先心病的诊疗经过通常包括以下环节：

1．详细询问患儿出现心脏杂音、青紫、反复肺炎、喂养困难等症状出现时间、程度、持续时间或发生次数等。

2．查体时重点关注心脏杂音、青紫、脉搏、血压和周围血管征等，以及有无生长发育落后等情况。

3. 及时进行心电图、X 线胸片和超声心动图等重要的辅助检查,必要时进行心导管检查和造影、MRI 和多排 CT 等检查,以全面评估病情。

4. 根据病情评估,决定选择治疗方案,包括内科治疗、心导管介入治疗以及外科手术等。

5. 患者的随访和管理。

> **临床关键点**
>
> 1 首先要确认是否有心脏疾病。
> 2. 要与后天性心脏病鉴别,明确先心病的类型。
> 3. 要评估先心病的严重程度。
> 4. 制订合理的治疗方案。
> 5. 判断预后和病人的随访管理。

(黄国英)

第二节　室间隔缺损

临床病例

患儿,男,11 个月,因"发现心脏杂音 10 个月"就诊。初步的病史采集如下。

患儿于出生后 1 个月左右,因肺炎住院发现有心脏杂音,当地县医院做了一些检查后诊断心脏病(具体不详)。10 个月以来反复发生肺炎 2 次,每次都住院治疗十几天。出生后就发现吃奶时呼吸急促、出汗、哭吵,总是吃吃停停,且吃奶量少。病程中无明显青紫症状。大小便正常。当地医院建议转来我院进一步诊治。

患儿为 G_1P_1,孕 39 周自然分娩。出生体重 2 900g。否认孕期感染或服药史,否认围生期窒息缺氧病史。否认心脏病或其他遗传病家族史。

门诊查体:体温 37℃,脉搏 162 次 /min,呼吸 56 次 /min,血压 78/50mmHg,体重 7kg,身长 70cm,无青紫或杵状指,四肢脉搏对称。双肺听诊未发现明显异常。心前区饱满,心尖搏动位于第 5 肋间左乳线上,范围约 2cm;心率 162 次 /min,规则,第一心音略低,2～4 胸骨左缘收缩期杂音Ⅳ级,粗糙,向周围广泛传导,伴震颤。第二心音略增强,无分裂。心尖部闻及轻度舒张期杂音。腹部平软,肝脾触诊不满意。双下肢无水肿。

初步病史采集和体格检查后,因患儿主要表现为心脏杂音、反复肺炎、体格瘦小和喂养困难等,按照心脏病诊断思路分析,需要考虑以下相关问题。

【问题 1】 该患儿心脏杂音是否为器质性心脏病所引起的,如何与生理性杂音鉴别?

思路:一般情况下,生理性杂音不超过 3 级,柔和,传导局限。该患儿心脏杂音表现为 2～4 胸骨左缘收缩期杂音Ⅳ级,向周围广泛传导,伴震颤,因此符合病理性心脏杂音的特点。

心脏杂音鉴别要点见表 7-2-1。

表 7-2-1　心脏杂音的鉴别要点

杂音特点	病理性	生理性
部位	心前区	2, 4 LSB,心尖
时相	SM, DM, CM	SM,较短
性质	粗糙	柔和
响度	>2 级	<3 级
传导	广泛	局限
变化	少	多

注: SM 为收缩期杂音, DM 为舒张期杂音, CM 为连续性杂音, LSB 为胸骨左缘。

【问题2】 以病理性杂音等症状为线索,该患儿应考虑哪些器质性心脏病?

思路: 小儿时期心脏病包括先心病、心肌病、心肌炎、心包炎、风湿性心脏病、川崎病并发心血管病变和心律失常等,其临床诊断线索包括下列几点。①心脏杂音;②心功能不全;③发绀;④心律不齐;⑤晕厥;⑥反复肺炎。

不同疾病的临床表现特点如下:

(1)先心病:大多有明显心脏杂音,可有心功能不全、发绀和反复肺炎等症状,心脏杂音大多在出生后不久可以听到,其他症状也多在3岁以下婴幼儿开始出现。

(2)心肌病:主要表现心功能不全,可有心脏杂音或心律失常,起病年龄也可以较小,但除了梗阻性肥厚型心肌病可以有较响亮的心脏杂音外,扩张型心肌病和限制型心肌病的心脏杂音都较轻。

(3)心肌炎:以心功能不全、心律失常为主,可有较轻的心脏杂音。往往有呼吸道、消化道感染的前驱症状。

(4)心包炎:主要表现为心前区疼痛和胸闷、呼吸困难等心包积液症状,而较少有上述心脏杂音等症状,多数患儿有全身急性炎症反应的症状,发热、乏力、食欲缺乏、多汗等。常有感染、肿瘤或结缔组织病病史。

(5)风湿性心脏病:有链球菌感染病史,大多发生于较大儿童时期。

(6)川崎病并发心血管病变:有特殊的病史经过,急性期表现发热、结膜和口腔黏膜充血、全身性皮疹、颈淋巴结肿大等,可有瓣膜炎症,杂音较轻,后遗症主要是冠状动脉病变。

该患儿在出生后不久就起病,主要症状为明显的心脏杂音及反复肺炎和喂养困难、多汗、气急等心功能不全表现,因此,最符合先心病的特点。当然,在诊断过程中必须排除心肌病的可能。

【问题3】 如何判断先心病的类型?

思路: 根据血流动力学改变,可以将先心病分为下列三大类。

(1)左向右分流型:在左、右心腔或主、肺动脉间有异常通道,左心血液通过异常通道进入右心,以房间隔缺损、室间隔缺损、动脉导管未闭最多见。该类型先心病临床表现与分流量大小有关,轻者可以没有明显症状,而仅仅在体格检查时听到心脏杂音;重者则表现为反复肺炎、体格瘦小、心功能不全(喂养困难、多汗、气急、烦躁、激惹的症状,以及心率增快、心音低钝、奔马律的体征),晚期可出现发绀。

(2)右向左分流型:右心含氧量低的静脉血通过异常通道分流入左心,以法洛四联症、大动脉转位最多见。该类型先心病以发绀为突出症状,因肺循环血流量减少、肺缺血,故很少有反复下呼吸道感染。由于长期缺氧,故生长发育较落后,活动耐力低。

(3)无分流型:左、右两侧心腔、大血管之间无分流,以肺动脉狭窄、主动脉狭窄、主动脉缩窄多见。该类型先心病心室阻力负荷增加,故心室发生代偿性肥厚,之后失代偿则导致心室扩大,表现心功能不全症状。

因此,3岁以下婴幼儿如果出现粗糙响亮Ⅲ级以上心脏杂音伴震颤者,高度提示先心病的存在。根据患儿是否伴随其他症状如发绀、心功能不全、反复肺炎、体格瘦小等,可以初步判断先心病的类型。当然,诊断还必须结合心电图、X线胸片和超声心动图等检查才能最后明确。

知识点

左向右分流型先心病的血流动力学特征和病理生理改变的共同点

(1)**肺循环血流增多:** 导致肺动脉扩张、肺充血,反复下呼吸道感染。

(2)**体循环血流减少:** 导致生长发育落后、体格瘦小,活动耐力较差。

(3)**心脏负荷增加:** 初期左心房、左心室容量负荷增加、腔室扩大;中期因肺动脉高压使右心室阻力负荷增大、室壁肥厚;晚期右心室阻力负荷进一步加重、右心室肥厚、扩大为主。当心房、心室的负荷状态持续恶化,最后发生失代偿,则临床上表现为心功能不全。

(4)**肺动脉高压:** 初期为肺小动脉痉挛,引起动力性(可逆性)肺动脉高压;之后肺小动脉内膜和中层逐渐增生、增厚,管腔变窄,引起动力型+阻力型肺动脉高压;晚期则以阻力型(不可逆)为主,导致右向左分流,出现发绀。

【问题4】 如何利用听诊对先心病进行初步鉴别诊断?

思路: 听诊在诊断先心病过程中有很重要的作用。根据心脏杂音的特点(包括杂音发生的部位、时相、性质、响度和传导)、肺动脉瓣第二音增强或减弱、是否伴有二尖瓣或三尖瓣舒张期杂音以及是否在杂音的部位伴有震颤等,可以对室间隔缺损、房间隔缺损、动脉导管未闭、肺动脉狭窄和法洛四联症等常见的先心病进行初步鉴别诊断(表7-2-2)。

表7-2-2 常见先心病的心脏杂音特征

杂音特点	室间隔缺损	房间隔缺损	动脉导管未闭	法洛四联症	肺动脉狭窄
部位	2~4LSB	2,3LSB	2LSB	2~4LSB	2LSB
时相	SM	SM	CM	SM	SM
性质	粗糙、吹风样	柔和、喷射性	粗糙、机器轰鸣样	粗糙、吹风样或喷射性	粗糙、喷射性
响度	>1级	<3级	>1级	>2级	>2级
传导	广泛	局限	颈部、左锁骨下	广泛	颈部
P_2	增强	增强、固定分裂	增强	减弱或单一	减弱
DM	二尖瓣听诊区	三尖瓣听诊区	二尖瓣听诊区	无	无
听诊区震颤	可有	无	可有	可有	可有

注:LSB为胸骨左缘,SM为收缩期杂音,CM为,DM为舒张期杂音,P_2为肺动脉区第二心音。

【问题5】 根据该患儿现有的临床资料,可初步考虑为哪种先心病?

思路: 该患儿为11个月婴儿,有明显的心脏杂音,反复发生肺炎,有喂养困难、出汗、气急、心率增快、心音低钝和肝大等心功能不全表现,生长发育落后,无青紫或杵状指,应首先考虑为左向右分流型先心病。根据听诊结果,2~4LSB SM 4级,粗糙,向周围广泛传导,伴震颤,P_2略增强,心尖部闻及轻度 DM 等,可初步诊断为室间隔缺损。

【问题6】 如何对先心病进行鉴别诊断?

思路: 除了心脏杂音外,不同先心病的临床症状有所不同,心电图、胸部X线、超声心动图检查也各具特点,应用这些临床资料一般可以作出明确的鉴别诊断,必要时进行心导管检查和心血管造影可以明确诊断(表7-2-3)。

表7-2-3 常见先心病的鉴别诊断

	室间隔缺损	房间隔缺损	动脉导管未闭	法洛四联症	肺动脉狭窄
症状					
肺炎	多见	多见	多见	少见	少见
心力衰竭	常有	常有	常有	少见	可有
体格瘦小	有	有	有	有	较少
发绀	晚期	晚期	晚期	早期	无
心电图					
心房肥大	左心房	右心房	左心房	无	无
心室肥大	左心室	右心室	左心室	右心室	右心室
胸部 X 线					
肺血	肺充血	肺充血	肺充血	肺缺血	肺缺血
心胸比例	增大	增大	增大	一般不大 [*]	增大
肺动脉段	突出	突出	突出	凹陷	明显突出
主动脉结	缩小	缩小	缩小	增宽	正常
超声心动图					
畸形部位	室间隔	房间隔	动脉导管	肺动脉口狭窄、室间隔缺损	肺动脉瓣

	室间隔缺损	房间隔缺损	动脉导管未闭	法洛四联症	肺动脉狭窄
异常血流讯号	穿室间隔血流束	穿房间隔血流束	穿动脉导管血流讯号	肺动脉口收缩期高速湍流、右心室血流收缩期流入骑跨的主动脉、通过室间隔缺损的血流讯号	肺动脉瓣口收缩期高速湍流
心导管检查					
血氧异常	右心室、肺动脉的血氧增高	右心房、右心室和肺动脉的血氧增高	肺动脉的血氧增高	主动脉和周围动脉血氧降低	正常
压力异常	肺动脉压增高	肺动脉压增高	肺动脉压增高	肺动脉压降低、右心室压增高	右心室压增高
心血管造影	心室水平分流	心房水平分流	动脉导管水平分流	右心室造影时肺动脉和主动脉同时显影	右心室造影肺动脉瓣口"喷射征"

注：*法洛四联症因特殊病理解剖改变是主动脉结增宽、肺动脉段凹陷、右心室肥厚使心尖上翘，故形态常常呈特征性的"靴型"。

【问题7】　该患儿需要做哪些检查，以便明确诊断？

思路：心电图、胸部 X 线和超声心动图检查是诊断先心病最常用的实验室检查方法。必要时可以采取心导管检查和心血管造影。

该患儿入院后心电图检查结果：窦性节律。Ⅱ导联 P 波双峰，时限＝0.12 秒。V_1 导联 QRS 波群呈 RS 形，V_5 导联 QRS 波群呈 QRS 形；R_{V1}＝5mm，S_{V1}＝20mm，R_{V5}＝31mm，S_{V5}＝8mm。ST 段正常。T 波高尖。

> **知识点**
>
> ### 左心室肥厚的诊断标准
>
> ①电轴左偏>30°；②3 岁以下：R_{V5}>30mm，R_{V5}＋S_{V1}>45mm；3 岁以上：R_{V5}>35mm，R_{V5}＋S_{V1}>50mm；③1 岁以下：S_{V1}>20mm；1 岁以上：S_{V1}>25mm；④Q_{V5}、Q_{V6}>4mm，伴高尖对称 T 波或倒置；⑤电轴左偏时，R_I＋S_{II}>30mm；电轴正常时，R_{II}＋S_{III}>45mm；⑥R_{avL}>20mm，R_{avF}>25mm；⑦儿童期左心室室壁激动时间（VAT）>0.04 秒。

> **知识点**
>
> ### 室间隔缺损的心电图特征
>
> （1）小型缺损，心电图可正常或表现为轻度左心室肥大。
>
> （2）大型缺损，心电图变化随肺血管阻力大小而不同。
>
> ①肺血流量增多、肺血管阻力正常时，心电图显示左心室舒张期负荷加重，即左心室肥大，如 V_1 呈 rS 形，S_{V1} 波深，V_5、V_6 呈 qRs 形，R_{V5}、R_{V6} 波高大，T_{V5} 高尖对称。
>
> ②肺血流量明显增多、肺动脉中度高压时，心电图显示双心室肥大，V_3、V_4 的 R 波与 S 波均高大，V_6 示深 Q 波及大 R 波，T_{V5}、T_{V6} 高尖对称或同时伴有 V_1 呈 rsR′ 的右心室肥大图形。
>
> ③肺血流量减少、肺动脉高压时，心电图显示右心室肥厚，V_1 呈 rsR′ 型，R′ 波极高，V_5 有深 S 波而 R_{V6} 振幅较前降低，T_{V1} 可能转为直立。

该患儿入院后 X 线检查结果：两侧肺野充血。心胸比例 0.65，肺动脉段突出，主动脉结较小，可见双心房影，左心缘向左下延伸。

知识点

室间隔缺损的 X 线胸片特征

（1）小型缺损：心影多无改变，或只有轻度左心室增大或肺充血。

（2）中型缺损：心影有不同程度增大，以左心室为主。

（3）大型缺损：心影中度或重度增大，以左心室为主或左、右心室及左心房均增大，肺动脉段突出，若突出明显往往提示严重肺动脉高压。分流量越大，主动脉结越小。肺野充血，肺门血管影增宽，肺纹理增粗增多。若发生梗阻性肺动脉高压，则表现为肺门血管影增粗，而肺野外侧带反而清晰，肺血管影有突然中断现象（即"肺门截断现象"）。

　　该患儿入院后超声心动图检查结果：心房正位，房 - 室连接正常、心室 - 大动脉连接正常。左心房内径 17mm，左心室舒张末期内径 29mm，收缩末期内径 20mm，主肺动脉内径 13mm，主动脉根部内径 10mm。房间隔完整。室间隔膜周流入道部回声失落 6mm，周边有少量三尖瓣组织附着；脉冲多普勒超声于右心室侧探及收缩期高速湍流讯号；彩色血流显像显示收缩期有明显的左向右穿隔血流束；连续波多普勒超声测量收缩期跨隔血流速度为 3.2m/s。各组瓣膜形态、活动未见异常，彩色血流显像显示三尖瓣轻度反流，连续波多普勒超声测量收缩期反流速度为 2.8m/s。主动脉弓左位，形态和血流未见异常。左、右冠状动脉未见异常。

知识点

室间隔缺损的超声心动图特征

（1）二维超声心动图可直接观察室间隔缺损的部位和大小，可以观察缺损周边结构；心脏其他重要结构如房间隔、二尖瓣、三尖瓣、主动脉瓣、肺动脉瓣、主动脉弓和冠状动脉主干及其主要分支近端；心脏活动、心功能状况。

室间隔缺损超声心动图（图片）

（2）多普勒超声包括三种技术。

1）脉冲式多普勒超声：将取样点置于缺损的右心室侧向可探测到明显的收缩期高速湍流，但当发生肺动脉高压时，则由于左心室与右心室之间的压差缩小，收缩期湍流速度会降低，后者与肺动脉高压成反比。

2）连续波式多普勒超声：将取样线置于缺损处，尽可能与缺损面垂直，或最好在彩色血流显像状态下与穿隔血流束平行（夹角<15°），此时可探测到最大血流速度（V_{max}），然后根据物理学 Bernoulli 方程计算压差（pressure gradient, PG）：$PG = 4 \times V_{max}^2$。例如，上述患儿室间隔缺损处收缩期血流 V_{max} 为 3.2m/s，则左心室与右心室之间的压差为 $PG_{LV-RV} = 4 \times 3.2^2 = 41mmHg$。由此推算肺动脉压的水平：即，肺动脉收缩压（PSP）＝右心室收缩压＝血压（收缩压）－PG_{LV-RV}；该患儿血压收缩压为 78mmHg，故 $PSP = 78 - 41 = 37mmHg$。同理，根据三尖瓣反流速度为 2.8m/s，可以计算右心室至右心房之间的反流压差为 $PG_{RV-RA} = 4 \times 2.8^2 = 31mmHg$。由此推算肺动脉收缩压（PSP）＝右心室收缩压＝$PG_{RV-RA}$＋右心房压，右心房压一般取 5～10mmHg；该患儿 PG_{RV-RA} 为 31mmHg，故由此估测的肺动脉收缩压为 36～41mmHg。

3）彩色血流显像：可直接观察分流的位置、方向和分流的大小，该技术的应用显著提高了超声心动图诊断室间隔缺损等先心病的准确率。

（3）三维超声心动图：可直观地观察室间隔缺损的部位、数目、大小、形状及其毗邻关系，为介入或外科手术提供更为详细的信息。

该患儿通过心电图、胸部 X 线和超声心动图检查后，明确诊断为单纯性室间隔缺损（膜周流入道部），因为没有发现合并其他畸形的征象如主动脉弓畸形、冠状动脉畸形，没有存在梗阻性肺动脉高压，故不需要进行心导管检查和心血管造影。

【问题8】 该患儿是否存在心力衰竭，如何判断心功能状况？

思路：首先必须进一步完善病史采集、体格检查，进行心功能评估。

（1）入院后详细了解病史和全面体格检查后，补充信息如下：患儿近 2 个月出汗、气急更加明显，吃奶时满头大汗，安静时也出汗。当地医院未给予洋地黄、利尿剂等治疗。

（2）入院查体：体温 37℃，脉搏 160 次 /min，呼吸 52 次 /min，血压 80/50mmHg，体重 7kg，身长 70cm，无青紫或杵状指，四肢脉搏对称。肺部检查发现轻度吸凹征，听诊于双肩胛下部闻及较多细湿啰音。心前区饱满，心尖搏动位于第 5 肋间左乳线上，范围约 2cm；心率 160 次 /min，规则，第一心音略低，2～4LSB SM Ⅳ级，粗糙，向周围广泛传导，伴震颤。P_2 略增强，无分裂。心尖部闻及轻度 DM。腹部平软，肝脏肋下 3cm，质地韧。脾未触及。双下肢无水肿。

根据改良 Ross 心力衰竭分级计分方法（表 7-2-4），该患儿评分为如下：安静时出汗（2 分）+ 呼吸过快较多（2）+ 吸气凹陷（1 分）+ 呼吸 52 次 /min（1 分）+ 心率 160 次 /min（1 分）+ 肝肋缘下 3cm（1 分），共计 8 分，符合中度心力衰竭。

表 7-2-4　改良 Ross 心力衰竭分级计分方法

症状和体征	计分		
	0	1	2
病史			
出汗	仅在头部	头部及躯干（活动时）	头部及躯干（安静时）
呼吸过快	偶尔	较多	常有
体格检查			
呼吸	正常	吸气凹陷	呼吸困难
呼吸次数（次 /min）			
0～1 岁	<50	50～60	>60
1～6 岁	<35	35～45	>45
7～10 岁	<25	25～35	>35
11～14 岁	<18	18～28	>28
心率（次 /min）			
0～1 岁	<160	160～170	>170
1～6 岁	<105	105～115	>115
7～10 岁	<90	90～100	>100
11～14 岁	<80	80～90	>90
肝大（肋缘下）	<2cm	2～3cm	>3cm

注：0～2 分无心力衰竭，3～6 分轻度心力衰竭，7～9 分中度心力衰竭，10～12 分重度心力衰竭。

【问题9】 该患儿入院后应该如何治疗？

思路：该患儿首先需要处理心力衰竭，具体措施如下。

（1）一般处理：保证患儿休息、防止躁动，采取半卧位、吸氧，必要时用镇静剂。婴儿吸吮费力，宜少量多次喂奶。给予营养丰富、易于消化的食品。限制液体摄入量，50～60ml/（kg·d）。

（2）洋地黄：选用地高辛。因该患儿为慢性心力衰竭，之前没有用过洋地黄药物，故可采用维持量法。地高辛维持量为负荷量的 1/5～1/4，分 2 次服用；每日服用地高辛维持量，经过 4～5 个半衰期，即 6～8 天，可达到稳定的有效血药浓度。

> **知识点**
>
> ### 洋地黄治疗的负荷量法
>
> 即在 24 小时内投以负荷量，首次用量为负荷量的 1/2，余半量分 2 次，相隔 6～12 小时一次。给予负荷量 12 小时后，再加用维持量。对于起病迅速、病情严重的急性心力衰竭患儿，采用负荷量法，以便及时控制心力衰竭。病因短期内可消除者，往往不需用维持量，或用数日即可停止；病因不能消除者，需长期用药，甚至长达数年。

（3）利尿剂：可选用噻嗪类利尿剂，如氯噻嗪、氢氯噻嗪等。可联合应用保钾利尿剂如螺内酯，以预防低钾血症。

> **知识点**
>
> ### 利尿剂耐药性
>
> 治疗心力衰竭时如果发生利尿剂耐药性，大多由于应用利尿剂或血管扩张药后血压下降、肾灌注不足、滤过率降低或严重心输出量过低所造成。应注意是否有低血容量、低钠、低钾血症。低钠血症通常反映水潴留。由于低血钠，祥利尿剂效应不良，应短期内提高钠盐摄入，限制液量，但禁忌输入高渗盐水。利尿剂联合应用非类固醇类抗炎药时，如吲哚美辛、阿司匹林，也可影响利尿效果。

（4）血管活性药物：血管紧张素转换酶抑制剂是慢性心力衰竭的首选药物之一，儿科常用依那普利，该药口服起效时间慢，服药后 4 小时达血药浓度峰值；血压下降较明显，而对水钠排泄作用不明显。口服从小剂量开始，于 1～2 周内逐渐加量。初始剂量 0.05～0.25mg/(kg·次)，每 12～24 小时一次，最大剂量 0.5mg/(kg·d)。达目标量后长期维持。

用药期间注意事项：监测是否有低血糖反应；避免与保钾利尿药合用；肾功能不全时慎用。

【问题 10】 如何对该患儿进行后续处理和管理？

思路：

（1）该患儿为 11 个月婴儿，患单纯性室间隔缺损（膜周流入道部），中度心力衰竭，通过积极纠正心力衰竭治疗后，如果病情得到有效控制，心功能恢复，则可以出院随访，继续维持抗心力衰竭治疗，随访期间，注意防治呼吸道感染，给予充足的营养以保证其正常生长发育。膜周部室间隔缺损有自然闭合的可能，特别是缺损周边有假性室隔瘤形成时，自然闭合一般发生于 5～6 岁以前，大多数在 2 岁以内，因此对于病情稳定的患儿，可以定期随访观察。

> **知识点**
>
> ### 室间隔缺损的病理解剖类型与转归
>
> 根据缺损的位置可将室间隔缺损可分为：
>
> （1）膜周型室间隔缺损：位于室间隔膜部并累及邻近室间隔，根据缺损的延伸方向又可分为膜周流入道型、膜周小梁部型及膜周流出道型，大型缺损可向 2 个或以上部位延伸，称为膜周融合型。该型尤其是膜周流入道型室间隔缺损，常可见衍生自三尖瓣的纤维组织黏附于缺损边缘，形成假性室隔瘤，使缺损变小或完全阻止分流而达到自然闭合。
>
> （2）肌部型室间隔缺损：根据所在部位分为肌部流入道型、肌部小梁部型及肌部流出道型，后者有肌性组织与肺动脉瓣分隔。该型也可自然闭合，但大多发生在 6 个月至 1 岁以内。
>
> （3）双动脉下型：缺损上缘为主动脉与肺动脉瓣环的连接部。该型不能自然闭合，且冠状动脉瓣脱垂发生率高，故一般主张在婴儿期手术治疗。

（2）但如果通过积极的抗心力衰竭治疗后，病情得不到很好控制；或者随访过程中又反复发生肺炎、生长发育明显落后，则可以考虑较积极的外科手术。另一方面，即使病情稳定，但随访过程中室间隔缺损没有自然闭合的倾向，也应考虑进行外科手术或介入治疗。

知识点

室间隔缺损的手术治疗指征

（1）外科手术：小型缺损 X 线与心电图正常者，可暂不手术。中、大型缺损在 6 个月内发生内科治疗难以控制的充血性心力衰竭，包括反复罹患肺炎和生长缓慢，应予手术治疗；6 个月～2 岁婴儿，虽然心力衰竭能控制，但肺动脉压力持续增高、大于体循环动脉压的 1/2，或者 2 岁以后肺循环量与体循环量之比大于 2∶1，亦应及时手术修补。中型缺损临床上有症状但不严重者，可择期在学龄前期手术修补。晚期器质性肺动脉高压，有双向或右向左分流为主者，不宜手术。

（2）介入治疗：应用于治疗膜周部、肌部室间隔缺损或外科手术后残余分流。

目前公认的指征：年龄≥3 岁，体重≥12kg；有临床症状或左心超负荷表现；解剖条件[如室间隔缺损（VSD）的形态、大小、数目、边缘与主动脉瓣间距等]合适。应用比较广泛的封堵器包括 Amplatzer 肌部 VSD 封堵器、膜周部偏心型 VSD 封堵器及国产镍钛合金膜周部 VSD 封堵器（对称型、偏心型、小腰大边型、零边型等）。VSD 介入治疗操作难度较高，可引起心律失常（如室性期前收缩、房室传导阻滞、交界性逸搏心律）、房室瓣关闭不全、主动脉瓣反流、残余分流等并发症。

（黄国英）

第三节 房间隔缺损

临床病例

患儿，女，3 岁，因"发现心脏杂音 1 个月"就诊。初步的病史采集如下。

患儿于 1 个月前幼儿园体检发现有心脏杂音，医生建议转来我院进一步诊治。患儿平素与正常孩子无明显差别。无肺炎史，婴儿期也未发现吃奶时呼吸急促、出汗、哭吵等。病程中无明显青紫症状。大小便正常。

患儿为 G_1P_1，孕 40 周自然分娩。出生体重 3 100g。否认孕期感染或服药史，否认围生期窒息缺氧病史。否认心脏病或其他遗传病家族史。

查体：体温 36.7℃，脉搏 100 次/min，呼吸 32 次/min，血压 84/56mmHg，体重 14kg，身长 92cm，无青紫或杵状指，四肢脉搏对称。双肺听诊未发现明显异常。心前区无隆起，心尖搏动位于第 5 肋间左乳线上，范围约 2cm；心率 100 次/min，规则，第一心音可，2～3LSB SM 2 级，柔和、喷射样，传导局限，无震颤。第二心音正常，无分裂。各听诊区均未闻及 DM。腹部平软，肝脾未触及。双下肢无水肿。

初步病史采集和体格检查后，因患儿主要表现为心脏杂音，按照心脏病诊断思路分析，临床需要考虑以下相关问题。

【问题 1】 该患儿心脏杂音是否为器质性心脏病所引起的？

思路：该患儿心脏杂音表现为 2～3LSB SM 2 级，传导局限，与生理性杂音很难鉴别。以杂音为线索，除了应考虑先心病的可能性以外，也应注意其他心脏疾病包括心肌病、心肌炎、心包炎、风湿性心脏病、川崎病并发心血管病变等，但后者一般表现有心功能不全、心律失常、心前区疼痛，或有其特殊的病史经过，故可能性较小。结合听诊发现第二心音增强的体征，因此首先需要排除的是先心病。

【问题 2】 如何对该患儿进行进一步诊断？

思路：诊断儿童心脏病最常用的实验室检查方法包括心电图、胸部 X 线和超声心动图检查。

该患儿入院后心电图检查结果：窦性节律。P_{II} = 2.5mm。V_1 导联 QRS 波群呈 rSR′ 波形，R'_{V_1} = 17mm。

知识点

房间隔缺损的心电图特征

（1）典型表现：电轴右偏和不完全性或完全性右束支传导阻滞，V_{3R} 及 V_1 呈 rSr′ 或 rsR′ 波形，后者可能为室上嵴肥厚和右心室容量负荷过重所致。

（2）右心室肥大。

（3）部分病例尚有右心房肥大。

（4）原发孔型缺损因常合并二尖瓣裂缺，故常见电轴左偏及左心室肥大，可有一度房室传导阻滞。

该患儿入院后 X 线检查结果：两侧肺野轻度充血。心胸比例 0.55，肺动脉段饱满，主动脉结可，心尖略圆钝。

知识点

房间隔缺损的 X 线胸片特征

（1）心脏外形轻至中度扩大，以右心房、右心室增大为主。

（2）肺门血管影增粗，肺动脉段凸出，肺野充血明显，主动脉结缩小。

（3）透视下可见肺门"舞蹈征"。

（4）原发孔型缺损而伴有二尖瓣关闭不全者，则左心室亦增大。

该患儿入院后超声心动图检查结果：心房正位，房-室连接正常，心室-大动脉连接正常。左心房内径 17mm，左心室舒张末期内径 30mm，收缩末期内径 18mm，主肺动脉内径 14mm，主动脉根部内径 12mm。房间隔完整。二维超声显示右心房、右心室增大，房间隔中央部回声失落 8mm，结合 M 型超声，显示室间隔与左心室后壁呈"矛盾运动"。脉冲多普勒超声于右心房侧探及收缩末期-舒张早中期舒张期湍流讯号；彩色血流显像显示房间隔回声失落处有明显的左向右穿隔血流束。各组瓣膜形态、活动未见异常，脉冲多普勒超声于肺动脉瓣口测量收缩期血流速度为 2m/s，呈高速层流频谱。主动脉弓左位，形态和血流未见异常。左、右冠状动脉未见异常。

知识点

房间隔缺损的超声心动图特征

1. 直接征象

（1）二维超声显示房间隔连续中断的部位、大小。

（2）多普勒彩色血流显像可观察到分流的位置、方向，且能估测分流量的大小。

（3）三维超声从任意角度观察缺损的部位、形态、大小、数量及其与周围组织（房室瓣、主动脉根部、上腔静脉、下腔静脉、冠状窦）的空间关系，进行准确测量，还可动态观察缺损在整个心动周期中的形状变化、收缩与舒张活动。叠加三维彩色多普勒显像，还能观察异常血流的起源、流向，测量分流量。

2. 间接征象

（1）二维超声显示右心房、右心室增大，肺动脉增宽。

（2）二维超声结合 M 型超声显示室间隔与左心室后壁呈同向运动（即矛盾运动）。

（3）脉冲多普勒于肺动脉瓣口探及收缩期高速层流频谱，乃是因大量血流从右心室流入肺动脉造成相对性肺动脉狭窄，流速一般不超过 2.5m/s。

　　该患儿通过心电图、胸部 X 线和超声心动图检查后，明确诊断为房间隔缺损（继发孔型），因没有发现可能合并其他畸形，没有存在肺动脉高压征象，故不需要进行心导管检查和心血管造影。

　　【问题 3】　该患儿是否存在心力衰竭？

　　思路：该患儿 3 岁，根据改良 Ross 心力衰竭分级计分方法，该患儿评分如下。安静时出汗（0 分）＋无明显呼吸过快（0 分）＋无吸凹征（0 分）＋呼吸次数 32 次 /min（0 分）＋心率 100 次 /min（0 分）＋肝肋缘下未触及（0 分），共计 0 分，故无心力衰竭。

　　【问题 4】　如何对该患儿进行后续处理和管理？

　　思路：对于房间隔缺损患儿，分流量较小而无心脏增大或临床症状可以随访观察。部分房间隔缺损可以自然闭合，但年龄一般为 7 个月～6 岁（绝大多数在 2 岁以内）。该患儿房间隔缺损（继发孔型）的诊断明确，虽然无明显临床症状，但已经有右心房、右心室增大、肺动脉增宽、肺动脉瓣口流速明显增快，加上患儿已经 3 岁，自然闭合的可能性较小，因此可以考虑手术治疗。

知识点

房间隔缺损的病理解剖类型与转归

根据胚胎发育及缺损的解剖部位可将房间隔缺损分为三型：

（1）继发孔型：为第一房间隔吸收过多或第二房间隔发育障碍所致，包括中央型（卵圆窝型）、下腔型及上腔型。其中中央型自然闭合率高，也适合心导管介入治疗。

（2）原发孔型：位于房间隔下部、房室交界处，由心内膜垫发育障碍未与第一房间隔融合所致。如合并二尖瓣裂缺又称部分型房室间隔缺损。该型无自然闭合机会，也不适合心导管介入治疗。

（3）冠状静脉窦型：也称为“无顶”冠状窦，其缺损处为冠状静脉窦与左心房之间无间壁，所以左心房血可由冠状静脉窦与右心房相交通。该型无自然闭合机会，也不适合心导管介入治疗。

知识点

房间隔缺损的手术治疗指征

（1）外科手术指征：临床上已有明显症状者；临床上症状不明显，但 X 线胸片与心电图有明显异常者；右心导管检查计算房间隔水平分流量已达肺循环血流量 40% 以上者。

（2）心导管介入治疗：①年龄≥2 岁；②缺损＞5mm，血流动力学改变明显；③缺损边缘至冠状静脉窦和上、下腔静脉及肺静脉的距离≥5mm，至房室瓣≥7mm；④房间隔的直径大于所选用封堵伞左心房侧的直径；⑤无合并必须外科手术的其他心血管畸形。

　　（黄国英）

第四节　动脉导管未闭

临床病例

　　患儿，男，6 个月，因“发现心脏杂音 1 个月”就诊。初步的病史采集如下。

　　患儿于 1 个月前，因患肺炎住当地中心医院发现有心脏杂音，肺炎经住院治疗 3 周“痊愈”。出生后约 2 个月开始发现吃奶时呼吸急促、出汗、哭吵，总是吃吃停停，且吃奶量少。病程中无明显青紫症状。大小便正常。

　　患儿为 G_1P_1，孕 38 周自然分娩。出生体重 2 900g。否认孕期感染或服药史，否认围生期窒息缺氧病史，否认心脏病或其他遗传病家族史。

查体：体温 36.9℃，脉搏 164 次 /min，呼吸 56 次 /min，血压 76/50mmHg，体重 5kg，身长 60cm，无青紫或杵状指，四肢脉搏洪大、对称。双肺听诊于双侧肺底部闻及较多细湿啰音。心前区饱满，心尖搏动位于第 5 肋间左乳线外，范围约 3cm；心率 164 次 /min，规则，第一心音略低，2LSB CM 4 级，机器轰鸣样，向左锁骨下广泛传导，伴震颤。第二心音增强，无分裂。心尖部闻及轻度 DM。腹部平软，肝肋缘下 2cm，脾未触及。双下肢无水肿。

该患儿主要表现为心脏杂音、肺炎、体格瘦小和喂养困难等，按照心脏病诊断思路分析，需要考虑以下相关问题。

【问题 1】 根据该患儿现有的临床资料，可初步考虑为哪种心脏病？

思路：一般情况下，生理性杂音低于 3 级，柔和，传导局限。该患儿心脏杂音表现为：2LSB CM 4 级，机器轰鸣样，向左锁骨下广泛传导，伴震颤，因此符合病理性心脏杂音的特点。该患儿 6 个月，因肺炎住院发现病理性杂音，高度提示先心病的存在。

听诊在诊断先心病过程中有很重要的作用。根据心脏杂音的特点（包括杂音发生的部位、时相、性质、响度和传导）、肺动脉瓣第二音增强或减弱、是否伴有二尖瓣或三尖瓣舒张期杂音以及是否在杂音的部位伴有震颤等，临床上可以对室间隔缺损、房间隔缺损、动脉导管未闭、肺动脉狭窄和法洛四联症等常见的先心病进行初步鉴别诊断。

该患儿为 6 个月婴儿，有明显的心脏杂音、肺炎治疗较困难，有喂养困难、出汗、气急、心率增快、心音低钝等心功能不全表现，生长发育落后，无青紫或杵状指，故应首先考虑为左向右分流型先心病。根据听诊杂音的特点，可初步诊断动脉导管未闭。

【问题 2】 如何对该患儿进行进一步诊断？

思路：首先完成心电图、胸部 X 线和超声心动图检查，必要时可以采取心导管检查和心血管造影。

该患儿入院后心电图检查结果：窦性节律。Ⅱ导联 P 波双峰，时限 = 0.11 秒。V₁导联 QRS 波群呈 RS 形，V₅导联 QRS 波群呈 QRS 形；R_{V1} = 5mm，S_{V1} = 21mm，R_{V5} = 32mm，S_{V5} = 8mm。ST 段正常。T 波高尖。

知识点

动脉导管未闭的心电图特征

（1）分流量小者心电图可正常。

（2）分流量中者心电轴可左偏，左心房肥大，左心室高压或左心室肥厚，R_{V5}、R_{V6} 波高大，Q_{V5}、Q_{V6} 增深，T_{V5}、T_{V6} 高尖对称。

（3）分流量大或肺动脉压较高时，电轴可正常或左偏，双心室肥大，V_3、V_4 的 R 波与 S 波均高大。肺动脉压力与体循环压力相等时，电轴可右偏，右心室显示收缩期负荷过重。

该患儿入院后 X 线检查结果：两侧肺野充血，纹理较模糊，无明显渗出影。心胸比例 0.67，肺动脉段突出，主动脉结略宽，左心缘向左下延伸。

知识点

动脉导管未闭的 X 线胸片特征

（1）分流量小者，心影正常。

（2）分流量大者，多见左心室增大，左心房亦可增大；主动脉结增宽，可有漏斗征，但婴儿期可无主动脉结增宽的特征；肺动脉段凸出，肺门血管充盈，双侧肺野有轻度至重度充血；透视下搏动强烈，有肺门"舞蹈征"。

（3）分流量大伴肺动脉高压的严重病例呈双心室扩大。

该患儿入院后超声心动图检查结果：心房正位，房-室连接正常，心室-大动脉连接正常。左心房内径15mm，左心室舒张末期内径28mm，收缩末期内径18mm，主肺动脉内径13mm，主动脉根部内径12mm。房间隔完整。二维超声显示连接于主动脉弓降部与左、右肺动脉分叉处动脉导管5mm，脉冲多普勒超声于肺动脉侧探及连续性高速湍流讯号；彩色血流显像显示连续性血流讯号从主动脉侧穿过动脉导管进入肺动脉，沿着肺动脉外侧壁向前延伸；连续波多普勒超声测量收缩期血流速度为3.5m/s。各组瓣膜形态、活动未见异常。主动脉弓左位，形态和血流未见异常。左、右冠状动脉未见异常。

知识点

动脉导管未闭的超声心动图特征

动脉导管未闭超声心动图（图片）

1. 直接征象
（1）二维超声可直接显示未闭动脉导管的位置、管径大小与长度。
（2）多普勒超声可测及连续性湍流频谱；彩色血流显像可显示分流的方向和分流量大小。
2. 间接征象
（1）左心房、左心室增大。
（2）肺动脉内径增宽。
（3）升主动脉和主动脉弓内径增宽。

该患儿通过心电图、胸部X线和超声心动图检查后，明确诊断为动脉导管未闭，因为没有发现可能合并其他畸形，如主动脉弓畸形、二尖瓣畸形等，没有存在明显肺动脉高压征象，故不需要进行心导管检查和心血管造影。

【问题3】 该患儿是否存在心力衰竭？
思路：首先进一步完善病史采集、体格检查，进行心功能评估。

详细了解病史和全面体格检查后，补充信息如下：
（1）患儿近1个月出汗、气急更加明显，吃奶时满头大汗，安静时也出汗。当地医院未给予洋地黄、利尿剂等治疗。
（2）入院查体：体温37℃，脉搏162次/min，呼吸54次/min，血压76/40mmHg，体重5kg，身长60cm，无青紫或杵状指，四肢脉搏洪大、对称。肺部检查发现轻度吸凹征，听诊双肩胛下部闻及较多细湿啰音。心前区饱满，心尖搏动位于第5肋间左乳线外，范围约3cm；心率162次/min，规则，第一心音略低。2LSB CM 4级，机器轰鸣样，向左锁骨下广泛传导，伴震颤。第二心音增强，无分裂。心尖部闻及轻度DM。腹部平软，肝肋缘下2cm，脾未触及。双下肢无水肿。
根据改良Ross心力衰竭分级计分方法，该患儿评分为如下：安静时出汗（2分）+呼吸过快较多（2）+吸气凹陷（1分）+呼吸54次/min（1分）+心率162次/min（1分）+肝肋缘下2cm（1分），共计8分，符合中度心力衰竭。

【问题4】 该患儿入院后应该如何治疗?

思路: 首先需要处理心力衰竭,具体措施如下。

(1)一般处理:保证患儿休息、防止躁动,采取半卧位、吸氧,必要时用镇静剂。婴儿吸吮费力,宜少量多次喂奶。给予营养丰富、易于消化的食品。限制液体摄入量,50~60ml/kg。

(2)洋地黄:选用地高辛。因该患儿为慢性心力衰竭,之前没有用过洋地黄药物,故可采用维持量法:地高辛维持量为负荷量的1/5~1/4,分两次服用;每日服用地高辛维持量,经过4~5个半衰期,即6~8天,可达到稳定的有效血药浓度。

(3)利尿剂:可选用噻嗪类利尿剂,如氯噻嗪、氢氯噻嗪等。可联合应用保钾利尿剂,如螺内酯,以预防低钾血症。

(4)血管活性药物:血管紧张素转换酶抑制剂是慢性心力衰竭的首选药物之一,儿科常用依那普利,该药口服起效时间慢,服药后4小时达血药浓度峰值;血压下降较明显,而对水钠排泄作用不明显。口服从小剂量开始,于1~2周内逐渐加量。初始剂量0.05~0.25mg/(kg·次),每12~24小时一次,最大量0.5mg/(kg·d)。达目标量后长期维持。用药期间注意事项:监测是否有低血糖反应;避免与保钾利尿药合用;肾功能不全时慎用。

【问题5】 如何对该患儿进行后续处理和管理?

思路: 动脉导管未闭出现以下情况者需要手术治疗。

1岁以内反复肺炎、治疗较困难;合并心力衰竭、难以控制;有进行性肺动脉高压倾向;发生过感染性心内膜炎。部分动脉导管未闭可自然闭合,但一般发生于3个月以内,之后自然闭合的可能性很小,因此病情稳定后可考虑手术治疗。该患儿为6个月婴儿,患动脉导管未闭,中度心力衰竭,通过积极纠正心力衰竭治疗后,可以考虑手术治疗。如果通过积极的抗心力衰竭治疗后,病情得不到很好控制;也需要考虑积极的手术。目前,手术方法包括外科手术和心导管介入治疗,其中后者已经广泛应用于治疗动脉导管未闭。

(黄国英)

第五节　法洛四联症

临床病例

患儿,男,18个月,因"发现口唇发绀、心脏杂音9个月"就诊。初步的病史采集如下。

患儿于出生后9个月左右,家长发现其口唇发绀,至当地乡卫生院就诊,医生检查后告知有心脏杂音,考虑先天性心脏病,建议去上级医院,但因经济条件限制和交通不便等原因,家长没有带孩子进一步诊治。9个月来发绀有逐渐加重现象,但出生至今没有患过肺炎,无晕厥史,无呼吸急促、出汗等症状。大小便正常。

患儿为G_2P_1,孕40周自然分娩。第一胎自然流产。出生体重3 000g。否认孕期感染或服药史,否认围生期窒息缺氧病史。否认心脏病或其他遗传病家族史。

查体:体温36.8℃,脉搏112次/min,呼吸36次/min,血压80/54mmHg,体重8kg,身长72cm,口唇、甲床青紫,轻度杵状指/趾,四肢脉搏对称。双肺听诊未发现明显异常。心前区饱满,心尖搏动位于第4肋间左乳线内,范围约2cm;心率112次/min,规则,第一心音正,2~3LSB SM 3级,粗糙,向周围传导,伴轻度震颤。第二心音减弱,无分裂。腹部平软,肝脾未触及。双下肢无水肿。经皮血氧饱和度83%。

该患儿主要表现为发绀、心脏杂音、体格瘦小等,按照心脏病诊断思路分析,需要考虑以下相关问题。

【问题1】 该患儿心脏杂音是否为器质性心脏病所引起的,如何与生理性杂音鉴别?

思路: 一般情况下,生理性杂音低于3级,柔和,传导局限。该患儿心脏杂音表现为:2~3LSB SM 3级,向周围广泛传导,伴震颤,因此符合病理性心脏杂音的特点。

【问题2】 以病理性杂音、发绀等症状为线索,该患儿应考虑哪种先心病?

思路: 先心病大多有明显心脏杂音,可有心功能不全、发绀和反复肺炎等症状,心脏杂音大多在出生后不久可以听到,其他症状也多在3岁以下婴幼儿开始出现。该患儿在出生后9个月出现发绀,逐渐加重,而无肺炎和多汗、气急等心功能不全表现,因此,最符合肺血减少的右向左分流型先心病。根据患儿发绀症状出现的时间、慢性缺氧引起的杵状指/趾、体格瘦小以及心脏杂音的特征、第二心音减弱，可以初步考虑为法洛四联症。

> **知识点**
>
> ### 法洛四联症的临床特征
>
> （1）发绀：4～6个月以下的婴儿，因动脉导管大多开放，有较多血液流入肺部进行氧合，故发绀可不明显。典型病例于出生后半年至1年间因动脉导管闭合，发绀逐渐加重，常表现在唇、指/趾甲、耳垂、鼻尖、口腔黏膜等毛细血管丰富的部位。严重者出生后不久即出现症状。
>
> （2）缺氧发作：因右心室漏斗部痉挛使肺循环血流进一步减少，引起脑缺氧。多发生于2岁以下，表现为突然呼吸加快、发绀加重，若持续时间较长可致神志不清、惊厥。
>
> （3）蹲踞现象：年长儿常出现活动后蹲踞现象。由于蹲踞时下肢屈曲，增加体循环阻力，使右向左分流减少；静脉回心血量减少，使心室水平左向右分流增加，从而使动脉血氧饱和度升高；周围血管阻力增高，使脑动脉和冠状动脉血流得到优先供应。婴儿时期则喜取屈曲位睡眠。
>
> （4）杵状指/趾：由于体循环含有静脉血，表现为中央性发绀；发绀持续6个月以上，由于组织缺氧，指/趾端毛细血管扩张与增生，致使局部软组织及骨组织增生肥大，出现杵状指/趾。
>
> （5）其他症状：生长发育较迟缓。重症患儿由于缺氧较重，患儿表现为呼吸急促，哭吵、吃奶及活动后加剧；但轻症患儿这些症状可不明显。慢性缺氧可引起代偿性红细胞增多、血液黏滞度增高，可引起栓塞症状。另一方面，血循环量增多和侧支循环增多，呼吸道黏膜下微血管有扩张现象，血管破裂可致鼻出血与咯血。
>
> （6）心脏体征：心前区隆起，心界不大，胸骨左缘第2～4肋间可闻及收缩期粗糙喷射性杂音，部分伴有收缩期震颤，为漏斗部狭窄所致。肺动脉瓣第二心音减弱或消失。部分病例可闻及来自主动脉瓣的亢进单一的第二心音。有时可听到侧支循环的连续性杂音。

【问题3】 如何对该患儿进行进一步诊断？

思路：首先进行心电图、胸部X线和超声心动图检查，必要时可以采取心导管检查和心血管造影。

该患儿入院后心电图检查结果：窦性节律。II导联P波=2mm。V_1导联QRS波群呈R形，V_5导联QRS波群呈RS形；R_{V1}=15mm，RV5=3mm，S_{V5}=10mm。ST段及T波无异常。

> **知识点**
>
> ### 右心室肥厚标准的心电图特征
>
> ①电轴右偏>120°（2岁以上者较可靠）；②V_1～V_4的R波高大，S波较小或缺如，至V_5、V_6时R波逐渐减小，而S波渐加深；③V_1呈qR波（出生3天后）；④R_{V1}>10mm，S_{V1}<2mm；⑤R_{V1}+S_{V5}>20mm（>3岁），及右心室壁激动时间>0.03秒而无束支传导阻滞者；⑥>3个月小儿V_{3R}、V_{4R}或V_1出现单纯R波；⑦出生3天后V_{3R}、V_{4R}或V_1的T波直立；⑧各年龄的V_1导联R/S比值超过正常值（1～4个月≥7，小于1岁≥5，1～3岁≥2.5，3～5岁≥2，5～12岁≥1.5）。

> **知识点**
>
> ### 法洛四联症的心电图特征
>
> ①电轴右偏；②右心室肥大，V_1呈Rs或R型，V_3呈Rs型；严重者V_1呈Rs或qR型，T_{V1}直立，V_3呈rS型；③P_{II}波可高尖；④新生儿出生3～4天后出现V_{3R}、V_{4R}及V_1导联T波持续直立者是一种右心室肥厚的早期表现。

该患儿入院后 X 线检查：肺野清晰缺血，肺门血管阴影细小稀疏，心影呈靴状，心胸比例 0.55，心尖圆钝上翘，肺动脉段凹陷，上纵隔较宽。

该患儿入院后超声心动图检查结果：心房正位，房-室连接正常，右心室-肺动脉连接正常，主动脉骑跨在右心室和左心室之上。左心房内径 12mm，左心室舒张末期内径 26mm，收缩末期内径 16mm，主肺动脉内径 9mm，左肺动脉 4.5mm，右肺动脉 4.2mm，主动脉根部内径 14mm。二维超声显示：房间隔完整；主动脉前壁与室间隔连续中断，室间隔位于主动脉前、后壁之间，主动脉增宽骑跨，右心室流出道漏斗部狭窄；右心室增大、室壁增厚。多普勒测量肺动脉口收缩期血流速度 4m/s。彩色血流显像显示右心室血流讯号直接注入骑跨的主动脉；漏斗部可见收缩期色泽镶嵌的高速血流讯号。主动脉弓右位，形态和血流未见异常。左、右冠状动脉未见异常。

该患儿通过心电图、胸部 X 线和超声心动图检查后，明确诊断为法洛四联症，因为诊断明确，没有存在肺动脉分支狭窄征象或怀疑合并其他畸形如主动脉缩窄、冠状动脉畸形等，患儿的病情符合典型的法洛四联症，不需要对肺血管床发育和左心室发育情况进行进一步评估，故不需要进行心导管检查和心血管造影。

知识点

法洛四联症心导管检查和心血管造影的特征

070501

法洛四联症胸片
（图片）

（1）心导管检查：右心室压力明显增高，可与体循环压力相等，而肺动脉压力明显降低。部分患儿心导管可直接通过室间隔缺损插入左心室或进入骑跨的主动脉。股动脉血氧饱和度明显降低，低于 90%，常低于 80%。

（2）心血管造影：对于法洛四联症来讲，选择性右心室造影虽然可了解室间隔缺损部位及大小、主动脉增宽及骑跨程度，但由于超声心动图对心内畸形诊断准确，故心血管造影更为重要的是显示右心室流出道、肺动脉狭窄的部位、程度和类型，尤其是显示肺动脉分支和肺血管床发育情况；必要时左心室及主动脉造影或冠状动脉造影可进一步了解左心室发育情况及冠状动脉的走向等，为制订手术治疗方案提供重要参考。

【问题 4】 该患儿是否存在心力衰竭？

思路：该患儿 18 个月，根据改良 Ross 心力衰竭分级计分方法，该患儿评分为如下。安静时出汗（0 分）+ 无明显呼吸过快（0 分）+ 无吸凹征（0 分）+ 呼吸次数 36 次 /min（1 分）+ 心率 112 次 /min（1 分）+ 肝肋缘下未触及（0 分），共计 2 分，无心力衰竭。

知识点

法洛四联症不容易发生心力衰竭的原因

法洛四联症的病理特点包括：肺动脉狭窄、室间隔缺损、主动脉骑跨和右心室肥厚。其中，肺动脉狭窄是病理生理变化的最主要因素，狭窄的严重程度直接影响肺循环血流量和右向左分流量；肺动脉狭窄越严重，则肺循环血流量越少、右向左的分流量越大，因此低氧血症越明显。然而，尽管由于肺动脉狭窄导致右心室后负荷很大，但室间隔缺损和主动脉骑跨使右心室压力的增高可以得到缓冲，即右心室肥厚不会因为肺动脉梗阻而进行性加重，故很少发生心力衰竭。

【问题 5】 如何对该患儿进行后续处理和管理？

思路：该患儿法洛四联症的诊断明确，因发绀、慢性缺氧症状较明显，生长发育受到影响，应尽快给予根治手术治疗。手术后绝大多数患儿症状消失，心功能恢复良好。少数患者手术出现一些并发症，如室间隔缺损残余分流、肺动脉口残余梗阻、肺动脉反流、心功能不全和心律失常等，故应注意随访，以及时发现可能存在的问题，采取正确的处理措施。

法洛四联症的处理要点

1. 内科治疗

（1）一般处理：及时控制感染，防治感染性心内膜炎；预防脱水及并发症。

（2）缺氧发作的处理：轻者取胸膝体位即可缓解；重者可给予静脉注射普萘洛尔，每次0.1mg/kg。必要时皮下注射吗啡，每次0.1～0.2mg/kg。氧气吸入，并及时纠正酸中毒，静脉注射5%碳酸氢钠1.5～5.0ml/kg。

（3）缺氧发作的预防：重症、频繁发作的病例可用β受体阻滞剂以减轻右心室流出道梗阻，预防缺氧发作，普萘洛尔0.25～1.0mg/kg，每6小时口服。

2. 外科治疗

（1）根治手术：在体外循环下作心内直视手术，切除右心室流出道肥厚肌束，分离狭窄的瓣膜，修补室间隔缺损。手术年龄主要根据病情严重程度来决定，一般在2～3岁之前；严重者可在3～6个月手术。

（2）姑息手术：症状严重、肺血管发育较差者不宜行根治术，则以姑息分流手术为主。如在锁骨下动脉、无名动脉或上腔静脉与肺动脉之间进行吻合术，以增加肺循环血流量，改善缺氧，促进肺循环发育，为日后根治术做准备。

（黄国英）

第六节　肺动脉狭窄

临床病例

患儿，男，4岁，因"发现心脏杂音4年"就诊。初步的病史采集如下。

患儿于出生后1个月左右，因体检发现有心脏杂音，但因当时没有明显症状，故未引起重视。近半年来发现容易疲劳，活动量减少，走路时气较急、出汗，但平素无明显呼吸急促、出汗或青紫等症状。大小便正常。当地医院建议转来我院进一步诊治。

患儿为G_1P_1，孕39周自然分娩。出生体重3 000g。否认孕期感染或服药史，否认围生期窒息缺氧病史。否认心脏病或其他遗传病家族史。

查体：体温36.6℃，脉搏96次/min，呼吸36次/min，血压90/60mmHg，体重17kg，身长97cm，无青紫或杵状指，四肢脉搏对称。双肺听诊未发现明显异常。心前区饱满，心尖搏动位于第5肋间左乳线内，范围约2cm；心率96次/min，规则，第一心音可，2LSB SM 4级，粗糙，喷射性，向颈部传导，伴震颤。肺动脉瓣区可听到收缩早期喀喇音，第二心音减弱，无分裂。腹部平软，肝脾未触及。双下肢无水肿。

该患儿主要表现为心脏杂音，按照心脏病诊断思路分析，临床需要考虑以下相关问题。

【问题1】 该患儿心脏杂音是否为器质性心脏病所引起的？

思路：一般情况下，生理性杂音低于3级，柔和，传导局限。该患儿心脏杂音表现为2LSB SM 4级，粗糙，喷射性，向颈部传导，伴震颤。因此符合病理性心脏杂音的特点。

【问题2】 根据该患儿现有的临床资料，可初步考虑为哪种心脏疾病？

思路：该患儿为4岁婴儿，有明显的心脏杂音，无肺炎或喂养困难史，生长发育尚可，无青紫或杵状指，符合无分流型先心病。根据听诊杂音特点：2LSB SM 4级，粗糙，喷射性，向颈部传导，伴震颤，肺动脉瓣区可听到收缩早期喀喇音，第二心音减弱，可初步诊断为肺动脉狭窄。

【问题3】 如何对该患儿进行进一步诊断？

思路：首先完成心电图、胸部X线和超声心动图检查，必要时可以采取心导管检查和心血管造影。

该患儿入院后心电图检查结果：窦性节律。Ⅱ导联 P 波 = 2.7mm，时限 = 0.08 秒。V_1 导联 QRS 波群呈 Rs 形，V_5 导联 QRS 波群呈 sR 形，R_{V1} = 12mm，S_{V1} = 4mm，R_{V5} = 4mm，S_{V5} = 12mm。ST 段正常。T 波与 R 波方向一致。

知识点

肺动脉狭窄的心电图特征

（1）轻度狭窄：心电图常在正常范围。

（2）中、重度狭窄：不同程度的右心室肥厚表现，电轴右偏，V_1 示 Rs 或 qR 波或单纯 R 波；T_{V1}、T_{V3} 深倒，伴 ST 段斜行下降；P 波高尖示右心房增大。

该患儿入院后 X 线检查结果：两侧肺野透亮，肺血管影细。心胸比例 0.56，肺动脉段突出，主动脉结正常，心尖圆钝。

知识点

肺动脉狭窄的 X 线胸片特征

（1）轻度狭窄：心影及肺血管影可以正常。

（2）中、重度狭窄：右心室出现不同程度增大；最突出的改变是肺动脉段突出，肺门血管阴影减少，肺野清晰；严重病例右心房扩大。

（3）特殊情况：婴幼儿患者肺动脉段凸出的表现可不明显，心影可呈球形扩大。合并漏斗部狭窄和混合型狭窄可有肺动脉段凹陷。

该患儿入院后超声心动图检查结果：心房正位，房 - 室连接正常，心室 - 大动脉连接正常。左心房内径 17mm，左心室舒张末期内径 32mm，收缩末期内径 20mm，主肺动脉内径 19mm，主动脉根部内径 15mm。房间隔、室间隔完整，室间隔厚度 6mm。肺动脉瓣反光增强，开放受限，脉冲多普勒超声于肺动脉瓣口探及收缩期高速湍流讯号；彩色血流显像显示收缩期有明显的色泽镶嵌的血流束通过瓣口；连续波多普勒超声测量收缩期跨瓣血流速度为 4m/s。其他瓣膜形态、活动未见异常。主动脉弓左位，形态和血流未见异常。左、右冠状动脉未见异常。

知识点

肺动脉狭窄的超声心动图特征

1. 直接征象

（1）二维超声可显示肺动脉瓣叶增厚、开放受限，可了解肺动脉狭窄的性质、部位及程度。

（2）多普勒超声可于肺动脉口探及收缩期高速湍流频谱，并可根据 Bernoulli 方程计算跨瓣压差，评估肺动脉瓣狭窄的严重程度。例如，该患儿连续波多普勒超声测量收缩期跨瓣血流速度为 4m/s，则跨肺动脉瓣压差 = 4×4^2 = 64mmHg，符合重度肺动脉狭窄。

2. 间接征象 二维超声显示狭窄后肺动脉扩张、右心室肥厚等。

该患儿通过心电图、胸部 X 线和超声心动图检查后，明确诊断为单纯性肺动脉瓣狭窄，因为没有发现可能合并其他畸形如主动脉弓畸形、肺动脉分支狭窄、冠状动脉畸形等，故不需要进行心导管检查和心血管造影。

知识点

肺动脉狭窄的心导管检查及心血管造影特征

（1）判断狭窄程度：右心室与肺动脉间收缩期压力差，正常情况下小于 10mmHg；轻度狭窄时压力阶差增大但小于 40mmHg；中度狭窄时压力阶差为 40～100mmHg；重度狭窄时压力阶差超过 100mmHg。

（2）评估肺动脉口梗阻：右心室造影显示右心室与肺动脉排空时间延长，并可显示右心室、漏斗部、肺动脉瓣、肺动脉及其分支狭窄的形态、范围与程度，判断是否存在多部位狭窄，有助于确定手术方案。

（3）单纯肺动脉瓣狭窄，右心血氧含量无改变。

【问题4】 该患儿是否存在心力衰竭？

思路：该患儿 4 岁，根据改良 Ross 心力衰竭分级计分方法，其心功能评分为如下。活动时出汗（1 分）+偶尔呼吸较多（1）+无吸气凹陷（0 分）+呼吸 36 次/min（1 分）+心率 96 次/min（0 分）+肝肋缘下未触及（0 分），共计 3 分，有轻度心力衰竭。

【问题5】 如何对该患儿进行后续处理和管理？

思路：肺动脉狭窄的治疗包括经皮球囊肺动脉瓣成形术和外科手术治疗两种方法。该患儿 4 岁，为单纯性肺动脉瓣狭窄，近半年有活动耐力减少倾向，活动时气急、出汗，有轻度心力衰竭症状，故应尽早给予治疗。目前首选皮球囊肺动脉瓣成形术，术后需定期随访。治疗前后应适当限制剧烈活动，注意防治呼吸道感染，给予充足的营养以保证其正常生长发育。

知识点

肺动脉狭窄的手术治疗指征

（1）经皮球囊肺动脉瓣成形术（PBPV）：右心室与肺动脉压力阶差>40mmHg，包括以下情况。①单纯性肺动脉瓣狭窄，PBPV 是目前治疗的首选方法；②部分发育不良型肺动脉瓣狭窄；③外科手术后或经皮球囊肺动脉瓣成形术后再狭窄者；④伴肺动脉瓣狭窄的复杂型先心病，当不能进行根治手术时，可以采用 PBPV 进行姑息治疗。

（2）外科治疗：①肺动脉瓣下漏斗部狭窄；②重度发育不良型肺动脉瓣狭窄；③狭窄严重或出现右心衰竭时应尽早手术，可在体外循环下行瓣膜切开术或肥厚肌束切除术。

（黄国英）

第七节 病毒性心肌炎

病毒性心肌炎（virus myocarditis，VM）是由病毒引起的心肌局灶性或弥漫性炎性病变。各年龄小儿均可发病，临床表现轻重不一，心电图改变具有多样性、多变性和易变性的特点，是小儿时期常见的心脏疾病。很多病毒都可以引起心肌炎，其中肠道病毒是最常见的病毒，尤其是柯萨奇 B 组病毒 1～5 型多见，其次为腺病毒及埃克病毒。病毒性心肌炎的发病机制尚不清楚，通常认为是在病毒感染初期，病毒直接侵袭心肌细胞引起急性炎症反应，出现心肌坏死、变性及细胞浸润，但严重的、慢性持久的心肌病变常由免疫介导。

病毒性心肌炎的诊疗经过通常包括以下环节。

（1）详细询问患儿有无前驱感染史，比如上呼吸道感染、腹泻等病毒感染史；患儿是否存在心功能不全的症状，如乏力、多汗、气短、胸闷、头晕，婴儿可有拒食、发绀、四肢凉等，新生儿可结合母亲流行病学作出诊断。暴发性心肌炎常以心外症状为首发表现，疾病急骤，进展迅速，误诊风险高。因此需注意非特异性症状，如呼吸窘迫或胃肠道症状（厌食、腹痛和呕吐）。

（2）查体时重点关注患儿精神状态，循环系统体征。

（3）及时进行血常规、血生化、心肌酶谱、肌钙蛋白、心电图、超声心动图、胸部 X 线及病原学方面的检查。

（4）病毒性心肌炎的诊断需要排除其他心肌疾病。

（5）目前尚无有效治疗方法，一般多采取综合性治疗措施，比如休息、改善心肌代谢、抗生素及对症治疗，根据情况选择免疫抑制剂或免疫调节剂等。

临床关键点

1. 发病前 1～2 周内有病毒感染史。
2. 有心悸、胸闷、气急等临床症状。
3. 心肌酶谱升高。
4. 心脏扩大。
5. 心电图异常。

临床病例

9 岁学龄期男童，主因"胸闷乏力半月余"入院，初步病史采集如下。

患儿于半个多月余无明显诱因出现发热，体温最高 38℃，伴流涕、咽痛，无恶心、呕吐、咳嗽和腹泻等症状，口服退热药治疗热退，4 天前患儿吃晚饭后突然出现胸闷、长出气、乏力，伴口周发绀，面色发黄，夜间反复坐起，不能入眠。不伴流涕、咳嗽，无恶心、呕吐及腹痛，无头痛、头晕、水肿、少尿等，1 天前患儿再次出现面色苍白，口唇发绀，意识不清，持续 2～3 分钟自行缓解，自发病以来，患儿精神、食欲差，睡眠欠佳，二便正常，体重无明显改变，为进一步诊治入住我院。

患儿既往体质较弱，易患"上呼吸道感染"，每年 2～3 次，否认药物及输血史，父母体健，否认类似病史。

【问题 1】 初步病史采集后，患儿主要症状为胸闷、乏力，应考虑哪些疾病？

思路：本例学龄期患者胸闷、乏力，病前曾有上呼吸道感染史，首先考虑病毒性心肌炎，但病毒性心肌炎诊断缺乏特异性方法，主要依靠综合临床资料，还应注意有无风湿性心脏病、心肌病等。在排除了其他心脏疾病后可诊断。

知识点

病毒性心肌炎的发生条件

小儿病毒感染机会甚多，但发生心肌炎者却较少，这与病毒本身是否具有亲心脏性有关，已知的病毒种类中，其中以柯萨奇 B 组病毒 1～5 型最具有亲心脏性。病毒性心肌炎的发生同时还需一定的条件因子，在感染病毒的同时或其后如并存有条件因子则容易导致心肌炎发病。常见的条件因子有细菌感染、发热、精神创伤、过劳、受凉、缺氧、激素、营养不良、外科手术等。

【问题 2】 初步判断患儿病情后，询问病史可围绕什么思路进行？

思路：询问病史注意前驱病毒感染病史，患儿起病较急，病程较短，表现为心悸、胸闷、气急等临床症状，在进一步的病史询问中，可继续追问患儿既往病史，如有无心力衰竭病史等。可进一步围绕鉴别诊断进行病史询问，应仔细询问患儿除主诉症状外还有无其他不适，如关节疼痛、舞蹈病、皮下结节、环形红斑等，以除外风湿性心脏病的可能性。

【问题 3】 病史采集结束后，下一步查体应重点关注哪些方面？

思路：在查体时应重点观察患儿精神状态，生命体征，皮肤有无苍白，全身有无水肿，有无皮下结节和环形红斑,四肢末端的温度,是否存在呼吸困难,听诊双肺呼吸音,心前区有无隆起,心间搏动有无弥散,仔细叩诊心界,听诊心率、心律、心音及心脏杂音,肝脏有无肿大,有无腹水征。

入院时体格检查

体温 37.2℃,呼吸 21 次 /min,脉搏 90 次 /min,血压 120/80mmHg,发育正常,营养中等,神清,精神可。皮肤无苍白及发花,无皮疹出血点,无环形红斑及皮下结节,无水肿,关节无触痛,咽无充血,双侧扁桃体Ⅱ度肿大。呼吸平稳,双肺叩诊清音,呼吸音粗,未闻及干湿啰音。心前区无隆起,未触及震颤,心界叩诊向左扩大,心左界位于左第 5 肋间乳线外 0.5cm,心率 90 次 /min,律齐,心音有力,心尖部可闻及 3/4 级收缩期杂音,范围局限不传导。四肢末梢暖,周围血管征(-)。腹软,无压痛,肝右肋下未及,肝颈静脉反流征(-),脾未及,无移动性浊音,关节无红肿,活动自如,神经系统查体无异常。

知识点

小儿正常心界参考值及收缩期杂音6级分法

(1)小儿正常心界参考值:左界 - 左锁骨中线外 1~2cm(1 岁以内),左锁骨中线外 1cm(2~5 岁),左锁骨中线上或线内 0.5~1cm(5~12 岁),左锁骨中线内 0.5~1cm(12 岁以上);右界 - 沿右胸骨旁线(1 岁以内),右胸骨旁线与右胸骨线之间(2~5 岁),接近右胸骨线(5~12 岁),右胸骨线(12 岁以上)。

(2)收缩期杂音按 6 级分类法:1 级杂音弱,不易听到;2 级较易听到的弱杂音;3 级杂音较强,但无震颤;4 级杂音强且伴震颤;5 级杂音很强,但听诊器不接触胸壁就听不到,伴有震颤;6 级杂音很强,听诊器稍离开皮肤亦能听到,伴有明显震颤。

【问题4】 通过查体对患儿疾病的鉴别诊断有何帮助?

思路:患儿心界向左扩大,提示存在器质性心脏病;无环形红斑、皮下结节,无舞蹈征及关节症状,可排除风湿性心脏病;无呼吸困难、心动过速、水肿及肝脏肿大,提示目前无心力衰竭。

【问题5】 结合上述查体结果,为进一步诊断应实施哪些检查?

思路:根据上述检查应尽快完善血常规、血生化、心肌酶谱、肌钙蛋白、血沉、心电图、超声心动图、胸片、心脏增强磁共振及血清柯萨奇病毒抗体、巨细胞病毒抗体等病原学方面的检查。

入院后辅助检查结果

血常规示 WBC 正常,分类正常,CRP 正常,肾功能及电解质正常;

血清心肌酶以及心肌损伤指标均显著升高;

ASO、抗核抗体(ANA)、类风湿因子(RF)、ESR、免疫球蛋白均正常;

心电图示窦性心律,Ⅱ、aVF 导联 T 波倒置,ST 段下移;

胸片示心影增大,左心室轻度增大;

超声心动图:左心室轻度扩大,左心室射血分数 65%;

腹部超声(-);

血清柯萨奇病毒 IgM 抗体阳性。

【问题6】 如何通过实验室检查结果对患儿进行初步诊断?

思路:患儿实验室检查结果显示左心室轻度增大,心肌酶谱及心肌损伤指标增高。心电图显示Ⅱ、aVF 导联 T 波倒置,ST 段下移,血清柯萨奇病毒 IgM 抗体阳性,支持病毒性心肌炎的诊断;周围血 WBC、ESR 及 ASO 正常,超声心动图无心脏瓣膜损害,不支持风湿性心脏病;超声心动图示左心室收缩功能正常,不考虑扩张型心肌病的可能。

【问题7】 如何根据上述提供的信息进行综合诊断?

思路:患者病前半个多月余有可疑呼吸道感染病史,患儿自起病以来诉有胸闷、乏力,心脏扩大,心电图改变，CK-MB，cTnI 均升高，血清柯萨奇病毒 IgM 抗体阳性，考虑病毒性心肌炎的诊断。根据患者无关节痛、皮下结节、环形红斑及舞蹈病，辅助检查 ASO、ESR 及 CRP 均正常，超声心动图无心脏瓣膜损害，可排除风湿性心脏病的可能；患儿临床表现为心力衰竭的征象，超声心动图示左心室收缩功能正常，不考虑扩张型心肌病的可能。心脏增强 MRI 可显示炎症的部位和范围。

心肌炎患儿的心脏增强磁共振表现有三大特征。①水肿信号：因细胞膜通透性增高导致细胞内水肿，表现为 T_2 高信号；②早期增强：炎症部位血容量增加，反映充血和毛细血管渗漏；③晚期增强：反映心肌坏死和纤维化等不可逆心肌损伤。

知识点

病毒性心肌炎的诊断标准

一、心肌炎临床诊断

（一）心肌炎主要临床诊断依据

1．心功能不全、心源性休克或心脑综合征。

2．心脏扩大。

3．血清心肌肌钙蛋白（cTnI 或 cTnT）或血清肌酸激酶同工酶（CK-MB）升高，伴动态变化。

4．显著心电图改变（心电图或 24 小时动态心电图）。

5．心脏 MRI 呈现典型心肌炎症表现。

在上述心肌炎主要临床诊断依据"4"中，"显著心电图改变"包括：以 R 波为主的 2 个或 2 个以上主要导联（Ⅰ、Ⅱ、aVF、V_5）的 ST-T 改变持续 4 天以上伴动态变化，新近发现的窦房传导阻滞、房室传导阻滞，完全性右或左束支传导阻滞，窦性停搏，成联律、成对、多形性或多源性期前收缩，非房室结及房室折返引起的异位性心动过速，心房扑动、心房颤动、心室扑动、心室颤动、QRS 低电压（新生儿除外），异常 Q 波等。

在上述心肌炎主要临床诊断依据"5"中，"心脏磁共振呈现典型心肌炎症表现"系指具备以下 3 项中至少 2 项。①提示心肌水肿：T_2 加权像显示局限性或弥漫性高信号；②提示心肌充血及毛细血管渗漏：T_1 加权像显示早期钆增强；③提示心肌坏死和纤维化：T_1 加权像显示至少一处非缺血区域分布的局限性晚期延迟钆增强。

（二）心肌炎次要临床诊断依据

1．前驱感染史，如发病前 1～3 周内有上呼吸道或胃肠道病毒感染史。

2．胸闷、胸痛、心悸、乏力、头晕、面色苍白、面色发灰、腹痛等症状（至少 2 项），小婴儿可有拒乳、发绀、四肢凉等。

3．血清 LDH、α- 羟丁酸脱氢酶（α-HBDH）或 AST 升高。

4．心电图轻度异常。

5．抗心肌抗体阳性。

在上述心肌炎次要临床诊断依据"3"中，若在血清 LDH、α-HBDH 或 AST 升高的同时，亦有 cTnI、cTnT 或 CK-MB 升高，则只计为主要指标，该项次要指标不重复计算。

在上述心肌炎次要临床诊断依据"4"中，心电图轻度异常指未达到心肌炎主要临床诊断依据中"显著心电图改变"标准的 ST-T 改变。

（三）心肌炎临床诊断标准

1．心肌炎　符合心肌炎主要临床诊断依据≥3 条，或主要临床诊断依据 2 条加次要临床诊断依据≥3 条，并除外其他疾病，可以临床诊断心肌炎。

2．疑似心肌炎　符合心肌炎主要临床诊断依据 2 条，或主要临床诊断依据 1 条加次要临床诊断依据 2 条，或次要临床诊断依据≥3 条，并除外其他疾病，可以临床诊断疑似心肌炎。

凡未达到诊断标准者，应给予必要的治疗或随诊，根据病情变化，确诊或除外心肌炎。

在诊断标准中，应除外的其他疾病包括冠状动脉疾病、先天性心脏病、高原性心脏病以及代谢性疾病(如甲状腺功能亢进症及其他遗传代谢病等)、心肌病、先天性房室传导阻滞、先天性完全性左或右束支传导阻滞、离子通道病、直立不耐受、β受体功能亢进及药物引起的心电图改变等。

二、病毒性心肌炎诊断

(一)病毒性心肌炎病原学诊断依据

1. 病原学确诊指标　自心内膜、心肌、心包(活体组织检查、病理)或心包穿刺液检查发现以下之一者可确诊:①分离到病毒;②用病毒核酸探针查到病毒核酸。

2. 病原学参考指标　有以下之一者结合临床表现可考虑心肌炎由病毒引起:①自粪便、咽拭子或血液中分离到病毒,且恢复期血清同型抗体滴度较第1份血清升高或降低4倍以上;②病程早期血中特异性IgM抗体阳性;③用病毒核酸探针自患儿血中查到病毒核酸。

(二)病毒性心肌炎诊断标准

在符合心肌炎诊断的基础上:①具备病原学确诊指标之一,可确诊为病毒性心肌炎;②具备病原学参考指标之一,可临床诊断为病毒性心肌炎。

【问题8】 对患儿该如何进行治疗?

思路:本病目前尚无特效治疗。应根据病情采取综合治疗,疗程一般不少于6个月。

(1)休息:患儿应卧床休息以减轻心脏负荷及减少耗氧量。急性期至少卧床休息3~4周,有心功能不全或心脏扩大者应卧床休息至少3~6个月。由于患者心脏扩大,所以应延长卧床休息时间,至少3~6个月,病情好转或心脏缩小后可逐步开始活动。

(2)营养心肌治疗:大剂量维生素C有消除氧自由基的作用,可改善心肌代谢、促进心肌恢复,对心肌炎有一定疗效。剂量100~200mg/(kg·d),以葡萄糖液稀释成10%~25%溶液静脉注射,1次/d,一个月为一疗程;辅酶Q10有保护心肌作用,口服1mg/(kg·d),分2次用,连用3个月以上;1,6-二磷酸果糖可改善心肌代谢,每日静脉注射100~250mg/kg,连用2周;磷酸肌酸钠静脉滴注。

(3)抗生素:病毒性心肌炎时,细菌感染是其发病的重要条件因子,故开始治疗时应用青霉素,肌内注射1~2周。

(4)免疫调节治疗:包括免疫球蛋白和糖皮质激素可用于重症病例。

(5)对症治疗:烦躁时应用镇静剂,以保证休息。胸痛、腹痛、肌痛者,可用镇痛药物。有发绀时,应予吸氧。若有心源性休克、心力衰竭或心律失常,可根据具体情况给予针对性治疗。

(杜军保　徐文瑞)

第八节　心　肌　病

心肌病(cardiomyopathy)是一组以心肌机械和/或心电异常为表现的心肌疾病,可伴心肌不适当肥厚或心腔扩张,分为原发性和继发性两大类。原发性心肌病主要包括扩张型心肌病(dilated cardiomyopathy)、肥厚型心肌病(hypertrophy cardiomyopathy)、限制型心肌病(restrictive cardiomyopathy)、致心律失常性右心室心肌病(arrhythmogenic right ventricular cardiomyopathy)和未分类心肌病五类。儿科心肌病年发病率在1.13/100 000~1.24/100 000,其中以扩张型心肌病和肥厚型心肌病为主。

心肌病的诊疗经过通常包括以下环节:

(1)询问病史:心肌病起病隐匿,各年龄均可发病,早期常无明显症状,随病情进展逐渐出现心力衰竭表现。发病较早者常有喂养困难、体重不增等,年长儿则主要表现为乏力、食欲缺乏、胸闷、活动耐量下降,可有水肿、少尿、呼吸困难等。扩张型心肌病常有心律失常、心室附壁血栓,若出现栓塞则会有相应表现,如脑栓塞表现为偏瘫、失语,下肢栓塞可有肢端坏死,肺栓塞可有咯血、胸痛、呼吸困难等。肥厚型心肌病因左心室流出道梗阻、心输出量减少,晕厥及猝死发生率较高。此外肥厚型心肌病因舒张功能障碍和左心室流出道梗阻会影响冠状动脉血供,可有心绞痛症状。

(2)查体时重点关注患儿精神状态,循环系统体征,可有心脏扩大、奔马律、不同程度体循环淤血及肺循环淤血表现。

（3）及时进行心肌酶谱、肌钙蛋白、BNP、心电图、24小时动态心电图、超声心动图、胸部 X 线、心脏增强 MRI 及病因学方面的检查。

（4）治疗目标是控制心力衰竭及心律失常，预防猝死和栓塞，减慢疾病进展，改善预后。

临床关键点

1．起病隐匿，各年龄均可发病。

2．早期常无明显症状，随病情进展逐渐出现乏力、食欲缺乏、活动耐力下降、水肿等心力衰竭表现。

3．体格检查及辅助检查提示心脏扩大。

4．心电图可有心室肥大、心房肥大、ST-T 改变、异常 Q 波，心律失常以异位心律和传导阻滞为主。部分肥厚型心肌病患者合并预激综合征。

5．超声心动图提示心功能下降。

临床病例

12岁学龄期男童，主因"心悸乏力2周，发现心脏增大3天"入院，初步病史采集如下。

患儿于2周前出现心悸、乏力，伴头晕、胸闷，无发热、呕吐、呼吸困难、晕厥等，就诊于外院，查体发现心率增快（具体不详），未予特殊治疗，3天前患儿症状加重，伴口周发绀。就诊于外院行胸片检查发现心脏增大，超声心动图提示全心增大，心脏收缩功能明显下降。自发病以来，患儿精神、食欲差，睡眠欠佳，二便正常，近2周体重增长3kg，为进一步诊治入住医院。

患儿既往体质较弱，易患"上呼吸道感染"，每年2～3次，否认药物及输血史，父母体健，否认类似病史。

【问题1】 初步病史采集后，因患儿主要症状为心悸、乏力，有心脏增大，应考虑哪些疾病？

思路：患儿为学龄期年长儿，起病前无明显诱因，以心悸、乏力为首发症状，后续心功能急剧恶化，心脏扩大，心功能不全，考虑为心肌病，其中以扩张型心肌病可能性大。但还需注意与病毒性心肌炎、先天性心脏病、风湿性心脏病等可以引起心脏扩大、心功能下降的其他疾病鉴别。

知识点

扩张型心肌病的病因

（1）家族遗传因素。

（2）炎症性：心肌免疫炎症。

（3）中毒性：长时间暴露于有毒环境，如酒精、化疗药物（以蒽环类药物最常见）、放射线等。

（4）先天性代谢缺陷病：脂肪酸代谢异常、糖原贮积和线粒体病等。

（5）其他：自身免疫性疾病如系统性红斑狼疮、胶原血管病等，内分泌疾病如嗜铬细胞瘤、甲状腺疾病等，营养性疾病如硒缺乏等或神经肌肉疾病。

【问题2】 初步判断患儿病情后，询问病史可围绕什么思路进行？

思路：①相关伴随症状，如水肿、少尿、咳嗽、端坐呼吸等，明确疾病严重程度及是否存在心力衰竭；②发现心脏增大前有无活动耐力下降表现；③鉴别诊断相关症状，如关节疼痛，舞蹈病，皮下结节，环形红斑等，以除外风湿性心脏病的可能性。

【问题3】 病史采集结束后，下一步查体应重点关注哪些方面？

思路：患儿的生长发育情况可帮助判断病史长短，应重点观察患儿精神状态、生命体征，注意有无水肿，肢端皮肤温度，是否存在呼吸困难，听诊双肺呼吸音，心前区有无隆起，心尖搏动有无弥散，仔细叩诊心界，听诊心率、心律、心音及心脏杂音，有无肝脏肿大、腹水征等。

入院时体格检查

体温 37.1℃，呼吸 21 次 /min，脉搏 80 次 /min，血压 95/70mmHg，体重 30kg，身高 150cm，神情，精神差，轮椅推入病房。皮肤稍苍白，无皮疹出血点，无环形红斑及皮下结节，双下肢水肿，关节无触痛，口周无发绀，咽无充血，双侧扁桃体无肿大。安静状态下呼吸平稳，双肺叩诊清音，呼吸音粗，未闻及干湿性啰音。心前区饱满，未触及震颤，心尖搏动位于第 5 肋间左锁骨中线外 1.5cm，叩诊心界向左扩大，心音低钝，律不齐，各瓣膜听诊区未闻及杂音。四肢末梢暖，周围血管征（−）。腹软，无压痛，肝右肋下 3cm，脾未及，无移动性浊音，关节无红肿，神经系统查体无异常。

【问题 4】 通过查体对患儿疾病的鉴别诊断有何帮助？

思路：患儿心界向左扩大，提示存在器质性心脏病；无环形红斑、皮下结节，无舞蹈征及关节症状，可排除风湿性心脏病；现有水肿及肝脏肿大，提示有心力衰竭。

【问题 5】 结合上述查体结果，为进一步诊断应实施哪些检查？

思路：根据上述检查应尽快完善血常规、血生化、心肌酶谱、肌钙蛋白、血沉、心电图、超声心动图、胸部 X 线、心脏增强磁共振检查，同时完善甲状腺功能、自身抗体检查，协助鉴别诊断。

入院后辅助检查结果

血常规示 WBC 正常，分类正常，CRP 正常。

肝肾功能、电解质、心肌酶正常，BNP 增高。

ASO、ANA、RF、ESR、甲状腺功能均正常。

心电图示窦性心律，心率 80 次 /min，频发室性期前收缩。

胸片示双肺纹理增多，心影增大，肋膈角锐利。

超声心动图示左心房、左心室、右心房均扩大，室间隔及左心室后壁运动幅度减低，左心室射血分数 23%。

扩张型心肌病胸片（图片）　　扩张型心肌病超声心动图（视频）

【问题 6】 如何通过实验室检查结果对患儿进行初步诊断？

思路：患儿实验室检查结果显示左心扩大为主的全心扩大，左心收缩功能下降，支持扩张型心肌病诊断。心肌酶谱及心肌损伤指标正常，不支持病毒性心肌炎的诊断；周围血 WBC、血沉及 ASO 正常，超声心动图无心脏瓣膜损害，不支持风湿性心脏病；甲状腺功能正常，自身抗体阴性，肌酶正常，无贫血，血压正常，不支持继发于内分泌系统疾病、自身免疫性疾病、肌肉病等全身疾病的心脏病，也不支持严重贫血、高血压引起的心脏病。

除扩张型心肌病外，肥厚型心肌病及限制型心肌病在儿童心肌病中也较为常见。

知识点

肥厚型心肌病胸片（图片）　　肥厚型心肌病超声心动图（视频）

肥厚型心肌病的诊疗要点

肥厚型心肌病是常染色体显性遗传性疾病，以左心室及室间隔心肌对称性或非对称性肥厚、心室腔变小、左心室舒张期充盈受限、室壁顺应性下降为特征，是导致青少年猝死的常见原因，常有猝死家族史。

最常见青少年和青年发病。临床表现变化大，可无症状，最常见的症状包括心悸、胸痛、呼吸困难等。严重者会发生晕厥和猝死。

体格检查可见脉搏短促，心尖搏动呈抬举性，第 2 心音可呈反常分裂，是由于左心室流出道梗阻、主动脉瓣关闭延迟所致。胸骨左缘下段及心尖部可闻及收缩中晚期喷射性杂音。凡增加心肌收缩力、减轻心脏负荷的措施，如运动、站立、正性肌力药物，使杂音增强，而减弱心肌收缩力、增加心脏负荷的措施，如下蹲或者应用 β 受体阻滞剂等，可使杂音减弱。

胸部 X 线检查心影正常或轻度左心室扩大，可有肺淤血。90% 患者心电图异常，但无特异性，可显示左心房肥大，左心室肥厚，ST-T 改变和异常 Q 波，可见各种心律失常。超声心动图对诊断有重要意义，可显示室间隔和/或心室壁肥厚(尤其是累及室间隔和前侧壁的不对称性肥厚)，部分左心室流出道狭窄伴压力梯度增加，二尖瓣收缩期前向运动(SAM)。

知识点

限制型心肌病的诊疗要点

限制型心肌病超声心动图(视频)

限制型心肌病以心室舒张功能障碍为特征，是由于心内膜和/或心肌病变(如纤维化)导致心室充盈受限和心室舒张功能障碍，引起心室舒张末压增高和心房扩大，而心室大小、室壁厚度和心室收缩功能大致正常。可继发于全身系统疾病，如淀粉样变性、糖原贮积症、黏多糖贮积症、放射性损伤等。但在儿童大多为原发性(包括特发性和心内膜心肌纤维化)。

常起病隐匿，主要表现心力衰竭(静脉回流障碍)和心输出量减少。

查体心前区隆起，心尖搏动弱，心界轻度扩大，心率快，心音低钝，可有奔马律，多数无杂音。血压偏低，脉压小，脉搏细弱。

X 线检查心脏扩大，肺血增加。心电图多为非特异性表现。超声心动图以左、右心房明显增大，心室大小正常或者减小为主要特征。收缩功能常正常，但舒张功能障碍。

主要与缩窄性心包炎进行鉴别。有急性心包炎病史、X 线示心包钙化、CT 或 MRI 示心包增厚，支持缩窄性心包炎诊断。缩窄性心包炎心电图表现中房室和心室内传导阻滞少见，而限制性心肌病常见。此外超声心动图有助于鉴别诊断。

【问题 7】 对患儿该如何进行治疗?

思路：治疗目标是控制心力衰竭及心律失常，预防猝死和栓塞，减慢疾病进展，改善预后。

(一) 病因治疗

积极寻找病因，针对可能的可治疗病因给予相应治疗。如怀疑炎症性因素可考虑丙种球蛋白免疫调节治疗，激素免疫抑制治疗等；遗传代谢性疾病给予特殊饮食或替代治疗。

(二) 心力衰竭的治疗

对于扩张型心肌病，应积极给予早期药物干预，包括 β 受体阻滞剂和血管紧张素转换酶抑制剂。出现心力衰竭的临床表现后应合理利尿，应用血管紧张素转换酶抑制剂和 β 受体阻滞剂改善预后，适当应用洋地黄类药物强心治疗。晚期患者终末期心力衰竭时，需在上述治疗的基础上镇静，吸氧，短期静脉应用非洋地黄类强心药物如多巴酚丁胺和磷酸二酯酶抑制剂米力农、扩血管药物如硝酸甘油等。

对于肥厚型心肌病，主要的治疗药物包括 β 受体阻滞剂、非二氢吡啶类钙通道阻滞剂以及丙吡胺。不伴心力衰竭的患者慎用或禁用利尿剂、血管紧张素转换酶抑制剂和地高辛，因为减少容量负荷和增强心肌收缩力的药物会加重流出道梗阻。

限制型心肌病缺乏特异治疗方法，以对症治疗为主。

(三) 心律失常的治疗

对于严重心律失常，如持续性室性心动过速、心室扑动/颤动或室上性心律失常伴血流动力学不稳定者，应积极给予抗心律失常药物、电复律或除颤治疗。

(四) 栓塞的预防和治疗

对于有心房颤动或发生栓塞性疾病风险且没有禁忌证的患者可口服阿司匹林，对于已经有附壁血栓形成和发生血栓栓塞的患者需长期抗栓治疗。

(五) 猝死防治

肥厚型心肌病中约有 5% 为药物难治性，易发生猝死事件，对于这部分患者需积极采取其他治疗措施，包括临时或埋藏式双腔起搏、植入式心律转复除颤器、室间隔部分心肌切除术等。

（六）心脏移植

为终末期心脏病的治疗手段，但存在供体缺乏、费用昂贵及术后需终身免疫抑制治疗等一系列问题。

（杜军保）

第九节　自主神经介导性晕厥

晕厥（syncope）是大脑一过性的供血减少或中断导致的意识丧失，伴有肌张力丧失、自主体位不能维持而摔倒，过程多为短暂性、自限性。晕厥是儿童及青少年时期的常见急症。其中女性多于男性，高峰年龄为15～19岁。晕厥的反复发作对患儿的身心健康及学习生活均会造成不良影响。

引起儿童晕厥的疾病谱主要包括自主神经介导性晕厥和心源性晕厥等。心源性晕厥的疾病谱包括器质性心脏病、心律失常、肺高血压等。本节主要介绍自主神经介导性晕厥。

自主神经介导性晕厥是最常见的儿童晕厥基础疾病，近年来随着直立倾斜试验及药物激发直立倾斜试验的开展，使得血流动力学分型得到细化，主要包括血管迷走性晕厥（vasovagal syncope）、体位性心动过速综合征（postural tachycardia syndrome，POTS）以及直立性高血压（orthostatic hypertension，OH）等，血管迷走性晕厥是其中最为常见的一种。此外，最近发现儿童坐位性心动过速综合征、儿童坐位性高血压也为自主神经介导性晕厥的基础疾病。

晕厥的诊疗经过通常包括以下环节：

（1）详细询问患儿基础健康状况，晕厥的诱因、晕厥发生当时的环境、有无先兆症状、晕厥持续的时间、伴随症状以及晕厥后状态等。

（2）在全面查体基础上，重点关注患儿心血管系统及神经系统体征。

（3）进行直立试验以及直立倾斜试验，明确诊断及血流动力学分型，进行血常规、血生化、心肌酶谱、肌钙蛋白、心电图、超声心动图等检查，除外结构性心脏病及心律失常，必要时需行脑电图及头颅MRI除外神经系统疾病。

（4）治疗方面包括避免诱因、自主神经功能锻炼、口服补液盐及药物治疗等。

临床关键点

1．自主神经介导性晕厥在年长儿童多见，常有环境闷热、长时间站立、体位改变等诱因。

2．可有头晕、腹痛等脏器缺血缺氧表现的先兆症状，意识丧失一般数秒至数分钟，伴有面色苍白、大汗等自主神经功能紊乱表现。

3．一般都可自行恢复，并且恢复后患儿一般情况良好。

4．直立试验及直立倾斜试验可协助明确血流动力学分型。

5．除外结构性心脏病、心律失常。

临床病例

10岁学龄期女童，主因"1周内晕倒2次"入院，初步病史采集如下。

患儿于1周内晕倒2次，分别于持久站立及由坐位突然站起后出现，晕倒前有头晕、黑矇，晕倒时意识丧失，伴大汗、肤色苍白，不伴肢体抽搐、二便失禁等，持续约2分钟后缓解，缓解后一般情况好，无胸痛、肢体活动障碍等。现为进一步诊治入住我院。

患儿既往体健，平时饮水少，个人史无特殊，否认类似疾病家族史。

【问题1】 初步病史采集后，因患儿主要症状为晕倒，应考虑哪些疾病？

思路： 本例学龄期患者主要表现为晕倒，有持久站立及突然体位改变的诱因，晕倒前有先兆症状，晕倒持续时间短，自行缓解，缓解后无遗留症状及体征，首先考虑自主神经介导性晕厥。还应注意有无低血糖、电解质紊乱、心律失常、结构性心脏病的可能。

知识点

心源性晕厥的识别

在儿童晕厥疾病中,心源性晕厥虽然所占比例不高,但猝死风险极高,因此快速准确地发现并处理十分重要。

心源性晕厥常有剧烈运动、情绪激动等诱因,晕倒表现为突然猝倒,伴面色苍白或发绀,持续时间长短不等,持续时间长者可伴抽搐、二便失禁,可有心脏病史及猝死家族史。

【问题2】 初步判断患儿病情后,询问病史可围绕什么思路进行?

思路:询问病史可围绕鉴别诊断思路进行。应仔细询问患儿除主诉症状外还有无其他不适,如平时有无心悸、乏力、活动耐量下降等,以除外结构性心脏病和心律失常的可能性;有无惊厥、肢体活动障碍等,除外癫痫等神经系统疾病。根据患儿平时体健,无心脏病史,晕厥恢复后无遗留异常症状体征,结合年龄、晕厥特点考虑为自主神经介导性晕厥可能性大。

【问题3】 病史采集结束后,下一步查体应重点关注哪些方面?

思路:自主神经介导性晕厥在非晕厥状态下常无异常体征,在查体时需重点关注心血管系统及神经系统有无异常体征,协助进行鉴别诊断。

入院时体格检查

体温36.8℃,呼吸18次/min,脉搏90次/min,血压98/65mmHg,发育正常,营养良好,神清,精神可。皮肤无苍白及发花,无皮疹出血点,无水肿,咽无充血,双侧扁桃体无肿大。呼吸平稳,双肺叩诊清音,呼吸音清,未闻及干湿啰音。心前区无隆起,未触及震颤,心界叩诊不大,心率90次/min,律齐,心音有力,各瓣膜听诊区未闻及杂音。四肢末梢暖,周围血管征(−)。腹软,无压痛,肝脾肋下未及,无移动性浊音,关节无红肿,活动自如,神经系统查体无异常。

【问题4】 通过查体对患儿疾病的鉴别诊断有何帮助?

思路:患儿无心脏杂音,心界不大,提示器质性心脏病可能性小;无呼吸困难、心动过速、水肿及肝脏肿大,提示目前无心力衰竭;神经系统未见异常体征不太支持神经系统疾病。

【问题5】 结合上述查体结果,为进一步诊断应实施哪些检查?

思路:应完善直立试验、直立倾斜试验,明确血流动力学分型;完善心电图、血常规、心肌酶、超声心动图、胸部X线除外结构性心脏病、心肌炎、心律失常;必要时行脑电图及头颅MRI检查以排除神经系统疾病。

入院后辅助检查结果

直立试验阴性。
血常规示WBC正常,分类正常,CRP正常。
心肌酶以及心肌损伤指标均正常。
心电图示窦性心律,心率86次/min。
胸部X线示心影不大。
超声心动图:心脏结构及功能未见异常。
直立倾斜试验阳性,血流动力学分型符合血管迷走性晕厥-血管抑制型。

【问题6】 如何通过实验室检查结果对患儿进行初步诊断?

思路:实验室检查结果显示心脏不大,心脏结构及功能正常,心肌酶正常,心电图未见心律失常,不支持心源性晕厥。结合直立倾斜试验结果,血管迷走性晕厥诊断成立,血流动力学分型为血管抑制型。

知识点

直立试验及直立倾斜试验

直立倾斜试验
（视频）

（1）直立试验：儿童安静平卧 10 分钟，测量儿童基础心率、血压和常规心电图，然后使患儿处于直立位，站立 10 分钟内动态测量患儿的心率、血压和常规心电图。

（2）直立倾斜试验：试验前停用一切影响自主神经功能的药物至少 5 个半衰期以上，试验前禁食水至少 4 小时，试验环境要求安静、光线黯淡、温度适宜，以避免分散患儿的注意力。首先，患儿仰卧 10～30 分钟，记录基础血压、心率及心电图，然后再站立于倾斜床上（倾斜 60°），密切监测血压、心率、心电图变化及临床表现，直至出现阳性反应，或如未出现阳性反应，则需完成 45 分钟的全过程后终止试验。当出现阳性反应时，应在 10 秒内恢复平卧位。

知识点

自主神经介导性晕厥的血流动力学分型

（1）血管迷走性晕厥：患儿在直立倾斜试验中出现晕厥或晕厥先兆（头晕或眩晕、头痛、胸闷、心悸、恶心、呕吐、面色苍白、出冷汗、视力模糊、听力下降、视物模糊或腹痛）伴下述情况之一者为阳性。①血压下降；②心率下降；③出现窦性停搏代之交界性逸搏心率；④一过性二度或二度以上房室传导阻滞及长达 3 秒的心脏停搏。其中血压下降标准为收缩压≤80mmHg 或舒张压≤50mmHg 或平均血压下降≥25%；心率下降是指心动过缓：4～6 岁<75 次 /min，7～8 岁<65 次 /min，8 岁以上<60 次 /min。若血压明显下降、心率无明显下降，则称为血管迷走性晕厥血管抑制型；若以心率骤降为主、血压无明显下降，则称为血管迷走性晕厥心脏抑制型；若心率与血压均有明显下降，则称为血管迷走性晕厥混合型。

（2）体位性心动过速综合征：平卧位时心率在正常范围，在直立试验或直立倾斜试验的 10 分钟内心率较平卧位增加>40 次 /min 和 / 或心率最大值达到标准（6～12 岁≥130 次 /min，13～18 岁≥125 次 /min），同时收缩压下降幅度<20mmHg，舒张压下降幅度<10mmHg。

（3）直立性低血压：平卧位血压正常，在直立试验或直立倾斜试验的 3 分钟内血压较平卧位持续下降，收缩压下降幅度≥20mmHg 和 / 或舒张压持续下降幅度≥10mmHg，心率无明显变化。

（4）直立性高血压：平卧位血压正常，在直立试验或直立倾斜试验的 3 分钟内血压升高，收缩压增加≥20mmHg 和 / 或舒张压较平卧位增加幅度达到标准（6～12 岁≥25mmHg，13～18 岁≥20mmHg）；或血压最大值达到标准（6～12 岁≥130/90mmHg，13～18 岁≥140/90mmHg）。心率无明显变化。

【问题 7】　对患儿该如何进行治疗？

思路：当在门诊遇到晕厥患儿，应先使其平卧，保持头低位，监测生命体征、血氧饱和度，查血糖、电解质等。若存在血压心率不稳定，则根据患儿情况进行吸氧、扩容、心肺复苏等抢救措施。若生命体征平稳，则可在监护下予以观察，待意识恢复后继续完善检查，评估病情、分析病因。

自主神经介导性晕厥的治疗主要包括自主神经功能锻炼、口服补液盐、β 受体阻滞剂、α 受体激动剂等。

（杜军保　徐文瑞）

第十节　川　崎　病

川崎病（Kawasaki disease，KD）又称皮肤黏膜淋巴结综合征（mucocutaneous lymph node syndrome，MCLS），于 1967 年由日本人川崎富作首次完整描述和报道，是一种病因未明的急性自限性全身性血管炎综合征。临床表现为发热，多形性皮疹，球结合膜和口腔黏膜充血，手足红斑、硬性水肿及颈淋巴结肿大。好发于 5 岁以下婴幼儿。本病虽四季可见，但每年 4～5 月及 11 月至次年 1 月发病相对较多。自 1970 年以来，世界各国均有发生，以亚裔人群发病率高，并有逐年增高趋势。在发达国家川崎病所致的冠状动脉病变（coronary artery lesions，CAL）已成为儿童最常见的后天性心脏病之一。

川崎病的病因和发病机制尚未完全清楚。大量流行病学和临床研究显示川崎病可能是感染因素所致的急性免疫调节紊乱，遗传因素亦与川崎病发病有关。

未经治疗的川崎病患者中冠状动脉病变的发生率32%～50%，而冠状动脉病变的死亡率2%～3%，80%以上冠状动脉病变始于病程10天以内。如何及时确诊川崎病并采取有效治疗以减少冠状动脉病变的发生是临床关注的焦点。

川崎病的诊疗经过通常包括以下环节：

1. 详细询问患儿发热的持续时间，热型及有无伴随的眼红、口唇皲裂（图7-10-1）、皮疹、颈部包块及肢端肿胀（图7-10-2）症状。

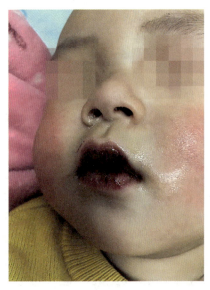
图7-10-1 唇红皲裂

图7-10-2 指趾端硬肿

2. 查体时重点关注有无球结合膜充血、口唇皲裂、杨梅舌、颈部淋巴结肿大、皮疹及肢端硬肿、红斑和膜状脱皮表现。此外需注意有无其他系统损害体征，包括神经系统、骨关节、消化系统和呼吸系统等。

3. 辅助检查包括及时完善心脏超声、血常规＋CRP、血沉、免疫球蛋白、血培养、肝功等。尤其需要重视血小板和心脏超声冠状动脉的动态变化，相较冠状动脉内径的绝对值，更强调以体表面积校正的冠状动脉管腔内径（Z值）来评估冠状动脉异常。注意和多形性渗出性红斑、幼年特发性关节炎和其他出疹性疾病、感染性疾病鉴别。

4. 治疗上以发病早期静脉注射丙种球蛋白和口服阿司匹林为主，对预估并发冠状动脉瘤或IVIG无反应高风险患者，初始治疗可以联合辅助治疗，包括糖皮质激素等。

5. 高度重视对川崎病患儿心脏冠状动脉病变的远期管理。

（1）本病首先需要明确是否符合川崎病诊断标准。

（2）重视川崎病心脏冠状动脉病变的评估。

（3）辅助检查：心脏超声，血常规＋CRP，血沉、免疫球蛋白、血培养、肝功能等。尤其需要重视血小板和心脏超声冠状动脉的动态变化。

（4）掌握川崎病的标准治疗方案，熟悉丙种球蛋白无反应性川崎病治疗原则。

临床病例

1岁3个月女婴因"发热8天，伴眼红、唇红和手足硬肿5天余"就诊。初步的病史采集如下。

患儿于入院前8天无明显诱因出现发热，稽留高热，无昼夜差异，伴寒战。入院前5天余出现眼红、唇红和手足肿胀。病程中发热第3天开始躯干出现一过性多形性红斑。当地医院予以抗感染治疗5天，症状均无缓解，为进一步诊治来院。病后患儿精神食欲尚可，大小便正常。

患儿为 G$_2$P$_1$，孕 39 周自然分娩，产重 3 300g。生长发育良好。已接种卡介苗，否认结核接触史。否认风湿性疾病家族史。

初步病史采集后，因患儿主要表现为发热，抗感染治疗效果不理想，临床随之需考虑以下相关问题。

【问题1】 儿科常见的长期发热的病因是什么？

思路：儿科常见的长程发热原因包括感染性疾病和非感染性疾病。结合本例患儿缺乏确切感染证据，抗感染治疗效果欠佳，感染中毒症状不重，考虑非感染性疾病的可能性大。

知识点

儿童长期发热的常见病因

1. 感染性疾病　包括结核感染、病毒感染（如 EB 病毒、CMV 等）、细菌感染、支原体感染、真菌感染、寄生虫感染等。
2. 非感染性疾病
(1) 儿童风湿免疫性疾病：①幼年特发性关节炎；②系统性红斑狼疮；③川崎病等。
(2) 肿瘤性疾病：①白血病；②恶性淋巴瘤；③恶性组织细胞病。
(3) 其他：如亚急性坏死性淋巴结炎。

【问题2】 结合本例患儿，发热持续8天，抗感染治疗不理想，临床需要考虑什么疾病？

思路：本例患儿发热8天，抗感染治疗效果欠佳，伴眼红、唇红、手足硬肿和多形性红斑，首先应考虑川崎病可能。除川崎病外，尚须除外其他的感染性和非感染性疾病。

【问题3】 询问病史应围绕哪些方面进行？

思路：①应询问病程中有无颈部包块、杨梅舌、口唇皲裂等川崎病相关表现；②详细询问病程中有无咳嗽、呕吐、腹泻等呼吸道和消化道等感染症状；③院外有无血常规、CRP、血沉、心脏超声、心电图等辅助检查结果；④既往有无反复感染等病史。

详细询问病程中有无系统性血管炎的其他受累表现，比如易激惹或嗜睡、呕吐、惊厥、瘫痪、黄疸和关节肿胀等。

【问题4】 病史采集结束后，下一步查体应注意哪些方面？

思路：观察精神反应、眼部和唇部有无脓性分泌物和假膜形成；颈部有无淋巴结肿大；观察有无杨梅舌和口腔弥漫性充血；有无肢端和肛周潮红、脱皮；卡介苗接种处有无红斑和破溃；有无关节肿胀；有无其他系统受累表现，尤其是心脏的体征。注意有无心率、心律异常，有无黄疸，有无颈抵抗、周围神经麻痹等。

门诊查体记录

体温 39℃，呼吸 42 次/min，脉搏 156 次/min，血压 95/60mmHg，体重 11kg。精神反应可，热病容，躯干部可见散在红色斑丘疹。右侧颈部可扪及 3 枚直径约 1.0cm×0.8cm 大小淋巴结，质软、皮肤表面不发红。双侧球结合膜充血，未见脓性分泌物。巩膜无黄染。唇红、皲裂，可见杨梅舌和口腔弥漫性充血。颈无抵抗。双肺呼吸音稍粗，未闻及啰音。心音有力、节律整齐，未闻及杂音。腹软不胀，肝脾肋下未扪及。手足肿胀，未见膜状脱皮。肛周稍红，未见脱皮。卡介苗接种处未见红斑和破溃。四肢肌力肌张力正常，克尼格征、布鲁辛斯基征、巴宾斯基征均阴性。

【问题5】 如何通过查体对疾病进行初步判断？

思路：本例患儿查体有双侧球结合膜充血，唇红皲裂，杨梅舌，躯干多形性皮疹，肢端肿胀，结合患儿发热已达8天，抗感染治疗效果欠佳，符合川崎病的临床诊断标准。患儿精神反应尚可，全身查体未见明显感染病灶。神经系统查体未见明显异常。

川崎病的临床诊断标准

采用日本川崎病研究会提出的诊断标准,即满足以下六项中的五项者即可考虑诊断本病。

（1）不明原因发热5天以上。

（2）双侧球结膜弥漫性充血,无渗出物。

（3）口唇潮红,皲裂,口咽黏膜充血,杨梅舌。

（4）病初（1～9天）手足指趾肿胀,掌跖潮红。恢复期（9～21天）出现指趾端膜状脱屑或肛周脱屑（图7-10-3）。

（5）躯干、四肢多形性红斑。

（6）颈淋巴结非化脓性肿大,直径达1.5cm或更大。

注意排除具有相似表现的其他疾病。

2017年指南提示对于>4项主要临床特征,尤其是出现手足潮红硬肿时,热程4天即可以诊断;对于症状典型者,有经验的医生可以在热程3天作出诊断。

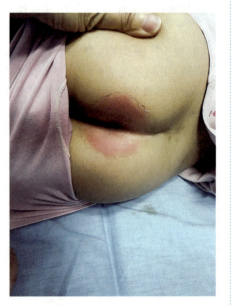

图7-10-3 肛周脱屑

【问题6】 不完全川崎病的诊断标准是什么（图7-10-4）?

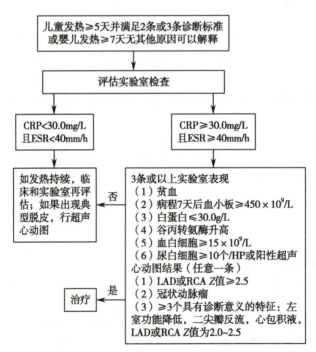

图7-10-4 不完全川崎病的诊断流程

CRP. C反应蛋白;ESR. 红细胞沉降率;LAD. 冠状动脉左前降支;RCA. 右冠状动脉。

【问题7】 结合本例患儿临床表现和查体,尚须与其他什么疾病鉴别诊断? 主要的鉴别点是什么?

思路:本例患儿尚须与渗出性多形性红斑、出疹性病毒感染、猩红热、幼年特发性关节炎（全身型）进行鉴别诊断。

与渗出性多形性红斑不同点：①眼、唇无脓性分泌物及假膜形成；②皮疹不包括水疱和结痂。

与出疹性病毒感染的不同点：①唇潮红、皲裂、出血和杨梅舌；②手足硬肿、掌跖潮红及恢复期的指趾端膜状脱皮；③眼结膜无水肿和分泌物；④白细胞总数及中性粒细胞百分比均升高，伴核左移；⑤ESR 及 CRP 均显著升高。

与猩红热不同点：①皮疹往往在发热后数天后出现；②皮疹形态接近麻疹和多形红斑；③好发年龄是婴幼儿及较小儿童；④青霉素治疗无效。

与幼年特发性关节炎不同点：①发热期相对较短，皮疹较弥漫；②手足硬肿，掌跖潮红。

【问题8】 结合上述查体结果，进一步应实施哪些检查？

思路：通过上述查体可以发现患儿临床诊断川崎病基本明确，须尽快完善血常规、CRP、血沉、肝肾功能、心脏超声和心电图等检查。

门诊辅助检查

血常规+CRP：WBC 18.86×10^9/L，中性粒细胞百分比69%，Hb 97g/L，PLT 421×10^9/L；CRP 58mg/L。ESR 120mm/h。

心脏超声：左侧冠状动脉轻度扩张（2.7mm）。

胸片未见明显异常。

【问题9】 如何判读本患儿初步检查？

思路：患儿白细胞显著升高，以中性粒细胞为主，伴贫血和血小板升高，CRP 升高，ESR 增快，支持急性炎症反应。结合超声心动图有冠状动脉扩张，诊断川崎病明确。

【问题10】 川崎病冠状动脉病变的严重程度如何分级？

思路：2017 年新版指南提出以体表面积校正的冠状动脉管腔内径（Z 值）来评估冠状动脉异常。Z 值 2.0～2.5 是近端冠状动脉的临界值，远端冠状动脉及其他非冠状动脉血管≥相邻内径的 1.5 倍定义为异常。

依据 Z 值对冠状动脉异常的分类。①无受累：Z 值<2；②仅扩张：2≤Z 值<2.5 或初始 Z 值<2，随访中 Z 值下降幅度≥1；③小型冠状动脉瘤：2.5≤Z 值<5；④中型冠状动脉瘤：5≤Z 值<10，且内径绝对值<8mm；⑤巨大冠状动脉瘤：Z 值≥10，或内径绝对值≥8mm。

知识点

川崎病的病理变化

本病病理变化系全身性血管炎，好发于冠状动脉。病理过程可分为 4 期，各期变化如下。

Ⅰ期：主要是小血管炎、微血管周围炎以及中等大小动脉周围炎，如冠状动脉周围炎；在心肌间质、心包及心内膜有中性粒细胞、嗜酸性粒细胞、淋巴细胞浸润。

Ⅱ期：小血管炎减轻，冠状动脉主要分支等中等大小动脉全层血管炎（内膜、外膜、中膜均有炎性细胞浸润）突出，伴有坏死、水肿，血管弹力纤维和肌层断裂，出现冠状动脉扩张，易发生冠状动脉瘤及血栓。

Ⅲ期：小血管炎、微血管炎消退，中动脉发生肉芽肿及血栓，纤维组织增生，血管内膜增厚，冠状动脉一些分支可全部或部分阻塞，有冠状动脉瘤破裂危险。

Ⅳ期：数月至更长时间，急性血管炎消失，已经发生的血管内膜增厚，瘢痕，动脉瘤或血栓有一个漫长的吸收，修复过程。狭窄、阻塞的血管可能修复、再通，心肌可能遗留永久的瘢痕。

【问题11】 该患儿的治疗应选择门诊还是住院？

思路：决定川崎病患儿的治疗地点，主要取决于患儿病程、心脏冠状动脉受累程度等。如果在病程 10 天以内，持续发热，伴心脏冠状动脉病变或具有发生心脏冠脉病变的高危因素，急性期反应物显著升高，应及时住院治疗。如果川崎病已进入恢复期，不伴发热，心脏冠状动脉无病变或无进展，可考虑在门诊随访观察。

知识点

川崎病发生冠状动脉病变的常见危险因素包括年龄 1 岁以内、男孩、持续发热超过 2 周、贫血、WBC $30 \times 10^9/L$ 以上、ESR 超过 100mm/h、CRP 显著升高、血浆白蛋白降低和发生体动脉瘤等。

【问题 12】 住院后该患儿须进一步完善什么检查？

思路：住院后须注意监测 PLT、ESR、CRP 等急性期炎症指标的变化，监测心脏冠状动脉的扩张及有无严重冠状动脉瘤及血栓形成。

【问题 13】 该患儿住院后的治疗方案是什么？

思路：静脉注射丙种球蛋白和口服阿司匹林是目前较为公认的川崎病治疗方案。宜在发病早期（病程 10 天内）应用丙种球蛋白，剂量 2g/kg，于 8～12 小时内静脉缓慢输入。同时加用阿司匹林口服，每日 30～50mg/kg，分 2～3 次服用，热退后 3 天逐渐减量，2 周左右减至每日 3～5mg/kg，维持 6～8 周。如有冠状动脉病变时，应延长用药时间，直至冠状动脉恢复正常。其他治疗包括抗血小板聚集药物。对川崎病患儿心脏冠状动脉病变的远期管理应高度重视，如有严重的冠状动脉病变，必要时需要进行手术治疗。

【问题 14】 丙种球蛋白无反应性川崎病的定义和治疗原则？

思路：目前对该病诊断尚无统一定义。多数认为川崎病患儿在发病 10 天内接受丙种球蛋白 2g/kg 治疗，48 小时后体温仍高于 38℃，或给药 2～7 天（甚至 2 周）后再次发热，并至少出现一项川崎病诊断标准的临床表现，除外感染可能后，可考虑丙种球蛋白无反应性川崎病。诊断丙种球蛋白无反应性川崎病后应再次予以丙种球蛋白治疗，也可选择联合辅助治疗，包括糖皮质激素等。

（杜军保）

第十一节　心　律　失　常

正常心脏冲动起源于窦房结，以一定的频率发出激动，并按顺序激动心房、房室交界区、房室结、房室束、左右房室束、浦肯野纤维，最后达心室肌使心室除极，使心脏进行有节律的收缩和舒张活动。心律失常（arrhythmia）是指心脏冲动的频率、节律、起源部位、传导速度与激动次序的异常。

心律失常的分类按其发生原理，区分为冲动形成异常、冲动传导异常。

心律失常的诊疗环节应包括以下几个方面：

1. 病史依心律失常类型及程度可有或无任何征兆，常见的症状有心悸、乏力、头晕和憋气等。严重者可发生晕厥、心力衰竭或心源性休克。重要的病史资料有心脏病史，心动过速史，心脏手术史及诱发因素（包括情绪激动或运动等诱因）。

2. 体格检查主要包括心血管系统的查体。

3. 12 导联心电图检查是诊断心律失常最有效、最简便的检查方法。阅读要点是必须注意 PP 或 RR 间期的频率和节律；PR 间期是否固定及心房和心室激动的比例。心电图分析通常选用 V_1 和 Ⅱ 导联，首先寻找出明显的 P 波，注意 P 波形态和时限，找出 P 波的规律，以及 P 波与 QRS 波群的关系和其规律；其次观察 QRS 波群的形态和时限，找出 QRS 波群的规律。

4. 抗心律失常药物及非药物治疗的正确应用（表 7-11-1）。

（1）抗心律失常药物治疗

表 7-11-1　抗心律失常药物的类别、作用

类别		作用	药物
Ⅰ		钠通道阻滞剂	
	IA	中度抑制 0 相，中度传导减慢，复极延长	奎尼丁，普鲁卡因胺
	IB	轻度抑制 0 相，缩短复极	利多卡因，苯妥英钠
	IC	明显抑制 0 相及减慢传导，轻度复极延长	普罗帕酮，氟卡尼
Ⅱ		β 肾上腺素阻滞剂	普萘洛尔
Ⅲ		动作电位时程延长剂，延长复极	胺碘酮
Ⅳ		钙通道阻滞剂	维拉帕米

（2）心律失常的非药物治疗：包括电复律、电起搏、射频消融术及外科手术。

临床病例

5个月女婴，4个月前患儿出现发热，哭闹不止，口唇发绀，面色苍白，就诊于当地医院。听诊心率250～260次/min，心电图为室上性心动过速，超声心动图未见异常，给予普罗帕酮3次。2天后心律转为正常，住院10天好转出院。1个月前，患儿因腹泻再次出现面色苍白，口周发绀，多汗，全身凉，阵发性哭闹等症状，当时查体心率250次/min，心电图示室上性心动过速，予患儿普罗帕酮治疗后无效，静脉推注三磷酸腺苷（ATP）后复律成功，继续口服地高辛及美托洛尔，3天前自行停服地高辛及美托洛尔，现患儿再次出现上述症状，心动过速，当地医院给予ATP 1mg，4次，普罗帕酮8mg，2次，无效。为进一步诊治入住医院。

自首次发病至今，患儿精神食欲可，睡眠不安，多汗，呼吸稍促，大便略稀，黄色糊状，2～3次/d，尿量可。

既往史、个人史、家族史无特殊。

【问题1】 其主诉为间断心率快4个月，首先在婴儿期应考虑哪些疾病？

思路：依据病史，考虑以下可能性。

室上性心动过速，易反复发作，心动过速时，突发突止，通常心律绝对规则，心音强度一致，心率往往超出一般窦性范围，多数患儿无器质性心脏疾患。感染、疲劳、精神紧张、过度换气、心脏手术、心导管检查等常为诱发因素。

窦性心动过速：通常有运动、情绪紧张、发热、贫血等诱因，且心率不超过200次/min，心率受外界因素影响。

室性心动过速：部分病例由心脏手术、心导管检查、重症心肌炎、先天性心脏病、感染、缺氧、电解质紊乱等原因引起，发病甚快，在原有心脏病的基础上突然烦躁不安、苍白、呼吸急促。年长儿可主诉心悸、心前区疼痛，严重者可有心源性休克、充血性心力衰竭及阿-斯综合征等，心室率常在150～250次/min。关于特发性室性心动过速，该病无器质性心脏疾病，且排除了代谢或电解质异常及长QT间期综合征的室性心动过速。

【问题2】 患儿以心率快为主诉入院，且4个月中多次伴口唇发绀，面色苍白症状，查体时应重点注意哪些方面？

思路：查体时应重点关注患儿的意识状态，心率、心律，血压，四肢是否发凉，注意有无心源性休克发生；还要注意有无呼吸困难、发绀、肝脏肿大，除外合并心力衰竭。

入院时体格检查

体温36.5℃，呼吸40次/min，脉搏250次/min，血压88/55mmHg，体重8.5kg。发育正常，营养中等，神志清，精神可，查体合作。皮肤无苍白，呼吸平稳，口周无发绀，四肢末梢稍凉，无水肿，心前区隆起，心尖搏动无弥散，心界叩诊无扩大，心率250次/min，律齐，心音有力，未闻及杂音。双肺未闻及啰音，肝肋下1.5cm，质软，边钝，脾肋下未触及。前囟1cm×1cm，无膨隆，神经系统无异常体征。

【问题3】 初步完成了体格检查后，应从哪几方面考虑患儿诊断并完善哪些辅助检查？

思路：根据查体，患儿神志清，精神可，血压正常，口周无发绀，皮肤无水肿，心界叩诊无扩大，双肺未闻及啰音，心率为250次/min，肝肋下1.5cm，质软，边钝，提示目前尚无合并休克和心力衰竭。如明确诊断，应进一步完成心电图、电解质、心肌酶、肌钙蛋白、超声心动图检查，通过心电图检查对于心律失常的类型进行确诊。

入院后辅助检查

血常规+CRP：WBC 10.6×10^9/L，Hb 123g/L，PLT 374×10^9/L；CRP<8mg/L。
尿便常规正常。

肝肾功能+心肌酶正常。

血气分析：pH 7.54，$PaCO_2$ 25.5mmHg，PaO_2 106mmHg，HCO_3^- 22.2mmol/L，SpO_2 99%。

心电图：阵发性室上性心动过速，能见到 P 波，P 波形态异常，窄 QRS 波形态，RR 间隔绝对匀齐，心室率 200 次/min。

超声心动图未见异常。

【问题 4】 结合初步实验室检查，目前考虑诊断是什么？

思路：室上性心动过速，P 波形态异常，多与前心动周期的 T 波重叠，无法辨认。能见到 P 波，QRS 波形态同窦性，RR 间隔绝对匀齐，心室率 250 次/min，符合诊断（图 7-11-1）。

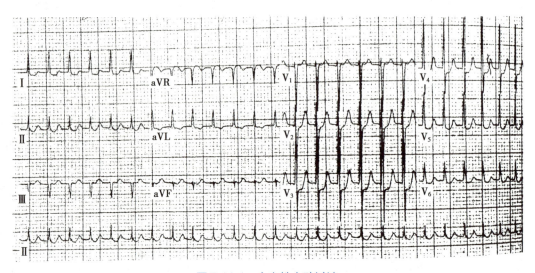

图 7-11-1　室上性心动过速

窦性心动过速，心电图示心律非绝对匀齐，P 波形态来自窦房结，即 P 波规律出现，P 波在 I、II、aVF，V_4～V_6 导联直立，在 aVR 导联倒置，心率通常低于目前的 250 次/min（图 7-11-2）。

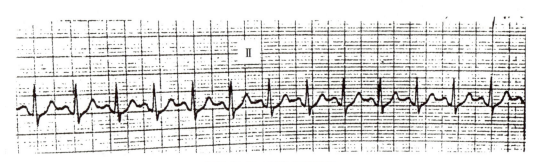

图 7-11-2　窦性心动过速

室性心动过速的心电图特征为节律可稍不齐，QRS 波畸形，时限增宽（>0.10 秒），P 波与 QRS 波呈干扰性房室脱节，P 波频率较 QRS 波为慢，有时可见到室性融合波或心室夺获现象（图 7-11-3）。

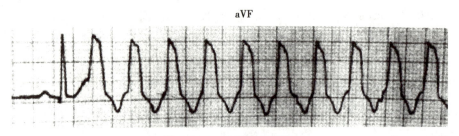

图 7-11-3　室性心动过速

【问题5】　如何通过上述提供的病例进行综合判断?

思路: 患儿表现为阵发性心动过速,突发突止,能见到 P 波,心率 250 次 /min,心律规则,窄 QRS 波,符合阵发性室上性心动过速诊断。

治疗经过

入院前 3 天分别予患儿静脉推注普罗帕酮、ATP 和胺碘酮静脉点滴,地高辛和美托洛尔口服均无效,第 4 天加用盐酸艾司洛尔静脉滴注后 2 小时,转为窦性心律,6 小时后停用,之后继续口服地高辛及美托洛尔,患儿病情稳定出院。

知识点

阵发性室上性心动过速的治疗

(1)艾司洛尔为快速起效的作用时间短的 β_1 肾上腺素受体阻滞剂,可降低心率,减低窦房结自律性,延长窦房结恢复时间。最重要的不良反应为低血压。

(2)通常治疗阵发性室上性心动过速的方法包括药物治疗与非药物治疗。

1)压迫眼球或颈动脉窦(不能同时压迫两侧),或以压舌板刺激咽部使之产生恶心、呕吐。通过以上方法,可兴奋迷走神经,使房室结内传导减慢、不应期延长,以期终止发作。

2)洋地黄类药物:此类药物能增强迷走神经张力,减慢房室交界处传导,使室上性阵发性心动过速转为窦性心律,并能增强心肌收缩力,控制心力衰竭。可选用地高辛或毛花苷 C,静脉缓慢注射。

3)普罗帕酮(心律平):每次 1~1.5mg/kg,以 5% 葡萄糖溶液稀释后缓慢静脉注射。

4)β 受体阻滞剂:可试用普萘洛尔,小儿静脉注射剂量为每次 0.05~0.15mg/kg,以 5% 葡萄糖溶液稀释后 5~10 分钟内缓慢推注。

5)维拉帕米(异搏定):此药为选择性钙通道阻滞剂,抑制 Ca^{2+} 进入细胞内,疗效显著。副作用为血压下降,并能加重房室传导阻滞。剂量:每次 0.1~0.15mg/kg,静脉滴注或缓注,每分钟不超过 1mg。

6)升压药物:通过升高血压,产生加压反射,兴奋迷走神经,对阵发性室上性心动过速伴有血压低者更适宜。

7)电学治疗:对个别药物疗效不佳或并发重症心力衰竭或心源性休克者,可考虑用同步直流电转复术。

8)射频消融疗法。

临床病例

患儿,男性,3 个月,1 天前无明显诱因出现哭闹、烦躁、大汗,且乏力、面色苍白,即到当地医院就诊。心脏听诊发现心率 40 次 /min,心电图示三度房室传导阻滞。之后患儿因情绪波动,出现面色青紫,呼之不应。院外给予胸外按压后缓解,为进一步诊治入住医院。

【问题1】　患儿入院就诊时进行发作时心电图检查,如何通过心电图判断患儿为Ⅲ度房室传导阻滞?

思路: Ⅲ度房室传导阻滞有以下特点(图 7-11-4)。①PP 间期与 RR 间隔各有其固定规律,P 波与 QRS 波无固定关系;②心房率较心室率快;③心室节律为交界性或室性心律;④QRS 波交界性心律为正常图形,室性心律则增宽,呈左或右束支阻滞;⑤QT 间期可延长,并易发生室性心动过速,是预后不良的表现。

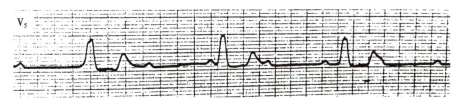

图 7-11-4　Ⅲ度房室传导阻滞

知识点

交界性频率与室性频率

交界性频率：出生至 3 岁 50～80 次/min，3 岁以上 40～60 次/min。

室性频率：出生至 3 岁 40～50 次/min，3 岁以上 30～40 次/min。

【问题 2】 诊断患儿为三度房室传导阻滞后，应该从哪几方面分析病因？

思路：完全性房室传导阻滞可分为先天性及后天性两种。先天性完全性房室传导阻滞 30% 的患儿合并先天性心脏病，70% 无心血管畸形，其病因主要有母亲孕期患自身免疫病，产生某些抗体可通过胎盘进入胎儿体内，引起胎儿房室交界区纤维化、炎症、坏死或钙化病理改变，另外一种引起先天性三度房室传导阻滞的原因为房室交界区胚胎发育畸形，临床症状及预后变异性很大；后天性多发生于心内手术创伤、急性感染、病毒性心肌炎、心肌病、洋地黄中毒、低血钾，其临床表现除有原发病外，还有乏力、胸闷、嗜睡等症状。

【问题 3】 初步判断后应主要询问哪几方面病史？

思路：应仔细询问患儿母亲孕期情况，患儿既往是否有过类似病史。

患儿无药物过敏史。患儿生长发育良好，按时接种疫苗。否认既往病史。母亲怀孕期间曾患系统性红斑狼疮。

【问题 4】 了解患儿家族史、既往史、个人史后，查体及辅助检查应注意哪些方面？

思路：了解患儿既往史、个人史及家族史无特殊，应仔细行心脏查体，并完善血清心肌酶和 cTnI 检测，行心电图、胸部 X 线及超声心动检查。

入院时体格检查

体温 37℃，呼吸 28 次/min，脉搏 40 次/min，血压 88/55mmHg，体重 11kg，神清，精神可，皮肤未见皮疹、黄染、出血点，浅表淋巴结未触及。心前区无隆起，心间搏动位第五肋间左锁骨中线外 0.5cm，心率 40 次/min，律齐，心音有力，未闻及杂音，双肺未闻及啰音，肝肋下 1cm，脾肋下未及。神经系统查体无异常。

入院后辅助检查

心电图：三度房室传导阻滞。

24 小时动态心电图：心室率 40～45 次/min，三度房室传导阻滞，窄 QRS。

超声心动图：心脏结构和功能正常。

心肌酶谱：LDH 250U/L，α-HBDH 250U/L，CK 160U/L，CK-MB 5U/L，cTnI 0.01ng/ml。

通过进一步心电图检查，考虑患儿三度房室传导阻滞。病因可能与其母在妊娠期患有系统性红斑狼疮有关，根据心室率情况，给患儿安装起搏器治疗。

知识点

完全性房室传导阻滞的治疗

1. 对于先天性完全性房室传导阻滞，确诊完全性房室传导阻滞的患儿需完善心电图、超声心动图和动态心电图以评估其病情轻重，由于其临床症状主要和心室率快慢有关，死亡率主要和确诊时年龄有关，因此对一些心室率处于该年龄段正常范围，无明显临床症状，年龄>4 岁的患儿可门诊随访，并告知家长一些注意事项；对具有下列情况者，需考虑安装永久起搏器：①心脏扩大伴心功能不全者；②有阿-斯综合征发作史；③QT 延长，动态心电图证实有尖端扭转型室速者；④活动耐量明显下降；⑤清醒时 RR 最长>3 秒，睡眠时>5 秒；⑥新生儿期心室率<55 次/min，儿童<40 次/min；⑦QRS 间期明显增

宽，伴心室率<该年龄组第五百分位。

2．对于后天性完全性房室传导阻滞，应积极治疗原发病。

（1）心室率在 60 次 /min 以上者不需要治疗，应定期随访。

（2）凡有低心排血量症状或阿 - 斯综合征表现者需进行治疗。由心肌炎或手术暂时性损伤引起者，肾上腺皮质激素可消除传导阻滞周围水肿及炎症反应，恢复传导功能。起搏点位于房室束近端者，应用阿托品或拟交感胺类（如异丙肾上腺素等）。有心力衰竭者，尤其是应用固定频率起搏器后尚有心力衰竭时，则仍可应用洋地黄类。对药物治疗无效者，可安装人工心脏起搏器。对急性获得性三度房室传导阻滞者临时性起搏效果很好，对三度房室传导阻滞持续存在，并有阿 - 斯综合征发作者则需应用埋藏式永久性心脏起搏器。

临床病例

5 岁女童，患儿于 10 天前曾患"感冒"，有流涕，咳嗽，无发热，恶心，呕吐，腹痛，腹泻等不适，就诊于外院。查体时发现心律不齐，予患儿行心电图示室性期前收缩，二联律及三联律，24 小时动态心电图示室性期前收缩 9 393 次，口服 1 个月辅酶 Q10 和果糖二磷酸口服 1 个月后患儿再次"感冒"，复查 24 小时动态心电图示频发室性期前收缩，为进一步诊治入院。

患儿自发病以来无心悸、胸闷、乏力等不适，精神食欲可，二便正常，体重无明显变化。

【问题 1】　如何通过心电图判断期前收缩并区分房性、交界性及室性期前收缩？

思路：

（1）房性期前收缩心电图（图 7-11-5）特征：①P 波提前出现，其形态与窦性 P 波不同，但方向一致；②PR>0.10 秒；③期前收缩后有不完全性代偿间歇；④QRS 形态正常，若继以畸形的 QRS-T 波，常为心室内差异传导所致。

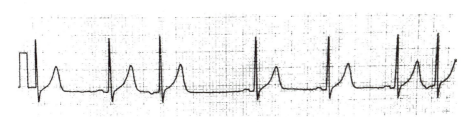

图 7-11-5　房性期前收缩

（2）交界性期前收缩心电图（图 7-11-6）特征：①QRS 波提前出现，其形态、时限与正常窦性相同；②期前收缩所产生的 QRS 波前或后有逆行 P 波，或嵌入 QRS 波之中。若逆行 P 波在 QRS 波之前，则 PR<0.10 秒；若在 QRS 波之后，则 RP<0.20 秒；③代偿间歇往往不完全。

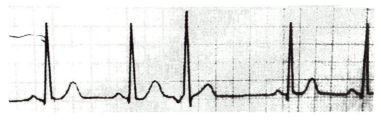

图 7-11-6　交界性期前收缩

（3）室性期前收缩的心电图（图 7-11-7）特征：①QRS 波提前出现，形态异常，宽大，QRS 波>0.10 秒，T 波与主波方向相反；②QRS 波前无 P 波；③代偿间歇完全。

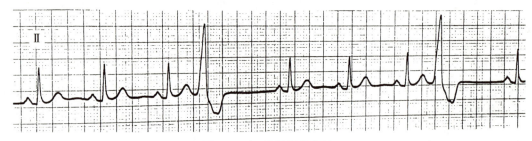

图 7-11-7　室性期前收缩

【问题2】 明确为室性期前收缩后应从哪几方面考虑病因？

思路：24 小时动态心电图检查 18%～50% 健康儿童有室性期前收缩，新生儿期及少年期最多见。由于过劳，精神紧张，心肌炎，某些药物如奎尼丁、肾上腺素等，胃肠道疾病、胆道感染等引起室性期前收缩，也有部分找不到明显病因。心脏病患儿更易发生期前收缩，如风湿性心脏病、心肌炎。

【问题3】 仔细询问病史后,查体及辅助检查应注意哪些方面？

思路：患儿在偶然查体时发现室性期前收缩，无过劳及精神紧张，无特殊药物用药史，暂不考虑药物及情绪波动引起室性期前收缩。患儿伴前驱呼吸道感染，病毒性心肌炎不除外，需要完善心电图、超声心动图、心肌酶、柯萨奇病毒、EBV、细小病毒 B19 抗体及 ASO 检测；另外，应监测 24 小时动态心电图，观察期前收缩的昼夜变化规律及安静与运动时的变化规律。如果白日或运动后期前收缩较多，支持期前收缩由器质性心肌疾病所致的可能性；此外还要观察动态心电图中的期前收缩是否为成对出现、是否有短阵室性心动过速、是否有 R on T 情况以及是否为多形或多源性期前收缩。这些情况多支持为器质性疾病所致的室性期前收缩。

入院时查体

体温 36.5℃，呼吸 22 次 /min，脉搏 102 次 /min，血压 90/60mmHg。发育中等，全身淋巴结无肿大，咽稍红，扁桃体无肿大，双肺呼吸音清，未闻及干湿啰音，心音有力，律不齐，可闻及期前收缩 8 次 /min，各瓣膜听诊区无杂音，心界不大，腹软，无压痛，肝肋下刚可及，脾肋下未及。

入院辅助检查

血常规＋CRP：WBC $11.1×10^9$/L，Hb 146g/L，PLT $289×10^9$/L，中性粒细胞计数 $3.97×10^9$/L；CRP 4mg/L。

生化检查：ALT 13U/L，AST 25U/L，LDH 209U/L，LDH 199U/L，CK 25U/L，CK-MB 0.4ng/ml，BNP 正常。

柯萨奇病毒抗体 IgG（-），IgM（-），细小病毒 B19-IgM（-），EBV-IgG，IgM（-）；ASO（-）。

24 小时动态心电图：室性期前收缩，偶发三联律，且运动后室性期前收缩减少。

【问题4】 完善检查后,应如何分析患儿室性期前收缩原因？

思路：患儿无心力衰竭和心脑综合征的表现，心脏叩诊无心脏扩大，血生化及心肌酶谱、BNP 均正常，柯萨奇病毒抗体 IgG（-），IgM（-），细小病毒 B19-IgM（-），EBV-IgG、EBV-IgM（-），可排除病毒性心肌炎；患儿目前不伴有明确的器质性心脏病，无电解质紊乱及用药史，24 小时动态心电图提示室性期前收缩，且运动后室性期前收缩减少，考虑特发性室性期前收缩可能性大。

诊疗经过

患儿自入院后一般情况良好，无头晕、胸闷、心悸等不适，患儿病情稳定，出院随访。患儿运动后期前收缩次数减少，预后相对较好，建议无症状时可定期复查。

发现无症状的室性期前收缩不需要治疗。因心悸而必须治疗时，用 β 受体阻断剂治疗或 I 类或 III 类抗心律失常药。如有症状但药物无效或患儿不宜长期服药，可以考虑射频消融手术治疗。

（杜军保　徐文瑞）

第十二节　心　力　衰　竭

心力衰竭（congestive heart failure，CHF）是由各种病因引起的心脏舒缩功能减退，在休息或正常活动下，心输出量不能满足周身循环及组织代谢需要，而出现的一种病理生理状态。主要表现为心功能减退、肺静脉淤血及体循环充血三方面征象，是小儿时期常见的危重急症。

心力衰竭时由于心室收缩期排血量减少，导致心室内残余血量增多。舒张期充盈压力增高，可同时出现组织缺氧及心房和静脉淤血。组织缺氧通过交感神经活性增加，引起皮肤内脏血管收缩，血液重新分布，以保证重要器官的血供。肾血管收缩后肾血流量减少，肾小球滤过率降低，肾素分泌增多，继而醛固酮分泌增多，体内水钠潴留，血容量增多，加剧心力衰竭恶化。

小儿时期心力衰竭 1 岁内发病率最高，其中婴幼儿以先天性心脏病、支气管肺炎等引起者多见。儿童时期以风湿性心脏病和急性肾炎所致的心力衰竭多见。另外，贫血、营养不良、电解质紊乱、严重感染、心律失常和心脏负荷过重等都是儿童心力衰竭发生的诱因。

心力衰竭的诊疗经过通常包括以下环节：

1．详细询问患儿的既往史，发病症状及活动耐力。

2．查体应重点关注患儿的生命体征，认真做好心脏、肺部、腹部的查体，观察患儿是否有水肿。

3．及时查血常规、生化检查、心肌酶谱、BNP、cTnI、X 线、心电图、超声心动图及血气检测等。

4．治疗　积极消除病因及诱因，改善血流动力学，减轻心脏前后负荷，增强心肌收缩力。

临床关键点

（1）首先要确认患儿是否存在心力衰竭。

（2）积极诊治患儿原发病，消除病因。

（3）针对心力衰竭进行治疗，改善血流动力学。

临床病例

2 岁男童，4 天前"上呼吸道感染"后开始出现咳嗽加重，喘憋，发热，烦躁。于外院诊断"上呼吸道感染"，给予阿奇霉素静脉滴注抗感染治疗，症状无缓解，并出现活动量明显下降，烦躁，有气促、乏力，口周发绀，体温正常，偶多汗，心率快，入院就诊予鼻导管吸氧后症状有所缓解。血常规：WBC 12×10^9/L，中性粒细胞百分比 80%，淋巴细胞百分比 18%，PLT 180×10^9/L，CRP 18mg/L。发病以来，患儿精神不振，食欲减退，夜睡安稳，尿便正常。

患儿为 G_1P_1，发育无异常，否认家族类似病史。

病史初步采集后，因患儿以发热、咳嗽和喘憋为主诉，临床应需要考虑以下问题。

【问题1】　该患儿近 4 天来出现发热、咳嗽、发绀、烦躁、喘憋，且病情进展较快，应该如何诊断？

思路：患儿病初出现发热、咳嗽、发绀、喘憋症状，可能为支气管肺炎，但尚需查体以及胸部 X 线予以证实。结合外院血常规 WBC 增高，中性粒细胞百分比增加，CRP 增高，提示可能为细菌感染。患儿之后出现了气促、喘憋和口周发绀，应考虑患儿合并心力衰竭，需要查体以及辅助检查，协助诊断。

【问题2】　为进一步了解患儿病情，对于既往史的询问应详细围绕哪些方面？

思路：了解患儿既往是否有心力衰竭史，体质如何，是否易反复感染，是否有先天性心脏病史，是否有异物吸入史，是否为过敏体质，家族中是否有类似病史。

详细既往史

患儿既往体质较弱，变换季节后易反复呼吸道感染，无先天性心脏病及心力衰竭史，无哮喘病史，无异物吸入史，目前未发现对食物等过敏的现象。

知识点

支气管肺炎合并心功能不全的诊断

（1）支气管肺炎合并心功能不全的诊断

1）烦躁不安，发绀，呼吸困难或发绀突然加重，呼吸>60 次 /min，不能以肺部病变来解释。

2）心率>160 次 /min，可有奔马律，心音低钝，不能以体温来解释。

3）肝脏短期内肿大或进行性增大。

4）在婴幼儿时期颜面、四肢水肿、颈静脉怒张常不明显。

（2）肺炎出现以下情况考虑为重症

1）合并呼吸衰竭、心力衰竭、中毒性脑病、DIC 及中毒性肠麻痹。

2）先天性心脏病、佝偻病和营养不良等。

【问题3】 详细询问病史，判断病情后，查体重点应该是什么？

思路： 查体时应该注意患儿有无烦躁、发绀等表现。要特别关注呼吸系统查体，要检查有无呼吸困难，心率明显加快，肝脏是否肿大或短时间内进行性增大，判断患者有无心力衰竭；根据是否出现发绀，判断有无呼吸衰竭的可能性，进一步需要血气分析。查体时依据心脏听诊杂音的特点，协助判断有无先天性心脏病的可能性。查体时依据有无佝偻病、营养不良的体征，协助该病的判断。

入院时体格检查

体温 37.5℃，脉搏 180 次 /min，呼吸 60 次 /min，体重 17kg。发育营养可，精神烦躁，全身皮肤无出血、黄染、淋巴结无肿大、呼吸促、发绀，鼻翼扇动及三四征，无水肿、咽充血，双肺可闻及密集中小水泡音，以左下肺为著。心界稍向左下扩大，心率 180 次 /min，心律齐，心音尚有力，未闻及杂音。腹软，肝右肋下 3cm，质软边锐，脾肋下未及。神经系统查体无异常。

【问题4】 结合上述查体结果，为进一步判断患儿病情应实施哪些检查？

思路： 结合幼儿期发病，起病急，存在咳喘及发热，通过上述查体明确患儿双肺可闻及密集中小湿啰音，以左下肺为著，提示支气管肺炎。患者存在烦躁不安，发绀，呼吸困难，呼吸>60 次 /min，心率>160 次 /min，不能以体温来解释，肝脏肿大，提示心力衰竭。心脏未闻及杂音，目前先天性心脏病的可能性不大。入院后应尽快完善血常规、血气分析、生化全项及心肌酶谱、BNP、心电图、超声心动图和 X 线胸片等检查。

辅助检查

血常规＋CRP＋心肌酶：WBC $18.0×10^9$/L，RBC $4.69×10^{12}$/L，Hb 131g/L，PLT $108×10^9$/L，中性粒细胞百分比 65%；CRP 20mg/L；全血生化及心肌酶谱正常，BNP 增高。

心电图：窦性心动过速，律不齐。

X 线胸片：双肺纹理增多，可见点片状阴影，左肺外带明显，心影外形增大。

超声心动图：左心室舒张末期内径 3.1cm，左心房内径 3.1cm，平均肺动脉压 41.6mmHg，左心室射血分数 64%。

心力衰竭胸片
（图片）　心力衰竭超声心动图（视频）

【问题5】 通过上述检查如何进一步对病情作出判断？

思路： 结合患儿急性起病，发热伴咳嗽，双肺可闻及中小水泡音，胸片可见点片状阴影，支气管肺炎可诊断。WBC 升高，中性粒细胞增高，故病原考虑可能为细菌性感染。患者存在烦躁不安，发绀，呼吸困难，呼吸>60 次 /min，心率>160 次 /min，不能以体温来解释，肝脏肿大，考虑肺炎合并心力衰竭，故病情诊断重症。

儿童心功能分级标准

2013 年加拿大心脏病学会制定的儿童心力衰竭指南中,结合既往纽约心脏病学会(NYHA)和 Ross 心功能分级标准,提出了以下儿童心功能分级标准(表 7-12-1)。

表 7-12-1 儿童心功能分级标准

心功能分级	1岁以下婴儿	1岁以上儿童
Ⅰ级	无症状	无症状
Ⅱ级	轻度气促、多汗、喂养困难,无生长发育落后	体力活动轻度受限(中度活动时气促,日常活动不受限)
Ⅲ级	明显气促、多汗、喂养困难,伴生长发育落后	体力活动明显受限(轻微活动即气促,日常活动受限)
Ⅳ级	安静时有气促和呼吸困难	安静时有气促和呼吸困难

【问题6】 该患儿治疗原则是什么?

思路:

1. 一般对症治疗 吸氧;保持安静;保持呼吸道畅通,超声雾化吸入,痰多者应及时吸出;勤换体位,多翻身,以利排痰;鼻导管吸氧。

2. 原发病治疗 抗生素的应用。

3. 针对心力衰竭的治疗 镇静、强心、利尿、扩血管药物,改善心功能。

心力衰竭治疗原则

心力衰竭的治疗:除对病因予以可能的积极治疗外,原则上应围绕减轻前后负荷,加强心肌收缩力及减慢心率等主要环节,维持、改善心脏泵功能。

【问题7】 针对该患者心力衰竭的具体治疗措施是什么?

思路:

(1)一般治疗

1)镇静,吸氧。

2)饮食:应少量多次进食,必要时鼻饲。保证一定热量。

3)体位:为减少回心血量,减轻心脏负荷,可将床头抬高15°～30°,经常翻身和变动体位,减轻肺淤血。

4)限制液体入量:每日总液体入量宜控制在 75ml/kg 以下,以 10% 葡萄糖液为主,并可根据生理需要及血液中电解质浓度调整输入液体的电解质量。心力衰竭患者伴有酸中毒时应给予碱性药物纠正。

5)保持呼吸道通畅:吸痰、雾化吸入。

(2)洋地黄类药物:洋地黄有增强心肌收缩力,增加心输出量,减慢心率及减慢心脏传导的作用。地高辛为小儿时期最常用的洋地黄制剂,既可口服,又能静脉注射,作用时间及排泄速度均较快,疗效出现在中毒之前,剂量容易调节。

1)剂量及用法:小儿心力衰竭多、急、重,故多采用首先达到洋地黄化量的方法,然后根据病情需要继续用维持量。

2)洋地黄化法:能口服的患者,开始给予口服地高辛,首次给洋地黄化总量的 1/3 或 1/2,余量分为 2 次,每隔 6～8 小时给予一次。对于轻度慢性心力衰竭者,多采用地高辛维持量法治疗。

3)维持量:洋地黄化后 12 小时可开始给予维持量,其剂量为 1/5～1/4 洋地黄化总量,每日分 2 次给予。

维持量使用时间长短视病情而定。小儿血清地高辛的有效浓度为1～3ng/ml，一般以2ng/ml左右为宜。

4）洋地黄毒性反应：心力衰竭越重，则治疗量和中毒量越接近，故易发生中毒。在肝肾功能障碍、电解质紊乱如低血钾、高血钙及心肌炎等病理状态下易发生洋地黄中毒。小儿洋地黄中毒最常见的表现为心律失常，如室性期前收缩、房室传导阻滞、窦房传导阻滞以及阵发性心动过速等；其次为恶心、呕吐等胃肠道症状；神经系统症状如头晕、嗜睡及色视等较少见。婴儿时期洋地黄中毒临床症状不明显，应在用药过程中密切观察。一旦发现有窦性心动过缓，而又无其他原因能解释时，多是洋地黄过量的先兆。心电图监测及地高辛血浓度测定对早期发现及诊断有重要意义。

> **知识点**
>
> #### 洋地黄中毒的处理
>
> 洋地黄中毒一旦确诊，应立即停用洋地黄及利尿剂，同时补充钾盐。小剂量钾盐能控制洋地黄引起的多种快速型心律失常，但每日总量不超过3mmol/kg，静脉滴注时用10%葡萄糖稀释为0.3%浓度。肾功能不全及合并房室传导阻滞时忌用静脉钾盐。

（3）利尿剂：呋塞米，每次1～2mg/kg静脉注射，用药过程中需防止电解质紊乱。

（4）血管扩张剂：必要时酚妥拉明。

（5）心肌代谢酶活性剂：可用大剂量维生素C、1,6-二磷酸果糖、磷酸肌酸钠和辅酶Q10等。

（杜军保　徐文瑞）

参 考 文 献

[1] 杜军保. 儿科心脏病学. 北京：北京大学医学出版社，2013.

[2] 黄国英. 小儿超声心动图学. 上海：上海科学技术出版社，2015.

[3] 黄国英. 儿科示范案例. 上海：上海交通大学出版社，2016.

[4] 王卫平，孙锟，常立文. 儿科学. 9版. 北京：人民卫生出版社，2018.

第八章　泌尿系统疾病

第一节　概　　述

泌尿系统由肾脏、输尿管、膀胱和尿道组成，主要功能为排泄。泌尿系统疾病种类繁多，但在隶属于内科医师诊治的疾病中最常见的为肾脏疾病（renal diseases），其他多需要手术干预或治疗的泌尿系统疾病则归属在泌尿外科医师的培训内容。作为人体重要脏器的肾脏位于腹膜外、脊柱两侧。肾脏的组织结构分为实质和间质，肾实质由肾单位和集合管组成，肾间质主要为少量结缔组织、血管、淋巴及神经。肾单位是肾脏的基本结构和功能单位，每个肾脏大约有 100 万个肾单位。肾单位由肾小体和肾小管组成，肾小体又包括肾小球和肾小囊。肾脏是排泄的主要器官。此外，肾脏通过调节细胞外液量和渗透压，保留体液中的重要电解质，排出氢，维持酸碱平衡，对保持内环境的相对稳定起到非常重要的作用，因此肾脏又是一个维持内环境稳定的重要器官。肾脏还具有内分泌功能，可生成血管活性物质、促红细胞生成素及 1,25- 二羟基维生素 D_3 等。

此外，希望住院医师在诊治泌尿系统疾病的学习和实践中注意以下几方面问题。

1. 肾脏疾病尤其肾小球疾病不是一个单一的疾病，是指以肾小球或以肾小球病变为主的一组疾病，它们的临床表现、肾脏病理、病因、发病机制、治疗以及疾病预后既有不同，又有交叉，目前尚没有一种分类方法能够很好地归类和反映各方面信息。尽管本章没有介绍疾病分类，但希望住院医师能够自学，并思考从临床、肾脏病理等角度进行分类时的要点，通过学习疾病分类，争取能对肾脏疾病有更全面的了解。

2. 许多肾脏疾病没有明确的自主症状及体征，诊断相对更依赖实验室检查。因此，学习时尤其注重不同的肾脏疾病诊治中申请检查的时间，各检查项目的临床价值，检查结果的意义，以避免过度检查和遗漏检查。

3. 得益于肾活检术的建立和应用，肾脏病理在疾病诊断、病情判断、制订治疗方案以及判断预后等方面均发挥了至关重要的作用。因此，学习肾脏病学，务必注意学习肾脏病理形态学，将临床表现与肾脏病理结合。当然首先要知道肾活检的适应证、合并症以及禁忌证。

4. 慢性肾脏病（chronic kidney diseases，CKD）是近年来越来越受到关注和重视的一类肾脏疾病，是指肾脏功能和 / 或结构异常 >3 个月的肾脏疾病。尽管大多数儿童肾脏疾病及时诊治预后较好，但近年来越来越多的数据显示，部分儿童 CKD 会进展至终末期肾脏病（end stage renal disease，ESRD），最终将需要肾脏替代治疗以维持生命。但是哪些疾病、什么危险因素、何种机制导致 CKD，目前远未澄清。因此，在开始学习肾脏疾病时就知晓 CKD，重视 CKD。

（丁　洁）

第二节　急性肾小球肾炎

急性肾小球肾炎（acute glomerulonephritis）是指一组病因不一，临床表现为急性起病，多有前驱感染，以血尿为主，伴有不同程度蛋白尿，可伴水肿、少尿、高血压和 / 或肾功能不全等特点的肾小球疾病。大多数病例由 A 组 β 溶血性链球菌急性感染后引起的免疫复合物性肾小球肾炎，又称急性链球菌感染后肾小球肾炎。其他病原如细菌、病毒、支原体、寄生虫、梅毒螺旋体、钩端螺旋体等也可致病，为非链球菌感染后肾小球肾炎。本病预后良好，但如处理不当亦可于急性期死于高血压脑病、肺水肿或急性肾损伤。

急性肾小球肾炎的诊疗经过通常包括以下环节。

1. 详细询问患儿血尿开始出现的时间、程度、尿量变化及水肿等症状。

2. 询问血尿和/或水肿症状出现前2～3周有无前驱感染的病史。

3. 查体时重点关注水肿的程度、患儿血压、有无循环充血的症状及高血压脑病的神经系统症状。

4. 及时进行尿液分析、血常规、肾功能、血电解质、血气分析、ASO、血沉、血清补体、泌尿系统超声等重要的辅助检查。

5. 积极进行利尿、降压等对症治疗，同时注意控制水盐摄入、维持水电解质和酸碱平衡，严重水钠潴留或急性肾功能衰竭患儿可行透析治疗。

6. 持续少尿或无尿、症状不典型、病程迁延、血清补体持续降低时，建议及时肾活检病理检查以明确诊断、评估预后及指导治疗。

临床关键点

1. 本病临床表现轻重不一，轻者无症状，体检时偶然发现血尿和/或蛋白尿；重者可出现肉眼血尿、少尿、高血压及肾功能损害的急性肾炎综合征表现；症状典型者易追溯前驱感染史及病原学证据，无症状受累者的病原学较难确定。

2. 本病需与以急性肾炎综合征起病的其他疾病如 IgA 肾病、狼疮性肾炎、乙型肝炎病毒相关性肾炎等鉴别。对持续少尿或无尿者要特别警惕急进性肾炎的可能。

3. 大多数急性肾小球肾炎患儿预后良好，在病程的1～2周，需警惕不足5%的患儿可出现急性循环充血、高血压脑病、急性肾功能不全等严重症状，需早期发现及时处置。

临床病例

患儿，男，9岁。因"眼睑水肿、尿量减少伴浓茶样尿5天"门诊就诊。初步的病史采集如下。

患儿5天前出现晨起眼睑水肿，尿量减少，尿色深，尿全程如浓茶样。病程中食欲减退、乏力，无发热、咳嗽症状，2天来偶诉头晕、恶心、腹部不适症状。无呕吐，大便成形。其间曾至当地医院就诊。尿常规：蛋白（＋＋＋），红细胞满视野，白细胞0～5/HP。

患儿3周前曾有"发热、咽痛"病史，当地医院就诊，诊断"化脓性扁桃体炎"，抗感染1周后体温正常、咽痛消失。既往体健，否认有肾脏病家族史。

初步病史采集后，因患儿表现为水肿、尿少及尿如浓茶样，按血尿的诊断思路，临床随之需考虑以下相关问题。

【问题1】　该患儿尿色深，尿全程如浓茶样，是否为真性血尿？

思路：正常尿液呈无色或淡黄色，当摄入特殊食物或药物时，会出现尿色改变，因此，当尿色异常、疑有血尿时，需首先询问患儿近期饮食及用药史，同时行尿液常规及尿沉渣显微镜检查以确定真性血尿。本例在外院行尿常规检查，红细胞满视野，明确为真性血尿。

【问题2】　确定真性血尿后，进一步判定血尿可能的来源，肾小球性或非肾小球性？

思路：本例在血尿同时伴有水肿、少尿症状，血尿合并有大量蛋白尿，提示肾小球源性血尿，即血尿为肾小球疾病所致的可能性大。尿沉渣红细胞形态的检查有助于鉴别血尿的来源。

【问题3】　学龄期儿童伴水肿、少尿的肾小球性血尿应该考虑哪些疾病？

思路：本例为突然起病，出现水肿、少尿和肉眼血尿症状，且起病前2周有"化脓性扁桃体炎"的前驱感染史，首先应考虑急性肾小球肾炎，尤其是急性链球菌感染后肾小球肾炎可能。除急性肾小球肾炎外，还应注意与 IgA 肾病、紫癜性肾炎、狼疮性肾炎、乙型肝炎病毒相关性肾炎、抗中性粒细胞胞质抗体（ANCA）相关性血管炎等鉴别。

【问题4】　询问病史应围绕哪些方面进行？

思路1：①应询问是否存在前期感染、前驱感染的部位、感染与本次起病间隔时间、有无相关病原学检查等；②追问既往有无肾脏疾病病史（如血尿、发作性肉眼血尿），起病前有无皮疹、关节痛、关节炎、口腔溃疡等病史；患儿有无视力异常、听力减退等病史；③询问家族中有无成员有血尿史或肾病史。

思路2：注重详细询问每日尿量、少尿或无尿持续的时间；询问有无呼吸急促、端坐呼吸、咯痰等循环充血的临床表现；询问有无头痛、恶心、呕吐、烦躁、意识模糊、复视或一过性失明等高血压脑病的临床表现。

【问题5】　根据本例进一步询问病史，该如何进行初步判断？

思路：①患儿出现水肿、少尿、血尿等急性肾炎综合征症状，结合起病前2周有"化脓性扁桃体炎"的前驱感染史，初步诊断急性肾小球肾炎，且为急性链球菌感染后肾小球肾炎的可能性大；②患儿既往体健、家族中无肾病患者，慢性肾炎急性发作可能性不大，也不支持遗传性肾炎；③患儿在前驱感染2周后起病，与IgA肾病感染与发作间隔短的特点不符；④患儿无皮疹、关节炎、口腔溃疡、肝炎等病史，不支持继发性肾小球肾炎的可能性；⑤患儿病程近一周，2天来偶诉头晕、恶心、腹部不适症状，无呕吐，根据急性肾损伤、高血压脑病和急性循环充血在肾炎病程中的好发时间，病史采集时需注意有无这三种严重并发症的征象。

【问题6】　病史采集结束后，体格检查时应重点关注那些方面？

思路：首先，寻找支持初步诊断的证据，如水肿的部位、程度、性质（凹陷性还是非凹陷性？），水钠潴留的程度；观察患儿生长发育情况、有无贫血貌和慢性面容，协助分析是否为慢性肾炎急性发作。其次，查找严重并发症的迹象，因其可能危及患儿生命或影响预后。如观察患儿生命体征是否平稳，有无呼吸急促、端坐呼吸、颈静脉怒张、有无肝脾肿大等，协助判定是否存在严重循环充血；测量血压、观察神志意识、四肢肌张力、病理性反射等，了解有无高血压脑病表现。

门诊查体记录

体温37.0℃，呼吸30次/min，脉搏100次/min，血压140/100mmHg，体重30kg。神志清楚、精神反应可，颜面水肿，四肢皮肤光滑，未见皮疹。口唇红润，咽部稍充血，扁桃体Ⅱ度肿大，未见脓苔及疱疹。双肺呼吸音清，未闻及啰音。心音有力，心律齐，未闻及病理性杂音。腹软，肝脾肋下未触及，移动性浊音阴性。双下肢肌力、肌张力正常，双下肢水肿，呈非凹陷性，病理反射未引出。

【问题7】　如何通过查体对疾病病情进行初步判断？

思路：本例患儿颜面、下肢水肿，为非凹陷性水肿，血压增高，其水肿为水钠潴留血容量增加，与肾病综合征所致低蛋白血症水肿不同。患儿神志清楚、四肢肌张力正常，病理反射未引出，未发现高血压脑病表现。患儿无呼吸急促、端坐呼吸，未见颈静脉怒张、无肝脾肿大、肺底未闻及湿啰音，暂无严重循环充血的迹象。

知识点

急性肾小球肾炎时，因肾小球有效滤过面积下降，水钠潴留，有效循环血容量增加，水钠主要潴留在血管内，水肿呈非凹陷性。而肾病综合征时，因白蛋白从尿中丢失，血浆白蛋白水平降低，血浆胶体渗透压下降，水、钠从血管进入组织间隙，引起组织疏松部位水肿，组织水肿经按压后不易及弹起，呈凹陷性水肿。

【问题8】　结合上述体格检查，为进一步诊断应实施哪些检查？

思路：通过上述查体结合病史，急性肾小球肾炎可诊断，其疾病严重程度及是否需要紧急治疗仍需完成血常规、尿液分析、肾功能、血电解质、胸部X线、泌尿系超声检查。

门诊辅助检查

血常规：WBC 8.2×10^9/L，中性粒细胞百分比61%，Hb 110g/L，RBC 3.4×10^{12}/L，PLT 152×10^9/L。

尿液分析：蛋白（++），RBC（+++）/HP，WBC 0～5/HP，尿红细胞形态呈多形型。

肾功能检查：尿素氮10.5mmol/L，肌酐53.6μmol/L。

血电解质：Na^+132mmol/L，Cl^-90mmol/L，K^+ 5.3mmol/L，Ca^{2+} 1.29mmol/L。

胸片：未见明显异常。

泌尿系统超声：双肾、输尿管、膀胱未见明显异常。

【问题9】　如何判读本患儿初步检查？

思路：患儿尿量减少，肾功能检查示尿素氮增高，血钾处于临界高值，提示肾小球有效滤过率下降。胸片未见肺水肿和心影增大的严重循环充血征象。肾脏超声未见明显异常。尿液检查提示多形型红细胞尿伴蛋白尿，提示肾小球性血尿、肾小球受损。

【问题10】　该患儿应选择门诊还是住院治疗？

思路：决定急性肾小球肾炎患儿是否需要住院，主要取决于患儿肾炎症状的严重程度，是否存在高血压、氮质血症和严重循环充血的风险。急性起病、病程1～2周内，患儿有明显少尿或无尿症状时，应选择住院治疗，密切观察是否合并严重循环充血、高血压脑病及急性肾功能不全等严重症状。该患儿病程1周，表现为少尿，水钠潴留及氮质血症，应住院积极对症治疗。如果患儿仅偶然尿检时发现，不伴临床症状，血压正常，血液生化指标也正常，可在门诊检查并随访观察。

知识点

急性链球菌感染后肾小球肾炎的典型表现和严重表现

典型表现：水肿、血尿、不同程度蛋白尿、高血压、尿量减少。

严重表现：严重循环充血、高血压脑病、急性肾损伤。

【问题11】　入院后需要进一步进行哪些检查？

思路：

（1）链球菌感染的证据的检测，如ASO、血清抗链球菌双磷酸吡啶核苷酸酶（anti-DPNase）、抗链球菌脱氧核糖核酸酶B（anti-DNAase B）及抗透明质酸酶（HAase）等。

（2）急性期和恢复期血清补体水平测定，80%～90%患者血清总补体、C3在发病2～4周内降低，94%的病例至第8周恢复正常。如果患儿症状恢复超过预期，且补体持续低水平，提示有其他类型肾炎的可能，如膜增生性肾小球肾炎、急进性肾小球肾炎。

（3）监测肾功能和电解质，根据患儿尿量及症状，定期了解肾功能及电解质的变化。

（4）肝功能及血清乙型肝炎病毒标志物检测，排除乙型肝炎病毒相关性肾炎，该病多以蛋白尿为主要症状起病，伴或不伴血尿。

（5）其他鉴别诊断检查，如血清IgA水平、抗核抗体、ANCA抗体、其他病原微生物标志物检测等，有助于非典型病例的鉴别诊断。

住院后检查及诊断

ASO 1 140U/ml ↑。

血清补体C3 0.47g/L ↓，C4 0.364g/L。

血生化：ALT 8U/L，AST 28U/L，ALB 37.5g/L，总胆固醇3.82mmol/L。

乙肝两对半：HBsAb弱阳性，余均阴性。

血清IgG 7.81g/L，IgM 0.815g/L，IgA 1.27g/L。

血气分析：pH 7.421，HCO_3^- 24.2mmol/L，标准碱剩余（SBE）−0.3mmol/L。

自身抗体（包括ANCA抗体）均阴性。眼耳检查未见异常。父母尿检均正常。

【问题12】　如何根据上述病例进行综合判断？

思路：

（1）诊断：①急性肾炎综合征的症状，如水肿、少尿、血尿、高血压、氮质血症；②前驱感染史及链球菌感染的证据，如起病前2周化脓性扁桃体炎病史及ASO水平增高；③尿液分析结果，包括多形型血尿、蛋白尿；④血清补体C3水平显著下降。支持急性链球菌感染后肾小球肾炎的诊断。

（2）鉴别诊断：

1）非链球菌感染后急性肾小球炎：多种细菌或病毒感染后均可发病。应特别注意与病毒性肾炎鉴别，后者常于急性病毒性上呼吸道感染早期（1～5 天内）发病，临床以血尿为主，其他症状较轻微或不出现；补体多不降低，肾功能多正常，预后良好。

2）IgA 肾病：以血尿为主要症状，表现为反复发作性肉眼或显微镜下血尿，伴或不伴蛋白尿，多在上呼吸道感染后 24～48 小时出现血尿，儿童病例多无水肿、高血压，血清 C3 正常。确诊有赖肾活体组织免疫病理检查。

3）乙型肝炎病毒相关性肾炎：系由乙型肝炎病毒直接侵袭或其抗原在体内形成的免疫复合物，引起肾组织损伤所致。临床表现为蛋白尿、血尿或肾病综合征。血清乙型肝炎病毒标志物阳性，部分患者可有肝脏增大或肝功能异常。血补体正常或降低。肾活体组织检查病理主要为膜性肾病。免疫荧光检查可在肾组织中检出乙型肝病毒抗原或其 DNA。

4）急进性肾炎：起病与急性肾小球肾炎相似，病程中病情急剧恶化，持续少尿或无尿，水肿、高血压加剧，并出现进行性肾功能不全，预后不佳。

5）慢性肾炎急性发作：既往肾炎病史不详，而在一次链球菌感染后急性发作，有时与急性肾小球肾炎较难鉴别。感染后潜伏期极短或无潜伏期即出现肾炎症状，症状较迁延，生长发育较落后，贫血程度较重，氮质血症严重度与少尿程度不相符，尿少而比重低者应警惕慢性肾炎急性发作的可能性。

知识点

急性链球菌感染后肾小球肾炎的诊断

①病前有链球菌感染史，血清中链球菌抗原的抗体增高，或咽拭子、皮肤脓性分泌物中培养出致肾炎型链球菌；②临床出现水肿、少尿、血尿、高血压、蛋白尿任何一项或多项症状；③尿液检查发现血尿、蛋白尿及管型尿；④急性期血清补体 C3 下降等，可以确定诊断。

知识点

急性肾小球肾炎肾活检病理检查的指征

急性链球菌感染后肾炎一般不需要肾活检。急性期症状如水肿、少尿、肉眼血尿、高血压、循环充血等一般在病程 2～4 周可消失。通常预后良好，显微镜下血尿可持续数周或数月，少数病例显微镜下血尿及尿沉渣红细胞计数增高可延至 1 年或更久。如果患儿出现以下特点时需要肾活检病理检查以明确病因。①持续性蛋白尿；②反复肉眼血尿；③持续肾功能损害；④持续低补体血症。

【问题 13】　患儿该如何进行治疗？

思路：①如存有感染灶，给予青霉素或其他敏感抗生素 10～14 天的治疗，以清除可能存在的感染灶。②限制水、盐的摄入，低蛋白、优质动物蛋白，易消化的高碳水化合物饮食。③利尿、降压对症治疗。可选择氢氯噻嗪 1～2mg/（kg·d），分 2～3 次口服。无效时需用呋塞米，口服剂量 2～5mg/（kg·d），注射剂量 1～2mg/（kg·d），每日 1～2 次，忌用保钾利尿剂及渗透性利尿剂。

知识点

急性肾小球肾炎患儿的饮食起居

1. 休息　病初的 2～3 周应卧床休息，待肉眼血尿消失、水肿消退、血压正常及循环充血症状消失后可下床作轻微活动。血沉正常可上学。

2. 对有水肿、高血压者应限制水、盐的摄入。

3. 有氮质血症者应限蛋白，可给优质动物蛋白 0.5g/（kg·d），供给易消化的高碳水化合物饮食，以满足热能需要。尿量增多，氮质血症消除后应尽早恢复正常蛋白质摄入，以保证小儿生长发育的需要。

【问题 14】 如果患儿在病程中突然头痛、视力模糊、惊厥，最可能的原因是什么？该如何进行治疗？

思路： 在少尿期突然出现头痛、视力模糊、惊厥，可能是高血压脑病的临床征象。其血压往往在 150～160mmHg/100～110mmHg 以上。应立即：①给予镇静剂如地西泮、苯巴比妥钠等止痉。②吸氧、保持呼吸道通畅。③选用强而迅速的降压药物，首选硝普钠，5～10mg 加入 5% 葡萄糖液 100ml，开始以 1μg/（kg·d）速度静脉滴注，用药时严密监测血压，血压可在 1～2 分钟内迅速下降，随时调节药液滴速，以防发生低血压。滴注时针筒、输液管等须用黑纸覆盖，以免药物遇光分解。④限制水、盐摄入，选用有效的利尿剂。

> **知识点**
>
> **高血压脑病**
>
> 水、钠潴留导致血容量增加；脑血管痉挛导致缺血、缺氧、血管渗透性增高，发生脑水肿，进而导致高血压脑病。常发生在疾病早期，血压往往在 150～160mmHg/100～110mmHg 以上，表现为头痛、恶心、呕吐、烦躁、意识模糊、复视或一过性失明，严重者可突发惊厥、昏迷。只要能及时控制高血压，神经系统症状可迅速消失。

【问题 15】 如果患儿在病程中突然端坐呼吸、咯粉红色泡沫痰，最可能的原因是什么？该如何进行治疗？

思路： 如在疾病早期出现这些症状，应警惕严重循环充血而引起的肺水肿。给予血管扩张剂如硝普钠 5～10mg 加入 5% 葡萄糖液 100ml，开始以 1μg/（kg·d）速度静脉滴注，注意事项同高血压脑病。静脉注射呋塞米利尿，卧床，严格限制水、钠的摄入。经上述处理无效或病情较重者尽早行血液净化治疗或腹膜透析治疗。

> **知识点**
>
> **严重循环充血**
>
> 由于水、钠潴留，血浆容量增加所致。常发生在起病 1 周内，当肾炎患儿出现呼吸急促和肺部湿啰音时，应警惕循环充血的发生，严重者可出现呼吸困难、端坐呼吸、颈静脉怒张、咳粉红色泡沫痰、两肺满布湿啰音、心脏扩大，甚至出现奔马律、肝大而硬、水肿加剧可出现胸腔积液及腹水征。少数可突然发生，病情急剧恶化，可因急性肺水肿于数小时内死亡。早期发现，及时利尿消肿，使血容量恢复正常，循环充血症状则随之消失。

【问题 16】 如果持续少尿或无尿，应如何处理？

思路： 如果患儿持续少尿或无尿，经利尿处理无效时，应尽早进行透析治疗。

> **知识点**
>
> **透析的指征**
>
> 透析的指征：①严重水钠潴留，有肺水肿、脑水肿的倾向；②血钾≥6.5mmol/L 或心电图有高钾表现；③严重酸中毒，血浆 HCO_3^-<2mmol/L 或动脉血 pH<7.2；④严重氮质血症，特别是高分解代谢的患儿。现透析指征有放宽的趋势。

（黄松明）

第三节　肾病综合征

肾病综合征（nephrotic syndrome，NS）是一组由于肾小球滤过膜对血浆蛋白通透性增高，出现以大量蛋白尿、低白蛋白血症、水肿和高胆固醇血症为特征的临床综合征。本病为儿童时期常见的肾小球疾病，可见于各年龄组,学龄前为发病高峰,男性显著高于女性[(2~4):1]。本病按病因分为原发性、继发性和先天遗传性肾病综合征三种类型。绝大多数属原发性(占90%),继发性多继发于过敏性紫癜、系统性红斑狼疮和乙型肝炎等疾患,而先天遗传性肾病综合征相对少见。本节主要叙述原发性肾病综合征。

肾病综合征发病机制的重要环节是各种原因导致肾小球滤过膜的电荷屏障和/或孔径屏障受损,继而血浆蛋白从尿中丢失。在儿童原发性肾病综合征(最常见病理类型为微小病变)中,发病机制主要是电荷屏障受损,致使带阴电荷的低分子量蛋白质(主要是白蛋白)从尿中丢失;引起电荷屏障改变的始动原因尚未完全明确,部分学者认为可能与T细胞功能紊乱有关。

儿童肾病综合征的诊疗经过通常包括以下环节:

1. 详细询问水肿开始出现的时间和程度,尿液的性状(尿量、尿色),有无皮疹、关节肿痛等伴随症状,注意询问传染病接触史(结核、乙型肝炎等)、预防接种史。

2. 查体时重点关注水肿的部位和程度、生命体征(血压),注意有无皮疹、感染灶。

3. 完善尿常规、肝肾功能+电解质、感染筛查、免疫球蛋白+补体和PPD等辅助检查。

4. 根据病史、查体和辅助检查诊断肾病综合征,同时鉴别是原发还是继发,并进行临床分型。

5. 如确诊原发性肾病综合征,在除外结核感染后,即开始糖皮质激素治疗,随访观察激素治疗反应并进行分型。

6. 激素依赖、频复发和激素耐药型肾病综合征需加用免疫抑制剂治疗,肾炎型肾病综合征是否加用免疫抑制剂需根据临床检查和肾脏病理的结果。

7. 必要时进行肾脏活检,根据病理结果制订治疗方案。

临床关键点

(1)肾病综合征的完整的诊断一般应包括临床诊断、病因诊断、临床分型和激素疗效的判断,必要时进行病理诊断。

(2)原发性肾病综合征首选激素治疗,之后根据激素疗效决定下一步诊疗方案;但对于肾炎型肾病综合征,建议尽早行肾脏活检,根据病理结果指导治疗方案。

(3)继发性肾病综合征最常见为紫癜性肾炎、狼疮性肾炎和乙型肝炎病毒相关性肾炎等,治疗方案因原发病不同而不同。

(4)诊治过中必须重视预防、识别并发症。

临床病例

患儿,女,1岁8个月,主因"水肿7天"就诊。初步的病史采集如下。

患儿于7天前在"感冒"后出现晨起双眼睑水肿,尿量较平时略有减少(具体不详)、尿色黄。家长未予重视,患儿水肿逐渐加重至双下肢,1天前于外院检查尿蛋白(++++),为进一步诊治转来医院。病程中无皮疹、关节疼痛和腹痛,无发热、咳嗽及吐泻。患儿发病以来精神食欲可,大便正常,体重较前增长1kg。

患儿既往体健,否认特殊疾病及特殊用药史,否认药物和食物过敏史,按计划预防接种,否认传染病接触史。

家族史:否认肾脏疾病家族史。

初步病史采集后,因患儿主要表现为水肿、蛋白尿,临床需考虑以下相关问题。

【问题1】 该患儿水肿、蛋白尿最可能的原因是什么?

思路1:该患儿表现为水肿,为晨起双眼睑水肿,伴尿量减少,逐渐加重;尿蛋白定性(++++),为大量蛋白尿。从以上两点推测原发病为肾小球疾病,以肾病综合征可能性最大,为证实该诊断,需进一步完善相关检查。

思路2:患儿在必要时还需鉴别其他原因导致的水肿、蛋白尿。

肾病综合征的病生理特点

肾病综合征的临床特点和其病理生理过程密切相关。

（1）大量蛋白尿：是肾病综合征重要的病理生理改变。血浆白蛋白自尿中丢失的同时，与微量元素相关的蛋白、激素结合蛋白（如维生素 D 结合蛋白）也自尿中丢失，并引起相应改变；血 IgG 和补体系统的 B、D 因子自尿中大量丢失导致免疫功能低下；抗凝血酶Ⅲ丢失导致高凝状态。

（2）低白蛋白血症：尿中丢失白蛋白、肝脏合成白蛋白的代偿能力不足是出现低白蛋白血症的重要原因，患儿常难以维持正常的血容量和胶体渗透压，出现水肿，常因此影响药物的药代动力学。

（3）高脂血症：脂质合成增加和廓清障碍是高脂血症发生的重要机制，高脂血症影响血小板聚集，若持续不缓解，还可导致动脉粥样硬化、肾小球硬化或肾间质纤维化。

（4）水肿：多种机制参与水肿形成。①低白蛋白血症使血浆胶体渗透压下降，造成液体在间质潴留；②血容量减少刺激渗透压和容量感受器，促使抗利尿激素、肾素 - 血管紧张素 - 醛固酮分泌，心钠素减少，远端肾小管钠、水吸收增加；③低血容量使交感神经兴奋性增高，近端肾小管钠吸收增加；④某些肾内因子改变了肾小管周围体液平衡机制，使近曲小管对钠的吸收增加。

水肿和蛋白尿的鉴别诊断

水肿的常见病因及鉴别诊断包括：①肾脏疾病，是引起全身性水肿最常见原因，常伴有血尿、蛋白尿、高血压或肾功能异常；②心脏疾病，左心室功能受损的患儿表现为肺水肿，单纯右心室功能衰竭多导致明显下肢水肿，查体可见心率、呼吸增快，及心脏扩大、杂音、肝脏肿大或颈静脉怒张等体征；③肝脏疾病，患者常存在门静脉高压或低白蛋白血症，查体可见肝脏肿大、腹水，实验室检查显示肝功能异常、低白蛋白血症；④营养性水肿，即由营养不良、低蛋白血症所致水肿；⑤血管神经性水肿，由于变态反应导致，水肿不可凹，表面稍红、发痒，常伴有荨麻疹为其特点；⑥其他包括静脉或淋巴液回流受阻、甲状腺功能低下等。

尿中蛋白含量超过正常范围时称为蛋白尿，常用的检查方法包括定性（试纸干化学法）、半定量（尿蛋白 / 尿肌酐比值）和定量检查，若尿蛋白 >150mg/24h 或 >4mg/（$m^2 \cdot$ h）为异常。蛋白尿按照来源可分为肾小球蛋白尿、肾小管蛋白尿、分泌性及组织性蛋白尿、溢出性蛋白尿；按临床表现分为暂时性蛋白尿、直立性蛋白尿、持续性无症状蛋白尿、肾小球疾病和肾小管间质性疾病。

【问题2】 该患儿高度怀疑肾病综合征的诊断，应注意和哪些疾病鉴别？

思路：肾病综合征按病因分为原发性、继发性和先天遗传性三种类型。绝大多数属原发性（占90%），继发性多继发于过敏性紫癜、系统性红斑狼疮和乙型肝炎等疾患，先天遗传性肾病综合征相对少见。本例患儿考虑肾病综合征的诊断，故首先需要区分是原发性还是继发性肾病综合征，在询问病史、查体和辅助检查等环节注意鉴别；其次，患儿 1 岁 8 个月起病，虽不符合先天性肾病综合征的诊断，但发病年龄小，不能除外遗传性肾病综合征的可能，如诊治过程中对糖皮质激素和免疫抑制剂治疗反应差，需考虑行相关的基因检测。

先天性 / 遗传性肾病综合征

先天性肾病综合征是指生后 3 个月内起病的肾病综合征，其病因、病理变化和预后等与年长儿或成人不同，通常分为遗传性（芬兰型、法国型）和原发性（生后早期发生的原发性肾病综合征），也可由于 TORCH 或先天性梅毒感染等所致。

随着分子遗传学的进展，近年来相继发现一系列与遗传性肾病综合征相关的基因，如 *NPHS1*、*NPHS2*、*WT1*、*ADCK4*、*LAMB2* 和 *PLCE1*，发病年龄越小基因突变的检出率越高。基因突变相关的肾病综合征临床常呈激素耐药、免疫抑制剂无效，最终需要肾移植。

【问题3】 询问病史应围绕哪些方面进行？

思路：①应询问患儿的尿量、尿色，如有尿色异常（酱油色、洗肉水样等），提示患儿同时存在血尿、蛋白尿，可能为肾炎型肾病综合征，需尽早行肾脏活检明确病理诊断；②仔细询问有无皮疹、关节痛、腹痛等伴随症状，以鉴别紫癜性肾炎、狼疮性肾炎；③注意是否存在诱因（如前驱感染），详细询问患儿有无发热、咳嗽、吐泻等感染表现，如有感染需积极治疗；④注意询问预防接种史、传染病接触史，如母亲为乙型肝炎患者，提示乙型肝炎病毒相关性肾炎的可能，若未接种卡介苗、或有结核接触史，可能存在结核感染、需加用抗结核治疗；⑤询问既往有无过敏性疾病病史，如过敏性鼻炎、湿疹、哮喘等，过敏可能是肾病综合征发病和复发的诱因之一。

【问题4】 根据本例患儿进一步询问的病史，该如何进行初步判断？

思路：①患儿以水肿、大量蛋白尿为主要表现，初步判断原发病为肾脏疾病，以肾病综合征可能最大；②患儿临床无皮疹、关节痛、腹痛等伴随症状，且按计划预防接种、否认乙型肝炎等传染病接触史，推测原发性肾病综合征可能性大，继发性肾病综合征（包括紫癜性肾炎、狼疮性肾炎和乙型肝炎病毒相关性肾炎等）可能性小。

【问题5】 病史采集结束后，下一步查体应重点关注哪些方面？

思路：

（1）水肿的特点，包括具体部位、性质（可凹性、非可凹性）、程度（有无腹腔、胸腔积液）；

（2）监测生命体征，特别注意血压（注意不同年龄段儿童血压的正常值范围）；

（3）寻找有无呼吸系统、消化系统、皮肤黏膜（包括甲周、肛周等）处的感染灶；

（4）注意有无卡疤（反映既往卡介苗接种情况）；

（5）初步评估生长发育状况，注意是否存在生长发育落后、先天发育异常/畸形（如外生殖器畸形）等，如有提示可能为遗传性肾病综合征，需进一步检测基因突变。

门诊查体记录

体温 36.5℃，呼吸 25 次/min，脉搏 100 次/min，血压 95/60mmHg，体重 13kg，身长 85cm。神志清，精神反应可，双眼睑水肿、双下肢可凹性水肿，无皮疹及出血点。双肺呼吸音清，未闻及啰音。心音有力，心律齐，未闻及杂音。腹部稍膨隆，触诊腹软，无压痛及反跳痛，未扪及包块，肝肋下1cm，脾未触及，移动性浊音（±），双肾区叩痛（-）。四肢活动好，关节无肿痛及活动受限，左上臂可见卡疤。肛门外阴无异常。

【问题6】 如何通过查体对疾病进行初步判断？

思路：①患儿水肿为可凹性水肿，符合肾病综合征的水肿特点；生命体征平稳、血压正常（注意不同年龄儿童的血压正常值范围）。②患儿没有皮疹、腹痛或关节肿痛，不支持紫癜性肾炎。③左上肢可见卡疤，提示既往接种过卡介苗。

【问题7】 结合上述查体结果，为进一步诊断应进行哪些检查？

思路：需完善尿常规、24小时尿蛋白定量和血生化（肝肾功能、血脂和电解质）明确肾病综合征诊断；完善感染筛查、补体等明确肾病的病因诊断和临床分型；腹部超声了解腹部和泌尿系情况；完善胸片、PPD，除外结核感染，为即将开始的糖皮质激素治疗做准备；视情况完善EB病毒抗体、巨细胞病毒抗体、凝血和过敏原检测。

辅助检查

血常规+CRP：WBC 11.0×10^9/L，中性粒细胞百分比 45%，Hb120g/L，PLT 296×10^9/L，CRP<8mg/L。

尿常规：尿蛋白（++++），潜血阴性，镜检无异常。

尿蛋白定量 0.85g/24h。

血生化：ALT 15U/L，AST 25U/L，ALB 15g/L，肌酐 34μmol/L，尿素氮 5.3mmol/L，K⁺4.8mmol/L，Na⁺132mmol/L，Ca²⁺1.9mmol/L，HCO₃⁻ 22mmol/L，总胆固醇 8.7mmol/L。

感染筛查：乙肝两对半、丙型肝炎抗体、anti-HIV 和梅毒 RPR/TPPA 均为阴性。

免疫检查：IgG1.53g/L，IgA0.99g/L，IgM1.12g/L，C3 0.96g/L，C4 0.15g/L，ASO 45.30U/ml，RF 23.30U/ml。

凝血功能：PT 9.4 秒（9.0～11.5 秒），APTT 27.1 秒（26.9～37.6 秒），INR 0.93（0.89～1.13），FIB 1.84g/L（2～4g/L），D- 二聚体 0.76mg/L（<0.24mg/L），纤维蛋白原降解产物 10.3mg/L（0～5mg/L）。

胸片未见明显异常。PPD 48 小时和 72 小时均为阴性。

腹部超声：双肾弥漫性病变。

【问题 8】　如何判读本患儿的辅助检查结果？

思路 1： 该患儿同时符合以下四条标准。①大量蛋白尿，尿蛋白定性（＋＋＋＋），24 小时尿蛋白定量 65mg/kg；②低蛋白血症，血浆白蛋白<25g/L；③血浆胆固醇>5.72mmol/L；④水肿，故可以诊断肾病综合征。

思路 2： 患儿病史及查体无皮疹、关节痛和腹痛，可除外紫癜性肾炎；感染筛查阴性，且按计划预防接种，无传染病接触史，可除外乙型肝炎病毒相关性肾炎；发病年龄小，病史中无皮疹、关节痛、光过敏、口腔溃疡等伴随症状，无多器官系统受累的证据，血补体正常，暂除外狼疮性肾炎。综上诊断原发性肾病综合征。

思路 3： 患儿无血尿、高血压，肾功能正常，血补体正常范围，符合单纯型肾病综合征的诊断。

> **知识点**
>
> **肾病综合征的诊断标准**
>
> 具有以下四条者，可作出肾病综合征的诊断：①大量蛋白尿，24 小时尿蛋白定量≥50mg/kg、或晨尿蛋白/肌酐（mg/mg）≥2.0，1 周内 3 次晨尿尿蛋白定性（＋＋＋～＋＋＋＋）；②低蛋白血症，血浆白蛋白<25g/L；③血浆胆固醇>5.7mmol/L（220mg/dl）；④不同程度的水肿。其中前两条是必要标准。

> **知识点**
>
> **肾病综合征的临床分型**
>
> 凡具备以下四条之任意一条者，即可诊断为肾炎型肾病综合征，否则诊断为单纯型肾病综合征。①尿检查红细胞≥10 个/HP（2 周内 3 次以上离心尿镜检），并证实为肾小球源性血尿；②反复或持续出现高血压，≥3 次不同时间点测量的收缩压和/或舒张压大于同性别、年龄和身高的儿童青少年血压的第 95 百分位数，并除外糖皮质激素等原因所致；③肾功能不全，并除外由于血容量不足等所致；④持续低补体血症。

【问题 9】　患儿该如何进行治疗？

思路 1： 原发性单纯型肾病综合征的一线治疗药物为糖皮质激素，确诊后即开始足量激素治疗，即泼尼松（或泼尼松龙）60mg/（m²•d）或 2mg/（kg•d）（按身高的标准体重计算），先分次口服，尿蛋白转阴后改为每晨顿服，疗程 4～6 周。注意开始激素治疗前需明确有无结核感染、是否需要联合抗结核治疗。

> **知识点**
>
> **儿童肾病综合征的激素治疗**
>
> 2016 年新版的循证指南中，初发肾病综合征的激素治疗分为两个阶段。①诱导缓解阶段：足量泼尼松（泼尼松龙）60mg/（m²•d）或 2mg/（kg•d）（按身高的标准体重计算），最大剂量 60mg/d，先分次口服，尿蛋白转阴后改为每晨顿服，疗程 4～6 周；②巩固维持阶段：隔日晨顿服 2mg/kg（最大剂量 60mg/d），维持 4～6 周，然后逐渐减量，总疗程 9～12 个月。

思路 2： 患儿无须卧床休息，低盐低脂低优质蛋白饮食[盐 2g/d，蛋白 1.5～2.0g/(kg·d)]；记录出入量、体重、血压，适当控制入水量，给予氢氯噻嗪[1～2mg/(kg·d)]、螺内酯[1～3mg/(kg·d)]利尿；同时补充维生素 D 和钙剂；因凝血功能提示高凝状态，可同时给予低分子量肝素抗凝、抗血小板聚集药。

知识点

肾病综合征的利尿治疗

凡水肿严重或伴高血压者需给予利尿剂治疗。通常给予氢氯噻嗪（每日 1～2mg/kg，分次口服）或螺内酯（每日 1～3mg/kg，分次口服）；无效给予呋塞米，每次 1～2mg/kg，每 4～6 小时口服或注射。顽固水肿且血容量偏低者可适量先予白蛋白、血浆等扩容，之后给予呋塞米 1～2mg/kg 静脉输入。注意避免不恰当的过度使用利尿剂，以免发生电解质紊乱、低血容量或加重高凝状态。

治疗情况

患儿确诊后即给予泼尼松 25mg/d（早 10mg、中午 10mg、晚 5mg）口服，同时给予低盐、低脂、低优质蛋白饮食，限制入量，口服氢氯噻嗪 12.5mg，2 次/d 和螺内酯 10mg，2 次/d 利尿，低分子量肝素 1 000U，皮下注射，1 次/d，同时补充维生素 D 和钙剂。

激素治疗第 7 天，患儿尿量增多、水肿减轻，激素治疗第 10 天复查尿蛋白阴性（此后连续 3 天监测尿蛋白均为阴性），第 14 天复查血白蛋白升至 32g/L。

【问题 10】 本患儿对糖皮质激素的治疗反应如何？
思路： 患儿口服足量激素第 10 天尿蛋白转阴，可诊断激素敏感。

知识点

肾病综合征对激素治疗反应

2016 年新版的循证指南中，肾病综合征的患儿在开始应用糖皮质激素后，依据其对激素治疗的反应而分为一下 5 种。①激素敏感：指足量激素治疗≤4 周尿蛋白阴转；②激素耐药：足量激素治疗>4 周尿蛋白仍阳性者；③激素依赖：对激素敏感，但连续两次减量或停药 2 周内复发；④复发：连续 3 天，尿蛋白由阴性转为＋＋＋～＋＋＋＋，或 24 小时尿蛋白定量≥50mg/kg，或晨尿尿蛋白/肌酐（mg/mg）≥2.0；⑤频复发：指肾病病程中半年内复发≥2 次，或 1 年内复发≥4 次。

【问题 11】 本例患儿,是否需要同时加用免疫抑制剂治疗？
思路： 本例患儿临床诊断为原发性单纯型肾病综合征，初次使用糖皮质激素治疗反应敏感，暂没有加用免疫抑制剂的指征。

知识点

儿童肾病综合征的免疫抑制剂治疗

激素依赖、频繁复发和激素耐药的病例需在口服糖皮质激素的基础上，联合应用免疫抑制剂和/或甲泼尼龙冲击治疗。在激素依赖、频复发的肾病综合征中，环磷酰胺和环孢素 A 有比较充分的证据能延长缓解期和减少复发，可作为首选的非激素治疗药物；霉酚酸酯、他克莫司和利妥昔单抗等在治疗方面也显示出明显的效果，但国内缺乏相关研究证据。而在激素耐药的患儿，因其肾脏病理多为非微小病变，不同病理类型之间的治疗方案差异较大，建议常规进行肾脏活检以明确病理诊断、指导治疗。

【问题12】 本例患儿是否需要肾脏活检？

思路：本例患儿临床诊断为原发性单纯型肾病综合征，对糖皮质激素治疗敏感，推测病理为微小病变可能性大，暂不需要行肾脏活检。如随访过程中出现继发的激素耐药，多提示病理可能为非微小病变，届时需行肾脏活检。

> 知识点
>
> ### 儿童肾病综合征的肾脏病理
>
> 原发性肾病综合征的肾脏病理类型包括：微小病变、局灶节段性肾小球硬化（focal segmental glomerular sclerosis，FSGS）、系膜增生性肾炎（MsPGN）、膜性肾病（MN）和膜增生性肾炎（MPGN）。
>
> 儿童时期以微小病变最多见，此种病理改变于光镜下基本正常（图8-3-1），电镜下可见广泛足突融合（图8-3-2），免疫荧光检查阴性。其次常见的为系膜增生型肾炎和局灶节段性肾小球硬化；膜增生性肾炎是较为严重的病理类型，光镜下可见肾小球呈分叶状，有显著的系膜增生、插入，基底膜不规则增厚、呈"双轨"改变，患儿临床多数伴有血补体下降、呈慢性进展过程；儿童时期的膜性肾病多见于乙型肝炎病毒相关性肾炎或狼疮肾炎，原发性膜性肾病相对少见。

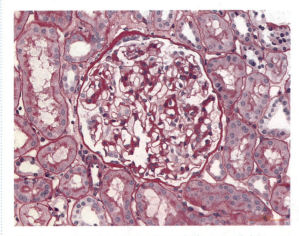 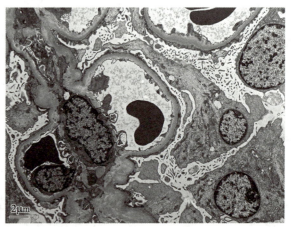

图8-3-1 微小病变的肾脏病理-光镜-PAS染色×400　　　图8-3-2 微小病变的肾脏病理-电镜

> 儿童原发性肾病综合征中，若临床分型为单纯型、对激素治疗敏感，其肾脏病理多为微小病变，无须行肾脏活检；但若对激素耐药或临床分型为肾炎型，则病理多为非微小病变，需要行肾脏活检明确病理诊断、指导治疗。

【问题13】 患儿诊治过程中还有哪些需要注意的问题？

思路：

（1）正规护理：①积极防治感染，因感染可能导致肾病反复；②定期监测和预防激素副作用；③按照医嘱正规诊治、定期随访；④监测出入量、体重和血压。

> 知识点
>
> ### 糖皮质激素的副作用
>
> 激素应于餐后服用，使用过程中需注意监测并向家属交代激素治疗的可能副作用，包括库欣面容、肥胖、高血压、类固醇糖尿病、胃与十二指肠溃疡、免疫抑制、高凝状态和精神异常，长期应用还会导致骨质疏松、身材矮小、肾上腺皮质功能不全、药物性白内障或类固醇青光眼等。

（2）必须强调的一点是，肾病综合征患儿在治疗和随访的过程中，务必重视并发症，常见并发症包括感染、高凝状态、电解质紊乱、低血容量休克（肾上腺危象）和急性肾损伤等。因肾病综合征本身的病生理特点，常易发生上述并发症，而且表现可很隐匿、很不典型，若没能早期识别、积极治疗，会导致严重后果、危及生命。

> **知识点**
>
> ### 儿童肾病综合征的常见并发症
>
> (1) 感染：最常见，可累及呼吸系统、消化系统、泌尿系统和皮肤黏膜，其中上呼吸道感染最多见，占50%以上。原发性腹膜炎是较为突出的并发症，多见于大量腹水者，致病菌以荚膜菌（如肺炎链球菌）和大肠埃希菌多见，临床表现为发热、腹痛，患儿腹肌紧张和反跳痛可不明显。此外，由于糖皮质激素或免疫抑制剂的使用，条件致病菌导致肾病综合征患儿院内感染不容忽视。
>
> (2) 高凝状态所致血栓、栓塞：肾病综合征时肝脏代偿性合成凝血物质增加、抗凝血酶Ⅲ自尿中丢失、血浆纤溶酶原活性下降、高脂血症血黏稠度增加、血小板聚集加强均可导致高凝状态；同时，糖皮质激素的应用、利尿剂导致血浓缩进一步加重高凝状态。肾病综合征患儿可并发动脉、静脉血栓，以肾静脉血栓常见（腰痛、血尿、肾功能异常），还可有肺栓塞、脑栓塞和深静脉穿刺部位的血栓。
>
> (3) 电解质紊乱：可出现低钠、低钾、低钙血症，并引发相应的症状。
>
> (4) 低血容量休克：多见于起病或复发，或有吐、泻、使用利尿剂等诱因存在时，表现血压下降甚至测不出、口渴、皮肤发花。部分患儿与长期大量应用糖皮质激素、反馈抑制肾上腺皮质功能有关，即肾上腺皮质功能不全（"肾上腺危象"），临床表现为在突然不正规减停激素、应激情况下出现上述低血容量休克的症状；此种情况下，立即开始扩容补液同时需给予氢化可的松5~10mg/(kg·d)。
>
> (5) 急性肾损伤：多种原因均可导致，包括低血容量导致的肾前性肾损伤、肾小球严重增生性病变导致肾小球滤过率降低或严重的肾小管间质损害等。

【问题14】 本例患儿预后如何？

思路：①本例患儿临床诊断为原发性单纯型肾病综合征，对糖皮质激素治疗敏感，推测病理为微小病变可能性大，此类患儿多预后良好；②患儿需定期随访，如随访过程中出现继发激素耐药，提示病理可能（转型）为非微小病变，预后较差。

> **知识点**
>
> ### 儿童肾病综合征的转归和预后
>
> 儿童肾病综合征的转归分为以下几种。①临床治愈：完全缓解，停止治疗>3年无复发；②完全缓解：血生化及尿检查完全正常；③部分缓解：尿蛋白阳性≤(++)和/或水肿消失，血清白蛋白>25g/L；④未缓解：尿蛋白≥(+++)。
>
> 儿童原发性肾病综合征的预后与肾脏病理类型密切相关：微小病变者绝大多数对激素敏感，虽70%左右的患儿会有1~3次甚至多次复发，仍预后良好；而局灶节段性肾小球硬化仅约20%敏感，既往数据显示40%~50%的患儿在10~15年发展至肾功能不全，预后不良。此外，并发症亦影响预后，部分患儿可死于感染或栓塞合并症。

（丁　洁　钟旭辉）

第四节　尿 路 感 染

尿路感染（urinary tract infection，UTI）是病原体侵入泌尿道，在黏膜和组织中生长繁殖所导致的炎性损伤，是小儿时期常见的感染性疾病。儿童时期的UTI与成人比较有以下几点不同：①新生儿、婴幼儿患者泌尿系症状不明显，常以全身症状为主要表现，容易漏诊、误诊；②较成人更常伴有泌尿系统解剖或功能异常，如泌尿系畸形、膀胱输尿管反流等；③年幼儿（尤其<5岁者），在上尿路感染时可发生肾瘢痕形成，甚至以后

可导致高血压、并影响肾功能，乃至发生肾功能不全。目前临床常用的儿童 UTI 诊治指南包括中华医学会儿科学分会肾脏学组制定的《儿童常见肾脏疾病诊治循证指南》、英国 2007 版《NICE 指南》和美国儿科学会《2011 年临床诊治实践指南》。

临床关键点

儿童 UTI 的诊疗经过通常包括以下环节：

1. 详细询问患儿有无尿路刺激症状（尿频、尿急、尿痛）、尿液性状，有无发热、呕吐、腹痛等伴随症状，注意既往有无排尿异常（尿失禁、排尿困难）、便秘、发热、UTI 或腰骶部手术病史。

2. 查体时关注双肾区叩痛、尿道口和外生殖器情况，注意有无腰骶部病变（局部皮肤隆起或凹陷、毛发和色素沉着等），注意生命体征和精神反应状况，初步评估生长发育状况。

3. 及时进行尿常规、尿培养（最好在抗生素治疗前完成）。

4. 给予抗生素治疗，治疗 48 小时后评估疗效，若未达到预期的治疗效果，需根据病原学的检查结果调整用药，注意抗生素的治疗剂量和疗程。

5. 视情况完善相应的影像学检查，如泌尿系超声、膀胱逆行尿路造影等，寻找有无基础疾病（如膀胱输尿管反流、神经源性膀胱）。

临床病例

8 个月的男孩，主因"发热 2 天"就诊。初步的病史采集如下。

患儿于 2 天前无明显诱因出现发热，体温最高的 39℃，无流涕、咳嗽和吐泻，未予诊治，为进一步诊治转来医院。患儿发病以来精神食欲略差，二便正常。

患儿既往体健，否认特殊疾病及特殊用药史，按计划预防接种。家族史无特殊。

初步病史采集后，因患儿为小婴儿，以发热起病，无其他伴随症状，临床需考虑以下相关问题。

【问题 1】 该患儿发热的原因可能有哪些？

思路：患儿急性病程，以发热为主要表现，可能病因如下。①感染性发热可能性最大，包括呼吸系统、消化系统、泌尿系统和神经系统感染等，但该患儿除发热外，无明确伴随症状，需查体时进一步寻找感染灶；②风湿性疾病、恶性肿瘤等原因导致发热，患儿年龄小、病程短，可能性相对小。

【问题 2】 询问病史应围绕哪些方面进行？

思路：注意询问以下问题。①有无诱因；②发热热型、持续时间；③除发热外，患儿有无呼吸系统、消化系统、泌尿系统或神经系统感染的症状，包括皮疹、流涕、咳嗽、吐泻、排尿哭闹、意识障碍和抽搐等；④诊治经过，包括辅助检查、治疗及疗效；⑤有无感染中毒症状，包括精神状态、意识反应和进食情况；⑥流行病学史（传染病接触史），既往有无反复发热或感染病史。

知识点

发热的分类和鉴别诊断

体温超过正常范围高限称为发热。按发热时间长短，发热可分为 4 类：①短期发热指发热<2 周，多伴有局部症状及体征；②长期发热指发热时间≥2 周，有的可无明显症状、体征，需实验室检查帮助诊断；③原因不明发热指发热持续或间歇超过 3 周，经查体、常规辅助检查不能确诊者；④慢性低热指低热持续 1 个月以上。

短期发热在儿科多数由感染引起，包括呼吸系统、消化系统、泌尿系统和神经系统感染都可导致发热；此外，发热也可能是危重疾病的早期表现，故应提高警惕，尤其具有精神萎靡、嗜睡、面色苍白等中毒症状较重的患儿，更应仔细检查。

长期发热的病因中，感染占首位，包括病毒、支原体、细菌及结核菌等，其次为风湿性疾病、恶性肿瘤、累及下丘脑体温调节中枢的疾病、机体散热障碍和其他(药物、输液反应、高钠血症和创伤等)。

对于慢性低热，首先要除外结核，同时寻找是否存在慢性病灶或小脓肿；非感染性疾病包括甲状腺功能亢进、尿崩症、风湿性疾病和炎性肠病等也可导致慢性低热；此外，慢性低热也可能为感染后低热。

【问题 3】 病史采集结束后，下一步查体应关注哪些方面?

思路: 观察生命体征是否平稳，体温情况，精神反应状态；寻找有无呼吸系统、消化系统、泌尿系统和神经系统感染的体征，包括前囟、口腔、心肺腹、尿道口和肛周查体，注意女孩有无外阴炎、男孩有无包茎等；注意有无皮疹、贫血、黄疸、淋巴结或肝脾肿大；初步评估患儿的生长发育状况。

门诊查体记录

体温 39.5℃，呼吸 40 次 /min，脉搏 140 次 /min，血压 85/50mmHg，体重 9kg，身长 75cm。前囟平坦，张力不高。神志清，精神反应可，全身无皮疹。咽部无充血，口腔黏膜光滑。双肺呼吸音清，未闻及啰音。心音有力，心律齐，未闻及杂音。腹部软，未扪及包块，肝肋下 1cm，脾未触及，肠鸣音正常。四肢活动好，肌力肌张力正常。包皮不能上翻，尿道口无红肿、分泌物，骶尾部未见肿物和毛发增生。

【问题 4】 如何通过查体对疾病进行初步判断?

思路 1: 注意寻找感染的部位。本例患儿仅表现为发热，不伴有流涕、咳嗽，查体咽部无充血、呼吸平稳、肺部查体未闻及啰音，呼吸系统感染暂无证据，需要继续观察病情变化；无吐泻，查体腹软，消化系统感染可能不大；精神反应好，神经系统检查大致正常，不支持神经系统感染；没有典型的尿路刺激症状，UTI 没有证据，但需注意小年龄儿童 UTI 的症状可以很不典型，还需要观察病情变化，完善尿常规检查协助诊断。

思路 2: 还需注意评估患儿的一般状况、生命体征、有无感染中毒征象。

知识点

婴幼儿 UTI

婴幼儿特别是新生儿的 UTI，主要表现为全身症状(发热)，尿路刺激征不明显，易被漏诊、误诊。其中，<3月龄婴幼儿可临床表现为发热、呕吐、哭闹、嗜睡、喂养困难、发育落后、黄疸或血尿等；≥3月龄儿童临床仅表现为发热、食欲缺乏、腹痛、呕吐或尿液性状异常(血尿、尿液浑浊)等。

美国儿科学会建议年龄 2 个月~2 岁的发热患儿，如无明确感染灶、但有应用抗生素指征者，需在治疗前完善尿常规、尿培养以除外 UTI。英国 NICE 指南推荐对婴儿 / 儿童不明原因、无法解释的发热(≥38℃)，在 24 小时内进行尿液检查。

【问题 5】 结合上述查体结果，为进一步诊断应实施哪些检查?

思路: ①需尽快完善血常规、尿常规检查；②观察病情变化，如患儿出现吐泻，还需行便常规、血生化检查；③观察病情变化，如患儿出现神经系统的异常症状和体征，视情况完善血培养、行腰椎穿刺留取脑脊液送检。

急诊辅助检查

血常规＋CRP: WBC 23.0×10⁹/L，中性粒细胞百分比 89%，Hb110g/L，PLT 320×10⁹/L；血 CRP 96mg/L。

尿常规: 尿蛋白阴性，潜血阴性，白细胞(++)，亚硝酸盐阳性；尿沉渣离心镜检，白细胞 >100/HP，红细胞 3~5/HP。

【问题 6】 如何判读本例患儿的检查结果?

思路 1: 患儿血白细胞升高，以中性粒细胞为主，伴血 CRP 明显升高，提示细菌感染；尿白细胞 >5/HP，考虑诊断 UTI。

> **知识点**
>
> ### 儿童UTI的高危因素
>
> 婴儿期使用尿布、尿道口易为粪便污染，女婴尿道短，男婴包茎、包皮长均易致上行感染。新生儿、婴儿产生抗体能力差或IgA生成不足也利于细菌侵入。此外，儿童时期如有能导致泌尿系梗阻的解剖异常（如后尿道瓣膜、包茎、膀胱输尿管反流）或膀胱排空功能异常（如多种原因致神经源性膀胱、不稳定膀胱等）则常有尿潴留或残余尿，而尿液是一良好培养基，尤其在pH 6～7、渗透压300～1 200mOsm/kg时更适宜细菌生长。此外，不及时更换尿布、蛲虫由肛周移行至外阴、便秘等也是引起小儿UTI的易感因素。

思路2： 患儿需进一步完善尿培养的检查，以证实UTI的诊断，并为之后的抗感染治疗调整用药提供依据。

> **知识点**
>
> ### 儿童UTI的诊断标准
>
> UTI的诊断主要基于患儿的临床症状和实验室检查（尿常规、尿培养）：
> (1) 清洁中段尿培养菌落计数：女孩>10^5/ml（若重复3次为同一病原，感染概率95%），男孩>10^4/ml。
> (2) 离心尿沉渣镜检白细胞>5个/高倍视野，或有UTI症状。
> 注：具备(1)(2)两条可以确诊，如无(2)应再做菌落计数，如仍>10^5/ml可确诊。
> (3) 膀胱穿刺细菌阳性即可确诊。
> (4) 离心尿沉渣涂片革兰氏染色找菌，细菌>1个/高倍视野即可确诊。
> (5) 清洁中段尿培养菌落计数在10^4～10^5/ml为可疑，应复查。
> 同时，还需明确UTI的病原、感染的定位，以及有无泌尿系解剖结构的异常。

【问题7】 确诊后，本患儿应如何治疗？
思路1： 患儿完善尿液检查之后即开始经验性抗生素治疗[如头孢克洛20～40mg/(kg·d)，予83.3mg，3次/d，口服]；同时嘱患儿多饮水、注意尿道口局部清洁，避免便秘。

> **知识点**
>
> ### 儿童UTI的抗生素治疗原则
>
> ①上尿路感染选择血浓度高的药物，下尿路感染选择尿浓度高的药物；②治疗前应留取清洁中段尿送检尿常规和尿培养；③选用抗菌能力强、抗菌谱广的药物，最好能用强效杀菌剂，且不易使细菌产生耐药菌株；④尽量选用对肾损害小的药物；⑤若没有药敏试验结果，对上尿路感染/急性肾盂肾炎推荐使用二代以上头孢菌素、氨苄西林/棒酸盐复合物；⑥抗生素治疗48小时后评估疗效，包括临床症状、尿检指标等，若未达到预期的治疗效果，需重新留取尿液进行尿培养细菌学检查。

思路2： 治疗过程中，应监测患儿体温，观察患儿排尿、尿液性状，注意进食、精神反应情况；抗感染治疗48小时后复查尿常规。

> **门诊诊治经过**
>
> 患儿给予头孢克洛83.3mg，3次/d，口服，1天后体温降至正常，2天后复查尿常规正常，10天后停药。其间患儿精神反应好、食欲佳，排尿、排便正常。
> 清洁中段尿培养结果回报：（用药前、连续两次）大肠埃希菌，菌落计数3×10^5/ml；（用药后）无细菌生长。

【问题8】　本患儿下一步的诊断和治疗方案是什么?

思路1: 患儿离心尿沉渣镜检白细胞>100个/HP,清洁中段尿培养菌落计数在10^5以上,已明确诊断UTI。

思路2: 患儿临床表现以全身症状(发热)为主,尿路刺激症状不明显,考虑上尿路感染可能性大。

> **知识点**
>
> **儿童UTI的定位诊断**
>
> 　　儿童UTI的诊断还应包括定位诊断,即上尿路感染还是下尿路感染,因两者的治疗方案和预后存在一定差异,有报道上尿路感染/肾盂肾炎发生肾瘢痕的比例可高达10%～30%。
>
> 　　儿童尿路感染定位多较困难,其依据如下。①临床表现:上尿路感染/急性肾盂肾炎常表现为发热≥38℃或发热<38℃伴腰部酸痛,而下尿路感染/膀胱炎多仅表现为尿路刺激症状、不伴全身症状体征;②影像学检查(价格昂贵,不做常规推荐):核素肾静态扫描(^{99m}Tc-DMSA)是诊断上尿路感染/急性肾盂肾炎的金标准,典型表现为肾脏单个或多个局灶放射性减低或缺损不伴容量丢失或弥漫的放射性稀疏伴外形肿大。注意,CRP是否升高不能区分儿童上下尿路感染。

思路3: 患儿已诊断UTI,并已开始经验性抗生素治疗(头孢克洛83.3mg,3次/d,口服),治疗后体温很快降至正常,复查尿常规正常,说明头孢克洛抗感染治疗有效,抗感染疗程10天。

> **知识点**
>
> **儿童UTI的抗生素治疗疗程**
>
> 　　抗生素的具体给药途径和疗程取决于患儿年龄和感染部位。
>
> 　　(1) 上尿路感染/急性肾盂肾炎的治疗:①患儿年龄<3个月,全程静脉敏感抗生素治疗10～14天。②患儿年龄>3个月,若存在中毒、脱水等症状或不能耐受口服抗生素治疗,可先静脉注射抗生素(如头孢噻肟、头孢曲松),2～4天后改用口服敏感抗生素治疗,也可直接口服抗生素(如头孢菌素、阿莫西林/克拉维酸钾),总疗程10～14天。③如影像学检查尚未完成,在足量抗生素治疗疗程结束后仍需继续予以小剂量(1/3～1/4治疗量)的抗生素口服治疗,直至影像学检查显示无尿路畸形。
>
> 　　(2) 下尿路感染/膀胱炎的治疗:①口服抗生素治疗7～14天(标准疗程);②口服抗生素2～4天(短疗程)。两种方法在临床症状持续时间、菌尿持续时间、UTI复发、药物依从性和耐药发生率方面均无明显差别。可选择头孢菌素、阿莫西林或呋喃妥因等。
>
> 　　几点需要注意,口服磺胺类药物时多饮水防止尿中形成结晶;呋喃妥因易致胃肠反应,宜饭后服用;复方磺胺甲唑、呋喃妥因不推荐年龄<3个月或伴肾功能损害的患儿。

【问题9】　患儿在完成10天的抗生素疗程之后,是否还需要继续诊治?

思路1: 患儿临床症状缓解,尿常规、尿培养复查均为正常,可于完成疗程后停用抗生素。

思路2: ①患儿临床表现为发热,尿培养证实UTI,故需在起病6周内完善泌尿系超声检查,寻找有无导致UTI的基础疾病;②患儿年龄<2岁且伴发热,建议急性期完善核素肾静态扫描(^{99m}Tc-DMSA);③患儿为首次发生的UTI,尿培养显示大肠埃希菌感染,暂不需要进行排泄性膀胱尿路造影(MCU)。

> **知识点**
>
> **UTI的影像学检查原则**
>
> 　　影像学检查是早期发现、诊断泌尿系畸形的重要手段,包括泌尿系超声、核素肾静态扫描(^{99m}Tc-DMSA)和排泄性膀胱尿路造影等。不同指南推荐的儿童UTI影像学检查原则有所不同。具体患儿个体是否进行影像学检查以及选择何种影像学检查需结合指南推荐和具体病情而定。

（1）泌尿系超声：国内指南建议伴有发热症状的 UTI 患儿全部行超声检查，避免漏诊潜在的泌尿系畸形；但如果患儿既往已行泌尿系超声检查无异常，可暂不做。而英国的 2007 版 NICE 指南规定，超声检查的指征为所有年龄<6 个月的 UTI 患儿、年龄≥6 个月的不典型 UTI 或反复 UTI 患儿；其中，不典型 UTI 的定义是病情危重、排尿异常、腹部 / 膀胱肿物、血肌酐增高、败血症、敏感抗生素治疗 48 小时无效或非大肠埃希菌感染；反复 UTI 是指≥2 次上尿路感染 / 急性肾盂肾炎，1 次上尿路感染 / 急性肾盂肾炎 + ≥1 次下尿路感染 / 膀胱炎，或≥3 次下尿路感染 / 膀胱炎；超声检查应在起病 6 周内完成，不典型 UTI 和年龄<6 月龄的反复 UTI 应在诊断后尽快完成；可控制排尿儿童应作憋尿超声（排尿后残余尿量）。

（2）核素肾静态扫描（99mTc-DMSA）：①诊断急性肾盂肾炎的金标准，典型表现为单个或多个局灶放射性减低或缺损，也可呈弥漫的放射性稀疏伴外形肿大；②急性感染后 6 个月复查 DMSA 用于评估有无肾瘢痕。检查对象为≤2 岁的首次发热性 UTI 患儿，或年龄>2 岁但超声显示异常、临床表现不典型或抗感染治疗 48 小时无效者。

（3）排泄性膀胱尿路造影（micturating cystourethrography，MCU）：是确诊膀胱输尿管反流（vesicoureteral reflux，VUR）及分级的"金标准"。国内 2016 年循证指南提出：MCU 不应作为首次发热性泌尿道感染的常规检查项目，应在超声提示肾积水或输尿管扩张，或 DMSA 提示急性肾盂肾炎、肾瘢痕，或 UTI 复发以及存在其他非典型表现的患儿中进行。造影期间应予预防性抗生素口服连续 3 天（检查前、检查当天、检查后）。

排泄性膀胱尿路造影及 VUR 分级判定（视频）

随访经过

患病 1 周时泌尿系超声检查"基本正常"。

患病 3 周后行核素肾静态扫描提示"基本正常"。

【问题 10】　患儿下一步应如何诊治？

思路 1：患儿为首次发生的 UTI，且影像学无异常发现，故不需要预防性抗生素治疗。

> **知识点**
>
> **儿童 UTI 的预防性抗生素治疗**
>
> 预防性抗生素治疗：即选择敏感抗生素全天治疗剂量的 1/3 睡前顿服，首选呋喃妥因；若小婴儿服用呋喃妥因胃肠反应明显，可选择阿莫西林 / 克拉维酸钾或头孢类药物口服。但何种情况下需要预防性抗生素治疗存在一定争议，多数观点认为对于 UTI 反复发作或Ⅲ级以上的膀胱输尿管反流患儿可考虑予预防性抗生素治疗。

思路 2：根据美国儿科学会 2011 年指南推荐，此例患儿今后如出现发热应尽早行尿液检查，以明确是否存在再发的 UTI。

> **知识点**
>
> **复发性 UTI 定义**
>
> 复发性 UTI 包括：①UTI 发作≥2 次且均为急性肾盂肾炎；②1 次急性肾盂肾炎且伴有≥1 次的下尿路感染；③≥3 次的下尿路感染。

（丁　洁　钟旭辉）

第五节　遗　尿　症

儿童遗尿症又称夜遗尿（nocturnal enuresis，NE）是一种常见疾病，若得不到积极和及时治疗，将对患儿身心健康及家庭生活造成严重危害。据统计大约有16%的5岁儿童、10%的7岁儿童和5%的11~12岁儿童患有遗尿症。其发病机制十分复杂，涉及中枢神经系统、生理节律、膀胱功能障碍以及遗传等多种因素。目前认为，中枢睡眠觉醒功能与膀胱联系的障碍是单症状性夜遗尿的基础病因，而夜间抗利尿激素分泌不足导致的夜间尿量增多和膀胱功能性容量减小是促发夜遗尿的重要病因。儿童夜遗尿虽不会对患儿造成急性伤害，但长期夜间遗尿常常给患儿及其家庭带来较大的疾病负担和心理压力，对其生活质量及身心成长造成严重不利影响。尿床是儿童第三大创伤事件，仅次于父母离婚和吵架，遗尿会严重影响孩子的身心健康，影响孩子睡眠质量和学习成绩，长期遗尿会严重损伤孩子的自尊心与自信心，导致其注意力不集中、焦躁、多动与性格孤僻等，甚至影响孩子的一生。儿童夜遗尿虽然每年有15%的患儿可以自然痊愈，但0.5%~2%的患儿遗尿症状可持续至成年期。鉴于此种情况，儿童夜遗尿一经确诊需尽早进行治疗，临床医师和家长切勿采取"观望"态度。

遗尿症的诊疗经过通常包括以下环节。

1．详细询问患儿尿床的历史，尿床的持续时间和频率，有无持续6个月以上不尿床记录，有无白天尿频、尿失禁等症状，有无便秘、打鼾、多动注意力障碍等共患疾病，注意有无潜在疾病引起夜遗尿的可能，如泌尿系统疾病、神经系统疾病、内分泌疾病等。注意询问有无遗尿家族史，当父母一方或者双方有遗尿病史时，分别约有1/2和3/4的子女会受到影响。

2．患儿就诊时需进行详细的体格检查，以排除潜在的解剖学或神经学异常疾病。查体时关注有无血压过高或过低，生长发育情况，有无扁桃体肥大、腺样体面容，外生殖器有无畸形，内裤有无大便失禁迹象，腰骶部检查注意有无异常凹陷或包块，以及做简单的神经系统查体。

3．尿常规适用于所有初诊儿童，根据患儿情况可选择泌尿系超声、尿流动力学检查及骶尾部MRI等检查。

4．排尿日记是评估儿童膀胱容量和是否存在夜间多尿的主要依据，同时也是单症状性夜遗尿具体治疗策略选择的基础，有条件的家庭均应积极记录。

5．针对儿童单症状性夜遗尿，治疗方法主要包括基础治疗、一线治疗和其他治疗等。在不同治疗方法选择时，需结合患儿的年龄、症状的严重程度、患儿及家长的意愿以及排尿日记等信息综合考虑。

临床关键点

（1）遗尿症的完整诊断应包括以下几个层次：是否可以诊断遗尿，有无潜在疾病或者原因导致遗尿，是原发性遗尿还是继发性遗尿，单症状性夜遗尿还是非单症状性夜遗尿。

（2）根据排尿日记的数据信息可以评估患儿膀胱容量和夜间总尿量，从而判断患儿夜遗尿类型，指导治疗。

（3）积极的生活方式指导是儿童夜遗尿治疗的基础，应加强对夜遗尿患儿家长的教育，基础治疗应贯穿夜遗尿治疗的全过程。

（4）单症状性夜遗尿的一线治疗：去氨加压素和遗尿报警器。

临床病例

患儿，男孩，9岁9个月，主因"自幼尿床"就诊。初步的病史采集如下。

患儿自幼晚上尿床，每周有6~7天晚上尿床，每晚尿床1~2次或需要家长唤醒排尿1~2次，为进一步诊治来医院。

患儿既往体健，否认特殊疾病及特殊用药史。

患儿母亲遗尿至9岁逐渐好转。

初步病史采集后,因患儿自幼尿床,且较频繁,需考虑以下相关问题。

【问题1】 该患儿尿床需要考虑哪些原因?

思路: 患儿9岁学龄期男孩,以晚上尿床为主要表现,需要考虑以下情况。①原发性遗尿可能性最大,患儿自幼尿床,病史未提供有超过6个月不尿床的历史,考虑原发性遗尿,但是需要进一步询问病史及体格检查除外潜在疾病及非单症状性夜遗尿;②需除外潜在器质性疾病以遗尿为主要表现,患儿自幼尿床,没有明确的起病的过程和诱因,没有其他疾病病史,可能性较小。

【问题2】 询问病史应围绕哪些方面进行?

思路1: ①有无超过6个月不尿床的历史;②有无尿频、尿急、白天漏尿等提示膀胱功能障碍的表现;③有无便秘、睡眠打鼾、注意力缺陷多动障碍等合并症表现;④饮水、饮食、作息习惯和诊治经过。

思路2: 注意询问患儿生长发育情况和既往病史。

思路3: 注意询问尿床对患儿和家长的影响,包括对患儿和家长生活质量的影响和对患儿性格和身心成长的影响。

知识点

儿童夜遗尿的诊断标准

儿童夜遗尿是指年龄≥5岁儿童平均每周至少2次夜间不自主排尿,并持续3个月以上。诊断要点包括:①患儿年龄≥5岁;②患儿睡眠中不自主排尿,每周≥2次,并持续3个月以上(疲劳或临睡前饮水过多而偶发遗尿的儿童不作病态);③对于大年龄儿童诊断标准可适当放宽夜遗尿的次数。

知识点

遗尿症的分类

根据临床表现分类:①单症状性夜遗尿。患儿仅有夜间遗尿,不伴有日间下尿路症状。②非单症状性夜遗尿。患儿不仅有夜间遗尿,还伴有日间下尿路症状(如尿急、尿失禁、排尿延迟等),常见于膀胱容量小或膀胱过度活动症患儿。非单症状性夜遗尿尤其伴有排便异常的患儿,还要注意除外脊膜膨出、脊髓栓系,查体需要骶尾部有无肿物和毛发增生,必要时需行骶尾部磁共振检查。

根据病因分类:①原发性遗尿症。自幼遗尿,没有6个月以上的不尿床期,并除外器质性疾病。②继发性遗尿症。之前已经有长达6个月或更长不尿床期后又再次出现尿床。

【问题3】 病史采集结束后,下一步查体应关注哪些方面?

思路: 观察生命体征,尤其注意测量血压,检查有无扁桃体肥大、腺样体面容,注意外生殖器有无畸形,内裤有无大便失禁迹象,腰骶部检查注意有无异常凹陷或包块;初步评估患儿的生长发育状况、有无注意力缺陷多动障碍等心理行为问题。

门诊查体记录

体温36.5℃,呼吸20次/min,脉搏80次/min,血压90/60mmHg,体重32kg,身高140cm。神志清,精神反应可,查体合作,对答如流。面容正常,咽部无充血,双侧扁桃体不大,心肺腹查体未见异常。四肢活动正常,神经系统查体未见异常。正常男童外生殖器,尿道口无红肿、分泌物,内裤洁净,骶尾部未见肿物和毛发增生。

【问题4】 如何通过查体对疾病病情进行初步判断?

思路: 本患儿查体血压无过高或过低,无扁桃体肥大、腺样体增生表现,外生殖器和骶尾部无异常发现,生长发育正常,神经系统查体未见异常,行为正常,可基本除外潜在器质性疾病及共患疾病。

【问题5】 为进一步诊治应实施哪些检查?

思路:①可完善尿常规检查,初步排除 UTI、糖尿病、尿崩症等潜在疾病;②患儿没有白天尿频、尿急、尿失禁等症状,泌尿系超声不是必须做;③骶尾部 X 线不常规推荐。如查体发现骶尾部肿物或毛发增生,建议行腰骶磁共振检查。

门诊辅助检查

尿常规:尿蛋白阴性,潜血阴性,白细胞阴性,尿糖阴性,尿比重 1.023;尿沉渣离心镜检未见异常。

【问题6】 如何判读本例患儿的检查结果?

思路:患儿尿常规白细胞阴性,尿糖阴性,尿比重无降低,可排除 UTI、糖尿病、尿崩症等潜在疾病的可能。

【问题7】 患儿下一步如何诊治?

思路:患儿下一步诊治措施应如下。①指导家长和患儿认真记录排尿日记,以帮助评估患儿遗尿的个体化病情并制定具体治疗策略;②基础治疗:加强对家长的教育,向其讲解关于儿童夜遗尿的基本信息,进行生活方式指导,指导家长调整儿童的生活方式、生活习惯;③根据排尿日记的数据信息评估患儿膀胱容量和夜间总尿量,判断患儿夜遗尿类型,从而选择合适的一线治疗方案(去氨加压素或遗尿报警器)。

> **知识点**
>
> **排尿日记**
>
> 排尿日记是评估儿童膀胱容量和是否存在夜间多尿的主要依据,同时也是单症状性夜遗尿具体治疗策略选择的基础,有条件的家庭均应积极记录。排尿日记中涉及的日间最大排尿量指除清晨第 1 次排尿以外的日间最大单次排尿量,而夜间总尿量应包括夜间尿布增重或夜间排尿量与清晨第 1 次尿量之和。不同年龄预计膀胱容量可通过公式来计算:年龄×30+30(ml),日间最大排尿量低于预计膀胱容量的 65% 提示膀胱容量偏小,夜间总尿量高于预计膀胱容量的 130% 提示夜间多尿。
>
> 排尿日记应在睡前 2 小时限水、睡前排空膀胱之后进行评价,需详细记录至少 3~4 个白天(儿童上学期间可于周末记录)和连续 7 个夜晚儿童饮水、遗尿、尿量等情况。

排尿日记

包括日间日记(图 8-5-1)和夜间日记(图 8-5-2)两部分。

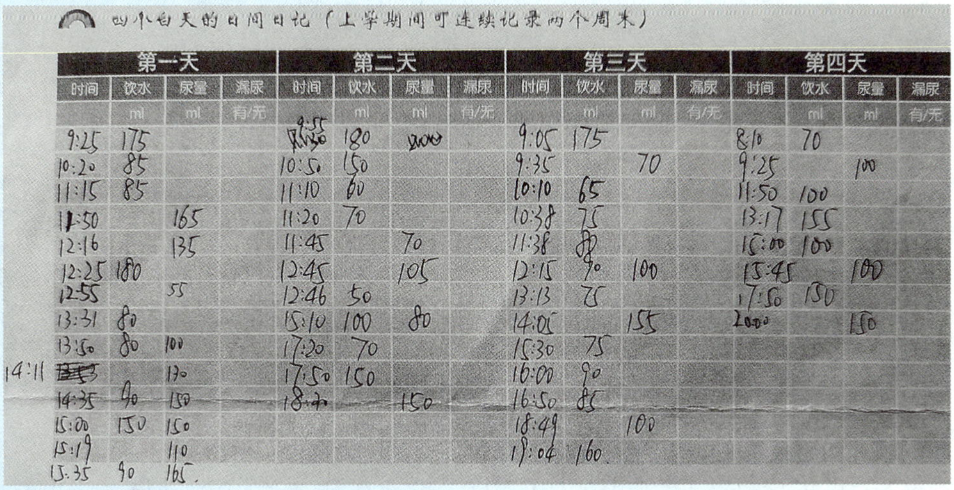

图 8-5-1 排尿日记 - 日间日记

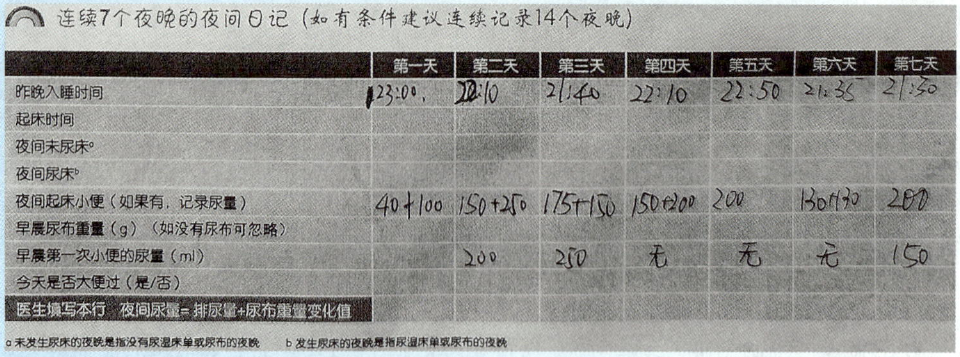

图 8-5-2　排尿日记 - 夜间日记

连续7个夜晚的夜间日记（如有条件建议连续记录14个夜晚）

	第一天	第二天	第三天	第四天	第五天	第六天	第七天
昨晚入睡时间	23:00	22:10	21:40	22:10	22:50	21:35	21:50
起床时间							
夜间未尿床a							
夜间尿床b							
夜间起床小便（如果有，记录尿量）	40+100	150+250	175+150	150+200	200	130+70	200
早晨尿布重量（g）（如没有尿布可忽略）							
早晨第一次小便的尿量（ml）		200	250	无	无	无	150
今天是否大便过（是/否）							
医生填写本行　夜间尿量=排尿量+尿布重量变化值							

a 未发生尿床的夜晚是指没有尿湿单或尿布的夜晚　　b 发生尿床的夜晚是指尿湿单或尿布的夜晚

【问题8】 本患儿的治疗方案是什么？

思路：①基础治疗和健康宣教，指导家长调整患儿的生活方式和生活习惯；②与家长和患儿充分沟通，详细讲解排尿日记的具体记录方法，以确保数据记录的准确性和真实性；③根据排尿日记的数据评估患儿存在夜间多尿但膀胱容量正常，推荐去氨加压素治疗，经与家长沟通药物的作用机制、不良反应和注意事项后，最终确定予去氨加压素治疗（0.2mg/d）。

> 知识点
>
> ### 儿童夜遗尿的基础治疗
>
> 积极的生活方式指导是儿童夜遗尿治疗的基础，基础治疗需贯穿夜遗尿治疗的全过程。对于小年龄儿、遗尿对生活影响小的儿童可首先进行基础治疗。①调整作息习惯：帮助家庭规律作息时间，鼓励患儿白天正常饮水，保证每日饮水量。避免食用含茶碱、咖啡因的食物或饮料。晚餐宜早，且宜清淡，少盐少油，饭后不宜剧烈活动或过度兴奋。尽早睡眠，睡前 2～3 小时应不再进食，睡前 2 小时禁止饮水及食用包括粥汤、牛奶、水果、果汁等含水分较多的食品。②奖励机制：家长不应责备患儿，应该多一些鼓励，减轻孩子对疾病的心理负担，让孩子积极地参与到治疗过程中。③养成良好的排尿、排便习惯：养成日间规律排尿、睡前排尿的好习惯，建议多食用纤维素丰富的食物，每日定时排便，对伴有便秘的患儿应同时积极治疗便秘。④记录排尿日记。⑤对于膀胱容量偏小和有非单症状夜遗尿患儿，建议进行排尿训练，包括排尿延迟、中断和盆底肌训练（提肛运动）。

> 知识点
>
> ### 去氨加压素和遗尿报警器的选用原则
>
> ①夜间尿量增多但膀胱容量正常的患儿宜使用去氨加压素治疗；②膀胱容量偏小的患儿可能出现去氨加压素抵抗，宜使用遗尿报警器治疗；③夜间尿量增多且膀胱容量偏小的患儿，宜联合去氨加压素和遗尿报警器治疗；④夜间尿量正常且膀胱容量正常的患儿可给予遗尿报警器或去氨加压素治疗。若患儿及家长对选择遗尿报警器有抵触，无论患儿为哪一亚型单症状性夜遗尿，均可首先考虑使用去氨加压素治疗。

【问题9】 患儿口服去氨加压素 2 周，夜间无尿床，是否能够停药？

思路：患儿治疗后初步评价，去氨加压素有效，但是不能停药，可维持目前剂量继续治疗并定期再评估；去氨加压素疗程一般为 3 个月。

去氨加压素使用方法及注意事项

去氨加压素推荐剂量 0.2mg/d,从小剂量开始使用,并根据患儿情况及疗效调整剂量,最大剂量 0.6mg/d。建议初始治疗时每 2 周评价 1 次药物的治疗效果,无改善者应重新评估,包括记录排尿日记等。如果仍有夜间多尿,可以增加去氨加压素剂量。若治疗 6～8 周后未获得满意改善,可联合遗尿报警器治疗。去氨加压素疗程一般为 3 个月,治疗 3 个月后评估疗效,以治疗第 3 个月与开始治疗前 1 个月尿床夜晚数进行比较,疗效包括完全应答(尿床夜数减少 ≥90%)、部分应答(尿床夜数减少 50%～90%)及无应答(尿床夜数减少 <50%)。患儿达到完全应答后停药并观察,如果停药后夜遗尿复发,则可以再次使用去氨加压素治疗。目前推荐逐渐减停药物可以减少夜遗尿复发的可能。

去氨加压素治疗注意事项包括:①夜间睡前 1 小时服药,予以少量水送服;②服药前 1 小时和服药后 8 小时限制饮水,以达到治疗效果并避免药物不良反应;③若患儿出现发热需要大量补充液体、应暂停使用去氨加压素以免引起水中毒,如果已经服用,仍需限制饮水;④必要时监测血压及血钠。

遗尿报警器

遗尿报警器是利用尿湿感应器装置,当患儿尿湿时,警铃报警唤醒患儿起床排尽余尿并清洁床单,通过反复训练建立膀胱胀满 - 觉醒之间的条件反射,使患儿最终能感受到尿意而自觉醒来排尿。遗尿报警器治疗有效率高达 65%～70% 以上,且复发率较低。但是,由于使用遗尿报警器很容易打扰患儿和家长的睡眠,且起效时间往往较长,多需连续使用 8 周或更长时间,因此需要医生与患儿和家长建立起良好的沟通,在临床应用前医生应向患儿和家长详细介绍遗尿报警器的基本原理和使用方法,并征得其同意。

遗尿报警器治疗注意事项包括:①遗尿报警器不适用于每晚遗尿频率 >2 次的患儿;②内裤或床单浸湿是触发警报器,若患儿无反应,此时家长应积极配合协助患儿起床排尿;③患儿应每晚使用遗尿报警器,持续治疗 2～3 个月或至患儿连续 14 晚无尿床(无论先达到哪个标准);④遗尿报警器还适用于去氨加压素药物减量阶段,以促进患儿自行觉醒及减少复发的概率。

随访经过

患儿口服去氨加压素 0.2mg/d,连续 3 个月未尿床。

【问题10】 患儿下一步应如何治疗可以减少遗尿复发?

思路:患儿为单症状夜遗尿,夜间多尿,口服去氨加压素后连续 3 个月无尿床,按照指南的治疗流程可停药,但是直接停药复发风险大,目前认为结构性撤药可减少停药后复发风险。

(丁 洁 刘晓宇)

第六节 急性肾损伤

急性肾损伤(acute kidney injury,AKI),既往称急性肾功能衰竭,是由多种原因引起的肾功能在短时间内急剧下降或丧失而出现的临床综合征,患儿出现氮质血症、水及电解质紊乱和代谢性酸中毒等症状。急性肾损伤是儿科临床常见的危重症,早期诊断、早期治疗和尽力改善儿童急性肾功能衰竭的预后是儿科医师关注的焦点。在成人 RIFLE 标准(risk,injury,failure,loss,and end-stage renal disease)的基础上,儿童急性肾损伤的诊断标准为:48 小时内血肌酐升高绝对值 >26.5μmol/L(0.3mg/dl);或血肌酐较原水平升高 >

50%；或尿量减少［尿量<0.5ml/(kg·h)，时间超过8小时］。

急性肾损伤按病因可分为肾前性、肾性和肾后性三类。急性肾损伤的诊疗经过通常包括以下环节：

1）详细询问患儿病史，如有无呕吐、腹泻、发热、手术、外伤出血、烧伤、胃肠减压病史，有无腹痛、腰背部疼痛、排尿疼痛、排尿困难病史；近期药物使用史。

2）询问有无尿量减少，少尿开始和持续时间，有无其他症状，如夜尿增多、水肿、高血压、肉眼血尿等。

3）查体时重点关注患儿生命体征（呼吸、心率、血压、脉氧），生长发育情况，皮肤黏膜有无干燥，认真心肺听诊（肺部有无湿啰音、心音强弱搏动范围等）；腹部查体需注意有无移动性浊音阳性、肾区有无叩痛等。

4）及时进行血常规、肾功能、血电解质、血气分析、血清补体、体液免疫、自身抗体、泌尿系统超声等重要的辅助检查。

5）积极进行利尿、降压等对症治疗，同时注意控制水盐摄入、维持水电解质和酸碱平衡。

6）以下情况可尽快考虑行肾活检：①急进性肾炎；②急性肾损伤病因不明；③怀疑间质性肾炎，但临床依据不足；④急性肾损伤3～6周后肾功能仍未恢复；⑤慢性肾脏疾病肾功能急剧恶化，但需注意肾活检后出血倾向。

临床关键点

1. 急性肾损伤是由多种原因引起的肾功能在短时间（数小时或数日）内急剧下降或丧失而出现的临床综合征，主要表现为患儿体内代谢产物堆积，出现氮质血症、水及电解质紊乱、代谢性酸中毒及全身各系统并发症。目前较常用的急性肾损伤的定义是指不超过3个月的肾脏功能或结构方面的异常，包括血、尿、组织检测或影像学方面的肾损伤标志物的异常。急性肾损伤的诊断标准：肾功能在48小时内突然的减退，血肌酐升高绝对值>26.5μmol/L（0.3mg/dl）；或血肌酐较前升高>50%；或尿量减少［尿量<0.5ml/(kg·h)，时间超过6小时］。

2. 当患儿存在诱发急性肾损伤的基础疾病或因素时，需警惕和预防急性肾损伤的发生。尿量持续减少、肾功能急剧恶化时，均应考虑急性肾损伤的可能；由于原发病因不同，尿中可有不同程度的蛋白尿、红细胞和白细胞等。急性肾损伤按病因可分为肾前性、肾性和肾后性三类，注意寻找急性肾损伤的相关病因。急性肾损伤除有诱发病因的征兆外，患儿因肾功能下降而出现水及电解质紊乱和代谢性酸中毒等系列症状。

3. 急性肾损伤的病死率高，其预后与原发病的性质、肾脏损害的程度、少尿持续时间的长短、早期诊断和早期治疗与否、是否早期透析治疗等因素密切相关。因此，临床上需要重视和警惕急性肾损伤的高危因素，以早期发现、早期诊断、及时干预。

临床病例

患儿，男，10岁3个月，因"持续肉眼血尿半月余，尿少3天"入院。初步的病史采集如下。

患儿半月余前于发热1天后出现浓茶样尿，无尿频尿急尿痛，未予重视，其后每天均为全程浓茶样尿，一周前至当地医院住院治疗，查尿常规示尿蛋白（+++），红细胞（++）/HP，查血肌酐53μmol/L，予卧床休息、青霉素抗感染治疗一周，尿色稍变浅。近3天出现尿量逐渐减少，昨日尿量约200ml。病程中无呕吐腹泻，无抽搐，无皮疹，无视物模糊，无心慌胸闷，食纳欠佳，睡眠尚安，大便外观正常。既往体健，否认有肾脏病家族史。

初步病史采集后，因患儿临床主要表现为肉眼血尿、尿量减少，临床随之需考虑以下相关问题。

【问题1】 该患儿尿色深，尿全程如浓茶样，是否为真性血尿？

思路：正常尿液呈无色或淡黄色，当摄入人造色素或某些药物时，会出现尿色改变，因此，当尿色异常、疑有血尿时，需首先询问患儿近期饮食史及用药史，同时行尿液常规及尿沉渣显微镜检查以确定真性血尿。本例在外院行尿常规检查，红细胞（++）/HP，明确为真性血尿。

【问题2】 确定真性血尿后，进一步判定血尿可能的来源是肾小球性或非肾小球性。

思路：本例在血尿同时伴有少尿、大量蛋白尿，提示肾小球源性血尿，即血尿为肾小球疾病所致的可能性大。

【问题3】 该患儿除肉眼血尿外,近3天出现尿量减少,是否达到少尿标准,符合急性肾损伤吗?

思路: 该患儿发现尿量逐渐减少3天,昨日尿量约200ml、0.3ml/(kg·h),符合尿量<0.5ml/(kg·h)、持续时间超过8小时,故诊断急性肾损伤。

【问题4】 确定急性肾损伤后,属于急性肾损伤几期?

思路: 按估算肾小球滤过率、血清肌酐升高幅度、尿量可将急性肾损伤分为3期,分别是1期(risk)、2期(injury)、3期(failure);该患儿如按尿量分类,尿量<0.5ml/(kg·h)、持续时间超过16小时,考虑为急性肾损伤2期可能性大(表8-6-1)。

表8-6-1 急性肾损伤分期

分期/级	肾小球滤过率	血清肌酐标准	尿量
1期	下降超过25%	48小时内肌酐绝对值升高>26.5μmol/L (0.3mg/dl);或7天内肌酐较原水平升高50%~99%	<0.5ml/(kg·h) 时间超过8小时
2期	下降超过50%	7天内肌酐较原水平升高100%~199%	<0.5ml/(kg·h) 时间超过16小时
3期	下降超过75%或<35ml/(min·1.73m²)	7天内肌酐较原水平升高>200%	<0.3ml/(kg·h) 时间超过24小时或无尿12小时

【问题5】 患儿为10岁3个月男童,临床表现为肾小球源性血尿和急性肾损伤,应该考虑哪些疾病?

思路: 本例为10岁3个月男童,发热后很快出现持续肉眼血尿,伴有急性肾损伤,需警惕IgA肾病、急进性肾炎等,还应注意与急性链球菌感染后肾小球肾炎、家族性良性血尿、Alport综合征、紫癜性肾炎、狼疮性肾炎、ANCA相关性血管炎、慢性肾功能不全急性加重等相鉴别。

【问题6】 询问病史应围绕哪些方面进行?

思路1: ①应详细询问前驱感染的部位、感染与本次起病间隔时间、有无相关病原学检查等,其间治疗过程和用药;②追问近期有无呕吐、腹泻、发热、病史,询问有无尿频尿急尿痛、腹痛等病史;③追问既往有无发作性肉眼血尿病史、既往有无肾脏疾病史、起病前有无皮疹、关节痛、关节炎、口腔溃疡等病史。患儿有无视力异常、听力减退等病史;④询问家族中有无成员有血尿史或肾病史。

思路2: 注重详细询问每日尿量、少尿或无尿持续的时间;询问有无呼吸急促、端坐呼吸等水钠潴留的临床表现;询问有无恶心、呕吐、食欲缺乏、疲乏、呼吸深快、嗜睡、烦躁、头痛等其他系统受累表现。

【问题7】 根据本例进一步询问病史,该如何进行初步判断?

思路: ①无长时间发热、无呕吐腹泻、无手术创伤等病史,不支持肾前性因素致急性肾损伤;患儿无明显排尿困难、腹痛等表现,不支持肾后性因素致急性肾损伤;结合患儿有肉眼血尿、大量蛋白尿,考虑肾性因素所致急性肾损伤。②患儿于发热一天后出现持续肉眼血尿,近3天尿量逐渐减少出现急性肾损伤,考虑IgA肾病、急进性肾炎可能性人。③患儿既往体健,无听力障碍、眼部异常,无肾脏病家族史,慢性肾功能不全急性加重、家族性良性血尿、Alport综合征可能性不大。④患儿在前驱感染1天后起病,与急性链球菌感染后肾小球肾炎前驱感染的特点不符。⑤患儿无皮疹、关节炎、口腔溃疡、鼻窦炎、肝炎等病史,继发性肾小球肾炎如狼疮性肾炎、ANCA相关性血管炎等可能性不大。

【问题8】 病史采集结束后,下一步查体应重点关注那些方面?

思路: 观察有无水肿、程度、性质(凹陷性还是非凹陷性?),协助分析水钠潴留的程度;观察患儿生命体征是否平稳,测量血压,观察神志意识,有无贫血貌,有无皮肤出血点,有无呼吸急促、呼吸深快、端坐呼吸、颈静脉怒张,有无肝脾肿大等;同时观察患儿生长发育情况、有无贫血貌和慢性面容,协助分析是否为慢性肾功能不全急性加重。

门诊查体记录

体温36.8℃,呼吸22次/min,脉搏90次/min,血压128/86mmHg,体重32kg。神志清,精神反应一般,双眼睑水肿。发育良好。全身皮肤弹性可,无出血点。面色红润。咽部充血,扁桃体Ⅱ度肿大,未见脓苔及疱疹。两肺呼吸音粗，未闻及干湿啰音。心率 90 次/min，律齐，未闻及杂音。腹平软，肝脾肋下未及，肠鸣音存在，约 3 次/min。肾区无叩击痛。腹部移动性浊音阴性。神经系统检查无明显阳性体征，四肢末梢温暖，双下肢无水肿。

【问题 9】　如何通过查体对疾病病情进行初步判断？

思路：本例患儿查体双眼睑水肿，双下肢无水肿，提示患儿尽管存在大量蛋白尿，血浆白蛋白水平无明显下降。患儿神志清楚、无呼吸急促、端坐呼吸，未见颈静脉怒张，肺底未闻及湿啰音，心脏听诊正常，肝脾未及肿大，四肢肌张力正常，病理反射未引出，未发现急性肾损伤全身各系统受累表现。面色红润，发育良好，慢性肾功能不全可能性不大。

> **知识点**
>
> 　　因肾小球有效滤过面积下降所致的水钠潴留，大部分潴留水分在血管内，循环血容量增加，水肿呈非凹陷性。

【问题 10】　结合上述查体结果，为进一步诊断应实施哪些检查？

思路：通过上述查体结合病史，肾小球疾病、IgA 肾病、新月体性肾炎可能性大，评估疾病严重程度、是否需要紧急治疗？仍需完成血常规、尿液分析、肾功能、血电解质、血气分析、胸部 X 线检查、泌尿系超声。

门诊辅助检查

血常规：WBC $8.28×10^9$/L，中性粒细胞百分比 58%，Hb 110g/L，RBC $3.5×10^{12}$/L，PLT $185×10^9$/L。

尿液分析：蛋白（+++），RBC（++）/HP，WBC 5～10/HP，可见红细胞管型。尿红细胞呈多形型。

肾功能：尿素氮 8.6mmol/L，肌酐 142μmol/L。

血气分析：pH 7.36，HCO_3^- 23.4mmol/L，SBE－0.3mmol/L。

血电解质：Na^+ 142mmol/L，Cl^- 102mmol/L，K^+ 3.87mmol/L，Ca^{2+} 2.19mmol/L，P^+ 1.28mmol/L。

胸片未见明显异常。

泌尿系超声：双肾形态饱满，肾实质回声稍增强。

【问题 11】　如何判读本患儿初步检查？

思路：患儿肾功能示尿素氮和肌酐增高。血气分析、血红蛋白正常，电解质未见明显异常，泌尿系超声示双肾形态饱满，考虑肾脏急性病变可能性大；患儿生长发育正常、无贫血症状，不支持慢性肾脏疾病所致的肾功能不全；泌尿系超声未见结石、扩张积水等表现，除外肾后性梗阻引发急性肾损伤。胸片未见肺水肿和心影增大征象。

【问题 12】　该患儿是选择门诊还是住院治疗？

思路：该患儿急性肾损伤考虑肾性因素，应住院治疗并进一步明确病因。少部分肾前性因素如呕吐腹泻等引发急性肾损伤，若患儿一般情况良好，可予门诊补液，动态观察病情变化。

【问题 13】　入院后需要进一步进行哪些检查？

思路：

（1）体液免疫：考虑患儿 IgA 肾病可能，部分患儿血 IgA 可增高，有一定的参考意义。

（2）链球菌感染的证据的检测，如 ASO、血清抗链球菌双磷酸吡啶核苷酸酶（anti-DPNase）、抗链球菌脱氧核糖核酸酶 B（anti-DNAase B）及抗透明质酸酶（HAase）等，有助除外急性链球菌感染后肾小球肾炎。

（3）血清补体水平测定，若血清 C3 和/或 C4 降低，需警惕补体降低的相关肾脏疾病如狼疮性肾炎、膜增生性肾小球肾炎等。

（4）监测肾功能和电解质。根据患儿尿量及症状，定期了解肾功能及电解质的变化。

（5）肝功能及血清乙型肝炎病毒标志物检测，排除乙型肝炎病毒相关性肾炎。

（6）自身抗体检测，包括抗核抗体、ANCA 抗体，除外狼疮性肾炎和 ANCA 相关性血管炎。

（7）眼部和听力检查及父母尿检，除外遗传性肾炎，如 Alport 综合征等。

（8）对于肉眼血尿、大量蛋白尿且合并急性肾损伤，病因不明者，需积极完善肾活检术前相关检查。

住院后检查及诊断

体液免疫：血清 IgG 6.91g/L，IgM 0.715g/L，IgA 5.06g/L。

血清补体 C3 1.62g/L，C4 0.364g/L。

ASO 58.9U/L。

血生化：ALT 16U/L，AST 25U/L，ALB 32.5g/L，总胆固醇 4.86mmol/L。

乙肝两对半：HBsAb 弱阳性，余均阴性。

血清自身抗体（包括 ANCA 抗体）、抗 GBM 抗体均阴性。

眼、耳检查未见异常。

父母尿常规检测均正常。

【问题 14】 如何根据上述提供的病例进行综合判断。

思路：

1. 诊断 ①患儿发热 1 天后即出现持续肉眼血尿、大量蛋白尿，近 3 天出现急性肾损伤；②ASO 不高，补体不低，结合临床无链球菌感染证据；③尿液分析结果示多形型血尿、大量蛋白尿、红细胞管型尿；④血清 IgA 显著增高；尿素氮和肌酐较一周前进行性增高，考虑 IgA 肾病可能性大，因有急性肾损伤表现，新月体性肾炎不能除外，需动态监测肾功能、尿量变化，IgA 肾病依赖肾活检免疫病理检查确诊。

2. 鉴别诊断

（1）急性链球菌感染后肾炎：临床也表现为感染后出现血尿蛋白尿，也可出现急性肾损伤表现，但该病多在前驱感染 2～3 周后出现临床症状，临床有链球菌感染的证据，如链球菌感染的病灶、血清链球菌感染的证据如 ASO 增高；病程中有血清补体规律性变化，急性期血清总补体和 C3 降低。

（2）家族性良性血尿：该患儿父母尿检正常，无肾脏病和血尿家族史，故不支持该诊断。

（3）Alport 综合征：患儿眼耳检查未见听力和视力的异常，父母尿检正常，无肾脏病和血尿家族史，不支持该诊断。

（4）乙型肝炎病毒相关性肾炎：系由乙型肝炎病毒抗原所形成的免疫复合物损伤肾小球或乙型肝炎病毒直接侵袭肾组织引起的肾小球肾炎。临床表现为蛋白尿、血尿或肾病综合征。血清乙型肝炎病毒标志物持续阳性，部分患者可有肝脏增大或肝功能异常。血补体正常或降低。肾活体组织检查病理主要为膜性肾病。免疫荧光检查可在肾组织中检出乙型肝病毒抗原或其 DNA。

（5）紫癜性肾炎、狼疮性肾炎：患儿无双下肢皮疹，无关节肿痛，无腹痛，无反复脱发、光过敏、面部皮疹等表现，血常规三系不低，补体正常，自身抗体阴性，不支持。

（6）抗 GBM 和 ANCA 相关性血管炎：患儿无鼻窦炎、肺出血等表现，ANCA 抗体均阴性，抗 GBM 抗体阴性，不支持。

> **知识点**
>
> **IgA 肾病（IgA nephropathy）的诊断**
>
> IgA 肾病的诊断需要肾脏病理学检查，光镜下常见局灶节段性增生或弥漫性系膜增生性肾小球肾炎，免疫荧光可见系膜区 IgA 或以 IgA 沉积为主的免疫球蛋白沉积。

> **知识点**
>
> **IgA 肾病的鉴别诊断**
>
> IgA 肾病需要与以下疾病鉴别：①急性链球菌感染后肾小球肾炎；②家族性良性血尿；③Alport 综合征；④非 IgA 系膜增生性肾炎，此外需与系膜区 IgA 沉积为主的继发性疾病如过敏性紫癜、系统性红斑狼疮、乙肝病毒感染等相鉴别。

【问题 15】 根据上述综合判断,下一步检查是什么?

思路:由于患儿肉眼血尿持续长伴大量蛋白尿,且出现急性肾损伤,除外肾活检禁忌证后需尽快进行肾活检。

【问题 16】 肾活检病理结果回报后,诊断是什么?

思路:患儿肾活检病理结果示光镜下共可见 20 个肾小球,1 个肾小球陈旧性硬化;余肾小球体积无明显增大;肾小球系膜细胞和基质弥漫性轻至中度增生,增生节段 3～5 个 / 系膜区;肾小球内皮细胞部分节段增生肿胀,毛细血管腔少部分受压狭窄;肾小球壁层上皮细胞节段增生,可见 8 个细胞性、2 个细胞纤维性新月体形成。肾小管上皮细胞灶性颗粒样变性;肾小管灶性萎缩,可见红细胞管型。肾间质可见灶性淋巴细胞和单核细胞浸润及少量纤维组织增生,间质血管大致正常。

免疫荧光:IgG(-); IgA 肾小球系膜区弥漫性颗粒样阳性(+++); IgM(-); C1q(-); C3(-); Ⅳ型胶原 α链染色正常。

电镜:系膜细胞和内皮细胞增生,系膜区可见电子致密物沉积。Ⅳ型胶原 α 链染色正常,不支持 Alport 综合征。

结合病史、相关辅助检查及肾活检病理结果,患儿肾组织病理免疫荧光示 IgA 系膜区强阳性沉积,新月体数量达 50%,考虑为新月体性 IgA 肾病,且多为活动性病变(细胞性新月体为主),急性肾损伤与肾小球新月体形成相关(图 8-6-1 和图 8-6-2)。

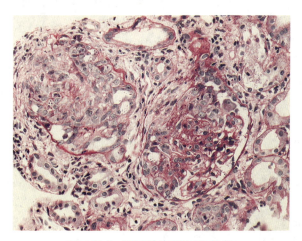 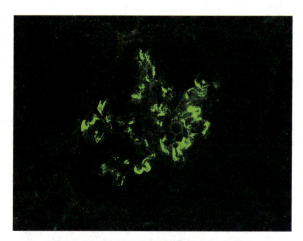

图 8-6-1 肾活检病理 PAS 染色　　　　　　图 8-6-2 肾活检病理免疫荧光 IgA 染色

知识点

肾活检病理检查的指征

不明原因的肾小球性血尿和 / 或蛋白尿、难治性肾小球疾病、不明原因的肾功能不全,以及全身疾病引起的继发性肾脏疾病。

知识点

肉眼血尿相关的急性肾损伤最常见原因

①肾小管损伤和红细胞管型阻塞肾小管;②新月体形成。肾活检能够区别急性肾损伤的原因是肾小管损伤和红细胞管型阻塞(病理上以急性肾小管坏死和肾小管内红细胞管型为主)还是新月体形成或伴随其他原因。

【问题 17】 患儿该如何进行治疗?

思路:①若存有感染灶则予抗感染治疗;②由于患儿为持续肉眼血尿伴大量蛋白尿,肾活检病理提示IgA 肾病伴 50% 新月体形成,参考目前国内外指南,治疗方案同 ANCA 相关性血管炎,予甲强龙联合环磷酰胺双冲击治疗。

【问题18】　如果持续少尿或无尿,肾功能进行性恶化应如何处理?

思路:如果患儿持续少尿或无尿,肾功能进行性恶化,尽早进行透析治疗。

知识点

透析的指征

①严重水潴留,有肺水肿、脑水肿的倾向;②血钾≥6.5mmol/L 或心电图有高钾表现;③严重酸中毒,血浆 HCO_3^- <12mmol/L 或动脉血 pH<7.2;④严重氮质血症,特别是高分解代谢的患儿。现透析指征有放宽的趋势。

（黄松明）

第七节　慢性肾脏病

慢性肾脏病(chronic kidney disease,CKD)已成为 21 世纪人类面临的全球性公共健康问题,其危害仅次于肿瘤和心脏病,上升为第三大"杀手",病程往往经历数年甚至数十年,延缓肾脏疾病慢性进展应从儿童期做起。全球关于儿童慢性肾脏病的流行病学资料较少。慢性肾脏病最先于 1999 年由美国肾脏病基金会(NKF)提出"CKD"概念,参照 2002 年 NKF－K/DOQI 指南,目前慢性肾脏病定义为:

(1) 肾脏损伤(肾脏结构或功能异常)≥3 个月,伴或不伴肾小球滤过率(GFR)下降,可表现为以下任何一条。①病理学检查异常;②肾损伤的指标:包括血、尿成分异常或影像学检查异常。

(2) GFR<60ml/(min·1.73m²),≥3 个月,有或无肾脏损伤证据。2002 年 NKF－K/DOQI 指南将 CKD 依据 GFR 水平分为五期(表8-7-1)。

表 8-7-1　慢性肾脏病的分期

分期	描述	GFR/[ml·(min·1.73m²)⁻¹]
1 期	肾损伤,GFR 正常或增加	≥90
2 期	肾损伤,GFR 轻度下降	60～89
3 期	GFR 中度下降	30～59
4 期	GFR 严重下降	15～29
5 期	肾功能衰竭	<15 或透析

注:婴儿或单侧肾患儿,若 GFR 在 60～90ml/(min·1.73m²),而临床无肾脏损伤者可能为正常。

儿童慢性肾脏病的病因较多,主要病因如下:①有基础肾脏疾病如急性肾炎或肾病综合征、狼疮性肾炎、紫癜性肾炎、ANCA 相关性血管炎、溶血尿毒综合征等;②肾发育异常及不全者,肾囊性病变;③膀胱输尿管反流伴反复 UTI、肾瘢痕者;④有梗阻性泌尿系疾病;⑤有遗传性肾脏病史;⑥有围生期低血氧症或某些引起肾缺血、栓塞等致慢性 CKD 的临床状况。我国小儿慢性肾脏病以后天获得性疾病为主,主要为慢性肾炎和肾病综合征,国外儿童慢性肾脏病主要为肾发育不良和肾囊性病变。

儿童慢性肾脏病早期常缺乏临床表现,早期筛查是重点,尿液检查为最常应用的方法。引起肾脏病变的原发疾病多种多样,对初次诊断的 CKD 患者必须积极查找原发病,部分原发病,如过敏性紫癜、系统性红斑狼疮、结节性多动脉炎、韦格纳肉芽肿等积极治疗后肾脏损害可能减轻甚至痊愈。此外,很多因素可能加重 CKD 的病情,必须祛除这些诱发因素,如感染、肾毒性药物使用、高血压等。对于 CKD 4 期患者,应行肾脏替代治疗前准备,CKD 5 期病人应开始肾脏替代治疗。

慢性肾脏病的诊疗经过通常包括以下环节:

1) 询问患儿家族史和出生史、外伤史等,如有无肾脏病家族史,有无围生期低血氧及其他原因如外伤等引起肾缺血。

2）询问每日尿量，有无夜尿增多，有无尿液泡沫增多、尿色异常等，有无反复尿频、尿急、尿痛等；询问生长发育史，有无乏力、食欲缺乏、生长迟滞等；询问智力发育史，有无其他系统损害表现，如白内障、听力障碍等。

3）询问疾病发展史，包括起病诱因，发展过程，伴随症状，用药治疗过程，疾病恢复情况；询问既往有无反复感染，有无排尿异常等。

4）查体时重点关注患儿生命体征（呼吸、心率、血压、脉氧），生长发育情况，皮肤色泽，有无贫血貌，仔细心肺听诊、腹部触诊；骨骼发育情况；生殖器有无发育异常。

5）及时进行血常规、尿液检测、肾功能、血电解质、血气分析、血清补体、自身抗体、泌尿系统超声等重要的辅助检查。

6）积极寻找原发疾病，病因治疗；祛除可能加重 CKD 的诱发因素，如感染、肾毒性药物使用等。

临床关键点

1. 慢性肾脏病定义

（1）肾脏损伤（肾脏结构或功能异常）≥3 个月，伴或不伴 GFR 下降，可表现为以下任何一条。①病理学检查异常；②肾损伤的指标：包括血、尿成分异常或影像学检查异常。

（2）GFR<60ml/(min·1.73m^2)，≥3 个月，有或无肾脏损伤证据。

2. 根据 GFR 水平，慢性肾脏病分为 5 期。但对于婴儿或单侧肾患儿，若 GFR 在 60～90ml/(min·1.73m^2)，而临床无肾脏损伤者可能为正常。

3. 儿童慢性肾脏病病因较多，我国小儿慢性肾脏病以后天获得性疾病为主，主要为慢性肾炎和肾病综合征，国外儿童慢性肾脏病主要为肾发育不良和肾囊性病变。

4. 儿童慢性肾脏病早期常缺乏临床表现，早期筛查是重点，尿液检查为最常应用的方法。引起肾脏病变的原发疾病多种多样，对初次诊断的 CKD 患者必须积极查找原发病，部分原发病，如过敏性紫癜、系统性红斑狼疮、结节性多动脉炎、韦格纳肉芽肿等积极治疗后肾脏损害可能减轻甚至临床治愈。此外，很多因素可能加重 CKD 的病情，须祛除这些诱发因素，如感染、肾毒性药物使用、高血压等。对于 CKD 4 期病人，应行肾脏替代治疗前准备，CKD 5 期患者应开始肾脏替代治疗。

临床病例

患儿，男，12 岁 2 个月，因"间断水肿、泡沫尿 2 年余，尿少 1 周"入院。初步的病史采集如下。

患儿 2 年余前出现间断水肿、泡沫尿，至我院就诊，完善检查示大量蛋白尿、低白蛋白血症、高胆固醇血症，无血尿，补体正常，肾功能正常，2 年前予标准剂量泼尼松 50mg，1 次/d，口服，口服治疗 4 周仍大量蛋白尿，考虑激素耐药，行肾活检检查，术后病理示局灶节段性肾小球硬化，后加用钙调蛋白抑制剂联合激素治疗；随后 2 年期间家长未规律服药，自测尿蛋白波动在++～+++之间，近半年家长停用口服药物，改用民间偏方（具体不详）口服。近一周患儿出现尿量进行性减少，入院前 12 小时无尿，全身水肿加重，今再次来院就诊。患儿近期无发热，无呕吐、腹泻，无呼吸困难，无心悸，食纳欠佳，恶心，乏力，大便正常。患儿身高体重落后于同龄儿童，否认有肾脏病家族史。

初步病史采集后，因患儿临床主要表现为间断水肿、泡沫尿、尿量急剧减少，临床随之需考虑以下相关问题。

【问题 1】 该患儿间断水肿、泡沫尿 2 年余，基础疾病是什么？

思路：该患儿间断水肿、泡沫尿 2 年余，病初在我院就诊，完善检查示大量蛋白尿、低白蛋白血症、高胆固醇血症，无血尿，补体正常，肾功能正常，考虑肾病综合征，单纯型。由于患儿起病年龄大于 7 岁，标准剂量泼尼松治疗 4 周仍有大量蛋白尿，表现为激素耐药，考虑非微小病变可能性大，完善肾活检，术后病理示局灶节段性肾小球硬化，该病理类型疗效差，预后不佳。

【问题 2】 该患儿近一周出现尿量进行性减少至无尿，为肾病综合征基础上出现的急性肾损伤还是疾病进展至慢性肾脏病 5 期即肾功能衰竭期？

思路：患儿为 12 岁 2 个月男孩，病史 2 年余，病初有典型的"三高一低"，确诊肾病综合征，激素耐药，肾活检病理示局灶节段性肾小球硬化，且该患儿有不规则用药史及民间偏方使用史，平素有食纳欠佳、恶心，生长发育落后，考虑疾病进展至慢性肾脏病 5 期即肾功能衰竭期可能性大；但患儿近 1 周才出现少尿，入院前出现无尿，水肿加重，不除外大量蛋白尿、低白蛋白血症至血流量不足、肾灌注下降；或是民间偏方肾毒性作用，致患儿在肾病综合征基础上出现急性肾损伤也不能完全除外。

> **知识点**
>
> 慢性肾脏病 5 期，即慢性肾功能衰竭，是由于多种肾脏疾病引起的慢性持久性肾功能减退，致肾脏排泄调节功能和内分泌代谢功能严重受损，造成含氮代谢废物在体内潴留，水与电解质、酸碱平衡紊乱出现一系列综合征。

> **知识点**
>
> **慢性肾脏病急性加重的因素**
>
> ①脱水、低血压导致血流量不足，肾脏灌注下降，导致肾脏缺血缺氧；②肾脏毒性药物的使用；③肾内外的梗阻，如肾内尿酸盐结晶、尿路结石、严重肾病综合征引起的水肿压迫肾小管；④感染、脓毒血症；⑤水电解质紊乱、心力衰竭等。

【问题 3】　询问病史应围绕哪些方面进行？

思路 1：①应详细询问患儿起病过程，治疗过程和用药史。②追问近期有无呕吐、腹泻、发热、手术、外伤出血、烧伤、胃肠减压病史，询问有无尿频、尿急、尿痛、腹痛等病史。③追问既往有类似病史，有无肾毒性药物使用史（尽可能追问民间偏方具体草药名）；患儿有无视力异常、听力减退等病史。④询问家族中有无成员有肾脏疾病和肾功能衰竭病史，有无出生史异常。

思路 2：注重详细询问患儿每日尿量、少尿或无尿持续的时间；询问有无呼吸急促、端坐呼吸等急性循环充血的临床表现；询问有无头痛、恶心、呕吐、烦躁、意识模糊、复视或一过性失明等高血压脑病的临床表现；询问有无深大呼吸等代谢性酸中毒表现。

【问题 4】　病史采集结束后，下一步查体应重点关注那些方面？

思路：观察有无水肿及其程度、性质（凹陷性还是非凹陷性？），有助于判定水钠潴留的程度；无尿持续的时间；观察患儿生命体征是否平稳，有无呼吸急促、端坐呼吸、颈静脉怒张、有无肝脾肿大等，协助判定是否存在严重循环充血；测量血压、观察神志意识、四肢肌张力、病理性反射等，了解有无高血压脑病表现；同时观察患儿生长发育情况、智力发育情况，有无贫血貌和慢性面容，有无骨骼发育异常，有无外生殖器发育异常。

门诊查体记录

体温 36.5℃，呼吸 27 次 /min，脉搏 120 次 /min，血压 122/93mmHg，体重 23kg，身高 121cm。神志清，精神反应一般，贫血貌，满月脸，颜面部水肿。全身皮肤弹性可。全身皮肤黏膜无黄染及出血点。咽部无充血，两肺呼吸音粗，未闻及干湿啰音。心率 120 次 /min，律齐，未闻及杂音。腹平软，肝脾肋下未及，肠鸣音约 3 次 /min。双下肢可及凹陷性水肿，肌力、肌张力正常。神经系统检查无明显阳性体征，四肢末梢温暖。外生殖器未见明显异常。

【问题 5】　如何通过查体对疾病病情进行初步判断？

思路：本例患儿查体有颜面、下肢水肿，为凹陷性水肿；患儿贫血貌，提示慢性贫血。患儿血压正常，神志清楚，无呼吸急促、端坐呼吸，未见颈静脉怒张、无肝脾肿大、肺底未闻及湿啰音，不支持严重循环充血表现。外生殖器未见明显异常，不支持 Frasier 综合征、Denys-Drash 综合征。

【问题 6】　结合上述查体结果，为进一步诊断应实施哪些检查？

思路：通过上述查体结合病史，考虑基础肾脏病为肾病综合征，现出现无尿、肾功能衰竭，需急查血常规、尿液分析、肾功能、血电解质、血气分析、胸部 X 线检查、泌尿系超声检查。

门诊辅助检查

血常规：WBC $5.11×10^9$/L，中性粒细胞百分比 66%，Hb 92g/L，RBC $3.39×10^{12}$/L，PLT $361×10^9$/L。

尿液分析：蛋白（+++），红细胞 0～1/HP，白细胞 0～1/HP；尿微量白蛋白>8 640mg/L，尿 IgG 982mg/L，尿 $α_1$ 微球蛋白 124mg/L。

肾功能：尿素氮 11.12mmol/L，肌酐 425.2μmol/L。

血气分析：pH 7.31，HCO_3^- 15.2mmol/L，SBE－9.8mmol/L。

血电解质：Na^+ 141mmol/L，Cl^- 111.6mmol/L，K^+ 3.61mmol/L，Ca^{2+} 1.58mmol/L，P^+ 2.5mmol/L。

X 线胸片肺部未见明显异常。

泌尿系超声：双肾实质性损伤改变，盆腔少量积液。

【问题7】 如何判读本患儿初步检查？

思路：患儿肌酐和尿素氮显著增高，提示肾功能衰竭；血气分析示代谢性酸中毒，血常规示轻度贫血，血磷增高，考虑慢性肾功能衰竭可能性大，泌尿系超声示双肾实质性损伤改变，未见肾脏体积缩小，急性加重因素不能排除。胸片未见肺水肿和心影增大。

【问题8】 该患儿是选择门诊还是住院治疗？

思路：慢性肾脏病患儿出现病情进展均应收住院治疗。

【问题9】 入院后需要进一步进行哪些检查？

思路：①排除继发肾病综合征因素，完善肝功能、乙肝两对半，除外乙肝病毒相关性肾炎；完善血清补体、自身抗体检查，除外狼疮性肾炎；完善 ANCA 抗体，除外 ANCA 相关性血管炎。②血清链球菌感染的证据除外链球菌感染；结合血清补体水平除外链球菌感染后肾炎。③完善听力检测、眼部检查，完善父母尿检，初步除外遗传性肾炎。④完善 PTH 检测，协助急慢性肾功能衰竭诊断。⑤心脏超声，明确有无长期容量负荷过重表现。⑥必要时完善肾活检协助诊治。

住院后检查及诊断

体液免疫：IgG 5.84g/L，IgM 0.515g/L，IgA 1.47g/L。

血清补体：C3 1.15g/L，C4 0.425g/L。

ASO 58.9U/L。

血生化：ALT 35U/L，AST 40U/L，ALB 20.5g/L，总胆固醇 11.2mmol/L。

血清乙肝两对半：HBsAb 阳性，余均阴性。

自身抗体检测：ANCA 抗体阴性。

凝血功能正常。

PTH 350.3pg/ml。

心脏超声：心内结构和功能未见明显异常。

眼、耳检查未见异常。父母尿检均正常。

【问题10】 如何根据上述提供的病例资料进行综合判断？

思路：

（1）诊断：①患儿病史 2 年余，有大量蛋白尿、低白蛋白血症、高胆固醇血脂，考虑肾病综合征；②患儿持续尿检异常超过 3 个月，结合生长发育落后、贫血、氮质血症、代谢性酸中毒、血磷高、PTH 增高，计算肌酐清除率 $13.8ml/(min·1.73m^2)$，考虑为慢性肾脏病 5 期，但肾脏超声未见肾脏体积缩小，慢性肾脏病急性加重也不能完全除外。

（2）鉴别诊断：①乙型肝炎病毒相关性肾炎，系由乙型肝炎病毒抗原所形成的免疫复合物损伤肾小球或乙型肝炎病毒直接侵袭肾组织引起的肾小球肾炎。临床表现为蛋白尿、血尿或肾病综合征。血清乙型肝炎病毒标志物持续阳性，部分患者可有肝脏增大或肝功能异常。血补体正常或降低。肾活体组织检查病理主要为膜性肾病。免疫荧光检查可在肾组织中检出乙型肝病毒抗原或其 DNA。②紫癜性肾炎、狼疮性肾炎。患儿无双下肢皮疹，无关节肿痛，无腹痛，无反复脱发、光过敏、面部皮疹等表现，血常规示三系不低，补体正常，自身抗体阴性，不支持。③抗 GBM 和 ANCA 相关性血管炎。患儿无鼻窦炎、肺出血等表现，ANCA 抗体均阴性，抗 GBM 抗体阴性，不支持。④急性链球菌感染后肾炎，患儿 ASO 不高，补体不低，不支持。⑤先天性或遗传性肾炎。患儿病初病理表现为局灶节段性肾小球硬化，激素耐药，需警惕，目前 Alport 综合征、Frasier 综合征、Denys-Drash 综合征可能性不大，但进一步明确需完善基因检测。⑥泌尿系超声不支持肾发育不良或肾囊性病变。⑦无反复尿路感染史，不支持反流性肾病。

> ### 知识点
>
> **慢性肾脏病 5 期(终末期肾脏病)的诊断及鉴别诊断**
>
> (1) 诊断：根据长期慢性肾脏病史、临床表现有生长发育迟滞、乏力、食欲缺乏、恶心、呕吐、夜尿多、高血压、贫血等多系统改变。尿比重低，尿常规异常，氮质血症、代谢性酸中毒，即可作出临床诊断。诊断慢性肾功能衰竭后应尽可能明确其原发病。
>
> (2) 鉴别诊断：有无肾盂肾炎、反流性肾病等；或慢性肾脏病伴急性发作，即慢性肾脏病基础上因某些诱因(如脱水、感染、尿路梗阻、某些肾毒性药物的应用)而致之暂时性肾功能减退。此类诱因祛除后，肾功能常可恢复至原水平。

【问题 11】 患儿该如何进行治疗？

思路：①维持水、电解质、酸碱平衡；②纠正贫血；③降血磷和 PTH 治疗，预防肾性骨病；④由于患儿乏力、食欲缺乏，生长发育落后，现持续无尿，代谢性酸中毒，肌酐清除率<15ml/(min·1.73m²)，予急诊血液透析治疗。

慢性肾脏病的分期和治疗计划见表 8-7-2。

表 8-7-2　慢性肾脏病的分期和治疗计划

分期	分期描述	GFR[ml/(min·1.73m²)]	治疗计划
1 期	肾损伤, GFR 正常或增加	≥90	病因的诊断和治疗 治疗合并症延缓疾病进展
2 期	肾损伤, GFR 轻度下降	60～89	估计疾病是否会进展及进展速度
3 期	GFR 中度下降	30～59	评价和治疗并发症
4 期	GFR 严重下降	15～29	准备肾脏替代治疗
5 期	肾功能衰竭	<15 或透析	肾脏替代治疗

注：GFR 为肾小球滤过率。

【问题 12】 该患儿予急诊透析治疗后，尿量逐渐增多，水肿消退，血肌酐较前下降至 380μmol/L 左右，后续治疗是什么？

思路：患儿急诊透析治疗后，尿量逐渐增多，水肿消退，病情平稳，血肌酐较前下降，考虑病初有循环血容量相对不足致肾功能急剧恶化，结合患儿肾脏超声未见肾脏体积缩小。肾病综合征是否还有治疗价值，排除禁忌后可行肾活检，但需警惕术后出血等并发症。该患儿术后肾活检病理示光镜下共可见 15 个肾小球，14 个肾小球呈球性硬化；余 1 个肾小球体积显著增大；系膜细胞和内皮细胞未见增生；毛细血管腔扩张。肾小管弥漫性萎缩，肾间质弥漫性淋巴细胞和单核细胞浸润伴纤维组织增生，间质血管内膜增厚。免疫荧光示 IgG(−), IgA(−), IgM(−), C1q(−), C3(−)；Ⅳ型胶原 α 链染色正常。病理诊断示硬化性肾小球肾炎(图 8-7-1，图 8-7-2)。结合肾活检病理结果，虽临床症状改善，血肌酐有下降，但仍处于慢性肾脏病 5 期临界，目前治疗原则为慢性肾脏病管理，延缓肾脏损害的进展速度，预防心血管并发症的发生，防治其他并发症的发生如肾性骨病、贫血，为长期肾脏替代治疗做准备。

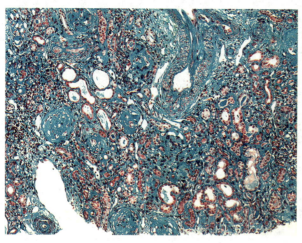

图 8-7-1　肾活检病理 Masson 染色

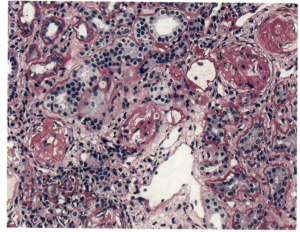

图 8-7-2　肾活检病理 PAS 染色

（黄松明）

参 考 文 献

[1] 王卫平,孙锟,常立文. 儿科学. 9 版. 北京:人民卫生出版社,2018:297-321.

[2] 中华医学会儿科学分会肾脏学组. 激素耐药型肾病综合征诊治循证指南(2016). 中华儿科杂志,2017,55(11):805-809.

[3] 中华医学会儿科学分会肾脏学组. 儿童激素敏感、复发/依赖肾病综合征诊治循证指南(2016). 中华儿科杂志,2017,55(10):729-734.

[4] 中华医学会儿科学分会肾脏病学组. 泌尿道感染诊治循证指南(2016). 中华儿科杂志,2017,55(12):898-901.

[5] 中华医学会儿科学分会肾脏学. 原发性 IgA 肾病诊治循证指南(2016). 中华儿科杂志,2017,55(9):643-646.

[6] 中国儿童遗尿疾病管理协作组. 中国儿童单症状性夜遗尿疾病管理专家共识. 临床儿科杂志,2014,32(10):970-975.

[7] MAN C C,HUI K Y. 实用儿科肾脏病学最新实践进展. 丁洁、黄建萍,译. 北京:北京大学医学出版社,2007:103-134.

[8] BALASUBRAMANIAN R,MARKS S D. Post-infectious glomerulonephritis. Pediatric Int Child Health,2017,37(4):240-247.

[9] Subcommittee on Urinary Tract Infection,Steering Committee on Quality Improvement and Management. Urinary tract infection:Clinical practice guideline for the diagnosis and management of the initial UTI in febrile infants and children 2 to 24 months. Pediatrics,2011,128(3):595-610.

[10] KLIEGMAN R M,STANTON B F,ST. GEME Ⅲ J W,et al. Nelson textbook of pediatrics. 20th ed. California:Elsevier,2016:2539-2546.

[11] FLOEGE J,BARBOUR S J,CATTRAN D C,et al. Management and treatment of glomerular diseases(part 1):conclusions from a kidney disease:Improving global outcomes(KDIGO)controversies conference. Kidney Int,2019,95(2):268-280.

[12] National Kidney Foundation. K/DOQI clinical practice guidelines for chronic kidney disease:Evaluation,classification and stratification. Am J Kidney Dis. 2002,39(2 suppl 1):s1-s266.

第九章 血液系统疾病

第一节 概 述

一、小儿血液系统生理特点

血液是结缔组织的一种,由血浆和血细胞两部分组成。血细胞包括红细胞、白细胞和血小板。血浆中溶解有多种化学物质,其中包括:水(91%)、蛋白质(7%)、脂质(1%)、糖类(0.1%)、无机盐类(0.9%)、代谢产物(尿素、肌酐、尿酸)等。

红细胞是血细胞中数量最多的,为边缘较厚、中央略凹的扁圆形细胞,直径 7~8μm。因细胞质中含有大量血红蛋白而显红色。红细胞是在骨髓中制造的,发育成熟后进入血液,衰老的红细胞被脾、肝、骨髓等处的网状内皮系统细胞吞噬和破坏,平均寿命 120 天。出生时红细胞数约 $(5.0 \sim 7.0) \times 10^{12}/L$,血红蛋白量 150~220g/L。生后随着自主呼吸的建立,血氧含量增加,红细胞生成素减少,骨髓造血功能暂时性降低,网织红细胞减少;胎儿红细胞寿命较短,且破坏较多(生理性溶血);加之婴儿生长迅速,循环血量迅速增加等因素,红细胞数和血红蛋白量逐渐降低,至 2~3 个月时(早产儿较早)红细胞数降至 $3.0 \times 10^{12}/L$,血红蛋白量降至 100g/L 左右,出现轻度贫血,称为"生理性贫血"。

白细胞为无色,呈球形,直径 7~20μm。主要分为粒细胞(包括中性粒细胞、嗜酸性粒细胞、嗜碱性粒细胞)、淋巴细胞和单核细胞。出生时白细胞计数可高达 $20 \times 10^9/L$ 以上,出生后数小时逐渐增加,至 24 小时达高峰,后逐渐下降,生后 2 周降至约 $12 \times 10^9/L$,一直持续整个婴儿期,至学龄期后降至约 $8 \times 10^9/L$,以后达成人水平约 $7 \times 10^9/L$。白细胞分类中,粒细胞与淋巴细胞比例变化有一定特征。出生时中性粒细胞占 60%~65%,淋巴细胞占 30%~35%,随着白细胞总数的下降,中性粒细胞比例逐渐下降,生后 4~6 天两者比例约相等,至 1~2 岁时淋巴细胞约占 60%,中性粒细胞约占 35%。此后中性粒细胞百分比逐渐上升,至 4~6 岁时两者比例又相等,以后白细胞分类与成人相似。

正常血小板为圆形或椭圆形小体,由骨髓巨核细胞生成,直径 2~4μm,新生儿期常见体积较大的血小板,寿命 8~11 天。新生儿期血小板波动较大,生后 48 小时内数值较低,约 $150 \times 10^9/L$,2 周后可达 $300 \times 10^9/L$。生后 6 个月血小板计数即与成人相同。

二、小儿血液系统疾病常用的检验方法

1. 外周血涂片 是血液细胞学检查的基本方法,应用极广,对血液病的诊断有很大价值。尽管全自动血细胞分析仪已普及,外周血涂片仍有其无法取代的临床价值,如可以快速、直观地发现异常形态血细胞,有助于部分疾病的诊断;寄生虫感染如疟疾,可在红细胞中找到疟原虫,为临床提供确诊依据;部分红细胞碎片和血小板的体积相似,仪器难以完全区分,体积过大或过小的血小板常漏计,血涂片检查可用以排除假性血小板增多或减少。制作染色良好的血涂片是血液学检查基本技术之一。

2. 骨髓检查 包括骨髓穿刺和骨髓活检,是常用的临床诊断方法。骨髓穿刺操作简便,骨髓液标本可用于细胞形态学、分子生物学、病原学检查,对临床诊断、疗效观察及预后判断有重要价值。骨髓活检能较客观、准确地反映骨髓增生程度,了解骨髓结构,为临床提供诊断依据。

三、小儿血液系统疾病的治疗原则

血液病包括原发于造血系统的疾病和影响造血系统伴发血液异常改变的疾病,主要临床表现包括贫血、

出血、发热等。临床主要分为以下几种类型：红细胞疾病、白细胞疾病、出血和血栓性疾病，此外还包括骨髓增殖性疾病、组织细胞病等。常见疾病有缺铁性贫血、再生障碍性贫血、血小板减少症、白血病、淋巴瘤、血友病等。

　　不同类型血液病处理原则不同，但寻找病因及明确诊断是治疗关键。对于出现严重贫血、血小板减少、粒细胞减少继发感染患者，应给予相应对症支持及抗感染治疗。对于血液系统恶性病，随着对于疾病的深入了解，已经逐渐形成了不同种类肿瘤的成熟化疗方案以及移植策略。

（王天有）

第二节　营养性缺铁性贫血

　　营养性缺铁性贫血（nutritional iron deficiency anemia）是体内铁缺乏导致血红蛋白合成减少，临床上以小细胞低色素性贫血、血清铁蛋白减少和铁剂治疗有效为特点的贫血症。本病以6个月～2岁婴幼儿发病率最高，严重危害小儿健康。

临床病例

　　患儿，男，9个月。因"发现面色苍黄3个月"就诊。患儿于出生后6个月无明显诱因面部苍黄，无发热、出血等。母乳喂养，生后5个月开始加辅食，少量蛋黄。

　　查体：体温36.5℃，呼吸30次/min，脉搏20次/min，体重8.5kg，身长72cm，头围45cm。神志清楚，反应可，面色苍黄，双肺呼吸音粗，无啰音。心音有力，心前区可闻及SM 2级柔和吹风样杂音，无传导。肝脏右肋下2cm，脾脏左肋下1cm。

　　血常规+CRP：WBC 11.3×10^9/L，中性粒细胞百分比30%，Hb 75g/L，PLT 121×10^9/L，MCV 70fl，MCH 24pg，MCHC 0.28；Rc 1.5%；CRP<8mg/L。

　　患儿为 G_2P_1，孕39周自然分娩，祖籍河南，否认家族遗传病史。

【问题1】　该患儿是否贫血？

　　思路：根据小儿贫血诊断标准，该患儿Hb75g/L，可以明确诊断为中度贫血。

知识点

小儿贫血诊断标准与分度

　　中国小儿血液会议（1989年）建议：新生儿<145g/L，1～4月龄<90g/L，4～6月龄<100g/L为贫血。

　　WHO贫血诊断标准：6月龄～6岁<110g/L，6～14岁<120g/L。海拔每升高1 000m，Hb上升4%。该患儿Hb 75g/L，可明确诊断为贫血。

　　根据Hb 90～120g/L为轻度贫血，60～90g/L为中度，30～60g/L为重度，30g/L以下为极重度的标准，该患儿为中度贫血。

【问题2】　询问病史应围绕哪些方面进行？

　　思路：应询问喂养史。①母乳喂养，混合喂养，还是人工喂养；4月龄后是否规律添加辅食；②追问家族籍贯，有无黄疸、贫血等家族病史；③母亲孕期有无缺铁性贫血病史；④是否有呕血、黑便、血尿、咯血等伴随病症。

【问题3】　进一步需要做哪些检查？

　　思路：应进行有关铁代谢的检查。

　　（1）血清铁蛋白（serum ferritin，SF）：在缺铁期已降低，缺铁性红细胞生成期和缺铁性贫血期降低更明显，因而是诊断缺铁期的敏感指标。放射免疫法测定正常值：<3个月婴儿为194～238μg/L；3个月后为18～91μg/L；<12μg/L提示缺铁。

　　（2）红细胞游离原卟啉（free erythrocyte protoporphyrin，FEP）：FEP>0.9μmol/L（500μg/dl）时即提示细胞内缺铁。

（3）血清铁（serum iron，SI）、总铁结合力（total iron binding capacity，TIBC）和转铁蛋白饱和度（transferrin saturation，TS）：SI 正常值为 12.8~31.3μmol/L（75~175μg/dl），<9.0~10.7μmol/L（50~60μg/dl）有意义，但其生理变异大，并且在感染、恶性肿瘤、类风湿关节炎等疾病时也可降低。TIBC>62.7μmol/L（350μg/dl）有意义；其生理变异小，病毒性肝炎时可增高。TS<15% 有诊断意义。

骨髓可染色铁：骨髓涂片用普鲁士蓝染色镜检，观察红细胞内铁粒幼细胞数，如<15%，提示贮存铁减少（细胞内铁减少），细胞外铁也减少。这是一项反映体内贮存铁的敏感而可靠的指标。

该患儿 SI 7.0μmol/L，TIBC 100μmol/L，SF 9μg/L。

【问题4】　如何判读本患儿初步检查？是否需要进行骨髓检查？

思路：血常规检查为小细胞低色素性贫血，铁代谢提示血清铁显著降低，总铁结合力显著升高，血清铁蛋白降低，支持缺铁性贫血的诊断。骨髓检查不是诊断缺铁性贫血的所必需的辅助检查，仅用于鉴别诊断。

【问题5】　儿童小细胞性贫血还应该考虑哪些疾病？

思路：营养性缺铁性贫血需与其他导致小细胞性贫血鉴别。①地中海贫血；②慢性病贫血；③铁粒幼细胞贫血。

【问题6】　缺铁性贫血诊断标准是什么？

知识点

缺铁性贫血诊断标准

（1）小细胞低色素性贫血。
（2）有明确的缺铁病因，如供铁不足、吸收障碍、需要增加或慢性失血等。
（3）SI<10.7μmol/L。
（4）TIBC>62.7μmol/L（350μg/dl），TS 10%~15%。
（5）骨髓细胞外铁明显减少或消失，铁粒幼细胞<15%。
（6）FEP>0.9μmol/L。
（7）SF<12μg/L。
（8）铁剂治疗有效。
符合第1条和第2~8条中至少2条者可诊断缺铁性贫血。

【问题7】　患儿该如何进行治疗？

思路：主要原则为祛除病因和补充铁剂。如伴感染者应积极控制感染；重度贫血者应注意保护心脏功能。适当增加含铁质丰富的食物，注意饮食的合理搭配，以增加铁的吸收。对饮食不当者应纠正不合理的饮食习惯和食物组成，有偏食习惯者应予纠正。如有慢性失血性疾病，如钩虫病、肠道畸形等，应予及时治疗。铁剂治疗多以口服为主，二价铁盐容易吸收，故临床均选用二价铁盐制剂。目前口服铁剂品种较多，但仍以硫酸亚铁最为常用。

知识点

口服铁剂的方法

剂量为元素铁每日 4~6mg/kg，分 3 次口服，以两餐之间口服为宜，既可减少对胃黏膜的刺激，又有利于吸收。

注射铁剂的选择

注射铁剂较容易发生不良反应，甚至可发生过敏反应致死，故应慎用。适应证：①诊断肯定但是口服铁剂无效者；②口服后胃肠反应严重，虽改变制剂种类、剂量及给药时间仍无改善者；③由于胃肠疾病行胃肠手术后不能应用口服铁剂或口服铁剂吸收不良者。常用的注射铁剂有山梨醇枸橼酸铁复合物、右旋糖酐铁复合物、葡萄糖氧化铁等。

铁剂治疗后反应及治疗疗程

口服铁剂12~24小时后，细胞内含铁酶开始恢复，临床症状好转，烦躁精神症状减轻，食欲增加。36~48小时开始出现红系增生现象；网织红细胞于服药后48~72小时开始上升，5~7天达高峰，以后逐渐下降，2~3周下降至正常，中、重度贫血者在开始铁剂治疗后1周网织红细胞增加，可作为临床确诊及有治疗反应的证据。治疗1~2周后血红蛋白逐渐上升，血红蛋白升高的速度与诊断时的血红蛋白水平呈反比，1~3周每天上升1~3g/L，以后减慢。血红蛋白恢复正常后再继续服用铁剂6~8周，以增加铁储存，用药1~3周，体内储存铁达到正常值。

【问题8】 缺铁性贫血的输血指征是什么？

思路：一般不必输红细胞。

输注红细胞的适应证：①贫血严重，尤其是发生心力衰竭者；②合并感染者；③急需外科手术者。贫血越严重，每次输注量应越少。Hb 30g/L以下者，应立即输血，但必须采用少量多次的方法，或输入浓缩的红细胞，每次2~3ml/kg，输血速度过快、量过大，可导致心力衰竭。Hb在30~60g/L者，每次可输注浓缩红细胞4~6ml/kg；Hb 60g/L以上者不必输红细胞。

缺铁性贫血应与巨幼红细胞性贫血（megaloblastic anemia, MA）鉴别，后者是维生素B_{12}和/或叶酸（folic acid）缺乏所致的一种大细胞性贫血，主要临床特点是贫血、神经精神症状、红细胞的胞体变大、骨髓中出现巨幼红细胞、用维生素B_{12}和/或叶酸治疗有效。

临床病例

患儿，男，7个月，面色苍黄，智力发育倒退1个月。初步的病史采集如下。

患儿于入院前1个月（即出生6个月后）无明显诱因出现颜面皮肤苍黄，并出现智力发育倒退。营养发育史：3~4个月能抬头，现7个月不能独坐，不会爬。面部表情呆滞，对逗笑反应较前倒退。单纯母乳喂养，未添加辅食，患儿母喜素食。血常规：WBC 3.7×10^9/L，中性粒细胞百分比2%，淋巴细胞百分比94%，单核细胞百分比4%，RBC 1.97×10^{12}/L，Hb 60g/L，MCV 107.2fl，PLT 100×10^9/L。

初步病史采集后，因患儿主要表现为生后6个月出现皮肤颜面苍黄，伴发智力发育倒退。临床随之需考虑以下相关问题。

【问题1】 考虑贫血的类型是什么？

思路：患儿，7个月，贫血，为大细胞性贫血，结合患儿单纯母乳喂养，母亲喜素食，并伴有神经系统改变，MCV升高，考虑为巨幼红细胞性贫血的可能，因缺乏维生素B_{12}和/或叶酸（folic acid）所致。

【问题2】 巨幼红细胞性贫血的特点如何？

临床表现：6个月到2岁多见，起病缓慢。

1. 一般表现 外观多成虚胖或颜面部轻度水肿，毛发纤细稀疏、黄色，严重者皮肤有出血点或瘀斑。

2. 贫血表现 皮肤常呈蜡黄色，偶有轻度黄疸，疲乏无力，常伴肝、脾肿大。

3. 精神、神经症状 维生素B_{12}缺乏者主要表现为表情呆滞，对外界反应迟钝，目光发直，少哭不笑，嗜睡，不认亲人，原来会笑的可不再笑。智力、运动发育落后，常有倒退现象，如坐起、爬行、直立、走路等动作均发育较晚。重症患者可以出现不规则性震颤，手足无意识运动，少数可出现腱反射亢进，浅反射消失，并出现踝阵挛。

4. 消化系统症状 常较早出现，如厌食、恶心、呕吐、腹泻和舌炎等。

实验室检查：

1. 外周血象 呈现大细胞性贫血，外周血涂片可见巨大杆状细胞和巨大晚幼粒细胞。白细胞改变出现，故对早期诊断更有意义。

2．骨髓象　增生明显活跃，以红系增生为主，粒系、红系均出现巨幼变，表现为胞体变大、核染色质粗而松、副染色质明显。中性粒细胞的胞浆空泡形成，核分叶过多。巨核细胞的核有过度分叶现象，巨大血小板。

3．血清维生素 B_{12} 和叶酸测定　血清维生素 B_{12} 正常值为 $200\sim800ng/L$，$<100ng/L$ 为缺乏。血清叶酸水平正常值为 $5\sim6\mu g/L$，$<3\mu g/L$ 为缺乏。

4．其他　LDH 水平明显升高。维生素 B_{12} 缺乏者血清胆红素水平可中等程度升高，尿甲基丙二酸含量增高。

【问题3】 巨幼红细胞性贫血的治疗原则是什么？

思路：

1．一般治疗　注意营养，及时添加辅食；加强护理，防止感染。

2．去除病因　去除引起维生素 B_{12} 和叶酸缺乏的原因。

3．维生素 B_{12} 和叶酸治疗。

【问题4】 维生素 B_{12} 缺乏性巨幼红细胞性贫血的治疗方法是什么？

思路：单纯由于维生素 B_{12} 缺乏引起的贫血，治疗开始维生素 B_{12} $500\sim1\,000\mu g/$ 次，肌内注射；或每次肌内注射 $100\mu g$，每周 $2\sim3$ 次，连用数周，直至临床症状好转，血常规恢复正常为止。

【问题5】 叶酸缺乏的治疗方法是什么？

思路：有神经系统症状者，应以维生素 B_{12} 治疗为主，加用叶酸治疗，如单用叶酸反而有可能加重神经系统症状。叶酸口服剂量为 $5mg$，3 次 $/d$，连续数周至临床症状好转、血常规恢复为主。

【问题6】 巨幼红细胞性贫血与营养性缺铁性贫血的鉴别见表9-2-1。

表9-2-1　巨幼红细胞性贫血与营养性缺铁性贫血的鉴别

鉴别点	巨幼红细胞性贫血	营养性缺铁性贫血
发病机制	铁缺乏	维生素 B_{12} 和 / 或叶酸缺乏
临床表现	贫血相关表现	贫血、精神神经症状
红细胞	大细胞（MCV>90fl，MCH>32pg）	小细胞低色素（MCV<80fl，MCH<26pg）
铁代谢	正常	异常
维生素 B_{12} 和 / 或叶酸	缺乏	正常
治疗	维生素 B_{12}、叶酸治疗有效	铁剂治疗有效

缺铁性贫血拓展病例

（刘玉峰）

第三节　噬血细胞综合征

噬血细胞性淋巴组织细胞增多症（hemophagocytic lymphohistiocytosis，HLH）又称为噬血细胞综合征（hemophagocytic syndrome，HPS），是由于淋巴、单核巨噬细胞系统过度的炎症反应和异常的免疫调节所致的一类临床综合征，属于血液科危重症，可分为原发性和继发性两类。原发性 HLH 有遗传背景，与 NK 细胞和细胞毒性 T 淋巴细胞（CTL）的细胞毒功能缺陷有关，继发性 HLH 机制尚不明确。

噬血细胞综合征的诊疗环节包括以下几个方面。

1．原发性 HLH 多数发病年龄比较小，或有家族史或疾病反复发作。继发性 HLH 可见于各年龄段，起病急，可由感染性疾病（最常见，特别是 EB 病毒感染）、风湿免疫性疾病、恶性肿瘤、药物超敏反应等引起。

2．临床表现复杂多样，典型症状和体征为发热、肝脾肿大、出血和贫血，其他表现还有淋巴结肿大、中枢神经系统症状、消化系统或呼吸系统症状，以及乏力、食欲减退、体重减轻等。

3．实验室检查可有血细胞减少、血生化异常（如甘油三酯、氨基转移酶升高）、铁蛋白升高、凝血功能异常（如纤维蛋白原减低）、NK 细胞活性减低或缺失、细胞因子谱异常（如干扰素 γ、IL-6 和 IL-10 升高等）、可溶性 CD25 水平升高、脑脊液检查异常、HLH 相关基因检查异常；继发性 HLH 可有病原学检测异常、自身抗体谱异常、肿瘤标记物异常等。

4. 骨髓、脾脏、淋巴结等组织中可见噬血现象。

5. 影像学检查可有肝脾、淋巴结肿大、肺内间实质病变、颅内病变；继发性 HLH 者可发现感染灶、肿瘤原发病灶等。

6. 确诊后应祛除诱因、迅速控制细胞因子风暴，同时清除过度活化的免疫细胞、联合保护脏器、补充凝血因子等对症支持治疗为主的综合治疗。

临床关键点

HLH 的诊断目前仍参照 2004 年国际组织细胞协会制定的诊断标准。

当患者符合以下两条中的任何一条时可诊断：

1. 分子生物学符合 HLH　存在以下任一基因病理性突变：*PRF1*、*UNC13D*、*STX11*、*STXBP2*、*Rab27a*、*SH2D1A*、*BIRC4*。

2. 以下 8 条中满足 5 条及以上

（1）发热≥38.5℃，持续 7 天以上。

（2）脾肿大。

（3）血细胞减少（外周血至少 2 系细胞减少）：Hb<90g/L（新生儿<100g/L），PLT<100×10⁹/L，中性粒细胞绝对计数<1.0×10⁹/L。

（4）高甘油三酯血症（空腹条件下，≥3.0mmol/L）和 / 或低纤维蛋白原血症（≤1.5g/L）。

（5）噬血现象（骨髓、脾脏、淋巴结或肝脏）。

（6）NK 细胞活性减低或缺乏。

（7）铁蛋白≥500μg/L。

（8）可溶性 CD25（可溶性 IL-2R 的 α 链）升高（≥2 400U/ml 或≥均数 +2*SD*）。

临床病例

患儿，男孩，3 岁。因"眼睑水肿 14 天，发热、淋巴结肿大 12 天，皮疹 1 天"于 2018 年 10 月 23 日就诊，采集病史如下。

14 天前，家长发现患儿双眼睑轻度水肿，未予诊治。12 天前，患儿出现发热，体温最高 37.5℃，热峰 1～2 次，眼睑水肿加重，并发现右侧颈部淋巴结肿大。当地医院查血常规：CRP<3mg/L，WBC 14.43×10⁹/L，Hb 144g/L，PLT 235×10⁹/L，中性粒细胞百分比 36.2%，淋巴细胞百分比 56.8%，异型淋巴细胞百分比 12%；EBV-DNA（全血）：9.1×10⁶copies/ml；EB 病毒抗体：EBV-CA-IgM 阳性、EBV-CA-IgG 阴性，EBV-EA-IgA 阳性，EBV-NA-IgG 阴性。

考虑传染性单核细胞增多症，予阿昔洛韦、头孢类药物治疗。患儿病情逐渐加重，体温最高达 39℃，热峰 5～6 次 /d，眼睑水肿加重，伴鼻塞、打鼾。复查血常规：CRP 0.5mg/L，WBC32.3×10⁹/L，Hb131g/L，PLT 187×10⁹/L，中性粒细胞百分比 12.1%，淋巴细胞百分比 63.7%。完善骨髓细胞学检查：粒系占 58.8%，成熟受阻，红系占 17.2%，以中晚幼红为主，淋巴细胞占 22.4%，可见非典型淋巴细胞和吞噬细胞（图 9-3-1），予更昔洛韦、甲强龙、头孢类药物、亚胺培南治疗，仍控制不佳。

1 天前，患儿出现全身散在淡红色斑丘疹，且逐渐增多，热峰、眼睑水肿未见缓解，为进一步诊治，来我院急诊。

个人史、家族史无特殊。既往无类似发作。

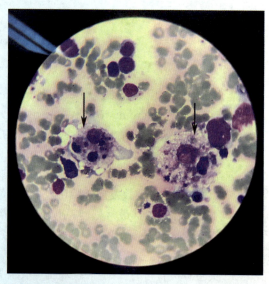

图 9-3-1　骨髓噬血现象：放大倍数 400×，箭头所示为活化的巨噬细胞，胞浆中吞噬了一些有核细胞以及血小板，还可见消化后的色素颗粒

【问题1】　根据现有检查结果,如何考虑可能的诊断?

思路:患儿为 3 岁幼儿,急性起病,以眼睑水肿、发热、伴有淋巴结肿大及皮疹为主要表现,院外查血常规 CRP 正常,白细胞明显升高,分类以淋巴细胞为主,异型淋巴细胞增多,EBV-DNA 拷贝数明显升高,EBV-CA-IgM 阳性,EBV-EA-IgA 阳性,考虑为 EB 病毒感染相关疾病,如传染性单核细胞增多症等可能。患儿骨髓穿刺结果提示可见吞噬细胞,需警惕 EBV 感染继发噬血细胞综合征可能。

知识点

HLH 诊断注意事项

噬血现象虽为诊断标准之一,但并不是诊断 HLH 的金标准。由于取材的不同,部分 HLH 患者骨髓中未见噬血现象,但是仍满足其他诊断标准;部分非 HLH 患者的骨髓和组织中也可见噬血现象。另外,骨髓中噬血细胞的数量与外周血细胞减少的程度并不一致,目前认为血细胞减少主要是由于大量的 TNF-α、IFN-γ 等细胞因子抑制造血所致。

【问题2】　查体应该注意哪些方面?

思路:首先注意患儿生命体征及整体情况评估,判断病情轻重;有无嗜睡、精神萎靡、烦躁、意识改变;注意皮肤黏膜颜色、有无黄疸、出血、皮疹等情况;注意浅表淋巴结有无肿大、触痛、质地、活动度;注意扁桃体有无肿大及分泌物;注意肝脾有无肿大、程度、质地;注意有无颈强直、四肢肌张力异常等神经系统异常体征。

查体记录

体温 38.40℃,呼吸 26 次/min,脉搏 110 次/min,血压 85/52mmHg,神志清,精神差,张口呼吸,全身皮肤见淡红色散在斑疹,压之褪色,双眼睑水肿,表面见暗红色出血点。耳后、颈前、颈后、颌下、腹股沟可触及多个肿大淋巴结,颈部淋巴结右侧最大约 4cm×4cm,左侧最大约 3cm×2cm,质软,活动度可,无触痛。咽部充血,双侧扁桃体Ⅱ度肿大,表面见黄白色分泌物。双肺呼吸音粗,未闻及干湿啰音。心音有力,律齐,各瓣膜听诊区未闻及杂音。腹膨隆,无腹壁静脉曲张,全腹无压痛、反跳痛,未触及包块,肝脏肋下约 6cm,质地中等,无压痛;脾脏肋下约 4cm,质地中等,无压痛。四肢肌力正常,肌张力正常。神经系统查体未见阳性体征。

【问题3】　入院后应该完善什么检查?

思路:目前患儿噬血细胞综合征不能除外,应完善血常规、血生化、凝血检查、铁蛋白;腹部、淋巴结超声等影像学检查;血清细胞因子测定;骨髓穿刺术(包括骨髓细胞学检查、免疫组化、骨髓流式细胞术等);骨髓活检免疫组化;NK 细胞活性测定;sCD25 水平测定;病原学检查(包括病毒、寄生虫等);自身抗体检测;基因检测。

检查结果

血常规:快速 CRP<8mg/L,WBC 22.07×10^9/L,Hb 118g/L,PLT 179×10^9/L,中性粒细胞百分比 16%,淋巴细胞百分比 75%,异型淋巴细胞百分比 2%。

凝血检查:PT 10.9 秒,INR 0.96,FIB 1.33g/L,APTT 47.5 秒。

血生化:K$^+$4.67mmol/L,Na$^+$128.6mmol/L,Cl$^-$97.6mmol/L,ALP 352U/L,AST 230.6U/L,ALT 198.7U/L,甘油三酯 4.43mmol/L,LDH 753U/L,α-HBDH 568U/L。

铁蛋白 1 706ng/ml(正常值 28~397ng/ml)。

sCD25:44 000pg/ml(正常值<6 400pg/ml)。

NK 细胞活性:12.85%(正常值≥15.11%)。

细胞因子检测:干扰素 γ 475.2pg/ml(正常值≤7pg/ml),IL-6 36.6pg/ml(正常值≤8pg/ml),IL-10 16.5pg/ml

（正常值≤2pg/ml），TNF-α 39.5pg/ml（正常值≤8pg/ml）。

血培养阴性。

寄生虫检测均阴性。

腹部超声：肝大，实质回声增强，格林森鞘增厚；胆囊壁水肿；脾大，脾血窦开放。肝门、脾门、系膜多发淋巴结肿大。少量腹水。

颈部软组织超声：双侧腮腺肿胀，回声粗糙减低，血流丰富，双侧颌下及颈部多发淋巴结肿大。

胸部 CT 平扫（高分辨扫描）：肺内间实质浸润，支气管壁增厚，左肺透亮度略高；纵隔及肺门多发淋巴结肿大；右侧少许胸腔积液。

骨髓穿刺术：①取材、涂片、染色良好；②骨髓增生活跃；③粒系中性分叶粒细胞构成比减低，形态大致正常；④红系统构成比偏低，粒红比值及形态大致正常；⑤巨核细胞及血小板不减少；⑥可找到吞噬血细胞的网状细胞。

骨髓活检：可见噬血细胞，未见淋巴瘤细胞。

骨髓流式细胞术：可见 5.3% 异常表型的成熟 $CD8^+T$ 细胞。

EBV-DNA（全血）4.1×10^4 copies/ml。

EBV-DNA（血浆）6.3×10^3 copies/ml。

自身抗体谱阴性。

基因检测结果：*UNC13D* 基因纯合突变，该突变位点致病性已有文献报道。

【问题4】　该患儿是否可以确诊？

思路：根据患儿目前满足 HLH-2004 标准 8 条中的 6 条，故 HLH 诊断成立。根据 EBV-DNA 拷贝数明显升高，EBV-CA-IgM 阳性，EBV-EA-IgA 阳性，全血和血浆 EBV-DNA 均升高，提示存在活动性 EB 病毒感染，故诊断为 EB 病毒相关噬血细胞综合征。根据基因检测结果示 *UNC13D* 基因纯合突变，故诊断家族性噬血细胞综合征。

知识点

EBV 病毒

EBV 属疱疹病毒科，为双链 DNA 病毒。该病毒在正常人群中感染非常普遍，约 90% 以上的成人血清 EBV 抗体阳性。主要经过唾液传播，病毒进入口腔后，在咽部淋巴组织内复制，继而入血引起病毒血症，主要累及全身淋巴组织及具有淋巴细胞的组织与内脏。传染性单核细胞增多症为 EBV 原发感染引起的单核巨噬细胞系急性增生性疾病。EBV 一旦感染终生存在，当机体免疫功能存在原发或继发缺陷时，不能控制 EBV 活动，便会表现为传单样症状反复发作，即慢性活动性 EB 病毒感染。此外，EBV 与 Burkitt 淋巴瘤、NK/T 细胞淋巴瘤和霍奇金淋巴瘤的发生相关。上述疾病状态均可并发噬血细胞综合征。

【问题5】　如何对易合并 HLH 的疾病进行病因学鉴别诊断？

思路：HLH 诊断比较容易，只要符合诊断标准即可诊断，但关键是病因学鉴别诊断，与治疗方法和预后相关。

（1）病毒感染相关 HLH：EBV 最常见，可有传染性单核细胞增多症的表现，病初血常规白细胞可升高，但以淋巴细胞为主，可见非典型淋巴细胞，查病毒抗体和 DNA 有助于诊断，EBV 感染时骨髓或淋巴结活检 EBV 编码小 RNA（Epstein-Barr virus encoded small RNA，EBER）阳性。

（2）原发性 HLH：目前认为是常染色体隐性或 X 连锁遗传病，可由病毒感染诱发，基因检测发现有致病意义的基因突变可确诊。但由于检测手段的问题，部分患者并未检测到有意义的基因突变，但临床为难治 HLH 或病情反复复发，均需考虑原发性 HLH 的可能。

（3）风湿免疫性疾病相关 HLH：又称为巨噬细胞活化综合征，在儿童中最常见并发于全身型幼年特发性关节炎患者,也可见于系统性红斑狼疮、川崎病、皮肌炎。该类疾病往往存在风湿免疫性疾病相关表现,如发热伴皮疹、关节炎、自身抗体滴度升高等。继发于幼年特发性关节炎全身型的患者病初可以自身炎症的表现,如发热伴皮疹、WBC升高以中性粒细胞为主、CRP升高、血沉增快、血小板升高及纤维蛋白原升高等。

(4)恶性肿瘤相关HLH:在儿童常继发于淋巴瘤(尤其是间变性大细胞淋巴瘤或NK/T细胞淋巴瘤)、白血病(多见于T细胞型)。需行骨髓穿刺、骨髓活检、淋巴结活检等了解有无肿瘤浸润,全身影像学检查寻找可能的瘤灶。确诊后需在控制HLH的同时兼顾原发肿瘤的治疗。

【问题6】 该患儿应如何治疗?

思路:

(1)对症治疗:及时降温,止咳对症,静脉点滴阿昔洛韦抗病毒,保肝治疗,输注血浆、补充凝血因子。

(2)化疗:以HLH-1994方案为基础的化疗

1)诱导治疗

甲泼尼龙:静脉滴注,10mg/(kg·d),3天→5mg/(kg·d),3天→2mg/(kg·d),8天;口服,1mg/(kg·d),2周→0.5mg/(kg·d),2周→0.25mg/(kg·d),1周,继于1周内减停。

足叶乙苷(VP-16):100mg/(m²·次),第1周每周2次,以后每周1次,共8周,静脉滴注。

2)维持治疗:适用于8周不能完全缓解或需造血干细胞移植的患者,前者达完全缓解即可停药观察,后者维持至造血干细胞移植。

地塞米松:6mg/(m²·d),3天,每2周1次,口服。

VP-16:100mg/(m²·次),每2周1次,静脉滴注。

(3)异基因造血干细胞移植:是原发HLH的唯一治愈手段,难治、复发或中枢受累HLH患儿,除外风湿免疫相关HLH,即便没有基因异常,也需进行造血干细胞移植。原发性噬血细胞综合征一旦诊断明确,化疗控制病情后需尽快行造血干细胞移植治疗。

(王天有)

第四节 免疫性血小板减少症

免疫性血小板减少症(immune thrombocytopenia,ITP)是小儿最常见的出血性疾病,既往又称特发性血小板减少性紫癜。发病率为(4~5)/10万,常见于感染或疫苗接种后数天或数周内起病。其主要临床特点:皮肤、黏膜自发性出血和束臂试验阳性,血小板减少、出血时间延长和血块收缩不良。由于小儿时期临床表现为血小板减少的疾病很多,本病治疗效果差异性亦很大,因此临床医生应熟练掌握本病的诊断、鉴别诊断和治疗。

临床关键点

1. 首先判断血小板减少症是原发性的还是继发性的。

2. 并不是每例患儿都必须做骨髓穿刺检查,但当临床表现不典型,诊断有困难时考虑做。

3. 根据病史和实验室检查结果分析,要作出临床分期(新诊断ITP、持续ITP和慢性ITP)和分型(重型和难治型)。据此,制订相应的治疗方案,严格把控本症的住院治疗和门诊治疗、观察的指征。①新诊断ITP:确诊后3个月以内;②持续性ITP:确诊后3~12个月;③慢性ITP:确诊后12个月以上(以上分型不适用于继发性ITP)。重型ITP:PLT<10×10⁹/L,且患者发病时有需要紧急处理的出血症状或病程中出现新的出血症状必须使用提升血小板的药物治疗,包括原有药物剂量的增加。难治性ITP指的是脾脏切除术后仍为重型ITP的患儿。

4. 根据患儿年龄特点,要定期对患儿的治疗效果作出综合分析和评估,尤其要重视糖皮质激素和其他免疫抑制剂等在治疗过程中的不良反应,还需关注对患者生活质量的影响,并做好患者的定期复查和随访。

5. 75%~82%的ITP患儿6个月内可获得缓解,但大龄儿童(青少年)转为慢性的可能性较大。3个月<年龄<12个月者慢性率23.1%;1岁<年龄<10岁者慢性率28.1%;≥10岁者慢性率47.3%。故青少年患儿比幼儿更易发展为慢性ITP。

> **临床病例**
>
> 患儿,女,2岁,以"发热、咳嗽4天,发现皮肤出血点1天"为主诉入院。
>
> 查体:体温36.8℃,脉搏92次/min,呼吸24次/min。生长发育正常,营养良好,全身皮肤黏膜可见散在针尖大小出血点,全身浅表淋巴结无肿大。咽腔稍充血,心、肺听诊正常,肝、脾触诊无异常。
>
> 辅助检查:WBC 5.79×10^9/L,RBC 4.87×10^{12}/L,Hb 137g/L,中性粒细胞计数 1.69×10^9/L,淋巴细胞计数 3.1×10^9/L,单核细胞计数 0.6×10^9/L,PLT 20×10^9/L;Rc 1.6%;外周血涂片:红细胞、白细胞和血小板形态均无异常发现。

【问题1】 根据现有的材料,该患儿血小板减少的原因考虑什么?

思路:患儿年龄小,先有感染病史,后发现皮肤出血点1天,除全身皮肤黏膜可见散在针尖大小出血点外,无更多的阳性体征。外周血计数除血小板减少外,余指标均属正常范围。血涂片细胞形态均无异常发现。基于以上临床表现,本例"免疫性血小板减少症(新诊断ITP)"诊断成立,基本上可以排除白血病、再生障碍性贫血和溶血性贫血。

【问题2】 该病需要与哪些疾病鉴别?

思路:

1.急性白血病　外周血白细胞不增高的急性白血病易与ITP相混淆,通过血涂片和骨髓涂片检查见到白血病细胞可确诊。

2.再生障碍性贫血　患者表现为发热、贫血和出血,肝、脾和淋巴结无肿大,与ITP合并贫血者相似,但再生障碍性贫血时贫血较重,外周血白细胞、中性粒细胞减少、网织红细胞减少,骨髓细胞学检查示造血功能减低,巨核细胞减少有助于鉴别。

3.过敏性紫癜　为出血性斑丘疹,多见于双下肢和臀部,对称分布,成批出现,血小板计数正常,一般易于鉴别。

4.继发性血小板减少症　严重病毒、细菌感染可引起血小板减少。化学药物、脾功能亢进、部分自身免疫性疾病(如干燥综合征、系统性红斑狼疮等)、恶性肿瘤侵犯骨髓和某些溶血性贫血等均可导致血小板减少,鉴别点为除血小板减少外还有原发疾病的特点。

【问题3】 该例患儿是否必须做骨髓穿刺检查?

思路:国外学者并不建议儿童ITP常规做骨髓细胞学检查,但鉴于我国国情,国内专家仍充分肯定骨髓检查对于ITP的重要的鉴别诊断价值。根据中华医学会儿科学分会血液学组2013年制定的《儿童原发性免疫性血小板减少症诊疗建议》(简称《诊疗建议》):典型ITP无须骨髓检查,骨髓检查的主要目的是排除其他造血系统疾病,特别是在临床表现不典型或对治疗反应差时,骨髓检查是非常必要的,有时甚至需多次骨髓穿刺;在应用糖皮质激素治疗前,均应做骨髓检查,必要时还可进行骨髓活检术。

知识点

ITP的诊断

ITP为排他性诊断。诊断需根据临床表现及实验室检查,参考以下标准,且在治疗的过程中,若疗效不佳,需对疾病进行重新评估。

诊断标准:①至少两次血常规检测仅 PLT<100×10^9/L,血细胞形态无异常;②皮肤出血点、瘀斑和/或黏膜、脏器出血等临床表现;③一般无脾脏肿大;④须排除其他继发性血小板减少症,如低增生性白血病、以血小板减少为首发血液学异常的再生障碍性贫血、遗传性血小板减少症、继发于其他免疫性疾病,以及感染和药物因素等。

实验室检查:除PLT外,目前没有任何实验室检查可作为ITP的确诊依据,以下检查主要作为鉴别诊断的参考。①血常规+血涂片:除确定血小板数量外,血小板形态(如大血小板或小血小板)、白细胞和红细胞的数量和形态有助于鉴别遗传性血小板减少症和继发性血小板减少症。②骨髓检查:巨核细胞增多或正常，伴成熟障碍。典型 ITP 无须骨髓检查；骨髓检查的主要目的是排除其他造血系统疾病。③血小板膜抗原特异性自身抗体：单克隆抗体特异性俘获血小板抗原试验法，特异性和敏感性较高，有助于鉴别免疫性与非免疫性血小板减少。④此外，血小板生成素（TPO）的检查可鉴别血小板生成减少（TPO 升高）和血小板破坏增加（TPO 正常），有助于鉴别 ITP 与再生障碍性贫血或骨髓增生异常综合征。其他有助于鉴别继发性血小板减少的检查，如免疫性疾病相关的检查及病毒病原检查等。

【问题 4】 该患儿治疗方案？

思路：患儿为新诊断 ITP，皮肤可见出血点，PLT 20×10^9/L。根据《诊疗建议》意见：儿童 ITP 多为自限性，治疗措施更多取决于出血的症状，而非 PLT。当 PLT$>20 \times 10^9$/L，无活动性出血表现，可先观察随访，不予治疗。在此期间，必须动态观察 PLT 的变化；如有感染需抗感染治疗。PLT$<20 \times 10^9$/L 和 / 或伴活动性出血，建议使用一线治疗，一般无须血小板输注。

知识点

ITP 的治疗

1. 儿童 ITP 的一线治疗药物　①肾上腺糖皮质激素：常用泼尼松剂量从 1.5～2mg/(kg·d) 开始（最大不超过 60mg/d），分次口服，PLT≥100×10^9/L 后稳定 1～2 周，逐渐减量直至停药，一般疗程 4～6 周。也可用等效剂量的其他糖皮质激素制剂代替。糖皮质激素治疗 4 周，仍无反应，说明治疗无效，应迅速减量至停用，应用时注意监测血压、血糖的变化及胃肠道反应，防治感染。②静脉滴注免疫球蛋白（IVIG）治疗：常用剂量 400mg/(kg·d)，3～5 天；或 0.8～1.0g/(kg·d)，用 1 天或连用 2 天，必要时可以重复。③静脉滴注抗 -D 免疫球蛋白：用于 RhD 阳性的 ITP 患儿，提升 PLT 作用明显。用药后可见轻度血管外溶血。常用剂量 50～75μg/(kg·d)，1～3 天。

2. 儿童 ITP 的二线治疗

（1）药物治疗

1）大剂量地塞米松：地塞米松 0.6mg/(kg·d)，连用 4 天，每 4 周 1 个疗程，酌情使用 4～6 个疗程。鉴于大剂量地塞米松对血压、血糖、行为异常等的影响，应密切观察，同时使用胃黏膜保护剂。

2）抗 CD20 单克隆抗体（利妥昔单抗）：标准剂量方案 375mg/m^2，静脉滴注，每周 1 次，共 4 次；小剂量方案 100mg/ 次，每周 1 次，共 4 次。一般在首次注射 4～8 周内起效，使用时多数儿童耐受良好，但可出现血清病，使用半年内应注意获得性体液免疫功能低下。

3）促血小板生成剂：对于严重出血，一线治疗无效可选用。

重组人血小板生成素（TPO）：剂量 1.0μg/(kg·d)，14 天，观察疗效。该药儿童应用副作用轻微，患儿可耐受。

血小板生成素受体激动剂，包括罗米司亭和艾曲泊帕，多应用于慢性 ITP，有助于降低免疫抑制剂治疗剂量和预防发生严重血小板降低的临床风险，且患者耐受性较好。罗米司亭用法：首次应用从 1μg/kg 每周 1 次皮下注射开始。若 PLT$<50 \times 10^9$/L 则每周增加 1μg/kg，最大剂量 10μg/kg。若持续 2 周 PLT≥200×10^9/L，开始每周减量 1μg/kg。PLT≥400×10^9/L 时停药。若最大剂量应用 4 周，PLT 不升，视为无效，停药。艾曲泊帕是一种人工合成的非肽链小分子，作用机制类似于 TPO，与内源性 TPO 不具有同源性，因此不具有免疫原性，也不会与内源性 TPO 发生竞争性抑制。用法：25～75mg/ 次，空腹服用，1 次 /d。

4）达那唑（danazol）是一种合成的雄性激素，对部分病例有效，剂量为每日 10～15mg/kg，分次口服，连用 2～4 个月。干扰素 α-2b 对部分顽固病例有效，剂量为每次 5 万～10 万单位 /kg，皮下注射或肌内注射，每周 3 次，连用 3 个月。

5）免疫抑制剂及其他治疗：常用的药物包括硫唑嘌呤、长春新碱、环孢素 A 等，可酌情选择。免疫抑制剂治疗儿童 ITP 的疗效不肯定，毒副作用较多，应慎重选择且密切观察。

（2）脾切除术：鉴于儿童患者的特殊性，应严格掌握适应证，尽可能地推迟切脾时间。在脾切除前，必须对 ITP 的诊断重新评价，骨髓巨核细胞数量增多者方可考虑脾切除术。

　　脾切除指征可参考以下指标：①经以上正规治疗，仍有危及生命的严重出血或急需外科手术者；②病程>1 年，年龄>5 岁，且有反复严重出血，药物治疗无效或依赖大剂量糖皮质激素维持（>30mg/d）；③病程>3 年，PLT 持续<30×10⁹/L，有活动性出血，年龄>10 岁，药物治疗无效者；④有使用糖皮质激素的禁忌证；⑤难治型出血倾向，明显影响生活质量者。

　　ITP 的诊治流程见图 9-4-1。

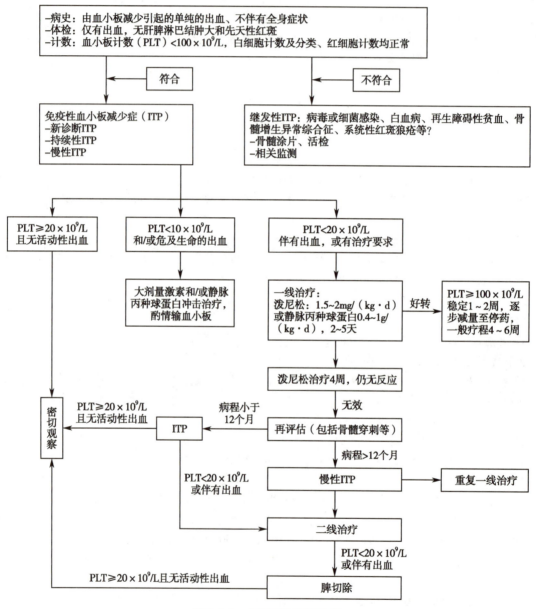

图 9-4-1　儿童 ITP 诊治流程

免疫性血小板减少症拓展病例

（刘玉峰）

第五节　白　血　病

急性白血病(acute leukemia)是儿童最常见的恶性肿瘤,占儿童期所有恶性肿瘤的30%,其中急性淋巴细胞白血病(ALL)发病是急性髓系白血病(AML)的5倍。

ALL发病高峰为2~5岁,男孩多于女孩。绝大多数ALL病例与遗传或环境危险因素无关。但某些遗传和免疫缺陷综合征(如唐氏综合征、1型神经纤维瘤病、Bloom综合征和共济失调性毛细血管扩张)使得儿童有更高的ALL风险。

ALL最常见的症状包括发热、感染、出血、骨痛或淋巴结肿大。骨痛的原因是由骨髓中的恶性细胞坏死所致的无菌性骨质坏死,放射影像学改变出现在多达一半的病例中,如骨质破坏呈毛刷状、日光状,在CT骨窗上显示清楚。

临床关键点

儿童ALL的诊疗环节包括以下几个方面。

1. 好发于学龄儿童,男孩多于女孩,起病较急。

2. 临床表现为贫血、出血、感染和白血病浸润导致的症状。

3. 查体可有肝、脾、淋巴结肿大。

4. 可累及髓外出现中枢神经白血病和睾丸白血病。

5. 外周血贫血及血小板减少,白细胞可减少、正常或升高,出现幼稚细胞。

6. 骨髓原始及幼稚细胞≥20%。

7. 确诊后要进行白血病的MICM分型,即形态学(morphology)、免疫学(immunology)、细胞遗传学(cytogenetics)和分子生物学(molecular biology)并进行危险度分型。

临床上分为标危、中危和高危组,并采用相应治疗方案。

临床病例

患儿,男,8岁。因"面色苍白、低热10天"就诊,采集病史如下。

患儿于10天前出现面色苍白、乏力、低热,就诊于当地省立医院。

血常规:WBC $33.85 \times 10^9/L$,幼稚细胞占26%,Hb 80g/L,PLT $44 \times 10^9/L$,为进一步诊治来医院。无出血、疼痛、呕吐、腹泻、咳嗽等。

患儿系G_2P_1,足月顺产,生长发育同正常同龄儿,平时体健,无化学性物质、放射物、毒物接触史,但2个月前入住新装修房屋中。父母体健,无传染病及家族遗传病史。

初步采集病史后,根据现有资料应该考虑以下问题。

【问题1】 根据病例特点,考虑什么疾病?

思路:患儿8岁,急性起病,表现为面色苍白,有感染,虽然无出血表现,但外周血常规出现明显异常。首先往血液病方向考虑,由于有白细胞升高,并出现幼稚细胞,比例高达26%,首先考虑急性白血病。

【问题2】 询问病史应围绕哪些方面进行?

思路:血液系统疾病,在询问病史时要紧紧围绕贫血、感染、出血三个方面,但对于白血病,还要关注白血病细胞浸润的症状,如腰腿痛、四肢关节疼痛、中枢神经系统受累引起的头痛、惊厥及运动障碍等。

在询问基础疾病的同时,要注意有无并发症,如肺炎、胃肠炎、败血症等,因此发热、咳嗽、呕吐、腹泻和腹痛等要仔细询问。

白血病的诊断并不难,但要注意不典型病例的诊断,如表现为长期四肢关节痛,患者可能在风湿免疫科就诊;以脑神经受累起病等,首发症状为面瘫,患者可能长时间在神经科就诊而延误了诊断;除此要注意由于免疫功能抑制而产生的严重感染,及时发现感染灶,明确诊断。

【问题3】 查体应该注意哪些方面?

思路:注意患儿整体状况以判断病情轻重;注意皮肤黏膜的苍白程度,出血情况:皮肤黏膜出血、结膜出血、眼底出血、脑出血和消化道出血等。注意白血病浸润的症状,如关节肿胀、脑神经受累、面瘫、眼睛闭合不全以及中枢受累导致的肢体运动障碍等。

查体记录

体温 35.9℃,脉搏 102 次/min,呼吸 20 次/min,血压 96/60mmHg。急性病容,表情痛苦,自主体位,神志清醒,查体尚合作。轻度贫血貌,下肢可见少许出血点,无皮疹、皮下结节。颈部触及黄豆大淋巴结数枚,质软。腔黏膜苍白,牙龈无肿胀,咽无充血。颈软,双肺叩诊清音,双肺呼吸音清,未闻及干湿啰音及胸膜摩擦音。心率 102 次/min,律齐,各瓣膜听诊区未闻及杂音。腹部平坦,软,无压痛,肝脏肋下 5cm,脾脏肋下 3cm,质地较硬。双侧膝、跟腱反射正常,双侧巴宾斯基征阴性。

【问题4】 结合上述查体结果,下一步应完善哪些检查?

思路:通过上述查体可见发现患儿血液系统受累,需进一步完善骨髓穿刺、免疫分型、染色体和分子生物学检查。

实验室检查结果

骨髓穿刺涂片检查:骨髓明显活跃,原始及幼稚淋巴细胞占 92%(图 9-5-1),POX(−),CE(−),PAS(+),NSE(−),NAF(−)。

免疫分型:异常细胞占 85.8%,表达 CD10、CD19、CD22、末端脱氧核酸转移酶(TdT),部分细胞表达HLA-DR、CD33、CD34、CD38,不表达 cIgM,诊断为前 B 细胞性 ALL。

31 种融合基因测定阴性。

染色体为 46,XY。

血生化:LDH 785U/L,尿酸 690U/L,电解质及肝肾功能均正常。

腹部超声:肝脾肿大,肝肋下 5cm,脾肋下 3cm,质地均匀。

胸部 CT 及头颅 CT 未见异常。

心电图正常。

【问题5】 儿童 ALL 如何确诊?诊断标准是什么?

思路:ALL 的诊断必须通过骨髓穿刺检查确诊,其诊断标准在过去几十年多次变化。最新的是WHO 2016 诊断标准:儿童 ALL 诊断标准为骨髓中原始及幼稚淋巴细胞≥20%。个别患儿由于骨髓病变严重出现反复干抽,可通过骨髓活检确诊。本病例骨髓改变见图 9-5-1。

诊断骨髓穿刺时同时取材送检染色体、免疫学及融合基因检查,进行 MICM 分型。诱导治疗中同时送检 MRD 检查。

【问题6】 该患儿临床分型是什么?

思路:根据患儿年龄 8 岁,外周血 WBC<50×10^9/L,免疫学为前 B 细胞性 ALL,无染色体易位及融合基因,符合小儿 ALL 标危组。

目前标危 ALL 诊断标准:

(1)年龄≥1 岁且<10 岁。

(2)WBC<50×10^9/L。

(3)无中枢神经系统白血病和/或睾丸白血病。

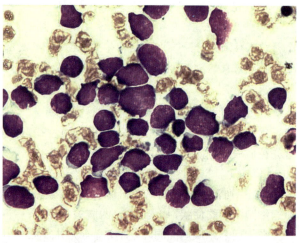

图9-5-1 急性淋巴细胞白血病,放大倍数 1 000×,骨髓增生明显活跃,G/E 为 0.5:1,原始幼稚淋巴细胞 92%

（4）非中高危组细胞遗传学、分子生物学特征。

（5）骨髓微小残留病（MRD）的标准：符合以下所有标准则诱导治疗。

第 15 天 MRD<1×10^{-3}、诱导治疗第 33 天 MRD<1×10^{-4} 和巩固治疗前 MRD<1×10^{-4}。

【问题 7】　儿童急性白血病如何分类?

思路：儿童急性白血病根据细胞来源不同可分为 ALL 和 AML，后者分为 M1、M2、M3、M4、M5、M6、M7。前者形态学分为 L1、L2 和 L3 型。根据白血病细胞表型可将 ALL 分为 B 细胞 ALL 和 T 细胞 ALL，前者又可分为早前 B 细胞 ALL、普通型、B 细胞 ALL 和成熟 B 细胞 ALL。各型 ALL 抗原表达情况见表 9-5-1 及表 9-5-2。

表 9-5-1　B-ALL 免疫分型

亚型	CD19	CD34	TdT	CD10	CyIg	SmIg
早前 B 细胞 ALL	+	+	+	-	-	-
普通型 ALL	+	+/-	+	+	-	-
前 B 细胞 ALL	+	-/+	+	+	+	-
B 细胞 ALL	+	-			-/+	+
成熟 B 细胞 ALL	+	-		+/-	-/+	+

表 9-5-2　T-ALL 免疫分型

亚型	CD7	CD2	TdT	CD3
早前 T 细胞 ALL	+	-	+	+
T 细胞 ALL	+	+	-	+

AML 免疫标志：CD34、CD117、CD33、CD13、cMPO

M2：CD19（+）

M3：CD34（-），HLA-DR（-）

M4/M5：CD14（+）

M6：GlyA（+），CD71（+）

M7：IIb/IIIa（CD41，CD61）$^+$

疾病分组：ALL 分为标危组、中危组和高危组。

知识点

儿童 ALL 的细胞分类与预后不良因素

70%～80% 的儿童 ALL 病例是 B 前体系（即前 B 细胞白血病或早期前 B 细胞 ALL）。前 B 白血病通常为 CD10（+）、CD19（+）、CD20（+）。形态学为 L3 型白血病通常有成熟 B 细胞 ALL 的标志物表达，包括 CD10、CD19、CD20、CD22、CD25 和表面免疫球蛋白（surface immunoglobulin，sIg）。T 细胞 ALL 占所有 ALL 病例的 15%～17%，为 CD2、CD3、CD4、CD5、CD7 和 CD8 阳性。

预后不良的遗传学异常包括：t(9；22)*BCR/ABL1*（发生于 3%～4% 的 ALL 患者）、*BCR/ABL1* 样 ALL、MLL 基因重排、iAMP 21～21 号染色体的染色体内扩增、极端超二倍体（59～84 条染色体）或亚二倍体（少于 45 条染色体）。

预后良好的遗传学异常包括：t(12；21)*ETV6/RUNX1*（TEL/AML1 重排），发生于 20%～25% 的儿童 ALL、超二倍体（54～58 条染色体），发生于 20%～25% 的儿童 ALL，淋巴母细胞表现出超二倍体（非极端超二倍体）的儿童预后最好，尤其是有 4 号和 10 号染色体联合三体时。

目前重视骨髓微小残留病（MRD）水平对预后及治疗反应的判断，MRD 可通过定量 PCR 或流式细胞术测定，特别重视诱导治疗第 15 天（d15）、第 33 天和巩固治疗前 MRD 水平，如标危组标准为第 15 天 MRD<1×10^{-3}、第 33 天 MRD<1×10^{-4} 和巩固治疗前 MRD<1×10^{-4}。

【问题 8】 儿童 ALL 的鉴别诊断。

思路：

1. 类白血病反应 可有肝脾大，血小板减少，末梢血象中偶见中晚幼粒及有核红细胞，但本病往往存在感染灶，当原发病控制后，血象即恢复。

2. 传染性单核细胞增多症 EB 病毒感染所致，有肝脾、淋巴结肿大，发热、血清嗜异凝集反应阳性，EBV 抗体阳性，EBV-DNA 高于参考值以上，白细胞增高并出现异型淋巴细胞，但血红蛋白及血小板正常，骨髓检查无白血病改变。

3. 再生障碍性贫血 临床表现为贫血、发热和出血，与白血病类似，但本病一般无肝脾淋巴结肿大，外周血可三系减少，分类中无幼稚细胞，网织红细胞减少。骨髓检查容易鉴别。

4. 骨髓增生异常综合征 可以表现为发热、贫血及出血，肝脾淋巴结肿大，外周血一到三系减少，有时出现幼稚细胞。但骨髓检查幼稚细胞比例小于 20%，可与白血病鉴别。

5. 风湿与类风湿关节炎 风湿与类风湿关节炎常见发热、关节痛为游走性及多发性，轻者仅有关节痛而无局部关节红、肿、热、痛，这与首发症状为关节痛而无明显血液学改变的急性淋巴细胞白血病易混淆，遇不典型病例应争取尽早行骨髓检查。

【问题 9】 儿童 ALL 治疗主要包括哪些部分？如何进行诱导治疗？

思路：采用多药联合治疗，为诱导缓解治疗、早期强化治疗、巩固治疗、延迟强化治疗和维持治疗。

化疗方案组成：诱导缓解治疗，长春新 + 柔红霉素 + 门冬酰胺酶 + 地塞米松或强的松（VDLD 或 VDLP）。

【问题 10】 总疗程是多长时间？

思路：ALL 患儿化疗总疗程为低危组男女孩均为 2 年，中危组女孩 2 年，男孩 2.5 年，高危组男女孩均为 2.5 年。

（唐锁勤）

第六节 淋 巴 瘤

淋巴瘤（lymphoma）是原发于淋巴结或淋巴组织中前驱 B 细胞、前驱 T 细胞、成熟 B 细胞或成熟 T 细胞的多种淋巴组织的恶性肿瘤，临床上以无痛性、进行性淋巴结肿大为主要表现，可发生于浅表淋巴结、纵隔、胃肠道、鼻咽部、皮肤及骨骼等。受累淋巴结以颈部为最多，其次是腋下、腹股沟等。纵隔淋巴结受累时可压迫上腔静脉，引起上腔静脉综合征，也可压迫气管、食管、喉返神经而发生呼吸困难，吞咽困难和声音嘶哑等症状。原发于腹腔淋巴结可以引起腹痛甚至肠梗阻。患儿常有肝脾肿大，还可表现为不明原因的发热、盗汗、体重减轻。

淋巴瘤在病理上分为霍奇金淋巴瘤（Hodgkin lymphoma，HL）和非霍奇金淋巴瘤（non-Hodgkin lymphoma，NHL）两大类，儿童以 NHL 为主，占 70%～80%。目前淋巴瘤的预后已经明显改观，HL 和 NHL 的 5 年生存率已经分别达到 80%～90% 和 70%～80%。

淋巴瘤的诊疗经过通常包括下列环节：

1. 一般以学龄儿童及青春期儿童多发。

2. 临床上主要表现为头颈部无痛性浅表淋巴结肿大，也可以表现为颌面部、纵隔、腹腔肿块。

3. 病变以浅表淋巴结肿大时应尽可能进行活检或穿刺、以纵隔及腹腔淋巴结肿物为表现时可进行超声或 CT 引导下的穿刺活检或手术切除以明确诊断。

4. 淋巴瘤的治疗是建立在准确的诊断和分期基础上。

5. 成熟 B 细胞 NHL 占儿童和青少年 NHL 的大部分，采用短疗程高强度方案治疗。

6. T淋巴母细胞性淋巴瘤临床上不少见,常常出现纵隔压迫,严重时发生危机生命的呼吸困难,需要紧急治疗。

临床病例

患儿,女,14岁。因"胸闷、心慌5天"就诊,采集的病史如下。

患儿于5天前夜里无明显诱因出现胸闷、心慌,伴腰痛,自感呼吸困难,无法平卧,难以入睡,测脉搏110次/min。第2天症状加重,就诊某三甲医院,心电图除心率快未见异常,超声心动图少量心包积液,余无特殊。胸部X线片如图9-6-1所示,胸腔穿刺抽出600ml橘色混浊液体后症状缓解,为进一步治疗来医院就诊。无发热、盗汗及体重减轻。

患儿系 G_1P_1,平时体健,无化学性物质、放射物、毒物接触史,家族无遗传病史。

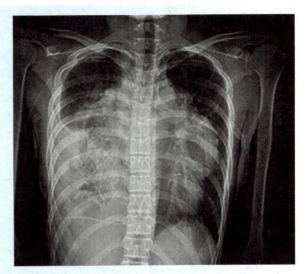

图9-6-1 前上纵隔肿物及胸腔积液

初步采集病史后,根据现有资料应该考虑以下问题。

【问题1】 应该考虑什么疾病?

思路:患儿14岁,因"胸闷、心慌5天"就诊,影像学检查发现纵隔肿物及胸腔积液,心脏检查除少量心包积液外无其他异常,心电图及各心房室大小正常,考虑心脏病变引起者可能性小,因此主要应考虑纵隔或肺部病变,炎症或肿瘤可能性大。考虑患儿病程进展快,临床无发热及明显咳嗽,纵隔肿瘤可能性大。

【问题2】 询问病史应围绕哪些方面进行?

思路:由于纵隔淋巴瘤在儿童发病并不少,因此围绕纵隔淋巴瘤,应该了解纵隔压迫的症状、体表淋巴结肿大的情况,除此要注意肺炎的症状,发热、咳嗽、呼吸困难等,结核病史也要注意询问。

【问题3】 查体应该注意哪些方面?

思路:患儿一般状况,呼吸困难的轻重,以判断病情轻重,然后注重肺部体征,有无实变、气管是否居中,呼吸音如何,有无纵隔压迫症状。还应注意血液系统的体征,贫血貌、肝脾淋巴结是否肿大等。

纵隔病变在儿科并不少见,在临床工作中一定要注意纵隔肿瘤的问题,特别是在病情进展快,炎症症状不明显时。

门诊体格检查

体温37.4℃,脉搏120次/min,呼吸30次/min,血压115/72mmHg。发育正常,营养中等,呼吸稍急促,不能平卧,表情痛苦,被动体位,面部水肿,全身皮肤黏膜无黄染及苍白,浅表淋巴结无肿大。眼睑水肿,咽部无红肿。气管居中,胸廓正常无畸形,呼吸运动右侧减弱,肋间隙正常,语颤不对称。左肺叩诊清音,右下肺叩诊浊音,呼吸规整,右下肺呼吸音不明显,未闻及干湿啰音及胸膜摩擦音。心率120次/min,律齐,各瓣膜听诊区未闻及杂音,无心包摩擦音。腹部平坦,软,肝脏肋下2cm,脾脏肋下3cm。四肢关节无异常。四肢肌力、肌张力未见异常,双侧肱二、三头肌腱反射正常,双侧膝、跟腱反射正常,双侧巴宾斯基征阴性。

【问题4】 查体应该关注哪些方面?

思路:由于以胸闷、心慌起病,应该注意肺、纵隔及心脏方面的检查,如胸部CT、超声、心电图检查,还要注意血常规、生化等检查。

检查结果

血常规＋CRP：Hb 141g/L，RBC 4.64×10^{12}/L，WBC 6.89×10^9/L，中性粒细胞百分比 67.5%、淋巴细胞百分比 17.9%、单核细胞 6.7%，PLT 295×10^9/L；CRP 12.79mg/L。

院外胸腔积液检测为渗出液，抗酸染色阴性。病理结果回报：均匀一致的小圆细胞，结合免疫细胞化学结果考虑为 NHL（T 淋巴母细胞淋巴瘤可能性大）。免疫细胞化学结果：LCA（＋），CD3（＋＋），CD20（－），CD56（－），Syn（－）。

【问题 5】　患儿是否入院进一步诊断治疗？

思路：纵隔肿物考虑淋巴瘤时，往往病情进展迅速，很快出现憋气、难以平卧等，应该急诊入院，在出现危及生命的纵隔压迫时给予紧急治疗。

【问题 6】　入院后应该进一步做哪些检查？

思路：入院后应尽快进行病理检查，明确诊断。

入院后应检查结果

血生化：K$^+$、Na$^+$、Cl$^-$、Ca^{2+}、CO$_2$、ALT、AST、尿素氮、肌酐、血糖均正常，尿酸 671.4μmol/L，LDH 811U/L。凝血因子及 D-二聚体均在正常范围。

超声心动图：前上纵隔不规则混合性包块，右侧胸腔积液，心包积液（少量）。

胸部 CT 检查如图 9-6-2 所示。

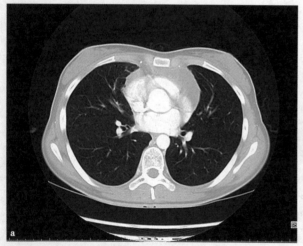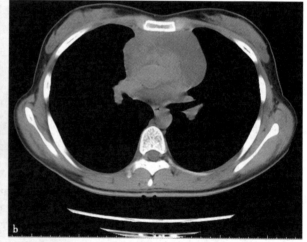

图 9-6-2　胸腔积液较前明显减少
（a. 肺窗；b. 纵膈窗）

骨髓检查：骨髓增生活跃，原始＋幼稚淋巴细胞 6.5%，流式细胞术检测可见 7% 的 T 幼稚细胞；骨髓细胞染色体为 46,XX。

纵隔肿物穿刺检查：胸腔积液已经有了细胞学的诊断，但患儿有纵隔肿大，应该进行纵隔肿物的病理检查，以进一步明确诊断。

患儿入院后在超声引导下行纵隔肿物穿刺，穿刺物送病理检查 NHL，T 淋巴母细胞性 NHL，CD3（＋），CD10（＋），Ki-67（＋）＞70%，CD20（－），CD34（－），CD56（－），CD99（－），CD30（－），TdT（－），颗粒酶（－）。

PPD 试验阴性。

支原体抗体检查 1∶40，为阴性。

腹部 CT：肝脾轻度增大，其余正常。

心电图正常。

【问题7】　诊断应考虑什么?

思路: 根据临床表现、体征及病理检查,可明确诊断为 T 淋巴母细胞性淋巴瘤。

知识点

儿童NHL的常见类型

(1)Burkitt 淋巴瘤:通常表现为类似急性阑尾炎或肠套叠的腹痛或头颈部迅速增大的淋巴结,较少累及的部位是睾丸、骨骼、皮肤、骨髓和中枢神经系统。就诊时的高峰年龄为 4~6 岁,男孩发病为主,自发性肿瘤溶解综合征常见。

(2)弥漫大 B 细胞淋巴瘤:儿童临床表现各异,表现为迅速增大的颈部或腹部淋巴结,可累及纵隔淋巴结,也可能表现为其他任何部位的占位病变。发病率随年龄增加而增加,自发性肿瘤溶解综合征少见。

(3)T 淋巴母细胞性淋巴瘤:最常见的表现是外周淋巴结肿大、纵隔受累引起的呼吸窘迫、高调喘息和上腔静脉综合征。男孩多见。儿童各年龄段发病率稳定,诊断中位年龄为 12 岁。骨髓淋巴母细胞达到≥20% 以上时被归类为 ALL。

(4)间变性大细胞淋巴瘤:是一种外周 T 细胞淋巴瘤,表现为无痛性淋巴结肿大,伴或不伴皮肤或皮下组织受累。发热和全身症状常见。中位发病年龄 12 岁。

【问题8】　临床分期是什么?

思路: 由于是纵隔病变,有骨髓受累,分为Ⅳ期。

【问题9】　如何鉴别诊断?

思路: 患儿 14 岁,急性起病,表现为胸闷、心慌,大量胸腔积液,纵隔肿物,应注意和下列疾病鉴别。

(1)结核性胸膜炎:在儿童并不少见,临床表现为发热、胸腔积液,但患儿无结核病史及接触史,PPD 试验阴性,胸腔积液抗酸染色阴性,找到瘤细胞,结核可能性不大。

(2)支原体肺炎:支原体感染可引起胸腔积液,要注意支原体的可能,但支原体一般不会引起纵隔肿大,支原体抗体水平不高可以除外。

【问题10】　如何治疗?

思路: BFM90 方案为经典方案,在世界各国普遍采用,它是以急性淋巴细胞白血病为基础的方案化疗。此方案适应证为:前驱 T 淋巴母细胞型淋巴瘤和前驱 B 淋巴母细胞型淋巴瘤,骨髓幼稚细胞 <20%;对于骨髓幼稚细胞≥20% 者,按急性淋巴细胞白血病方案治疗。

本例经过诱导方案 I 后获得完全缓解。

儿童淋巴母细胞型淋巴瘤治疗计划,见图9-6-3。

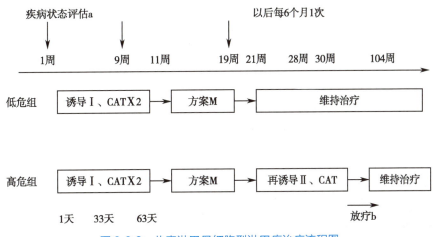

图9-6-3　儿童淋巴母细胞型淋巴瘤治疗流程图

①诱导第 33 天评估肿瘤缩小少于 70% 时进入高危 ALL 治疗方案,第 63 天评估仍有局部残留时行再次活检,残留组织中无肿瘤细胞继续,否则进入高危 ALL 治疗方案;②仅中枢神经系统(CNS)受累的患儿再诱导后头颅放疗 12Gy(年龄 12～36 个月)或 18Gy(年龄>36 个月,<24 个月不推荐放疗;睾丸放疗仅用于再诱导后睾丸活检仍有肿瘤浸润者或双侧睾丸复发者,总剂量 20Gy;治疗总时间 24 个月。儿童淋巴母细胞型 NHL 治疗方案见表 9-6-1。

表 9-6-1　儿童淋巴母细胞型 NHL 治疗方案及药物、剂量与用药时间表

药物	剂量	用药时间(第 X 天)
诱导方案 I		
泼尼松	一日 60mg/m², 分 3 次口服	1～28, 减停 9 天
长春新碱	1.5mg/m²(最大剂量 2mg), 静脉注射	8, 15, 22, 29
柔红霉素△	一日 30mg/m², 静脉滴注 2 小时	8, 15, 22, (29)
门冬酰胺酶	一日 6 000U/m², 肌内注射或静脉滴注	9, 12, 15, 18, 21, 24, 27, 30
鞘内化疗		1, 15, 29(CNS＋, 加 8, 22)
CAT X 2 个疗程		
环磷酰胺	一日 1 000mg/m², 静脉滴注 2 小时	1
美斯纳	400mg/m², 第 0、4、8 小时	1
阿糖胞苷	一日 75mg/m², 皮下注射, 每日 1 次	3～6, 10～13,
6- 巯基嘌呤	一日 50mg/m², 睡前空腹口服	1～14
鞘内化疗		10
方案 M		
6- 巯基嘌呤	一日 25mg/m², 睡前空腹口服	1～56
甲氨蝶呤	一日 5g/m², 静脉滴注 24 小时	8, 22, 36, 50
IT		8, 22, 36, 50
再诱导Ⅱ(I +Ⅱ期不用)		
地塞米松	一日 10mg/m², 分 3 次口服	1～7, 15～21
长春新碱	1.5mg/m²(最大剂量 2mg), 静脉注射	1, 8, 15, 22
多柔比星△	一日 30mg/m², 静脉滴注 2 小时	1, 8, 15, (29)
门冬酰胺酶	一日 10 000U/m², 肌内注射或静脉滴注	1, 3, 5, 7, 9, 11
CAT(I +Ⅱ期不用)		
环磷酰胺	一日 1 000mg/m², 静脉滴注 2 小时	1
美斯纳	400mg/m², 第 0、4、8 小时	1
阿糖胞苷	一日 75mg/m², 皮下注射, 每日 1 次	3～6, 10～13,
6- 巯基嘌呤	一日 50mg/m², 睡前空腹口服	1～14
鞘内化疗		3, 10
维持治疗		至 104 周
甲氨蝶呤	20mg/m², 每周 1 次口服	连续应用
6- 巯基嘌呤	一日 50mg/m², 睡前空腹口服	连续应用
长春新碱	一日 1.5mg/m², 静脉注射, 每 8 周用 1 次	
地塞米松	一日 6mg/m², 分 3 次口服, 每 8 周用 5 日	
鞘内化疗		每 8 周一次, I、Ⅱ期至总 11 次, Ⅲ、Ⅳ期至 17 次, CNS＋至 20 次

注:△患者条件允许则第 29 天加一次。10% 的甲氨蝶呤静脉注射,持续 30 分钟,其余 90% 23.5 小时、42 小时后四氢叶酸钙解救 15mg/m², 每 6 小时一次,剂量根据甲氨蝶呤血浓度调整,42 小时甲氨蝶呤浓度应 <1μmol/L。CNS 为中枢神经系统。

【问题 11】 T- 淋巴母细胞淋巴瘤预后如何？

思路：在过去三十年间，由淋巴瘤方案逐渐过渡到以 T 细胞白血病方案为基础的治疗方案，目前在发达国家其 5 年无病生存率达 80% 左右，疗效较好。

（唐锁勤）

参 考 文 献

[1] OATLEY H，BORKHOFF C M，CHEN S，et al. Screening for iron deficiency in early childhood using serum ferritin in the primary care setting. Pediatrics. 2018，142（6）：e20182095.

[2] POWERSJ M，O'BRIEN S H. How I approach iron deficiency with and without anemia.Pediatr Blood Cancer. 2019，66（3）：e27544.

[3] USMANI G N，WODA B A，NEWBURGER P E. Advances in understanding the pathogenesis of HLH. British Journal of Haematology，2013，161（5）：609-622.

[4] JANG J H，KIM J Y，MUN Y C，et al. Management of immune thrombocytopenia: Korean experts recommendation in 2017.Blood Res. 2017，52（4）：254-263.

[5] MULROONEY D A，HYUN G，NESS K K，et al.The changing burden of long-term health outcomes in survivors of childhood acute lymphoblastic leukaemia: A retrospective analysis of the St Jude Lifetime Cohort Study.Lancet Haematol. 2019，6（6）：e306-e316.

[6] O'SUOJI C，WELCH J J，PERKINS S L，et al. Rare pediatric non-hodgkin lymphomas: A report from children's oncology group study ANHL 04B1.Pediatr Blood Cancer. 2016，63（5）：794-800.

第十章 神经系统疾病

第一节 概　述

一、神经系统解剖生理特点

小儿神经系统由胎儿期的神经管分节系统、前脑泡及双侧大脑半球顺序发育而成,其中,脑实质发育速度最快,新生儿大脑约300g,至6个月达600g,1岁时可达900g,成人平均脑重1 350g;锥体束从胎儿5个月至2岁基本完成,随后持续发育至青春期。婴幼儿髓鞘发育不完善,兴奋冲动传导较慢,且不容易形成定位意义的兴奋灶;脑皮质发育则较晚,随着精神发育而不断完善。新生儿的脑干及深部核团功能发育已较为成熟,尤其是负责呼吸、循环、吸吮及吞咽功能的延髓在出生时即发育成熟。新生儿在生后数小时腱反射反射弧功能成熟,且在1岁以内腱反射较成人活跃,新生儿握持、拥抱及姿势等生理反射于2月龄渐消失,生后2岁以内婴幼儿可出现病理征阳性。

二、神经系统疾病的检查方法

1. 脑脊液　脑脊液(cerebrospinal fluid,CSF)为无色透明的液体,充满在各脑室、蛛网膜下腔和脊髓中央管内,对脑和脊髓具有保护、支持和营养作用。脑脊液的压力、细胞数、蛋白、糖、氯化物及病原学等方面的检验,对中枢神经系统感染、脱髓鞘疾病、蛛网膜下腔出血、脑膜肿瘤等疾病的诊断具有重要的价值。

2. 影像学检查

(1)头颅平片:头颅平片主要观察颅骨的厚度、密度及各部位结构,颅缝的状态,颅底的裂和孔,蝶鞍及颅内钙化灶等。

(2)CT:基本原理是利用各种组织对X线的不同吸收系数,通过计算机处理获得断层图像。CT主要用于脑出血、脑梗死、脑肿瘤、脑积水、脑萎缩及某些椎管内疾病的诊断,而对小脑幕的病变分辨率不理想。

(3)MRI:能显示人体任意断面的解剖结构,对软组织的分辨率高,无骨性伪影,可清楚显示脊髓、脑干和后颅窝等病变。MRI T_1 加权像(T_1 weight imaging,T_1WI)可清晰显示解剖细节,T_2 加权像(T_2 weight imaging,T_2WI)更有利于显示病变。空气和骨皮质在 T_1 和 T_2 上均为黑色,梗死、炎症、肿瘤和液体在 T_1WI 像上呈低信号,在 T_2WI 像上呈高信号。液体衰减翻转恢复序列(fluid-attenuated inversion recovery,FLAIR)可以更清晰地显示病灶,对于脑梗死、脑白质病变、多发性硬化等疾病敏感性较高。增强扫描是指静脉注入顺磁性造影剂后再进行MRI扫描,增加对肿瘤及炎症病变的敏感性。磁共振血管成像(magnetic resonance angiography,MRA)主要用于颅内血管狭窄或闭塞、颅内动脉瘤、脑血管畸形等诊断。MRI弥散成像(diffusion-weighted,DWI)可早期诊断超急性脑梗死,发病2小时即可显示缺血改变。然而,MRI检查急性颅脑损伤、颅骨骨折、急性出血病变和钙化灶等不如CT。

3. 神经电生理检查

(1)脑电图:脑电图(electroencephalography,EEG)是脑生物电活动的检查技术,主要用于癫痫的诊断、分类和病灶的定位;对区别脑器质性或功能性病变和弥漫性或局限性损害以及脑炎、中毒性和代谢性等各种原因引起的脑病等均有辅助诊断价值。

(2)诱发电位:诱发电位(evoked potential,EP)是神经系统在感受外来或内在刺激时产生的生物电活动。包括躯体感觉诱发电位(somatosensory evoked potential,SEP)、视觉诱发电位(visual evoked potential,VEP)、脑干听觉诱发电位(brainstem auditory evoked potential,BAEP)、运动诱发电位(motor evoked potential，MEP）和事件相关电位（event-related potential，ERP）。SEP 用于各种感觉通路受损的诊断和客观评价，主要用于吉兰 - 巴雷综合征、后侧索硬化综合征、多发性硬化等，还可用于脑死亡的判断和脊髓手术的监护等。VEP 可提供早期视神经损害的客观依据。BAEP 主要用于客观评价听力、脑桥小脑角肿瘤、多发性硬化、脑死亡的诊断、手术监护等。MEP 主要用于运动通路病变的诊断，如多发性硬化、肌萎缩侧索硬化、脊髓型颈椎病、脑血管病。ERP 主要反映认知过程中大脑的电生理变化，应用最广泛的是 P300 电位。

（3）肌电图：肌电图（electromyograph，EMG）和神经传导速度（nerve conduction velocity，NCV）记录的是肌肉与周围神经的电活动，两者通常联合应用，主要用于周围神经、神经肌肉接头和肌肉病变的诊断。其中，重复神经电刺激（repeating nerve electric stimulation，RNES）主要用于重症肌无力的诊断。

4. 染色体及基因检测　常用的检测技术包括染色体核型分析、姐妹染色单体交换（SCE）、FISH、芯片分析、MLPA、DNA 分子检测（PCR 是最常用的基本方法之一）和二代测序（next-generation sequencing，NGS）技术，对染色体疾病、遗传性癫痫及遗传代谢性疾病的诊断具有重要意义。

三、神经系统疾病临床诊断思路

神经病学是研究神经系统和骨骼肌疾病的临床学科。神经系统包括中枢（脑、脊髓）和周围（外周神经，包括脑神经、脊神经）两部分。人的感觉、运动，以及思维、判断、推理、决定、记忆、学习等均由神经系统管理和支配。神经系统疾病原因十分复杂，小儿神经临床常见者包括感染性或非感染炎症、先天发育异常、遗传性疾病、代谢障碍、血管病、营养障碍、中毒、外伤、变性病等。

神经系统疾病临床诊断的要点及一般思路如下。

1. 神经系统疾病及其症候的复杂性。神经系统和肌肉不同部位的病变表现可能明显不同，且常常同时累及多个部位，其临床表现则更为复杂。同时，身体各系统间存在复杂的调节关系。神经、肌肉系统疾病的常见症状在其他系统疾病时也完全可以出现。例如意识障碍这一神经系统常见症状，在脑血管病、遗传代谢病等多种神经系统疾病可以发生，在其他系统疾病如糖尿病、低血糖、中毒等同样可以发生。

2. 尽可能根据患儿年龄和疾病特点开展神经系统体格检查。小儿神经系统检查的主要内容与成人大致相同，但判断体征的临床意义时一定要注意发育期小儿神经系统的解剖生理特点，不同年龄的特点和正常标准各不相同，检查方法也有其特点。检查小儿时要尽量取得患儿的合作，减少患儿的恐惧。有时为了避免患儿厌烦或过于疲劳，可分次检查。

小婴儿的神经系统检查容易受外界环境影响，入睡时肌张力松弛，原始反射减弱或消失，饥饿时常表现不安、多动，进食后又常常入睡，所以最好在进食前 1～1.5 小时进行。室内光线要充足、柔和，环境要安静，检查时从对小儿打扰最小的检查开始，不必按某一固定顺序进行。

3. 正确掌握神经系统疾病临床症候和体征的诊断意义，大致可分为以下四类。

（1）功能缺损表现：即受损部位所致功能障碍，例如急性横贯性脊髓炎时受累节段脊髓前角细胞破坏引起所支配肌群瘫痪，或受累节段后角细胞破坏引起相应的感觉障碍。

（2）释放症状：高级中枢受损后失去对低级中枢的控制，出现低级中枢功能异常亢进的表现。例如急性横贯性脊髓炎时锥体束受损，损伤平面以下出现肌张力增高、腱反射亢进、巴宾斯基征阳性等上运动神经元麻痹的表现；弥漫性脑损伤（各种严重的脑炎、脑病等）出现不自主多动等皮质下释放症状。

（3）刺激症状：为病灶处神经组织受到病变刺激、异常兴奋所产生的相应表现。如大脑皮质运动或感觉区刺激性病灶引起的局灶性癫痫发作；神经根病变刺激产生的疼痛等。

（4）断联休克症状：常见于中枢神经系统急性、严重、弥漫性病变，为急性超限抑制而产生的严重的广泛功能障碍。如急性横贯性脊髓炎或其他急性脊髓病变后损伤平面以下的弛缓性瘫痪表现（脊髓休克）等。休克期过后逐渐出现更有定位诊断价值的功能缺损或释放症状。

4. 把握综合临床诊断的重要性。各系统疾病诊断均十分强调综合分析，神经系统疾病尤其如此。现代科技的发展大大促进了新的诊断技术涌现和完善，给临床诊断带来很大便利，诊断水平也得到极大提高，但同时也使得医生对辅助检查的依赖越来越严重。临床医生应当掌握各种相关的辅助检查技术，但更应强调在全面分析病史、体征、病程特征，得到基本的初步诊断基础上，有选择性地进行针对性的辅助检查。

5. 掌握临床诊断的一般思路和基本路径。神经系统和肌肉的构造都非常复杂，不同部位的病变所表现的症状不同，而且常常同时累及几个部位，症状互相重叠，给分析和判断带来很大困难，因此，对神经系统疾病的诊断特别需要一个系统和完整的思路。一般首先是定向诊断，即确定患者所表现出来的临床症状是否为神经系统疾病；然后是定位诊断，即通过对症状和体征的分析，确定病变在神经系统的部位；最后是定性诊断，确定疾病的病因和性质是什么，给进一步诊断方法的选择和治疗提供依据。

定向诊断主要根据患者的临床特点，特别是症状特征。一般而言，小儿神经系统疾病以惊厥、运动障碍、智力改变、颅压高或脑膜刺激征等为常见表现。但应注意，并非出现上述表现就一定是神经系统疾病。例如，惊厥可能是低钙血症或低血糖的表现；震颤、发育倒退可能因营养性巨幼红细胞性贫血所致。另一方面，某些神经系统疾病早期可能缺乏特征性的症状。因此，一定要仔细分析，并注意对不典型病例跟踪随访，以免误诊或漏诊。

定位诊断主要依据神经系统检查所发现的体征。例如上运动神经元性麻痹提示锥体束或皮质延髓束损害，肌张力不全、震颤提示锥体外系病变，小脑性共济失调提示小脑病变等。定位诊断是神经系统疾病诊断最基本、最重要的环节，应结合临床实践重点体会掌握。

定性诊断是在上述定向诊断和定位诊断的基础上，主要通过对患儿起病与病程转归特征的分析明确。如围生期脑损伤一般起病早，急性期后神经系统表现逐渐稳定，呈静止性病程；炎症、血管病等起病很急，早期进展快，经数日或数周后逐渐稳定好转，可完全康复，或出现瘫痪、癫痫发作等后遗症；变性病（包括遗传代谢病）则起病一般较缓慢或隐匿，病情大多呈进行性发展。根据上述临床分析，结合必要的辅助检查，以最终明确疾病的诊断。

（陈　倩）

第二节　癫　痫

癫痫（epilepsy）是神经系统常见疾病之一，人群患病率为 4‰～10‰，约 60% 起病于儿童时期。癫痫发作是脑神经元异常过度、同步化放电活动所造成的一过性临床表现，而癫痫是一种以具有持久的致痫倾向为特征的脑部疾患。癫痫综合征是由一组特定的临床表现和脑电图改变组成的癫痫疾患（即脑电临床综合征）。根据 2014 年国际抗癫痫联盟（International League Against Epilepsy，ILAE）分类和术语委员会发布的癫痫实用性定义，癫痫的诊断应符合以下条件：①至少两次非诱发性发作，两次发作间隔 24 小时以上；②初次发作者，在未来 10 年内复发的可能性与两次非诱发发作后再发的风险相当（至少 60%）；③明确的癫痫综合征。癫痫"缓解"的界定：①已经 10 年无发作，且已经停药至少 5 年；②年龄依赖性癫痫综合征已经超过了癫痫发作的年龄范围。

癫痫是内在遗传因素和外界环境因素在个体内相互作用的结果。ILAE 分类工作组将癫痫的病因分为遗传性、结构性、代谢性、免疫性、感染性病因及病因不明。

癫痫的诊断思路包括以下方面：①判断症状是否为癫痫发作；②癫痫发作的类型；③癫痫综合征的类型；④引起癫痫的病因；⑤是否伴随功能损害，以及是否存在共病。

癫痫的治疗强调有原则的个体化治疗，目标不仅仅是控制发作，更重要的是改善患者的生活质量。治疗方法包括药物治疗、生酮饮食治疗和外科治疗。药物治疗是最重要和最基本的治疗。单药治疗为首选治疗方案，单药治疗失败的病例可考虑合理的多药治疗。生酮饮食是一个高脂肪、低碳水化合物和适当蛋白质的饮食，适用于药物难治性癫痫、葡萄糖转运体 1 缺陷综合征和丙酮酸脱氢酶缺乏症，禁用于脂肪酸转运和氧化障碍疾患。癫痫外科治疗是一种有创的治疗手段，需多学科协作进行严格的术前评估。外科治疗方法包括切除性手术、离断性手术、姑息性手术、立体定向放射治疗术、立体定向射频毁损术和神经调控手术。

大多数癫痫患者对抗癫痫药物治疗预后较好，约 2/3 病例可获得长期的发作缓解，其中部分患者可完全停药仍长期无发作。影响癫痫预后的因素包括癫痫的自然病史、病因、病情和治疗情况。

临床关键点

1. 详细的病史询问是诊断癫痫和分类的最基本环节。重点询问是否有突发性、暂时性、反复性和刻板性特征，有无先兆，发作的诱因及时间，发作时的意识状况，发作起始的症状，发作持续时间，发作后状态。

---

2. 脑电图检查是诊断癫痫最重要的辅助检查,对于判断患者的发作症状是否为痫性发作、发作类型、综合征类型等至关重要。

3. 体格检查对于进一步明确疾病表型,帮助病因诊断具有重要意义。

4. 根据病情选择进一步的辅助检查,明确病因。常规的血生化检查、尿有机酸检测和血脂酰肉碱谱检测有助于发现代谢性病因。头颅影像学检查,有助于发现脑结构病变。必要时的脑脊液检查有助于发现感染免疫性病因。特殊检查染色体核型分析、基因检测等有助于发现遗传性病因。

临床病例

患儿,男,5个月,主因"间断抽搐2个月"就诊。

现病史:患儿于2个月前无明显诱因出现抽搐,多于刚睡醒及进乳后发作,发作时突然点头,双下肢屈曲,双上肢内收呈拥抱状,每次持续1~2秒,连续成串发作,病初1个月每日发作1~2串,每串3~4下,随后20余天未出现发作,未予特殊诊治。近10日再次出现发作,形式同前,发作次数明显增多,每日发作5~6串,最多每串26下。病程中无发热,呕吐及腹泻,无咳喘。家族史无特殊。

患儿发病以来,精神食欲尚可,大小便正常,睡眠可。无明显智力及运动倒退现象。

按计划免疫接种,否认药物过敏史。

个人史:患儿为 G_1P_1,足月顺产,否认生后窒息及病理性黄疸病史。2个月会抬头,4个月会翻身,现不会坐。生后母乳喂养,4个月添加辅食,现为母乳及辅食喂养。

【问题1】 该患儿出现反复发作性点头及肢体屈曲拥抱状动作,生长发育状况基本正常,是否有癫痫发作的可能?

思路:婴儿期的癫痫发作表现多样,本例的点头拥抱状发作,且成串发作,具有突发性、暂时性、反复性和刻板性特征,符合痉挛发作的特点。癫痫患者并非均合并生长发育落后,而本例其生长发育及精神状况改变不明显,和病程较短,且早期发作不严重,并有一段时间间隔有关。

癫痫发作的分类见表10-2-1。

表 10-2-1 癫痫发作的分类(ILAE 2017)

局灶性起源		全面性起源	未知起源	不能归类
意识清楚	意识受损			
运动性		运动性	运动性	
自动症		强直-阵挛发作	强直-阵挛发作	
失张力发作		阵挛发作	癫痫性痉挛	
阵挛发作		强直发作	非运动性	
癫痫性痉挛		肌阵挛发作	行为中止	
过度运动发作		失张力发作		
肌阵挛发作		肌阵挛-强直-阵挛发作		
强直发作		肌阵挛-失张力发作		
非运动性		癫痫性痉挛		
自主神经性发作		非运动性发作		
行为中止		典型发作		
认知性发作		不典型发作		
情绪性发作		肌阵挛失神发作		
感觉性发作		眼睑肌阵挛发作		
局灶性进展为双侧强直-阵挛性				

【问题2】 婴儿期出现发作性抽搐,鉴别诊断应考虑哪些疾病?

思路:本例发作出现于婴儿期,反复发作,形式刻板,发作可以自行缓解。根据发作的表现,除了首先考虑癫痫外，应考虑急性代谢紊乱，如钙磷代谢紊乱、糖代谢紊乱。如果发作时意识丧失，伴或不伴青紫及全身抽搐表现，还应常规排除晕厥或其他心源性发作的可能。

【问题3】　体格检查应注意哪些问题？

思路：对于婴儿期发生的癫痫性发作，查体的目的主要在于寻找引起癫痫的病因，排除其他相关疾病，并发现伴随问题。

1. 神经系统检查　包括精神状况、头围、头颅、局灶性体征等。
2. 皮肤毛发　色素深浅、色素脱失斑、咖啡牛奶斑、毛发色泽等。
3. 生长发育状况　体格发育及精神发育水平等。

体格检查

体温36.5℃，呼吸30次/min，脉搏120次/min，血压90/60mmHg，头围42cm，体重6.5kg，身长65cm，神志清，精神可，心肺腹检查无异常。颈部及躯干见7处色素脱失斑，树叶状，大小不等，长度0.5～5cm不等。背部可见鲨鱼皮样斑，4cm×6cm。神经系统查体未见异常。

【问题4】　查体结果对诊断有何提示？

思路：发现皮肤存在异常，需注意神经皮肤综合征，多发性树叶状或不规则色素脱失斑、鲨鱼皮样斑等，提示结节性硬化症（tuberous sclerosis complex，TSC）的可能性。

【问题5】　下一步首先应考虑哪些辅助检查？

思路：病史及查体提示癫痫发作的可能性，临床特点高度提示痉挛发作。因此，首先应行脑电图检查，明确患儿是否为癫痫发作。

结节性硬化患者
皮损表现（组图）

监测脑电图结果

异常婴儿脑电图：背景活动高度异常，醒睡各期大量混合频率高幅慢波、棘慢波、多棘慢波，呈高度失律改变。检查期间于唤醒后出现发作1次，为成簇点头痉挛发作，每次持续1秒左右，5分钟内反复发作16次。

【问题6】　下一步应再考虑哪些辅助检查？

思路1：患儿婴儿期起病，临床表现为痉挛发作，脑电图示发作间期呈高度失律改变，故癫痫综合征类型符合婴儿痉挛症（West综合征）。进一步检查应着重分析患儿的病因。

思路2：查体皮肤色素脱失斑提示TSC的可能性，因此应选择相应的辅助检查，了解神经系统及其他脏器是否存在病变。

知识点

结节性硬化症的临床特征（指标）和诊断标准

1. 主要指标　①色素脱失斑（>3处，直径≥5mm）；②面部血管纤维瘤（≥3处）或头部纤维斑块；③指/趾甲纤维瘤（≥2处）；④鲨鱼皮样斑；⑤多发性视网膜错构瘤；⑥脑皮质发育不良（包括皮质结节和白质放射状移行线）；⑦室管膜下结节；⑧室管膜下巨细胞星形细胞瘤；⑨心脏横纹肌瘤；⑩肺淋巴管肌瘤病（如果和血管平滑肌脂肪瘤同时存在，则合并为1项主要指标）；⑪血管平滑肌脂肪瘤（≥2处）。

2. 次要指标　①"斑斓"皮损；②牙釉质点状凹陷（>3处）；③口内纤维瘤（≥2处）；④视网膜色素脱失斑；⑤多发性肾囊肿；⑥非肾性错构瘤。

3. 临床诊断标准　①确定诊断：至少满足2项主要指标，或1项主要指标加2项次要指标；②可能诊断：满足1项主要指标或2项次要指标。

4. 基因诊断标准　只要证实存在TSC1或TSC2的致病性突变，即可明确诊断本病，从而明确了基因诊断的特异性地位。但10%～25%的TSC患者TSC1或TSC2基因突变检测阴性，故基因突变检测阴性不足以排除TSC诊断，其临床特点仍是TSC的诊断条件。

影像学检查结果

头颅 CT：侧脑室室管膜下见数个钙化影，脑室大小、形态正常，脑实质未见异常。

头颅 MRI：侧脑室室管膜下多发结节，脑室大小、形态正常，大脑皮质见结节状异常信号。

腹部超声：肝胆脾胰肾未见异常。

心脏超声未见异常。

结节性硬化患者
放射影像（组图）

【问题 7】　根据上述材料为本例作出全面诊断。

思路 1：具有发作性症状，脑电图存在异常放电，症状符合癫痫性发作。

思路 2：根据症状描述，结合视频监测脑电图，其癫痫发作类型为痉挛发作。

思路 3：患儿婴儿期起病，频繁、成簇点头痉挛发作，发作间期脑电图呈高度失律改变，其综合征类型符合婴儿痉挛症（West 综合征）。

思路 4：皮肤多发性色素脱失斑，CT 发现室管膜下多发钙化，MRI 发现室管膜下及大脑皮质存在多发结节，病因诊断为结节性硬化症。

思路 5：功能状况及共病分析。患儿虽然目前精神发育状况良好，但由于特殊的病因（TSC），病程中应密切观察，尤应注意是否出现精神发育迟滞、ASD 及其他精神、情绪或行为障碍。

【问题 8】　如何进行治疗？

思路 1：抗癫痫治疗。婴儿痉挛症的治疗一般首选促肾上腺皮质激素（adrenocorticotropic hormone，ACTH）。近期研究证明，抗癫痫药物氨己烯酸对于结节性硬化症所致癫痫疗效更好，但迄今国内未上市。

思路 2：病因治疗。近年研究发现，靶向抑制哺乳动物雷帕霉素靶蛋白（mammalian target of rapamycin，mTOR）通路的活性，可以纠正 TSC 失活导致的 mTOR 过度活化，已经被公认为 TSC 特异性的治疗策略。可选用西罗莫司及新一代 mTOR 抑制剂依维莫司。需要注意的是，西罗莫司还没有获得 TSC 所致癫痫治疗的适应证；依维莫司也只获得了 TSC 相关 SEGA 的适应证。

思路 3：综合分析，本例可首选 ACTH 治疗。

【问题 9】　本例进一步治疗随访中应注意的问题。

思路 1：ACTH 治疗过程中应注意相应的不良反应，如血压、心率、心律改变、水电解质紊乱、感染等。

思路 2：如发作得到控制应定期随访脑电图改变，并给予常规抗癫痫治疗。

思路 3：随访观察神经精神发育状况。

思路 4：定期随访 TSC 相关的多系统改变。

知识点

结节性硬化症监测随访指南

1. 对于新诊断或待确诊的 TSC 患者，应详细询问家族史，常规行皮肤、口腔和眼科检查；必要时行基因检测；同时行脑、肾、肺的功能和影像检查。

2. 对于 3 岁以下婴幼儿，应常规行超声心动图检查。

3. 对有癫痫或可疑癫痫发作者，及时检查脑电图。

4. 对于明确诊断或高度怀疑的 TSC 患者，应定期复查脑部影像学检查（25 岁以下无症状者，建议每 1~3 年行 MRI 检查）。

5. 关注 TSC 相关的精神、神经、行为障碍，尤其是儿童患者。在发育的各关键阶段，如 0~3 岁、3~6 岁、6~9 岁、12~16 岁以及 18~25 岁，建议开展行为、智力、神经精神系统评估，成年后必要时仍需全面评估。

【问题 10】　本例 ACTH 治疗结束后发作缓解，6 个月后癫痫发作反复，表现为全面性强直阵挛发作，1 个月内反复发作 5 次，每次持续 1~3 分钟。脑电图发现广泛性或多灶性棘慢波、多棘慢波。治疗方案如何调整？

思路 1：癫痫的药物治疗选择主要依据其发作类型及综合征类型（表 10-2-2，表 10-2-3）。本例出现全面性强直阵挛发作,可以选用的药物包括丙戊酸、拉莫三嗪、左乙拉西坦等。

　　思路2: 结合病因,建议家长考虑试用氨己烯酸。

表 10-2-2　根据癫痫发作类型的选药原则(中国抗癫痫协会,2015)

发作类型	一线药物	添加药物	可以考虑的药物	可能加重发作的药物
全面强直阵挛发作	丙戊酸 拉莫三嗪 卡马西平 奥卡西平 左乙拉西坦 苯巴比妥	左乙拉西坦 托吡酯 丙戊酸 拉莫三嗪 氯巴占		
强直或失张力发作	丙戊酸	拉莫三嗪	托吡酯 卢菲酰胺	卡马西平 奥卡西平 加巴喷丁 普瑞巴林 替加宾 氨己烯酸
失神发作	丙戊酸 乙琥胺 拉莫三嗪	丙戊酸 乙琥胺 拉莫三嗪	氯硝西泮 氯巴占 左乙拉西坦 托吡酯 唑尼沙胺	卡马西平 奥卡西平 苯妥英钠 加巴喷丁 普瑞巴林 替加宾 氨己烯酸
肌阵挛发作	丙戊酸 左乙拉西坦 托吡酯	丙戊酸 左乙拉西坦 托吡酯	氯硝西泮 氯巴占 唑尼沙胺	卡马西平 奥卡西平 苯妥英钠 加巴喷丁 普瑞巴林 替加宾 氨己烯酸
局灶性发作	卡马西平 拉莫三嗪 奥卡西平 左乙拉西坦 丙戊酸	卡马西平 左乙拉西坦 拉莫三嗪 奥卡西平 加巴喷丁 丙戊酸 托吡酯 唑尼沙胺 氯巴占	苯妥英钠 苯巴比妥	

表 10-2-3　根据癫痫综合征的选药原则(中国抗癫痫协会,2015)

癫痫综合征	一线药物	添加药物	可以考虑的药物	可能加重发作的药物
West综合征	类固醇 氨己烯酸	托吡酯 丙戊酸 氯硝西泮 拉莫三嗪		

续表

癫痫综合征	一线药物	添加药物	可以考虑的药物	可能加重发作的药物
婴儿严重肌阵挛癫痫（Dravet 综合征）	丙戊酸 托吡酯	氯巴占 司替戊醇 左乙拉西坦 氯硝西泮		卡马西平 奥卡西平 加巴喷丁 拉莫三嗪 苯妥英钠 普瑞巴林
Lennox-Gastaut 综合征	丙戊酸	拉莫三嗪	托吡酯 左乙拉西坦 卢菲酰胺 非氨酯	卡马西平 奥卡西平 加巴喷丁 普瑞巴林 替加宾 氨己烯酸
儿童良性癫痫伴中央颞区棘波	卡马西平 奥卡西平 左乙拉西坦 丙戊酸 拉莫三嗪	卡马西平 奥卡西平 左乙拉西坦 丙戊酸 拉莫三嗪 托吡酯 加巴喷丁 氯巴占	苯巴比妥 苯妥英钠 唑尼沙胺 普瑞巴林 替加宾 氨己烯酸 艾司利卡西平 拉科酰胺	
儿童失神癫痫、青少年失神癫痫或其他失神综合征	丙戊酸 乙琥胺 拉莫三嗪	丙戊酸 乙琥胺 拉莫三嗪	氯硝西泮 唑尼沙胺 左乙拉西坦 托吡酯 氯巴占	卡马西平 奥卡西平 苯妥英钠 加巴喷丁 拉莫三嗪 普瑞巴林 替加宾 氨己烯酸
青少年肌阵挛癫痫	丙戊酸 拉莫三嗪	左乙拉西坦 托吡酯	氯硝西泮 唑尼沙胺 氯巴占 苯巴比妥	卡马西平 奥卡西平 苯妥英钠 加巴喷丁 拉莫三嗪 普瑞巴林 替加宾
肌阵挛-失张力癫痫	丙戊酸 托吡酯 氯硝西泮 氯巴占	拉莫三嗪 左乙拉西坦		卡马西平 奥卡西平 苯妥英钠 加巴喷丁 普瑞巴林 替加宾 氨己烯酸
癫痫性脑病伴慢波睡眠期持续棘慢波	丙戊酸 氯硝西泮 类固醇	左乙拉西坦 拉莫三嗪 托吡酯		卡马西平 奥卡西平

（陈 倩）

第三节　脑性瘫痪

根据中国残疾人康复协会小儿脑瘫康复专业委员会新修订的定义,脑性瘫痪(cerebral palsy,CP,简称"脑瘫")是由于胎儿期或婴幼儿期脑部非进行性损伤所致的临床综合征。主要表现为持续存在的中枢性运动和姿势发育障碍、活动受限。常伴有感觉、知觉、认知、交流和行为障碍,以及癫痫及继发性肌肉骨骼问题。诊断CP应排除一过性障碍或进行性疾病。

引起CP的病因较多,可分为出生前、出生时和出生后三类。出生前因素包括胎儿期感染、发育异常、出血、缺血缺氧,以及母亲的疾病或各种理化因素等。出生时因素包括早产、窒息、产伤、颅内出血等。出生后因素包括新生儿胆红素脑病、婴幼儿时期的中枢神经系统感染、外伤、颅内出血等。约1/3病因不明。

多数患儿生后6个月之前即有明显运动发育异常。病程呈静止性,随年龄增长,运动功能渐趋好转,但仍落后于正常同龄小儿。常合并其他神经系统异常,如智力低下、癫痫、斜视、弱视、眼球震颤、听觉异常、语言障碍等。诊断CP应注意以下三个方面:①症状出现早,婴儿时期即存在明显的运动发育落后或各种异常姿势;②需除外各种遗传性代谢病或神经变性病;③注意排除正常小儿一过性运动发育落后。

CP的治疗强调以功能训练为核心的综合性治疗与康复。

临床关键点

1. 详细询问围生期病史是明确CP病因的重点,特别是有无早产、胎儿窘迫或缺氧缺血性脑病。

2. 分析患儿生长发育,尤其是大运动发育状况,以及详细的神经精神系统检查是CP诊断的主要依据。

3. 神经影像学检查对探讨病因、明确损伤性质和范围、判断预后有重要意义。

4. 脑电图可协助诊断CP合并癫痫。

5. 应注意除外视、听觉功能障碍及正常小儿的一过性发育落后。

6. 注意排除进行性疾病(如各种遗传代谢病或变性病、脊髓肿瘤等)所致的中枢性瘫痪。

临床病例

患儿,男,1岁2个月,主因"运动障碍1年"就诊。

生后2个月发现运动障碍,3个月不抬头,8个月抱起时头方能竖直,辅助下可翻身。至今不能独坐,不会爬。进食困难。认识父母,能注视,可听懂简单话。发音不清。无惊厥发作史。

患儿为G_1P_1,足月顺产,生后3天血清胆红素最高402μmol/L,伴嗜睡、惊厥等,诊断ABO溶血症、胆红素脑病。经大剂量人血球蛋白等治疗缓解。喂养困难。家族史无特殊。

【问题1】　该患儿存在明显运动发育异常,如何分析可能的病因?

思路1:本例症状出现早,大运动里程碑严重滞后。虽然智力水平相对较好,仍能排除正常婴儿的一过性发育落后。

思路2:患儿智力发育较好,大运动功能也逐渐进步,不符合进行性脑损伤病程,基本可排除遗传代谢病及神经变性病的病程。

思路3:结合新生儿早期的ABO溶血症、胆红素脑病病史,该患儿应考虑CP。

【问题2】　体格检查应重点注意哪些方面?

思路1:患儿存在明显运动落后,首先要明确大运动发育里程碑落后的表现及程度,注意浅、深反射和病理征,观察是否存在中枢性瘫痪的体征。

思路2:观察动作模式是否异常,因有胆红素脑病史,特别要注意是否存在不自主运动,注意有无其他伴随体征。

思路3:生长发育指标基本测量,包括头围、身长、体重等。

体格检查

体温 36.3℃,呼吸 28 次 /min,脉搏 106 次 /min,血压 90/60mmHg,头围 45cm,体重 8.5kg,身长 75cm,神志清,烦躁,语言理解及表达可,但发音含混不清。心肺腹(−)。全身可见不自主动作,安静时不明显,阵发性加重,紧张及主动运动时明显,面部及上肢尤为突出,进食困难,口部动作不协调,安静时四肢肌张力偏低。腹壁反射对称。四肢深反射亢进,双侧踝阵挛未引出,巴宾斯基征(+)。

【问题 3】 根据查体结果对诊断如何进一步分析?

思路:本例体征支持中枢性瘫痪,且以手足徐动为主要表现。体格发育指标提示头围小。语言及智力发育相对较好。符合 CP 诊断。临床分型为不随意运动型,以手足徐动型为主。

> **知识点**
>
> ### CP 临床分型
>
> CP 按运动障碍特征及瘫痪部位可分为以下 6 型。
> (1) 痉挛型四肢瘫(spastic quadriplegia)。
> (2) 痉挛型双瘫(spastic diplegia)。
> (3) 痉挛型偏瘫(spastic hemiplegia)。
> (4) 不随意运动型(dyskinetic)。
> (5) 共济失调型(ataxic)。
> (6) 混合型(mixed)。
>
>
>
> 痉挛型脑性瘫痪
> (视频)
>
> 注:痉挛型以锥体系受损为主;不随意运动型以锥体外系受损为主,主要包括手足徐动型(athetoid)和肌张力障碍型(dystonic);共济失调型以小脑受损为主;混合型为两种或两种以上类型的临床表现同时存在,多以一种类型的表现为主。

【问题 4】 下一步应考虑哪些辅助检查?

思路 1:病史及查体提示 CP,不随意运动型。下一步应选择头颅影像学检查,明确患儿是否存在大脑结构异常。

思路 2:CP 患儿容易合并癫痫发作。本例不自主运动有阵发性加重,更应注意排除癫痫发作的可能性,应检查脑电图。

辅助检查结果

头颅 MRI:双侧额颞区蛛网膜下腔稍增宽,双侧苍白球对称性 T_2 高信号,余脑实质未见明显异常。

脑电图:8 个月时曾行自然睡眠脑电图,结果正常。

【问题 5】 如何制订下一步治疗方案?

思路 1:尽快请康复医师会诊,制定系统的康复治疗计划,开始规范的康复训练。

思路 2:观察康复训练的效果,及时调整康复训练计划,必要时进行必要的辅助检查,排除其他疾病。

> **知识点**
>
> ### CP 康复评定的常用方法
>
> 1. 系统的体格检查,如肌张力、肌力、原始反射、关节角度、感觉、平衡与协调、言语等方面评测。
> 2. 针对功能的量化评测,即量表测试,主要分两类。
> (1) 发育量表,如 Gesell 量表、Bayley 量表、Denver 量表和 Peabody 量表等,其中 Peabody 为运动发育量表,对运动功能的评定较为细致,而且配有与评定对应的运动发育训练方案,可以作为发育迟缓的治疗指

导。但它以同龄正常儿的发育速度为标准,因此要比CP儿的进步速度快,不能敏感地反映CP康复的疗效。

(2)粗大运动功能评定表(gross motor function measure,GMFM),为目前CP评定的标准方法。可用于反映CP康复的效果。

知识点

CP康复评定的治疗

1. 物理治疗(physiotherapy,PT)　主要通过制定治疗性训练(therapeutic exercise)方案来实施。常用的技术包括:软组织牵拉、抗异常模式的体位性治疗、调整肌张力技术、功能性运动强化训练、肌力和耐力训练、平衡和协调控制、物理因子辅助治疗等。

2. 作业治疗(occupational therapy,OT)　是将治疗内容设计为作业活动,达到治疗目的。包括手的精细功能训练、日常生活能力训练、支具和辅助器具的制作及生活环境设施的改造等。常采用游戏、文娱活动、集体活动等形式来促进患儿感觉运动技能的发展,因此,在物理治疗同时联合应用与患儿年龄以及功能障碍类型和程度等相适应的各种作业活动训练,可以提高CP儿童治疗的趣味性,使患儿投入更多的注意力,有助于改善运动的流畅性和协调性。

3. 支具或矫形器(orthoses)的应用　应由康复医师、治疗师和矫形师等治疗小组成员共同讨论,根据患儿的个体情况选择最佳佩带时机和类型。

4. 语言治疗(speech therapy,ST)　由医师和语言治疗师评定后,根据不同言语障碍类型进行个体化治疗。CP患儿中常见的语言障碍类型为构音障碍,由发音器官运动失调引起,常合并吞咽、咀嚼功能障碍,需进行面部、口周、舌肌、软腭等运动控制训练,应采取抗痉挛体位,全身放松。

5. 其他　根据患儿情况采取其他多种综合康复措施,如心理行为治疗、特殊教育、药物治疗、手术治疗等。

6. 早期干预　对于有类似本例存在各种高危因素的新生儿,早期随访、早期诊断和早期干预至关重要。

【问题6】 康复训练后大运动功能逐渐改善。2个月后出现阵发性发呆5~10秒,呼之不应,有时伴口唇青紫,每日3~5次。运动功能再度倒退,还应考虑哪些辅助检查?

思路1:CP呈静止性脑损伤病程,患儿经系统康复训练后精神运动功能一般会明显改善。如果效果不明显,甚至症状加重,应考虑是否存在遗传代谢病或神经变性病的可能。应选择行尿有机酸、血氨基酸筛查,或相应的疾病生化或基因筛查,排除可能的疾病。

思路2:分析是否存在影响康复效果的其他因素,尤其是癫痫发作,可复查脑电图。

辅助检查结果

尿有机酸、血氨基酸筛查阴性。

视频监测脑电图异常。双侧前头部可见散发尖慢波。检查期间发作1次,突然凝视伴青紫,持续15秒,同期脑电图为双侧额区起源的局灶性发作。

【问题7】 诊断如何考虑? 进一步的治疗应如何调整?

思路:

(1)尿、血筛查阴性,可以排除常见遗传代谢病。

(2)脑电图结果异常,并监测到发作期特征性表现,可以明确症状性癫痫的诊断。

(3)应开始抗癫痫治疗,首选药物治疗,原则及方法可参见"癫痫"节。

(4)同时应分析康复治疗中是否存在诱发癫痫发作的因素,如过度疲劳、激惹、药物等。如果存在,应尽可能祛除这些诱因。

(陈　倩)

第四节 病毒性脑炎

病毒性脑炎（viral encephalitis）是急性病毒性神经系统感染的常见和严重类型，特点是弥漫性或局灶性脑实质炎症。病毒性脑炎仍是目前全球儿童神经系统感染和死亡的主要原因之一，发病率为（3.5～7.4）/10万。常见引起中枢神经系统感染的病毒包括单纯疱疹病毒（herpes simplex virus，HSV）、肠道病毒、巨细胞病毒（CMV）、人类免疫缺陷病毒（HIV）等。中枢神经系统病毒感染的临床表现多种多样，以急性无菌性脑膜炎或急性脑炎最为常见。多数病例的病因诊断比较困难。除少数病毒外，中枢神经系统病毒感染的治疗缺乏特效方法，主要为对症处理。预后大多良好，但严重病例可有肢体瘫痪、癫痫、智能减退等后遗症，或因脑损害严重、颅压高明显或脑疝而死亡。

临床关键点

1. 诊断依据与要点
（1）病史：传染病可有相应流行病史，或阴性预防接种史。
（2）临床表现：发热、头痛、疲倦等一般症状。典型症候需要存在持续至少24小时的精神状态的改变，常见意识障碍、认知、行为或人格改变、癫痫发作、弥漫性或局灶性神经体征。可有颅内压增高及脑膜刺激征。如同时伴有突出的脑膜刺激征，且脑脊液细胞增高明显，亦即脑膜炎的表现较明显，则符合病毒性脑膜脑炎。
（3）脑脊液：主要表现为细胞数增多，早期可以中性粒细胞为主，稍后则以单核、淋巴细胞为主。蛋白常轻度增高或正常，糖和氯化物均无异常。急性期脑脊液免疫球蛋白升高，以IgM明显。
（4）神经影像学检查：CT或MRI可发现脑水肿、梗死、出血坏死或软化灶。部分患者可见白质脱髓鞘改变。个别可见脑积水。
（5）病原学检查：急性期测定脑脊液病毒的特异性IgM抗体，有助于早期诊断。部分病毒可采用PCR实验，检测其核酸阳性协助诊断。对于临床高度怀疑中枢神经系统感染但未明确病原的患者行脑脊液二代测序。
（6）脑电图：不具有特异性诊断意义。可呈不同程度的异常，多表现为弥漫性或局限性慢活动，亦可伴有棘波、尖波等异常放电。在HSV脑炎，脑电图可能出现相对特征性的改变，在低幅慢波背景上以1～5秒的周期反复出现高波幅慢波或尖波，额颞部表现尤著。
2. 治疗原则 多数缺乏针对性疗法，疱疹类病毒感染可给予阿昔洛韦抗病毒；注意护理及一般治疗，维持内环境稳定，针对惊厥、高热等症状可给予相应对症治疗。

临床病例

患儿，女，8岁。主因"发热7天，意识不清、昏睡3天"就诊。
患儿7天前无明显诱因出现发热，体温40℃，伴每日呕吐5～6次，非喷射状，胃内容物，偶咳，无抽搐，无腹痛，无喘憋，于当地医院查血白细胞升高，给予"头孢呋辛、阿奇霉素"治疗3天症状无改善。入院前3天出现意识不清、说胡话、昏睡，体温波动于38.5～39.5℃，予头孢曲松静点3天，体温正常，仍睡眠增多。
既往健康，生长发育正常，否认结核、肝炎病史及接触史。
家族史无特殊记载。

【问题1】 急性起病，有"上感"样表现。根据所提供的病史，本例还应追问哪些病史？
思路1：学龄儿童，除了急性"上感"常见的症状外，呕吐较明显，且病程7天症状仍无好转，且出现精神差、睡眠多、胡言乱语，应考虑中枢神经系统感染的可能性。应提供发病（日期）季节以助分析是否存在乙型脑炎等传染病的可能。
思路2：预防接种史及传染性疾病史也是重要信息。特别是可能引起中枢神经系统感染的传染病，如麻疹、腮腺炎等相关病史。

补充病史

本例发病于春季；患儿按规定程序进行预防接种；既往无麻疹、腮腺炎、水痘及风疹等传染病史。

【问题2】 查体应注意哪些问题?

思路：考虑存在中枢神经系统感染的可能性。查体应特别注意生命体征和意识状态，判断病情危重程度。皮肤有无皮疹（疱疹）等，是否有卡疤。有无脑膜刺激征、神经系统局灶体征、颅压高相关体征（包括瞳孔情况、眼底改变）等。

体格检查

体温 38.5℃，呼吸 29 次 /min，脉搏 85 次 /min，血压 105/70mmHg，体重 41.5kg，营养发育中等，皮肤（－），神志模糊，反应差，嗜睡状态，语言不清，对答不畅，左上臂可见卡疤。口周无发绀，咽稍充血，扁桃体不大，心肺腹（－）。

神经系统检查：脑神经（－），四肢肌力、肌张力正常，腹壁反射对称引出，腱反射活跃，颈抵抗（+），布氏征（－），克尼格征（简称"克氏征"）（－），右侧巴宾斯基征（简称"巴氏征"）（+），左侧巴氏征（－）。

颈项强直
（视频）

【问题3】 查体有什么重要发现，对诊断有何提示?

思路：主要体征为发热、脑膜刺激征及病理征阳性。结合精神差、嗜睡的病史，应高度警惕中枢神经系统感染。

【问题4】 首选的辅助检查是什么?

思路：应尽早进行腰椎穿刺，了解脑脊液常规、生化改变及病原学检查，进一步明确有无中枢神经系统感染。同时行血常规、CRP、PCT、血培养等检测，帮助分析感染的病原。

【问题5】 患儿父母对腰椎穿刺检查顾虑很大，不愿意进行该项检查。临床应如何处理?

思路1：首先应再次向家长说明腰椎穿刺检查的必要性。同时应耐心解释腰椎穿刺的原理、操作过程和安全性，说明本例患儿没有腰椎穿刺的禁忌证，尽可能解除家长的顾虑，尽早实施该检查。

思路2：如经反复解释后，家长仍不接受腰椎穿刺检查，应进一步书面告知可能产生延误诊断和治疗的后果。同时可先进行影像学及脑电图检查。

知识点

腰椎穿刺检查的意义及安全性

1. 对于中枢神经系统感染，腰椎穿刺检查脑脊液是诊断或排除的最重要证据。

2. 对于绝大部分中枢神经系统感染的患儿，腰椎穿刺是安全的。

3. 以下情况应禁忌或暂缓腰椎穿刺检查：①颅内压明显增高，特别是有脑疝可疑征象者；②血流动力学不稳定或急性呼吸衰竭；③凝血功能障碍，如弥散性血管内凝血、使用抗凝药物、血小板减少等；④腰骶部皮肤软组织感染。

辅助检查结果

血、尿常规（－），血生化、肝肾功能检查均无异常发现。

CRP 正常，PCT 不高。

头颅 MRI：T_2-FLAIR 图像右颞叶、岛叶的皮质及皮质下白质高信号。

脑电图：各脑区可见大量弥漫性高幅慢波，前头部显著。

【问题6】 患儿入院后仍精神差,胡言乱语。入院当天抽搐一次,意识丧失,四肢强直阵挛,持续约3分钟,自行缓解,发作后精神萎靡。请根据以上检查结果,结合入院后病情,分析本例的诊断,并制定下一步诊疗计划。

思路1:患儿头颅影像学提示右颞叶、岛叶的皮质及皮质下白质高信号,不符合颅内占位。

思路2:血常规(-),CRP及PCT正常,不支持细菌感染。

思路3:入院后精神萎靡、嗜睡,脑膜刺激征、病理征(+),并惊厥1次,头颅MRI提示右颞叶、岛叶的皮质及皮质下白质高信号,高度怀疑中枢神经系统感染,病毒性感染可能性大。脑电图弥漫性慢波,虽不具有病因诊断意义,但也支持脑炎可能。患儿有精神差、嗜睡等脑病表现,头颅磁振可见边缘系统受累,必要时应完善脑脊液检查除外有无自身免疫性脑炎可能,应再次向家长交代病情,动员腰椎穿刺检查,尽快确诊后给予针对性治疗。

脑脊液检查结果

颅压320mmH$_2$O,细胞总数86/mm^3,单核细胞比例93%,蛋白定量450mg/L,葡萄糖定量3.1mmol/L。1型HSV核酸(+)。

【问题7】 根据以上检查结果,分析诊断,并制定入院后诊疗计划。

思路1:脑脊液结果提示存在炎性改变,颅内压增高,细胞数轻度增加,以单核淋巴细胞为主,葡萄糖定量正常。符合病毒性炎症特点。结合临床表现,诊断病毒性脑炎。

思路2:结合头颅影像学及病原学检查,明确1型HSV感染,应给予阿昔洛韦抗病毒治疗。

思路3:观察病情变化,及时给予对症治疗,包括甘露醇脱水、地西泮止惊、维持水电解质及酸碱平衡等。同时应注意监测病情变化,如意识障碍进行性加重,给予人免疫球蛋白治疗,给予一般治疗。

知识点

病毒性脑炎的治疗

1. 一般治疗　卧床休息,注意观察体温和生命体征的变化,观察意识状况及惊厥发作。

2. 病因治疗　疱疹病毒类感染常用阿昔洛韦,对1型HSV有显著疗效,对2型HSV、CMV及EB病毒等也有一定抑制作用。常用剂量为10mg/(kg·次),每8小时1次,静脉注射。14~21天为一疗程。

3. 对症治疗　①惊厥发作:可给予地西泮每次0.3~0.5mg/kg,静脉注射。如发作频繁或有惊厥持续状态者,止惊后应给予维持剂量的止惊剂,如苯巴比妥每日3~5mg/kg;②控制脑水肿及颅内高压:每日液体摄入量应控制在800~1 200ml/m^2;静脉推注甘露醇,每次0.5~1g/kg,每4~8小时1次;或呋塞米每次1~2mg/kg,每日1~3次;对脑水肿及颅压高严重者,可短程应用肾上腺皮质激素;③对高热病人应积极降温,可物理降温或服用解热镇痛药;④人免疫球蛋白的应用:总量2g/kg,分4~5天,报道有效果,无大样本支持,诊断重症脑炎可应用。

（陈　倩）

第五节　化脓性脑膜炎

化脓性脑膜炎(purulent meningitis)也称为细菌性脑膜炎(bacterial meningitis),简称化脑,是小儿时期较常见的神经系统感染,2岁以内发病者约占75%,高峰发病年龄为6~12个月。不同年龄化脑的致病菌有所不同。新生儿常见大肠埃希菌、B组溶血性链球菌和葡萄球菌;婴幼儿多由B型嗜血流感杆菌、肺炎链球菌所致;年长儿以奈瑟脑膜炎双球菌和肺炎链球菌多见。冬春季是多数化脑的好发季节。化脑起病一般较急,早期常见非特异性感染中毒表现,如发热、食欲下降和喂养困难、上呼吸道感染样症状等,中枢神经系统表现包括脑膜刺激征、颅内压增高、惊厥、不同程度的意识障碍及局灶体征。本病治疗包括针对性的抗生素治疗、积极的对症治疗及支持治疗等。早期短程合理应用肾上腺皮质激素对减少后遗症、改善远期预后具有一定作用。

临床关键点

1. 中枢神经系统症状是疑诊化脑最可靠的临床线索，包括脑膜刺激征、颅内压增高、惊厥发作及意识改变等。

2. 婴幼儿化脑表现可不典型，脑膜刺激征及颅内压增高症状可不突出，应注意非特异性感染中毒症状、前囟膨隆、颅缝裂开或增宽等表现。

3. 目前临床对于伴发热的儿童，抗生素应用较多、较早，滥用现象甚至也很严重。应注意不规则抗生素应用对病程的影响，否则可能延误诊断。

临床病例

患儿，男，8岁。主因"间断发热伴头痛6天"就诊。

体温波动于37.8～38.5℃。伴鼻塞流涕，头痛以前额及两颞部为著，可忍受。无寒战、咳嗽、皮疹及抽搐。自服阿奇霉素及退热药治疗无效。

病后2天曾查血常规：WBC $10.88×10^9/L$，中性粒细胞百分比79%，CRP增高（具体数值不详），诊断上感，改用头孢克洛口服治疗。体温不降，头痛渐加重，病后4天在当地住院治疗，静脉注射头孢克肟，并间断注射"甘露醇"，头痛无明显缓解，近2天间断呕吐数次，非喷射性。病后精神稍差，烦躁，食欲和睡眠欠佳，大小便无异常。

既往史：既往健康，无传染病接触史，无颅脑外伤史。

个人史、家族史：生长发育与同龄儿相当，无特殊家族遗传病史，按规定程序预防接种。

【问题1】 急性类似于一般上感表现根据所提供的病史，应注意哪些可能的疾病？

思路1：学龄儿童，急性起病，有感染表现。早期化验外周血白细胞总数增高不明显，但中性粒细胞百分比增高，且CRP"增高"。应注意细菌感染的可能性。

思路2：患儿病程中经过阿奇霉素和头孢克洛治疗，疗效不佳。院外经甘露醇治疗，头痛仍无明显缓解，并出现呕吐，提示病情加重，推测不除外颅内感染的可能性。

【问题2】 查体应注意哪些问题？

思路1：考虑中枢神经系统感染的可能性。查体应特别注意有无脑膜刺激征、神经系统局灶体征、颅压高相关体征（包括眼底改变）等。

思路2：院外实验室检查有提示细菌感染的线索，应注意皮肤黏膜有无化脓性感染灶，后背中线部位皮肤有无窦道、隐窝等。

体格检查

体温38℃，呼吸28次/min，脉搏96次/min，血压100/70mmHg，体重27kg，营养发育中等，皮肤（−），神志清楚，精神稍差，反应可，应答切题，左上臂可见卡疤。口周无发绀，咽稍充血，扁桃体不大，心肺腹（−）。

神经系统检查：脑神经（−），四肢肌力4级、肌张力正常，腹壁反射对称引出，腱反射活跃，颈抵抗（+），布氏征（+），克氏征（+），巴氏征（−）。

【问题3】 查体结果对诊断有何提示？

思路：主要体征为发热及脑膜刺激征阳性。结合头痛、呕吐的病史，应高度警惕中枢神经系统感染，结核院外检查外周血白细胞总数及中性粒细胞百分比增高，CRP增高，尤应考虑细菌感染的可能性。

【问题4】 本例应进行哪些辅助检查？

思路1：首先应进行腰椎穿刺，通过脑脊液化验，判断是否存在化脑的可能性。

思路2：进行系统的病原学检查，包括血培养、脑脊液培养及涂片找菌等；同时应留置脑脊液行抗酸染色,排除结核性脑膜炎。

思路3:患者头痛较明显,伴呕吐,抗生素治疗效果不明显,故应尽快进行头颅影像学检查,如CT、MRI等,排除脑脓肿或其他占位性病变。

思路4:本例经过不规律抗生素治疗,病原学检查可能阴性。应检测非特异性炎性指标,协助判断病原的类型,除检查血常规、血沉外,还应检查CRP、PCT等。

辅助检查结果

腰椎穿刺:压力165mmH$_2$O,细胞总数550/mm^3,有核细胞480/mm^3,其中多核细胞比例61%,潘氏试验(++),蛋白定量1 050mg/L,葡萄糖定量1.5mmol/L。

病原学检查:入院后行血培养、脑脊液涂片革兰氏染色(-),细菌培养及抗酸染色结果待回报。

血常规:WBC 15.6×10^9/L,中性粒细胞百分比85%,淋巴细胞百分比12%,Hb 89g/L,PLT 204×10^9/L。

肝肾功能正常。CRP 160mg/L,ESR 65mm/h,PCT 8.5ng/ml。

血生化:Na$^+$128mmol/L,余无异常。

PPD试验阴性;胸片正常;头颅MRI平扫(-)。

【问题5】 根据检查结果,诊断应如何分析?

思路1:脑脊液细胞数轻中度增高,分类以多核细胞为主,蛋白明显增高,支持颅内感染。葡萄糖明显降低,提示细菌性感染。血白细胞和血沉明显增高、CRP和PCT明显增高,也支持细菌性感染(表10-5-1)。

思路2:目前还缺少细菌学的直接证据,化脑的诊断只是基于临床综合分析的结果,并不能完全肯定。因此临床应在积极按照化脑治疗的同时,密切观察病情变化,必要时复查脑脊液,以排除结核性及真菌性脑膜炎。

表10-5-1 常见脑膜炎的脑脊液改变

疾病	压力	外观	潘氏试验	白细胞数×10^6/L	蛋白/(g·L^{-1})	糖	其他
化脓性脑膜炎	高	浑浊	++~+++	数百~数千,多核为主	明显增高	明显降低	涂片、培养可发现细菌
结核性脑膜炎	高	不太清	+~+++	数十~数百,淋巴为主*	增高,阻塞时更高	降低	涂片可找到抗酸杆菌,培养结核菌可阳性
病毒性脑膜炎、脑炎	正常或较高	清或不太清	±~++	正常~数百,淋巴为主*	正常或稍高(<1.0)	正常	病毒血清学试验或培养可阳性
隐球菌脑膜炎	高	不太清	+~+++	数十~数百,淋巴为主*	增高(常>2.0)	降低	涂片墨汁染色或培养可见隐球菌

注:*早期以多核细胞为主

【问题6】 如何确定治疗原则?

思路1:根据脑脊液结果,结合临床表现,诊断化脑,应立即给予抗生素静脉注射治疗。由于缺乏细菌学的直接证据,应首先根据经验选择抗生素,可给予对肺炎链球菌、流感嗜血杆菌皆有效的广谱抗生素或联合用药,可给予大剂量青霉素联合第三代头孢菌素。

思路2:早期应用肾上腺皮质激素,减轻炎性反应,改善脑水肿,降低并发症及后遗症的发生。

思路3:给予一般治疗和支持治疗,维持水电解质及酸碱平衡。出现惊厥、高热、颅压高者,给予脱水、止惊、退热等对症治疗。

【问题7】 入院后给予大剂量青霉素联合头孢曲松治疗,3天后体温下降,感染中毒症状减轻,头痛不明显,未再呕吐。入院第5天脑脊液培养结果:肺炎链球菌(+),青霉素耐药,万古霉素敏感。此时抗生素应如何调整?

思路:脑脊液细菌培养阳性的病例,原则上应结合细菌类型及药物敏感试验结果,酌情调整抗生素(表10-5-2)。本例肺炎链球菌感染,虽然药敏结果提示青霉素耐药,但临床疗效满意,应继续维持现治疗方

455

案。如果治疗过程中出现病情反复，则可更换为万古霉素。

表 10-5-2 不同细菌所致儿童化脓性脑膜炎的抗生素选择

病原菌	推荐抗生素
流感嗜血杆菌	氨苄西林，氯霉素，头孢呋辛，头孢曲松
肺炎链球菌	青霉素（敏感者），头孢噻肟，万古霉素
脑膜炎双球菌	青霉素
革兰氏阴性杆菌	头孢噻肟，阿米卡星
金黄色葡萄球菌	萘夫西林，氨基糖苷类，头孢噻肟，头孢呋辛，万古霉素，利福平
新生儿不明原因脑膜炎	氨苄西林，氨基糖苷类，头孢呋辛，头孢曲松

（陈 倩）

第六节 急性炎症性多发性神经根神经炎

急性炎症性多发性神经根神经炎（acute inflammatory polyradiculoneuritis）又称吉兰 - 巴雷综合征（Guillain-Barre syndrome，GBS），本病为免疫介导的周围神经广泛的炎症脱髓鞘性疾病，主要侵犯脊神经和 / 或脑神经。根据临床、发病机制和电生理检查，本病可分为急性炎症性脱髓鞘性多发神经根神经病（acute inflammatory demyelinating polyneuropathy，AIDP）、急性运动轴索性神经病（acute motor axonal neuropathy，AMAN）、急性运动感觉轴索性神经病（acute motor sensory axonal neuropathy，AMSAN）以及 Miller Fisher 综合征（Miller Fisher syndrome，MFS）、急性泛自主神经病（acute panautonomic neuropathy）和急性感觉神经病（acute sensory neuropathy，ASN）等亚型，其中 AIDP 最为常见。GBS 常见于儿童和青少年，约 2/3 以上患者在发病前 1～4 周有呼吸道、消化道感染史或疫苗接种史。其临床特点为急性起病的弛缓性运动障碍，进行性加重，典型病例肌无力为对称性，从双下肢逐渐向上发展，数日内逐渐加重，可累及脑神经，重症患者可累及颈肌、呼吸肌等，出现呼吸困难，危及生命；部分患者有四肢远端感觉障碍如袜套样感觉，下肢疼痛或酸痛等感觉异常，还可伴有不同程度的自主神经功能障碍，如多汗、面色潮红、血压不稳等；临床症状多在 2 周左右达到高峰，持续数天或数周后开始恢复；脑脊液有蛋白 - 细胞分离现象；本病多呈单时相自限性病程，静脉注射免疫球蛋白和血浆交换治疗有效；AIDP 型多在 3～6 个月内完全恢复，AMAN 型恢复较慢，但多数仍可完全康复，AMSAN 型大多病情严重，预后较差，主要死于呼吸衰竭、感染、低血压、严重心律失常等并发症。MFS 是吉兰 - 巴雷综合征的变异型，主要表现为眼外肌麻痹、深反射减弱或消失、共济失调，骨骼肌麻痹程度较轻或不明显。

临床关键点

GBS 的诊疗要点如下。

1. 诊断依据

（1）急性起病，2 周左右达疾病高峰。

（2）对称性上升性弛缓性瘫痪。

（3）脑脊液检查可见蛋白 - 细胞分离现象。

（4）神经电生理检查可见与临床症状相对应的周围神经损害。

2. 治疗原则

（1）一般治疗：心电监护、加强呼吸道管理及营养支持、护理等。

（2）静脉注射免疫球蛋白或血浆置换：应尽早应用大剂量人血免疫球蛋白或血浆置换，但一般不推荐联合应用。

（3）神经营养：始终应用 B 族维生素治疗，如维生素 B_1、B_6、B_{12}。

（4）保持关节功能位，尽早开始康复训练。

临床病例

患儿,男,11岁。主因"进行性四肢无力伴双下肢疼痛6天"就诊。

入院前6天无明显诱因出现双下肢无力伴疼痛,走路不稳,易摔倒,疼痛以双小腿明显,程度不重,可忍受。行走时加重。双下肢无力进行性加重,患儿逐渐不能行走。近3天出现双上肢无力,持物不能,握笔困难。病程中患儿无发热、皮疹、关节红肿,无抽搐、意识障碍,无呼吸困难、饮水呛咳、大小便失禁等。

起病前10天左右患儿曾出现低热、头痛,不伴鼻塞、咳嗽、流涕,诊断为"上呼吸道感染",于当地给予药物对症处理,3天后痊愈。

发病以来精神可,食欲欠佳,大小便正常,睡眠可。

既往体健。按计划免疫接种,否认药物过敏史。

个人史:患儿为G₂P₂,足月顺产,否认生后窒息及病理性黄疸病史。体格及神经精神发育同正常同龄儿。

家族史:无特殊记载。

【问题1】 病史的主要特点是什么?

思路:11岁学龄期男童,急性起病,主要表现为对称性、上升性瘫痪。不伴意识障碍、惊厥发作等中枢神经症状。

【问题2】 体格检查应重点注意哪些体征?

思路1:瘫痪是上运动神经元性,还是下运动神经元性。特别要注意肌张力、腱反射和病理反射的改变。

思路2:瘫痪是否对称。左右对照检查,重点观察肌力、反射等体征是否存在不对称现象。

思路3:有无脊髓实质性受累表现,如尿潴留、感觉、运动传导束性损害特征等。

思路4:脑干和大脑有无受累。重点观察脑神经有无受累、是否有意识改变等。

思路5:生命体征是否平稳。急性上升性对称性瘫痪,短期进展较快,需注意观察有无肋间肌无力、膈肌麻痹、后组脑神经麻痹等威胁生命的体征。密切监测是否存在自主神经功能障碍,注意血压、心率、呼吸等体征。

体格检查

体温36.2℃,呼吸24次/min,脉搏82次/min,血压110/70mmHg。神志清楚,精神可,胸廓运动稍减弱。心肺腹(-)。

神经系统查体:脑神经检查未见异常。蹒跚步态,站立困难,不能行走,四肢近端肌力2~3级,远端肌力1~2级。四肢肌张力减低,肌容积无明显改变。深浅感觉均对称存在,双侧腹壁反射未引出,双侧提睾反射弱。双侧肱二、三头肌反射减弱,双膝腱反射及跟腱反射未引出。双侧病理征阴性。脑膜刺激征阴性。

【问题3】 分析体征特点及定位诊断

思路1:符合对称性弛缓性麻痹特征,无脑干及大脑受累体征,定位于多发性周围神经病变。

思路2:胸廓运动减弱,提示肋间肌可能有受累,需要动态观察。

【问题4】 如何分析病变的性质?病因如何考虑?

思路1:本例急性起病,表现为对称性弛缓性麻痹,考虑急性炎症性病变可能性大。发病前10天有上呼吸道感染史,应注意自身免疫性炎症。

思路2:学龄儿童,急性对称性弛缓性麻痹,1周内快速进展,呈上升性麻痹,应首先考虑吉兰-巴雷综合征。

思路3:起病急,病程短,应和引起急性弛缓性麻痹的其他疾病鉴别,并依法上报卫生防疫部门。

知识点

急性弛缓性麻痹

急性弛缓性麻痹(acute flaccid paralysis,AFP)是儿科神经临床常见的一组疾病,为急性起病的下

运动神经元性麻痹。为实现和维持无脊髓灰质炎状态，我国卫生行政及疾病控制部门列出以下 14 种 / 类疾病，作为依法监测报告的 AFP 病例种类。

1. 脊髓灰质炎。
2. 吉兰 - 巴雷综合征(感染性多发性神经根神经炎)。
3. 横贯性脊髓炎(脊髓炎、脑脊髓炎、急性神经根脊髓炎)。
4. 多神经病(药物性多神经病，有毒物质引起的多神经病、原因不明性多神经病)。
5. 神经根炎。
6. 外伤性神经炎(包括臀肌药物注射后引发的神经炎)。
7. 单神经炎。
8. 神经丛炎。
9. 周期性瘫痪(包括低钾软瘫、高钾软瘫、正常钾软瘫)。
10. 肌病(全身型重症肌无力、中毒性、原因不明性肌病)。
11. 急性多发性肌炎。
12. 肉毒中毒。
13. 四肢瘫、截瘫和单瘫(原因不明)。
14. 短暂性肢体麻痹。

【问题 5】 如何与急性脊髓炎鉴别？

思路：急性脊髓炎，特别是高位脊髓炎，在脊髓休克期表现为肌力下降、肌张力低下、腱反射消失，需注意鉴别。但急性脊髓炎常有明显感觉障碍平面和自主神经功能障碍引起的较持续的二便排泄障碍。

知识点

急性脊髓炎

急性脊髓炎(acute myelitis)也称急性横贯性脊髓炎，系指脊髓实质的非化脓性炎症，可能为病毒感染后、疫苗接种后或中毒等因素诱发自身免疫反应所致。临床以脊髓急性横贯性损害为主要表现，上胸段受累常见。急性脊髓炎发病前 1～3 周可有病毒感染史或预防接种史。多为急性起病，常数小时至 2～3 天发展为完全性截瘫和尿便障碍，多数为 1～7 天出现截瘫。本病典型临床症状和体征包括：

(1) 运动障碍：病变节段以下的上运动神经元性麻痹。早期出现脊髓休克，双下肢弛缓性瘫痪，肌张力降低，腱反射消失，病理反射不能引出，数日至数周后逐渐出现腱反射亢进，肌张力增高及病理反射等典型体征。两侧运动障碍大多对称，也可不对称，或仅累及一侧。

(2) 感觉障碍：病变节段以下传导束型感觉障碍。病变阶段以下深浅感觉缺失，痛温觉损害突出，振动觉及本体感觉损害较轻。

(3) 尿便功能及自主神经障碍：急性期多有尿潴留和大便失禁。可出现 Horner 综合征、血管舒缩异常、汗液分泌异常、营养障碍以及内脏功能异常等自主神经功能障碍。脊髓 MRI 对本病诊断有重要意义，可见脊髓受累部位肿胀增粗，伴不均匀的长 T_1、长 T_2 异常信号。脑脊液急性期蛋白定量常轻度增高，γ 球蛋白增高，细胞数轻度增多或正常，分类以单核细胞为主。本病主要采取对症治疗，早期可给予肾上腺皮质激素。应尽早采取康复治疗措施。

【问题 6】 应做哪些辅助检查？

思路 1：首先应进行腰椎穿刺，留取脑脊液做常规和生化及 IgG 合成率、寡克隆区带等免疫学指标检查。

思路 2：肌电图与神经传导速度：明确受累肌肉是否存在神经源性损害。

思路 3：脊髓 MRI，排除脊髓炎等脊髓实质性病变。

思路 4：胸部 X 线片(一般无特殊改变)透视可见肺活动度减弱。

辅助检查结果

腰椎穿刺：压力 135mmH$_2$O,细胞总数 25/mm^3,有核细胞(单核)3/mm^3,蛋白定量 460mg/L。脑脊液寡克隆区带(-),IgG 鞘内合成率 25.1mg/24h(参考值<7mg/24h)

肌电图与神经传导速度：四肢肌肉呈神经源性损害,运动神经传导速度明显减慢。

MRI：颈胸腰骶段脊髓平扫(-)。

血、尿常规(-),血生化、肝肾功能、补体 C3 及免疫球蛋白检查均无异常发现。

胸部 X 线平片(-),透视双肺活动度稍减弱。

【问题7】 综合分析临床资料和辅助检查结果,临床诊断应如何考虑? 制定治疗计划。

思路1：学龄期男童,急性、对称性、上升性瘫痪,首先考虑 GBS。

思路2：肌电图提示双侧神经源性损害,运动神经传导速度明显减慢,支持 GBS。

思路3：脑脊液常规、生化检查基本正常,可排除急性感染性炎症。IgG 鞘内合成率增高,支持免疫性炎症。

思路4：脊髓 MRI(-),结合临床表现,可排除脊髓实质性病变,包括肿瘤、脊髓炎等。

【问题8】 本例脑脊液蛋白无明显增高,不符合 GBS 脑脊液检查的"蛋白 - 细胞分离"特点。是否不支持诊断?

思路：蛋白 - 细胞分离即脑脊液蛋白含量增高,而白细胞数正常或轻度增加,是 GBS 脑脊液特征性改变之一。本例脑脊液虽然蛋白增高不明显,但应注意到检查时为病程早期(约 1 周),并不能由此排除 GBS 的诊断。GBS 典型的蛋白 - 细胞分离现象一般于第 1 周末开始,第 2~3 周最明显。必要时可 1~2 周后复查。

【问题9】 入院后治疗计划如何制定?

思路1：虽然还没有出现明显的呼吸肌麻痹,但考虑到病情进展较快,肺部活动度有所下降,应尽早给予大剂量静脉注射免疫球蛋白或血浆置换治疗。

思路2：神经营养,给予 B 族维生素如 B$_1$、B$_6$、B$_{12}$ 等营养治疗。

思路3：加强护理和呼吸管理,做好翻身、拍背、吸痰,密切观察病情变化,一旦出现呼吸麻痹,积极处理。

思路4：保持瘫痪肢体关节功能位,尽早开始理疗和康复训练。

（陈　倩）

第七节　重症肌无力

重症肌无力(myasthenia gravis,MG)是一种主要由乙酰胆碱受体(AChR)抗体介导、细胞免疫依赖、补体参与,神经肌肉接头突触后膜受累,神经肌肉接头传递障碍,进而出现骨骼肌收缩无力的获得性自身免疫性疾病。MG 年平均发病率为(8~20)/10 万人,在各个年龄阶段均可发病,儿童患者占所有患者的 10%~20%,平均发病年龄 2~3 岁。MG 主要表现为肌无力、易疲劳,活动后加重,休息和胆碱酯酶抑制剂治疗后缓解或减轻。

临床关键点

1. **诊断原则**　在具有 MG 典型临床特征的基础上,具备药理学特征和 / 或神经电生理学特征,临床上则可诊断。有条件时可检测患者血清 AChR 抗体等。需除外其他疾病。

(1)临床表现：某些特定的横纹肌群肌无力呈斑片状分布,表现出波动性和易疲劳性;肌无力症状晨轻暮重,持续活动后加重,休息后缓解。通常以眼外肌受累最常见。

(2)药理学表现：新斯的明试验阳性。

(3)神经电生理表现：低频重复神经电刺激检查低频刺激波幅递减 10% 以上;单纤维肌电图测定的"颤抖"增宽、伴或不伴有阻滞。

(4)抗体：多数全身型 MG 患者血中可检测到 AChR 抗体,或在极少部分 MG 患者中可检测到抗

MuSK 抗体、抗 LRP 4 抗体。

2. 治疗原则

（1）胆碱酯酶抑制剂是治疗所有类型 MG 的一线药物，用于改善临床症状，特别是新近诊断患者的初始治疗，可作为单药长期治疗轻型 MG 患者。

（2）免疫抑制药物：糖皮质激素是治疗 MG 的一线药物，可使 70%～80% 的 MG 患者症状得到显著改善，其他免疫抑制剂包括硫唑嘌呤、环孢素 A、他克莫司、环磷酰胺、吗替麦考酚酯、利妥昔单抗等。

（3）静脉注射人丙种免疫球蛋白。

（4）血浆置换。

（5）胸腺切除手术等。

临床病例

患儿，女，5 月龄，主因"咳嗽、吃奶差 9 天"就诊。

患儿 9 天前无明显诱因出现轻咳、精神弱、吃奶无力，晨起轻，吃奶后加重，休息后好转。无呛奶、发热、排稀糊便等不适，就诊当地医院，考虑"呼吸道感染"，予以抗感染治疗（具体不详），患儿症状无明显好转，咳嗽伴咳痰，纳奶无力同前，伴呛奶，精神反应仍较弱。

既往史、家族史、个人史无特殊。

【问题 1】 该患儿急性起病，表现为呼吸道、消化道、神经系统症状，应注意哪些可能的疾病？

思路：患者为婴儿，有感染症状，但常规抗感染效果欠佳，无其他诱因及相应病史，除依据症状考虑呼吸道、消化道疾病外，需考虑代谢性、内分泌、心源性和神经系统疾病等引起全身症状的疾病。

【问题 2】 体格检查的重点是什么？

思路 1：生长发育状态，明确是否存在先天发育异常或体貌特征，如有发育迟缓等应注意代谢性或内分泌疾病。

思路 2：呼吸系统体征（呼吸频率、节律、肺部活动度、鼻扇、三凹征、缺氧体征、双肺呼吸音等）明确肺部病变的程度。

思路 3：心血管系统（心脏大小、杂音、心音力量等）明确呼吸道、消化道症状是否与心源性病变有关。

思路 4：神经系统体征（囟门、脑神经、肌力、肌张力、腱反射、脑膜刺激征及病理征等）明确是否有神经系统受累线索。

体格检查

体温 37.1℃，呼吸 25 次 /min，脉搏 100 次 /min，血压 95/65mmHg。

神清，精神反应弱，呼吸平稳，口周稍青，皮肤毛发及面容无特殊，前囟略凹陷，眼睑略下垂，双瞳孔等大等圆，眼球活动灵活，对光反射灵敏。咽充血，无鼻扇及三凹征，双肺呼吸音粗，可闻及少量细湿啰音。心腹（－）。肌力 3 级，肌张力可，四肢腱反射可正常引出。颈抵抗、布氏征、克氏征阴性。双侧巴氏征对称阳性。末梢暖。

眼睑下垂视频
（视频）

【问题 3】 查体发现的临床征候有哪些特点？如何定位？

思路：符合四肢瘫，呈弛缓性麻痹特征，双侧对称性病变，症状具有波动性，查体四肢腱反射正常引出，且无明确脊髓、脑干及大脑受累体征，故病变定位于神经肌肉接头。

【问题 4】 如何分析本例患者病变的性质和病因？

思路 1：本例急性起病，女性，对称性四肢瘫表现，伴有眼外肌受累，呈波动性和疲劳性特点，考虑 MG（全身型）。需进一步完善新斯的明试验、肌电图（低频重复神经电刺激）、有关抗体等检查协助诊断。

思路 2：患儿有感染和肌无力表现，需注意感染性肌炎等肌肉病变可能，查肌酸激酶（CK）等和肌肉

MRI 等协助诊断。

思路 3：急性起病，快速进展，要排除婴儿肉毒中毒可能。但没有相应病史，且无便秘及其他脑神经受累表现，临床不支持，必要时完善肉毒毒素或病原分析以确诊。

辅助检查

血、尿、便常规各项正常；肝肾功能、CK 未见异常；颈、胸、腰脊髓 MRI 未见异常。新斯的明试验阳性。
肌电图：低频重复神经电刺激波幅递减 15%；AChR、MuSK 抗体未见异常。

【问题 5】 根据上述有关检查，目前考虑诊断是什么？

患儿有肢体无力表现，呈波动性特点，新斯的明试验阳性、重复神经电刺激（RNS）递减，考虑 MG，根据患儿肌无力特点，诊断全身型。

知识点

重症肌无力 Osserman 分型

1. Ⅰ型 眼肌型，病变仅局限于眼外肌，2 年之内其他肌群不受累。

2. Ⅱ型 全身型，有一组以上肌群受累。

ⅡA 型：轻度全身型，四肢肌群轻度受累，伴或不伴眼外肌受累，通常无咀嚼、吞咽和构音障碍，生活能自理；ⅡB 型：中度全身型，四肢肌群中度受累，伴或不伴眼外肌受累，通常有咀嚼、吞咽和构音障碍，生活自理困难。

3. Ⅲ型 重度激进型，起病急、进展快，发病数周或数月内累及咽喉肌；半年内累及呼吸肌，伴或不伴眼外肌受累，生活不能自理。

4. Ⅳ型 迟发重度型，隐袭起病，缓慢进展。2 年内逐渐进展，由Ⅰ、ⅡA、ⅡB 型进展而来，累及呼吸肌。

5. Ⅴ型 肌萎缩型，起病半年内可出现骨骼肌萎缩、无力。

【问题 6】 患儿的治疗方案是什么？

患儿入院确诊后，予以溴吡斯的明口服，同时予以大剂量甲泼尼龙冲击治疗 3 天，后规律口服泼尼松，症状逐渐好转，规律随诊。

（陈 倩）

第八节 进行性肌营养不良

进行性肌营养不良是一组由基因缺陷导致的原发性骨骼肌疾病，其特征为进行性的肌肉无力和萎缩。发病年龄可以从新生儿至成年期。临床症状主要表现为不同肌群的肌力下降、腱反射减弱或消失。其中最常见的类型为进行性假肥大性肌营养不良（Duchenne muscular dystrophy，DMD）。DMD 是儿童肌营养不良中最常见和严重的类型，发病率大约为 1/5 000 活产男婴，是一种以肌肉变性为特征的 X 连锁隐性遗传病。基因突变定位于 Xp21，简称 *DMD* 基因。该基因编码抗萎缩肌蛋白（dystrophin）。2/3 的病例基因突变来自家族遗传，1/3 病例为基因新生突变所致。大多数 *DMD* 基因突变为基因缺失，少数为基因重复和点突变。DMD 患儿在 2 岁以内可表现出大运动发育稍落后，平均独立行走年龄为 18 个月。通常在 3 岁以后出现肌肉无力和步态异常，如易摔跤，垫足尖行走。肌肉无力近端明显，下肢较上肢重。以后逐渐出现其他表现，如上楼梯及蹲起费力、鸭步样步态、跑步慢、下蹲后足跟不能着地、双侧腓肠肌肥大、Gowers 征阳性。7 岁以后，病情将进行性加重，不能跑步、不能上楼、跟腱挛缩加重，有的甚至出现关节挛缩或脱位。通常患儿在 9~10 岁丧失独立行走的能力，出现脊柱侧弯，翼状肩胛、肌肉开始萎缩。14~15 岁后，患儿不能独坐，上肢活动也开始受限，并且出现呼吸和心脏功能的异常，多数患者由于呼吸或心力衰竭死亡，中位死亡年龄在 25 岁左右。

临床关键点

1. 进行性肌营养不良的常见临床特点

(1) 肌无力,肌张力低下。

(2) 腱反射减弱或消失,病理征阴性。

(3) 肌力双侧对称,近端肌肉无力较远端重。

(4) 易疲劳,可有肌肉疼痛、痛性痉挛、肌强直等表现。

(5) 常见肌萎缩,部分有假性肌肥大。

(6) 一般不伴感觉障碍。

(7) 晚期常出现关节畸形挛缩。

(8) 可有其他系统受累,如肺部、心脏、胃肠道和骨骼。

2. DMD 诊断要点

(1) 运动发育迟缓:独坐、爬、独走较正常同龄儿晚,跑跳等不能完成或动作笨拙。

(2) 可有阳性家族史,常见母系遗传,男性发病。

(3) 查体可见近端肌肉无力为主,下肢重于上肢。行走时呈鸭步,双侧腓肠肌肥大,Gowers 征阳性,病理征阴性。年长患儿可见脊柱侧弯,关节挛缩。

(4) 血清 CK 重度升高。肌电图提示肌源性损害表现。肌肉 MRI 可见脂肪浸润现象。

(5) *DMD* 基因检测发现变异。

临床病例

患儿,男,5 岁。主因"运动发育落后"就诊。

患儿 9 个月独坐,1 岁半独走,目前不会双脚跳或单脚站立,跑步缓慢,上楼梯费力,平时容易疲劳。学习能力较同龄儿稍有落后。入幼儿园体检时曾发现转氨酶升高,后未做进一步检查。

既往史:体健,否认肝炎、结核等传染病接触史。按时预防接种。

个人史:患儿为 G_2P_2,足月顺产,出生体重 3 200g,生后无窒息。

母孕产史:G_2P_2,第一胎女孩,9 岁,体健。第二胎本患儿,母孕期体健。

家族史:母亲有一长兄瘫痪,20 岁死亡,诊断不详。

【问题 1】　结合目前病例,有无需要追问病史?

思路 1:本患儿因运动发育迟缓为主诉,需要详细询问患儿大运动发育里程碑情况,多大会抬头、翻身、会爬等以及智力水平详细情况,语言能力。

思路 2:无力的症状有无晨轻暮重等特点,有无肌肉疼痛、痉挛现象。病程中,症状是进展还是相对静止。有无呼吸困难、进食呛咳等相关表现。

补充病史

患儿 3~4 个月抬头,5 个月翻身,一直不会爬。目前幼儿园大班,学习能力中等,会背儿歌。肌无力症状缓慢持续加重,否认晨轻暮重现象,运动耐力差。病程中无肌肉痉挛疼痛。平素食量正常,无进食呛咳。夜间无呼吸费力。

【问题 2】　体格检查需要注意哪些方面?

思路 1:查体主要针对运动系统,如步态怎样、四肢肌力肌张力情况,中轴肌肉力量(能否独坐起,竖头情况)、四肢深反射可否引出、是否存在 Gowers 征。

思路 2:全身肌肉有无肥大或萎缩,特别需要注意双侧腓肠肌。同时还要观察面肌有无受累,腭弓是否增高呈肌病样改变。

思路 3:全身大关节有无僵硬挛缩,有无关节脱位,脊柱有无侧弯发生。

思路 4:心脏听诊注意心率,有无心律不齐,能否听到心前区杂音。

体格检查

神清,可独走,鸭步,蹲起费力,不会双脚跳。可正确回答问题。面部表情自然,腭弓不高。心肺(-)。四肢肌张力稍低,双上肢近端肌力 4 级,远端 4^+ 级,双下肢近端肌力 3 级,远端 4 级。双侧肱二头肌、肱三头肌反射弱引出。双侧膝腱反射未引出,跟腱反射引出,病理征阴性。双侧腓肠肌肥大,双侧踝关节轻度挛缩。脊柱无侧弯。Gowers 征阳性。

行走摇摆如鸭步态(视频)　　Gowers 征(视频)　　翼状肩胛(视频)

【问题 3】 根据查体情况,如何考虑疾病定位诊断。结合病史,可否进行定性诊断?

思路 1:体格检查提示患儿肢体肌张力下降,肌力减低,以肢体近端为主,深反射减弱或消失,病理征阴性。提示病变在下运动神经元、神经肌肉接头或肌肉。病史中患儿未出现晨轻暮重和症状波动等特点,考虑神经肌肉接头处病变可能性不大。根据患儿肌肉容积改变,提示肌肉病变可能。

思路 2:根据患儿自幼起病,病情缓慢进展,大运动受累为主,家族史阳性。分析可能为遗传性肌病可能性大。

【问题 4】 还需要完善哪些辅助检查来协助诊断?

思路 1:一般检查,如血生化、心肌酶谱、肌电图、心电图、心脏超声、大腿肌肉 MRI、骨骼 X 线片(必要时)、肺功能(必要时)。

思路 2:基因检测,DMD 基因多首先采用多重连接探针扩增技术(multiples ligation-dependent probe amplification,MLPA)进行大片段缺失 / 重复的检测。对于未发现大片段缺失 / 重复致病性变异的患者再进行 DMD 基因外显子二代测序,仍未发现致病性变异的患者应行肌肉 mRNA 分析进一步寻找致病性变异。

思路 3:肌肉活组织检查在基因检查不能明确诊断及出现未报道新突变的患者中进行。

辅助检查

血生化:ALT 310U/L,AST 526U/L,CK 156 346U/L,LDH 879U/L,CK-MB 327U/L。胆红素、ALB、肾功能均正常。HBsAg(-),HBsAb(+)。

肌电图:肌肉呈肌源性损害,运动感觉神经传导速度及波幅均正常。

大腿肌肉 MRI:弥漫性脂肪化表现。

心电图及心脏超声正常。

基因检测:DMD 基因 45~50 号外显子缺失,母亲 DMD 基因携带相同变异。

【问题 5】 综合上述病史及辅助检查结果,诊断如何考虑?

思路 1:根据患儿临床症状及体格检查考虑遗传性肌病,血清 CK 重度升高,肌电图显示肌病表现,大腿肌肉 MRI 提示肌营养不良可能,经基因检测明确 DMD 诊断。

思路 2:患儿心脏功能相关检查未见异常,骨骼目前未见明显变形,关节无畸形挛缩。无呼吸系统受累症状。

【问题 6】 DMD 治疗如何进行? 怎样随访?

思路 1:DMD 目前没有特效药物治疗,建议采取多学科综合管理。首先进行多器官系统的评估,根据个体情况制定措施。评估包括骨骼肌功能评估、心脏评估、肺功能测定、骨关节检查、消化道功能、生长发育状态、精神心理评估。

思路 2:药物治疗推荐糖皮质激素口服,4~5 岁开始,泼尼松 0.75mg/(kg·d)或地夫可特 0.9mg/(kg·d)。应用过程中注意监测激素副作用,及时调整剂量。激素治疗可以减缓肢体肌力减退,改善心肺功能,预防脊柱侧弯的发生。辅酶Q10有辅助治疗作用。

　　思路3: 定期复查至关重要,确诊后进行首次多器官系统的全面评估,此后各器官系统随访频率和开始时间因发展规律而定,一般每6个月～1年进行1次。出现心功能显著下降的患者需注意加强随访。

(陈　倩)

参 考 文 献

[1] 中国抗癫痫协会. 临床诊疗指南癫痫病分册(2015修订版). 人民卫生出版社,2015:59-69.

[2] 左启华. 小儿神经系统疾病. 2版. 北京:人民卫生出版社,2012:215-254.

[3] 中国免疫学会神经免疫学分会中华医学会神经病学分会神经免疫学组. 中国重症肌无力诊断和治疗指南. 中华神经科杂志,2015,48(11):934-940.

[4] 北京医学会罕见病分会,北京医学会神经内科分会神经肌肉病学组,中国肌营养不良协作组. Duchenne型肌营养不良多学科管理专家共识. 中华医学杂志,2018,98(35):2803-2814.

[5] SCHEFFER I E, BERKOVIC S, CAPOVILLA G, et al. ILAE classification of the epilepsies: Position paper of the ILAE Commission for Classification and Terminology. Epilepsia,2017,58(4):512-521.

[6] FISHER R S, CROSS J H, FRENCH J A, et al. Operational classification of seizure types by the International League Against Epilepsy: Position paper of the ILAE Commission for Classification and Terminology. Epilepsia,2017,58(4):522-530.

第十一章 风湿免疫性疾病

第一节 概　　述

免疫是机体的生理性保护机制，其本质是识别自身，排除异己。具体功能包括防御感染，清除衰老、损伤或死亡细胞，识别和清除突变细胞。免疫功能失调可致异常免疫反应，包括变态反应、自身免疫反应、免疫缺陷及发生恶性肿瘤。

儿童的免疫状况和成人明显不同，所以儿童免疫性疾病具有特殊性。总体上讲，儿童免疫性疾病包括风湿性疾病、过敏性疾病和免疫缺陷病。过敏性疾病将会分散在各个章节进行介绍。免疫缺陷病包括原发性免疫缺陷病和继发性免疫缺陷病。近年来，在小儿原发性免疫缺陷病的机制、诊断和治疗等诸多方面的研究进展可谓日行千里，但由于病种多，本章仅介绍几个发病率较高的疾病。

风湿性疾病是指一类以关节为主侵犯全身结缔组织系统的疾病。它包括的疾病有200多种，是一门与多专业有关的交叉学科。现代风湿病学的概念远远超出了传统的风湿病范畴，它概括了风湿病、自身免疫病、结缔组织病、代谢、遗传、内分泌及感染等多种疾病。其发病原因可以是由于感染性（如莱姆病）、免疫性（如类风湿关节炎、系统性红斑狼疮）、内分泌性（肢端肥大、甲状旁腺功能亢进）、代谢性（如痛风等结晶性关节炎）、遗传性（如黏多糖病、先天性软骨发育不全）、肿瘤性（如骨瘤、多发性骨髓瘤）、退化性（如骨性关节炎）以及地理环境（如大骨节病）等因素所引起。

除经典的风湿性疾病外（如风湿热、系统性红斑狼疮、皮肌炎、硬皮病、类风湿性关节炎等），许多以前病因不明的血管炎性综合征，现已明确为自身免疫性疾病，并纳入风湿性疾病的范畴，如过敏性紫癜和川崎病等。另一些病因不明的疾病，如肾小球肾炎、1型糖尿病、自身免疫性甲状腺炎、重症肌无力、吉兰-巴雷综合征，目前认为其发病机制亦与自身免疫性反应有关。

儿童风湿性疾病的临床特点有别于成人。一些儿童风湿性疾病的全身症状较成人明显，如全身性起病型幼年类风湿性关节炎。儿童系统性红斑狼疮病程较急，预后较成人差。与多数成人风湿性疾病的慢性过程不同，川崎病和过敏性紫癜很少复发。就发病率而言，虽然风湿热发病率近年已明显下降，但仍是儿童时期最常见的风湿性疾病之一。

因对其病因不明或不能祛除病因，因此儿童风湿性疾病治疗上常采取对症及控制疾病进展两类药物。前者主要针对关节疼痛或肿胀、腰或脊柱疼痛、高热等采取对症治疗；后者则诱导疾病进入缓解状态，并保持关节、器官、组织的功能。治疗方案因人而异，采取个体化治疗。近年来，在风湿性疾病领域取得了令人瞩目的研究进展，尤其是生物制剂的应用被认为是21世纪以来风湿病治疗的里程碑。相信生物制剂的广泛应用将会给风湿病患儿带来更加有效的治疗措施。

第二节 风　湿　热

风湿热（rheumatic fever）是A组β溶血性链球菌咽峡炎感染后发生的一种免疫性炎性疾病，是全身结缔组织的非化脓性炎症，主要侵犯心脏和关节。以心脏炎、关节炎、皮下结节、环形红斑和舞蹈病为主要临床表现，常反复发作，心脏炎是最严重的表现，慢性反复发作可形成风湿性心脏病。目前风湿热仍然是全世界儿童和青少年后天性心脏病最常见的病因之一，也是40岁内人群最常见的心血管病死因之一。本病多见于5～15岁的学龄期儿童，3岁以下罕见，发病无性别差异，一年四季均可发生，以冬春季多见。潮湿、寒冷地区发病率高，居住条件拥挤、社会经济情况差者发病较多。

该病是致风湿热的 A 组溶血性链球菌株,如 M 血清型(甲组 1~48 型)和黏液样菌株咽峡炎感染后的晚期并发症,其他组链球菌或皮肤等其他部位该菌感染不会发生风湿热。病变可累及全身各个组织器官,但以心脏、血管及浆膜病变最明显,"风湿小体"(Aschoff 小体)为特征性病理改变,病理过程分为渗出、增生和硬化三期,各期病变可同时存在或以某种病变为主的表现。

风湿热潜伏期 1 周至数周;发作活动期如不经治疗,一般不超过 6 个月;如不进行预防,可以反复周期性发作。该病多呈急性起病,亦可为隐匿性进程,典型临床表现为心脏炎、关节炎、舞蹈病、皮下小结和环形红斑;发热和关节炎是最常见的主诉,证明原有链球菌感染是必需的诊断条件;治疗为抗感染、抗风湿、对症支持综合治疗。风湿热临床表现轻重不一,远期预后取决于疾病侵犯部位和程度。

> **临床关键点**
>
> (1)风湿热是 A 组 β 溶血性链球菌感染后的免疫性非化脓性炎性疾病,临床表现以心脏炎、关节炎、皮下结节、环形红斑和舞蹈病常见。
>
> (2)风湿热可侵犯全身多个组织器官,以关节炎和心脏炎最常见,以心脏炎损坏最严重,是影响预后的主要因素,反复发作可形成风湿性心脏病,是儿童和青少年后天性心脏病中最常见的病因之一。
>
> (3)该病是特殊致风湿热 A 组 β 溶血性链球菌株咽峡炎感染后晚期并发症。皮肤和其他部位该菌感染不会发生风湿热。
>
> (4)该病多见于学龄期儿童,3 岁以下罕见,发病以冬春季多见。

> **临床病例**
>
> 患儿,女,10 岁 5 个月,因"反复发热一个多月,游走性关节疼痛十余天"就诊。初步的病史采集如下。
>
> 患儿于入院前一个多月出现不明原因发热,体温波动于 38~40℃,可自行下降致正常,无皮疹,不伴畏寒寒战和抽搐,无潮热盗汗,精神食欲欠佳,十几天前出现双肩、双膝、双肘及双髋关节游走性疼痛,伴关节局部皮温升高及活动障碍,无明显肿胀。其间患儿诉胸闷,活动后明显,伴咳嗽,无痰,不伴喘息,伴双下肢水肿。不伴眼睑水肿,尿量尿色正常。病后患儿体重下降 2kg。
>
> 患儿个人史无特殊,既往无类似发作。奶奶和妈妈有"风湿病",未正规诊断和治疗,否认结核接触史,已接种卡介苗。
>
> 初步病史采集后,因患儿主要表现为发热和关节炎,为正确诊断和处置,临床随之需考虑以下相关问题。

【问题 1】 根据该患儿的症状和主诉,为进一步诊断和鉴别诊断,病史询问应围绕哪些方面进行补充?
思路 1:以发热待查为切入点。

(1)需要明确热型:稽留热、弛张热、间歇热、波状热、周期热、不规则发热等,对疾病诊断有重要参考意义。

(2)需要询问发热的伴随症状,按照发热的病因分为感染性疾病和非感染性疾病,往往伴有全身多个系统的伴随症状,这些伴随症状往往对进一步的诊断有提示意义,包括皮疹、感染中毒症状、关节症状、呼吸道症状、消化道症状、循环系统、血液系统、神经系统相关症状。

该患儿发热伴有关节炎、胸闷、咳嗽、水肿,应重点询问关节炎分布、红肿热痛程度、进展情况;呼吸道情况是否伴有咳痰、咯血、胸痛、气促、呼吸困难及结核中毒症状;循环系统是否伴有心悸、胸闷、发绀、水肿、心前区疼痛、大汗淋漓等表现。

思路 2:以水肿待查为切入点。

(1)应该明确水肿的部位(全身性、下肢、颜面、眼睑)、性质(凹陷性或非凹陷性)、发生特点。

(2)需要询问水肿的伴随症状,对水肿原发病诊断有提示意义。按照病因不同,水肿大致分为心源性、肾源性、肝源性、内分泌性、营养性、神经血管性水肿等,不同原因导致的水肿往往有不同的伴随症状。

(3)心源性水肿是由于静脉回流受阻发生的低垂部位的水肿,可随体位变化而变动,往往见于右心衰、心包积液、缩窄性心包炎等,伴有颈静脉怒张、肝脏增大、心悸、胸闷、心慌等症状。

1)肾源性水肿是由于肾脏滤过减少,往往有尿量的减少,尿液检查异常,血尿和 / 或蛋白尿。水肿以颜面和眼睑首发,晨起更明显,严重有高血压,肾功能改变。肝源性水肿患儿往往有肝病史,水肿从双下肢开始,颜面及上肢水肿极少见,严重可伴有腹水,往往有肝功能减退和门静脉高压的其他表现。

2）内分泌性水肿往往是甲状腺功能降低患儿颜面、下肢的黏液性水肿,为非凹陷性,伴有低代谢综合征的其他表现。

3）营养性水肿见于摄食不足、喂养不当、肠道吸收功能障碍、慢性消耗性疾病的患儿,常常有消瘦、皮下脂肪减少、组织松弛的表现,往往从下肢开始,逐渐蔓延致全身。

4）神经血管性水肿是由于局部炎症或过敏因素导致血管回流受阻,局部的水肿。

结合该患儿的情况,发热、关节炎、下肢水肿、胸闷、不伴尿的改变,需高度怀疑心源性水肿。

体格检查

体温 38℃,呼吸 30 次 /min,脉搏 115 次 /min,血压 110/70mmHg,精神反应可,面色红润,全身无皮疹及皮下包块,可见卡疤,眼睑无水肿,颈静脉显露,口唇无发绀。颈部淋巴结轻度肿大,咽红,左侧扁桃体Ⅱ度,无分泌物,双肺闻及中细湿啰音。心前区无隆起,心率 115 次 /min,无震颤,心音低钝,节律整齐,心尖闻及 2/4 级收缩期吹风样杂音,无传导,腹软不胀,肝肋下 2cm,质软边锐。脾未触及。四肢肌力肌张力正常,双下肢轻度水肿。四肢关节及脊柱活动正常,局部无红肿,皮温正常。

【问题2】 体格检查需要特别注意什么体征?

思路:结合前期病史询问情况,该患儿需高度警惕心源性水肿,感染或非感染性疾病尚不能明确,在系统的体格检查中需要特别注意患儿有无皮疹,皮肤及皮下的包块,心血管系统的相关体征,心界、心率、心音、杂音等情况,有无左心衰肺循环淤血的肺部湿啰音明显增加,体循环供血不足的相关表现,有无右心衰体循环淤血的下肢水肿、颈静脉怒张、肝脏增大等表现,体循环、肺循环相关改变的体征。关注关节炎的分布、性质、程度等。

【问题3】 患儿的初步考虑诊断是什么?

思路:患儿为年长女性,发热、一过及游走性关节炎、下肢水肿为主要表现,心源性水肿可能性大,按发热待查的思路分析如下。

（1）感染性疾病:患儿病程较长,普通细菌感染可能性不大,需警惕特殊病原体感染。

1）EB 病毒感染:患儿发热、咽峡炎、颈部淋巴结肿大、肝脏增大需考虑,但是患儿咽峡炎不明显,也无法解释关节炎和下肢水肿。

2）结核感染:患儿有长程发热、消瘦为主要改变,需警惕,但无结核接触史、已接种卡介苗,无咳嗽及明显结核中毒症状,可能性小。

3）化脓性关节炎:患儿有发热、关节炎表现,需警惕,但感染中毒症状不重,关节炎为多发性、游走性,病程偏长,未规则使用抗生素治疗,关节炎好转,病程转归不能解释。

4）败血症:患儿长程发热,关节炎、淋巴结及肝脏肿大,需考虑,但患儿病程偏长、感染中毒症状不足,不支持。

（2）非感染性疾病:患儿病程偏长、发热,感染中毒症状不足,考虑非感染性疾病可能性大。

1）风湿热:患儿年长女性儿童,发热、一过及游走性关节炎、心脏炎表现,需考虑。进一步需寻找链球菌感染证据。

2）幼年特发性关节炎（多关节型）:患儿为年长女性儿童,发热、游走性多关节炎为主要表现,有"风湿病"家族史,需警惕,但患儿关节炎游走性好转明显,与幼年特发性关节炎不符。

3）血液系统肿瘤（白血病、淋巴瘤）:患儿有长程发热、体重下降、关节肿痛、肝脏肿大,需警惕。

知识点

风湿热的主要临床表现

（1）一般症状:发热,热型不定,常伴有精神不振、乏力、多汗、面色苍白、食欲缺乏及部位不定、反复发作的腹痛。

（2）心脏炎：几乎所有病例的心脏均有不同程度的受累，是风湿热唯一的持续性器官损害。以心肌炎及心内膜炎多见，亦可见全心炎。症状轻者可无明显表现，仅有心率增快或轻度心电图改变，重者可伴不同程度心力衰竭。临床表现为胸闷、心悸、气促、心前区疼痛、乏力、多汗等症状，甚至出现呼吸困难或端坐呼吸，体格检查可发现为心率增快、心律不齐，甚至心脏扩大。心包炎早期纤维素渗出为主时，在心底部可闻及心包摩擦音。心内膜炎以二尖瓣最常受累，主动脉瓣次之。

（3）关节炎：常为多发性，游走性，以膝、踝、肘等大关节为多见。轻者有关节酸痛，重者出现局部红、肿、热、痛及功能障碍。每个受累关节持续数日后可自行缓解，不遗留畸形，功能完全恢复。

（4）舞蹈病：多在风湿热数周至数月出现，早期表现为易冲动，喜怒无常，以后出现全身或部分肌肉不随意运动，如伸舌歪嘴、挤眉弄眼、耸肩缩颈、语言障碍、书写困难、细微动作不协调等，在兴奋或注意力集中时加剧，入睡后消失。少数患儿遗留不同程度神经精神后遗症，如性格改变、偏头痛、细微运动不协调等。

（5）皮肤症状

1）皮下结节：多位于各大关节的伸侧面直径为 0.5～2cm 的圆形小结，隆起于皮肤，可活动，无压痛，发生率约为 5%，是风湿活动的标志之一。

2）环形红斑：较少见，位于躯干及四肢屈侧，呈环形或半环形，淡红或暗红色，边缘隆起，环内肤色正常，无痛感及痒感，红斑出现及消失迅速，不遗留脱屑及色素沉着，可反复出现。

【问题4】 为进一步诊断应实施哪些辅助检查？

思路：患儿除进行血、尿、大便常规检查外，原发病诊断，按发热待查的思路鉴别感染及非感染性疾病可考虑进行血培养、EB 病毒病原学检查、ESR、CRP、抗 O、免疫球蛋白、补体、自身抗体、类风湿因子、抗环瓜氨酸肽抗体、结核病原学检查，必要时骨髓穿刺检查。进一步脏器功能损坏分析可考虑进行心脏超声、心电图、肝肾功能、心肌酶谱、肌钙蛋白检查。

辅助检查

血常规＋CRP：WBC 13.3×10^9/L，中性粒细胞百分比81%，Hb 123g/L，PLT 412×10^9/L；CRP 18mg/L。

免疫功能检查：免疫球蛋白、补体正常，自身抗体、类风湿因子、抗环瓜氨酸肽抗体阴性。

ESR 58mm/h，ASO 1 870U/ml。

病原学检查：EB 病毒抗体、结核抗体阴性，血培养阴性。肥达试验阴性。

骨髓彩色图文分析正常。

脏器功能分析：肝肾功能正常；心电图：窦性心动过速，二度房室传导阻滞，PR 间期延长；心脏超声：左心增大、二尖瓣、三尖瓣中度反流，轻度心包积液，射血分数58%。

【问题5】 如何根据上述提供的病例进行综合判断？

思路：根据患儿病史、体格检查及辅助检查结果，诊断为风湿热（初发、活动期），风湿性心脏炎，风湿性关节炎，心力衰竭，二度房室传导阻滞。

知识点

风湿热的诊断标准

风湿热的诊断依赖于临床表现和实验室检查的综合分析，一般参照 1992 年修改的 Jones 诊断标准（表 11-2-1）。

（1）在确定有链球菌感染证据的前提下，有两项主要表现，或一项主要表现伴两项次要表现即可临床诊断。

（2）在有链球菌感染证据的前提下，存在以下三项之一者亦应考虑风湿热：

1）排除其他原因的舞蹈病。

表 11-2-1 风湿热诊断标准

主要表现	次要表现	链球菌感染证据
心脏炎	发热	咽拭子培养 A 组 β 溶血性链球菌阳性
多发性关节炎	关节痛	快速链球菌抗原试验阳性
皮下结节	血沉增快	ASO、ASK、AH 等血清链球菌抗体滴度升高
环形红斑	CRP 阳性	
舞蹈病	心电图 PR 间期延长	

注：主要表现为关节炎者，关节痛不再作为次要表现；主要表现为心肌炎者，PR 间期延长不再作为次要表现。

2）无其他原因可解释的隐匿性心脏炎。

3）以往已确诊为风湿热，存在一项主要表现，或有发热和关节痛，或急性期反应物质增高，提示风湿热复发。

由于近年风湿热不典型和轻症病例增多，按 Jones 诊断标准易造成诊断失误。因此，应进行综合判断，必要时需追踪观察，方能提高确诊率。

治疗经过

入院后予以患儿休息、饮食控制、利尿支持治疗，青霉素静脉滴注 14 天，长效青霉素 120 万 U 肌内注射 1 次，阿司匹林抗风湿，足量泼尼松口服，改善心功能支持治疗，患儿体温逐渐正常，胸闷、水肿情况改善，住院治疗 2 周后好转出院。出院后继续口服泼尼松，并逐渐减量。每月肌内注射一次长效青霉素 120 万 U。

知识点

风湿热的治疗

（一）一般治疗

1. 休息 卧床休息的期限取决于心脏受累程度和心功能状态。无心脏炎的急性风湿热应卧床休息至少 2 周。有心脏炎者宜绝对卧床休息至急性症状完全消失，血沉接近正常时逐渐起床活动；若伴心力衰竭，则应在心功能恢复后再卧床 3~4 周。恢复正常活动时间：无心脏炎者需 1 个月，有心脏受累但无扩大者需 2~3 个月，有心脏扩大或有心力衰竭者需 6 个月。

2. 饮食 宜少量多餐，富有营养、易于消化的食物；有心力衰竭者应适当限制钠和水的摄入。

（二）控制链球菌感染

现已公认苄星青霉素是首选药物。对初发链球菌感染者体重 27kg 以下，肌内注射 60 万 U；体重 27kg 以上，120 万 U。若过敏可改用大环内酯类抗生素等。

（三）抗风湿药物治疗

1. 水杨酸制剂 适用于无心脏炎的一般风湿热病例。常用阿司匹林，剂量 80~100mg/(kg·d)，分 3~4 次口服。热退、症状消失、血沉正常后减至半量维持，疗程 4~8 周。

2. 肾上腺皮质激素 适用于有心脏炎患者。常用泼尼松 1.5~2mg/(kg·d)，分 3~4 次口服。严重者可用甲泼尼龙冲击 10~30mg/(kg·d)，共 1~3 次，症状好转后改泼尼松口服。症状控制后逐渐减量至 8~12 周停药，停药前 1~2 周加用水杨酸制剂，以防反跳现象。

（四）充血性心力衰竭的治疗

出现心力衰竭者除应用大剂量糖皮质激素以外，加用口服地高辛或静脉滴注毛花苷 C 及速效利尿剂等。易发生洋地黄类药物中毒，故应为一般剂量的 1/2~1/3。

（五）舞蹈病的治疗

主要采取对症及支持疗法，可应用苯巴比妥、地西泮等镇静剂对症治疗，避免环境刺激。

【问题6】 风湿热的预后如何？如何预防风湿热的反复发生？

思路：风湿热预后主要取决于心脏炎的严重程度，首次发作是否得到正确治疗，以及是否按期进行预防风湿热复发措施。严重心脏炎伴充血性心力衰竭患儿预后较差。

预防风湿热复发需要每3～4周肌内注射苄星青霉素G（长效青霉素），预防注射期限至少5年，最好持续至25岁。有风湿性心脏病者，宜作终生药物预防。对青霉素过敏者可改用红霉素类药物口服，每月6～7天，持续时间同前。有作者认为目前A组溶血性链球菌对红霉素耐药菌株增多，而对复方磺胺甲唑耐药率仅为3.4%，因此主张对青霉素过敏的风热湿热患者，二级预防首选磺胺类药物。

风湿热或风湿性心脏病患儿，当拔牙或其他手术时，术前、术后应用抗生素静脉注射，以预防感染性心内膜炎。

第三节　幼年特发性关节炎

幼年特发性关节炎（juvenile idiopathic arthritis，JIA）是儿童时期常见的风湿性疾病，以慢性关节滑膜炎为其主要特征，可伴有全身多系统受累，是造成小儿致残和失明的重要原因。总定义为小于16岁起病，持续6周或6周以上的单关节或多关节炎，并除外其他原因。

JIA的病因至今尚未明确。一般认为可能与以下因素有关，遗传易感性、免疫失衡和外源性因素，包括感染、外伤、环境因素和心理刺激等。关节病变以慢性非化脓性滑膜炎为特征，受累滑膜绒毛肥大、细胞增生、滑膜下组织充血水肿、血管内皮细胞增生，导致血管翳形成及关节软骨进行性侵蚀和破坏可出现胸膜、心内膜、腹膜等非特异性纤维素性浆膜炎。

目前JIA的诊断缺乏特异性的实验室检查，所有辅助检查仅作为鉴别诊断和疾病活动度的判断。治疗应根据关节炎不同分型，尽早应用非甾体抗炎药、缓解病情抗风湿药治疗，重症患儿可能需加用糖皮质激素、免疫抑制剂或生物制剂治疗，以控制疾病活动度，减轻或消除关节疼痛和肿胀，预防关节症状的加重，避免出现不可修复的骨破坏，防止关节畸形和功能障碍。因为JIA是一组异质性的疾病，不同类型预后差别较大。

JIA的诊疗经过通常包括以下环节：

1. 详细询问患儿发热的热程、热型及伴随症状，关节炎开始的时间、部位、程度。

2. 查体时重点关注发热的热型，发热时有无皮疹，皮疹出现的部位、颜色及与发热的关系；是否伴发肝脾淋巴结肿大及多浆膜腔积液；关节炎的部位、有无肿胀、疼痛及活动受限，计算肿胀关节数、疼痛关节数、活动受限关节数及活动性关节数。

3. 辅助检查以助诊断及鉴别诊断。血培养、骨髓培养鉴别败血症；骨髓细胞学、组织活检有助于鉴别血液系统及其他肿瘤；PPD皮试、结核干扰素及胸部CT以鉴别结核感染；相应免疫学检查除外其他风湿性疾病；影像学检查，如关节超声、关节MRI可了解早期骨关节病变，超声检查可了解及辅助关节腔穿刺。

4. JIA的治疗应根据不同类型选择不同的治疗方案。尽早应用非甾体抗炎药缓解症状，必要时加用抗风湿药，根据病情选择糖皮质激素、免疫抑制剂或生物制剂治疗，以达到控制疾病活动度，保护骨关节功能，改善预后的目的。

临床关键点

（1）首先要明确JIA是排他性诊断，目前尚缺乏特异性辅助检查，因此不能依靠某项实验室检查来确诊。

（2）针对发热原因不明或关节炎持续6周以上者，应考虑行相关检查协助本病诊断。

（3）辅助检查可能伴有轻度贫血、外周血白细胞计数增高和血小板增多等；血沉增快，CRP升高缺乏特异性；应行各种病原学检查以除外感染，尤其是结核感染；骨髓细胞学检查除外血液系统肿瘤；骨关节超声可见滑膜增厚，关节腔积液时可协助行关节腔穿刺，除外骨关节感染，MRI检查可发现骨髓水肿，可早期提示关节炎症病变。

临床病例

患儿，男，5岁。因"持续发热20天"来急诊就诊。初步的病史采集如下。

患儿于入院前20天无明显诱因出现发热，呈弛张热，精神及食欲可，无咳嗽，无腹痛、腹泻、呕吐等症状。当地医院给予抗生素治疗7天，抗病毒治疗7天，中医治疗5天均无效，病程中间断出现皮疹，波及躯干及四肢，发热时伴四肢酸痛，双膝关节疼痛，为进一步诊治转来医院。

患儿为G_1P_1，足月顺产，既往体健，否认既往传染病史，否认结核接触史；祖籍四川，家族中其奶奶患类风湿关节炎多年，否认其他遗传病史。

初步病史采集后，因患儿主要表现为持续发热20天，按发热原因待查思路分析，临床需考虑以下相关问题。

【问题1】　该患儿持续发热已达20天，怎样进行分析鉴别？

思路：儿童持续发热超过2周，可以按照发热原因待查进行分析。首先将区别感染性和非感染性发热。

> **知识点**
>
> 依据发热原因可将儿童发热分为感染性和非感染性两方面，感染性疾病包括各种病原（细菌、病毒、支原体、衣原体、真菌、结核等）导致的局部或全身感染；非感染性疾病主要涵盖肿瘤性疾病（白血病、淋巴瘤、神经母细胞瘤等）及风湿免疫性疾病（幼年特发性关节炎、系统性红斑狼疮、皮肌炎、混合型结缔组织病等）。

【问题2】　怎样分析鉴别感染性疾病？

思路1：目前中国儿童发热性疾病中，感染仍为最常见的原因。其中呼吸道、消化道、泌尿道及神经系统感染更常见。通过X线胸片、痰培养等可除外呼吸道感染；大小便常规及培养可除外消化道及泌尿道感染；如伴发神经系统症状，必要时行脑脊液检查及头颅影像学检查除外颅内感染；外周血象、血培养、骨髓培养等可除外败血症等全身感染。

思路2：从发热的伴随症状进行分析，因该患儿发热时伴随无症状性红色皮疹，四肢及躯干可见，同时伴随全身肌肉酸痛及膝关节疼痛等症状，无呼吸道、消化道及泌尿道感染等伴随症状，因此应考虑有无骨关节感染，如化脓性膝关节炎，但抗生素治疗7天无效不支持。同时病程已3周，应考虑非感染性疾病的可能性更大。

体格检查记录

体温38.5℃，呼吸34次/min，脉搏125次/min，血压110/70mmHg，精神反应可，面色红润，胸背部及四肢可见大小不等的红色皮疹，无瘙痒，压之褪色，卡疤处无发红。眼无水肿，咽部无充血，扁桃体可见Ⅰ度，无分泌物，颈部淋巴结扪及0.5cm×0.5cm大小2枚。双肺呼吸音清，未闻及湿啰音。心音有力，律齐，心率125次/min，未闻及杂音，腹软不胀，肝肋下1cm，质软边锐，脾未触及。四肢肌张力正常，双膝关节伸直及屈曲时有疼痛及活动受限，局部无红肿，皮温正常，其余关节及脊柱活动正常。

【问题3】　体格检查需要特别注意什么体征？

思路：结合前期病史询问情况，该患儿需注意全身性疾病：感染或非感染性疾病尚不能明确，在系统的体格检查中需要特别注意患儿有无皮疹（图11-3-1），皮肤及皮下的包块，有无呼吸系统、消化系统、泌尿系统、神经系统等感染症状，尤其注意有无隐匿感染，如结核病（肺结核、结核性脑膜炎及骨关节结核）。同时，需注意关节肌肉查体，仔细检查全身各大小关节有无受累（图11-3-2），包括表面红肿、皮温有无增高、疼痛关节数、肿胀关节数（图11-3-3）、活动受限关节数等。

【问题4】　患儿的初步诊断？

思路：患儿为学龄前男性，以发热、皮疹、关节疼痛及活动受限为主要表现，按发热、关节痛待查的思路分析如下。

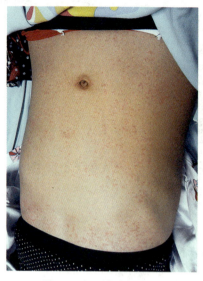

图 11-3-1 充血性皮疹

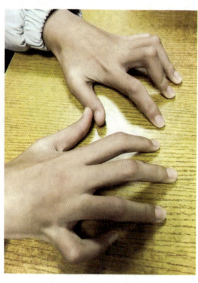

图 11-3-2 关节畸形

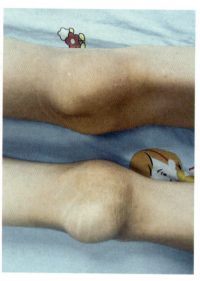

图 11-3-3 膝关节肿胀

（1）感染性疾病

1）化脓性关节炎：患儿有发热、关节疼痛及活动受限表现，需警惕，但患儿病程偏长，查体关节表面无红肿，皮温不高，全身感染中毒症状不重，抗生素治疗无效，故普通细菌感染导致化脓性关节炎可能性不大，但需警惕特殊病原体感染。

2）结核感染：患儿有发热，骨关节改变，需警惕，但无结核接触史，已接种卡介苗，无咳嗽及明显结核中毒症状，可能性小。

3）EB 病毒感染：患儿出现发热、皮疹，要考虑，但病程中无鼻阻、咽痛。查体扁桃体无肿大，未见白膜，肝脾淋巴结无明显肿大，可能性小。

4）败血症：患儿发热长达 3 周，伴皮疹、关节炎及肝脏肿大，需考虑，但患儿病程偏长，全身感染中毒症状不重，不支持。

（2）非感染性疾病

1）风湿热：患儿为学龄前期儿童，有发热、皮疹、关节炎表现，需考虑，但患儿关节症状非游走性，使用抗生素治疗无效，可能性小。

2）血液系统肿瘤：患儿有中长程发热、关节肿痛、肝脏轻度肿大，需警惕儿童血液系统恶性肿瘤，如白血病、淋巴瘤等。但患儿无明显贫血及肝脾淋巴结肿大，不支持。

3）幼年特发性关节炎（全身型）：患儿为学龄男性儿童，持续弛张热超过 2 周、伴随发热消长的皮疹以及对称性关节炎为主要表现，有类风湿关节炎家族史，需高度警惕，有待进一步检查除外感染及其他非感染性疾病后确诊。

【问题5】 进一步做何辅助检查?

思路：行外周血常规、ESR、CRP 了解有无急性炎症表现；按诊断思路进行相应感染及非感染性疾病鉴别，如血培养、骨髓培养除外败血症，EB 病毒病原学检查除外 EBV 感染，结核病原学检查除外结核感染，必要时脑脊液检查除外颅内感染；其他免疫学及非免疫学检查，如抗 O、类风湿因子、免疫球蛋白、补体、自身抗体、抗环瓜氨酸肽抗体等有助疾病诊断及活动性判断；骨髓细胞学检查、淋巴结活检等除外白血病及淋巴瘤。其他辅助检查可选择进行心脏超声、心电图、心肌酶谱、胸腹部 CT、关节超声、关节 MRI 等。

门诊及入院后辅助检查

血常规：WBC $20.5 \times 10^9/L$，中性粒细胞百分比 87%，Hb 103g/L，PLT $412 \times 10^9/L$；ESR 95mm/h，CRP 58mg/L。

病原学检查：EB 病毒抗体、结核抗体、支原体 PCR 等阴性。

免疫功能检查：免疫球蛋白 IgG 18g/L ↑，补体正常，自身抗体、类风湿因子、抗环瓜氨酸肽抗体阴性。

其他：ASO，肝肾功能，心肌酶谱正常，血培养、骨髓培养阴性。肥达试验阴性。

骨髓细胞学检查提示刺激性骨髓象。

脏器功能分析：心电图示窦性心动过速；心脏超声示少量心包积液，心功能及射血分数正常；胸腹部CT未提示明显异常。

【问题6】 如何进行诊断？

思路： 根据患儿病史、体格检查及辅助检查结果，排除感染、肿瘤及其他风湿性疾病后诊断为幼年特发性关节炎全身型（systemic onset juvenile idiopathic arthritis，So-JIA）。

住院医师要求掌握JIA疾病的总体诊断及分型。

知识点

幼年特发性关节炎的诊断及分型标准

国际风湿病学联盟（ILAR）2001年将16岁以下起病，不明原因持续6周以上的关节肿胀命名为幼年特发性关节炎（JIA）。共分为全身型、少关节型（持续型和扩展型）、多关节炎型（类风湿因子阴性型）、多关节型（类风湿因子阳性型）、银屑病性关节炎、与附着点炎症相关性关节炎及其他未分类关节炎七种类型。

在总体诊断明确的基础上，再对相关分型作出判断。因为患儿呈持续弛张发热超过2周、伴随发热消长的皮疹、对称性关节炎，需考虑JIA全身型，其诊断标准如下。

知识点

幼年特发性关节炎（全身型）的诊断标准

（1）定义为每日发热至少持续2周以上，伴有关节炎，同时伴随以下一项或更多症状：①短暂的、非固定红斑样皮疹；②淋巴结肿大；③肝脾大；④浆膜炎等。

（2）应排除下列情况：银屑病；6岁以上HLA-B27阳性的男性关节炎；家族中一级亲属有HLA-B27相关的疾病（强直性脊柱炎、与附着点炎症相关的关节炎、骶髂关节炎或急性前葡萄膜炎）；间隔3个月以上两次类风湿因子阳性。

本型可发生于任何年龄，多呈弛张高热；皮疹特点为随体温升降而出现或消退；关节症状为发热时加重，热退后减轻。约10%的全身型JIA可伴肝损害、出血及神经系统症状，发生巨噬细胞活化综合征（macrophage activation syndrome，MAS），危及生命。

同时，住院医师还应了解JIA的其他类型的诊断标准，包括少关节炎型、多关节炎型（RF阴性型和阳性型）。

知识点

幼年特发性关节炎的诊断标准

1. 少关节型幼年特发性关节炎（oligoarticular JIA）

（1）定义：发病最初6个月有1～4个关节受累。分两种亚型。①持续少关节型：整个疾病过程中关节受累在4个及以下；②扩展少关节型：病程6个月后关节受累数≥5个。

（2）应排除：银屑病；6岁以上HLA-B27阳性的男性关节炎患者；家族中一级亲属有HLA-B27相关的疾病（强直性脊柱炎、与附着点炎症相关的关节炎、骶髂关节炎或急性前葡萄膜炎）；间隔3个月以上两次类风湿因子阳性；全身型JIA。

2. 多关节型幼年特发性关节炎（类风湿因子阴性型）（polyarticular JIA，RF-）

(1)定义：发病最初 6 个月≥5 个关节受累，RF 阴性。

(2)应排除：银屑病；6 岁以上 HLA-B27 阳性的男性关节炎患者；家族中一级亲属有 HLA-B27 相关的疾病（强直性脊柱炎、与附着点炎症相关的关节炎、骶髂关节炎或急性前葡萄膜炎）；间隔 3 个月以上两次类风湿因子阳性；全身型 JIA。

3.多关节型幼年特发性关节炎（类风湿因子阳性型）（polyarticular JIA，RF+）

(1)定义：发病最初 6 个月有≥5 个关节受累，RF 阳性。

(2)应排除：银屑病；6 岁以上 HLA-B27 阳性的男性关节炎患者；家族中一级亲属有 HLA-B27 相关的疾病（强直性脊柱炎、与附着点炎症相关的关节炎、骶髂关节炎或急性前葡萄膜炎）；全身型 JIA。

此外，还有银屑病性幼年特发性关节炎、与附着点炎症相关的幼年特发性关节炎及其他未分类关节炎，诊断标准如下。

知识点

1.银屑病性幼年特发性关节炎（psoriatic JIA）

(1)定义：1 个或更多的关节炎合并银屑病，或关节炎合并以下最少 2 项。①指/趾炎；②指甲凹陷或指甲脱离；③家族中一级亲属有银屑病。

(2)应排除：6 岁以上 HLA-B27 阳性的男性关节炎患者；家族中一级亲属有 HLA-B27 相关的疾病（强直性脊柱炎、与附着点炎症相关的关节炎、骶髂关节炎或急性前葡萄膜炎）；间隔 3 个月以上两次类风湿因子阳性；全身型 JIA。

2.与附着点炎症相关的幼年特发性关节炎（ERA）

(1)定义：关节炎合并附着点炎症，伴有下列情况中至少 2 项。①骶髂关节压痛和/或炎症性腰骶部疼痛；②HLA-B27 阳性；③6 岁以上发病的男性关节炎患儿；④急性前葡萄膜炎；⑤家族史中一级亲属有强直性脊柱炎、与附着点炎症相关的关节炎、炎症肠病性关节炎、Reiter 综合征、急性前葡萄膜炎。

(2)应排除：银屑病；间隔 3 个月以上两次类风湿因子阳性；全身型 JIA。

3.其他未分类关节炎（undifferentiated arthritis）：不符合上述任何一项或符合上述两项以上类别的关节炎。

【问题7】 该患儿应如何治疗？

思路：JIA 的治疗原则是快速消除症状，保护骨关节功能。针对 So-JIA，迅速退热、缓解关节炎症是关键。故入院后给予非甾体抗炎药（NSAIDs）是首选，如萘普生、布洛芬等；如 NSAIDs 无效，则可选择加用皮质激素类药物；如关节症状持续，应联合缓解病情抗风湿病药物（DMARDs）；如合并 MAS，则应联合甲泼尼龙静脉冲击及环孢素等免疫抑制剂治疗。

治疗经过

入院后予以患儿休息、营养支持治疗，布洛芬解热抗风湿治疗 5 天，患儿仍有高热、皮疹，完善相关检查，除外感染性疾病、肿瘤性疾病和其他风湿病后，给予泼尼松 1mg/kg 口服，患儿体温逐渐正常，皮疹消失，膝关节疼痛缓解，心脏超声心包积液消失，ESR、CRP 下降，住院治疗 3 周后好转出院。出院后继续口服泼尼松，并逐渐减量维持。

知识点

幼年特发性关节炎（JIA）的治疗原则

JIA 治疗目的在于控制临床症状，抑制关节炎症，维持关节功能和预防关节畸形。

(1)一般治疗：不主张过多卧床休息，注意增加营养和适当运动，体育疗法、物理疗法、心理治疗在本病治疗过程中十分重要。定期眼科检查及早发现虹膜睫状体炎。

（2）药物治疗

1）非甾体抗炎药物（NSAIDs）：可迅速缓解症状，是治疗 JIA 的常用药物，如萘普生、布洛芬、双氯芬酸钠等。

2）缓解病情抗风湿药物（DMARDs）：本类药物作用缓慢，常需数周至数月方能见效。如合并关节症状，及早使用可改善预后。常用甲氨蝶呤、羟氯喹、柳氮磺胺吡啶等。

3）免疫抑制剂：可选用硫唑嘌呤、环磷酰胺、环孢素 A 等，使用时应定期检测血常规和肝功能。

4）肾上腺皮质激素：仅适用于以下情况。非甾体抗炎药或其他治疗无效的 So-JIA；JIA 合并 MAS；难治性多关节型 JIA。如并发 MAS，可用甲泼尼龙静脉滴注治疗；少关节型 JIA 并发虹膜睫状体炎者可局部使用激素眼药水；对单个关节大量积液者，于关节腔内注射皮质激素，有利关节功能恢复。

5）生物制剂：常用 TNF-α 拮抗剂，如依那西普、英夫利昔等，So-JIA 可选用 IL-6R 拮抗剂如托珠单抗，与 DMARDs 药物联用，可显著改善 JIA 预后。

6）中药：可用白芍总苷及青藤碱制剂正清风痛宁等。

（3）运动康复治疗：JIA 患儿实施有氧训练可能提高身体体能，改善 JIA 远期预后。

针对全身型幼年特发性关节炎（So-JIA）的治疗：

1．So-JIA 轻者只需要口服非甾体抗炎药（NSAIDs），如萘普生、布洛芬、双氯芬酸钠等。

2．若发热和关节炎未能为足量非甾抗炎药物所控制时，可加服泼尼松每日 0.5～1mg/kg，一次顿服或分次口服，一旦症状控制即逐渐减量而停药，严格掌握激素使用指针。So-JIA 合并 MAS 时，可用大剂量甲泼尼龙静脉滴注 3 天后，病情稳定后改为泼尼松 0.5～1mg/(kg·d) 口服。注意激素副作用如骨质疏松，股骨头无菌性坏死，严重生长发育障碍等。

3．合并明显关节症状时联合 DMARDs 如 MTX 治疗。

4．生物制剂，So-JIA 以上治疗仍有发热时，IL-6 受体拮抗剂可显著改善 So-JIA 急性期症状，保护关节功能。

5．其他治疗，如口服钙剂、理疗等。

【问题8】 JIA 的预后怎样？

思路：各型 JIA 呈慢性经过，可迁延反复，总体预后较好，并发症主要是关节功能丧失和虹膜睫状体炎所致的视力障碍。大多数少关节型 JIA 患儿预后良好，但部分少关节炎型 JIA 遗留视力障碍，其他后遗症包括双下肢不等长；多关节型 JIA 部分遗留畸形或永久关节功能丧失；全身型 JIA 在预后方面存在异质性：可表现为单次发病，2～4 年内病情缓解；或反复复发，以全身症状伴轻度关节炎为特点；或是持续存在破坏性关节炎，通常在全身症状控制后更为突出。目前认为全身型 JIA 的病死率仍高于其他亚型的 JIA，全身型 JIA 合并 MAS 者死亡率较高。

第四节　系统性红斑狼疮

系统性红斑狼疮（systemic lupus erythematosus，SLE）是一种以多系统损害和血清中出现多种自身抗体为特征的自身免疫性疾病，10%～20% 的患者于儿童期起病。SLE 是儿童期常见的风湿性疾病之一。青春期前 SLE 男女发病比例 1:（2～6），高于成人 SLE 患者男女比例 1:（8～15）。该病临床表现多样，除发热、皮疹等共同表现外，常先后或同时累及泌尿、神经、心血管、血液、呼吸等多个系统。一旦诊断，大多数需加用皮质激素、免疫抑制剂，必要时使用生物制剂治疗，如不积极治疗，儿童 SLE 的多系统损害远比成人严重，预后更差。

SLE 的基本病因和发病机制尚不清楚，可能为某些诱发因素作用于具有一定遗传易感性的人群，导致机体的免疫调节失衡所致。①感染是重要的诱因之一，包括细菌及病毒感染等，紫外线照射等物理因素也可能导致炎症反应和组织损伤；②遗传易感性：SLE 存在明显家族聚集现象，同卵双生子的共同患病率高达 25%。相关基因包括 HLA 基因的多态性、*Fas/FasL* 异常、补体基因的缺陷等；③免疫功能失衡：T、B 淋巴细胞异常激活,产生大量的自身抗体和炎性细胞因子,导致多系统的组织损伤;④其他因素:女性较男性易患病,病情也常在青春发育期和妊娠期加重,证实雌激素可能与 SLE 的发生发展有关。

SLE 临床表现多样,与成人相比,儿童期起病的 SLE 病情更严重,更易导致器官受累。

(1)全身症状:儿童 SLE 较成人多见,如发热、疲乏、食欲下降、体重减轻、脱发及肝脾淋巴结肿大等。

(2)皮肤、黏膜表现:是最常见的受累器官之一,发生率 30%~90%,40% 左右的患儿以皮疹为首发症状。其中面部蝶形红斑最常见,是 SLE 的标志性表现;还可见脱发、光过敏、盘状红斑、血管炎性皮疹、雷诺氏现象及肢端、口腔及鼻黏膜溃疡等。

(3)关节、肌肉:多表现为对称性、多发性大小关节肿、痛,伴活动受限,一般无破坏性改变,也可伴肌痛及肌无力。

(4)血液系统:典型改变为三系下降。常见贫血,多呈溶血性贫血;白细胞减少,其中淋巴细胞减少更常见,是 SLE 活动的敏感指标之一;血小板减少占 30%,部分病例以血小板减少性紫癜为首发症状,可表现为顽固性血小板降低。

(5)狼疮性肾炎:肾脏是 SLE 最常见的受累器官之一,比成人多见且严重,发生率 40%~90%。症状从轻度蛋白尿或镜下血尿到终末期肾衰竭均可发生,蛋白尿是最常见的临床表现,还可表现为镜下血尿、高血压和肾功能不全。

(6)神经系统:即神经精神性狼疮(NPSLE),最常表现为头痛,其他包括情绪异常、认知功能障碍、精神症状、惊厥、脑血管疾病、脊髓及神经疾病等。17%~95% 儿童 SLE 患者在病程中出现神经精神症状。

(7)心血管系统:以心包炎最常见,超声发现心包积液,其他心内膜炎、心肌炎或瓣膜病相对少见。儿童肺动脉高压(PAH)的发生率较成人低。

(8)呼吸系统:以胸膜炎及胸腔积液最多见,主要表现为咳嗽、气急、呼吸困难,其他肺部受累包括间质性肺疾患、弥漫性肺泡出血、急性间质性肺炎和急性呼吸窘迫综合征等,肺栓塞较少见。肺部受累可见于50% 的儿童 SLE。

(9)其他:消化系统受累亦不少见,出现食欲减退、恶心呕吐、肝脾肿大、腹痛、腹泻、消化道出血甚至肠穿孔,少见胰腺炎、假性梗阻或蛋白丢失性肠病;可伴内分泌系统异常,表现为甲状腺功能低下,或甲状腺功能亢进,抗甲状腺抗体阳性;此外,还可出现月经异常等。

SLE 的诊疗经过通常包括以下环节。

1. 详细询问患儿发热的热程、热型及伴随症状,关节炎开始的时间、部位、程度。查体时重点关注有无皮疹,皮疹的部位、颜色,是否出现面部蝶形红斑,口腔溃疡,是否伴发肢端血管炎等皮肤表现;有无见光流泪等光过敏表现。

2. 检查是否伴发贫血,有无肝脾淋巴结肿大,有无多浆膜腔积液,有无关节肿胀疼痛及活动受限;有无下肢水肿,肾区叩痛等。

3. 辅助检查以助诊断及鉴别诊断:外周血常规是否伴发 RBC、WBC 及 PLT 下降;免疫学检查是否出现抗核抗体(ANA)阳性、dsDNA 阳性、补体 C3 下降;超声检查有无心包积液、胸腹腔积液;脑电图、头颅MRI 了解神经系统受损情况。血培养、骨髓培养鉴别败血症及血液系统肿瘤;胸部 CT 及 PPT 皮试以鉴别结核感染。

4. SLE 的治疗应根据重要脏器受损情况选择不同的治疗方案。一旦诊断,尽早应用皮质激素抗感染治疗,必要时加用免疫抑制剂或生物制剂治疗,以控制疾病活动性,保护脏器功能,改善预后。

临床关键点

(1)SLE 是一种以血清中出现自身抗体为特征的自身免疫性疾病,病因和发病机制尚不清楚,青春发育期女性多见。

(2)儿童 SLE 临床症状较成人重,可累及各系统,全身症状明显,发热、皮疹、血液、肾脏、心血管、呼吸、消化系统等均可表现相应症状,与成人相比病情更严重并且更容易有器官受累;如不及时规范诊治,预后较成人差。

(3)对于有多系统损害的青春期起病的女性患儿,应想到 SLE 的可能。

临床病例

患儿，女，13岁5个月，因"反复发热1个月，面部红斑10天"就诊。初步病史采集如下。

患儿于入院前1个月出现不明原因发热，体温波动于38～40℃，不伴畏寒寒战与抽搐，无皮疹，伴有神萎，食欲下降，无潮热盗汗。10天前上体育课之后出现面部瘙痒、疼痛，随之出现面部红斑，伴痒感、刺痛，日晒后更明显。发热时伴全身肌肉酸痛，偶伴双膝关节疼痛，关节局部无明显肿胀，皮温无升高，无活动障碍。其间患儿诉胸闷，活动后明显，不伴咳嗽，诉头痛，恶心，无呕吐，无双下肢水肿，尿量尿色正常。

患儿个人史无特殊，既往无类似发作。姑妈有"风湿病"，正规治疗后好转，否认结核接触史，已接种卡介苗。

初步病史采集后，因患儿主要表现为发热和面部皮疹，为作出正确诊断和处置，临床随之需考虑以下相关问题。

【问题1】 根据该患儿的症状和主诉，为作出进一步的诊断和鉴别诊断，病史询问方面应围绕哪些方面进行补充？

思路：

（1）以发热原因待查为切入点考虑。首先，需要明确发热的热型、热程，院外经过哪些检查和治疗，效果怎样。

（2）同时需注意发热的伴随症状：有无寒战惊厥，有无呼吸道消化道症状，是否伴肌肉酸痛、关节肿痛，是否伴皮疹等。

（3）发热伴皮疹时需注意询问：发热与皮疹出现的关系，皮疹形态、部位、是否伴痒痛，院外治疗后的进展等。

知识点

儿童发热析因可将发热分为感染性和非感染性两方面，感染性疾病包括各种病原（细菌、病毒、支原体、衣原体、真菌、结核等）导致的局部或全身感染；非感染性疾病主要涵盖肿瘤性疾病（白血病、淋巴瘤、神经母细胞瘤等）及风湿免疫病（幼年特发性关节炎、系统性红斑狼疮、皮肌炎、混合型结缔组织病等）。该患儿持续发热时间>2周，属于长程发热，因缺乏呼吸道、消化道、泌尿道等常见感染的证据，且发热时伴明显皮疹，应考虑非感染性疾病，其中风湿免疫性疾病首先考虑。

体格检查

体温39.2℃，呼吸38次/min，脉搏135次/min，血压120/85mmHg，急性热病容，精神反应尚可，面色红润，双侧面颊部可见鲜红色皮疹，融合成片，其上可见细小脱屑，颈部、胸背部及四肢肢端可见大小不等的红色斑疹，无瘙痒，压之不褪色。咽部无充血，扁桃体可见Ⅱ度，无分泌物，舌面可见2枚溃疡，基底部发红，触痛明显。颈部淋巴结扪及1.0cm×0.5cm大小2枚，活动无压痛。双肺呼吸音清，未闻及干湿啰音，心音欠有力，律齐，心率135次/min，前倾体位时闻及心包摩擦音，腹软不胀，肝肋下1cm，质软边锐，脾未触及。四肢肌力肌张力正常，双侧大腿肌肉触痛，双膝关节伸直及屈曲时有疼痛，无活动受限，关节肌肉局部无红肿，皮温正常，其余关节及脊柱活动正常，神经系统查体未见异常。

【问题2】 体格检查需要特别注意什么体征？

思路：结合前期病史询问情况，该患儿需高度警惕儿童风湿免疫性疾病。在系统的体格检查中需要特别注意患儿皮疹（图11-4-1）的形态、部位、性质、有无痒痛、肢端血管炎（图11-4-2，图11-4-3）、毛细血管充盈时间等；有无脱发、口腔溃疡，心血管系统的相关体征：心界、心率、心音、杂音等情况，有无心力衰竭及心包积液；肺部检查有无啰音及呼吸困难等体征；关注肌肉关节疼痛的性质、发作情况，有无关节活动受限等；有无神经系统定位体征及各种反射是否正常。

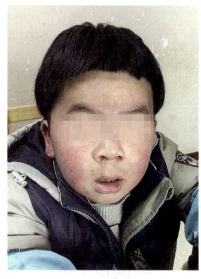
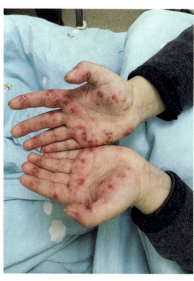
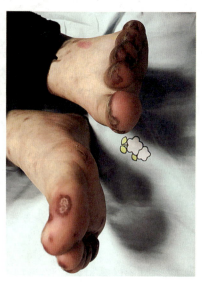

图 11-4-1　面部蝶形红斑　　　　图 11-4-2　手部血管炎　　　　图 11-4-3　足部血管炎

【问题3】 患儿的初步诊断是什么?

思路:患儿为年长女性,因发热、皮疹为主要表现,按发热、皮疹待查的思路分析如下。

(1)急性感染性出疹性疾病:首先从发热与皮疹出现的时间关系上判断,可除外麻疹、水痘、风疹等急性、传染性出疹性疾病。

(2)其他感染性疾病:EB病毒感染,患儿出现发热、皮疹,要考虑,但病程中无眼睑水肿、鼻阻、咽痛,查体扁桃体无白膜,外周淋巴结无广泛显著肿大,结合皮疹形态及分布,可能性小,需进一步作外周血象,检查EBV抗体及PCR等除外;结核感染,患儿有发热需警惕,但无结核接触史,已接种卡介苗,无咳嗽及明显结核中毒症状,可能性小。有待胸部CT、痰找抗酸杆菌等除外。

(3)肿瘤性疾病:患儿有不明原因发热超过2周,同时伴皮疹,要想到,有待骨髓细胞学,尿香草扁桃酸(VMA)等检查除外。

(4)风湿性疾病:患儿为年长女性、发热、皮疹、一过性游走性关节炎为主要表现,病程超过1个月,风湿性疾病可能性大,结合患儿具有典型面部对称性蝶形红斑、口腔溃疡、肢端血管炎、心包炎等症状体征,故幼年起病的SLE诊断成立。

【问题4】 为确诊应进行哪些辅助检查?

思路:患儿应首先进行血常规、尿常规检查;其次按照发热待查的思路鉴别感染及非感染性疾病,如血培养、骨髓培养除外败血症,肝肾功能、EB病毒病原学检查除外EBV感染,结核病原学检查除外结核感染,必要时腰椎穿刺脑脊液检查除外颅内感染;其他免疫学及非免疫学检查如抗O、类风湿因子、免疫球蛋白、补体、自身抗体、抗环瓜氨酸肽抗体等有助疾病诊断及活动性判断;骨髓细胞学检查、24小时尿VMA检查、淋巴结活检等除外白血病、淋巴瘤及常见腹膜后肿瘤。其他辅助检查可行心肌酶谱、肌钙蛋白、心脏超声、心电图、胸腹部CT、头颅MRI,必要时腰椎穿刺脑脊液检查、肾穿刺活检等。

门诊及入院后辅助检查

血常规:WBC 3.5×10^9/L,中性粒细胞百分比83%,淋巴细胞百分比16%,嗜酸性粒细胞百分比1%,RBC 2.78×10^{12}/L,Hb 83g/L,Rc 5%,PLT 52×10^9/L;尿常规 PRO(+),BLD(++),WBC(+);ESR 110mm/h,CRP 60mg/L。

病原学检查:EB病毒抗体、结核抗体、支原体PCR等阴性。

免疫功能检查:免疫球蛋白 IgG 24g/L ↑,IgA 2.2g/L ↑,IgM 3.5g/L ↑,补体 C3 0.02g/L ↓,C4 正常,自身抗体 ANA 1∶1 000,dsDNA(++),ssDNA(++),Sm(++),类风湿因子、抗环瓜氨酸肽抗体阴性。

其他:肝肾功能、心肌酶谱正常,血培养、骨髓培养阴性。

骨髓细胞学检查提示溶血性贫血骨髓象;腰椎穿刺脑脊液检查未见异常。

肾穿刺活检提示弥漫性内皮下 IgG、IgA、IgM 及 C3 免疫复合物沉积,伴系膜细胞增生,部分细胞新月体形成,提示狼疮肾炎(Ⅳ级)。

脏器功能分析:心电图示窦性心动过速,低电压以及 ST-T 改变;心脏超声示少量心包积液,左心室扩大,心功能及射血分数正常;肾脏超声示双肾皮质回声增强,血流稍缓慢;胸腹部 CT 示双肺间质改变,心影增大,纵隔淋巴结未见肿大,腹部未见明显异常;头颅 MRI 发现皮质下和脑室周围白质区高信号。

【问题5】 如何进行诊断?

思路:根据患儿病史、体格检查及辅助检查结果,排除感染、肿瘤及其他风湿性疾病后诊断为:幼年系统性红斑狼疮。

知识点

SLE 的诊断标准(1997 年和 2009 年)

1. 系统性红斑狼疮(SLE)的诊断目前多采用 1997 年美国风湿病学会(ACR)修订的分类标准,符合其中 4 项或以上即可诊断。

1997 年 ACR 修订的 SLE 分类标准:

(1)颊部红斑:遍及颊部的扁平或高出皮肤的固定性红斑,常不累及鼻唇沟部位。

(2)盘状红斑:隆起的红斑上覆盖有角质性鳞屑和毛囊栓塞,旧病灶可有萎缩性瘢痕。

(3)光过敏:日光照射引起皮肤过敏。

(4)口腔溃疡:口腔或鼻咽部无痛性溃疡。

(5)关节炎:非侵蚀性关节炎,累及 2 个或以上的周围关节,以关节肿痛或渗液为特点。

(6)浆膜炎:①胸膜炎,胸痛、胸膜摩擦音、胸膜渗液;②心包炎,心电图异常、心包摩擦音或心包渗液。

(7)肾脏病变:持续性蛋白尿(大于 $0.5g/d$ 或 $>+++$);细胞管型包括红细胞、血红蛋白、颗粒管型或混合型管型。

(8)神经系统异常:抽搐,非药物或代谢紊乱,如尿毒症、酮症酸中毒或电解质紊乱所致精神症状;非药物或代谢紊乱同上。

(9)血液学异常:溶血性贫血伴网织红细胞增多;白细胞减少,至少两次测定少于 $4\times10^9/L$;淋巴细胞减少,至少两次测定少于 $1.5\times10^9/L$;血小板减少,少于 $100\times10^9/L$(除外药物影响)。

(10)免疫学异常:抗 dsDNA 抗体阳性/抗 Sm 抗体阳性/抗磷脂抗体阳性(具备抗心磷脂抗体、或狼疮抗凝物或至少持续 6 个月梅毒试验假阳性中 1 项即可)。

(11)抗核抗体:免疫荧光法或其他相应方法检测 ANA 抗体滴度异常,并排除了药物因素。

2. 2009 年 ACR 关于 SLE 的分类标准,包括临床标准 11 项,免疫学标准 6 条,符合 4 项或 4 项以上者,可诊断 SLE(其中必须有一条临床标准和一条免疫学标准)。其敏感性和特异性均 $>90\%$。如有病理证实为狼疮肾炎(LN)和抗 ANA(+)[或抗 dsDNA(+)]即可诊断。

2009 年 ACR 关于 SLE 的分类标准如下。

临床标准:

(1)颧部红斑:扁平或高于皮肤的固定性红斑;光过敏皮炎,日光异常反应。

(2)盘状红斑:隆起的红斑上覆有鳞屑和毛囊栓塞,旧的病灶可有萎缩性瘢痕。

(3)口腔溃疡,经医生检查证实口腔或鼻咽部的无痛性溃疡。

(4)不留瘢痕的脱发。

(5)关节炎:非侵蚀性关节炎,≥2 个外周关节。

(6)浆膜炎:胸膜炎或心包炎。

(7)肾病变:蛋白尿 $>0.5g/d$ 或细胞管型。

(8)神经系统病变:单发神经炎,脊髓炎,脑神经炎,癫痫发作或精神症状。

(9) 溶血性贫血伴网织红细胞增多。

(10) 血液系统异常：血白细胞减少或淋巴细胞绝对值减少。

(11) 血小板减少。

免疫学异常：

(1) 抗核抗体阳性。

(2) 抗 dsDNA（ELISA 法）两次阳性。

(3) 抗 Sm 抗体阳性。

(4) 抗磷脂抗体阳性。

1) 狼疮抗凝物阳性；

2) 梅毒血清试验假阳性至少 6 个月；

3) 抗心磷脂抗体阳性；

4) 抗 β_2 糖蛋白 1 阳性。

(5) 低补体：CH50，C3，C4 低于正常。

(6) 无溶血性贫血者直接 Coombs 阳性。

【问题 6】 该患儿应如何治疗？

思路：SLE 的治疗原则是一旦诊断，尽快治疗。治疗的目的在于力争短期内抑制自身免疫反应和炎症，恢复和维持损伤脏器的功能和预防组织的损害，消除感染及其诱因，以及促使免疫调节功能的恢复。

常用药物为非甾体抗炎药（NSAIDs）对 SLE 患儿的发热、乏力、皮疹、肌痛、关节痛和胸膜炎等轻症临床表现有效；羟氯喹（HCQ）对控制皮肤损害、光敏感及关节症状有较好的效果；肾上腺皮质激素是治疗 SLE 的主要药物。儿童 SLE 一般均有主要脏器受累，如肾脏、心脏和中枢神经系统等，病情进展快，因此，绝大多数 SLE 患儿需以肾上腺皮质激素作为首选药物；如单纯激素疗效不佳，则需联合其他免疫抑制剂，常用免疫抑制剂为环磷酰胺（CTX）、硫唑嘌呤（AZA）、甲氨蝶呤（MTX）、霉酚酸酯（MMF）、环孢素（CsA）等。由于此类药物对 SLE 的活动控制不如激素迅速，不提倡作为治疗 SLE 的单一或首选药物。其他疗法包括静脉滴注大剂量丙种（免疫）球蛋白、抗 CD20 单克隆抗体利妥昔单抗等，同时需注意不良反应如感染的发生。一旦合并 MAS 的发生，则应按照甲泼尼龙静脉冲击及环孢素，必要时 VP-16 等免疫抑制剂治疗。

治疗经过

入院后予以休息、营养支持治疗，布洛芬口服对症退热，患儿仍有高热、皮疹，完善相关检查，除外感染性疾病、肿瘤性疾病和其他风湿病后，确诊 SLE，经过脏器功能评估，发现患儿已有明显的血液系统、心血管系统、泌尿系统、皮肤肌肉、呼吸系统、神经系统等多脏器损伤，存在狼疮性心脏炎、狼疮肾炎（LN）、神经精神狼疮（NPSLE）等表现，故予以甲泼尼龙 20mg/(kg·d)（总量 750mg/d）×3 天静脉冲击治疗，继之以泼尼松 1.5mg/(kg·d) 口服维持，患儿体温迅速正常，面部皮疹逐渐变淡消失，关节肌肉疼痛缓解，心脏超声心包积液消失，ESR、CRP 下降，住院治疗 3 周后好转出院。出院后继续口服泼尼松，并逐渐减量维持。

知识点

狼疮肾炎（lupus nephritis，LN）的诊断标准

根据中华医学会儿科学分会肾脏病学组制定的诊疗指南，SLE 患儿有下列任一项肾受累表现者即可诊断为狼疮性肾炎。①尿蛋白检查满足以下任一项者：1 周内 3 次尿蛋白定性检查阳性；或 24 小时尿蛋白定量>150mg；或 1 周内 3 次尿微量白蛋白高于正常值；②离心尿每高倍镜视野红细胞>5 个；③肾功能异常（包括肾小球和 / 或肾小管功能）；④肾活检异常。

神经精神狼疮（NPSLE）的诊断标准：建议参考 1999 年 ACR 对 NPSLE 命名和定义的分类标准，包括 19 种中枢神经和周围神经病变。①中枢神经系统病变（12 种）：无菌性脑膜炎、脑血管病、脱髓鞘综合征、头痛（包括偏头痛和良性颅内高压）、运动失调（舞蹈病）、脊髓病、惊厥发作、急性精神错乱状态、焦虑状态、认知功能障碍、情感障碍、精神病；②外周神经系统病变（7 种）：急性炎症脱髓鞘多发神经根病、自律神经紊乱、单神经病（单发 / 多发）、重症肌无力、颅骨病变、神经丛病、多发性神经病。

SLE 治疗前及过程中须同时评估疾病的活动程度，以指导治疗，现在多采用 SLEDAI 评分系统，具体标准见知识点。

知识点

SLE 疾病活动性评价：目前临床上应用比较多的为 SLEDAI 评分（表 11-4-1），评分以评估前 10 天以内的症状和检查为准（总分 105 分）：5～9 分为轻度活动，多无明显器官受累；10～14 分为中度活动，伴有一定内脏器官受累；≥15 分为重度活动，重要脏器损伤严重。

表 11-4-1　SLE 疾病活动指数评判标准（SLEDAI）

计分	临床表现	定义
8	癫痫样发作	近期发作，除外代谢、感染和药物因素
8	精神症状	严重的认知障碍、行为异常，包括幻觉、思维散漫、缺乏逻辑性、行为紧张、缺乏条理。除外尿毒症和药物因素
8	器质性脑病	大脑功能异常，定向力、记忆力及计算力障碍。包括意识障碍、对周围环境注意力不集中，加上以下至少两项：认知障碍、语言不连贯、嗜睡或睡眠倒错、精神运动增加或减少。需除外代谢性、感染性和药物因素
8	视力受损	SLE 的视网膜病变，包括絮状渗出、视网膜出血、严重的脉络膜渗出或出血以及视神经炎。需除外高血压、感染及药物因素
8	脑神经异常	新发的包括脑神经在内的感觉或运动神经病
8	狼疮性头痛	严重持续的头痛，可以为偏头痛，但必须对镇痛药治疗无效
8	脑血管意外	新发的脑血管意外，除外动脉硬化
8	血管炎	溃疡、坏疽、痛性指端结节，甲周梗死。片状出血或活检或血管造影证实存在血管炎
4	关节炎	2 个以上关节疼痛及炎症表现，如压痛、肿胀及积液
4	肌炎	近端肌肉疼痛或无力，合并肌酸激酶或醛缩酶升高，或肌电图或肌活检存在肌炎
4	管型尿	出现颗粒管型或红细胞管型
4	血尿	红细胞>5/HP，除外结石、感染或其他因素
4	蛋白尿	蛋白尿>0.5g/24h
4	脓尿	白细胞>5/HP，除外感染
2	皮疹	炎性皮疹
2	脱发	异常片状或弥漫性脱发
2	黏膜溃疡	口、鼻溃疡
2	胸膜炎	出现胸膜炎疼痛，有胸膜摩擦音或胸腔积液或胸膜增厚

481

续表

计分	临床表现	定义
2	心包炎	心包疼痛,加上以下至少一项:心包摩擦音、心包积液或心电图或超声心动图证实
2	低补体	CH50、C3、C4 低于正常值底限
2	抗 ds-DNA 抗体增加	>25%(Farr 法)或高于检测范围
1	发热	>38℃,需除外感染因素
1	血小板降低	$<100 \times 10^9/L$
1	白细胞减少	$<3 \times 10^9/L$,需除外药物因素

【问题 7】 SLE 治疗原则及方案是什么?

思路: 目前 SLE 尚无特效的治疗方法,治疗原则为积极控制狼疮活动、改善和阻止脏器损害,改善患儿生活质量。基本治疗包括皮质激素联合免疫抑制剂,具体药物治疗需根据疾病活动度,选择相应治疗方案。同时评估重要脏器受损情况,采用相应方案治疗狼疮肾炎、狼疮脑炎等。

知识点

SLE 的治疗

(1)一般治疗:首先要对家长和患儿进行相关知识的宣传,说明长期治疗的必要性以增加其对治疗的依从性,树立患儿治疗的信心;适当的休息和营养、防治感染,注意防晒。

(2)药物治疗

1)根据病情活动度选择治疗方案:①轻度活动 SLE 的治疗,可选用非甾体抗炎药(NSAIDs)、羟氯喹(HCQ)以及甲氨蝶呤治疗,必要时小剂量糖皮质激素。②中度活动 SLE 的治疗,可采用口服足量糖皮质激素,必要时联合免疫抑制剂治疗,常用药物为环磷酰胺、甲氨蝶呤、硫唑嘌呤、来氟米特等。③重度活动 SLE 的治疗,分为诱导缓解和维持治疗两个阶段,诱导缓解阶段应用足量糖皮质激素加免疫抑制剂治疗,尤其是对于临床表现严重和狼疮危象的患儿,应积极给予甲泼尼龙冲击治疗,同时联合环磷酰胺(CTX)冲击治疗。其他免疫抑制剂可选用霉酚酸酯(MMF)、环孢素(CsA)和他克莫司(FK506)等;维持治疗阶段应根据病情逐渐减少糖皮质激素的用量,最后小剂量维持,免疫抑制剂可选用 CTX、MMF、MTX、AZA 和 HCQ 等。

2)LN 的治疗:对伴有肾脏损害的 SLE 患者应尽早进行肾穿刺活检以明确病理类型,根据不同的病理类型选择相应的治疗方案。其次强调免疫抑制剂治疗的重要性和必要性,同时应注意降压、降脂、保护肾功能等综合治疗,特别是血管紧张素转化酶抑制剂(ACEI)和血管紧张素受体阻滞剂(ARB)的应用对肾脏损害有明显的改善作用。

3)NPSLE 的治疗:NPSLE 为重症狼疮和狼疮危象的表现之一,是威胁患儿生命和预后的重要因素,诱导缓解常需要甲泼尼龙联合 CTX 双冲击治疗,以快速控制疾病活动和进展。同时包括降颅压、抗精神病药物和抗惊厥药物等对症治疗。对于存在精神行为异常者,强调心理干预等非药物性治疗。难治或重症患者可考虑应用血浆置换、IVIG、生物制剂等治疗。

4)其他治疗:由于自身免疫性 B 淋巴细胞在 SLE 发病中的重要作用,近年来清除 B 淋巴细胞的生物治疗取得了很好的疗效。目前常用的药物为抗 CD20 分子的鼠/人嵌合的单克隆抗体——利妥昔单抗,可抑制 B 淋巴细胞的成熟和分化,使难治性重症 SLE 患者得到临床缓解,且耐受性好,适用于 SLE 的自身免疫性血小板减少和自身免疫性溶血。常用剂量为 $375mg/m^2$,每周 1 次,共 4 次;其他如抗凝治疗,采用低剂量阿司匹林或小分子肝素,静脉注射丙种免疫球蛋白[IVIG,$400mg/(kg \cdot d)$,连续 3~5 天],重症病例血浆置换以及干细胞移植等,同时注意应用钙剂预防骨质疏松及股骨头坏死,检测肺动脉高压、动脉粥样硬化等并发症发生。

【问题8】 SLE 的随访及预后如何?

思路: SLE 的随访及预后:规范随访对于维持 SLE 的长期缓解和改善预后至关重要。在随访过程中,首先应进行疾病活动度的评估,其次应准确评价治疗反应。

(1)急性期 SLE 活动时注意控制狼疮性心脏炎及 NPSLE 的症状体征,稳定期尤其应重视 LN 对 SLE 患儿远期预后的影响。对已有明确肾脏受累者,应至少每1～3个月一次常规检测尿蛋白/肌酐比值和免疫学指标,持续2～3年;如已有明确慢性肾脏受累者(eGFR<60ml 或 24 小时尿蛋白定量持续高于 0.5g),则应严格按照肾脏病专科对慢性肾脏病的指南进行监测。

(2)在随访过程中注意免疫学指标的监测,在诊断初期应进行抗核抗体(ANA)、dsDNA 等自身抗体谱的检查,有疾病活动时应复查 dsDNA 和补体;稳定期每6～12个月随访一次血常规、红细胞沉降率、CRP、血清白蛋白、肌酐(或 GFR)、尿常规和尿蛋白/肌酐比值。

(3)对于活动期的患者应根据受累脏器的情况、治疗方案的选择以及治疗反应等多种因素安排随访,应特别重视对一些严重影响患儿生活质量方面的问题或并发症进行随访,包括慢性病对患儿心理的影响、生长发育抑制、性腺损伤等。同时应警惕骨质疏松、股骨头坏死、肺动脉高压、动脉粥样硬化等远期并发症的发生。

第五节　过敏性紫癜

过敏性紫癜(anaphylactoid purpura)也称亨-舒综合征(Henoch-Schonlein syndrome, Henoch-Schonlein purpura, HSP),是一种以小血管炎为主要病变的系统性血管炎,临床主要表现为非血小板减少性紫癜,常伴关节炎、腹痛、便血、血尿和蛋白尿。多发于学龄前和学龄期儿童,男孩多于女孩,一年四季均有发病,以春秋两季居多。

HSP 发病机制尚未明确,虽然食物过敏(蛋类、乳类、豆类等),药物(阿司匹林、抗生素等)、微生物(细菌、病毒、寄生虫等)、疫苗接种、麻醉、恶性病变等与 HSP 有关,但均无确切证据。有报告 HSP 患儿中,50%以上有链球菌感染史,提示链球菌起触发作用,但随后研究发现链球菌感染史在 HSP 和健康儿童对照间并无差别。

HSP 的发病机制尚不清楚,研究显示 B 淋巴细胞多克隆活化为其特征。IgA、补体 C3 和纤维蛋白沉积于肾小球系膜、皮肤和肠道毛细血管,提示本病为 IgA 免疫复合物疾病。此外,本病家族成员中可同时发病,同胞中可同时或先后发病,有一定遗传倾向,部分患儿 *HLA-DRB1*07* 及 *HLA-DW35* 等基因表达增加或 C2 补体成分缺乏。

目前国内报告 HSP 患病率有逐年增高趋势,部分患儿紫癜表现延迟出现以及伴有严重肾脏受累,给临床诊治带来一定的难度,需要引起临床医生足够重视。

过敏性紫癜的诊疗经过通常包括以下环节:

1. 详细询问患儿皮疹出现的时间、部位、性质、形态及有无伴随的腹痛、血便、关节肿痛及肾脏受损情况。

2. 查体时注意皮疹的部位、形态、颜色以及有无水肿、腹部包块和压痛,关节肿痛等。

3. 及时进行血常规、尿常规、大便常规和隐血、肝肾功、自身抗体、免疫球蛋白和腹部超声等辅助检查。对肾脏受累严重或迁延者可行肾活检了解病情。须注意和血小板减少性紫癜、幼年特发性关节炎、外科急腹症等鉴别。

4. 治疗原则包括祛除病因、对症处理和抗凝治疗。对部分严重血管神经性水肿、严重腹痛伴消化道出血和严重肾脏病变患儿可予以糖皮质激素治疗。

临床关键点

过敏性紫癜的诊疗重点:

1. 首先要确认有无过敏性紫癜的典型皮疹,包括分布部位、形态、颜色、性质等。部分患儿临床表现不典型,皮肤紫癜未出现时,容易误诊为其他疾病,须注意鉴别。

2. 评估过敏性紫癜有无伴随的腹痛、血便、关节肿痛及肾脏受损等多脏器受累情况。

3. 辅助检查没有特异性。可能伴有血清 IgA 升高，血小板计数正常甚至升高，出血和凝血时间正常。尤其需要重视有无血尿、蛋白尿等表现。对肾脏受累严重或迁延者可行肾活检了解病情。超声波检查有利于早期诊断肠套叠等外科急腹症。

临床病例

患儿，男，5 岁 8 个月，因"双下肢、臀部皮疹伴腹痛和关节肿痛 1 周"来急诊就诊。

患儿于入院前 1 周受凉后出现双下肢和臀部可触性皮疹，初为紫红色斑丘疹，数天后变为暗紫色，对称分布，压之不褪色。伴腹痛，以脐周为主，持续性腹痛，阵发性加剧。伴双侧膝关节和踝关节肿痛。不伴发热，伴血便，无肉眼血尿和水肿、少尿。院外抗感染治疗 2 天，症状均无缓解，为进一步诊治来我院。病后患儿精神尚可，进食少，大小便基本正常。

患儿为 G_2P_1，孕 39 周自然分娩，产重 3 800g。生长发育良好。既往无血小板减少和关节炎病史。

【问题 1】 该患儿目前初步考虑什么疾病？

思路：该患儿系学龄前期儿童，有双下肢和臀部对称分布的可触性皮疹，伴腹痛、血便和关节肿痛，故首先考虑过敏性紫癜。但仍须注意和血小板减少性紫癜、幼年特发性关节炎、外科急腹症等鉴别。典型的过敏性紫癜皮疹见图 11-5-1、图 11-5-2、图 11-5-3。

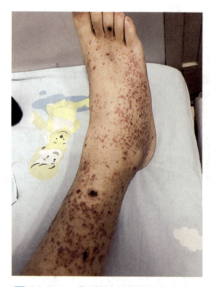 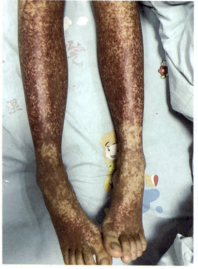

图 11-5-1 典型的过敏性紫癜皮疹 1　　图 11-5-2 典型的过敏性紫癜皮疹 2　　图 11-5-3 典型的过敏性紫癜皮疹 3

【问题 2】 询问病史应围绕哪些方面进行？

思路：

（1）应注意询问病前有无食用既往未食用过的鱼、虾等食品，近期有无接受疫苗接种，既往有无药物或食物过敏史。家属成员中有无过敏体质者，有无类似紫癜的患者。

（2）皮疹有无反复出现的特点，有无眼睑、口唇、手足背、会阴和头皮血管神经性水肿现象。

除皮疹特点和有无腹痛、血便、关节炎和肾脏受累外，尚须关注全身其他系统血管炎的表现。有无颅内病变，如颅内出血。出血倾向包括鼻出血、牙龈出血、咯血等。有无心肌炎、心包炎和喉头水肿、哮喘、肺出血等。

【问题 3】 本例患儿需要和什么疾病进行鉴别？

思路：本例患儿临床诊断过敏性紫癜可能性大。主要与血小板减少性紫癜、风湿性关节炎、外科急腹症、败血症等鉴别。血小板减少性紫癜的皮疹全身均可出现，不高出皮面，与本例不符。风湿性关节炎皮肤无紫癜或仅表现为环形红斑可除外。本例患儿无发热,感染中毒症状不重,败血症可能性小。本例患儿有紫癜样皮疹,伴腹痛,需要警惕合并外科急腹症。

【问题4】 病史采集结束后,下一步查体应重点关注哪些方面?

思路:①注意皮肤紫癜的分布,是否高出皮面、压之不褪色,是否融合,有无大疱和出血性坏死;②注意腹痛的部位,有无压痛、反跳痛和肌紧张,有无其他肠梗阻和肠穿孔体征;③注意有无膝、踝、肘、腕等大关节肿痛,活动受限,有无关节畸形;④注意有无高血压、水肿、腰痛、贫血等表现;⑤注意有无其他系统,包括神经系统、心血管系统和呼吸系统的异常体征。

门诊查体记录

体温 36.8℃,呼吸 23 次 /min,脉搏 100 次 /min,血压 95/65mmHg。精神反应可,双下肢和臀部可见紫红色斑丘疹,新旧不一,对称分布,高出皮面,压之不褪色。部分皮疹有融合,未见水疱和坏死。无贫血貌。头皮无包块。颜面和双下肢无水肿。颈软,双肺呼吸音清,未闻及啰音。心音有力,心律齐,未闻及杂音。腹软,脐周有压痛,无反跳痛和肌紧张,未扪及包块。双侧膝关节和踝关节可见肿痛,无皮肤发热和关节畸形。

【问题5】 如何通过查体对疾病进行初步判断?

思路:本例患儿双下肢和臀部有典型的紫癜样皮疹,伴有膝关节和踝关节等大关节肿痛和腹部压痛。无明显感染表现。支持过敏性紫癜的诊断。

> **知识点**
>
> 过敏性紫癜的病理变化为广泛的白细胞碎裂性小血管炎,以毛细血管炎为主,亦可波及静脉和小动脉。血管壁可见胶原纤维肿胀和坏死,中性粒细胞浸润,周围有散在核碎片。间质水肿,有浆液性渗出,同时可见渗出的红细胞。内皮细胞肿胀,可有血栓形成。病变累及皮肤、肾脏、关节及胃肠道,少数涉及心、肺等脏器。在皮肤和肾脏,荧光显微镜下可见 IgA 为主的免疫复合物沉积。

【问题6】 结合上述查体结果,为进一步诊断应实施哪些检查?

思路:通过上述查体可以发现患儿诊断过敏性紫癜明确,有外科急腹症的风险,急诊需尽快完善血常规、大便常规＋隐血、尿常规、腹部胃肠道超声和腹部立卧位平片等。

急诊辅助检查

血常规＋CRP:WBC 9.4×10^9/L,中性粒细胞百分比 65%,Hb 120g/L,PLT 312×10^9/L;CRP<8mg/L。

大便常规:红细胞(＋＋),隐血(＋)。

尿常规:血(＋),蛋白(＋),红细胞35 个 /µl(参考值0~17 个 /µl)。

腹部超声:部分肠壁稍增厚,少量腹腔积液,未见同心圆样结构。

腹部立卧位平片:肠腔稍胀气,未见膈下游离气体。

【问题7】 如何判读本患儿初步检查?

思路:患儿腹部超声和腹部立卧位平片未见肠套叠、肠穿孔征象。血常规白细胞和CRP正常,不支持细菌感染。大便常规提示血便,有消化道出血。尿常规提示血尿和蛋白尿,肾脏受累,支持紫癜性肾炎诊断。

> **知识点**
>
> **紫癜性肾炎的临床分型和病理分级诊断(2016 年中华儿科学会肾脏病学组制订)**
>
> 1.临床分型
>
> (1)孤立性血尿:离心尿红细胞>5/HP。

（2）孤立性蛋白尿：24小时尿蛋白定量>0.15g或每小时>4mg/kg。

（3）血尿和蛋白尿：同时有上述血尿和蛋白尿表现，无其他异常。

（4）急性肾炎型：有血尿和蛋白尿，并有不同程度的水肿与高血压，肾功能一般正常。

（5）肾病综合征型：符合肾病综合征的诊断依据。

（6）急进性肾炎型：有急性肾炎表现，并有持续性少尿或无尿，进行性肾功能减退。

（7）慢性肾炎型：起病缓慢，病程>1年，持续性血尿和蛋白尿，部分患者有水肿、高血压、贫血和不同程度的肾功能减退。

2. 病理分级

Ⅰ级：肾小球轻微异常。

Ⅱ级：单纯系膜增生，分为局灶节段和弥漫性。

Ⅲ级：系膜增生，伴有<50%肾小球新月体形成和/或节段性病变（硬化、粘连、血栓、坏死），其系膜增生可为局灶节段性和弥漫性。

Ⅳ级：病变同Ⅲ级，50%～75%的肾小球伴上述病变，分为局灶节段性和弥漫性。

Ⅴ级：病变同Ⅲ级，>75%的肾小球伴有上述病变，分为局灶节段性和弥漫性。

Ⅵ级：膜增生性肾小球肾炎。

【问题8】 该患儿的治疗选择门诊还是住院治疗？

思路：决定过敏性紫癜治疗的地点主要取决于患儿血管炎症状的严重程度。如果合并剧烈腹痛伴消化道出血，血尿和蛋白尿明显且迁延或合并其他重要脏器受累，应及时住院治疗。如果患儿仅有皮肤紫癜，一般情况好，无明显伴随症状的，可在门诊密切随访观察。

【问题9】 入院后需要进一步进行哪些检查？

思路：①可进一步完善出血时间和凝血时间、血块退缩试验除外血小板减少性紫癜；②完善血沉、免疫球蛋白、补体C3/C4、抗核抗体检查；③密切监测腹痛及腹部体征，必要时及时复查腹部超声；④完善Addis计数，24小时尿蛋白定量，泌尿系超声等检查评估肾脏受累程度，必要时行肾穿刺以明确病理类型。

住院后检查及治疗

出血时间和凝血时间、血块退缩时间均正常。

ESR 25mm/h；抗核抗体阴性；补体C3/C4正常；IgA升高，IgG和IgM正常。

Addis计数：红细胞300万/12h，白细胞150万/12h，管型7 500/12h。

24小时尿蛋白定量0.75g。

泌尿系超声：双肾皮质回声稍增强，余未见异常。

【问题10】 患儿该如何进行治疗？

思路：①卧床休息、禁食，寻找和祛除病因，停止使用可疑食物和药物；②糖皮质激素可改善腹痛和关节症状。本例患儿有严重腹痛，伴消化道出血，可静脉滴注激素，症状缓解后即可停药；③抗血小板凝集和抗凝药物，如潘生丁和低分子量肝素等；④其他，如钙通道阻滞剂、非甾体抗炎药均有利于血管炎恢复。

知识点

过敏性紫癜激素的使用适应证

目前尚无公认的过敏性紫癜激素使用指征，须根据患儿具体情况酌情考虑。如下情况可考虑使用激素：①严重消化道症状，尤其是合并消化道出血者；②肾脏严重受累，尤其是合并肾病水平蛋白尿者；③严重血管神经性水肿；④其他重要脏器严重血管炎表现者。

【问题 11】　紫癜性肾炎的诊断标准，本例患儿紫癜性肾炎治疗方案的选择？

思路：紫癜性肾炎的诊断标准是在过敏性紫癜病程 6 个月内，出现血尿和 / 或蛋白尿。本例患儿紫癜性肾炎的临床分型为血尿和蛋白尿，蛋白尿为非肾病水平蛋白尿，且病程短，可考虑使用 ACEI 和 / 或 ARB 类药物，并且密切随访。

知识点

紫癜性肾炎治疗方案的选择
[参照中华医学会儿科学分会肾脏病学组紫癜性肾炎诊治循证指南（2016）]

（1）孤立性血尿或病理 I 级：仅对过敏性紫癜进行相应治疗，应密切监测患儿病情变化，建议至少随访 3～5 年。

（2）孤立性微量蛋白尿或合并镜下血尿或病理 IIa 级：ACEI 和 / 或 ARB 类药物有降蛋白尿的作用，建议可常规使用。

（3）非肾病水平蛋白尿或病理 IIb、IIIa 级：建议已应用 ACEI 或 ARB 治疗的患儿，给予糖皮质激素治疗 6 个月，如激素联合环磷酰胺治疗、联合环孢素 A 治疗。目前国内外均有少数病例报道使用激素或联合免疫抑制剂治疗的报道，但对该类患儿积极治疗的远期疗效仍有待大规模多中心随机对照研究及长期随访。

（4）肾病水平蛋白尿、肾病综合征或病理 IIIb、IV 级：该组患儿临床症状及病理损伤均较重，均常规使用糖皮质激素治疗，且多倾向于激素联合免疫抑制剂治疗，其中疗效相对肯定的是糖皮质激素联合环磷酰胺治疗。若临床症状较重、肾病理呈弥漫性病变或伴有>50% 新月体形成者，除口服糖皮质激素外，可加用甲泼尼龙冲击治疗，15～30mg/（kg·d），每日最大量不超过 1.0g，每天或隔天冲击，3 次为一疗程。其他免疫抑制剂如硫唑嘌呤、环孢素 A、吗替麦考酚酯等亦有明显疗效。

（5）急进性肾炎或病理 IV、V 级：这类患儿临床症状严重、病情进展较快，现多采用三至四联疗法。

常用方案：甲泼尼龙冲击治疗 1～2 个疗程后口服泼尼松＋环磷酰胺（或其他免疫抑制剂）＋肝素＋双嘧达莫。亦有甲泼尼龙联合尿激酶冲击治疗＋口服泼尼松＋环磷酰胺＋华法林＋双嘧达莫治疗的文献报道。

【问题 12】　过敏性紫癜的预后如何？

思路：过敏性紫癜的预后一般良好，除少数重症患儿可死于肠出血、肠套叠、肠坏死或神经系统损害外，大多数痊愈。病程一般 1～2 周至 1～2 个月，少数可长达数月或 1 年以上。本病的远期预后取决于肾脏是否受累及程度。肾脏病变常较迁延，可持续数月或数年。

第六节　X 连锁严重联合免疫缺陷病

X 连锁严重联合免疫缺陷病（X-linked SCID）为一种由于 IL-2 受体共同 γ 链（*IL2RG* 基因）缺陷导致的一种最常见的严重联合免疫缺陷病。绝大多数的免疫学表型为 T-B＋NK-。本病系 X 连锁隐性遗传，约占所有 SCID 50%，患病率约 1/（150 000～200 000）活产婴。

X-SCID 是由于构成 IL-2、IL-4、IL-7、IL-9、IL-15 和 IL-21 等细胞因子受体的组分 γc 基因（*IL2RG* 基因）突变所致。*IL2RG* 基因位于 Xq12～q13.1，属于造血细胞因子受体家族，基因编码序列 1 124 个核苷酸，由 8 个外显子组成。*IL2RG* 基因突变将导致 T 细胞和 NK 细胞等多种免疫细胞发育障碍。

X-SCID 患儿通常出生时完全正常。在生后 3～6 个月起病，表现为持续性腹泻，呼吸道各种细菌、病毒（如呼吸道合胞病毒、腺病毒、偏肺病毒、副流感病毒等）、卡氏肺囊虫等感染。细菌感染对抗生素治疗反应差，病毒排毒时间明显延长。消化道可发生轮状病毒或贾第鞭毛虫感染而致严重消化不良。生长发育延迟或停滞是 X-SCID 常见表现，但偶有患儿于生后 1 岁才发生。可伴有脂溢性皮炎、硬化性胆管炎，血液系统可发生各系血细胞减少。可能与母胎输血移植物抗宿主病（MF-GVHD）有关。如果不进行造血干细胞移植，X-SCID 患儿通常在生后 2 岁内死亡。SCID 患儿接种卡介苗后有发生播散性感染的风险。我国 SCID 患儿生后数月内多接受卡介苗接种，部分患儿可发生局部、区域甚至全身播散性卡介苗感染，十分难治，死亡率高。由于大多数婴儿有母源性的抗脊髓灰质炎病毒抗体，脊髓灰质炎疫苗接种少有引起小儿麻痹症和心脏炎。

淋巴细胞减少症（lymphopenia）是诊断 X-SCID 的非常有用的诊断线索。绝大部分患儿外周血淋巴细胞绝对计数 $<2.5 \times 10^9$/L，甚至 $<1.5 \times 10^9$/L。大部分患儿 T 细胞缺如或显著降低（<300/μl），初始 $CD4^+$T 细胞低于 20%。由于 T 细胞的发育受阻，SCID 患儿可伴有 TREC（T 细胞受体剪切环）的降低。采用定量 PCR 的方法进行 TREC 检测将有助于诊断。大多数 X-SCID 患儿呈现 T-B＋NK− 的免疫学表型，通过流式细胞术可发现患儿外周血 T 细胞（CD3、CD3/CD4、CD3/CD8）和 NK 细胞显著减少，B 细胞相对数显著增高，绝对值正常。B 细胞的免疫球蛋白重链序列分析显示 VDJ 重组正常，而缺乏高频突变。免疫球蛋白水平多全面下降。淋巴细胞增殖实验和混合淋巴细胞反应均显著异常，对疫苗和感染原的特异性抗体反应严重受损或缺乏。尽管患儿有上述免疫学特点，但是并非所有的病人淋巴细胞数目和功能均是一致的，可能会受到环境因素和／或基因突变的影响。比如，有少数患儿存在 B 细胞显著减少的情况，呈现 T-B-NK＋ 的免疫学表型。少部分 X-SCID 由于母源性 T 细胞植入，患儿外周血可见检测到一定数量的 T 细胞。进一步可以通过 TCRVβ 检测发现 TCR 呈寡克隆，而且为 CD45RO 阳性的记忆表型。由于母源性淋巴细胞的植入，X-SCID 男性患儿可通过 HLA 分型，或利用 DNA 多态性标记检测到 XX 核型。如果采用敏感的方法，几乎所有的 X-SCID 患儿均可检测到母体细胞。当足够数量的母源性细胞被活化，X-SCID 患儿可出现嗜酸性粒细胞增多、肝炎、皮疹等 GVHD 类似表现。*IL2RG* 基因突变是确诊 X-SCID 的最重要依据。此外，X-SCID 很重要的免疫病理学特点是小胸腺及淋巴细胞缺如。胸部影像学检查可发现胸腺影减小或缺如。此外，其他外周淋巴器官，也可出现淋巴结和扁桃体发育不良。

一旦临床疑诊严重联合免疫缺陷病，尤其是具有 T-B＋NK-SCID 免疫表型的男性患儿，须首先考虑 X-SCID 可能，X 连锁的阳性家族史更有助于诊断。但是，需要注意的是 *IL2RG* 基因的特殊位点突变，发生母源性 T 细胞植入，输入未经辐照的血液制品及感染时淋巴细胞表型可能会有误导。外周血 γc 蛋白表达降低有助于诊断 X-SCID。*IL2RG* 基因发现突变是确诊的依据。

治疗方面，X-SCID 与其他 SCID 一样属儿科急症，自明确诊断开始即应启动严格隔离、IVIG 替代治疗和复方新诺明预防感染。禁止接种一切减毒活疫苗。输注血液制品应经过辐照清除其具有增殖能力的细胞。本病唯一根治方法为造血干细胞移植，采用同胞兄妹遗传背景完全相同的供者，造血干细胞移植成功率成功率可高达 90% 以上。基因治疗是未来很有前景的根治性治疗手段。

X-SCID 的诊疗经过通常包括以下环节：

1. 详细询问患儿感染出现的时间、部位、严重程度、感染原、有无机会性细菌感染及卡介苗病。有无家族成员尤其是男性成员早夭病史。

2. 查体时注意生长发育及营养情况、感染的部位、淋巴结及肝脾有无肿大。包括卡介苗接种处有无破溃、渗液，同侧腋下淋巴结有无肿大等。

3. 及时进行血常规及淋巴细胞分类检查确定有无淋巴细胞减少及免疫学表型。其他免疫学检查包括免疫球蛋白、淋巴细胞增殖试验、TREC、TCRVβ。对怀疑有母源性 T 细胞植入的病例，可通过 HLA 分型或利用 DNA 多态性标记检测到 XX 核型。*IL2RG* 基因发现突变是确诊的依据。

4. 治疗方面，明确诊断即应启动严格隔离、IVIG 替代治疗和复方新诺明预防感染。禁止接种一切减毒活疫苗。本病唯一根治方法为造血干细胞移植，基因治疗是很有前景的根治性治疗手段。

临床病例

患儿，男，10 个月，因"反复发热伴咳嗽腹泻 7 个月"就诊。

入院前 7 个月即 3 月龄开始反复出现发热，咳嗽及腹泻，抗感染治疗效果差。曾因败血症和重症肺炎在当地医院 ICU 住院治疗。伴卡介苗接种处反复破溃、渗液。生长发育极差，现体重 6kg，身高 67cm。

入院前 1 周血常规：WBC 15×10^9/L，淋巴细胞百分比 8%，中性粒细胞百分比 89%，PLT 160×10^9/L，RBC 400×10^{12}/L，Hb 87g/L。为进一步诊治来医院。

患儿为 G_2P_2，孕 39 周自然分娩，产重 3 200g。患儿有一哥哥，生后 4 个月反复感染，于 1 岁 2 个月死于败血症。

【问题 1】 该患儿目前初步考虑什么疾病？

思路：患儿系小婴儿，生后反复出现迁延不愈的严重感染，抗感染治疗效果差。伴卡介苗感染及生长

发育严重落后。血常规提示淋巴细胞减少症。且
有阳性家族史。故临床首先考虑 SCID，尤其是
X-SCID。但须注意和其他类型的 SCID 进行鉴
别。并且注意除外母源性 T 淋巴细胞植入的情况。
SCID 卡介苗感染见图 11-6-1。

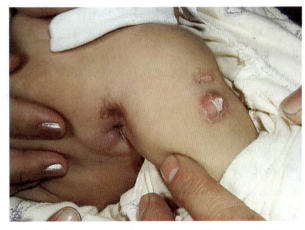

图 11-6-1　SCID 患者卡介苗接种局部反复破溃结痂

【问题2】　询问病史应围绕哪些方面进行?

思路：应注意补充询问患儿感染的部位、频率
及严重程度。尤其要注意隐匿部位感染，如颅内感
染、皮肤脓肿、中耳炎等。有无母源性 T 细胞植入
的相关表现，如红皮病、肝脾淋巴结肿大、严重肝炎
等。另外尚需关注有无其他系统性表现，如自身免
疫性疾病及肿瘤。

【问题3】　本例患儿需要和什么疾病进行鉴别?

思路：本例患儿临床诊断 SCID，尤其是 X-SCID 可能性大。需要和其他类型的 SCID 鉴别，如 *JAK3* 基
因缺陷引起的 SCID。*JAK3* 基因缺陷引起的 SCID 系常染色体隐性遗传，男女均可患病，临床表现和 X 连
锁 SCID 无显著区别。本例患儿系男性，且有阳性家族史，故首先考虑 X-SCID。此外，极度营养不良可导致
SCID 样临床表现，包括机会性感染。但一旦达到充足的营养状态，T 细胞功能很快就恢复正常。肠淋巴管扩
张症婴儿通常表现为显著的淋巴细胞减少和低丙种球蛋白血症，可能被误诊为 SCID。在这类患者中，通常
存在肠道蛋白丢失的证据。HIV 感染 /AIDS 的婴儿也可表现为典型的 SCID 症状，包括反复的严重感染、慢
性腹泻和生长迟滞。HIV/AIDS 不同于 SCID 的鉴别特征包括：胸部 X 线检查显示有胸腺影、淋巴细胞计数
正常伴 CD8$^+$T 细胞数增加、在有丝分裂原和抗原测试中淋巴细胞增生正常，以及血清免疫球蛋白水平升高。

【问题4】　病史采集结束后，下一步查体应重点关注哪些方面?

思路：①注意对感染病灶的评估，如卡介苗感染、鹅口疮、皮肤脓肿、肺部感染的相应体征等；②注意对
生长发育及营养状况的评估；③注意可识别的外周淋巴组织（如扁桃体、腺样体或腋窝 /腹股沟淋巴结）可能
不存在；④注意有无母源性 T 细胞植入的相关体征。如黄疸、红皮病、肝脾淋巴结肿大等。

门诊查体记录

体温 36.8℃，呼吸 50 次 /min，脉搏 20 次 /min，血压 85/55mmHg。体重 6kg，身高 67cm。精神反应差，
营养不良貌，呼吸急促。左侧上臂卡介苗接种处可见渗液，左侧腋下淋巴结约 1.5cm×1.8cm 大小，质中，可
活动。全身未见皮疹，巩膜无黄疸。口腔舌面及颊黏膜处可见白膜，不易拭去。扁桃体未见。颈软，双肺呼
吸音粗，可闻及中细湿啰音。心音有力，心律齐，未闻及杂音。腹软，无反跳痛和肌紧张，未扪及包块。肝脏
肋下 1cm，脾脏肋下未扪及。双侧巴氏征阳性，克氏征和布氏征阴性。

【问题5】　如何通过查体对疾病进行初步判断?

思路：本例患儿有严重营养不良，有鹅口疮，卡介苗感染及肺部感染，支持 X-SCID 的诊断。患儿不伴
红皮病及黄疸，肝脾肿大等表现，无母源性 T 细胞植入的典型临床表现，但是仍不能排除可能性。

【问题6】　结合上述查体结果，为进一步诊断应实施哪些检查?

思路：通过上述查体可以发现患儿临床诊断 X-SCID 伴肺炎。急诊需尽快完善血常规、血气分析、X 线
胸片等。

急诊辅助检查

血常规：WBC 16.7×10^9/L，淋巴细胞百分比 5%，中性粒细胞百分比 92%，PLT 260×10^9/L，RBC
450×10^{12}/L，Hb 89g/L。

X线胸片：双肺纹理增多，双下肺中内带可见较多斑片状影。胸片上未见胸腺影。

血气分析：pH 7.30，PaO$_2$ 40mmHg，PaCO$_2$ 60mmHg，HCO$_3^-$ 25mmol/L，SpO$_2$90%。

【问题7】 如何判读本患儿初步检查?

思路: 患儿血常规提示淋巴细胞减少症明确,伴贫血。胸片提示肺炎。血气分析提示呼吸衰竭伴酸中毒。支持重症肺炎诊断。

【问题8】 如何确定该患儿治疗的地点?是选择门诊还是住院治疗?

思路: 决定 X-SCID 治疗地点主要取决于患儿感染的严重程度。如果有严重感染,需及时的住院治疗。如果患儿一般情况好,无明显伴随症状,可在门诊密切随访观察,安排丙种球蛋白替代治疗及造血干细胞移植治疗的准备工作。

【问题9】 入院后需要进一步进行哪些检查?

思路: ①可进一步完善免疫球蛋白及淋巴细胞亚群检查。②完善淋巴细胞增殖试验,TREC,TCRVβ。通过 HLA 分型除外母源性 T 细胞植入。③对肺部感染的影像学检查,明确有无胸腺减小或缺如。对感染原的进一步评估,包括病毒、细菌、真菌及卡介苗感染等。其他还包括机会性感染,如耶氏肺孢子菌。④ *IL2RG* 基因发现突变是确诊的依据。

住院后检查及治疗

免疫球蛋白检查:IgG 0.7g/L,IgA<0.067g/L,IgM<0.05g/L,IgE 100U/L;淋巴细胞分类:CD3 10%,CD4 4%,CD8 5%,CD19 87%,CD16$^+$56 4%。TREC 10copies/μl;T 细胞对有丝分裂原的应答降低(<10%);病原检测痰培养:肺炎链球菌;卡介苗接种处渗液涂片可见抗酸杆菌;血 CMV 1.8×10^5/L;*IL2RG* 基因:*c.507delG(p.Q169fs*170)*。

胸部 CT:双肺病变,右肺多发团块影;胸腺影缺如(图 11-6-2)。

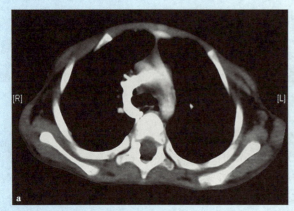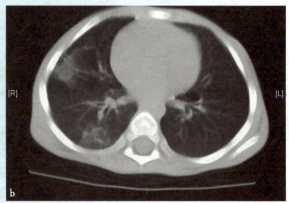

图 11-6-2　胸部 CT 纵隔窗示胸腺缺如

【问题10】 患儿该如何进行治疗?

思路: ①SCID 婴儿应维持保护性隔离。婴儿可在医院进行保护性隔离,但几乎都存在发生获得性医院感染的风险。②在全面评估体液免疫状况后予以免疫球蛋白替代治疗,同时给予复方新诺明预防耶氏肺孢子菌肺炎。若存在口腔念珠菌病,也可给予氟康唑治疗。③不应对患者及其照料者或家人进行活疫苗接种,如轮状病毒疫苗、麻腮风联合疫苗(measles,mumps,and rubella,MMR)、经鼻接种的流行性感冒疫苗、BCG、水痘及口服脊髓灰质炎疫苗(oral polio vaccine,OPV)等。婴儿的父母和其他亲密接触者应接种灭活疫苗。所有的血制品必须经过辐照、去白细胞且无 CMV。④本病唯一根治方法为造血干细胞移植,采用 HLA 相合的同胞供者移植成功率较高。基因治疗是很有前景的根治性治疗手段。

【问题11】 X-SCID 的预后如何?

思路: X-SCID 为致命性疾病,绝大部分患儿在出生后 2 年内死亡,除非基础缺陷得以纠正。

案例分析练习题

(赵晓东)

参 考 文 献

[1] 中华医学会儿科学分会儿童用药委员会，中华医学会儿科学分会免疫学组，《中华儿科杂志》编辑委员会. 糖皮质激素在儿童风湿病中应用专家共识（上）. 中华儿科杂志，2018（3）：166-173.

[2] 赵晓东，杜忠东. 川崎病专题讨论会纪要. 中华儿科杂志，2007，45（11）：826-830.

[3] 中华医学会儿科学分会免疫学组. 儿童系统性红斑狼疮诊疗建议. 中华儿科杂志，2011，49（7）：506-514.

[4] 赵晓东. 原发性免疫缺陷病的诊断与治疗进展. 实用儿科临床杂志（21）：1633-1635.

[5] CAPUCINE PICARD，H. BOBBY GASPAR，WALEED AL-HERZ，et al. International Union of Immunological Societies：2017 Primary Immunodeficiency Diseases Committee report on inborn errors of immunity. J Clin Immunol. 2018，38（1）：96-128.

第十二章　内分泌及遗传代谢病

第一节　概　　述

儿科内分泌及遗传代谢病的研究近年来发展迅速,疾病的预防、诊断及治疗技术取得了长足的进步。早期诊治这类疾病,可改善患儿的预后,提高生存质量,并对今后的优生优育有重要的指导意义。因此,加强住院医师对这类疾病的认识,培养良好的临床思维,从而使不断提高临床技能是非常必要的。

内分泌学是研究激素及其相关物质对生命活动进行联系和调控的生物医学。近百年来内分泌学经历了不同的发展阶段,主要包括:

1. 经典的内分泌研究　即腺体内分泌研究,如脑垂体、甲状腺、肾上腺等腺体功能及其分泌的激素。替代补充激素可纠正腺体功能低下综合征。

2. 组织内分泌研究　20世纪60年代以后,放射免疫分析、免疫细胞化学鉴定和各种酶免法的应用,发现内分泌系统已不再限于传统的内分泌腺,还包括心、肺、肝、肾、胃肠、皮肤、脂肪组织及免疫细胞等。散布在某些器官或全身的内分泌细胞,在临床上也可引起内分泌综合征。下丘脑神经激素和神经递质释放的发现和研究,进一步证实了神经内分泌系统相互调节和制约的密切关系。这是非经典的组织内分泌学。

3. 分子内分泌研究　近十年来,在分子生物学发展的基础上应用重组DNA和单克隆等技术,对激素的基因表达和调控、激素的生物合成和释放、激素受体的结构和功能、激素和受体的结合及结合后细胞内反应等进行研究。内分泌系统、神经系统和免疫系统是机体重要的调节系统,三者关系密切。近年由于各种精确的结合测定法广泛应用于各种技术的检测,DNA分析技术的不断深入发展,以及超声、CT和MRI等影像学检查的应用,将为儿科内分泌学开拓新的研究领域。

遗传物质包括细胞中的染色体及其基因或DNA,染色体是细胞遗传物质(基因)的载体。根据遗传物质结构和功能改变的不同,可将遗传病分为三大类,即基因病、染色体病和体细胞遗传病。其中基因病分为4类:①单基因病,一对主基因突变导致的疾病,符合孟德尔定律;②线粒体病,编码mtRNA、mrRNA和与细胞氧化磷酸化有关的酶的基因发生突变;③分子病,由于合成生物大分子的基因突变导致生物大分子结构或数量改变所致的疾病;④多基因遗传病,由多对基因与环境因素共同作用产生的遗传病,如高血压、糖尿病等。染色体病是由于人类染色体数目异常或结构畸变所致疾病。常染色体异常最常见的是唐氏综合征,性染色体异常最常见的是Turner综合征。体细胞遗传病是体细胞中的遗传物质改变引起的疾病。

遗传代谢病(inherited metabolic diseases,IMD)或称先天性代谢缺陷病(inborn errors of metabolism,IEM)是指由于基因突变引起酶缺陷、细胞膜功能异常或受体缺陷,从而导致机体生化代谢紊乱,造成中间或旁路代谢产物蓄积,或终末代谢产物缺乏,引起一系列临床症状的一组疾病。IEM多为常染色体隐性遗传病,少数为常染色体显性遗传或X、Y连锁伴性遗传及线粒体遗传等。自1908年Garrod提出IEM概念以来,迄今发现的疾病已有500余种,并随诊断技术的提高而逐渐增加。IEM虽单一病种发生率较低,但群体患病率高。

IEM按其所涉及的代谢底物异常,可直接分为氨基酸病(如苯丙酮尿症)、有机酸血症(如异戊酸血症)、脂肪酸氧化缺陷(如中链酰基辅酶A脱氢酶缺乏症)、过氧化酶体病(如Zellweger综合征)、糖代谢病(如半乳糖血症)、核酸代谢异常症(如腺嘌呤脱氨酶缺乏症)、溶酶体病(如黏多糖病)和金属代谢障碍(如Wilson病)等。

根据异常代谢物的分子大小,可将IEM分为小分子病(如氨基酸病、有机酸代谢异常)和细胞器病(如脂类代谢病、黏多糖病)。前者起病急骤、病程可间歇反复、缺乏查体和病理学检查特征、特效治疗效果显著;而后者多逐渐发病、呈进行性加重、常有相对特异的查体或病理学改变,对一般治疗反应差。

多数IEM临床上缺乏特异性症状和体征,易与窒息、感染、中毒等获得性疾病混淆。IEM的诊断需结合病史、家族史、临床表现、生化和分子生物学检测、组织学和影像学检查等综合分析。随着生化分析技术的发展，酶学检测、气相色谱、高效液相色谱、气相色谱 - 质谱联用和串联质谱等方法广泛用于各种体液内的酶类和氨基酸、有机酸、脂类、糖和酰基肉碱等代谢成分的分析，分子生物学技术逐步应用于 IEM 基因型与突变位点的检测和基因型与表型的相关研究，使得人们对遗传代谢性疾病的认识不断加深、诊断率明显上升。早期诊断是进行及时处理、挽救生命、避免或减少严重并发症及神经系统伤残的关键，也是进一步开展系谱分析、遗传咨询或产前诊断的基础。遗传学检测技术（染色体芯片、二代测序）及生物信息学的开发和应用将极大地推动学科领域的发展。

迄今多数遗传代谢病仍无特殊治疗方法，但通过相应的支持或对症治疗许多疾患可得到有效控制。大多数遗传代谢病以饮食治疗为主，许多小分子病可通过维生素、肉碱和辅酶等进行治疗，效果显著。酶替代疗法、器官移植或骨髓移植、细胞或基因治疗已在少数遗传代谢病的治疗中取得成功。

遗传代谢性疾病的预防至关重要。主要预防措施包括：①在人群中和患者亲属中进行携带者检出，进行遗传学咨询，避免近亲婚配，以减少隐性遗传病的发生；②严重的显性遗传的患者要节育或绝育；③对高危妊娠进行产前诊断，阳性者可根据具体情况选择终止妊娠，减少严重出生缺陷；④广泛开展遗传代谢病的新生儿筛查；⑤早期诊断并及时治疗临床病例，避免或减轻严重神经系统伤残的发生。

（罗小平）

第二节 糖 尿 病

糖尿病（diabetes mellitus，DM）是由于胰岛素缺乏所造成的糖、脂肪、蛋白质代谢紊乱症。按病因分为原发性和继发性两类。原发性又分为 1 型糖尿病（即 T_1DM）、2 型糖尿病（即 T_2DM）和青年成熟期发病型糖尿病（maturity-onset diabetes of youth，MODY）。儿童糖尿病绝大多数为 1 型，发病高峰在学龄前期和青春期，婴儿发病少。近年随着儿童青少年肥胖人群的增多，2 型糖尿病发病率有增高的趋势。本章节主要讨论儿童 1 型糖尿病。大多数 1 型糖尿病是在遗传易感基因的基础上，由外界环境因素的作用引起的自身免疫反应导致胰岛 B 细胞的损伤和破坏。确切的发病率并不十分清楚，有研究显示中国儿童 1 型糖尿病发病率约为 0.6/10 万。

糖尿病的诊疗经过通常包括以下环节：

1. 详细询问患儿的症状，明确有无诱因。

2. 查体时注意呼吸、神志以及有无脱水体征。

3. 及时进行血糖、尿常规等检查，以明确诊断；并行血气分析、糖化血红蛋白、胰岛素、C 肽及血生化等检查明确有无急性并发症，尤其是酮症酸中毒（DKA）出现。

4. 明确诊断后需进一步行糖尿病相关抗体进行分型诊断，并询问有无糖尿病家族史。

5. 判断糖尿病病程分期，如伴有 DKA 发生，立即按 DKA 处理流程予以治疗；如病情较稳定，则予综合治疗，即胰岛素治疗为核心，结合饮食、运动和血糖监测管理，建立医师、专科护士、营养师、心理等多学科综合管理方案，分别从临床 - 心理 - 营养 - 运动等多学科制定儿童糖尿病较系统化的管理和教育方案。

6. 定期随访，建立儿童糖尿病门诊随访表单。及时发现有无慢性并发症出现。

> **临床关键点**
>
> 1. 详细询问病史和全面查体，寻找重要疑诊线索，确定糖尿病诊断。
>
> 2. 保证诊断的准确性，进行正确的分型对于选择最合适的治疗方案、预测亲属发病风险和下一代再发风险非常重要。
>
> 3. 及时判断有无酮症酸中毒存在，并进行积极治疗。
>
> 4. 糖尿病需终身治疗，糖尿病教育和管理要贯穿于糖尿病的诊治和随访中。综合治疗缺一不可，包括胰岛素治疗、饮食管理、运动及精神心理治疗等。
>
> 5. 血糖监测对糖尿病管理非常重要，可及早发现低血糖等急性并发症，并可根据血糖水平调整胰岛素治疗方案，延缓慢性并发症的发生。

糖尿病昏迷是由糖尿病引起的一组以意识障碍为特征的临床综合征。它包括 4 种临床类型,即糖尿病酮症酸中毒(diabetic ketoacidosis,DKA)、糖尿病非酮性昏迷(hyperosmolar hyperglycemic state,HHS)(又称高渗性昏迷)、乳酸性酸中毒昏迷和糖尿病低血糖昏迷。它们是糖尿病的最常见、最危险的合并症,若不及时处理,常导致死亡。

糖尿病昏迷的诊疗经过通常包括以下环节:

1. 详细询问患儿的症状,明确有无诱因。

2. 查体时注意失水程度,有无呼吸深而速、呼气酮味及周围循环衰竭。

3. 及时进行血糖、尿常规等检查,以明确诊断;并行血气分析、糖化血红蛋白、胰岛素、C 肽及血生化等检查,明确有无急性并发症尤其是 DKA 出现。

4. 判断糖尿病昏迷,如为 DKA 所致昏迷,应立即按 DKA 处理流程予以治疗;如判断为糖尿病非酮性昏迷(高渗性昏迷)和低血糖昏迷,则予相应处理。

临床关键点

1. 详细询问病史和全面查体,寻找重要疑诊线索,确定糖尿病昏迷的类型。

2. 血糖、尿酮、血气分析和血生化的监测有助于判断不同类型的糖尿病昏迷。

3. 针对不同类型糖尿病昏迷进行及时、规范治疗极其重要。

4. DKA 是儿童糖尿病最常见的代谢急症,及时判断 DKA 的严重程度及是否合并其他并发症非常重要。

5. DKA 的评估和规范治疗可有效减少并发症的发生,关键在于充分补液、小剂量胰岛素治疗、纠正电解质紊乱和抗感染。

6. 低血糖症常见于儿童糖尿病,低血糖昏迷对儿童青少年的发育造成很大的损伤,及时监测血糖,有效预防极其重要。

临床病例

患儿,男,9 岁 8 个月。因"多饮多尿多食 10 天"来门诊就诊。初步的病史采集如下。

患儿 10 天前无明显诱因出现多饮多尿,每日饮水量 1 500～2 000ml,夜尿次数 2～3 次,食量较平常明显增加,但体重逐渐减轻,感乏力。病程中无发烧、咳嗽、流涕、呼吸困难、呕吐、腹泻等症状,为了明确诊断即来门诊就诊。

初步采集病史后,因患儿有多饮多尿多食症状,同时伴有体重减轻,因此按照"多饮、多尿、易饿多食和体重减轻",即"三多一少"的临床表现,需考虑以下相关问题。

【问题 1】 该患儿出现"三多一少",需要询问哪些病史?

思路:该患儿为学龄期儿童,病程 10 天,有典型的"三多一少"症状,一定要先排除尿路感染或肾脏病变,其次需考虑以下较常见的内分泌疾病,如糖尿病、甲状腺功能亢进症和尿崩症。因此需要进一步询问病史,包括询问饮食有无特殊;是否记录了 24 小时出入量;有无尿路刺激征;有无甲状腺疾病和糖尿病的家族史。

【问题 2】 病史采集后,下一步查体和检查重点做哪些方面?

思路:要紧密围绕病史,针对以上考虑的疾病进行全面重点查体。如有无脱水征、有无呼吸深大,甲状腺的大小、质地,有无眼突、肾区和输尿管压痛点等。

知识点

糖尿病临床表现

糖尿病临床表现多样,典型症状多饮、多尿、多食伴体重下降,简称"三多一少"。1 型糖尿病患儿起病较急骤,多在有感染或饮食不当等诱因后出现典型症状。部分起病较缓,表现为消瘦,精神不振,倦怠乏力等。

不伴酮症酸中毒表现:儿童可有遗尿和夜尿增多,婴幼儿多饮多尿不易发觉,年幼儿在自己能够控制小便后突然出现遗尿,可能会误诊为尿路感染;生长期儿童体重不增或下降;易怒,学校表现变差;长期高血糖可导致反复皮肤感染。

约有40%糖尿病患儿以酮症酸中毒就诊,这类患儿常因急性感染、过食、诊断延误或诊断已明确但突然中断胰岛素治疗等因素诱发。起病急,进食减少,恶心呕吐,腹痛,关节或肌肉疼痛。查体多有脱水和酸中毒征象:皮肤黏膜干燥,呼吸深长,呼气中有酮味,严重时出现血压下降,神志淡漠,嗜睡甚至昏迷。

门诊查体记录

体温36.8℃,呼吸30次/min,脉搏90次/min,血压90/65mmHg,体重28kg,身高145cm。精神可,神志清楚,全身皮肤干燥,唇干红,咽无充血,扁桃体不大,甲状腺不大,无眼突。呼吸稍促,无明显深大呼吸,双肺呼吸音清晰,未闻及啰音。心律齐,心脏未闻及杂音。腹软,肝脾肋下未及,双肾区及输尿管压痛点无压痛。

【问题3】 结合上述查体结果,为明确诊断应进一步实施哪些检查?

思路:通过上述体征考虑甲状腺功能亢进症可能性比较小,患儿仅有轻度脱水征、呼吸稍促和唇红,无其他阳性体征,针对这种无特异性体征的患儿,进一步的检验非常关键。首先要立即检查血糖和尿常规。若空腹血糖≥7.0mmol/L;餐后任意时刻或OGTT血糖≥11.1mmol/L,尿糖阳性,即可初步诊断糖尿病。若尿酮体阳性,则检测血气分析、血生化,了解有无DKA存在。糖化血红蛋白(HbA1c)测定是协助诊断的重要指标。

知识点

1. 血糖检测应以血浆血糖为准,手指微量血糖仅作为参考,不能作为诊断标准。

2. 血气分析抽静脉血即可,除非休克时才抽动脉血。酮症酸中毒时,血pH<7.30,HCO$_3^-$<15mmol/L。

3. 葡萄糖耐量试验 仅用于症状不明显、尿糖偶尔阳性而血糖正常或稍增高的患儿。

门诊辅助检查

尿常规检查:pH 6.5,蛋白(±),尿糖(+++),尿酮体(+++),比重1.025。

血浆血糖(空腹)33.56mmol/L。

血气分析:pH 7.346,PaCO$_2$ 36.2mmHg,PaO$_2$ 107.2mmHg,HCO$_3^-$ 21.8mmol/L,BE-3.5mmol/L。

血生化:肝功能正常,尿素、肌酐正常,胆固醇4.31mmol/L,甘油三酯2.08mmol/L

HbA1c12.4%,甲状腺功能正常。

【问题4】 如何判读本患儿初步检查?

思路:尿常规结果提示尿糖阳性,结合患儿"三多一少"症状,初步诊断糖尿病,尿酮体阳性,但血气分析未提示代谢性酸中毒,尽管查体有唇红、呼吸稍促,但不能诊断酮症酸中毒,只能诊断酮症。甲状腺功能正常排除甲状腺功能亢进症。虽然有多饮多尿,但尿比重不低,不支持尿崩症。根据以上检查结果,初步诊断为儿童糖尿病并酮症。糖尿病诊断标准见表12-2-1。

表 12-2-1　糖尿病诊断标准

诊断		标准
糖尿病期		1. 糖尿病症状 + 随机血浆葡萄糖≥11.1mmol/L（200mg/dl） 或 2. 空腹血浆葡萄糖≥7.0mmol/L（≥126mg/dl）（空腹定义：不摄取碳水化合物 >8 小时） 或 3. OGTT 试验 2 小时血浆葡萄糖≥11.1mmol/L（200mg/dl） （75g 葡萄糖溶解在水中口服或按 1.75g/kg 葡萄糖溶解在水中口服，最大不超过 75g） 4. HbA1c≥6.5%
糖尿病前期	IGT（糖耐量受损）	OGTT 2 小时血糖 7.8~11.1mmol/L（140~199mg/dl）
	IFG（空腹血糖受损）	空腹血糖 5.6~6.9mmol/L（100~125mg/dl）

【问题 5】　对该患儿还需进一步实施哪些检查？

思路：该患儿初步诊断为儿童糖尿病后，建议住院行进一步检查。包括评估其胰岛功能，并尽可能进行分型检测。儿童胰岛功能评估常见指标为空腹胰岛素和 C 肽、OGTT、胰高糖素 C 肽激发试验。儿童糖尿病目前主要分为 1 型糖尿病、2 型糖尿病以及青少年发病的成年型糖尿病（MODY）。临床上常通过检测 GAD65、IAA、IA2、ICA 等抗体区分 1 型和 2 型糖尿病。若抗体为阳性，则 1 型糖尿病可能较大。但有时候分型仍困难。两者临床特征见表 12-2-2。此外还要进行眼底检查、尿微量白蛋白测定等并发症筛查。

表 12-2-2　1 型和 2 型糖尿病的临床特征

临床特征	1 型糖尿病	2 型糖尿病
起病年龄	整个儿童期	青春期或以后起病
起病表现	通常急性、快速	可变，从缓慢进展（通常隐匿）到严重
胰岛自身抗体	90% 以上出现	典型无抗体
起病时伴酮症或酮症酸中毒	常见	可达到 33%
黑棘皮症	少见	常见
肥胖	等于人群发病率	>90%
年轻糖尿病人群的百分比例	通常 >90%	大部分国家 <10%
父母有糖尿病	2%~4%	80%

【问题 6】　该患儿应如何治疗？

思路：糖尿病是终身的内分泌代谢性疾病，强调综合治疗。

主要包括 5 个方面：合理应用胰岛素；饮食管理；运动锻炼；自我血糖监测；糖尿病知识教育和心理支持。

该患儿为初诊患儿，目前无糖尿病酮症酸中毒，建议尽早采用胰岛素强化治疗方案。

知识点

胰岛素强化治疗

强化治疗主要针对 1 型糖尿病患者，采用胰岛素每日多次注射或者应用胰岛素泵，以使血糖控制良好，减缓慢性并发症的发生。强调治疗要个体化、规范化。

1. 基础加餐时胰岛素治疗　也称每天多次胰岛素注射方案（MDI），是目前 T1DM 患者最常用的强化方案。根据正常人的胰岛素分泌模式，一般三餐前用短效胰岛素或胰岛素类似物，睡前用中效（有些患者需要早餐前也注射一次）或长效胰岛素或其类似物。

2．持续皮下胰岛素输注（CSII）　也称胰岛素泵治疗。CSII 治疗模式适合 MDI 控制不佳的 T1DM，尤其是血糖波动大，反复发生酮症酸中毒，频繁的严重低血糖和 / 或低血糖昏迷及"黎明现象"明显的患者。胰岛素泵治疗时可选用的胰岛素为短效胰岛素或速效人胰岛素类似物。

【问题7】　胰岛素有哪些制剂？

思路：目前常用的胰岛素种类包括常规胰岛素、中效胰岛素、速效胰岛素和长效胰岛素类似物。它们的主要区别在于起效、达峰、维持时间不同（表 12-2-3）。

表 12-2-3　胰岛素常用制剂

胰岛素制剂	起效时间	峰值时间	作用持续时间
短效胰岛素（RI）	15～60min	2～4h	5～8h
速效胰岛素类似物（门冬胰岛素）	10～15min	1～2h	4～6h
速效胰岛素类似物（赖脯胰岛素）	10～15min	1～1.5h	4～5h
中效胰岛素（NPH）	2.5～3h	5～7h	13～16h
长效胰岛素（PZI）	3～4h	8～10h	长达20h
长效胰岛素类似物（甘精胰岛素）	2～3h	无峰	长达30h
长效胰岛素类似物（地特胰岛素）	3～4h	3～14h	长达24h
预混胰岛素（HI 30R, HI 70/30）	0.5h	2～12h	14～24h
预混胰岛素（50R）	0.5h	2～3h	10～24h
预混胰岛素类似物（预混门冬胰岛素30）	10～20min	1～4h	14～24h

在儿童或青少年糖尿病患者中，最常使用的是胰岛素笔 / 针皮下注射常规及中效胰岛素的治疗方案，也可使用长效＋速效胰岛素治疗。而在胰岛素泵中，首先推荐的是速效胰岛素，也可使用常规胰岛素。根据患儿的病情，由专业的内分泌科医生协助选择。

【问题8】　该患儿应如何应用胰岛素治疗？

思路：一般来说发病初期胰岛素总剂量为 0.5～1.0U/（kg·d），采用 MDI 方案。中效或长效胰岛素可能占日总剂量的 30%～50%，其余的 50%～70% 的常规或速效胰岛素分配在 3～4 次餐前给药。初始时可以按照三餐 1/3、1/3、1/3 或 1/5、2/5、2/5 分配。餐前大剂量的准确计算要根据饮食种类、数量、特别是碳水化合物含量，以及进食后体力活动量的大小来确定。

知识点

胰岛素剂量

每天所需胰岛素总量：发病初期一般为 0.5～1.0U/（kg·d），年龄<3 岁儿童，可以采用更低初始剂量；缓解阶段每日胰岛素总量通常<0.5U/（kg·d）；青春期前儿童通常需要 0.7～1.0U/（kg·d）；青春期可超过 1.0U/（kg·d），甚至高达 2.0U/（kg·d）。对儿童和青少年而言，胰岛素的"正确"剂量是达到最佳血糖控制而不引起明显低血糖反应，同时能保障其正常的生长发育。

【问题9】　如何进行胰岛素剂量调整？

思路：胰岛素的剂量调整必须考虑以下因素，包括年龄、体重、发育阶段、糖尿病病程、注射部位的状态、运动、日常生活、血糖控制情况和有无合并其他疾病等。正确的剂量调整可使血糖得到很好的控制，不引起低血糖的同时，又可保证患儿的生长发育。

【问题10】　治疗中应注意哪些问题出现？

思路：首先要学会胰岛素的注射方法、观察注射部位的局部反应；其次要切实做好血糖的监测，以便及时发现高血糖和低血糖的出现，从而采取相应措施。

知识点

胰岛素过量和不足

胰岛素过量：在午夜至凌晨时发生低血糖，引起胰高糖素、皮质醇、肾上腺素等反调节激素分泌，使血糖随即陡升，以致清晨血、尿糖异常增高，即 Somogyi 现象。需减少胰岛素用量。

清晨现象：不发生低血糖，却在清晨 5～9 时呈现血糖和尿糖增高，系因晚间胰岛素用量不足所致，可加大晚间注射剂量。

【问题 11】 血糖监测应达到什么目标？

思路：血糖监测是糖尿病治疗的有力保证。一般血糖监测采用自我血糖监测（SMBG）或动态血糖监测（continuous glucose monitoring, CGS）。通常自我血糖监测的时间点为三餐前、三餐后 2 小时、晚上 10 点，凌晨 3 点。对于易发生低血糖的患儿，CGS 更有助于血糖的监测。CGS 可观察 24 小时的血糖变化，一般的 CGS 可回顾性分析结果，从而指导胰岛素的剂量调整。目前实时血糖监测已广泛应用于临床，可更简捷、迅速了解血糖的变化。从而相应调整胰岛素用量，减少了急性并发症的发生。儿童糖尿病血糖控制目标请参照表 12-2-4 和表 12-2-5。反映了不同研究学会制订的儿童糖尿病控制目标，可根据年龄和生长发育的状况选择。

表 12-2-4 儿童糖尿病血糖控制标准（ISPAD/IDF）

血糖指标	理想	尚佳	不佳	高度危险
高血糖	无	无症状	多尿 多饮 遗尿 体重不增 影响上学	视物模糊 体重下降、生长不良 青春发育延迟 皮肤或生殖器感染 微血管并发症
低血糖	无	偶尔轻度	无严重低血糖	严重低血糖（意识丧失±抽搐）
餐前血糖 /(mmol·L^{-1})	3.6～5.6	5.0～8.0	>8.0	>9.0
餐后血糖 /(mmol·L^{-1})	4.5～7.0	5.0～10.0	10.0～14.0	>14.0
睡前血糖 /(mmol·L^{-1})	4.0～5.6	6.7～10.0	<6.7 或 10.0～11.0	<4.4 或>11.0
深夜血糖 /(mmol·L^{-1})	3.6～5.6	4.5～9.0	<4.2 或>9.0	>9.0
HbA1c	<6.05	<7.5	7.5～9.0	>9.0

表 12-2-5 儿童糖尿病血糖控制标准（ADA）

年龄	餐前血糖 /(mmol·L^{-1})	睡前夜间血糖 /(mmol·L^{-1})
学龄前（0～6 岁）	5.6～10	6.1～11.1
学龄儿童（6～12 岁）	5.6～10	5.6～10
青少年（13～19 岁）	5～7.2	5～8.3

【问题 12】 如何进行饮食管理？

思路：热量要适合患儿的年龄、生长发育和日常活动的需要。维持血糖稳定，应定时、定量进餐。

（1）热量：每日热卡（kcal）=1 000+（年龄×80～100），年幼儿宜稍偏高。

（2）热能分配：蛋白质 15%～20%，糖类 50%～55%，脂肪 30%。全日热量分为三餐，分别占 1/5、2/5、2/5，并由每餐中留少量食物作餐间点心。

糖尿病饮食

1. 临时进餐前可根据食物中碳水化合物含量和碳水化合物系数(即该患者每1单位胰岛素所能平衡的碳水化合物克数)计算临时胰岛素注射量,血糖高于目标血糖值时可以通过校正胰岛素注射量来加强血糖的控制。
2. 计划饮食,控制总热量,但要保证儿童正常生长发育的需要。
3. 均衡膳食,保证足够营养,特别是蛋白质的供应,避免高糖高脂食物,多选择高纤维素食物,烹调宜清淡。
4. 定时定量,少量多餐。

【问题13】 糖尿病患者应如何随访?

思路:至少每2~3个月到糖尿病专业门诊复查。每次携带病情记录本,以供医生参考;胰岛素治疗时要加强血糖的自我监测,并根据监测结果调整胰岛素剂量。定期随访均应测量身高、体重、血压、尿常规、餐后2小时血糖和糖化血红蛋白;预防慢性并发症,每半年至一年应检测血脂、尿微量白蛋白及眼底等。

临床病例

患儿,女,14岁。因"流涕伴精神差乏力4天,胸闷、意识模糊半天"来门诊就诊。初步的病史采集如下。

患儿4天前无明显诱因出现流涕,精神差,乏力,无发热、咳嗽、腹泻等症状,遂于当地诊所输液(葡萄糖液和抗生素)治疗3天,病情无缓解;今患儿出现胸闷、意识模糊,急来门诊就诊。患儿起病以来,食欲差,口渴明显,饮水多,尿量明显增多,大便少。

患儿系G_1P_1,体重3.9kg,足月,母乳喂养。平时体健。其父有糖尿病史。

初步采集病史后,因患儿有流涕,精神差,无咳嗽、吐泻,首先要考虑是否存在"急性上呼吸道感染"。但当地按此治疗后,出现胸闷和神志改变,结合起病来多饮多尿症状,其父有糖尿病史,高度怀疑"糖尿病"。

【问题1】 病史采集后,下一步查体和检查重点做哪些方面?

思路:首先要明确是否诊断"糖尿病"。因为糖尿病临床查体一般无特异性,针对患儿出现胸闷、意识模糊,重点在于针对糖尿病的急性并发症进行全面重点查体。如有无脱水征、有无呼吸深大,神志的判断等。

门诊查体记录

体温36.1℃,呼吸30次/min,脉搏128次/min,血压122/71mmHg,体重56kg,身高164cm。精神差,神志模糊,谵妄状,全身皮肤干燥,无皮疹。唇干红,呼吸深大,无特殊气味。咽充血,扁桃体不大,甲状腺不大,无眼突。双侧瞳孔等大等圆约4mm,对光反射稍迟钝。颈软,脑膜刺激征阴性。双肺呼吸音粗,未闻及啰音。心音稍低钝,律齐,各瓣膜区未闻及明显杂音。腹软,肝脾肋下未及,四肢末梢凉。病理反射未引出。

【问题2】 结合上述查体结果,为明确诊断应进一步实施哪些检查?

思路:通过上述体征发现,患儿存在呼吸深大和唇红,对光反射稍迟钝,首先要立即检查血糖、尿常规。若空腹血糖≥7.0mmol/L;餐后任意时刻或OGTT血糖≥11.1mmol/L,尿糖阳性,即可初步诊断糖尿病。若尿酮体阳性,则检测血气分析、血生化,了解有无DKA存在。

门诊辅助检查

尿常规检查:pH 6.5,蛋白(-),尿糖(+++),尿酮体(++),比重1.025。

微量血糖(空腹)60.1mmol/L。

血常规:WBC $22.25×10^9$/L,淋巴细胞百分比9.4%,中性粒细胞百分比85.2%,Hb 149g/L,PLT $274×10^9$/L。

【问题3】 如何判读本患儿初步检查?

思路:

(1)尿糖阳性,血糖异常增高,结合患儿"多饮多尿"症状和糖尿病家族史,糖尿病诊断明确。

(2)患儿病初注射过葡萄糖液,检测尿酮体阳性,查体发现呼吸深大,唇红,神志模糊,对光反射稍迟钝,均高度考虑合并糖尿病昏迷。

知识点

糖尿病昏迷

1. 糖尿病昏迷是由糖尿病引起的一组以意识障碍为特征的临床综合征。它包括4种临床类型,即糖尿病酮症酸中毒、糖尿病非酮性昏迷(高渗性昏迷)、乳酸性酸中毒昏迷和糖尿病低血糖昏迷。它们是糖尿病的最常见、最危险的合并症,若不及时处理,常导致死亡。

2. 高血糖所致昏迷分类

(1)血糖明显增高,血酮增高,血二氧化碳结合力及pH下降,尿酮阳性为糖尿病酮症酸中毒昏迷。

(2)血糖极高(可近60mmol/L或更高)、高血钠、高血浆渗透压,无明显酮症酸中毒者,为高渗透性非酮症性昏迷;常见于老年患者。

(3)因休克或服用双胍类降糖药,血乳酸增高、酸中毒、一般无高血糖、无酮症者,为糖尿病性乳酸性酸中毒。

【问题4】 对该患儿还需进一步实施哪些检查?

思路:该患儿病情危重,需立即住院行进一步诊治。检查分步进行:

(1)入院后立即查血糖、酮体、乳酸、二氧化碳结合力、尿素氮、血pH、血钾、血钠、血氯、血浆渗透压[或用公式计算:$2(Na^+ + K^+)mmol/L + 葡萄糖(mmol/L) + (尿素氮(mmol/L))$]、尿糖及酮体,以后每1~4小时复测1次,直至血生化检验值恢复正常为止。

(2)监测尿常规、尿酮体,并检查心电图、甲状腺功能等。

(3)检测糖化血红蛋白、C肽和糖尿病相应抗体。

住院辅助检查

血生化:血浆血糖58.2mmol/L。

ALT 19U/L,AST 15U/L,ALB 43.6g/L,尿酸 536.1mol/L,HCO_3^- 4.8mmol/L;K^+ 4.09mmol/L,Na^+ 129.7mmol/L,Cl^- 93.7mmol/L,Ca^{2+} 2.5mmol/L;丙酮酸 26.1mol/L,淀粉酶 984U/L,脂肪酶 3 809.8U/L,血氨 54mol/L,乳酸 3.85mmol/L。超敏CRP 20.9mg/L。

血气分析:pH 6.969,$PaCO_2$ 10mmHg,BE $-$30mmol/L,SpO_2 96.9%。

糖化血红蛋白15.3%。

甲状腺功能正常。

【问题5】 如何解读本患儿的检查结果?

思路:结合该患儿血糖明显高于11.1mmol/L,血pH<7.1,HCO_3^-<15mmol/L,且尿酮阳性,明确诊断为糖尿病酮症酸中毒,即DKA(重度)。DKA是由于严重的胰岛素缺乏,使脂肪分解加速,脂肪酸在肝脏内氧化产生的酮体大量增加,导致酮体聚积,从而出现酮症酸中毒。在此基础上出现昏迷的,称为糖尿病酮症酸中毒昏迷。多见于突然中断胰岛素治疗的糖尿病患者和未经任何治疗的初诊糖尿病患者。其中感染诱发者,尤其是上呼吸道感染和泌尿道感染最常见。本例患儿前驱有上呼吸道感染,尽管血常规WBC及中性粒细胞百分比高可能与脱水有关,但超敏CRP升高,均提示存在细菌感染。

知识点

酮症酸中毒

常见诱因包括：急性感染、过食、诊断延误，或诊断已明确但突然中断胰岛素治疗等因素。起病急，进食减少，恶心呕吐，腹痛，关节或肌肉疼痛。查体多有脱水和酸中毒征象：皮肤黏膜干燥，呼吸深长，呼气中有酮味，严重时出现血压下降，神志淡漠，嗜睡甚至昏迷。

【问题6】　对该患儿应如何进行及时评估？

思路：DKA患儿应根据临床表现和检查结果进行紧急评估。评估内容包括临床症状、查体和实验室的结果，综合判断是否为DKA及分度、脱水程度。

【问题7】　对DKA患儿应如何进行及时治疗？

思路：根据《中国儿童糖尿病酮症酸中毒指南（2009年版）》进行治疗，主要包括液体疗法和小剂量胰岛素注射，另针对不同的并发症进行相应处理。

入院后24小时住院记录

体温36.8℃，呼吸20次/min，脉搏116次/min，血压112/80mmHg，昏迷状，双侧瞳孔等大等圆约4mm，对光反射迟钝。颈软，脑膜刺激征阴性，病理反射未引出。心肺腹查体无明显异常体征。

主要检验结果：尿蛋白（+），WBC（++），尿糖（+++），酮体（+），血糖渐降至14.8mmol/L。

血气分析：pH 7.280，$PaCO_2$ 38mmHg，PaO_2 87mmHg，BE -8.2mmol/L，SpO_2 95%。血电解质：K^+ 3.26mmol/L，Na^+ 151.7mmol/L，Cl^- 113.6mmol/L，Ca^{2+} 2.2mmol/L。淀粉酶266U/L，脂肪酶340.6U/L，血氨71μmol/L，尿素氮2.12mmol/L，肌酐45μmol/L。

该DKA患儿经过抗感染、导尿、补液治疗及小剂量胰岛素注射治疗24小时后，呼吸深大改善，但仍神志不清。

【问题8】　应如何进行病情判断？

思路：患儿经过治疗后血糖下降，酮症酸中毒基本纠正，但昏迷无改善。结合患儿血钠、血氯水平增高，考虑可能存在输注高张液体过多过快，没有及时下调液体张力有关。同时可能与疾病本身发作时血管通透性增加，从而导致脑部病变表现加重，如脑水肿或缺氧缺血性脑病、脑梗死和颅内出血等。该患儿存在高钠血症，渗透压增高，能否诊断高渗性非酮症性昏迷呢？DKA和HHS的病理生理见表12-2-6。

表12-2-6　DKA和HHS的临床特征

临床特征	DKA	HHS
病程	病程<24小时	常持续数天
糖尿病类型	T_1DM多见	老年人肥胖的T_2DM患者多见
症状	烦渴、多食、多尿、体重下降、恶心、呕吐、脱水、疲乏无力	烦渴、多食、多尿、体重下降、恶心、呕吐、脱水（更严重）、疲乏无力
	心动过速，低血压	心动过速，低血压
	精神错乱以及嗜睡，昏迷	精神错乱以及嗜睡，昏迷（更多见）
	腹痛	
	酸中毒呼吸（Kussmaul呼吸）	
尿糖	（++）～（+++）	（++）～（+++）
尿酮	（+）～（+++）	（-）～（+）
血钠	降低或正常	降低或正常
血pH	降低	正常或降低
血渗透压	正常或升高	升高
乳酸	稍高	正常

【问题9】 进一步应如何治疗?

思路:在这种危急情况下,需继续监测血糖、电解质的变化,继续补钾,降低补液的张力,也可通过胃管注入相当量温开水以改善高渗状态。同时可予小剂量的甘露醇治疗,并密切监测生命体征的变化。病情稳定后,可行头颅 MRI 和脑电图检查。糖尿病昏迷死亡率高低在很大程度上,取决于早期诊断与合并症的治疗,约 28% 的患者在住院后 48 小时内主要死于高渗,因此高渗状态持续时间越长死亡率越高。而各种合并症中感染是晚期死亡的主要原因。

入院后 72 小时住院记录

患儿神志清楚,可回答问题,双侧瞳孔等大等圆约 3mm,对光反射灵敏。颈软,脑膜刺激征阴性。主要检验结果:尿蛋白(−)、WBC(−),尿糖(+),酮体(−),血糖渐降至 4.8mmol/L;血气分析:pH 7.338, $PaCO_2$ 42mmHg, PaO_2 102mmHg, BE−3.6mmol/L, SpO_2 97%; K^+ 3.91mmol/L, Na^+ 139.3mmol/L, Cl^- 105.5mmol/L, Ca^{2+} 2.48mmol/L;淀粉酶 266U/L,脂肪酶 340.6I/L,血氨 71mol/L,尿素氮 3.42mmol/L,肌酐 32μmol/L,尿微量蛋白(−)。

【问题10】 下一步该如何治疗?

思路:当患儿脱离危险、恢复意识后,应积极治疗糖尿病,调节饮食,合理使用胰岛素,使体内代谢正常,避免糖尿病性昏迷的再度发生。密切监测血糖的变化。自我血糖监测每日至少 8 次,有条件者建议动态血糖监测。同时每日监测一次尿糖和酮体。在疾病控制后,若又出现昏迷,一定要明确是高血糖所致昏迷,还是低血糖所致的昏迷。

【问题11】 糖尿病低血糖症有哪些原因和临床表现?

思路:

(1)糖尿病低血糖症往往是由于应用胰岛素后未及时补充食物、进食减少或吸收不良、运动过度、肝肾功能不全,或合并其他疾病导致的。

(2)低血糖症的临床表现包括:虚弱、寒战、头痛、头昏眼花、注意力差、饥饿、流汗、恶心、心悸,易激惹,重者可出现说话含糊和意识模糊等。

知识点

按美国 ADA 定义的糖尿病低血糖症

糖尿病拓展病例

有症状的低血糖:明显的低血糖症状,且血糖≤3.9mmol/L。

无症状低血糖:无明显的低血糖症状,但血糖≤3.9mmol/L。

可疑症状性低血糖:出现低血糖症状,但没有检测血糖。

相对低血糖:出现典型的低血糖症状,但血糖高于 3.9mmol/L。

重度低血糖:需要他人救助,发生时可能缺失血糖的测定,但神经症状的恢复有赖于血糖水平的纠正。

【问题12】 如果出现糖尿病低血糖昏迷,应如何处理?

思路:有意识障碍者,应立即静脉推注 50% 葡萄糖 50～100ml,每 15～20 分钟监测一次血糖水平,确定低血糖恢复情况。若恢复意识,则要了解低血糖发生的原因,教育患者有关低血糖的知识,避免低血糖的再次发生;若低血糖未恢复,则需静脉滴注 5% 或 10% 的葡萄糖液,必要时加用肾上腺皮质激素。

(罗小平)

第三节 生长激素缺乏症

生长激素缺乏症(growth hormone deficiency,GHD)是由于生长激素部分或完全缺乏,导致小儿身高低于同年龄、同性别和同地区正常健康儿童身高的第 3 百分位数或低于平均身高减 2 个标准差(−2SD)。

人生长激素（human growth hormone，hGH）由腺垂体合成与分泌，作用于肝脏等组织刺激胰岛素样生长因子1（insulin-like growth factor 1，IGF-1）的合成，后者作用于长骨促进生长。GH的分泌呈脉冲式，分泌频率夜间比白天多、青春期比成年期多，其分泌峰值一般在入睡后45～90分钟出现。此外，运动、应激状态、血糖等代谢物质也会对GH的分泌产生不同程度的影响。

GHD的诊疗过程通常包括以下环节：

（1）详细询问病史，包括现病史、出生史、发育史、家族史等。

（2）全面的体格检查，包括身高、上下部测量、性发育状态等。

（3）进行GH激发试验以评估生长激素分泌水平。

（4）检查骨龄并完善其他辅助检查，评估生长发育状况并排除其他原因导致的生长落后。

（5）明确诊断后进行基因重组生长激素替代治疗，治疗过程中需每3个月随访一次，测量身高、监测IGF-1、甲状腺功能、血糖及胰岛素等。

临床关键点

1．GHD的诊断依据　①身高落后于同年龄、同性别正常健康儿童身高的第3百分位数或低于平均身高减2个标准差（−2SD）；②年生长速率<7cm/年（3岁以下）；<5cm/年（3岁至青春期前）；<6cm/年（青春期）；③匀称性矮小、面容幼稚；④智力发育正常；⑤骨龄落后于实际年龄；⑥两项GH药物激发试验GH峰值均<10μg/L；⑦血清IGF-1水平低于正常。

2．GH药物激发试验　是目前临床诊断GHD的重要依据但并非金标准，单纯根据GH激发试验结果诊断GHD易造成误诊或漏诊。

3．基因重组人生长激素（recombinant human growth hormone，rhGH）　是GHD治疗的重要方法。rhGH治疗可有效提高矮身材患儿的生长速率、最终成年身高。

4．rhGH治疗效果　具有剂量依赖效应且存在个体差异，宜从小剂量开始，最大量不宜超过0.2U/（kg•d）。治疗过程中需每3个月随访一次，监测生长发育指标、实验室检查指标、不良反应等。

临床病例

患儿，女，12岁。因"生长落后7年"入院。初步采集病史如下。

患儿7年前开始身高增长落后于同年龄、同性别正常儿童，身高年增长速率<5cm，学习成绩一般，智力一般，运动能力尚可。无发热、咳嗽、呕吐、长期腹泻、多饮多尿，未诉头痛、头晕、视物模糊等症状。为求进一步诊治来我院，门诊以"生长落后"收入院。

患儿为G_1P_1，孕40周顺产，出生体重2.8kg，身长49cm，生后有窒息抢救史，生后因缺氧治疗1周。生后母乳喂养；6月龄添加辅食；6月龄坐，36月龄走；36月龄说话；8月萌牙。父亲身高160cm，母亲身高155cm，遗传靶身高（151±4）cm。父母无体质性青春期延迟。否认家族遗传代谢病史。

初步采集病史后，由于患儿有生长落后，按生长落后思路分析需考虑以下相关问题。

【问题1】　生长落后需要考虑哪些疾病？

思路：该患儿为12岁女性，7年前开始出现生长落后。可引起生长落后的疾病众多，包括全身性疾病，如消化道疾病、隐匿性肾脏疾病、贫血等，但此类疾病患儿体重落后较身高落后更为明显；还包括GHD、小于胎龄儿、染色体异常、家族性矮身材、体质性青春期延迟、骨骼发育异常、甲状腺功能减退症、遗传代谢病等。此外，还应警惕因颅内肿瘤等导致的获得性GHD的可能，以及合并多种垂体内分泌激素缺乏的可能。

【问题2】　采集病史时应注意哪些问题？

思路：

（1）注意询问患儿的伴随症状，如慢性腹泻、长期呕吐、长期发热等，排除全身性慢性病的可能；有无智力障碍、运动发育落后等，初步排除遗传代谢病、甲状腺功能减退症的可能；有无第二性征发育，排除Turner综合征的可能；有无多饮多尿、乏力等，初步排除其他垂体内分泌激素缺乏的可能。

（2）注意患儿母亲孕期情况、患儿出生史、出生体重、喂养史、父母青春发育情况、遗传靶身高，以和小于胎龄儿、家族性矮身材、体质性青春期延迟相鉴别。

【问题3】 病史采集后，该如何进行初步的诊断与鉴别诊断？

思路：

（1）患儿无发热、咳嗽、呕吐、长期腹泻等，可初步排除全身性疾病。

（2）无头痛头晕、视力减退等不适，可暂排除颅内肿瘤等引起的 GHD 的可能。

（3）无多饮多尿、乏力、恶心呕吐等不适，可暂排除多种垂体激素缺乏的可能。

（4）患儿智力、运动发育尚可，可暂排除甲状腺功能减退症、遗传代谢性疾病的可能。

（5）患儿表现为生长落后，无明显其他伴随症状，考虑 GHD 可能性大。

（6）患儿为 G_1P_1，孕 40 周顺产，出生体重 2.8kg，身长 49cm，可排除小于胎龄儿。

（7）患儿父亲身高 160cm，母亲身高 155cm，遗传靶身高（151±4）cm，家族性矮身材暂不能排除。

（8）患儿父母无明显体质性青春期延迟的表现，体质性青春期延迟暂不考虑。

（9）患儿为女性，需注意进一步查体及辅助检查，排除 Turner 综合征。

【问题4】 下一步体格检查和检查重点包括哪些方面？

思路：要紧密围绕病史，针对以上考虑的疾病进行全面重点查体。如有无特殊面容、有无骨骼畸形、性发育状况等。

体格检查

体温 36.1℃，脉搏 89 次/min，呼吸 21 次/min，血压 86/44mmHg。身长 134cm（<3rd，－2.84SDS），体重 26kg（<3rd）。神志清楚，身材匀称，面容稍幼稚，营养中等，无贫血貌。前额无明显突出，颜面多痣，眼距不宽，鼻梁低平，牙列整齐无龋齿，腭弓无高窄，无明显颈蹼，脊柱无侧弯，浅表淋巴结不大，未见明显漏斗胸，乳距正常，胸前可见一咖啡斑，心、肺听诊无异常，腹软，肝、脾肋下未触及，臀部无上翘，四肢活动可，双手 4、5 指偏短，提携角不大，无通贯掌。双乳 B1 期，双乳间距正常。阴毛、腋毛未见。

【问题5】 体格检查后对该患者的诊断有何初步判断？

思路：通过体格检查，考虑患儿为匀称身材矮小，考虑患儿 GHD 可能性大。但患儿面部多痣、双手 4、5 指偏短、无明显性发育，应警惕 Turner 综合征的可能。

辅助检查

骨龄 10 岁。

心电图正常范围。

血常规、肝肾功能、电解质、血脂全套、糖化血红蛋白、血气分析、空腹血糖、空腹胰岛素、肿瘤标记物均正常。

子宫、卵巢超声：子宫切面内径 0.9cm×0.4cm×0.6cm，内未见明显异常回声。左、右侧卵巢大小分别为 1.2cm×0.7cm、1.0cm×0.6cm，内均可见数个无回声区，边界清晰。

心脏、双肾及肾血管、肝胆胰脾超声未见异常。

磁共振平扫：腺垂体高度约为 4.2mm，腺垂体未见明显异常信号。

【问题6】 如何判读患儿检查结果？

思路：患儿骨龄明显小于实际年龄，余无明显异常，考虑 GHD 可能性大。患儿超声可见子宫卵巢、卵泡，Turner 综合征不大，但需进一步检查以明确。

【问题7】 还需哪些进一步检查？

思路：GH 药物激发试验、其他垂体内分泌功能评估与染色体核型分析。

由于生长激素呈脉冲式分泌，且受多种因素影响，因此单次测定血清 GH 水平无助于诊断。GH 药物激发试验是目前临床诊断 GHD 的重要依据，常用两种作用机制不同的药物进行试验，如抑制生长抑素的药物（胰岛素、溴吡斯的明）和兴奋生长激素释放激素的药物（可乐定、左旋多巴、精氨酸），于清晨空腹卧床休息时进行。于用药前、用药后 30 分钟、60 分钟、90 分钟分别采静脉血测定 GH 水平。胰岛素试验还需检测用药前、用药后 15 分钟血糖水平，当 15 分钟血糖降至空腹血糖一半以下时，才可有效进行生长激素的激发。

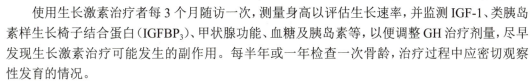

生长激素激发试验（可乐定＋胰岛素）：0 分钟 GH 1.00ng/ml，峰值 4.79ng/ml（60 分钟）。甲状腺功能、肾上腺皮质功能正常。空腹血糖 4.56mmol/L，15 分钟血糖 1.97mmol/L。染色体核型 46，XX。

【问题 8】　如何评价患儿的上述结果？

思路：GH 峰值>10μg/L 为正常，若<5μg/L 为 GH 完全缺乏，5～10μg/L 为部分性缺乏。患儿空腹血糖 4.56mmol/L，15 分钟血糖 1.97mmol/L，激发试验有效；其 GH 峰值为 4.79ng/ml，考虑为完全性 GH 缺乏；排除 Turner 综合征，染色体核型为 46，XX。患儿其他垂体内分泌激素基本正常，因此，患儿诊断考虑为单纯性完全性 GHD。

【问题 9】　该患儿应如何治疗？如何随访？

思路：患儿应进行 GH 替代治疗，目前大都采用 0.1～0.15U/（kg·d），每晚睡前皮下注射一次，每周 6～7 次。一般将患儿的靶身高作为指标来决定总的疗程，或骨骺基本闭合时停药。

使用生长激素治疗者每 3 个月随访一次，测量身高以评估生长速率，并监测 IGF-1、类胰岛素样生长椅子结合蛋白（IGFBP$_3$）、甲状腺功能、血糖及胰岛素等，以便调整 GH 治疗剂量，尽早发现生长激素治疗可能发生的副作用。每半年或一年检查一次骨龄，治疗过程中应密切观察性发育的情况。

生长激素缺乏症
拓展病例

（罗小平）

第四节　性　早　熟

性早熟（sexual precocity，或称 precocious puberty）是指女孩在 8 岁、男孩在 9 岁以前呈现第二性征。根据下丘脑 - 垂体 - 性腺轴是否提前发动，将性早熟分为中枢性性早熟和外周性性早熟，以中枢性性早熟多见。中枢性性早熟，也称真性性早熟，可以分为：①特发性性早熟，病因不明，最为常见，女孩居多，约占 80%；②继发性性早熟，继发中枢神经系统异常导致，包括颅内肿瘤、颅内感染、头颅外伤、先天性脑发育异常等。外周性性早熟，也称假性性早熟，主要由于性腺肿瘤、肾上腺疾病、外源性激素摄入和先天遗传疾病等原因导致。性早熟由于多种因素导致下丘脑 - 垂体 - 性腺轴功能启动，可诱发青春期开始，但其中具体机制尚不完全清楚。

性早熟的诊疗经过通常包括以下环节：

1. 详细询问患儿的症状及家族史。

2. 查体时注意乳房发育、阴毛、睾丸大小等性征发育以及生长速度。

3. 完善骨龄、卵巢超声、头颅 MRI、腹部 CT 及性激素等检查。

4. 明确诊断后需进一步行促性腺激素释放激素（GnRH）刺激试验。

5. 根据下丘脑 - 垂体 - 性腺轴是否提前发动，分为中枢性性早熟和外周性性早熟，需明确病因，制定合适治疗方案。

6. 中枢性性早熟的药物干预治疗及门诊随访，评估患者发育情况。

临床关键点

1. 性早熟定义与分类。

2. 性早熟临床表现，以出现第二性征为主要临床表现，包括女孩乳房发育、月经以及男孩睾丸增大等。

3. 病因鉴别　特发性还是中枢神经系统、肾上腺、性腺的肿瘤引起。

4. 不同病因的治疗方法存在差异　特发性性早熟早期采用促性腺激素释放激素类似物个性化治疗；外周性性早熟需要采用外科手术或者化疗、放疗等治疗。

临床病例

患儿，女，5岁6个月。因"发现双侧乳房增大6个月余"来院门诊就诊。初步采集的病史如下。

患儿于6个月前无明显诱因出现乳房增大，有硬结，无触痛，阴道未见分泌物，无阴毛腋毛生长，未见月经来潮。近半年来身高增长7~8cm，饮食睡眠尚可，智力发育正常，活动可，无头痛、头晕、呕吐等不适，无多饮多尿等症状，为求进一步诊治来我院儿童内分泌专科门诊。

初步采集病史后，因患儿有"双侧乳房增大，生长加速"等青春期发育的临床表现，需考虑以下相关问题。

【问题1】 该患儿出现"青春期发育"体征，需要询问哪些病史？

思路：患儿为学龄前期女孩，有乳房发育，早期乳房硬结，乳房增大，乳晕色素沉着，阴毛早期，月经来潮等，同时早期生长速度较快，后期出现生长速度减慢等特点，需要考虑青春期发育。因此需要进一步询问病史，包括询问有无特殊饮食、药物摄入史及成人化妆品接触史；其父母青春期发育史，尤其母亲月经初潮年龄等。

【问题2】 病史采集后，下一步查体和检查重点做哪些方面？

思路：要紧密围绕病史，针对以上考虑的疾病进行全面重点查体。如有乳房肿块、卵巢子宫发育及生长过快等。

知识点

性早熟临床表现

性早熟以女孩多见，男女比例约为1:9，女孩常表现为特发性性早熟，男孩常见原因为中枢神经异常。

中枢性性早熟临床特征为性发育提前，症状与正常青春期发育相似，临床表现差异较大，发展快慢不一。身高和体重快速生长，骨骼成熟加快也是重要的临床表现：早期身材高于同龄同性别人群，青春期结束后身材往往低于一般人群。

外周性性早熟除第二性征发育之外，无生殖器官发育（睾丸增大、卵巢卵泡发育等），常伴有颅内肿瘤、肾上腺肿瘤等疾病相关症状，如颅内压增高、视野缺损、皮肤黝黑、电解质紊乱等，需提高警惕。

也有患者表现性发育进程异常：①慢进展型性早熟（slowly progressive precocious puberty），在界定年龄前（7~8岁）出现性发育征象，但性发育过程及骨龄进展缓慢，线性生长亦保持在相应百分位数；②快进展型青春期（rapidly progressive pubeay），在界定年龄后才开始出现性发育，但性发育进程迅速，生长速率增加、骨骼成熟迅速，短期内出现骨龄明显超过实际年龄，由于骨骺早期愈合而影响最终成年身高。

门诊查体记录

体温36.8℃，呼吸25次/min，脉搏88次/min，体重28kg，身高125.5cm（>97th）。精神可，神志清楚，面容正常，营养可，全身未见明显斑纹，心肺听诊无异常。腹软，肝脾肋下未及，四肢活动正常。专科查体：双侧乳房B2~3，乳晕着色正常，阴毛、腋毛未见。

【问题3】 结合上述查体结果，为明确诊断应进一步实施哪些检查？

思路：通过上述查体考虑诊断性早熟，中枢性性早熟等疾病，需完善乳房、子宫卵巢超声及骨龄以及性激素水平检查，评估患儿发育情况。

中枢性性早熟的诊断需符合以下标准：①第二性征提前出现，女孩8岁前，男孩9岁前出现第二性征发育。以女孩出现乳房结节，男孩睾丸容积增大为首发表现。②线性生长加速，年生长速率高于正常儿童。

③骨龄超前,超过实际年龄 1 岁或 1 岁以上。④性腺增大,盆腔超声显示女孩子宫、卵巢容积增大,且卵巢内可见多个直径>4mm 的卵泡;男孩睾丸容积>4ml。⑤性腺轴功能启动,血清促性腺激素及性激素达青春期水平。

【问题 4】　如何判读本患儿初步检查?

思路:性早熟骨龄往往大于实际年龄,骨龄为 6 岁 10 个月,且女孩卵巢内多个卵泡直径大于 4mm,性激素水平显著升高,乳房无肿块。根据上述结果,可以初步诊断中枢性性早熟,理由是患儿女孩,年龄 5 岁 6 个月,乳房发育快,骨龄显著大于实际年龄,卵泡增大等。

【问题 5】　对该患儿还需进一步实施哪些检查?

思路:患儿发育较快,应与外周性性早熟、单纯性乳房早发育、先天性肾上腺皮质增生症等疾病鉴别,尤其颅内肿瘤、肾上腺肿瘤等,因此应该完善黄体生成素释放激素刺激试验以及头颅 MRI 及腹部 CT 等检查。

【问题 6】　如何诊断中枢性性早熟,其诊断标准?

思路:GnRH 刺激试验过程一般采用静脉注射 GnRH,剂量 2.5μg/kg(最大剂量 100μg),分别在 0,30,60,90 及 120 分钟采血检测血清促黄体生成素(LH)和卵泡刺激素(FSH)浓度。当 LH 峰值(女)>12U/L,一般采用免疫化学发光法测定时的 LH 峰值>5.0U/L 或 LH 峰/FSH 峰>0.6,可以认为性腺轴功能已启动。

【问题 7】　该患儿应如何治疗?

思路:中枢性性早熟治疗主要包括药物干预、心理疏导及家庭卫生教育等。药物主要采用促性腺激素释放激素类似物,其作用机制主要是通过下降调节,抑制垂体 - 性腺轴,达到控制性发育、延迟骨骼成熟和改善终身高的目的。常见的药物有曲普瑞林和亮丙瑞林等缓释剂,推荐剂量为 80～100μg/(kg·次),每 4 周肌内注射 1 次。目前建议促性腺激素释放激素类似物应用至患者骨龄达到 11～12 岁。

性早熟拓展病例

（罗小平）

第五节　先天性甲状腺功能减退症

先天性甲状腺功能减退症(congenital hypothyroidism)是由先天性甲状腺发育障碍或其他原因引起甲状腺激素合成不足所造成的一种疾病。先天性甲状腺功能减退症分为散发性和地方性两大类。散发性病因主要为甲状腺不发育、发育不全或异位,母体服用抗甲状腺药物或存在抗甲状腺抗体,甲状腺激素合成途径中酶缺陷,促甲状腺激素缺乏,甲状腺或靶器官反应低下等。而地方性者多见于甲状腺肿流行的地区,孕妇摄碘不足所致。

先天性甲状腺功能减退症的诊疗经过通常包括以下环节:

1. 详细询问患儿的症状,出生史,家族史,地方流行病史。

2. 查体时注意精神、面容、智力水平以及生长发育情况。

3. 早期行新生儿筛查,及时进行血清 T_3、T_4、TSH 检查,以明确诊断;辅以骨龄检测了解生长发育情况;必要时行促甲状腺素释放激素(TRH)刺激试验以鉴别下丘脑或垂体性甲低;放射性核素扫描判断甲状腺位置、大小、发育状况。

4. 早期确诊,尽早治疗,减少对脑发育的损害,甲状腺制剂需终身服用。患儿生长加速后,需及时补充维生素 D、钙剂等营养元素。

5. 个体差异甚大,整个治疗过程中应注意随访,根据血清 T_4、TSH 水平和生长发育情况,及时调整剂量。

临床关键点

1. 注意患儿出生史、生长发育及智力水平、特殊面容及精神面貌,为先天性甲状腺功能减退症诊断提供重要线索。

2. 注意判断先天性甲状腺功能减退病因为散发性还是地方性的,为进一步治疗提供依据。

3. 早期行新生儿筛查,及时进行血清 T_3、T_4、TSH 检查,早期确诊,尽早治疗,避免或减少对脑发育的损害,甲状腺制剂需终身服用。

4. 个体差异大,同一个体在生长发育过程中甲状腺需求量不断变化,应定期随访,及时调整治疗剂量。

临床病例

患儿,女,9岁9个月。因"生长落后7年"来门诊就诊。初步的病史采集如下。

患儿自7年前身高落后于同年龄、同性别正常儿童,身高年增长速率<4cm,智力明显落后。平时便秘,哭声低哑,无发热、咳嗽、呕吐、腹泻、多饮多尿、视力模糊和抽搐等。为求进一步诊治来医院,门诊拟诊为"生长落后"。

患儿为 G_2P_1,孕41周,体重3.2kg,体长49cm;顺产,无窒息史,母乳喂养。8个月抬头,14个月能坐,3岁独立行走,现说话不清,仅发单音。遗传身高(163±4)cm。否认家族遗传代谢病史及地方流行病史。

初步采集病史后,因患儿有生长发育落后症状,按生长落后思路分析需考虑以下相关问题。

【问题1】 该患儿出现"生长落后",需要考虑哪些疾病?

思路:该患儿为女性,自幼生长落后。引起生长落后的疾病众多,包括全身性疾病心、肝、肾等慢性病,长期营养不良,甲状腺功能减退症,小于胎龄儿,家族性矮身材,GHD 及 Turner 综合征等。

【问题2】 采集病史时应注意围绕哪些方面进行?

思路:

(1)注意询问患儿一般情况,有无全身性慢性病的可能,注意排除营养不良。

(2)注意患儿出生史有无过期产,出生体重等,遗传靶身高,以和小于胎龄儿、家族性矮身材相鉴别。

(3)患儿为女孩,尤其应注意有无第二性征发育,注意排除 Turner 综合征。

【问题3】 病史采集后,该如何进行初步判断?

思路:

(1)患儿无发热、咳嗽、呕吐、长期腹泻、多饮多尿,未诉头痛、头晕、视力模糊等,可排除全身性疾病:心、肝、肾等慢性病,长期营养不良。

(2)患儿为孕41周顺产,体重3.2kg,可排除小于胎龄儿。

(3)患儿遗传身高(163±4)cm,可排除家族性矮身材。

(4)患儿为女性,需注意进一步查体及辅助检查排除 Turner 综合征。

(5)患儿生长落后同时,还伴有智力落后,故需优先考虑甲状腺功能减退症和其他影响智力的遗传代谢性疾病。

【问题4】 初步判断后,下一步查体和检查重点包括哪些方面?

思路:要紧密围绕病史,针对以上考虑的疾病进行全面重点查体。如有无特殊面貌、皮肤及其他特异体征等。尤其注意体格是否匀称。

知识点

生长落后的常见病因

引起生长落后疾病众多,常见的病因主要包括:

1. 匀称型 GHD、特发性矮身材、家族性矮身材、先天性卵巢发育不全综合征、小于胎龄儿。

2. 非匀称型 甲状腺功能降低症、软骨发育不良、成骨发育不全、黏多糖病。

门诊查体记录

体温 36.5℃,脉搏 64 次 /min,呼吸 22 次 /min,血压 84/56mmHg。头围 49cm,身长 103cm(<第 3 百分位)。面容苍黄,营养较差,头发无光泽,发际线不低,无颈蹼。鼻梁低平,眼睑较水肿,眼距正常,巩膜无黄染。耳位不低,喜伸舌。心率齐,心音低钝,肺部听诊无异常。腹软,皮肤粗糙,肝、脾肋下未及。提携角不大,手无异常,躯干长,下肢短小。

【问题 5】 如何通过查体对疾病进行初步判断?

思路:

(1)通过上述体征,考虑患儿为非匀称身材矮小,需考虑以下疾病:甲状腺功能减退症、软骨发育不良和黏多糖病。

(2)结合智力落后、特殊面容、特殊体征,考虑先天性甲状腺功能减退症可能性大。需进一步行甲状腺功能及相关检查(图 12-5-1 和图 12-5-2)。

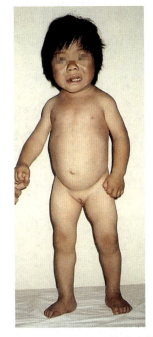

图 12-5-1 先天性甲状腺功能
减退症患儿的体貌特征

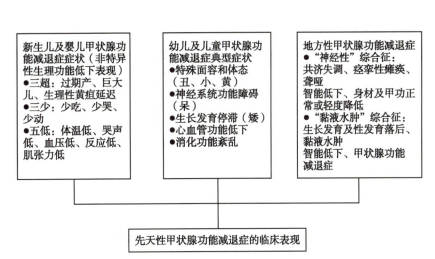

图 12-5-2 先天性甲状腺功能减退症的临床特征

门诊辅助检查

骨龄:3 岁。

甲状腺功能:T$_3$ 0.7nmol/L,T$_4$≤12.9nmol/L,FT$_4$≤0.3nmol/L,TSH≥75mU/L。

子宫及附件超声:子宫切面内径 1.3cm×0.9cm×1.1cm,双侧卵巢可见。

【问题 6】 如何判读本患儿初步检查?

思路:甲状腺功能结果提示甲状腺功能减退。患儿自幼生长落后,现骨龄仅 3 岁,明显落后于实际年龄,诊断为先天性甲状腺功能降低症。

【问题 7】 对该患儿还需进一步实施哪些检查?

思路:该患儿初步诊断为先天性甲状腺功能减退症,需进一步明确病因。可行甲状腺 SPECT 协助了解患儿甲状腺有无异位、结节及其发育情况。

知识点

先天性甲状腺功能减退症的病因

1. 散发性
(1) 甲状腺不发育、发育不全或异位。
(2) 母体服用抗甲状腺药物或存在抗甲状腺抗体。
(3) 甲状腺合成途径障碍。
(4) 促甲状腺激素缺乏。
(5) 甲状腺或靶器官反应低下。
2. 地方性　主要由于是孕妇碘摄入不足。

【问题8】　该患儿应如何治疗?

思路：甲状腺功能减退症需用 L- 甲状腺素钠替代治疗。从小剂量开始，婴儿 8～14μg/(kg·d)，儿童 4μg/(kg·d)，每 1～2 周增加 1 次剂量，直至临床症状改善、血清 T_4 和 TSH 正常，即作为维持量使用(60mg 甲状腺片相当于 L- 甲状腺素钠 100μg)。患儿生长加速后，需及时补充维生素 D 与钙剂；有贫血时，根据病情用铁剂、维生素 B_{12} 或叶酸等。

【问题9】　如何评价甲状腺功能降低症患儿的疗效?

思路：

(1) 用药量应根据甲状腺功能及临床表现进行调整，应使：①TSH 浓度正常，血 T_4 正常或偏高；②临床表现大便次数及性状正常，食欲好转，腹胀消失，心率正常，智能及体格发育改善。

(2) 由于个体差异甚大，因此在整个治疗过程中应注意随访，治疗开始时应每 2 周随访 1 次；在血清 T_4 和 TSH 正常后，可改为每 3 个月一次；服药 1～2 年后可减为每 6 个月 1 次。在随访过程中应根据血清 T_4、TSH 水平和生长发育情况，及时调整剂量。

先天性甲状腺功能
减退症拓展病例

（罗小平）

第六节　尿　崩　症

尿崩症(diabetes insipidus)是患儿部分或完全丧失尿液浓缩功能，表现为多饮、多尿和排低比重尿。造成该病的原因很多，其中较多见的是因抗利尿激素(antidiuretic hormone，ADH)(又名精氨酸加压素，arginine vasopressin，AVP)分泌不足所引起者称为中枢性或下丘脑性尿崩症，而肾脏对 ADH 不敏感或无反应者称为肾性尿崩症。习惯性多饮或渴感异常，长期大量饮水抑制 ADH 分泌者称为精神性烦渴。

尿崩症的诊疗经过通常包括以下环节：

1. 详细询问患儿的症状，明确有无感染、被动饮水和精神心理因素等诱因。

2. 查体时注意精神状态，有无头痛、呕吐、视力障碍等颅内压增高的表现，有无合并下丘脑 - 腺垂体受损的临床症状，有无颅骨缺损、突眼等。

3. 行尿常规、血生化、血气、血糖、肿瘤标志物、血渗透压、尿渗透压、头颅 MRI 尤其是垂体 MRI 等检查，利用禁水加压试验以鉴别中枢性尿崩症、肾性尿崩症和精神性烦渴。

4. 明确病因，针对病因进行治疗。

5. 整个治疗过程中应注意随访，动态随访头颅影像学检查。

临床关键点

1. 详细询问病史和全面查体，寻找重要疑诊线索。

2. 正确完成禁水加压试验，以区别精神性烦渴和尿崩症，以及尿崩症的来源，以保证诊断的准确

性,有助于制定正确的治疗方案。

3.根据不同的病因进行相应的治疗　①如继发颅内肿瘤者需行手术切除;②激素替代治疗,常用去氨加压素;③其他药物,如噻嗪类利尿剂、氯磺丙脲和卡马西平等;④对于习惯性饮水导致者应适当限制饮水量,有心理或精神性疾病者,均应行相关治疗。

4.头颅影像学检查极为重要,不能排除肿瘤所致者,应定期随访检查。

临床病例

患儿,男,4岁3个月。因"多饮多尿1月余"来门诊就诊。初步的病史采集如下。

患儿于1月余前无明显诱因开始出现烦渴、多饮和多尿,饮水量4~5L/d,排尿次数较前明显增多,尤其夜间明显,偶有尿床,无发热、咳嗽,无头痛、头晕、视物模糊,无呕吐、腹泻,无尿急、尿痛等,今门诊以"多饮多尿查因"收住院。起病以来,患儿精神尚可,食欲较前有所下降,睡眠差,大便如常,小便同上述,体重较前减轻0.5kg。

G_1P_1,孕40周,顺产,体重3.4kg,无窒息史。患儿生后人工喂养,10个月添加辅食。3个月抬头,6个月独坐,8个月萌牙,走路、说话时间同同龄健康儿童。否认类似疾病家族史,否认高血压、糖尿病家族史。

查体记录

体温36.9℃,脉搏102次/min,呼吸25次/min,体重15kg。发育正常,营养一般,神清,精神反应可,全身皮肤较干燥,未见皮疹和出血点。面容正常,浅表淋巴结未及肿大。咽部无充血,颈软,心肺听诊无异常。腹平软,肝脾肋下未及。双下肢无水肿。四肢肌活动可,肌力正常。

【问题1】　该患儿出现烦渴、多饮、多尿,应考虑哪些疾病?

思路:需考虑尿崩症,包括中枢性和肾性尿崩症,糖尿病,精神性烦渴等,此外相对少见的如朗格汉斯细胞组织细胞增生症者,可出现尿崩症、颅骨缺损和突眼等。

门诊辅助检查

尿常规:尿比重1.000,尿糖、尿蛋白均阴性。

【问题2】　如何判读本患儿门诊检查结果?

思路:该患儿的尿常规提示尿比重明显偏低,但无尿糖和尿蛋白,基本可排除糖尿病。初步考虑诊断为尿崩症。

【问题3】　对该患儿还需进一步实施哪些检查?

思路:记录24小时尿量、血生化、血糖、血气、肿瘤标志物、血渗透压和尿渗透压、禁水加压试验(表12-6-1)、垂体MRI。

实验室检查结果

24小时尿量4 300ml。

血生化:K^+4.2mmol/L、Na^+139mmol/L,尿素氮4.1mmol/L,肌酐58μmol/L。

空腹血糖4.8mmol/L。

血气分析:pH 7.4,PaO_2 92mmHg、$PaCO_2$ 43mmHg,HCO_3^- 24.3mmHg,阴离子间隙(AG)12mmol/L。

β-绒毛膜促性腺激素释放激素(β-HCG)、甲胎蛋白(AFP)等未见明显异常。

单次血渗透压292mmol/L,尿渗透压60mmol/L。

垂体MRI提示神经垂体高信号消失。

表 12-6-1 禁水加压试验

时间点	体重/kg	尿量/ml	尿渗透压/(mmol·L⁻¹)	血渗透压/(mmol·L⁻¹)
8:00	15	300	60	285
9:00	15.3	300	95	—
10:00	15	250	140	—
11:00	14.7	100	160	—
12:00	14.4	50	170	293
12:30 (注射垂体后叶素后 30 分钟)	14.2	35	350	—
13:00 (注射垂体后叶素后 60 分钟)	14.0	30	470	—
13:30 (注射垂体后叶素后 90 分钟)	14.0	20	470	—

【问题 4】 如何判读禁水加压试验结果?

思路:禁水加压试验结果判读如下。

(1)完全性中枢性尿崩症:禁水后最大尿渗透压小于血清渗透压,注射垂体后叶素后尿渗透压较注射前增高≥50%。

(2)部分性中枢性尿崩症:禁水后最大尿渗透压小于血清渗透压,注射垂体后叶素后尿渗透压较注射前增高 9%~50%。

(3)肾性尿崩症:禁水后最大尿渗透压小于血清渗透压,注射垂体后叶素后尿渗透压较注射前增高≤9%。

(4)精神性烦渴:禁水后最大尿渗透压大于血清渗透压,注射垂体后叶素后尿渗透压较注射前增高≤5%。

该患儿在禁水期间最大尿渗透压低于血渗透压,尿渗透压始终不能达到 600mmol/L,当相邻 2 次尿渗透压之差连续 2 次小于 30mmol/L,开始进行加压素试验,注射垂体后叶素后,尿渗透压较注射前增高超过 50%,故可诊断为完全性中枢性尿崩症。

【问题 5】 该患儿应如何治疗?

思路:首选去氨加压素,口服片剂,50~100μg/次,从小剂量开始,每日 1~2 次。该药作用时间 8~12 小时,用量根据年龄和病情可做相应调整。尿量控制以不影响学习生活为度,不一定强求达到正常水平,切忌服用过量。该药副作用小,长时间过量服用可出现稀释性低钠血症,表现为头痛、恶心、呕吐和惊厥。此外应避免高蛋白、高盐饮食,注意预防感染。

尿崩症拓展病例

(罗小平)

第七节 唐氏综合征

唐氏综合征(Down syndrome,DS)又称先天愚型或 21 三体综合征,是由于生殖细胞在减数分裂形成配子时,或受精卵在有丝分裂时 21 号染色体发生不分离,使胚胎体细胞内存在一条额外的 21 号染色体。在活产婴中发生率为 1/(600~800),发病率随孕母年龄增高而增加。

唐氏综合征的诊疗经过通常包括以下环节:

1. 详细询问患儿的症状和病史,有无导致染色体畸变的高危因素。

2. 查体时注意有无特殊面容、皮纹特点及伴发畸形。

3. 疑似者需行染色体核型分析检查以确诊,并确定型别。

4. 目前尚无有效治疗方法。

临床关键点

1. 智能落后、生长发育迟缓为主要就诊主诉，应对该疾病保持高度警惕性。
2. 查体注意有无特殊面容及皮纹特征如通贯手。
3. 疑似者需行染色体核型分析检查以确诊，并确定型别。
4. 注意与先天性甲状腺功能降低症鉴别。
5. 遗传咨询。

临床病例

患儿，女，11个月27天。因"反复发热1个月余"来门诊就诊。初步的病史采集如下。

患儿于1个月前无明显诱因下开始发热，开始体温最高39℃，伴咳嗽咳痰，无喘息、呕吐、腹泻等症，今门诊以"肺炎"收住院。起病以来，患儿精神、食欲、精神、睡眠可，大小便尚可，体重无明显减轻。

G_2P_2，孕33周体重2.15kg。母亲36岁，孕期有"阴道炎，念珠菌感染"。患儿生后人工喂养，10个月添加辅食。3个月抬头，7个月独坐，10个月萌牙，目前尚不会走路、说话。既往患"急性支气管炎、肺炎"共3次。其兄11岁，正常，家族成员无类似疾病史。

采集病史，患儿因"反复呼吸道感染"入院，生长发育稍落后。初步考虑为感染性疾病。

查体记录

体温37.2℃，脉搏130次/min，呼吸30次/min，体重7kg。神清，精神反应可，全身皮肤白皙，未见皮疹和出血点。头围41cm，前囟2.5cm，眼距宽，双眼外眦上斜，喜伸舌，颈软，浅表淋巴结未及肿大。咽充血，肺部呼吸音粗，可闻及细湿啰音。心律整齐，$L_3 \sim L_4$可闻及3/6级收缩期杂音。腹软，肝肋下1.5cm，脾肋下未及，可见脐疝。四肢肌肉、韧带较松弛，活动正常。通贯手。

【问题1】 通过上述查体，为明确诊断应进一步实施哪些检查？

思路：

(1) 患儿有呼吸道感染体征，首先需查血常规、CRP、呼吸道病原及胸片等协助诊断。

(2) 患儿前囟偏大、喜伸舌，需考虑甲状腺功能减退症，但患儿无颜面黏液性水肿，无喂养困难，无腹胀便秘，暂不支持。患儿眼距增宽、双眼外眦上斜、喜伸舌、头围偏小、前囟偏大等体征均符合唐氏综合征特殊面容表现。断掌、脐疝、四肢肌肉、韧带较松弛等表现进一步支持唐氏综合征诊断。患儿现年龄小，智力落后暂不显著，但语言、运动发育已落后。

(3) 本患儿多次下呼吸道感染，心脏有病理性杂音，均提示先天性心脏病可能性大。唐氏综合征患儿常伴有先天性心脏病、小头畸形等其他伴发畸形。为明确诊断，可行心脏多普勒超声、行染色体核型分析确诊及分型。

注意：

(1) 智能落后常为唐氏综合征就诊主要主诉，但小婴儿及部分嵌合体型患儿智能落后常不明显。需对唐氏综合征特殊体征保持高度警惕性，才能减少漏诊率。

(2) 疑诊唐氏综合征时，需仔细查体，了解有无其他伴发畸形，约50%患儿伴有先天性心脏病。

门诊辅助检查

血常规：WBC 12.25×10^9/L，淋巴细胞百分比29.7%，中性粒细胞百分比75.3%，Hb 129g/L，PLT 274×10^9/L。

超敏CRP 18mg/L。

肝功能：ALT 36U/L，AST 46U/L，ALB 40.3g/L，肾功能、电解质、心肌酶谱正常。

心脏超声：室间隔膜部缺损4mm。

头颅MRI：可见透明隔囊肿。

【问题2】 如何判读本患儿初步检查？

思路：血常规和超敏CRP均提示细菌感染。心脏超声提示存在先天性心脏病（室间隔缺损）。故治疗方面以抗感染治疗为主。结合患儿初步诊断为唐氏综合征，尚需进一步行染色体核型分析确诊。

知识点

唐氏综合征的核型分析类型

（1）标准型：占95%，核型为47，XY（或XX），+21。

（2）异位型：占2.5%～5%。有D/G易位和G/G易位。

（3）嵌合体型：占2%～4%。核型为46，XY（或XX）/47，XY（或XX），+21。

【问题3】 如何对唐氏综合征进行遗传咨询？

思路：

（1）该疾病目前尚无有效治疗方法，遗传咨询是唐氏综合征患儿家庭关注的问题。标准型唐氏综合征的再发风险为1%，孕母年龄愈大，风险率愈高。对高危孕妇可做羊水细胞或绒毛膜细胞染色体检查进行产前诊断。

（2）目前还在孕中期筛查相关血清标记物。常用的三联筛查：即甲胎蛋白（AFP）、游离雌三醇（FE_3）和绒毛膜促性腺激素释放激素（HCG）的检测。唐氏综合征胎儿的孕母血清AFP和FE_3低于平均水平，HCG高于平均水平，对孕15～21周孕妇检测三项指标，结合孕母年龄，可计算本病的危险度，其检出率在48%～83%，假阳性率5%。此外，在孕早期通过检测颈项透明层厚度（nuchal translucency，NT）筛查唐氏综合征，其检出率62%，假阳性率5%；联合血清标记物分析，其检出率在73%～79.2%，假阳性率2.7%～4.7%。在孕中期可通过检测孕妇外周血胎儿游离DNA筛查包括唐氏综合征在内的胎儿染色体非整倍体异常。如果筛查结果显示为高风险，应进一步行羊膜穿刺或绒毛检查。

唐氏综合征拓展
病例

（罗小平）

参 考 文 献

[1] 罗小平，张李霞. 遗传代谢性疾病的临床诊治进展. 中国新生儿科杂志，2006，21（4）：249-251.

[2] 中华医学会儿科学分会内分泌遗传代谢学组. 儿童及青少年糖尿病的胰岛素治疗指南（2010年版）. 中华儿科杂志，2010，48（6）：431-435.

[3] 中华医学会儿科学分会内分泌遗传代谢学组. 儿童糖尿病酮症酸中毒诊疗指南（2009年版）. 中华儿科杂志，2009，47（6）：421-425.

[4] 中华医学会儿科学分会内分泌遗传代谢学组. 先天性甲状腺功能减低症诊疗共识. 中华儿科杂志. 2011，49（6）：421-424.

[5] HANAS R，DONAGHUE K C，KLINGENSMITH G，et al. ISPAD clinical practice consensus guidelines 2009 compendium. Pediatric Diabetes，2009，10（Suppl12）：1-2.

[6] International Diabetes Federation. Global IDF/ISPAD guideline for diabetes in childhood and adolescence. Brussels：International Diabetes Federation，2011.

[7] American Diabetes Association. Standards of Medical Care in Diabetes——2012. Diabetes Care. 2012，35 Suppl 1：S11-S63.

[8] KITABCHI A E，UMPIERREZ G E，FISHER J N，et al. Thirty years of personal experience in hyperglycemic crises：diabetic ketoacidosis and hyperglycemic hyperosmolar state. J Clin Endocrinol Metab. 2008，93（5）：1541-1552.

[9] MULLER F，BENATTAR C，AUDIBERT F，et al. First-trimester screening for Down syndrome in France combining fetal nuchal translucency measurement and biochemical markers. Prenat. Diagn.2003，23（10）：833-836.

[10] GRIMBERG A，DIVALL S A，POLYCHRONAKOS C，et al. Drug and Therapeutics Committee and Ethics Committee

of the Pediatric Endocrine Society. Guidelines for growth hormone and insulin-like growth factor-I treatment in children and adolescents: Growth hormone deficiency, idiopathic short stature, and primary insulin-like growth factor-I deficiency. Horm Res Paediatr. 2016；86（6）：361-397.

[11] 中华医学会儿科学分会内分泌遗传代谢学组. 矮身材儿童指南. 中华儿科杂志. 2008，46（6）：428-430.

[12] 中华医学会儿科学分会内分泌遗传代谢学组. 基因重组人生长激素儿科临床规范应用的建议. 2013，51（6）：426-431.

第十三章　儿科基本操作技能

第一节　儿科病史采集

一、病史询问及记录

获得完整且正确的病史是儿科诊疗工作的重要环节。随着法制的健全和信息化的发展，一份病史不仅是一个患者的医疗记录，更是一份法律文书和医学信息资源。儿科病史询问有其特殊之处。婴儿病史一般由成人提供，其精确性受到一定的限制。5～6岁以上的儿童，虽然能反映病痛之处及其程度，但事先要取得他的合作和信任。由于多数情况下小儿的病史是由成人代诉，儿科医师应取得患儿家长的信任和协作，耐心听取家长的病情介绍，询问时既要全面又要抓住重点，应避免主观臆测和先入为主，当患儿家长叙述不清或为了获得必要的病历资料时，可进行启发，但切忌暗示。体格检查完毕后可根据需要再补充询问有关病史。询问病史时可同时观察小儿的精神状态、呼吸、面色、走路姿势及哭声的响度。另外，医师良好的仪表及和蔼可亲的态度将有助于取得患儿及家长的信任和病史的采集。

大病史（多图）

1. 基本信息　姓名、性别、年龄、种族；父母或抚养人的姓名、职业、年龄、文化程度；记录日期、家庭地址、联系方式、病史提供者与患儿的关系、病史可靠程度等。

2. 年龄　根据出生日期正确计算。1个月以内要写明天数（如25天）；1岁以内要记录几个月几天（如8个月23天）；1岁以上要记录几岁几个月（如3岁4个月）。

3. 主诉　指促使这次就诊的主要原因和发病时间。主要症状突出、简明扼要，字数不宜太多，一般不超过20个字。例如："发热3天，抽搐发作1次"。

4. 现病史　现病史是病史中的主体部分。围绕主诉，按症状出现的先后，详细记录从起病到就诊时疾病的发生、发展及其变化的经过和诊疗情况。如果病程短可按发病日期逐日询问；如果病程较长，可以按每个症状演变的情况逐一询问，最后加以归纳。原则是主次分明、条理清晰、语言简练。内容如下。

（1）症状：一般按照出现先后顺序，记录起病情况，描述诱因、发生发作时间、持续和间隔时间、发作特点、伴随症状、缓解情况和发展趋势，然后再记录其他症状。对于婴幼儿，要注意询问家长是否观察到某些特殊行为，因为某些特殊行为往往是躯体自觉症状的表现，如头痛时打头、腹痛时捧腹弯腰或阵发性哭闹不安等。另外还应注意小儿疾病症状常可泛化，涉及多个系统，如高热引起惊厥、呼吸道感染时出现消化道症状等。

（2）有鉴别意义的阴性症状也应记录。

（3）起病后精神状态、睡眠、饮食、大小便等一般状况有无改变。

（4）既往诊治情况：如本次起病后曾到其他医疗单位就诊，要详细询问诊疗经过，包括实验室检查、治疗方法（尤其是药物名称、剂量、用药时间）及效果。

（5）询问近期有无传染病接触史。既有助于诊断，又能尽早隔离传染病患儿。

5. 个人史　指小儿生病前的一切经历，包括以下5项内容，询问时根据不同年龄及不同疾病有所侧重，3岁以内小儿应详细询问出生史、喂养史和生长发育史。

（1）出生史：患儿母亲的妊娠情况和分娩过程如胎次、胎龄、分娩方式及过程，患儿出生时有无窒息、产伤，有无羊水吸入、脐带绕颈、黄疸、青紫、出血等情况，Apgar评分，出生体重。母妊娠期有无疾病（如有，注意询问发生在妊娠哪一阶段，用药情况如何），妊娠反应，营养状况，是否接受过放射线检查，胎动情况及是否有先兆流产。新生儿病历应将出生史写在现病史开始部分。

(2)喂养史:母乳喂养还是人工喂养或混合喂养。母乳喂养时奶量是否能满足婴儿的生长需要,何时断奶。人工喂养儿要了解乳品种类、调制方式、喂乳量。添加辅助食品的时间、种类、次数、数量。是否添加维生素D、钙剂。目前的食欲、饮食习惯、是否偏食等。

(3)生长发育史:3岁以内或所患疾病与生长发育密切相关者,应详细询问其体格和智力发育过程。婴幼儿着重了解何时会抬头、会笑、独坐、独走、叫人、出牙及前囟闭合时间等。年长儿应了解学习成绩、性格,与家人和同学相处关系等。

(4)预防接种史:曾经接种过的疫苗种类、时间和次数,是否有不良反应。

(5)生活史:患儿的居住条件,生活是否规律,有无夜惊、遗尿、吮手指、屏气发作、暴怒、孤僻及特殊的爱好,睡眠情况及个人卫生习惯,是否经常进行户外活动,以及家庭周围环境、有否饲养宠物等。

6.既往史 主要包括一般健康状况、疾病史、传染病史、手术外伤史、输血史、食物或药物过敏史等。

一般7岁以下患儿不需要对各系统疾病进行回顾,只需询问一般健康情况和有关疾病史。既往健康还是多病,曾患过哪些疾病、患病的年龄,是否患过小儿常见的传染病,有些传染病与本次疾病有关,则更要详细询问。例如本次患急性肾小球肾炎,可能是猩红热后引起,则要了解当时出疹的情况,以及皮肤是否脱屑等,由此了解当时对猩红热诊断的可靠性。对7岁以上的患儿,完整病历应包括系统回顾。

7.家族史 父母的年龄、职业和健康状况,是否近亲结婚;母亲历次妊娠及分娩情况;家庭其他成员的健康状况;家庭中有无其他人员患有类似疾病;有无家族性和遗传性、过敏性或急、慢性传染疾病史,如有则应详细了解与患儿接触的方式和时间等;另外,还有其他密切接触者的健康状况。必要时询问家庭经济状况、居住环境、父母对患儿的关爱程度和对患儿所患疾病的认识等。

询问及记录病史时不要千篇一律,要结合病情而有所侧重,例如诊断为营养不良时要重点询问喂养史;如诊断为发育落后,以上各项内容均要详细询问,尽量找出引起发育落后的原因;如果一位8~9岁的小儿因肺炎入院,但发育良好,学习成绩尚可,则上述个人史内容只需扼要重点的了解。

(孙 锟)

二、新生儿病史采集

新生儿不同于一般儿童,病史采集必须根据其特点进行。新生儿有其特殊的生理、病理特点,且因胎龄日龄而异。新生儿现病史短,但既往史可追溯到母亲受孕时甚至受孕前,许多疾病尤其新生儿早期的疾病与围生期因素密切相关,因此,各种对胎儿和新生儿有影响的围生期因素均需一一问及,并且新生儿各器官系统发育不够成熟,患病时症状易泛化,不典型。

目前国内外新生儿病历格式和形式尚未统一,有表格式、卡片式等,但其内容应尽可能完整、规范。

1.一般记录 ①姓名:新生儿尚未取名者,一般写母亲姓名之子或之女,如为双胎,则用大小进行区别,如为三胎及以上,则使用中文数字进行区别(举例:张梅之一女/子、张梅之二女/子,张梅之三女/子,依次类推);②性别;③日龄:要准确记录实际日龄,生后1天内还要精确到小时;④种族;⑤籍贯:包括父亲和母亲祖籍;⑥入院时间:要准确记录年、月、日、时;⑦父母姓名;⑧家庭住址:要写现在家庭详细住址,邮政编码;⑨联系方法:必须写清楚能够随时联系到的电话号码;⑩提供病史者。

2.主诉 就诊或转诊的主要原因:主要症状及伴随症状的发生部位和持续时间。如"呼吸困难2小时,青紫1小时"。

3.现病史 现患疾病的详细经过如下。①起病时间、方式、地点;②症状性质:详细描述症状的诱因、部位、严重程度、频度、间隔时间、持续时间、伴随症状等;③疾病经过:疾病的发展和变化,疾病加重或减轻的因素;④治疗经过:治疗方法、药物名称、剂量、治疗地点、治疗效果等;⑤出生情况:对与出生过程有关的疾病应将出生情况写在现病史,如出生前胎儿情况变化、分娩方式、有无胎膜早破、羊水、胎盘、脐带、Apgar评分、复苏抢救等情况;⑥一般状况:患病前的健康状况,患病后的精神状况、食欲、奶量等。

询问病史既要全面,又要突出重点,既要详细询问阳性症状,也要注意具有鉴别诊断意义的阴性症状。

4.个人史 ①出生史:包括胎次产次、出生时间、出生时体重、胎龄、有无窒息(Apgar评分)、惊厥、出血及治疗情况。母亲妊娠史与分娩情况。②喂养史:开奶时间、喂养方式、方法、数量、乳品种类。③生长发育史：患儿体重、身高、头围、胸围、神经智能发育情况。④预防接种史：卡介苗和乙肝疫苗接种情况。

5. 家族史　①父母年龄、职业、文化程度、种族、有无亲属关系、健康状况、患病情况、有害物质接触史；②患儿同胞兄姐及近亲的健康状况、患病情况，详细记录母亲各胎次情况及原因，如流产、死胎、死产、生后死亡等；③家族成员的遗传病史、先天性疾病史、过敏性疾病史、地方病史等。

（庄德义）

第二节　儿科体格检查

一、体格检查的注意事项

为了取得可靠的体格检查资料，在病史采集时要创造自然轻松的氛围，尽可能取得患儿的合作。医师应注意以下几点：

1. 询问病史开始时就应该与患儿建立良好的关系。可对他微笑、用手抚摸他，让他摸摸听诊器等以消除恐惧感，取得他的信任与合作。

体检顺应体位（视频）

2. 检查时态度和蔼可亲，手要温暖，两眼不要正视患儿以免引起惊惶。可让婴儿在亲人怀抱里进行检查。当检查到身体某一部位而他表示抗拒时不要坚持，可以放在最后。检查过程中要注意保暖，不要过多地暴露身体的部位以免受凉。对年长儿要顾及其害羞心理和自尊心。

3. 检查的顺序可根据年龄而定，尤其婴儿不一定完全按照成人自上而下的步骤，可以先检查皮肤、淋巴结、心、肺、腹等容易接受的部位，而比较不易接受的咽部检查可以放在最后。如果哪一部位疼痛，该处也应放在最后检查。

体检顺序（视频）

4. 如果患儿有明显的畸形，该处的检查与其他部位一样，不能过分强调，否则会引起孩子的窘困和不安（如果治疗这种畸形则为例外）。

5. 当不能一次满意地完成检查项目时，可以让小儿休息或入睡后再查。

6. 对急症病例，先重点进行生命体征和与疾病有关的体格检查，全面的检查可放在病情稳定之后。

7. 体格检查完毕后，应该对小儿的合作表示赞许，以便今后取得更多的合作。

二、体格检查的器具

体重计、温度计、血压计、皮尺或测量床、听诊器、压舌板、棉签、叩诊锤、手电筒、手表、钢笔、小儿玩具等。

三、体格检查的项目

（一）一般测量

除体温、呼吸、脉搏、血压外，小儿还应测量身高/长、体重、头围、胸围等。对身材异常的患儿还要测量上、下部量，有腹水时要测腹围。

1. 体温　可根据不同年龄和病情选择测温方法。①口温：口表置于舌下3分钟，正常不超过37.5℃，只适合于能配合的年长儿；②腋温：体温表置于腋窝处夹紧上臂至少5分钟，正常36～37℃，除了休克和周围循环衰竭者外适用于各年龄组儿童；③肛温：肛表插入肛门内3～4cm，测温3～5分钟，正常为36.5～37.5℃，较准确，适用于病重及各年龄组的儿童。

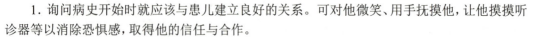
体温测量（视频）

2. 呼吸和脉搏　在小儿安静时测量，年幼儿以腹式呼吸为主，可按小腹起伏计数。呼吸过快不易看清者可用听诊器听呼吸音计数。年幼儿腕部脉搏不易扪及，可计数颈部或股动脉动。各年龄组小儿呼吸、脉搏正常参考值见表13-2-1。

3. 血压　一般用汞柱血压计，不同年龄的小儿应选用不同宽度的袖带，合适的袖带宽度应为1/2～2/3上臂长度，过宽测得的血压值偏低，过窄则偏高。对新生儿及小婴儿可用监护仪测量，亦可用"潮红法"测量，即用2.5cm宽的袖带，按一般测压法缚于婴儿的腕上或踝上，另以一薄橡胶布或松紧布，从远端开始

表 13-2-1　各年龄组小儿呼吸和脉搏

年龄	呼吸/(次·min⁻¹)	脉搏/(次·min⁻¹)	呼吸:脉搏
<28 天	40～45	120～140	1:3
<1 岁	30～40	110～130	1:3～1:4
1～3 岁	25～30	100～120	1:3～1:4
4～7 岁	20～25	80～100	1:4
8～14 岁	18～20	70～90	1:4

紧裹其手或足,将血向上推压,使局部呈苍白色,然后充气,使袋内压力超过估计的收缩压,再去除手或足部的绷带并缓慢放气,使血压计的压力下降速度不超过每秒 6～7mmHg(0.8～0.9kPa),同时观察手或足部突然潮红之一刹那的压力,此即为收缩压。小儿年龄愈小血压愈低,儿童时期正常收缩压可按以下公式计算:血压(mmHg)=[年龄(岁)×2]+80;舒张压为收缩压的 2/3。一般只测任一上肢血压即可,如疑为大动脉炎或主动脉缩窄的患儿,应测四肢血压。

儿童电子血压测量(视频)

(二)一般状况

主要通过望诊而知,如生长发育、营养状况、对周围环境的反应、神志状态(清醒、嗜睡、昏睡、昏迷)、面色、有无脱水、特殊面容、强迫性体位等。

(三)皮肤

应在自然光下检查皮肤。注意皮肤的颜色,有无黄染,有无色素减退或沉着,有无皮疹、血管瘤、紫癜或出血点、溃疡、瘢痕、皮下结节等。要注意皮肤的弹性、温湿度,是否有脱屑、水肿、出汗异常。

(四)淋巴结

一般只检查下列部位:枕后、耳前、耳后、颈前、颈后、颌下、颏下、腋下及腹股沟等处浅表的淋巴结。正常的淋巴结为分散、质软、可活动而且无压痛。颈及腹股沟正常的淋巴结直径在 1cm 以下,而其他部位正常的淋巴结直径在 0.5cm 以下。要记录触及淋巴结的部位、数目、大小、是否融合、有无压痛。

淋巴结检查(视频)

(五)头部

1. 头面部　注意头颅的大小、形状、有无畸形,前囟大小及紧张度,有无凹陷或隆起,颅骨有无软化、缺损。囟门的大小以测量两对边中点的连接线长度表示。注意面部的表情,如苦笑面容见于破伤风。有无特殊面容,各鼻旁窦处是否有压痛。

2. 眼　注意眼裂大小,眼球活动情况,有无斜视,双侧瞳孔是否等大、对光反射如何;有无眼分泌物、眼球突出、震颤;眼眶有无下陷;眼睑有无水肿;眼结膜有无充血;巩膜是否有黄染;角膜的透明度,有无溃疡。新生儿及幼婴若两眼紧闭,必要时可请眼科医生用开睑器完成检查。

3. 鼻　注意有无鼻翼扇动、鼻出血,两鼻孔是否通畅。如有分泌物应记录其性质。

4. 耳　注意耳的位置及耳郭的大小。听力是否正常,外耳道有无分泌物、疖肿、异物或耵聍阻塞,耳屏处有无赘生物,耳前有无窦道。按压婴儿耳屏时有哭叫者可能该侧中耳有炎症,需用耳镜检查。高热不退时要检查外耳道鼓膜有无充血或流脓。

5. 口腔　注意唇及口腔有无畸形如唇裂、腭裂。口角及唇部有无炎症、糜烂、溃疡;口腔黏膜是否光滑,有无出血点、麻疹黏膜斑(Koplik 斑)或真菌感染;两侧腮腺管开口处有无红肿、渗出物。注意舌质、舌苔颜色。记录出牙的数目,牙齿的排列、颜色,是乳牙还是恒牙,有无龋齿,牙龈是否红肿、增生,有无出血。

口腔溃疡、鹅口疮、咽部滤泡增生(组图)

6. 咽　咽部检查为儿科检查中一项重要内容。检查咽部时常引起小儿不适,甚至恶心、呕吐,故一般均放在最后。检查时应对光,光线要明亮,对合作的小儿嘱其自己张口发出"啊……啊……"的声音,用消毒的压舌板先检查口腔两侧的颊黏膜及上腭,然后压舌板分别按压两侧舌根部(与按压舌中央相比,较少引起恶心、呕吐),观察两侧扁桃体(大小、渗出、假膜)、咽部、悬雍垂及咽后壁。

对不合作的婴幼儿,往往将牙齿咬紧,家长需固定患儿的双手及头部,检查者不要强行将压舌板自门齿中插入或撬开上下门齿以免将牙齿损伤,可以采取以下两种方法:①用一手拇指及中指,置于小儿颊部两侧,稍稍用力向内按压迫使张口露齿;②压舌板从口腔颊黏膜插入上下牙齿之间的间隙,然后稍稍用力下压,在张口的一刹那观察咽部的情况。

(六)颈

有无斜颈、短颈或颈蹼等畸形。颈椎的活动情况。颈静脉是否怒张。甲状腺有无肿大。有无颈项强直。

(七)胸部

肋缘外翻、漏斗胸(组图)

观察两侧胸部是否对称。有无鸡胸、漏斗胸、郝氏沟(Harrison's groove)、肋骨外翻等。较大的儿童要注意乳房的发育。

1.肺部　包括视、触、叩、听。小儿的特点如下。

(1)视诊:注意呼吸的频率、节律、深浅度。2岁以内以腹式呼吸为主,6岁以后为胸式呼吸。吸气性呼吸困难时可出现"三凹征",即吸气时胸骨上窝、肋间隙和剑突下向内凹陷;呼气性呼吸困难则出现呼气时间延长。注意呼吸时两侧胸部扩张是否对称,比较两侧肋间隙的饱满程度。

(2)触诊:肋骨与肋软骨交界处是否有串珠、压痛。可以利用婴儿哭泣时检查语音震颤,胸腔积液时患侧语音震颤降低。

(3)叩诊:婴幼儿胸壁较薄,叩诊时用力要轻,如果用力过大,可将浊音区掩盖,对比两侧结果。正常小儿肺部的叩诊为清鼓音,肝浊音界在右胸第4肋以下。大叶性肺炎时叩诊为浊音,胸腔积液时叩诊为实音,气胸时叩诊为鼓音。

胸部叩诊(视频)

(4)听诊:听诊时尽量保持小儿安静,小儿应取平卧或直立姿势。小儿胸壁薄,呼吸音较成人响。正常小儿在喉、总气管、胸骨上部及第一胸椎以上的脊柱旁可以听到支气管呼吸音。正常婴儿在胸骨旁,年长儿在胸骨柄及肩胛间上部可以听到支气管肺泡呼吸音。新生儿及衰弱的婴儿,由于呼吸浅表,进入肺泡内的空气量极少,即使已患肺炎,于吸气终末的细湿啰音亦不易听到。小儿啼哭虽然影响体格检查的结果,但在啼哭的间隙往往出现一次深吸气,此时大量空气进入肺泡,肺炎时的细湿啰音反而容易闻及。胸部尤其在左侧听到肠蠕动声,提示有膈疝。

2.心脏

(1)视诊:正常婴儿由于膈肌位置较高,心脏的位置较成人稍横,所以心尖常在左锁骨中线外第4肋间,到3岁后才达该线内第5肋间。要注意心尖冲动时的部位及搏动强度。观察心前区有无隆起。正常心尖冲动范围不超过$2\sim3cm^2$,肥胖婴儿有时见不到心尖冲动点。如果心尖冲动强烈、范围扩大提示心室增大。右心室增大时,心尖冲动弥散于心前区,有时可达到剑突下;左心室增大时,心尖冲动常较正常低$1\sim2$肋间,偏向左下。右位心时心尖冲动可在右侧。心尖冲动减弱见于心包积液、缩窄性心包炎、心肌炎及心肌病时。

(2)触诊:可进一步明确心尖冲动部位、强度及范围。胸骨左缘第$3\sim4$肋间和剑突上部有明显抬举感,提示右心室肥厚;胸骨左缘第$5\sim6$肋间锁骨中线外侧有抬举感者,提示左心室肥厚。胸骨左缘第$2\sim3$肋间有肺动脉瓣关闭的激动感,提示肺动脉高压。触诊时还需注意震颤发生的部位及时间(收缩期、舒张期或连续性),对杂音的来源和定位极有帮助。胸骨左缘第2肋间有收缩期震颤可见于肺动脉瓣狭窄、动脉导管未闭;胸骨左缘第$3\sim4$肋间隙出现震颤可能是漏斗部狭窄或室间隔缺损;心尖区出现震颤提示二尖瓣病变。

(3)叩诊:通过心脏叩诊课估计心脏大小、形状及其在胸腔的位置,叩诊心界时用力要轻才能分辨清、浊音界线,婴幼儿时期皮下脂肪较厚,用直接叩诊来决定心脏浊音界不易准确,故3岁以内婴儿一般不叩心界,到3岁以后才比较可靠;小儿心界应着重记录左心界,叩左界时从心尖搏动点左侧起向右叩,听到浊音改变即为左界,记录为第几肋间左乳线外或内几厘米;叩右界时先扣出肝浊音界,然后在其上一肋间自右向左叩,有浊音改变时即为右界,以右胸骨线(胸骨右缘)外几厘米记录。右侧心界扩大可能为心房扩大或心包积液;左侧心界扩大多为左心室扩大,少数亦可能为右心室扩大。各年龄小儿心界参考表13-2-2。

表 13-2-2 小儿正常心脏浊音界

年龄	左界	右界
<1 岁	左乳线外 1～2cm	沿右胸骨旁线
1～4 岁	左乳线外 1cm	右胸骨旁线与右胸骨线之间
5～12 岁	左乳线上或乳线内 0.5～1cm	接近右胸骨线
>12 岁	左乳线内 0.5～1cm	右胸骨线

（4）听诊：要注意心率、心律、心音及杂音。

心率和心律：心率的正常值随年龄而异，超过最高值或低于最低值者均属异常，应进一步检查。注意心律是否规则，与呼吸周期有无关系，除正常的窦性心律不齐外，对心律不齐者要进一步明确诊断。

心音：正常小儿肺动脉瓣第二音较主动脉瓣第二音响，吸气时可有分裂；可听到弱的第三心音（25%～30%）；常有窦性心律不齐，对 2～3 岁以后的小儿有时可听到功能性杂音。

异常的心音：如第一心音亢进见于心动过速、高血压、贫血、甲状腺功能亢进及二尖瓣狭窄。有时第一心音被响亮的收缩期杂音所隐没。如有收缩喷射喀喇音出现在心脏基底部，提示肺动脉扩张、肺动脉高压；若出现在心尖区提示二尖瓣关闭不全，如二尖瓣脱垂症。肺动脉瓣区第二心音亢进提示肺动脉压力增高，常见于左向右分流的先天性心脏病，特别是伴有梗阻性肺动脉高压及原发性肺高压症者；主动脉瓣区第二心音亢进，主要见于高血压。肺动脉瓣区第二心音减弱见于肺动脉狭窄、法洛四联症等；主动脉瓣区第二心音减弱见于主动脉瓣狭窄。若吸气及呼气均能在肺动脉瓣区听到分裂则为病理性，出现于房间隔缺损、右束支传导阻滞的患儿。单一的第二心音常见于永存动脉干、重型法洛四联症、三尖瓣狭窄、大血管错位及艾森曼格综合征。若第二心音出现宽分裂，提示右束支传导阻滞、肺动脉狭窄或房间隔缺损。第三心音亢进伴心动过速即舒张期奔马律，提示严重的心肌疾患。第四心音（即心房心音）的出现常提示心房极度扩大，见于三尖瓣下移畸形。

杂音：注意杂音的性质、时限、响度、部位及传导方向。需要鉴别杂音是功能性还是器质性（表 13-2-3），是先天性还是后天性。小儿功能性杂音常在发热、兴奋、神经紧张或活动后出现增强。小儿尤其是新生儿期出现杂音可能是由于生理变化或暂时性的二、三尖瓣关闭不全所致，而并不表示有先天性心脏病。有的先天性心脏病在新生儿时期不一定出现杂音，如完全性大血管错位、完全性肺静脉异位回流。杂音可分为 1～6 级（表 13-2-4）。

在二尖瓣区有收缩期杂音为二尖瓣关闭不全的重要体征；心前区第 3～4 肋间的收缩期杂音见于室间隔缺损、右心室漏斗部狭窄等；肺动脉瓣区有收缩期杂音见于肺动脉瓣狭窄、房间隔缺损、原发性肺动脉扩张、艾森曼格综合征等；收缩期杂音在主动脉瓣区见于主动脉瓣狭窄。

表 13-2-3 功能性与器质性杂音的鉴别

项目	功能性	器质性	
		先天性	后天性
部位	胸骨左缘第 2～4 间肺动脉瓣区或心尖部	胸骨左缘第 2～4 肋间多见	心尖区多见
时间	收缩期	收缩期为主	收缩期或舒张期
性质	柔和、吹风样、低音调，不伴震颤	粗糙、响亮，常伴震颤	吹风样或隆隆样，可伴震颤
响度	2 级以下	2～3 级	3 级以上
与体位改变关系	明显	不明显	不明显
传导	不传导	向颈部、心前区及背部传导	多向腋下及背部传导

表 13-2-4　杂音强度分级

级别	响度	听诊特点	震颤
1	最轻	很弱,须在安静环境下仔细听诊才可听到,易被忽略	无
2	轻度	较易听到,杂音柔和	无
3	中度	明显的杂音	无
4	响亮	杂音响亮	有
5	很响	杂音很强,向周围甚至背部传导	明显
6	最响	杂音震耳,即使听诊器稍离开胸壁也能听到	强烈

舒张期杂音在主动脉瓣区为主动脉瓣关闭不全的主要体征;在肺动脉瓣区见于肺动脉瓣关闭不全;在二尖瓣区见于二尖瓣狭窄;在三尖瓣区见于三尖瓣狭窄。

连续性杂音常见于动脉导管未闭,以肺动脉瓣区最响,且以收缩期成分为主,常伴有震颤。

心外杂音如心包摩擦音见于急性心包炎。

(八)腹部

腹部检查时手要温暖,动作轻柔。若小儿合作可先检查腹部,如果一直哭闹,可利用哭声后的吸气间隙进行腹部的触诊。

1. 视诊　注意腹部的形态、大小、膨隆与否、腹壁静脉是否怒张。新生儿要检查脐部情况,如脐带是否已脱落,有无渗出或炎症,脐轮是否红肿;婴儿期注意有无脐疝。反复呕吐时应观察腹部有无胃肠蠕动波。

腹部沟斜疝
(单图)

2. 触诊　腹部触诊时取仰卧位,双下肢屈曲使腹肌松弛。如有腹痛,应先从正常部位开始触诊,逐渐移向腹痛或压痛部位,并注意腹肌的紧张度及面部的表情。一个压痛点的确定有时需要多次的证实才能肯定。还应注意是否有反跳痛。

检查肝、脾的大小时,检查者手应温暖、动作轻柔,手指边缘或手指尖应自脐的水平开始逐渐向上。深吸气时横膈下降,当肝、脾的边缘触及手指边缘或指端时即有清楚的感觉,查得肝、脾的大小。6 岁以下的小儿,肝脏可在肋缘下 1～2cm 处扪及,质地软而无压痛。3 个月以内脾脏在肋缘下刚可扪及认为属正常。肿大的脾要与游离肋区别,非常大的脾脏常常可扪及切迹。扪及肝、脾时应记录其大小、质地、边缘的锐钝、有无压痛及表面光滑度等。若小儿检查时哭闹不止,可利用其吸气时作快速扪诊。

小儿膀胱充盈时可在耻骨上摸到,如果不能肯定可嘱其排尿后再查。经常便秘的小儿可在左下腹扪及粪块,不能肯定时通便后再检查。检查肾脏时用双手触诊法,一手放在腰背部向上托起,另一手放在腹部相应处,在吸气时常可触及肾脏的下端。

3. 叩诊　腹部叩诊可以确定膨隆的腹部是积气还是积液。有腹水时出现移动性浊音。

4. 听诊　正常情况下每 10～30 秒可听到肠鸣音一次。肠鸣音亢进可见于肠梗阻,消失可见于肠麻痹。如闻及血管杂音应注意杂音的性质、强弱和部位。

(九)背部及脊柱

腰骶部正中线有无囊性肿块膨出(可能是脊膜或脊髓脊膜膨出)、毛发增多、皮肤凹陷(相应部位可能有隐性脊柱裂)或窦道(该处可能有瘘管与蛛网膜下腔相通)。脊柱是否有前凸、侧凸或后凸,记录脊柱活动情况。

(十)四肢

注意四肢的长短、粗细、两侧是否对称,有无畸形如"O"形腿、"X"形腿、马蹄内翻、马蹄外翻足等。各关节是否肿胀、畸形,活动度如何。肌肉的张力、肌力,有无假性肥大。有无杵状指/趾。掌纹、指纹对判断某些疾病如唐氏综合征有帮助;足底纹对判断新生儿的成熟度有帮助。

(十一)肛门及生殖器

有腹痛、胃肠道症状(如便秘、便血等)时应检查肛门有无畸形,有无肛裂、肛门瘘管、肛周脓肿,必要时做肛门指检。外生殖器的检查应注意是否有两性畸形、尿道下裂、鞘膜积液、腹股沟斜疝、包茎及隐睾等,大阴唇是否遮住小阴唇,阴毛分布的范围,睾丸及阴茎的大小有助于判断青春期发育的阶段。

(十二)神经系统

一般疾病时要进行的神经系统检查除前述的神志、对外界反应、瞳孔大小及对光反射外,还应包括肌力、肌张力、脑膜刺激征、神经反射检查。对疑有神经系统疾病的患儿,应进行以下全面的神经系统检查。

1．头颅　头围过大需注意脑积水、硬膜下血肿等;头围过小需警惕脑发育不全或狭颅症。

2．皮肤　某些神经系统疾病可伴特征性皮肤损害,如皮肤色素脱失斑、面部血管纤维瘤、咖啡牛奶斑等。

3．脑神经

(1)嗅神经:观察对香水或某些不适气味的反应。

(2)视神经

视力:视力表多用于2岁以上小儿。

视野:年长儿可直接使用视野计检查。

眼底:眼底检查需在散瞳后进行,使用检眼镜。正常新生儿视神经乳头颜色较白,切勿误认为视神经萎缩。

(3)动眼、滑车和展神经:观察有无眼球震颤、眼睑下垂、斜视等。检查眼球向上、下和两侧的眼外肌运动。注意瞳孔大小、性状及对光反射等。

(4)三叉神经

运动支:注意咀嚼时两侧咬肌和颞肌收缩力,张口时下颌有无偏斜。

感觉支:观察额、面部皮肤对痛刺激的反应,角膜反射也可测试感觉支功能。

(5)面神经

周围性面神经麻痹:患侧上下面肌同时受累,病变侧无法皱额,眼睑无法闭合,鼻唇沟变浅,口角向健侧歪斜。

中枢性面神经麻痹:病变侧鼻唇沟变浅,口角向病变侧歪斜,但皱额和眼睑闭合功能正常。

(6)听神经和前庭神经

听神经:观察小儿对突然响声或语声的反应,以了解有无听力损害。

前庭神经:可选用旋转或冷水试验。

(7)舌咽和迷走神经:临床上舌咽神经损伤常合并迷走神经。共同表现为吞咽困难、声音嘶哑、呼吸困难和鼻音。

(8)副神经:检查胸锁乳突肌和斜方肌的肌力、肌容积。病变时患侧肩部变低,耸肩、向对侧转头力减弱。

(9)舌下神经:一侧中枢性舌下神经麻痹时,伸舌偏向舌肌麻痹侧;一侧周围性舌下神经麻痹时,伸舌偏向麻痹侧,同时伴舌肌萎缩与肌纤维颤动。

4．运动功能检查

(1)肌容积:检查有无肌肉假性肥大或萎缩。

(2)肌张力:检查时触摸肌肉硬度并做被动运动。肌张力增高多见于上运动神经元性损害和锥体外系病变,但需排除半岁内正常婴儿肌张力可增高。肌张力降低可见于下运动神经元或肌肉疾病。

(3)肌力:观察小儿能够完成的粗大和精细运动,以判断各部位肌群的肌力。

一般肌力分为0~5级。0级:完全瘫痪,无任何肌收缩活动;1级:可见轻微肌收缩但无肢体移动;2级:肢体能在床上移动但不能抬起;3级:肢体能抬离床面但不能对抗阻力;4级:能做部分对抗阻力的运动;5级:正常肌力。

(4)共济运动:小婴儿可观察其手拿玩具的动作是否准确。年长儿可进行指鼻试验、闭目难立、轮替运动和跟、膝、胫试验等。

(5)姿势和步态:观察小儿各种运动中姿势有无异常。

常见的异常步态:双下肢的剪刀式或偏瘫性痉挛性步态,高举腿、落足重的感觉性共济失调步态等。

(6)不自主运动:多见于锥体外系疾病,表现为舞蹈样运动、手足徐动症或一组肌群的抽动等。

5. 感觉功能检查

（1）浅感觉：包括触觉、痛觉和温度觉。

（2）深感觉：位置觉和音叉振动觉。

（3）皮质感觉：闭目状态下测试两点的辨别觉，闭目中用手辨别常用物体的大小、形态或轻重等。

克氏征（视频）

6. 脑膜刺激征　包括是否有颈抵抗、克氏征、布氏征。3～4个月以内的婴儿由于屈肌紧张，克氏征可以阳性，但无病理价值。

7. 神经反射　生理反射如肱二头肌反射、肱三头肌反射、膝反射、踝反射、腹壁反射、提睾反射等；病理反射如巴氏征。正常婴儿的腹壁反射及提睾反射可能阴性，肌腱反射略为亢进。2岁以内巴氏征阳性还属正常，但一侧为阳性、另一侧为阴性则有临床价值；2岁以后阳性具有病理意义。

布氏征（视频）

（孙　锟）

四、新生儿体格检查特点

（一）注意事项

1. 检查者应严格遵守消毒隔离制度，严格洗手消毒，必要时戴口罩。检查室内温度应保持在28～30℃，早产者在辐射保温台上进行，事先准备好各种器具，先温暖后再用，患儿身体暴露时间不宜超过2分钟，以免受凉。

2. 最好在患儿安静时检查，因为激惹和哭闹会改变生命体征、面色、活动和行为。

3. 在新生儿查体中，视诊最为重要，例如患儿的外貌、姿势、面色、发育、营养、神志、反应、活动、呼吸异常、肤色变化、惊厥动作以及体表可见的各种病征包括畸形、外伤等。

4. 新生儿查体应遵循合理的顺序，对易受哭闹影响干扰的项目先检查，受哭闹影响不大和一些不舒适的检查可以后做。

5. 由于新生儿病情变化快，须重视复查，因此对阳性体征或有疑问处进行动态评价，这对诊断、判断疗效和预后都具有极重要的价值。

（二）查体的内容

1. 测量记录　体温，脉搏，呼吸，血压，头围，胸围，体重，身长。

2. 一般情况　观察外貌，面容，面色，神志，反应，精神状态及呼吸节律，有无呻吟，三凹征等。外观为头大，躯干长，头部与全身的比例为1:4。胸部多呈圆柱形；腹部呈桶状。四肢短，常呈屈曲状。新生儿出生后采取的姿势，通常反映了胎内的位置。

3. 皮肤

（1）胎脂：出生时，皮肤覆盖一层灰白色胎脂，有保护皮肤的作用。胎脂的多少有个体差异，生后数小时渐被吸收，但皱褶处胎脂宜用温开水轻轻擦去。胎脂若成黄色，提示有黄疸、宫内窘迫或过期产存在。

（2）黄疸：生理性黄疸多在生后2～3天出现。一般持续一周后消失。

（3）水肿：生后3～5天，在手、足、小腿、耻骨区及眼窝等处易出现水肿，2～3天后消失，与新生儿水代谢不稳定有关。

（4）新生儿红斑：常在生后1～2天内出现，原因不明。皮疹呈大小不等、边缘不清的斑丘疹，散布于头面部、躯干及四肢。婴儿无不适感。皮疹多在1～2天内迅速消退。

（5）粟粒疹：在鼻尖、鼻翼、颊、颜面等处，常可见到因皮脂腺堆积形成针尖样黄白色的粟粒疹，脱皮后自然消失。

（6）青记：一般新生儿在背部、臀部常有蓝绿色色斑，此为特殊色素细胞沉着所致，俗称青记或胎生青痣。随年龄增长而渐退。

（7）橙红斑：为分布于新生儿前额和眼睑上的血管痣，橙红或淡红色小片状，不高于皮面，轻压褪色，数月内可消失。注意和其他新生儿血管瘤相鉴别。

4. 头面部

（1）颅骨：颅骨软，骨缝未闭，具有前囟及后囟，有时在前后囟之间可触到第三囟门。前囟直径通常为

2～4cm，后囟一般只能容纳指尖。囟门过大常见于脑积水及宫内感染患儿。出生时因颅骨受产道挤压，常有不同程度的变形，骨缝可重叠。顶先露分娩的新生儿头部可显得狭长，先露部位经常见到水肿和淤块，几天内可褪去。有头颅血肿的新生儿头部可表现为囊肿样的肿块，通常需2～3个月内消散。

（2）眼：生后第一天，眼经常闭合，有时一睁一闭，与眼运动功能尚未协调有关。有难产史者有时可见球结膜下出血或虹膜边缘一圈呈红紫色，多因毛细血管淤血或破裂所致，可在数日后吸收，双眼上斜或内眦赘皮应疑有唐氏综合征。伴有眼睑水肿和大量脓性分泌物常是淋球菌感染的典型表现，大面积角膜混浊伴有高眼球张力则是先天性青光眼的指征。正常瞳孔呈红色，若呈白色者提示有白内障、肿瘤或视网膜病的可能。

一些新生儿出生时，鼻泪管下端出口被一层薄膜封闭或因上皮碎屑堵塞了泪道，造成泪腺不通。一般3～4周后会自行破裂，鼻泪管通畅。少数新生儿鼻泪管下端出口的薄膜始终不破裂，泪液在鼻泪管中积聚，刺激管壁黏膜而导致泪囊炎，多影响单侧眼睛，除流泪外，还可出现脓性分泌物。

（3）鼻：鼻梁低，因鼻骨软而易弯，可见歪斜，但以后不留畸形。新生儿用鼻呼吸。若后鼻孔闭锁畸形，出生后可立即表现严重呼吸窘迫。先天性梅毒患儿出生后可表现鼻塞、张口呼吸、鼻前庭皮肤湿疹样溃疡。

（4）口腔：口唇皮肤黏膜分界清，黏膜红润，牙龈上可见由上皮细胞堆积或黏液包囊的黄白色小颗粒，俗称"板牙"或"马牙"，可存在较长时期，切勿挑破以防感染。硬腭中线上可见大小不等（2～4mm）的黄色小结节（彭氏珠），亦系上皮细胞堆积而成，数月后消退。舌系带有个体差异，或薄或厚，或紧或松。两侧颊部各有一个隆起的脂肪垫，俗称"螳螂嘴"，有利于吸吮乳汁，不可挑破。巨舌症提示先天性甲状腺功能低下，或有 Beckwith 综合征的可能。有时可见到唇裂或腭裂。小下颌则考虑 Pierre Robin 综合征的可能。

（5）耳：其外形、大小、结构、坚硬度与遗传及成熟度有关，愈成熟耳软骨愈硬。耳轮低于眦耳线称为低位耳，在一些综合征中可见到。

5. 颈部　甚短，颈部皱褶深而潮湿，易糜烂。有时可见到胸锁乳突肌血肿，可导致其后发生斜颈。颈后皮肤过度折叠呈颈蹼状，为 Turner 综合征的体征之一。

6. 胸部　多呈圆柱形，剑突尖有时上翘，在肋软骨交接处可触及串珠。新生儿呈膈肌型呼吸，有时可见潮式呼吸，生后4～7天常见有乳腺增大，如蚕豆或核桃大小，或见黑色乳晕区及泌乳，2～3周可消退，这是由于母体内分泌的影响所致，切不可挤压以防感染。

肺：在患儿安静时，呼吸频率正常范围为40～60次/min，早产儿略快，易受干扰而波动。呼吸节律几乎所有新生儿呼吸均不规则，注意观察有无周期性呼吸，呼吸暂停，有无呼吸困难。叩诊有无浊音，实音。听诊胸、背两侧，双侧更有意义。呼吸音减弱可见于胸腔积液、气胸、肺不张、肺透明膜病等。有无干湿啰音、痰鸣音。

心脏：心尖冲动点位置及强度，正常新生儿可见心尖冲动点在左侧锁骨中线第4～5肋间，早产儿更清晰可见，可用示指触诊证实。心前区有无震颤。正常新生儿心率一般在120～140次/min，早产儿略快，易受各种因素干扰而波动范围大。出生后数小时内短暂的心动过速、心率波动、心律不齐，并无临床意义。新生儿常有窦性心律不齐，如发现频繁期前收缩、明显心律失常、伴其他症状、或持续时间超过1～2周，应进行心电图动态监护。注意心音强度、有无杂音、杂音性质、响度、传导方向。

7. 腹部　多稍隆起，早产儿因腹壁甚薄，可见到肠型。肝脏软，在锁骨中线肋缘下2cm，脾脏有时刚触及。生后脐带经无菌结扎后，一般1～7天脱落，脱落前应检查纱布有无渗血。脱落后脐部应保持干燥；有时可见到脐疝。

8. 生殖器　生后阴囊或阴阜常有轻重不等的水肿，数日后消退。两侧睾丸多下降，也有在腹股沟中，或异位于会阴、股内侧筋膜或耻骨上筋膜等处。有时可见一侧或双侧鞘膜积液，常于生后2个月内吸收。一些女婴在生后5～7天可有灰白色黏液分泌物从阴道流出，可持续两周，有时为血性，俗称"假月经"。此是由于因分娩后母体雌激素对胎儿影响中断所致。生殖器色泽增深，多与先天性肾上腺增生有关。

9. 肛门　有时可见肛门闭锁。应仔细观察胎粪排出情况，必要时做肛门指诊检查。

10. 脊柱和四肢　检查有无脊柱裂，四肢姿势与胎位有关，一些貌似异常者日后可逐渐恢复。

11. 神经系统　检查新生儿特殊反射，如拥抱反射，吸吮反射，握持反射，觅食反射，交叉伸腿反射等。检查围巾征、肌张力、肌力，有无臂丛神经麻痹。

新生儿原始反射：

（1）觅食反射：用左手托婴儿呈半卧位，右手示指触其一侧面颊，婴儿反射性头转向该侧。

（2）吸吮反射：将乳头或奶嘴放入婴儿口内会有力地吸吮。

（3）握持反射：将物品或手指置入婴儿手心中，婴儿立即将其握紧。

（4）拥抱反射：新生儿仰卧位，从背部托起婴儿，一手托住婴儿颈部及背部，另一手托着枕部，然后托住枕部的手突然下移数厘米（不放手），使婴儿头及颈部"后倾"，正常可见两上肢外展并伸直，手指张开，然后上肢屈曲回缩。

觅食反射（视频）　吸吮反射（视频）

握持反射（视频）　拥抱反射（视频）

早产儿神经系统成熟度与胎龄有关，胎龄越小，原始反射越难引出或反射不完全。

12. 胎龄评估　胎龄指胎儿在宫内的周龄或日龄，临床多采用简易胎龄评估法（胎龄周数＝总分＋27）进行评估，其误差多数在 1 周以内，仅少数达 2 周以上，简单易行，缺点是不能评估 27 周以下的极低胎龄儿（表 13-2-5）。

表 13-2-5　简易胎龄评分法

部位	0分	1分	2分	3分	4分
足底纹理	无	前半部红痕不明显	红痕＞前半部褶痕＜前 1/3	褶痕＞前 2/3	明显的褶痕＞前 2/3
乳头形成	难认，无乳晕	明显可见，乳晕淡平，直径＜7.5mm	点状乳晕，边缘不突，直径＜7.5mm	直径＞7.5mm	—
指甲	—	未达指尖	已达指尖	超过指尖	—
皮肤组织	很薄，胶冻状	薄，光滑	光滑中等厚，皮疹或表皮翘起	稍厚，表皮皱翘起，手足最著	厚，羊皮纸样

（庄德义）

第三节　常用体格指标的测量

常用的体格生长的指标包括体重、身高（身长）、头围、胸围、上臂围、皮脂厚度等。

（一）体重

体重是衡量体格生长的重要指标，代表了身体各器官系统与体液重量的总和，是反映小儿营养状况的灵敏指标。称体重应在进食前、排尿后进行，脱去衣帽和鞋袜，只穿单衣裤，可用杠杆秤或专用的电子秤。测量前校正好零点。

体重测量（视频）

（二）身高或身长

身高是头、躯干和下肢长度的总和，以厘米表示。

3 岁以下小儿躺着量身长，用标准的量床测。小儿脱去鞋袜、尿布，只穿单衣单裤，仰卧于量床底板中线，助手固定小儿头部，使其头顶接触头板，面部向上，使眼眶下缘与外耳道上缘处于同一水平面上。测量者位于小儿右侧，左手按住双膝，右手推动足板，使两下肢紧贴底板，两足底紧贴足板。注意量床两侧读数一致。3 岁以上小儿量身高只穿背心和短裤，立于平板台上，小儿取立正姿势。头部放正，眼向前平视，略挺胸，二臂自然下垂，使枕、肩、骶尾部、腘窝、足跟紧靠量尺，脚跟并拢，脚尖分开约 60°，头顶部以标尺水平位放置，读出读数。

婴儿身长测量（视频）

（三）头围

头围的大小和脑与颅骨的发育有关。女孩梳辫要将头发分开再量。用左手拇指将软尺一端固定于小儿眉尖隆突点，右手拉软尺，经左侧眉弓上缘，枕骨粗隆最高处及右侧眉弓上缘回至起点。软尺需紧贴头皮，左右对称。新生儿头围平均为 34cm，出生后头半年增长最快，8～9cm，后半年增加 3～4cm，1 岁时平均为

46cm。第二年约增长 2cm，以后直至 15 岁时仅增长 4～5cm，53～54cm。大脑发育不全时可有头小畸形，头围过大常见于脑积水。

（四）胸围

新生儿：胸围比头围小 1～2cm。

1 岁左右：胸围 = 头围。

代表胸廓和肺的发育。测胸围应取立位或卧位，忌取坐位。被测者两手自然下垂，测量者位于小儿前方，用左拇指将软尺零点固定于小儿乳头下缘，右手将软尺由右侧绕背部或两肩胛下角下缘经身体左侧回至零点。取平静，呼吸气时的中间数读至 0.1cm。

（五）上臂围

臂围是骨骼、肌肉、皮肤和皮下组织的综合测量。上臂围的增长反映了儿童的营养状况。在无条件测量儿童体重和身高的情况下，上臂围可以用来评估 5 岁以下儿童的营养状况：>13.5cm 为营养良好；12.5～13.5cm 为营养中等；<12.5cm 为营养不良。

测量时取立位、坐位或仰卧位，被测者两手自然平放或下垂。取左上臂自肩峰至鹰嘴连线的中点为测量点。以软尺绕该点水平的上臂 1 周，轻轻接触皮肤，进行测量，读数误差不超过 0.1cm。

（六）皮下脂肪的测量

皮下脂肪厚度反映了小儿的营养状况，可用皮褶卡钳测量。卡钳的前头面积应是 0.6cm×1.5cm 的长方形，前面的压力保持在每平方厘米 15g。测量时右手握钳，左手用拇指和示指捏起测量部位的皮肤和皮下脂肪，两手指的距离为 3cm。常用的测量部位有三头肌部：上肢自然下垂，取左侧肩峰与鹰嘴连线的中点为测量点，皮褶方向与上臂的长轴平行；腹部：右锁骨中线上平脐处皮褶方向与躯干长轴平行。轻度营养不良的小儿，其腹部皮下脂肪厚度小于 0.8cm；重型患者，皮下脂肪均消失。

（孙　锟）

第四节　心　电　图

心电图是反映心脏生物电活动的无创及最简便的检测手段，对心律失常的诊断具有特异性，心电图除对心脏病的诊断提供一定的证据外，并对电解质紊乱及药物中毒提供重要的临床证据。

小儿由于其解剖生理特点，因而正常心电图与成人不同。表现为心率较快，各间期及各波形的时间较短，电压特别是反映右心室优势 QRS 电压在胸前导联较高。随着年龄增长，这些变化逐渐消失，至学龄期接近成人。只有系统了解小儿不同年龄组心电图各波形的特点及其演变规律，才能为临床疾病作出正确的心电图诊断。

一、心电图导联

在人体不同部位放置电极，并通过导联线与心电图机的正负极相连，这种记录心电图的电路连接方法称为心电图导联。目前临床上应用的常规 12 导联体系为国际通用的导联体系。常规 12 导联包含 6 个肢体导联和 6 个胸导联。前者又分为标准导联（Ⅰ，Ⅱ，Ⅲ 导联）和加压单极肢体导联（aVF，aVL，aVR 导联）各 3 个。

小儿心电图检查导联的连接方式同成人：首先，患者选仰卧位，心力衰竭患者选半坐位；其次，以生理盐水或清水擦洗导联连接处，以减少电阻；最后，连接心电图，右上肢为红色导联，左上肢是黄色导联，左下肢为绿色导联，右下肢是黑色导联。胸导联的颜色，V_1～V_6 依次为红黄绿棕黑紫。V_1：胸骨右缘第 4 肋间；V_2：胸骨左缘第 4 肋间；V_3 为 V_2 和 V_4 连线中点；V_4 在左锁骨中线第 5 肋间；V_5 在左腋前线与 V_4 同一水平处；V_6 在左腋中线与 V_4 同一水平处。

由于 Ⅱ、Ⅲ、aVF 导联的正极都接于左下肢，故该三个导联反映心脏下壁的情况；Ⅰ、aVL 导联的正极都接于左上肢，故反映心脏侧壁或高侧壁的情况；V_1 导联的正极面对的是右心室侧壁，故反映右心室的情况（又称右胸导联）；V_3、V_4 导联的正极面对左心室前壁，故反映左心室前壁的情况（又称过渡区导联）；V_5、V_6 导联的正极面对的是左心室侧壁，故反映左心室侧壁的情况（又称左胸导联）。

二、心电图检查适应证

心电图和心电监护已广泛应用于手术、麻醉、用药观察以及危重患者的监护等，但其检查有一定的局限性，不能对一切心脏疾病作出确切诊断，如双侧心室肥厚，心电图可能因为两侧电压相互抵消而表现为正常，或表现为一侧心室肥厚；心电图正常不能肯定患儿无心脏疾病；心电图异常不能确定患儿有心脏病。其适应证主要：①心律失常；②心肌梗死；③协助诊断心室心房肥大；④协助诊断其他疾病；⑤手术、麻醉；⑥心搏骤停、原因不明的晕厥、抽搐；⑦心脏位置异常；⑧危重病人临终前。

三、小儿心电图连接注意事项

小儿的生理特点和配合程度不同于成人，在行心电图检查时应注意力求患儿在安静状态下描记，入睡最佳；电极片及金属钟形吸附电极要适合小儿，不宜过大，电极更不可相互重叠，钟形吸附电极吸力要适中，避免吸力过大或吸附之间过长，去除电极片时用力不可过猛，以防损伤皮肤。

四、小儿心电图特点及各波形意义

小儿心电图特点：

1. 小儿心率较快，年龄愈小，心率愈快，心率与年龄增长呈反比。7 天内的新生儿心率较慢，原因有新陈代谢低、心脏副交感神经较交感神经完善。青春早期男女心率变化范围有一定差异，12~14 岁女孩平均心率较男孩快 10 次 /min。

2. 各间期及各波时限较短。

3. QRS 波群振幅尤其是心前导联振幅较高。

4. 心电轴右偏。

5. T 波在新生儿期有一定变化。

小儿正常心电图各波形数值及其意义：

1. P 波为心房除极波，正常窦性 P 波其方向在 Ⅰ、Ⅱ、aVF、V₅、V₆ 等导联为直立，aVR 导联为倒置，其电压不超过 0.25mV，新生儿可达 0.21~0.25mV，原因为出生后右心房占优势，肺动脉压较高。P 波高耸常见于右心房肥大，如房间隔缺损、肺动脉高压等。其时限 3 岁以内不超过 0.07 秒，3~14 岁不超过 0.09 秒，左右心房随年龄增长渐增大，心房除极时间延长。在小儿 P 波时限分析中，婴儿超过 0.08 秒，儿童超过 0.1 秒，视为 P 波时间增宽。

2. PR 间期是自 P 波开始至 QRS 波群始点的一段时间，代表心房开始除极至心室开始除极的时间，PR 间期随年龄和心率而变化，年龄越小，心率越快，PR 间期越短。PR 间期，婴儿<0.14 秒，学龄前期<0.16 秒，学龄期<0.18 秒。1 至 6 岁时，PR 间期与年龄、心率有非常显著关系，7 至 14 岁时 PR 间期与年龄、心率已无多大关系。PR 间期缩短常见于房室交界性逸搏、期前收缩、预激综合征、干扰性房室脱节和交感神经张力增加；PR 间期延长见于低血钾，洋地黄影响，一度房室传导阻滞等。

3. QRS 波群代表心室除极波，1 岁以内时限不超过 0.06 秒，1~5 岁不超过 0.08 秒，5 岁以后不超过 0.10 秒，QRS 时间延长常见于室内传导异常，多见于心室肥厚、室性期前收缩等。

4. ST 段是指 QRS 波终点至 T 波开始的一段水平线，代表了心室缓慢复极时的电位变化。1 岁后小儿肢体导联Ⅱ，Ⅲ，aVF 及胸前导联 V₃~V₆ 常见 ST 段上移，一般肢体导联上移不超过 0.1mV，胸前导联不超过 0.2mV。婴幼儿右心前导联 ST 段多为向下偏移，下降范围 0.05~0.20mV，肢体导联下移不超过 0.05mV。

5. T 波波形多不对称，呈圆钝平滑无切迹，前肢较后肢为陡。T 波方向与 QRS 波主波方向一致，Ⅰ、Ⅱ直立，aVR 倒置，Ⅲ、aVL、aVF 因 QRS 波群而异，可能为直立、平坦、双向或倒置。代表了心室快速复极时电位变化。新生儿期各导联 T 波均较低，呈平坦或低平，整个儿童期Ⅰ、Ⅱ、V₅、V₆ 导联 T 波不应低于 0.2mV。T 波与 R 波不应低于 1/10。

6. QT 间期指 QRS 波起点至 T 波终点的距离，代表了心室除极和复极的全过程。小儿随年龄及心率变化而异。心率越慢，QT 间期越长。QT 间期延长常见于心肌炎、心肌病、心肌损害、心力衰竭、先天性长 QT 间期综合征、电解质紊乱等。QT 间期缩短见于洋地黄作用后，高钙血症、高钾血症、心动过速等。

7. U 波为 T 波之后 0.02~0.04 秒低平波，方向与 T 波方向一致，为浦肯野纤维复极波。其电压为

0.05～0.2mV，不超过同一导联 T 波的 1/2，时间 0.1～0.3 秒，在Ⅱ、V₃ 导联最明显。

五、心电图分析程序

对一份心电图进行分析，应首先测量和分析一组组的 P-QRS-T 是否规律出现 P 波，QRS 波是否顺序发生，以及它们的频率分别是多少，再次测量和分析一组组的 P-QRS-T（通常为窦性激动）在各导联中各波、段及间期的数值是否在正常范围内。前者分析的是有无心律失常，后者分析的是一次心脏电活动的除极和复极有无异常，其主要了解的是有无心房肥大、心肌缺血、心肌梗死、预激综合征以及某些心律失常，如束支传导阻滞等。应当指出的是，不少心电图改变缺乏特异性或存在假阳性，故分析心电图切忌就图论图，必须紧密结合临床治疗。如应了解患者症状，体征，病史及临床诊断，是否服用过可引起心电图发生改变的药物，其他检查结果如何，既往有无心电图记录等。只有综合分析，才能作出较为准确的心电图诊断。

六、小儿异常心电图

1．心房肥大　心房除极开始为右心房，中间为右心房和左心房，最后为左心房。右心房较左心房除极先完毕，因此右心房肥大时总除极时间不延长，而 P 波高耸。左心房肥大时，除极时间延长，故 P 波增宽而有切迹。

（1）左心房肥大心电图诊断（图 13-4-1）

1）P 波时间增宽，婴儿≥0.08 秒，儿童≥0.10 秒，P 波有切迹，切迹间距离，婴儿≥0.03 秒，儿童≥0.04 秒。

2）V₁ 导联 P 波呈双相，先正后负，负相振幅≥1mm（即 0.1mV），或时间≥0.04 秒，或 V₁ 导联 P 波终末电势（或称 Morris 指数）绝对值>0.02mm·s（即 Ptf-V₁<－0.02mm·s）。

3）导联ⅡP 波时间 /PR 段比值（称Ⅱ导联 Macruz 指数）增大，正常 95% 概率上限值，儿童为 2.0，成人为 2.5（一般以 1.6 为上限值，此值偏低，易致假阳性）。

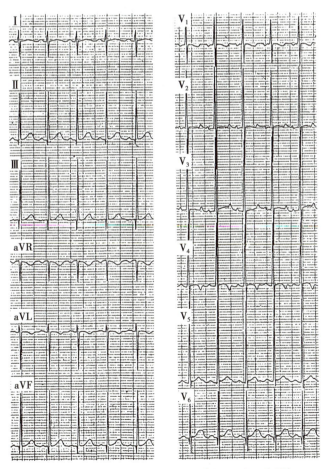

图 13-4-1　左心房、左心室肥大（女，1 岁 3 个月）

（2）右心房肥大心电图诊断（图13-4-2）

1）P波高耸，以Ⅱ、Ⅲ、aVF及V_1导联最明显，儿童振幅>0.2mV，新生儿>0.25mV。

2）Ⅱ、Ⅲ、aVF导联P波呈尖峰型，P电轴>+80°。

3）PR段下降，Ⅱ、Ⅲ、aVF导联较显著，Ta波明显时常将PR段后部压低，且使J点下移。

4）肢体导联QRS波低电压时，P波电压大于同导联R波振幅的1/2，呈尖峰型，且P波电轴>+80°。

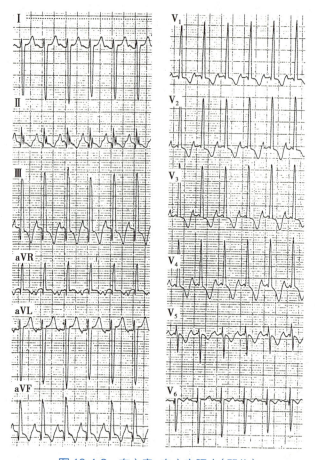

图13-4-2　右心房、右心室肥大（婴儿）

2. 心室肥大

（1）左心室肥大心电图诊断（图13-4-3）：除新生儿外，儿童左心室壁厚于右心室。左心室肥大时，左心室除极程序并无改变，而只是使左心室除极所形成的综合向量增大。容量负荷增大引起左心室扩张，左心室表面面积增加，并使心肌更靠近胸前区导联电极，而增加向左和向后的QRS向量，故V_2、V_3导联S波振幅增大，V_5、V_6导联R波振幅增大，部分病例室间隔肥厚，使向右前的初始向量增大，V_5、V_6导联Q波振幅增加。

1）胸前导联：①R_{V5}、R_{V6}振幅增高，3岁以下R波振幅>3.0mV，3～13岁>3.5mV，13岁以后女性≥3.0mV，男性仍≥3.5mV。R_{V6}>R_{V5}对诊断左心室肥厚有意义。②S_{V1}振幅增大，5岁以下S_{V1}>2.0mV，5岁以后S_{V1}>3.0mV。S_{V1}不用于新生儿左心室肥大的诊断。③R_{V5}+S_{V1}振幅5岁以下>4.5mV，5岁以上>5.5mV，13岁以后女性≥4.0mV，男性仍≥5.5mV。④V_5、V_6导联Q波振幅≥0.5mV。⑤左心前导联ST段下移和T波倒置。⑥V_5导联R波峰值时间（即VAT）≥0.04秒。

2）肢体导联：①R_{aVL}≥1.5mV，R_{aVF}≥2.5mV。②$R_Ⅱ$+$R_Ⅲ$>4.5mV，$R_Ⅰ$+$S_Ⅲ$>2.5mV。③R_{aVL}+S_{V3}（亦称Cornell电压标准）除新生儿外，男性≥3.0mV，女性≥2.5mV，13岁后≥2.0mV。④婴儿心电轴<+30°，儿童心电轴<0°，一般不超过-30°。

3）ΣQRS振幅：除新生儿外，男性>30.0mV，女性>27.0mV，13岁以上女性>20.0mV。ΣQRS振幅标准不用于新生儿诊断左心室肥厚。

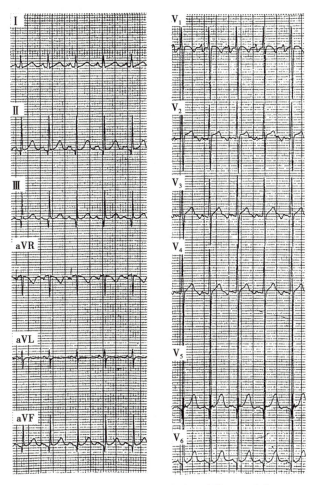

图 13-4-3　左心房、左心室肥大（男 10 岁）

（2）右心室肥大心电图诊断标准（图 13-4-4 或见图 13-4-2）：与左心室肥大不同，右心室肥大主要表现在右 / 左心室除极电势比例上的改变。轻度右心室肥大在心电图上往往不易表现出来。V_1 导联是观察两心室电势优势对比的最佳导联，V_1 导联如原表现为小 R 大 S（即 rS）型，当压力负荷过重出现右心室肥大时，此负向优势可消失。

儿童右心室肥大心电图诊断要点（新生儿不用此标准）：

1）胸前导联：①V_1、V_3R 导联呈 qR、qRs 或 R 波型，R 波电压不限（纠正型大血管转位除外）。②V_1 或 V_3R 导联为 Rs、RS 波型，1 个月～4 岁 R 波>2.5mV，5～17 岁 R 波>2.0mV。③V_1 导联 R/S 比值超过相应年龄的 P 97.5 值。④V_5 导联 S/R>1.0。⑤出生后 5 天～6 岁 T_{V1} 波直立。⑥年长儿童右心前区导联 ST 段下移，T 波倒置。⑦V_1 导联 R 波峰值时间（VAT）>0.03s。

2）肢体导联：①心电轴右偏>120°；②aVR 导联 R/Q 比值>1.0，或 R 波>0.5mV；③P_{II}、P_{V1} 高尖，提示可能为右心室肥大所致的右心房扩大（三尖瓣狭窄和三尖瓣闭锁除外）；④S_1、S_{II}、S_{III}>同导联 R 波振幅。

关于心电图的疾病诊断，参看相关章节。

附：24 小时动态心电图

常规心电图一次检查时间不过 2 至 3 分钟，因此信息量有限。动态心电图是一种可以长时间连续记录并编集分析人体心脏在活动和安静状态下心电图变化的方法。此技术于 1947 年由 Holter 首先应用于监测心脏电活动的研究，所以又称 Holter 监测心电图仪，目前已成为临床心血管领域中非创伤性检查的重要诊断方法之一。与普通心电图相比，动态心电图于 24 小时内可连续记录多达 10 万次左右的心电信号，这样可以提高对非持续性心律失常，尤其是对一过性心律失常及短暂的心肌缺血发作的检出率，因此扩大了心电图临床运用的范围。

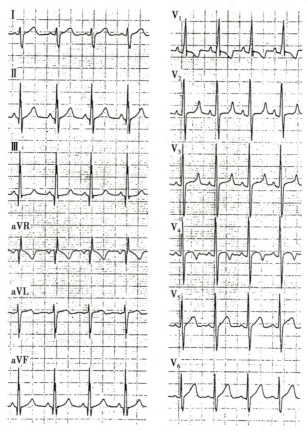

图 13-4-4　右心房、右心室肥大（男 2 岁 4 个月）

（一）适应证

期前收缩、房室传导阻滞、窦房传导阻滞、间歇性心房颤动（扑动）、病态窦房结综合征等心律失常以及间歇性束支传导阻滞、间歇性预激综合征、心绞痛有特异性诊断价值。

（二）小儿行 Holter 检查注意要点

1.忌皮肤过敏　有些皮肤敏感患者因对电极片过敏，可出现局部发红、瘙痒，甚至过敏性皮炎等现象，如出现严重过敏、皮肤破损现象需要就诊皮肤科。

2.忌带手机　佩戴期间要远离手机、电脑、电视等强电场、强磁场物品，不能睡电热毯，不将手机带在身上。

3.忌受潮　患者须保持皮肤干燥，如发现电极片因受潮脱落请及时用胶带将其固定。佩戴期间忌牵拉记录电极线，否则会出现大量干扰数据，影响数据输出。

（三）心律失常诊断和评价标准

（1）窦性心律的评价：一般情况 24 小时的窦性心搏总数在 10 万次左右，大于 14 万次为持续性窦性心动过速。若 24 小时内窦性心搏总数≤8 万次、平均窦性心律≤50 次 /min、最快窦性心律≤90 次 /min、最慢窦性心律≤40 次 /min（持续 1 分钟）或者出现二度Ⅱ型窦房阻滞、窦性停搏>3 秒，短阵心房颤动、心房扑动或阵发性室上性心动过速发作停止时窦性搏动恢复时间>2 秒，提示窦房结功能不全。

（2）室性心律失常评价：正常人室性期前收缩≤100 次 /24 小时，或 5 次 /h，超过此数说明心脏电活动异常，是否属病理性应结合临床资料判断。室性期前收缩达到 Lown 法分级 3 级及以上，即成对室性期前收缩、多形性室性期前收缩、短阵室性心动过速、多形性室性心动过速、持续性室性心动过速多有病理意义。

室性心律失常的 Lown 分级标准：

0 级，无室性期前收缩；

1A 级，室性期前收缩小于 30 次 /h；

1B 级，室性期前收缩小于 30 次 /h 或偶尔大于 1 次 /min；

2 级，室性期前收缩大于 30 次 /h；

3级,多形性室性期前收缩;

4A级,成对室性期前收缩;

4B级,短阵室速(连续3个或3个以上的室性期前收缩);

5级,落在T之上的室性期前收缩(R on T)。

室性心律失常药物疗效评价,即患者治疗前后自身对照,达到以下标准才能判定治疗有效:①室性过早搏动减少≥70%;②成对室性期前收缩减少≥80%;③短阵室性心动过速消失≥90%,15次以上室性心动过速及运动时≥5次的室性心动过完全消失。

(四)24小时动态心电图的临床意义

1.心肌缺血的诊断。

2.评价可能与心脏有关的各种症状。

3.抗心肌缺血及抗心律失常药物治疗的评价。

4.起搏器功能的评价。

5.心肌梗死患者的随访。

6.心律失常的诊断。

对于室上性心动过速,室性心动过速,室性期前收缩,窦房阻滞,无痛性心肌缺血等,24小时动态心电图检出率高,心电图易漏检,Holter在日常生活中进行,更能反映患者病情,其与普通心电图相辅相成,应根据临床需要选择检查方式。

(杜军保)

第五节　小儿影像诊断

一、X线及CT阅片概述

(一)诊断的原则

影像诊断需要遵循以下原则:①根据正常解剖和生理的基础知识,认识人体器官和组织的影像表现;②根据病理解剖和病理生理学基础知识,认识人体病理改变所产生的影像表现;③结合临床资料,包括病史、症状、体征以及其他临床检查资料进行影像征象分析,得出结论。

(二)阅片方法

1.仔细阅读申请单,核对患儿姓名、性别、年龄等基本信息,全面了解病史、症状和体征。

2.明确检查部位及照摄体位:检查部位如胸部、腹部、骨盆、肱骨等,照摄体位如卧位、立位、正位、侧位、斜位、科瓦位等。

3.核对胶片内患者信息,通过阅读标号明确左右方向。

4.按一定顺序阅读胶片内各影像表现:根据个人习惯可以选择由内到外,由上到下、由骨骼区到软组织区到肺野区等方式全面阅读胶片内所有信息,防止疏漏阳性征象。

5.做出影像表现描述及影像诊断印象。

(三)不同部位正常X线片阅片要点

1.胸部

(1)气管和支气管:气管基本居中,于下端隆突水平分为左右主支气管,双侧主支气管在肺门处分成叶支气管,肺叶支气管入肺后反复分支形如树状,称为支气管树。

(2)肺门:位于第2～4肋骨前端之间脊柱旁,主要由肺动静脉、支气管及周围组织构成。

(3)肺野:两侧含气肺组织区域,其内可见从肺门放射状分布的以血管为主、支气管为次构成的肺纹理影。

(4)气管旁和支气管周围淋巴结:呈团块状阴影。

(5)胸膜:正常胸膜一般不显影,包括肺野外缘的胸膜层及叶间胸膜。右肺有2个叶间裂即横裂和斜裂,将右肺分为上、中、下三叶;左肺只有斜裂,将左肺分为上、下两叶。

(6)心影:临床沿用心最大横径和胸横径比值来粗略估计心脏大小,在良好吸气条件下,心胸比值>0.57

即提示心脏增大。

（7）纵隔

1）位置：胸骨之后、胸椎之前、两肺之间，上为胸廓入口、下为横膈，两侧为纵隔胸膜后肺门。

2）纵隔的分区（六分法以胸骨柄体交界处至第 4 胸椎下缘水平线为分界，其上为上纵隔其下为下纵隔。以气管、升主动脉及心脏前缘连线作为前、中纵隔的分界；再以食管前壁及后缘连线作为中、后纵隔的分界。

3）主要结构：前纵隔——胸腺、淋巴结；中纵隔——心脏及大血管、气管支气管、淋巴结；后纵隔——食管，降主动脉，脊柱旁淋巴结和神经为多见。

（8）横膈：分隔胸腹腔的一薄层肌腱组织，分左右叶，呈上凸圆顶形，光滑清晰，一般右膈较左侧略高。

2. 腹部

（1）肝脾和双肾：实质脏器呈软组织密度，位于各自解剖区域，部分患儿可清晰显示。

（2）消化道：腹部 X 线片显示含气的消化道结构。婴儿腹部小肠生理性肠气多，以新生儿为著。看到肠管扩张和宽大阶梯状气液平面应高度警惕肠梗阻。

（3）膈面：纤薄的膈面下出现气体（如新月形）提示气腹，消化道穿孔的征象。

3. 骨骼

（1）骨外形：不同部位的骨骼有其正常的形态和比例。

（2）骨皮质：骨骼外侧均匀致密的成像结构，骨干中部最厚。

（3）骨髓腔：皮质内侧管状腔隙，呈低密度，与周围皮质成像形成明显对比，腔内可见骨小梁结构。

（4）骨膜：包绕在骨表面，正常不显影，骨膜出现反应或因病变而显示。

（5）骨骺：儿童骨骼发育中特有结构，与干骺端相对应，两者之间为骺板，随年龄增加骨骺增大，逐渐与干骺端融合。

（6）骨骼周围软组织：正常肌肉与脂肪层次清楚，厚度正常。

（四）不同部位正常 CT 阅片要点

1. 颅脑

（1）平扫 CT

1）颅骨及含气空腔：用骨窗观察。正常颅底 CT 图像可见到颈静脉孔、卵圆孔、破裂孔、枕大孔、蝶窦、筛窦及乳突气房。颅盖骨分内板、板障、外板三部分。用骨窗可清晰观察颅骨结构。

2）脑实质：皮质与髓质。CT 图像上皮质为白色，髓质为灰色。大脑半球可分为额、颞、枕、顶叶，以脑沟脑裂划分。尾状核，豆状核等构成基底节。脑干由延髓，脑桥，中脑构成。小脑位于幕下，小脑半球分皮质与髓质。小脑蚓部和扁桃体密度略高。

3）含脑脊液的间隙：CT 图像上含脑脊液的腔如脑池，脑室及脑裂等表现为低密度，CT 值一般 0～10HU。具体包括侧脑室、第三脑室、第四脑室、枕大池、桥池、桥小脑角池、鞍上池、环池、侧裂池、四叠体池以及大脑纵裂等。

（2）增强扫描：正常脑实质轻度强化、脑血管明显强化，硬脑膜显著强化。蛛网膜正常时不强化，侧脑室内的脉络丛强化后呈不规则的带状致密影，松果体和垂体明显强化。

2. 胸部

（1）胸壁：胸壁的软组织和骨骼可在纵隔窗显示，使用骨窗可观察骨骼病变。

（2）肺门：肺门主要结构虽为肺动、静脉，但支气管在肺门中的解剖比较清楚，变异少，故常据此分析肺门。气管是薄壁含气结构，在隆突处分为左右支气管后斜向走出纵隔。叶和段支气管多数能显示，气管支气管图像包括 5～6 层面。

（3）肺野、肺叶：通常根据其在胸内位置和肺裂来定位。叶间裂 CT 表现为透亮带、线状或浓密的带状阴影。斜裂为弧形结构，其上部外侧段较内侧段靠后。肺小叶是肺的最基本解剖单位，在高分辨率 CT 上肺小叶呈多边形或锥体形，底位于肺表面，尖指向肺门。小叶之间的间隔称小叶间隔；小叶间隔表现为纤细均匀的线状影，长 1～2.5cm，厚度仅 0.1mm，正常情况看不到；当垂直于平面时可见，为 0.2～0.3mm 的点状影。小叶细支气管和肺动脉位于小叶中央。在高分辨率 CT 上显示小叶肺动脉，直径约 1mm。

（4）纵隔：纵隔窗能显示胸腺、心脏、大血管、食管、淋巴结等结构。

二、小儿常见影像诊断

（一）支气管肺炎

支气管肺炎是小儿呼吸道中最多见的疾病之一

症状：咳嗽、气急、鼻翼翕动、发绀，体温多数 38℃以上，胸部可闻及干湿音，以湿啰音为主，白细胞总数一般增高。

X 线征象：两侧上、中、下肺野中内带以边缘模糊小片状阴影为主，并夹杂边缘清楚细点状及粗纹状阴影为次的病变，病变严重时，有时局部肺野病灶可趋于融合，呈雪片状或大片状阴影，肺门正常、增重、增著或边界模糊（图 13-5-1）。

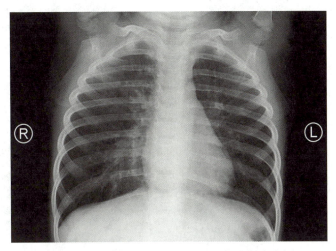

图 13-5-1　右下支气管肺炎合并右下肺过度充气

CT 表现：病变好发于两下肺近心缘区域，病灶直径多为 1cm 左右的斑片状实变，通常病的中心密度高于周边，病灶的边缘模糊。部分患者病灶可融合成大片状实变，似大叶性肺卖样表现，但其密度不如大叶性肺炎实变期那么均匀。本病可以有泡性肺气肿肺不张或炎性肺门淋巴结肿大表现（图 13-5-2）。

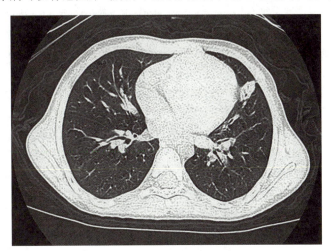

图 13-5-2　左肺舌叶支气管肺炎

（二）肺结核

小儿结核是由结核分枝杆菌引起的慢性全身性传染病，全身各个器官都可以累及，但肺结核最为多见。感染肺结核的小儿往往临床和 X 线表现不一致，如结核菌素试验阳性说明已感染。X 线诊断分为原发性肺结核综合征、血行播散型肺结核、浸润型肺结核、慢性纤维空洞型肺结核、结核性胸膜炎。常合并淋巴结增大及钙化灶。本章介绍原发性肺结核综合征典型 X 线表现。

症状：临床表现轻重不一，轻者可无症状；稍重者多起病缓慢，有长期不规则低热、食欲缺乏、消瘦、盗汗、乏力等,多见于年龄较大儿童。重者多急性起病,多见于婴幼儿,似流感、肺炎或伤寒,突发高热,后转为持续性低热。全身表浅淋巴结轻或中度增大,病灶大者可累及管状呼吸音或呼吸音减低,血沉加速。PPD试验呈强阳性。

X线征象:原发综合征(图13-5-3、图13-5-4)由四个部分组成,即肺部原发灶、支气管淋巴结结核、淋巴管炎及邻近病灶的胸膜炎。原发病灶可发生在肺的任何部位,右侧多于左侧,上叶较下叶多见好发于胸膜下。在胸片上主要表现为斑片状或片状阴影,边缘模糊,有时甚至是段性或叶性阴影。以单个病灶多见。淋巴管炎表现为自肺野内的片状、斑片状阴影引向肺门的索条状阴影,肺门淋巴结炎则主要表现为肺门或纵隔淋巴结的肿大,边缘清楚或模糊,边缘环形强化。同时具有原发病灶、淋巴管炎和肺门淋巴结炎,则称为原发综合征的"双极期"。

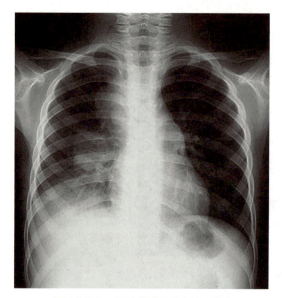

图13-5-3　原发综合征(胸片正位)

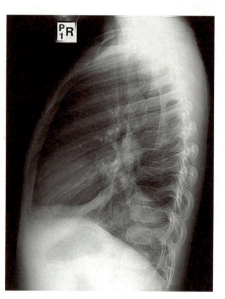

图13-5-4　原发综合征(胸片侧位)

(三)新生儿肺透明膜病

本病又称特发性呼吸困难综合征(idiopathic respiratory distress syndrome, IRDS),为新生儿尤其早产婴主要死亡原因之一,占17.7%。主要原因为早产和围生期窒息,使肺泡表面活性物质合成不足或受抑制,呼气后不能有效地保持肺的残余气,出现进行性呼气性肺泡萎陷,导致呼吸窘迫,而肺泡管和细支气管由于吸入压力大而过度扩张造成黏膜脱落。缺氧、酸中毒使肺小动脉痉挛,肺灌流不足,继而损伤肺毛细血管内皮细胞和肺毛细支气管黏膜,血浆蛋白外渗。于肺泡终末气道表面形成纤维素性透明膜,此膜随病程发展可逐渐增厚或溶解消失。此外尚有淋巴管扩张和肺泡水肿。

症状:本病多见于早产儿、剖宫产儿,双胎和围生期窒息儿,糖尿病母亲所生巨大儿或多胎也有报道。于生后2~3小时出现呼吸窘迫、呻吟、肺呼吸音低,少数迟至8~12小时发病,症状于18~24小时加剧,第3天后逐渐减轻,重症病例,常于48小时内死亡。其他临床表现包括代谢性酸中毒,青紫等。

X线表现:本病主要表现为肺泡充气不良和各级支气管过度充气扩张。由于肺泡(囊)黏着性肺不张,肺野透光度普遍减低,在过度扩张充气的肺泡管和毛细支气管形成交织的网状阴影的衬托下,萎陷的肺呈现小颗粒影,具中等密度,均匀地分布于双侧肺野。这种网点结构具有特征性。此外,肺实质内积聚的肺液和扩张的淋巴管常加重肺的充气不良,但其消散较快。肺上叶发育较下叶早,故下肺病变常较重。肺容积一般无明显缩小。不少患儿胸腺较肥大。

按照肺泡(囊)萎陷程度,X线表现可分为4级。Ⅰ级:肺内仅见广泛细颗粒影,以下肺野易辨。Ⅱ级:肺野内均匀分布网点影,肺野透光度开始减低,出现支气管充气征(图13-5-5a)。Ⅲ级:肺内颗粒影增大,境界模糊,肺野透光度也明显下降,支气管充气征更广泛,心脏和膈面模糊不清(图13-5-5b)。Ⅳ级:肺野一片增白,呈现"白肺",心脏及膈边缘难辨(图13-5-5c)。支气管充气征明显或消失,后者可能为合并肺水肿或出血之故。据文献报告,Ⅰ~Ⅱ级病例存活率60%~75%,Ⅲ~Ⅳ级者存活率明显下降。肺泡表面活性物质的使用使重症IRDS的存活率有了明显提高。

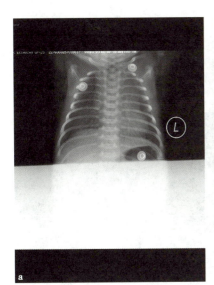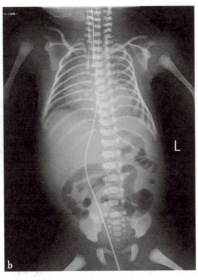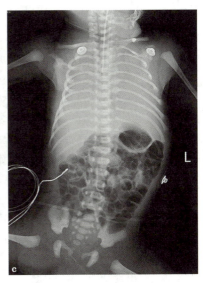

图 13-5-5　肺透明膜病

a. 肺透明膜病Ⅱ级；b. 肺透明膜病Ⅲ级；c. 肺透明膜病Ⅳ级。

本病 X 线征象和临床症状轻重一致，肺内病灶一般于生后 3～4 小时内出现，很少超过 6～12 小时。Ⅰ～Ⅱ级的网粒影持续 3～5 天开始吸收，肺野充气好转，颗粒影减少，支气管充气征由模糊而消失。吸收自肺周围部开始上肺野较下肺野者早。肺野恢复正常轻症者需 1～2 周，中度病例需 2～3 周，常遗有纹理增多或少许条束影。出现并发症时，使病程延长。重症病例需时更长，并发症多。部分病例在吸收过程中，由于肺泡水肿，反应性炎症细胞浸润，肺泡复张不全等肺野内呈现模糊片影，一般发生在 5～12 天，称为模糊肺，2～3 周或更长时间恢复，需与轻度支气管肺发育不良区别。

（四）脑出血

脑出血分为外伤性和非外伤性。后者又称原发性或自发性脑出血，是指脑内血管病变引起的脑血管坏死、破裂而引起的出血。约 80% 病例发生于大脑半球，20% 发生于脑干或小脑。

症状：多为突发性偏瘫、失语和不同程度的意识障碍。

CT 表现：新鲜血肿表现为均匀一致的高密度区，CT 值为 60～80HU，血肿周围常有一低密度环（图 13-5-6a，b），与血肿内血凝块收缩以及血肿压迫周围脑组织造成缺血、坏死和水肿有关。脑水肿一般在出血后 3～7 天达高峰。血肿有占位效应，其程度与脑水肿的严重程度相平行，在出血后 3～7 天最明显，16 天左右占位效应开始减轻。原发性高血压所致的脑出血好发于基底节区。

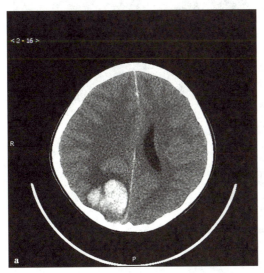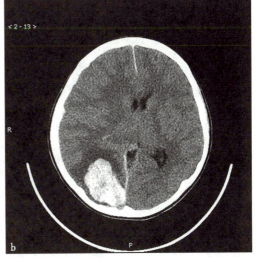

图 13-5-6　右侧枕顶叶脑实质内出血，伴周围水肿带形成，少量蛛网膜下腔出血，大脑镰下疝

（五）化脓性脑膜炎

化脓性脑膜炎（purulent meningitis）是软脑膜和蛛网膜受化脓性细菌感染所致的化脓性炎性病变，可引起脑积水，并发硬膜下积液，并可同时累及室管膜而并发室管膜炎。细菌的主要感染途径是经血行播散。

症状：主要有头痛、呕吐、精神异常、发热和脑膜刺激征。严重者可发生昏睡、昏迷。腰椎穿刺脑脊液压力升高，涂片约一半可查到致病菌，白细胞及蛋白含量显著升高。

CT 表现：化脓性脑膜炎早期，CT 检查可无明显异常表现。炎症进展可表现为基底池、纵裂池和脉络丛的高密度改变，似增强后强化表现。半球凸面见脑回迂曲走行的线样高密度影。增强检查，软脑膜和脑皮质区呈明显的线样或脑回样强化。小儿化脑并发硬膜下积液者颇为多见，可于颅板下方出现新月形低密度区（图13-5-7）。脑底池蛛网膜粘连，则出现交通性脑积水，部分病例表现为外部性脑积水。中脑导水管阻塞，常致梗阻性脑积水。表现为第四脑室以上脑室系统扩大。

MRI 表现：MRI 可显示蛛网膜下隙扩大和局限性或弥漫性脑水肿，细胞毒性水肿在 DWI 上呈高信号。T_1 加权像可见脑膜和脑皮质信号增高。于 MRI 增强扫描 T_1 加权像上，化脓性脑膜炎可致脑膜增厚强化（图13-5-8），基底池

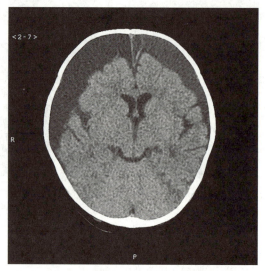

图 13-5-7　双侧额叶硬膜下积液（积脓）

渗出和粘连；室管膜炎，脑室周围带状高信号环绕，脑室常同时扩大；脉络丛炎表现为脉络丛体积增大，可与脑室壁粘连；脑室内因积脓信号较脑脊液高。矢状位图像上，脑室扩大和中脑水管阻塞或狭窄亦能清晰显示。

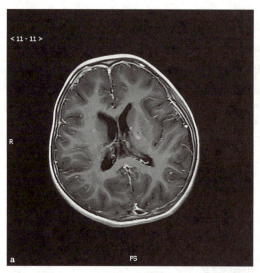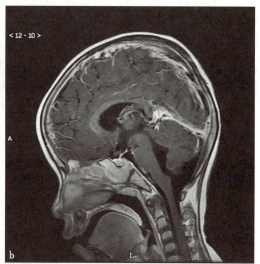

图 13-5-8　双侧大脑半球硬膜增厚强化，双侧大脑半球柔脑膜强化

（申昆玲）

第六节　穿脱隔离衣

（一）适应证

1. 接触需要隔离的各种传染病患儿的医护人员。
2. 进入严格隔离病区时。

（二）操作方法

1. 穿隔离衣

1）戴好帽子、口罩，将衣袖卷过肘部。

2）手持衣领，从衣钩上取下隔离衣，使清洁面向自己，两手将衣领的两端向外折，袖筒口对着自己[图13-6-1（1）]。

3）手持领边，左手插入袖筒内，举手使袖轻轻抖至臂上，手伸出袖口外[图13-6-1（2）]；换左手提衣领，依同样方法使右手伸入袖内，注意勿碰到面部[图13-6-1（3）]。

4）双手由衣领前沿摸到颈后，将领部短节打好[图13-6-1（4）]，放下手臂使衣袖落下，将袖口倒向一边折叠，系好袖带[图13-6-1（5）]。

5）解开腰带活结，自一侧衣缝腰下约5cm处将隔离衣后身向前拉，见到边缘后用同侧手捏住[图13-6-1（6）]；用同样方法捏住另一侧[图13-6-1（7）]。

6）双手捏住边缘，扯向背后对齐（清洁面相对），向一侧折叠，一手按住折叠处[图13-6-1（8）]，松开另一手回前面，将腰带拉向背后并压好折叠处，换手回前面取另一侧腰带至背后交叉，绕回前面打一活结[图13-6-1（9）]。

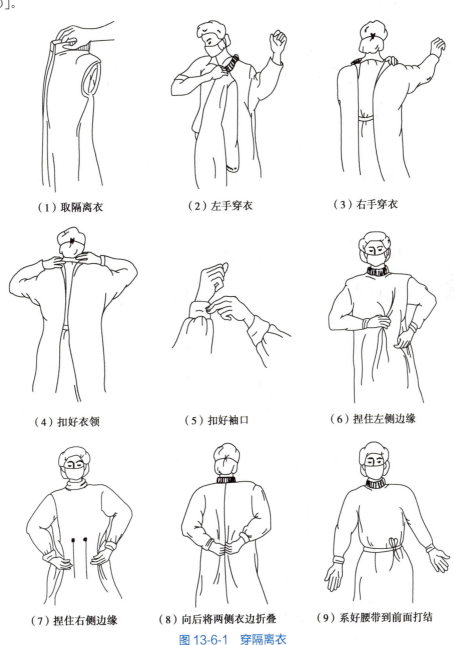

（1）取隔离衣　　　　（2）左手穿衣　　　　（3）右手穿衣

（4）扣好衣领　　　　（5）扣好袖口　　　　（6）捏住左侧边缘

（7）捏住右侧边缘　　（8）向后将两侧衣边折叠　　（9）系好腰带到前面打结

图13-6-1　穿隔离衣

2.脱隔离衣

1）解开腰带，在前面松松地打一活结，注意勿使腰带触及地面[图13-6-2（1）]。

2）解开两侧袖带，捏衣袖外面，将袖口拉到肘部，掖于工作服袖下（不得露出工作服）[图13-6-2（2）]。

3）洗手后擦干，用清洁的手解开衣领短带[图13-6-2（3）]。

4）右手示、中指插入左袖口内，捏住衣内面，拉下衣袖过手部[图13-6-2（4）]。

5）左手在袖内捏住右袖外面，帮助右手退入袖内[图13-6-2（5）]。

6）双手缩入袖筒内，对齐袖口，双臂逐渐退出[图13-6-2（6）]。

7）双手将领边里面对齐，一手持衣领，另一手将隔离衣后缘对齐，并对折一次，使清洁面向外[图13-6-2（7）]，如在污染区，则将污染面向外。

8）将隔离衣挂上衣钩，以备下次使用[图13-6-2（8）]；如不再使用，则将清洁面向外卷起，放入污物袋。

9）再次洗手，脱去帽子、口罩。

穿脱隔离衣
（视频）

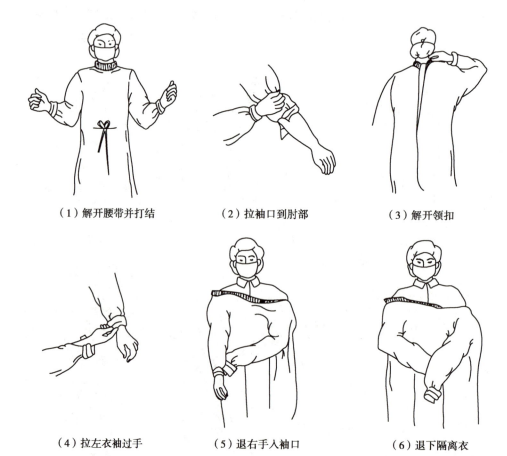

（1）解开腰带并打结　　　　（2）拉袖口到肘部　　　　（3）解开领扣

（4）拉左衣袖过手　　　　（5）退右手入袖口　　　　（6）退下隔离衣

（7）折好隔离衣使清洁面向外　　　　（8）挂好隔离衣

图13-6-2　脱隔离衣

（三）注意事项

1. 穿隔离衣前应准备好工作中的一切用物，穿隔离衣后只能在规定的范围内活动，不得进入清洁区。

2. 隔离衣为各病室专用，不可串用。

3. 隔离衣每24小时需更换1次，有弄湿或破损需立即更换。

4. 必须分清隔离衣的清洁面与污染面，并保持清洁面不被污染。如清洁面受到污染，应立即更换隔离衣；清洁的手触及污染面时，应立即洗手。

（俞 蕙）

第七节 鼻胃管插管术

鼻胃管插管术（nasogastric intubation）是指为了诊断和治疗疾病经鼻腔插入管至胃的过程。

（一）适应证

1. 洗胃 用于误服毒物或超量药物胃内清洗。

2. 鼻饲 用于昏迷患者及不能经口进食、给药的患者，脱水患儿液体疗法。

3. 胃肠减压 胃扩张、幽门梗阻、肠梗阻及胃肠道手术后减压及观察有无出血等。

4. 疾病诊断 胃液分析及查胃脱落细胞；判断上消化道出血部位、出血是否停止等。

（二）禁忌证

1. 鼻咽部有癌肿或急性炎症的患者。

2. 食管静脉曲张、上消化道出血、心力衰竭和重度高血压患者。

3. 食管憩室、吞食腐蚀性药物的患者需谨慎。

4. 昏迷者在置入胃管前可能需要先气管插管，尤其是呛咳反射消失的患者。

（三）操作步骤

1. 准备物品有治疗碗（内盛生理盐水）、一次性胃管、手套、棉签、纱布、治疗巾、20ml注射器、液体石蜡棉球、弯盘、手电筒、别针，压舌板、听诊器等。

2. 操作者洗手，备齐物品至患者床旁，核对患者身份，向患者及其家属解释操作目的及配合方法，戴口罩、帽子、手套。

3. 患者取坐位或半坐卧位，昏迷者取平卧位，头稍后仰，铺治疗巾，置弯盘于口角，检查患者鼻腔，清洁鼻孔。取出胃管，测量胃管插入长度。测量方法有两种：一是从前额发际至胸骨剑突的距离；二是由鼻尖至耳垂（相当于鼻孔到咽喉部的距离）再到胸骨剑突的距离。成人插入长度为45～55cm，婴幼儿14～18cm。

4. 用液体石蜡棉球润滑胃管前端。沿选定的鼻孔插入胃管，先稍向上而后平行再向后下缓慢轻轻地插入，插入咽喉部时，嘱患者做吞咽动作，当患者吞咽时顺势将胃管向前推进，直至预定长度，初步固定胃管，检查口腔查看胃管是否盘曲在口中。

5. 确定胃管位置。通常有三种方法：一是抽取胃液法，这是确定胃管是否在胃内最可靠的方法；二是听气过水声法，将听诊器置患者胃区，快速经胃管向胃内注入10ml的空气，听到气过水声；三是将胃管末端置于盛水的治疗碗内，无气泡逸出。确认胃管在胃内后，用纱布拭去口角分泌物，撤弯盘，摘手套，用胶布将胃管固定于面颊部。记录胃管深度，需要时胃管远端接胃肠减压器或引流袋。

6. 协助患者取舒适卧位，询问患者感受。整理插管用物。

（四）注意事项

1. 插胃管前应先检查鼻、口腔、食管有无阻塞，有食管、胃底静脉曲张的患者尽量不插胃管，以免致破裂出血。

2. 插管动作应轻稳，以免损伤食管黏膜。在插管过程中患者出现恶心时应暂停片刻，嘱患者做深呼吸，以分散患者的注意力，缓解紧张，减轻咽肌收缩；如出现呛咳、呼吸困难、发绀提示导管误入喉内，应立即拔管重插；如果插入不畅时，切忌硬性插入，应检查胃管是否盘在口咽部，可将胃管拔出少许后再插入。

3. 昏迷患者插管时，应将患者头向后仰。当胃管插入会厌部时，左手托起头部，使下颌靠近胸骨柄，加大咽部通道的弧度，使管端沿后壁滑行，插至所需长度。

4. 行胃肠减压时，应定时记录抽吸量、颜色、性质。怀疑阻塞可用适量生理盐水冲洗。

5.长期鼻饲者,要做好口腔护理和鼻腔清洁,一般3～4天更换一次胃管;经胃管注药后,应关闭或夹闭胃管1～2小时;胃管长期留置,可并发吸入性肺炎及压迫性溃疡。

(龚四堂)

第八节　腰椎穿刺术

【目的】

(一)诊断性目的

1.检查脑脊液的性质成分,诊断神经系统疾病。

2.测量颅内压或动力学试验以明确颅内压高低及脊髓腔、横窦通畅情况。

3.注入放射性核素或造影剂行神经影像学检查。

(二)治疗性目的

1.注入药物以治疗相应疾病。

2.颅内压过低者可注入液体或放出脑脊液,以维持、调整颅内压平衡,改善症状。

3.腰椎麻醉以施行下腹部及下肢手术。

【适应证】

1.中枢神经系统疾病或某些原因不明的昏迷、抽搐等疾病的诊断。

2.怀疑颅内占位且颅内压增高不明显,行脑脊液检查以了解颅内压力和蛋白质含量。

3.脊髓病变,通过脑脊液动力学检查,了解脊髓病变性质。

4.通过脑和脊髓造影检查,以了解脑室大小、移位及椎管有无阻塞。

5.鞘内注射药物。

【禁忌证】

1.颅内压升高伴有明显的视乳头水肿或有脑疝先兆者。

2.穿刺部位或皮下组织有感染性病灶,或患有脊椎结核和其他脊椎疾病者。

3.开放性颅脑损伤或伴有感染的脑脊液漏者。

4.全身严重感染、休克或躁动不安、衰竭或濒危状态的患者。

【操作方法】

1.穿刺前准备　向患儿家属说明腰椎穿刺的目的和方法,取得合作,消除紧张情绪。

2.体位　患儿侧卧,助手固定住患儿的肩部和臀部,使腰椎段尽量弯曲,颈部不必过度弯曲,以保持呼吸道通畅,必要时患儿需要镇静(图13-8-1)。术前半小时可在穿刺部位涂复方利多卡因软膏,可以有效减轻疼痛,避免穿刺过程疼痛引发患儿挣扎。

图13-8-1　腰椎穿刺术体位

3.消毒　严格无菌操作技术,穿刺者戴口罩、帽子、无菌手套后,局部皮肤常规消毒,铺盖无菌孔巾。

4.穿刺点　一般在L_3～L_4椎间隙进行,穿刺点相当于双髂前上棘最高点的连线与脊柱中线相交处(图13-8-2)。婴幼儿脊髓下端的终止水平较低,故穿刺点宜选择L_4～L_5或L_5～S_1椎间隙,并向脐部缓慢推进。新生儿通常没有进针突破感。早产儿一般进针0.5～0.7cm,足月儿进针1cm可达蛛网膜下腔。

5.麻醉　用0.5%～1%利多卡因或1%～2%普鲁卡因(需行过敏试验)1～2ml在穿刺点行浸润麻醉,然后垂直

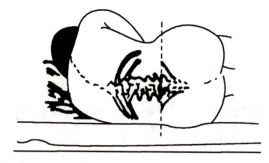

图13-8-2　腰椎穿刺位置

缓慢进针直至棘韧带,边回吸边注药,回吸时注意有无回血,避免麻药注入血管内,充分麻醉后拔针。

6. 进针　左手固定穿刺点,右手持腰椎穿刺针,进针方向略偏向于头部,即对准脊椎间隙刺入皮下,此时一定要保持针体本身呈水平位,针尖斜面与脊椎平行,穿刺针与背面横轴垂直呈90°,缓缓进针,当针穿过棘上韧带、棘间韧带及硬脊膜时,有阻力感突然消失,表明针已进入蛛网膜下腔,然后再把针头的斜面转向头侧,缓慢抽出针芯,使脑脊液自动流出。

7. 测压及放液　穿刺成功后,接测压管,此时可见测压管内脑脊液柱不断上升,当其不再上升时,脑脊液的液面随着呼吸而上下波动,此时的读数即是所测得的压力值。拔掉测压管,缓慢放出需要量的脑脊液,留脑脊液送检。用无菌标本管收集,每管分别留0.5~1ml(一般第1管送细菌培养和药敏,第2管送糖和蛋白质等生化检查,第3管送细胞计数和分类检查,第4管送其他检查)。

8. 拔针　将穿刺针芯插入针体,然后一同拔出。穿刺点覆盖无菌纱布,按压后贴无菌敷贴。术后去枕平卧4~6小时,以减轻腰椎穿刺后头痛。

【注意事项】

1. 腰椎穿刺前需完成全面查体,以确定有无穿刺禁忌证。

2. 根据患儿的年龄、皮下脂肪厚度情况,选择适宜的型号。穿刺针要直,针体与针芯型号匹配,针尖锐利,不带钩。

3. 腰椎穿刺时患者采取体位姿势正确,穿刺针进针方向与背面的横轴呈90°,且进针方向微偏向头侧,这是能否穿刺成功的重要环节。

4. 鞘内注射药物时,要先放出等量脑脊液,再注入药物。

5. 放脑脊液速度不宜过快,一般10~15滴/min。

6. 穿刺过程中如出现呼吸、脉搏、面色异常等症状,应立即停止穿刺,并做相应处理。

第九节　胸腔穿刺术

【目的】

1. 了解胸腔积液的性质以明确诊断。

2. 通过抽液、抽气减轻大量胸腔积液、积气产生的压迫、呼吸困难等症状。

3. 向胸腔内注射药物治疗相应疾病。

【适应证】

1. 各种胸腔积液诊断,作胸腔积液涂片、培养、细胞学和生化学检查以协助诊断。

2. 大量胸腔积液影响呼吸、循环功能,尚不具备条件实行胸腔引流术时,行胸腔穿刺术进行治疗。

3. 胸腔内注射药物或行人工气胸治疗。

【禁忌证】

1. 体质衰弱、病情危重难以耐受穿刺者。

2. 大咯血、严重肺结核、肺气肿患者。

3. 凝血功能障碍,有严重出血倾向患者在未纠正前不宜穿刺。

4. 穿刺部位或附近有感染。

【操作方法】

1. 穿刺前准备　查阅病历及相关辅助检查资料,确定有无适应证和禁忌证。向患儿家属说明胸腔穿刺的目的和方法,取得合作,消除紧张情绪。

2. 体位(图13-9-1)　①年长儿取坐位,面向椅背,双手前臂平放于椅背上,前额伏于前臂上;②婴幼儿予以镇静处理,置仰卧位,穿刺侧手臂枕于脑后,由助手协作固定。

3. 穿刺点(图13-9-2)　胸腔积液时应根据X线胸片、超声检查结果,结合叩诊确定穿刺点。如为液体引流,应以腋前线第4、5、6肋间为穿刺点,乳头是第4肋间的标记。如为排出气体,导管穿刺点应放置在胸前第2肋间锁骨中线上或腋前线第4肋间下一肋的上缘。切记肋间神经、动静脉位于肋骨的下缘,因此穿刺针应沿肋骨上缘刺入。

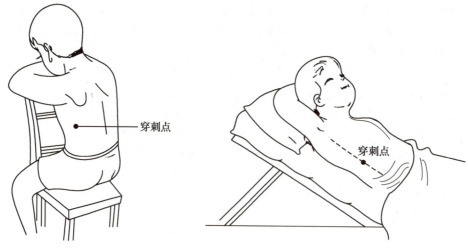

图 13-9-1 胸腔穿刺体位

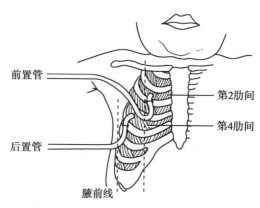

图 13-9-2 胸导管放置位置

4. 消毒 严格无菌操作技术,穿刺者戴口罩、帽子、无菌手套后,局部皮肤常规消毒,铺盖无菌孔巾。

5. 麻醉 用 5ml 注射器抽取 2% 利多卡因 2～3ml,注射针垂直于皮肤表面,在穿刺部位沿肋骨上缘缓慢刺入,有表皮至胸膜壁层进行局部逐层麻醉。

6. 穿刺过程 ①用止血钳夹闭穿刺针上的橡胶管,左手拇指和食指固定穿刺部位皮肤,右手持穿刺针,沿麻醉部位经肋骨上缘垂直缓慢刺入,至阻力感突然消失(表示针尖已进入胸膜腔),接上 50ml 注射器,保证闭合紧密不漏气;②由助手松开止血钳,同时用止血钳协助固定穿刺针;③术者抽吸胸腔液体或气体,注射器抽满后,用止血钳夹闭橡胶管,去除注射器;④将液体注入盛器中,计量并送检。

7. 拔针 抽液结束拔出穿刺针,局部消毒,覆盖无菌纱布,稍用力压迫片刻,用胶布固定。需持续引流者,抽液结束后将引流管连接引流瓶。

【注意事项】

1. 操作前阅读胸片等影像学检查,确定穿刺部位;并确定有无穿刺禁忌证。

2. 严格无菌操作,操作中要始终保持胸腔负压,防止空气进入胸腔。

3. 进针不要过深,以免刺伤肺;避免在第 9 肋间以下穿刺,以免穿透膈肌损伤腹腔脏器,穿刺时应沿肋骨上缘进针,以免损伤血管和神经。

4. 一次性抽液(气)不能过多、过快;诊断性穿刺抽液 50～100ml 即可;治疗性穿刺时不超过 500～600ml,婴儿酌减,以防发生纵隔摆动等意外。

5. 穿刺过程中要注意观察患儿的反应,一旦出现刺激性咳嗽或极度烦躁、大汗淋漓、面色苍白、呼吸困难等现象,应立即停止抽放,将患儿平卧、吸氧。

(庄德义)

第十节　小儿骨髓穿刺术与骨髓活检术

骨髓穿刺术和骨髓活检术是最常用的临床诊断方法之一。骨髓液标本常用于骨髓细胞形态学检查(细胞内部结构清晰,结果可以量化),也可用于造血干细胞培养、细胞遗传学分析及病原生物学检查等,对临床诊断、观察疗效和判断预后等具有重要的价值。骨髓活检能够弥补骨髓穿刺的不足,活检取材包括骨髓细胞和造血组织,既能准确地反映骨髓增生程度及辨认骨髓细胞成分,又能全面了解骨髓结构。二者结合检查可以提高诊断与骨髓相关疾病的准确性。

一、骨髓穿刺术

(一)目的

1. 通过检查骨髓细胞增生程度、细胞组成及其形态学变化、细胞遗传学检查(染色体)、寄生虫和细菌学检查等以协助临床诊断。

2. 观察疗效和判断预后,还可为骨髓移植提供骨髓。

(二)适应证

1. 各类血液病的诊断和全身肿瘤性疾病是否有骨髓侵犯或转移。

2. 原因不明的肝、脾、淋巴结肿大及发热。

3. 某些传染病或寄生虫病需要骨髓培养或涂片寻找病原体。

4. 诊断某些代谢性疾病。

5. 观察血液病及其他骨髓侵犯疾病的治疗反应和判断预后。

6. 为骨髓移植提供足量的骨髓。

7. 抽取骨髓液做造血细胞的培养。

8. 骨髓腔输液(又称骨髓内置管),用于婴幼儿危重症静脉输液困难,而必须快速补液或紧急用药时。

(三)禁忌证

1. 病情垂危者。

2. 血友病及有凝血功能障碍者。

3. 穿刺部位皮肤感染。

(四)操作前准备

1. 无菌骨髓穿刺包　内含骨穿针1个、铺巾2条、巾钳2把、纱布1块、常规消毒治疗盘1个。

2. 用物准备　碘伏、棉签、敷贴、无菌手套、2%利多卡因1支、5ml和10ml注射器、玻片、标本管、培养瓶。

3. 评估患儿生命体征,向患儿家属说明骨髓穿刺的目的、操作过程及可能出现或应注意的问题,取得患儿的配合,签署知情同意书。

(五)操作方法

1. 皮肤常规消毒　以穿刺点为中心,同心圆式由内向外逐渐消毒,直径15cm,消毒3次。注意不要有空白区,消毒外层后不能再到内层消毒,消毒范围直径依次缩小。

2. 取穿刺包　检查穿刺包是否在有效期内,打开穿刺包的外层,戴无菌手套,依次打开穿刺包的内层。检查灭菌指示卡,物品是否齐全,干燥,吻合良好,调整穿刺深度(1~1.5cm)。检查针管与针芯长短、大小、卡口是否配套。针管尖端与针芯端方向是否一致。针尖是否锐利。固定器能否固定。穿刺针与注射器是否密合。

3. 铺无菌巾和孔巾,与助手核对麻药,抽取5%利多卡因,于穿刺点皮丘注射,依次局麻皮肤、皮下组织至骨膜,注意边进针边回抽及推药(回抽无血可推药)。

4. 穿刺部位选择　髂前上棘、髂后上棘、棘突、胸骨、胫骨(适用于新生儿、婴儿和骨髓腔输液)。

5. 左手固定穿刺点皮肤,右手持穿刺针,装上针芯,进针至骨膜后缓慢旋转,穿刺针固定后,拔出针芯,接10ml无菌干燥注射器(注射器回抽1~2ml空气)轻轻负压抽取骨髓液约0.2ml(过多骨髓液易稀释),立即置于载玻片上,助手快速涂片5张以上,自然晾干。根据病情需要,可再抽取适量骨髓液送检所需检测项目。

6. 重新装入针芯，拔出穿刺针，按压片刻，消毒穿刺点，外敷无菌敷料。

7. 操作完成后复原患儿衣物，告知家属注意事项，分类处理物品。

（六）并发症

1. 穿透胸骨内侧骨板，伤及心脏和大血管。

2. 穿刺针被折断在骨内。

3. 局部皮肤出血及红肿感染。

（七）注意事项

1. 骨髓穿刺术必须严格无菌操作、严防骨髓感染。局部皮肤有感染者禁止做本项检查。

2. 穿刺前要对患儿病情充分评估，术前应做凝血功能检查，有出血倾向者，操作时应特别注意。血友病者禁止做本项检查。

3. 穿刺针进入骨质后避免摆动过大，以防折断。

4. 胸骨穿刺时，不应用力过猛，避免穿透内侧骨板，损伤邻近心脏及大血管，故患儿年龄<2岁，哭闹不合作者慎选择此部位。

5. 抽吸骨髓液时，逐渐加大负压，作细胞形态学检查时，抽吸量不宜过多，否则使骨髓液稀释，但也不宜过少。骨髓液抽取后应立即涂片。同时送检同期外周血片3～4张。

6. 多次干抽时应进行骨髓活检。

7. 死亡病例如需做骨髓穿刺，应在死亡30分钟内进行。

二、骨髓活检术

（一）目的

1. 了解骨髓的增生程度以及发现骨髓浸润。

2. 弥补骨髓穿刺检查的不足，解决骨髓"干抽"或多次骨髓穿刺取材不佳的问题。

（二）适应证

1. 骨髓穿刺均为"干抽"，或多次骨髓穿刺取材不佳。

2. 骨髓异常增生综合征、骨髓增殖性疾病、再生障碍性贫血、骨髓纤维化、石骨症等。

3. 骨髓转移瘤、某些白血病（如毛细胞白血病、低增生性白血病）以及淋巴瘤等。

4. 急性白血病缓解期患者，骨髓活检结合涂片检查，能更全面、准确地判断治疗的效果有无复发的可能性。现主张慢性白血病应常规进行骨髓活检，对判定细胞、组织学类型和病情变化有重要价值。

（三）禁忌证

1. 病情垂危者。

2. 血友病及有凝血功能障碍者。

3. 穿刺部位皮肤感染。

（四）操作前准备

1. 无菌骨髓穿刺活检包　内含骨髓活检针1个、铺巾2条、巾钳2把、纱布1块、常规消毒治疗盘1个。

2. 用物准备　碘伏、棉签、敷贴、无菌手套、2%利多卡因1支、5ml注射器、骨髓固定液。

3. 评估患儿生命体征，向患儿家属说明骨髓活检的目的、操作过程及可能出现或应注意的问题，取得患儿的配合，签署知情同意书。

（五）操作方法

1. 消毒、打开穿刺包、铺巾及麻醉等操作步骤基本同骨髓穿刺术。

2. 活检部位选择髂前上棘或髂后上棘。

3. 左手固定穿刺点皮肤，右手持活检针，装上针芯，进针至骨膜后缓慢旋转钻入骨髓腔或感到阻力显著减少，穿刺针固定后，将针芯拔出，插入分叶针，然后固定分叶针，再将套针钻入至套住分叶针前端大部分，紧握里外两针，同时以一定方向旋转几周然后旋转退针拔出。

4. 拔出穿刺针后，将分叶针全部向前推进，以小针经前两针叶之间将标本轻轻推出，置于骨髓固定液中固定，经脱钙后作切片染色。

5. 穿刺点按压片刻，消毒穿刺点，外敷无菌敷料。

6. 操作完成后复原患儿衣物,告知家属注意事项,分类处理物品。

（六）并发症

1. 穿刺针被折断在骨内。

2. 局部皮肤出血及红肿感染。

（七）注意事项

1. 穿刺针之针尖刺入方向必须与骨板垂直。

2. 如分叶针刺入骨髓腔阻力较大,应换上针芯改变方向及深度后试穿,以免针尖弯曲或折断。

3. 夹取的标本末端常较粗,不宜用力将套针全部套上,以免压坏标本。

（刘玉峰）

第十一节　腹腔穿刺术

腹腔穿刺术（abdominocentesis）是用穿刺针经腹壁刺入腹膜腔的一种诊疗技术。

（一）适应证

1. 抽取腹腔积液进行各种实验检验,以便查找病因,协助临床诊断。

2. 对大量腹水引起压迫症状患者难以忍受时,可适当抽放腹水以缓解症状。

3. 腹腔内注射药物治疗。

（二）禁忌证

1. 高度腹胀或广泛肠粘连。

2. 膀胱明显充盈或局部有较大包块者。

3. 有肝性脑病先兆、棘球蚴病及巨大卵巢囊肿者。

4. 大量腹水伴有严重电解质紊乱者禁忌大量放腹水。

5. 精神异常或不能配合者。

（三）操作方法

1. 患者取坐位、半卧位或侧卧位,如放腹水,背部先垫好腹带。

2. 选取适当穿刺点　①脐与髂前上棘中外 1/3 交点,此处不易损伤腹壁下动脉,通常选择左侧穿刺点;②侧卧位可取脐水平线与腋前线或腋中线交界处,此处常用于诊断性穿刺;③坐位可取脐与耻骨连线中点上方 1cm、偏左或偏右 1～1.5cm 处,此处无重要器官且易愈合;④少量腹水进行诊断性穿刺时,穿刺前宜令患者先侧卧于拟穿刺侧 3～5 分钟,如在超声引导下穿刺则更准确。

3. 在穿刺点部位自内向外进行皮肤消毒,消毒范围直径约 15cm。解开穿刺包,术者戴无菌手套,检查穿刺包内器械,注意穿刺针是否通畅,铺消毒孔巾。

4. 用 5ml 注射器抽取 2% 利多卡因 1～2ml,针（针尖斜面向上）从穿刺点斜刺入皮内,注射至形成橘皮样隆起的皮丘（5mm）,然后向下斜行逐渐深入,先回抽无回血后注药,以免误注入血管内,直至进入腹腔,当针尖有落空感时为止,判断皮肤至腹腔的距离。

5. 诊断性腹腔穿刺时,术者用左手拇指和示指绷紧并固定穿刺部位皮肤,右手持接有 17～18 号长针头的 20ml 注射器经穿刺点自上向下斜行刺入,穿刺针进入皮下后,把空针抽成负压再进针,当针尖有落空感时,表明已进入腹腔,抽液送检。

6. 腹腔内积液不多,穿刺不成功时,为明确诊断,可行诊断性腹腔灌洗。采用与诊断性腹腔穿刺相同的穿刺方法,把有侧孔的塑料管置入腹腔,塑料管尾端连接一盛有 500～1 000ml 无菌生理盐水的输液瓶,倒挂输液瓶,使生理盐水缓缓流入腹腔,当液体流完或患者感觉腹胀时,把瓶放正,转至床下,使腹内灌洗液借虹吸作用流回输液瓶中。灌洗后取瓶中液体作检验。

7. 大量放液时,可用 8 号或 9 号针头,针座接一胶皮管,用血管钳夹闭胶皮管,从穿刺点自上向下斜行刺入,进入腹腔后,腹水自然流出,以输液夹夹持胶皮管,调节放液速度。腹水放出后应计量,随着腹水的流出,将腹带自上而下逐渐束紧,以防腹压骤降而发生虚脱或休克。抽液后先夹闭胶皮管,再拔针。

8. 术毕拔针,按压针孔,消毒穿刺点,覆盖无菌纱布,用胶布固定。

（四）注意事项

1. 如疑有消化道穿孔，破裂，最好先进行胸腹部 X 线透视，或拍立位腹平片。

2. 穿刺前应先排空尿液，避免刺入膀胱。

3. 对于高度腹胀，肠腔内积液积气量大者，穿刺时要轻缓，以防刺入肠腔。

4. 所抽出的腹腔内积液应仔细观察，并结合临床进行分析，以排除假阳性。

5. 大量腹水患者，为防止腹腔穿刺后腹水渗漏，在穿刺时注意勿使皮肤至腹膜壁层位于同一直线上，穿刺时当针尖通过皮肤到达皮下后，向周围移动 0.5～1cm 后再向腹腔刺入。

6. 对于腹腔内抽不出积液者，可慢慢退针，旋转针头斜面方向，改变穿刺方向并让患者改变体位重新抽取。如仍无液体抽出，可拔出针头，看是否被血凝块堵塞。必要时可重复穿刺，或行对侧穿刺。经上述方法仍无液体抽出者，应结合临床进行分析。

7. 对疑有腹膜后血肿者，穿刺时尽量避开，且进针不可过深。

8. 腹腔穿刺术前后均应测血压、脉搏、量腹围、检查腹部体征，以观察病情变化。

（龚四堂）

第十二节　气管插管术

（一）气管插管指征

1. 窒息、心肺复苏。

2. 任何原因引起的呼吸衰竭，普通吸氧或无创通气不能缓解者。

3. 先天或后天性上、下呼吸道梗阻，呼吸道分泌物严重壅堵，需立即建立可控制的人工气道者，如严重急性喉炎、哮喘持续状态有分泌物阻塞者。

4. 昏迷患者 Glasgow 评分<8 分、中枢性呼吸衰竭、周围神经肌肉病变导致的呼吸肌麻痹，需建立人工气道以防止误吸窒息者。

5. 各种原因所致的严重脑水肿、脑疝，需行控制性过度通气者。

（二）插管前准备

除窒息、心肺复苏者需紧急插管外，其他患者插管前应尽力完成下列准备后再行气管插管，这有助于气管插管安全、顺利进行，减少并发症。

1. 下胃管，排空胃内容物。

2. 开放静脉通路，连接好心电监护。

3. 准备好气管导管，口腔吸痰用具及痰培养管，布质胶带。

4. 阿托品 0.01～0.02mg/kg，静脉或肌内注射减少气道分泌物；地西泮 0.2～0.5mg/kg 或咪达唑仑 0.1～0.2mg/kg 镇静；酌情应用麻醉剂或肌松剂。

5. 气管导管型号的选择　原则是管径勿过大，以免压迫声门，但又要避免过细而导致漏气太多。导管内径的选择与是否带有套囊相关，若采用无套囊气管导管，所需导管内径一般比带套囊的气管导管内径大0.5mm。表 13-12-1 为不同年龄无套囊气管导管内径选择及插管深度。

表 13-12-1　不同年龄患者无套囊气管插管的内径及插管深度

年龄	插管内径/mm	经口插管深度/cm
早产儿	2.5～3.0	6～8
足月儿	3.0～3.5	9～10
1～9 月龄	3.5～4.0	11～12
9～18 月龄	4.0～4.5	12～13
18 月龄～3 岁	4.5～5.0	13～14
4～5 岁	5.0～5.5	14～16

续表

年龄	插管内径/mm	经口插管深度/cm
6~7岁	5.5~6.0	16~18
8~10岁	6.0~6.5	17~19
11~13岁	6.0~7.0	18~21
14~16岁	7.0~7.5	20~21

为方便记忆,可采用下列公式:

导管内径计算公式(适于≥2岁):无套囊导管内径(mm)=年龄(岁)/4+4;带套囊导管内径(mm)=年龄(岁)/4+3.5。

或根据患儿小手指大小作为导管内径大小。

6. 气管插管必备的器械和材料

(1)小儿喉镜1套,根据患儿年龄准备不同型号的直型和弯型镜片各1。

(2)准备气管导管3根:计算所得内径1根,比计算内径大和小0.5mm各1根,以及连接导管的接头。

(3)适当大小的复苏气囊和面罩各1个。

(4)与预测所需气管插管内径相匹配的气管插管内用导芯1根。

(5)牙垫1个。

(6)气管内吸痰管和吸引器。

(7)固定导管的布质胶带。

(8)各种应急抢救药品。

(9)若准备采用经鼻气管插管,则需准备插管钳1把。

(三)插管步骤

宜三人密切配合操作。术者负责插管;一位助手负责固定患儿,可用双手掌持头部并使之略向后仰,双前臂压住患儿肩关节,同时注意心电变化,并及时通知术者;另一助手负责传递器械。

1. 经口气管插管法

(1)先用复苏气囊面罩加压给氧,改善全身氧合状态。

(2)若为选择性插管,可用1%丁卡因作咽部喷雾,表面麻醉。紧急气管插管时可不做局部麻醉。

经口气管插管
(视频)

(3)打开备好的气管插管的包装,将导芯插入气管插管,用无菌注射用水或生理盐水湿润气管插管后备用。

(4)使患儿头略后仰,呈轻微伸展位,操作者左手持喉镜,右手拇指、食指拨开上下唇,从右侧口角将喉镜插入,将舌推向左侧,使镜片移至正中,可见悬雍垂,这是暴露声门的第一标志。将镜片继续向前推进,若使用直镜片,让镜片顶端越过会厌喉侧面,以镜片挑起会厌,即可暴露声门;若使用弯镜片,将镜片置于会厌与舌根交界处(会厌谷),轻轻向前上方提起,使舌骨会厌韧带紧张,会厌就会紧贴喉镜片翘起,显露声门。

(5)暴露声门后,在直视下用右手将插管送入气管。新生儿、小婴儿喉头位置靠前,助手可轻压环状软骨。婴儿上气道最狭窄的部位在环状软骨而非声门,因此,若插管通过声门后遇到阻力,不能顺利通过,应换用小一号气管导管重新插管,不可粗暴用力。全部过程须注意无菌操作。

(6)插管成功后,助手立刻拔出气管插管内的导芯,将气管插管和复苏气囊连接,予正压通气,同时观察胸廓起伏情况,并听诊双侧肺部和剑突下,验证气管插管位置是否合适。若胸廓起伏良好,两侧呼吸音对称,说明气管插管位置适当,立刻固定气管插管。若胸廓起伏不良或无起伏,两侧肺呼吸音低或无,剑突下可闻及气体流动声,提示气管插管进入食管,应立刻拔出并重新插管。

(7)确定插管位置正确后,用"工"型胶布给予固定,并记录导管插入长度或留在鼻腔外长度。

(8)约束患儿四肢:头、肩部用沙袋固定,保持头及上胸部抬高30°~45°。

(9)清理呼吸道分泌物,将吸出的第一管分泌物送培养。

（10）根据病情，接呼吸机行机械通气或气囊加压通气。

2. 经鼻气管插管法　方法与经口气管插管相似，不同点是先将备好的气管插管经一侧鼻孔温柔的插入，使其顶端到达咽部，再用喉镜打开口腔，暴露声门。随后右手以插管钳夹住气管插管，将气管插管通过声门插入气管内。其他操作步骤与经口气管插管相同。

（四）气管插管位置的监测

1. 观察双侧胸廓起伏状况，两侧呼吸音是否对称。

2. 患儿发声是否消失。

3. 床边拍胸片，观察导管位置，导管顶端位置应在气管隆突上 1～2cm 或 2、3 胸椎水平，并于气管插管后 1～2 小时做血气分析。

4. 如左肺呼吸音明显减弱，则可能系插管位置过深，需酌情上提导管 0.5cm 后再检查呼吸音。

（五）插管中可能出现的危象及处理

1. 缺氧　呼吸衰竭患儿原已处于缺氧衰竭状态，插管刺激、患儿挣扎更加重缺氧，甚至引起心跳抑制。如患儿出现严重发绀，应暂时停止操作，用复苏气囊面罩加压给氧，发绀缓解后再行插管。

2. 心动过缓　小儿迷走神经反射活跃，插管操作可刺激咽喉部迷走神经感受器，反射性地引起心动过缓。缺氧也是引起心动过缓的常见原因。因此，插管前必须加压给氧，纠正缺氧状态，并常规给予镇静药和阿托品。

3. 呕吐及误吸　插管前未下胃管吸引排空胃内容物者，喉镜刺激或心脏按压均可引起呕吐，尤其是短时间内曾进食或加压给氧引起胃内充气膨胀时。因此，只要患儿情况允许，插管前均应下胃管排空胃内容物。

4. 食管内插管　气管插管可能插入食管，即使有经验的操作者也可能发生。如无胸廓起伏而上腹部逐渐膨隆，上腹部可闻及进气声，同时患儿仍能发声，则提示导管进入食管，此时应立即拔出重插。难以鉴别清楚时可接呼出气 CO_2 监测。

（六）气管插管可能引起的并发症

1. 操作时间过长或导管远端位置不当，可引起低氧血症。

2. 操作粗暴可引起舌、齿龈、会厌、气管、声带及食管损伤。

3. 刺激咽后壁的迷走神经喉返支，导致心动过缓和呼吸暂停。

4. 插管进入一侧支气管，充气过度引起气胸。

5. 操作者手及器械污染，导致感染。

（钱素云）

第十三节　儿童心肺复苏术

（一）心肺复苏定义

心肺复苏（cardiopulmonary resuscitation，CPR）是指采用急救医学手段，恢复已中断的呼吸及循环功能，为急救技术中最重要而关键的抢救措施。

（二）适应证

任何原因引起的心跳、呼吸骤停患者。

（三）心跳、呼吸骤停的临床表现

1. 突然昏迷，部分病例可有一过性抽搐。

2. 瞳孔扩大，对光反射消失。

3. 大动脉搏动或心音消失，或心率<60 次 /min，心音极微弱。

4. 呼吸停止或无效呼吸。

5. 心电图常见等电位线、室颤、无脉性室速和无脉性电活动。

（四）用物准备

1. 硬板一块。

2. 复苏气囊，面罩。

3．常用复苏药物。

4．骨穿针。

5．除颤仪。

触摸肱动脉(视频)

（五）基本生命支持操作方法与步骤

基本生命支持方法主要包括胸外心脏按压（C）、开放气道（A）和人工呼吸（B）。

1．检查反应　轻拍并呼唤患儿，判断患者有无意识及反应。

2．若无意识，立即呼叫启动急救应急系统，并获取除颤仪。

触摸颈动脉(视频)

3．评估脉搏和呼吸　用 5～10 秒触摸脉搏，婴儿可触摸肱动脉，儿童触摸颈动脉，同时观察患儿有无呼吸及肢体活动、面色，如 10 秒内无法确认触摸到脉搏，或脉搏明显缓慢（<60 次 /min），立即开始以胸外按压开始 CPR。

4．患者平卧在硬板床上或身下垫以硬板，头部不高于胸部，双手放于躯体两侧，暴露胸部。

双掌按压法(视频)

5．胸外按压

（1）按压方法

1）双掌按压法：适用于年长儿。施救者两手掌重叠置于患儿双乳头连线水平之胸骨上，即胸骨下半部，肘关节伸直，凭借体重、肩臂之力垂直向患儿脊柱方向挤压。

2）单掌按压法：适用于低年龄儿童。仅用一只手掌按压，方法及位置同上。

双指按压法(视频)

3）双指按压法）：适用于单人对婴儿进行复苏时，施救者一手放于患儿后背起支撑作用，另一手示指和中指置于两乳头连线正下方之胸骨上，向患儿脊柱方向按压，此方法效果不及双手环抱法。

4）双手环抱按压法：用于双人或多人对婴儿和新生儿进行复苏时。施救者双拇指重叠或平放于两乳头连线正下方，两手其余四指环绕婴儿胸部置于后背，双拇指向背部按压胸骨的同时用其他手指挤压胸背部。

双手环抱按压法
(视频)

（2）按压频率：100～120 次 /min。应快速按压，并保证抬起时胸廓完全回弹复位。

（3）按压深度：为胸廓厚度的 1/3～1/2，婴儿约为 4cm，儿童约为 5cm，青少年为 5～6cm。

6．打开气道

单人复苏胸外按压 30 次后，双人复苏胸外按压 15 次后，打开气道，检查有无异物或分泌物，若有予以清除后给予 2 次人工呼吸。打开气道的方法：

婴儿球囊面罩
通气(视频)

（1）仰头 - 提颏法：轻压额头，抬起下颌，使咽后壁、喉和气管成直线，维持气道通畅。

（2）推举下颌法：用于外伤患者，当推举下颌法无法有效打开气道时，仍使用仰头 - 提颏法，注意保护颈部。

（3）放置口咽通气道：使口咽部处于开放状态。

儿童球囊面罩
通气(视频)

7．人工呼吸

（1）口对口人工呼吸法：对小婴儿，施救者双唇罩住婴儿的口、鼻进行吹气。对儿童，术者双唇紧贴患儿口腔吹气，吹气时间持续 1 秒，同时另一手拇指和示指捏住患儿鼻子，防止吹气时气体从鼻孔外逸。此方法仅用于无复苏球囊的现场徒手复苏时。

婴儿心肺复苏
(视频)

（2）复苏器人工呼吸法：操作者一手以 C-E 手法固定面罩，使之与患儿面部紧密贴合，并托举患儿下颌，另一手有规律地挤压、放松气囊，每次通气时看到胸廓抬起证实为有效通气，若无胸廓抬起，应调整面罩后再次通气。

（3）气管插管：应尽快完成。方法见气管插管标准操作规程。

8．按压与通气的配合　气管插管前，单人复苏按压和通气的比例为 30∶2；双人复苏为 15∶2。气管插管后，胸外心脏按压不停止，频率为 100～120 次 /min；人工呼吸 8～10 次 /min。

心肺复苏应根据不同年龄采用不同的按压方法，各个环节应连续不间断，尽量缩短停止心脏按压的时间，保证高质量心肺复苏。

儿童心肺复苏
(视频)

9．评估复苏效果　CPR 每进行约 2 分钟，再次评估患者，判断大动脉搏动和自主呼吸是否恢复，决定是否继续心肺复苏。

10. 施救者交换　CPR 每进行约 2 分钟,胸外按压者和给予人工呼吸者交换角色。注意交换过程中尽量缩短心肺复苏中断的时间。

(六) 高级生命支持操作方法与步骤

1. 尽快做好监护　心电监护有助及早确认是否为室颤或无脉性室速等需除颤的心律,以尽早除颤,提高存活率。

2. 建立静脉通路　尽快建立 2 条以上静脉通路,若在短时间(90 秒)内建立静脉通路困难,尽快建立骨髓通路,所有需静脉输入的复苏药物均可经骨髓通路给予。

3. 药物治疗　注意药物治疗不能替代心肺复苏。

4. 除颤　心电监护发现为室颤或无脉性室速者,应尽快除颤,最好使用手动调节能量的除颤器。

电除颤(视频)

(1) 选择大小合适的电极板:体重>10kg 者选成人用电极板,<10kg 儿童选儿童用小电极板。

(2) 电极板与皮肤接触处涂好导电膏。

(3) 根据患儿体重调节好除颤剂量,首次除颤剂量 2J/kg,第 2 次及以后除颤应至少达 4J/kg,但最高不超过 10J/kg 或成人剂量。

(4) 将电极板按电极板上的标示,一个置于胸骨右侧心底处,另一个置于左腋中线心尖处。

(5) 让所有人离开患者。

(6) 双手拇指同时按下放电键除颤。

(7) 放电后立刻开始心肺复苏,2 分钟后评估心律是否恢复。

(七) 停止心肺复苏的指征

自主循环恢复,心率>60 次/min 可停止胸外按压;对自主循环不能恢复者,目前尚无证据支持何时终止心肺复苏最为恰当,只要心脏对各种刺激(包括药物)有反应,CPR 至少应持续 1 小时。

(钱素云)

中英文名词对照索引

553